HÖLDERLINS
SPÄTE GEDICHTFRAGMENTE

„Nicht Alles darf vor
„den Tage Worte haben.
Aber der Tag kommt"
F. Nietzsche

Für Ulrich Wergin
– mit herzlichem
Dank!

30.4.93

DIETER BURDORF

Hölderlins späte Gedichtfragmente: „Unendlicher Deutung voll"

Verlag J. B. Metzler
Stuttgart · Weimar

Diese Arbeit wurde durch ein Promotionsstipendium der Universität Hamburg gefördert.

Gedruckt mit Hilfe der Geschwister Boehringer Ingelheim Stiftung für Geisteswissenschaften in Ingelheim am Rhein.

Die Reproduktion der Hölderlin-Handschriften (im Besitz der Stadt Bad Homburg v. d. Höhe, als Depositum in der Württ. Landesbibliothek, Stuttgart: Homburg, Mappe F, Seite 73 bis 76) erfolgt mit freundlicher Erlaubnis der Stadt Bad Homburg v. d. Höhe.

Die Wiedergabe von vier Seiten aus der „Frankfurter Hölderlin Ausgabe" erfolgt mit freundlicher Genehmigung des Verlages Stroemfeld/ Roter Stern (Basel, Frankfurt/M.).

Die Deutsche Bibliothek — CIP-Einheitsaufnahme

Burdorf, Dieter:
Hölderlins späte Gedichtfragmente : „unendlicher Deutung voll"
/ Dieter Burdorf. — Stuttgart ; Weimar : Metzler, 1993
(Metzler-Studienausgabe)
ISBN 3-4760-0885-1
NE: Hölderlin, Friedrich: Späte Gedichtfragmente

Gedruckt auf säure- und chlorfreiem, alterungsbeständigem Papier

ISBN 3-4760-0885-1

© 1993 J. B. Metzlersche Verlagsbuchhandlung
und Carl Ernst Poeschel Verlag GmbH in Stuttgart
Satz: Matthias Vogel, Hamburg
Druck: Druck-Partner Rübelmann, Hemsbach
Printed in Germany

Verlag J. B. Metzler Stuttgart · Weimar

EIN VERLAG DER SPEKTRUM FACHVERLAGE GMBH

Inhalt

Dem Andenken an
Frieda Hageböke

Vorwort

Hölderlins späte Gedichtfragmente in die heutige Rezeptionssituation hineinzustellen, sie nicht nur aus ihrer Zeit heraus, sondern auch vor dem Erfahrungshintergrund des ausgehenden Jahrtausends zu verstehen und dazu beizutragen, sie über den akademischen Bereich hinaus wirksam werden zu lassen, waren und sind die Impulse, von denen diese Untersuchung ausging und die sie getragen haben. Herausgekommen ist eine Analyse, die versucht, möglichst an jedem Punkt eine Nähe zum Gegenstand herzustellen, ohne dabei das unvermeidlich Subjektive dieser Annäherung zu verleugnen. Die Pfade, die der interpretierende Text einschlägt, sind – so hoffe ich – keine Irrwege, die in die Einsamkeit führen, sondern Wege zu Plätzen, an denen ein Gespräch möglich ist, über Hölderlins Text und über ihn hinaus. Daß schon die Entstehung des Buches von Gesprächen dieser Art begleitet war und auf mannigfache Weise unterstützt wurde, stimmt mich für die Zukunft optimistisch, und ich habe dafür zu danken: Gunter Martens als dem Betreuer der Arbeit für die langjährige Förderung und Ermutigung und Ulrich Wergin als dem zweiten Gutachter für die vielen fruchtbaren Diskussionen über literaturtheoretische Fragen. Jürgen Kreft und Gerhard Kurz bin ich für vielerlei Hilfe und manche Anregung dankbar.

Ohne die große freundschaftliche Hilfe von Reinold Schmücker und Matthias Vogel hätte das Buch nicht fertiggestellt werden können. Meinen Eltern danke ich für ihre vorbehaltlose Unterstützung über die Jahre hinweg.

Die Mitarbeiterinnen des Hölderlin-Archivs der Württembergischen Landesbibliothek in Stuttgart, Frau Marianne Schütz und Frau Renate Wagner, haben mir mit ihrem Sachverstand und ihrem Engagement geholfen; dem Leiter der dortigen Handschriftenabteilung, Herrn Dr. Felix Heinzer, danke ich für die Großzügigkeit, mit der er mir Einsicht in die Original-Handschriften gewährt hat. Wertvolle Hinweise verdanke ich Herrn D. E. Sattler und Herrn Hans Gerhard Steimer (Bremen) sowie Frau Gerta Walsh (Bad Homburg v. d. H.).

Die Arbeit wurde im September 1991 abgeschlossen und im Januar 1992 vom Fachbereich Sprachwissenschaften der Universität Hamburg als Dissertation angenommen. Für die Publikation habe ich den Text noch einmal überarbeitet. Dabei konnte die bis zum heutigen Tage erschienene Literatur in einigen Fällen noch berücksichtigt werden.

Hamburg, den 21. August 1992

I   Einleitung

1   Vom Gebrauchswert Hölderlinscher Gedichte

Ein Jugendlicher, fast noch ein Kind, findet auf dem Dachboden des elterlichen Hauses eine Kiste voller Bedrucktem:

> Ein Stoß Kriegervereins-Zeitschriften und ein Stoß Cotta'sche Handbibliothek fielen mir in die Hände. 30 Pfennig, 25 Pfennig, 60 Pfennig stand auf den Umschlägen der Cotta-Bibliothek; Grillparzer, Lenau, Gottfried Keller stand auf diesen Taschenbüchern der Jahrhundertwende, und ein Bändchen, *ein* Bündel zerfledderter Blätter hatte keinen Umschlag mehr, auch keine Titelseite mehr, es begann mitten in einem Gedicht. Ich weiß noch sehr genau, daß es Hochsommer war, als ich diese Kiste entdeckte und die Cotta-Bändchen mit immer staubigeren Fingern durchblätterte, bis ich in dem umschlaglosen Gedichtbündel auf ein Gedicht stieß, das geschrieben war, als hätte der Schreiber von eben dem Standpunkt aus in die Alpen gesehen, auf dem ich mich befand.[1]

Der fünfzehnjährige Martin Walser ist es, der diese aufregende Entdeckung bunt gemischter literarischer Schätze und Belanglosigkeiten macht, unter denen sich jenes eine Juwel befindet, das zerrissene titel- und namenlose Bändchen, das ihn fortan nicht mehr loslassen wird. Er wird erfahren, daß es sich bei dem Band um eine Sammlung von Gedichten Friedrich Hölderlins handelt, die fast hundertfünfzig Jahre vor der hochsommerlichen Entdeckung entstanden sind. Er wird später auch Germanistik studieren und dabei vermutlich erfahren, daß es sich bei der um die Jahrhundertwende entstandenen Cotta'schen Ausgabe um eine gleichsam ,vorkritische' Edition von Hölderlins Lyrik[2] handelt, die weit davon entfernt ist, die Gedichte in ihrer ,authentischen Gestalt' zu präsentieren. Er wird von Heidegger und vielen anderen, die sich als Literaturwissenschaftler oder Philosophinnen mit Hölderlins Werk beschäftigt haben, lernen, daß man Gedichte interpretieren, in einen „liebenden Streit" mit ihnen eintreten oder sie einer genauen Analyse unterziehen muß, um sie verstehen zu können.[3] Und achtzehn Jahre später, mehr als doppelt so alt und ,plötzlich' zum Erwachse-

---

[1] Walser 1982, 3f.

[2] Es ist die Edition von Berthold Litzmann (1897).

[3] Ich versuche in dieser Arbeit eine Redeweise zu praktizieren, die die sprachliche Diskriminierung von Frauen vermeidet. Um unschöne Formen wie Schrägstriche, Klammern und Großbuchstaben inmitten von Wörtern zu vermeiden, benutze ich, wo es inhaltlich sinnvoll und sprachlich möglich ist, entweder die weibliche *und* die männliche oder aber eine wirklich neutrale Form (wie die substantivierte Form des Partizips Präsens Aktiv im Plural). Eine Einschränkung muß ich indes machen: Ich verwende das Indefinitpronomen ,man' trotz seiner eindeutigen Herkunft vom Substantiv ,Mann'. Diese Form scheint mir im Moment noch unverzichtbar zu sein, wo es darum geht, das Subjekt, von dem jeweils die Rede sein soll, in der

nen, zum Doktor der Philosophie und fast schon zum berühmten Schriftsteller geworden, wird er seine Erinnerung an den Hochsommertag auf dem Dachboden aufschreiben und über den Hessischen Rundfunk verbreiten.

Das ist nun auch schon wieder mehr als dreißig Jahre her. Kann heute, zu Beginn des letzten Jahrzehnts dieses Milleniums, Walsers Entdeckung eines „Hölderlin auf dem Dachboden" noch Aktualität beanspruchen, gibt es diese Literatur-Erlebnisse in unserer multimedialen Wirklichkeit noch? Um einer Antwort auf diese Frage näherzukommen, ist es notwendig, sich die von Walser im Modus der Erinnerung geschilderte Entdeckung Hölderlins und deren Folgen genauer anzusehen.

Vor allen anderen Gedichten in dem Hölderlin-Bändchen ist es die Elegie „Heimkunft", die den jungen Walser so fasziniert hat. Das ist kein Wunder, denn in diesem Gedicht geht es um die Rückkehr aus der Schweiz nach Deutschland, eine Fahrt über den Bodensee, und eben diese Landschaft ist es, in der Walser seine Jugend verbrachte (und in der er heute wieder lebt). So läuft er vom Dachboden hinunter und „– komisch vor Ernst – auf alle möglichen kleinen Hügel" und benutzt das Gedicht „wie einen Baedeker [...], um die Landschaft am Bodensee kennenzulernen"[4]. Er entdeckt seine engere Umgebung, die ihm doch eigentlich vertraut sein müßte, neu, indem er sie mit den Augen jenes Ich sieht, das in dem Gedicht spricht.[5] Für dieses Ich (das nicht mit dem Autor identisch ist, obwohl die Elegie fraglos von Hölderlins Reiseeindrücken bei der Rückkehr aus Hauptwil im April 1801 inspiriert ist) sind die Gegenden um den Bodensee nicht ‚Heimat‘, sondern Zone des Übergangs vom Fremden ins Eigene, der „Heimkunft" eben.[6] Unter dem Blick des Reisenden wird alles transitorisch, und auch die ‚Heimat‘ erscheint den Augen, die an den raschen Wechsel des ‚Fremden‘ gewöhnt sind, nicht schlechthin als Ort der Ruhe und Freude, sondern sie wird dynamisiert zur Sphäre der Erwartung künftiger, utopischer Erfüllung; und diese Erwartung entfernt das Ich, den „Sänger", auch wieder aus der Gemeinschaft derjenigen, die bei seiner Rückkunft zum festlichen „Mahl" versammelt sind:

Sorgen, wie diese, muß, gern oder nicht, in der Seele
Tragen ein Sänger und oft, aber die anderen nicht.   (FHA 6, 314; V. 108)

Schwebe zu halten. Der m. E. unschöne Neologismus ‚mensch‘ entstammt demselben etymologischen Zusammenhang wie ‚man‘ und ist daher keinen Deut besser; die Zusammenstellung ‚man/frau‘ dagegen verzerrt gerade den Effekt der Unbestimmtheit des Subjekts, auf den es mir bei der Verwendung von ‚man‘ ankommt. Dagegen mag von Vertreterinnen der feministischen Linguistik eingewandt werden, daß es diese Unbestimmtheit des Subjekts gar nicht gebe, sondern daß gerade ihre Hypostasierung den Sachverhalt verzerre, daß Subjektivität in den heutigen westeuropäischen Gesellschaften immer geschlechtsspezifisch unterschiedlich strukturiert sei. Da jedoch meine Arbeit auf der Intuition oder zumindest der Hoffnung beruht, daß es Formen von Subjektivität und Intersubjektivität gibt, die prinzipiell *allen* offenstehen, muß ich mich dieser Kritik stellen.

[4] Walser 1982, 8.

[5] Hier und im folgenden spreche ich von ‚dem Ich‘ (um der flüssigeren Lesbarkeit willen großgeschrieben und ohne Anführungsstriche) immer dann, wenn im untersuchten Text das Wort „ich" zu finden ist. Analoges gilt für ‚das Wir‘.

[6] Cf. dazu B. Böschenstein 1977a.

Das Ich des Gedichts, das sich hier zum „Sänger" objektiviert, ist ein einsames Ich, und isoliert von seiner Umgebung ist auf dem Dachboden und in der menschenleeren Landschaft auch sein jugendlicher Leser. Über diese Isolation von der Alltagswelt hinaus aber haben die beiden, die in den Texten – Hölderlins Elegie und Walsers autobiographischer Skizze – von sich „ich" sagen, noch eins gemeinsam: das Erlebnis oder vielleicht besser: die Erfahrung der Bodensee-Landschaft. Das ist ein ungeheures Privileg, das der jugendliche Walser gegenüber anderen Nachgeborenen hatte: die Schilderung der ‚heimatlichen' Landschaft durch einen so kompetenten und hellsichtigen Autor wie Hölderlin. Dieses Privileg kann aber nicht einfach durch Demokratisierung verallgemeinert werden; es ist schlechterdings uneinholbar: Nur wer um den Bodensee aufgewachsen ist, kann als Jugendlicher jene prägende Erfahrung mit Hölderlins Gedicht machen, von der Walser berichtet.[7]

Das hieße, daß Walsers Hölderlin-Entdeckung so subjektiv, so sehr von ihren konkreten äußeren Bedingungen geprägt ist, daß sie nicht auf andere literarische Sozialisationsgeschichten übertragbar ist. Walser versucht dennoch eine Verallgemeinerung, aber um den Preis der Abstraktion nicht nur von dem einzelnen prägenden Gedicht, sondern auch von dem von ihm auf dem Dachboden entdeckten Autor: Er selbst habe noch „einen Herbst mit Stefan George zugebracht und einen Frühsommer mit Heinrich Heine"[8], und für andere Jugendliche – so könnte man konjizieren – könnten es die Werke wieder anderer Autorinnen (Ingeborg Bachmann etwa oder Else Lasker-Schüler oder Karoline von Günderrode) sein, die eine Zeitlang oder fürs Leben prägend wirken. Entscheidend sei es, so Walser, möglichst früh „die vollkommene Brauchbarkeit"[9] der literarischen Texte zu entdecken, sich die Lizenz zu nehmen, „Literatur mit Haut und Haaren einfach zu konsumieren, ohne daran zu denken, was daraus wird"[10]. Diese konsumierende Rezeptionshaltung ermögliche den Leserinnen und Lesern – selbst wenn sie sich professionell mit Literatur beschäftigen müssen –, den analytischen Umgang mit literarischen Texten immer wieder aufzubrechen:

> Aber dieser expertenhafte, sachliche Umgang mit dem Gedicht kann glücklicherweise nicht verhindern, daß das Gedicht immer wieder an die Rolle erinnert, die es früher einmal gespielt hat. Ja, diese Erinnerung verhindert sogar, daß man dem Gedicht gegenüber je ein reiner Experte werden kann. Deshalb kann einem Gedicht, von dem man frühzeitig Gebrauch gemacht hat, eigentlich nichts mehr passieren.[11]

Walser plädiert – so möchte ich sein Votum in die Terminologie übersetzen, die ich in der vorliegenden Untersuchung benutzen werde – für ein Verständnis von Literatur und insbesondere von Lyrik als Medium der Selbstverständigung. Unter *Selbstverständigung* verstehe ich – mit Dieter Henrich, der diesen Begriff vor

---

[7] Möglicherweise ist das sogar heute wegen der zunehmenden Zerstörung der Bodensee-Landschaft, vor allem durch den Tourismus, gar nicht mehr möglich. Zur Literatur-Landschaft Bodensee cf. Schiller/Schiller 1990.

[8] Walser 1982, 12.

[9] Walser 1982, 12.

[10] Walser 1982, 13.

[11] Walser 1982, 12.

dem Hintergrund der Subjekt- und Bildungstheorien des deutschen Idealismus präzisiert hat[12] – die Konstitution und Weiterentwicklung von Subjektivität im Medium der Sprache, also ein dynamisches, hermeneutisches Modell von Subjektivität. Literatur kann unter dieser Perspektive (je früher sie wirkt, um so mehr) prägenden Einfluß auf den Verlauf einer Lebensgeschichte haben. In diesem Prozeß kann – wie ich gegen die Tendenz von Walsers Aufsatz betonen möchte – dem analytischen, literaturwissenschaftlichen Umgang mit Literatur durchaus eine wichtige, ja (bei einigen besonders schwierigen Texten) unabdingbare Funktion zukommen. Allerdings sollte die Analyse ihre Rückbindung an das Selbstverständnis und die Lebensgeschichte des oder der Interpretierenden nicht verlieren, wenn sie auch für andere Leserinnen und Leser fruchtbar werden soll.

Wichtig ist daher (auch und gerade in der Literaturwissenschaft) eine Rezeptionshaltung gegenüber Literatur, die offen ist für die Entdeckung eines noch Unbekannten, Fremden in den Texten, das unverhofft auf das lesende Subjekt zukommt, etwa wenn man aus Neugierde eine Kiste auf einem verstaubten Dachboden öffnet:

> Kein Leser kann umhin, auch Jäger zu sein und den Text auf das hin zu lesen, was er schon weiß oder zu wissen glaubt. Aber das ändert nichts daran, daß der Text überhaupt nur insofern gelesen zu werden verdient, als er auf die Spur dessen bringt, was noch nicht bekannt und verfügbar ist.[13]

Das Moment der Wahlfreiheit bei der Lektüre (ich kann dieses oder jenes Buch lesen und jederzeit mit der Lektüre aufhören)[14] ist also nur die eine Seite der Medaille, die andere ist schwerer zu fassen: Von literarischen Texten – und, wie ich behaupten möchte, insbesondere von Lyrik – kann ein Sog ausgehen, eine Faszination, die gerade im Befremdlichen, im Rätselhaften ihrer sprachlichen Gestalt begründet sein kann. Hölderlins Gedichte und, wie ich in dieser Arbeit exemplarisch zeigen möchte, insbesondere seine späten Gedichtfragmente sind von der Art, daß ihr Reiz in ihrer scheinbaren oder unauflöslichen Unverständlichkeit liegt:

> Denn in erster Linie geht es ja bei derartigen Gedichten gar nicht darum, was sie sagen, sondern wie sie es sagen. Gerade wenn und weil uns das Unverständliche an einem solchen Gedicht schon angesprochen und für sich eingenommen hat, geben wir uns so große Mühe, es auch zu verstehen.[15]

Ich vermute also, daß nicht nur der von Walser propagierte ‚Gebrauch‘ von Literatur allgemein, sondern auch die These von der ‚Brauchbarkeit‘ von Hölderlins Lyrik im besonderen auf heutige Leserinnen und Leser (und zwar gerade

---

[12] Cf. Henrich 1986, 190f. (Anm. 12); 1987, 14-18; außerdem Figal 1989.

[13] Frey 1990, 120.

[14] Sartre (1981, 43) betont demgegenüber: „Man ist vollkommen frei, jenes Buch auf dem Tisch liegenzulassen. Aber wenn man es öffnet, übernimmt man dafür die Verantwortung." Es scheint mir jedoch zweifelhaft, ob mit moralischen Kategorien das Verhältnis der Lesenden zu ihren Lektüregegenständen adäquat (also mehr als bloß metaphorisch) erfaßt werden kann.

[15] M. Hamburger 1984, 30.

nicht nur auf Literaturwissenschaftlerinnen und Philosophen) übertragbar ist, auch wenn sie nicht das Glück weniger teilen, ihre Jugend am Bodensee (oder in Tübingen oder Heidelberg) zu verbringen. Auch wer am Meer oder in einer Großstadt aufgewachsen ist, kann in Hölderlins Gedichten, besonders in den zwischen 1800 und 1806 entstandenen, konkret-sinnliche Bilder und frappierende, provozierende Sentenzen entdecken, die ihn oder sie in das Labyrinth des Textes hineinziehen, in dem sich dann immer neue Anreize zum Weiter- und Wiederlesen finden.

2 Zur Zielsetzung der Arbeit

Ich interpretiere in dieser Studie einige der Gedichtfragmente, die Hölderlin geschrieben hat, nachdem er im Sommer 1802 aus Bordeaux nach Württemberg zurückkehrte und bevor er im September 1806 aus dem hessischen Homburg ins Tübinger Clinicum abtransportiert wurde, wo er durch die psychiatrische Behandlung zu einem geistig und psychisch zerrütteten Menschen gemacht wurde, dem fortan für die letzten sechsunddreißig Jahre seines Lebens ein zwangloser Umgang mit seinen Mitmenschen nicht mehr gelang. Von den vier Jahren, aus denen die hier behandelten Texte stammen (ohne daß man wüßte, wann genau in diesem Zeitraum sie entstanden sind), verbrachte der Autor die ersten zwei quasi als arbeitsloser Theologe und Pädagoge (oder, wenn man will, als ‚freier‘ Schriftsteller) bei seiner Mutter in Nürtingen und die folgenden zwei als Hofbibliothekar des Landgrafen von Hessen-Homburg. Das späte lyrische Werk, das in dieser Zeit entstand und zu dem – darüber ist sich die Forschung mittlerweile einig – die bedeutendsten Texte zählen, die der Autor hinterlassen hat, ist im wesentlichen dokumentiert in einem einzigen großen Handschriften-Konvolut, dem 92 Seiten umfassenden sogenannten „Homburger Folioheft". Dieses heute in den Kellern der Württembergischen Landesbibliothek in Stuttgart aufbewahrte Heft ist, wie mir scheint, dem Inhalt jener Kiste vergleichbar, die der junge Martin Walser im Kriegssommer 1942 auf dem elterlichen Dachboden öffnete: Es muß entdeckt werden. Hundert Jahre lang hatte niemand einen Versuch dazu unternommen; der erste, der das Heft ohne Ignoranz und Arroganz durchblätterte, las und transkribierte, war vor achtzig Jahren Norbert von Hellingrath, und in den Jahrzehnten darauf folgten ihm einige wenige andere Experten. Seit 1986 aber liegt eine vollständige und originalgetreue Faksimile-Ausgabe des Folioheftes vor; und damit steht seine Entdeckung allen offen, die sich darauf einlassen mögen oder darauf gestoßen werden. Immerhin findet sich die Elegie „Heimkunft", die dem jungen Walser als „Baedeker" diente, gleich zu Beginn des Konvoluts, aber nach zwei weiteren Abschriften früher entstandener Elegien löst sich die Ordnung in sich abgeschlossener Texte auf: Wer das Konvolut an einer beliebigen Stelle hinter den ersten Seiten aufschlägt, sieht sich fast überall einem heillos, ja erschreckend anmutenden Chaos kaum lesbarer Notate ausgesetzt, und es fällt schwer, irgendwo Ordnungen zu erkennen, seien es auch nur die von zu-

sammengehörigen Texten, Strophen oder Versen. Für das ganze Heft und seine
Lektüre scheint zu gelten, was Walser über die zerfledderte Cotta'sche Hölderlin-
Ausgabe sagt: „es begann mitten in einem Gedicht". Der Unterschied zu Walsers
Kiste jedoch besteht darin, daß sich in diesem Heft nichts den „Kriegervereins-
Zeitschriften" Vergleichbares findet; nichts kann von vornherein als belanglos,
überflüssig oder ärgerlich ausgesondert werden; und so ist auch nach längerem
Bemühen kaum eine Ordnung herstellbar. Die einfache Form des Gebrauchs, wie
sie der junge Walser mit der Elegie „Heimkunft" praktizierte, in der Naturbilder
in einer linearen, relativ leicht nachvollziehbaren Folge evoziert werden, ist auf
die weiteren Texte des Konvoluts kaum anwendbar.

Die folgende Untersuchung hat ihren Leitfaden in der Frage danach, welche
vermittelteren und komplizierteren Formen des ‚Gebrauchs' bei diesen Texten
möglich sind oder sogar von ihnen angeregt werden, also welche kommunikative und subjektbildende Funktion Hölderlins späte Gedichtfragmente haben
können. Zu den meisten im Homburger Folioheft entworfenen Gedichtfragmenten liegen bislang kaum nennenswerte literaturwissenschaftliche Vorarbeiten vor.
Diese Studie versucht, die Lücke für einen Teil dieses Materials zu füllen. Sie will
daher nicht nur als Versuch einer adäquaten Lektüre einiger Handschriftenseiten
verstanden werden, sondern auch als Beitrag dazu, Hölderlins späte Gedichtfragmente der zukünftigen wissenschaftlichen und nichtwissenschaftlichen Rezeption
zugänglich zu machen und damit erst die Voraussetzungen dafür zu schaffen, daß
das in den Fragmenten enthaltene kommunikative Potential wirksam werden
kann.

Allerdings ist bei dieser Konstellation von Analysegegenstand, Forschungslage
und Aufgabenstellung die Beschränkung auf eine exemplarische Auswahl von
Texten unabdingbar: Eine literaturwissenschaftliche Untersuchung des ganzen
Folioheftes würde vermutlich selbst noch die Grenzen des gesamten Lebenswer-
kes eines oder einer einzelnen sprengen, und zumal die Dimensionen eines einzigen Buches. So habe ich die Analyse auf vier aufeinanderfolgende Seiten aus
dem letzten Viertel des Konvoluts, die möglicherweise in einem wie auch immer
gearteten Zusammenhang miteinander stehen, eingegrenzt, eine Textauswahl,
die ich weiter unten noch eingehend begründen werde.

Mein Bestreben geht dahin, in der Art des Lesens der Fragmente und des Schrei-
bens darüber eine offene Lektüre durch- und vorzuführen, die das in den Texten
enthaltene Bedeutungsspektrum möglichst breit entfaltet und sich intersubjektiver Überprüfbarkeit stellt, und dabei die Gefahr der Zerfaserung des interpretierenden Diskurses in die relativistische Beliebigkeit eines *anything goes* ebenso
zu vermeiden wie die komplementäre eines Dezisionismus, der sich aus den Texten und ihren möglichen Bedeutungen nur das herauspickt, was ihm paßt, und
jede intersubjektiv nachvollziehbare Begründung dafür verweigert. Den exemplarischen Charakter der Untersuchung möchte ich indes nicht nur im systematischen, sondern auch im gegenstandsbezogenen Sinne verstanden wissen. Ich
behaupte nicht, daß mit der Analyse der Seiten 73 bis 76 des Homburger Folio-

heftes stellvertretend alles über Struktur, Inhalte und Motive des komplexen und umfangreichen Textmaterials gesagt sei, das in diesem Konvolut und in einigen anderen zwischen 1802 und 1806 von Hölderlin beschriebenen Blättern dokumentiert ist. Vielmehr vertrete ich die These, daß das Verfahren der akribischen Einzelanalyse, wie ich es hier erprobe, bei allen Gedichtfragmenten des Autors aus dieser Phase angewandt werden muß. Die Notwendigkeit und Fruchtbarkeit eines solchen Vorgehens an einem der wichtigsten Textkomplexe aus dieser Zeit zu demonstrieren, ist der Anspruch der vorliegenden Studie.

3   Zur Methode der Untersuchung

Bei dem zu interpretierenden Textmaterial handelt es sich um eine überschaubare Textmenge (wenige Handschriftenseiten), die aber in sich durch Fragmentarizität, Variantenreichtum und Unsicherheit der Textzusammenhänge sowie durch schwierige und mehrdeutige syntaktische und semantische Verknüpfungen äußerst komplex strukturiert ist. Dieser Textbestand fordert eine *intensive* Lektüre, die die Mikrostrukturen des Materials zu erfassen und verständlich zu machen versucht. Im Gegensatz etwa zum Roman „Wilhelm Meisters Lehrjahre", der eine *extensive* Lektüre nahelegt, die in der Fülle des fiktional entwickelten Materials Makrostrukturen zu entdecken versucht, kann und muß bei diesen lyrischen Entwürfen jeder einzelne Signifikant in seiner Beziehung zu seinen Kontexten und in seiner Funktion für das zunächst noch unbekannte, erst noch zu konstituierende ‚Ganze' des Textes oder der Texte verstanden werden.[16] Die von den russischen Formalisten als elementares Merkmal von Dichtung ermittelte „Selbstreferentialität der poetischen Sprache"[17] muß also bei diesem Gegenstand besonders genau beachtet werden. Das gilt augenscheinlich ungeachtet dessen, daß es sich bei den Gedichtfragmenten durch die unabschließbaren Möglichkeiten der Textkonstitution und -kombination um eine völlig offene Textmenge handelt (im Gegensatz etwa zu Mörikes Gedicht „Er ist's", in dem die einzelnen Zeichenträger in präzise und relativ eindeutige syntaktische und semantische Zusammenhänge gestellt sind). Das Material muß also möglichst vielschichtig in seinen spannungsgeladenen Zusammenhängen ebenso wie in seinem Auseinanderstreben verstanden werden.

Die von Walter Benjamin, Theodor W. Adorno und Peter Szondi entwickelten ästhetischen, poetologischen und hermeneutischen Theorien sind angesichts eines so komplizierten Befundes besonders gut als Leitlinie der methodologischen Grundlagenreflexion geeignet (ohne daß ich den Anspruch erheben möchte und könnte, mit der folgenden Abbreviatur diesen Theorien in ihrer ganzen Komplexität gerecht zu werden).

Auch für Hölderlins späte Gedichtfragmente gilt die von Adorno für den Umgang

---

[16] Zum Unterschied der Lektüren cf. Austermühl 1981, 147-153, 183-197.
[17] Austermühl 1981, 74.

mit Lyrik allgemein aufgestellte Forderung:

> Das Verfahren muß, nach der Sprache der Philosophie, immanent sein. Gesellschaftliche
> Begriffe sollen nicht von außen an die Gebilde herangetragen, sondern geschöpft werden
> aus der genauen Anschauung von diesen selbst.[18]

Diese Methode setzt sich gleichermaßen ab gegen die bloß externe Bewertung
von Kunstwerken anhand von schon vor der Interpretation gewonnenen gesell-
schaftspolitischen oder geschichtsphilosophischen Kategorien wie gegen die Fiktion eines wertfreien, allgemeinmenschlich gültigen, ,reinen' Kunstwerks, die nur
eine andere unreflektierte ideologische Konzeption von Kunst ist. Das von Adorno geforderte Interpretationsverfahren legitimiert sich aus der Einsicht in den
spezifischen gesellschaftlichen Gehalt eines jeden sprachlichen Kunstwerks, den
Adorno am Beispiel der Lyrik hervorhebt:

> Jene Allgemeinheit des lyrischen Gehalts ist wesentlich gesellschaftlich. Nur der ver-
> steht, was das Gedicht sagt, wer in dessen Einsamkeit der Menschheit Stimme vernimmt;
> ja, noch die Einsamkeit des lyrischen Wortes selber ist von der individualistischen und
> schließlich atomistischen Gesellschaft vorgezeichnet, so wie umgekehrt seine allgemeine
> Verbindlichkeit von der Dichte seiner Individuation lebt.[19]

Adornos methodische Maxime – ebenso wie Szondis hermeneutischer Grundsatz,
daß „einzig *die* Betrachtungsweise dem Kunstwerk ganz gerecht wird, welche die
Geschichte im Kunstwerk, nicht aber die, die das Kunstwerk in der Geschichte
zu sehen erlaubt"[20] – impliziert allerdings die Gefahr einer Fest-Stellung der geschichtlichen Dynamik im Kunstwerk. Eine offene Konzeption des Kunstwerks,
wie sie mit der von Walter Benjamin entwickelten methodologischen Kategorie des „Gedichteten" möglich wird, verhindert diese Fixierung. Benjamin hat
den Terminus des Gedichteten bereits 1914 in seinem frühen Hölderlin-Aufsatz
eingeführt, der nicht nur als Ausgangspunkt und erste methodische Fundierung
von Benjamins literaturkritischer Tätigkeit, sondern auch als eine der ersten
ernst zu nehmenden Auseinandersetzungen mit Hölderlins lyrischem Spätwerk
anzusehen ist. Möglicherweise hat Benjamin den Begriff des Gedichteten in der
Auseinandersetzung nicht nur mit den beiden von ihm in diesem Aufsatz interpretierten Odenfassungen „Dichtermut" und „Blödigkeit"[21], sondern auch mit
den poetologischen Schriften Hölderlins, die im wesentlichen bereits 1911 in der
zweiten Auflage der Edition Wilhelm Böhms erschienen waren, entwickelt.[22]
Tatsächlich ließe sich im einzelnen nachweisen, daß eine große Affinität zwischen
den von Hölderlin und Benjamin entworfenen Konzeptionen des sprachlichen

---

[18] Adorno GS 11, 51; cf. auch GS 7, 285.

[19] Adorno GS 11, 50.

[20] Szondi S I, 275.

[21] Die Anregung zu dieser Textauswahl hat er vermutlich durch Hellingraths Dissertation
von 1910 erhalten: „Man vergleiche nur Blödigkeit mit der ersten Fassung von Dichtermut,
wie da jede Änderung der Stelle erst volles Dasein gibt." (Hellingrath 1944, 70) Hellingrath
folgt hier noch (wie Benjamin) der in seiner eigenen Ausgabe dann revidierten Chronologie
der Fassungen aus Böhms Edition von 1905 (cf. dazu auch den Kommentar der Herausgeber
in Benjamin GS II.3, 922f.).

[22] Cf. dazu Jennings 1983, 556-558, 560, Anm. 8 und Szondi S I, 397f., Anm. 143.

Kunstwerks besteht, ohne daß sich deren jeweilige Grundbegriffe ohne weiteres zur Deckung bringen ließen.[23]

Benjamin verfolgt mit der Einführung des Begriffs des Gedichteten, den er von dem des Gedichts abhebt, die Absicht, ein rationales Sprechen und ein begründetes Urteil über Lyrik zu ermöglichen, ohne in ontologisierende Begriffe zurückzufallen.[24]

> Das Gedichtete erweist sich also als Übergang von der Funktionseinheit des Lebens zu der des Gedichts. In ihm bestimmt sich das Leben durch das Gedicht, die Aufgabe durch die Lösung. Es liegt nicht die individuelle Lebensstimmung des Künstlers zum Grunde, sondern ein durch die Kunst bestimmter Lebenszusammenhang.[25]

Deutlich wird (durch die verwirrend eklektizistische Terminologie hindurch), daß Benjamin „Leben" als gesellschaftliche Lebenswelt, nicht als subjektive oder biologische Kategorie versteht. „Leben" und „Gedicht" werden als homolog strukturierte „Funktionseinheiten" charakterisiert, wobei das Leben als „Aufgabe", das Gedicht als „Lösung" verstanden wird. Benjamin fragt also nach der Verzahnung von Struktur und gesellschaftlicher Funktion der Lyrik. Keineswegs aber hat Kunst Benjamin zufolge bloß die von der Gesellschaft an sie gerichteten Forderungen zu erfüllen, vielmehr wirkt sie prägend zurück auf die „Sphäre"[26] des Lebens: Sie bietet – in Henrichs Ausdrucksweise – Orientierung „für die Selbstverständigung einer Lebensmöglichkeit"[27]. Die Kategorie des Gedichteten ermöglicht es also, die Wechselwirkung zwischen Leben und Gedicht begrifflich zu erfassen. Das Gedichtete wird erfaßt, indem man zunächst das feste Gefüge des Gedichts dadurch auflockert, daß man von einzelnen seiner Elemente absieht[28], um in einem zweiten Schritt „die Intensität der Verbundenheit der anschaulichen und geistigen Elemente nachzuweisen"[29], wobei sich zeigt, daß die „Elemente" nichts anderes als „Beziehungen"[30] sind. Aus dieser Operation läßt sich bereits ein Wertmaßstab für das Gedicht ableiten: Gedichte, als deren Ge-

---

[23] Der entscheidende Unterschied scheint mir darin zu liegen, daß Hölderlins Modelle von der Entstehung und vom Aufbau eines ‚Gedichts' (ein Terminus, den er im übrigen für sprachliche Kunstwerke aller Genres verwendet) im Gegensatz zu denen Benjamins fast immer triadisch sind. So unterscheidet er in der Terminologie des Fragments „Wenn der Dichter einmal des Geistes mächtig ist ..." (‚Von der Verfahrungsweise des poëtischen Geistes') beispielsweise – vereinfacht dargestellt – zwischen „Stoff", „Form" und „Gehalt" (cf. dazu Reisinger 1979). Benjamins Darstellung dagegen baut auf der Dualität zwischen Gedicht und Gedichtetem auf. Es wäre zu untersuchen, ob dieser Unterschied als Indiz dafür zu werten ist, daß Hölderlins Konzept, aber nicht mehr das Benjamins, noch der idealistischen Philosophie verpflichtet ist, und inwieweit dennoch nicht nur eine Vereinbarkeit, sondern auch eine wechselseitige ‚Übersetzbarkeit' beider Poetiken gegeben ist. Die Forschung zu diesen Problemen steckt noch in den Anfängen (cf. Groddeck 1976; Jennings 1983; Dörr 1988, 123-125).

[24] Cf. Benjamin GS II.1, 108.

[25] Benjamin GS II.1, 107.

[26] Benjamin GS II.1, 107.

[27] Henrich 1986, 190, Anm. 12.

[28] Cf. Benjamin GS II.1, 106.

[29] Benjamin GS II.1, 108.

[30] Benjamin GS II.1, 108.

dichtetes sich umstandslos das Leben selbst erweist (man denke an Gebrauchslyrik oder simple Formen politischer Lyrik), sind unbedeutend[31]; je größer jedoch der Spannungsbogen des zwischen Leben und Gedicht vermittelnden Gedichteten, je komplexer seine Struktur ist, desto produktiver und damit bedeutender ist das Gedicht. Benjamin zeigt in seinem „ästhetische[n] Kommentar"[32], daß diese in sich hochdifferenzierte Einheit des Gedichteten in Hölderlins Ode „Dichtermut" noch nicht erreicht ist, wohl aber in deren späterer Umarbeitung „Blödigkeit".

Benjamin zeichnet in seiner Theorie des Gedichteten ein Verfahren vor, in dem Nähe und Ferne der Interpretation zum Text ein dynamisches Gleichgewicht eingehen, ohne daß der Unterschied der Blickwinkel eingeebnet würde.[33] Denn dieses Verfahren ist sowohl mimetisch (sich an die Strukturen des Textes anpassend) wie konstruktiv (diese Strukturen aus dem Klang- und Erscheinungsbild des Textes erst heraussetzend).[34] Zugleich wird die Immanenz des Textes durchbrochen, indem in seiner Textur selbst nach seiner gesellschaftlichen Funktion gesucht wird.

Benjamin hat in seinem Hölderlin-Aufsatz eine literaturwissenschaftliche Interpretationsmethode skizziert, die dem dichten Textgefüge von Gedichten, und insbesondere denen Hölderlins, gerecht zu werden vermag. Seine exemplarische Interpretation der beiden Odenfassungen ist eine überzeugende Umsetzung dieses Programms. Allerdings kann sie, wie neuere Forschungsbeiträge zeigen[35], teleologisch mißverstanden werden. Auch wenn man indes daran festhält, daß mit dem Begriff „zunehmender dichterischer Reife"[36] weder Hölderlins Spätwerk adäquat charakterisiert noch Benjamins Interpretation von „Blödigkeit" überzeugend zusammengefaßt ist, bleibt die Tatsache bestehen, daß Benjamin das Gedichtete von „Blödigkeit" als eine – wenngleich prekäre – höchste Stufe auszeichnet, als „Identität des Bestimmenden mit dem Bestimmten"[37], die in „Dichtermut" noch nicht erreicht sei. Damit stellt sich das Problem, wie ein solches Verfahren auf fragmentarische Texte angewendet werden kann, will man sie nicht von vornherein als Dokumente des Scheiterns, des Zerfließens des Spannungsbogens des Gedichteten, abqualifizieren: Auch bei Gebilden dieser Art muß nach dem Gedichteten gefragt werden, wenn man nicht die Auffassung vertritt, daß

---

[31] Cf. Benjamin GS II.1, 107.

[32] Benjamin GS II.1, 105. Zusätze in eckigen Klammern innerhalb von Zitaten stammen hier und im folgenden immer von mir, unabhängig davon, ob es sich um einzelne Buchstaben (wie im vorliegenden Fall) oder um Wörter handelt. Auslassungen einzelner Buchstaben sind durch [ ], Auslassungen ganzer Wörter, Syntagmen oder Sätze durch [...] gekennzeichnet.

[33] Zu Nähe und Ferne in Benjamins Hermeneutik cf. Thierkopf 1979.

[34] Cf. dazu auch Geier 1983, 158-172, bes. 162f.

[35] Cf. Alt 1987 und 1988.

[36] Alt 1988, 123.

[37] Benjamin GS II.1, 114.

Gedichtfragmente nichts als ein Konglomerat atomisierter Zeichen sind:

> Die Methode verlangt, von Verbundnem von Anfang an auszugehen, um Einsicht in die Fügung zu gewinnen.[38]

Das Textmaterial in sich ermöglicht allerdings eine kaum überschaubare Vielzahl von Kombinationen, so daß die „Fügung" des Gedichteten nur mehr als Schwebezustand zwischen den vielfältigen Verknüpfungen verstanden werden kann. Daher muß stärker noch, als Benjamin das tut, die Verbundenheit der Textelemente untereinander zunächst als subjektive hermeneutische Kategorie aufgefaßt werden, die erst im nachhinein auf dem Wege intersubjektiver Überprüfung verbindlichere Geltung erlangen kann. Ebenso prekär und unverzichtbar wie die Erarbeitung der die textuelle Immanenz durchbrechenden Struktur der Fragmente ist die Frage nach ihrer gesellschaftlichen Funktion, die in Benjamins Konzept des Gedichteten als „Begriff" der „Aufgabe"[39] bereits mitgedacht ist. Benjamin entwickelt seine Idee der „Identität"[40] des Gedichts, in der alle Elemente sich aufgelöst haben in ein dynamisches Gleichgewicht von Funktionen[41], allerdings am auf prekäre Weise ‚vollendeten' Gedicht „Blödigkeit", und es wäre allererst zu prüfen, inwieweit sie übertragbar ist auf die zugleich rauheren wie fließenderen Fügungen der Gedichtentwürfe aus dem Homburger Folioheft.

Es zeigt sich also, daß Benjamin in seinem frühen Aufsatz zwar bereits Maßstäbe für einen zugleich mimetisch-konstruktiven und funktionanalytischen Zugang zu poetischen Texten entwickelt, die heute noch Gültigkeit beanspruchen können, daß seine im Hölderlin-Aufsatz entwickelte Poetik und Hermeneutik jedoch noch einige Leerstellen aufweist, durch die die Anwendung der Theorie des Gedichteten auf die Analyse von Hölderlins späten Gedichtfragmenten erschwert wird: Zum einen fehlt in diesem Ansatz eine Theorie des Fragments bzw. eine Reflexion auf das Verhältnis von Kunstwerk/Text/Gedicht und Fragment, zum anderen ist der Begriff der „Aufgabe" gesellschaftlich-historisch zu unspezifisch, als daß er als Leitlinie für eine Interpretation dienen könnte, die nach der heutigen kommunikativen Funktion, dem Gebrauchswert dieser Fragmente fragt.

In seinen späteren Arbeiten hat Benjamin seinen im Hölderlin-Aufsatz erst in nuce enthaltenen und noch von einer esoterischen Terminologie überdeckten Grundansatz entfaltet und dabei die Defizite seiner frühen Literaturtheorie beseitigt. So gelingt es ihm zunehmend präziser, die Kunstwerke in ihrer Interaktion mit der Gesellschaft und mit den sich im Verlauf der Wirkungsgeschichte verändernden geschichtlichen Rahmenbedingungen zu verstehen: In der ‚Erkenntniskritischen Vorrede' zu seinem Buch über den „Ursprung des deutschen Trauerspiels" skizziert er eine Konzeption der Wirkungsgeschichte von Kunst, die auf der Annahme einer Affinität zwischen der jeweiligen Gegenwart und einer bestimmten Epoche der Vergangenheit beruht.[42] In seinen darauf folgenden Wer-

---

[38] Benjamin GS II.1, 111.
[39] Benjamin GS II.1, 106.
[40] Benjamin GS II.1, 112.
[41] Cf. Benjamin GS II.1, 108, 112.
[42] Cf. Benjamin GS I.1, 234-236. Eine frühe Form seiner Wirkungstheorie entwickelt Benja-

ken, beispielsweise im Baudelaire-Buch und im nachgelassenen Passagen-Werk sowie in den Thesen „Über den Begriff der Geschichte", unternimmt Benjamin eine – aufgrund der geschichtlichen Erfahrung des Scheiterns aller linearen und teleologischen Vorstellungen vom gesellschaftlichen Fortschritt notwendig gewordene – Neufundierung der marxistischen Geschichts- und Kunsttheorie. In dieser Werkphase rückt Benjamin deutlicher als zuvor das Moment des Bruchs, der Gewaltsamkeit der theoretischen Arbeit in den Vordergrund:

> Daß der Gegenstand der Geschichte aus dem Kontinuum des Geschichtsverlaufs herausgesprengt werde, das wird von seiner monadologischen Struktur gefordert. Diese tritt erst am herausgesprengten Gegenstand zu Tage. Und zwar tut sie das in Gestalt der geschichtlichen Auseinandersetzung, die das Innere (und gleichsam die Eingeweide) des historischen Gegenstandes ausmacht und in die sämtliche historischen Kräfte in verjüngtem Maßstabe eintreten.[43]

Wenn der geschichtliche Gegenstand (und insbesondere, wie Benjamin klarstellt, das Kunstwerk) aus der Kontinuität des Vergangenen „herausgesprengt" werden muß, um adäquat verstanden und angeeignet werden zu können, so ist er per se ein Bruchstück, ein Fragment, das kein Ganzes als Pendant mehr hat, da die Einheit des vergangenen geschichtlichen Verlaufs diesem Geschichtsmodell zufolge zerfallen ist in ihre isolierten Elemente, die zu der jeweiligen Gegenwart in immer wieder neue Beziehungen treten. Der in der klassizistischen Ästhetik zentrale Unterschied zwischen einem ‚vollendeten' und einem ‚unvollendeten', bruchstückhaften Kunstwerk wird also in Benjamins später, geschichtsphilosophisch fundierter Poetik und Hermeneutik zu einer Quantité négligeable.[44] Diese Konzeption ist daher in diesem Punkt noch weit mehr als die frühe, im Hölderlin-Aufsatz entwickelte, zur Fundierung einer Untersuchung geeignet, die es mit fragmentarischen poetischen Texten zu tun hat.

Damit ist allerdings die Frage noch nicht beantwortet, wie die von Benjamin entlehnte mimetisch-konstruktive Methode auf das fragmentarische Material von Hölderlins lyrischem Spätwerk *konkret* anzuwenden ist; und auch Benjamins späte Schriften bieten zum Umgang mit fragmentarischen Texten keine methodische Leitlinie an. Beim Versuch, sich Hölderlins Gedichtfragmenten anzunähern, sieht man sich darüber hinaus zunächst mit einem grundlegenden editorischen

---

min bereits im Vorwort zu seinen Baudelaire-Übersetzungen, „Die Aufgabe des Übersetzers" (1923; GS IV.1, 9-21, hier 10-13).

[43] Benjamin GS V.1, 594. Es kann als Indiz für die zentrale Bedeutung der Auseinandersetzung mit Hölderlins Poetik auch noch in Benjamins Spätwerk gewertet werden, daß hierin ein kryptisches Hölderlin-Zitat enthalten ist: Der Dichter müsse – so Hölderlin in den „Anmerkungen zur Antigonä" – „die Welt im verringerten Maasstab" (FHA 16, 421, Z. 15) darstellen.

[44] Im Ansatz findet sich dieser Gedanke auch schon in Benjamins wenige Jahre nach dem Hölderlin-Aufsatz entstandener Dissertation, in der er die frühromantische Konzeption der Kritik eines Kunstwerks als „Methode seiner Vollendung" (GS I.1, 69) rekonstruiert. Damit erweist sich jedes Kunstwerk als per se fragmentarisch, und der Unterschied zwischen unfertigen und abgeschlossenen Dichtungen bleibt bestenfalls als gradueller bestehen. Cf. in diesem Zusammenhang auch die Ausführungen zur „immanenten Kritik" (77f.). Die grundlegende Bedeutung von Benjamins völlig neuartiger Rezeption der Frühromantik für die Herausbildung der ästhetischen Moderne im deutschen Sprachraum zeigt Bohrer (1989, 25-38) auf.

Problem konfrontiert: Eine überzeugende, die Polyfunktionalität der Elemente berücksichtigende Textkonstitution der meisten im Homburger Folioheft entworfenen Texte liegt noch nicht vor; sie muß also in einem ersten Schritt der folgenden Untersuchung erarbeitet werden.

Um angesichts eines so komplizierten handschriftlichen Befundes und der ebenso komplizierten Verfahren, die zur Erschließung dieses Befundes nötig sein werden, begriffliche Konfusionen zu vermeiden, ist es notwendig, das Verhältnis zwischen den Begriffen *Text* und *Handschrift* möglichst präzise zu fassen. Die Voraussetzungen dafür sind von der neueren Texttheorie und Editionsphilologie erarbeitet worden:

> Handschriften und Drucke sind allein die Überlieferungsträger, die ‚Zeugen‘; sie stellen die Grundlage der Herstellung von Texten dar, aus ihnen konstituiert der Herausgeber aufgrund der Deutung des ihm vorliegenden Materials den Text: Nicht allein die Herstellung des sog. ‚edierten Textes‘, sondern jede editorische Aufbereitung des im Zeugen enthaltenen Materials ist – im Sinne des hier entwickelten Textbegriffs – ‚Textkonstitution‘.[45]

Jeder *Text* ist – so läßt sich diese Einsicht zusammenfassen – *Interpretation einer Handschrift* (oder, was bei dem vorliegenden Material nicht so relevant ist, eines Druckes).[46] Schon in das Entziffern, in das über die bloße Faksimilierung hinausgehende Wiedergeben (etwa durch eine typographische Umschrift) und in die Beschreibung oder Darstellung einer Handschrift gehen also unvermeidlich subjektive Annahmen und Deutungsmuster der Editorin oder des Editors ein, um so mehr natürlich in die Rekonstruktion der Textgenese und in die Textkonstitution. Ich versuche diesen Erkenntnissen im folgenden dadurch Rechnung zu tragen, daß ich das in Hölderlins Handschriften vorfindliche Material zur Grundlage meiner Untersuchung mache und daraus vorschlagsweise einen Text konstituiere, auf den sich meine Interpretation vorrangig bezieht. Meine Darstellung bewegt sich also auf zwei Ebenen: Die Konstitution errichtet auf der Basis der Handschrift ein zweites Niveau, den Text. Dieser ist die primäre Bezugsebene der Interpretation, die aber an vielen Stellen immer wieder auf das Basisniveau der Handschrift hinabstoßen muß. Versuchte die Interpretation nämlich, an der auf den ersten Blick chaotisch anmutenden Zeichenmenge der Handschrift unmittelbar anzusetzen, würde sie Gefahr laufen, sich in die unüberschaubaren Einzelheiten zu verlieren, und es wäre kaum kommunizierbar, wovon jeweils die Rede ist. Die textkritischen Überlegungen hören jedoch mit der Textkonstitution nicht auf, sondern greifen immer wieder in die Interpretation des fragilen konstituierten Textes ein. Andererseits kann auch die Textkritik nicht von interpretatorischen Vorannahmen ‚gereinigt‘ werden. Die Phasen der Konstitution

---

[45] Martens 1989, 13f.

[46] Ich bezeichne das in den Manuskripten Vorfindliche auch als *(handschriftlichen) Befund* oder *(handschriftliches) Material*. Wenn ich vom *Textmaterial* oder der *Textur (des Materials)* spreche, möchte ich damit akzentuieren, daß es sich bei dem in den Handschriften Entworfenen nicht um eine zufällige, chaotische Ansammlung von Zeichen handelt, sondern um ein strukturiertes Material, das auf Textualität hin angelegt ist, das es also erforderlich macht, aus ihm Texte herauszulesen und zu konstituieren.

und der Interpretation der Gedichtfragmente sind also nur durch das jeweils anders gewichtete Verhältnis textkritischer und interpretatorischer Gedankengänge voneinander unterschieden.

Die zweite Präzisierung, die die Editionstheorie der letzten Jahre in bezug auf den Textbegriff erbracht hat, betrifft das Verhältnis von *Text* und *Fassung*. Im Gegensatz zu der traditionellen (etwa von Friedrich Beißner und Herbert Kraft vertretenen) Auffassung, derzufolge ein Text ein „einheitliches, in sich abgeschlossenes Sprachgebilde und damit [...] etwas Feststehendes"[47] ist, wird heute mehr und mehr „Text als Komplex aller zu einem Werk gehörenden Fassungen und Abweichungen verstanden"[48]:

> Varianten konstituieren demnach nicht verschiedene Texte, sondern verschiedene Fassungen eines Textes; der Prozeß der Veränderungen – soweit in der Überlieferung dokumentiert – ist somit in diesem Textbegriff mit eingeschlossen, die dynamische Charakteristik gehört zum Wesen des Textverständnisses.[49]

Bei Hölderlins späten Gedichtfragmenten sind Fassungen nur in den wenigsten Fällen in dem Sinne vorhanden, daß ein Text in abweichenden Fassungen auf verschiedenen Zeugen überliefert ist; vielmehr sind die meisten Fragmente nur ein einziges Mal handschriftlich entworfen (bzw. überliefert) worden, allerdings mit einer Fülle von Ergänzungen, Korrekturen und Umarbeitungen, also von *Varianten*[50]. Dennoch ist auch bei diesem Material vielfach versucht worden, mehrere relativ selbständige Textfassungen aus der Handschrift herauszulösen. Dieses Verfahren ist nicht nur generell editionsphilologisch nicht haltbar, sondern verfehlt insbesondere die spezifischen Gegebenheiten des vorliegenden Befundes. Meine Textdarstellung ist demgegenüber geleitet von der heuristischen Annahme, daß prinzipiell alles auf einer Handschriftenseite vorfindliche Material mitsamt allen Abweichungen und Umformungen einem Text oder zumindest einer Gruppe von Texten zugeordnet werden kann:

> Verworfenes ist nicht getilgt.
> Ändern – nicht unter dem einengenden Blickwinkel des Verbesserns oder Verschlechterns betrachtet – ist ein sukzessives Entfalten von Möglichkeiten, die einander nicht auszuschließen brauchen. Die spätere Textstufe ist nicht immer zwingend der Ersatz der früheren, sondern beide können gleichwertig nebeneinander stehen. Keine von beiden ist dann der Text, wohl aber beide zusammen. [...]
> Der Text als Fragment ist nicht das, was als letzte Stufe seiner Entwicklung stehen

---

[47] Martens 1989, 3.

[48] Martens 1989, 3. Zur theoriegeschichtlichen Entwicklung dieses Textbegriffs cf. Martens 1984, bes. 404-408.

[49] Martens 1989, 3.

[50] Als *Variante* bezeichne ich – im Einklang mit der von Siegfried Scheibe eingeführten editionswissenschaftlichen Terminologie (cf. Scheibe 1971, 10 und 36; Martens 1989, 2f., Anm. 4) – eine Abweichung innerhalb der Handschrift. Dagegen verstehe ich den Begriff *Lesart* im wörtlichen Sinne als Art, etwas zu lesen, als nicht autorisierte Interpretation eines Befundes (beispielsweise durch frühere Editoren). Synonym damit verwende ich den Begriff *Version*. Wo es um bloße Entzifferung geht, spreche ich auch von *Lesung*. Beißners „Lesarten"-Apparat in der StA ist also nach dieser Terminologie (jedenfalls überwiegend) ein Verzeichnis von Varianten.

bleibt, sondern alles, was er als sich ändernder je gewesen ist. Alle durchlaufenen Phasen der Veränderung sind, zusammen gelesen, als der irgendwann abgebrochene Vorgang der Erprobung von Möglichkeiten, der fragmentarische Text.[51]

Eine von diesen Einsichten getragene Verfahrensweise fragt danach, inwieweit alle auf einer Handschriftenseite (oder sogar auf mehreren aufeinanderfolgenden Handschriftenseiten) notierten Textsegmente zusammengehören, und zwar nicht, indem sie sich einem ‚Ganzen' des Textes subordinieren, sondern indem sie sich in ihrer Alterität aufeinander beziehen oder zueinander gruppieren lassen. Eine solche Verfahrensweise läuft nicht Gefahr, die Ganzheit eines Textes zu hypostasieren oder aber abstrakt zu negieren, da sich die spezifische Struktur des Zusammenhangs der Elemente erst im Zuge von deren Analyse herauskristallisiert. Ob ein Text abgeschlossen, durchkomponiert, vollendet oder aber unvollendet, bruchstückhaft, gescheitert ist, spielt für das analytische Vorgehen keine Rolle, sondern kann bestenfalls am Ende der Untersuchung festgestellt werden.[52]

Allerdings bringen diese methodologischen Prämissen nicht nur auf dem Gebiet der Textkonstitution, sondern auch auf dem der Interpretation Darstellungsprobleme mit sich, die bei einem Textmaterial dieses Komplexitätsgrades unvermeidlich sind, will man nicht ein äußerliches Strukturprinzip gewaltsam auf den Text anwenden. Die hermeneutische Grundforderung an jede literaturwissenschaftliche Textanalyse, die Lektüre der Einzelstellen und die des ganzen Textes ineinandergreifen zu lassen, läßt sich bei diesem Material, bei dem die Konturen des ‚Ganzen' wie des ‚Einzelnen' gar nicht ohne weiteres auszumachen sind, nicht problemlos erfüllen: Die hergebrachte Vorgehensweise, ein Gedicht Strophe für Strophe, Vers für Vers durchgehend zu interpretieren, eine Methode, die sehr genau und gut nachvollziehbar die syntagmatischen Zusammenhänge zu erhellen erlaubt, ist hier nur bedingt praktikabel und nicht ausreichend, denn auf diesen Seiten sind nicht einmal die verschiedenen Entwürfe, geschweige denn deren Strophen eindeutig voneinander abhebbar.[53] Hier muß der Nachvollzug des *syntagmatischen Nacheinanders* von Versen und Strophen (ich spreche, sofern sich eine solche Abfolge relativ eindeutig erkennen läßt, vom *linearen Textzusammenhang*) also immer wieder durchkreuzt werden von der Rekonstruktion des *paradigmatischen Nebeneinanders* der Varianten und der verschiedenen, zum Teil

---

[51] Frey 1990, 76f. Frey fundiert diese Thesen in seiner Vorstellung des ‚unendlichen Textes': „Die Tradition ist der unendliche Text, dessen Teile die Texte sind." (Ibd., 9)

[52] Frey hält die Fragmentarizität sogar für ein Charakteristikum jedes Textes: „Während aber die Unabgeschlossenheit beim der Absicht nach fertigen Text diskret bleibt und übersehen werden kann, ist sie beim Fragment flagrant. Das Fragment zwingt zur Auseinandersetzung mit der Endlosigkeit. [...] Das Ende als Ziel – als Vollendung – gibt es nicht. Aufhören ist Abgebrochenwerden. [...] Diese unkontrollierbare Gewaltsamkeit des Endes sucht sich der Autor zu eigen zu machen, der sein Werk abschließt, indem er Unzugehöriges ausschließt. Aber jeder derartige Schluß trifft den Text als Gewalt von außen, wie der Tod seinen Autor. Der Akt, der den Text abschließt, liefert ihn gerade dem aus, was ausgeschlossen werden soll: dem Äußeren. Das Fragment macht diese Aussetzung des Textes aus sich selbst sichtbar, indem es in die endgültige Unabschließbarkeit klafft." (Frey 1990, 11f.)

[53] Cf. grundsätzlich hierzu Nägele 1980, 68.

ineinandergeschriebenen, voneinander aber unabhängigen und nicht als Haupt-
und Nebentexte hierarchisierbaren Entwürfe in der Handschrift.[54] Das Ineinander räumlicher und zeitlicher Ordnungen, das Benjamin als Charakteristikum
des Gedichteten von „Blödigkeit" herausgearbeitet hatte („so wohnt der be-
schreitbaren Ordnung der Wahrheit selbst die intensive Aktivität des Ganges
als innere plastisch zeitliche Form ein"[55]), begegnet den Leserinnen und Lesern hier unmittelbar auf der materialen Ebene des handschriftlichen Befundes, aus dem ein oder mehrere konstituierte Texte nur heuristisch herauszulösen
sind.[56] Ein mehrdimensionales Verfahren der Darstellung, das zwischen Handschrift und Text, zwischen Abfolge und Nebeneinander hin- und herspringt, ist
angesichts dieser Textlage unabdingbar. Dennoch läßt sich das Darstellungspro-
blem nicht grundsätzlich, sondern immer nur im Einzelfall und versuchsweise
lösen: Es könnte so scheinen, als müßte der analytische Diskurs, um seinem Gegenstand in dessen ganzer Komplexität gerecht zu werden, sich dessen Textur
vollkommen anschmiegen, dessen Gestalt annehmen, also z. B. in den gleichen
topologischen Verhältnissen angeordnet sein. Denkbar wäre eine als eine Art Zet-
telkasten oder Steckbrett organisierte Form der Kommentierung; so ließe sich zu
jeder Stelle des Gedichts der zugehörige Kommentar leicht finden, entnehmen
und zu dem auf die Nachbarstellen oder auch auf entlegenere Punkte bezogenen
in Beziehung setzen.

Demgegenüber ist die Notwendigkeit zu betonen, daß die analytische Darstellung eine eigene Logik entwickelt und ihr folgt, sich also den Strukturen des zu
interpretierenden Textes nicht bedingungs- und widerstandslos unterwirft, sondern sich von ihnen löst und ihnen als ein Anderes gegenübertritt. Nur eine solche Entgegensetzung macht die *Rekonstruktion* der Gedichte möglich, während
das skizzierte alternative Verfahren beim bloßen *Nachvollzug* stehen bliebe und
damit wenig zur Entfaltung des in den Texten enthaltenen kommunikativen
Potentials beitrüge. Wie schon für die Textkonstitution ist auch für die interpretierende Rekonstruktion ein untersuchendes Subjekt unabdingbar, das sich
zu seiner Subjektivität bekennt und sie nicht hinter ohnehin unhaltbaren objektivistischen Ansprüchen zu verstecken versucht.[57]

Die Unverzichtbarkeit des subjektiven Moments der Textinterpretation bedeutet jedoch nicht, daß es notwendig wäre, von vornherein jedwede Interpretation
für möglich zu erklären, das heißt die Unterscheidung zwischen richtigem und
falschem Textverständnis völlig zu suspendieren. Damit würde die literaturwissenschaftliche Interpretation zu einer subjektiven Erzählung über literarische

---

[54] Mit einer analogen Problemlage bei aus den Notizheften extrahierten Erzählungen Kafkas
setzt sich Gerhard Neumann (1982) auseinander.

[55] Benjamin GS II.1, 115.

[56] Um diese Verwobenheit der Ordnungen zum Ausdruck zu bringen, spreche ich auch von
Textkomplexen.

[57] Damit setze ich mich dezidiert gegen ein objektivistisches Verständnis von literaturwissenschaftlicher Texinterpretation ab, wie es vehement etwa Roland Reuß seiner Lektüre von
„Andenken" und „Mnemosyne" zugrunde gelegt hat; cf. Reuß 1990, 84-88.

Texte neben beliebigen anderen und würde ihre spezifischen Kompetenzen und Geltungsansprüche aufgeben. Ein kommunikativer Wahrheitsbegriff[58], der eine Verbindlichkeit ermöglicht, die zwar jederzeit revidierbar ist, aber doch zu einem konkreten Zeitpunkt Halt und Orientierung bietet, kann dazu beitragen, das Dilemma zwischen Objektivismus und Relativismus zu vermeiden, denn in diesem normativen Rahmen können Alleinvertretungsansprüche auf die richtige Interpretation abgebaut werden, ohne daß damit die literaturwissenschaftliche Kompetenz nivelliert würde, das Feld für das Verständnis eines Textes vorläufig abzustecken und die Voraussetzungen dafür zusammenzutragen. In diesem Sinne verstehe ich meine folgenden Interpretationen als Öffnung eines Bedeutungsspektrums, das prinzipiell unabschließbar ist und durch neue Rezeptionsakte erweitert oder auch verschoben werden kann. Ich plädiere also für eine Art Arbeitsteilung zwischen der literaturwissenschaftlichen Interpretation und der nichtakademischen Lektüre. Diese Arbeitsteilung muß aber an jedem einzelnen Punkt revidierbar sein: In der Literaturwissenschaft werden die Voraussetzungen für das Verständnis literarischer Texte erarbeitet; sie macht Vorschläge, wie die Texte verstanden werden können, und meldet Bedenken gegen Interpretationen an, die aus nachvollziehbaren Gründen als inkonsistent angesehen werden müssen. In der breiten Rezeption – vermittelt über Fachdidaktik und Vermittlungspraxis – werden diese Vorschläge geprüft und genutzt für den eigenen Zugang zu den literarischen Texten. Dabei können in der breiten Rezeption immer wieder Impulse entstehen, die die Literaturwissenschaft zur Revision ihrer interpretatorischen Grenzziehungen nötigen: Je mehr Menschen die Texte lesen, um so größer wird die Chance, diese durch eine Vielzahl neuer Ideen zu erhellen; und diese Ideen können und sollten auf die literaturwissenschaftliche Interpretationspraxis zurückwirken.

Erst in dieser Zusammenarbeit von professioneller und nichtprofessioneller Rezeption – so meine These – können Hölderlins so komplexe wie fragile späte Gedichtentwürfe heute endlich die Funktion entfalten, die in ihnen angelegt ist, nämlich wichtige Beiträge zur Selbstverständigung sowohl der einzelnen Leserinnen und Leser als auch von Gruppen von Rezipierenden zu leisten. So kann es vielleicht gelingen, die „byzantinischen Mosaiken"[59] von Hölderlins späten Gedichtfragmenten in den Diskursen heutiger Rezipientinnen und Rezipienten zu beschreiben oder gar zum Leuchten zu bringen.

4 Hölderlins explizite und implizite Poetik

Hölderlin hat parallel zu seiner poetischen Produktion in Briefen und Aufsatzentwürfen sowie in Anmerkungen zu seinen Übersetzungen eine differenzierte poetische Theorie entwickelt. Aber auch seine Dichtungen selbst enthalten mögli-

---

[58] Cf. dazu Habermas 1982, 123-136 und 1984, 127-183.
[59] Benjamin GS II.1, 116.

cherweise poetologische Implikationen. Ich unterscheide daher – in Anlehnung an Emery Edward George[60] – zwischen einer *expliziten* und einer (erst noch zu belegenden) *impliziten* Poetik bei Hölderlin.[61] Die Leistungsfähigkeit von Hölderlins Poetologie für das heutige Verständnis seiner späten Gedichtfragmente soll im folgenden geprüft werden.

Literatur ist für Hölderlin untrennbar von den jeweiligen politischen Verhältnissen der Gegenwart: An dieser Grundüberzeugung hält er (mindestens) bis zu seiner Zwangseinlieferung ins Tübinger Clinicum im September 1806 fest, so rasant sich auch die politische Situation in Südwestdeutschland und Europa in den wenigen Jahren seit Beginn der Französischen Revolution verändert und so sehr er auch die besondere Ausgestaltung des Verhältnisses von Literatur und Politik in seinen während dieser Zeit entstandenen poetologischen Entwürfen modifizieren muß. Ich kann im Rahmen dieser Arbeit keine umfassende Darstellung dieser Entwicklung liefern, sondern greife nur skizzenhaft einige wenige Stellungnahmen des Autors heraus, an denen bereits Problempunkte seiner Konzeption hervortreten, die bei seinen späten Gedichtprojekten virulent werden.

Ich setze mit einigen während des ersten Homburger Aufenthalts (1798-1800) entstandenen Texten ein: In einer Phase persönlicher Resignation (nach der Trennung von Susette Gontard) und politischer Ungewißheit (über die Konsequenzen der Entwicklungen in Frankreich – Zusammenbruch des Direktoriums, Beginn der napoleonischen Herrschaft – und der Koalitionskriege für die Zukunft Europas und insbesondere die Freiheitsbestrebungen im Südwesten Deutschlands) scheint Hölderlin hier die Ruhe zu finden für eine umfangreiche dichterische Produktion, in deren Verlauf er den Roman „Hyperion" abschließt und das Tragödienprojekt „Empedokles" nach mehreren Ansätzen aufgibt, um sich auf die Lyrik zu konzentrieren; mit der ersten Hymne in freien Rhythmen „Wie wenn am Feiertage ..." kann der Beginn seines Spätwerks angesetzt werden.[62] Grundlegend für diese poetische Tätigkeit sind die sich in dieser Zeit ebenfalls konzentrierenden poetologischen Reflexionen Hölderlins.

In dem berühmten Brief an seinen Halbbruder Karl Gok von der Jahreswende 1798/99 (Nr. 172, StA VI.1, 301-307[63]) entwirft Hölderlin eine umfassende Ana-

---

[60] „Hölderlin's Transition From Written To Implied Poetics" (George 1973, 12).

[61] Gunter Martens hat in der exemplarischen Analyse der Entwurfsstufen von Georg Heyms Gedicht „Die Menschen stehen vorwärts in den Straßen ..." ebenfalls eine sich im Verlauf des Entstehungsprozesses herauskristallisierende immanente Poetik des Textes herausgearbeitet – und das bei einem Autor, der kaum explizite poetologische Reflexionen hinterlassen hat: „Diese Heymsche Poetik ist vom Dichter gewiß nicht explizit ausformuliert worden, er war sich ihrer wohl kaum bewußt, immanent wirkt sie jedoch als konstitutives Moment der Textproduktion." (Martens 1987, 265) – Die Unterscheidung findet sich im übrigen auch bei Hans Blumenberg, der von der „exogene[n] Poetik des Autors" die „immanente Poetik" eines Werks abhebt (Blumenberg 1981, 139). Cf. ergänzend auch die übrigen Beiträge des Sammelbandes (Iser 1966), in dem Blumenbergs Aufsatz zuerst veröffentlicht wurde.

[62] Cf. Szondi S II, 289-314.

[63] Alle im folgenden zitierten Stellen aus diesem Brief entstammen dessen zweitem Teil, der mit dem Datum des 1.1.1799 versehen ist.

lyse der politischen und geistigen Situation der Zeit in Deutschland. Hier wird deutlich, daß er Politik nicht eindimensional als revolutionäres Handeln gegen bestehende Machtverhältnisse begreift, sondern die allgemeine Bedürfnis- und Stimmungslage in der breiten Bevölkerung in seine Überlegungen einbezieht. Bei den Deutschen diagnostiziert er „bornirte Häuslichkeit" sowie „Mangel an Elasticität, an Trieb, an mannigfaltiger Entwiklung der Kräfte" (StA VI.1, 303, Z. 52 und 60f.). Sei in der Antike „Innigkeit in einzelnen Karakteren und Verhältnissen" (ibd., Z. 73f.) zu finden gewesen, so könne bei den Deutschen „ohne Allgemeinsinn und offnen Blik in die Welt auch das individuelle, jedem eigene Leben nicht bestehen" (ibd., Z. 68f.). Damit werde die „Bildung unserer Nation" (StA VI.1, 305, Z. 119), insbesondere die Auseinandersetzung mit aktueller politischer und philosophischer Literatur, zur unabdingbaren Voraussetzung politischer Veränderungen. Dabei müsse die bisherige Vernachlässigung der Kunst und insbesondere der Poesie überwunden werden: Ihre „anspruchlose Außenseite" (ibd., Z. 126f.) verführe dazu, sie nur als „Spiel" (ibd., Z. 129), als Mittel der „Zerstreuung" (ibd., Z. 131f.) anzusehen. Ihrer „wahren Natur" (ibd., Z. 133) nach könne sie aber geradezu das Gegenteil bewirken:

> Denn alsdann sammelt sich der Mensch bei ihr, und sie giebt ihm Ruhe, nicht die leere, sondern die lebendige Ruhe, wo alle Kräfte regsam sind, und nur wegen ihrer innigen Harmonie nicht als thätig erkannt werden. Sie nähert die Menschen, und bringt sie zusammen, nicht wie das Spiel, wo sie nur dadurch vereiniget sind, daß jeder sich vergißt und die lebendige Eigentümlichkeit von keinem zum Vorschein kömmt.
>
> (Ibd., Z. 133-139)[64]

Hölderlin setzt sich in diesem Brief nicht nur von Schillers Diktum ab, der Mensch sei nur da ganz Mensch, wo er spiele[65], sondern auch von Friedrich Schlegels berühmtem Athenäumsfragment 216 (erschienen im Athenäum I.2, Juni 1798):

> Die Französische Revolution, Fichtes Wissenschaftslehre und Goethes Meister sind die größten Tendenzen des Zeitalters. Wer an dieser Zusammenstellung Anstoß nimmt, wem keine Revolution wichtig scheinen kann, die nicht laut und materiell ist, der hat sich noch nicht auf den hohen weiten Standpunkt der Geschichte der Menschheit erhoben. Selbst in unsern dürftigen Kulturgeschichten, die meistens einer mit fortlaufendem Kommentar begleiteten Variantensammlung, wozu der klassische Text verloren ging, gleichen, spielt manches kleine Buch, von dem die lärmende Menge zu seiner Zeit nicht viel Notiz nahm, eine größere Rolle, als alles, was diese trieb.[66]

---

[64] Cf. zu dieser Stelle auch Heidegger Erl., 45.

[65] Cf. Schiller NA, Bd. 20, 359. Zu Schillers ästhetischen Briefen cf. den Sammelband von Bolten (1984), zur Abhängigkeit von Hölderlins Theoriekonzepten von Schiller darin insbesondere den Beitrag von Pott (1984).

[66] Schlegel KA II, 198f. Cf. zu diesem Schlegel Fragment Bohrer (1983, 63). Es kann als recht wahrscheinlich gelten, daß Hölderlin, der sich um diese Zeit selbst mit Plänen zur Herausgabe eines Journals trug, diese programmatische Zeitschrift der Romantiker zur Kenntnis genommen hat. Cf. ergänzend Schlegels Selbstkommentar im bereits im Herbst 1798 entworfenen Aufsatz „Über die Unverständlichkeit" (erschienen im Athenäum III.2, August 1800; KA II, 363-372 hier 366-368), der sich mit der regen kritischen Resonanz auf „das berüchtigte Fragment" (ibd., 366) auseinandersetzt und diese Gelegenheit benutzt, die – wenngleich ironisch gebrochene –

Das Provokatorische dieser Äußerung – so scheint mir – mußte für Hölderlin nicht in der *Zusammenstellung* der drei so verschiedenen historischen Erscheinungen bestehen (die er vielmehr teilte), sondern in ihrer *bloßen Aufreihung*, durch die suggeriert wurde, die Deutschen hätten die Französische Revolution durch ihre geistigen Errungenschaften bereits ersetzt oder sogar überholt (eine Tendenz, die Heine später in seiner Schrift „Zur Geschichte der Religion und Philosophie in Deutschland" scharfsinnig analysierte). Für Hölderlin dagegen kann im gegenwärtig untersuchten Brief von geistigem Ersatz für die Revolution keinesfalls die Rede sein; vielmehr können poetische, philosophische und politische Bildung (die er durchaus ‚ganzheitlich' als Heranbildung der im Menschen angelegten „Kräfte" versteht) nur die Voraussetzungen schaffen für die unabdingbaren politischen Umwälzungen. Das wird besonders deutlich im revolutionären Pathos der Schlußpassage des Briefes, in der er seinen Bruder auffordert, gemeinsam mit ihm

> mit aller Schärfe und Zartheit zuzusehn, wie wir alles Menschliche an uns und andern in immer freiern und innigern Zusammenhang bringen, es sei in bildlicher Darstellung oder in wirklicher Welt, und *wenn* das Reich der Finsterniß mit *Gewalt* einbrechen will, so werfen wir die Feder unter den Tisch und gehen in Gottes Nahmen dahin, wo die Not am grösten ist, und wir am nöthigsten sind.   (StA VI.1, 307, Z. 205-211)

Hölderlins Zielvorstellung läßt sich mit dem (nicht nur in diesem Brief) zentralen Begriff der „Innigkeit" (StA VI.1, 303, Z. 73) umreißen[67]: ein Zustand, in dem Einzelnes und Allgemeines versöhnt sind, Subjektivität und Intersubjektivität friedvoll zusammenbestehen. Zur Erreichung dieses Ziels ist Hölderlin zufolge revolutionäres Handeln unverzichtbar, das wiederum durch politische und philosophische Bildung vorbereitet werden muß. Allerdings darf diese Handlungsebene nicht abgekoppelt werden von der weiteren Ausbildung der Subjektivität, ohne die die Revolution wieder in kalte, menschenverachtende Herrschaft umschlagen würde (eine Gefahr, die in der Französischen Revolution nach Hölderlins Einschätzung nicht vermieden wurde[68]). Diese Aufgabe kommt der Poesie zu, die zugleich innere Sammlung und „lebendige Ruhe" wie auch eine Annäherung und ein Zusammenkommen der Menschen ermöglicht, also das Ineinander von Subjektivität und Intersubjektivität „in bildlicher Darstellung" antizipiert.

Diese Funktionsbestimmung von Literatur wird Hölderlin nie aufgeben; es ändert sich nur seine Einschätzung der konkreten Realisierungsmöglichkeiten und der damit verknüpften Anforderungen an die Literatur. Karl Heinz Bohrer hat daher zu Recht Hölderlin als Vertreter „teleologischen Denkens"[69] charakterisiert

---

Provokation noch einmal auf die Spitze zu treiben: „Daß ich die Kunst für den Kern der Menschheit und die Französische Revolution für eine vortreffliche Allegorie auf das System des transzendentalen Idealismus halte, ist allerdings nur eine von meinen äußerst subjektiven Ansichten. Ich habe es ja aber schon so oft und in so verschiednen Manieren zu erkennen gegeben, daß ich wohl hätte hoffen dürfen, der Leser würde sich endlich daran gewöhnt haben." (Ibd.)

[67] Cf. Henrich 1986, 190-192, Anm. 12f.; Franz 1986/87, 124.

[68] Cf. den Brief an Ebel vom 10.1.1797, Nr. 132, StA VI.1, 228-230.

[69] Bohrer 1987, 55.

und in einen Gegensatz zu den gleichzeitigen frühen Repräsentantinnen und Repräsentanten der ästhetischen Moderne wie Heinrich von Kleist, Clemens Brentano und Karoline von Günderrode gebracht.[70] Allerdings kann ich Bohrers einseitige Emphase für die Entdeckung der selbstbezüglichen, von allen sozialen Bezügen gelösten Subjektivität nicht teilen, da sie das darin – namentlich bei Kleist und Günderrode – enthaltene „Moment des persönlichen Leids"[71] – dem sicherlich eine nur soziologische oder psychologische Erklärung auch nicht gerecht wird[72] – durch Ästhetisierung verklärt. Nimmt man als Kontrastfolie schließlich noch andere Vertreter der Romantik hinzu wie Friedrich Schlegel, dessen in den Jahren um die Jahrhundertwende gepflegter anarchistischer Gestus ihn nicht daran hinderte, wenige Jahre später restaurativen Tendenzen nachzuhängen[73], so erweist sich Hölderlins Programm, durch Poesie ein weniger entfremdetes Zusammenleben der Menschen zu eröffnen, möglicherweise als weniger antiquiert, als Bohrer suggerieren möchte. Die von Hölderlin aufgezeigte Perspektive läßt sich auf der anderen Seite auch nicht leichthin als „soziale Vernunftsubjektivität"[74] klassifizieren, als deren gegenwärtig prominentesten Vertreter Bohrer Jürgen Habermas nennt[75]. Vielleicht kann dagegen in Hölderlins poetischer Theorie und Praxis – so möchte ich hier hypothetisch formulieren – ein Paradigma gefunden werden, in dem die „Differenz zwischen ästhetischer und sozialer Moderne"[76] aufgehoben ist und das – modifiziert – auch noch auf die heutige Beschäftigung mit Literatur übertragbar ist.

In einem vermutlich wenige Monate nach dem Neujahrsbrief an Karl Gok entstandenen Entwurf eines Briefes an Susette Gontard (Nr. 182, StA VI.1, 336-338)[77] treten die Schwierigkeiten Hölderlins, sein Programm in die Tat umzusetzen, offen zutage. Hölderlins in dieser Zeit eng mit der heroisierten Gestalt Bonapartes verknüpfter Geschichtsoptimismus, der durch seinen Besuch auf dem Rastatter Kongreß im November 1798 neuen Auftrieb erhalten hatte, ist durch

---

[70] Dagegen versucht Alice A. Kuzniar (1987) zu zeigen, daß auch schon Novalis und Hölderlin das Christentum und Aufklärung gemeinsame teleologische Denken überwunden hätten. Das von ihr herausgearbeitete Grundmuster der Unabgeschlossenheit des Denkens und der immer wieder hinausgeschobenen Utopie ist aber so allgemein, daß es zwar die Gemeinsamkeiten vieler Autoren und Autorinnen seit der Frühromantik erfaßt, die spezifischen Unterschiede etwa zwischen Novalis und Hölderlin dagegen eher verschleiert als konturiert.

[71] Szondi Vorl. 5, 323.

[72] Cf. Bohrer 1987, 265-268.

[73] Bohrer versucht demgegenüber, Schlegels politische Entwicklung von der ästhetischen Logik seines Werks schroff abzutrennen (cf. Bohrer 1983, 72f.). Das scheint mir eine nur rhetorische Lösung zu sein. Recht zu geben ist Bohrer dagegen in seiner Diagnose, die deutschen Romantiker und Romantikerinnen (und mit ihnen Schiller und Hölderlin) hätten ein „einseitig spirituelles Verhältnis" (ibd., 54) zur Politik gehabt und seien nicht in der Lage gewesen, die zeitgenössischen politischen und ökonomischen Konflikte in ihrer Komplexität zu erfassen.

[74] Bohrer 1987, 41.

[75] Cf. Bohrer 1987, 11.

[76] Bohrer 1987, 9.

[77] Cf. dazu auch Nägele 1975-77, 369f.

die Niederlagen der Franzosen in Italien zunächst wieder zusammengebrochen.[78] Biographisch ist der Briefentwurf außerdem im Zusammenhang mit einem Projekt Hölderlins zu sehen, von dem er Anfang Juni 1799 zuerst seinem Freund Neuffer Mitteilung machte: „Ich habe im Sinne, eine poëtische Monatschrift herauszugeben." (Brief an Neuffer vom 4.6.1799, Nr. 178, StA VI.1, 323, Z. 9)

Die resignative Grundstimmung des nun zu betrachtenden Entwurfs könnte ein Indiz dafür sein, ihn später zu datieren als die meisten der bisherigen Herausgeber: Er ist möglicherweise nicht schon nach der zweiten der drei Niederlagen entstanden, die die Franzosen im Jahre 1799 in Italien gegen die Koalitionstruppen erlitten, nach der Schlacht vom 17.-19. Juni an der Trebbia, sondern erst nach deren dritter Niederlage vom 15. August bei Novi. Denn zu dem späteren Zeitpunkt zeichnete sich das Scheitern des Journalprojekts nach den enttäuschenden bzw. ausbleibenden Reaktionen Goethes, Schillers und Schellings klar ab.[79] Die im Neujahrsbrief 1799 als Zielperspektive angerufene Innigkeit jedenfalls erscheint hier mit dem Index des Verlusts: Wie ein Vorläufer von Nietzsches ‚tollem Menschen' irrt das sprechende Ich des Briefes auf der Suche nach der „verschwundene[n] Gottheit" (StA VI.1, 336, Z. 1), die bei Hölderlin in vielen Texten[80] für die Sphäre der Kommunikation steht, durch die Welt. Während ihm das letzte Licht auszugehen droht, sei es großen Männern in großen Zeiten (man wird hier – mit Beck [StA VI.2, 944, zu Z. 2] – an die Dichter und Philosophen, vielleicht auch an die Politiker und Heldengestalten der griechischen Antike denken können) gelungen, als „ein heilig Feuer [...] alles Todte, Hölzerne, das Stroh der Welt in Flamme" zu verwandeln, „die mit ihnen aufflog zum Himmel" (StA VI.1, 336f., Z. 2-4).[81] Diese Vergeistigung sei heute nicht mehr möglich, weil die Menschen die damit verbundene Gefährdung scheuten oder den anderen die Ergebnisse ihrer Gedanken und Handlungen nicht gönnten:

> Die Thörigen! Wie wenn irgend etwas, was die Menschen einander sagen könnten, mehr wäre, als Brennholz, das erst, wenn es vom geistigen Feuer ergriffen wird, wieder zu

---

[78] Zu diesen Zusammenhängen cf. Kirchner 1967, 7-33 (bes. 16f., 25, 31-33), 69-123 (bes. 110-119).

[79] Adolf Beck faßt die Argumente für die verschiedenen Datierungen sowie die Forschungsdiskussion darüber in seinem Kommentar zu dem Briefentwurf (StA VI.2, 943) prägnant zusammen. Cf. ergänzend den früheren Kommentar Viëtors (1923, 76-78).

[80] Cf. vor allem den von Sattler als ‚Fragment philosophischer Briefe' bezeichneten Text, der in früheren Ausgaben ‚Über Religion' hieß (FHA 14, 45-49), außerdem den Brief an Karl Gok vom 28.11.1798 (Nr. 169, StA VI.1, 293, Z. 7-13) und den ebenfalls an Karl Gok gerichteten undatierten Brief, der vermutlich gegen Ende des Aufenthalts in Hauptwil (also etwa Ende März 1801) entstanden ist (Nr. 231, StA VI.1, 419, Z. 40-43; zur Datierung cf. Becks Kommentar, StA VI.2, 1067).

[81] Nicht nur in den „Empedokles"-Entwürfen, sondern auch im „Hyperion" spielt das Feuer die Rolle eines Leitmotivs (cf. FHA 11, 626, Z. 14-18; 643, Z. 14-21; 745, Z. 24; 749, Z. 13-19; 762, Z. 26f.). Vor allem in der Liebesbeziehung zwischen Hyperion und Diotima wird ein Lebensmodell entwickelt, das Hingabe auch um den Preis der Selbstgefährdung als höchstes Ideal setzt. Aufgrund der Asymmetrie der Beziehung geht Diotima an diesem Ideal zugrunde, während Hyperion zum Dichter geläutert wird. Zur durchweg negativen Konnotation des Holzes als leblose Materie cf. außer den genannten Stellen FHA 11, 758, Z. 22-26.

Feuer wird, so wie es aus Leben und Feuer hervorgieng. Und gönnen sie die Nahrung nur gegenseitig einander, so leben und leuchten ja beide, und keiner verzehrt den andern. (StA VI.1, 337, Z. 14-19),

Schroff wird hier die kapitalistische Ethik, die unter der von Bacon formulierten Maxime „Wissen ist Macht" steht,[82] zurückgewiesen. Dagegen vertritt Hölderlin eine Konzeption, die man mit Bataille als Theorie der Verausgabung (*dépense*)[83] bezeichnen könnte: Positives Wissen als solches ist tot; lebendig wird es erst, wenn es in der Kommunikation aufs Spiel gesetzt wird. Der so genährte „feurige[ ] Geist" („Andenken", StA II.1, 188, V. 3) ist nicht nur erleuchtend und wärmend, sondern trägt auch das Moment der Gefährdung in sich: Wie er selber gefährdet ist (und zugleich alle Kommunikation zwischen Menschen), wenn er nicht genug Nahrung bekommt, so trägt er auch die Gefahr in sich, die Menschen zu verzehren.[84] Dieser doppelten Gefahr wäre nun gerade nicht durch eine Diätetik zu begegnen, die nur immer gerade das unbedingt Nötigste aufs Spiel setzte, sondern allein durch rückhaltlose Offenheit der Menschen füreinander, die ein Leuchten ohne Vernichtung ermöglichte.

In dieser allegorischen Darstellung entwickelt Hölderlin nach meinem Verständnis eine rezeptionsästhetisch akzentuierte Poetik.[85] Natürlich sollen dadurch die

---

[82] Cf. dazu Weber 1973, Bd. 1, bes. 39-66.

[83] Cf. Bataille 1975, 9-31, 148f.

[84] Cf. auch die mit ähnlichen Bildern arbeitende, zunächst merkwürdig, ja makaber anmutende Lobpreisung der antiken Feuerbestattung im Gegensatz zur neuzeitlichen Beerdigung im ersten Böhlendorff-Brief, die sich durch den Vergleich mit dieser Stelle und mit Hilfe von Batailles Theorie der Verausgabung, die ja ebenfalls das höchste Lebensgefühl in der Erotik und den Tod nah zusammenrückt, vielleicht etwas besser erschließt: „Denn das ist das tragische bei uns, daß wir ganz stille, in irgend einem Behälter eingepakt vom Reiche der Lebendigen hinweggehn, nicht daß wir in Flammen verzehrt die Flamme büßen, die wir nicht zu bändigen vermochten." (Brief an Böhlendorff vom 4.12.1801, Nr. 236, StA VI.1, 426, Z. 42-45) Renate Böschenstein-Schäfer hat in ihrer luziden Rekonstruktion von „Hölderlins Gespräch mit Boehlendorff" (1965/66) diese „merkwürdig zwischen konkretem und symbolischem Charakter oszillierende Definition" (119) in ihrer Tiefendimension erhellt. Sie geht dabei aus von Zweifeln daran, ob Hölderlin den Griechen ausschließlich die Feuerbestattung zuschreiben konnte, zumal an verschiedenen Stellen in seiner „Antigonä"-Übersetzung die Erdbestattung erwähnt wird. (Zum Verhältnis von Feuer- und Erdbestattung bei den Griechen cf. die eingehende Darstellung von Rohde [1910, Bd. 1, bes. 27-36].) Daraus schließt sie, daß hier die übertragene Bedeutung des Feuers als „übermächtiger Schöpferkraft" (120) überwiege, und der „Behälter" sei dementsprechend „eine von außen aufgezwungene Lebensform, in der das Individuum abstirbt" (120). Hölderlin entwickle also – so das Ergebnis der Untersuchung – in seinem Gespräch mit Böhlendorff das moderne „Motiv des Lebendig-Toten" (123), das die Literatur des 19. Jahrhunderts maßgeblich bestimmen sollte. Die Wurzeln dieser Gedankengänge – so möchte ich Böschenstein-Schäfers Überlegungen ergänzen – lassen sich offenbar zurückverfolgen bis in den ersten Homburger Aufenthalt, bei dem Hölderlin mit Böhlendorff und dem im Briefentwurf genannten Muhrbeck regen Umgang hatte.

[85] Das macht auch einen motivisch ähnlich strukturierte Passage aus Hölderlins sechs Jahre früherem Brief an Neuffer deutlich, in dem die Vergegenwärtigung von Platons Welt als Nukleus der Produktion des „Hyperion" dargestellt wird: „Zwar schrieb ich an Stäudlin: Neufers stille Flamme wird immer herrlicher leuchten, wenn vieleicht mein Strohfeuer längst verraucht ist; aber dieses vieleicht schrekt mich eben nicht immer, am wenigsten in den Götterstunden"

zeitgeschichtlichen und biographischen Konnotationen nicht ausgeschlossen werden, aber die Lektüre des Neujahrsbriefs hat gezeigt – und die Belege ließen sich fast beliebig vermehren –, daß die Dichtung (und sein „Dichterberuf") für Hölderlin den Schnittpunkt von politischer Entwicklung und individueller Lebensgeschichte markiert. Der einsame Gottsucher kann daher als Allegorie des „Dichter[s] in dürftiger Zeit" („Brod und Wein", FHA 6, 251, V 122) gelesen werden: Hölderlins Anspruch ist, daß alles dichterische Schreiben auf seine Vermittelbarkeit hin orientiert und entsprechend strukturiert sein muß. Als notwendiges Komplement bedarf es aber – wie Hölderlin sehr klar sieht – einer Rezeption, die die in der Dichtung angelegten kommunikativen Impulse aufnimmt und aktualisiert. Dabei ist an einen unmittelbar praktischen, handlungsrelevanten Umgang mit Literatur gedacht, der auf ein friedvolles, wenngleich spannungsreiches Zusammenleben der Menschen miteinander ausgerichtet ist. Dieser doppelte Anspruch an die Produktion und Rezeption von Literatur wird in Hölderlins Gegenwart offensichtlich nicht erfüllt, weil die in der geistigen Trägheit und im Besitzstreben verfangenen Menschen sich nicht auf die Gefährdungen der wahren, rückhaltlosen Kommunikation (für die der Umgang mit Literatur ein Modell ist) einlassen wollen.

Hölderlin sieht in dieser Situation für sich als Ausweg offenbar nur noch den Rückzug ins Private: Die (an den gesellschaftlichen Verhältnissen eigentlich schon gescheiterte) Liebesbeziehung wird als einzige reale (und doch nur erinnerte) Verwirklichung seiner kommunikativen Utopie hypostasiert, die Adressatin zur „Perle der Zeit" (StA VI.1, 338, Z. 36) stilisiert. Hölderlin scheint zu ahnen, daß er mit dieser Überfrachtung der Zweierbeziehung sich selbst wie das Liebesobjekt in ein unvermeidliches Wechselbad von tiefem Glück und tiefem Unglück stürzt, das die Stabilität der Ich-Identitäten gefährdet.[86] Als völlig defizitär erkennt Hölderlin angesichts des Zusammenbruchs der politischen Hoffnungen die Umarmung mit dem ebenfalls revolutionär gesinnten Freund Muhrbeck, die unter dem zynisch-verzweifelten Motto steht:

> Wenns nur gut mit uns steht, sagt' ich ihm, so steht es schon gut in der Welt [...].
> (StA VI.1, 337, Z. 28f.)

Gleich darauf resümiert der Autor zu Recht:

> Solche Augenblicke hab' ich doch noch. Aber kann das eine Welt ersezen?
> (Ibd., Z. 32f.)[87]

---

des Platon-Erlebnisses „- da, Freund meines Herzens, bin ich dann freilich nicht so verzagt, und meine manchmal, ich müßte doch einen Funken der süßen Flamme, die in solchen Augenbliken mich wärmt, u. erleuchtet, meinem Werkchen, in dem ich wirklich lebe u. webe, meinem Hyperion mitteilen können, und sonst auch noch zur Freude der Menschen zuweilen etwas an's Licht bringen." (Brief Nr. 60 an Neuffer, vermutlich vom Juli 1793, StA VI.1, 86, Z. 10-13 und 26-31)

[86] Diese Struktur der „dualen Beziehung" bei Hölderlin hat Jean Laplanche sehr scharfsinnig herausgearbeitet, cf. Laplanche 1975, 81-89, 104. Zum biographischen Kontext cf. Vopelius-Holtzendorff 1988/89. Eine analoge Projektionsstruktur bei Novalis zeigt Christina von Braun (1987) auf.

[87] Hölderlin scheint hier Adornos Diktum „Es gibt kein richtiges Leben im falschen." (GS

Nur scheinbar führen die Überlegungen Hölderlins zu den fragilen Versöhnungspotentialen von Liebe und Freundschaft weg von der Reflexion des Verhältnisses von Poesie und Politik. Vielmehr gilt für all diese Lebensbereiche Hölderlins Diagnose, daß nur in der kommunikativen Verausgabung aller Beteiligten ein menschenwürdiges Zusammenleben erreicht werden kann. Auch der Versuch der isolierten Verwirklichung dieses Modells in nur einem dieser Bereiche muß scheitern. In diesem Brief analysiert Hölderlin bereits sehr präzise das Grundproblem seiner Dichtung, das sich im Spätwerk immer mehr verschärfen wird: daß sie konstitutiv auf Kommunikation angelegt ist und doch unverständlich bleibt bzw. von den zeitgenössischen Rezipientinnen und Rezipienten nicht verstanden wird. Als Ursache dafür wird die politische Situation erkannt, die die Menschen in geistiger Trägheit verharren lasse, welche wiederum nur durch Dichtung durchbrochen werden könne: ein Circulus vitiosus.

Von einer anderen Seite geht Hölderlin das Problem der Funktion von Literatur in den ebenfalls während seines ersten Homburger Aufenthalts entstandenen poetologischen Aufsatzfragmenten an, insbesondere in dem Entwurf „Wenn der Dichter einmal des Geistes mächtig ist ..." (von Zinkernagel ‚Über die Verfahrungsweise des poëtischen Geistes' genannt[88]). Dieses außerordentlich komplexe Fragment ist in der neueren Forschung eingehend, wenngleich noch immer nicht erschöpfend, analysiert worden. Ich kann hier keine eigene Erarbeitung des Textes leisten, sondern nur die für die Frage nach der Funktion von Lyrik relevanten Ergebnisse der Forschung herausheben.

Gerhard Kurz versteht den Entwurf von seinem zweiten, bewußtseinsphilosophischen Teil aus und gewinnt so die Leitlinie, daß das Fragment „Bewußtseinstheorie, Theorie der Dichtung und Theorie der Lebens- und Weltgeschichte in transzendentaler Absicht ineins"[89] setzt. Grundfigur von Hölderlins Überlegungen ist die Überwindung von Fichtes Theorie des Selbstbewußtseins, deren aporetische Struktur Hölderlin in einer berühmten Anmerkung[90] nachweist. In der Zusammenfassung von Kurz:

> Selbstbewußtsein setzt reelle Differenz voraus. Ist sie aber reell, so erkennt das Selbst sich nicht in *seiner* Einheit. Ist sie nicht reell, so *erkennt* es nicht. [...] Der Nachweis der Unergründlichkeit des praereflexiven cogito durch sich selbst hat die Einsicht zur Folge, daß reflexive, als Wechselwirkung begriffene Entgegensetzung die einzige Möglichkeit einer vermittelten Selbsterkenntnis wird: allein in der Entäußerung an Anderes, an ein „Object", wird Identität und Individualität des Ich erfahrbar.[91]

Zugleich damit ist der Solipsismus des Ich überwunden:

4, 43) zu antizipieren.

[88] Diese Bezeichnung ist (im Gegensatz etwa zu ‚Über Religion') insofern nicht unangemessen, als sie den Inhalt des Fragments recht gut charakterisiert und zudem aus dessen Text selbst entnommen ist (cf. FHA 14, 310, Z. 33). Ich spreche daher im folgenden abgekürzt zuweilen auch vom ‚Verfahrungsweise'-Fragment.

[89] Kurz 1975b, 259.

[90] Cf. die Neukonstitution in FHA 14, 312-314.

[91] Kurz 1975a, 84f.

Selbstbewußtsein ist notwendig kommunizierendes Bewußtsein.[92]

Dieses sich selbst in seinem Anderen erfahrende Bewußtsein nennt Hölderlin im umfassenden Sinne „das poëtische Ich" (FHA 14, 312, Z. 3f.), das er unter folgende – durchaus lebenspraktisch formulierte – Maxime stellt:

> Seze dich *mit freier Wahl* in harmonische Entgegensezung mit einer äußeren Sphäre, so wie du in dir selber in *harmonischer* Entgegensezung bist, von Natur, aber unerkennbarer weise so lange du in dir selbst bleibst.   (FHA 14, 315, Z. 3-5)

Gegen Ende des Fragments (im „Wink über die Darstellung und Sprache") parallelisiert Hölderlin noch einmal ausdrücklich den „Gang und die Bestimmung des Menschen überhaupt" (FHA 14, 320, Z. 19f.) und den „Gang und die Bestimmung aller und jeder Poësie" (ibd., Z. 22). Dazu hebt Kurz zu Recht hervor:

> Das heißt also gerade nicht, daß der Mensch seine Bestimmung nur in der „Kunst", nur als Dichter finden könne.[93]

Vielmehr könne die Entwicklung der Dichtung wegen ihrer strukturellen Analogie zur realen Entwicklung Modelle für den geschichtlichen Bildungsprozeß ausarbeiten:

> Das vollendete Gedicht, die freie poetische Darstellung ist für Hölderlin Antizipation und Verheißung eines freien menschlichen Lebens.[94]

Die Bedingungen dafür, daß die Poesie dieser Funktion gerecht werden kann, versucht Hölderlin im ersten Teil des Aufsatzes zu erfassen. Der sich über mehrere Seiten erstreckende erste Satz des Textes ist von Peter Reisinger in einer eingehenden Interpretation sogar als „*vollständige*[ ] Tafel möglicher poetologischer Kategorien"[95] gelesen worden. Ich kann dieser These hier nicht nachgehen, sondern konzentriere mich auf Hölderlins argumentatorischen Zugriff auf das Problem, der schon in den ersten beiden Konditionalsätzen deutlich wird:

> Wenn der Dichter einmal des Geistes mächtig ist, wenn er die gemeinschaftliche Seele, die allem gemein und jedem eigen ist, gefühlt und sich zugeeignet, sich ihrer versichert hat [...]   (FHA 14, 303, Z. 1-3)[96]

Hölderlin versucht hier, „den individuellen Erfahrungsprozeß, der in Dichtung eingeht, nachvollziehbar zu machen"[97]. Ausgangspunkt dafür ist der „Augenblick poetischer Empfindung"[98], der offenbar nicht ohne weiteres planbar ist,

---

[92] Kurz 1975b, 260.

[93] Kurz 1975a, 89.

[94] Kurz 1975a, 89f. Demgegenüber betont Johann Kreuzer die Unaufhebbarkeit der Differenz zwischen Realität und Dichtung (cf. Kreuzer 1985, 213f.), womit er allerdings den durchgehenden utopischen Impuls in Hölderlins Denken verfehlt.

[95] Reisinger 1979, 12-82, hier 26.

[96] Die Formulierung findet sich ganz ähnlich auch im Abschiedsbrief Diotimas gegen Ende des „Hyperion": „Nein! bei dem Geiste, der uns einiget, bei dem Gottesgeiste, der jedem eigen ist und allen gemein! nein! nein! im Bunde der Natur ist Treue kein Traum." (FHA 11, 767, Z. 23-25)

[97] Kreuzer 1985, 105.

[98] Kreuzer 1985, 105.

sondern „einmal" (im Sinne von: zu einem unvorhersehbaren Zeitpunkt) eintritt. Man kann den zweiten Konditionalsatz als Explikation des ersten verstehen: Zunächst wird das anzustrebende Ergebnis genannt („des Geistes mächtig" zu sein), danach werden die einzelnen dazu nötigen Schritte aufgeführt: Der Dichter müsse „die gemeinschaftliche Seele" zunächst fühlen (d. h. ihren von außen kommenden Impuls wahrnehmen), sie sich dann aneignen und sich ihrer reflexiv versichern. Die gemeinsame Seele, die hier mit dem „Geist" parallelisiert (das heißt nicht: identifiziert) wird, ist nur gemeinsam, weil sie „allem gemein" ist. Seele aber kann sie nur sein, wenn sie keine nur von außen kommende Gemeinsamkeit, sondern zugleich „jedem eigen" ist, das heißt aber auch von jedem potentiell verschieden angeeignet werden kann.[99] Der Dichter muß also keinen bloß äußerlichen Reiz aufnehmen, sondern vielmehr die strukturell schon angelegte Gemeinsamkeit zwischen seiner individuellen Sphäre und der allgemeinen als „gemeinschaftliche Seele" realisieren. Schon in diesen allerersten Bestimmungen des poetischen Geistes ist also der Ausweg aus der später genannten Aporie angedeutet, in einen „zu subjectiven" (FHA 14, 317, Z. 14) oder „zu objectiven" (ibd., Z. 15) Zustand zu verfallen: Der Mensch muß sich „mit einer äußern Sphäre, durch freie Wahl in harmonische Entgegensezung" (FHA 14, 315, Z. 38) setzen.

Es ist eine unzulässige Vereinfachung der komplexen Struktur von Hölderlins Ansatz, wenn Kreuzer feststellt:

> Die gemeinschaftliche Seele ist m. E. als Inbegriff des Stoffs der poetischen Empfindung anzusehen, durch den der Dichter „des Geistes mächtig" wird.[100]

Dagegen scheint mir aus dem bisher Gesagten deutlich geworden zu sein, daß für Hölderlin schon *innerhalb* des geistigen Bereichs zwischen Individuellem und Allgemeinem unterschieden werden muß. Der stoffliche Bereich ist ganz analog dazu strukturiert, so daß sich eine entsprechende Anforderung ergibt, die Hölderlin in einer Fußnote formuliert:

> Der Stoff muß nemlich auch, wie der Geist, vom Dichter *zu eigen gemacht*, und *vestgehalten werden*, mit freiem Interesse   (FHA 14, 304, Z. 14-16).

Diese Fußnote, die der Erläuterung der „materielle[n] Identität" (ibd., Z. 12) des Stoffes gewidmet ist, kann als wichtiger Ansatzpunkt für die Klärung von Hölderlins Bestimmung der Funktion von Literatur dienen, da sie durchsichtiger als der Haupttext darstellt, wie der Dichter, um „des Geistes mächtig" zu werden, sich den Stoff aneignen müsse: Zunächst muß der erste Eindruck des Stoffs auf den Dichter von diesem überprüft und dadurch in eine „noch unausgesprochene[ ] gefühlte[ ] Wirkung" (ibd., Z. 22f.) überführt werden.

> Und diese Wirkung ist eigentlich die Identität des Stoffs, weil in ihr sich alle Teile concentriren.   (Ibd., Z. 23f.)

---

[99] Dieses Spannungsverhältnis zwischen Gemeinsamem und Eigenem löst Gaier in seiner Interpretation der Stelle zu Unrecht auf: „Zwar heißt es ‚jedem eigen', ist also das Einzelne schon vorhanden, doch geht es hier gerade um das, was hinter aller Vereinzelung eins ist und bleibt, um den ewigen Singular der gemeinschaftlichen Seele." (Gaier 1962, 64f.)

[100] Kreuzer 1985, 105.

Der Dichter hat damit in einem „Totaleindruk" (ibd., Z. 32; cf. auch ibd., Z. 27)
den „sinnlich[n] Berührungspunkt aller Theile" (ibd., Z. 14) erfaßt. Da es aber
Zweck der Dichtung ist, daß „der Geist sich" nicht nur „in sich selber", sondern
auch „in anderen reproducire" (ibd., Z. 20), daß die Wirkung des Stoffes auch
den Rezipierenden zugute kommt, muß der Totaleindruck wieder zerlegt und
vom Dichter neu zusammengesetzt werden:

> Er muß diß, denn in der unausgesprochenen Wirkung ist er wohl dem Dichter aber nicht
> anderen gegenwärtig [...].   (Ibd., Z. 27-29)

Indem der Dichter im Kunstwerk eine neue dynamische Identität als „ein Fort-
streben von einem Puncte zum andern" (ibd., Z. 33) konstituiert, in dem jeder
Punkt auf jeden anderen und dadurch auf die Einheit verweist, ermöglicht er
erst die Wirkung des Stoffes auf andere und realisiert damit die „Reproduction"
(ibd., Z. 31) des poetischen Geistes.

In diesen Gedankengängen antizipiert Hölderlin interessanterweise nicht nur rezeptionsästhetische Theoreme, er zeigt sogar eine Möglichkeit zur Überwindung
der Dichotomie zwischen Produktions- und Rezeptionsästhetik auf, die heute
noch unüberholt ist: Indem er „Wirkung" als Kategorie nicht nur der Rezeption, sondern auch der Produktion von Kunst (als Wirkung des Stoffs auf den
Dichter) einführt, die sich jeweils nur entfalten könne, wenn sie freigesetzt werde
durch die geistige Arbeit des Dichters und der Rezipierenden, vermeidet er sowohl jeden Anflug einer Genieästhetik wie die Vorstellung der Wirkung von
Kunstwerken als einer subjektlos sich entfaltenden Kraft.

Diese Überlegungen nimmt Hölderlin im letzten Absatz des Fragments, der zum
„Wink über die Darstellung und Sprache" gehört, wieder auf[101]:

> Es ist schon gesagt worden, daß auf jener Stuffe eine neue Reflexion eintrete, welche dem
> Herzen alles wieder gebe, was sie ihm genommen habe, welche für den Geist des Dichters
> und seines zukünftigen Gedichts belebende Kunst sei, wie sie für die ursprüngliche
> Empfindung des Dichters und seines Gedichts seine vergeistigende Kunst gewesen. *Das
> Product dieser schöpferischen Reflexion ist die Sprache.*
>   (FHA 14, 320, Z. 33 bis 321, Z. 1)

Die Grundstruktur des literarischen Kunstwerks, das Produkt einer reflexiven
Überwindung und zugleich Integration anfänglich bestehender Gegensätze zu
sein, erweist sich als genuine Eigenschaft von Sprache überhaupt. Literatur kann
somit als Modell einer idealen Sprache dienen. Scharf setzt sich Hölderlin auch
an dieser Stelle von der Vorstellung einer subjektlosen Sprache ab:

> [...] es ist vorzüglich wichtig, daß er [der Dichter] in diesem Augenblicke nichts als ge-
> geben annehme, von nichts positivem ausgehe, daß die Natur und Kunst, so wie er sie
> kennengelernt hat, nicht eher *spreche*, ehe für *ihn* eine Sprache da ist, d. h. ehe das jezt
> Unbekannte und Ungenannte in seiner Welt eben dadurch für ihn bekannt und nahm-
> haft wird, daß es mit seiner Stimmung verglichen und als übereinstimmend erfunden
> worden ist [...].   (FHA 14, 321, Z. 8-14)

Somit müsse jeder Dichter aus seinem je verschiedenen Wirkungskreis, wie er
sich in seiner „Schöpfung" (ibd., Z. 17) manifestiert, heraus verstanden werden.

---

[101] Cf. zum Folgenden auch Kreuzer 1985, 202-206, 210-215.

An dieser Stelle bricht das schreibende Ich in die Argumentation ein und kehrt sie von innen heraus um (ibd., Z. 21): Wollte man seine Äußerungen nämlich argumentationslogisch konsequent zu Ende lesen, so wäre alles, was es auf der letzten Seite des Aufsatzes aussagt, der von ihm verworfenen Position zuzurechnen, die eine vom Dichter unabhängige Sprache der Natur oder Kunst annimmt. *Inhaltlich* zeigt sich aber, daß Hölderlin in diesen Passagen im Gegenteil die Sprache des Künstlers in ihrer Aktualisierung in Akten der Rezeption konkret zu fundieren versucht. Dieser Bruch in der Argumentation wird dadurch dokumentiert, daß der betreffende Satz (ibd., Z. 17-22) syntaktisch unvollständig ist.[102] Ein weiteres Indiz für den Bruch ist darin zu sehen, daß das „erstlich" (ibd., Z. 19) an keiner Stelle der weiteren Ausführungen wiederaufgenommen wird.

Der Auslöser dieser Inkonsistenzen scheint mir in dem Perspektivwechsel zu liegen, nach welchem Hölderlin die Sprache der Kunst untersucht, „so bald sie in bestimmter Gestalt *mir* gegenwärtig ist" (ibd., Z. 21, Herv. von mir), wobei Hölderlin an dieser Stelle offensichtlich aus der Perspektive des Lesers spricht im Gegenzug zur Grundtendenz des Aufsatzes, eine Selbstvergewisserung des schreibenden Subjekts (das allerdings durchgehend in der dritten Person als „der Dichter" bezeichnet wird) zu ermöglichen. Daran zeigt sich ein weiteres Mal, wie eng für Hölderlin Rezeption und Produktion ineinander verwoben sind.

Die „Sprache der Kunst" (ibd., Z. 20) – so muß man den Satz offensichtlich auflösen – kann also nichts anderes als „ein bestimmender Act der schöpferischen Reflexion des Künstlers" (ibd., Z. 21f.) sein, nichts diesem Vorgängiges. Der Künstler entnimmt aus der Lebenswelt, die er mit den Rezipientinnen und Rezipienten teilt (offensichtlich ist hier eine historische Distanz nicht mitgedacht), den „Stoff", der seiner „Stimmung" am besten entspricht, und formuliert ihn „durch diß verwandte Zeichen" (ibd., Z. 26) um. Man kann dieses Vorgehen als eine Art mimetischer Zeichenverwendung verstehen. Zugleich überwindet der Schreibende die inkommunikable Stimmung, „indem er sich verständlich und faßlich macht" (ibd., Z. 30f.). Für das rezipierende Subjekt hat das zur Folge, daß der Dichter, „in so fern er mir dieses Zeichen nennt, aus meiner Welt den Stoff entlehnt, mich veranlaßt, diesen Stoff in das Zeichen zu übertragen" (ibd., Z. 27f.). Das rezipierende Subjekt wird also veranlaßt, seine eigenen lebensweltlichen Erfahrungen (den „Stoff") zu virtualisieren und in das Kunstwerk als Zeichengebilde einzubringen. Die Dichtung selbst muß so verfaßt sein, daß sie diesen Vorgang erleichtert: sie muß „verständlich und faßlich" sein. So weitreichend die Forderung an Dichtung ist, sie müsse auf die Erfordernisse der Rezeption hin geschrieben sein, so deutlich wird doch, daß die Annahme einer gemeinsamen Lebenswelt derjenigen, die Literatur produzieren, und derjenigen, die sie rezipieren, nur begrenzte Gültigkeit hat: Hölderlin begibt sich hier der Möglichkeit, die *produktiven Aspekte der Rezeption* von Literatur, in deren Textur sich nicht nur individuelle Stimmungen, sondern möglicherweise auch zunächst fremdartige

---

[102] So auch Kreuzer 1985, 279, Anm.112.

lebensweltliche Erfahrungen niederschlagen, einzubeziehen. Dementsprechend
scheint er kein hermeneutisches, sondern ein Code-Modell der Sprache zu vertreten, so daß allein den Produzierenden die „bestimmende[ ]", den Rezipierenden
dagegen die „bestimmte[ ]" Rolle im Signifikationsprozeß zufällt. Erklärbar ist
diese Schwerpunktsetzung durch das von Hölderlin in diesem Aufsatz verfolgte
Ziel, die Bedingungen dafür zu ergründen, daß der Dichter „des Geistes mächtig
ist", das heißt „die gemeinschaftliche Seele" erfaßt.

In diesen Schlußpassagen[103] gelangt Hölderlin zu einer geradezu didaktischen
Ausrichtung von Literatur: Sie müsse Verständlichkeit anstreben, indem sie die
Irrationalität der Stimmung, aus der heraus sie entstanden ist, „erklärt" (ibd.,
Z. 33). In ihrer formalen Struktur – so kann man die nun folgende Aufzählung
vereinfachend zusammenfassen – muß Dichtung ihre eigenen Voraussetzungen
durchsichtig machen: die allgemeinen der mit den Rezipientinnen und Rezipienten geteilten Welt und die bestimmten des gewählten Stoffs sowie die besondere
„Tendenz" (ibd., Z. 37), die sich schon aus der Wahl des Stoffes ergibt, sowie
das „Maas" (FHA 14, 322, Z. 1), in dem alle diese Momente zu einer spannungsvollen Einheit zusammenschießen. Nicht die Harmonie des schönen Scheins ist
es, die Hölderlin hier anstrebt, sondern ein Kunstwerk, in dem das Moment
der „Einheit" (ibd., Z. 2) keine größere Bedeutung hat als das der individuellen „Haltung" (ibd., Z. 3f.), in dem der „Stillstand[ ] der Bewegung" (ibd.,
Z. 10f.) nicht denkbar ist ohne „die ihm zum Grunde liegende Thätigkeit" (ibd.,
Z. 11f.). Diese im Kunstwerk sedimentierte Tätigkeit ist nichts anderes als „die
unendliche schöne Reflexion, welche in der durchgängigen Begrenzung zugleich
durchgängig beziehend und vereinigend ist" (ibd., Z. 12-14). Man wird in diesen
letzten Zeilen eine Utopie des gelungenen Kunstwerks lesen dürfen, die über die
Ebene der Kunst hinaus auf ein herrschaftsfreies Zusammenleben der Menschen
weist.

Nach dem Ende seines ersten Homburger Aufenthalts im Juni 1800 ist Hölderlins
Lebensweise durch häufige Ortswechsel geprägt. So hält er sich einige Monate bei
Freunden in Stuttgart auf, ist häufig zu Besuch bei seiner Familie in Nürtingen,
ist im Frühjahr 1801 für wenige Monate in Hauptwil in der Schweiz als Hauslehrer tätig und fast genau ein Jahr später in gleicher Funktion in Bordeaux. In den
folgenden vier Jahren scheint sich hinter äußerer Seßhaftigkeit (Juli 1802 bis Juni
1804 in Nürtingen, danach bis September 1806 wieder in Homburg) große innere
Unruhe zu verbergen. Diese sechs Jahre sind – darin ist sich die Forschung mittlerweile einig – als die Zeitspanne anzusehen, in der die bedeutendsten lyrischen
Dichtungen Hölderlins entstanden. Poetologische Reflexionen schreibt der Autor
in dieser Zeit dagegen nur noch vereinzelt nieder, was die Frage aufwirft, ob die
sogenannte Homburger Poetik in diesen späteren Gedichten überhaupt erst verwirklicht wird oder ob diese Dichtungen die früheren theoretischen Überlegungen
bereits überwinden. Zudem ist diese Lebensphase nur relativ karg durch Lebens-

---

[103] Dieser Abschnitt kann in sich sicherlich als abgeschlossen gelten, wie auch die Handschrift
ausweist: Weiterer freier Raum wurde nicht genutzt; cf. das Faksimile, FHA 14, 180.

zeugnisse dokumentiert (vor allem sind kaum Briefe Hölderlins erhalten), was die Legendenbildung insbesondere um den Frankreichaufenthalt Anfang 1802 und um den ,hereinbrechenden Wahnsinn' heraufbeschworen hat und die genaue Datierung der Gedichte dieser Phase außerordentlich schwierig macht.

Ich greife einige wenige Dokumente aus dieser Zeit heraus, denen sich entnehmen läßt, inwiefern Hölderlin seine poetologische Position modifiziert hat.

1954 veröffentlichte Michael Hamburger in London ein bis dahin nur in seinen Vorstufen bekanntes Gedicht Hölderlins erstmals in seiner wiederaufgefundenen reinschriftlichen Fassung: „Friedensfeier". In einer Vorbemerkung zu diesem umfangreichen Gedicht wendet sich der Autor an seine Leserinnen und Leser:

> Ich bitte dieses Blatt nur gutmüthig zu lesen. So wird es sicher nicht unfaßlich, noch weniger anstößig seyn. Sollten aber dennoch einige eine solche Sprache zu wenig konventionell finden, so muß ich ihnen gestehen: ich kann nicht anders. An einem schönen Tage läßt sich ja fast jede Sangart hören, und die Natur, wovon es her ist, nimmts auch wieder.
> Der Verfasser gedenkt dem Publikum eine ganze Sammlung von dergleichen Blättern vorzulegen, und dieses soll irgendeine Probe seyn davon.   (StA III, 532)[104]

Der Autor will seinem Publikum das Gedicht empfehlen, doch tut er das rein defensiv: Statt – wie zu erwarten wäre – Hinweise auf wichtige Aspekte, biographische Motivationen o. ä. zu geben, nimmt er Einwände der potentiellen Leser und Leserinnen vorweg und versucht sie zu beschwichtigen, indem er an die Gutwilligkeit der Rezipierenden appelliert. Er fürchtet, das Gedicht könne „unfaßlich" oder sogar „anstößig" wirken, seine Sprache „zu wenig konventionell" sein. Deutlich nimmt Hölderlin hier seine im ‚Verfahrungsweise'-Fragment formulierte Forderung an den Dichter wieder auf, „verständlich und faßlich" zu schreiben. Sein mit lutherischem Pathos vorgetragenes Geständnis „ich kann nicht anders" macht klar, daß offensichtlich – zumindest für dieses Gedicht in der erwarteten Rezeptionssituation – Umstände gelten, die eine unmittelbare Umsetzung der Verständlichkeitsmaxime wenigstens erschweren. Der folgende Satz geht sogar noch einen Schritt weiter: Nicht etwa stellt Hölderlin die besonderen Qualitäten dieses Gedichts heraus, die seine Schwerverständlichkeit aufwiegen und rechtfertigen könnten, sondern er hofft angesichts der offenbar erfreulichen gesellschaftlichen Situation auf die Toleranz des Publikums gegenüber „jede[r] Sangart" und antizipiert die Aufhebung des Gedichts in der (zugleich als dessen Quelle verstandenen) Natur. In dieser organologischen Gleichsetzung von Kunst und Natur, die durch die Polysemie des Wortes „Blatt" unterstützt wird, kann man zwar ein Moment des Trostes und der Rettung erkennen; es überwiegt darin aber die Selbstnegation des dichterischen Produkts, die auch noch in der Bezeichnung „irgendeine Probe" nachklingt, die an ein wahllos herausgegriffenes Beispiel denken läßt. Dazu scheint die Ankündigung, „dem Publikum eine ganze Sammlung von dergleichen Blättern vorzulegen", überhaupt nicht zu passen: Wie sollte es dem Autor gelingen, der literarischen Öffentlichkeit noch weitere dieser Gedichte nahezubringen, wenn nach seiner eigenen Aussage schon

---

[104] Cf. dazu auch Nägele 1975-77, 378f.

die Rezeption dieses einen sich an der Grenze des Zumutbaren bewegt? Bestenfalls könnte man in dieser Äußerung den Sinn sehen, die Erwartungen der Rezipientinnen und Rezipienten an dieses erste Gedicht der Reihe noch weiter herunterzuschrauben (daß in diesem einen nicht schon all das gesucht werden dürfe, was erst der Zyklus als ganzer bieten könne) und sie zugleich vorzubereiten auf weitere Zumutungen dieser Art, die dann möglicherweise durch Gewöhnung an die sperrige Sprache weniger schockierend als die erste „Probe" ausfallen könnten.

In der Vorbemerkung ist eine Zusammenführung der verschiedenen Bereiche von Hölderlins in Homburg ausgearbeiteter Poetik in nuce zu erkennen: Deren Hintergrund ist seine Bestimmung der Funktion von Literatur innerhalb der revolutionären Weiterentwicklung der Gesellschaft, wie sie im Neujahrsbrief an Karl Gok dokumentiert ist. In seinem ,Verfahrungsweise'-Aufsatz hatte Hölderlin die sich aus diesem Programm ergebenden Anforderungen an den Dichter bei der Bearbeitung des sprachlichen und stofflichen Materials und an die Struktur des daraus entstehenden literarischen Kunstwerks ausgearbeitet. Dieser Forderungskatalog ließ sich letztlich auf die grundlegende Rezeptionsorientierung literarischer Produktion, auf die Maxime, „verständlich und faßlich" zu schreiben, zurückführen. In dem Entwurf eines Briefes an Susette Gontard schließlich deutete sich bereits die Aporie dieses Programms an: Der Autor erkennt hier, daß die gesellschaftlichen Zustände seiner Gegenwart wie auch die ihnen korrespondierende Bewußtseinslage seiner Zeitgenossen und -genossinnen ein herrschaftsfreies Zusammenleben der Menschen und zugleich die adäquate Rezeption einer auf die Verwirklichung dieser Utopie hinarbeitenden Literatur unmöglich machen.

In der Vorbemerkung zur „Friedensfeier" nimmt Hölderlin sowohl dieses Programm wie die Analyse der Problemlage wieder auf. Im Gegensatz zu den früheren selbstvergewissernden oder privaten schriftlichen Äußerungen wendet sich der Autor hier direkt an sein zu gewinnendes Publikum. Durch diese – jedenfalls der Intention nach – öffentliche Geste gewinnt die Vorbemerkung eine andere Qualität als die früheren Texte: Eine als verändert eingeschätzte politische Situation („An einem schönen Tage", heißt es allegorisch) läßt Hölderlin die Anrede der Rezipientinnen und Rezipienten als nicht von vornherein sinnlos erscheinen. Dennoch legt Hölderlin sich mit seinem Vorspruch zur „Friedensfeier" quer zu den Anforderungen des literarischen Marktes seiner Zeit. Er hofft jedoch, durch eine rückhaltlose Offenlegung seiner prekären Kommunikationssituation als Autor, der Neues in einer ungewohnten Sprache zu sagen hat, die Leser und Leserinnen zu einer größeren Toleranz und Offenheit gegenüber dem Befremdlichen zu bewegen. Es ist müßig, darüber zu spekulieren, ob Hölderlin mit dieser unkonventionellen Anrede – wäre sie zu ihrer Zeit veröffentlicht worden – sein Ziel erreicht hätte, das Publikum für sein Gedicht (und weitere seiner Art) zu gewinnen. Man kann die hundertfünfzigjährige Verspätung der Publikation des Gedichts als Indiz dafür lesen, daß entweder der Autor selbst oder sein Verleger die Aussichtslosigkeit des Unternehmens in der damaligen Rezeptionssituation eingesehen habe; das bleibt aber mangels überlieferungsgeschichtlicher Fakten Spekulation. Für uns[105] als heutige Leserinnen und Leser artikuliert sich in dieser als ‚Flaschenpost‘ auf uns gekommenen Notiz das gerade durch seine Brechungen und Gefährdungen aufrechterhaltene Selbstbewußtsein des Autors Hölderlin angesichts einer subtil analysierten prekären Rezeptionssituation.

Im folgenden werden diese Bestimmungen zu konkretisieren sein: Welche politische Situation brachte Hölderlin dazu, sich überhaupt mit seinem unkonventionellen Gedicht an die Öffentlichkeit wagen zu wollen, und wie hätte die Publikation konkret aussehen können?

Mit dem am 9.2.1801 geschlossenen Frieden von Lunéville, durch den Napoleon seine Position in Europa festigte, der sich aber im Rückblick auf die gesamte Geschichte der Koalitionskriege als eher transitorisches Ereignis erweisen sollte, verknüpft Hölderlin, der sich währenddessen in der Schweiz aufhält, überschwengliche Erwartungen.[106] Die Forschung ist sich darüber einig, daß die „Friedensfeier" diesem „schönen Tage" des aktuellen Friedensschlusses gewidmet ist (was gravierende Differenzen über den eschatologischen Status dieser Aktualität und über die Identität der in der „Friedensfeier" evozierten Personen nicht ausschließt).[107]

Damit ist freilich die Entstehungszeit des Gedichts, insbesondere seiner mit der Vorbemerkung versehenen Reinschrift, noch längst nicht hinreichend geklärt: Daß Hölderlin das Gedicht ausgerechnet im mit der Verarbeitung einer Überfülle neuer Erfahrungen belasteten Herbst 1802 vollendet haben soll, wie Beißner (StA III, 539, Z. 1) meint, erscheint mir recht unwahrscheinlich. Plausibler ist Sattlers Vorschlag, die Reinschrift samt Vorrede mit Hölderlins sich erst 1803/04 konkre-

---

[105] Das Wort ‚wir‘ verwende ich in dieser Arbeit nicht als Pluralis maiestatis, also um eine Gemeinsamkeit zwischen mir und den Lesenden zu unterstellen, deren Existenz hypothetisch und deren Grundlage ungesichert ist, sondern nur in Zusammenhängen, in denen es um Sachverhalte geht, die meiner Ansicht nach für alle heutigen Rezipientinnen und Rezipienten von Hölderlins Lyrik Gültigkeit besitzen, beispielsweise bei Fragen der Überlieferung oder des heutigen Alltagssprachgebrauchs. Wo ich das Wort ‚wir‘ in einem engeren Sinne verwende (insbesondere bei der Prüfung der Frage, inwiefern das in den untersuchten Texten artikulierte Wir ‚uns‘ als heutige Leserinnen und Leser anspricht oder sogar meint), hebe ich das ausdrücklich hervor.
[106] Cf. die Briefe an Karl Gok (undatiert, vermutlich kurz vor der Jahreswende 1800/1801, Nr. 222, StA VI.1, 406-408; zur Datierung cf. Beck in StA VI.2, 1044f.), an seine Schwester Heinrike Breunlin (vom 23.2.1801, Nr. 228, StA VI.1, 413-415) und an Christian Landauer (undatiert, vermutlich Februar 1801, Nr. 229, StA VI.1, 415-417; zur Datierung cf. Beck in StA VI.2, 1061).
[107] Ich kann auf die „Friedensfeier" hier nicht näher eingehen. So muß auch die hochinteressante Frage im Raum stehen bleiben, inwiefern Hölderlins Charakterisierung des Gedichts in der Vorbemerkung es wirklich trifft. Zur Forschung cf. Szondi S I, 315-342, sowie ders. Vorl. V, 324-402. Wenig Neues bringt der rein geistesgeschichtlich orientierte Beitrag von Schmidt (1988); aufregende neue Einsichten in die Textur der Hymne vermittelt dagegen – vor dem Hintergrund einer Untersuchung des Motivs der Friedensfeier während und nach der Französischen Revolution – Stierle (1989). Zu der Vorrede cf. ibd., 500f.

tisierenden Projekt ‚vaterländischer Gesänge' in Zusammenhang zu sehen.[108] Mit
der Analyse dieses Plans kommt man in unmittelbare Nähe zu den späten Gedichtfragmenten, die möglicherweise als unvollendete Beiträge zu den ‚Gesängen'
anzusehen sind. Dieses Projekt muß aus wenigen kurzen Briefen Hölderlins (Nr.
241, 242, 243, 245; StA VI.1, 434-439) an den Frankfurter Verleger Friedrich
Wilmans extrapoliert werden. Hölderlin hatte Wilmans als Verleger seiner Übersetzungen der „Trauerspiele des Sophokles", „Oedipus der Tyrann" und „Antigonä", gewinnen können, die im Laufe des Jahres 1804 herauskamen: die einzige selbständige Publikation Hölderlins neben dem „Hyperion".[109] In den den
Übersetzungen beigegebenen „Anmerkungen" entwickelt Hölderlin sein in den
Homburger Aufsatzfragmenten ausgearbeitetes Konzept einer „poetische[n] Logik" (FHA 16, 411, Z. 7f.) weiter: Die Kunstwerke müßten „nach ihrem geselzli-
chen Kalkul und sonstiger Verfahrungsart, wodurch das Schöne hervorgebracht
wird" (FHA 16, 249, Z. 8-10), beurteilt werden. In die Poetologie hat Hölderlin in dieser Phase (also nach „Das untergehende Vaterland ..." [‚Das Werden
im Vergehen'] und dem „Grund zum Empedokles") die Geschichtsphilosophie
integriert. Vornehmlich versucht Hölderlin, das ihn seit seiner frühesten Stu-
dienzeit umtreibende Problem des Verhältnisses von Antike und Gegenwart,
Griechenland und eigenem „Vaterland" theoretisch in den Griff zu bekommen.
Davon sind auch die Briefe an Wilmans geprägt. Waren die vor und nach der
Frankreichreise geschriebenen beiden Briefe an Böhlendorff (Nr. 236 und 240;
StA VI.1, 425-428 und 432f.) von dem Problem geprägt, welche Bedeutung die
sinnliche Präsenz des „Feuer[s] des Himmels" (Brief an Böhlendorff, vermutlich
Ende 1802, Nr. 240, StA VI.1, 432, Z. 7) im heutigen Südeuropa im Kontext der
geschichtsphilosophischen Dichotomie habe, so bringt Hölderlin nun zusätzlich
„das Orientalische" (Brief an Wilmans vom 28.9.1803, Nr. 241, StA VI.1, 434,
Z. 17) in die Diskussion, das nicht ohne weiteres mit dem Griechischen zu verrechnen ist.[110] Besonders wichtig im gegenwärtigen Problemzusammenhang ist
jedoch, daß Hölderlin seine Zusammenarbeit mit Wilmans auszubauen versucht
auf ein Projekt ‚vaterländischer Gesänge' hin. In demselben Brief, mit dem er
die Übersetzungen in Druck gibt, weist er den Verleger auf seine lyrischen Pro-
duktionen und Projekte hin:

> Kleine Gedichte in einen Almanach will ich Ihnen unmittelbar nach Absendung dieses
> Manuscripts aus meinen Papieren aussuchen. Ich habe einiges, was Ihnen vielleicht
> gefallen wird. [...] Einzelne lyrische größere Gedichte 3 oder 4 Bogen, so daß jedes
> besonders gedrukt wird weil der Inhalt unmittelbar das Vaterland angehn soll oder die
> Zeit, will ich Ihnen auch noch diesen Winter zuschiken.
> (Brief an Wilmans vom 8.12.1803, Nr. 242, StA VI.1, 435, Z. 14-25)

In einem vermutlich nur kurze Zeit später verfaßten weiteren Brief an Wilmans
knüpft Hölderlin an diese Ankündigungen an:

> Ich bin eben an der Durchsicht einiger Nachtgesänge für Ihren Allmanach. [...]

---

[108] Cf. Sattler 1989, 173f.
[109] Cf. zu den Übersetzungen Turk/Nickau/Lönker 1988/89.
[110] Cf. Warminski 1987, 17-22.

Es ist eine Freude, sich dem Leser zu opfern, und sich mit ihm in die Schranken unserer noch kinderähnlichen Kultur zu begeben.
Übrigens sind Liebeslieder immer müder Flug, denn so weit sind wir noch immer, troz der Verschiedenheit der Stoffe; ein anders ist das hohe und reine Frohloken vaterländischer Gesänge.
Das Prophetische der Messiade und einiger Oden ist Ausnahme.
Ich bin sehr begierig, wie Sie die Probe einiger größern lyrischen Gedichte aufnehmen werden. Ich hoffe, sie Ihnen auf den Januar zu schiken; und wenn Sie den Versuch, wie ich, beurteilen, werden sie wohl noch bis auf die Jubilatemesse erscheinen können.
(Brief an Wilmans vom Dezember 1803, Nr. 243, StA VI.1, 436, Z. 11-24)

In diesen wenigen Andeutungen erschöpfen sich bereits Hölderlins Hinweise auf sein Projekt ‚vaterländischer Gesänge'.[111]

Tatsächlich veröffentlichte Wilmans von Hölderlins Lyrik nur eine Gruppe von neun relativ kurzen Gedichten in seinem „Taschenbuch für das Jahr 1805. Der Liebe und Freundschaft gewidmet". Die Sammlung ist „Nachtgesänge" überschrieben und enthält sechs von Hölderlin eigens für diese Publikation überarbeitete Oden sowie die Gedichte „Hälfte des Lebens", „Lebensalter" und „Der Winkel von Hahrdt".[112] Es ist sehr wahrscheinlich, daß diese Publikation auf Hölderlins Ankündigung im Brief vom 4. Dezember 1803 zurückgeht, „Kleine Gedichte" für einen Almanach aus seinen Papieren herauszusuchen; im folgenden Brief benutzt er bereits die Bezeichnung „Nachtgesänge" für diese Texte. Die darauffolgende Einschätzung, es sei „eine Freude, sich dem Leser zu opfern, und sich mit ihm in die engen Schranken unserer noch kinderähnlichen Kultur zu begeben", kann ebenfalls auf die Gedichte für den Almanach bezogen werden. Hölderlin radikalisiert an dieser Stelle seine rezeptionsästhetische Konzeption von Literatur bis zum Selbstopfer des Autors. Sieht man sich allerdings die „Nachtgesänge" an, so kommen Zweifel auf, ob er in ihnen seine leserorientierte Absicht wirklich realisiert hat: Kann ein Gedicht wie „Hälfte des Lebens"[113] – zumindest auf den ersten Blick – als leicht verständlich angesehen werden, so erscheint schon „Der Winkel von Hahrdt" ohne genaue Kontextkenntnisse wie ein erratischer Block.[114] Die Oden schließlich wirken durch ihre komplizierten syntaktischen und metrischen Fügungen sowie ihre mit vielfältigen mythologischen Bezügen durchsetzte Bildlichkeit (nicht nur für ungeschulte Rezipientinnen und Rezipienten) vollends abschreckend.

Wenn Hölderlin seinem Verleger gegenüber vom „müde[n] Flug" der Liebeslieder spricht, so kann sich das schlechterdings nicht auf die „Nachtgesänge" beziehen, die er diesem gerade zur Veröffentlichung anbietet (zumal in den „Nachtgesängen" die Liebe nur eine untergeordnete Rolle spielt). Allerdings kann man

---

[111] Cf. Nägele 1985, 121-123.
[112] Cf. Kling 1980, 79.
[113] Die neuere Forschung hat die dunklen Abgründe auch in diesem Gedicht herausgearbeitet; cf. Neumann 1984; Santner 1985b.
[114] Cf. zu diesem Gedicht jetzt Frey (1990, 114-123), der sich vehement gegen Beißners Konjektur (cf. StA II.1, 116) eines Punktes hinter V. 5 sowie gegen dessen Stilisierung von „Ulrich" (V. 6) zu einem ‚Vaterlandshelden' ausspricht.

in dieser Äußerung eine selbstkritische Bewertung eigener früherer Gedichte (etwa von Elegien wie „Menons Klagen um Diotima") lesen. Zudem scheint mir durch die Abwertung der populären Gattung der Liebeslieder die vorhergehende Beschwörung der „Freude, sich dem Leser zu opfern", ebenfalls in den Verdacht hineingezogen zu werden, ein zu überwindendes Stadium der Literatur zu repräsentieren. Neben Klopstocks „Messias" nimmt Hölderlin schließlich auch „einige[ ] Oden" (nur die Klopstocks oder auch seine eigenen?) von seiner Abwertung aus.

Hölderlin zeigt in diesen wenigen Sätzen nicht nur eine höchst ambivalente, fließende Einstellung zur populären Literatur; auch der genaue Status, den er seinen „Nachtgesängen" in der zeitgenössischen Rezeptionssituation zumißt, wird von ihm eher verunklart als verdeutlicht.

Die „Nachtgesänge" markieren also für Hölderlin offensichtlich eine Art Übergangsstadium auf dem Weg zur Ausbildung einer neuen Lyrik. Mit seinen „größern lyrischen Gedichte[n]" möchte er „das hohe und reine Frohloken vaterländischer Gesänge" erreichen. Im früheren Brief ist er konkreter: „3 oder 4 Bogen" (also zwölf oder sechzehn Seiten) lang sollen die Gedichte sein und einzeln gedruckt werden, „weil der Inhalt unmittelbar das Vaterland angehn soll oder die Zeit". Man kann sich unter den so charakterisierten Texten vielleicht eine Art lyrische Flugschriften vorstellen. Die öffentlich zu verbreitenden „Gesänge" sollen konkrete politische Inhalte und einen optimistischen Grundton haben. Die Reinschrift der „Friedensfeier" erfüllt alle diese Bedingungen und kann daher mit guten Gründen als Druckvorlage für eine solche Einzelpublikation angesehen werden. Auch die übrigen großen Hymnen in freien Rhythmen, die Hölderlin in den Jahren 1800 bis 1806 verfaßte, müssen im Rahmen dieses Vorhabens (das sich 1803/04 zu konkretisieren schien) gesehen werden, sie in Einzelpublikationen als „vaterländische Gesänge" zu verbreiten. Woran die Veröffentlichung letztlich scheiterte, wissen wir nicht.

Welche Stellung nehmen nun die „Gesänge" innerhalb von Hölderlins Überlegungen zur Funktion von Literatur ein? Ich hatte die changierende Bemerkung über die „Freude, sich dem Leser zu opfern", und die Vorrede zur „Friedensfeier" als zwei verschiedenartige Umsetzungen seiner schon früher aufgestellten poetologischen Maxime, „verständlich und faßlich" zu schreiben, herausgearbeitet. Auch die „Gesänge" mußten unter diesen Anspruch gestellt werden, wenn sie verbreitet werden sollten. Insofern muß sich auch in ihnen der Autor „dem Leser opfern", solange er in „unserer noch kinderähnlichen Kultur" rezipiert werden will. Dann müßte eine Form gefunden werden, „das hohe und reine Frohloken vaterländischer Gesänge" (in dem ja stets auch eine Selbstaufopferung des leidenden Subjekts steckt[115]) in einer publikumsorientierten Sprache zu realisieren. Daß dies nicht ohne weiteres gelingen kann, an dem Anspruch der Vermittlung von lyrischer und alltäglicher Sprache aber festgehalten werden muß, kennzeichnet die Vorrede zur „Friedensfeier", die die Vermittlungsleistung bis auf wei-

---

[115] Cf. Szondi S I, 313f.; Nägele 1985, 122f.

teres dem Wohlwollen der Leserinnen und Leser anheimstellt. Hölderlin sucht also – so kann zusammenfassend festgestellt werden – mit seinen ‚vaterländischen Gesängen‘ nicht vorrangig nach einer neuen lyrischen Form, sondern nach einem neuen „Status des poetischen Sprechens im geschichtlichen und gesellschaftlichen Kontext"[116], durch den die bloß subjektive Orientierung der Lyrik, die den zeitgenössischen Erwartungshorizont dominierte (und die teilweise auch noch die eigenen Liebesgedichte des Autors prägte), überwunden werden soll. Dieses Programm versuchte Hölderlin vor allem in freirhythmischen Hymnen nach pindarischem Vorbild[117] zu verwirklichen; es schlägt sich aber auch in den späten Bearbeitungen seiner Oden und Elegien nieder. Inwieweit auch die lyrischen Fragmente, die mindestens bis 1806 entstanden sind, diesem Projekt zuzuordnen sind, soll in dieser Arbeit geprüft werden.

Hölderlins Reflexionen über die Funktion von Literatur sind also zumindest in den entscheidenden Jahren 1798 bis 1804 strukturell gleichgeblieben: Durchgehend hält er an der Vorstellung fest, daß der Literatur eine entscheidende Rolle im Prozeß gesellschaftlich-politischer Veränderungen zukommt. Diese Funktion kann sie nur erfüllen, wenn sie allgemeinverständlich verfaßt ist. Von Anfang an erkennt Hölderlin aber schon die Schwierigkeiten bei der Verwirklichung dieses Programms in einer diesem ungünstigen Rezeptionssituation. Ab 1801 versucht er – durch politisch vielversprechende Entwicklungen beflügelt und inspiriert durch die Auseinandersetzung mit der Lyrik Pindars –, seiner Zielsetzung durch die neuartigen ‚vaterländischen Gesänge‘ näherzukommen. Statt daß damit das Problem der Vermittelbarkeit von Literatur gelöst wäre, verschärft es sich sogar aufgrund der Sperrigkeit und Schwierigkeit der neuen poetischen Sprache und Form. Diese Schwierigkeiten steigern sich zu einer aporetischen Situation, je mehr sich die politische Lage mit der Niederschlagung der revolutionären Bestrebungen in Südwestdeutschland (von der Hölderlin im Zusammenhang mit dem Hochverratsprozeß gegen Sinclair direkt betroffen war) wieder verfinstert.

Hölderlins poetische Arbeiten werden von 1800 an – gemessen an den zeitgenössischen (und vielleicht auch noch den heutigen) literarischen Normen und Rezeptionsgewohnheiten – immer dunkler und erklärungsbedürftiger.[118] Seine seltenen und kargen poetologischen Äußerungen aus diesen Jahren sind jedoch kaum geeignet, die poetische Produktion durchsichtiger zu machen, sind sie doch selbst im höchsten Maße vieldeutig und interpretationsbedürftig. So wird etwa das zentrale Attribut ‚vaterländisch‘, mit dem Hölderlin seine „Gesänge" charakte-

---

[116] Nägele 1985, 122.

[117] In diesem Zusammenhang ist in den letzten Jahren in der Forschung eindringlich die Bedeutung von Hölderlins Beschäftigung mit Pindars Lyrik, die sich in seinen Übersetzungen und Kommentaren niederschlagen hat, für die Herausbildung seines lyrischen Spätstils betont worden; cf. Seifert 1982 und 1988; Franz 1988; Menze 1988.

[118] Schon Hellingrath setzt sich eingehend mit der an der Alltagssprache und an hergebrachten dichterischen Konventionen orientierten Einschätzung auseinander, Hölderlins späte poetische Sprache (die Hellingrath exemplarisch an den Pindar-Übertragungen untersucht) sei ‚gewaltsam‘, ‚dunkel‘ und ‚unverständlich‘ (cf. Hellingrath 1944, 42-46).

risiert, von ihm in diesem Zusammenhang nicht expliziert.

Die weitreichendsten aus dieser Zeit überlieferten Reflexionen Hölderlins sind seine Sophokles-Anmerkungen.[119], die zwar zunächst nur seine Theorie der Tragödie, die er im Zusammenhang mit dem „Empedokles"-Projekt ausgearbeitet hatte, am Beispiel der beiden Sophokles-Stücke weiterentwickeln, darüber hinaus aber das Verhältnis von griechischer und moderner Kunst allgemein thematisieren. Zunächst fordert er grundsätzlich – durchaus in Kontinuität zu den Homburger Überlegungen –, der Dichter müsse „die Welt im verringerten Maasstab" (FHA 16, 421, Z. 15) darstellen, dürfe also die „vaterländischen Vorstellungsarten" (ibd., Z. 13f.), die er vorfindet, nicht verändern, sondern bestenfalls akzentuieren oder „aus linkischem Gesichtspunct" (ibd., Z. 18), also gewissermaßen verfremdend, zu erfassen versuchen. Dichtung müsse den „Geist der Zeit" (ibd., Z. 21) nicht bloß verstehbar, sondern fühlbar machen. Diese Funktion könne sie nur erfüllen, wenn die „*Verständlichkeit* des Ganzen" (FHA 16, 251, Z. 21) gewährleistet sei. All diesen Anforderungen würde die gegenwärtige Literatur jedoch nicht gerecht, weil es ihr „besonders an der Schule und am Handwerksmäßigen" (FHA 16, 249, Z. 11) fehle. Sie müsse sich daher bei allen historischen Differenzen „zur $\mu\eta\chi\alpha\nu\eta$ der Alten" (ibd., Z. 4f.) erheben, um dieses Defizit auszugleichen. Wie in dem Fragment „Wenn der Dichter einmal des Geistes mächtig ist ..." argumentiert Hölderlin also auch hier, daß die Struktur des literarischen Kunstwerks auf seine kommunikative und politische Funktion hin angelegt sein müsse. Die konkreten, außerordentlich innovativen Ausführungen, die der Autor daraufhin über „das kalkulable Gesetz" (FHA 16, 411, Z. 2) oder den „gesezlichen Kalkul" (FHA 16, 249, Z. 20) macht, insbesondere über das Verhältnis zwischen dem „tragische[n] *Transport*", dem „Rhythmus der Vorstellungen" und der „*Cäsur*" oder „gegenrhythmische[n] Unterbrechung" (FHA 16, 250, Z. 12, 24, 26f.; cf. auch FHA 16, 411f.), haben ihren Ort zunächst im Rahmen seiner Theorie der Tragödie und können im gegenwärtigen Zusammenhang daher nicht eingehender analysiert werden.

Es ergibt sich also die schwierige Situation, daß aus jenen Jahren, in denen die Lyrik – sieht man von der paradigmatischen Auseinandersetzung mit den griechischen Autoren Sophokles und Pindar einmal ab – sich vehement in den Mittelpunkt von Hölderlins poetischer Tätigkeit schiebt, so gut wie keine Aussagen des Autors mehr über deren „poetische[ ] Logik" (FHA 16, 411, Z. 7f.), über das „Gesez dieses Gesanges" (StA II.2, 722, Z. 29) überliefert sind. Will man dennoch der „Verfahrungsart" (FHA 16, 249, Z. 22) der späten Gedichte auf die Spur kommen (und Hölderlins poetologische Maximen lassen es nicht zu, hinter diesen Anspruch zurückzufallen), so bieten sich zwei Strategien an, die tatsächlich in der Forschung auch eingeschlagen worden sind:

1. Die Homburger Poetik wird relativ ungebrochen auf die späteren Gedichte angewendet.[120] Diese Forschungsrichtung verläßt sich also ungebrochen auf

---

[119] Cf. dazu Lacoue-Labarthe 1980/81; Kurz 1988.

[120] Diese Position wird in der neueren Forschung unter anderem von Sattler (cf. 1981, 403-

Hölderlins explizite Poetik. Dabei wird zumeist die prinzipielle hermeneutische Frage, inwieweit Hölderlins Dichtung *überhaupt* als Umsetzung seiner Poetik angesehen werden kann und was die Rekonstruktion seiner Poetik zum Verständnis seiner Dichtungen beiträgt, gar nicht erst gestellt, sondern als positiv beantwortet vorausgesetzt.[121] Die Zweifelhaftigkeit dieser Voraussetzung verschärft sich noch angesichts der entstehungsgeschichtlichen Distanz zwischen Homburger Poetik und später Lyrik.

2. Die Homburger Poetik wird als eine später überwundene Phase von Hölderlins poetologischen Äußerungen angesehen. Danach habe Hölderlin seine Reflexionen zur Dichtung kaum noch in theoretischer Prosa, sondern vor allem *in den Gedichten selbst* zum Ausdruck gebracht.[122] Diese Forschungsrichtung versucht die Existenz und Relevanz einer impliziten Poetik bei Hölderlin zu erweisen.

Ich möchte im folgenden untersuchen, wie tragfähig die These von Hölderlins impliziter Poetik für die Interpretation seiner späten Gedichte ist und welche Probleme sie in sich birgt.

Emery E. George hat in einem voluminösen, in der deutschsprachigen Forschung wenig beachteten Buch eine detaillierte Rekonstruktion von „Hölderlin's ‚Ars Poetica' " unternommen. Mit großem Nachdruck vertritt er darin die These, daß Hölderlin seine explizite Homburger Poetik durch eine in den späten Hymnen entwickelte implizite Poetik überwunden habe.[123] Er versucht die poetologischen Implikationen der Lyrik mit informationstheoretischen Mitteln zu rekonstruieren und kommt dabei zu folgendem Ergebnis:

> [...] it seems clear from the foregoing that Hölderlin's practice does contain a poetics of communication. The Late Hymns stress this prime object of poetry as does no other phase of Hölderlin's lyric. The poet's responsibility is to send the message. The critic's task is to receive what has been sent. The two processes of creative play, the critic's and the poet's, must gradually come to overlap and join in the act of literary communication; the poet is thus said to be understood. At the same time this is the Critic's best assurance that the odds in the cybernetic game of criticism and communication will also fall in his favor.[124]

Ähnliche Ergebnisse konnte ich bereits aus der Analyse von Hölderlins expliziter Poetik gewinnen. Das Verfahren, mit dem George die Existenz einer impliziten Poetik nachzuweisen versucht, kann aber nicht überzeugen: Er rekonstruiert die „Ars Poetica" eines „Pseudo-Hölderlin" (oder „Hölderlin in principle"[125]) zwar „avoiding any stylistic reference to the Homburg prose"[126], aber ausgerechnet zugeordnet zu Stichwörtern, die überwiegend den Homburger Fragmen-

---

409), Kreuzer (cf. 1985, 215-231) und Horst (cf. 1979, 176f.) vertreten.
[121] Cf. Horst 1979, 187, Anm. 42.
[122] Diese Auffassung, die sich unreflektiert in vielen Interpretationen findet, wird vehement vertreten von George (1973) und differenzierter von Martens (1982, 455-460).
[123] Cf. George 1973, 12-49, 349-423.
[124] George 1973, 423.
[125] George 1973, 350.
[126] George 1973, 349.

ten entnommen sind.[127]. In einem Kommentar[128] versucht er dann nachzuweisen, wie sich diese Konzeption in den späten Hymnen realisiert habe. Es ruft Skepsis gegenüber Georges Konzeption von Hölderlins impliziter Poetik hervor, daß die entscheidenden Stichwörter, die tatsächlich über die Homburger Poetik hinausführen (wie z. B. „vaterländische Umkehr"[129]), wiederum aus expliziten poetologischen Äußerungen Hölderlins, nämlich den Sophokles-Anmerkungen, entnommen sind. So verwundert es auch nicht, daß eine ebenfalls der Dichtung externe (oder doch nur an ihrem Rande angesiedelte) Bemerkung, die von Hölderlin selbst als „Gesez" (StA II.2, 722, Z. 29) der „Rhein"-Hymne bezeichnete Randnotiz zu deren erster Fassung, von George als „axiom seed"[130] von Hölderlins spätem poetologischen System ausgebeutet wird: Erscheint schon für die Anwendung dieser Bemerkung auf die Endfassung des ‚Rheins' äußerste hermeneutische Vorsicht geboten, so trägt George keine Bedenken, dieses „Gesez" gleich auch noch in „Patmos" und „Mnemosyne" am Werke zu sehen.[131] Trotz dieser Vorgehensweise gelingen George zwar interessante Einsichten in die Struktur der Hymnen, sein Grundansatz aber, aus Gedichten ein theoretisches System extrahieren zu wollen, ist verfehlt, was sich schon daran zeigt, daß George die Kategorien von Hölderlins impliziter Poetik durchgehend dessen theoretischen Äußerungen entnimmt.

Einen anderen Weg schlägt Martens ein: Er entnimmt den späten Gedichten Hölderlins selbst poetologische Maximen, die er (allerdings zusammen mit expliziten poetologischen Äußerungen) als Anweisungen, Anregungen oder Hinweise auffaßt, wie diese Gedichte zu lesen seien. Insbeondere erwähnt er den immer wieder umgearbeiteten Beginn der „Patmos"-Hymne, die Verse 30-34 von „Andenken" und die Verse 91-96 der „Friedensfeier".[132] Martens kommt bei seiner Analyse dieser Passagen zu dem Ergebnis, daß Hölderlins Gedichte als Beiträge des Autors zu einem Gespräch mit den Rezipientinnen und Rezipienten angelegt seien, ja mehr noch: daß sie zu ihrem adäquaten Verständnis des realen Gesprächs mehrerer Leserinnen und Leser über sie bedürften. Martens konstruiert diese mit den Ergebnissen meiner Analyse durchaus kompatible These sowohl aus expliziten wie aus impliziten poetologischen Äußerungen Hölderlins, ohne den unterschiedlichen Textstatus der Belege zu thematisieren. Dieses Verfahren scheint mir angesichts von Martens' Zielsetzung, „Wege zur Erschließung Hölderlinscher Texte im Gruppengespräch"[133] aufzuweisen und in der Faktur der Texte selbst zu begründen, durchaus legitim zu sein. Mir geht es hier aber um die anders gelagerte Frage nach der Leistungsfähigkeit der These

---

[127] Cf. George 1973, 351-360.
[128] Cf. George 1973, 361-412.
[129] Cf. George 1973, 357, 385-388.
[130] George 1973, 409.
[131] Cf. George 1973, 409. Ähnlich schon Ryan 1960, 277 und Gaier 1962, 275. Cf. auch Uffhausen 1989, XIII.
[132] Cf. Martens 1982a, 457, 459f.
[133] Martens 1982a, 436.

von einer impliziten Poetik in Hölderlins späten Gedichten. Daher kann vorerst nur festgehalten werden: Es gibt in einigen späten Gedichten (die Belege könnten vermehrt werden) Aussagen, die über ihren gedichtinternen Kontext hinauszuweisen scheinen und als Anweisungen für eine adäquate Lektüre der Gedichte selbst verstanden werden können. Diese Transferierbarkeit ist legitimiert durch den hohen Allgemeinheitsgrad dieser Aussagen (der unter anderem durch Wendungen wie „gut ist", „keiner", „wir" erzeugt wird). Dagegen gibt es (ein Nachweis, der natürlich ungleich schwerer zu führen wäre) in den Gedichten keine ähnlich stark akzentuierten Stellen, die in die entgegengesetzte Richtung wiesen (also etwa für die Hermetik des Kunstwerks oder die einsame Rezeption plädierten). Da zudem eine grundsätzliche Kongruenz zwischen diesen Aussagen und den expliziten poetologischen Äußerungen Hölderlins festzustellen ist, können jene durchaus zu deren Ergänzung und Konkretisierung herangezogen werden. Der von George behauptete prinzipielle Unterschied zwischen expliziter und impliziter Poetik kann somit nicht bestätigt werden.

Will man aber eine genaue Vorstellung von Hölderlins impliziter Poetik erarbeiten, so kann meines Erachtens nicht von dem Kontext des einzelnen Gedichts abgesehen werden. Geht es mir z. B. um das Verständnis des Gedichts „Der Einzige", so habe ich zunächst keinerlei Grund zu der Annahme, daß ausgerechnet eine Stelle aus der „Friedensfeier" jenes ganz anders geartete Gedicht sollte erschließen können. Vielmehr sind aus dem zu interpretierenden Gedicht selbst, und zwar vornehmlich aus dessen Struktur, weniger aus einzelnen inhaltlichen Aussagen, Anregungen oder Anweisungen zu entnehmen, wie es gelesen werden kann oder sollte. In diesem Sinne – und nur in diesem – ist die Annahme einer impliziten Poetik in Hölderlins späten Gedichten notwendig. Nur so kann die Lektüre Hölderlins Poetologie gerecht werden, in deren Zentrum unverändert die selbstauferlegte Forderung an den Dichter steht, die Verständlichkeit des literarischen Kunstwerks in der dichterischen Arbeit und in der daraus resultierenden textuellen Struktur zu fundieren. Wie diese bis 1806 nicht aufgegebene Maxime in jedem einzelnen Gedicht konkret umgesetzt und möglicherweise differenziert ist, kann nur die genaue Einzelinterpretation erweisen, wobei die expliziten poetologischen Äußerungen und die besonders hervorstechenden poetologischen Aussagen in anderen Gedichten als Orientierung hinzugezogen werden können und sollten.

Das hier skizzierte Verfahren, die implizite Poetik des einzelnen Gedichts zu eruieren, um sie als Orientierung für die Interpretation des Gedichts selbst zu benutzen, wirft gravierende hermeneutische Probleme auf, ist doch die Rekonstruktion der impliziten Poetik ein ebenso mit Unsicherheiten behafteter Akt wie die Interpretation selbst, der also keine höhere Dignität für sich beanspruchen kann (etwa in dem Sinne, die implizite Poetik als Metasprache der Gedichtsprache anzusehen). Die These von einer impliziten Poetik jedes Gedichts sieht sich daher dem auf den ersten Blick plausiblen Verdacht ausgesetzt, eine bloße Hypostasierung der jeweiligen subjektiven hermeneutischen Maßstäbe zu objektiven Strukturen des Gedichts zu sein. Diesem berechtigten Einwand kann nur so begegnet werden, daß man die Subjektivität jedes Zugriffs auf das Gedicht inclusive seiner etwaigen impliziten Poetik von vornherein zugesteht. Damit dieser vorgängige Subjektivismus die Interpretation nicht in universellen Relativismus auflöst, ist es notwendig, in der Analyse der Textur des Gedichts Evidenzen herauszuarbeiten, auf die sich die Interpretation stützen kann. Diese Evidenzen ermöglichen eine intersubjektive Anerkennung der Interpretation ebenso, wie sie einen Ansatzpunkt für Kritik an der Interpretation schaffen. Erst im Medium intersubjektiver Verständigung über Texte und ihre Interpretationen also konstituiert sich die über die bloße Materialität hinausgehende Struktur der Texte, die zugleich einen Maßstab abgibt für die Angemessenheit von Interpretationen. Damit sind auch die Texte selbst dem Wandel der Verständigungsversuche über sie unterworfen.

In diesem kommunikationstheoretisch präzisierten Sinne ist es sinnvoll, zwischen einem Gedicht und seinen poetologischen Implikationen heuristisch zu unterscheiden. Die Rede von der impliziten Poetik eines Gedichts beansprucht also nicht eine höhere Legitimität außerhalb oder vor der Interpretation, sondern gibt einen Orientierungsmaßstab innerhalb der Interpretation ab, der sich ebenso wie die ganze Interpretation auf intersubjektiv nachvollziehbare Evidenzen stützen können muß. Natürlich ist der Versuch, die implizite Poetik zu rekonstruieren, um so erfolgversprechender, je mehr die Textur des Gedichts selbst ihm entgegenkommt (wenngleich auch die ‚naivsten‘ Gedichte poetologische Implikationen enthalten). Hölderlins hochkomplexe späte Gedichte, die aufgrund eingehender poetologischer Reflexionen des Autors entstanden sind, enthalten – so meine These – eine besonders differenzierte implizite Poetik, deren Rekonstruktion helfen kann, die schwer durchschaubaren Geflechte dieser lyrischen Dichtungen zu entwirren.

5 Umgrenzung des Gegenstandsbereichs

Peter Szondi hat den Begriff des Hölderlinschen ‚Spätwerks‘, der für das „Werk eines Dreißigjährigen“[134] zunächst unangemessen erscheint, präzise zu fassen versucht: In dessen Mittelpunkt sieht er die „Hymnen in freien Rhythmen“[135], die – mit dem Gedicht „Wie wenn am Feiertage ...“ einsetzend[136] – einen deutlichen

---

[134] Szondi S I, 289. Die Frage nach dem ‚Späten‘ in Hölderlins ‚später‘ Lyrik hat noch vor Szondi Paul Böckmann (1961/62) aufgegriffen. Allerdings beschränkt sich Böckmann auf eine Rekonstruktion der geistesgeschichtlichen Voraussetzungen, die dazu beitrugen, daß Hölderlin mit seinen nach der Jahrhundertwende entstandenen Texten „eine Spätstufe der in der Goethezeit angelegten Möglichkeiten“ (221) erreichte, und er verzichtet auf eine Analyse des Spätstils selbst.

[135] Szondi S I, 289.

[136] Gegen diese Perspektive auf die ‚Feiertags‘-Hymne hat sich nachdrücklich Allemann (1956, 26f., Anm. 7) ausgesprochen: Die Hymne falle an entscheidenden Stellen in eine dem Spätwerk fremde allegorische Ausdrucksweise zurück. Inwieweit sie dennoch als Gelenkstelle zwischen

Neuanfang und zugleich die „Endstellung"[137] im Œuvre des Autors markierten. Die späten Bearbeitungen der Oden und Elegien glichen diese Gattungen stilistisch und formal den Hymnen an.[138] Der Begriff „Spätwerk" müsse also „eher stilkritisch denn biographisch"[139] verwendet werden:

> Zu zeigen wäre, wie Hölderlins Hymnensprache – im Gegensatz zu den letzten Gedichten der Umnachtungszeit – teilhat an jener paradoxen Verschränkung von Entschlossenheit zum Äußersten und von Zaghaftigkeit, von Kühnheit und Demut, Kraft und Schwäche, die für die Spätwerke von Künstlern kennzeichnend ist, die ihr Werk nicht der abgeklärten Heiterkeit zuführen, sondern mit weltabgewandtem Eigensinn über den Schatten zu springen trachten, der nicht nur der ihre ist, sondern auch der ihrer Zeit.[140]

Szondi nennt als Beispiele die späten Werke Cézannes und Beethovens und deutet damit die Notwendigkeit an, diese Überlegungen zum Gegenstand einer allgemeinen, interdisziplinär angelegten Kunstwissenschaft zu machen, die sich in detaillierten, fachwissenschaftlich geschulten Einzelanalysen bewähren müßte. In diesem Rahmen wäre das spezifisch „Späte" des Hölderlinschen Spätwerks zu bestimmen. Im Anschluß an die Verse 83-90 der ‚ersten Fassung' des ‚Einzigen' umreißt Szondi dieses Programm:

> Gelänge es, die Diktion solcher Verse in Worte zu fassen, einen Tonfall, darin die Sicherheit des Wissens und das Gericht über sich selbst, Aufschwung und Verzweiflung sich ineinander verschlungen haben, man wäre dem Geheimnis der Hymnen näher und wüßte zugleich, warum man sie als Spätwerk empfindet.[141]

Szondi selbst gesteht ein, daß er diese Aufgabe im Rahmen seines Aufsatzes nicht erfüllen kann. Ich kann das in dieser Vororientierung über den Gegenstandsbereich der Untersuchung nicht leichthin nachholen. Aber Szondis Andeutungen können als eine Leitlinie der Untersuchung dienen: Vielleicht gelingt es im Zuge der Interpretation, präziser zu formulieren, worin das zunächst nur vage empfundene Neuartige und Befremdliche der späten Lyrik Hölderlins besteht, um so die subjektive Erfahrung mit diesen Dichtungen literaturwissenschaftlich zu fundieren (nicht etwa zu überwinden). Es zeugt von Szondis Subtilität, daß er in diesem Zusammenhang keinen Gegensatz zwischen dichterischer und begrifflicher Sprache aufbaut: Etwas „in Worte zu fassen", erfordert eine größere Nähe zum Gegenstand, als sie gemeinhin der Literaturwissenschaft zugestanden wird. Die biographische Herangehensweise hat über ein Jahrhundert lang den Blick auf das Spätwerk Hölderlins verstellt.[142] Zugunsten des von Szondi mit überzeugen-

---

dem mittleren und dem späten Werk des Autors angesehen werden kann, hat Martin (1990, 112-144) gezeigt. (Cf. dazu auch meine Besprechung dieser Studie: Burdorf 1991.)

[137] Szondi S I, 290.

[138] Diese Zentralstellung der Hymnen, die natürlich genauer belegt werden müßte, stützt zugleich die obige Interpretation der Briefe an Wilmans, die darauf hinausläuft, die beiden von Hölderlin erwähnten Gedichtsorten nicht so kraß voneinander zu trennen, wie das in der Forschung gemeinhin geschieht.

[139] Szondi S I, 291.

[140] Szondi S I, 291.

[141] Szondi S I, 292.

[142] Das gilt auch noch für neuere Ansätze wie den Müller-Seidels, der sich vehement von Szondis Bestimmung des Spätwerks absetzt; cf. Müller-Seidel 1981, 166.

den Argumenten vorgeschlagenen stilkritischen Zugangs zu diesem Textkorpus darf aber die biographische Komponente nicht völlig ausgeblendet werden: Auch für Szondi selbst ist der Beginn der „Umnachtung" der Terminus ante quem des Spätwerks. Die danach entstandenen Texte bezeichnet man heute zumeist als ‚späteste Gedichte'.[143] Diese Unterscheidung sollte nicht als Ausgrenzung der ‚Wahnsinnsgedichte' verstanden werden, sondern allein als Artikulierung von Werkphasen. So konturiert auch Szondi zu Beginn seiner Hölderlin-Vorlesung das Spätwerk gerade aus der Perspektive der letzten Lebensjahre des Autors und der spätesten Gedichte:

> All diese Motive der großen Hymnen sind da, und zwar weder bloß aufgezählt, noch in chaotischem Durcheinander. Erstrebt ist auch hier die Ordnung, der Bezug, aber als reichte die Kraft nicht mehr aus dazu, bleibt eine Kluft zwischen der intendierten Sinn-Ordnung und der bloß syntaktischen und strophischen – darum sind auch die so einfach gefügten Aussagen oft rätselhaft.[144]

> Diese Scheu vor der Nähe, vor der Identität mit sich selber ist nur zu verstehen als Folge jenes inneren Vorgangs, der im Sommer 1802 zur Zerrüttung von Hölderlins Geist führte.[145]

Damit ist der Terminus post quem benannt, mit dem das eigentliche Spätwerk Hölderlins einsetzt: der Aufenthalt des Autors in Frankreich vom Dezember 1801 bis zum Juni 1802, bei dem er Erfahrungen sammelte, die zu verarbeiten ihn viel Kraft und Zeit gekostet hat, kamen doch hier die sinnliche Repräsentanz seines Idealbildes der griechischen Antike, das Erlebnis der mediterranen Landschaft und des südlichen Klimas sowie die Begegnung mit den Stätten wie auch mit den Akteuren und Leidtragenden der von Hölderlin viel länger als von anderen deutschen Intellektuellen bejubelten Französischen Revolution in einem gewaltigen Erlebniskomplex zusammen. Die beiden wichtigsten Dokumente für die Bedeutung dieser Reise in Hölderlins Selbstverständnis sind seine beiden Briefe an Böhlendorff, die als typologisch (im Sinne einer Wechselwirkung von Erwartung und Erfüllung) aufeinander bezogen verstanden werden können: Im ersten vom 4.12.1801 (Nr. 236, StA VI.1, 425-428) formuliert er seine Erwartungen an die Reise nach Bordeaux im Rahmen seiner Ästhetik und Geschichtsphilosophie[146], im zweiten, vermutlich Ende 1802 entstandenen (Nr. 240, StA VI.1, 432f.) die mit unerhörter Gewalt und Intensität eingetretene Verwirklichung dieser Erwartungen, die Szondi treffend so zusammenfaßt:

---

[143] Cf. Häussermann 1961; B. Böschenstein 1968b, 59-80.

[144] Szondi Vorl. V, 198. Eine Verbindungslinie zwischen späten und spätesten Gedichten zieht auch Heidegger in seinem Vortrag von 1959 „Hölderlins Erde und Himmel", cf. Heidegger Erl., 180f. Winfried Kudszus hat die stilistischen Veränderungen in seiner Dissertation (1969) detailliert untersucht. Neuerdings vertritt Sattler die These einer spiegelbildlichen Wiederaufnahme von Motiven des früheren Werks in den spätesten Gedichten (cf. Sattler 1984). Cf. auch Haverkamp 1991.

[145] Szondi Vorl. V, 197. Diese Aussage darf nicht als Ausdruck der in der Forschung verbreiteten Tendenz angesehen werden, große Teile von Hölderlins Werk zu pathologisieren. Vielmehr stellt Szondi wenig später klar: „Hölderlins Geist wurde nicht krank, und man hat auch keinen Anlaß, in seinem Spätwerk nach wahnhaften Gedanken zu forschen." (Ibd., 207)

[146] Cf. dazu Binder 1955, Bd. 2, 668; Szondi S I, 345-366; Szondi Vorl. II, 184-214.

Die Reise wurde selber zu jener Begegnung mit dem Sonnengott, zu jener unmittelbaren Erfahrung des Göttlichen, deren Gefährlichkeit eines der Hauptthemen von Hölderlins später Dichtung darstellt.[147]

Wie der erste Böhlendorff-Brief als typologische Vorausdeutung auf den zweiten gelesen werden kann, so erweisen sich viele der in den Jahren 1800 und 1801 (also in der Zeit nach dem ersten Homburger Aufenthalt) entstandene Gedichte als Vorbereitungen des Spätwerks. Als erste Hymne in freien Rhythmen wird einhellig das um die Jahrhundertwende entstandene Gedicht „Wie wenn am Feiertage ..." angesehen.[148] Viele andere Hymnen wurden offensichtlich im Jahr 1801 (in der euphorischen Stimmung nach dem Frieden von Lunéville, während Hölderlins Aufenthaltes in der Schweiz) entworfen und erst nach der Frankreichreise weiter ausgeführt oder abgeschlossen, so daß man auch in bezug auf diese Texte von einem typologischen Verhältnis mit dem Aufenthalt in Bordeaux als Mittelachse sprechen könnte. Möglicherweise (eine These, die hier nicht weiter verfolgt werden kann) könnte man so weit gehen, zu sagen, daß Hölderlin vor der Frankreichreise zwar formale und inhaltliche Ideen zu seinen freirhythmischen Hymnen hatte, daß er jedoch die Erfahrungen der Reise benötigte, um diese Grundstrukturen dichterisch ausfüllen zu können.[149]

Hölderlins Spätwerk umfaßt also die zwischen Juli 1802 und September 1806 entstandenen Texte. Die beiden Daten markieren gravierende biographische Einschnitte für den Dichter: die überstürzte Rückkehr aus Bordeaux und den gewaltsamen Abtransport in die Psychiatrie. Die dazwischenliegenden vier Jahre sind, wie viele überlieferte Ereignisse belegen, eine Zeit beinahe permanenter persönlicher Krisen für den Autor (Tod Susette Gontards; Verschärfung des Konflikts mit seiner Mutter während seines langen Aufenthalts in Nürtingen; Hochverratsprozeß gegen Sinclair), die nur durch wenige positive Erlebnisse unterbrochen oder konterkariert werden (Reise nach Regensburg; Anerkennung durch die Familie des Landgrafen von Homburg). Diese außerordentlich schwierigen Entstehungsbedingungen der späten Lyrik haben viele Forscher dazu motiviert, die Gedichte als ein bloßes *Symptom* der persönlichen Krisensituationen zu lesen, statt in ihnen einen künstlerischen *Ausdruck* der Krise zu erkennen, der die biographischen Kontexte transzendiert.[150]

Stilkritisch kann – wie genauer zu zeigen wäre – eine Vorbereitung des Spätwerks in den seit der Jahrhundertwende entstandenen Texten sowie ein Nachklingen in den sogenannten spätesten Gedichten konstatiert werden. Es ist daher sinnvoll, den genannten Zeitraum nur als Orientierungsrahmen zu verstehen und die Verbindungen zu den Lebens- und Werkphasen davor und danach aufmerksam

---

[147] Szondi Vorl. V, 211.

[148] Beißner (StA II.2, 667) datiert es auf Ende 1799, Sattler (1983, 119) zunächst auf Ende 1801, später (1989, 164) auf den Sommer 1800.

[149] Den Mangel an „Lebendige[m]", Sinnlichem in seiner Dichtung analysiert Hölderlin selbst schon sehr scharfsinnig in dem großen Brief an Neuffer vom 12.11.1798 (Nr. 167, StA VI.1, 288-291). Cf. dazu Szondi Vorl. III, 164-172.

[150] Cf. dazu genauer unten, Abschnitt 7.1.

zu verfolgen.

Das Spätwerk umfaßt Hölderlins Übersetzungen und Kommentare zu Werken von Sophokles und Pindar sowie zahlreiche Gedichte. Dabei ist festzustellen, daß die von Hölderlin seit langem benutzten klassischen Formen der Ode und der Elegie zurücktreten und die Form der von Pindar angeregten Hymne in freien Rhythmen zunehmend in den Vordergrund rückt. Die zumeist schon früher entworfenen Oden und Elegien werden jedoch nicht einfach beiseite gelegt, sondern mit großer Anstrengung in einer Weise bearbeitet, die sie in die Nähe des hymnischen Spätstils rückt. Dieser noch genauer zu beschreibende Spätstil hebt diese Gedichte aus dem übrigen Œuvre des Autors sowie aus der gesamten Lyrik seiner Zeit heraus. Damit (so meine These) erfordert und ermöglicht Hölderlins späte Lyrik eine aus den Konventionen lyrischer Erfahrung ausbrechende Rezeption.

Welche Texte aus dem lyrischen Spätwerk werden nun aber als *Hölderlins späte Gedichtfagmente* bezeichnet? Offensichtlich handelt es sich dabei nicht um ein eigenständiges Genre und um gewollte Fragmentarizität, wie sie von den Romantikerinnen und Romantikern entwickelt wurden[151]: „Hölderlins Werk ist geprägt und motiviert von der Sehnsucht nach Ganzheit."[152] Dennoch ist festzustellen, daß ein großer Teil von Hölderlins lyrischem Spätwerk nur in nicht abgeschlossenen Entwürfen vorliegt. Zu Recht ist – als Argument gegen die These von der zunehmenden geistigen Zerrüttung des Autors – darauf hingewiesen worden, daß das Verhältnis von fragmentarischen und abgeschlossenen Texten in der Zeit von 1800 bis 1806 etwa gleichgeblieben ist.[153] Auch schon in früheren Phasen besaßen Entwürfe, Aus- und Umarbeitungen in Hölderlins dichterischer Produktion ein großes Eigengewicht gegenüber den fertigen Texten. Der größere Anteil unvollendeter Texte unter den Hymnen erklärt sich vornehmlich durch die ehrgeizig geplante Länge und Komplexität der Gedichte sowie durch die schwierige Publikationssituation, in der das Ziel des Autors, mit seinen ‚Gesängen‘ an die Öffentlichkeit zu treten und öffentlich zu wirken, immer weiter hinausgeschoben wurde, bis er schließlich durch Internierung und Abschiebung in den Status eines Geisteskranken an einer autorisierten Veröffentlichung unwiderruflich gehindert wurde.

Die Begriffe, die im heutigen Wortschatz für Gebilde dieser Art zur Verfügung stehen, indizieren diese durchgängig als defizitäre, die Ganzheit, Einheit, Abgeschlossenheit, Vollkommenheit, Vollendung verfehlende oder entbehrende, ob man sie nun als *Fragmente*, *Entwürfe*, *Bruchstücke*, *unabgeschlossene* oder *unvollendete* Gedichte bezeichnet. Der literaturwissenschaftliche Sprachgebrauch kann sich dieses „nicht endende[n] Begehren[s] nach vollkommener Ganzheit"[154], das auch Hölderlin selbst umtrieb, vermutlich nicht gänzlich entschlagen, will man die Texte nicht dem Bereich des Nichtsignifikanten, Konturlosen, Chaoti-

---

[151] Cf. Lacoue-Labarthe/Nancy 1984; Frank 1984a.

[152] Nägele 1984, 200. Cf. auch Uffhausen 1989, XIII.

[153] Cf. Uffhausen 1989, XVII.

[154] Nägele 1984, 200.

schen verfallen lassen. Wichtig ist nur, sich diese ordnende Tätigkeit stets reflektierend bewußt zu halten, um sich den Blick auf die in ihrem textuellen Status noch immer unerschlossenen Gebilde nicht durch die Unzulänglichkeit der analytischen Begriffe zu verstellen. In diesem Sinne bevorzuge ich zur Bezeichnung der Untersuchungsgegenstände dieser Arbeit den Begriff *Gedichtfragmente*, der den Anklang an die romantische Fragmenttheorie nicht scheut. Dadurch wird die ungeklärte Frage nach der Eigenständigkeit dieser Texte offener gehalten als durch den konkurrierenden Begriff *Entwurf*, der mit dem komplementären Begriff *Ausführung* assoziiert ist, so daß er die besonderen Eigenarten der späten Lyrik Hölderlins nicht so adäquat auszudrücken vermag. Wo es nicht anders vermerkt ist, verwende ich in dieser Arbeit aber auch die genannten Synonyme für ‚Fragment' im hier umrissenen offenen Sinne.[155]

Wie sich die Fragmente zu den vom Autor abgeschlossenen Hymnen verhalten, ist am präzisesten durch die Sichtung der Manuskripte zu erfassen, die zwischenzeitlich fast alle in hochwertigen Faksimile-Reproduktionen veröffentlicht worden sind. Den größten Teil seines lyrischen Spätwerks hat Hölderlin im sogenannten „Homburger Folioheft" entworfen, der sicherlich bedeutendsten überlieferten Handschrift des Autors.[156] Es besteht aus 23 Doppelblättern, von denen 22 ineinandergelegt sind (Seiten 1 bis 88), während das letzte (Seiten 89 bis 92) unverbunden beigelegt und mittlerweile in zwei Einzelblätter auseinandergefallen ist.[157] Auf den Seiten 1 bis 14 finden sich Reinschriften der 1800/1801 entstandenen Elegien „Heimkunft", „Brod und Wein" und „Stutgard" mit späteren Überarbeitungen. Das hat die von Hellingrath bis Beißner tradierte These motiviert, das Folioheft sei bereits im Herbst 1801 – also vor der Frankreichreise – angelegt worden. Sattler hat mit überzeugenden textkritischen Argumenten (die Reinschrift von „Heimkunft" gibt eine Revision des erst im Herbst 1802 erschienenen Zeitschriftendrucks der Elegie wieder[158]) nachgewiesen, daß das Folioheft erst Ende Oktober 1802 angelegt worden sein kann.[159]

---

[155] Darüber hinaus verwende ich die Begriffe *Textabschnitt* oder *Passage* für größere Teile (ab etwa fünf Zeilen) von umfassenderen Textzusammenhängen, den Begriff *Passus* für kleinere Textteile. *Segment* benutze ich synonym entweder mit *Passus* oder mit *Bruchstück* (selbständiger kleiner Text). Die von manchen Interpreten bevorzugte Rede von *Versen* und *Kola* (cf. besonders Reuß 1990, 90-92) erscheint mir bei dem fragmentarischen, die für Lyrik sonst charakteristischen metrischen Wiederholungsstrukturen durchbrechenden Material als unangemessen.

[156] Cf. die Beschreibungen des Konvoluts und Überblicke über das in ihm entworfene Textmaterial von Beißner (StA II.2, 380f.), Autenrieth/Kelletat (1961, 93f.) und Sattler (FHA Suppl. III Beil., 21-23).

[157] Die von Sattler (FHA Suppl. III Beil., 9f., 17-19 und 21) vertretene These von der Um- und Rückfaltung des Konvoluts durch Hölderlin, die die Abtrennung des letzten Bogens erklären soll und von Uffhausen scharf und ohne Gründe angegriffen worden ist (cf. Uffhausen 1989, XVII), lasse ich hier außer Betracht, da die danach erste Anordnung, in der das jetzt isolierte Blatt Deckblatt gewesen wäre, bis auf die Vertauschung der Mittelseiten 45-56 und 33-44 der nunmehr überlieferten paginierten Ordnung in etwa entspricht.

[158] Cf. FHA Suppl. III Beil., 15.

[159] Diese Argumentation hat Uffhausen ohne Nachweis plagiiert; cf. Uffhausen 1989, XIV.

Als biographischer Anlaß für den Beginn der Arbeiten im Folioheft könnte damit die euphorisierende Reise angesehen werden, auf der Hölderlin Sinclair Anfang Oktober 1802 zum Reichstag in Regensburg begleitete.[160] Hier lernte der Dichter den liberalen Landgrafen von Hessen-Homburg persönlich kennen und wurde in die Kreise revolutionär gesinnter Beamter und Diplomaten eingeführt. Hölderlins revolutionärer Enthusiasmus bekam dadurch zum letzten Mal neuen Auftrieb. Vermutlich auf Vermittlung Sinclairs erhielt der Dichter – vielleicht schon in Regensburg – den Auftrag, ein Gedicht zum 55. Geburtstag des Landgrafen zu verfassen. Die wahrscheinlich gleich nach der Rückkehr in Nürtingen zunächst auf einem Einzelblatt konzipierte Hymne „Patmos" arbeitete der Autor im Folioheft (Seiten 19 bis 28) weiter aus. Nach fieberhafter Arbeit an dem Gedicht, die durch einen Brief seiner Mutter an Sinclair (vom 20.12.1802, StA VII.2, 241, Z. 25-28 [LD 284]) dokumentiert ist, konnte er bereits am 13.1.1803 die Widmungshandschrift nach Homburg abschicken.[161]

Vor „Patmos" und direkt nach der Reinschrift der drei Elegien hat Hölderlin eine weitere Christushymne „Der Einzige" entworfen (Seiten 15 bis 19), die er in zwei weiteren Handschriften und zwei kleineren Bruchstücken weiterentwickelt, aber nicht zum Abschluß bringt.[162] Auf den Seiten 59 bis 63 des Folioheftes findet sich die mit wenigen späteren Überarbeitungen versehene Reinschrift der Hymne „Germanien", auf den letzten Seiten (91 und 92) das fast fertiggestellte Gedicht mit den zwei Titeln „Die Nymphe" und „Mnemosyne", das möglicherweise um die auf Seite 90 sowohl entworfene als auch in Reinschrift gebrachte Strophe „Reif sind, in Feuer getaucht ..." ergänzt werden muß.[163]

Neben den drei Elegien, die als Selbstvergewisserung des Autors über den letzten Stand seiner Lyrikproduktion vor der Konzentration auf die hymnische Dichtung angesehen werden können[164], finden sich also „vier fast fertige Gedichte"[165] in dem Konvolut. Doch muß diese Einschätzung gleich wieder relativiert werden: „Der Einzige" wird nie abgeschlossen, die hier vorbereitete Widmungshandschrift von „Patmos" später von Grund auf umgearbeitet, die Reinschrift von „Germanien" im Heft selbst an einigen Stellen überarbeitet. Die bis heute herrschende Unsicherheit über den Status der „Feuer"-Strophe auf Seite 90 (als Ersatz der bisherigen oder als zusätzlich einzuschiebende erste Strophe von „Mne-

---

[160] Cf. Kirchner 1967, 58f., 62.

[161] Cf. zu diesen Zusammenhängen Sattler in FHA Suppl. III Beil., 14f.; zum Status von „Patmos" als Auftragsdichtung Kirchner 1967, 57-68; Stierle 1980/81, 62-65; außerdem Nägele 1982; Nägele 1985, 221-233.

[162] Cf. die außerordentlich genauen textkritischen Studien im Anhang von Michael Franz' Dissertation (1982), 280-331γ.

[163] Cf. Roland-Jensen 1989; Reuß 1990, 352-359. Jochen Schmidts sehr oberflächliche Kritik an den neueren Editionsvorschlägen zu diesem Gedicht (cf. Schmidt 1991, 122-130), die zum Text der StA zurückzukehren empfiehlt, vermag in keiner Weise zu überzeugen. Dessenungeachtet ist eine gründliche Überprüfung der Textkonstitutionen Roland-Jensens, Uffhausens und Reuß' dringend erforderlich.

[164] Cf. Sattler in FHA Suppl. III Beil., 15f.

[165] Uffhausen 1989, XIV.

mosyne"[166]) zeigt, mit wie geringem Recht hier von einem ‚vollendeten' Gedicht gesprochen werden kann. Bei einem Gedicht wie „Mnemosyne" stellt sich zudem die Frage, inwieweit hier überhaupt von einem ‚Gesang' oder einer ‚Hymne' im Sinne der von Hölderlin in den Briefen an Wilmans entwickelten Konzeption die Rede sein kann, handelt es sich doch offensichtlich eher um ein Trauergedicht, das aber offensichtlich keine Elegie ist, also möglicherweise um eine auch gegenüber den Hymnen völlig neue Form.

Zwischen diesen relativ weit entwickelten Gedichten finden sich im Folioheft auf 49 Seiten, die zum Teil dichtgedrängt, ja mit ineinandergeschriebenen Texten, zum Teil nur mit einem einzigen Wort beschrieben sind, Gedichtentwürfe, Stichwörter, Zitate, Titel, Sentenzen und Wortspiele als ein zunächst völlig undurchschaubares Labyrinth von Wörtern. Zehn weitere Seiten sind völlig leer. Als gewisse Orientierung wirken die Überschriften „Die Titanen" (28), „Heimath" (38), „Die Entscheidung" (55, ohne nachfolgenden Text), „Dem Fürsten" (57), „Das Nächste Beste" (73), „Kolomb" (77) und „Luther" (83, ohne nachfolgenden Text), ohne daß eindeutig wäre, welches Textmaterial ihnen jeweils zuzuordnen ist.[167]

Die Zuordnung der Textmassen zu Gedichtkomplexen kann erst im Zuge genauer Einzeluntersuchungen vorgenommen und plausibel gemacht werden; ich bezeichne daher vorläufig alles sich im Folioheft findende Material, das sich nicht eindeutig einem der genannten weitgehend abgeschlossenen Gedichte zuordnen läßt, als *Gedichtfragmente*. Eine über diese heuristische Einteilung hinausgehende dichotomische Trennung zwischen ‚vollendeten' und ‚unvollendeten' Gedichten scheint mir aufgrund des prekären Status aller Texte des Foliohefts nicht zu rechtfertigen zu sein. Ob überhaupt einer dieser Texte als ‚Gesang' in Hölderlins eigenem Sinne vollendet worden ist (das spätere Aufbrechen eines scheinbar vollkommenen Gedichts wie „Patmos" und die immer neu einsetzenden Bemühungen um die Weiterentwicklung von „Der Einzige" sprechen eher dagegen), kann erst die Interpretation entscheiden. Bei der Frage, was mit *Hölderlins späten Gedichtfragmenten* konkret gemeint ist, muß also das ganze Homburger Folioheft im Blick behalten werden.

Nun könnte man einwenden, das Folioheft sei eben nur die Entwurfsmappe des Autors gewesen; die vollendeten Hymnen dagegen seien in Reinschriften und Drucken außerhalb des Konvoluts zu suchen. Darauf ist zu entgegnen, daß die in Seckendorfs „Musenalmanach für das Jahr 1808" erschienenen Fassungen von „Der Rhein", „Patmos" und „Andenken" von Hölderlin nicht autorisiert waren. Seine grundlegende Umarbeitung von „Patmos" vor dieser Publikation läßt darauf schließen, daß er das Gedicht in der Widmungsfassung nicht mehr veröffentlicht sehen wollte. Die Abweichungen der allein erhaltenen Handschrift der letz-

---

[166] Cf. auch die kühne – später (cf. Sattler 1981, 288) von ihm selbst verworfene – Konstruktion Sattlers in FHA Einl., 84f.

[167] Die in den Editionen und der Forschung zumeist ‚An die Madonna' genannten Entwürfe (Seiten 63 bis 66) tragen in der Handschrift keine Überschrift. Dasselbe gilt für die Seiten 89 und 88, die gewöhnlich mit dem Textbeginn „der Vatikan" angeführt werden.

ten Strophe von „Andenken"[168] von der gedruckten Fassung lassen es als möglich erscheinen, daß auch der Rest des so vollkommen erscheinenden Gedichts vom Autor in einer anderen Form intendiert war.[169] Dagegen kann die bereits 1802 in der „Flora" erschienene Fassung der Hymne „Die Wanderung", die aber nicht dem Spätwerk im oben definierten Sinne zuzurechnen ist, als autorisiert angesehen werden.

Die meisten späten Gedichte Hölderlins aber wurden zu seinen Lebzeiten entweder gar nicht oder erst in der Sammlung von 1826 publiziert, auf die er mit Sicherheit keinen Einfluß mehr nehmen konnte. Von den unveröffentlichten Texten sind schon die vor der Frankreichreise entstandenen ‚Gesänge' „Der Mutter Erde", „Am Quell der Donau" und „Deutscher Gesang" Fragment geblieben. Das gilt ebenso für die zum Spätwerk zu rechnenden Entwürfe „Tinian", ‚Der Ister'[170], „Der Adler" und „Griechenland", die auf separaten Handschriftenblättern überliefert sind. Mir erscheint Sattlers Vermutung plausibel, daß Hölderlin einige dieser Gedichte außerhalb des Folioheftes entwerfen mußte, weil dieses bei seinem Umzug nach Homburg im Juni 1804 zusammen mit seinem Bücherkasten zunächst in Nürtingen blieb und ihm erst im Oktober von seiner Mutter widerwillig nachgesandt wurde.[171]

Ich fasse die vorläufige grobe Sichtung der späten Lyrik zusammen: Hölderlin begann etwa 1800 damit, Hymnen in freien Rhythmen als neue Form zu erproben. Nur drei der Hymnen aus den Jahren 1800 und 1801 konnte er abschließen: „Die Wanderung" (1802 publiziert), „Der Rhein" (erst 1808 unautorisiert publiziert; Druckvorlage nicht erhalten), „Friedensfeier" (Reinschrift vermutlich von 1803 oder 1804; nicht publiziert). Die Gedichte „Wie wenn am Feiertage ...", „Der Mutter Erde", „Deutscher Gesang" und „Am Quell der Donau" blieben Fragment.

Ein ähnliches Bild ergibt sich bei den nach der Frankreichreise entstandenen Texten (also dem Spätwerk im engeren Sinne): Neben „Germanien" (Reinschrift) wurde nur „Andenken" (keine vollständige Handschrift; unautorisierter Druck von 1808) abgeschlossen. Die Widmungsfassung von „Patmos" wurde in späteren Umarbeitungen wieder aufgebrochen. „Mnemosyne" ist fast fertiggestellt, „Der Einzige" in verschiedenen Ansätzen sehr weit entwickelt. Trotz des Index von Fragmentarizität, den auch diese Texte tragen, werden sie in dieser Arbeit mit dem neutralen, wenngleich nicht von Hölderlin gebrauchten Begriff *Hymnen* bzw. *Hymnen in freien Rhythmen* bezeichnet. Als *späte Gedichtfragmente* im engeren Sinne sind somit die verbleibenden Texte, die sich auf den Seiten 28 bis 58 und 63 bis 90 des Homburger Folioheftes finden, sowie die Entwürfe „Ti-

---

[168] Cf. Uffhausen 1989, 165.

[169] Zur Druckfassung von „Der Rhein" cf. George 1980.

[170] Der Titel stammt von Hellingrath.

[171] Cf. Sattler in FHA Suppl. III Beil., 16f. Uffhausens Behauptung, daß für diese Texte „innerhalb des Konvoluts kein Platz mehr war" (1989, XIV), kann angesichts der zehn leeren Seiten nicht überzeugen, sondern ist nur erklärbar aus seiner Vorannahme einer durchgehenden Komposition des Folioheftes.

nian"; ‚Der Ister', „Der Adler", „Was ist Gott?", „Was ist der Menschen Leben"
und „Griechenland", die auf Einzelblättern überliefert sind, anzusehen. Den von
Hölderlin eingeführten Begriff ‚vaterländische Gesänge' benutze ich dagegen nur
für das von ihm skizzierte Projekt einer neuen Form und Funktion der Lyrik,
nicht jedoch zur Bezeichnung einer bestimmten Gruppe von Texten. Mit dieser
Sprachregelung halte ich die – oben bereits anläßlich von „Mnemosyne" aufgeworfene – Frage offen, ob alle Gedichtentwürfe oder auch nur alle Hymnen als
Material für Hölderlins Projekt ‚vaterländischer Gesänge' anzusehen sind. Möglicherweise finden sich in einigen von ihnen auch Ansätze für eine völlig neue Art
der Lyrik, die auch noch die hymnische Form hinter sich läßt und die Hölderlin
selbst nicht mehr begrifflich-programmatisch zu fassen vermochte.

Für die Datierung der einzelnen Gedichtfragmente finden sich nur wenige eindeutige Indizien.[172] Nimmt man es als erwiesen an, daß das Folioheft im Oktober
oder November 1802 angelegt wurde, so ist evident, daß die hier niedergeleg-
ten hochkomplexen und vielfach bearbeiteten Entwürfe nicht innerhalb weniger
Monate entstanden sein können. Es kann vielmehr als wahrscheinlich gelten,
daß viele der Fragmente aus der Zeit des zweiten Homburger Aufenthalts (Juni
1804 bis September 1806) stammen. Da Hölderlin das Heft aber mit Sicherheit nicht Seite für Seite fortschreitend beschrieb, sondern vieles zunächst nur
stichwortartig entwarf und auf demselben Blatt später ausarbeitete, kann aus
der Position eines Entwurfs innerhalb des Konvoluts nicht auf dessen auch nur
relative Entstehungszeit geschlossen werden (von möglichen Veränderungen der
Anordnung des gesamten Heftes einmal ganz abgesehen). A fortiori gilt das
für die nur auf Einzelblättern erhaltenen Gedichtfragmente. Man ist also auf
inhaltliche Indizien oder auf stilkritische Untersuchungen angewiesen, um die
Position eines Textes innerhalb der Entwicklung des lyrischen Spätwerks genauer zu bestimmen. Erstere haben nur einen sehr unsicheren Aussagewert, da
die meisten der entscheidenden Erfahrungen, die sich in den Gedichten niedergeschlagen haben, bereits zu Beginn des in Frage stehenden Zeitraums gemacht
wurden (Frankreich, Regensburg, Tod Susette Gontards) und noch lange Zeit
ihre Spuren hinterließen. So ist das in der Forschung verbreitete Verfahren, die
Gedichte, in denen Bilder und Motive aus Südfrankreich stark hervortreten,
möglichst nah an die Reise selbst, das heißt in unmittelbare zeitliche Nähe zum
zweiten Böhlendorff-Brief, der wahrscheinlich in den ersten Monaten nach der
Rückkehr in Nürtingen verfaßt worden ist, zu rücken, um damit zugleich in dem
Brief eine geeignete Interpretationsfolie für die Gedichte zu finden, schon 1920
von Hermann Kasack mit guten Gründen kritisiert worden:

> Wenn auch der Inhalt eines Bruchstücks [von Seite 74 des Homburger Folioheftes] durch
> das Nennen von Amberg und der bayrischen Hochebene seinen Ursprung in der Reise
> Hölderlins mit Sinclair nach Regensburg, im Herbste 1802, unzweifelhaft offenbart, so
> ist die Frage der Datierung damit noch nicht gelöst. Denn wie sich in Briefen, so in dem

---

[172] Schon Hellingrath listet in seiner Dissertation die wenigen bekannten Eckdaten von
Hölderlins Spätwerk auf (cf. Hellingrath 1944, 69f., Anm. 2; auch ibd., 47 und 76f.). Bis
heute sind nicht viele Erkenntnisse hinzugekommen.

an Seckendorf vom März 1804, und in späten Dichtungen noch lebendige Wirkungen seines Aufenthaltes in Frankreich finden, so kann auch hier das stofflich-gegenwärtige einer nach Jahren erweckten Erinnerung verdankt sein.[173]

In den letzten Jahren herrscht demgegenüber in der Forschung die Tendenz vor, möglichst viele der Hymnen und Fragmente in der Homburger Zeit anzusiedeln, allerdings ebenfalls, ohne das Problem der biographischen und zeitgeschichtlichen Situierung überhaupt zu thematisieren.[174] Großen Anteil an diesen unbedachten Datierungen hat vermutlich der Begriff „Homburger Folioheft"[175], der sich jedoch primär aus den Überlieferungs- und Eigentumsverhältnissen des Konvoluts erklärt.[176] Als Beispiel einer solchen, meines Erachtens zu engen Verknüpfung zwischen biographischen Ereignissen und einzelnen Textpassagen möchte ich die (ansonsten sehr genau arbeitenden) Studien Reinhard Zbikowskis anführen, in denen er die „Dem Fürsten" gewidmeten Entwurfsmaterialien mit den scheinbar antirevolutionären Äußerungen Hölderlins aus der Zeit der Verhaftung Sinclairs in Zusammenhang gebracht hat.[177] Man könnte jedoch mit gleichem Recht Zusammenhänge zur „Patmos"-Widmung, zum Brief an Seckendorf vom 12.3.1804 (Nr. 244, StA VI.1, 437f.) und zur Widmung der „Trauerspiele des Sophokles" an die Prinzessin Auguste von Hessen-Homburg (FHA 16, 75f.)[178] konstruieren: sämtlich Dokumente aus den Nürtinger Jahren, die eine ganz andere (nämlich keineswegs antirevolutionäre) Interpretation der „Fürsten"-Fragmente nahelegen würden, als Zbikowski sie vorschlägt. Dieses Beispiel zeigt, wie vorsichtig man bei der Datierung der Fragmente vorgehen muß, zumal wenn man aus dieser Schlüsse für die Interpretation selbst zu ziehen beabsichtigt. Einzig die genaue stilkritische Analyse der Textur eines Gedichtfragments kann also möglicherweise Indizien für dessen Stellenwert innerhalb der Entwicklung des Spätwerks ergeben.[179]

In dieser Arbeit sollen vier aufeinanderfolgende und möglicherweise zusammenhängende Seiten aus dem Homburger Folioheft untersucht werden. Die Aus-

---

[173] Kasack 1920, 23f. Cf. auch Sattler in FHA Suppl. III Beil., 14-19; ders. 1986/87, 215. Diese Einsicht hindert Sattler indes nicht daran, an einigen Stellen (cf. z. B. Sattler 1981a, 609f.) selbst eine zu enge Verbindung zwischen Text und Biographie herzustellen.

[174] So der gesamte Sammelband „Jenseits des Idealismus" (1988, eds. Jamme/Pöggeler) sowie Uffhausen, der für sich die „Entdeckung der ‚Homburger Spätdichtung' " (1989, IX) in Anspruch nimmt. Der erste, der eine späte Datierung der Fragmente – methodisch reflektiert – vorgeschlagen hat, ist wiederum Kasack (1920, 24): „Die Wahrscheinlichkeit dieser Annahme [der späten Entstehung der Fragmente] wird durch die Schrift gestützt, die in allen hier veröffentlichten Bruchstücken, mit Ausnahme des ersten [„Denn über der Erde wandeln ...", ibd., 9], von einer späteren Hand stammt. Ebenso spricht das typisch-fragmentarische dieser Dichtungen für eine Datierung um die letzte nürtinger und vielleicht schon zweite homburger zeit (vom Juni 1804 an)." Erst 55 Jahre später wird diese These von Sattler aufgegriffen.

[175] Explizit findet sich dieser Irrtum bei Uffhausen (1986b, 306), der es aufgrund seiner biographischen Studien eigentlich besser wissen müßte.

[176] Cf. Sattler in FHA Suppl. III Beil., 10f.; Uffhausen 1989, XVII.

[177] Cf. Zbikowski 1980/81 und 1988.

[178] Cf. Kurz 1981, bes. 65f.

[179] Einen noch sehr kruden Versuch in dieser Richtung unternimmt Häussermann (1970).

einandersetzung mit diesen Texten bewegt sich zwar auf bisher wenig erschlossenem Terrain; sie kann aber nicht abgelöst werden von der Rezeptionsgeschichte des Hölderlinschen Spätwerks: Die Texte selbst sind für heutige Rezipientinnen und Rezipienten nicht auf die handschriftlichen Befunde reduzierbar – die gleichwohl Bezugspunkt jeder wissenschaftlichen Beschäftigung mit den nur als Entwürfen vorliegenden Gebilden bleiben –, sondern sie müssen durch die Reihe der editorischen Aufbereitungen hindurch verfolgt werden. Ebensowenig sind die Verdrängungen und Verzerrungen, denen Hölderlins späte Gedichte in den fast zweihundert Jahren seit ihrem Entstehen ausgesetzt waren, als arbiträr zu betrachten; vielmehr müssen sie in einer kritischen Sichtung der Forschungsgeschichte aufgearbeitet werden.

6 Editionsgeschichte

Über hundert Jahre lang, während des gesamten 19. Jahrhunderts, blieben Hölderlins späte Gedichtfragmente völlig vergessen. Das Homburger Folioheft und die meisten anderen Manuskripte, auf denen Hölderlin seine unveröffentlichte späte Lyrik entworfen hatte, waren bis 1856 wie der übrige Nachlaß im Besitz der Familie und wurden dann von Hölderlins Neffen Friedrich Breunlin dem Homburger Stadtbibliothekar Johann Georg Hamel[180] – zunächst nur leihweise – übergeben (so wie „*Alles*, was auf Homburg Bezügliches zu finden war"[181]), durch den sie in den Besitz der Stadt Homburg vor der Höhe übergingen.[182] Die Herausgeber der ersten Ausgabe der „Gedichte" (1826), Gustav Schwab und Ludwig Uhland, sowie der (sogenannten) „Sämtlichen Werke" (1846), Christoph Theodor Schwab, konnten die Manuskripte zwar einsehen, machten aber von ihnen keinen Gebrauch.[183] In der Ausgabe von 1826 wurde sogar das bereits 1808 publizierte „Patmos" in der Absicht fortgelassen, den Gesamteindruck der Sammlung nicht zu beeinträchtigen:

> Wir giengen davon aus, daß Alles wegzulassen sey, was aus einer Periode stammt, in der des Dichters ausgezeichnete Eigenthümlichkeit sich noch gar nicht entwickelt hatte [...]; sodann daß auch dasjenige wegbleiben müsse, worin die Klarheit des Geistes schon bedeutend getrübt erscheint. In letzterer Beziehung mag die Grenzlinie schwerer zu ziehen seyn; aber Stücke wie Pathmos, Chiron p. konnten nicht wohl aufgenommen werden, wenn daran gelegen ist, daß Hölderlins Poesie, beim ersten Erscheinen seiner gesammelten Gedichte, in ihrer vollen und gesunden Kraft sich darstelle. Eher könnte vielleicht bei einer künftigen Auflage aus Brot und Wein, Heimkunft p. noch Einiges

---

[180] Hamel hatte keineswegs ein städtisches Amt inne, sondern war ein stadtgeschichtlich interessierter Laie, der Archiv und Bibliothek der Stadt allererst aufbaute.

[181] Breunlin an Hamel, 23.4.1856, zitiert nach FHA Suppl. III Beil., 10.

[182] Cf. die detaillierte Geschichte der Hölderlin-Handschriften in Autenrieth/Kelletat 1961, 1-46, bes. 9f. (zur Entstehung der Manuskripte zwischen 1800 und 1806) und 32-36 (zu den im Besitz der Stadt Homburg vor der Höhe befindlichen Handschriften); außerdem FHA Suppl. III Beil., 10-12.

[183] Zu den ersten Ausgaben cf. Autenrieth/Kelletat 1961, 27-29.

beigefügt werden, daher auch die Handschriften aufzubewahren seyn werden.
(Brief Ludwig Uhlands an Karl Gok vom 13.5.1825, StA VII.2, 567, Z. 7-20 [LD 462])[184]

Der letzte der zitierten Sätze kann im übrigen als Indiz dafür gelesen werden,
warum die Reinschriften der beiden genannten Elegien zu Beginn des Homburger
Folioheftes (im Gegensatz zu der folgenden Elegie „Stutgard" und zu „Patmos")
nicht durchgestrichen sind; ja vielleicht ist die Erwartung einer möglichen späteren Verwendbarkeit der beiden Elegienreinschriften sogar ein Grund dafür, daß
das Konvolut überhaupt aufbewahrt und nicht als Ansammlung von unbrauchbaren Bruchstücken weggeworfen oder vernichtet wurde.

6.1   Die Ausgabe Norbert von Hellingraths

Auch die Werkausgaben von Berthold Litzmann (1897), Wilhelm Böhm (1905)
und Marie Joachimi-Dege (1909) erweiterten den Korpus der späten und fragmentarischen Gedichte nicht nennenswert. Die Geschichte der Erschließung von
Hölderlins späten Hymnen und Gedichtfragmenten beginnt erst 1916 – 110 Jahre
nach der psychiatrischen Internierung des Autors, 73 Jahre nach seinem Tod und
mitten im Untergang des real existierenden ‚Vaterlandes' – mit dem Erscheinen des vierten Bandes der historisch-kritischen Hölderlin-Ausgabe Norbert von
Hellingraths: „Gedichte 1800-1806".[185] Hellingrath ist sich der Bedeutung seiner
Edition vollauf bewußt:

> Dieser Band enthält Herz, Kern und Gipfel des Hölderlinischen Werkes, das eigentliche
> Vermächtnis.   (Hell. IV, XI)

So leitet er mit angesichts der langen Nicht-Rezeption dieser Texte berechtigter
Emphase seine „Vorrede" ein. Der Band gliedert sich in die Abteilungen „Epi-
gramme", „Im engern Sinne *lyrische* Gedichte", „Elegien", „Hymnen in antiken
Strophen", „Hymnen in freien Strophen" sowie „Bruchstücke und Entwürfe".

---

[184] Uhland wiederholt hier offenbar nur Vorgaben, die von Karl Gok selbst stammen, wie aus
dessen Entwurf eines Briefes an den Verleger Cotta (vom 17.1.1822, StA VII.2, 515, Z.34-38
[LD 436]) hervorgeht. Das Fehlen von „Patmos", des „merkwürdigste[n], aber auch zerstörte-
ste[n] unter seinen Gedichten" (StA VII.4, 59, Z. 151 [RW 16d]) hat bereits 1828 Achim von
Arnim in seinen im „Berliner Konversationsblatt" erschienenen ‚Ausflügen mit Hölderlin' mo-
niert (cf. StA VII.4, 56, Z. 35) und durch eine von ihm selbst erstellte, später von Hellingrath
geschätzte und wiedergegebene Prosafassung (IV, 356-359) zu kompensieren versucht. „Mehrere Verehrer der Muse Hölderlin's" wurden durch diesen Hinweis Arnims dazu motiviert,
1834 im liberalen Stuttgarter „Beobachter" die Veröffentlichung der bis dahin zurückgehal-
tenen Texte zu fordern (cf. StA VII.3, 127f. [LD 526]). Dieser anonyme Vorstoß wiederum
provozierte Uhland zu einer gereizten Erwiderung, die er dann doch unpubliziert ließ. Darin
betont er noch einmal die wirkungsgeschichtliche Zielrichtung der von ihm zusammen mit Gustav Schwab und in Absprache mit Karl Gok getroffenen Auswahl: „Unsre Absicht war, daß
der treffliche Dichter in dieser *ersten* Sammlung sr. Poesien in gereifter und ungeschwächter
Eigenthümlichkeit hervortrete. Wir ließen hier bei Seite, was erst, wenn ihm die verdiente allgemeinere Anerkennung geworden, als Beitrag zu seiner innern Geschichte von Interesse seyn
konnte." (StA VII.3, 129, Z. 25-27 [LD 527])

[185] Zur Bedeutung Hellingraths cf. Kaulen 1990/91.

So beeindruckend er erstmals die Breite von Hölderlins später Lyrik darbietet, so überraschend wirken aus heutiger Sicht die Zuordnungen einzelner Gedichte (ein Problem, das freilich in neueren Ausgaben auch noch nicht zu voller Zufriedenheit gelöst ist): Unter den „lyrischen" Gedichten finden sich neben Gelegenheitsgedichten die meisten Oden und übrigen ‚Nachtgesänge', aber auch das Gedicht „Andenken" sowie die in ihrer Zugehörigkeit bis heute umstrittene „Feuer"-Strophe von Seite 90 des Homburger Foliohefts. Die übrigen Oden figurieren als „Hymnen in antiken Strophen". Die Abteilung „Hymen in freien Strophen" enthält dagegen fast alles, was auch heute noch dazu gezählt werden kann, unter anderem drei Fassungen von „Patmos" und zwei von „Der Einzige", zusätzlich aber auch die fragmentarischen Komplexe „Die Titanen" und der titellosen Hymne an die Madonna. Unter „Bruchstücke und Entwürfe" finden sich kürzere, in sich noch mehr fragmentierte Texte, die Hellingrath keiner der Hymnen eindeutig zuordnen konnte. Der sich durch Überschriften oder auch nur durch Motivähnlichkeiten (wie bei den Madonnen-Texten) herstellende übergreifende Zusammenhang scheint für Hellingrath das Kriterium gewesen zu sein, nach dem er zwischen „Hymnen" und „Bruchstücken und Entwürfen" unterschied (cf. ibd., 269).

Der Band enthält einen für die damalige Zeit außerordentlich umfangreichen textkritischen Anhang, in dem die Fundstellen der Texte in den Manuskripten, vereinzelte Ansätze zur Interpretation, zum Teil noch weitere variierende Fassungen und im Textteil als zu bruchstückhaft nicht abgedruckte Texte sowie die nach Hellingraths Ansicht wichtigsten Varianten aufgeführt werden. Die Unvollständigkeit der Varianten hat die Kritik und die Neuansätze späterer Editoren provoziert; legitimierbar ist Hellingraths Verfahren aber durch das von ihm zur Maxime erhobene Kriterium der Lesbarkeit der Ausgabe (cf. ibd., XVIIf., 269). Dabei ist er sich des konstruktiven und damit unvermeidlich subjektiven Charakters seiner editorischen Arbeit bewußt (cf. ibd., 270).

Verwunderlicher ist dagegen ein anderer Umstand. Einige der im Homburger Folioheft oder auf Einzelmanuskripten überlieferten Gedichtfragmente fehlen in diesem Band. Sie erscheinen erst 1923 in Band VI („1806-1843"), der – nach Hellingraths Tod – von Friedrich Seebass und Ludwig von Pigenot betreut wurde, und zwar in der Abteilung „Letzte Dichtungen und Briefe". Es handelt sich dabei um ein Bruchstück von Seite 68 des Homburger Foliohefts, um den Hauptteil der auf den Seiten 74 und 75 entworfenen Texte, das „Vatikan"-Fragment von Seite 89 und 88 sowie um die beiden „Griechenland" überschriebenen Komplexe und die Fragmente „Was ist Gott?" und „Was ist der Menschen Leben". Unmittelbar daran schließen sich der nur apokryph und prosaisiert (in Waiblingers Roman „Phaëton") überlieferte Text „In lieblicher Bläue ..." und die heute so genannten spätesten Gedichte an. Bei der Seite 74 des Folioheftes ist die Ausgrenzung einiger dort notierter Texte aus Band IV besonders schwer nachvollziehbar: Hier läßt sich aus dem Manuskript ohne große Mühe ein klarer syntaktischer und semantischer Zusammenhang zu dem Ende von Seite 73 erkennen (bei Hell. IV,

256f., Nr. 24), der in der Hellingrath-Ausgabe editorisch völlig zerstört worden
ist.

Wie erklären Hellingrath und seine Mitarbeiter diese völlig willkürlich anmutende Aufspaltung von zum Teil in direktem Zusammenhang zueinander stehenden Fragmenten aus dem Homburger Folioheft auf zwei Bände?

> [...] was ich dem sechsten Bande zugewiesen habe, ist nicht mehr die gerade folge-
> richtige – meinetwegen bis zum Wahnwitz folgerichtige – Fortführung des anfänglich
> eingeschlagenen Weges, sondern es ist ein Riss dazwischen; es sind nicht mehr Werke
> des klar weiterstrebenden – meinetwegen verirrten – künstlerischen Willens, Geschöpfe
> einer Anstrengung und Spannung, es ist ein entspanntes willenloses Gleitenlassen.
>
> (Hell. IV, XX)

Nur diese stilkritischen Kriterien läßt Hellingrath gelten, während „sich über
die zeitliche Lage der Grenze gegen den sechsten Band kaum etwas sicheres
ausmachen lässt" (ibd.). So vorsichtig Hellingrath die stilistischen Differenzen
zwischen späten und spätesten Gedichten zu fassen versucht, so gewaltsam muß
demgegenüber die Verbannung der genannten Texte in den letzten Band wirken
– zumal Hellingrath an anderen Stellen im Anhang zu Band IV vielfach auch
Aufzeichnungen „aus späterer Zeit" (ibd., 390 u. ö.) wiedergibt.[186]

Hellingraths Mitarbeiter Pigenot, der für die Herausgabe der Gedichte in Band
VI verantwortlich zeichnet, hat denn auch offenbare Schwierigkeiten, die von
Hellingrath vorgezeichnete Aufspaltung der späten Gedichtfragmente zu legiti-
mieren:

> Auch das meiste, was Hellingrath in Bd. IV als letzte Überschreibungen der späteren
> Gedichtbruchstücke gebracht hat, ist dieser Schicht [der in Bd. VI gedruckten Frag-
> mente] zuzurechnen, und es ist durchaus kein Grund vorhanden, das Gegenwärtige
> später zu datieren. Feder und Tinte sind durchaus dieselben. Das Kriterium, inwie-
> weit diese Schicht von Hölderlins Produktion noch im Bd. IV aufzunehmen sei, lag für
> Hellingrath offenbar allein in der praktischen Erwägung, ob und inwieweit sich der ein-
> versprengten Splitter und das barocke Geranke dieser Verse ungezwungen an den Torso
> völlig gesunder Gebilde (als letzter Umformungsversuch oder als zufälliges Beiwerk)
> angliedern liess. Wo diese Schicht in motivisch-neuen und ganz selbständigen Gebilden
> auftrat, wurde sie grundsätzlich dem gegenwärtigen Bande aufgespart.
>
> (Hell. VI, 478, cf. auch 479)

Pigenot zieht die Linien von Hellingraths aporetischer Argumentation eher aus,
als daß er sie auflöste: Der „Riss", den Hellingrath zwischen der späten Lyrik und
einigen schon als Produkte der Krankheitszeit gelesenen Fragmenten gesehen
hatte, erweist sich so als relativ willkürlich vom Editor angesetzter Schnitt. Nur
der Respekt vor dem Band IV als „Vermächtnis" Hellingraths hinderte Pigenot
offenbar daran, bei den späteren Auflagen Veränderungen und Umgruppierun-
gen vorzunehmen (cf. Hell. I, XV; Vorrede zur 2. Auflage). Die Willkürlichkeit
dieses Schnittes hat allerdings eine positive Kehrseite: Sie isoliert die in Bd.
VI abgedruckten Fragmente ja nicht völlig, sondern stellt sie in eine anregende

---

[186] Cf. auch Hellingraths berechtigte Warnung vor einer Überbewertung des – sich immer
von neuem verändernden – handschriftlichen Duktus zur Datierung von Hölderlins Texten
(Hellingrath 1944, 80, Anm. 1).

Konstellation zu den bald danach im Tübinger Turm entstandenen Gedichten. Hellingraths Willkür weist damit auf die Willkür jeder Grenzziehung zwischen späten und spätesten Gedichten hin und hilft, die Grenze immer wieder ins Fließen zu bringen.

Aus größerer zeitlicher Distanz geht Pigenot im Nachwort zur dritten Auflage des vierten Bandes von 1943 noch einmal auf die umstrittene Grenzziehung zwischen Band IV und Band VI ein:

> Hellingrath hat diese halbzerstörten, aber doch noch verantwortlich gestimmten Gebilde wohl vor allem deshalb nicht in Bd. IV aufgenommen, um die Wucht der grossen, damals erstmals zur Wirkung gelangenden Hymnen nicht zu schwächen und der kranken Sucht rein pathographischer Deutung des Gesamtwerkes nicht zu geschmeidig entgegenzukommen. Überdies lagen einzigartige Schwierigkeiten gültiger Entzifferung der Handschriften vor. Rein stilistisch schliessen sich die in Frage stehenden Dichtungen – darüber war sich auch Hellingrath nicht im unklaren – unmittelbar an die späten Hymnen des vierten Bandes an.   (Hell. IV, 434f.)

Pigenots Argumentation ist hier rein defensiv geworden: Letztlich gesteht er die Kontinuität zwischen den späten und spätesten Gedichten ein, denn er macht keine Anstalten, nun etwa eine neue Grenzziehung vorzuschlagen. Die von Hellingrath übernommene wird nur noch pragmatisch, nicht mehr (wie noch 1923) stilkritisch legitimiert. Dabei kann das Entzifferungsargument nicht ganz überzeugen, wenn man sich etwa die gut lesbaren „Vatikan"-Seiten ansieht. Das zuerst angeführte Argument dagegen scheint Uhlands Rechtfertigung für die Nichtaufnahme von „Patmos" in die Gedichtausgabe von 1826 zu wiederholen. Doch dieser Eindruck verdeckt einen entscheidenden Unterschied: Ging Uhland von der Realität der Krankheit und ihrer Manifestation schon in den späten Gedichten aus, so spielt die Frage nach Hölderlins ‚Wahnsinn' selbst für Pigenot keine Rolle, sondern er argumentiert vor allem rezeptionsästhetisch: Die Rezeptionssituation von 1916 habe die adäquate Aufnahme der Fragmente als Seitenstück zu den Hymnen nicht zugelassen. Geradezu antipsychiatrisch wirkt Pigenots – gegen Werke wie Wilhelm Langes „Hölderlin. Eine Pathographie" (Stuttgart 1909)[187] gerichtetes – Diktum, nicht Hölderlins Werk sei krankhaft, sondern diejenigen, die es pathologisierten.[188] Entscheidend ist auch der Unterschied, daß es Hellingrath und Pigenot nicht um das Weglassen bestimmter Texte ging, sondern nur um die Aufteilung der Gedichte auf zwei Bände. Mit der Publikation von Band IV sollte so eine Rezeptionssituation allererst geschaffen werden, in der eine Aufnahme auch der späteren Fragmente möglich sein könnte.

Vom Engagement Hellingraths für Hölderlins Gesamtwerk, das keine Ausgrenzung einzelner Werkteile oder -phasen zuließ, zeugen vor allem seine „Vorrede" zu Band IV und der Münchner Vortrag von 1915 „Hölderlins Wahnsinn", der

---

[187] Gegen dieses Buch polemisiert schon Hellingrath in seiner Dissertation (1944a, 47 [Anm. 1] und 80 [Anm. 1]). Cf. auch Laplanche 1975, 15-17.
[188] Dieses Argument findet sich bereits bei Hellingrath selbst in seiner Polemik gegen Uhland und Schwab, deren „Anfall von Vorsicht" seiner Ansicht nach „wol verirrter war als jemals Hölderlins Irrsinn" (Hell. IV, 299).

1923 als Vorrede zu Band VI abgedruckt wurde. Letzterer klingt in einigen Partien wie eine Heiligenlegende:

> Aber ein Weiter gibt es nicht, entrückt muß der Verklärte werden.[189]

„Hölderlins Wahnsinn" wird zur notwendigen letzten Phase seines Lebens stilisiert. Durch diese Mythisierung verharmlost Hellingrath zwar das Moment des persönlichen Leids des im Autenriethschen Clinicum zugrundegerichteten Autors. Andererseits schärft diese Betrachtungsweise die Aufmerksamkeit für jede Phase von Leben und Werk Hölderlins, insbesondere für die Übergangszeit vor dem „Wahnsinn", also zwischen 1802 und 1806.[190] Hellingrath erkennt in der späteren Lyrik des Autors im Gegensatz zur bisherigen Rezeption, die spätestens mit „Patmos" aussetzte, „in erstaunlicher Breite und Tiefe, eine gegliederte Entwicklung, die lezte abschliessende Schicht des Werkes" (Hell. IV, XVI). Diese „bedeutet als Unüberbietbares irgendwie ein Ende, es ist keine Entwicklung darüber hinaus denkbar, nur Verstummen oder gänzlicher Umschwung" (ibd., XVII). Hellingrath meint also eine der Hölderlinschen Produktion inhärente Finalität zu erkennen, die sich in den späten Gedichten tatsächlich erfülle, um danach notwendigerweise abzubrechen. Der fragmentarische Zustand dieser Texte sei dagegen vor allem auf arbiträre Faktoren zurückzuführen:

> Stellt sich für uns diese letzte Schicht des Werkes fast nur in Bruchstücken dar, so ist daran zu großem Teile bloss die Sorglosigkeit in der Überlieferung der Handschriften schuld, zum andern Teil die Fülle des Erschauten und der neu sich eröffnenden Stoffgebiete, die schwankender ja mühsam sich aufrecht haltender Gesundheit keine Musse liess zu ruhiger Ausgestaltung (zumal da ja die Arbeit vor allem den Übersetzungen galt).   (Ibd., XVII)

Hellingrath wendet sich damit sowohl gegen die hergebrachte Pathologisierung der späten Gedichte als literarisch nicht ernst zu nehmende Produkte eines Geisteskranken als auch gegen die (von mir favorisierte) These, Hölderlin sei an der Vollendung seines Werks mitten in seiner produktivsten Phase durch den Abtransport in die Klinik abrupt und für immer gehindert worden.

Hellingrath bezeichnet Hölderlins Spätstil als „Barockstufe"[191]. Diesen Begriff entwickelt er (ausgehend von Hölderlins eigenen poetologischen Kategorien) mit Mitteln, die man heute als rezeptionsästhetisch bezeichnen kann: Er sieht die hochkomplexe Konstruktion dieser Texte aus der Perspektive konventionell geprägter Leserinnen und Leser, die zunächst nur mit Verwirrung und Ablehnung auf die Gedichte reagieren können:

> Äusserste Vergeistigung (fast dürfte man auch das Wort Rationalisierung gebrauchen) ist die Grundlage, daraus hervorgehend äusserstes Streben nach Gegenständlichkeit (Realität) und nach Ausdrucksgewalt (Expressivität und Prägnanz) das Bezeichnende, Häufung in grösster Kürze wuchtig angedeuteter Elemente und daher überreiche, ausladende Formen das Ergebnis. Wie eine classicistisch strenge Zeit, die das Barockzeitalter

---

[189] Hellingrath 1944, 171.
[190] Das Changieren von Hellingraths Konzeption zwischen Mythologie und Wissenschaft betont Wackwitz (1990, 134f.).
[191] Hellingrath 1944, 166.

abzulösen versuchte, mit diesem Wort den Begriff des Überladenen Wirren Unverständlichen verband, so werden viele vor diesem letzten Abschnitt des Hölderlinischen Schaffens ähnlich empfinden. (Hell. IV, XVIf.)[192]

Die schwierige Rezipierbarkeit von Hölderlins Spätwerk sei mitbedingt durch den – allerdings von den zeitgeschichtlichen Umständen erzwungenen – resignierenden Rückzug des Autors in die Hermetik (cf. ibd., XVIII[193]). Jetzt (die „Vorrede" stammt von 1914) müßten die Gedichte aber wegen ihrer Bedeutung für die Ausbildung eines nationalen kulturellen Selbstverständnisses der Deutschen (das aber ihr Anderes, z. B. die griechische Antike und das Christentum, nicht ausschließen dürfe) aus ihrer Hermetik ans Licht der Öffentlichkeit geholt werden (cf. ibd., XI-XIII).[194] Die Ausgabe versteht sich trotz ihres historisch-kritischen Anspruchs also nicht als „Heiligtum der Gelehrsamkeit", sondern als „Schule der Dichtkunst" (ibd., XVIII) für eine breite Schicht von Rezipierenden. (An welche sozialen Schichten Hellingrath dabei gedacht hat, bleibt offen. Seine Herkunft aus der George-Schule, die sich in seiner pathetischen Diktion niederschlägt, könnte zunächst den Verdacht esoterischen Denkens erwecken; seine Argumentation bietet dafür aber keinerlei Ansatzpunkte.[195]) Eine Profanisierung des dichterischen Worts sei nicht zu befürchten, da eine möglicherweise falsch popularisierende Rezeption an den Werken abprallen und sie „unbeirrbar und heimlicher als je in ihrem Ruhm wohnen" (ibd., XXII) lassen würde.

Hellingrath hat nicht nur mit Band IV seiner Ausgabe die meisten späten Gedichte und Gedichtfragmente Hölderlins erstmals öffentlich zugänglich gemacht, sondern bereits (vor allem in seiner kongenialen Vorrede zu diesem Band) Entscheidendes zum Verständnis dieser Werkstufe beigetragen. Seine Schwierigkeiten bei der Grenzziehung zwischen den späten und spätesten Gedichten sind nicht als zu revidierender Fehler der Ausgabe zu beurteilen, sondern deuten

---

[192] Benjamin nimmt in seinem Trauerspielbuch die von Hellingrath eingeführte paradigmatische Bedeutung des Barock für die spätere Literatur wieder auf. Angesichts des eminenten Stellenwerts, den Hellingraths Edition für Benjamins Arbeit nach dessen eigenem Bekunden hatte (cf. Benjamin Briefe I, 133, 161), kann von einem direkten Einfluß ausgegangen werden, der meines Wissens in der Benjaminforschung bisher noch nicht beachtet wurde.

[193] Cf. außerdem Hellingrath 1944, 157, 159, 161f.

[194] Dieser Gedanke steht im Mittelpunkt von Hellingraths Vortrag „Hölderlin und die Deutschen" (Hellingrath 1944, 119-150, bes. 125f.).

[195] Dagegen vertritt Hellingrath in dem genannten Vortrag von 1915 über „Hölderlin und die Deutschen" die These, daß Hölderlin ein „geheime[s] Deutschland" (Hellingrath 1944, 120) repräsentiere und daß seine Werke „immer nur ganz wenigen ihr Geheimnis anvertrauen, ja den meisten ganz schweigen, Nicht-Deutschen wohl nie zugänglich sind" (ibd., 121). Im weiteren Zusammenhang macht der Redner jedoch klar, daß sein Plädoyer für innere deutsche Werte ein Pendant haben müsse in einer Kritik an den Deutschen, wie sie Hölderlin in der berühmten Scheltrede des „Hyperion" paradigmatisch formuliert hat: „Ja, er sprach für jeden der wahrhaft großen Deutschen, die alle leiden wie er gelitten hat unter der Doppelgesichtigkeit des Volkes, dessen innerer Kern jeden ebenso überwältigt und zur Liebe zwingt, wie in der äußern Schicht etwas ist, das jeden abgestoßen und beleidigt hat." (Ibd., 143) Man mag diese Position werten, wie man will; es scheint mir jedoch unabweisbar zu sein, daß aus ihr eher Kritik am politischen Gebaren der Deutschen spricht als Unterordnung unter den nationalistischen und militaristischen Zeitgeist.

– wie die intensive Diskussion des Problems durch Pigenot klarmacht – auf die
grundsätzliche Problematik dieser Grenzziehung hin, die auch spätere Ausgaben
noch nicht befriedigend lösen konnten. Hellingrath verknüpft Bewunderung für
das Werk des Dichters mit einem Interesse an seiner aktuellen Wirksamkeit. So
sehr diese Zielsetzung in der damaligen zeitgeschichtlichen Situation (deutscher
Nationalismus zu Beginn des Ersten Weltkriegs) verhaftet sein mag, so anregend
ist sie für eine heutige funktionsorientierte Auseinandersetzung mit Hölderlins
später Lyrik. Hinter Hellingraths avancierte Position fielen viele spätere Interpreten und Interpretinnen zurück.

6.2   Die Ausgabe Franz Zinkernagels

Parallel zu Hellingraths Ausgabe, von 1913 bis 1926, erschien die konkurrierende
Edition von Franz Zinkernagel.[196] Die späten Gedichtfragmente finden sich hier
– abgetrennt von den Hymnen, aber vor den „Gedichten aus der Spätzeit", die
heute als späteste Gedichte bezeichnet werden – in Band 5 (1926): „Nachlese –
Briefe an den Dichter". Zinkernagel ordnet die „Fragmentarischen Gedichte" als
„Bruchstücke", „Entwürfe"; „Versuche" oder „Überschriften" ein. Außer für die
letzte Abteilung sind seine Ordnungskriterien nicht ganz klar. Die „Entwürfe"
scheinen sich jedoch gegenüber den „Bruchstücken" durch weitgehende Fragmentierung auch der Einzelverse auszuzeichnen, so daß sich in ihnen kaum noch
eine Vers- und Strophenstruktur rekonstruieren läßt. In den „Bruchstücken" dagegen versucht Zinkernagel, nach seiner Ansicht fehlende Verse und Versteile
durch Punkte zu markieren, um so eine Vorstellung von dem vermutlich geplanten vollständigen Gedicht zu schaffen. Ein anderes innovatives Verfahren
wendet Zinkernagel in der Abteilung „Versuche" an: das der typographischen
Differenzierung. Offenbar (eine textkritische Begründung des Verfahrens enthält
der Band nicht; und auch im Nachlaß habe ich keine Ausführungen dazu auffinden können) gibt es für Zinkernagel Textteile unterschiedlicher Dignität; der
‚Haupttext' erscheint in normaler, spätere Zusätze in kleinerer Type.[197] Auch
hier werden wie bei den „Bruchstücken" trotz größerer Vollständigkeit der Fragmente keine fehlenden Verse oder Versteile markiert; Zinkernagel scheint davon
ausgegangen zu sein, daß eine Orientierung an herkömmlichen oder auch nur regelmäßigen Vers- und Strophenformen bei diesen Texten nicht mehr angestrebt
wurde oder werden konnte. Interessanterweise sind die von Zinkernagel als „Versuche" zusammengestellten Texte beinahe identisch mit den bei Hellingrath dem
Band VI zugeordneten Fragmenten; es fehlen nur die Gedichte „Was ist Gott?"
und „Was ist der Menschen Leben", die bei Zinkernagel als „Bruchstücke" figurieren, also offenbar einer noch stärker an hergebrachten Gedichtformen orientierten Werkphase zugeschrieben werden. Es liegt also die Vermutung nahe, daß

---

[196] Zur Geschichte beider Editionen cf. Pyritz 1962, 158-162
[197] Ein solches Verfahren der textgenetischen Edition durch typographische Differenzierung
hat übrigens für Hölderlin-Texte erstmals Eduard Mörike 1856 (im „Deutschen Musenalmanach") an der Ode „Heidelberg" erprobt (cf. dazu Hötzer 1984/85, 181).

auch für Zinkernagel die sogenannten „Versuche" den Übergang zu den spätesten Gedichten markieren, die denn auch (nach der Sammlung der „Überschriften") in seinem Band unmittelbar folgen. Die typographisch kleineren Segmente hat Zinkernagel somit offensichtlich als noch näher an den ‚Wahnsinn' herangerückt beurteilt. Immerhin hat er so einen fließenden Übergang von den früheren zu den späteren Fragmenten und von diesen zu den spätesten Gedichten nachgezeichnet. Auch durch die grundlegend anders konzipierte Bandeinteilung bei Zinkernagel, die die Grenze zwischen relativ abgeschlossenen Hymnen (Abteilung „Freie Rhythmen" in Band 1 [1922]) und fragmentarischen Gedichten zieht, stellt sich Zinkernagels Edition als eigenständige Alternative zu der Hellingraths dar. Zudem unternimmt Zinkernagel den Versuch, in seiner Textanordnung handschriftliche Kontinuitäten nicht zu zerstören, ohne allerdings die Zugehörigkeit hintereinander (zum Teil nach einer Überschrift) aufgereihter Texte zu einem einzigen Gedicht eindeutig zu dekretieren. So finden sich als „Bruchstücke" 14 bis 18 nach der Überschrift „Heimath" große Teile der wenig beschriebenen Seiten 38 bis 53 des Homburger Foliohefts. Damit hat Zinkernagel für das grundsätzliche Problem der Edition der Fragmente eine interessante Alternative gegenüber Hellingrath erarbeitet: Stellte dieser in den „Bruchstücken und Entwürfen" nur das Textmaterial unter einer Ziffer zusammen, das nach den handschriftlichen Verhältnissen eindeutig zusammengehört, wodurch er die Fragmente stark voneinander isolierte (was er durch die genaue Beschreibung des handschriftlichen Fundorts im textkritischen Anhang zu kompensieren suchte), so eröffnet Zinkernagel durch seine an der handschriftlichen Abfolge orientierte Zusammenstellung von Fragmenten zu einem Ensemble den Leserinnen und Lesern die Möglichkeit, Textzusammenhänge selbst herzustellen, ohne daß sie vom Editor schon als eindeutig gegeben festgelegt würden. Zinkernagel versucht damit einer Problemlage gerecht zu werden, die er folgendermaßen beschreibt:

> Die Schwierigkeit der Entzifferung erklärt sich nicht nur aus der Fülle von Korrekturen, die die meisten dieser Entwürfe aufweisen, sondern auch schon der Lässigkeit, mit der viele dieser Konzepte auf das Papier hingewühlt sind. Trifft es sich doch gerade in dieser problematischsten Phase gar nicht selten, dass zwei, in vereinzelten Fällen sogar drei verschiedene Texte, die zunächst gar nichts miteinander zu tun haben, gelegentlich aber nichtsdestoweniger nachträglich noch zu einer künstlerischen Einheit zusammengefasst werden, unbedenklich aufeinandergeschrieben sind.[198]

Auch Zinkernagels Ausgabe war als „kritisch-historische" konzipiert; es liegen umfangreiche Vorarbeiten von ihm zu einem abschließenden Apparatband vor. Offenbar aus wirtschaftlichen Gründen (nicht etwa, wie häufig kolportiert, durch den frühen Tod des Herausgebers) ist dieser Teil der Ausgabe (den Zinkernagel selbst offenbar im September 1924 bereits im Druck wähnte[199]) nie erschienen. Dazu muß man sich vor Augen führen, daß zu Beginn der zwanziger Jahre eine große Anzahl wissenschaftlicher Hölderlin-Ausgaben auf den Markt drängte: 1920 konnte Hermann Kasack mit seinem schmalen Band „Hölderlin: Hymnische

---

[198] Zink. Nachl.: Vorbemerkung zum unveröffentlichten Apparat (Typoskript), 5f.
[199] Cf. Zinkernagel 1924, 711.

Bruchstücke aus der Spätzeit" die Erstveröffentlichung der von Hellingrath seinem Band VI vorbehaltenen Gedichtfragmente für sich in Anspruch nehmen. Diese Ausgabe wurde allerdings durch die kleine Auflage von 550 Exemplaren nur einem kleinen Kreis von Leserinnen und Lesern bekannt. Schon 1921 ging dieses Material jedoch zusammen mit dem bei Hellingrath in Band IV vorliegenden in den Band I der „Gesammelten Werke" ein, die Kasack zusammen mit Hellingraths Mitarbeiter Seebass herausgab. Auch Wilhelm Böhm erweiterte in der 4. Auflage seiner Hölderlin-Ausgabe (Gesammelte Werke, Bd. II: Gedichte der Reifezeit) – die erste Auflage war 1905 erschienen – die Gedichte um die bei Hellingrath und Kasack erstveröffentlichten Stücke. Da schließlich auch noch das Erscheinen von Band VI der Hellingrath-Ausgabe (1923) der Publikation von Zinkernagels Band 5 (1926) zuvorkam, war es Zinkernagel offenbar gerade noch möglich, die Veröffentlichung des letzten Textbandes beim Verlag durchzusetzen; für einen Apparatband schien der Markt dagegen nicht mehr aufnahmefähig zu sein.[200] Ich konnte das wenig beachtete Material zum kritischen Apparat im Nachlaß Zinkernagels, der in der Württembergischen Landesbibliothek, Stuttgart, aufbewahrt ist, sichten. Zu den Gedichtfragmenten sind (außer der allgemeinen Vorbemerkung) keine Kommentare oder Erläuterungen erhalten (wie zu anderen Werkteilen), dagegen sehr sorgfältige, nach Lemmata geordnete textkritische Notizen, die ich in die meiner Interpretation zugrundeliegenden textkritischen Überlegungen einbeziehen werde.

Eine bedrückende Dokumentation von bis zu offener Feindseligkeit reichender wissenschaftlicher Konkurrenz ist die Debatte über die Editionen, die Zinkernagel und Pigenot in der Zeitschrift „Euphorion" bzw. in den Apparat-Nachträgen der späteren Auflagen der Hellingrath-Ausgabe austrugen.[201] Immerhin lassen sich aus Zinkernagels Beiträgen sein wissenschaftliches Selbstverständnis und seine Einschätzung von Hölderlins Spätwerk klar ablesen: Er argumentiert – im Gegensatz zu Hellingrath und Pigenot, die für sich einen emphatischen, wahlverwandten poetischen Zugriff auf Hölderlins Dichtung reklamieren – aufgrund eines positivistischen Verständnisses von Philologie: Die Genauigkeit der Wiedergabe des handschriftlichen Befundes ist für ihn alleiniges Kriterium zur Bewertung kritischer Ausgaben[202]; die hermeneutischen Leistungen Hellingraths für die Aneignung insbesondere von Hölderlins Spätwerk werden von ihm dagegen nicht anerkannt. Zinkernagel sieht in den Dichtungen seit 1800 – darin ganz den Thesen der (Zinkernagel gewidmeten) „Pathographie" Langes folgend – „den unverkennbaren Stempel der Katatonie"[203]. Die „trübe Phantastik die-

---

[200] Einige Materialien zur Entstehung der Hellingrath-Ausgabe in der Konkurrenz zu der Zinkernagels sind in HJb 13 (1963/64), 104-157, zusammengestellt, cf. besonders 143. Cf. außerdem Pigenots Nachwort zur 3. Auflage von Hell. IV (1943), 402.

[201] Cf. Zinkernagels Rezensionen in Euph. 21 (1914) sowie Euph. 25 (1924a); im letztgenannten Band die Replik Pigenots (1924) sowie Zinkernagels Antwort (1924b).

[202] Cf. zur Entwicklung dieses Wissenschaftsideals Zeller 1958, 356-359.

[203] Zinkernagel 1914, 357.

ser Hymnen"[204] werde durch Hellingraths Mythologisierungen nicht aufgeklärt, sondern verschleiert. Angesichts dieser gravierenden Vorbehalte ist es eher verwunderlich und allein aus Zinkernagels Streben nach philologischer Redlichkeit und Genauigkeit erklärbar, daß er bei der Präsentation der späten Fragmente in seiner Ausgabe mit großem Feingefühl vorgeht und erwägenswerte Alternativen zu Hellingraths Textkonstitution vorschlägt. Diese Leistungen werden durch seine programmatischen Äußerungen nicht geschmälert, leider aber auch nicht bereichert.

6.3 Die „Große Stuttgarter Ausgabe" (StA)

Friedrich Beißner hatte sich durch seine 1933 erschienene Dissertation „Hölderlins Übersetzungen aus dem Griechischen" als *der* neue Hölderlinforscher qualifiziert, wie auch schon Hellingrath in seiner Dissertation von 1910 über „Pindar-Übertragungen von Hölderlin" den Weg zu Hölderlins Werk über dessen Übersetzungen gewählt hatte. In dieser Arbeit legt Beißner unter anderem anhand einiger von Hellingrath übersehener Verse aus der späten Bearbeitungsschicht von „Brod und Wein" eine neue, eher nationalistische Interpretation des Verhältnisses von „Griechenland" und „Vaterland" bei Hölderlin vor[205], die bis heute ihre Kreise zieht.[206] In verschiedenen Aufsätzen setzte er sich in den ersten Jahren der nationalsozialistischen Herrschaft kritisch mit Hellingraths Edition auseinander[207] und bemühte sich, die Notwendigkeit einer neuen historisch-kritischen Ausgabe nachzuweisen, die erstmals alle Varianten vollständig aufführen sollte. Beißners „Große Stuttgarter Ausgabe" wurde 1943 mit fataler Verquickung in die nationalsozialistische Propaganda unter der Schirmherrschaft Goebbels' begonnen. Gleichzeitig wurde die Hölderlin-Gesellschaft gegründet und ein neues Jahrbuch unter dem Titel „Iduna" ins Leben gerufen.[208] In all diesen Unternehmungen erscheinen mir nicht die eindeutig propagandistischen Komponenten und Beiträge, die rasch durchschaut und entlarvt sind, am gefährlichsten, sondern die Widerstandslosigkeit und Reibungslosigkeit, mit der sich die ‚reine', ‚wertneutrale' Philologie auch noch in den Dienst des menschenverachtendsten Regimes stellte.

Der in zwei Hälften aufgeteilte Band II der Ausgabe „Gedichte nach 1800" erschien 1951. Nach den Abteilungen „Elegien", „Oden" und „Einzelne Formen"

---

[204] Zinkernagel 1924a, 277.

[205] Cf. Beißner 1961b, 147-184.

[206] Cf. die Beiträge von Gadamer (1967, 27-44); Prignitz (1976); Hof (1977, 38-44); Kreutzer (1980/81); Allemann (1984/85); Gaier (1986/87). Hilfreich für den Überblick über die frühere Diskussion ist der Forschungsbericht von Burger (1956, 205-208), der allerdings den politischen Kontext ausspart, wie hier überhaupt die erschreckende Kontinuität der Hölderlin-Forschung vor und nach 1945 eher dokumentiert als analysiert wird.

[207] Cf. z. B. Beißner 1937.

[208] Cf. dazu die aus dem Jahre 1943 stammende unkritische Darstellung von Pyritz (1962, 162-165).

wird die späte Lyrik hier aufgeteilt in „Die vaterländischen Gesänge", „Hymnische Entwürfe" sowie „Pläne und Bruchstücke" dargeboten. Die Bezeichnung der späten Hymnen als „vaterländische Gesänge" wurde von den früheren Herausgebern nicht (oder jedenfalls nicht zur terminologischen Charakterisierung dieser Werkgruppe) gebraucht. Zwar hat Hölderlin sie in den Briefen an Wilmans selbst eingeführt; ich habe jedoch durch deren Analyse[209] gezeigt, daß der Autor diesen Begriff nicht primär zur Kennzeichnung einer klar umrissenen Gruppe von Texten mit bestimmter Bauart benutzt, sondern vielmehr zur Beschreibung einer neuen Art des Dichtens überhaupt. Es scheint mir daher auch kein Zufall zu sein, daß Hölderlin beim intendierten ersten Schritt zur Realisierung dieses Programms – in der Vorrede zur „Friedensfeier" – den plakativen Begriff meidet und herunterspielend von „dergleichen Blättern" redet.

Zwar ist Beißners Übernahme des Begriffs „vaterländische Gesänge" als Textsortenkategorie insofern legitimierbar, als die darunter versammelten Gedichte tatsächlich diejenigen sind, in denen das Neuartige von Hölderlins später Lyrik am weitesten ausgeführt wurde.[210]

Der Begriff ‚vaterländisch' jedoch, der bei Hölderlin eindeutig aus dem Leitwort der Französischen Revolution ‚patrie' abgeleitet ist[211], läßt sich 1951 nicht von den nationalsozialistischen Konnotationen lösen.[212] Beißner unternimmt diesen Versuch auch gar nicht; vielmehr hält er – wie seine Erläuterungen zeigen – unbekümmert, um nicht zu sagen starrsinnig, an dem Begriff des „Vaterlandes" fest, den er in seiner Dissertation entwickelt hatte und der dem Mißbrauch Hölderlins als „Dichter der Deutschen", der in den großangelegten, zum hundertsten Todestag des Autors 1943 begonnenen Unternehmungen kulminierte, Vorschub leistete. Das muß bei der Beschäftigung mit diesem Thema heute, angesichts der neuerlichen Konjunktur des Vaterlandsbegriffs und der damit einhergehenden Verdrängung und des Vergessens der nationalsozialistischen Vergangenheit, von einer sich gesellschaftskritisch verstehenden Literaturwissenschaft um so nachdrücklicher in Erinnerung gebracht werden.

Als „vaterländische Gesänge" figurieren bei Beißner sowohl ganz oder beinahe abgeschlossene als auch fragmentarische Hymnen: nicht nur „Die Wanderung", „Der Rhein", „Germanien", „Patmos", „Andenken" und „Mnemosyne", sondern auch „Der Mutter Erde", „Am Quell der Donau", „Versöhnender der du nimmergeglaubt ..." – die „Friedensfeier" überschriebene Reinschrift dieses Gedichts tauchte erst 1954 wieder auf und erschien dann als Nachtrag in Band III –, „Der Einzige" und „Der Ister".

Von „Versöhnender der du nimmergeglaubt ...", „Der Einzige", „Patmos" und

---

[209] Cf. oben, 34-37.

[210] Die Einordnung der ersten pindarischen Hymne „Wie wenn am Feiertage ..." unter „Einzelne Formen" muß dagegen als Mißgriff angesehen werden.

[211] Stierle hat neuerdings sehr überzeugend gezeigt, daß sogar der Begriff ‚vaterländische Gesänge' in Anlehnung an die ‚chants patriotiques', die feierlichen Hymnen der Französischen Revolution, geprägt ist (cf. Stierle 1989, 482f., bes. 483, Anm. 5; 489-496).

[212] Cf. Adorno GS 11, 458; B. Böschenstein 1975, 111f.

„Mnemosyne" werden im Textteil mehrere „Fassungen" bzw. „Ansätze" geboten. Dagegen ist zu Recht eingewandt worden, im Gegensatz zu anderen Gedichten Hölderlins (z. B. den lange nach ihrem Entstehen erweiterten oder bearbeiteten Oden) könne bei diesen Hymnen nicht von eigenständigen „Fassungen" gesprochen werden, sondern nur von Entwürfen oder Bearbeitungsphasen.[213] Die Darbietung einer Vielfalt von Textversionen kann die Funktion haben, die zu bestimmten Zeitpunkten der Textproduktion möglicherweise intendierten, voneinander abweichenden Textgestalten zu rekonstruieren.[214] Diese heuristische Funktion wird jedoch unterlaufen, wenn die verschiedenen „Fassungen" zu voneinander unabhängigen, gleichsam je für sich sakrosankten Gedichten verdinglicht werden, wie es in der StA schon durch die Textpräsentation in Band II.1 geschieht.[215]

In der Abteilung „Hymnische Entwürfe" finden sich jene Gedichte, „die sich durch größern Umfang oder bedeutenderen Inhalt von den übrigen Plänen und Bruchstücken abheben" (StA II.2, 831, Z. 2f.), in der letztgenannten Abteilung mithin das, was übrigbleibt, also separierte Überschriften, Stichwörter und Skizzen zu Gedichten.[216] Die „Entwürfe" reichen von den früheren Fragmenten „Dem Allbekannten" und „Deutscher Gesang" bis hin zu „Griechenland"; im Mittelpunkt stehen die im Homburger Folioheft entworfenen Gedichte. Die „Pläne und Bruchstücke" folgen merkwürdigerweise erst nach den „Spätesten Gedichten", als gehörten sie gar nicht mehr oder nur noch am Rande zum lyrischen Werk. Im Gegensatz zu den „Plänen und Bruchstücken" sind die „Entwürfe" nicht numeriert, sondern sämtlich mit Titeln versehen; daß diese großenteils nicht von Hölderlin stammen, geht aus der Textgestaltung selbst nicht hervor, sondern nur aus dem Apparat. Der Unterschied zu den „Gesängen" scheint also nur in solchen Äußerlichkeiten wie dem geringeren Umfang mancher „Entwürfe" und in der gehäufter auftretenden Unvollständigkeit von Strophen und Versen zu bestehen. Insofern drängt sich angesichts des fragmentarischen Zustandes auch vieler der „Gesänge" die Frage auf, ob die stark normative Einteilung – emphatische Aufwertung der als „vaterländische Gesänge" eingestuften Texte, Abwertung der als bloße „Entwürfe" gekennzeichneten – überhaupt zu legitimieren ist. Beißner geht – soweit ich sehe – auf diese Frage nicht ein.

Von „Das Nächste Beste" und „Griechenland" werden drei, von „Dem Fürsten" zwei „Fassungen" geboten. Der Begriff ‚Fassung' macht jedoch nur Sinn, wenn man darunter einen vom Autor zu einem bestimmten Zeitpunkt der Textgenese hergestellten Zustand des Textes versteht, der von vorangehenden und folgenden Bearbeitungsstufen editorisch klar abgegrenzt werden kann. Angesichts der

---

[213] Cf. Allemann 1956/57, 79; Binder 1975-77, 511.

[214] Cf. George 1973, 53.

[215] Pyritz stellt ebenfalls die Forderung, die Textdarstellung zu dynamisieren, hält sie aber überraschenderweise durch die „Fassungen" der StA bereits für verwirklicht; cf. Pyritz 1962, 206f.

[216] Zu einzelnen der „Pläne und Bruchstücke" cf. Beck 1978/79; zur Problematik der Kategorisierung dieser disparaten Textfetzen besonders ibd., 226-228.

Handschriften ist jedoch die Rede von „Fassungen" bei „Das Nächste Beste" und „Dem Fürsten", die nur jeweils einmal, nämlich im Homburger Folioheft, überliefert sind, absurd; es können hier nur ineinander übergehende Entwurfsstufen unterschieden werden. Nur „Griechenland" ist auf zwei separaten Handschriftenblättern überliefert; ob es sich jedoch um „Fassungen" handelt oder um einander ergänzende Bruchstücke, ist in der Forschung umstritten.[217]

Mit großer Entschiedenheit hat Beißner Fragmente zusammengefaßt, die in den früheren Ausgaben getrennt voneinander wiedergegeben waren. Bei Hellingrath hatte das die weitgehende Isolierung der Fragmente voneinander nach sich gezogen; Zinkernagel hatte das handschriftliche Ensemble der Texte editorisch zu reproduzieren versucht. Mit seinem synthetischeren Zugriff konstituiert Beißner einige Texte erstmals als Einheiten, die zuvor als zerstückelt erschienen. Nach wie vor werden aber Segmente, die sich nicht in Beißners Vorstellungen von den „Entwürfen" fügen wollen, aus den handschriftlichen Zusammenhängen herauspräpariert und als „Pläne und Bruchstücke" oder als „Lesarten" separiert. So zerstört Beißner andererseits auch wieder Zusammenhänge, die Zinkernagel durch seine Zusammenstellung der Fragmente hatte aufscheinen lassen. Zudem bezahlt Beißner seine größere Entschiedenheit mit dem Verlust an Vorsicht und Bescheidenheit, durch den sich die früheren Editoren ausgezeichnet hatten.

Im Bereich der Entzifferung (Fragezeichen oder alternative Lesungen tauchen bei Beißner nicht mehr auf) ist das teilweise berechtigt, da sich durch die Vielzahl der auf die Handschriften zurückgehenden Editionen die Sicherheit der Lesungen erhöht – die allerdings auch eine falsche sein kann, wenn sie tradierte Irrtümer als gesicherte Erkenntnisse verschleiert. Um diesem Einwand zu begegnen, behauptet Beißner, die früheren Ausgaben für seine Lesungen zunächst ignoriert zu haben.[218] Sieht man davon ab, daß die Befolgung dieser Maxime weder überprüfbar noch konsequent durchführbar ist – Beißner wird kaum behaupten wollen, er habe vor seiner Handschriftenlektüre niemals edierte Hölderlintexte gelesen, oder gar: er habe sie vergessen! –, so erscheint es darüber hinaus als fragwürdiges hermeneutisches Ideal, in konstruierter naiver Einstellung die Geschichte eines Textes zu überspringen, um direkt aus der reinen Quelle der Handschrift zu schöpfen.

Noch problematischer erscheint Beißners selbstsicherer Zugriff auf den Text, wenn beispielsweise ein Komplex von Fragmenten, der von Hellingrath als „Entwurf einer Hymne an die Madonna" zusammengefaßt wird – eine Kennzeichnung, die angesichts der Anrede im Text („o Madonna", StA II.1, 211, V. 3) durchaus gerechtfertigt ist – und bei Zinkernagel überschriftslos als „Bruchstück" 19 auftaucht, im Textteil der StA vorbehaltlos „An die Madonna" überschrieben ist. Dieser Verfahrensweise, die sich in der gesamten Gestaltung des Textbandes niederschlägt, liegt das Selbstverständnis des Editors zugrunde, das Werk des Dichters zu ‚vollenden'. War Hellingrath die Vorläufigkeit seiner editorischen

---

[217] Cf. Sattler 1981a, 318–320 und ders. 1981b.
[218] Cf. Beißner 1942, 20.

Bemühungen emphatisch bewußt, so scheint Beißners Arbeit von dem Selbstbewußtsein durchdrungen, die fragmentarisch überlieferten Texte Hölderlins könnten nur in der von der StA präsentierten Gestalt adäquat rezipiert werden.[219] Eine Edition, die mit einem solchen Anspruch auftritt, muß sich auch an ihm messen lassen. Die Bewertungsmaßstäbe müssen also für die StA strenger angesetzt werden als für die vorhergehenden Ausgaben.

Der große Fortschritt der StA liegt in der angestrebten vollständigen Darbietung der Varianten im zweiten Teilband („Lesarten und Erläuterungen"):

> Die Stuttgarter Hölderlin-Ausgabe hat ihr Schwergewicht in dem endlich gereinigten Text und seiner (gerade bei Hölderlin) notwendigen Ergänzung: den vollständig und übersichtlich verzeichneten Lesarten   (StA I.2, 321)

Damit verknüpft Beißner folgenden Anspruch:

> Bei der Darbietung der dichterischen Werke also macht die Stuttgarter Ausgabe wirklich Ernst mit dem methodischen Grundsatz der historisch-kritischen Edition, d. h. sie bemüht sich um möglichste Vollständigkeit der Lesarten, um eine genaue Ausdeutung aller Entwürfe bis zum kleinsten Tüttelchen[220]

Nicht allein um die Präsentation der Texte in allen ihren Varianten geht es Beißner also, sondern darüber hinaus um deren „Ausdeutung". Dabei hat er das „methodische Prinzip, die Entwicklung, das Wachstum der Verse und Strophen geduldig zu verfolgen, mitdichtend zu verfolgen"[221]. Dieses „organologische Verstehensmodell"[222], das das „Wachstum" des Gedichts auf seinem „Stufenweg vom ersten Keim über alle noch zögernd prüfenden Wandlungen bis zur gelungenen Gestalt hin"[223] verfolgt, schlägt sich auch in der Darstellung der Varianten nieder:

> Gerade an solchen Stellen, die den schöpferischen Vorgang besonders lebendig spiegeln, darf der Herausgeber nicht auf die Entwirrung und Entwicklung des Entwurfs verzichten [...] Es gilt vor allem, die Entwicklungsstufen auseinanderzuhalten.
>
> (StA I.2, 319)

Bei komplizierteren handschriftlichen Befunden vermeidet Beißner daher die aus der Altphilologie überkommene und noch von Zinkernagel durchgehend benutzte „lemmatisierte Wiedergabe, die allein die Rechtfertigung des edierten Textes zum Ziel hat"[224], und ersetzt sie durch ein Treppenstufenmodell. Dabei wird die Entstehung des Textes, wie sie sich der Herausgeber vorstellt, bis in die Einzelheiten in die verschiedenen Bearbeitungsstufen zerlegt, die innerhalb ihres syntagmatischen Zusammenhangs (meist des Verses oder Satzes) als Paradigma untereinander aufgereiht und durch Buchstaben und Zahlen geordnet werden.

---

[219] Zum Problem der Vorläufigkeit der Hölderlin-Ausgaben cf. Hell. IV, 270; Allemann 1956/57, 82; George 1965, 124; George 1973, 57.

[220] Beißner 1961, 253.

[221] Beißner 1961, 252.

[222] Martens 1981, 79.

[223] Beißner 1961, 212. Cf. auch schon Beißner 1942, 27.

[224] Martens 1982b, 46.

Das jeweils tiefer angeordnete Segment (mit der höheren Zahl oder dem alphabetisch späteren Buchstaben) wird als spätere Bearbeitungsstufe mit der größeren Dignität angesehen:

> Eine (2) kündigt also an, daß alles, was vorher, hinter der (1) steht, jetzt aufgehoben und getilgt ist; ebenso hebt die (3) die vorausgehende (2) auf [...].   (StA I.2, 319)

Die in den Textteil aufgenommene Fassung entspricht also meistens dem Zusammenhang der jeweils untersten ‚Treppenstufen' in dieser Präsentation.

Mit dieser Darstellungsweise verwischt Beißner (nach der Terminologie von Hans Zeller) den Unterschied zwischen Befund und Deutung[225]:

> Anstelle des ‚Standortes' einer Lesart in der Handschrift (der positiv bezeichnet werden kann) wird in allen nicht ganz simplen Fällen mit Hilfe eines Numerierungssystems ihr ‚Stellenwert' gegeben (was eine Interpretationsfrage ist).[226]

Die StA genügt somit nicht dem von Zeller aufgestellten editorischen Grundsatz, „daß der Benutzer in den Stand gesetzt werde, die Hs so genau wie möglich zu rekonstruieren"[227], weil Beißner den Leserinnen und Lesern seiner Ausgabe durch seine stark interpretierende Darstellungsweise nicht nur die Textgenese rekonstruierend vorführt (womit er, solange seine Rekonstruktion nur Vorschlagscharakter hätte, seiner Funktion als Vermittler der schwer lesbaren Textkomplexe durchaus gerecht würde), sondern ihnen jede Möglichkeit nimmt, seine Lesungen und Konstitutionen zu überprüfen und gegebenenfalls zu revidieren. Beißners auf die vermeintlich abschließende Textfassung hin orientierte Hierarchisierung und Chronologisierung der „Lesarten" bringt eine Ordnung in das handschriftliche Material, die keineswegs – wie der Herausgeber suggeriert – den objektiven Befund bloß rekonstruiert, sondern ihn subjektiv interpretiert. Dieser uneingestandene subjektive Anteil nähert sich beispielsweise an solchen Punkten der Verfälschung an, wo von den Benutzern und Benutzerinnen der Ausgabe nicht mehr erkannt werden kann, ob ein in den „Lesarten" mehrmals auftauchendes Wort auch in der Handschrift wiederholt ist oder bloß vom Editor aus darstellungstechnischen Gründen nochmals abgedruckt wird. Darüber hinaus sind – wie Hans Zeller nachgewiesen hat – in Beißners synoptischer Textdarstellung entgegen dessen Anspruch „die Varianten der nicht letzten Stufe doch nicht aus ihrer Isolation befreit und bleiben ohne Kontext, Variantenparadigmen ohne erkennbare Syntagmen, u. a. weil Beißner keinen Unterschied machte zwischen Sofortvarianten und andern Varianten"[228]. All diese Mängel lassen Allemanns

---

[225] Cf. Zeller 1971.

[226] Allemann 1956/57, 78.

[227] Zeller 1958, 360. Dagegen war Zinkernagels – unveröffentlicht gebliebene – Variantendarstellung von dem „dringenden Wunsch" getragen, „jedem ernsthaften Benutzer des Lesartenapparats die Möglichkeit zu geben, sich zu jeder beliebigen Stelle die handschriftliche Vorlage auf einem Blatt Papier selber zu rekonstruieren. Denn dass dies bei gar mancher Textstelle zur richtigen Erfassung ihrer Genese geradezu nötig ist, wird die Erfahrung gewiss bestätigen." (Zink. Nachl., Vorbemerkung zum unveröffentlichten Apparat, 7) Inwieweit Zinkernagels lemmatisierte Darstellungsweise indes eine solche Rekonstruktion wirklich ermöglicht hätte, bleibe einmal dahingestellt.

[228] Zeller 1989, 6. Ähnlich argumentiert auch Scheibe (1988, 134-138).

frühes schwerwiegendes Urteil aus heutiger editionsphilologischer Sicht als vollauf berechtigt erscheinen:

> Es bleibt kein anderer Ausweg, als daß der ernsthafte Forscher wieder auf die Handschriftenphotographien zurückgreift, und das war offenbar gerade nicht die Absicht der Großen Stuttgarter Ausgabe.[229]

Dennoch ist die Benutzung des Apparatbandes hilfreich für die Beschäftigung mit Hölderlins Texten. Das gilt besonders für die späten Gedichtfragmente, da die hier sehr wichtige äußere Gestalt der Handschriften und die Überlieferungsgeschichte von Beißner sehr sorgfältig beschrieben werden. Auch seine textgenetischen Darstellungen sind anregend für die Interpretation, wenn man sie parallel zur Handschrift liest. Schließlich geben seine Erläuterungen Hinweise auf mögliche Quellen sowie einige – allerdings oftmals problematische – Interpretationsansätze. Die Erläuterungen sind bei den „Entwürfen" und insbesondere bei den „Plänen und Bruchstücken" merklich magerer als bei den ‚vollendeten' Gedichten: So wird das auf fünf Seiten in drei „Fassungen" im Textteil abgedruckte Gedicht „Griechenland", einer der am schwersten verständlichen Texte Hölderlins überhaupt, auf einer einzigen Seite „erläutert". In diesem Mißverhältnis schlägt sich offenbar Beißners Urteil nieder, das den Texten, die „bis zur gelungenen Gestalt hin"[230] gediehen sind, eine höhere Dignität zumißt als denen, die auf ihrem „Stufenweg"[231] ‚steckengeblieben' sind.

Welche besonderen Auswirkungen hat Beißners Editionsverfahren auf seine Präsentation der „Hymnischen Entwürfe"? Schon Hellingrath hatte angesichts dieses Materials auf die grundlegende Problematik historisch-kritischer Ausgaben hingewiesen:

> Eine gewisse Willkür bedeutet die Scheidung in Text und Anhang immer; beide zusammen umfassen die ganze Lesartenmasse und dabei hat der Text das Bezeichnendste zu enthalten.   (Hell. IV, 270)

In dieser Aussage spürt man das Bewußtsein von der Zeitlichkeit und Revidierbarkeit, ja Revisionsbedürftigkeit jeder editorischen Arbeit. Dieses Bewußtsein ist in der Vision von „dem endlich gereinigten Text" (StA I.2, 321) getilgt. Wie kann aber bei einem Entwurf überhaupt zwischen einem integralen Text und diesem nachgeordneten Lesarten unterschieden werden, wenn nicht im Sinne einer subjektiven, heuristischen Konstruktion wie bei Hellingrath? Beißners Form der Variantendarstellung, die bei der Präsentation vom Autor abgeschlossener oder gar autorisiert veröffentlichter Texte eine Legitimation in der Sache haben mag (kann man doch bei solchen Texten mit einem gewissen Recht von einer ‚Überwindung' der Vorstufen durch die Reinschrift oder den Druck sprechen), verliert bei Manuskripten ihren Sinn, auf denen ein oder mehrere Gedichte in unzähligen Varianten, von denen die wenigsten eindeutig vom Autor (etwa durch Streichung) verworfen sind, entworfen wurden, ohne daß ein ‚fertiges' Gedicht

---

[229] Allemann 1956/57, 79.
[230] Beißner 1961, 212.
[231] Beißner 1961, 212.

als Ende dieses Prozesses auszumachen wäre, der mithin nicht teleologisch abgeschlossen, sondern zufällig abgebrochen erscheint. Die Abspaltung eines quasi-
endgültigen Textes aus diesem Material ist nicht legitimierbar und verfälscht den
handschriftlichen Befund: Zu einem Entwurf gehört alles vom Autor oder von der
Autorin hinterlassene Zeichenmaterial ohne grundsätzliche Hierarchisierung von
Haupt- und Nebentexten.[232] Beißner müßte also entweder völlig auf den Abdruck
der „Entwürfe" verzichten, da sie nicht zur „Reife" gelangt sind (das würde aber
seinem Vollständigkeitsanspruch widersprechen), oder sie ganz in den Apparat
verbannen (dann fehlte ihnen jedoch der Referenztext) oder die Trennung von
Text und Lesarten in diesen Fällen aufgeben (das würde schließlich die Zielsetzung des „gereinigten" Textes verfehlen). Die Editionsprinzipien der StA geraten
also angesichts der späten Gedichtfragmente in eine Aporie.[233] Zwar bietet sie
erstmals (fast) das gesamte Textmaterial der Gedichtentwürfe, aber die Aufspaltung in „Hymnische Entwürfe", „Pläne und Bruchstücke" sowie diesen „Texten"
zugeordnete „Lesarten" zerstört die Zusammenhänge, in denen die Entwürfe in
der Handschrift stehen.[234] Die stark interpretierende Darbietung der Lesarten
hindert die Benutzerinnen und Benutzer vollends an einer Vergegenwärtigung
der handschriftlichen Verhältnisse im Detail. Die Editionsmethode überträgt das
ohnehin problematische organologische Modell der Produktion und Interpretation literarischer Texte gewaltsam auf fragmentarische Texte, die sich diesen
Kategorien manifest widersetzen. Die Polyvalenz, die diese lyrischen Entwürfe
nicht erst auf der semantischen Ebene, sondern schon auf der der syntagmatischen Verknüpfungen auszeichnet, wird vereindeutigt und damit zerstört. Die
StA bietet also noch immer keine adäquate Darstellung von Hölderlins späten
Gedichtfragmenten.

Die StA wurde vom überwiegenden Teil der germanistischen Forschung als editorische Jahrhundertleistung begrüßt.[235] Nicht nur schien das Werk Hölderlins
jetzt erstmals vollständig und zugleich lesbar ediert zu sein; zugleich hatte Beißner die Editionstechnik in einer Weise weiterentwickelt, die auch für historisch-
kritische Ausgaben anderer Autoren als vorbildhaft angesehen wurde. Die kri-
tischeren Stimmen einiger Forscher wie Allemann und Zeller wurden zwar zur
Kenntnis genommen, zeigten aber keine nachhaltige Wirkung.[236]

---

[232] Cf. dagegen Wackwitz' Polemik gegen die FHA (Wackwitz 1990, besonders 138).

[233] Inwieweit diese Problematik auch für andere Texte Hölderlins gilt oder Rückwirkungen
auf die Edition des Gesamtwerks hat – das ist die Grundannahme, die der FHA zugrunde
liegt –, kann ich hier nicht im einzelnen prüfen. Cf. dazu Thurmair (1979, bes. 275), der die
Revisionsbedürftigkeit der StA nur für die komplizierten Handschriften anerkennt.

[234] Cf. auch Thurmair 1979, 265.

[235] Cf. die beiden Rezensionen von Pyritz (1962, 158-191 und 192-218), den Forschungsbericht
von Burger (1956, 185-187) und die schon zitierten Darstellungen von George (1965 und 1973)
sowie von Martens (1981 und 1982b), die einen Überblick über die Forschungsstimmen zur
StA geben.

[236] In der zweiten Fassung seiner (erst 1975 aus dem Nachlaß veröffentlichten) Hölderlin-
Vorlesung, die er im Wintersemester 1966/67 in Berlin vortrug, setzt sich Peter Szondi systematisch mit der StA auseinander (cf. Vorl. V, 300-323). Er fordert von der Edition, in kompli-

6.4   Die „Frankfurter Hölderlin Ausgabe" (FHA)

Seit den frühen sechziger Jahren hat der amerikanische Germanist Emery E.
George einige äußerst genaue Studien vorgelegt, in denen er den Alleinvertretungsanspruch der StA für das Werk Hölderlins unter Rückgriff auf die Handschriften und die früheren Editionen ausgerechnet im Kernbereich von Hölderlins Œuvre, bei den späten Hymnen, systematisch untergräbt und einige neue
Lesungen vorschlägt. Diese Vorstöße wurden von der deutschsprachigen Germanistik beharrlich ignoriert oder diffamiert.[237] Georges Arbeiten aber weisen
weit über die zeitgenössische editionsphilologische Diskussion hinaus. Bereits in
seiner (erst 1973 publizierten) Dissertation von 1964 weist er die positivistische
Einstellung, daß „Hölderlin's manuscripts are what Hölderlin wrote"[238] als zu
restriktiv zurück. Dagegen schlägt er einen editionsphilologischen Paradigmenwechsel vor:

> But if we consider that what Hölderlin wrote is also dependent on our ability to see
> what he wrote, then I think we are free to argue that an edition of a poet's works, even
> a critical edition, is given „dem von Beißner offenbar immer vorausgesetzten naiven
> Leser" [Allemann] as much as it is intended for the specialist. In either case there must
> be a transmutation of the material into a usable medium.[239]

Erst 1975, mit dem Erscheinen des „Einleitung" genannten Probebandes der
von D. E. Sattler herausgegebenen „Frankfurter Hölderlin Ausgabe" wird dieser rezeptionsästhetische Impuls wiederaufgenommen. Die StA – so Sattler in
seinem programmatischen Vorwort zu diesem Band – habe sich durch ihre Orientierung am klassischen Formideal insbesondere im Bereich der späten Lyrik als
unzulänglich erwiesen: Mit ihrer Zielsetzung der „Reinigung des Wortes [...] von
den zumal bei Hölderlin besonders häufigen Verderbnissen und Entstellungen"
(zit. FHA Einl. 16) und den daraus resultierenden editorischen Entscheidungen
(Trennung von Gesängen, Entwürfen und Bruchstücken; willkürliche Konstruktion von Fassungen; Trennung von Text und Lesarten; stark interpretierende
Lesartendarstellung [cf. FHA Einl., 17]) werde sie den Anforderungen an eine
adäquate Präsentation dieser Texte nicht gerecht. Sattler erklärt diese Defizite
kulturpolitisch:

> [...] im Grunde geht der Streit darum, ob das vollständige Werk Hölderlins überhaupt
> allen mitgeteilt werden dürfe. Bisher war man übereingekommen, das Publikum immer
> nur eine Auswahl dieser Hinterlassenschaft lesen zu lassen und ihm all das Irritierende
> zu ersparen, das den Eindruck des Gelingens stören könnte. Zum Werk Hölderlins gehört
> aber untilgbar die Spur des Mißlingens, das Unbewältigte, der Sturz.[240]

---

zierten Fällen (wie beim fragmentarischen Schluß der ‚Feiertags'-Hymne) auf die Konstitution
von Texten oder Fassungen zu verzichten und sich auf „die Transkription der Handschrift und
die Herstellung der Chronologie" (313) zu beschränken.
[237] Cf. die Vorbemerkung Sattlers zu George 1980, 41.
[238] George 1973, 54.
[239] George 1973, 54.
[240] Sattler 1975-77, 113. Diese Polemik, die Wackwitz nicht unzutreffend als „Priester-
trugstheorie" (Wackwitz 1990, 136) charakterisiert hat, hat heftige Gegenreaktionen bei den

In diesem Sinne möchte Sattler erstmals das vollständige Werk Hölderlins einschließlich der Dokumente des Scheiterns und des persönlichen Leids vorlegen. Die bisher als „entstellt und verdorben" abqualifizierten Texte, insbesondere die späten Gedichtfragmente, rücken dabei in den Mittelpunkt der Edition (cf. FHA Einl., 16):

> Das Editionsmodell der Frankfurter Ausgabe orientiert sich am Entwurfscharakter des Hölderlinschen Spätwerks. Deshalb ist die herkömmliche Trennung von Lesetext und kritischem Apparat weitgehend aufgehoben. (FHA Einl., 18)

In einem vierstufigen Modell werden die Texte aus dem Manuskript heraus entwickelt: Ausgangspunkt ist das Faksimile der Handschrift (sofern diese verfügbar ist). Der Reproduktion steht eine typographisch differenzierte Umschrift gegenüber, die als Lesehilfe für die Handschrift dient und durch die verschiedenen Typen bereits eine erste Orientierung über die vermutlichen Bearbeitungsstufen gibt.[241] Die Entstehung der Texte im Manuskript wird in der linearen Textdarstellung in Phasen zerlegt und genau rekonstruiert. Das Ergebnis dieser textgenetischen Analyse stellen die Textstufen dar, die nach dem jeweiligen Grad der Autorisation und der editorischen Konstruktion genau charakterisiert werden.[242]

Sattler trennt also den dokumentarischen (Faksimile und Transkription) und den textkonstituierenden Teil der Edition (lineare Textdarstellung und Lesetexte) – Befund und Deutung – klarer voneinander als die vorhergehenden Ausgaben.[243] Das gilt ungeachtet der Tatsache, daß in jede Entzifferung interpretierende

---

Anhängerinnen und Anhängern der StA ausgelöst. Viele Beiträge im Hölderlin-Jahrbuch (seit Bd. 19/20 [1975-77]) haben sich einer fundamentalen Kritk an der FHA gewidmet, die besonders im genannten Band nicht in allen Fällen sachbezogen und weiterführend war. Erst in den letzten Jahren haben sich die Ressentiments gegen die FHA etwas gelegt, so daß die neue Edition mittlerweile als anerkannt gelten kann. Um so erstaunlicher ist es, daß diese eindeutig avancierteste Hölderlin-Ausgabe selbst bei der Beschäftigung mit den kompliziertesten Entwürfen von einigen Forschern und Forscherinnen weiterhin beharrlich ignoriert wird.

[241] Cf. Sattler 1975-77, 126; 1981a, 452.

[242] Cf. Sattler 1981a, 452, Anm. 4.

[243] Damit wird die schon vor vielen Jahrzehnten von Zinkernagel ungehört erhobene Forderung nach einer vollständigen, unverfälschten und allgemein zugänglichen Dokumentation von Hölderlins Manuskripten endlich rückhaltlos erfüllt: „Was aber schliesslich die Auswertung dieses umfangreichen Handschriftenmaterials anlangt, so war der Wunsch ausschlaggebend, dem Benutzer die Nachprüfung der Textgestaltung in den denkbar weitesten Grenzen zu ermöglichen. Gerade in Anbetracht der Schwierigkeit, überall zu einem völlig gesicherten Text vorzudringen, sollte dem ernsthaften Benutzer die Gelegenheit geboten werden, den Widerstreit der handschriftlichen Varianten selber zu überschauen. Und dass dem nicht Genüge geschehen konnte einfach dadurch, dass man die Handschriften auf photographischem Wege faksimilierte, weiss jeder, der in Hölderlins handschriftlichen Nachlass einen Blick werfen durfte. Denn wenn eine solche Faksimile-Ausgabe dieses Nachlasses auch zweifellos einmal kommen wird – und angesichts der grossen Gunst, deren sich diese Stücke von Seiten des Autographenhandels immer mehr erfreuen, und bei dem Zustand, in dem sie sich einzelne befinden, erscheint sie geradezu dringend – so bedeutet ein solches rein äusserliches Zugänglichmachen des Textes ja doch nur den ersten Schritt." (Zink. Nachl., Vorbemerkung zum unveröffentlichten Apparat, 5) Diese differenzierten Erwägungen verkürzt dagegen Beißner zu der lapidaren Behauptung: „Andrerseits wird niemand im Ernst behaupten, daß dem mit Hölderlin-Handschriften nicht vertrauten Leser ein Faksimile Nutzen bringen könnte." (Beißner 1942, 24)

Vorannahmen eingehen[244] und daß die Markierung einer Entstehungschrono-
logie durch typographische Differenzierung schon über die bloße Dokumentation
hinausgeht.[245] Die starre Trennung von Text und Apparat dagegen wird aufgehoben. Damit tritt die Dynamik der Textentstehung in den Mittelpunkt der
Darstellung, in der der Text nicht mehr „statisches Endprodukt"[246], sondern
nur noch ein Moment ist.[247] Der Leseprozeß kann in zwei Richtungen verlaufen:
vom Manuskript zum Text – wobei der Editor Entzifferungshilfen gibt, über
die wahrscheinliche Textentstehung orientiert und Vorschläge zur Textkonstitution macht – und vom Text zurück zum Manuskript – wobei die Entscheidungen des Editors Schritt für Schritt überprüft werden können: Wären aufgrund
der linearen Textdarstellung andere konstituierte Texte möglich? Läßt sich aus
Umschrift und Faksimile eine andere Textentstehung entnehmen? Müssen einzelne Stellen der Handschrift anders entziffert oder zugeordnet werden? Die so
den Lesern und Leserinnen gegebene Möglichkeit, aufgrund des von der Edition bereitgestellten Materials, aber gegen einzelne editorische Entscheidungen
eigene Hypothesen aufzustellen und zu verfolgen und so die vom Editor vorgeschlagenen Lösungen zu verwerfen oder abzuwandeln, ist ein immenser Fortschritt gegenüber der StA. Damit erfüllt die FHA endlich alle Anforderungen
an eine historisch-kritische Hölderlin-Ausgabe, die aus heutiger editionsphilologischer Sicht gestellt werden müssen.[248] Insofern ist Sattler zuzustimmen, wenn
er für sich in Anspruch nimmt:

> Die Textsynthese darf um so kühner sein, je offener sie sich der Kritik stellt.
>
> (FHA Einl., 19)[249]

Dagegen fordert Martens, als letzte Konsequenz einer textdynamischen Edition
auf konstituierte Texte ganz zu verzichten:

> Es wäre eine Verarmung des Konzeptes, wollte man die charakteristischen Spannungen
> und Überlagerungen in den Hölderlinschen Niederschriften durch die Herstellung eines

---

[244] Cf. Martens 1982b, 57f.

[245] Ein konkurrierender Versuch wie die nicht differenzierte Umschrift der Entwürfe von „Die
Nymphe Mnemosyne" in Roland-Jensens gleichnamigem Buch (1989), in der sich Zusammen-
gehörigkeiten von Textsegmenten im Gegensatz zur Handschrift selbst nicht erkennen lassen,
zeigt, mit wie großem Recht Sattler in diesem Punkt der „besseren Übersichtlichkeit" (Sattler
1975-77, 126) den Vorrang vor der Forderung nach bloß positivistisch verstandener Authentizität (cf. ibd., 116f.) gibt.

[246] Sattler 1975-77, 123.

[247] Cf. grundsätzlich zu dieser Konzeption Martens 1971.

[248] Scheibe (1988, 145-148) weist allerdings mit Recht auf den Ausnahmecharakter von
Hölderlins Œuvre hin, das spezielle Anforderungen an seine Edition stellt, die nicht ohne
weiteres auf die Ausgaben anderer Autorinnen und Autoren zu übertragen sind. Daß die FHA
deswegen „am Rande der Entwicklung" (ibd., 145) der editorischen Theorie und Praxis stehe,
scheint mir jedoch eine Fehleinschätzung zu sein. Die prinzipielle Bedeutung der FHA für die
Entwicklung eines neuen, offenen Editionstyps, der möglicherweise – Hellingraths Hoffnung
auf Endgültigkeit in ihr Gegenteil verkehrend – unter der Maxime ‚varietur' zu stehen habe,
betont dagegen – neben Martens (1982b) – am vehementesten Zeller (1989, 8f.).

[249] Dieses der FHA zugrundeliegende Gleichgewicht zwischen kühner Konstruktion und
uneingeschränkter Kritisierbarkeit vernachlässigt Wackwitz in seiner Polemik gegen Sattler
(1990) völlig.

eindimensionalen und widerspruchsfreien Textes einebnen.[250]

Gerade der völlige Verzicht auf Textkonstitution würde meines Erachtens aber
der prozessualen Darstellung einen großen Teil ihrer Spannung nehmen, weil
der eine der beiden Pole, zwischen denen die Darstellung der Textentstehung
sich entfaltet (Manuskript und Text), fehlen würde. Die Lesbarkeit der linearen
Textdarstellung wäre sehr eingeschränkt, wenn nicht mehr klar wäre, in welche
Richtung und zu welchen – wenn auch vorläufigen – Produkten sie führt. Zudem
ginge die von den zum Teil provozierend innovatorischen (oder auch abwegi-
gen) Textkonstitutionen ausgehende Motivationskraft verloren. Auch Martens
gesteht die Berechtigung einer „Herauslösung der letzten Schicht eines Entwurfs
oder einer Überarbeitung als Orientierungshilfe für den Leser"[251] ein; er wendet
sich jedoch gegen die Behauptung der Herausgeber, „auch in den höchst komplexen späten Entwürfen" walte ein „den Texten innewohnende[r] Anspruch auf
eine geschlossene Form"[252]. In der Tat ist zu fragen, ob bei diesem Textmaterial
die „Hypothese einer (verlorenen oder nicht angefertigten) Reinschrift"[253] als
Ziel der Textkonstitution sinnvoll ist oder ob nicht in komplexen Fällen mehrere – gleichermaßen provisorische – Konstituierungsvorschläge nebeneinandergestellt werden sollten. Damit könnte eine Darstellungsweise gefunden werden,
die dem prekären Zustand dieser Texte gerecht wird, ohne ihn zum Produkt
einer gewollt und bewußt fragmentarischen Schreibweise im Sinne der Romantikerinnen und Romantiker zu stilisieren.[254] Auch Sattler selbst gesteht bereits
sehr früh ein, daß der Einleitungsband von 1975 noch zu stark an der Fina-

---

[250] Martens 1982b, 62.

[251] Martens 1982b, 62, Anm. 51. Martens hat diese grundsätzlich bereits 1971 (171f.) formulierte Position neuerdings revidiert und zugestanden, daß die „Herausstellung einer einzelnen
festliegenden Textgestalt" nicht allein „eine Konzession an den Leser" sei, sondern einer „der
Offenheit des Schreibstroms" gegenläufigen „Tendenz des Textes zur Fixierung, zur endgültigen Gestalt" (Martens 1989, 23) entspreche: „Die vollzogene Entscheidung des Autors und
die damit erfolgte eigene – wenn auch oftmals bald wieder überholte – Einschätzung des Werkes als ,fertiggestellt', als zur öffentlichen Verbreitung freigegeben, hat der Herausgeber in
seiner Edition zu dokumentieren und die vom Autor herausgehobene Textfassung anders zu
behandeln als die Darstellung der Textgenese." (Ibid., 24) Da sich andererseits Sattler mehr
und mehr einem dynamischen Verständnis auch des konstituierten Textes angenähert hat –
ein Wandel der Konzeption, der ihn im übrigen offenbar davor zurückscheuen läßt, die lange
erwarteten Bände der „Gesänge" *überhaupt zu veröffentlichen*, so daß sich deren Erscheinen
immer weiter hinausschiebt –, ist eine weitgehende Annäherung der beiden textdynamischen
Editionskonzepte feststellbar.

[252] Sattler/Groddeck 1977, 17. Diesen komplexen Diskussionsstand verfehlt Reuß in seiner
die Einheit jedes literarischen Textes bloß hypostasierenden Polemik gegen textdynamische
Editionskonzeptionen völlig; cf. Reuß 1990, 356-358. Es ist ein strukturelles Defizit von Reuß'
Arbeit, daß sie die irreparable Fragmentarizität von Hölderlins später Lyrik, die sich auch bei
dem von Reuß interpretierten Gedicht „Mnemosyne" aufdrängt, vernachlässigt.

[253] Sattler/Groddeck 1977, 18.

[254] Bernhard Böschenstein weist in seiner Besprechung des 1977 erschienenen Elegien-Bandes
der FHA die Vorstellung eines „work in progress", die er bei den späten Fragmenten als berechtigt ansieht, für die Elegien ab und insistiert auf dem Eigenrecht der ,vollendeten' Gestalt
der Reinschriften (beispielsweise zu Beginn des Homburger Folioheftes), das durch die späteren Zusätze nicht angetastet werde: „Durchaus könnte es sich um partiell autonome Formeln,

lität eines abschließenden Lesetextes orientiert war; als Verfeinerung führt er eine typographische Differenzierung zwischen autorisierten und nicht autorisierten Textstufen (in Anlehnung an die Leseausgabe von Günter Mieth) ein, durch die der rein heuristische Charakter der Textkonstitutionen des Herausgebers verdeutlicht wird.[255] Damit wird er den Bedenken gegen das Übergewicht der abschließenden Texte über den Textprozeß weitgehend gerecht.[256]

Die FHA realisiert also ein Editionsverfahren, bei dem der Herausgeber seinen autoritativen Anspruch auf den privilegierten Zugang zu den überlieferten Textzeugen aufgibt und statt dessen den Benutzerinnen und Benutzern der Ausgabe das vollständige Material präsentiert und Orientierungen anbietet über dessen Genese und Struktur.

> Dieses Bild eines eigenständigen und mündigen Benutzers ist vielleicht der eigentliche Grundpfeiler der Frankfurter Edition.[257]

Notate, Einzelteile handeln, die sich zwar auf eine ältere Vorlage stützen, nicht aber als Teilverbesserung dieser sprachlich, rhythmisch und klanglich gänzlich verschiedenen, in sich geschlossenen und zu ,Vollendung' gelangten Stufe verstanden werden dürfen." (B. Böschenstein 1977) Der Wechsel des Modalverbs innerhalb dieses Satzes ist ein Indiz für das Prekäre des Problems: Als Vorschlag ist Böschensteins Einwand gegen die Textsynthesen der FHA durchaus erwägenswert, betont er doch zu Recht den Eigenwert der einzelnen Textelemente (und zwar nicht nur der abgeschlossenen Fassung, sondern auch der späteren Interlineartexte). Nicht akzeptabel dagegen ist Böschensteins Verdikt, die Zusätze ,dürften' keinesfalls als Korrekturen verstanden werden: Es ist meines Erachtens nicht eindeutig entscheidbar, ob die späten Notate innerhalb der Elegienreinschriften als „partiell autonome" Segmente oder als Korrekturen zu verstehen sind; dieser Schwebezustand sollte editorisch weder in die eine noch in die andere Richtung beseitigt werden. Böschenstein schlägt als editorische Konsequenz vor: „Wenn spätere Umstrukturierungen seiner Geistes- und Sprachwelt ihn [Hölderlin] sein Manuskript aufzubrechen zwangen, so ist dieser Vorgang in seinem eigenen Gesetz darzustellen, nicht als Fortsetzung der früheren Arbeit." (Ibd.) Zu Recht betont Böschenstein hier das Moment der Diskontinuität in der Textgenese gegenüber dem teleologischen Modell, das auch Sattlers Textdarstellungen oftmals zugrunde zu liegen scheint. Allerdings sind – gegen Böschenstein – die verschiedenen Textstufen, da sie nun einmal auf einem einzigen Blatt überliefert sind, in ihrem Spannungsverhältnis auch wieder zusammenzudenken; Kontinuität und Diskontinuität, Vollendung und Zerbrechen sind in der Topographie der Handschrift unauflöslich ineinander verzahnt.

[255] Cf. Sattler 1975-77, 127f.; 1981, 452, Anm. 4. Schmidt (1975, 80) wendet gegen die typographische Differenzierung ein, daß eine überarbeitete Niederschrift nicht von vornherein als weniger autorisiert als eine Reinschrift oder ein autorisierter Druck abqualifiziert werden sollte.

[256] Als völlig abwegig erweist sich angesichts dieser differenzierten editorischen Bemühungen Wackwitz' Polemik, die FHA ermögliche nur noch eine dekonstruktionistische Lektüre, die „sich einer Betrachtung religiös-fragmentarischer Anzeichenkonglomerate" widerstandslos ergebe, „die ihren wechselnden Sinn auf dem Weg der Allegorese durch ein höheres Licht empfange, das aus verschiedenen Richtungen auf sie fällt" (Wackwitz 1990, 139). Wackwitz scheint damit vorschlagen zu wollen, zur statuarischen, autoritativen Textdarbietung der StA zurückzukehren.

[257] Martens 1982b, 60. Ähnlich Nägele (1976, 161): „And this, it seems to me, is the greatest significance of the Francfurt Edition: not so much that it changes the text, but that it changes the reading process. Here the reader is cast in a role which attacks the traditional consumption of literature." Eine ausführliche Rekonstruktion der Editionsprinzipien der FHA und der StA

Zwar können die Leserinnen und Leser ihre literarischen Kompetenzen durch die Arbeit mit dieser transparent konzipierten Ausgabe schulen; gewisse Grundeinstellungen und -fertigkeiten werden aber vorausgesetzt:

> Das Editionsmodell setzt also Leser voraus, die bereit sind, selbständig und beharrlich zu lesen.[258]

Sattler ist sich bewußt, daß nicht alle Interessierten oder gar für Hölderlins Werk erst zu Gewinnenden diesen Anforderungen gerecht werden können. Er bietet daher neben der historisch-kritischen Ausgabe zwei reduzierte Versionen der Frankfurter Edition an: die „Kritische Textausgabe" (KTA), in der der dokumentarische Teil fehlt, und (geplant) eine Leseausgabe. Die Intention dieser abgestuften Editionspläne ist lobenswert: Es „wird dem Leser keine Edition aufgenötigt, die seinen Anspruch und sein Vermögen übersteigt, andererseits bleibt die Irritation des vollständig zugänglichen Werks und die Herausforderung bestehen, dem Wortlaut und seiner Bedeutng bis in die Werkstatt des Dichters nachzufragen."[259] Gerade angesichts dieser Zielsetzung muß allerdings die Funktion insbesondere der „Kritischen Textausgabe" hinterfragt werden, fehlen doch hier gerade die anschaulichen Reproduktionen und Transkriptionen der Handschrift, die möglicherweise auch den fachlich nicht vorgebildeten Interessierten einen neuen sinnlichen Zugang zu Hölderlins Texten eröffnen können. Nimmt man Sattlers überzeugende Argumentation für das Konzept der FHA ernst, so wirkt die KTA wie ein Torso, bei dem das Entscheidende fehlt, und Sattlers Argument, hier werde all das geboten, was herkömmliche historisch-kritische Ausgaben ausmache, wirkt angesichts der zuvor von ihm erwiesenen Unzulänglichkeit der bisherigen historisch-kritischen Hölderlin-Ausgaben wenig überzeugend.[260] Als Alternative zur KTA wäre die von Martens – allerdings für Texte anderer Autoren – angeregte Möglichkeit von Teilausgaben einzelner Texte, die dann alle vier Stufen der großen Ausgabe enthalten würden, zu erwägen: eine zugegebenermaßen auch nicht unproblematische Lösung.[261]

Von der Leseausgabe Sattlers schließlich liegen bislang nur zwei exemplarische Auswahlausgaben der Lyrik vor, von denen die spätere (1989) die frühere (1983) abgelöst hat. Es ist bedauerlich, daß Sattler in den gegenwärtig allein lieferbaren ‚Einhundert Gedichten' darauf verzichtet hat, wie in der früheren

---

vor dem Hintergrund der neueren editionsphilologischen Debatten findet sich bei Waleczek (1987).

[258] Sattler 1975-77, 125; cf. auch 1981a, 640.

[259] Sattler 1981a, 456; cf. auch ibd., 640, Anm. 1. Ähnliche Forderungen an eine Studienausgabe stellt auch Schmidt (1975, bes. 89), ohne sie jedoch in seiner eigenen Hölderlin-Ausgabe (Beißner/Schmidt 1969) zu erfüllen, wie auch B. Böschenstein (1975, bes. 107f.) konstatiert.

[260] Sattler selbst gesteht seine Verlegenheit bei der Argumentation für die KTA ein; cf. 1981a, 541.

[261] Cf. Martens 1982b, 63. Zur generellen Problematik von Auswahlausgaben am Beispiel Hölderlins cf. Briegleb 1971. Schmidt plädiert für die unterschiedliche Gewichtung wichtiger und weniger wichtiger Werke in Studienausgaben (cf. Schmidt 1975, 81), lehnt aber einen „genetische[n] Kommentar" (ibd., 88) außerhalb historisch-kritischer Ausgaben kategorisch ab.

Auswahl die Texte in ihrem Status (beispielsweise als ‚unvollendeter Entwurf',
‚vorläufige Reinschrift' oder ‚Druckfassung') zu charakterisieren. Damit wird,
wie mir scheint, den Leserinnen und Lesern des Bändchens entgegen Sattlers oft
bekundeter Intention ein Teil ihrer Autonomie genommen, zu beurteilen, mit
was für einer Art Text sie es zu tun haben. Auf Auswahlprinzipien und Kommentierung der beiden kleinen Ausgaben kann ich hier nicht näher eingehen.

Die FHA rückt also die späte Lyrik – und zwar gerade nicht nur die ‚vollendeten' Hymnen, sondern das gesamte Entwurfsmaterial – in den Mittelpunkt von
Hölderlins Werk. Programmatisch vorgeführt wurde das im Einleitungsband, in
dem die fünf Gedichtkomplexe „Das Nächste Beste", „Der Adler", „Mnemosyne", „Apriorität des Individuellen" und „Kolomb" exemplarisch ediert sind.
(Nebenbei bemerkt stellt dieser Band also das erste Beispiel für eine der eben angesprochenen Teilausgaben dar.) Noch immer ist diese vorläufige Edition nicht
durch eine gültige ersetzt worden; die Bände 7 und 8 der FHA, in denen die
„Gesänge" erscheinen sollen, stehen noch aus. Gerade das Kernstück der Edition
wird also erst zum Schluß erscheinen. Der Titel „Gesänge" nimmt den Hölderlinschen Begriff wieder auf, um das Spezifische dieser Lyrik zu markieren, vermeidet aber das von Beißner noch bedenkenlos verwendete Attribut ‚vaterländisch'.
Abgeschlossene und fragmentarische Gedichte sollen in diesen Bänden – der
Grundkonzeption der Ausgabe entsprechend – unhierarchisiert nebeneinander
erscheinen.

Die großen Erwartungen, die mit der Publikation der Bände 7 und 8 zu
verknüpfen sind, machen die Situation um so prekärer, vor der Publikation
dieser Bände editionsphilologisch verantwortbare Interpretationen der späten
Gedichtfragmente zu erarbeiten. Andererseits kann die Aneignung des lyrischen
Spätwerks Hölderlins nicht bis zur Herausgabe der „Gesänge" einfach ruhen. Immerhin hat Sattler nach dem Einleitungsband noch einige weitere, zum Teil die
Darstellungen und Ergebnisse dieses Bandes revidierende „editorische Übungen"
vorgelegt[262], die neue wichtige Anregungen für die Interpretationsarbeit geben.

Die wichtigste Grundlage für die wissenschaftliche Beschäftigung mit Hölderlins später Lyrik wurde jedoch durch die Faksimile-Edition des Homburger Foliohefts geschaffen, die 1986 als Supplement III der FHA erschienen ist. Das
Konvolut ist in bestechender technischer Qualität im Vierfarbendruck, in origi-
naler Größe und Anordnung reproduziert worden. Somit ist nur noch in vereinzelten Zweifelsfällen bei Entzifferungsproblemen, Beurteilung von Tintenflecken
o. ä. die Benutzung des Originals in der Württembergischen Landesbibliothek
vonnöten. Außerordentlich hilfreich ist das Begleitheft, das von Sattler zusammen mit E. E. George erarbeitet wurde. Hier finden sich nicht nur äußerst genaue
Transkriptionen des gesamten Konvoluts, die gegenüber denen im Einleitungsband und im Band 6 der Ausgabe (Elegien und Epigramme) vielfach verbessert
worden sind, sondern auch genaue inhaltliche Zuordnungen der Fragmente zu
Entwurfskomplexen, die in vielen Fällen auf überraschende neue Textkonstitu-

---

[262] Cf. Sattler 1981a, 249-320; 1981b.

tionen vorausdeuten. (So wird der bisher ‚An die Madonna' genannte und für eigenständig gehaltene Komplex als Entwurf zu „Die Titanen" eingestuft; cf. FHA Suppl. III Beil., 21-23.) Sehr hilfreich ist auch Sattlers Einleitung, in der er Entstehung und Überlieferung des Konvoluts genau beschreibt. Sattler hebt noch einmal die Zentralstellung dieser Handschrift hervor: Nicht etwa sei die Faksimile-Edition als bloße Beigabe zur FHA anzusehen, vielmehr seien alle Bände der Ausgabe „notwendige Prolegomena" zur Publikation des Homburger Foliohefts: Die „nur werkbezogene Faksimile-Dokumentation" (ibd., 19) in den Einzelbänden der FHA habe sich im Zuge der Arbeit an der Ausgabe als unzulänglich erwiesen: Sie werde „den komplizierten Verhältnissen innerhalb der Konvolute nur selten, dem konzeptionellen Kunstcharakter jener Handschriften gar nicht gerecht" (ibd.). In der Tat ist die Lektüre der Fragmente im Zusammenhang des Homburger Foliohefts für ihr umfassendes Verständnis und für eine verantwortbare Textkonstitution unbedingt vonnöten. Ob allerdings das Konvolut selbst als eine Art Gesamtkunstwerk anzusehen ist, wie Sattler hier suggeriert, wäre erst noch zu prüfen.

Für die im Homburger Folioheft überlieferten Fragmente liegen also mit der Faksimile-Edition die Stufen 1 und 2 des Frankfurter Editionskonzepts (Faksimile und differenzierte Umschrift) bereits vor. Die Analyse der Textentstehung und die Textkonstitution (Stufe 3 und 4), die in den Bänden 7 und 8 der Ausgabe zu erwarten sind, bleiben den Leserinnen und Lesern bis zu deren Erscheinen noch selbst überlassen, wobei als Orientierung zu einigen der Komplexe immerhin Vorschläge Sattlers vorliegen, die allerdings (das gilt insbesondere für den Einleitungsband) nicht alle mehr als vom Editor autorisiert gelten dürfen.

Zusätzlich erschwert ist die Situation dadurch, daß einige wichtige späte Gedichtfragmente und einzelne Entwürfe oder andere Textfassungen zu Gedichten aus dem Konvolut nicht im Folioheft, sondern auf Einzelblättern überliefert sind (z. B. die weiteren Handschriften von „Patmos" und „Der Einzige" sowie die beiden „Griechenland" überschriebenen Blätter). Die zum Teil vorliegenden Einzelpublikationen von Handschriften, die nicht alle den durch die FHA gesetzten technischen Standards genügen und jeweils verschieden editorisch aufgearbeitet sind, können diese Lücke nur unvollkommen schließen. Für nicht im Homburger Folioheft entworfene Fragmente muß daher noch immer auf die Handschriften bzw. die schwarzweißen Handschriftenphotographien der Württembergischen Landesbibliothek zurückgegriffen werden. Eine umfassende Auseinandersetzung mit der gesamten Breite von Hölderlins lyrischem Spätwerk wird erst mit der Publikation der Bände 7 und 8 der FHA eine zureichende editorische Grundlage haben.

6.5   Die Edition Dietrich Uffhausens

Die in der FHA zur Zeit noch bestehende Lücke meint Dietrich Uffhausen mit seinem 1989 erschienenen voluminösen Band „Friedrich Hölderlin: ‚Bevestigter

Gesang'. Die neu zu entdeckende hymnische Spätdichtung bis 1806" bereits geschlossen zu haben.[263] Uffhausen hat sich 1977 mit einem wenig überzeugenden Gegenkonzept zum Elegien-Band der FHA hervorgetan[264] und 1981 mit der Arbeit „Zur Homburger Spätdichtung Hölderlins (1804-1806). Lexikalisches Material in der poetischen Verfahrensweise. Am Beispiel von Bruchstück 85 der StA"[265] in Zürich promoviert, in der er die Herkunft einiger Stichworte Hölderlins aus dem zeitgenössischen Lexikon von Iselin nachzuweisen suchte. Schließlich schaltete er sich mit einem materialreichen Aufsatz in die Debatte um Hölderlins Geisteskrankheit ein, in dem er die Internierung des Autors im Tübinger Clinicum als „die entscheidende Wende seines Lebens" erwies[266]. Seit 1986 nun hat Uffhausen in verschiedenen Aufsätzen[267] seine Kritik an der FHA zugespitzt auf die Forderung einer alternativen Edition der späten Lyrik, die er in dem genannten Band verwirklicht. Die Edition setzt bereits mit den „ersten ‚Pindarischen Hymnen' "[268] seit „Wie wenn am Feiertage ..." ein und umfaßt auch die „Nachtgesänge" und die „Pindar-Fragmente". Kern der Ausgabe sind jedoch die Texte aus dem Homburger Folioheft sowie „Weitere ‚Vaterländische Gesänge' "[269]. Zwar ist die Breite der Dokumentation von Hölderlins lyrischem Spätwerk zu begrüßen; es stellt sich jedoch die Frage, warum, wenn am Anfang der Ausgabe die um die Jahrhundertwende entstandenen Hymnen stehen, von den gleichzeitig geschriebenen oder bearbeiteten Elegien und Oden nur diejenigen aufgenommen sind, die in das Ende 1802 angelegte Homburger Folioheft übertragen oder 1805 als „Nachtgesänge" publiziert wurden. Von den späten Gedichtfragmenten fehlen die auf Einzelblättern überlieferten Gedichte „Was ist Gott?" und „Was ist der Menschen Leben"[270], die Sattler mit guten Gründen (die Rückseite des erstgenannten ist von Ernst Zimmer beschrieben) der ersten Zeit im Tübinger Turm zurechnet (cf. FHA 9, 25-32). Diese Lücke ist um so verwunderlicher, als das nur apokryph und in Prosaform überlieferte „In lieblicher Bläue ..." (von Uffhausen auf 1822 datiert!) wie selbstverständlich aufgenommen und sogar in versifizierter Form präsentiert wird (eine Verfahrensweise, die als editionsphilologisch längst überwunden zu gelten hat und bei diesem Text zuletzt 1937 von Eduard Lachmann praktiziert wurde).[271]

---

[263] Cf. auch meine Besprechung dieses Bandes (Burdorf 1990a) sowie die Kritiken von Groddeck (1990/91) und Schmidt (1991, 125f.).

[264] Cf. Uffhausen 1975-77; dazu die Replik von Groddeck (1978).

[265] Der Öffentlichkeit zugänglich ist nur eine 27 Seiten umfassende, als „Teildruck" ausgewiesene Fassung der Arbeit (Uffhausen 1983b), die weitgehend mit einem zuvor im Hölderlin-Jahrbuch 22 (1980/81) publizierten Aufsatz Uffhausens identisch ist. Nach freundlicher Auskunft der Zentralbibliothek Zürich liegt eine umfangreichere Fassung der Arbeit dort nicht vor; vielmehr stellten „diese 27 Seiten die vollständige Dissertation" (Brief an mich vom 1.6.1992) dar.

[266] Uffhausen 1984/85.

[267] Cf. z. B. Uffhausen 1986a und 1986b.

[268] Uffhausen 1989, VII.

[269] Uffhausen 1989, VII.

[270] Cf. die beiläufige Erwähnung: Uffhausen 1989, 270.

[271] Cf. Uffhausen 1989, 269f.; Lachmann 1937.

Begrüßenswert ist an Uffhausens Ausgabe, daß sie hochwertige Faksimiles nicht im Homburger Folioheft überlieferter Handschriften enthält.[272] Auf eine Transkription wird allerdings verzichtet; Uffhausen hält sie angesichts seines besonderen Editionsverfahrens für überflüssig. Zudem fehlen noch immer wichtige Handschriften wie die der (als einziger handschriftlich erhaltenen) letzten Strophe von „Andenken".[273]

Uffhausens Einleitung „Zur Architektonik des Gesangs" gibt wenig neue Informationen; die Angaben zum Homburger Folioheft hat er in vielen Fällen ohne Nachweis aus Sattlers Beiheft zur Faksimile-Edition übernommen. Der Hauptteil der Einleitung aber ist der Begründung des Editionsverfahrens gewidmet, das er aus der von Bertaux übernommenen These, Hölderlin sei nie wirklich geisteskrank gewesen, aus der (durch Albrecht Seiferts Dissertation von 1982 wieder nachdrücklich betonten) Bedeutung von Hölderlins Pindarrezeption für seine späte Lyrik und aus der Annahme, bis in die späten Gedichtfragmente lasse sich die Umsetzung von Hölderlins expliziter Poetik verfolgen, ableitet.[274]

Uffhausen überträgt die Grundzüge der Sophokles-Anmerkungen unvermittelt auf Hölderlins späte Lyrik; die gattungstheoretische Problematik eines solchen Transfers reflektiert er nicht – eine Vorgehensweise, die angesichts der zentralen Stellung der Gattungspoetik in Hölderlins poetischer Theorie schwer nachzuvollziehen ist. Außerdem wird wiederum (ein Verfahren, das ich schon an Georges Buch kritisiert habe) dem sogenannten „Rhein"-Gesetz, das aus einer früheren Phase von Hölderlins hymnischer Produktion stammt, ein Großteil der Begründungslast für das gesamte Spätwerk aufgebürdet[275]; es wird sogar zum „Grundgesetz der Späthymnik"[276] ausgerufen. Mithin seien fast alle späten Hymnen triadisch aufgebaut, die wenigen „monostrophischen"[277] Gesänge aber ebenso streng konzipiert. Dem korreliert die zentrale These von Uffhausens Arbeit:

> Ein Zerfallen oder Zerbrechen der Form ist bei Hölderlin nirgends zu finden, ebensowenig eine willentliche Fragmentarisierung.[278]

Ist also alles Fragmentarische in Hölderlins Lyrik nur Schein, so kommt dem Editor die Aufgabe zu, diesen zu durchbrechen, um die Werke in ihrer integralen Gestalt leuchten zu lassen:

---

[272] Seinen ursprünglichen, mit großem polemischen Aufwand vorgetragenen Plan, eine mit der der FHA konkurrierende Faksimile-Edition des Folioheftes vorzulegen (cf. Uffhausen 1986a, 131, 143), hat Uffhausen mittlerweile aufgegeben (cf. Uffhausen 1989, XVIII).

[273] Ein Faksimile dieser Handschrift ist bisher nur als Beigabe zum Erstdruck von Heideggers „Andenken"-Abhandlung in der Hölderlin-Gedenkschrift von 1943 (Kluckhohn 1943, nach 324) sowie im Bildteil von Henrichs „Andenken"-Buch (1986, Nr. 5) publiziert worden. Lesbar sind diese Handschriftenreproduktionen nicht.

[274] Cf. Uffhausen 1989, IX-XIII.

[275] Cf. Uffhausen 1989, XII.

[276] Uffhausen 1989, XIII.

[277] Uffhausen 1989, XIII.

[278] Uffhausen 1989, XIII.

Dieses sorgfältig reflektierte und immer wieder ausgeübte Verfahren macht es möglich, die Architektur dieser späten Gesänge nachzuvollziehen, die zugrundeliegenden Strukturen zu erfassen, ja geradezu ,handwerksmäßig' zu rekonstruieren und so den gesamten Werkkomplex neu zu erschließen.[279]

Daß die Begründung dieses Vorhabens auf wenigen dünnen Säulen steht, ist für sich genommen – angesichts der großen Schwierigkeiten, einen adäquaten Zugang zu Hölderlins später Lyrik zu finden – noch nicht als Mangel zu werten. Von einem Editor jedoch, der derart starke Hypothesen zur Grundlage seiner Herausgebertätigkeit macht, muß ein stets waches Bewußtsein vom nur heuristischen Charakter dieser Grundannahmen, die sich im Verlauf der Textkonstitutionen und -interpretationen allererst zu bewähren hätten, verlangt werden. Dieses Bewußtsein fehlt Uffhausen völlig. Er nimmt bereits nach den ersten Seiten seiner Einleitung die These vom gesetzmäßigen Aufbau von Hölderlins gesamter Lyrik als bewiesen an und wendet sie im folgenden nur noch an, statt sie zu prüfen.

Im Homburger Folioheft meint Uffhausen – in der Grundthese mit Sattler übereinstimmend – eine kunstvolle Konzeption zu erkennen: Außer den drei Elegien macht er dreizehn mehr oder weniger vollendete „Gesänge" aus. Dabei läßt er sich insbesondere von den über das Heft verstreuten Überschriften inspirieren, die häufig jedoch (wie z. B. „Luther" auf Seite 83) isoliert auf einer Seite stehen. Er scheint also der Faustregel zu folgen: Alles, was zwischen zwei klar als solche erkennbaren Überschriften steht, ist ein Gesang. Entgegen diesem Prinzip hält Uffhausen allerdings an der traditionellen Isolation der überschriftslosen Seiten 63 bis 66 als Hymne „An die Madonna", an der Zuordnung der ebenfalls überschriftslosen Seiten 67 bis 72 zum Entwurf „Dem Fürsten" (auf den Seiten 57 und 58) und an der – in der gesamten Forschung unstrittigen – Einschätzung der Seiten 89 und 88 als selbständiger Entwurf (,Der Vatikan') fest. Wie Sattler geht auch Uffhausen davon aus, daß die Entwürfe im Homburger Folioheft in einigen Fällen durch Partien, die auf Einzelblättern überliefert sind, ergänzt werden müssen.

Uffhausens durchgehende Polemik gegen Sattler verdeckt, wieviel er dessen Edi-

---

[279] Uffhausen 1989, IX. Wesentlich vorsichtigere Formulierungen wählt Uffhausen noch in seinem früheren programmatischen Aufsatz: „Gefordert ist nichts Geringeres als die ,Rekonstruktion des Gesanges', die freilich von vornherein, entsprechend der Text-Situation bei solch schwierigen unfertigen Entwürfen, allenthalben hypothetisch bleibt und bleiben muß und bestenfalls eine genaue, textkritisch begründete ,Annäherung' darstellt, der jedoch jener Grad von Authentizität gerade fehlt, den der Leser als Ergebnis der editorischen Arbeit sonst erwarten darf. Entsprechend muß die Darbietung einer solchen ,Lese-Fassung' von der üblichen Norm abweichen, wenn sie – bei aller Vergröberung der originalen Text-Verhältnisse, die unumgänglich ist – nicht auch noch durch allzu rigide, den Tatbestand schlicht verfälschende Vereinfachung um den Rest von Authentizität gebracht werden soll." (Uffhausen 1986a, 131) Diesen abwägenden Überlegungen – denen freilich auch in diesem Aufsatz schon Formulierungen entgegenstehen, die einer ,Philologie mit dem Hammer' zu entstammen scheinen – ist uneingeschränkt zuzustimmen. Uffhausens rhetorischer Gestus in Einleitung und Apparat seiner Ausgabe gibt aber unmißverständlich zu erkennen, daß er diese Vorsicht mittlerweile meint hinter sich lassen zu können. Gegen diesen Anspruch – nicht gegen einzelne editorische Entscheidungen Uffhausens – richtet sich meine Kritik.

tionsleistungen verdankt. Gerade in dem Versuch, möglichst viel fragmentari-
sches Material in die Textkonstitutionen zu integrieren, liegt eine wesentliche
Gemeinsamkeit beider Konzeptionen. Diametrale Unterschiede treten dagegen
bei der editorischen Realisation des synthetisierenden Zugriffs auf:

> Die vorliegende Editon versteht sich als Lese- und Studienausgabe; sie unterscheidet
> sich von herkömmlichen historisch-kritischen Editionen vor allem dadurch, daß sie einen
> mehrdimensionalen Lesetext bietet, der die übliche Trennung in gereinigten ‚varianten-
> freien‘ Lesetext und kritischen Lesarten-Apparat aufhebt. Diese neue Art der Textdar-
> stellung erfordert – wie eine Partitur – den aktiven Mit- und Nachvollzug des Lesers.
> Unverzichtbar ist dabei für die kritische Lektüre der Rückgriff auf die Handschriften,
> deren komplexe Gestalt der Lesetext strophisch gegliedert wiedergibt.[280]

Ohne daß auch nur mit einem Wort auf das die Hölderlin-Philologie revolutionie-
rende Verfahren der FHA eingegangen würde, wird deren Grundprinzip (keine
Trennung von Text- und Variantenteil) übernommen. Zugleich wird der damit
verknüpfte entscheidende Fortschritt gegenüber der StA (Trennung von Befund
und Deutung) aufgegeben. Konsequenterweise firmiert die StA für Uffhausen
als kanonischer Text, auf deren Wortlaut er durchgängig rekurriert, um nur
in begründeten Einzelfällen davon abzuweichen.[281] Die FHA wird dagegen als
Handschriftenfundgrube instrumentalisiert.[282] Das Kernstück der FHA aber, die
lineare Textdarstellung, die zwischen Manuskript und Text vermittelt, indem sie
die wahrscheinliche Entstehung des Textes auf der Manuskriptseite detailliert rekonstruiert und damit die Faktur des konstituierten Textes erst plausibel macht,
fällt bei Uffhausen weg[283]: Diese Feinheiten müssen dem „neue[n] ganzheitliche[n]
Ansatz"[284] weichen. Uffhausen bietet statt dessen einen „Grundtext" mit inte-
grierten Varianten, also einen Text, der weder Dokumentation der Handschrift
noch Analyse der Textentstehung noch Lesetext ist, sondern eine – insbesondere durch Hierarchisierung der Textsegmente – editorische Aufbereitung der
Handschrift. Eine solche Präsentationsform wäre nur legitimierbar, wenn sie die
Mittel zu ihrer Kontrollierbarkeit, also die Dokumentation und Transkription
der Handschrift, zugleich mitliefern würde, wie das in der FHA der Fall ist.
Die Benutzerinnen und Benutzer von Uffhausens Edition sind jedoch – wollen
sie seine Konstruktionen überprüfen – immer zum Rückgriff auf die so heftig
angefeindete Frankfurter Ausgabe gezwungen; und wo in dieser die entsprechenden Handschriften noch nicht publiziert sind, bleibt kein anderer Weg, als die
Farbreproduktionen bei Uffhausen selbst zu entziffern.

Das auffallendste Novum von Uffhausens Textdarstellung ist die starre Aufteilung der Fragmentkomplexe in Strophen, die keine eindeutigen handschriftlichen
Indizien für sich reklamieren kann:

> Die Art und Weise, wie Hölderlin die Strophen im Schriftbild kennzeichnet, ist von
> Entwurf zu Entwurf verschieden und kann auch innerhalb eines Entwurfs differieren.

---

[280] Uffhausen 1989, XVIII.
[281] Cf. Uffhausen 1989, XVIII.
[282] Cf. Uffhausen 1989, XVIII.
[283] Cf. Uffhausen 1989, XX f.
[284] Uffhausen 1989, XX.

[...] Ist der Blick erst einmal geschärft für all diese Zeichen und Signale, erschließt sich nach und nach auch ihre Bedeutung für die Planung und Konstruktion des Ganzen.[285]

Die Brutalität, mit der Uffhausen handschriftlich eindeutig Zusammengehöriges in Strophen zerlegt, erweist, daß hier nicht Aufmerksamkeit für die Details, sondern blinder Systemzwang am Werke ist, wie am Beispiel der in dieser Arbeit interpretierten Komplexe im einzelnen zu zeigen sein wird.

Vollends absurd werden Uffhausens „Rekonstruktionen" bei „Gesängen", für die nur ein Minimum an Textmaterial vorliegt, wie etwa „Luther" oder „Die Entscheidung".[286] Nur noch ein kleiner Schritt trennt Uffhausen, der vor der unautorisierten Versifizierung von „In lieblicher Bläue ..." nicht zurückschreckt, offenbar von freien ,Nachdichtungen', mit denen die Lücken zu füllen wären.[287]

Von Uffhausens „Textkritischen Anmerkungen" wäre Aufschluß darüber zu erwarten gewesen, mit welchen Gründen und aufgrund welcher Evidenzen die Fragmentkomplexe in Strophen umfangreicher „Gesänge" zerlegt wurden und wie diese Entscheidungen mit einer konsistenten Interpretation der Texte zusammenstimmen. All diese Anforderungen erfüllen Uffhausens Anmerkungen nicht. Vielmehr wird die Richtigkeit der editorischen Entscheidungen immer schon vorausgesetzt und nur noch erläutert. War bei einer exemplarischen Textkonstitution, wie sie Uffhausen 1986 vorlegte, das Fehlen von Begründungen dafür noch durch den Ausblick auf die ausstehende Edition zu legitimieren[288], so muß derselbe Mangel in der großangelegten Edition selbst als Nichternstnehmen der Leserinnen und Leser wirken. So fragt man sich generell, für wen diese Edition erstellt wurde: Uffhausen bietet zu den meisten Texten keine Handschriftenreproduktionen und verweist auf die FHA; bei den seiner Edition beigegebenen Faksimiles verzichtet er auf ihre Erschließung durch Transkriptionen, so daß sie den traditionellen Charakter eines separaten Illustrationsteils erhalten. Uffhausen gibt weder Orientierungen über die Textentstehung noch konstituiert er einen lesbaren Text, sondern er bietet nur durch Bearbeitung der Handschrift entstandene, großenteils nicht oder nur pauschal begründete Konstrukte des Herausgebers an. Seine Edition wird damit weder einer wissenschaftlichen Hölderlinlektüre noch dem Interesse einer breiteren Schicht von Lesern und Leserinnen an einem philologisch begründeten und dennoch gut lesbaren Hölderlintext gerecht.

Uffhausen charakterisiert die Editionsgeschichte von Hölderlins später Lyrik folgendermaßen:

Wer auf die Textrezeption der Späthymnen seit Anfang des Jahrhunderts zurückblickt,

---

[285] Uffhausen 1989, XXIV.

[286] Daß er das Markieren fehlender Verse durch Punkte aus Zinkernagels Abteilung „Bruchstücke" übernommen hat, wird von Uffhausen geflissentlich verschwiegen.

[287] Völlig unbrauchbar sind Uffhausens „Text-Synopsen zu den ,Nachtgesängen' 1-6", für die er schon 1977 ein Muster vorgelegt hatte. Die Kritik von Wolfram Groddeck, der überzeugend nachwies, daß eine Zeilensynopse der komplexen syntagmatischen Struktur von Hölderlins Gedichten in ihren vielen Bearbeitungen in keiner Weise gerecht wird (cf. Groddeck 1978, 50-54, bes. 52), scheint an Uffhausen spurlos vorbeigegangen zu sein.

[288] Cf. Uffhausen 1986a, 143.

> wird eine Tendenz feststellen von zunächst starker Textsegmentierung in einzelne kleine ‚Bruchstücke' und ‚Fragmente' hin zu immer größeren, umfangreicheren, komplexeren Texteinheiten, entsprechend der allmählich wachsenden Einsicht in die Eigenart dieser Spätdichtung.[289]

Diese Beschreibung ist zutreffend: Auch ich hatte bei Hellingrath starke Segmentierung der Fragmente, bei Zinkernagel die Zusammenstellung von Textkonstellationen in Anlehnung an die handschriftlichen Abfolgen festgestellt. Seit Beißner gewinnt die synthetisierende Tendenz eindeutig die Oberhand: Hatte dieser noch die Texte nach dem Grad ihrer Fragmentierung in verschiedene Abteilungen verteilt und die „Lesarten" von dem „bereinigten" Text geschieden, so bemühen sich Sattler und Uffhausen um die größtmögliche Integration des handschriftlichen Materials in den Text der „Gesänge". Während Sattler jedoch seine Textkonstitutionen durch seine lineare Textdarstellung und diese durch die Dokumentation und Transkription der Handschrift überprüfbar macht, konfrontiert Uffhausen seine Leserinnen und Leser mit seiner privaten Version eines „strategisch konstruktiv"[290] dichtenden Hölderlin, ohne ihnen auch nur die Möglichkeit zur Entwicklung alternativer Modelle anzubieten. Nur in der FHA – soweit sie bisher erschienen ist – finden die Interessierten also das Material, mit dem sie einen eigenen, sich von den editorischen Aufbereitungen befreienden Zugang zu Hölderlins späten Gedichtfragmenten gewinnen können. Vielleicht erweist sich daher die von Uffhausen auf die Spitze getriebene Entwicklung vom segmentierenden zum synthetisierenden Zugriff auf Hölderlins lyrisches Spätwerk als nicht so einsinnig, wie von jenem dekretiert; vielleicht können die vorsichtigeren Zugänge Hellingraths und Zinkernagels (Vereinzelung bzw. Aneinanderreihung der Bruchstücke) ein ebenso großes Recht für sich beanspruchen wie die der späteren, mit ungleich gesteigertem Selbstbewußtsein auftretenden Herausgeber.

Zumindest darf man sich bei der wissenschaftlichen Beschäftigung mit Hölderlins späten Gedichtfragmenten nicht auf den Text einer einzigen Ausgabe verlassen. Vielmehr ist der – durch die Faksimiles der FHA erleichterte – Rückgriff auf die Handschriften unabdingbar. Die Editionen (auch und gerade die älteren) bieten dafür in der Vielfalt ihrer Zugänge und Aufbereitungen eine wertvolle Orientierungshilfe.

7   Forschungsgeschichte

Die Geschichte der – wissenschaftlichen wie nicht-wissenschaftlichen – Rezeption von Hölderlins Spätwerk ist in einem solchen Maße von Brüchen und Asynchronien gekennzeichnet, daß es wenig sinnvoll ist, sie in ihrer chronologischen Abfolge darzustellen. Ein Fragekomplex immerhin, nämlich der des vermeintlichen ‚Wahnsinns' des Autors und der möglichen Konsequenzen seiner psychischen

---

[289] Uffhausen 1989, XIX.
[290] Uffhausen 1989, XXI, cf. auch XXIV.

Disposition für die Beschaffenheit seiner Texte, zieht sich leitmotivisch durch die gesamte Rezeptionsgeschichte; in der französischen Forschung sind zu diesem Problembereich die avanciertesten Beiträge erarbeitet worden (Abschnitt 7.1). Die Hölderlin-Studien Martin Heideggers dagegen lassen sich nicht eindeutig in eine Traditionslinie einordnen (ebensowenig wie diejenigen Benjamins oder Adornos); angesichts ihrer philosophischen und wirkungsgeschichtlichen Bedeutung setze ich mich mit ihnen in einem eigenen Abschnitt (7.2) auseinander. Auch die Forschung der letzten gut zwanzig Jahre (insbesondere in den USA und im deutschen Sprachraum) hat sich weitgehend von der Fixierung auf psychopathologische Fragestellungen befreit. Obwohl die Forschungsstränge in den beiden Kontinenten (wie auch in den verschiedenen deutschsprachigen Ländern) lange Zeit weitgehend ohne gegenseitige Bezugnahmen nebeneinander herliefen, stelle ich sie zusammen in einem Abschnitt (7.3) dar, weil sich in den letzten Jahren mehr und mehr Berührungen und Überschneidungen ergeben haben.

7.1 Die Gedichtfragmente im Kontext der Debatte um Hölderlins ‚Wahnsinn'

Eine der ersten, die einen nicht abwehrenden Zugang zum späten und spätesten Werk Hölderlins fanden und publik machten[291], war Bettina von Arnim. In ihrem 1840 erschienenen, teils authentischen, teils fiktiven Briefroman „Die Günderode" wird der „wahnsinnige" Dichter zum gemeinsamen Bezugspunkt der beiden romantischen Dichterinnen stilisiert.[292] Seitenlang referiert sie in diesem Buch, die Sophokles-Anmerkungen frei variierend, die Dichtungsauffassung Hölderlins, wie sie sie den Exzerpten und Erzählungen Sinclairs entnahm. Dann heißt es:

> Ach, einen solchen wie Hölderlin, der im labyrinthischen Suchen leidenschaftlich hingerissen ist, dem müssen wir irgendwie begegnen, wenn auch wir das Göttliche verfolgen mit so reinem Heroismus wie er. – Mir sind seine Sprüche wie Orakelsprüche, die er als der Priester des Gottes im Wahnsinn ausruft, und gewiß ist alles Weltleben ihm gegenüber wahnsinnig, denn es begreift ihn nicht. Und wie ist doch das Geisteswesen

---

[291] Die Begeisterung für Hölderlins Werk teilte Bettina von Arnim mit ihrem Mann Achim von Arnim, der schon in seinem aus Anlaß der ersten Gedichtsammlung von 1826 publizierten Aufsatz „Ausflüge mit Hölderlin" (1828) den Dichter zum Seher stilisiert: „Freilich lebt er noch, ist noch unter uns, obgleich nicht bei uns, vielleicht könnte er zurückkehren, wenn sein Tag gekommen und uns verkünden, was er in dem einsamen Abgrunde erschaute, in welchen sein Geist sich verirrt hat. Vielleicht wartet er, daß die Reife der Einsicht am scharfen Strahle der Zeit sich ausglühe, die ihn versteht?" (StA VII.4, 55f. [RW 16d]) In einem handschriftlichen Entwurf zu diesem Aufsatz ist Arnim direkter: Die Zeit Hölderlins, in der „die Reife der Einsicht" (StA VIII, 52, Z. 5f. [RW 16e]), das volle Verständnis seines Werks, möglich werde, sei noch nicht gekommen: „Daß es Einzelne erkannt haben, das verstand sich von je, aber der Menge muß so etwas vorläufig nicht bekannt werden." (Ibd., 8-10) Diese esoterische Position ist in der publizierten Fassung abgeschwächt. Zum romantischen Hölderlin-Bild allgemein cf. Kaspers 1990/91.

[292] Dokumentiert ist nur die Begegnung Bettina Brentanos mit Sinclair 1806; Karoline von Günderrode starb bereits im selben Jahr. Cf. Wuthenow 1981; Pöggeler 1988, 22f.

jener beschaffen, die nicht wahnsinnig sich deuchten? – Ist es nicht Wahnsinn auch, aber an dem kein Gott Anteil hat? – Wahnsinn, merk ich, nennt man das, was keinen Widerhall hat im Geist der andern, aber in mir hat dies alles Widerhall, und ich fühle in noch tieferen Tiefen des Geistes Antwort darauf hallen als bloß im Begriff.[293]

Natürlich ist das kein wissenschaftlicher Zugriff auf Hölderlins Spätwerk. Aber der kommunikative Impuls, der von Hölderlins späten poetischen und poetologischen Schriften ausgeht, wird hier erstmals öffentlich aufgenommen. Zugleich wird die Dialektik herauspräpariert, daß alle diejenigen, die den Dichter als wahnsinnig ausgrenzen zu können meinen, sich dadurch nur selber ausschließen aus der Sphäre des Leidenschaftlichen, Kommunikativen, Göttlichen.[294] Doch ebenso wie das Wort Hölderlins verhallten Bettina von Arnims es wiederaufnehmende Worte in der Rezeptionssituation von 1840, in der für die produktive Kraft des „Wahnsinns" kein Platz war.[295]

Die Geschichte der wissenschaftlichen Auseinandersetzung mit Hölderlins später Lyrik, die erst 75 Jahre später mit Hellingraths Edition beginnt, ist bis heute mehr von Verdrängungen und Verzerrungen als von textgerechter Aneignung gekennzeichnet. Als Angelpunkt der Rezeptionsgeschichte läßt sich das Problem von Hölderlins ‚Wahnsinn' und dessen Auswirkungen auf seine literarische Produktion ausmachen. Auf der Seite der positiven Rezeption des Spätwerks läßt sich eine Tendenz zur *Mythisierung* des „Wahnsinns" feststellen, die sich erstmals bei Bettina von Arnim, später auch bei Dilthey[296] und Hellingrath findet.[297] Die

---

[293] B. v. Arnim 1983, 295f.

[294] An diesen Impuls knüpft siebzig Jahre später Hellingrath an, der auch vehement auf die zentrale wirkungsgeschichtliche Stellung des „Günderode"-Romans Bettina von Arnims hinweist (cf. Hellingrath 1944, 41, 43 [Anm. 1], 76f. [Anm. 2], 85 [Anm. 1]).

[295] Cf. die ausgezeichnete Darstellung der Verdrängung der subversiven Impulse der Romantik (zu der Hölderlin lange Zeit gerechnet wurde) im 19. Jahrhundert in Bohrer 1989, 95-242 (zu Hölderlin cf. ibd., 208, 233, 240f.). Es ist bezeichnenderweise ein „unzeitgemäßer" Geist wie Nietzsche, der Hölderlins Bedeutung schon 1861 wiederentdeckte, ohne allerdings dessen späte Lyrik zu kennen (cf. Martens 1982/83, 54-57; Bohrer 1989, 88-94). Im akademischen Bereich schließlich hat Dilthey mit seinem Aufsatz „Hölderlin und die Ursachen seines Wahnsinns" (1867) und der Hölderlinstudie in „Das Erlebnis und die Dichtung" (1905) die Hölderlinrezeption des Georgekreises vorbereitet (cf. Martens 1982/83, 57-61; Bohrer 1989, 257-259, 270-273). Im übrigen weist Hellingrath (1944a, 25, Anm. 1) darauf hin, daß es in der französischen Literaturkritik schon während des neunzehnten Jahrhunderts adäquate Wertungen von Hölderlins Werk gegeben habe. Diese Avantgardefunktion der französischen Hölderlin-Rezeption gegenüber der deutschen ist auch später mehrmals festzustellen (und hinzu kommt im zwanzigsten Jahrhundert die breite Beschäftigung mit Hölderlin im angelsächsischen Sprachraum).

[296] Cf. dazu Bohrer 1989, 257-259.

[297] Gerhard Neumann, der die Rezeptionsgeschichte Hölderlins rekonstruiert, indem er sie im Lichte von Rudolf Borchardts kruder Bearbeitung von „Hälfte des Lebens" betrachtet, kritisiert an Hellingrath: „Aber ‚Rehabilitationen' dieser Art versuchten nur – getreu den kulturellen Dispositiven des 19. Jahrhunderts, die die Einheit des Subjekts aus der Einheit des schöpferischen Wesenskerns legitimierten – Hölderlin eben das zuzusprechen, was sein Gedicht gerade verweigerte: verantwortete Autorschaft, Einheit der Werkstruktur, eindeutige Verstehbarkeit." (Neumann 1984, 104) Abgesehen davon, daß es mir noch nicht ausgemacht zu sein scheint, ob Hölderlins Gedichte wirklich intentional auf die Überwindung der Kategorien Autorschaft, Werk und Verstehbarkeit hin angelegt sind, ist das Urteil über Hellingrath nicht

mythisierende Linie läßt sich ausziehen bis zu Bertaux' These, Hölderlins Zeit im Turm sei nur resignierender Rückzug aus dem verfahrenen politischen Leben seiner Zeit, der Wahnsinn nur simuliert gewesen[298], und bis zu Sattlers Hypothese, in den spätesten Gedichten werde „al rovescio", also rückwärts vom Spätwerk zu den Jugendgedichten, Hölderlins dichterische Entwicklung noch einmal durchlaufen, und der dieser Hypothese zugrundeliegenden Maxime, in Hölderlins Werken statt „Wahnsinn" stets „Wahrsinn" sehen zu wollen[299].

All diese Versuche, den Autor zum Seher einer künftigen Zeit zu stilisieren, sind bei weitem produktiver für die Beschäftigung mit seinem Spätwerk als die entgegengesetzte Tendenz zur *Pathologisierung* von Hölderlins später Lyrik. Die Vertreter dieser Richtung sehen die Internierung Hölderlins im Tübinger Clinicum und die dort erhobenen klinischen ‚Befunde‘ als Beweise für seine Geisteskrankheit an und schließen daraus, daß die von Hölderlin in den Jahren seit dem ersten Auftreten von ‚Symptomen‘ geistiger Zerrüttung (also mindestens seit 1802) geschriebenen Texte literarisch nicht ernst zu nehmende Erzeugnisse eines Geisteskranken seien. Mit erschreckender Wissenschaftsgläubigkeit und blindem Vertrauen in das sich um 1800 erst konstituierende öffentliche Gesundheitssystem[300] übernehmen diese Literaturwissenschaftler psychiatrische Daten und Theoreme als verbindlich für den eigenen Gegenstandsbereich, statt die Spezifika der literarischen Texte und die Inkompatibilität medizinischer und literaturwissenschaftlicher Lektüren herauszuarbeiten. Diese das 19. Jahrhundert dominierende Position wurde durch Wilhelm Langes 1909 veröffentlichte, Franz Zinkernagel gewidmete „Pathographie" Hölderlins noch einmal zementiert. Von hier spannt sich – trotz der distanzierenden Geste[301] – eine Traditionslinie bis zu Walter Müller-Seidels Aufsatz „Hölderlin in Homburg. Sein Spätwerk im Kontext seiner Krankheit" (1981):

> Die Vorstellung, Hölderlin habe sich in dieser Zeit [von 1802 bis 1806] in einer Art Schaffensrausch befunden – wie seinerzeit Rilke, als er im Begriff war, die Duineser Elegien abzuschließen – wäre aber gänzlich verfehlt. Mit Schwierigkeiten des Denkens ist zu rechnen; und sie mit Denkstörungen in Zusammenhang zu bringen, wie es sie im Umfeld psychischer Krankheiten gibt, ist so abwegig nicht.[302]

Eine von solchen Urteilen gelenkte Literaturwissenschaft begibt sich leichtfertig ihres Gegenstandsbereichs und ihrer Legitimationsbasis: Auf psychopathologischem Terrain dilettierend, fixiert auf die Suche nach Symptomen und Störungen, kann sie ihrer genuinen Aufgabe, dem rekonstruierenden Verstehen sprach-

---

gerechtfertigt: Ist es doch gerade seine Ausgabe, in der die Fragmente nicht als quasi-vollendete, sondern in ihrer Bruchstückhaftigkeit und isoliert voneinander präsentiert werden; und seine Mythisierung des ‚wahnsinnigen‘ Hölderlin ist sicherlich nicht mit der bürgerlichen Stilisierung der Dichter, wie sie im 19. Jahrhundert gepflegt wurde, zu vereinbaren.

[298] Cf. Bertaux 1978 und 1984.

[299] Cf. Sattler 1988. Die „Mythos"-Terminologie gebraucht auch Wackwitz, der ebenfalls eine Linie von Hellingrath über Bertaux zu Sattler zieht, cf. Wackwitz 1990, 134-136

[300] Cf. Foucault 1969 und 1988.

[301] Cf. Müller-Seidel 1981, 162f.

[302] Müller-Seidel 1981, 183.

licher Gebilde, nicht mehr gerecht werden.

Eine etwas differenziertere Position nimmt Walter Hof ein, der sich bereits in seiner wenig rühmenswerten Dissertation „Der Gedanke der deutschen Sendung in
der deutschen Literatur" (Gießen 1937) mit Hölderlin beschäftigt hatte und sich
seit seinem in der Hölderlin-Forschung umstrittenen Buch „Hölderlins Stil als
Ausdruck seiner geistigen Welt" (1954)[303] gern als Enfant terrible der Disziplin
geriert. So polemisiert er gegen die Hölderlin-Philologie:

> Die Verständigung wurde mit den Jahren dadurch noch schwieriger, daß erst der
> „späte", schließlich der „späteste" Hölderlin als der eigentliche galt; der späte erschien
> wie ein Zeitgenosse der idealischen Aufbruchsstimmung, die in dem durch George und
> Rilke bestimmten Raum herrschte, der späteste schien gleichgerichtet den modernsten,
> ins Abstrakte, Antilogische gehenden Lyrismen, denen es um die faszinierende Montage
> magisch evozierender Wortkomplexe ging. Daß dies letzte vor mehr als einhundertfünf-
> zig Jahren nur als Produkt eines geistigen Verfallsprozesses zu haben war, der in wenigen
> Jahren eine im klarbewußten Aufbau einer eigenen Geistesposition begriffene Existenz
> vernichtete, störte die ästhetischen und szientifischen Eiferer nicht im geringsten.[304]

Zwar sieht Hof die späten und spätesten Gedichte wie Müller-Seidel als Produkte
eines Geisteskranken; der entscheidende Unterschied zwischen beiden besteht
jedoch darin, daß Hof die Texte überhaupt noch als Literaturwissenschaftler
zu lesen versucht und aus ihrer Textur selbst ihre Sinnlosigkeit herauslesen zu
können meint, während Müller-Seidel das Problem bereits im Vorwege mit den
Mitteln der Psychopathologie ‚löst' und die Texte nur noch mit den Augen des
Klinikers liest. Im Gegensatz zu diesem völlig unbrauchbaren Ansatz weist Hof
zu Recht auf zwei Fehler hin, die in der Beschäftigung mit Hölderlins späten Gedichten immer wieder auftauchen: Zum einen die Beschönigung des persönlichen
Leids, wie sie bei den mythisierenden Zugriffen anzutreffen ist, zum anderen die
Tendenz zur *Vereindeutigung* der komplexen fragmentarischen Gebilde:

> Wer sich mit Hölderlins Gedichten und Entwürfen aus der Zeit unmittelbar vor dem
> Abbrechen seiner „späten" Hymnik befaßt und sich, verzweifelnd ob ihrer Rätselhaf-
> tigkeit, hilfesuchend an neuere Interpreten dieser Texte wendet, wird eine seltsame
> Erfahrung machen. Die meisten von ihnen wissen nämlich ganz genau, was der Dich-
> ter mit jenen dem bemühten Leser – von einzelnen Sätzen oder Satzfetzen abgesehen
> – unverständlich gebliebenen Versen hat sagen wollen, und erstaunlicherweise handelt
> es sich um gar nicht so sehr schwierige Gedanken- und Vorstellungsverbindungen. Nur
> daß leider jeder der Interpreten mit gleicher Bestimmtheit etwas anderes herausliest
> [...]. Zwar bekommt der Leser solcher Interpretationen einen gewissen Einblick in die
> Art und Weise, wie diese seltsame Aussageform entsteht, indem die Interpreten fleißig
> die Vielfalt der „Fassungen" und „Varianten" zu Rate ziehen, aber sie tun es nur, um
> jeweils zu erhärten, wie richtig ihre Deutung der betreffenden Stelle sei, nicht hingegen,
> um Art und Ursache der Ausdrucksgestaltung zu untersuchen.[305]

In der Tat versetzt die Selbstverständlichkeit in Erstaunen, mit der manche Interpretinnen und Interpreten meinen, die Aussagen der späten Lyrik Hölderlins

---

[303] Cf. Burger 1956, 191.
[304] Hof 1977, 9. Cf. auch Hof 1982. Eine in eine ähnliche Richtung wie meine Kritik zielende
Auseinandersetzung mit Hofs Hermeneutik findet sich bei Roland-Jensen (1989, 20-24).
[305] Hof 1982, 418.

aus ihrer sprachlichen Verfaßtheit herauspräparieren zu können, meist mit Hilfe von außen herangetragenen Materials.[306] So werden in den Arbeiten Jochen Schmidts – eine Tendenz, die bereits in den Erläuterungen Beißners angelegt ist[307] – die Motive der Gedichte möglichst vollständig auf ihre geistesgeschichtlichen Ursprünge zurückgeführt in der offensichtlichen Überzeugung, dadurch ihr Bedeutungsspektrum vereindeutigen zu können.[308] Die komplexe und verwirrende sprachliche Gestalt von Gedichten wie „Mnemosyne" und „Der Einzige" wird dabei völlig ausgeblendet. Demgegenüber meint Schmidt im Spätwerk eine „‚Anti-empedokleische Wendung,‚das heißt: eine Wendung vom Ekstatischen und Entgrenzenden zu Individualität und Bewußtsein im Sinne des Gesicherten, entschieden Begrenzten"[309] ausmachen zu können.[310] Ähnlich wie die Pathologisierungs-Theoretiker geht Schmidt dabei von der Annahme einer geistigen Erkrankung Hölderlins schon in dieser Zeit aus, die er allerdings in charakteristischer Weise umdeutet:

> Eine genaue Analyse dieser Umwertungen, die gelegentlich bis zum „Widerruf" des Früheren reichen, sollte auch einen Horizont konstituieren, in dem sich eine Anzahl von Hölderlins späten Dichtungen besser verstehen lassen. Zugleich habe ich den *Grund* dieser Umwertungen angedeutet: daß Hölderlin gerade in den Jahren 1802 bis 1805, als ihn die Schübe der Nervenkrankheit immer mehr erschütterten, nach Halt suchte, und daß er in diesem Stabilisierungsbemühen mindestens einige seiner Werke entschieden neu strukturierte und eine Anzahl von Umbesetzungen vollzog. Derartig forcierte Stabilisierungs- und Orientierungsbemühungen gehören zu bestimmten Krankheitsbildern, wie die Psychiatrie seit langem weiß. Der „Befund" sollte aber nicht einfach supponiert, sondern aus den Texten ermittelt werden, ja eigentlich kam es mir weniger auf diesen Befund an sich als auf einen Verstehenshorizont für einige bedeutende, aber bisher dunkel gebliebene Dichtungen an. Nicht zuletzt führten die Textanalysen zu der Feststellung, daß die anti-empedokleische Wendung und damit der „Widerruf" nicht einfach-statisch, vielmehr therapeutisch zu verstehen ist [...].[311]

Die Schwäche dieser Position verrät sich in ihrem rhetorischen Gestus, mit dem der Autor dazwischen schwankt, auf welche der beiden einander ausschließenden Positionen es ihm denn nun „eigentlich" ankommt: Zwar soll der Psychiatrie, die ja Hölderlins „Nervenkrankheit" zweifelsfrei diagnostiziert habe, nicht am Zeuge geflickt werden; dennoch möchte man „einige bedeutende" Dichtungen vor dem Zugriff der Psychopathologen und ihrer literaturwissenschaftlichen Adepten retten. Der entscheidende Schritt, von den Texten ausgehend die vermeintlichen

---

[306] Dazu B. Böschenstein (1975, 117) in seiner Auseinandersetzung mit Lüders' Kommentar zu „Mnemosyne": „Hölderlins pathologische Erfahrungen werden entschärft." Auch Wackwitz (1990, 139f.) kritisiert zu Recht die Verleugnung und Abwehr der irrationalen Momente in Hölderlins Dichtung.

[307] Wie wenig Bezug Beißner zu den spätesten Gedichten finden konnte, zeigt sein dürrer Beitrag „Zu den Gedichten der letzten Lebenszeit" (Beißner 1961, 247-250).

[308] Cf. Schmidts methodologische Begründung für sein „topologisches" Verfahren (1989, 692f.und 706), in der er das Verhältnis von traditionellen Motiven und deren kreativ verändernder Wiederaufnahme jedoch weder generell noch bei Hölderlin zu präzisieren vermag.

[309] Schmidt 1989, 686.

[310] Cf. dazu auch Schmidt 1978.

[311] Schmidt 1989, 686.

klinischen Befunde in Frage zu stellen oder zumindest für irrelevant zu erklären,
wird aber nicht gewagt. So ruft Schmidt halbherzig die – zweifelsohne vorhandene – Suche nach Sicherheit und Festigkeit zur Grundtendenz von Hölderlins
Spätwerk aus und erklärt sie als Therapie der „Schübe der Nervenkrankheit",
anstatt sich auf die Gefährdungen und bis zum Zerreißen reichenden Spannungen
in den Texten selbst einzulassen.[312]

Vergleichbar verfahren Interpretationen, die die späten Gedichte als Chiffrenge-
bilde ansehen, die bewußt verschlüsselt sind und nur dekodiert werden müssen.
Hierbei wird der chaotische Eindruck, den diese Gedichte zunächst machen, zwar
nicht ignoriert, aber für arbiträr und auflösbar gehalten.[313] Bei diesen Autorinnen und Autoren, zu denen man Bertaux, Schulz-Seitz[314] und Sattler zählen
kann, fehlt allerdings die peinliche Demutsgeste vor der Psychopathologie. Sie
tendieren aber ebenso wie Schmidt zu einer Verharmlosung der verstörenden
Tendenzen des Spätwerks: Wirken bei ihnen Mythisierung und Vereindeutigung
zusammen, so versucht Schmidt Pathologisierung und Vereindeutigung zu vereinbaren.

Recht hat Hof also in seiner Kritik an Vereindeutigungstendenzen gleich welcher
Couleur, unrecht jedoch in der Position, die er diesen entgegensetzt:

> Gerade Fairness gegenüber dem Dichter fordert, so scheint mir, beim Interpretieren die
> Einhaltung der Grenze, jenseits derer wir ihm nicht mehr die Verantwortung für seine
> Worte dadurch auferlegen dürfen, daß wir aus ihnen angeblich folgerichtige Aussagen
> konstruieren.[315]

Hof plädiert mit *moralischen* Gründen dafür, jenseits einer „Grenze", hinter der
er auch schon die meisten der späten Gedichtfragmente lokalisiert, die Texte als
dem Autor nicht mehr zuschreibbaren Un-Sinn anzuerkennen und jeden Versuch einer Sinnkonstitution aufzugeben. Damit bleibt der Literaturwissenschaft
nur das Mitleid mit dem psychisch gebrochenen Dichter und die Bewunderung
für den verbliebenen Glanz, der von vereinzelten Textsegmenten noch ausgeht.
Der Autor Hölderlin hat jedoch diese falsche Pietät nicht nötig; seine späten
Texte stehen (unabhängig davon, ob wir ihrem Urheber die „Verantwortung"
für sie „auferlegen" oder nicht) in ihrer Polysemie, ihrer zwar beschreibbaren,
aber weder auflösbaren noch endgültig begrenzbaren Bedeutungsvielfalt, für sich
und harren der – weder psychiatrisch noch moralisch voreingenommenen – Erschließung durch die Literaturwissenschaft und die breite Rezeption.

Die bisherige Beschäftigung mit Hölderlins Spätwerk ist, wie ich zu zeigen versucht habe, über weite Strecken auf das biographische Problem fixiert, ob und
wenn ja seit wann der Autor geisteskrank gewesen ist. Die drei bisher erörterten
Forschungsrichtungen (Mythisierung des ‚Wahnsinns' als „Wahrsinn"; Pathologisierung der späten und spätesten Gedichte als Produkte der Geisteskrankheit;

---

[312] Cf. W. Lange 1989a, 649, Anm. 18.
[313] Siehe dazu die schlichte, aber treffende Feststellung von Gerhard Kurz: „Hölderlin sagt
wohl alles offen und einfach, es ist nur nicht einfach zu verstehen." (Kurz 1979, 191)
[314] Cf. Schulz-Seitz 1978-82 und 1980.
[315] Hof 1977, 44.

Vereindeutigung der komplexen Gedichtentwürfe unter Ignorierung der Geistes-krankheitsproblematik, jedenfalls für die bis 1806 entstandenen Texte) werden den Schwierigkeiten der Problemlage nicht gerecht, weil sie sie einseitig auf-zulösen versuchen.[316]

Es ist eine in der deutschsprachigen Forschung weitgehend ignorierte Diskus-sion einiger französischer Forscher, die die Erörterung des Verhältnisses von poetischer Produktion und Geisteskrankheit in Hölderlins Spätwerk über die unfruchtbaren einseitigen Alternativen hinausgehoben hat. In einer 1951 erschie-nenen Besprechung der Neuauflage von Karl Jaspers' aus dem Jahre 1921 stam-mender psychiatrischer Studie „Strindberg und Van Gogh" (Bremen 1949) – 1953 als Vorwort zur französischen Übersetzung nochmals abgedruckt – sieht Maurice Blanchot die Gleichzeitigkeit des Einsetzens der Geisteskrankheit und des lyrischen Spätstils in ihrer Wechselwirkung begründet:

> Cela est arrivé parce que Hölderlin a été capable d'élever jusqu'au sens suprême – qui est celui de la poésie – les expériences de la maladie, de les relier pleinement à l'ensemble de son existence spirituelle et de les maîtriser pour et par la vérité poétique. Mais cela est arrivé aussi parce que ces expériences, sous l'ébranlement de la maladie, ont été authentiques et profondes. Or, de telles expériences, seule la schizophrénie les rend possibles.[317]

In der Weiterführung dieser These entgeht Blanchot nicht ganz der (sich von Hellingrath herschreibenden) Versuchung zur Mythisierung der Schizophrenie zur höheren Wahrheit, die in der Vorstellung der Selbstopferung des Dichters kulminiert:

> Hölderlin le sait: il doit lui-même devenir un signe muet, le silence que la vérité de la parole exige pour attester que ce qui parle cependant ne parle pas, demeure la vérité du silence.[318]

---

[316] Es ist aufschlußreich zu verfolgen, daß die pathologisierende und die mythisierende Rich-tung übereinkommen in der Tendenz zur Spätdatierung vieler Texte, während die vereindeu-tigenden Zugriffe zur Frühdatierung der meisten Gedichte neigen (cf. dazu Laplanche 1975, 17): So schoben die ersten Herausgeber Litzmann und Böhm und auch der Pathograph Lange viele Gedichtfragmente in die ‚Wahnsinnszeit' ab, die schon von 1802 an datiert wurde. Im Gegenzug versuchte Beißner, möglichst viele der Gebilde, die er für vollendet oder fast vollen-det hielt, vor dem ‚Wahnsinns'-Verdikt zu retten, indem er sie früh (also möglichst bis 1801) datierte. Sattler dagegen (und in seiner Nachfolge Uffhausen) hat eine ausgeprägte Neigung zur sehr späten Datierung vieler Gedichte; so nimmt er für einige der späten Gedichtfragmente noch die erste Zeit im Tübinger Turm (Ende 1807) als Entstehungszeit an.

[317] Blanchot 1951, 107. Cf. auch die aus dem Jahre 1970 stammende „Note pour une réédition" in der Neuausgabe von 1990.

[318] Blanchot 1951, 116. Blanchot hat darüber hinaus mit zwei weiteren (ebenfalls bislang nicht ins Deutsche übersetzten) Aufsätzen Perspektiven für die Auseinandersetzung mit Hölderlins lyrischem Spätwerk aufgewiesen. In „La parole sacrée de Hölderlin" (1946) arbeitet er in ei-ner kritischen Auseinandersetzung mit Heideggers Interpretation der ‚Feiertags'-Hymne die Vermittlung zwischen Dichter und Natur als Grundproblem von Hölderlins Spätwerk heraus. Diese Vermittlung, die sich im Ahnen (*pressentiment*; cf. Blanchot 1980, 121) anzudeuten scheine, scheitere immer wieder am Sich-Entziehen des Heiligen, das nach Blanchots Interpre-tation als eine Art Prinzip der Natur verstanden werden kann. Im Gegensatz zu Heidegger, der das Heilige in romantischer Tradition als Chaos, Nacht und Schweigen interpretiere, betont

1961 hat Jean Laplanche in seiner innovativen und bis heute für die Hölderlin-
biographik unentbehrlichen Studie „Hölderlin et la question du père" (deutsch
erst 1975 unter dem Titel „Hölderlin und die Suche nach dem Vater") diesen
Gedankengang Blanchots kritisch wiederaufgenommen:

> Heißt es nicht zu früh verzichten in dem Bemühen, in dem Verständnis so weit wie nur
> möglich vorzudringen, wenn man es hinnimmt, daß der Wahn eine Art undurchdring-
> barer Wesenheit sein soll, die „Krankheit", die den Dichter über dem Abgrund „erfaßt",
> an den er sich freiwillig hingewagt hat?[319]

Wie Blanchot versucht also Laplanche, die – als gegeben hingenommene – Schizophrenie Hölderlins mit seiner parallelen dichterischen Produktivität zusammenzudenken. Durch detaillierte biographische Studien weist er die Ursprünge der
Krankheit in der Lebensgeschichte des Autors mit psychoanalytischen Mitteln
auf. Dem so konkretisierten Krankheitsbegriff mißt er zur Klärung des Verhältnisses von Dichtung und ‚Wahnsinn' bei Hölderlin aber nicht die Dominante zu:
Er plädiert dafür,

> daß es in letzter Instanz nicht die – psychoanalytische oder auch nicht psychoanalytische
> – Wissenschaft der Schizophrenie ist, die für uns das letzte Wort über Hölderlin hat,
> sondern daß er selbst es ist, der die Frage nach der Schizophrenie als einem allgemeinem
> Problem wieder aufwirft. [...] Im Falle Hölderlins verliert die Frage „Schizophren, weil
> Dichter – Dichter, weil schizophren?" ihren Sinn, falls sie überhaupt einen Sinn hat.
> Dichter, da er sich der Schizophrenie als Frage zuwendet, wendet er sich dieser Frage
> zu, weil er Dichter ist.[320]

Laplanche überwindet damit sowohl Blanchots Stilisierung der Schizophrenie zur
eigentlichen Wahrheit als auch die Wissenschaftsgläubigkeit der herkömmlichen
psychopathologisch orientierten Darstellungen. Ohne daß er das im einzelnen
ausführte, kann man aus seinen Ausführungen präzise die Rolle ableiten, die
der Literaturwissenschaft in seiner Konzeption zukäme: Sie hätte die in Hölderlins poetischen und poetologischen Schriften selbst implizit enthaltene „Frage
nach der Schizophrenie" in diesen Schriften aufzusuchen und zu verfolgen. Es
gilt – in anderer Terminologie –, sich dem in diesen Texten zur Sprache kommenden Neuen, Unerwarteten, Unnormalen, das untrennbar ist vom Moment

---

Blanchot am Heiligen die Seite des Tages, des Lichts, der Sonne, des Feuers, eines Tages allerdings, der der Nacht und dem Dunkel rückhaltlos ausgesetzt ist. Die Vereinigung mit diesem
Heiligen gelinge nur momenthaft oder im Tod. Das Gedicht sei das Medium der Begegnung der
Sprache mit dem Tod und damit zugleich Antizipation des Todes: „Mais pour Hölderlin, pour
le poète, la mort c'est le poème." (ibd., 132) Auch in Blanchots eigener Literaturtheorie ist
die Verbindung von Feuer, Tod und Sprache ein Leitmotiv, das er von Heraklit und Hölderlin
herleitet (cf. dazu die Motti zu „Le part du feu" [1980], 7). So heißt es in dem großen Essay
„La litterature et le droit de la mort": „Le langage sait que son royaume, c'est le jour et non
pas l'intimité de l'irrélévé; il sait que, pour que le jour commence, pour qu'il soit cet Orient
qu'a entrevue Hölderlin, non pas la lumière devenue le repos de midi, mais la force terrible par
laquelle les êtres arrivent au monde et s'éclairent, quelque chose doit être exclu." (Blanchot
1980, 316. Dt. in: Blanchot 1982, 87)

[319] Laplanche 1975, 21. Cf. zu Laplanches Buch auch die instruktive und weiterführende
Kritik von Renate Böschenstein-Schäfer (1978/79).

[320] Laplanche 1975, 157.

des persönlichen Leids, zu stellen, ohne daß vorweg geklärt werden könnte, *was* dieses Neue genau ist (etwa „die Schizophrenie" o. ä.). Der literaturwissenschaftlichen Textanalyse kommt also in dieser Konzeption gegenüber der psychopathologischen Lektüre, die nur nach Symptomen für die im Vorwege diagnostizierte Geisteskrankheit sucht, der Primat zu. Sie würde aber ihre Aufgabe verfehlen, wenn sie ihrerseits die Frage nach der Schizophrenie ignorieren oder ausgrenzen würde (wie es in der Vereindeutigungstendenz in der Hölderlin-Forschung geschieht).[321]

In seiner 1962 erschienenen Besprechung von Laplanches Buch („Le ‚non' du père"; deutsch erst 1988) versucht Michel Foucault, den Ansatz Blanchots gegen die Kritik Laplanches starkzumachen. Wenn Laplanche an Blanchot kritisiere, er habe „den dunklen Augenblick des Wahnsinns [...] zu früh in Anspruch genommen" und hätte „die Verbindung zwischen dem Sinn des Wortes und dem Grund der Krankheit" weiter verfolgen sollen und können, so gelinge ihm selbst „dies aber nur, indem er die geheimnisvolle Identität, von der aus er in einem Gesamtzusammenhang vom Wahnsinn *und* vom Werk sprechen konnte, auf der Seite des Nichtsprachlichen beließ"[322]. Gegenüber diesem Ansatz komme dem Blanchots eine mindestens ebensogroße Berechtigung zu:

> Doch wenn sich ein Diskurs – wie derjenige Blanchots – in der grammatischen Stellung jenes ‚und' von Wahnsinn *und* Werk einrichtete, wenn er diesen Zwischenbereich untersuchte, insofern er eine nicht aufzugliedernde Einheit ist und einen eigenen Raum eröffnet, dann müßte dieser Diskurs zuletzt Die Grenze als die Linie befragen, an der sich der Wahnsinn genau als unaufhörliche Abkehr erweist.[323]

Letztlich sei die von Laplanche geforderte Sinnkonstitution nur zu fundieren in der von Blanchot analysierten „Abkehr"-Struktur des „Wahnsinns":

> Die Diskurse des Poetischen und des Psychologischen bleiben gewiß zutiefst unvereinbar – auch wenn es einen identischen Inhalt gibt, der von der einen auf die andere Seite überwechseln und auf beiden thematisch werden kann. Die miteinander verbundene Entzifferung poetischer und psychologischer Strukturen kann den Abstand zwischen beiden nicht beseitigen. Und doch sind sie einander doch so unendlich nahe wie nur die fundierende Möglichkeit dem Möglichen: die *Kontinuität des Sinns* vom Werk zum Wahnsinn hat ihre Möglichkeit nur vom *Geheimnis des Selben* aus, das das *Absolute der Abkehr* zur Erscheinung kommen läßt. Daß der Wahnsinn – die Leere, die das poetische Wort wie sein Verderben lockt – das Werk auflöst, erlaubt dem Text zwischen Wahnsinn und Werk eine Sprache, die beiden gemeinsam ist. Und dabei handelt es sich nicht um

---

[321] An demselben Punkt setzt auch Gerhard Neumann an, wenn er an Borchardts Hölderlinlektüre hervorhebt: „Er gewahrte in Hölderlins Gedicht jenen neuralgischen Punkt, von dem aus ein ‚Paradigmenwechsel' der europäischen Kunsttradition seinen Ausgang nahm, der alles, was bislang gegolten hatte, in Frage stellte: Es waren nun der Schmerz und die Stummheit des Körpers, die sich an die Stelle der Produktion kultureller Zeichen zu setzen begannen, der Ansatz zu einer ‚Semiotik des Schweigens'." (Neumann 1984, 105) Der Unterschied zu meiner aus Laplanches Ausführungen abgeleiteten Forderung an die literaturwissenschaftliche Auseinandersetzung mit Hölderlins Spätwerk liegt allerdings darin, daß Neumann bereits meint positiv formulieren zu können, *was* das Neue ist, das sich in der späten Lyrik ausdrückt, während ich die Klärung dieser Fragen zunächst der genauen Interpretation vorbehalten möchte.

[322] Foucault 1988, 88.

[323] Foucault 1988, 88.

ein abstraktes Schema, sondern um eine historische Beziehung, in der unserer Kultur
sich selbst zu befragen auferlegt ist.[324]

Damit hat Foucault den Grundgedanken Blanchots präzisiert: Es geht nicht
um eine die Sprache auslöschende Beschwörung des Wahnsinns, sondern um die
Entwicklung einer neuen Sprache der Grenze, die den Ursprung der Dichotomie
zwischen Dichtung und Wahnsinn markiert. Mit diesem Denken der Grenze als
Ursprung nimmt Foucault eine Grundstruktur der modernen Philosophie auf,
die zuerst von Hegel entwickelt und seit den dreißiger Jahren von Heidegger,
Bataille und Blanchot wieder aufgegriffen wurde.[325] Foucaults Lösungsvorschlag
ist deshalb so konstruktiv, weil er das von Laplanche skizzierte Programm nicht
einfach abtut, sondern es vielmehr in Blanchots Ursprungsdenken allererst fundiert. Mit Hilfe von Foucaults Rekonstruktion können die früheren Forschungsbeiträge Blanchots und Laplanches zum Verhältnis von Dichtung und ‚Wahnsinn'
bei Hölderlin als in dieselbe Richtung zielend gelesen werden.

Aus dieser Debatte läßt sich also ungeachtet der Foucaultschen Metakritik an
Laplanche für die literaturwissenschaftliche Beschäftigung mit Hölderlins später
Lyrik die forschungspraktische Maxime ableiten, so weit wie möglich den Sinn
der Texte zu rekonstruieren, ohne die in ihnen thematisierte „Frage nach dem
Wahnsinn" aus dem Blick zu verlieren. Damit kann das unproduktive Gegenein-
ander von Mythisierung, Pathologisierung und Vereindeutigung von Hölderlins
Spätwerk als überwunden angesehen werden.[326] Die vorliegende Studie ist im
Rahmen des so umrissenen Forschungsprogramms konzipiert: Sie kann als literaturwissenschaftliche nicht den Anspruch erheben, Neues zum Problem der
Schizophrenie aus den Texten Hölderlins herauszulesen. Ebensowenig läßt sie
sich in ihren Interpretationen von vermeintlichen psychopathologischen Erkenntnissen lenken. Die Klärung der Frage, ob der empirische Autor Hölderlin wirklich
geisteskrank war und wenn ja seit wann, ist also irrelevant für meine Arbeit.[327]

---

[324] Foucault 1988, 88.

[325] Cf. dazu Foucaults Aufsätze „Vorrede zur Überschreitung" und „Das Denken des Außen"
in Foucault 1974. Zur zentralen Bedeutung des „Wahnsinns" im Denken Foucaults selbst cf.
andererseits die Gedenkschrift Blanchots für ihn (Blanchot 1987, 14f.). Neuerdings hat Jean-
Luc Nancy das Denken der Grenze wiederaufgenommen und damit Auswege aus den Aporien
postmodernen Denkens entwickelt; cf. Nancy 1987, bes. 79-82, 110-115.

[326] Die Biographie Bertaux' (1978) hat endlich auch die deutschsprachige Hölderlin-
Forschung zu differenzierteren Stellungnahmen zum Verhältnis von Poesie und Geisteskrankheit provoziert. Von psychiatrischer Seite liegt als Replik auf Bertaux die Studie von Peters
(1982) vor, der dafür plädiert, Hölderlin habe bereits seit Ende 1804 unter einer Schizophasie,
einer besonderen Form der Schizophrenie, nämlich einer Art Sprachverwirrung, gelitten (cf.
ibd., 122). An weiterführenden literaturwissenschaftlichen Beiträgen sind der Forschungsbericht von Kurz (1979), die einschlägigen biographisch und linguistisch orientierten Studien
von Franz (cf. Franz/Jakobson 1980; Franz 1980/81; 1983) sowie die Studie von Haverkamp
(1991, bes. 93-116) zu nennen. Nicht sehr viel weiterführend ist die – schon vereinzelt zitierte
– polemisch geführte Debatte zwischen Lange (1989a und 1989b) und Schmidt (1989).

[327] Diese Einsichten hat sehr präzise auch schon Hellingrath in seiner Dissertation formuliert,
sie dann in seinen späteren Vorreden und Vorträgen jedoch nicht mehr durchgehend berücksichtigt: „Nun ist zwar die geistige Verfassung eines Dichters verhältnismäßig gleichgültig. Ein

Vielmehr soll hier mit den Mitteln der literaturwissenschaftlichen Textinterpretation das spezifische wechselseitige Konstitutionsverhältnis von Subjektivität
und Text erhellt werden. Ob sich dabei der Bereich erschließt, aus dem nach
Foucault sowohl Poesie wie ‚Wahnsinn' entspringen, ob die Literaturwissenschaft
in der Lage ist, „das poetische Diktum des Wahns"[328] zu ergründen, kann sich
erst im Zuge dieser Analyse erweisen.

7.2 Heideggers Lektüren von Hölderlins später Lyrik

Es gibt eine Reihe von Forschungsbeiträgen, die sich, von der Diskussion um
Hölderlins Geisteskrankheit unbeeindruckt, intensiv auf die poetischen Texte,
ihre sprachliche Struktur und ihre geschichtsphilosophische Bedeutung einge-
lassen haben. Zum einen ist dabei an die in Benjamins Nachfolge stehenden
Studien Adornos und Szondis zu erinnern: Adorno wies in einem 1963 vor der
Hölderlin-Gesellschaft gehaltenen Vortrag das Stilmerkmal der „Parataxis" als
Strukturprinzip von Hölderlins später Lyrik auf; der Beitrag gehört allerdings
insofern nicht zu Adornos innovativsten Arbeiten, als er zum einen Benjamins
Grundideen zu Hölderlin breit entfaltet und geschichtsphilosophisch fundiert,
zum anderen aber mit dem Begriff der „Parataxis" in stilkritischer Hinsicht Eigenheiten von Hölderlins später Lyrik bezeichnet, die – noch ein paar Jahre
vor Benjamin – bereits Hellingrath mit großer Präzision an Hölderlins Pindar-
Übertragungen herausgearbeitet und (mit einem Terminus aus der antiken Rhetorik) als „harte Fügung" bezeichnet hatte.[329] Darüber hinaus ist zu fragen, ob
Hölderlins Spätstil als „Parataxis" wirklich hinreichend beschrieben ist oder ob
diese Kennzeichnung das dem vereinzelnden Nebeneinanderstellen gegenstrebige
– wenngleich häufig genug scheiternde – Streben nach Synthesis, nach Festigkeit
und Sicherheit, das – wie genauer zu zeigen wäre – ebenfalls ein Grundzug von
Hölderlins später Lyrik ist, tendenziell vernachlässigt.

Peter Szondi setzte sich erstmals in einer im Sommersemester 1961 in Berlin
gehaltenen und im Wintersemester 1966/67 (in einer Neufassung) wiederholten
Vorlesung ausführlich mit „Hölderlins Spätwerk" auseinander; auch in seinen
Vorlesungen zur „Poetik und Geschichtsphilosophie" spielte Hölderlin eine zentrale Rolle. Die Ergebnisse dieser kontinuierlichen Beschäftigung mit Hölderlins
Werk sammelte und komprimierte Szondi 1967 in seinen „Hölderlin-Studien".
Szondis Aufsätze und Vorlesungen zählen zu den subtilsten literaturwissenschaftlichen Beiträgen zum Œuvre Hölderlins. Seine Arbeiten gehören daher
(ebenso wie das Werk Benjamins und Adornos) zu den Grundbausteinen der vor-

---

Kunstwerk fordert absolute Betrachtung. In der Geschichte der Kunst wird es danach gewertet,
welche Erweiterung, Befestigung, Verfeinerung der Kunstmittel es brachte. Ob der Autor das
aus einsichtiger Überlegung erreichte oder aus Wahnsinn oder wider Willen aus Ungeschick,
das kommt erst für die Geschichte des Künstlers in Betracht." (Hellingrath 1944, 47; cf. auch
ibd., Anm. 1 die strikte Abgrenzung der Literaturwissenschaft von der Psychopathologie)

[328] Laplanche 1975, 24.

[329] Cf. Hellingrath 1944, 25-32.

liegenden Untersuchung, so daß sich eine abermalige Erörterung dieser Beiträge
an dieser Stelle erübrigt.

Bei weitem ausführlicher als Benjamin und Adorno hat sich Martin Heidegger zu
Hölderlins Dichtung, insbesondere zu einzelnen seiner späten Gedichte geäußert.
Seine „Erläuterungen" und Vorlesungen sind philosophisch bedeutende Beiträge
zum Werk Hölderlins, so daß die heutige literaturwissenschaftliche Forschung
zu den späten Gedichtfragmenten an diesen monolithisch anmutenden Studien
nicht vorbeigehen kann. Heideggers Grundansatz jedoch ist dem meiner Arbeit
fremder als die Konzepte der eben genannten Autoren. Ich möchte daher kurz
auf die Bedeutung von Heideggers Arbeiten für die Hölderlin-Forschung eingehen sowie erläutern, warum die Beiträge des Freiburger Philosophen in der
vorliegenden Untersuchung nur eine randständige Rolle spielen.

Genau vier Jahre vor Adorno, nämlich 1959, hielt Heidegger ebenfalls einen Vortrag vor der Hölderlin-Gesellschaft, der im Gegensatz zu dem des Vorgenannten
auch im Hölderlin-Jahrbuch (1958/59) erscheinen durfte[330]: „Hölderlins Erde
und Himmel". Den Abschluß dieses Vortrags bildet das Gedicht „Griechenland",
das mit „Scardanelli" unterzeichnet ist und aus Hölderlins letztem Lebensjahr
stammt, „eines jener Gedichte, deren eintönige, fast zwanghafte Tonart manches
Ohr stört"[331]. Heidegger – so wird deutlich – verspürt keine solche Abwehr den
spätesten Gedichten gegenüber, in denen er mit Hellingrath „nur noch wundersa-
mes Fortspielen des Wohllautes der wiederberuhigten Seele"[332] vernimmt.[333] Bis
an diesen äußersten Punkt spannt Heidegger den Bogen von Hölderlins Spätwerk,
den er mit einer Interpretation des zweiten Böhlendorff-Briefes einsetzen läßt
und über die Gedichtfragmente „der Vatikan ...", „In lieblicher Bläue ...", vor
allem aber „Griechenland" verfolgt.[334] So vielversprechend dieses Programm erscheint, so befremdlich ist seine Umsetzung, ist doch mit keinem Wort von den
Brüchen und Rissen in Hölderlins später Lyrik die Rede, sondern vielmehr davon, daß mit den „Griechenland"-Fragmenten „Hölderlins Wanderschaft in ihre
Ruhe, ins Eigene des Hesperischen, d. h. des Abendländischen eingekehrt"[335] sei.
Diese teleologische Konstruktion motiviert Heidegger dazu, die Ausführungen
über Himmel und Erde im Böhlendorff-Brief umstandslos für die Interpretation
dieser Begriffe in dem vermutlich einige Jahre später entstandenen Gedichtentwurf heranzuziehen – immerhin jedoch im Bewußtsein der „Gefahr, daß wir uns

---

[330] Zu Adorno cf. die geschönte Darstellung von Klaus Betzen in HJb 13 (1963/64), 172, 178;
dagegen die anekdotische Schilderung von Schmidt (1989, 684).

[331] Heidegger Erl., 180.

[332] Heidegger Erl., 180.

[333] Ein weiteres Indiz für Heideggers unvoreingenommene Haltung gegenüber den spätesten
Gedichten ist seine in der Hölderlin-Forschung ungewöhnliche Berufung auf Bettina von Arnim
in einer der Vorbemerkungen zu seinem Vortrag; cf. Heidegger Erl., 154.

[334] Diesen Bogen spannt auch Szondi in seiner zwei Jahre später gehaltenen Hölderlin-
Vorlesung, allerdings in gegenchronologischer Richtung (er beginnt mit Hölderlins letztem
Gedicht „Die Aussicht") und mit gänzlich anderen, nämlich philologischen Mitteln.

[335] Heidegger Erl., 157.

verhören"[336]. So geht Heidegger nicht auf die verstörende sprachliche Gestalt ein, in der dieser Entwurf vorliegt, sondern er präpariert aus dem fragmentarischen Material Begriffe wie „das Geringe" oder „der Anfang" heraus und interpretiert diese mit Hilfe von Parallelstellen aus früheren Texten des Autors. Heideggers Vortrag enttäuscht deshalb die Erwartungen, die seine aus der damaligen Hölderlin-Forschung hervorstechende Textauswahl wecken konnte, hier würden die Spezifika von Hölderlins Spätwerk untersucht.

Der Vortrag markiert beinahe den Endpunkt von Heideggers Auseinandersetzung mit Hölderlin: Der Philosoph stand bereits in seinem siebzigsten Jahr; in den Jahren bis zu seinem Tod 1976 äußerte er sich nur noch vereinzelt zu Hölderlin, so in dem Vortrag „Das Gedicht" von 1968. Bereits während der Zeit der nationalsozialistischen Herrschaft hatte er mit mehreren Publikationen in die Hölderlin-Forschung eingegriffen: durch die Vorträge „Hölderlin und das Wesen der Dichtung" (1936), „Wie wenn am Feiertage ..." (1939) und „Heimkunft / An die Verwandten" (1943) sowie einen umfangreichen Beitrag zur Hölderlin-Gedenkschrift („Andenken", 1943). Der erste und dritte Text wurden 1944 zur ersten Auflage der „Erläuterungen zu Hölderlins Dichtung" zusammengefaßt, in deren weitere Auflagen Heidegger auch alle übrigen genannten Arbeiten aufnahm.

Heideggers Äußerungen zu Hölderlin wurden sowohl während der Nazizeit (sieht man von den verbissensten Vertretern der „völkischen Wissenschaft" einmal ab) als auch in den fünfziger und sechziger Jahren von der professionellen Hölderlin-Forschung mit verhaltenem Respekt oder auch mit offener Bewunderung zur Kenntnis genommen.[337] Sein Einfluß blieb jedoch indirekt; vor einer detaillierten Auseinandersetzung mit den von ihm vorgetragenen Positionen und Interpretationen schreckten die Literaturwissenschaftlerinnen und -wissenschaftler dieser Zeit offenbar zurück. Damit werden sie ganz Heideggers Anspruch gerecht; geht es ihm doch in polemischer Abgrenzung zur Literaturwissenschaft[338] allein um eine denkerische, d. h. philosophische Beschäftigung mit der Dichtung.

Seit der Studentenbewegung konnte Heidegger als beinahe vergessen gelten; erst in den achtziger Jahren rückte er in der bundesdeutschen Literaturwissenschaft – vermittelt über die Aneignung der neostrukturalistischen und postmodernen französischen Theorieansätze – wieder in den Mittelpunkt des Interesses.[339] Gerade in diesen Jahren erschienen auch jene Bände der Heidegger-Gesamtausgabe, die seine während der faschistischen Herrschaft gehaltenen Hölderlin-Vorlesungen enthalten.[340] Da sich Heidegger in diesen weitaus einge-

---

[336] Heidegger Erl., 160.

[337] Cf. den Forschungsbericht von Weimar/Jermann 1984, 114 122.

[338] Cf. z. B. Heidegger Erl., 7.

[339] Cf. zur Geschichte der Heidegger-Rezeption in Frankreich Altwegg 1988, Ferry/Renaut 1987, 132-159 und Ferry 1989.

[340] Hölderlins Hymnen „Germanien" und „Der Rhein" (Wintersemester 1934/35) = GA II.39 (1980); Hölderlins Hymne „Andenken" (Wintersemester 1941/42) = GA II.52 (1982); Hölderlins Hymne „Der Ister" (Sommersemester 1942) = GA II.53 (1984).

hender als in den „Erläuterungen" mit dem Autor befaßt, wurde nun deutlich, eine wie zentrale Stellung Hölderlin nicht nur in Heideggers Beschäftigung mit Literatur, sondern auch in seiner während der dreißiger Jahre neu konzipierten Philosophie hatte. Darüber hinaus mußte die Bedeutung seiner Lektüren für die Hölderlin-Forschung auf dieser erweiterten Textbasis neu überprüft werden.[341]

In einem instruktiven Beitrag haben Klaus Weimar und Christoph Jermann gezeigt, daß sich Heidegger trotz aller Polemik gegen die zeitgenössische Literaturwissenschaft bewährter Strategien dieser Disziplin bedient, um die Legitimität seiner Auslegungen abzusichern oder auch nur zu suggerieren.[342] Überlagert werde diese uneingestandene Übernahme konventioneller rhetorischer Muster durch Heideggers Anspruch, „das wesentliche Denken" zu präsentieren, der zwischen Bescheidenheit gegenüber dem „dichterischen Wort" und dogmatisch gewaltsamen Auslegungen changiere. Weimar und Jermann kommen zu einem vernichtenden Urteil über diese Vorgehensweise:

> Das „wesentliche" Denken ist ein ungebundenes Phantasieren in assoziativer Logik über den Hölderlinschen Text, das mit der inneren Konsistenz des gelenkten Zufalls ständig jene Grauzone ansteuert, wo alles mit allem gleichgesetzt werden kann.[343]

Heideggers „Erläuterungen" und Vorlesungen zu Hölderlin seien also – seinem Selbstverständnis entsprechend – in der Tat keine Beiträge zur literaturwissenschaftlichen Forschung, nicht jedoch, weil sie die Literaturwissenschaft überwunden hätten, sondern weil sie „vorwissenschaftlich"[344] seien. Die Literaturwissenschaft müsse sich also – wolle sie sich nicht selbst aufgeben und dem „wesentlichen Denken" blind unterwerfen – radikal von Heideggers Stellungnahmen zur Literatur absetzen. Ihnen käme damit nur noch eine anregende Funktion zu:

> Für eine Literaturwissenschaft, die in reflexiver Selbstkontrolle und also in Anerkennung eines Allgemeinen arbeitet, können Einzelheiten aus Heideggers Interpretation zwar interessant sein, aber nur als Rohstoff wie jeder andere subjektive Einfall auch.[345]

Dieser Versuch, eine literaturwissenschaftliche Gegenposition zu Heideggers Herausforderung der Disziplin zu formulieren, ist zwar – meiner Einschätzung nach – im Grundansatz treffend, schießt aber in einigen Punkten übers Ziel hinaus. So scheint es mir unabweisbar zu sein, daß Heideggers Hölderlin-Interpretationen über vereinzelte Details hinaus anregend sein können, finden sich doch vor allem in den Vorlesungen immer wieder auch längere Passagen, die eine große Nähe zum Text aufweisen und für die Interpretation hilfreich sein können. Allerdings muß eingeräumt werden, daß Heidegger ebensooft, wie er den Text trifft, ihn verfehlt und daß seine Vorgehensweise kaum Kontrollmöglichkeiten bereithält, durch die diese beiden Fälle unterschieden werden könnten, so daß Mißgriffe vermeidbar oder relativierbar würden, sondern daß sie solche Fehler durch das

---

[341] Cf. Jamme 1984, 1988b und 1991; Wilke 1987; Lypp 1987; Gethmann-Siefert 1988.

[342] Cf. Weimar/Jermann 1984, 125-130.

[343] Weimar/Jermann 1984, 133.

[344] Weimar/Jermann 1984, 139.

[345] Weimar/Jermann 1984, 138. Zu einem ähnlichen Urteil kommt Kleinschmidt in seiner Analyse von Heideggers Interpretationsverfahren (1983).

unerschütterliche Vertrauen in die Richtigkeit des eigenen Zugriffs systematisch produziert.

Sehr präzise haben Jean Bollack und Heinz Wismann Heideggers philologische Vorgehensweise, also seinen Umgang mit den Texten selbst – abgelöst von seiner rhetorischen Aufbereitung der Ergebnisse, die für Weimar und Jermann im Mittelpunkt des Interesses steht – in einem Aufsatz über die Heraklit-Lektüren des Philosophen herausgearbeitet:

> Heideggers exegetische „Strategie" besteht im wesentlichen aus zwei einander ergänzenden Schritten:
> a) der Anerkennung der Vulgata, d. h. der traditionellen oder zumindest von der Mehrzahl der Philologen gebilligten Textgestalt;
> b) der Aufwertung der gebräuchlichen Übersetzung des Textes vermittels der Isolierung von Satzgliedern und der schrittweisen Auflösung der syntaktischen Verbindungen. Das unterschiedslos auf die Vorsokratiker, auf Sophokles oder auf Aristoteles angewandte Verfahren wirkt umso anziehender, als es einerseits von der Verpflichtung zu wissenschaftlicher Kontrolle entbindet und andererseits die Ansprüche auf ein vertieftes Verständnis befriedigt. Indes, der Verzicht auf die Techniken der Textherstellung und grammatikalischen Analyse besiegelt die Abhängigkeit von den Irrtümern der Überlieferung, während das Fahnden nach unabhängigen Bedeutungseinheiten, Wörtern oder Satzteilen, zur willkürlichen Annahme eines ursprünglichen, kompakten Sinns führt, der sich aller logischen und syntaktischen Überprüfung entzieht.[346]

Diese an Heideggers Interpretationen philosophischer und poetischer Texte aus der griechischen Antike gewonnenen Beobachtungen lassen sich – so meine These – mutatis mutandis übertragen auf seine Hölderlin-Lektüren. Daß das machbar ist, erklärt sich möglicherweise nicht (oder nicht allein) daraus, daß Heidegger das von Bollack und Wismann charakterisierte Verfahren auf Texte aller Art anwendete[347], sondern aus einer analogen Problemlage, vor der man bei der Beschäftigung mit den altgriechischen Texten wie mit denen Hölderlins gleichermaßen steht:

1. Die Texte sind uns zunächst fremd, d. h. sie liegen uns in einer schwer verständlichen sprachlichen Gestalt vor, weil sie in einer nicht mehr gesprochenen Fremdsprache bzw. in einer Art Idiolekt, einer unkonventionellen, ja einmaligen Art lyrischen Sprechens, verfaßt sind. Verstärkt wird dieser Effekt durch den gnomischen Stil, wie er sich bei Heraklit und – passagenweise – bei Hölderlin[348] und Sophokles[349] gleichermaßen findet.

2. Die Überlieferungssituation der Texte ist kompliziert; die Textzeugen sind oft zweifelhaft und unvollständig. Natürlich ist dieses Problem bei Hölderlin nicht in derselben Weise gegeben wie bei den antiken Autoren, da die

---

[346] Bollack/Wismann 1976, 115.

[347] Habermas (1988, 243) erkennt beim späten Heidegger eine durchgehend gleiche Methode der Interpretation philosophischer und poetischer Texte. Diese These kann ich hier nicht überprüfen.

[348] Cf. dazu auch Adorno GS 11, 164f.

[349] Eine gewichtiges Indiz dafür ist Heideggers ineinander verschränkte Lektüre der „Antigone" und des ‚Ister' in der letzten Hölderlin-Vorlesung.

Autographen selbst zum großen Teil noch oder wieder vorliegen; vergleicht man jedoch sein Œuvre mit dem anderer Autoren seiner Zeit, von denen die meisten Texte in autorisierten Drucken oder Reinschriften vorliegen, so kann von einem – an den Maßstäben der Neuphilologien gemessen – ähnlich hohen Schwierigkeitsgrad wie bei den antiken Texten gesprochen werden.[350] Den Editoren bzw. Übersetzern fällt damit bei Hölderlin wie bei den antiken Autoren ein hoher Grad an Verantwortung für die Konstitution der Texte, in die immer schon eine bestimmte Interpretation eingeht, zu.

Erkennt man die vergleichbare Problemlage bei den genannten Autoren, so wird plausibel, daß Heidegger bei Gedichten Hölderlins strukturell analoge Verfahrensweisen anwendet, wie sie Bollack und Wismann an seinen Heraklit-Studien herausgearbeitet haben: Auch in seinen Hölderlin-Interpretationen greift er fast ausschließlich auf die jeweils anerkannteste Ausgabe zurück; das ist für die meisten Interpretationen (bis in die vierziger Jahre) die Hellingrath-Ausgabe[351], für die Nachkriegsaufsätze die StA. Zwar heißt es zu Beginn der ersten Vorlesung, daß die Zinkernagel-Ausgabe „bei der wirklichen Arbeit notwendig mitbenutzt werden muß"[352], aber nur an wenigen Punkten seiner Interpretationen realisiert Heidegger diese Forderung. Aufschlußreich sind seine seltenen expliziten Stellungnahmen zu textkritischen Problemen: Im Vorfeld der Interpretation, heißt es in der „Germanien"-Vorlesung, müsse er „noch zwei Textfragen in Ordnung bringen"[353]. In einem der Problemfälle, in dem es um die Kontamination zweier Reinschriften geht, argumentiert er mit dem Prinzip der editorischen Konsequenz (wenn eine ganze nur in der zweiten Reinschrift überlieferte Strophe in die Textkonstitution übernommen werde, müsse das auch für einen ebenfalls nur in der zweiten Reinschrift erhaltenen halben Vers gelten). Stützend verwendet er das stilistische Argument, daß das fehlende Segment „so dichterisch richtig und Hölderlinisch gesagt ist, daß es nicht fehlen darf"[354]. Im zweiten Problemfall argumentiert er ausschließlich aus dem vermeintlichen Wissen heraus, was „Hölderlinisch" und was „nicht Hölderlinisch"[355] sei:

> Statt „spricht" lesen die anderen „spielt", eine Sache des Lesens, d. h. aber zugleich des Verstehens aus dem Ganzen. Ich kenne die Handschrift des Gedichtes nicht, stimme aber der v. Hellingrathschen Lesart zu.[356]

Hier wird deutlich, daß das inhaltliche Vorverständnis, was und wie der Hölderlinsche Text sein müsse bzw. nicht sein dürfe, ausschlaggebend ist für Heideggers Entscheidung textkritischer Zweifelsfälle. An einer anderen Stelle (im ‚Feiertags'-Aufsatz) ist er in diesem Punkt noch klarer, wobei er seine Aussagen hier mit

---

[350] Ähnlich argumentiert auch Pyritz (1962, 205).
[351] Cf. Heidegger Erl.,51; GA II.39, 9; GA II.52, 16; GA II.53, 2.
[352] Heidegger GA II.39, 9.
[353] Heidegger GA II.39, 24.
[354] Heidegger GA II.39, 24.
[355] Heidegger GA II.39, 25.
[356] Heidegger GA II.39, 25.

seiner Kenntnis der Handschrift zu untermauern versucht:

> Der hier zugrunde gelegte Text beruht, nach den urschriftlichen Entwürfen erneut geprüft, auf dem folgenden Versuch einer Auslegung.[357]

In seinen Interpretationen verfährt Heidegger fast durchgängig so, daß er aus dem konstituierten Text (nur selten werden die Varianten hinzugezogen) kurze Segmente (meist Verse oder auch nur einzelne Wörter) herauslöst und durch die Hinzuziehung anderer Kontexte (Parallelstellen, begriffs-, geistes- oder philosophiegeschichtliche Zusammenhänge) zu erläutern versucht. Mit dieser Verfahrensweise vernachlässigt Heidegger grundsätzlich die syntagmatische zugunsten der paradigmatischen Ebene. Offensichtlich geht er dabei von einer Einheit von Hölderlins Werk und von einem einheitlichen Sinn dieses Œuvres aus, den er so formuliert, daß „Hölderlins Dichtung von der dichterischen Bestimmung getragen ist, das Wesen der Dichtung eigens zu dichten"[358], Hölderlin mithin „der Dichter des Dichters"[359] sei. In dieser „Bestimmung" sieht er die Legitimation, „Leitworte"[360] aus Hölderlins Briefen und Gedichten herauszulösen und als für das Gesamtwerk verbindlich zu dekretieren.[361] In den Gedichtinterpretationen selbst werden einzelne Stellen unverhältnismäßig aufgewertet, während ihr syntaktischer oder semantischer Zusammenhang (z. B. Vergleiche, Reihungen) vernachlässigt wird. Die Parallelstellenmethode wird exzessiv angewandt. In Extremfällen wird die Sinneinheit eines Textes in der Interpretation erst über die hypostasierte Einheit des Gesamtwerks – gewissermaßen als besonderer Fall des vorher schon bekannten Allgemeinen, das Hölderlins Dichtung „eigentlich" ausmache – hergestellt, so in der ersten Vorlesung, in der Heidegger behauptet, die zweite Hälfte von Germanien erläutere sich gleichsam von selbst, wenn man nur das (wahrscheinlich mehrere Jahre zuvor entstandene) Gedicht „Der Rhein" erst einmal verstanden habe und dessen Bedeutungselemente durch Substitution einfach in das spätere Gedicht einsetze.[362] Damit vereinseitigt er den – von ihm selbst in „Sein und Zeit" philosophisch neu begründeten[363] – hermeneutischen Zirkel: Statt aus dem von ihm immer schon vorausgesetzten Allgemeinen das Einzelne zu deduzieren, wäre es umgekehrt notwendig, aus dem Einzelnen allererst ein – immer wieder zu korrigierendes – Allgemeines zu konstituieren.[364]

Nun mag eingewandt werden, daß Heideggers Verfahren legitimierbar sei durch die parataktische Textur von Hölderlins späten Gedichten selbst, die die Sätze voneinander isoliere und bestimmte Wörter oder Sentenzen besonders hervorhebe. Adorno äußert dazu:

---

[357] Heidegger Erl., 51. Cf. zu den Einzelheiten Heidegger Erl., 66f., 72; dazu die Kritik von Szondi in Vorl. V, 218, 266-271, 285-288.

[358] Heidegger Erl., 34.

[359] Heidegger Erl., 34.

[360] Heidegger Erl., 33.

[361] Cf. dazu Adorno GS 11, 164-166; Szondi Vorl. V, 271.

[362] Cf. Heidegger GA II.39, 149, 287f.

[363] Cf. Gadamer 1959.

[364] Cf. auch Bollack/Wismann 1984, 121.

> Dem Gedichteten jedoch gehören die Gnomen bloß vermittelt an, in ihrem Verhältnis
> zur Textur, aus der sie, selber Kunstmittel, herausstechen. Daß, was der Dichter sagt,
> das Wirkliche sei, mag zutreffen auf den Gehalt des Gedichteten; nie auf Thesen.[365]

Genau diese Vermitteltheit der isolierten Elemente durch ihre syntagmatischen
Kontexte – Parataxis ist ja keine Atomisierung, sondern eine spezifische Art der
Verbindung – vernachlässigt Heidegger, ohne diesen Schritt zu reflektieren. In
dieser Hinsicht kann sein Verfahren also nicht überzeugen.[366]

Bollack und Wismann plädieren dafür, die reflektierte philologische Methodik
gegen Heideggers Überwindungsgestus wieder starkzumachen, um die Defizite
von Heideggers Interpretationen zu vermeiden:

> Die Interpretation, die den Anspruch auf philosophische Souveränität erhebt, erweist
> sich als unfähig, die Mängel und Schwächen der philologischen Arbeit zu kompensieren.
> Die prosaische Wissenschaft dagegen hat es in der Hand, sich über die mittelmäßigen
> Ergebnisse zu erheben, mit denen sie sich abfinden muß, solange sie anderen das Pri-
> vileg des Verstehens überläßt. Das gilt zumal für die durch ein besonders absurdes
> System der Arbeitsteilung paralysierte Philologie. Doch um sich zu entwickeln und
> zu vertiefen, bedarf das Verständnis verifizierbarer Tatsachen, während umgekehrt die
> Verifizierungstechniken auf den Horizont des Verstehens angewiesen sind.[367]

Es ist also hauptsächlich Heideggers Methode, die bewirkt, daß seine Hölderlin-
Lektüren für meine Interpretation von Hölderlins späten Gedichtfragmenten nur
eingeschränkt nutzbar zu machen sind. Ich möchte einige weitere Vorbehalte
nennen, die mich in dieser Skepsis bestärken.

Heidegger konzentriert sich in seinen Vorlesungen und Erläuterungen zu Hölderlin seinem eigenen Bekunden nach auf Texte aus „der größten Zeit seines eigentlichen Schaffens"[368], für die er die Jahre ab 1799 hält.[369] Außer „Heimkunft" interpretiert er – wenn man auch die „Griechenland"-Fragmente noch dazu rechnen
will – durchweg Hymnen in freien Rhythmen. Indem er diese als Höhepunkt von
Hölderlins dichterischer Produktion ansieht, geht er mit weiten Teilen der heutigen Forschung konform. Einem Irrtum erliegt er allerdings, wenn er (mit Hellingrath [IV, 346 und 350]) „Germanien" als etwa gleichzeitig mit „Der Rhein",
nämlich 1801, entstanden ansieht; seiner Überlieferung im Homburger Folioheft
nach muß es nach 1802 geschrieben worden sein.[370] Die enge Verzahnung beider Gedichte, die er vorschlägt, wird dadurch noch fragwürdiger, als sie ohnehin
schon wäre. Interpretiert Heidegger also bereits 1934/35 unwissentlich ein Gedicht aus der Zeit nach der Frankreichreise, so wählt er 1941/42 mit „Andenken"
und ‚Der Ister' gezielt Texte aus dem eigentlichen Spätwerk des Autors.[371] Heideggers Textauswahl ist – das gilt also nicht erst für seinen Vortrag von 1959
über „Griechenland" – im Kontext der zeitgenössischen Forschung außerordent-

---

[365] Adorno GS 11, 165.
[366] Cf. zum Problem der Parataxis Wilke 1987, besonders 635-639.
[367] Bollack/Wismann 1976, 121.
[368] Heidegger GA II.39, 30.
[369] Cf. auch Heidegger GA II.53, 20.
[370] Sattler (1983, 123) datiert es auf 1804.
[371] Cf. Heidegger GA II.52, 19.

lich avanciert, konzentriert sie sich doch auf Texte, die gemeinhin dem Bereich oder zumindest dem Vorraum des ‚Wahnsinns' zugeschlagen wurden und teilweise bis heute werden. Außerdem fällt auf, daß Heidegger seine Interpretationen nicht auf Texte beschränkt, die fast oder ganz abgeschlossen worden sind. Allerdings erkennt er die zerbrechliche oder zerbrochene sprachliche Gestalt von Gedichten wie der ‚Feiertags'-Hymne, dem ‚Ister' oder „Griechenland" nicht als integrales Moment des Textes. So heißt es über „Wie wenn am Feiertage …":

> Das Gedicht ist in mannigfacher Hinsicht unvollendet. Die Gestaltung des Schlusses zumal, für die Hölderlin selbst sich einst entschieden hätte, bleibt unbestimmbar. Aber alle Unvollendung ist hier nur die Folge des Überflusses, der aus dem innersten Anfang des Gedichts quillt und das bündige Schlußwort verlangt.[372]

Zwar wird die unaufhebbare Fragmentarizität des Gedichts eingestanden (wenngleich Heidegger verschweigt, welche bedrohliche Wendung das Gedicht in den letzten, in seiner Textfassung ausgesparten, Versfetzen nimmt). Aber dieser Mangel erscheint Heidegger schon von vornherein als kompensiert durch den „innersten Anfang des Gedichts". Selbst bei diesem fragmentarischen Gedicht hypostasiert er also einen Ursprung als Sinnzentrum des Textes, aus dem heraus alle seine Einzelheiten verstanden werden können, sogar die damit marginalisierte Bruchstückhaftigkeit der Hymne. Noch subtiler wendet Heidegger diese Argumentationsfigur beim ‚Ister' an:

> Die Isterhymne gibt uns, in den rechten Gesichtskreis gehalten, wesentliche Winke. Aber gerade diese Hymne ist in manchem ein Entwurf und bricht ab – gleich als müßte bis ins Äußerste das Wesen dieser Dichtung bezeugt werden, deren Dichter ein Zeichen ist. Das Zeichen zeigt – indem es zeigt, macht es offenbar, aber so, daß es zugleich verbirgt.[373]

Vorsichtig, im fiktionalen Modus des „gleich als", denkt Heidegger auch hier die Fragmentarizität als Ausdruck des „Wesen[s] dieser Dichtung". Gerade dieser Schwebezustand zwischen Realität und Irrealität, Offenbarung und Verbergung zeichnet aber für ihn diese Hymne aus. Durch eine Kontamination mit den „Zeichen"-Versen aus „Mnemosyne" versucht er, den Status eines Zeichens nicht nur dem Gedicht, sondern auch dem Dichter zuzuschreiben, der sich in der Hymne nicht nur manifestiert, sondern auch hinter ihr verborgen hat. Daß ‚Der Ister' das Problem des Zeichens in exemplarischer Weise nicht nur thematisiert, sondern auch repräsentiert, rückt ihn für Heidegger ins Zentrum der Hymnendichtung, deren „uns noch verborgene[s] Gesetz"[374] zugleich das Gesetz der Geschichte der Deutschen verstehen helfen könne. So überzeugend Heidegger den konstitutiven Mangel des Zeichens an Sein, der im Fragment besonders prägnant zum Ausdruck kommt, hier umreißt, so schnell gibt er diesen Versuch, *das Unvollständige in seiner Unvollständigkeit zu denken*, wieder auf, wenn er es zum Repräsentanten eines höheren Sinns umprägt. Heidegger nimmt damit die Fragmentarizität von Hölderlins später Lyrik als Gefährdung der Einheit des Gedichts und seines Sinns nicht wirklich ernst, sondern sieht sie als immer schon kompensiert durch

---

[372] Heidegger Erl., 75.
[373] Heidegger GA II.53, 202.
[374] Heidegger GA II.53, 202.

das „Wesen" der Hölderlinschen Dichtung an, getreu der harmonistischen Interpretation des Diktums vom Anfang der „Patmos"-Hymne: „Wo aber Gefahr ist,
wächst / Das Rettende auch."

Die bisher zusammengetragenen Bedenken gegenüber der Fruchtbarkeit von Heideggers Lektüren für eine heutige Annäherung an Hölderlins späte Gedichtfragmente verdichten sich noch, wenn man die in dieser Arbeit verfolgte Zielsetzung
mit Heideggers Vorgehensweise vergleicht. Mir geht es hier um die literaturwissenschaftliche Erkundung von Möglichkeiten, die Konstitution und Weiterentwicklung von Subjektivität und Intersubjektivität (gerade in einer gesellschaftlichen Situation, in der diese mehr und mehr gefährdet sind) in lyrischen
Texten aufzuspüren und für die heutige Rezeption fruchtbar zu machen. Mit diesem Erkenntnisinteresse sind die von Heidegger empfohlenen genuin passivischen
Verhaltensweisen gegenüber Hölderlins Texten („Warten auf das Kommen des
anfänglichen Wortes"[375]) schlechterdings unvereinbar. Hinter den Bescheiden-
heitsbekundungen, die vor allem den Beginn der Vorlesungen und das Vorwort
zur zweiten Auflage der „Erläuterungen" kennzeichnen[376], verbirgt sich zudem
ein dogmatischer Ausschließlichkeitsanspruch der eigenen Interpretation, die sich
anmaßt, das „Wesentliche" der Gedichte aufzuzeigen. Dieser Anspruch tritt vor
allem an den zahlreichen Stellen zutage, an denen Heidegger alternative Interpretationen – oft mit dem Hinweis auf ihre Herkunft aus der alltagssprachlichen
Wortverwendung – abweist.[377] Dieser dem Demutsgestus nicht etwa entgegenwirkende, sondern vielmehr komplementäre Dogmatismus bestätigt die Unvereinbarkeit von Heideggers Zugriff mit dem von mir hier vertretenen hermeneutischen Ansatz, der sich offen hält für immer neue Interpretationen und der die
Funktion von Literatur erst in ihrer produktiven Rezeption auch außerhalb der
Wissenschaft erfüllt sieht.

Schließlich dürfen bei der Frage nach der Nutzbarkeit von Heideggers Hölderlin-
Studien für das heutige Verständnis der späten Gedichtfragmente die politischen
und biographischen Kontexte nicht vernachlässigt werden, in denen Heideggers
Beschäftigung mit dem Autor steht.[378]

Heideggers erste Hölderlin-Vorlesung vom Wintersemester 1934/35 ist als Verarbeitung seines mindestens bis April 1934 andauernden und von ihm selbst später
als gescheitert gewerteten[379] nationalsozialistischen Engagements als Hochschul-
rektor anzusehen.[380] Diese Funktion bleibt der Textur der Vorlesung keineswegs
äußerlich: Vielmehr schlägt sich die Nähe zur Sprache und zum Denken der Zeit
in der affirmativen Verwendung militaristischer Vokabeln und Motive nieder.[381]

---

[375] Heidegger GA II.52, 13.
[376] Cf. Heidegger Erl., 7f.; GA II.39, 23; GA II52, 1, 9f.; GA II.53, 2.
[377] Cf. Weimar/Jermann 1984, 127; Kleinschmidt 1983, 309.
[378] Cf. allgemein dazu Bourdieu (1976) und den von Gethmann-Siefert und Pöggeler herausgegebenen Sammelband (1988).
[379] Cf. Heidegger 1983, 38.
[380] Cf. Jamme 1984, 196; Pöggeler 1988, 33-35; Gethmann-Siefert 1988, 191.
[381] Franzen (1988, 78) spürt schon in der Vorlesung vom Wintersemester 1929/30 in der

(Am auffälligsten sind das leitmotivisch gebrauchte „Einrücken in den Macht-bereich der Dichtung"[382] und das Beispiel ausgerechnet der „Kameradschaft der Frontsoldaten" für die „ursprüngliche Gemeinschaft"[383].)

Nur oberflächlich betrachtet treten die politischen Konnotationen in den während des Zweiten Weltkriegs gehaltenen Vorlesungen zurück: Heideggers offener Antiamerikanismus in der Vorlesung vom Wintersemester 1941/42 (in extenso auch schon aus der früheren Vorlesung bekannt) gehorchte zum Zeitpunkt der deutschen Kriegserklärung an die USA (11.12.1941) besonders deutlich dem politischen Gebot der Stunde.[384]

Noch prekärer wirkt in zeitgeschichtlicher Perspektive die Vorlesung des folgenden Sommersemesters, die unmittelbar und unkritisch – wenngleich mit dunklen Worten – auf die deutsche Sommeroffensive in der Sowjetunion 1942 und die dahinterstehende „Volk braucht Raum"-Ideologie Bezug nimmt:

> Zwischen dem raumzeitlichen Ausgreifen der Weltbeherrschung und der in ihren Dienst genommenen Siedlungsbewegung auf der einen Seite und dem Heimischwerden des Menschen durch Wanderschaft und Ortschaft waltet wohl ein geheimer Bezug, dessen geschichtliches Wesen wir nicht wissen.[385]

Ich kann hier nicht der Frage nachgehen, welchen Stellenwert die in den Text der Vorlesungen eingegangenen politischen Kontexte[386] über die zitierten Stellen hinaus haben. Entscheidend scheint mir jedoch zu sein, daß sich weder in diesen Vorlesungen noch im übrigen Werk eine entschiedene Distanzierung Heideggers vom Nationalsozialismus findet, die nach seinem Engagement von 1933/34 bitter nötig gewesen wäre.[387] Nicht nur dieses Fehlen eines Schuldeingeständ-

---

„Sehnsucht nach Härte und Schwere" „ein zum NS-Engagement disponierendes Motiv" von Heideggers Denken auf.

[382] Heidegger GA II.39, 19. Interessanterweise findet sich an zentraler Stelle in Gadamers „Wahrheit und Methode" die verwandte Formel „Einrücken in ein Überlieferungsgeschehen" (Gadamer 1975, 275; im Orig. kursiv).

[383] Heidegger GA II.39, 72.

[384] Heidegger GA II.52, 134.

[385] Heidegger GA II.53, 60, cf. auch 202.

[386] Nicht nur in den Text der Vorlesungen, sondern auch in den der „Erläuterungen zu Hölderlins Dichtung": Haverkamp weist auf die – in allen späteren Ausgaben getilgte – Widmung des Aufsatzes „Hölderlin und das Wesen der Dichtung" hin: „Norbert von Hellingrath / gefallen am 14. Dezember 1916 vor Verdun / zum Gedächtnis." (zit. nach Haverkamp 1991, 76). Haverkamp kommentiert: „Von Verdun ist nicht wieder die Rede und auch der ursprüngliche Kommentar, die ‚Veröffentlichung' rechtfertige sich ‚allein' aus der Widmung, war dem Herausgeber der Wiederholung nicht wieder wert. [...] was zählte für Heidegger in Hölderlin [...], war ‚allein' die Wiederkehr der Gefallenen. Um die Krypta Verdun kreist die ihn gefangen nehmende Unfähigkeit zu Trauern." (ibd., 76f.)

[387] Cf. zu Heideggers politischem Verhalten in den späten dreißiger Jahren die Darstellung seines früheren Schülers Löwith (1989, 32-42; 56-58). Heideggers politische und moralische Ignoranz, verbunden mit der Unfähigkeit, eigene gravierende Fehler einzugestehen, manifestiert sich in seiner Apologie „Das Rektorat 1933/34. Tatsachen und Gedanken" von 1945 sowie in dem furchtbaren Brief an Marcuse vom 20.1.1948, in dem er die Judenvernichtung mit der Vertreibung der Deutschen aus Osteuropa verrechnet (dokumentiert in Farías 1989, 374f., und in Heidegger/Marcuse 1989, 72f.). Cf. dazu den Brief von Maurice Blanchot an

nisses, sondern auch der dieses persönliche Versagen überdeckende autoritative Gestus seiner Hölderlin-Interpretationen lassen diese viel tiefer in der Zeit ihrer Entstehung verhaftet sein, als ihr avantgardistischer Anspruch, der von einigen postmodernen Anhängerinnen und Anhängern Heideggers zum Maßstab ihrer Bewertung erhoben wird, glauben machen möchte. Natürlich gilt die Zeitgebundenheit und die Möglichkeit des Veraltens – wie im übrigen für alle Produkte menschlichen Denkens – auch für die etwa gleichzeitig mit denen Heideggers entstandenen Theorien Benjamins oder Adornos. Genau wie jener haben auch sie versucht, die – allerdings mit gänzlich anderen Mitteln konkretisierte – Zeitlichkeit des Denkens reflexiv mitzuberücksichtigen. Weitere Parallelen in ihren Theorien allgemein (z. B. die Kritik der westlichen Zivilisation bei Adorno und Heidegger) wie auch speziell in ihren Hölderlin-Interpretationen (z. B. der zentrale, erstmals von Benjamin gebrauchte Begriff des „Gedichteten") lassen sich finden. Eine solche Analogisierung ist jedoch untragbar, wenn in ihr nicht die fundamentale Differenz zwischen Benjamin und Adorno auf der einen, Heidegger auf der anderen Seite betont wird, die Rainer Nägele treffend formuliert hat:

> Eine solche Lektüre müßte freilich die anfangs gewagte Konfiguration von Benjamin, Adorno und Heidegger zunächst wieder auflösen. So sehr der hermeneutische Grund sie objektiv nahelegt, ebenso objektiv trennt die geschichtliche Konstellation das Denken, das mit der Barbarei, wie kurz auch immer, sich eingelassen hat, von deren Opfern. Versöhnung, nicht erpreßte, wäre denkbar, wo die Wunde der Geschichte als Moment des Denkens mitgedacht statt verdrängt wird.[388]

Heideggers Hölderlin-Studien nötigen zu einem zerrissenen Urteil: Viele einzelne Passagen sind von großer Sensibilität für den Hölderlinschen Text geprägt und in der Genauigkeit der Lektüre von Einzelstellen und Grundmotiven zuweilen bis heute unübertroffen. Dominierend ist in Heideggers Lektüren jedoch die Gewaltsamkeit des Zugriffs, der darauf abzielt, Hölderlin zum poetischen Vorläufer von Heideggers eigener Philosophie zu stilisieren. Heideggers Beiträge sind daher nur sehr eingeschränkt für die literaturwissenschaftliche Erschließung von Hölderlins späten Gedichtfragmenten nutzbar zu machen.

7.3   Neuere Forschungsbeiträge

Die in den letzten gut zwei Jahrzehnten entstandenen Foschungen lassen sich, sofern sie nicht noch dem Paradigma der Frage nach dem ‚Wahnsinn' verhaftet bleiben, – etwas vereinfachend – drei Strängen zuordnen: der psychoanalytisch und dekonstruktivistisch orientierten (angloamerikanischen und französischen) Richtung, der in den letzten Jahren sehr in den Hintergrund getretenen marxistischen Forschung in der BRD und in der damaligen DDR sowie der keinem der genannten Paradigmen subordinierbaren (im wesentlichen deutschsprachigen)

Cathérine David in Altwegg 1988, 94-99.
[388] Nägele 1982b, 104.

Forschung, wie sie vor allem im Umkreis der Hölderlin-Gesellschaft betrieben wird. In den letzten Jahren hat ein recht reger Austausch zwischen diesen Richtungen begonnen, der sich auf die Weiterentwicklung der Forschung zu Hölderlins später Lyrik sehr positiv auswirkt.

Die noch immer umfassendste Studie zum Komplex von Hölderlins später Lyrik ist die an der University of California, Berkeley, entstandene und 1969 erschienene Dissertation von Winfried Kudszus „Sprachverlust und Sinnwandel", ein Buch, das unverständlicherweise in der bundesdeutschen Hölderlin-Forschung nicht besonders nachhaltig gewirkt hat.[389] In einem umfangreichen Forschungsbericht arbeitet Kudszus heraus, daß die Romantikerinnen und Romantiker, die George-Schule und Heidegger zwar in die „Genesis der spätesten Dichtung"[390] „hineinleuchtende[ ]"[391] Einsichten gehabt hätten, daß ihre Zugänge aber zu subjektiv oder empathisch gewesen seien (ich sprach in diesem Zusammenhang von *Mythisierung*), als daß sie wissenschaftlich verallgemeinerbar wären, während die professionelle Literaturwissenschaft die späte und späteste Lyrik auseinanderzurücken versuche und dadurch den Übergang zwischen beiden Phasen völlig aus dem Blick verloren habe (ich sprach hier von *Pathologisierung* auf der einen, *Vereindeutigung* auf der anderen Seite). Kudszus will die Aporien beider Rezeptionsrichtungen überwinden durch eine rationale Rekonstruktion des Übergangs. Im Mittelpunkt seiner Interpretation stehen daher die um den Übergangspunkt gruppierten Gedichte „der Vatikan ...", „Griechenland" und „In lieblicher Bläue ...". Schon in der „Friedensfeier" versucht Kudszus Tendenzen auszumachen, die auf die Auflösungstendenzen hindeuten, und in einigen der spätesten Gedichte verfolgt er die Ausläufer dieser Entwicklungen. Den Umschlagspunkt selbst sieht Kudszus in „Hälfte des Lebens" präfiguriert und im (von Beißner so genannten) ‚ersten Entwurf' zu „Griechenland" realisiert.[392] Für Kudszus liegt hier ein im gesamten Spätwerk bereits angelegtes „endgültiges Versinken des ‚Subjekts' im ‚Objektiven', ein nicht nur punktueller Distanzverlust"[393] vor. Auch im ‚zweiten' und ‚dritten' „Griechenland"-Entwurf und in den spätesten Gedichten „findet sich der Dichter nicht wieder"[394]. Die positive Seite dieser „Auflösung des Subjekts"[395] sieht Kudszus „in gänzlichem Einklang, in vollkommener Harmonie mit allem"[396]. Doch er will diesen Weg nicht nur als „Sprachverlust", sondern auch als „Weg zu einer neuen Sprache"[397] verstanden wissen; ja sogar von der

---

[389] Eine ausführliche polemische Auseinandersetzung findet sich dagegen bei Hof 1977, 52-65.

[390] Kudszus 1969, 30.

[391] Kudszus 1969, 31.

[392] Hier rächt sich, daß Kudszus keine eigenen textkritischen Studien anstellt: Zwischenzeitlich hat Sattler (1981b) – mit Zinkernagel, aber gegen Beißner – nachdrücklich darauf hingewiesen, daß die Chronologie der beiden „Griechenland" überschriebenen Blätter keineswegs feststeht.

[393] Kudszus 1969, 152.

[394] Kudszus 1969, 153.

[395] Kudszus 1969, 153.

[396] Kudszus 1969, 154.

[397] Kudszus 1969, 153.

Entwicklung einer „neue[n] Kunst"[398] ist die Rede. Kudszus läßt offen, wer das Subjekt dieser Sprache und dieser Kunst sein soll und nach welchen Prinzipien diese strukturiert sind.[399] Während der „Sprachverlust" schlüssig herausgearbeitet wird, bleibt die „neue Sprache" bloßes Postulat. Der Versuch, beide zusammenzudenken, äußert sich nur als Unentschiedenheit zwischen beiden Aspekten und muß daher als mißlungen angesehen werden.

In späteren Aufsätzen hat Kudszus diesem Mangel durch eine präzisere Lektüre der spätesten Gedichte vor dem Hintergrund moderner Lyrik und kritischer Gesellschaftstheorie abgeholfen:

> Hölderlin fand dieses Ende im Wahnsinn, zu seiner Zeit und noch lange darauf mißverstanden und von mancher Legende umwoben. In einer Welt, die mit den Mechanismen und Abgründen des Einzelmenschen und seiner Tradition aufs grauenhafteste vertraut ist, mag es indes gelingen, Hölderlins Wahnsinn objektiver zu verstehen: als – notwendig ambivalenten – Anfang.[400]

> Hölderlins Sprachextremismus, das solipsistische Wort eröffnet nicht zuletzt den Blick auf eine vom Zwang der Zeit – des Individuellen, der Manipulation, der Kategorien – erlöste Welt.[401]

> In der Lyrik Hölderlins wie der Alexanders und Celans führen schwierig scheinende, unmittelbar im Angstsog sich bewegende Sprachverläufe in den Zerfall hinein *und* in die Nähe eines Anfangs, an dem sich unverstellt „ich" sagen ließe.[402]

> Die Neukonstitution aus dem Zerfall heraus bleibt gebunden an jene Angstbereitschaft.[403]

Mit diesen – gegenüber der Dissertation wesentlich klareren und konkreteren Aussagen zur spätesten Lyrik nimmt Kudszus eine avancierte Forschungsposition ein, mit der sich jede heutige Interpretation der späten Gedichtfragmente auseinanderzusetzen hat. Insbesondere ist zu fragen, ob die Fragmente wirklich nur eine Stufe des Übergangs zu den spätesten Gedichten bilden oder ob in ihnen selbst möglicherweise eine besondere Form lyrischen Sprechens entwickelt ist, die sich weder mit den davor noch mit den danach entstandenen Gedichten verrechnen läßt.

In den Arbeiten des amerikanischen Forschers Rainer Nägele nimmt Hölderlin ebenfalls bereits seit seiner Dissertation „Formen der Utopie bei Friedrich Hölderlin" (Santa Barbara 1971) eine zentrale Stellung ein. Nägele führt den Ansatz Peter Szondis konsequent fort; er verbindet wie dieser philologische Methodik und kritische Gesellschaftstheorie; zusätzlich gewinnt die bei Szondi nur angelegte Integration psychoanalytischer und strukturalistischer Theoriepotentiale zunehmend an Bedeutung. Schon in Nägeles Buch „Literatur und Utopie.

---

[398] Kudszus 1969, 110, 120, cf. auch 28.
[399] Noch problematischer wird die Rede von der „neuen Sprache" angesichts ihrer fatalen Verknüpfung mit der Schizophrenie-Diagnose, die Kudszus in der vorletzten Fußnote (cf. 153f., Anm. 6) vornimmt.
[400] Kudszus 1973, 32.
[401] Kudszus 1973, 30.
[402] Kudszus 1984, 142.
[403] Kudszus 1984, 143.

Versuche zu Hölderlin" (1978) finden sich luzide Überlegungen zu Hölderlins lyrischem Spätwerk[404], die in der späteren Studie „Text, Geschichte und Subjektivität in Hölderlins Dichtung – ‚Uneßbarer Schrift gleich' " (1985) in den Mittelpunkt rücken. Im ersten Teil des Buches erarbeitet Nägele die Grundmotive von Hölderlins Lyrik in einer genauen Analyse von „Brod und Wein"; im zweiten Teil verfolgt er die Genese der „vaterländischen Gesänge" seit den frühen Hymnen und aus Hölderlins eigenen poetologischen Prinzipien. Im letzten Kapitel, das sich mit den späten Bearbeitungen von „Brod und Wein" und „Patmos" beschäftigt, analysiert Nägele, wie die scheinbare Vollendung einiger Gedichte vom Autor selbst wieder aufgebrochen wird.[405] Nägeles Hölderlin-Studien sind ein unentbehrlicher Bezugspunkt für die heutige Beschäftigung mit dem lyrischen Spätwerk.[406]

Auch andere amerikanische Forscherinnen und Forscher haben die Auseinandersetzung mit Hölderlins später Lyrik vorangetrieben. Wegweisend dafür sind die Arbeiten Paul de Mans, der selbst bedeutende Aufsätze über Hölderlin hinterlassen hat.[407] In seiner Nachfolge haben einige jüngere Wissenschaftlerinnen und Wissenschaftler die Frontstellung zwischen Dekonstruktivismus und traditionel-

---

[404] Cf. Nägele 1978, 193-206.

[405] Cf. Nägele 1985, 221-239; cf. auch Nägele 1984.

[406] Zwei unveröffentlichte akademische Arbeiten (beide sind im Hölderlin-Archiv einzusehen) versuchen, Hölderlins späten Gedichtfragmenten mit poststrukturalistischen Mitteln näherzukommen. Werner Hamacher – heute einer der exponiertesten Vertreter des deutschamerikanischen Dekonstruktivismus – knüpft in seiner Berliner Magisterarbeit „Bild und Zeichen in der späten Lyrik Hölderlins" bereits 1972 – also zu einem in der deutschsprachigen Diskussion außerordentlich frühen Zeitpunkt – an Derridas in den sechziger Jahren entwickelte Sprachtheorie an. Ausgangspunkt seiner Arbeit ist – ein rhetorischer Gestus, der schon bei Heidegger begegnete – eine polemische Abgrenzung von der traditionellen Literaturwissenschaft, die er unter Rückgriff auf Hölderlins Texte selbst zu begründen versucht: Sie stellten „die vielleicht bedrohlichste Herausforderung an ihre [der Literaturwissenschaft] wissenschaftstheoretische Fundierung" dar, nämlich „an die Möglichkeit, von einem Text den Sinn zu eruieren" (Hamacher 1972, 1). Die Literaturwissenschaft habe auf diese von Hölderlins Texten ausgehende Provokation durch Reduktion ihrer Komplexität reagiert: „Ausgeblendet wird, was thematisch oder durch seine Verfahrungsweise die Kategorie des Sinns in Frage stellt; die hölderlin'sche Dichtung dort, wo es um Bedingungen und Formen der Konstitution von Bedeutung, insbesondere wo es um Formen ihrer Subversion geht." (Ibd.) Hamachers Analysen sind der Entfaltung dieses seiner Auffassung nach in Hölderlins Texten enthaltenen dekonstruktiven Potentials gewidmet. Es ist eine plausible Feststellung, daß in diesen Texten nach den Bedingungen der Möglichkeit von Sinnkonstitution gefragt und aufgrund dieser transzendentalen Fragestellung bestimmte Formen der Sinngebung und einige vorgegebene Inhalte in Frage gestellt werden. Die These jedoch, daß in Hölderlins Texten jede Möglichkeit von Sinngebung destruiert werde, wird von Hamacher nicht belegt, sondern von vornherein als richtig vorausgesetzt und im folgenden nur noch erläutert. Das macht seine Lektüren wenig produktiv für eine vorsichtigere Sichtweise des semiologischen Potentials von Hölderlins poetischen und poetologischen Schriften. Man hat hier mit einem Problem zu tun, das auch schon Heideggers Hölderlin-Erläuterungen aufgaben: Ein Diskurs, der für die literaturwissenschaftliche Methodik schlechthin als den literarischen Texten inkompatibel über Bord wirft, kann nicht ohne weitreichende Transformationen in die literaturwissenschaftliche Forschung integriert werden.

[407] Cf. de Man 1967/68 und 1983.

ler Literaturwissenschaft (oder New Criticism) und auch den Überwindungsgestus und die Hermetisierung der eigenen Position, die die Lektüre der Arbeiten der deutschsprachigen Neostrukturalisten so unproduktiv machen, hinter
sich gelassen.[408] Zu erwähnen sind im Blick auf die späten Gedichte besonders
die Arbeiten von Andrzej Warminski[409] und Eric L. Santner[410]. Alice A. Kuzniar konzentriert sich in ihrem Buch „Delayed Endings. Nonclosure in Novalis
and Hölderlin" (1987) nach einer geistes- und zeitgeschichtlichen Verortung der
späten Lyrik auf „Patmos" und die späten Bearbeitungen. Unabgeschlossenheit ist für sie nicht primär eine formale Kategorie, sondern eine Grundfigur der
dichterischen und philosophischen Produktion Hölderlins wie auch Hardenbergs,
Friedrich Schlegels, Jean Pauls und anderer. Diese Autoren überwänden das geschichtsphilosophische Denken der Aufklärung und die apokalyptischen Modelle
des Pietismus gleichermaßen durch ein Denken radikalisierter Zeitlichkeit und
Diskontinuität, das große Affinitäten zu poststrukturalistischen Theorien auf-
weise. Leider liest Kuzniar Hölderlins Lyrik zu einseitig aus dem Blickwinkel dieser – zweifellos beachtenswerten – These. Damit gelingt es ihr nicht, das Verhältnis der gegenwärtigen Utopie (etwa in der „Friedensfeier" oder im „Brautfest"
des „Rheins") zu deren Aufschub oder Scheitern präzise genug zu erfassen. Ihr
Urteil ist zu stark vom spielerisch-ironischen Denken der Romantiker geprägt,
als daß sie die Ernsthaftigkeit und Verzweiflung, mit der Hölderlin mit poetischen Mitteln reale politische Verhältnisse zu beeinflussen versucht, genügend
berücksichtigen könnte. In den späten Bearbeitungen von „Patmos" und „Brod
und Wein"[411] sieht Kuzniar die unwiderrufliche Trennung von menschlicher und
göttlicher Sphäre sowie den Verlust der der Dichtung ursprünglich zugeschrie-
benen Vermittlungsfunktion radikalisiert. Diese zunehmende Desillusionierung –
so ihre These – führe zum Aufbrechen der Einheit des Gedichts, zum fragmentarischen Schreiben und schließlich zum völligen Verstummen.

Ebenfalls in der Tradition de Mans und Derridas steht der Konstanzer Forscher Anselm Haverkamp. Er unternimmt in seinem jüngst erschienenen Buch
„Laub voll Trauer" erstmals seit Kudszus wieder den Versuch, die Entwicklung
von Hölderlins Werk über die Zäsur des Jahres 1806 hinweg in ihren Kontinuitäten zu verfolgen. Dabei wirft er eine interessante Pointe in die Debatte um
Hölderlins ‚Geisteskrankheit' ein: Das Interesse der Forschung an den letzten
Gedichten und Fragmenten *vor* der Einlieferung des Autors in die Psychiatrie
verstärke gerade das Vorurteil über die späten Gedichte als bloßer „Dokumente
des Zerfalls"[412], aus denenünverhohlen nur noch die Krankheit spreche"[413]. In
den Gedichten „Mnemosyne", „Andenken" und „Der Kirchhof" verfolgt Haver-

---

[408] Die avancierte Stellung der amerikanischen Literaturwissenschaft allgemein weist überzeugend Culler (1988, 33-93) nach.
[409] Cf. Warminski 1976 und 1987; dazu die Rezension von Nägele (1989b).
[410] Cf. Santner 1985a, 1985b und 1986.
[411] Cf. dazu auch Groddeck 1978/79; Almhofer 1988/89.
[412] Haverkamp 1991, 100; cf. auch 114.
[413] Haverkamp 1991, 100.

kamp demgegenüber fortschreitende „Ablösungsstufe[n] vom Schema der Allegorie"[414]. Die spätesten Gedichte sieht er in gewisser Weise als Erfüllung von Tendenzen an, die im Spätwerk erst angelegt sind. Für das Verständnis der späten Fragmente (und auch der Gedichte „Andenken" und „Mnemosyne") ist seine Arbeit daher nach meinem Urteil nicht sehr fruchtbar; ihre Stärke hat sie in dem Versuch, die Gedichte des alten Hölderlin zu verstehen. Es ist kein Zufall, daß Haverkamp dabei auf die in der jüngeren Forschung vor allem durch Bertaux und Sattler repräsentierte Mythisierungstendenz zurückgreift.[415] So wird Hölderlin eine „Raffiniertheit des Rückzugs" und eine „verdeckte Reflektiertheit der neuen dichterischen Mittel"[416] attestiert und dabei ein weiteres Mal vernachlässigt, inwieweit er durch die Psychiatrisierung zum Objekt degradiert und vielleicht damit auch der Voraussetzungen zu einem ‚raffiniert-reflektierten' Verhalten beraubt wurde. Allerdings ist Haverkamp zugute zu halten, daß er das Leben des Autors im Tübinger Turm nicht ausmalt, sondern letztlich eingesteht, daß wir nicht wissen, wie die Wirklichkeit des zurückgezogen lebenden Dichters ‚eigentlich', aus seiner Innenperspektive aussah:

> Gezeichnet von Verzichten, die so leicht nicht abschätzbar sind, verspricht Hölderlin sich vom *fröhlichen Leben* anderes, als dem Nachstellen seines Rückzugs begreiflich ist: Fülle der Erscheinungen im kargen Rahmen leerer Bilder, hervorgerufen aus dem Nichts.[417]

Seit Beginn der siebziger Jahre gibt es eine marxistische Richtung der Hölderlin-Forschung, die sich an Bertaux' Thesen über Hölderlins Jakobinismus anschloß, sie aber weiterführte mit Mitteln der historisch- aterialistischen Geschichtsphilosophie. Die Studie von Gisbert Lepper „Friedrich Hölderlin. Geschichtserfahrung und Utopie in seiner Lyrik" (1972), die die Entwicklung von Hölderlins Gesamtwerk nachzeichnet, ist für diese Forschungsrichtung repräsentativ. Die späte Lyrik handelt Lepper unter dem Titel „Allegorische Chiffrierung von Geschichte und Gesellschaft"[418] ab:

> Mit derselben theoretisch-sinnlichen Anschauung [wie in Hegels Prosa] lösen die spätesten Entwürfe die gesellschaftliche Empirie auf. Sie setzen deren Elemente in allegorischen Zusammenhang, worin die utopische Vorstellung aufgehoben ist, und objektivieren dadurch das Ganze der Zeiterfahrung.[419]

> Das Geschichtliche scheint in der sich auflösenden Gegenständlichkeit versunken, beinahe auszuruhen.[420]

An diesen Analysen ist nur zu kritisieren, daß in ihnen die Dimension der Subjektivität (und darin das Verhältnis von Sinnlichkeit und Bedrohung), das im Mittelpunkt von Kudszus' Untersuchungen stand, völlig ausgeblendet wird. Das für meinen Untersuchungsgegenstand wichtigste Verdienst von Günter

---

[414] Haverkamp 1991, 116.
[415] Cf. Haverkamp 1991, 102.
[416] Haverkamp 1991, 9.
[417] Haverkamp 1991, 116.
[418] Lepper 1972, 189.
[419] Lepper 1972, 219.
[420] Lepper 1972, 229.

Mieths Buch „Friedrich Hölderlin. Dichter der bürgerlich-demokratischen Revolution" (1978), das ebenfalls dem Gesamtwerk Hölderlins gewidmet ist, besteht darin, daß er auf einen deutlichen Bruch innerhalb Hölderlins lyrischer Dichtung hinweist, der nicht von allen Forschern und Forscherinnen so deutlich gesehen wird:

> Die 1802-1803 vollendeten Hymnen unterscheiden sich nämlich erheblich von der 1800-1801 entstandenen Hymnengruppe durch den ihnen zugrunde liegenden Begriff der geschichtlichen und motivlichen Realität.[421]

Anders als Lepper, der sich an Benjamins und Adornos Geschichtsphilosophie geschult hatte, kommt Mieth aber kaum über den Rahmen der Widerspiegelungstheorie hinaus, indem er die Stadien von Hölderlins Spätwerk jeweils als Reflexe historischer und biographischer Veränderungen zu verstehen versucht.

Marianne Beese führt in ihrer unveröffentlichten Leipziger Dissertation von 1982 „Inhaltliche und sprachlich-stilistische Modifikationen als Ausdruck wechselnder Zeiterfahrung in Hölderlins Lyrik zwischen 1800 und 1807" Mieths Forschungsprogramm weiter. Im Gegensatz zu Mieth verfolgt sie die historischen Veränderungen und die ihnen korrespondierenden Konzeptionen von Subjektivität in der Textur der Gedichte selbst:

> Der subjektive Vorstellungs- und Erlebnishorizont wird immer maßgeblicher, schließlich sollen im Individualschicksal allgemeine Gesetze aufgefunden werden. Diese Tendenz zunehmender empirischer Unmittelbarkeit ergibt sich letztlich aus der zunehmenden Differenz zwischen utopisch-dichterischem Anspruch und der realen gesellschaftlichen Situation. Der objektiv gegründete Mangel an geschichtlicher Überschau und der Schwund benennbarer Ordnungen läßt nicht nur die Suche nach gesellschaftlicher Orientierung generell intensiver werden und die Schwierigkeit, ja Unmöglichkeit des Deutungsprozesses selbst in die poetische Reflexion gelangen, sondern beeinflußt den Stil in noch detaillierterer Weise, läßt neben die reflektierende Abstraktheit äußerste Versinnlichung und Verbildlichung treten. Insgesamt gewinnt die Sprache an Dynamik. [...] Indem die real wirkenden Geschichtskräfte in mythischem oder empirischem Gewand erscheinen, verlieren sie freilich ihre soziale Konkretheit.[422]

Damit scheint mir eine fortgeschrittene marxistische Position erreicht zu sein, in der die Dimension der Subjektivität einen wichtigen und klar umrissenen Stellenwert hat. Allerdings wird die sich gesellschaftlicher Funktionalisierung entziehende Kehrseite der Subjektivität, die Seite der Bedrohung, der Angst und des Wahnsinns, die in den späten Gedichten ebenfalls zur Sprache kommt und die von Autoren wie Heidegger und Blanchot in den Vordergrund gerückt worden war, von Beese vernachlässigt.

Für den Hauptstrom der deutschsprachigen Forschung, der sich weder marxistischen noch neostrukturalistischen Positionen zuordnen läßt, hat eigentlich erst Renate Böschenstein-Schäfer mit ihrem Aufsatz „Die Sprache des Zeichens in Hölderlins hymnischen Fragmenten"[423] die Auseinandersetzung mit den

---

[421] Mieth 1978, 153. Die Ausdehnung der Entstehungszeit der späten Hymnen bleibt bei Mieth allerdings ganz in dem von Beißner gesetzten Rahmen.
[422] Beese 1982, 208f.
[423] Cf. R. Böschenstein-Schäfer 1975-77.

späten Gedichtfragmenten eröffnet, die durch die Marginalisierung dieser Texte in der StA jahrzehntelang vernachlässigt worden war. Böschenstein-Schäfer rückt das Verhältnis von Sprache und Sinnlichkeit ins Zentrum ihrer Lektüre der Fragmente.[424] Diese Analyse von Hölderlins später poetischer Sprache hat sie in neueren Arbeiten[425] spezifiziert und weitergeführt.[426]

Dieter Henrichs Buch „Der Gang des Andenkens. Beobachtungen und Gedanken zu Hölderlins Gedicht" (1986) ist ein großangelegter Gegenentwurf zu Heideggers Hölderlin-Deutungen. Den Kern von Henrichs Kritik sehe ich in dem Vorwurf, Heidegger verfehle „sowohl in der phänomenologisch-aristotelischen Orientierung seines Denkens wie in den Erfahrungen, die er als maßgeblich anerkennt"[427], von Grund auf die für Hölderlin zentrale Kategorie der „Innigkeit", in der sich der „spekulative Beziehungsbegriff [...] mit dem humanen Sinn einer Nähe verbinde[t], die das Zentrum des bewußten Lebens ohne Spalt und Vorbehalt dem anderen geöffnet und erschlossen hat".[428] Als lebensweltliche Erfahrungen der Innigkeit sieht Henrich Heimat, Verwandtschaft und Liebe an.[429] Insofern seien Hölderlins Dichtung und Philosophie noch heute „wesentlicher Anhalt für die Selbstverständigung einer Lebensmöglichkeit"[430]. Heideggers seinsgeschichtliche, die Subjektivität verabschiedende Hölderlin-Lektüre gebe dieses in den Texten lagernde Potential lebensweltlicher Orientierung ersatzlos auf. Hölderlins „Sprache der Innigkeit" äußere sich vor allem in seinen Gedichten, in denen die präzise Beschreibung eines realen Erfahrungsraums[431] und die philosophische Konzeption eine Einheit eingingen. Ihre adäquate Rezeption erfordere somit gleicher-

---

[424] Eine präzise Analyse der sprachlichen Charakteristika von Hölderlins später Lyrik bietet auch Gerhard Kurz' Aufsatz „Hölderlins poetische Sprache" (Kurz 1982/83).

[425] Cf. R. Böschenstein 1984/85 und 1988.

[426] Maria Behre bezieht in ihrer 1987 erschienenen Dissertation, die dem Nachweis gewidmet ist, daß Hölderlins Gesamtwerk durchzogen ist von seinem „Mythokonzept Dionysos", auch späte lyrische Bruchstücke mit ein (cf. Behre 1987, 231-234, 239-241). Das Buch bietet eine kenntnisreiche geistesgeschichtliche Einführung in den in Hölderlins Dichtung zentralen Dionysos-Mythos und durchleuchtet von diesem Motiv aus die Strukturen von Hölderlins Werk. In der systematischen Darstellung verbindet sich begriffliche und analytische Schärfe mit großer Anschaulichkeit. Die Interpretationen von Dichtungen Hölderlins allerdings sind gezeichnet vom Systemzwang: Sie dienen offenbar nichts anderem als der Demonstration, daß „Hölderlins Mythokonzept Dionysos" sich bis in die letzten Verästelungen seines Werks, modifiziert allein nach einer immanenten Logik, durchgesetzt habe. Insofern lassen sich aus diesem Buch nur sehr mittelbar Erkenntnisse ziehen, die das Verständnis von Hölderlins späten Gedichtfragmenten voranbringen könnten.

[427] Henrich 1986, 191, Anm. 12.

[428] Henrich 1986, 191, Anm. 13.

[429] Cf. Henrich 1986, 19 und 190, Anm. 12.

[430] Henrich 1986, 190, Anm. 12.

[431] Es wird sich im Verlauf meiner Textanalyse zeigen, daß der Versuch, die in Hölderlins später Lyrik benutzten Bilder *auch* als Referenten für Konkreta zu verstehen, insbesondere bei im Text eindeutig benannten Naturphänomenen sehr fruchtbar sein kann. Problematisch wird ein solcher Ansatz indes, wenn er mit biographistischen Mutmaßungen vermengt wird und/oder die Poetizität der lyrischen Texte vernachlässigt – eine Gefahr, der Bertaux häufig erliegt und Henrich nicht immer entgeht.

maßen empirische und historische Studien wie die Erarbeitung von Hölderlins Philosophie. Das gelte besonders für „Andenken", in dem Hölderlins Theorie der Erinnerung in transformierter Gestalt sich in der Bewegung des Gedichts selbst, dem „Gang des Andenkens", realisiere. Die vom „gedichtete[n] Dichter"[432] (dem Ich des Gedichts) durchlaufene Erfahrung müsse in der Lektüre als allgemeingültige „Bahn von Einsicht"[433] nachvollzogen werden. Der historische Autor und der reale Leser oder die reale Leserin müßten hinter diesen Denkbewegungen als sekundär zurücktreten.

Henrichs Konzeption schließt sich eng an die Grundmuster des deutschen Idealismus an. Damit trifft er sehr genau die Intention von Hölderlins eigenen philosophischen Entwürfen. Problematisch scheint es mir jedoch zu sein, Hölderlins Gedichte quasi als Verlängerung dieser theoretischen Texte zu lesen, ohne die Vermitteltheit der Konzepte in ihrer spezifischen ästhetischen Textur hinreichend zu berücksichtigen. Eine bloß rezeptive, nachvollziehende Lektüre mag einem philosophischen Text – jedenfalls als erster Schritt – angemessen sein, geht es doch in ihm – zumindest solange man den immer problematischer werdenden Gattungsunterschied zwischen Philosophie und Literatur[434] tendenziell aufrechtzuerhalten versucht – um Aussagen mit dem Anspruch auf allgemeine Gültigkeit. Einem poetischen Text aber kann eine solche Lektüre nach heutigen hermeneutischen Maßstäben nicht gerecht werden. Literarische Texte – und besonders Gedichte – sind angewiesen auf Rezipierende, die sich in ihrer Lektüre zwar auf die Strukturen des Textes und die in ihnen sedimentierten Erfahrungen einlassen, sie aber konkretisieren mittels ihres je verschiedenen lebensgeschichtlichen Erfahrungshorizonts. Insofern trifft Henrichs These zwar zu, daß Hölderlins Dichtung ihren Leserinnen und Lesern Orientierung biete für die Selbstverständigung über Möglichkeiten gelingenden Lebens und Zusammenlebens. Die Muster der Selbstverständigung sind aber nicht etwa, wie Henrich suggeriert, in den Gedichten schon allgemeinverbindlich ausgearbeitet, sondern bestenfalls angelegt. Erst in der Vielfalt der Rezeptionsakte, nicht im bloßen Nachvollzug der Textbewegung, kann daher Selbstverständigung realisiert werden. Henrichs Hölderlin-Lektüre, die die historische Erfahrungswelt und die Denkstrukturen des deutschen Idealismus als allgemeinmenschliche „Grunderfahrungen"[435] zu konservieren sucht und dadurch selbst von einem etwas verstaubt-archivarischen Sprachgestus erfaßt wird, muß daher dynamisiert und geöffnet werden für die Pluralität heutiger Rezeptionen. Dafür bietet sie aber durch ihre engagierte Verknüpfung von Spekulation und Erfahrung einen ausgezeichneten Ausgangspunkt. Daher ist der von Henrich exponierte Begriff der Selbstverständigung – rezeptionsästhetisch transformiert – sehr gut als Leitlinie für die Untersuchung der Frage nach der Funktion von Hölderlins späten Gedichtfragmenten geeignet. Das gilt besonders, weil Henrich den harmonistischen Zug seines Buches im letzten Kapitel

---

[432] Henrich 1986, 164.
[433] Henrich 1986, 164.
[434] Cf. Habermas 1985, 219-247; ders. 1988, 242-263; Rötzer 1986.
[435] Henrich 1986, 190, Anm. 12.

beim Ausblick auf „Mnemosyne" und die fragmentarischen Gedichte relativiert:

> Ein solcher Gang würde Werke anderen Klanges ergeben. In ihnen würde die Not, in der sich das Gründende als „vernichtende Gewalt" offenbart, als solche Sprache werden.[436]

Den Zusammenhang der späten Gedichte skizziert er folgendermaßen:

> Manche der späten Entwürfe lassen sich verstehen als Versuch zur Zusammenführung von Grundzügen der Gedichte ‚Andenken' und ‚Mnemosyne', die in ihrer Gegensätzlichkeit doch einander entsprechen. So spricht der Entwurf ‚Die Titanen' davon, daß der Gesang ‚fehlet', und zugleich in Bildern der bordelaiser Erinnerung. In diesen Bildern ist ein Sinn beschlossen, in den die Not nicht einbricht. Seine Vergegenwärtigung gelingt im Gedicht auch dann, wenn der lyrische Gesang sich nur noch über die Grenzen verständigen kann, in die ihn seine Zeit zwingt und vor denen er zum Erliegen kommen muß. Das Dyptichon von ‚Andenken' und ‚Mnemosyne' wird selbst schon aus der Einsicht in diese Situation hervorgegangen sein. Es zeigt somit eine Möglichkeit von Dichtung an, die Hölderlin, wäre er nicht seiner Krankheit erlegen, weiterhin offengestanden hätte. Aber die Spuren jener Einsicht können wohl noch bis in den Hintergrund des verstörten Bewußtseins reichen, aus dem die spätesten Gedichte hervorgegangen sind.[437]

Damit eröffnet Henrich eine vielversprechende hermeneutische Perspektive auf die späten Gedichtfragmente. Es scheint mir eine sehr produktive Fragestellung zu sein, zu untersuchen, inwieweit sich in den Fragmenten (wie auch schon in „Andenken" als dem beinahe einzigen in dieser Zeit abgeschlossenen Gedicht) eine neue Form lyrischer Dichtung herausbildet, die von den Hymnen stilkritisch klar zu unterscheiden ist.[438]

Henrichs Buch hat „Andenken" in den Mittelpunkt von Hölderlins später Lyrik gerückt. In vielen Einzelbeiträgen und auf einem Symposion wurden seine Thesen, besonders in Kontrastierung zu Heideggers „Andenken"-Vorlesung, kritisch überprüft.[439] Als originellster und überzeugendster Gegenentwurf zu Henrichs Konzeption kann der von Cyrus Hamlin angesehen werden, der die Aspekte der Gefährdung und Angst in „Andenken" betont.[440]

Henrich beklagte noch das Fehlen einer überzeugenden Gesamtdeutung von „Mnemosyne".[441] Wenig später erschien die Studie „Hölderlins Muse" des dänischen Forschers Flemming Roland-Jensen, die eine Edition und Interpretation des nun „Die Nymphe Mnemosyne" genannten Gedichts versucht.[442] Allerdings geht Roland-Jensen grundlegend anders an das Gedicht heran als Henrich an „Andenken", so daß die beiden Abhandlungen zumindest auf den ersten Blick als schwer miteinander vermittelbar angesehen werden müssen.

Roland-Jensens knappe hermeneutische Überlegungen gipfeln in der beherzigenswerten Maxime, von Hölderlins Spätwerk so viel zu verstehen zu versuchen

---

[436] Henrich 1986, 184.
[437] Henrich 1986, 186f.
[438] Cf. auch Henrich 1986, 12-16, 180f., 223f., Anm. 106.
[439] Cf. Homann 1988; Jamme 1988b; Gaier 1988/89 sowie den Kongreßbericht von Jamme (1988a).
[440] Cf. Hamlin 1984/85. Weiterführend ist auch der Vortrag von Lefebvre (1988/89).
[441] Cf. Henrich 1986, 184.
[442] Zu diesem Gedicht cf. schon Hoffmann 1956, 206-252 (außerdem 90-94: Hölderlins Erfahrung von ‚Fremde'; 172-205: zu „Patmos" und „Der Einzige").

wie irgend möglich:

> Gründe für das Nichtverstehen findet man bei sich selbst, also wo man sich auskennt,
> wo man gründet, nicht dort, wo man sich nicht auskennt, weil man nicht versteht.[443]

Darauf wendet sich Roland-Jensen sogleich den Handschriften zu, deren Reproduktion er eigene, allerdings typographisch nicht differenzierte und daher schwer lesbare Umschriften beigefügt hat. Bei „Mnemosyne" sind im Homburger Folioheft (Seite 91 und 92) die drei Strophen klar voneinander abgesetzt. Das Hauptproblem für die Textkonstitution besteht in der Frage, ob die „Feuer"-Strophe auf Seite 90 ebenfalls zum Gedicht gehört und wenn ja, ob sie es ergänzt oder eine andere (nämlich die erste) Strophe ersetzt. Roland-Jensens These ist, daß die „Feuer"-Strophe als neu einzufügende erste Strophe des Gedichts anzusehen ist, ohne eine der bisherigen drei Strophen, die somit zu den Strophen 2, 3 und 4 werden, zu ersetzen. Roland-Jensen untersucht nun die Strophen zunächst einzeln, um anschließend ihren Zusammenhang zu überprüfen. Dabei wählt er das Verfahren der detaillierten textgenetischen Darstellung. Nur heuristisch unterscheidet er Stufen der Textentstehung, die er jeweils in sich schon zu interpretieren versucht.[444] Das Ergebnis dieser Darstellung – der Begriff vexiert zwischen ‚Beschreiben' und ‚Herstellen' – ist die Konstitution der Strophe. Diese zugleich mühevolle wie spannende interpretierend-konstituierende Rekonstruktion der Gedichtentstehung nimmt den Hauptteil des Buches ein. Schließlich versucht Roland-Jensen, aus dem handschriftlichen Befund, jedoch mit wenig interpretatorischer Evidenz[445] den neugewählten Titel des Gedichts zu begründen. Erst nach drei Vierteln des Buches liegt das von Roland-Jensen neu konstituierte Gedicht vor, so daß die abschließende Gesamtinterpretation, die einen nochmaligen Durchgang durch die Strophen unternimmt, entsprechend mager ausfällt. Das Verdienst dieses Buches liegt in der sich von den bisherigen editorischen Lösungen befreienden Konstitution und Interpretation des Gedichts unmittelbar aus der Handschrift heraus. Insofern ist es als exemplarische monographische Darstellung eines von Hölderlin nur in einer komplizierten, nicht abgeschlossenen Handschrift hinterlassenen Gedichts anzusehen. Dienten bei Henrich die – sich ganz auf die Angaben der StA verlassenden – Überlegungen zur Textgenese allein der Begründung der Richtigkeit seiner Interpretation[446], so wird hier eine Vielfalt von Bedeutungen aus der Komplexität des Textes entwickelt. Dagegen gelingt Roland-Jensen nicht der von Henrich so bravourös vollzogene synthetisierende Zugriff, so daß seine Gesamtinterpretation nichts anderes ist als ein nochmaliger zusammenfassender Nachvollzug der einzelnen Strophen. Nur ein Ineinander von zugleich philosophischem wie philologischem Vorgehen könnte aber der fragmentarischen Textur von Hölderlins später Lyrik voll gerecht werden.

---

[443] Roland-Jensen 1989, 28.
[444] Cf. Roland-Jensen 1989, 39.
[445] Cf. Roland-Jensen 1989, 144f.
[446] Cf. Henrich 1986, 50-59.

Eher als Roland-Jensens Buch kann die voluminöse Studie von Roland Reuß „„.../ Die eigene Rede des andern'. Hölderlins ‚Andenken' und ‚Mnemosyne' " (1990)[447] als Einlösung der von Henrich aufgestellten Forderung nach einer vergleichenden Untersuchung beider Gedichte angesehen werden. Das Buch ist insofern besonders interessant für die Fragestellung der vorliegenden Arbeit, als es von der These ausgeht: „Hölderlins Dichtung hat ihren Ort in der Nachbarschaft eines Gedankens *kommunikativer Allgemeinheit*."[448] Allerdings versucht der Autor, die kommunikative Struktur von Hölderlins Gedichten rein textimmanent zu bestimmen und blendet zu diesem Zweck produktions- wie rezeptionsästhetische Überlegungen gezielt aus. Sein Versuch, die kommunikationstheoretische Untersuchungsrichtung mit einem objektivistischen Interpretationsverständnis zu verknüpfen, gelingt jedoch nicht, weil es unvermeidlich ist, daß auch in seine Interpretation trotz aller Bemühung um Sorgfalt und Objektivierung der Untersuchungsmethode subjektive Vorannahmen und Einschätzungen einfließen. (So läßt sich beispielsweise eine durchgehende, kritiklose Übernahme Heideggerscher Kategorien bei Reuß konstatieren.) Als fruchtbar erweist sich dagegen Reuß' Vorgehensweise, in einem linearen Durchgang durch die Texte jeden einzelnen Vers zunächst als isolierte Einheit zu analysieren, ja bei komplizierten Befunden sogar innerhalb der Verse jedes Kolon oder auch jedes Wort für sich zu untersuchen. Es ist allerdings eine Fiktion, zu meinen, damit könne der hermeneutische Zirkel, in dem Reuß zu Unrecht einen „Primat des Kontextes"[449] auszumachen meint, zugunsten eines Primats der Einzelstelle durchbrochen werden; und Reuß selbst verstrickt sich, beispielsweise bei der Interpretation der letzten Strophe von „Mnemosyne", in der seiner Auffassung nach „der verborgene biblische Kon-Text"[450] das material Ausgesprochene dominiere, unreflektiert in kontextgeleitete Überlegungen. Schließlich ist an dieser Arbeit, die ansonsten fraglos die bisher genaueste und umfassendste Untersuchung zu den beiden Gedichten darstellt, zu kritisieren, daß sie – trotz gegenteiligen Anspruchs[451] – zu wenig editionsphilologisch fundiert ist und das zirkuläre Verhältnis zwischen Edition und Interpretation nach einer Seite hin aufzulösen versucht, indem sie sich auf Heideggers provozierendes Diktum anläßlich seiner Interpretation der Feiertagshymne beruft, der „zugrundegelegte Text" beruhe, „nach den handschriftlichen Entwürfen erneut geprüft, auf dem folgenden Versuch einer Auslegung".[452] Mit dieser Aussage glaubt sich Reuß weitgehend der Notwendigkeit aller materialen editorischen Überlegungen enthoben und begründet seine Einfügung der „Feuer"-Strophe nach der „Zeichen"-Strophe rein inhaltlich.[453] Ansonsten verläßt er sich uneingeschränkt auf Text und Apparat der StA, ohne in seiner

---

[447] Cf. auch meine ausführliche Besprechung dieses Buches (Burdorf 1992).
[448] Reuß 1990, 3.
[449] Reuß 1990, 94.
[450] Reuß 1990, 615.
[451] Cf. Reuß 1990, 44, 351-359.
[452] Heidegger Erl., 51; cf. Reuß 1990, 44, Anm. 150; 358
[453] Cf. Reuß 1990, 471f.

Interpretation auf den handschriftlichen Befund zurückzugreifen. Aus diesem
Grund, aber auch wegen der anderen Textlage bei „Andenken" und „Mnemosyne" als bei den in dieser Arbeit zu untersuchenden Fragmentkomplexen kann
Reuß' Verfahren, das vor allem an der Einheit jedes einzelnen Verses orientiert
ist, hier nicht übernommen werden: Es läßt sich nämlich bei den Fragmenten ein
einheitliches Fortschreiten Vers für Vers gar nicht überall feststellen: Entweder
ist der lineare Ablauf selbst unklar und wird durch die Interferenz neben- oder
ineinandergeschriebener Segmente durchbrochen, oder es lassen sich zumindest
– anders als bei den genannten beiden Gedichten – keine eindeutigen Vers- und
Strophengrenzen ausmachen.[454]

Abschließend ist auf zwei Aufsätze hinzuweisen, die sich mit den „Griechenland"-Entwürfen[455] auseinandersetzen und in diesem Zusammenhang zu weitreichenden hermeneutischen Überlegungen zum Umgang mit Hölderlins Spätwerk
insgesamt gelangen: Versucht Norbert Gabriel – bei Anerkennung des fragmentarischen und Sprachnormen verletzenden Zustands des Textes –, den kürzeren „Griechenland"-Entwurf noch als ein einen spezifischen Sinn konstituieren-
des Ganzes zu lesen[456], so kann Cyrus Hamlin in den „Griechenland"-Blättern
nur noch eine „Hermeneutik der Unlesbarkeit" sich entwickeln sehen, die die
Zerstörung des Textes in eins mit der Auflösung der Rolle des Lesers oder
der Leserin bewirkt[457]. Zwischen diesen auf hohem reflexiven Niveau entwickelten Positionen hat sich die Auseinandersetzung mit den Fragmenten künftig zu
bewegen.[458]

Angesichts des skizzierten Forschungsstandes können Hölderlins späte Gedichtfragmente bei weitem noch nicht als erschlossen gelten. So überraschend das angesichts der Vielzahl von Untersuchungen zu Hölderlins Œuvre erscheinen mag:
Zu einigen dieser Texte gibt es bis heute noch keine einzige Interpretation! Die
vorliegenden Arbeiten sind, wie ich zu zeigen versucht habe, in vielen Fällen entweder sehr knapp oder auf einzelne Textstellen oder aus ihrem Zusammenhang
gerissene Bruchstücke beschränkt oder sehr angreifbar. Eine Gesamtdarstellung
der Fragmente auf breiter Textbasis fehlt ebenso wie eine umfassende stilistische Untersuchung, die der Frage nachgehen würde, ob und inwiefern es einen
Bruch zwischen Hymnen und Fragmenten gibt. Völlig ungeklärt ist die Frage

---

[454] Diese komplexe Problemlage bei den Fragmenten verkennt Reuß völlig; cf. Reuß 1990, 95,
Anm. 308. Cf. dagegen Breuer: „Mit welcher Konsequenz Hölderlin seine Verse rhythmisch als
Wortfußfolgen konzipiert hat, zeigen die Hymnenentwürfe mit ihren fragmentarischen Zeilen,
in denen nur Umfang und Plazierung einzelner Wortfüße feststehen" (Breuer 1981, 206).
[455] Cf. zu diesen Fragmenten auch schon die luziden methodologischen Bemerkungen von B.
Böschenstein (1975, 118-120).
[456] Cf. Gabriel 1987.
[457] Cf. Hamlin 1988.
[458] Mein Forschungsbericht beansprucht keine restlose Vollständigkeit. Insbesondere wäre
noch eine Reihe anderer kürzerer Beiträge (Aufsätze, Rezensionen) zu erwähnen, die Wert-
volles zu Hölderlins später Lyrik beigetragen haben. (Auf einige von ihnen gehe ich im Zuge
der Detailinterpretation ein.) Die Konstatierung der gravierenden Lücken und Defizite der
bisherigen Forschung bleibt dadurch jedoch unberührt.

nach dem textuellen Status der Fragmente: Handelt es sich um ‚unvollendete Hymnen' oder möglicherweise nur um Dokumente eines prinzipiell unabschließbaren Experimentierens mit Wörtern? Die handschriftlichen Zusammenhänge der Entwürfe miteinander, insbesondere im Homburger Folioheft, liegen noch weitgehend im unklaren. Die Frage nach der potentiellen Funktion dieser Texte in der heutigen Rezeptionssituation hat kaum ein Forscher überhaupt erst gestellt, geschweige denn beantwortet.

8 Zur Textauswahl

Mit der vorliegenden Studie soll ein Beitrag zur Klärung der vielen in der Forschung bisher offengebliebenen Fragen zu Hölderlins späten Gedichtfragmenten geleistet werden. Es wäre vermessen, mit einem Schlage alle Probleme lösen und den Gesamtbestand der Fragmente erschließen zu wollen. Eine bloße Überblicksdarstellung könnte angesichts der völlig unbefriedigenden Forschungssituation der Komplexität der verschiedenen Texte aber keinesfalls gerecht werden. Dagegen bieten sich zwei mögliche Typen von Forschungsbeiträgen an: Die Untersuchung könnte sich *erstens* auf einen einzelnen Aspekt oder auf eine Auswahl von Texten beschränken. So wäre zum Beispiel eine systematisch angelegte, den gesamten Textbestand sichtende Untersuchung zum Problem des Subjekts dieser Entwürfe oder zu ihrer Textualität dringend erforderlich. Bei diesem Verfahren würde aber eine Vielzahl von Problemen, die jeder einzelne der Textkomplexe aufwirft, notwendigerweise ausgeblendet. Ich habe mich dagegen für den *zweiten* Untersuchungstyp entschieden, der die Texte in einer möglichst großen Breite ihrer Aspekte zu erfassen versucht. Dazu ist die Beschränkung auf einige wenige Fragmentkomplexe erforderlich, die aber in ihrer Eingebundenheit in den gesamten Textkorpus (besonders in den Zusammenhang des Homburger Foliohefts) gesehen werden müssen. Solange Hölderlins Spätwerk noch so wenig literaturwissenschaftlich erschlossen ist, kann die meine Untersuchung leitende Frage nach der möglichen kommunikativen Funktion der Fragmente meiner Überzeugung nach nicht global für alle Texte, sondern jeweils nur im Zuge der Analyse der einzelnen Textkomplexe kompetent beantwortet werden. Soweit eine vorsichtige Verallgemeinerung dieser Erkenntnisse versucht wird, muß sie durch spätere Arbeiten überprüft werden.

Ich habe mich dafür entschieden, die Seiten 73 bis 76 des Homburger Foliohefts in den Mittelpunkt meiner Untersuchung zu stellen. Sie können als einer der Knotenpunkte des lyrischen Spätwerks angesehen werden. Das kann zunächst ganz material verstanden werden: Man hat es hier mit einem der am dichtesten beschriebenen Abschnitte des Heftes zu tun; insbesondere auf den beiden gegenüberliegenden Seiten 74 und 75 finden sich die Lesenden mit einer so gedrängten und schwer entwirrbaren Textmasse konfrontiert wie sonst nur noch auf der Seite 17, einem Abschnitt des Entwurfs zu „Der Einzige". Diese große Textdichte kann darauf hindeuten, daß dem Autor diese beiden Seiten besonders wichtig

waren, so daß er sie weiter entwickelt und bearbeitet hat als andere Entwürfe wie
z. B. „Die Titanen", die sehr lückenhaft und weit auseinandergezogen skizziert
wurden.

Die Beschränkung auf diese vier Seiten ist legitimierbar durch eindeutige handschriftliche Begrenzungen: Oben auf Seite 73 findet sich die Überschrift „Das
Nächste Beste", oben auf Seite 77 dagegen die folgende Überschrift „Kolomb".
Die Vermutung, es könne sich bei diesen vier Seiten um einen einzigen Gedichtentwurf mit dem Titel „Das Nächste Beste" handeln, ist also eigentlich naheliegend. Erst Uffhausen hat diese These jedoch 1986 nachdrücklich vertreten.
Alle vorherigen Herausgeber haben die Seiten auf die eine oder andere Weise
editorisch zerlegt. Bei kaum einem anderen Entwurfskomplex gibt es ähnlich
diametrale Divergenzen in den Textkonstitutionen. Es drängt sich also geradezu
auf, die konkurrierenden editorischen Lösungen mit textkritischen Mitteln zu
überprüfen.

Darüber hinaus ist auf diesen Seiten die gesamte Breite der Motive von Hölderlins später Lyrik versammelt, die sich um die Achse ‚Vaterland'/‚Germanien'
versus ‚Griechenland'/‚Frankreich' gruppieren. Stilistisch ist hier (besonders auf
den Seiten 73 und 75) die „intensive Sinnlichkeit"[459], die den nach der Frankreichreise entstandenen Gedichten immer wieder attestiert worden ist, besonders
stark ausgeprägt und über längere Passagen entwickelt. Läßt man sich von der
Vermutung leiten, daß in dieser im Medium der poetischen Sprache produzierten
‚Sinnlichkeit' – die natürlich noch genauer begrifflich zu fassen wäre – ein zentrales modernes Moment dieser Lyrik (neben anderen formalen Charakteristika)
gesehen werden kann, so bieten sich die genannten Seiten besonders dazu an,
zu untersuchen, inwieweit Hölderlin in den Fragmenten die poetische Sprache in
eine Richtung weiterentwickelt hat, die später auch die Lyriker und Lyrikerinnen
der Moderne eingeschlagen haben.[460] Ist etwas mehr Klarheit in das Problem
gebracht, inwieweit Hölderlins späte Gedichtfragmente als ‚modern' angesehen
werden können und inwiefern nicht, so ist damit eine wichtige Voraussetzung
zur Beantwortung der Frage nach der spezifischen Funktion dieser Texte in der
heutigen Rezeptionssituation geschaffen.[461]

Die Seite 75, die in der StA als separater hymnischer Entwurf „Vom Abgrund nemlich ..." figuriert, wird in der Forschung häufig als wichtiger Text
erwähnt, kaum jedoch eingehend interpretiert. Eine Ausnahme stellen die Ar-

---

[459] Nägele 1978, 197; cf. auch R. Böschenstein-Schäfer 1977, 267.
[460] Cf. dazu auch Gaier 1962, 321f.
[461] Motivisch und stilistisch sind auf diesen Seiten viele Parallelen zum Gedicht „Andenken"
festzustellen. Es liegt also nahe, die Anregung Henrichs (1986, 221, Anm. 94; cf auch Lefebvre
1989, 421) aufzunehmen und in der Interpretation der Seiten 73-76 immer wieder auf „Andenken" zurückzugreifen. Möglicherweise läßt sich auf diesem Wege Aufschluß über das Problem
erreichen, ob es immanente Gründe dafür gibt, daß Hölderlin das eine Gedicht abschließen
konnte, die Entwürfe der Seiten 73 bis 76 jedoch nicht.

beiten von Beese[462] und Binder[463] sowie die zahlreichen Detailerörterungen von Sattler[464] dar. Thurmair[465] diskutiert Sattlers, Jakob[466] Uffhausens Textkonstitution, beide unter Rückgriff auf interpretatorische Überlegungen. Die Notiz „Die apriorität des Individuellen / Über das Ganze" wird von Beck[467] und Söring[468] analysiert. Die Seite 76 wird nur von Beese (die kritiklos die äußerst problematische Textkonstitution im Einleitungsband der FHA übernimmt) und von Behre[469] ausführlicher interpretiert. Eine Gesamtinterpretation der Seiten 73 und 74, die seit Beißner als zusammengehörig gelten, hat bislang allein Jean-Pierre Lefebvre in seinem anregenden Aufsatz „Les yeux de Hölderlin" veröffentlicht, in dem er sich den Texten mit großer Sachkenntnis und Sensibilität und in einer selbst poetisch inspirierten Sprache nähert.[470] Die Frage nach dem Zusammenhang der vier Seiten wird außer von Uffhausen nur von seinem Kritiker Jakob erörtert.

Die Erschließung der Seiten 73 bis 76 des Homburger Foliohefts hat also kaum erst begonnen. Die dürftige Forschungslage steht in einem krassen Mißverhältnis zu der Bedeutung, die diesen Seiten in beiläufigen Erwähnungen immer wieder zugemessen wird. Eine eingehende Gesamtinterpretation dieses Komplexes ist also dringend nötig.

Trotz aller Evidenzen, die diesen Textkomplex als einen für die exemplarische Interpretation später Gedichtfragmente Hölderlins besonders geeigneten Gegenstand erscheinen lassen, möchte ich nicht bestreiten, daß meine Textauswahl wie jede andere mögliche auch ein dezisionistisches Moment an sich hat: Viele andere Entwürfe aus dem Homburger Folioheft harren ebenso ihrer erstmaligen Interpretation wie diese Seiten. Es scheint mir jedoch kein Nachteil zu sein, wenn sich in einem literaturwissenschaftlichen Forschungsprojekt objektive Erfordernisse und subjektive Vorlieben verknüpfen. In diesem Sinne ist der genannte Gedichtkomplex der für die Zielsetzung und das Erkenntnisinteresse dieser Studie am besten geeignete Gegenstand.

---

462 Cf. Beese 1982, 184-205.
463 Cf. Binder 1983, 357-365.
464 Cf. Sattler 1981a, pass.
465 Cf. Thurmair 1979.
466 Cf. Jakob 1987.
467 Cf. Beck 1978/79, 235f.
468 Cf. Söring 1980.
469 Cf. Behre 1987, 239-241.
470 Cf. Lefebvre 1989, 420-429. Anregend sind in demselben Band der ‚Cahiers de L'Herne' auch die kommentierten Übersetzungen „Le plus proche, le meilleur" (98-107) und „Apriorité de l'individuel" (108-120) von B. Badiou und J.-C. Rambach. Die Übersetzer verlassen sich allerdings fast vollständig auf Sattlers Lesungen und Konstitutionen und übernehmen auch ungeprüft große Teile seines Kommentars.

II Konstitution

Ich versuche in diesem Teil der Untersuchung, die Frage zu beantworten, welcher Text oder welche Texte auf den vier Handschriftenseiten entworfen worden sind.[1] Die bisherigen editorischen Aufbereitungen dieser Seiten eröffnen zur Klärung dieser Frage ein Spektrum von Möglichkeiten, ohne es zu erschöpfen (Abschnitt 1). Aus der Sichtung der Anregungen und Fehler der früheren Editoren und aus einigen grundsätzlichen editorischen Überlegungen entwickle ich einen eigenen Vorschlag zur Textkonstitution (Abschnitt 2). Im folgenden dritten Teil des Buches versuche ich dann, in einer eingehenden Interpretation die Texte in ihrer Bedeutungsvielfalt zu erschließen.

Eine Leitlinie meiner Arbeit ist es, auf jeder Stufe ein fließendes Gleichgewicht herzustellen zwischen den bei diesen Texten gleichermaßen unverzichtbaren Polen Eindeutigkeit und Mehrdeutigkeit. Nur scheinbar ist daher die Einbeziehung der bisherigen editorischen Lösungen eine weitere Komplizierung des Zugangs zur Handschrift; vielmehr vermag sie Orientierung zu verschaffen in den immer von neuem irritierenden Manuskripten. Umgekehrt darf meine eigene Textkonstitution nicht als Abschluß der textkritischen Überlegungen mißverstanden werden, sondern sie ist nur Ansatzpunkt für meine Interpretation und damit Relais zwischen dieser und der Handschrift. In meiner Analyse der Fragmente, die sich als Ausgangspunkt und Anregung für deren künftige wissenschaftliche und nichtwissenschaftliche Rezeption versteht, versuche ich, eine perspektivische Vielfalt zu eröffnen, zugleich aber Gründe für die Unplausibilität mancher anderen Zugänge aufzuzeigen. Sowohl auf der editorischen wie auf der interpretatorischen Ebene folgt also auf einen Schritt, der eine Vielfalt aufzeigt, einer, der diese Vielfalt zu vereindeutigen versucht, wobei jeder dieser Schritte schon in sich die Gegenbewegung enthält.

1 Bisherige editorische Aufbereitungen

Der Gedanke, daß die vier Seiten 73-76 des Foliohefts – von der Überschrift *Das Nächste Beste* bis zur nächstfolgenden Überschrift *Kolomb* – eine Einheit darstellen und zusammen den Raum für den hymnisch-vaterländischen Gesang in seiner integralen Gestalt bilden, scheint auf der Hand zu liegen, so einfach und unmittelbar einleuchtend ist er. Dennoch ist er offenbar „zuvor noch in keines Menschen Sinn gekommen", und da er über den bisherigen Denkhorizont der Hölderlin-Forschung hinausgeht, wird er manch einem ‚anstößig‘ oder gar ‚unfaßlich‘ sein und bleiben. – Wer den bisherigen Stand der

---

[1] Ein Faksimile der vier Seiten, die Transkription aus FHA Suppl. III Beil. sowie meine im folgenden zu entwickelnde Textkonstitution finden sich im Anhang, ganz am Schluß des Buches.

Dinge kennt, wird ermessen können, was dieser neue ganzheitliche Ansatz im vorliegenden Fall und darüber hinaus für sämtliche Entwürfe des Homburger Foliohefts in Wahrheit bedeutet, nämlich: das Ende einer langen irrlichternden Ratlosigkeit![2]

Mit diesen großen Worten läutet Dietrich Uffhausen seinen editorischen Coup ein, die genannten vier Handschriftenseiten Hölderlins erstmals zusammenhängend als einen „Vaterländischen Gesang" mit dem Titel „Das Nächste Beste" zu konstituieren. In der Tat kommt der These, die vier aufeinanderfolgenden Seiten, die unter einer einzigen Überschrift stehen, gehörten zusammen, womöglich als ein einziger umfangreicher Text, auf den ersten Blick eine große Plausibilität zu. Wie war es aber unter diesen Umständen möglich, daß die vorhergehenden Editoren Hellingrath, Zinkernagel, Beißner und Sattler diesen textuellen Zusammenhang nicht als solchen erkannt haben, will man ihnen nicht, wie Uffhausen es hier implizit tut, Inkompetenz oder Verblendung unterstellen? Gibt es von der Handschrift her plausible Gründe, die gegen die Einheit der vier Seiten oder zumindest gegen Uffhausens Konstitution einer einzigen Hymne aus dem Textmaterial dieser Seiten sprechen?

1.1   Die Seiten 73 bis 76 in den Editionen von Hellingrath bis Beißner

„Der nächste Bote": so lautet der Titel des Gedichtentwurfs auf Seite 73 des Foliohefts in einer Liste, die von Kerner während der Vorarbeiten zu der ersten Sammlung von Gedichten Hölderlins etwa 1822 angelegt und von Karl Gok vervollständigt wurde.[3] Damit unterliegt Gok – darin sind sich alle Editoren seit Hellingrath einig – einem eindeutigen Lesefehler. Dennoch indiziert dieses scheinbare Kuriosum, als wie fragil zunächst selbstverständlich und unbestreitbar scheinende Tatbestände wie die Titel von Gedichten sich bei Handschriften vom Schwierigkeitsgrad des Homburger Folioheftes erweisen können.

Einen Gedichtentwurf mit dem Titel „Das Nächste Beste" bieten alle kritischen Ausgaben seit Hellingrath. Er umfaßt aber in fast allen Fällen nur einen Text von sieben Versen und endet mit der trotzigen Wendung „Doch kommt das, was ich will" (bei Seebass/Kasack entgegen der Handschrift sogar mit einem abschließenden Punkt versehen[4], bei Hellingrath und Böhm mit dem authentischen

---

[2] Uffhausen 1989, XX.

[3] Zinkernagel setzt sich, soweit ich sehe, als einziger der späteren Editoren mit dieser Lesung Goks auseinander und verwirft sie mit guten Gründen (Zink. Nachl. II v. 2., 121). Ein Faksimile der Liste findet sich bei Autenrieth/Kelletat 1961, 24. Zu der Gedichtliste allgemein cf. auch StA VII.2, 530f. (Kommentar zu LD 446).

[4] Die beiden Herausgeber, die ihre Edition nicht als historisch-kritische verstehen, neigen an vielen Stellen dazu, ihre die Textgestaltung leitende Maxime weit auszulegen: „Rechtschreibung und Zeichensetzung wurden, bei Wahrung Hölderlinscher Eigenheiten, der gegenwärtigen angeglichen." (Seebass/Kasack I, 295) Befremdlich ist auch das Verfahren, bei einigen Bruchstücken ein „Stichwort als Überschrift" (ibd., Inhaltsverzeichnis, unpaginiert) zu setzen, so daß sich Titel wie „Die Natur", „Erkenntnis" und „Gott" ergeben, die sich in keiner anderen Ausgabe finden und die suggerieren, es gebe bei Hölderlin eine späte philosophische Dichtung.

Komma).[5] Erst Zinkernagel gibt das Ende des Bruchstücks korrekt wieder:

. . . .
. . . offen die Fenster des Himmels
Und freigelassen der Nachtgeist,
Der himmelstürmende, der hat unser Land
Beschwäzet, mit Sprachen viel, unbändigen, und
Den Schutt gewälzet
Bis diese Stunde.
Doch kommt das, was ich will,
Wenn . . . .
. . . .   (Zink. V, 141)

Hier wird deutlich, daß die Fortsetzung des Textes als Konditionalsatz geplant
war, der das exponierte Diktum „Doch kommt das, was ich will" relativiert.[6]
Zinkernagel nimmt am Anfang und am Ende des Bruchstücks je etwa anderthalb
Verse als fehlend an. Für den Schluß wirkt das plausibel; am Beginn läßt die
Handschrift eigentlich keinen Raum für einen zusätzlichen Vers, da der Platz
unter dem Titel durch das Entwurfssegment „und freigelassen" versperrt ist. Es
ist also zu überlegen, ob der Text mit der Zeile „offen die Fenster des Himmels"
(eventuell ergänzt um ein oder zwei einleitende Wörter) tatsächlich beginnen
sollte.

Im großen und ganzen jedoch hat Zinkernagel für diesen Abschnitt eine akzeptable Lösung gefunden. Er geht dabei davon aus, daß der stichwortartige Entwurf
dieser Partie, der mit „und freigelassen" (73, Z. 2) beginnt, mit dem gestrichenen „ist Geschwäz" (73, Z. 6) weitergeht und mit den linksbündigen Notaten
„Bis diese Stunde. / Das, was ich will. / Des Feindes Gott" (73, Z. 8, 10, 12)
endet, von der ausformulierten Version überlagert und damit ersetzt wird. Das
ist zwar weitgehend plausibel; es wäre allerdings zu erwägen, ob das nicht gestrichene „Des Feindes Gott" tatsächlich vollständig durch den „Nachtgeist" ersetzt
wird oder ob es nicht doch besser als zusätzliches Bruchstück in den Text aufgenommen werden sollte. Darüber hinaus erscheint es mir als voreilig, es bei den
als Paradigma übereinandergeschriebenen Varianten, von denen keine gestrichen
ist, (also „himmelstürmende" über „ungehaltene" sowie der einmalige Wortturm
„unbändigen / unbündigen / unfriedlichen / unendlichen / undichtrischen") als
sicher anzunehmen, daß das zuoberst und daher wahrscheinlich zuletzt notierte
Wort das allein ‚gültige' ist. Es wäre ebensogut denkbar, daß der Autor sich mit
diesen paradigmatisch notierten Varianten ein Möglichkeitsspektrum festgehalten hat, aus dem er keine endgültige Auswahl treffen konnte oder wollte. Diese
Betrachtungsweise allerdings sprengt die am Vollkommenheitsideal orientierten
Vorstellungen vom Kunstwerk, von denen nicht nur Zinkernagels, sondern auch
noch neuere Editionen Hölderlins gelenkt werden.

Was aber motiviert Zinkernagel ebenso wie alle anderen Herausgeber vor Beißner, das mit dem Titel „Das Nächste Beste" versehene Fragment abgetrennt

---

[5] Cf. Hell. IV, 257; Seebass/Kasack I, 257; Böhm II, 428.
[6] Das „Wenn" findet sich bei Hellingrath in den Varianten (IV, 392).

von dem Entwurfsmaterial darzubieten, das sich auf dem Rest der Seite findet? Ohne Zweifel ist dieses erste Viertel der Seite mit weicherer Feder und hellerer Tinte, also zu einem anderen Zeitpunkt, beschrieben worden als die unteren drei Viertel. Hellingrath vermutet, es sei erst nach dem unteren Fragment auf dem freigebliebenen oberen Teil der Seite entworfen worden (cf. Hell. IV, 391). Ebensogut scheint mir aber auch die umgekehrte Reihenfolge möglich zu sein. In beiden Fällen ist jedoch ein textueller Zusammenhang der ganzen Seite möglich. Ein wichtiges graphisches Indiz dafür ist das Erscheinungsbild der Seite als ganzer, hervorgerufen vor allem durch die – bis auf die Randnotiz Z. 21-28 und die Umarbeitungen innerhalb der ersten Strophe – durchgehaltene Linksbündigkeit und den fast durchgehend gleichen Zeilenabstand (außer nach Z. 46). Motivisch und inhaltlich jedoch ist ohne Frage nach der Eingangsstrophe ein Neuansatz mit den Bildern aus der südfranzösischen Natur festzustellen, so daß die Frage, ob es sich um einen einzigen zusammenhängenden Text handelt, hier noch nicht eindeutig entschieden werden kann. Das Auseinanderreißen der Seite und Verteilen der Fragmente auf verschiedene Stellen der Edition, wie es Seebass/Kasack und besonders gravierend Zinkernagel praktizieren (während Hellingrath und ihm folgend Böhm hintereinander zunächst den unteren, dann den oberen Teil der Seite drucken), ist nicht zu rechtfertigen.[7] Wie steht es nun aber um den textuellen Zusammenhang der unteren drei Viertel der Seite? Hellingrath (IV, 256f.) bietet den Text von dem Vers „Viel thuet die gute Stunde." bis zu „Scharfwehend die Augen der Nordost, fliegen sie auf," als einen zusammenhängenden Entwurf, dessen letzte vier Zeilen (wie in der Handschrift) vom Rest des Korpus durch eine Leerzeile getrennt sind. Nach seiner Ansicht spätere Zusätze (cf. IV, 391) setzt er in eckige Klammern. Böhm (II, 427f.) übernimmt diese Darstellung, während Seebass/Kasack (I, 260) nicht zwischen Phasen der Textentstehung differenzieren und den letzten Vers wiederum mit einem Punkt abschließen, dem sie allerdings eine die Unvollständigkeit andeutende gestrichelte Zeile folgen lassen.

Einen ganz anderen Text dagegen bietet Zinkernagel (V, 182-184). Zwar setzt auch er, und zwar nicht wie Hellingrath durch Klammern, sondern durch eine kleinere Type, das nach seiner Einschätzung (die mit der Hellingraths in diesem Punkt fast durchgängig übereinstimmt) später Entstandene von dem Früheren ab, zwar hat auch sein Text den ersten Einschnitt nach dem Vers „Auf feuchter Wiese der Charente," aber er bricht nicht vier Zeilen weiter mit dem Ende der Seite 73 ab, sondern es schließt sich bruchlos fast das gesamte Textmaterial der Rückseite des Blattes (Seite 74) an. Ein Einschnitt findet sich der Handschrift entsprechend hier wie auf der ersten Seite erst gegen Schluß (nach Z. 56). Welche Gründe sprechen für diese von Zinkernagel erstmals vorgeschlagene Zusammenfassung des Textmaterials der beiden Seiten zu einem einzigen Entwurf?

Vor allem ist ein enger semantischer Zusammenhang zwischen dem unteren Teil von Seite 73 und dem oberen Teil von Seite 74 erkennbar: Von Z. 17 auf der vorderen Seite an zieht sich das Leitmotiv der „Staaren" durch den Text; in

---

[7] Cf. Seebass/Kasack I, 257 und 260; Zink. V, 141 und 182f.; Hell. IV, 256f.; Böhm II, 427f.

Z. 40-49 wird es deutlich wiederaufgenommen. Völlig problemlos schließt sich der nächstfolgende (sieht man von dem Motto rechts oben einmal ab) Text auf der Rückseite an die Beschreibung des Fluges der Stare an; auch das einleitende „Und" deutet auf eine Fortsetzung des Vorhergehenden hin; und in Z. 13 werden – verallgemeinernd – „die Vögel" noch einmal explizit erwähnt. Es scheint also beim Übergang von Seite 73 zu Seite 74 ein wesentlich dichterer inhaltlicher Zusammenhang zu bestehen als zwischen dem oberen und dem unteren Teil der vorderen Seite. Wirkt deren semantischer Divergenz aber eine gewisse graphische Kohärenz der Seite entgegen, so ist es hier umgekehrt: Verschiedene graphische Indizien sprechen gegen einen direkten Anschluß von 74 oben an 73 unten. Das Komma nach „fliegen sie auf", das die letzte Zeile der Vorderseite beschließt, weist eindeutig auf eine Unvollständigkeit des letzten Satzes hin. Darunter hat der Autor 8 cm freien Raum gelassen, also etwa ein Fünftel der Seite. Eine Sichtung anderer Seiten des Folioheftes zeigt, daß Hölderlin innerhalb längerer und ausgeführterer Entwürfe den unteren Teil der Seite immer intensiv genutzt und zum Teil bis ganz an den unteren Rand beschrieben hat. Das ist ein Indiz dafür, eine Textlücke nach 73, Z. 49 anzunehmen. Wurden bis zum Schluß dieser Seite offenbar eine dunkle Tinte und eine recht kratzige, für die letzte Zeile nicht mehr eingetauchte Feder benutzt, so setzt der linksbündige Text oben auf der Rückseite mit einer etwas weicheren Feder und wäßrigerer Tinte ein; der Schriftduktus ist etwas nach rechts geneigt im Gegensatz zur fast senkrechten Ausrichtung unten auf der Vorderseite. Offensichtlich hat Hölderlin also die beiden Textsegmente zu verschiedenen Zeitpunkten entworfen. Das ist aber nicht so zu interpretieren, daß damit der Zusammenhang über den Seitenübergang ausgeschlossen wäre. So wäre es zum Beispiel denkbar, daß Hölderlin den Text oben auf Seite 74 zuerst niedergeschrieben hat und erst später das Textsegment unten auf Seite 73 ergänzt hat, wobei sich dann erwiesen hätte, daß er für den geplanten Zusammenhang doch weniger Raum benötigte als vorgesehen. Dann wäre also keine Textlücke zwischen den beiden Seiten anzunehmen. Ist aber der Text auf der vorderen Seite zuerst entstanden, so ist eine – wenngleich wahrscheinlich nur kleine – Lücke anzunehmen; denn warum hätte der Autor den Text „Und Ek um Eke" usf. anderenfalls nicht auch unten auf der Vorderseite niederschreiben sollen, die noch bequem Platz für etwa fünf Zeilen geboten hätte? Jedenfalls mahnt der graphische Befund dazu, nicht zu voreilig aus Freude über die Entdeckung inhaltlicher Zusammenhänge die beiden Textpartien zu verschmelzen, wie es Zinkernagel tut. Damit sind allerdings die deutlichen inhaltlichen Verbindungen nicht in Frage gestellt; Zinkernagels Textkonstitution kommt sicherlich ein ungleich größeres Recht zu als der Hellingraths und Pigenots, die den Zusammenhang der beiden Seiten nicht nur in zwei verschiedene Fragmente auseinanderreißen, sondern diese sogar auf zwei verschiedene Bände verteilen und damit die Seite 73 einer Übergangsphase, die Seite 74 aber bereits der ersten ‚Wahnsinnszeit' zuschreiben, eine – wie ich oben bereits gezeigt habe – äußerst fragwürdige Lösung.[8] Daß Pigenot große Probleme hatte, die Seite 74 als eigenständigen Gedichtkomplex zu konstituieren, zeigt sich überdeutlich daran, daß er das klar als erste Zeile erkennbare Segment „Und Ek um Eke", in dem der Autor das „um" aus „und" korrigiert hat und in dem ich keine Textlücken entdecken kann, in die Varianten verbannt und unnötigerweise zu „Und Ek – – und Eke – –" (Hell. VI, 482)[9] mystifiziert.[10] Damit hat er ein starkes Indiz für den textuellen Zusammenhang aus seinem konstituierten Text beseitigt.[11]

Bemerkenswert ist immerhin, daß alle frühen Editoren (außer Seebass und Kasack [I, 274], die unverständlicherweise nach Z. 40 mitten im Satz abbrechen[12]) das Textmaterial der Seite 74 trotz ihres außerordentlich uneinheitlichen Erscheinungsbildes (keine durchgehende Linksbündigkeit; ineinandergeschriebene Blöcke; Lücke nach Z. 56) weitgehend als eine Einheit darstellen. Zinkernagel löst allerdings einige mit „der Katten Land" (74, Z. 11) beginnende Zeilen aus dem Zusammenhang dieses Blattes heraus[13] und ordnet sie als Teil des „Entwurfs 19." (Zink. V, 170-172) Notizen zu, die bereits auf Seite 67 beginnen („Süß ists"), über die folgenden Seiten verstreut sind und sich bis zu den Segmenten rechts unten auf der Seite 74 (Z. 65-76) erstrecken. Zwar lassen sich inhaltliche Verbindungslinien zwischen diesen disparaten Textfetzen auffinden; da aber zugleich die Beziehungen der Notate zum übrigen Inhalt der Seiten, auf denen sie stehen, zerrissen werden, vermag dieser Vorschlag Zinkernagels nicht zu überzeugen.

---

[8] Eine Aufweichung dieser Zuschreibung zeigt Hellingraths nur im Apparat auftauchendes „Bruchstück" 28 A: „Des weiteren sind hier anzuführen von S. 74 des Folioheftes Aufzeichnungen früherer Hand, die überdeckt von einer nicht ganz zusammenhängenden Niederschrift sehr später Hand nur schwer sich herausfinden lassen: – – *der Katten Land Und des Wirtembergs Kornebene, – – wo dich. und der Winkel – – und wo die Knaben gespielt – – Viel sind in Deutschland – – Wohnsize sind da freundlicher Geister, die Zusammengehören, wenn Sie bindet ein gleiches Gesez. dann..wenn die Keuschen (?) Unterscheidet ein gleiches Gesez* wol auch noch zu den früheren Aufzeichnungen auf dieser Seite gehörig: *das Tagwerk aber bleibt, Der Menschen Ende Vergessenheit, Ein Wohlgefallen aber – – dann Wahrheit schenkt aber dazu Den Athmenden der ewige Vater.*" (Hell. IV, 393f.)

[9] Noch vor Pigenot liest übrigens Kasack die Zeile ebenfalls als isoliertes Segment mit folgendem Wortlaut: „Und Er und Erk", wobei er erwägt, das zweite Wort zu ‚Erkenntnis' zu konjizieren (1920, 24). Die Unsicherheiten bei der Entzifferung dieser Stelle sind aus heutiger Sicht, nachdem sie einmal von Beißner – meines Erachtens eindeutig richtig – entziffert ist, nicht mehr nachvollziehbar.

[10] Charakteristisch für Pigenot, der offenbar die Souveränität Hellingraths im Umgang mit den späten Handschriften nicht erreichte, sind die vielen Fragezeichen nicht nur in den Varianten, sondern auch im Text der Entwürfe.

[11] Auch Seebass/Kasack und Böhm lösen den Zusammenhang zwischen den Seiten 73 und 74 sowie auch den zu den folgenden Seiten auf und verstreuen die Fragmente in offenbar beliebiger Reihenfolge.

[12] Erstveröffentlichung des Textes von „Das liebere gemahnend" bis „Aber Eines" in fast identischer Gestalt bei Kasack 1920, 17f. Diese Ausgabe ist von der Kritik, Zusammengehöriges auseinanderzureißen, noch nicht betroffen, da sie sich dezidiert auf bis dahin unveröffentlichte Bruchstücke beschränkt.

[13] Es handelt sich um dieselben Zeilen, die Hellingrath zunächst nur im Apparat zu Band IV wiedergibt (cf. o., Anmerkung 8) und die im sechsten Band von Pigenot zum Teil mit in den Text aufgenommen werden (cf. Hell. VI, 15, V. 38-42).

Bei den oberen drei Vierteln von Seite 74 stellt die „Deutschland"-Problematik, die aus dem Motiv des Vogelfluges entwickelt wird, eine inhaltliche Klammer für das chaotische Textmaterial dar. Das gilt aber für das auch graphisch abgesonderte untere Viertel, in dem offenbar Motive aus der Ilias und der Bibel aufgenommen werden, zunächst nicht. Es ist also zu fragen, warum die bisher genannten Herausgeber, die offenbar aufgrund inhaltlicher Erwägungen das erste Viertel der Seite 73 vom Rest der Seite abgetrennt haben, mit dem letzten Viertel von Seite 74 nicht ebenso verfahren sind. (Kasack sowie Seebass/Kasack bieten keine ernst zu nehmende Alternative an, da sie bereits vor der genannten Zäsur ihren Text unvermittelt abbrechen lassen.) Für den Zusammenhang der beiden durch die Lücke getrennten Textteile spricht immerhin, daß der erste Satz nach der Lücke „Gehn mags nun." (ähnlich wie der Beginn der Seite „Und Ek um Eke") eher auf einen Wendepunkt innerhalb eines Gedichtzusammenhangs als auf den Anfangs eines relativ selbständigen Fragments hindeutet.

Stellt der mittlere Teil der Seite entzifferungstechnisch einen harten Brocken dar, weil etliche Zeilen bis zur Unleserlichkeit ineinandergeschrieben sind, so hält der unterste Textabschnitt schwer lösbare Probleme für die Textkonstitution bereit: Die Zeilenanfänge verschieben sich treppenartig nach rechts, ohne daß man dieser Bewegung linear folgen könnte; viele Wendungen sind mehrfach entworfen, ohne daß eine Version gestrichen wäre, usf. Während Zinkernagel wie erwähnt die Zeilen 65-76 als dem Entwurfszusammenhang nicht zugehörig einstuft, integriert Pigenot möglichst viel Textmaterial, nimmt dafür aber die Zerfaserung syntaktischer und semantischer Zusammenhänge in Kauf. Dieser Abschnitt muß also für eine besonders sorgfältige textkritische Behandlung vorgemerkt werden.

Als Ergebnis der Prüfung der frühen editorischen Aufbereitungen der Seiten 73 und 74 vor dem Hintergrund der Handschrift kann festgehalten werden, daß ein textueller Zusammenhang dieser beiden auf die Überschrift „Das Nächste Beste" folgenden Seiten besteht, der aber unterteilt wird durch vier Zäsuren:

1. der inhaltliche Einschnitt 73, Z. 14/15, der aber aufgrund des relativ einheitlichen graphischen Erscheinungsbildes eher als Zäsur innerhalb eines Textes denn als Aufeinandertreffen zweier separater Entwürfe anzusehen ist (eine These, die natürlich noch interpretatorisch plausibel zu machen ist);
2. die Lücke nach 73, Z. 45, die den Textzusammenhang aber nicht nachhaltig zerreißt;
3. die Seitengrenze 73/74, die zwar verschiedene Bearbeitungsphasen voneinander trennt, über die hinweg sich aber doch ein klarer inhaltlicher Zusammenhang spannt (auch wenn möglicherweise eine kleinere Lücke anzunehmen ist);
4. die Lücke nach 74, Z. 56, die auch einen inhaltlichen Einschnitt markiert, der aber ebenso wie der oben auf Seite 73 nicht als Grenze zweier selbständiger Texte, sondern eher als Abgrenzung zweier Abschnitte eines Textes voneinander anzusehen ist.

Vergröbernd kann man also zusammenfasen, daß es sich bei dem Textmaterial der Seiten 73 und 74 vermutlich um einen im wesentlichen durchgehenden Gedichtzusammenhang handelt, der sich in einen umfangreichen Hauptteil (möglicherweise mit einer Mittelachse, die sich mit der Seitengrenze deckt) sowie je einen kürzeren Anfangs- und Schlußabschnitt gliedert.

Dieser Zusammenhang der beiden Seiten (ohne Abtrennung des ersten Textkomplexes) wird erstmals in der StA hergestellt, und zwar als „Dritte Fassung" des Entwurfs „Das Nächste Beste".[14] Beißner markiert darin die erste Zäsur nicht mit einer Leerzeile, ein Vorgehen, das sich durch den handschriftlichen Befund legitimieren läßt, in dem die beiden Textabschnitte sogar ineinandergeschrieben sind (cf. 73, Z. 13-16). Nur die Textlücken nach 73, Z. 45, und 74, Z. 56, gibt er als Leerzeilen wieder; der Übergang von der Vorder- zur Rückseite des Blattes ist wie bei Zinkernagel im Text nicht markiert. Beim letzten Abschnitt des Textes folgt Beißner ebenfalls Zinkernagel und nimmt nur die als später eingestuften Partien mit auf; das übrige findet sich in der „Zweiten Fassung" (cf. StA II.1, 236). Ähnlich ergeht es dem Beginn des Abschnitts nach der ersten Zäsur, der Zeile „Viel thuet die gute Stunde." (73, Z. 15), die nur in der „Ersten Fassung" (StA II.1, 233) auftaucht.

Fragt man aber, ob Beißner das gesamte Textmaterial der beiden Seiten – von den genannten Passagen und den Varianten einmal abgesehen – zum Entwurf „Das Nächste Beste" zusammengefügt hat, so muß das verneint werden: Es fehlt nämlich die rechts oben auf Seite 74 zugleich auffällig und schwer lesbar notierte enigmatische Wendung „Zwei Bretter und zwei / Brettchen apoll envers terre", die an ganz anderer Stelle der Ausgabe, nämlich als ‚Bruchstück 83' (StA II.1, 340) auftaucht.[15] Die Fundstelle dieses Segments wird von Beißner zwar notiert (cf. StA II.2, 954), es scheint für ihn aber außer Frage zu stehen, daß diese beiden Zeilen nicht zum Gedichtentwurf „Das Nächste Beste" gehören können. In der Tat lassen sie sich kaum oder gar nicht in den Textzusammenhang einfügen, weder an dieser Stelle, an der es um den Vogelflug geht, noch an einer anderen Stelle dieses Blattes. Dennoch scheint es mir eine unzulässige Vereinfachung zu sein, zu unterstellen, dieses Bruchstück sei nur zufällig auf dieser Seite notiert worden und habe mit dem Inhalt des Gedichtentwurfs nichts zu tun. Es wird eine wichtige Frage meiner Interpretation dieser beiden Zeilen sein, welches Verhältnis sie zum übrigen Text der Seite haben.

Wenn man es aber seit Beißner für erwiesen hält, daß die Seiten 73 und 74 zusammen den Gedichtentwurf „Das Nächste Beste" ausmachen, so drängt sich die Frage auf, ob dieser notwendigerweise unten auf Seite 74 enden muß oder ob er nicht auf der folgenden und auch noch auf der übernächsten Seite fortgesetzt

---

[14] Auf die – wie oben (64-66) bereits erörtert – grundsätzlich problematische Konstitution von „Fassungen" der Entwürfe im Textteil der StA, durch die die Textgenese dokumentiert werden soll, gehe ich hier nicht im einzelnen ein, sondern konzentriere mich auf die letzte „Fassung", die den uns vorliegenden Zustand der Handschrift wiedergibt.

[15] Bei Pigenot findet sich dieses Segment im Apparat zum Entwurf „Das Liebere gewahrend ...“; cf. Hell. VI, 482.

sein könnte, wie Uffhausen dies annimmt.

Hellingrath – offenbar selbst nicht ganz überzeugt von seiner Lösung, die Gedichtfragmente auf zwei Bände zu verteilen – bringt die obersten zweieinhalb Zeilen von Seite 76 als Bruchstück 20 (cf. Hell. IV, 254), also noch vor dem Material von Seite 73, und zwar aus rein pragmatischen Gründen:

> Ich habe dieses Bruchstück hauptsächlich deshalb selbständig angeführt, um hier die nicht unwichtigen aber ganz stückhaften Aufzeichnungen erwähnen zu können die die beiden unteren Drittel der Seite ausfüllen.   (Hell. IV, 389)

Dieses fragmentarische Material der Seite 76 führt er dann fast vollständig (mit Ausnahme von „nicht ganz entwirrbarem", ibd.) im Apparat an. Noch offensichtlicher wird die Aufteilung in Text und Apparat bei Seite 75 durchbrochen: Das einzige, was Hellingrath in Bd. IV von dieser Seite bringt, ist ein nur im Anhang auftauchendes „Bruchstück" 29 B, dem jeder Referenztext im Hauptteil fehlt:

> Von ähnlicher fester und klarer Hand wie die erste Niederschrift von Dem Fürsten und Kolomb steht auf S. 75 des Folioheftes: *Vom Abgrund nemlich haben Wir angefangen* (mit Blei fortgesetzt:) *und gegangen sind Dem Leuen gleich Der lieget In dem Brand Der Wüste – – damit sie schauen sollte – –* daran anschliessend Aufzeichnungen späterer Stufe. Am obern Rand: *die apriorität des Individuellen über das Ganze.*
> (Hell. IV, 394)

In diesem auf beinahe kuriose Weise versteckten Hinweis auf eine der schwierigsten und aufregendsten Seiten des Folioheftes zeigt sich, daß Hellingrath schon die Bedeutung dieses Materials erkannt hat, die detaillierte Aufbereitung aber dem späteren Band vorbehält.

In Bd. VI läßt Pigenot die Entwürfe von Seite 74 und 75 mit den Titeln „Das Liebere gewahrend …" und „Vom Abgrund nemlich …" einander folgen, den zweiten Text mit der lapidaren Bemerkung einführend: „Dem vorigen verwandt" (Hell. VI, 482), ohne die Art dieser Verwandtschaft näher zu beschreiben oder zu analysieren.

Eine hochinteressante Alternative bietet wiederum Zinkernagel an: Nachdem er bereits die Seiten 73 und 74 (mit Ausnahme des ersten Abschnitts unter der Überschrift „Das Nächste Beste" und einiger Notate von der Rückseite) zusammenhängend als ersten der „Versuche" abgedruckt hat, läßt er das Textmaterial der Seiten 75 und 76 unter den Ziffern 2, 3 und 4 unmittelbar folgen (cf. Zink. V, 182-188), so daß bei ihm der handschriftliche Zusammenhang der vier Seiten weitgehend gewahrt bleibt, ohne daß er aber die Fragmente dieser Seiten zu einem einzigen großen Gedicht verschmelzen würde. Im einzelnen konstituiert er die Texte folgendermaßen: Als „Versuch" 2 präsentiert er die obere Hälfte der Seite 75 (bis Z. 31) sowie das (auch schon von Hellingrath als einer frühen Bearbeitungsschicht zugehörend erkannte) Segment „damit sie schauen sollte" (Z. 34) und die (von Hellingrath als separates Bruchstück abgedruckten) obersten zweieinhalb Zeilen von Seite 76. Als „Versuch" 3 erscheint bei ihm ein mit „Germania" (75, Z. 32) überschriebener Text, der das Textmaterial der unteren

Hälfte von Seite 75 sowie die im unteren Teil von Seite 76 rechts eingerückt notierten Fragmente zusammenfaßt. Unter der Überschrift „Heidnisches" (76, Z. 4) gibt er schließlich als „Versuch" 4 das im unteren Teil von Seite 76 linksbündig entworfene Material wieder. Zinkernagel geht also davon aus, daß die Seiten 75 und 76 nicht linear gelesen werden können, sondern auf komplizierte Weise ineinander verschränkt sind: Hölderlin hätte danach zunächst auf Seite 75 oben ein Gedicht entworfen und dessen Fortsetzung auf Seite 76 oben skizziert. Später hätte sich nach dieser Lesart ein weiteres Gedicht unten auf Seite 75 entweder abgespalten oder dazwischengeschoben, das nicht oben auf Seite 76 fortgesetzt werden konnte, da dieser Raum für die Fortsetzung des ersten Gedichts reserviert war. Aber auch der untere Teil der Rückseite muß zum Zeitpunkt der Arbeit an dieser Fortsetzung bereits durch ein drittes Gedicht belegt gewesen sein, so daß Hölderlin die zweite Hälfte des zweiten Entwurfs rechts unten in den Lücken dieses dritten Entwurfs plazieren mußte (da ja die folgende Seite 77 vermutlich bereits für das nächste große Gedichtprojekt „Kolomb" verplant war, war eine weitere Ausdehnung der Entwürfe über diese beiden Seiten hinaus nicht möglich). Einige graphische Indizien stützen diese Lösung: so könnten die mit feiner Feder und regelmäßiger, stark geneigter Schrift notierten obersten Zeilen der Seite 76 tatsächlich in einem Zuge mit den ersten Aufzeichnungen auf Seite 75 entstanden sein. Allerdings haben die mit „Vom Abgrund nemlich ..." beginnenden Zeilen in sich ein außerordentlich heterogenes Erscheinungsbild: Nach den filigranen ersten anderthalb Zeilen sind viereinhalb Zeilen mit Bleistift geschrieben; danach ist eine sehr weiche Feder verwendet worden. Das meiste Material auf dem Rest der Seite (also ab Z. 15 und ohne die späteren Zusätze am rechten und unteren Rand) könnte jedoch derselben Arbeitsphase zugehören; mindestens scheinen mir die Zeilen vor und nach dem eingeschobenen Stichwort „Germania" zweifelsfrei in einem Zuge entstanden zu sein, so daß nur noch eine spätere Aufspaltung des zunächst in einem Zusammenhang konzipierten Textes denkbar wäre. Für die Zuordnung der rechts unten auf Seite 76 entworfenen Zeilen zu diesem abgespaltenen Entwurf „Germania" lassen sich keine graphischen, sondern bestenfalls interpretatorische Gründe geltend machen. Auf den ersten Blick scheinen diese mit verschiedenen feineren Federn und in kleiner, regelmäßiger Schrift notierten Segmente eher an die Zeilen oben auf der Seite anschließbar zu sein, die Zinkernagel als Fortsetzung des Entwurfs „Vom Abgrund nemlich ..." eingestuft hatte. Problematisch ist zudem die scharfe Trennung der rechten von der linken Kolumne der Seite 76, die Zinkernagel vorschlägt, zumal einige Stichwörter genau in der Mitte zwischen beiden Textblöcken notiert zu sein scheinen. Auch wenn ich an dieser Stelle nicht alle Variationen durchspielen kann, dürfte aus dem Bisherigen deutlich geworden zu sein, daß Zinkernagel zwar für die Seiten 75 und 76 sehr anregende Textkombinationen vorschlägt, die aber nur *eine* Möglichkeit exponieren, der viele konkurrierende mit ebensoguten Gründen entgegengestellt werden könnten. Er bewahrt zwar den Gesamtzusammenhang der beiden Seiten, reißt in seinen Konstitutionen aber die einzelnen Seiten auseinander, so daß ihm Kombinationsmöglichkeiten innerhalb einer Seite entgehen.

Vergleicht man Zinkernagels Lösungsvorschlag jedoch mit dem Hellingraths und Pigenots, die nicht nur die beiden, sondern alle vier hier untersuchten Seiten heillos bis zur Unauffindbarkeit über Texte und Apparate ihrer Ausgabe verstreuen, so wird deutlich, einen wie enormen Fortschritt seine Textzusammenstellung bedeutet.[16]

Dieses Urteil stabilisiert sich, wenn man Beißners Aufbereitung der Seiten 75 und 76 in den Vergleich einbezieht. Ähnlich wie bei Pigenot erscheint ein Großteil des Materials der Seite 75 als Entwurf „Vom Abgrund nemlich ..." (cf. StA II.1, 250f.), das Übrige findet sich in den „Lesarten" dazu (cf. StA II.2, 886-888) und als „Bruchstücke" 79, 80 und 81 (cf. StA II.1, 339; dabei handelt es sich um die ersten fünf Zeilen der Seite und die Randbemerkung oben links, Z. 7-11). Auch Beißner erkennt eine Verbindung dieser Vorderseite mit der Rückseite: Wie Zinkernagel ordnet er die Zeilen „Vom Abgrund nemlich haben / Wir angefangen" (75, Z. 6 und 8), das Segment „damit sie schauen sollte" (75, Z. 34) und die obersten zweieinhalb Zeilen auf Seite 76 „die Purpurwolke, da versammelt von der linken Seite / der Alpen und der rechten sind die seeligen / Geister, und es tö" einer ersten frühen Entwurfsschicht zu (cf. StA II.2, 886, Z. 13). Da er dieses letzte Bruchstück aber als „Prosaentwurf" (ibd., Z. 14f.) einstuft, der vom Autor „vergessen" (ibd., Z. 15) worden sei, nimmt er es nicht in einen seiner konstituierten Texte mit auf. Diese überraschende Entscheidung kann sich sicherlich nicht auf den rhythmischen Duktus dieser Zeilen stützen, der sich nicht grundlegend von dem auf allen diesen Seiten herrschenden unterscheidet. Auch der Zeilenbruch nach „seeligen" spricht für den Verscharakter der Zeilen. Ihre einzige Legitimation erhält Beißners Einschätzung durch seine Lesung der ersten Buchstaben von Z. 1 und 2 als Minuskeln („die" und „der"). Angesichts der grundsätzlichen Schwierigkeit, in Hölderlins Handschrift Klein- und Großbuchstaben sicher zu unterscheiden, sowie der gerade in diesen beiden Fällen sehr verschiedenen Realisierung des *d* bzw. *D* ist das aber kein sehr überzeugendes Indiz. (Sattler liest denn auch in seiner Umschrift in beiden Fällen ein *D*.) Zudem spräche auch die Kleinschreibung des Zeilenanfangs nicht stärker für die Prosa- als für die Lyrikform, so daß auch Zinkernagel keine Probleme hat, die ohne Majuskeln beginnenden Verse in den Gedichtentwurf einzureihen. Die psychologisierende und ohne Gründe vorgetragene These, der Autor habe diese exponiert plazierten und deutlich lesbaren Verse einfach „vergessen", entbehrt vollends jeder Überzeugungskraft, so daß Beißners Abschieben dieses wichtigen Bruchstücks von Seite 76 in die „Lesarten" als von Grund auf mißglückte Operation zu beurteilen ist. An anderer Stelle thematisiert er die Frage der Zusammengehörigkeit der beiden Seiten nicht mehr, so daß die übrigen Materialien von Seite 76 ohne jeden Zusammenhang zur Seite 75 dargestellt werden.

---

[16] Die Ausgabe von Seebass und Kasack bietet nur einen kleinen Teil der Seiten 75 und 76, nämlich wenige Zeilen aus Seite 75 unter der Überschrift Germania (cf. Seebass/Kasack I, 273). Sogar das von Kasack (1920, 20) erstveröffentlichte sechszeilige Bruchstück „Lichttrunken und der Thiergeist rufet ..." fehlt unverständlicherweise in der ein Jahr später veröffentlichten Ausgabe. Böhm folgt im wesentlichen Hellingrath und Pigenot (cf. Böhm II, 429, 438-441,

Immerhin aber bleibt ihr innerer Zusammenhang weitgehend gewahrt, da sie hintereinander als „Bruchstücke" 71 bis 76 erscheinen (cf. StA II.1, 337f.). Dennoch muß festgestellt werden, daß Beißner den – zwar angreifbaren, aber sehr anregenden – Versuch Zinkernagels, die Seiten 75 und 76 als ineinander verschränkt zu lesen, ignoriert und das Textmaterial dieser Seiten in verschiedene „Entwürfe", „Bruchstücke" und „Lesarten" zerteilt, ohne der Frage ihrer Zusammengehörigkeit nachzugehen. Dabei kommt er im ganzen allerdings zu einer etwas überzeugenderen Anordnung als Hellingrath und Pigenot, die die an diesen Handschriftenseiten interessierten Leserinnen und Leser auf eine Schnitzeljagd durch zwei Bände ihrer Ausgabe schicken.

Als Ergebnis der editorischen Bemühungen um die Seiten 73 bis 76 des Homburger Foliohefts bis zur StA kann festgehalten werden, daß die Seiten 73 und 74 als zusammenhängender Gedichtentwurf „Das Nächste Beste" erkannt worden sind. Welches Verhältnis die Seiten 75 und 76 zu diesem Entwurf haben, ist noch ungeklärt: Sie könnten sich etwa als drei weitere, ineinander verschränkt entworfene Gedichtfragmente den beiden vorhergehenden Seiten anschließen, wie Zinkernagels Textkonstitution nahelegt; sie könnten aber auch aus einem Entwurf „Vom Abgrund nemlich ..." sowie einigen Bruchstücken auf Seite 75 und aus etlichen weiteren Bruchstücken auf Seite 76 bestehen, wenn man Beißner folgen will.

1.2   Die Textkonstitutionen D. E. Sattlers

D. E. Sattler trat bereits in seinem 1975 erschienenen Einleitungsband zur FHA mit dem Anspruch auf, gerade in bezug auf diese schwierigen Handschriftenseiten endlich zu befriedigenden editorischen Lösungen zu kommen. Bei der Prüfung dieser Vorschläge ist zunächst noch einmal zu betonen, daß das eigentliche Verdienst der FHA in der durchgehenden Reproduktion und Transkription der Handschriften zu sehen ist. Diese editorischen Leistungen haben in der Faksimile-Edition des Homburger Foliohefts ein Höchstmaß an Qualität gewonnen. Durch die damit erzielte Überprüfbarkeit aller editorischen Operationen verlieren die textgenetischen Analysen und die konstituierten Texte das Gewicht, das sie in den früheren Ausgaben hatten. Die Kritik an Sattlers Hypothesen kann somit seine Edition nicht im Kern treffen, sondern im Gegenteil in ihren Prinzipien nur bestätigen. Zu beachten ist ferner, daß die Analysen und Konstitutionen im Einleitungsband und in Sattlers „Fliegenden Briefen" angesichts der noch ausstehenden Lösungen in den Bänden 7 und 8 der Ausgabe nur vorläufigen Charakter haben.

Diese Einschränkungen vorausgeschickt, muß allerdings festgestellt werden, daß Sattler in seinen Textkonstitutionen keineswegs immer zu so überzeugenden oder auch nur neuartigen Lösungen kommt, wie seine Ankündigungen hätten erwarten lassen. Das gilt auch für die hier untersuchten vier Handschriftenseiten. Die Frage der Zusammengehörigkeit der beiden Blätter 73/74 und 75/76 stellt sich für ihn ebensowenig wie für Beißner.

Der „Lesetext" von „Das Nächste Beste" im Einleitungsband der FHA[17] folgt im wesentlichen der „Dritten Fassung" der StA. Sattler markiert allerdings die erste Zäsur (73, Z. 14/15) zu Recht durch eine Leerzeile und fügt die Randnotiz „Spring- / brunnen / Die / Bäum" (73, Z. 21-28) anders, aber nicht unbedingt überzeugender als Beißner ein (cf. FHA Einl., 30 und 32). Die Notiz oben auf Seite 74 („Zwei Bretter und zwei / Brettchen apoll envers terre") gliedert auch er nicht in den Text ein (cf. FHA Einl., 29). Gravierende Unterschiede aber gibt es am Schluß, der sich als textkritisch schwierigster Teil dieser beiden Seiten erwiesen hat. Zunächst nimmt Sattler sechs Zeilen (cf. 74, Z. 38-47), die sich zwischen den links herausgerückten letzten Zeilen des ‚Hauptteils' finden und die Beißner in die „Lesarten" zur „Dritten Fassung" verbannt hatte (cf. StA II.2, 869, Z. 19-30), zusätzlich in den Text mit auf (cf. FHA Einl., 32, V. 57-62). Bei den eigentlichen Schlußzeilen konstituiert Sattler den Text ähnlich restriktiv wie Beißner, entscheidet sich aber zum Teil für andere Textsegmente als dieser: Den Block rechts unten (74, Z. 65-76) sieht auch Sattler als erste, später verworfene Entwurfsschicht an (cf. FHA Einl., 28). Ich kann jedoch diese Passagen in den übrigen Entwurfsschichten des Schlußabschnitts nicht wiederaufgenommen finden, so daß mir ihre Eliminierung aus dem konstituierten Text als nicht berechtigt erscheint. Eine wesentliche Änderung gegenüber dem Text der StA liegt schließlich darin, daß Sattler die schwer lesbare Bemerkung am linken Rand (74, Z. 57-61), die Beißner ignoriert hatte, in den Text integriert. Im Gegensatz zu Zinkernagel, der sie in kleiner Type als „Der Rosse bis über den Gurt" in den Text eingefügt hatte (Zink. V, 184), liest Sattler „Der Rosse / Leib War / der Geist" und sieht darin keinen Zusatz, sondern eine Umformulierung des Beginns dieses Abschnitts. Angesichts der eingestandenen Unsicherheit über die Einordnung dieses Segments (cf. FHA Einl., 33) ist es aber nicht hinreichend begründet, an seiner Stelle das zweimal fast identisch notierte Segment „Fast unrein hatt sehn lassen und das Eingeweid / Der Erde" (74, Z. 57-60 sowie 59 und 63) aus dem Text zu streichen.[18]

Sieht man vom Schlußabschnitt einmal ab, sind die Abweichungen zwischen beiden Ausgaben also nicht gravierend, so daß der Text der Seiten 73 und 74 als relativ unumstritten gelten kann.

Anders sieht es mit den Seiten 75 und 76 aus. Sattler bringt diese im Einleitungsband mit der Strophe „Reif sind, in Feuer getaucht ..." von Seite 90 zusammen, die von den meisten anderen Herausgebern als eine späte Ergänzung oder Umarbeitung des auf der gegenüberliegenden Seite 91 beginnenden Gedichts „Mnemo-

---

[17] Cf. auch den nur in Details revidierten Text in Sattler 1981a, 558-560. Beißners von Sattler nicht grundsätzlich angezweifelte These, der Entwurf sei in drei großen Bearbeitungsphasen entstanden, wird vehement auch noch von Lefebvre (1989, 420) vertreten.

[18] Im Gegensatz zu Sattler (cf. FHA Einl. 33) sehe ich die mehrfachen Ansätze zu „Fast unrein hatt sehn lassen und das Eingeweid / Der Erde." als Indiz nicht etwa dafür an, daß dieser Satz verworfen wurde, sondern vielmehr gerade dafür, daß er trotz veränderter Versfuge erhalten werden sollte. Das zweite „Der Erde" (74, Z. 63) wäre damit eine Reaktivierung des ersten (74, Z. 60), durch die die Gültigkeit der gesamten Sequenz unterstrichen wird.

syne" angesehen wird. Mehr als motivische Parallelen kann er für diese kühne
Konstruktion nicht geltend machen. Solche Parallelen aber ziehen sich durch
das gesamte Homburger Folioheft; und eine rein inhaltliche (und damit stark
von interpretatorischen Annahmen abhängige) Begründung für eine Textkonstitution, wie sie Beißner versucht, um zu zeigen, daß die „Feuer"-Strophe die erste
Strophe von „Mnemosyne" ersetze, rügt Sattler selbst zu Recht als defizitär (cf.
FHA Einl., 89). Immerhin verschmilzt er das Textmaterial der drei Seiten nicht
einfach, sondern konstituiert drei separate Entwürfe, die er unter der Überschrift
„Apriorität des Individuellen" zusammenstellt:

> Zwar legt die rhetorische Diktion des Beginns [des Entwurfs von Seite 75] einen Zusam-
> menhang mit den beiden zuvor dargestellten Textkomplexen [von Seite 90 und 76] nahe,
> doch verbietet die textkritisch wie auch inhaltlich uneindeutige Lage eine Kompilation
> der drei Texte.   (FHA Einl., 80)

Aus den genannten Gründen (die auch Sattler selbst schnell dazu gebracht haben, diese Textzusammenstellung zu verwerfen[19]) kann ich den Text von Seite
90 hier einfach beiseite lassen und mich auf die Konstitutionen der Texte von
Seite 75 und 76 konzentrieren, die Sattler hier in einem ersten Anlauf versucht.
Er geht im Gegensatz zu allen früheren Herausgebern davon aus, daß der Autor
zuerst die Fragmente von Seite 76 skizziert und dann ein Gedicht auf Seite 75
entworfen hat, dessen Ausläufer wiederum auf Seite 76 ausgreifen. Dementsprechend sieht er die obersten Zeilen auf Seite 76 („Die Purpurwolke ...") – wenngleich unter Vorbehalt – als frühe Notiz zum umseitigen Gedichtentwurf an (cf.
FHA Einl., 79) und scheidet sie damit aus seiner Textkonstitution aus. Damit
wiederholt Sattler überraschenderweise Beißners Verbannung dieses nach meiner
Einschätzung allein schon wegen seiner exponierten Position wichtigen Segments
aus dem konstituierten Text. Dagegen versucht Sattler eine Verschmelzung des
disparaten Materials der unteren zwei Drittel der Seite, das Beißner in sechs
Bruchstücken präsentiert hatte, zu einem einzigen Gedichtentwurf (cf. FHA
Einl., 84f.). Leider hebt er dabei die Eigenständigkeit der verschiedenen Ent-
wurfsansätze weitgehend auf, ohne zu einer überzeugenden Einheit des Textes
zu gelangen. So fällt der eindrucksvolle Anfang des umfangreichsten Bruchstücks
„Heidnisches / Jo Bacche" (76, Z. 4f.) bei ihm einfach weg (cf. FHA Einl., 85)
und wird durch ein Segment ersetzt, das sich links unten auf der Seite findet
(cf. 76, Z. 35-42). Auch ein Teil des am rechten Rand entworfenen Materials
(cf. 76, Z. 25-33) wird als „Konzept" nicht mit in den Text aufgenommen (cf.
FHA Einl., 79). Dieser Versuch, die Atomisierung der Textsegmente der Seite 76
zu überwinden, ist zwar anregend, aber insgesamt nicht überzeugend. Beißners
bloße Nebeneinanderstellung der Bruchstücke wird der komplizierten Textur der
Seite und dem Eigenwert der einzelnen Fragmente gerechter als diese gewaltsame
Synthese.

Die Seite 75 sieht Sattler wie Pigenot und Beißner als einen in sich zusammenhängenden Entwurf an. Das Stichwort „Germania" (75, Z. 33) betrachtet er

---

[19] Cf. Sattler 1981a, 288.

merkwürdiger- und banalerweise als Ansatz zur Hymne „Germanien", die sich auf den Seiten 59 bis 63 des Foliohefts findet (cf. FHA Einl., 80). Ebensowenig überzeugt seine Zuordnung des Segments „damit sie schauen sollte" (75, Z. 35) zu diesem Stichwort; denn alle früheren Herausgeber haben das Segment mit guten graphischen Gründen derselben frühen Arbeitsphase zugeschrieben, in der auch der Textbeginn „Vom Abgrund nemlich haben / Wir angefangen" entstand. Plausibel erscheint mir dagegen die Funktion, die Sattler der ganz oben auf der Seite festgehaltenen Notiz „Die apriorität des Individuellen / über das Ganze" (75, Z. 1 und 3) zuschreibt:

> Da eine Überschrift im herkömmlichen Sinn fehlt, wird die theoretische Notiz am Kopf von 307/75 anstelle eines Gedichttitels gesetzt. Der Entwurf auf dieser Seite spiegelt die angegebene Struktur: das individuelle Schicksal steht bezeichnend für das Allgemeine. (FHA Einl., 87)

Allerdings scheint mir Sattler selbst diese von ihm zu Recht exponierte Maxime in zwei entscheidenden Punkten nicht zu berücksichtigen:

1. Seine Zusammenstellung der Seiten 90, 76 und 75 unter diesem Titel, die den Eindruck erweckt, hier solle eine Art Mega- oder Meta-Text innerhalb der späten Gedichtfragmente konstituiert werden, wird dem von Hölderlin geforderten Vorrang des Einzelnen gerade nicht gerecht.

2. Seine Kontamination disparatester Bruchstücke zu einem durchgehenden Text scheint geradezu der Umkehrung von Hölderlins Diktum zu folgen.

Der mit „Vom Abgrund nemlich ..." einsetzende Text selbst erscheint bei Sattler in erheblich anderer Gestalt als bei Pigenot und Beißner. Er begründet das damit, daß er den linksbündig entworfenen Text, an dem sich die früheren Herausgeber bei ihrer Textkonstitution vor allem orientiert haben, an einigen Stellen als überlagert durch spätere Zusätze ansieht, die er möglichst umfassend in den Text einzuarbeiten versucht. Das gilt besonders für die mittleren Passagen: Dort fügt Sattler die rechts zwischen die Zeilen geschriebenen Segmente (cf. 75, Z. 19-29 und 38-42), die Beißner als Elemente eines „letzten Ansatzes" (StA II.2, 887, Z. 1) zu den „Lesarten" verbannt, in den Text ein (cf. FHA Einl., 86, V. 11-14 und 25f.). Noch kühner ist die Ergänzung des Textes (V. 14f.) um das rechts oben auf der Seite zu findende Bruchstück „und kehr' in Hahnenschrei / den Augenblik des Triumps" (75, Z. 2 und 4), das bei Beißner als Teil des „Bruchstücks 79" (cf. StA II.1, 339) ein kümmerliches Dasein fristet, aber von Sattler allzu bruchlos dem linearen Text einverleibt wird. Vollkommen unhaltbar scheint mir Sattlers Vorgehen zu sein, den durchgehenden Text der Zeilen 27 bis 31 (in dem sich das berühmte Diktum „Frankfurt aber [...] ist der Nabel / Dieser Erde" findet; cf. StA II.1, 250, V. 13-16) durch Notizen von der rechten unteren Ecke der Rückseite (76, Z. 37-45) nicht etwa zu ergänzen, sondern zu ersetzen, auch wenn die Wiederaufnahme des Segments „des Menschen betrüblich" (75, Z. 28) durch „Des Menschen / Herz betrüblich" (76, Z. 45 und 43) als Indiz für eine Verbindung der beiden Passagen angesehen werden kann (cf. FHA Einl.,

88).[20] Ebenso gewagt ist Sattlers Vorschlag, die offensichtlich fehlerhafte oder unvollständige Zeile 41 („Ein Nußbaum und sich Beere, wie Korall") durch das hinter dem „und" einzufügende Wort „Holunder" zu ergänzen, das er wiederum aus einem isoliert auf der Rückseite stehenden „Ho" (76, Z. 8) konjiziert, das sich zu Spekulationen über Hölderlins Namenssymbolik geradezu aufdrängt (cf. FHA Einl., 88f.).[21] Zwar könnte das „Ho" mit derselben gespaltenen und fast leeren Feder wie „Ein Nußbaum" geschrieben sein, aber als einziges Indiz ist das angesichts der großen Entfernung zwischen den beiden Stellen etwas dünn, zumal das „Ho" auch auf die verschiedensten anderen Weisen ergänzt werden könnte. So könnte es sich – in diesem Fall Sattlers Spekulationen entgegenkommend – beispielsweise um eine separat stehende Unterschriftsprobe des Autors handeln[22], oder man könnte Anklänge an das „Jo Bacche" darin entdecken. Am wahrscheinlichsten aber erscheint es mir, daß an dieser Stelle das Bruchstück „Beim Hochzeitreigen ..." (76, Z. 30-32) notiert werden sollte, der Autor aber schnell erkannte, daß hier nicht genügend Platz dafür war und es statt dessen in die Lücke zehn Zentimeter weiter unten schrieb. Sattlers Einbindung der Silbe „Ho" in den Text der Vorderseite muß daher trotz ihrer Sinnfälligkeit als unhaltbare Vereindeutigung beurteilt werden.[23]

Einige Veränderungen gegenüber dem Text der StA nimmt Sattler auch bei dem unten auf der Seite notierten Material vor, das bis zur Unleserlichkeit ineinandergeschrieben, verschmiert, verblichen, durch Abbröckeln des Randes verlorengegangen oder durch Nebenfolgen von Restaurierungen verdorben ist. So fügt er nach „diese Dankbarkeit" (75, Z. 51 und 53 sowie 55) den Zusatz „Und Natürlichkeit" (Z. 53) ein, liest Z. 57 „der Tafel" (statt wie Beißner „der Tisch") als Genitivattribut zu „gebraten Fleisch und braune Trauben" (FHA Einl., 87, V. 37). Auch V. 38 („Längst auferziehen euch aber und der Mond und Schiksaal und Gott,") ist eine von Beißner nur in den Lesarten (cf. StA II.2, 887, Z. 25f.) berücksichtigte Ergänzung am rechten Rand. Weniger überzeugend als diese Erweiterungen des Textes erscheint mir wiederum Sattlers Entscheidung, für die beiden letztgenannten Ergänzungen die Wendung „und des Festtags" (75, Z. 58; m. E. nicht gestrichen, sondern nur verschmiert) und das Segment „und mich leset o" (75, Z. 59) fortzulassen, zu dem die Anrede „Ihr Blüthen von Deutschland" (75, Z. 61) paßt.

Kaum an irgendeiner anderen Stelle der Handschrift herrscht eine so gedrängte Enge von Zeichen bis ganz an den untersten Rand wie auf dieser Seite. Es ist allerdings nicht eindeutig, ob das ein Indiz dafür ist, daß der Platz für den Ab-

---

[20] Cf. dazu auch Wellmann-Bretzigheimer 1975-77, 489.

[21] Auch Beißner hatte schon eine handschriftlich nicht erkennbare Lücke hinter dem „und" angenommen (das kritisiert auch Beck [1982], 115) und einen Punkt hinter „sich" konjiziert, die Stelle aber hypothetisch als ‚und spiegelt sich' gelesen (cf. StA II.1, 250, V. 23 und StA II.2, 887, Z. 18).

[22] So auch Beißner in StA II.2, 951, Z. 3f. und 20f.

[23] Cf. auch die – allerdings überzogen polemischen – Bemerkungen Wellmann-Bretzigheimers (1975-77, 489f.).

schluß des Entwurfs nicht ausreichte, so daß eine Fortsetzung auf der Rückseite anzunehmen wäre, oder dafür, daß der geplante Text dank dieser engen Beschriftung des unteren Teils der Seite hier doch noch abgeschlossen werden konnte. Daher muß Sattlers Ergänzung des Schlusses um die Sequenz „und gehet / Beim Hochzeitreigen und Wanderstraus", die sich im unteren Drittel der Rückseite findet (76, Z. 28-32), trotz gewisser graphischer Parallelen (sie ist ebenso wie die späten Ergänzungen auf der Vorderseite mit gespaltener, klecksender Feder geschrieben) zunächst mit Skepsis betrachtet werden, da sie die Stelle wiederum aus ihrem Kontext auf der Rückseite isoliert.

An Sattlers im Einleitungsband der FHA aus dem Material der Seite 75 konstituiertem Text kann zusammenfassend als Fortschritt gegenüber dem der StA hervorgehoben werden, daß die späten Ergänzungen – zum Teil auch Segmente von Seite 76 – konsequent in den Text eingearbeitet werden. Nicht überzeugen kann dagegen, daß Sattler in manchen Fällen Passagen des integralen Textes zugunsten dieser Zusätze einfach wegläßt. Während ihm die Einbeziehung der wichtigen und exponiert plazierten Notiz „Die apriorität ..." als „Bemerkung zur Struktur des Entwurfs" (FHA Einl., 81) überzeugend gelingt, sondert er das auffällige Stichwort „Germania" in der Mitte der Seite und die zwielichtige Bemerkung „Werber!   keine Polaken sind wir" (75, Z. 5) nach wie vor aus dem Text dieser Seite aus (cf. FHA Einl., 83). Berücksichtigt man nun noch die Gewaltsamkeit, mit der Sattler das meiste Material der Seite 76 zu einem Gedichtentwurf verschmilzt, so muß festgestellt werden, daß er damit bei weitem noch nicht zu einer überzeugenden editorischen Aufbereitung dieser beiden hochkomplexen Handschriftenseiten gelangt ist. Insbesondere geht Sattler nicht der zentralen Frage nach, inwieweit die beiden Seiten, die er mit der an anderer Stelle des Foliohefts überlieferten „Feuer"-Strophe als Ensemble von Entwürfen unter dem Titel „Apriorität des Individuellen" zusammenfaßt, über einzelne Überlappungen hinaus miteinander verbunden oder sogar ineinander verzahnt sind, wie sie schon Zinkernagel gelesen hatte.

Diese Defizite sind Sattler selbst sehr schnell klargeworden, und bereits 1981 hat er eine grundlegende Revision seiner textgenetischen Darstellungen und seiner Textkonstitutionen vorgelegt, die von einem ganz neuen Impuls getragen ist:

> Es ist der Text, der sich bewegt und zu leben beginnt. Ginge es nach der Kritik, hätte er in die Nichtigkeit seiner für sich unverständlichen oder mißdeutbaren Teile zurückfallen müssen. Stattdessen zog er auch noch die letzten verstreuten Wörter an sich, und statt Entwurfsfragment eines unbekannten Gesangs zu bleiben, teilte er sich plötzlich in zwei selbständige, dafür um so inniger aufeinanderbezogener [sic] Teile.[24]

Im Gegensatz zu früheren Abspaltungen von Gedichten aus komplexem Entwurfsmaterial walte hier keine nur pragmatische, sondern geradezu eine utopische Beziehung der Einzeltexte zueinander:

> Der *Gemeingeist* ist es, die Idee einer Verbindung zwischen den individuierten Teilen, die hier, auf dem höchsten Grad des individuellen Fiebers, in die Wirklichkeit tritt.

---

[24] Sattler 1981a, 288.

Gemeinschaft nicht mehr durch Zwang, Lüge oder jene bigotte Propaganda, die der hergestellte Beginn mit der äußersten Schonungslosigkeit bloßstellt. Eine freiwillige Einigkeit, wie der sprachlich manifeste Zusammenhang der als Zusammenhang entworfenen, dann aber getrennten Teile, die sich in Gedanken, nicht durch Formalien herstellt. Anders als das alte, das sich den Texten ausliefert, ist dieses neue Lesen tätig und sinnend zugleich.[25]

Abstrahiert man von Sattlers messianistischem Sprachduktus, durch den die Texte selbst zu handelnden Wesen belebt werden, so scheint mir hier eine hochinteressante These über das zwanglose Verhältnis von Einzelnem und Allgemeinem in diesem Textmaterial vorgetragen zu werden. Indem Sattler in seiner editorischen Tätigkeit dieses Verhältnis offenzulegen versucht, könnte es ihm gelingen, nun doch dem zu Recht von ihm herausgehobenen Diktum von der „Apriorität des Individuellen" voll gerecht zu werden.

Dieses Programm verknüpft Sattler mit der Zielsetzung, die editorischen Voraussetzungen für ein „neues Lesen" zu schaffen, das von diesen Fragmenten zugleich erfordert und ermöglicht wird. In dieser Lektürehaltung müßten rezeptive und produktive Aspekte ineinandergreifen. Sattler schreibt also diesem Blatt mit seiner spezifischen Textur die Funktion zu, heutige Leser und Leserinnen dazu zu motivieren, die Gewohnheiten im Umgang mit Literatur zu durchbrechen und neue Formen des Lesens als Medium der Selbstverständigung zu erproben. Damit entwirft er eine vielversprechende Perspektive auf diese Blätter und ihre mögliche kommunikative Funktion.

Sieht man sich genauer an, wie Sattler seine neuen Einsichten in das auf diesen Seiten entworfene Textmaterial editorisch zu realisieren versucht, so fällt auf, daß er die Frage nach der Zusammengehörigkeit des gesamten Materials der beiden Seiten weiterhin nicht stellt: Den meisten Text von Seite 76 sieht er offenbar noch immer als separaten Entwurf an, ohne daß er das Problem hier thematisierte. Seine neuen Textdarstellungen beschränken sich also auf die Seite 75 und die wenigen Fortsetzungen dieser Texte auf der Rückseite. Bei der Prüfung dieser Lösungsvorschläge konzentriere ich mich darauf, ob es Sattler gelingt, die an seinem früheren, umfassender angelegten Versuch im Einleitungsband der Ausgabe erarbeiteten Kritikpunkte durch seinen Neuansatz auszuräumen. Dabei kann der spätere Ansatz trotz der an sich begrüßenswerten Selbstkritik des Herausgebers nicht von vornherein höhere Dignität für sich beanspruchen als der frühere, da es mir hier nicht um die Optimierung des herausgeberischen ‚Werks', sondern um das Durchspielen von Möglichkeiten der Konstitution von Texten aus diesem komplexen Entwurfsmaterial geht. Es könnte sich also durchaus der frühere Versuch als überzeugender als der spätere erweisen.

Sattler macht nunmehr zwei grundsätzlich voneinander unterschiedene Bearbeitungsphasen auf der Seite 75 aus, wobei er betont, daß es angesichts des komplizierten handschriftlichen Befundes nicht um die Rekonstruktion des „weithin ungewissen textchronologischen", sondern nur um die des „textlogischen"[26] Ver-

---

[25] Sattler 1981a, 288f.
[26] Sattler 1981a, 296.

laufs gehen könne. Der Autor – so Sattlers These – habe zunächst einen die ganze Seite umfassenden Gedichtentwurf konzipiert und relativ weit ausgeführt, diesen im Zuge weiterer Ergänzungen und Umarbeitungen aber in der Mitte der Seite[27] durch die neue Überschrift „Germania" (Z. 32) aufgespalten in zwei Entwürfe.

Der erste von Sattler jetzt rekonstruierte Text[28] konzentriert sich weitgehend auf die linksbündig niedergeschriebenen Zeilen und entspricht damit im groben dem Lesetext der StA. Es fehlen aber die späteren Zusätze „In Zweifel und Ärgerniß, / Denn sinnlicher sind Menschen" (StA II.1, 250, V. 3f.) und „Lichttrunken und der Thiergeist ruhet / Mit ihnen" (ibd., V. 7f.) sowie „zu reden" (ibd., V. 14). Ebenso fehlt das zweimal notierte Stichwort „Der Schöpfer" (75, Z. 18 und 24), das Sattler der überlagerten ersten Entwurfsschicht zuordnet[29], Beißner aber in den Text aufnimmt (StA II.1, 250, V. 12). Eine einfache und überzeugende Lösung findet Sattler für die Z. 41, die ihn im Einleitungsband zu der waghalsigen Kontamination mit dem zu „Holunder" konjizierten „Ho" von der Rückseite inspiriert hatte: Wie vor ihm schon Kasack (1920, 19; Seebass/Kasack I, 273) und Zinkernagel (cf. Zink. V, 186, V. 6; Nachl. II, v., 3., 190) nimmt er nun eine versehentliche Vertauschung von „und" und „sich" an, so daß sich mit der wenig gravierenden Umstellung der beiden Wörter eine syntaktisch problemlose Versfolge ergibt.[30] Allerdings hindert das Sattler nicht daran, seine namenssymbolischen Spekulationen fortzuspinnen.[31] Plausibel ist auch die Einfügung des dem Duktus nach einer frühen Bearbeitungsschicht zugehörenden Zusatzes „Rechts liegt / aber der Forst." (75, Z. 40 und 42).[32] Die unter diesem stehenden, wahrscheinlich gleichzeitigen weiteren Zusätze „Bevestigter Gesang / vom Blumen / als / Neue Bildung aus der Stadt, / wo" (75, Z. 44-50) ordnet Sattler dem Haupttext anders zu als Beißner und anders auch als in seinem ersten Versuch[33], kommt dabei aber immer noch nicht zu einer überzeugenden Textfassung.

Gewagt ist Sattlers neue Lesung „Der Ölgeruch auf der Provence"[34] statt „Citronengeruch auf und das Öl, aus der Provence" (StA II.1, 251, V. 29, und auch noch FHA Einl., 87, V. 34). Sattler weist darauf hin, daß es in der Handschrift „der Öl, auf" (75, Z. 49) heiße.[35] Er nimmt aufgrund verschiedener kleiner und keines-

---

[27] Das Stichwort „Germania" findet sich in der räumlichen Aufteilung des Blattes unterhalb der Mitte, etwa 22 cm vom oberen, 16 cm vom unteren Rand. Da die untere Hälfte der Seite aber wesentlich dichter beschrieben ist als die obere, stellt die Notiz genau die Mitte des Textmaterials dar (Z. 32 von 63).

[28] Cf. Sattler 1981a, 295f.

[29] Cf. Sattler 1981a, 290.

[30] Cf. auch Beck 1982, 115.

[31] Cf. Sattler 1981a, 291f.

[32] Cf. Sattler 1981a, 291 und 295, V. 18.

[33] Cf. Sattler 1981a, 291f. und 295f., V. 23-25.

[34] Sattler 1981a, 293 und 296, V. 27.

[35] Kasack, der die Zeile als erster veröffentlicht hat, liest sie noch etwas anders: „Citronengeruch auf und das Öl, auf der Provence," (1920, 19).

wegs eindeutiger graphischer Indizien eine Sofortkorrektur von „Citronengeruch" in „Ölgeruch" an; allerdings fehlt das entscheidende Indiz: eine Streichung von „Citronen"; und auch die vermeintliche Tilgung des „und" kann als ungewollte Verschmierung gelesen werden. Es ist zu fragen, ob es wirklich Mangel an „Mut, nur angedeutete texttilgende Entscheidungen des Dichters nachzuvollziehen"[36], sein muß, was einen davon abhält, aufgrund so wenig eindeutiger Hinweise eine derart befremdende Zeile, die bisher sicherlich nicht richtig gelesen worden ist, nach einem kurzen Stutzen wieder in eine glatte Form zu bringen, die sie in der Handschrift nicht hat. Vertretbar ist Sattlers Aufnahme der später überlagerten Segmente „erzogen aber, noch zu sehen, hat mich / Die Rappierlust und des Festtaags braune Trauben"[37] in diese Rekonstruktion des ersten Entwurfs, obwohl diese Zeilen wegen ihres weniger geneigten Schriftduktus und der schmierigen Feder (cf. 75, Z. 57f.) sicherlich später entstanden sind als das Vorhergehende. Ob das allerdings dazu berechtigt, auch die mit einer sperrigen, klecksenden Feder und in einer noch steileren Schrift auf der Rückseite notierten Segmente „Und gehet / Beim Hochzeit / reigen und Wan- / derstraus." (76, Z. 28-32) dieser Textschicht als Schluß anzugliedern (wie auch schon in Sattlers erstem Versuch als Schluß des die ganze Seite 75 umfassenden Entwurfs), erscheint mir fraglich.[38]

Trotz dieser Kritik an einzelnen Entscheidungen ist Sattlers neue Rekonstruktion der ersten Entwurfsschicht der Seite 75 insgesamt überzeugend. Anders als der Text der StA oder auch noch der des Einleitungsbandes der FHA vermeidet sie es, den komplexen handschriftlichen Befund aufgrund notwendigerweise subjektiver interpretatorischer Annahmen willkürlich zu vereindeutigen. Vielmehr stützt sich die Textkonstitution weitgehend auf nachvollziehbare graphische Indizien, mit Hilfe derer eine erste, relativ linear entworfene Textschicht herauspräpariert wird. Der in Sattlers erstem Rekonstruktionsversuch verfremdete Beginn des Textes und die zertrümmerten Wendungen „Frankfurt aber [...] ist der Nabel / Dieser Erde."[39] sowie „und mich leset o / Ihr Blüthen von Deutschland"[40] sind nun als Bestandteil des ersten Entwurfs restituiert. Dieser konstituierte Text könnte also mit einigen Änderungen, die den aufgeführten Kritikpunkten Rechnung tragen, zur Grundlage einer Interpretation dieser Entwurfsschicht der Seite 75 gemacht werden.

Den überlieferten Zustand der Handschriftenseite sieht Sattler als Ergebnis einer grundlegenden Umarbeitung und Aufspaltung dieses ersten Entwurfs in zwei Gedichtfragmente an, die sich am sinnfälligsten in der Vorfügung der Notiz „Die apriorität des Individuellen / Über das Ganze" als „Inneres Prinzip oder Überschrift des ersten Textes"[41] und in der Einfügung der Überschrift des zweiten

---

[36] Sattler 1981a, 293.
[37] Sattler 1981a, 296, V. 29f.
[38] Cf. Sattler 1981a, 294.
[39] Sattler 1981a, 295, V. 11-14.
[40] Sattler 1981a, 296, V. 31f.
[41] Sattler 1981a, 296.

Gedichtes „Germania" manifestiere. Die Intuition, daß auf dieser Seite zwei Gedichte konzipiert sein könnten, ist aber nicht so grundlegend neu, wie Sattler suggeriert: Schon Franz Zinkernagel hatte einen Text mit dem Beginn „Vom Abgrund nemlich ..." und einen mit dem Titel „Germania" konstituiert. Bei ihm enthält der erste Text jedoch nur die obere Hälfte ohne die meisten der Zusätze sowie das frühe Segment „Damit sie schauen sollte" (75, Z. 34) und die ersten zweieinhalb Zeilen der Rückseite. Das Gedicht „Germania" aber umfaßt in Zinkernagels Fassung nicht nur die untere Hälfte der Seite 75 (und zwar einschließlich der meisten Ergänzungen), sondern auch beinahe das ganze rechts eingerückte Material auf Seite 76.

Sattler orientiert sich bei seiner Neukonstitution an der „Kategorie des offenen Textes"[42]. Daraus leitet er die Vorgabe ab, das gesamte Textmaterial der Seite 75 in die Gedichte zu integrieren. Das ist ein enormer Fortschritt nicht nur gegenüber der StA mit ihrer Aufspaltung der Fragmente in verschiedene Abteilungen sowie in Texte und Lesarten, sondern auch gegenüber dem Einleitungsband, in dem einige Segmente noch als nicht zugehörig ausgegrenzt wurden. So wird nicht nur die obskure Notiz „Werber!   keine Polaken sind wir" (75, Z. 5), in die der ursprüngliche Textanfang „vom Abgrund" eingeschoben wird, als neuer Textbeginn aufgenommen, sondern als zweiter Vers auch der griechische Ausruf „Μα τον ορκου" (75, Z. 8).[43] Im übrigen folgt Sattler mit geringen Abweichungen dem ersten Teil seiner früheren Textkonstitution. Die Einwände, die ich oben gegen die Einsetzung des in der rechten unteren Ecke von Seite 76 niedergeschriebenen Textblocks anstelle von auf der Seite 75 selbst interlinear notierten Ergänzungen vorgebracht habe, gelten also auch für den neuen Text. Die erste Entwurfsschicht ist jedoch nunmehr im ersten rekonstruierten Text dokumentiert, so daß die Einwände in diesem Punkt einiges von ihrer Schärfe verlieren. Der neue Text „Germania" entspricht weitgehend dem zweiten Teil der Textkonstitution des Einleitungsbandes. Das Segment „Rechts liegt aber der Forst." wird nun aber angesehen als in dieser Bearbeitungsschicht verworfen zugunsten der Wendung „Aber schwer geht neben Bergen / Der frohe weg."[44]. Bei den Zeilen 44 bis 48 nimmt Sattler eine nochmalige Umarbeitung gegenüber der früheren Textfassung an (statt „Aus denen Gesang bevestigter von Blumen"[45] nun „Aus denen bevestigter als von Blumen / Gesang"[46]). Jede der beiden Fassungen weicht diametral nicht nur von Beißners Version, sondern auch von Sattlers erstem Konstitutionsversuch ab. Diese Stelle scheint mir ein klarer Beleg dafür zu sein, wie schnell die Sensibilität des Herausgebers für kaum sicht-, geschweige denn deutbare Zeichen (bei Sattler insbesondere Umstellungs- und Tilgungsvermerke) umschlägt in eine willkürliche Kombinatorik bei der konstituierenden Zusammenstellung der Wörter und Syntagmen. Ich kann beispielsweise in der

---

[42] Sattler 1981a, 299.
[43] Cf. Sattler 1981a, 297-299.
[44] Sattler 1981a, 305 und 308, V. 3f.
[45] Sattler 1981a, 295, V. 23.
[46] Sattler 1981a, 308, V. 9; cf. auch 306.

Wendung „bevestigter Gesang" (75, Z. 44) beim besten Willen keinerlei Anzeichen ausmachen, das legitimieren würde, sie auseinanderzureißen.[47] In solchen angeblichen Umstellungsoperationen des Autors nun noch verschiedene Phasen auszumachen, treibt die nicht nachvollziehbare Beliebigkeit auf die Spitze.

Die letzten wichtigen Abweichungen von Sattlers früherem Versuch finden sich sechs Verse weiter: Nunmehr sieht der Herausgeber „Die Rappierlust" (75, Z. 58), eine auch schon in der Rekonstruktion der ersten Textschicht berücksichtigte, aber wahrscheinlich (wie die ganze Zeile) spät diesem Entwurf angefügte Wendung, erfreulicherweise nicht mehr als verworfen an.[48] Die Bearbeitungsphase, zu der dieser Ausdruck und die folgenden letzten Zeilen der Seite gehören, könnte demnach in der Entstehung des Blattes den Übergang zwischen der ersten, auf einen durchgehenden Entwurf zielenden Schicht und der zweiten markieren, in der sich die Seite in zwei Gedichtfragmente teilte.[49]

Im Anschluß an diese Zeile versucht Sattler eine letzte Umformung plausibel zu machen: In der Wendung „Und mich leset o" (75, Z. 59) sei „Und mich" gestrichen und müsse durch „euch aber" (75, Z. 54) ersetzt werden.[50] Sieht man einmal davon ab, daß man statt „euch" auch „ich" lesen könnte (wie Beißner in StA II.2, 887, Z. 26; Sattler nimmt in seiner Transkription von 1986 eine Überlagerung von „ich" durch „euch" an, ein Prozeß, der ebensogut auch umgekehrt verlaufen sein könnte), so kann ich auch in diesem Falle keine eindeutigen Tilgungs- oder Umstellungszeichen entdecken.

Der rekonstruierte Text „Germania" bietet zwar in einigen Fällen kleine Verbesserungen gegenüber der zweiten Hälfte der Textkonstitution von 1975. Insbesondere vor dem Hintergrund der Rekonstruktion der ersten Textfassung werden Konstanzen und Varianzen des Prozesses der Textentstehung deutlich. Allerdings müssen einige der Revisionen auch als abwegig und nicht nachvollziehbar zurückgewiesen werden. An diesen Problempunkten (an denen Sattlers früherer Versuch keineswegs immer plausiblere Lösungsvorschläge anbietet) wird die Textkonstitution erneut an der Handschrift geprüft werden müssen.

Nach diesem Durchgang durch die Details von Sattlers neu rekonstruierten Texten dürfen die beiden zentralen Fragen, die an seine Konstitutionen zu richten sind, auf keinen Fall aus dem Blick geraten:

1. Ist die Aufspaltung des Gedichtentwurfs auf Seite 75 in zwei Fragmente plausibel?
2. Sind die Verbindungen zur Seite 76 überzeugend hergestellt?

Nimmt man die Grundregel ernst, die Sattler in seinem Neuansatz mit Recht für

---

[47] Nebenbei bemerkt ist bei der textgenetischen Darstellung, die die erste Textfassung begründet, kein Hinweis darauf zu finden, warum auch schon in dieser die beiden Wörter invertiert werden (cf. Sattler 1981a, 291).

[48] Cf. Sattler 1981a, 306.

[49] Das ist natürlich eine mit großen Vorbehalten zu behandelnde Hypothese, die versucht, vorsichtig die Implikationen von Sattlers Textkonstitutionen weiterzudenken.

[50] Cf. Sattler 1981a, 306.

die Lektüre dieses Blattes aufgestellt hat, daß alles hier entworfene Material, so wenig es sich auch in die Zusammenhänge zu fügen scheint, als den Gedichten zugehörig anzusehen ist, so verbietet es sich, das deutlich in die Mitte des Textes gesetzte und in klarer, kräftiger Schrift notierte Stichwort „Germania" als Lesart „in der Schrift des letzten Ansatzes" (StA II.2, 887, Z. 12f.) oder als nicht zugehörig (cf. FHA Einl., 80) abzuqualifizieren. Da es aber offensichtlich nicht in den Zusammenhang eines der Verse paßt (auch ein eventuell nur aus diesem Wort bestehender Vers, etwa als Ausruf, ist m. E. durch die zentrierte Position ausgeschlossen), hat es in der Tat den Charakter eines Stichwortes, eines Zwischentitels oder Titels. Sattlers These, „Germania" teile einen ursprünglich als durchgehend konzipierten Gedichtzusammenhang in zwei Entwürfe, wird dem merkwürdigen Zwischenstatus dieses Wortes gerecht: Für ein bloßes Stichwort ist es zu exponiert zwischen die Zeilen gesetzt; und für den Titel eines völlig separierten Gedichts fehlen der Abstand zwischen vorhergehendem und folgendem Text oder sonstige Indizien wie ein Punkt hinter der Überschrift, eine Unterstreichung (die aber in den meisten anderen Fällen im Folioheft nicht von Hölderlin, sondern von den Nachlaßverwaltern stammt) oder die eindeutige Trennung der beiden Texte voneinander durch Striche o. ä. Nimmt man noch die oben zitierten Charakterisierungen dieses Textmaterials durch Sattler hinzu, hier habe sich eine Einheit im Verlauf ihrer Entstehung geteilt in zwei Teile, die aber nicht isoliert voneinander, sondern nur in ihrem Wechselverhältnis zueinander verstanden werden können und so eine neue, komplexere Einheit bilden, dann sind alle Voraussetzungen geschaffen für ein produktives Verständnis der auf dieser Seite entworfenen Texte. Die Interpretation wird zu zeigen haben, inwieweit auch inhaltlich eine Zäsur zwischen der ersten und der zweiten Hälfte festgestellt werden kann und worin das Gemeinsame der beiden Gedichtentwürfe besteht. Da ich bisher nur formale Gründe für die Zweiteilung der Seite angeführt und mich mit Sattlers Interpretationsansätzen nicht auseinandergesetzt habe, kann an dieser Stelle allerdings auch die Möglichkeit noch nicht ausgeschlossen werden, daß sich das Material entgegen dem bisher Angenommenen doch als durchgehender Entwurf erweist. Zu erwägen ist auch, welche Funktion der Notiz „Die apriorität ..." auf dem Hintergrund der Annahme von der Teilung der Seite zukommt: Gilt sie entgegen Sattlers ursprünglicher These, sie sei eine theoretische Spiegelung der poetischen Struktur dieser Seite, jetzt nur noch für die erste Hälfte, und welche interpretatorischen Konsequenzen hätte das?

Sattler stellt in seiner revidierten Version nur noch zwei Verbindungen zur Seite 76 her, nachdem sich die Einbindung des „Ho" von der Rückseite in den Text als unhaltbar erwiesen hat. Die letzten dreieinhalb Verse des ersten Entwurfs und die letzten anderthalb Verse des zweiten Entwurfs sollen rechts unten auf der Seite 76 zu finden sein. Diese beiden Hypothesen haben sich in meiner Prüfung zwar als möglich, aber nicht als sicher und auch nicht als jeweils einzige Möglichkeit erwiesen. Damit drängt sich wiederum die Textkonstitution Zinkernagels als Alternative auf, der die gesamte rechte untere Hälfte des Materials der Seite 76 als Fortsetzung von „Germania" ansieht. Der Status der Seite 76 und ihr Verhältnis zu den Entwürfen auf Seite 75 scheint mir daher nach wie vor völlig ungeklärt zu sein. Sattler deutet in seiner bislang letzten Äußerung zur Rückseite, in der Übersicht über den Inhalt des Foliohefts, an, daß er auch von seiner früheren Annahme eines zusammenhängenden Entwurfs (cf. FHA Einl., 84f.) abgerückt ist: Er führt hier außer den Fortsetzungen der umseitigen Entwürfe die „Segmente" „Heidnisches ...", „Schwerdt / und heimlich Messer ..." und „Daß aber uns das Vaterland ..." auf (FHA Suppl. III Beil., 23).

Sattlers Neukonstitution von 1981 schafft für die Beschäftigung mit der Seite 75 eine gegenüber allen vorhergehenden Ausgaben bessere Grundlage, die allerdings nach wie vor an etlichen Punkten korrekturbedürftig ist. Für die Seite 76, die Sattler in diesem Zusammenhang nicht berücksichtigt, soweit er auf ihr nicht direkte Fortsetzungen von Texten der Vorderseite zu finden glaubt, liegt noch keine zufriedenstellende editorische Grundlage vor. Dagegen sind die Seiten 73 und 74 („Das Nächste Beste") zwar noch nicht völlig überzeugend ediert; im Konkurrenzfeld zwischen StA und dem Einleitungsband der FHA finden sich aber bereits die meisten Lösungsvorschläge, die nötig sind, um eine tragfähige Textgrundlage zu erstellen. Von der noch ausstehenden Publikation des Bandes „Gesänge" der FHA kann eine weitere entscheidende Verbesserung dieser insgesamt noch immer unbefriedigenden editorischen Situation erwartet werden.

1.3   Die Textkonstitution Dietrich Uffhausens

Die Frage nach der Zusammengehörigkeit der vier Seiten 73 bis 76 spielt in den bisher diskutierten Editionen keine Rolle. Bei allen Divergenzen zwischen StA und FHA scheint man sich darüber einig zu sein, daß Seite 73 und 74 zusammengehören, Seite 75 und Seite 76 aber weitgehend je für sich zu betrachten sind. Nur Zinkernagel schert aus diesem heimlichen (weil bei aller Polemik zwischen den verschiedenen Editoren nie thematisierten) Konsens mit seiner bereits 1926 vorgelegten Zusammenstellung des meisten Materials der Seiten 73 bis 76 (mit Ausnahme vor allem des allerersten, unter dem Titel „Das Nächste Beste" stehenden Abschnitts und einiger weiterer Segmente) als „Versuche" 1-4 aus.

An diesen Impuls Zinkernagels knüpft nun – freilich ohne den Vorläufer zu nennen – Dietrich Uffhausen mit seinem großangelegten Versuch an, diese vier Seiten als eine einzige große Hymne von 15 Strophen à 15 Versen zu edieren. Angesichts des Pathos des Neuen, mit dem Uffhausen seinen Wurf ankündigt, überrascht die Selbstverständlichkeit, mit der der Herausgeber andererseits seinen Vorschlag als quasi durch seine bloße Existenz sich selbst begründend einführt, als sei er schon längst etabliert:

> Erst seit 1986 liegt der Entwurf in seiner strophischen Form und integralen Gestalt vor.[51]

In seinem Aufsatz, auf den der Editor hier hinweist, war die „gewiß notwendige

---

[51] Uffhausen 1989, 249.

Rechtfertigung der Textkonstitution im einzelnen"[52] noch auf die annoncierte große Ausgabe verschoben worden. Nun bietet Uffhausen im Anhang der Edition von 1989 tatsächlich eine Fülle von Bemerkungen zu seiner Textkonstitution.[53] Nirgends aber, weder im Aufsatz noch in der Ausgabe, findet sich eine wirkliche Begründung für die entscheidenden Neuerungen dieser Textkonstitution, in der nachgewiesen würde, warum die früheren editorischen Lösungen zu verwerfen sind. Vielmehr nimmt Uffhausen offenbar an, daß seinem „neue[n] ganzheitliche[n] Ansatz"[54] per se eine höhere Dignität zukommt als den bisherigen Zugriffen, durch die das Material in mehr oder weniger umfangreiche Einzeltexte separiert wurde.

Um Uffhausens Lösungsvorschlag vor dem Hintergrund der im Vorhergehenden rekonstruierten Editionsgeschichte dieser Seiten beurteilen zu können, müssen zwei in diesem Vorschlag enthaltene Einzelthesen sorgfältig unterschieden werden, die Uffhausen selbst bedauerlicherweise nicht je für sich diskutiert:

1. Sämtliches Textmaterial der Seiten 73-76 gehört zusammen, und zwar als ein einziges Gedicht.
2. Dieses Gedicht gliedert sich in 15 Strophen zu je 15 Versen.

Für Uffhausen sind diese beiden Annahmen insofern ineinander verzahnt, als er alles Material braucht, um eine so umfangreiche Hymne konstituieren zu können, während umgekehrt die von ihm angenommene Gliederung die Zusammengehörigkeit aller Textsegmente belegen soll. Über diese zirkuläre Begründungsstruktur kommt Uffhausen aber nicht hinaus. Angesichts der Mängel der bisherigen editorischen Aufbereitungen dieser Seiten, die meine Sichtung ergeben hat, ist Uffhausens Vorschlag ohne Zweifel sehr anregend. Seine Kontamination der beiden genannten Annahmen ist jedoch keineswegs zwingend. So ist es denkbar, daß das Textmaterial der vier Seiten zwar zusammengehört, aber nicht ein einziges Gedicht, sondern einen Zyklus oder ein Ensemble von Gedichten (und eventuell auch Texten anderer Genres) bildet. Selbst wenn es sich um ein einziges Gedicht handeln sollte, ist eine andere Gliederung vorstellbar (möglicherweise ganz ohne Strophen oder in unregelmäßigen Strophen), und bei mehreren Gedichten stellt sich das Problem, wie diese in sich gegliedert sind, vollends von neuem. All diese Alternativen werden von Uffhausen mit keinem Wort erwähnt, geschweige denn erörtert. Angesichts des hochkomplizierten handschriftlichen Befundes muß sein Lösungsvorschlag daher zumindest als vereinfachend eingeschätzt werden.

Sieht man sich nun Uffhausens Text „Das Nächste Beste" an, so fällt auf, daß es sich hierbei nicht um einen konstituierten Text handelt, wie er auch noch bei Sattler als letzte Stufe des editorischen Prozesses erscheint. Vielmehr scheinen die drei Stufen von Sattlers Editionsmodell hier in einer einzigen Darstellung

---

[52] Uffhausen 1986a, 143.
[53] Cf. Uffhausen 1989, 249-254.
[54] Uffhausen 1989, XX.

verschmolzen zu sein, die allerdings wieder – darin folgt Uffhausen ganz Beißner – auf Erläuterungen und Begründungen in einem separaten Apparatteil angewiesen ist. Insbesondere bei den Seiten 73/74 (bei Uffhausen Strophe 1 bis 7[55]) ist Uffhausens ,Text' nicht viel mehr als eine Transkription der Handschrift, die sich bis in die Einzelheiten hinein an der Darstellungsweise Sattlers und Georges im Beiheft zur Faksimile-Edition des Homburger Folioheftes orientiert (cf. FHA Suppl. III Beil., 99f.), allerdings ohne daß auf diese Quelle hingewiesen würde – eine bei Uffhausen häufige Praxis. Im wesentlichen durchbricht Uffhausen die dokumentarische Darstellung nur insofern, als er den Text strophisch gliedert und zur Realisierung dieses Vorhabens die Bezeichnung der topologischen Position der Segmente auf der Handschriftenseite aufgibt.

Es wäre ein durchaus erwägenswertes Verfahren, aus den Aporien, in die sich die Versuche, die Genese eines so komplexen Textes wie „Das Nächste Beste" zu rekonstruieren, immer wieder verstrickt haben, die Konsequenz zu ziehen, ganz auf eine textgenetische Darstellung zu verzichten und sich auf die Handschrift in ihrem letzten Zustand, wie sie uns überliefert ist, zu konzentrieren. Dann jedoch müßte dieses (wenn auch aus nur äußerlichen Gründen in einem bestimmten Stadium stehengebliebene) Endprodukt als solches ernst genommen werden, und es käme darauf an, die Aufmerksamkeit ganz auf die räumlichen Verhältnisse des Handschriftenblattes zu richten. Diese Konsequenz zieht Uffhausen jedoch nicht; vielmehr nimmt er für seine Darstellungsweise in Anspruch, daß sie „der rein chronologisch vorgehenden Phasenanalyse ein qualifizierendes Element hinzufügt"[56]. Dieses auf die Konstitution eines „Ganzen des Gedichts"[57] fixierte Verfahren muß scheitern, weil es Befund und Deutung ununterscheidbar vermengt und damit weder die Handschrift dokumentiert noch einen Text konstituiert.

Ebensowenig vermag Uffhausens Gliederung des Textes in Strophen zu überzeugen, für die er keine eindeutig identifizierbaren, sondern nur von Fall zu Fall wechselnde Indizien anzugeben vermag.[58] Sieht man von der Unscheinbarkeit und der damit verbundenen Austauschbarkeit der von Uffhausen im Anhang angeführten Markierungen von Strophenfugen einmal ab, so begeht er in diesem Punkt einige gravierende Fehler:

> Für die Strophen 3, 7, 11 und 15 bildet jeweils der untere Blattrand die gleichsam natürlich vorgegebene Grenze.[59]

Diese These ist nicht haltbar. Im Homburger Folioheft fallen die Strophenfugen bei den eindeutig strophisch gegliederten Gedichten nur in den seltensten Fällen zufällig mit dem Blattrand zusammen (so unten auf Seite 13 nach der vierten Strophe von „Stutgard"); ein Bestreben des Autors, einzelne Strophen sich nicht

---

[55] Cf. Uffhausen 1989, 144-146.
[56] Uffhausen 1989, XX.
[57] Uffhausen 1989, XX.
[58] Cf. Uffhausen 1989, 250.
[59] Uffhausen 1989, 250.

über zwei Seiten erstrecken zu lassen, ist nicht feststellbar. Der untere Blattrand ist also kein Indiz für eine Strophenfuge – womit nicht ausgeschlossen ist, daß ihm bei nicht strophig gegliederten Texten eine wichtige Funktion zukommen kann. Zudem strapaziert Uffhausen die Enjambements über Strophengrenzen hinweg in weit höherem Maße, als sie in klar strophisch gegliederten Gedichten Hölderlins, wo sie gezielt und sparsam eingesetzt werden, sonst vorkommen (fünf von vierzehn Strophenfugen nimmt der Editor mitten im Satz an): ein weiteres Indiz dafür, daß hier Textzusammenhänge willkürlich in Strophen zerteilt werden.

Aber mit diesen gravierenden Vorbehalten gegen Uffhausens strophische Gliederung des Materials kann seine Textdarstellung nicht einfach vom Tisch gewischt werden. Vielmehr muß überprüft werden, ob seine These von der Zusammengehörigkeit aller Textbestandteile dieser vier Seiten (wenngleich in einem anderen Gliederungsmodus) dennoch haltbar ist und ob seine Herstellung von Textzusammenhängen aus handschriftlich separierten Segmenten im einzelnen zu überzeugen vermag.

Bei der Präsentation der Seiten 73 und 74 bietet Uffhausen, wie schon erwähnt, kaum neue Lösungen an, da die Zusammengehörigkeit der beiden Seiten schon seit Beißner erkannt und die Textabfolge zumindest bis zur oberen Hälfte der Rückseite relativ unproblematisch ist. Uffhausens konsequent synthetisierender Zugriff zeigt sich allerdings daran, daß er die Zeilen „Des Feindes Gott" und „Viel thuet die gute Stunde." (73, Z. 12 und 15), die Beißner und Sattler als einer frühen Entwurfsphase zugehörig nicht in die Konstitution der letzten Textstufe aufgenommen haben, als V. 15 und 16 in das Gedicht integriert. Textzusätze, die sich nicht eindeutig in das Gedicht einordnen lassen, gibt Uffhausen typographisch abgesetzt in dem Zeilenzusammenhang wieder, in dem sie auch in der Handschrift stehen. Das gilt für die Notiz oben auf Seite 74, die Uffhausen, abweichend von allen früheren Herausgebern und meiner Handschriftenprüfung nach wenig überzeugend, „Zwei Bretter und zwei / Brettchen grole envers terre"[60] liest. Auch die mit „der Katten Land" beginnenden Zusätze werden so typographisch hervorgehoben, aber nicht aus dem handschriftlichen Zusammenhang isoliert. Das ist angesichts des komplizierten Befundes ein probates Editionsverfahren.

Die untere Hälfte der Seite 74 hat sich im Verlauf der Editionsgeschichte als problematischster Abschnitt dieses Blattes herausgeschält. Schon Sattler hatte die Zeilen von „und rauschen, über spizem Winkel" (74, Z. 38) bis „Umkehren mein Vaterland" (74, Z. 47), die durch links herausgerückte Segmente überschrieben sind und die Beißner daher als überwundene Vorstufe dieser Partie in den Apparat verbannt hatte (cf. StA II.2, 869, Z. 19-30), als eigenen Abschnitt in den Text integriert (cf. FHA Einl., 32, V. 57-62). Uffhausen folgt ihm darin, nimmt aber zusätzlich die Passage „Wohnsize sind da freundlicher Geister, die" (74, Z. 45) bis „Unterscheidet ein gleiches Gesez." (74, Z. 55) mit auf, die auch Sattler als

---

[60] Uffhausen 1989, 145, Z. 1f.

überlagerte erste Entwurfsschicht eingestuft hatte.

Noch deutlicher wird Uffhausens integratives Verfahren beim Schlußabschnitt. Sattler hatte sich bei seiner Textkonstitution wie Beißner auf den ‚Kerntext‘ (cf. 74, Z. 58-70) beschränkt und nur den Satz „Fast unrein, hatt sehn lassen und das Eingeweid / Der Erde." (StA II.1, 238f., V. 57f.) durch die von Beißner übersehene Notiz vom linken Rand ersetzt, die er als „Der Rosse Leib / War der Geist." (FHA Einl., 32, V. 63f.) liest. Uffhausen übernimmt diese Lesung, integriert aber im Gegensatz zu Sattler *beide* Sätze in seine Textzusammenstellung. Darüber hinaus ergänzt er den Schluß um den Block rechts unten (cf. 74, Z. 65-76), der von seinen Vorgängern als überlagert eingestuft worden war.[61]

Weitaus komplizierter als bei diesem Blatt sind die textkritischen Probleme, die die Seiten 75 und 76 den Editoren stellen. Uffhausen jedoch hält auch hier wie für die gesamte späte Lyrik eine einfache Lösung bereit: Das Gedicht „Das Nächste Beste" gehe mit Strophe 8 weiter; die Verse müßten nur entwirrt, untereinandergeschrieben und strophisch gegliedert werden, und schon runde sich die Hymne zu 15 Strophen ab. In größerem Maß als bei den vorhergehenden Seiten durchbricht Uffhausen hier also notgedrungen die eher dokumentarische zugunsten einer stärker konstituierenden Darstellungsweise. Im einzelnen kommt er dabei zu folgenden Textzuordnungen: Aus dem Material der Seite 75 rekonstruiert er viereinhalb Strophen. Die mit „Vom Abgrund nemlich haben" beginnende Strophe 8 folgt bis Z. 20 („In Frankreich") weitgehend dem linearen Textverlauf, in den die Zusätze vom linken Rand „Der Gelehrten halb" und „Mit ihnen" sowie der Einschub „$M\alpha \, \tau o\nu \, o\varrho\varkappa o\nu$" (75, Z. 8) integriert sind. Dabei übernimmt Uffhausen Sattlers Vorschlag[62]; er hält jedoch auch in diesen Fällen den Grundtext nicht für verworfen. Nicht in die Strophe integriert werden die Segmente „Die apriorität des Individuellen / Über das Ganze" und „Werber!   keine Polaken sind wir", die zwischen Strophe 7 und 8 als „mäeutische Notiz" bzw. „Glosse, nicht zum Grundtext gehörend (?)"[63] eingeordnet werden. Noch etwas komplizierter werden die Verhältnisse zur Mitte der Seite hin: Uffhausen muß die nur sechs Zeilen Grundtext („Frankfurt aber, nach der Gestalt, die" [75, Z. 23] bis „Ist Zeit, und deutschen Schmelzes." [75, Z. 31]) um sämtliches bisher noch nicht verwertete Textmaterial der oberen Hälfte der Seite erweitern, um seine Strophe 9 auf fünfzehn Verse zu bringen. Wie Sattler schließt Uffhausen das Segment „und kehr in Hahnenschrei / Den Augenblik des Triumps", das ganz oben auf der Seite notiert ist (75, Z. 2 und 4), an den in der Mitte rechts stehenden Einschub „Die Hüfte unter dem / Stern" (75, Z. 27 und 29) an. Alle graphischen Indizien sprechen gegen diese Verknüpfung: Die obere Notiz ist nicht nur „mit neuer Feder"[64] ausgeführt, sondern auch in einem sehr sorgfältigen Schreibduktus, wie er sich auf dieser Seite sonst nur in der frühen Entwurfsschicht findet,

---

[61] Diese Lösung findet sich in vergleichbarer Form auch schon bei Pigenot (cf. Hell. VI, 15), ist dort aber noch durch zahlreiche unsichere Lesungen belastet.
[62] Cf. Sattler 1981a, 307.
[63] Uffhausen 1989, 146, Z. 24-26. Das Fragezeichen stammt von Uffhausen.
[64] Sattler 1981a, 301.

während der Zusatz „Die Hüfte ...“ sehr nachlässig niedergeschrieben ist. Das verkennt auch Uffhausen nicht, denn er stuft die obere Bemerkung als „erste[n] Einfall für die Erweiterung“[65] ein, der der „Ausarbeitung der Zwischenzeilen“[66] voraufgehe. Unter diesen Umständen wird aber nicht verständlich, warum Uffhausen die „Hahnenschrei“-Notiz als Bestandteil der Strophe an die späteren Einschübe anschließt.[67]

Wie für Sattler markiert das Stichwort „Germania“ auch für Uffhausen einen Einschnitt. Es teilt aber nach Auffassung dieses Editors die Seite nicht in zwei selbständige Gedichtentwürfe, sondern trennt nur die Strophen 9 und 10 voneinander. Wie der Notiz „Die apriorität ...“ kommt auch dieser innerhalb von Uffhausens Konzeption nicht die Funktion einer Überschrift zu, sondern er wertet sie als „überständiges Segment“[68]. Auch die Wendung „Bevestigter Gesang als / Neue Bildung aus der Stadt“ (75, Z. 44 und 48) wertet er nicht als integralen Bestandteil des Textes, sondern als „mäeutische Notiz“[69]:

> Indem der Dichter am Rand die leitende ‚Idee‘, die übergreifende poetische ‚Absicht‘ notiert, die den gedanklichen Aufbau der Strophen 8/9 und 10/11 bestimmt, ist damit bereits die Richtung gewiesen, in der die nebenstehenden Verse weiterzudenken sind.[70]

Uffhausen formuliert hier einen für die Interpretation dieser Passagen anregenden Gedanken. Leider wird an keiner Stelle deutlich, ob mit ‚mäeutischer Notiz‘ eine Art Merkwort des Autors für die weitere, dann nur unvollständig ausgeführte Textproduktion oder eine Maxime für die Lektüre oder auch beides gemeint ist. Zudem bleibt der textuelle Status der ‚mäeutischen Notizen‘ im unklaren: Während Uffhausen z. B. „Die apriorität ...“ nicht in seine Verszählung mit aufgenommen hat, wird das Notat „Bevestigter Gesang ...“ als zwei Verse, versehen mit Punkten am Versanfang, mitgezählt. Andererseits wird „Germania“ – wie „Bevestigter Gesang ...“ und anders als „Die apriorität ...“ typographisch als Überschreibung des Grundtextes markiert, explizit aber als „überständiges Segment“ ausgewiesen – nicht als Vers gezählt. Diese Unstimmigkeiten sind nicht der Nachlässigkeit des Editors zuzuschreiben, sondern deuten auf Inkonsistenzen seiner Konzeption hin: Die Qualifizierung der Segmente als Textbausteine verschiedener Dignität und Funktion ist mit der strikten Aufgliederung dieses hochkomplexen Textmaterials in Strophen mit vorgegebener Verszahl schlech-

---

[65] Uffhausen 1989, 252.

[66] Uffhausen 1989, 252.

[67] Cf. Uffhausen 1989, 146, Z. 56f. Die vor die zehn letzten Zeilen der Strophe gesetzten Punkte, die vermutlich Unvollständigkeit andeuten sollen, könnten so gemeint sein, daß sie dieser eindeutigen Zuordnung entgegenwirken sollen. In seinem Apparat führt Uffhausen aber als einzige Unsicherheit an, ob die Zeilen zum Schluß oder zu Beginn der Strophe eingefügt werden sollten (cf. Uffhausen 1989, 252). Da Uffhausen das von ihm häufig verwendete textkritische Zeichen des Punktes am Anfang einer Zeile nicht erläutert (wenn man nicht glaubt, daß hier durchgängig „Markierungen des Versanfangs durch den Autor“ [Uffhausen 1989, XXVIII] gemeint sind), bleibt das eins der Rätsel, die seine Ausgabe aufgeben.

[68] Uffhausen 1989, 147, Z. 1.

[69] Uffhausen 1989, 147, Z. 12.

[70] Uffhausen 1989, XXII.

terdings nicht vereinbar.

Von diesen Unklarheiten abgesehen, scheint es mir aber ein erwägenswerter Vorschlag zu sein, die Zeilen „Bevestigter Gesang als / Neue Bildung aus der Stadt" nicht gewaltsam in den Textzusammenhang zu integrieren – ein Versuch, der bei Beißner und besonders bei Sattler wenig überzeugende Resultate gezeitigt hatte – sondern am Rande des Textes stehen zu lassen. Es bleibt aber die Frage, ob die Wendung nicht doch vollständig „bevestigter Gesang / vom Blumen / als / Neue Bildung aus der Stadt," (75, Z. 44-48) lautet, wie der einheitliche handschriftliche Duktus dieser Zusätze nahelegt. Uffhausens Vers „Ursprünglich aus Korn, nun aber zu gestehen, von Blumen"[71] steht als Schluß der Strophe sehr isoliert da, weil der Herausgeber die weiter oben notierten Zeilen „Aber schreeg geht neben den / Bergen der Frohe weg. / Rechts liegt oben der Forst."[72] zwischen den Textzusammenhang schiebt und so den in der Handschrift möglichen Anschluß mit „Aus denen / Ursprünglich aus Korn" (75, Z. 44f.) zerstört.

Bei den letzten fünfzehn Zeilen der Seite 75 sind die Differenzen von Uffhausens Text (Strophe 11) zu Sattlers revidierter Textkonstitution von 1981 nicht sehr gravierend. In Z. 47 liest Uffhausen „ober der Nase" statt „aber der Nase", eine vom handschriftlichen Befund her wenig überzeugende Lesart (man vergleiche das ebenfalls offene *a* in „Nase", dagegen in der übernächsten Zeile das geschlossene *o* in „Citronengeruch), die zudem im Widerspruch zur wenige Zeilen weiter oben vorgetragenen Begründung für die Konjektur von „Beere" (Plural) zu „Beeren" steht, daß „das ganze Gedicht sonst keine weiteren ‚Suevismen' aufweist"[73]. Für die seit je her umstrittene Zeile 49 schlägt Uffhausen eine interessante alternative Lesung vor: Beißner und noch 1975 Sattler lasen „Citronengeruch und das Öl, aus der Provence". 1981 aber meinte Sattler erkannt zu haben, daß es in der Handschrift „Citronengeruch und der Öl, auf der Provence" heiße und konjizierte daraus „Der Ölgeruch auf der Provence". Schon 1986 indes korrigierte er zum Teil wieder in „Citronengeruch und der Öl, aus der Provence". Dieser – auch für mich überzeugendsten – Lesart folgt Uffhausen und konjiziert daraus, von der Versfuge einmal abgesehen durchaus erwägenswert, „Citronengeruch auf und / Der von Öel, aus der Provence"[74]. Das rechts wenig unterhalb dieser Zeile eingeschobene Segment „Längst auferziehen und der Mond und / Schiksaal" (75, Z. 52f.) wird von Uffhausen im Anschluß an diese Stelle eingefügt. Auch das ist eine akzeptable Alternative zu Sattlers Vorschlag, das Bruchstück erst vier Zeilen weiter unten zu integrieren. Schließlich ist in dieser Strophe nur noch festzustellen, daß Uffhausen die Wendung „und mich leset o / Ihr Blüthen von Deutschland" (75, Z. 59 und 61), die von Sattler unverständlicherweise zerteilt wurde, wiederherstellt und Sattlers nicht hinreichend begründete Kontamination des Schlusses der Seite mit dem Segment „Und gehet / Beim Hochzeitreigen und

---

[71] Uffhausen 1989, 147, Z. 16.
[72] Uffhausen 1989, 147, Z. 13-15.
[73] Uffhausen 1989, 252.
[74] Uffhausen 1989, 147, Z. 18.

Wanderstraus" von der Rückseite nicht übernimmt. In der durch Papierverlust fragmentierten letzten Zeile glaubt Uffhausen „wenn Sonn' über Deutschland"[75] lesen zu können. Insgesamt gesehen kommt er also bei diesem letzten Fünftel der Seite 75 zu einer durchaus akzeptablen Textdarstellung.

Absurd und nur dem Systemzwang geschuldet mutet dagegen Uffhausens Konstruktion von Strophe 12 an. Als Torso dieser „Strophe" trägt er die Segmente „Germania" und „damit sie schauen sollte" von der Mitte der Seite 75, die mit „Die Purpurwolke ..." beginnenden ersten zweieinhalb Zeilen von Seite 76 und das dort weiter unten notierte Stichwort „Heidnisches" zusammen. Der weit ausholende handschriftliche Duktus und die weiche, volle Feder können immerhin als Indiz dafür gesehen werden, daß „Germania" und „Heidnisches" in derselben Bearbeitungsphase notiert wurden. Daß die beiden übrigen Segmente aufgrund graphischer Indizien der frühen Entwurfsphase des Textbeginns „Vom Abgrund nemlich ..." zuzurechnen sind, hatten schon die früheren Herausgeber erkannt. Den Zusammenhang mit dem Textbeginn löst Uffhausen nun aber auf, und für die Verknüpfung gerade dieser vier Bruchstücke vermag er keine überzeugenden Gründe anzuführen.[76]

Obwohl ein durchgehender linearer Textzusammenhang auf der Seite 76 gänzlich zerstört zu sein scheint, versucht Uffhausen auch aus dem Material dieser Seite noch drei Strophen herauszupräparieren, die seiner Auffassung nach den Abschluß des Gedichts „Das Nächste Beste" bilden. Unproblematisch ist dabei die Konstruktion von Strophe 13, die, sieht man vom Beginn „Heidnisches" ab, den Uffhausen in die vorige Strophe zieht, beinahe identisch ist mit Beißners Bruchstück 71 (cf. StA II.1, 337): Sie umfaßt den dem handschriftlichen Eindruck nach eine Einheit bildenden linksbündig niedergeschriebenen Text mit den bis ganz an den linken Rand gerückten Zusätzen (cf. 76, Z. 5-26). Sattler hatte vorgeschlagen, auch die weiter unten ebenfalls auf der linken Hälfte der Seite notierten Zeilen „Es will uns aber geschehen, um" bis „Ein linkisches." (76, Z. 35-41) diesem Komplex zuzurechnen, und zwar als Ersatz für den Beginn „Heidnisches / Jo Bacche". Auch wenn man diese Lösung nicht für überzeugend hält, erscheint es aufgrund der Anordnung des Textes in der Handschrift nicht unplausibel, daß ein Zusammenhang der auf der linken Hälfte entworfenen Bruchstücke besteht. Zwar gibt es zwischen Z. 26 und Z. 35 eine Lücke. Diese könnte aber durch das weiter rechts, fast in der Mitte stehende Bruchstück „dran schuldig" (76, Z. 22) und die Segmente „Beim Hochzeit / reigen und Wan- / derstraus. / ein Gewissen." (76, Z. 30-33) überbrückt werden, so daß der Text in einem Bogen um die Lücke herum entworfen wäre. Eine solche Lösung — allerdings ohne das Segment „Beim Hochzeitreigen und Wanderstraus" – schlägt schon Zinkernagel vor (cf. Zink. V, 188). Diese Option wird von Uffhausen zerstört, indem er „dran schuldig" und „ein Gewissen" in die vorletzte, „Beim Hochzeitreigen ..." und „Es will uns aber geschehen ..." in die letzte Strophe einordnet.

---

[75] Uffhausen 1989, 147, Z. 32.
[76] Cf. Uffhausen 1989, 253.

Für die Zusammengehörigkeit der rechts von der Mitte stehenden Zeilen von „Schwerdt" bis „Nur Luft" (76, Z. 10-26) sprechen starke handschriftliche Indizien, nämlich die gleichmäßige kleine Schrift, der gleichbleibende Zeilenabstand und die zumindest von „geschliffen" (76, Z. 14) an gleiche weiche Feder. Daß die links davon stehenden Bruchstücke „dran schuldig" und „ein Gewissen" auch zu diesem Komplex in einer Beziehung stehen, ist nicht ausgeschlossen, aber dafür, daß sie die fragmentarische erste Hälfte von Strophe 14 bilden, gibt Uffhausen keine Gründe an. Ebensowenig vermag seine Behauptung zu überzeugen, „Arm und Bein" (76, Z. 23) würde durch „mit Füßen oder den Händen auch" (76, Z. 25) „ersetzt und aufgehoben"[77], denn „Arm und Bein" scheint mir in den Grundtext hineingeschrieben zu sein, zu dem auch die von Uffhausen als Ersatz angesehene Zeile gehört, nicht umgekehrt.[78] Selbst wenn man aber diese Vermutung nicht teilt, ist das kein Grund, „Arm und Bein" als durch den darauffolgenden Text überlagert und damit verworfen anzusehen. (Uffhausen verfällt hier denselben Denkmustern, die er seinen Vorgängern an vielen anderen Stellen als defizitär ankreidet.) Vielmehr kann dieses Bruchstück als eine Art Motto oder Teilüberschrift für die folgenden Verse angesehen werden. Abschließend ist zu diesen Zeilen zu bemerken, daß Uffhausens Lesung „Zu lieben"[79] statt „Zu liegen" (76, Z. 25) eindeutig falsch ist, denn an keiner Stelle dieser Seite oder ihres Kontextes findet sich ein unter die Grundlinie des Wortes ragendes kleines *b*, wie es hier nach Uffhausens Version vorläge.[80]

Als fünfzehnte und letzte Strophe des Gedichts stellt Uffhausen fast sämtliche Materialien vom unteren Viertel der Seite zusammen, beginnend mit der Wendung „Denn schlank steht / mit getreuem Rüken des" (76, Z. 26 und 29). Darauf wird das Bruchstück „Und gehet / Beim Hochzeitreigen und Wanderstraus" (76, Z. 28-32) eingeschoben, bevor die wiederum rechts entworfenen Zeilen „der die Gelenke verderbt / und tauget in den Karren / der Deutschen Geschlecht." (76, Z. 31-33; Uffhausen liest „beuget") folgen. Diese Kompilation von im handschriftlichen Duktus sehr heterogen wirkenden Segmenten ist zwar vertretbar, stellt aber keineswegs die einzige Möglichkeit dar, wie Uffhausen suggeriert („Str. 15 liegt nahezu fertig konzipiert vor"[81]). Auch der Anschluß des

---

[77] Uffhausen 1989, 253.

[78] Der Bogen des *u* und das *d* von „und" kreuzen das Wort „kleinem" (76, Z. 21). Wäre dieses später geschrieben, wäre es dem weitausholenden „und" wahrscheinlich ausgewichen. Diese Hypothese richtet sich auch gegen Sattlers typographische Differenzierung dieser Stelle im Beiheft zur Faksimile-Edition des Homburger Foliohefts. (In Sattlers früheren beiden Umschriften ist der gesamte Komplex in der Grundtype gehalten.) Für Sattlers Vermutung spricht allerdings, daß die darunterliegende Zeile „Zum kleinen Raum. Schwer ist der" (76, Z. 24) offenbar dem „Arm und Bein" nach unten ausweicht.

[79] Uffhausen 1989, 148, Z. 29.

[80] Derselbe Einwand spricht gegen Uffhausens neue Lesung „beuget" (Uffhausen 1989, 148, Z. 34) statt „tauget" (76, Z. 32), obwohl es ebenso schwerfällt, den ersten Buchstaben des Wortes als *t* zu lesen. Da beide Vorschläge Uffhausens, ein *b* statt *g* bzw. *t* zu lesen, gleichermaßen unsicher sind, können sie sich auch nicht gegenseitig stützen.

[81] Uffhausen 1989, 253.

nach einer Lücke zwischen Z. 34 und Z. 35 folgenden Fragments von links unten „Es will uns aber geschehen ..." und abschließend der in die rechte untere Ecke gequetschten Segmente (76, Z. 37-45) ist möglich, aber nicht zwingend. Trotz der deutlichen Wiederaufnahme von „des Menschen betrüblich" (75, Z. 28) in „Des Menschen / Herz betrüblich" (76, Z. 45 und 43), die Sattler dazu motiviert hatte, die Bruchstücke von rechts unten als Schluß des in der oberen Hälfte der Vorderseite entworfenen Gedichts einzuordnen, ist Uffhausens Versuch, die Zeilen im Kontext der Rückseite selbst zu belassen und ihnen die wichtige Funktion zuzuschreiben, den Schluß des ganzen Gedichts zu bilden, erwägenswert.

Uffhausen liest also die Seite 75 weitgehend linear von oben nach unten. Nur in der zweiten „Strophe" auf dieser Seite (Strophe 9) ist er gezwungen, einen Großteil der rechts eingerückten Zusätze zu integrieren, deren Reihenfolge er willkürlich festlegt. In Strophe 12 sammelt er nicht anders einzuordnendes Material von Seite 75 und 76. Sie stellt damit für ihn die Schnittstelle zwischen beiden Seiten dar (was im übrigen der These des Editors vom unteren Seitenrand als „natürlicher" Strophenbegrenzung zuwiderläuft). Seite 76 kann wegen der zweispaltigen Anordnung der Entwürfe, die wiederum durch die zentriert notierten Segmente durchbrochen ist, nicht linear von oben nach unten gelesen werden. Uffhausens Textdarstellung vollzieht hier eine Schlangenbewegung: Sie beginnt mit dem links im mittleren Drittel der Seite niedergeschriebenen Komplex, bezieht einige etwas weiter rechts notierte Stichwörter ein und geht dann weiter mit der rechten Kolumne, die etwas unterhalb der Seitenmitte anfängt. Darauf wendet sich Uffhausens Textpräsentation dem links unten skizzierten Bruchstück zu, um schließlich die rechts unten notierten Segmente einzubeziehen. Mit diesem Versuch, einen Zusammenhang zwischen beiden Seiten herzustellen, tritt Uffhausen in Konkurrenz zu Zinkernagel, der die ersten zweieinhalb Zeilen der Rückseite als Fortsetzung des oberen Entwurfs von der Vorderseite, die rechte Kolumne des verso-Blattes als Fortsetzung des unteren Fragments der recto-Seite, die linke Spalte der Seite 76 aber als eigenständigen Entwurf gelesen hatte. Als kritischer Punkt von Zinkernagels Lektüre hat sich vor allem die Grenze zwischen beiden Spalten, zumal angesichts der in die Mitte zwischen sie eingestreuten Bruchstücke, erwiesen. Dieses Problem löst auch Uffhausen nicht, da er einen linearen Textverlauf zu konstruieren versucht, der die Kolumnenordnung ignoriert und dadurch zerstört. Auch Sattler, der auf der Seite 76 einige Ausläufer des Entwurfs bzw. der Entwürfe von Seite 75 zu erkennen glaubt und aus dem verbleibenden Material einen Rumpftext (cf. FHA Einl., 84f.) konstituiert, der der komplexen Topologie der Rückseite nicht gerecht zu werden vermag, bietet keine akzeptable Lösung an. Seite 76 ist also immer noch nicht adäquat ediert. Für Seite 75 hat sich Zinkernagels und Sattlers Vorschlag, das hier entworfene Material werde durch das in der Mitte notierte Stichwort „Germania" unterteilt in zwei selbständige Entwürfe, als leistungsfähiger erwiesen als Uffhausens Versuch, auf dieser Seite viereinhalb Strophen voneinander zu separieren. Beißners Textdarstellung, die die beiden Seiten in den Entwurf „Vom Abgrund nemlich ..." und etliche Bruchstücke zerlegt, wobei spätere Zusätze in vielen Fällen nur in die „Lesarten" aufgenommen sind, wird der komplizierten Textur dieser Seiten noch weniger gerecht als die Versuche der drei anderen genannten Editoren, die die Frage nach der Zusammengehörigkeit des Materials der beiden Seiten zumindest stellen, wenn sie auch noch nicht zu einer vollauf überzeugenden Lösung kommen.

Daß die vier Seiten 73 bis 76 des Homburger Folioheftes eine einzige große Hymne von 15 Strophen zu je 15 Versen ausmachen, kann Uffhausen weder durch seine Textpräsentation noch durch seine textkritischen Erläuterungen nachweisen. Er verfehlt damit sein bei der Edition dieser Seiten verfolgtes Hauptziel. Andererseits hat meine bisherige Sichtung des handschriftlichen Befundes und seiner editorischen Aufbereitungen keine eindeutigen Hinweise dafür ergeben, daß die vier Seiten *nicht* zusammengehören: Während der Zusammenhang der Seite 73 mit 74 mittlerweile als gesichert gelten kann, wird die Frage nach dem Zusammenhang der Seiten 75 und 76 und nach einem Konnex der beiden Blätter über die Grenze zwischen Seite 74 und 75 hinweg von den bisherigen Editoren entweder nicht gestellt oder ohne hinreichende Gründe positiv beantwortet.

Darüber hinaus kann festgestellt werden, daß Uffhausens Textdarbietung – abstrahiert man einmal von den grundlegenden Vorbehalten gegen seine Vermengung von Befund und Deutung und gegen seine in fast allen Fällen willkürliche Strophengliederung – durch ihre konsequente Verwirklichung des Grundsatzes, alles Textmaterial in das Gedicht zu integrieren, die willkürliche Ausgrenzung vieler Textelemente als überwundene Entwurfsstufe vermeidet, die im Vorstehenden immer wieder an Beißners und Sattlers Textkonstitutionen kritisiert werden mußte. Diese Hineinnahme des gesamten handschriftlich überlieferten Zeichenmaterials in den Text des Gedichts müßte aber dahingehend verbessert werden, daß die topologischen Verhältnisse, in denen die Textbausteine in der Handschrift zueinander stehen, in der Textdarstellung deutlicher erkennbar bleiben, als das bei Uffhausen der Fall ist. Nur so könnte die Vielfalt der Kombinationsmöglichkeiten einzelner Passagen erhalten werden, die Uffhausen zur linearen Strophenfolge vereinfacht.

Uffhausens Ausgabe wird also trotz einiger Fortschritte in Einzelfragen ihrem Anspruch nicht gerecht, endlich eine überzeugende editorische Lösung für die Seiten 73 bis 76 des Foliohefts zu präsentieren. Unverzichtbar bleibt daher für die literaturwissenschaftliche Auseinandersetzung mit diesen Seiten der Rückgriff auf die Handschriftenreproduktionen und -transkriptionen, die sich im Supplement III der FHA finden.

2 Neue Textkonstitution aufgrund der Handschrift

Hölderlins späte Gedichtfragmente (und somit auch die auf den Seiten 73 bis 76 des Homburger Foliohefts entworfenen Texte) liegen den heutigen Leserinnen und Lesern in einer Gestalt vor, die offensichtlich zunächst nur der Selbstverständigung des Autors diente: Man sieht sich auf diesen Seiten mit einem äußerst schwer lesbaren und noch schwerer entwirrbaren Ineinander von Skizzen, Notizen, Sprachspielen und Wortexperimenten, aber auch von intensiven und zu keinem Abschluß gelangten Bearbeitungen und Umarbeitungen von Texten konfrontiert. Ein Vergleich mit den nicht viel früher entstandenen Reinschriften von „Patmos" und der „Friedensfeier"[82] zeigt schnell: Niemals hätte der Autor die Texte in dieser Form an die Öffentlichkeit gelangen lassen.[83] Allerdings hat er sie auch nicht (wie etwa Kafka seine Romane) zur Vernichtung bestimmt, sondern solange ihm die physischen Möglichkeiten gelassen wurden, hat er offenbar daran gearbeitet, diese Gedichte in eine veröffentlichungsreife Form zu bringen. (Wie wenig in dieser Zeit für Hölderlin Veröffentlichung auch Verstandenwerden bedeutete, mußte er indes nur zu schmerzhaft an der Resonanz auf seine Sophokles-Übersetzungen erfahren.)

Da die Gedichte entgegen der Intention des Autors den Interessierten nur in dieser hochkomplexen handschriftlichen Fassung vorliegen, ist die literaturwissenschaftliche Analyse gehalten, zunächst zu ermitteln, welche Texte sich in welcher Gestalt aus diesem zunächst chaotisch anmutenden Befund herausfiltern lassen. Dieser schwierigen Aufgabe haben sich seit Hellingrath eine ganze Reihe von Editoren gestellt. Meine Sichtung von deren Konstituierungsvorschlägen hat jedoch ergeben, daß keiner der bisherigen historisch-kritischen Editionen eine zufriedenstellende Darstellung der Fragmente der Seiten 73 bis 76 des Homburger Foliohefts gelungen ist. Es drängt sich daher die Frage auf, welcher *Text* zum Gegenstand der Interpretation dieses Materials gemacht werden kann. Denn – diese Erkenntnis leitete alle meine bisherigen textkritischen Überlegungen – die *Handschrift* als solche kann nicht unmittelbar Interpretationsobjekt sein, so unentbehrlich auch der unablässige Rückgriff auf sie ist. Wer die Analyse auf die bloße Materialität des Textes beschränkte, vernachlässigte seine Literarizität: das unabweisbar in ihm kristallisierte, wenngleich möglicherweise scheiternde Streben nach einer Form, die Bedingung der Kommunizierbarkeit des Textes wäre.

Es gilt also, einen Text zu konstituieren, der Gegenstand der Interpretation sein kann. Der folgende Versuch will allein im Rahmen dieser pragmatischen Zielsetzung verstanden werden. Ich verbinde mit ihm nicht den Anspruch einer historisch-kritischen Ausgabe dieser Textkomplexe, die in Konkurrenz träte zu bestehenden oder noch ausstehenden Editionen. Eine solche Selbstbeschränkung scheint mir schon aus praktischen Gründen geboten zu sein, nähme doch eine Edition dieser vier Seiten, die allen Anforderungen der heutigen Editionsphilologie gerecht werden wollte, allein schon den Raum einer umfangreichen Arbeit

---

[82] Cf. die schönen Faksimile-Editionen von Kirchner (1949) und Binder/Kelletat (1959).

[83] Insofern ist Sattler zuzustimmen, diese Texte gehörten der „einsamen", nicht der „öffentlichen Schule" (FHA Suppl. III Beil., 9) zu. Dieser Status scheint mir aber weder vom Autor intendiert noch „unwiderruflich" (ibd.) zu sein. Wäre das so, so wäre eine Edition dieses Materials von vornherein sinnlos.

ein.[84] Andererseits darf meine Textdarstellung selbstverständlich nicht hinter
den im vorhergehenden Abschnitt diskutierten bisher erreichten Stand der editorischen Aufbereitung dieser Seiten zurückfallen, sondern muß im Gegenteil
versuchen, die aufgezeigten Defizite der vorliegenden Editionen zu beheben. Es
gilt also, eine Textdarstellung zu erarbeiten, die mit einer den skizzierten hohen
Anforderungen genügenden historisch-kritischen Ausgabe der Fragmente (wie sie
möglicherweise in den Bänden 7 und 8 der FHA zu erwarten ist) *vereinbar* ist,
ohne alle diese Ansprüche selbst schon erfüllen zu können. Mein Versuch ist daher
auch nicht mit dem Anspruch verbunden, die allein richtige Aufbereitung dieses
Textmaterials anzubieten. Vielmehr bin ich mir des unaufhebbaren subjektiven
Anteils an meiner Textkonstitution bewußt. Die Konstitution eines eigenen Textes scheint mir jedoch angesichts der Mängel der vorliegenden Editionen sowie
angesichts der Unmöglichkeit, sich auf den (scheinbar) objektiven handschriftlichen Befund als Basis der Interpretation zu beschränken, der einzig gangbare
Weg zu sein. So wie die Interpretation anhand dieses konstituierten Textes wird
überprüft werden können, so möchte ich die Konstitution selbst im folgenden
durchschaubar und kritisierbar machen, indem ich zunächst die *Grundsätze* auf-
führe, die meiner Textdarstellung zugrunde liegen (Abschnitt 2.1), und darauf
die *Konsequenzen* nennen, die das so umrissene Verfahren für die Anwendung
auf das vorliegende Textmaterial hat (Abschnitt 2.2). Auf diese grundsätzlichen
Ausführungen folgen die *Erläuterungen und Begründungen* einzelner editorischer
Entscheidungen (Abschnitt 2.3). Mein konstituierter Text selbst findet sich aus
Gründen der besseren Auffindbarkeit ganz am Schluß des Buches.

2.1 Grundsätze der Textdarstellung

1. Meine Textdarstellung wendet sich – der Zielsetzung dieser Arbeit gemäß
   – an mündige Leserinnen und Leser und versucht, deren Bedürfnissen nach
   Orientierung über das Textmaterial ebenso wie nach der Ermöglichung einer nicht durch editorische Vorentscheidungen manipulierten Lektüre entgegenzukommen.

2. Nicht jede einzelne der Entscheidungen, auf denen meine Textkonstitution
   beruht, kann in den folgenden beiden Abschnitten eingehend begründet
   werden. Die Konstitution ist insofern nicht nur die Grundlage meiner Interpretation, sondern zugleich auch ein Vorgriff auf diese: Im Zuge der
   Interpretation werden etliche der textkritischen Zweifelsfälle noch einmal
   ausführlich erörtert. Im einzelnen wie im ganzen soll daher die Interpretation
   daher die Plausibilität meiner Konstitution im nachhinein erweisen.

3. Ständiger Bezugspunkt der Arbeit ist die Handschrift selbst (also die
   vier Seiten des Homburger Foliohefts). Ich setze daher voraus, daß die

---

[84] Die Gefahr dieses Weges verdeutlicht das Buch von Roland-Jensen (1989): Läßt sich
doch der Autor so sehr auf die editionsphilologischen Details ein, daß ihm nachher für die
Interpretation (auf die doch alles ankäme) sowohl Energie wie Raum fehlen.

Leserinnen und Leser das Faksimile immer parallel zu meiner Textkonstitution und -interpretation lesen. Meine Textdarstellung wiederum versucht, den Anforderungen einer solchen Parallel-Lektüre möglichst weit entgegenzukommen.[85] Eine unentbehrliche Orientierungshilfe dafür stellt die differenzierte Umschrift in der Beilage zur Faksimile-Edition des Homburger Folioheftes dar (siehe die Reproduktion im Anhang). Von dieser Transkription abweichende Lesungen werden im einzelnen begründet. Wie schon in den vorhergehenden Kapiteln zitiere ich die Handschrift nach der dieser Umschrift beigegebenen Zeilenzählung.

4. Sämtliches Textmaterial der vier Seiten wird in die Textdarstellung aufgenommen. Ich treffe also keine editorische Entscheidung (wie Beißner und Sattler), daß bestimmte Bruchstücke verworfen, überlagert oder anderweitig ausgesondert worden seien. Andererseits behaupte ich auch nicht (wie Uffhausen), daß sich sämtliche Segmente in einen linearen Textablauf eingliedern ließen. Beide Verfahrensweisen nivellieren nämlich den komplexen handschriftlichen Befund in unzulässiger Weise. Dagegen scheint es mir erforderlich zu sein, das in der Handschrift Disparate auch in der Textdarstellung unvermittelt nebeneinanderzustellen.

5. Zu diesem Zweck werden die topologischen Verhältnisse, in denen die Fragmente in der Handschrift zueinander stehen, in der Textdarstellung so weit wie möglich reproduziert. Dieses Verfahren kommt auch der Parallel-Lektüre von Text und Handschrift sehr entgegen.

6. Demgegenüber tritt die Rekonstruktion der Textgenese in den Hintergrund. Diese Entscheidung basiert auf der Einsicht, daß die Thesen über die Entstehung der Fragmente den am wenigsten sicher begründeten Teil der bisherigen Editionen ausmachen. Den eindrucksvollsten Beleg dafür – und diese Feststellung ist keineswegs abwertend gemeint – bieten Sattlers immer von neuem grundsätzlich revidierte Vermutungen über die Reihenfolge der Beschriftung dieser Seiten in seinen linearen Textdarstellungen. Ein so unentbehrlicher Bestandteil historisch-kritischer Ausgaben von Hölderlins später Lyrik die textgenetische Darstellung ist (und das um so mehr, je restriktiver die Textkonstitutionen Textmaterial aussondern, wie in der StA und der FHA) und so anregend sie auch für meine eigene Beschäftigung mit den Fragmenten ist: in meiner (dem pragmatischen Zweck, einen Gegenstand der Interpretation zu konstituieren, dienenden) spezifischen Textdarstellung, die sich durch Hineinnahme allen Materials und durch die Reproduktion der topologischen Verhältnisse der Handschrift auszeichnet, scheint sie mir zunächst entbehrlich zu sein. Damit habe ich unverkennbar bereits eine Vorentscheidung über die Textur des vorliegenden Handschriftenmaterials getroffen: Diese Fragmente können

---

[85] Im Gegensatz etwa zu Uffhausen, der den Vergleich mit der Handschrift zwar auch vehement fordert (cf. 1989, XVIII), durch die eigenwillige Art seiner Aufbereitung der Texte jedoch systematisch erschwert.

meiner Auffassung nach nicht mit Hilfe eines organologischen Modells (wie dem Beißners) verstanden werden, anhand dessen sich in ihnen ein Keim und dessen Wachstum (sowie auch – um im Bilde zu bleiben – während des Wachstumsprozesses abgefallene Blätter) ausmachen ließen. Vielmehr haben wir es hier nach meiner Überzeugung mit einem *kumulativ entstandenen Textmaterial* zu tun, in dem scheinbar redundante oder nur leicht variierte Segmente ebenso nebeneinander stehenbleiben wie scheinbar unvereinbare oder nicht integrierbare Partien (womit aber, wie aus dem oben Gesagten klar sein müßte, nur der vorliegende Textzustand beschrieben, keineswegs aber dem Autor unterstellt werden soll, einen so strukturierten Text als letztgültigen intendiert zu haben).

7. Wird mit der topologisch möglichst genauen Textwiedergabe die Authentizität des konstituierten Textes gegenüber dem handschriftlichen Befund erstrebt, so muß sich doch die Textkonstitution, will sie sich nicht in der bloßen Transkription der Handschrift erschöpfen, von dieser in einzelnen Punkten entfernen. Dabei ist eine möglichst große Übersichtlichkeit des Textmaterials der jeweiligen Seite sowie die möglichst große Lesbarkeit der konstituierten Texte zu erstreben, ohne daß dadurch der handschriftliche Befund verfälscht oder zu sehr vereindeutigt werden dürfte. Meine Textdarstellung greift daher in das Material und seine Topologie insofern ein, als meinem Urteil nach (das sich auf die Überprüfung der Erkenntnisse und Vermutungen aller bisherigen Editoren stützt) Zusammengehöriges, auch wenn es nicht linear hinter- und untereinander notiert wurde, graphisch zusammengerückt, nicht eindeutig Einzuordnendes durch senkrechte Striche gekennzeichnet sowie – in Fällen, in denen zwei längere, voneinander relativ unabhängige Textzusammenhänge ineinandergeschrieben sind – einer der beiden aus der Kolumne herausgerückt wird. Zeilenbrüche, die relativ eindeutig auf fehlenden Raum zurückzuführen sind (etwa bei Zusätzen am rechten Rand der Seite oder in engen Zeilenzwischenräumen), werden als akzidentell nicht wiedergegeben; in allen Fällen, wo der Anordnung und Verteilung der Wörter aber eine (nicht notwendigerweise intendierte) Bedeutung zukommen könnte (z. B. wenn einzelne Wörter mit einzelnen Zeilen in eine Korrelation treten), wird der graphische Befund soweit möglich reproduziert.

8. Außerdem werden zugunsten der Lesbarkeit wörtliche Wiederholungen, die offensichtlich mehreren Ansätzen bei der Niederschrift entstammen (z. B. einmal am Ende, einmal am Anfang eines Verses), nicht wiedergegeben, obwohl auch solchen Wiederholungen eine Signifikanz zukommt, die in der Analyse nicht vernachlässigt werden darf. Die Reproduktion von Wiederholungen in der Textdarstellung würde diese jedoch zu nah an der bloßen Transkription der Handschrift belassen und damit keine Konstitution vornehmen. Die betreffenden Segmente werden daher in meine Textwiedergabe jeweils nur an einer Stelle aufgenommen, und zwar an derjenigen, an der sie innerhalb des uns überlieferten Textzustandes nach

meiner Einschätzung am besten in den Zusammenhang passen. Zusätzliche Indizien dafür können auch die Länge der Verse, Versalien als Zeichen für Versanfänge o. ä. sein. Dennoch lassen sich solche Entscheidungen nicht in allen Fällen sicher fällen und schlüssig begründen (bedenkt man zumal die äußerst unterschiedliche Verslänge in diesen Gedichten und die häufig vorliegende Ununterscheidbarkeit von Groß- und Kleinbuchstaben). Hierbei wie in vielen anderen Fällen kommt die Textkonstitution nicht ohne einen Rest Dezisionismus aus.

9. Im Falle variierender Wiederholungen werden um der Authentizität willen beide bzw. alle Varianten in den Text aufgenommen, obwohl klar ist, daß der Autor den Text mit diesen Wiederholungen höchstwahrscheinlich nicht als endgültigen intendiert hat. Wo Hölderlin die Varianten als Paradigma übereinandergeschrieben hat, wird diese sehr sinnfällige Anordnung in der Textdarstellung beibehalten.

10. Eindeutig vom Autor gestrichene Stellen werden nicht in die Textkonstitution aufgenommen. Da sie aber ebenso wie alle anderen Varianten Bestandteil des Textes in dem oben skizzierten umfassenden Sinne sind, werden sie in den Erläuterungen zu meinem konstituierten Text (Abschnitt 2.3) verzeichnet und in der Interpretation berücksichtigt. Das gleiche gilt für Sofortkorrekturen von einzelnen Buchstaben, Silben oder Wörtern, allerdings nur, insofern sich aus ihnen erkennbare Sinndifferenzen ergeben.

11. Stellen, bei denen nicht eindeutig entschieden werden kann, ob sie gestrichen sind (z. B. durch Unterstreichungen oder kaum identifizierbare Zeichen markierte Wörter), werden – dem Grundsatz der größtmöglichen Integration von Textmaterial folgend – in den Text aufgenommen. Eingefügt, aber als vermutlich gestrichen markiert werden außerdem Passagen, in denen zwar Streichungen erkennbar sind, deren Ausmaß jedoch nach dem handschriftlichen Befund unklar ist.

12. Unsichere Lesungen sowie nicht eindeutig oder überhaupt nicht entzifferbare Stellen werden als solche im Text markiert.

13. Über das bisher Genannte hinausgehende Konjekturen, z. B. Korrekturen von Orthographie (auch bei offensichtlichen ‚Verschreibungen' – oder Zeichensetzung, Umstellung von Wörtern) werden nicht vorgenommen. Damit sollen den Lesern und Leserinnen meiner Textkonstitution die Befremdlichkeiten der Handschrift auch in diesen Details erhalten und zugemutet werden. Konjekturvorschläge werden jedoch in den Erläuterungen zum Text gemacht.

Mit dem hier skizzierten Verfahren kann ein Höchstmaß von Authentizität des Textes gegenüber der Handschrift erhalten und zugleich eine große Übersichtlichkeit und Lesbarkeit der Textdarstellung erzielt werden. Da die editorischen Eingriffe nicht gravierend sind, reduzieren sich die notwendigen textkritischen Zeichen auf ein Minimum.

2.2 Konsequenzen für das Textmaterial der Seiten 73 bis 76

Die vier Seiten werden heuristisch als zusammengehörig angesehen. Das läßt sich damit begründen, daß sich keine schlüssigen Gründe gefunden haben, die gegen einen Zusammenhang der beiden Blätter sprechen, aber etliche Indizien, die auf einen solchen Zusammenhang hindeuten. So lassen sich zunächst die äußeren Begrenzungen mit einiger Sicherheit ausmachen: Die Seite 73 hebt sich von den vorhergehenden, über die relativ kurze Textbruchstücke locker verteilt sind, klar durch einen als Kolumne notierten durchgehenden Textzusammenhang ab, während die Seite 76 die hinterste mögliche Grenze dieses Textkomplexes darstellt, da auf der gegenüberliegenden Seite der folgende Hymnenentwurf mit dem klar gesetzten Titel „Kolomb" beginnt. Sucht man nach Hinweisen auf einen möglichen inneren Zusammenhang dieser vier Seiten, so fällt zunächst ins Auge, daß ein großer Teil des Textes der Seiten 73 und 74, aber auch einiger Partien der Seite 76 offenbar schon von der frühen Entwurfsschicht an in einer sehr kleinen, oftmals steilen Schrift notiert wurde, wie sie sich in anderen Teilen des Folioheftes, in denen die Entwürfe zunächst meist in einem großzügigen, weit ausholenden Duktus niedergeschrieben wurden, nur in den späteren, interlinear notierten Ergänzungen und Bearbeitungen findet.[86] Unterscheidet sich die Seite 75 auch durch eine größere, geneigtere Schrift (die in sich in den verschiedenen Partien jedoch extrem differiert) von den anderen Seiten, so stellt sich durch die Dichte der Beschriftung insbesondere der gegenüberliegenden Seiten 74 und 75 doch wieder ein Eindruck der Zusammengehörigkeit ein: Ohne Frage ist zwischen diesen beiden mittleren Seiten eine Zäsur festzustellen; es ist vom handschriftlichen Duktus her undenkbar, daß der Autor oben auf Seite 75 einfach an dem Punkt weitergeschrieben hat, an dem er unten auf Seite 74 aufgehört hatte. Andererseits erscheint mir ein völliger Neuansatz auf der Seite 75 ebensowenig wahrscheinlich; dazu fehlt es an Zeichen, die einen solchen Beginn sinnfällig machen würden, etwa einer eindeutigen Überschrift oder einem freigelassenen Raum. Nimmt man noch die starken motivischen Kohärenzen zwischen diesen Seiten hinzu (offenbar wird auf Seite 74 ebenso intensiv wie auf Seite 75 dem Problemkomplex ‚Deutschland' nachgedacht, während sich außerdem auf Seite 75 wie auf Seite 73 starke sinnliche Eindrücke französischer Landschaften in den Vordergrund schieben, unten auf Seite 74 dagegen ebenso wie auf Seite 76 antike Reminiszenzen dominieren), so wird deutlich, daß diese Texte nicht zufällig hier auf engstem Raum notiert wurden, sondern daß sie in jeder Hinsicht zueinander drängen, ohne daß sie deswegen zu einem einzigen Mega-Text verschmölzen: Es handelt sich bei diesen Seiten um denjenigen Komplex, in dem Hölderlin nach seiner Frankreichreise und zur Blütezeit der napoleonischen Herrschaft seine poetische Position im Spannungsgefüge zwischen *Vaterland* und *Fremde*, *Deutschland* und *Frankreich* vor dem Hintergrund seiner antiken Vor-

---

[86] Diesen und viele andere wertvolle Hinweise zu Besonderheiten der Handschrift verdanke ich Hans Gerhard Steimer.

stellungswelt am intensivsten zu reflektieren versucht.

Diese motivischen Zusammenhänge können jedoch die These, es handele sich bei den vier Seiten um eine einzige große Hymne, nicht legitimieren. Vielmehr lassen nicht nur die genannten graphischen Indizien (insbesondere die deutliche Zäsur zwischen den Seiten 74 und 75), sondern auch die extremen Unterschiede im sprachlichen Duktus der verschiedenen Bruchstücke es als ausgeschlossen erscheinen, Hölderlin habe hier einen linearen, durchgehenden Gedichtzusammenhang entworfen und nur nicht ganz zu Ende geführt.[87] Damit ist aber die Frage unabweisbar geworden, welche Art von Texten und welche Art von Zusammenhang hier tatsächlich vorliegt.

Meine Arbeitshypothese ist, daß es sich bei diesem Material um ein Ensemble von Texten verschiedenen Umfangs, verschiedener Struktur, ja sogar verschiedener Genres handelt, die gleichwohl miteinander in einem inhaltlichen, motivischen und formalen Zusammenhang stehen.[88] Diese Annahme muß sich, so vorsichtig sie an dieser Stelle der Untersuchung formuliert ist, gegenüber einem gravierenden Einwand bewähren, der sich Kennern und Kennerinnen von Hölderlins Werk sogleich aufdrängen mag. Es stellt sich nämlich die Frage, ob Hölderlin überhaupt jemals eine solche Textzusammenstellung konzipiert und hinterlassen hat, wie ich sie in dem vorliegenden Material zu lesen vorschlage, oder ob es sich nicht vielmehr um die Rückprojektion von Erfahrungen mit Montage- und Collage-Texten der literarischen Moderne des zwanzigsten Jahrhunderts in über hundert Jahre ältere nachgelassene Gedichte handelt. Ich möchte versuchen, diese Bedenken aus dem Wege zu räumen, indem ich zunächst Parallelen aus Hölderlins Werk anführe, die eine solche Annahme plausibel machen können, und daraufhin mit einer grundsätzlichen hermeneutischen Überlegung die Unangemessenheit des Einwandes aufzeige.

Hölderlin hat seine Gedichte in den Jahren nach der Jahrhundertwende stärker

---

[87] Eine ähnliche Position vertritt auch Lefebvre, der zu den wenigen zählt, die sich bislang mit dem Vorschlag Uffhausens auseinandergesetzt haben: „Maintenant qu'elles sont visibles, on peut se demander si les deux pages de fragment (75 et 76) qui separent ,Das Nächste Beste' de ,Kolomb' n'en sont pas la suite, ne sont pas le dévelloppement de l'explosion du premier noyau. Les pages 74 et 75 (la dernière de ,Das Nächste Beste' et la première de ,Vom Abgrund nämlich') présentent en effet à la fois des signes de parenté interne (thématique voisine, densité comparable et forte des réécritures) et des éléments de suture visuelle." (Lefebvre 1990, 420f.)

[88] Hermann Kasack hat zu den späten Fragmenten bemerkt: „Denn nur in Einzelheiten liegt der dichterische Wert dieser Stücke, die nicht mehr zu einem Ganzen gesetzmäßig komponiert sind, sondern es bei einer assoziativ gewonnenen Aneinanderreihung bewenden lassen. Sie enthalten das Material einer letzten Schicht von der Welt des hymnischen Dichters, ohne zu einer zusammengefaßten Gestaltung zu gelangen." (1920, 25) Kasack hat sehr hellsichtig erkannt, daß es bei den Fragmenten auf das Einzelne ankommt, das sich nicht mehr bruchlos zu einem Ganzen zusammenfügen läßt, sondern unter anderem aufgrund assoziativer Reihungen angeordnet ist. Von dieser Feststellung aus fehlt meines Erachtens nur noch ein Schritt, eine Umwertung, zur adäquaten Beurteilung dieses Textmaterials: Die parataktische Nebenordnung, die Widerständigkeit gegen ein Ganzes sind nicht als Mangel, als Mißlingen oder Unvollendetheit zu bewerten, sondern als positive Qualität dieser Texte.

als vorher[89] als Gruppen oder Zyklen konzipiert und zu veröffentlichen versucht. Das belegt nicht nur sein (gescheiterter) Plan einer Buchausgabe der Gedichte bei Cotta[90], sondern auch die äußerst sorgfältige Komposition der neun „Nachtgesänge" in Wilmans' „Taschenbuch für das Jahr 1805" (sechs Oden und drei kleinere Gedichte). Auch dem Projekt „vaterländischer Gesänge" liegt, wie die Briefe an Wilmans und der Vorspruch zur „Friedensfeier" zeigen, trotz der vorgesehenen Publikationsform (Flugschriften einzelner Gedichte) der Plan einer Gruppe sich thematisch ergänzender Gedichte zugrunde.

Im Homburger Folioheft, das zum Teil sicherlich noch der Konzeption der ‚vaterländischen Gesänge' diente, findet sich eine Textansammlung anderer Art: Hier sind großenteils lyrische, aber voneinander in Umfang, Gedichtform und Grad der Ausführung sehr verschiedene Texte entworfen, die sich keineswegs zu (neben den drei Elegien zu Beginn) wenigen großen ‚Gesängen' zusammenfügen lassen. Diese Makrostruktur des Folioheftes, eine Konstellation disparater Texte, spiegelt sich – so meine Hypothese – in der Mikrostruktur der Seiten 73 bis 76 (und vielleicht auf keinen anderen Seiten so deutlich wie auf diesen). Auch hier treten verschieden lange, zum Teil fast fertige, zum Teil sehr fragmentarische Texte in eine Konstellation zueinander, die kein fester Verbund, sondern ein Spannungsverhältnis ist.

Um Mißverständnissen vorzubeugen, muß allerdings betont werden, daß diese Form des handschriftlichen Neben- und Ineinanders von Texten bei Hölderlin nicht erst im Spätwerk auftaucht. Vielmehr findet man in seinem früheren großen Entwurfsheft, dem „Stuttgarter Foliobuch", ebenso eindrucksvolle Belege für diese Eigentümlichkeit seiner Handschriften. Da sich der Autor zur Zeit der Entstehung des Foliobuchs (kurz vor der Jahrhundertwende) noch nicht auf die Lyrik konzentriert hat, sind hier Gedichte, die dritte Fassung des „Empedokles", Aufsatzentwürfe und Übersetzungen ungetrennt voneinander entworfen.[91] Das bekannteste Beispiel aus dem Stuttgarter Foliobuch für eine Konstellation lyrischer Texte ist der erste Entwurf des später als einer der „Nachtgesänge" veröffentlichten Gedichts „Hälfte des Lebens", der aus dem Material des auf derselben Seite entworfenen, aber nicht zu Ende geführten Schlusses der Hymne „Wie wenn am Feiertage ..." entwickelt wird. So wie „Hälfte des Lebens", um richtig verstanden werden zu können, nicht aus dem Publikationskontext der

---

[89] Cf. Hölderlins Brief an Neuffer vom März 1796, in dem er sich zunächst darüber beklagt, daß Schiller sein Gedicht „An die Natur" nicht in den „Musen-Almanach" aufgenommen hat, um gleich darauf diese Klage in einem Anflug von Fatalismus hinwegzuwischen: „Übrigens ist es ziemlich unbedeutend, ob ein Gedicht mehr oder weniger von uns in Schillers Allmanache steht. Wir werden doch, was wir werden sollen, und so wird Dein Unglük Dich sowenig kümmern, wie meines." (Brief an Neuffer vom März 1796, Nr. 118, StA VI.1, 205, Z. 48-51)

[90] Cf. Brief Ludwig Ferdinand Hubers an Hölderlin vom 6.8.1801, Nr. 93 (Regest), StA VII.1, 168; Auszug aus Cottas Druckauftragsbuch (etwa 1801/1802), StA VII.2, 189 (LD 261).

[91] So ist das Aufsatzfragment „Das untergehende Vaterland ..." („Das Werden im Vergehen") in den nicht ausgeführten Plan zur Fortsetzung des Empedokles hineingeschrieben. Diese Tatsache ist ein gewichtiges Indiz dafür, daß der Autor das Scheitern des Tragödienprojekts durch eine theoretische Arbeit produktiv zu verarbeiten versuchte.

„Nachtgesänge" isoliert werden darf, so kann der Entwurf zu diesem Gedicht (weitere Fassungen oder die Druckvorlage sind nicht erhalten) nur aus dem gemeinsamen Entstehungszusammenhang mit der Feiertagshymne heraus adäquat rezipiert werden.[92]

Die von mir genannten Beispiele, die belegen, daß Hölderlin seine Gedichte häufig als Gruppen oder Zyklen bzw. als Ensembles oder Konstellationen konzipiert hat, entstammen zwei sorgfältig voneinander zu unterscheidenden Bereichen: Auf der einen Seite handelt es sich um für die (geplante oder verwirklichte) Publikation zusammengestellte Gedichtgruppen (*Publikationskontext*), auf der anderen um die Konstellationen, die sich im Zuge der handschriftlichen Entstehung der Gedichte zwischen ihnen ergeben haben (*Entstehungskontext*). Ist die erste Form der Zusammenstellung (sofern sie vom Autor autorisiert ist) als intendierte Komposition zu beurteilen, so spielt bei der zweiten ein niemals exakt zu ermittelndes Maß an Zufall hinein.

Fast alle Texte aus dem Homburger Folioheft (und so auch die Seiten 73 bis 76) liegen nur in dieser Handschrift selbst vor, da sie nicht in einer vom Autor autorisierten Fassung publiziert werden konnten. Von Gedichtgruppen kann hier also nur im zweiten Sinne einer Konstellation innerhalb des Entstehungskontextes die Rede sein. Ob solche Gruppierungen zu finden sind, müssen mangels eindeutiger Indizien die Leserinnen und Leser der Handschrift (und das hieß vor dem Erscheinen der Faksimile-Edition fast ausschließlich: die Editoren) nach eigenem hermeneutischen Ermessen entscheiden.[93] Beißner kommt dabei in beinahe allen Fällen zu der rigiden Feststellung, nicht zusammengehörige Texte seien nur zufällig nebeneinander auf demselben Blatt entworfen worden. Sattler und Uffhausen dagegen neigen dazu, das Moment der Intentionalität beim Aufbau nicht nur der Seiten, sondern des gesamten Heftes überzubetonen. Sie scheinen mir dabei den Fehler zu begehen, den Entstehungskontext mangels eines Publikationskontextes als Ersatz für diesen anzusehen und nach dessen Logik zu rekonstruieren (als sei das Homburger Folioheft kein Entwurfsheft, sondern eine esoterische Flaschenpost, deren Inhalt der Autor für uns Nachgeborene nach einem geheimnisvollen Schlüssel komponiert habe).

Beide Versuche, die Frage nach dem Zusammenhang der Texte untereinander (sei es bezogen auf die Makrostruktur des gesamten Heftes oder auf die Mikrostruk-

---

[92] Cf. die Rekonstruktion der Textentstehung bei Neumann (1984, 96-101). In der Beilage zu diesem Aufsatz finden sich ein Faksimile der Seite 34 des Foliobuchs sowie eine nach Entstehungsphasen zerlegte Transkription auf sechs transparenten Blättern, die übereinandergelegt die Umschrift des gesamten auf der Seite enthaltenen Textmaterials ergeben. Grundsätzlich diskutiert Neumann die editorischen Probleme, die Texte aufgeben, die gleichermaßen in ihren Entstehungs- wie in ihrem Publikationskontext eingebunden sind, am Beispiel Kafkas (cf. Neumann 1981 und 1982). Die Bedeutung des Entstehens von „Hälfte des Lebens" für die unabgeschlossene Hymne „Wie wenn am Feiertage ..." untersucht Szondi; cf. S I, 305-311; Vorl. V, 315-320.

[93] Hier liegt also – in diesem Fall bezogen auf das Verhältnis zwischen eigenständigen Texten – ein analoges Problem vor wie bei der Frage nach der Zugehörigkeit einzelner Segmente zu Texten, nach der Zusammengehörigkeit von Bruchstücken als ein einziger Text.

tur der vier Seiten) zu lösen, gehen von falschen hermeneutischen Voraussetzungen aus. Da keine klaren Aussagen oder sonstigen Hinweise Hölderlins dazu
überliefert sind, welches Verhältnis die im Folioheft entworfenen Texte zueinander haben oder erst noch bekommen sollten, ist das Maß an Intentionalität und
komplementär dazu an Zufälligkeit, das der Anordnung der Gedichtfragmente
zugrunde liegt, nicht bestimmbar.

Die literaturwissenschaftliche Analyse muß also in dieser Frage auf den Rekurs
auf das Autorsubjekt verzichten und sich auf den Zustand des Textmaterials, wie
es in der Handschrift vorliegt, konzentrieren: In diesem Sinne ist meine These
von einem Ensemble oder einer Konstellation der auf den Seiten 73 bis 76 entworfenen Texte zu verstehen.[94] Damit wird die Bruchstückhaftigkeit der Texte,
die Uffhausen als bloß akzidentell zu verharmlosen und editorisch zu beseitigen
versucht, ernst genommen, aber nicht verabsolutiert. Meine Textkonstitution
und -interpretation öffnet sich mit der Annahme eines Textensembles der Frage
nach dem Zusammenhang der Texte, nach dem Verhältnis von Einzelnem und
Allgemeinem auf diesen Seiten, ohne sie schon im Vorwege zu beantworten. Es
werden daher zunächst nur kleinere Textsequenzen als zusammengehörig konstituiert, während der inhaltliche Zusammenhang dieser Sequenzen untereinander
im Zuge der Interpretation geprüft wird.

Mit diesem Verfahren kann es gelingen, die Debatte über die Modernität dieser
Entwürfe mit textkritischen und interpretatorischen Mitteln auf eine verläßliche Grundlage zu stellen: Man muß nämlich nicht unterstellen, Hölderlin habe
diese Seiten bewußt als Montage von Bruchstücken entworfen und damit literarische Konzepte und Techniken vorweggenommen, die nach allgemeiner Auffassung erst von den literarischen Avantgardebewegungen unseres Jahrhunderts
entwickelt worden sind. Vielmehr kann man, ohne sich in Spekulationen über die
subjektiven Entstehungsbedingungen zu verlieren[95], feststellen, daß hier innerhalb des handschriftlichen Entstehungszusammenhangs eine Konstellation von
Texten vorliegt, die sich den klassischen Vorstellungen vom Kunstwerk völlig
entzieht und eine für die Zeit um 1800 neue Form literarischer Texte repräsentiert. Erst nachdem diese im zeitgenössischen Kontext äußerst ungewöhnliche
Form des Textzusammenhangs hinreichend genau analysiert ist, könnte mit aller
Vorsicht danach gefragt werden, inwieweit sie, gemessen an den dokumentierten Intentionen des Autors (etwa im Rahmen seines Projekts „vaterländischer
Gesänge"), als ein Dokument des Scheiterns anzusehen ist und inwiefern sie auf
der anderen Seite, gemessen an heutigen ästhetischen Maßstäben und Erfahrungen, als eine Vorwegnahme von Techniken und Formen der literarischen Moderne
zu bewerten ist.

Welche Texte sind es im einzelnen, aus denen das Ensemble der Seiten 73 bis 76

---

[94] Und in einem weiteren Sinne kann möglicherweise auch das ganze Folioheft als eine solche
Konstellation verstanden werden, ohne daß man dazu eine kunstvolle Konzeption annehmen
müßte – eine Vermutung, die allerdings in weiteren Untersuchungen zu überprüfen wäre.

[95] Auch von dieser Seite her verliert damit die These von Hölderlins Geisteskrankheit als
Produktionsbedingung der späten Fragmente jede Virulenz.

besteht? Ich habe bei der Prüfung der bisherigen Editionen festgestellt, daß sich alle neueren Herausgeber einig sind, daß (mindestens) die beiden Seiten 73 und 74 als ein Gedicht mit dem Titel „Das Nächste Beste" zusammengehören. Dabei habe ich oben auf Seite 73 (zwischen Z. 16 und Z. 15) einen inhaltlichen Einschnitt, unten auf der Seite (zwischen Z. 45 und Z. 46) eine Textlücke festgestellt. Der Zäsur des Seitenwechsels kommt an dieser Stelle eine vergleichsweise geringe Bedeutung zu. Zwischen den Zeilen des auf den oberen drei Vierteln der Seite 74 ausgeführten Textes findet sich eine offenbar nicht dazugehörende, vermutlich frühere Entwurfsschicht (in der Textdarstellung rechts herausgesetzt). An einer Stelle (Z. 36-38) ist der Textanschluß – dem frühen Entwurf ausweichend – bis ganz an den linken Rand herausgerückt. Der Textanschluß nach dieser Sequenz („Dort aber", Z. 56) ist dann vermutlich auf gleicher Höhe wie der Beginn der Herausrückung zu suchen („und rauschen, über spizem Winkel, Z. 38). Unten auf der Seite (zwischen Z. 56 und Z. 57) ist ein nicht nur graphischer, sondern auch inhaltlicher Einschnitt feststellbar. Der darauf folgende Schlußabschnitt besteht aus zwei selbständigen Bruchstücken und einer schwer integrierbaren Randnotiz. Die ganze Seite 74 ist mit einer Art Motto versehen: „Zwei Bretter und zwei / Brettchen apoll envers terre". Hinzu kommen auf beiden Seiten weitere Randnotate, die nicht ohne weiteres in den linearen Ablauf des dominierenden Textes zu integrieren sind und daher in der Textdarstellung etwa ihrer handschriftlichen Position entsprechend am Rand wiedergegeben werden.

Nicht nur diese Vielfalt von Texten, die sich in dem auf den ersten Blick (verglichen mit vielen anderen Seiten des Foliohefts) relativ geschlossen wirkenden Material der beiden Seiten verbirgt, sondern eine weitere Beobachtung[96] läßt mich einen Augenblick einhalten und nicht vorbehaltlos die These übernehmen, diese beiden Seiten bildeten das Gedicht „Das Nächste Beste": Wodurch rechtfertigt sich eigentlich die Gewißheit, daß es sich bei diesen drei ganz oben auf Seite 73 notierten Wörtern tatsächlich um einen Titel handelt? Da wäre zunächst die Unterstreichung anzuführen. Die aber stammt gewiß nicht von Hölderlin – der, wie man seinen Druckvorlagen und sonstigen nicht von Nachlaßverwaltern bearbeiteten Manuskripten entnehmen kann, kaum einmal eine Überschrift unterstrichen hat –, sondern vermutlich von Karl Gok (so Sattler in FHA Suppl. III Beil., 99) oder einem der frühen Herausgeber[97]; es handelt sich vermutlich um dieselbe Feder, mit der vorne im Heft die Gedichte „Stutgard" und „Patmos" – als bereits in anderen Fassungen vorliegende bzw. publizierte – durchgestrichen worden sind. Man muß sich die Unterstreichung also, so schwer das angesichts der Tatsache, daß sie nun einmal dasteht, fällt, als nicht autorisierte ‚wegdenken'. Sodann drängt sich auf, daß Hölderlin hinter fast alle seine Überschriften einen

---

[96] Auch diesen äußerst wertvollen Hinweis auf einen Sachverhalt, der offenbar trotz seiner Evidenz noch keinem der bisherigen Herausgeber aufgefallen ist, verdanke ich H. G. Steimer.

[97] Hellingrath bemerkt dazu treffend: „Die Überschrift unterstrichen, vermutlich von Kerner, der sich freuen mochte, endlich wieder eine Überschrift zu finden; denn nichts störte die frühen Herausgeber so sehr als der Mangel einer orientirenden Aufschrift über den schwer verständlichen Versreihen." (Hell. IV, 391f.)

Punkt gesetzt hat. Das ist auch hinter „Das Nächste Beste" der Fall, aber natürlich kein hinreichendes Indiz, da auch jedes andere Segment mit einem Punkt abgeschlossen werden könnte. Die sicherste Markierung aber, mit der Hölderlin seine Überschriften versieht, ist eine zentrierte Position. Hinzu kommt in den meisten Fällen eine großzügige räumliche Gestaltung: Zwar sind die Abschriften der drei Elegien und die Entwürfe von „Der Einzige" und „Patmos" zu Beginn des Foliohefts so hintereinandergeschrieben, daß die beiden Hymnenentwürfe jeweils mitten auf einer Seite beginnen. Danach aber sind alle eindeutigen Titel oder vermutlichen Titelstichworte (letztere ohne oder fast ohne nachfolgenden Text) im Homburger Folioheft (also „Die Titanen" [28], „Heimath" [38], „Die Entscheidung" [55], „Dem Fürsten" [57], „Germanien" [59], „Kolomb" [77], „Luther" [83], „Die Nymphe" bzw. „Mnemosyne" [91]) jeweils oben auf einer Seite in einem relativ großen Abstand zum oberen Seitenrand notiert. „Das Nächste Beste." ist dagegen linksbündig notiert, und der Abstand zum oberen Rand beträgt weniger als 1 cm, während er in den meisten Fällen 3-4 cm, bei „Germanien" und „Die Nymphe" immerhin etwa 2 cm beträgt. Ist auch das Argument des geringen Randabstands wegen dieser Varianz in den anderen Fällen und wegen der pragmatischen Überlegung, daß möglicherweise ein Titel später vor einen bereits entworfenen Text vorgefügt sein könnte, angreifbar, so gilt das nicht für das Argument der Zentrierung: Will man „Das Nächste Beste." als Titel halten, so muß man behaupten, daß Hölderlin hier wahrscheinlich das einzige Mal in den handschriftlichen Niederschriften seiner Gedichte einen Titel nicht zentriert habe. Zwar kann auch das nicht einfach ausgeschlossen werden; andererseits wäre es jedoch unverantwortlich, diese starke Behauptung von vornherein als bewiesen anzunehmen. Vielmehr muß man sich der Zumutung aussetzen, entgegen der Gepflogenheit der gesamten bisherigen Editionen und der ihnen nachfolgenden Forschung zumindest probehalber „Das Nächste Beste." nicht als Titel zu denken, sondern als erstes Segment des Textes, der dann nach einer Lücke von eineinhalb Zeilen (in der ausgeführteren Version) fortfährt mit „Offen die Fenster des Himmels". Die aufgrund der Titelunsicherheit naheliegende Überlegung, daß der Textzusammenhang bereits auf Seite 72 oder davor beginnen könnte, kann dagegen aufgrund der oben herausgearbeiteten graphischen Kohärenz von Seite 73 und der gravierenden Unterschiede zum Erscheinungsbild der vorhergehenden Seiten ausgeschlossen werden. Nun wird man schnell feststellen, daß zunächst keinerlei inhaltliche Anschlußpunkte zwischen diesem ersten Segment und dem genannten Textabschnitt festzustellen sind. Damit gerät „Das Nächste Beste." doch wieder in eine vom nachfolgenden Text nicht nur graphisch, sondern auch inhaltlich abgesetzte Position. Eine Anknüpfung läßt sich dagegen erst wieder zu einer Zeile auf der Rückseite herstellen: „Denn immer halten die sich genau an das Nächste," (74, Z. 5). Natürlich ist dieser Bezug sehr unsicher. Dennoch könnte er dazu motivieren, „Das Nächste Beste." trotz der starken graphischen Gegenargumente als eine Art von Titel der beiden Seiten zu betrachten oder zumindest als ein Motto, ein Merkwort oder eine elliptische Gnome zu diesen Seiten.

Die Frage, ob es sich um einen Titel handelt, läßt sich also nicht eindeutig beantworten. In der Textdarstellung wird „Das Nächste Beste." daher nur durch seine der Handschrift entsprechende Position, nicht durch weitere Attribute hervorgehoben.[98] Diese unauflösliche Unsicherheit mahnt ein weiteres Mal zur Vorsicht davor, vorschnell Textmaterial beliebig zu einem Text und unter einem Titel zu subsumieren. Zugleich ergibt sich aus der Unsicherheit über den Status von „Das Nächste Beste." ein weiteres starkes Argument dafür, daß die Annahme einer sich über die vier Seiten erstreckenden Hymne „Das Nächste Beste" ausgeschlossen werden kann: Den Beginn eines so umfangreichen ‚Gesangs‘ hätte der Autor wahrscheinlich deutlicher markiert als mit einem linksbündigen Stichwort. Ich werde „Das Nächste Beste." jedoch pragmatisch als Arbeitstitel für den offensichtlich zusammengehörenden Großteil des Materials der Seiten 73 und 74 (als dessen Leitmotiv sich der Vogelflug erweist) verwenden, so wie es sich auch bei anderen Texten Hölderlins eingespielt hat, sie nach ihrem Beginn zu zitieren.

Wie Seite 74 steht auch die ihr gegenüberliegende Seite 75 unter einem enigmatischen zweizeiligen Motto („Die apriorität des Individuellen / Über das Ganze", 75, Z. 1 und 3), das sich in schwer erschließbarer Weise auf den Inhalt der Seite bezieht. Allerdings ist es in diesem Falle nicht rechts eingerückt und damit deutlich aus dem Textzusammenhang herausgehoben (wie „Zwei Bretter ...“), sondern (wie „Das Nächste Beste.“) linksbündig notiert. Die Abstraktheit dieser elliptischen Sentenz läßt es allerdings als sehr unwahrscheinlich erscheinen, daß der Textbeginn „Vom Abgrund nemlich haben" unmittelbar an sie angeschlossen werden soll. Um diesen Textbeginn (der eher wie ein Textanschluß wirkt, aber sich kaum auf die unten auf Seite 74 notierten beiden Textabschnitte beziehen kann) gruppieren sich halbkreisförmig nicht weniger als sechs weitere Zusätze (darunter der merkwürdige Ausruf „Werber!   keine Polaken sind wir" und ein Ausruf in griechischer Sprache), die nicht eindeutig zugeordnet werden können. Der dominierende Text scheint dann fast bis zum Ende der Seite linear durchzulaufen. Am linken Rand findet sich nur noch der Zusatz „Mit / ihnen", im rechten Bereich der Seite dagegen stehen zwischen den Zeilen des durchlaufenden Textes etliche weitere Sequenzen, die alle schwer oder kaum in den Zusammenhang einzuordnen sind und daher sämtlich in der Textdarstellung rechts herausgerückt wiedergegeben werden. Im unteren Bereich der Seite dagegen sind ‚Haupt-‘ und ‚Neben-Texte‘ kaum noch voneinander zu unterscheiden.

Der linksbündig niedergeschriebene durchlaufende Text wird in der Mitte unterteilt durch das Stichwort „Germania", das Sattler in seiner neueren Lesart als spät dazwischengeschobene Überschrift der unteren Seitenhälfte versteht. Es kann allerdings nicht ausgeschlossen werden, daß „Germania" vor der Nieder-

---

[98] Darüber hinaus gebe ich „Das Nächste Beste." im folgenden – der Unsicherheit seines textuellen Status wegen – mit dem in der Handschrift zu findenden abschließenden Punkt wieder, entgegen der sonstigen Gepflogenheit, Titel von Texten, selbst wo sie in der Handschrift oder auch im Druck mit einem Punkt abgeschlossen werden, ohne diesen Punkt zu zitieren.

schrift des Textes hier plaziert und dieser dann eher ungewollt um das Stichwort herumgeschrieben wurde. Auch diese Streitfrage nach intentionalem oder zufälligem Zustandekommen des Bezuges zwischen dem linearen Text und dem Stichwort „Germania" kann man auflösen, wenn man den Bezug, unabhängig von Rekursen auf unterstellte Autorintentionen, als Konstellation zweier ineinandergeschriebener Texte versteht: Die zentrierte Position von „Germania" in der Zeile zusammen mit der Tatsache, daß es sich fast genau um die mittlere Zeile der Seite handelt, geben diesem Wort ein großes Gewicht. Insofern kann mit Recht gesagt werden, daß es den Text an dieser Stelle skandiert (sei es als Zwischentitel oder als Motto), nicht jedoch aufspaltet in zwei separate Entwürfe.

Haben die ‚Rand-' und ‚Nebentexte' auf den Seiten 73 bis 75 ein mehr und mehr zunehmendes Gewicht gewonnen, so kann auf Seite 76 gar nicht mehr zwischen einem dominierenden Text und interlinearen oder zusätzlichen Texten unterschieden werden. Hier gibt es nur selbständige Textblöcke, deren Beziehung zueinander nicht unmittelbar klar wird. Auf die relativ weit rechts einsetzenden, dann aber über die ganze Breite geschriebenen oberen zweieinhalb Zeilen folgen ein linksbündiger und etwas weiter unterhalb ein in die rechte Seitenhälfte gerückter Block. Zwischen diese beiden Blöcke sind vier schwer einzuordnende Segmente eingeschoben. Diese Struktur wiederholt sich unterhalb eines leeren Raums im unteren Teil der Seite: Zwischen einen linken und einen rechten Block ist eine Sequenz eingefügt (die allerdings dem handschriftlichen Duktus nach eher zum rechten Text gehört).

Welche Strukturen lassen sich in dieser auf den ersten Blick völlig unüberschaubaren Masse von Texten und Textbausteinen verschiedenster Länge feststellen? Man kann vergröbernd sagen, daß es sich bei den Seiten 73 bis 76 um einen Komplex von Texten handelt, der sich in immer kleinere Einheiten zergliedert: Dem wahrscheinlich zweiseitigen Gedichtentwurf der Seiten 73 und 74 (unter dem Titel oder Motto „Das Nächste Beste.") folgen der einseitige Entwurf der Seite 75, der durch das Stichwort „Germania" in der Mitte skandiert wird, sowie eine Vielzahl von nicht miteinander verschmelzbaren Fragmenten auf Seite 76. Aber die Zersetzung des ‚Einen Textes' beginnt schon früher: Ist auf Seite 73 der ‚Haupttext' noch relativ unangefochten, so schiebt sich auf den Seiten 74 und 75 eine Vielzahl von kürzeren, mehr oder weniger eigenständigen Textsequenzen dazwischen, die keinesfalls als sekundär, als ‚nicht dazugehörig' oder als ‚späte Lesarten' abqualifiziert werden dürfen. Die Grenze zwischen den beiden gegenüberliegenden Seiten 74 und 75 ist die Mittelachse des gesamten Textensembles der vier Seiten. Diese sowohl teilende wie verbindende Funktion wird unterstrichen durch eine gewisse Spiegelsymmetrie im graphischen Erscheinungsbild der beiden Seiten: Insbesondere ist hier an das zweizeilige Motto über jeder der beiden Seiten zu denken. (Der Eindruck der Symmetrie wird übrigens durch die Linksbündigkeit von „Die apriorität ...", die zunächst im Gegensatz zur rechten Einrückung von „Zwei Bretter ..." eher befremdet, noch verstärkt.) Da offenbar die ersten drei Seiten mit wenn auch merkwürdigen Überschriften versehen sind, drängt sich der Gedanke auf, ob nicht auch die Sequenz „Die Purpurwolke ...“ oben auf Seite 76 als eine Art Motto verstanden werden könnte, zumal auch sie, verglichen mit der unteren linken Kolumne, etwas nach rechts eingerückt ist. Der narrative Gestus dieses Bruchstücks scheint dem eher zu widersprechen, aber auch diese Möglichkeit sollte in der Interpretation berücksichtigt werden.

Eine graphische Parallelität läßt sich schließlich zwischen den Seiten 74 und 76 feststellen: Wie oben für die Seite 74 schon beschrieben, wird auch auf Seite 76 (und beinahe auf gleicher Höhe) ein Textanschluß (Z. 15 und 17) aus der linksbündigen Kolumne bis ganz an den linken Rand herausgerückt und zwischen die Zeilen der Kolumne notiert, um schließlich, in diesem Falle mit dem durch die Wiederholung des „Mein ist“ (Z. 26 und 14) eindeutigen Anschluß, an derselben Stelle wieder einzumünden. Natürlich soll nicht behauptet werden, Hölderlin habe diese parallele graphische Struktur bei der Niederschrift der beiden Seiten absichtlich gestaltet. (Vor dieser Supposition bewahrt die Konzentration auf die Analyse des handschriftlichen Befundes.) Ebensowenig kann mit der Beobachtung dieses Phänomens eine vordergründige Bedeutungszuschreibung verbunden werden. Dennoch kann die Analyse von Strukturen dieser Art mit dazu beitragen, bessere Einblicke in das zunächst als Dschungel erscheinende Geflecht dieser vier Seiten zu gewinnen.

2.3 Erläuterungen und Begründungen der Textkonstitution

Das Ergebnis meiner Überlegungen ist die Textkonstitution, die sich am Schluß des Buches findet. Nachdem ich diese als ganze bereits erläutert und begründet habe, möchte ich im folgenden noch auf einige problematische Einzelheiten eingehen. Die vier Seiten des von mir konstituierten Textes, die den Seiten 73 bis 76 der Handschrift entsprechen, habe ich mit den römischen Zahlen I bis IV numeriert. Soweit nicht ausdrücklich die Handschriftenseiten genannt werden, beziehen sich die Zeilenangaben hier und im folgenden auf die Zeilen des konstituierten Textes.

Zu Seite I (73)

Z. 3   **Und freigelassen** Ein weiteres, ungestrichenes Notat „und freigelassen“, vermutlich der ersten Entwurfsschicht zugehörig, findet sich direkt unterhalb von „Das Nächste Beste.“

Z. 5   **Der ungehaltene,** Dahinter gestrichen: „ist Geschwäz“.

Z. 9   **Des Feindes Gott.** Dieses Segment ist Bestandteil des linksbündig notierten frühen Stichwortentwurfs, vor dem die ausgeführte Version nach rechts ausweicht. Da es aber in diese nur in der völlig abgewandelten Fassung „der Nachtgeist“ aufgenommen wird, nehme ich es hier zusätzlich auf. Eine eindeutige Einordnung in den Kontext ist jedoch nicht möglich.

Z. 13   **Viel thuet die gute Stunde.** Dieser von Beißner wie Sattler nicht in den abschließenden konstituierten Text aufgenommene Vers kann in keiner Weise als verworfen angesehen werden, sondern bildet den unentbehrlichen Beginn des zweiten Textabschnitts.

Z. 15   **wo viel Gärten sind** Das Wort „viel" überschreibt ein offenbar zuvor notiertes „die".

Z. 18   **Und die** Nicht ausgeführter, etwas links herausgerückter Einschub, der möglicherweise durch Z. 24 („Die Sonne sticht,") wiederaufgenommen wird. Denkbar ist allerdings auch, daß das offenbar noch später hinzugesetzte „Spring- / brunnen" (Z. 18 und 20) hieran anzuschließen wäre.

Z. 19-23   **An grasbewachsnen Wegen / Auf feuchten Wiesen / Unwissend in der Wüste / Im Thal** Durch diese vier Zeilen (sowie die weiter unten dann wiederholte Zeile „Die Sonne sticht", 74, Z. 25) gehen zwei parallele, leicht geneigte vertikale Striche, die offensichtlich als Tilgung zu verstehen sind. Allerdings sind die erste und dritte Zeile eindeutig später notiert als die zweite und vierte. Es ist also möglich, daß Hölderlin zunächst die zweite und vierte Zeile gestrichen und dann als Ersatz dafür die erste und dritte jeweils darüber geschrieben hat. Das unterstellt jedoch, daß er die neuen Zeilen in die Tilgungsstriche hineingeschrieben hat, um die Linksbündigkeit zu wahren, allerdings mit der gravierenden Nebenfolge, daß nun auch die neuen Zeilen als gestrichen erscheinen. Da Hölderlin dieses Mißverständnis leicht hätte vermeiden können, indem er auf den freien Raum rechts neben den Zeilen ausgewichen wäre, erscheint es mir als wahrscheinlicher, daß die Tilgung erst vorgenommen wurde, als alle vier Zeilen dastanden. Da darüber hinaus die Zeilen „An grasbewachsnen Wegen" und „Im Thal" von den Tilgungsstrichen nur leicht berührt werden, muß das Ausmaß der Streichung als völlig unsicher gelten. Um nicht etwas zu vernachlässigen, was nicht sicher gestrichen ist, werden diese Zeilen daher – wenngleich als vermutlich gestrichen markiert – in meine Textkonstitution aufgenommen.

Z. 18-23   **Spring- / brunnen / die / Bäum** Diese Stichwörter stehen genau vor den eben genannten vermutlich gestrichenen Zeilen. Das deutet darauf hin, daß sie diese ersetzen sollten. Diese Umarbeitung ist allerdings nicht ausgeführt worden. Ein Anschluß dieser Segmente erscheint mir sonst allenfalls an „Und die" (Z. 18) möglich. Die von Beißner, Sattler und Uffhausen vorgeschlagenen Einfügungen an verschiedensten Stellen des Textzusammenhangs sind willkürlich. Ich lese „die" statt „Die Bäum", da das große und kleine *d* in Hölderlins Handschrift kaum zu unterscheiden sind und an dieser Stelle ein kleines *d* eine weniger starke Vermutung ist, wären doch mit einem großen *D* sofort die Annahme eines Versanfangs und die Versuchung zur glatten Einfügung des Segments in den Textzusammenhang gegeben.

Z. 32 **An blüthenbekränzten Straßen** Vermutlich korrigiert aus „An blüthenbegränzter Straß‘ “.

Z. 41 **Scharfwehend die Augen** Davor (gestrichen): „Die A“.

Zu Seite II (74)

Z. 2 **apoll envers terre** Diese fremdsprachigen Wörter sind in lateinischer Schrift notiert.

Z. 10-42 **der Katten Land [...] Unterscheidet ein gleiches Gesez** Bei diesem lockeren Zusammenhang von Bruchstücken handelt es sich um eine frühe Entwurfsschicht, die weitläufig über die Seite verteilt wurde. Der ausgeführte Text ist nun zwischen diese Zeilen geschrieben, so daß sie schwer herauszulesen sind. Direkte Anschlüsse an den durchlaufenden Text lassen sich nicht herstellen. Ich habe daher diese Segmente um der Übersichtlichkeit willen entgegen dem handschriftlichen Befund rechts herausgerückt.

Z. 14 **Wolan nun. Sonst** Davor (gestrichen): „Sonst“.

Z. 23 **ihr ewigen Besänftigungen** Dieses Segment scheint mir dem handschriftlichen Duktus nach nicht der frühen Entwurfsschicht anzugehören, läßt sich aber auch kaum in den Kontext des durchlaufenden Textes integrieren.

Z. 24 **Von Wien an** Dahinter (gestrichen): „die geht“.

Z. 26 **Wiese** Statt (gestrichen) „Ebne“.

Z. 28 **Und Hirten auf** Dahinter „der“ (ungestrichen) „Ebne,“ (gestrichen) „bairischen Ebne.“ (ungestrichen).

Z. 28f. **Theresien / straß,** Hierbei scheint es sich um ein Merkwort zu handeln, das kaum in den Textablauf integrierbar ist.

Z. 40 **Sie** Uffhausen liest „Sant“ und konjiziert – darin stillschweigend Zinkernagel (cf. Zink. V, 172) folgend – zu „Sanft“. Nun ist das Wort in der Tat kaum lesbar. (Sattler liest ebenfalls „Sie“ und ein gestrichenes *b* als Ansatz zu „bindet“.) In diesem Fall scheint mir eine so wenig sinntragende, beinahe redundante Version wie „Sie“ eher vertretbar zu sein als Uffhausens gewagter und für die Interpretation folgenreicher Eingriff.

Z. 44 **Frohlolokende Baume** Wahrscheinlich kann zu ‚Frohlokende Bäume‘ konjiziert werden.

Z. 47 **Gott** Davor nochmals (ungestrichen): „Und Mond“.

Z. 50   nun Statt (gestrichen) „also“.

Z. 50f.   **sehn lassen und das Eingeweid / Der Erde** Zwischen den Zeilen
           nochmals „Sehn lassen und das Eingeweid“ (ungestrichen) sowie
           „Der Erde“ (gestrichen).

Z. 51   **Bei Ilion aber auch** Dahinter (gestrichen) „schien“.

Z. 52   **Das Licht, der Adler.** Davor (gestrichen) „War auch“, dahinter
           (gestrichen) „herein.“

Z. 50-53   **Die Rosse / bis über / den Gurt** Zinkernagels Lesung (aller-
           dings mit der Veränderung „Die“ statt „Der Rosse“) bewährt sich
           bei genauer Analyse gegenüber Sattlers Lesart „Der Rosse / Leib
           war / der Geist.“: Im dritten Wort ist nur ein *i*, nicht aber ein *ei* zu
           finden; im vierten Wort ist der zweite Buchstabe ein klares, wenn-
           gleich blasses *b*. Im letzten Wort schließlich kann wiederum kein *ei*
           entdeckt werden, sondern nur ein *u*; zudem ist Hölderlins typische
           Ausführung des *st* am Schluß eines Wortes (cf. z. B. „ist“, 74, Z. 19)
           nicht erkennbar.[99]

Z. 54   **wenn** Weit nach links gerückt gestrichen nochmals „Wenn“.

Z. 55   **Der Erde** „Der“ überschreibt „Die“, dahinter (gestrichen) „Men-
           schen“.

Z. 58   **Der ewige Vater** Zwischen den Zeilen noch einmal gestrichen und
           einmal ungestrichen notiert.

Zu Seite III (75)

Z. 2-4   **und kehr in Hahnenschrei / den Augenblick des Triumps**
           „Triumps“ ist sicher Schreibfehler statt „Triumphs“. Die Sequenz
           ist nicht eindeutig in den Kontext einzuordnen.

Z. 5   **Werber!   keine Polaken sind wir** Das erste Wort ist links
           herausgerückt, der Rest relativ weit rechts in der Zeile notiert. Da
           das Segment (entgegen Sattlers Vorschlag) wahrscheinlich nicht als
           Beginn des Textes (nach dem Motto) anzusehen ist, habe ich es der
           Übersichtlichkeit halber als Ganzes rechts herausgerückt.

Z. 7-11   **Der / Gelehrten / halb** Nicht eindeutig einzuordnen.

Z. 8   *Mα τον ορκον* Das Segment steht sicher außerhalb des linearen
           Textverlaufs. Das *M* ist aus *μ* korrigiert.

Z. 9-11   **in Zweifel und aergerniß, / denn sinnlicher sind Menschen**
           Diese (wahrscheinlich zusammengehörenden) Segmente sind nicht
           eindeutig in den Kontext einzuordnen.

Z.12   **luget** In früheren Ausgaben (selbst noch in Sattlers Einleitungs-
           band) wurde das Wort immer als „lieget“ gelesen, in Sattlers „Flie-

---

[99] Die Lesung und die Argumente dafür verdanke ich H. G. Steimer.

genden Briefen" wird aber erstmals „luget" vorgeschlagen.[100] Der Vorschlag ist plausibel, denn zu einem *ie* fehlt eigentlich ein Bogen, wenn man Hölderlins kompliziert gestaltetes kleines *g* (cf. insbesondere den unmittelbaren, in Blei geschriebenen Kontext, 75, Z. 8 und 10) in Rechnung stellt. Nicht auszuschließen ist außerdem, daß es sich auch um ein Umlautzeichen handeln könnte, so daß das Wort ‚lüget' lauten würde. Letzte Sicherheit, welche der drei Lesungen vorzuziehen ist, kann nicht hergestellt werden.

Z. 16f.   **Mit / ihnen** Nicht eindeutig einzuordnen.

Z. 17   **auf den Gassen der Garten** Hier könnte ein Schreibfehler vorliegen, so daß „Garten" in „Gärten" zu konjizieren wäre; das ist aber nicht zwingend.

Z. 18   **In den wohnen Menschen** Vermutlich ist „den" zu „denen" zu konjizieren.

Z. 18-20   **Indessen aber / an meinen Schatten < > ich / und Spiegel die Zinne** Das Wort vor „ich" ist nicht eindeutig zu entziffern: Beißner liest ‚stesst'', und konjiziert zu ‚stellt'', Sattler ‚Richt'', Uffhausen ‚Blik''. Eventuell ist auch ‚fessel'' zu lesen.[101] Keine dieser Lesungen jedoch ist gegen berechtigte Einwände hinreichend abgesichert; wir müssen uns daher hier, an einer Stelle, wo der Autor deutlich und massiv ein Zeichengebilde plaziert hat, mit einer Lücke abfinden. Möglicherweise kann statt „die Zinne" auch ‚der Zimmer' gelesen werden. Im übrigen ist die ganze Partie als separater Zusatz zu lesen.

Z. 21   **Der Schöpfer** Dieses Segment ist (gestrichen) zwischen Z. 17 und Z. 18 nochmals notiert. Beide Notate gehören vermutlich zu einer frühen Entwurfsschicht. Das Segment läßt sich nicht ohne weiteres in den ausgeführten Text integrieren.

Z. 21   **Meinen Fürsten** Nicht eindeutig in den linksbündigen Text integrierbar.

Z. 23-27   **Nicht umsonst / Die Hüfte unter dem Stern / nationell** Der Feder nach sind zumindest „Nicht umsonst", „Stern" und „nationell" in einem Bearbeitungsgang geschrieben. Inhaltlich ist der Anschluß „Nicht umsonst / nationell" gut möglich, handschriftlich nicht ausgeschlossen. Eine Integration der Segmente in den dominierenden Text läßt sich nicht schlüssig begründen.

Z. 29   **Germania** Hieran fällt auf, daß das *G* lateinisch geschrieben ist, wie es Hölderlin sonst nur bei Fremdwörtern und ausländischen Namen

---

[100] Die Lesung stammt Sattlers Angaben zufolge von Hilde Knaupp (cf. FHA Suppl. III Beil., 20). Erstmals allerdings findet sich die Erwägung, ‚luget' statt ‚lieget' zu lesen, – wie viele treffsichere Vorschläge, die von den späteren Editoren leider allzu häufig ignoriert oder verworfen wurden – bei Zinkernagel, und zwar in seinem nachgelassenen textkritischen Material zur Stelle (cf. Zink. Nachl. II v. 3., Bl.189).

[101] Dieser Vorschlag stammt von H. G. Steimer.

praktiziert (so in „Gascogne", 73, Z. 18).

Z. 31   **damit sie schauen sollte** Dieses weit rechts eingerückte Bruchstück gehört der Feder und dem Schreibduktus nach sehr wahrscheinlich der allerersten Entwurfsschicht des Textbeginns „Vom Abgrund nemlich ..." an und läßt sich nicht in den ausgeführten Text einbinden. Ebensowenig steht es mit den rechts eingerückten späten Zusätzen in Verbindung.

Z. 32   **Kirschenbäme** Höchstwahrscheinlich ist zu ‚Kirschenbäume' zu konjizieren.

Z. 35-40   **Aber schreeg geht neben / Bergen der Frohe weg / Rechts liegt aber der Forst.** Diese Segmente gehören inhaltlich wie der Handschrift nach zusammen, passen aber nicht in den linksbündigen Textzusammenhang. Relativ eindeutig ist „schreeg aus „schwer" korrigiert und nicht, wie Sattler liest, umgekehrt. Uffhausens Lesung „oben" statt „aber" ist unwahrscheinlich (cf. das beinahe identische „aber" 75, Z. 35). Dasselbe gilt für Uffhausens Version „ober" statt „aber" in Z. 44.

Z. 39   **Ein Nußbaum und sich Beere** Höchstwahrscheinlich ist eine versehentliche Wörtervertauschung anzunehmen und in ‚sich und' zu konjizieren.

Z. 43-46   **bevestigter Gesang / vom Blumen als / Neue Bildung aus der Stadt,** Wahrscheinlich kann „vom Blumen" zu ‚von Blumen' konjiziert werden. Die Sequenz bildet in sich einen Zusammenhang, steht auch in einem engen Bezug zum linearen Text, kann aber nicht unmittelbar in ihn integriert werden.

Z. 52   **genährt haben** Möglicherweise ist (einem Vorschlag von H. G. Steimer zufolge) statt dessen auch „geweiht" und „hat" zu lesen.

Z. 52   **gebraten Fleisch der Tafel und** Der Anschluß dieser späten Zusätze an den sowieso schon recht langen Vers ist nicht unbedingt zwingend, zumal dadurch das Maß auch eines lyrischen Langverses bei weitem überschritten wird. Andererseits findet sich „der Tafel" nach einer Lücke auf derselben Zeile wie „haben mich"; und das darüberstehende „gebraten Fleisch" ist mit Sicherheit vor „der Tafel" einzufügen, paßt also hervorragend in die Lücke. Ohne andere Möglichkeiten damit von vornherein ausschließen zu wollen, wage ich daher die Konstitution dieses monströsen Verses, der möglicherweise in der Mitte zu teilen wäre. Da ich aber nicht den sicheren Blick der Herren Sattler und Uffhausen für eindeutige Markierungen von Versfugen habe, traue ich mir eine solche eigenmächtige Teilung nicht zu.

Z. 53   **braune Trauben, braune** Die drei Wörter stehen genau in einer Zeile und scheinen der gespaltenen Feder und der verwischten Schrift nach auch derselben späten Bearbeitungsschicht (ebenso wie darüber „gebraten Fleisch / der Tafel und") zuzugehören. Dieser Befund rechtfertigt es, das wiederholte Wort „braune" hier entgegen meinen oben genannten editorischen Grundregeln zweimal wiederzugeben.

Z. 57 **wenn < > Deutschland <?>** Sattler liest diese vom Papierverlust in Mitleidenschaft gezogene Stelle mit vielen Einschränkungen als „wenn [So] v[o]n D[eu]tschland" (FHA Suppl. III Beil., 101, Z. 62), Uffhausen als „wenn Son<n über?> Deutschland" (1989, 147, Z. 32). Beim heutigen Zustand der Handschrift ist schon das „Deutschland" eigentlich nicht mehr zu lesen, sondern nur noch zu erahnen. Um so vorsichtiger sollte man mit den nun vollends weggebröckelten Wörtern umgehen. Kasack (1920, 24) liest die Zeile „Das Licht sicher weidet immer von Deutschland", Zinkernagel „Das Licht sich prüfet wenn kam von Deutschland" (Zink. V, 186). Möglicherweise konnten die beiden Editoren das Manuskript damals noch in einem anderen Zustand einsehen als dem, in dem es uns heute vorliegt.[102] Diese frühe Zeugenschaft unterstützt zumindest das „Deutschland"; ansonsten zeigen die gravierenden Unterschiede zwischen beiden Versionen, daß die Stelle auch damals schon schwer lesbar war (sei es aus Gründen der undeutlichen Schrift oder bereits wegen des Papierzustandes). Darüber hinaus ist zu bedenken, daß die Buchstabenfetzen hinter „wenn", die als *ka* gelesen werden könnten, nicht direkt am Rand des weggebröckelten Papiers enden, sondern daß ihnen noch eine Lücke von etwa einem Millimeter folgt, so daß ein danach möglicherweise angehängtes *m*, das nun verloren wäre, schwer vorstellbar ist. Alle diese Bedenken machen es erforderlich, hier im Text eine Lücke zu lassen, wo auch in der Handschrift

---

[102] Nach freundlicher Auskunft von Dr. Felix Heinzer, Leiter der Handschriftenabteilung der Württembergischen Landesbibliothek, Stuttgart, wurde der ausfasernde Rand der Blätter durch Aufkleben hauchdünner „durchsichtiger" Papierstreifen verstärkt. Allerdings erscheinen die – in vielen Fällen sowieso schon sehr bleichen – Schriftzüge durch die aufgetragene Papierschicht hindurch nur noch milchig und sind vermutlich noch schwerer zu entziffern als zuvor schon. Zwar ermögliche es die heutige Technik der „Papierspaltung", das Handschriftenblatt selbst aufzuschneiden und eine verstärkende Schicht „einzufüllen", die die Schrift auf Vorder- und Rückseite nicht beeinträchtige, aber auch dieses Verfahren sei recht heikel und werde nur als Ultima ratio in Erwägung gezogen. (Brief an mich vom 3.9.1990) *Wann* die fragliche Restaurierung am unteren Rand der Seite vorgenommen worden ist, läßt sich – so teilt mir freundlicherweise Marianne Schütz vom Hölderlin-Archiv in einem Schreiben vom 10.5.1991 mit – nicht mehr genau ermitteln; belegt ist nur eine vollständige Restaurierung des Folioheftes im Sommer 1977, nachdem die Homburger Handschriften 1975 als Depositum der Stadt Bad Homburg in die Württembergische Landesbibliothek gelangt waren. Die Restaurierungen in den entscheidenden Jahrzehnten vorher, als die Handschriften sich noch in Bad Homburg befanden, sind nicht im einzelnen zu rekonstruieren. Dieser Sachstand widerspricht zwar nicht meiner im obigen Text geäußerten Vermutung, er untermauert sie jedoch ebensowenig, so daß es bei einer vorsichtigen Hypothese bleiben muß.

nur ein Loch zu finden ist.[103]

Zu Seite IV (76)

Z. 9   **roh,** Dahinter (gestrichen) „gleich"

Z. 16   **mittelmaßig Gut** Davor (gestrichen) „wohl". Wahrscheinlich ist zu ‚mittelmäßig' zu konjizieren.

Z. 24   **Daß aber uns** Darüber (gestrichen) „Daß un".

Z. 37   **tauget** Uffhausens Version „beuget" ist mit Sicherheit auszuschließen: Ein unter die Grundlinie ragendes *b* ist auf diesen Manuskriptseiten sonst nicht belegbar; auf das *t* folgt ein deutliches *a*. Unwahrscheinlich ist auch die von Sattler 1976 (FHA Einl., 77, Z. 32) und 1981 (1981a, 287, Z. 32) vertretene, 1986 aber aufgegebene Lesung ‚träget' (das erste Zeichen nach dem *t* ist zu groß für ein *r*, das zweite, über das ein Bogen gesetzt ist, zu klein für ein *a*).

Z. 43   **Geist** Darüber (gestrichen): „Sonne".

Z. 44   **Das** Dahinter: „heißt" (gestrichen), „will heißen" (ungestrichen).

Z. 45-47 **Herz betrüblich. / des Menschen** Die Sequenz ist offenbar versetzt notiert, da „Herz betrüblich" nach rechts eingerückt und mit einem Punkt abgeschlossen ist. Sie kann also konjizierend umgestellt werden: ‚des Menschen / Herz betrüblich.'

Z. 48   **Zügel.** Dahinter ungestrichen nochmals „Das".

---

[103] In ihrer Zurückhaltung vorbildhaft sind die Beschreibungen von Beißner (vor „Deutschland", das „hart am unteren Rand" notiert sei, „sind mit dem abgewetzten Papier mutmaßlich zwei Wörter bis auf unsicher deutbare Oberlängen verloren gegangen", StA II.2, 888, Z. 3-5) und Autenrieth/Kelletat („am untern Rand ca. 2 Wörter durch Abreißen oder Abgegriffenheit des Randes verloren", 1961, 94).

III   Interpretation

Die Interpretation gliedert sich zunächst entsprechend den vier Handschriftenseiten (73-76) bzw. den von mir analog dazu konstituierten Textseiten (I-IV). Die Analyse der beiden relativ zweifelsfrei zusammengehörigen Seiten 73 und 74 wird in einem einzigen Abschnitt (3) zusammengefaßt, die der Seiten 75 und 76 in je einem Abschnitt (5 und 7). Die Interpretation der Seiten habe ich nach Textabschnitten untergliedert, die den bis zu diesem Punkt vorgetragenen textkritischen Überlegungen zufolge vermutlich je für sich einen inneren Zusammenhang bilden. Wo keine solchen Zusammenhänge feststellbar sind, beschränkt sich der Abschnitt zuweilen auf eine einzige Zeile oder sogar nur auf ein einziges Wort, während in anderen Fällen längere Passagen als zusammengehörig erkennbar sind. Diese Untergliederung dient jedoch nur der Orientierung darüber, an welcher Stelle der Interpretation man sich jeweils befindet; sie impliziert keine endgültige Festlegung, welche Textbestandteile zusammengehören und welche nicht. Die Analyse selbst ist durchgehend so angelegt, daß sie die heuristische Einteilung des zu untersuchenden Textmaterials wo immer nötig und möglich durchbricht und sich öffnet auf die Frage nach alternativen und größeren Zusammenhängen hin. In den Zusammenfassungen sowie im Schlußkapitel wird diese Frage dann abermals aufgegriffen und – soweit das möglich ist – beantwortet.

1   Seite I (73)

Z. 1 (Überschrift)

„Das Nächste Beste." Was ist das für ein merkwürdiger Gedichtanfang! Die Überschriften von Gedichten – so die gewöhnliche Erwartungshaltung – sollten entweder im engeren Sinne ‚lyrisch' (z. B. „Wandrers Nachtlied") oder ‚elegisch' (z. B. „Menons Klagen um Diotima") oder – wenn es denn sein muß – auch ‚hymnisch' (z. B. „Der Mutter Erde") sein. Mindestens aber sollte der Titel den Gegenstand des Gedichts bezeichnen, aus welchem Wirklichkeitsbereich dieser auch stammen mag (z. B. „Der Rhein", „Rêve parisien", „Schöne Jugend").[1] Die vorliegende Wendung dagegen scheint unvermittelt aus dem Alltagssprechen übernommen zu sein, unpassend daher als Titel oder Motto eines poetischen Textes. Wer sich für das Nächstbeste entscheidet (z. B. nach der Ankunft in einer fremden Stadt für das erste am Weg liegende Restaurant), sich nicht genügend Zeit und Muße zur Auswahl nimmt, bekommt nur selten einmal das

---

[1] Zum Problem des Titels allgemein cf. Genette 1989, 58-102.

Beste oder das ihm oder ihr innerlich Nächste und Liebste, sondern gibt sich ganz dem Zufall anheim und muß das nehmen (um im Beispiel zu bleiben), was auf den Tisch kommt. Nicht anders scheint der Autor hier verfahren zu sein: Aus der Verlegenheit heraus, eine Überschrift für diese Textseite zu finden, hat er irgendetwas Belangloses darübergesetzt, „Das Nächste Beste." eben.[2] Das heißt aber nichts anderes, als daß der (natürlich nur fiktiv rekonstruierbare) Vorgang der Titelwahl in diesem Titel selbst thematisiert ist. Es findet sich in dem Segment also eine Autoreferentialität, die nach Roman Jakobson das entscheidende Kriterium für die Poetizität eines sprachlichen Zeichens oder Zeichengebildes ist.[3] Damit rückt die über das Gedicht gesetzte Formulierung aus der alltagssprachlichen Verwendung heraus.

Durchbrochen wird der Selbstbezug der Überschrift allerdings durch deren Bezug auf den Rest des Textes, denn sie kann auch so gelesen werden, daß nicht etwa oder jedenfalls nicht nur sie selbst, sondern das Gedicht als ganzes „Das Nächste Beste" sei, also ein beliebiger Text, auf den nur zufällig einmal beim Durchblättern des Heftes oder Buches, in das er geschrieben oder in dem er gedruckt ist, das Licht der Aufmerksamkeit fällt.[4] Es ist nicht eindeutig auszumachen, ob eine solche sprachliche Geste als Ausdruck der Bescheidenheit oder der Ironie zu deuten ist.

Durch ein scheinbares Nicht-Zeichen jedoch ist die Überschrift von der alltagssprachlichen Wendung, die der Ausgangspunkt meiner bisherigen Überlegungen war, abgesetzt: Die gewohnte Zusammensetzung „das Nächstbeste" wird zerlegt, so daß die Bestandteile zumindest teilweise wieder ihre Eigenständigkeit erhalten.[5] „Das Nächste Beste." bezeichnet dann nicht irgend etwas Beliebiges, sondern die Vorstellung, daß das Nächste tatsächlich das Beste sei, wie auch das Beste im Nächstliegenden gesucht werden müsse.[6] Diese lebensweltliche Einstel-

---

[2] Goethe und Eckermann vertreten in ihrem Gespräch vom 29.1.1827 die These von der grundsätzlichen Beliebigkeit von Gedichttiteln: „‚Wenn man es recht bedenkt‘, sagte ich [Eckermann], ‚so entsteht doch ein Gedicht immer ohne Titel und ist ohne Titel das, was es ist, so daß man also glauben sollte, der Titel gehöre gar nicht zur Sache.‘ – ‚Er gehört auch nicht dazu,‘ sagte Goethe, ‚die alten Gedichte hatten gar keine Titel, es ist dies ein Gebrauch der Neuern, von denen auch die Gedichte der alten erst in einer späteren Zeit Titel erhalten haben. Doch dieser Gebrauch ist von der Notwendigkeit herbeigeführt, bei einer ausgebreiteten Literatur die Sachen zu nennen und voneinander zu unterscheiden.‘„ (Eckermann Gespr., 195) Es scheint, als nähme Hölderlin diesen Diskurs mit seiner Titelgebung ironisch vorweg.

[3] Cf. z. B. Jakobson 1979, 78f.

[4] Eine vergleichbare Geste des Belanglos-Machens des eigenen Textes findet sich im Vorspruch zur „Friedensfeier", in dem das vorgelegte Gedicht vom Autor als „irgendeine Probe" einer neuen Art von Lyrik abgetan wird.

[5] Damit scheidet m. E. auch die Möglichkeit aus, daß hier eine Rangfolge zwischen dem ‚Erstbesten‘ und dem ‚Nächstbesten‘ (also dem Zweitbesten) konstruiert sein könnte. Insofern überzeugt mich der Hinweis auf das dem „Ödipus auf Kolonnos" entnommene Motto des zweiten „Hyperion"-Bandes (FHA 11, 694), den mir freundlicherweise Dietrich Uffhausen gegeben hat, nicht (zumal das von Hölderlin nur im griechischen Original wiedergegebene Zitat auf die verschiedensten Weisen übersetzt werden kann).

[6] Ähnlich auch Lefebvre (1989, 425): „Cette formule évoque, rime quasi avec celle qu'on

lung wird im Text thematisiert, nicht im Text dieser Seite zwar, sondern im materiellen Sinne dahinter, in den ersten Zeilen der Rückseite, deren spiegelbildlicher Abdruck zwischen den Zeilen dieser Seite hindurchschimmert:

> Und Ek um Eke
> Das Liebere gewahrend
> Denn immer halten die sich genau an das Nächste,
> Sehn sie die heiligen Wälder und die Flamme, blühendduftend
> Des Wachstums und die Wolken des Gesanges fern und atmen Othem
> der Gesänge. Menschlich ist
> Das Erkentniß.   (II, Z. 3-9)

Hier wird die Flugtechnik bestimmter Zugvögel (vermutlich der Stare, von denen bereits in Z. 14 der Vorderseite die Rede ist) auf ihrer Wanderung beschrieben: Sie fliegen nicht wie andere allein von ihrem Ziel gelenkt hoch über der Erde dahin, sondern orientieren sich an den Veränderungen der landschaftlichen Topographie, ohne darum das Ziel aus den Augen zu verlieren. Indem sie sich „immer [...] genau an das Nächste" halten, erkennen sie in jeder ihnen begegnenden Einzelheit ihren Eigenwert, können sie hinter jeder Ecke „Das Liebere" entdecken. (Die in Z. 6-8 gegebenen genaueren Bestimmungen dessen, was die Vögel auf ihrem Flug wahrnehmen, spare ich an dieser Stelle aus.) Mit der Aussage „Menschlich ist / Das Erkentniß." wird die den Zugvögeln zugeschriebene Einstellung, im Nächsten immer das Beste zu sehen, zwar zu den Menschen in Beziehung gesetzt, aber es ist nicht klar, ob die beschriebene (instinktive) Verhaltensweise nun als „Menschlich" charakterisiert oder ob die menschliche Weise der Wahrnehmung gegen die tierische, die durchgehend positiv konnotiert ist, gerade abgesetzt werden soll. Jedenfalls werden in diesen ersten Zeilen der Rückseite eine lebensweltliche Einstellung und ein Verhaltensmodell entwickelt, die in der Überschrift der Vorderseite als Maxime zusammengefaßt sind.

Die Zeile „Das Nächste Beste.", mit der die Gedichtentwürfe der Seiten 73 bis 76 einsetzen, bezieht sich also sehr differenziert auf sich selbst, auf den nachfolgenden Text und auf den Text der Rückseite. Diese vielfältigen Bezüge lassen es als gerechtfertigt erscheinen, „Das Nächste Beste." als Titel der Seiten 73 und 74 anzusehen, obwohl ein solcher Titel nicht nur die Erwartungen (zumindest die zeitgenössischen) an eine Gedichtüberschrift durchbricht, sondern sich auch von Hölderlins sonstiger Praxis bei der Titelgebung und -gestaltung deutlich abhebt.[7]

---

connaît mieux: *der erste Beste*, le premier venu, faute de mieux. Mais précisément, dans cette écho elle désigne tout autre chose: que le plus proche est le mieux, mais aussi que la prochaine chose qui arrivera sera la meilleure."

[7] In keinem anderen Titel, selbst aus dieser Spätphase von Hölderlins lyrischer Produktion (man vergleiche etwa „Griechenland", „Kolomb" oder auch „Mnemosyne"), ist die denotative Funktion in einem solchen Grade aufgelöst wie bei „Das Nächste Beste." – einem Titel, der, zugespitzt formuliert, alles und nichts bezeichnet.

Z. 2-12 (Bruchstück)

Offen die Fenster des Himmels
Und freigelassen der Nachtgeist   unbändigen
himmelstürmende   unbündigen
Der ungehaltene, der hat unser Land   unfriedlichen
                                         unendlichen
Beschwäzet, mit Sprachen viel,   undichtrischen, und
Den Schutt gewälzet
| Des Feindes Gott |
Bis diese Stunde.
Doch kommt das, was ich will,
Wenn   (Z. 2-12)

Nach der ersten Zeile klafft eine Lücke: Nicht nur eine Leerzeile trennt die
Überschrift vom Beginn des ersten Textabschnitts, sondern zusätzlich eine
Einrückung der Folgezeile nach rechts: „Offen die Fenster des Himmels" – so
beginnt der Text nach dieser Lücke, wahrscheinlich mit einer Majuskel als Ergebnis einer Korrektur. Die Lücke tut sich nicht nur in der graphischen Gestaltung der Handschrift auf, sondern auch im Text selbst: Kein Anknüpfungspunkt
ergibt sich zwischen der aus der Alltagssprache entlehnten und doch mit gewichtiger Bedeutung aufgeladenen Überschrift und diesem Texteinsatz, der sich ganz
auf der Ebene poetischer Bildlichkeit bewegt. Welche Bedeutung kommt dieser
Lücke zu? Sollte die Leerzeile, die die Überschrift und den Textbeginn trennt,
noch gefüllt werden? Damit wäre die Titelfunktion von „Das Nächste Beste."
wieder verloren. Die Korrektur von „offen" in „Offen" macht die Annahme eines
fehlenden Versanfangs zudem recht unwahrscheinlich: Welches Wort hätte vor
dem offenbar als doppelte Ellipse konzipierten Satz „Offen die Fenster des Himmels / Und freigelassen der Nachtgeist" eingefügt werden sollen? Möglicherweise
liegt hier also gar nicht die Textlücke vor, die der graphische Befund suggeriert.[8]

Die Sprache des zitierten Textabschnitts ist von ungeheurer Dynamik geprägt:
Alle Verben in diesen Zeilen drücken eine (äußere oder innere) Bewegung aus.
Dasselbe gilt für die Attribute, die entweder als Partizipien aktive oder passive
Veränderungen bezeichnen („freigelassen", „ungehaltene", „himmelstürmende")
oder durch die Vorsilbe „un-" die Negation jeder Bindung zum Ausdruck bringen
(„ungehaltene", „undichtrischen", „unendlichen", „unfriedlichen", „unbündigen", „unbändigen"). Das Kraftzentrum der in diese Zeilen eingelagerten Spannungen und Bewegungen ist der „Nachtgeist", der in der nicht gestrichenen
frühen Formulierung „Des Feindes Gott" (Z. 9) genannt wird. Wer oder was ist

---

[8] Eine Lücke könnte dagegen nach „Offen" angenommen werden, da sich hier ein sehr großer
Wortabstand befindet, und in diese Lücke könnte das darüberstehende (entgegen Sattlers
Annahme nicht gestrichene) „und freigelassen" einzufügen sein, das also nicht völlig in der
Funktion eines Entwurfs der nächstfolgenden Zeile „Und freigelassen der Nachtgeist" aufgeht.
Nicht nur der „Nachtgeist", auch die „Fenster des Himmels" würden nach dieser Lesart als
„freigelassen" bezeichnet. Schon an dieser Stelle zeigt sich, wie sehr meine Interpretation immer
wieder von der Handschrift eingeholt wird, deren exakte Topographie die Vereinfachungen
meines konstituierten Textes hintertreibt.

dieser „Nachtgeist"? Aus Parallelstellen können hier keine Hinweise gewonnen werden, da der Begriff nur an dieser einen Stelle in Hölderlins Lyrik auftaucht. Das Wort ist auch in den einschlägigen Wörterbüchern nur selten verzeichnet. Der kurze Artikel von Adelung gibt immerhin einen kleinen Fingerzeig: Der ‚Nachtgeist' sei „in der Geisterlehre des großen Haufens, ein Geist, welcher sich des Nachts in körperlicher Gestalt sehen lässet; ein Gespenst"[9]. Das Wort entstammt demnach ursprünglich nicht der Bildungs- oder Literatursprache, sondern (so ist Adelungs despektierliche Formulierung wohl zu lesen) dem Sprachgebrauch der weniger gebildeten Schichten, dem Umfeld des volkstümlichen Geisterglaubens, der in der zweiten Hälfte des achtzehnten Jahrhunderts besondere Hochkonjunktur hatte. Hölderlins zeitweiliger Mentor Schiller hat sich mit dieser Materie intensiv auseinandergesetzt, wie sein publikumswirksames Romanfragment „Der Geisterseher" dokumentiert. In seinem bereits 1780 entstandenen und in der „Anthologie auf das Jahr 1782" erschienenen Gedicht „Eine Leichenfantasie", das – wie der Untertitel verspricht – „in Musik zu haben beim Herausgeber" sei, parodiert er das seinerzeit populäre Geister-Ambiente:

Mit erstorbnem Scheinen
Steht der Mond auf todenstillen Haynen,
Seufzend streicht der Nachtgeist durch die Luft –
Nebelwolken schauern
Sterne trauern
Bleich herab, wie Lampen in der Gruft.
Gleich Gespenstern, stumm und hohl und hager
Zieht in schwarzem Todenpompe dort
Ein Gewimmel nach dem Leichenlager
Unterm Schauerflor der Grabnacht fort.[10]

Nichts von dieser parodistischen Evokation des ‚Nachtgeistes' und seiner Welt ist an der vorliegenden Stelle zu spüren, die vielmehr von einem durch und durch ernsthaften, emphatischen Ton getragen ist. Und doch nimmt der Text mit der Verwendung des Begriffs ‚Nachtgeist' auf den in Schillers Gedicht kondensierten zeitgenössischen Hintergrund Bezug, gerade indem er die seinerzeit schon ziemlich abgegriffene Vorstellung eines nachts umherstreichenden Gespenstes aus ihren populären Kontexten herauslöst und zum Zentrum eines hymnisch-beschwörenden Diskurses mit – wie sich zeigen wird – geschichtsphilosophischer Thematik macht.

Die Öffnung der „Fenster des Himmels" scheint mit der Freilassung des ‚Nachtgeistes' mindestens zeitlich parallel zu laufen. Der Himmel wird als ein Haus vorgestellt, das sich auf ein Außen hin geöffnet hat. Diese Metapher spielt vermutlich auf die Schilderung der Sintflut in Luthers Bibelübersetzung[11] an:

---

[9] Adelung, Bd. 3 (1808), Sp. 395 (s. v. Nachtgeist). Cf. auch Grimm, Bd. 7 (1889), Sp. 179f. (s. v. nachtgeist); dort ergänzend ein Hinweis auf Wieland („wenn anders seine ohren / kein nachtgeist äfft"), der eine spöttische Seite des ‚Nachtgeistes' hervorkehrt.

[10] Schiller NA, Bd. 1, 106, V. 1-10.

[11] Die nur 78 Titel umfassende Liste von Hölderlins in Nürtingen hinterlassenen Büchern (FHA 17, 27-30) weist keine vollständige Ausgabe der Heiligen Schrift, geschweige denn eine

das ist der tag / da auffbrachen alle Brünne der grossen Tieffen / und theten sich auff
die Fenster des Himels   (1. Mose 7, 11)[12]

Das Bild könnte hier also einen wolkenbruchartigen Regenfall ebenso wie –
auf der allegorischen Ebene – den Beginn einer grundlegenden und gewaltsamen gesellschaftlichen Umwälzung bezeichnen. Die Gewalt dieser Revolution
würde dann durch den Nachtgeist personifiziert, der damit als eine Art böser
Gott (eben „Des Feindes Gott") zu verstehen wäre. Ebenso wie der Wolkenbruch ist der Nachtgeist im wörtlichen Sinne der „ungehaltene" (Z. 5), der allein durch seine Unkontrollierbarkeit Vernichtung bewirken kann, und auch der
„himmelstürmende" (Z. 4) im Sinne von ‚vom Himmel herab stürmend', wie das
zweite, über das erste geschriebene Attribut des Geistes lautet.

Die folgende Darstellung der Aktivitäten des Nachtgeistes ist im Perfekt gehalten. Es handelt sich also entweder um frühere Handlungen des Geistes (bevor er
gefangen und nun wieder freigelassen wurde), oder die in den ersten beiden Zeilen geschilderten, wahrscheinlich gleichzeitigen Vorgänge, die durch ihre sprachliche Gestaltung (insbesondere durch die elliptische Formulierung) zunächst sehr
gegenwärtig wirkten, werden in die Vergangenheit gerückt und bezeichnen somit den geschichtlichen Ausgangspunkt der Taten des Nachtgeistes. Dazu paßt
die Aussage, der Nachtgeist habe „Den Schutt gewälzet / Bis diese Stunde"
(Z. 8 und 10). Der Schutt ist ein Relikt zerstörter Artefakte, zugleich ein Zeichen für vergangene menschliche Tätigkeit wie Material für die Arbeit künftiger
Generationen.[13] Daß der Nachtgeist aber den Schutt „gewälzet" hat, deutet auf
eine unproduktive Tätigkeit hin, etwa die des Sisyphos. Die bisherige Geschichte,
soweit sie durch den Nachtgeist dominiert wurde, wäre demnach ein erfolgloses
Unterfangen, dem nun aber durch einen Einschnitt („Bis diese Stunde") möglicherweise ein Ende gesetzt werden kann. Im Wälzen des Schuttes kann man
zudem eine Fortsetzung des Anfangsbildes vom Wolkenbruch sehen: Wenn der
Regen nicht mehr enden will, tritt der Strom über die Ufer und reißt alles Feste

---

Übersetzung aus. Vermutlich gehörte die Bibel zu jenen Büchern, die Hölderlin mit nach
Homburg genommen bzw. von seiner Mutter dorthin nachgeschickt bekommen hat, so daß sie
nicht im Nürtinger Nachlaß auftauchen. Nach wie vor muß daher festgestellt werden: „Welcher Bibel-Druck Hölderlin in Nürtingen oder Homburg 1802-1806 vorlag, ist nicht bekannt."
(Beck 1977/78, 227, Anm. 7) Es kann jedoch als sicher angenommen werden, daß Hölderlin
die Lutherbibel von seiner Sozialisation und Ausbildung her vertraut war (cf. dazu Becks bei-
spielhaften Nachweis eines Zitats, ibd., 226f.; grundsätzlich zur Bedeutung der Lutherbibel im
18. Jahrhundert allgemein und im Pietismus im besonderen cf. Langen 1968, 390-392). Auch
Becks weitergehender Vermutung kommt einige Plausibilität zu: „Im Haus der Mutter lag wohl
als Erbstück eine recht alte Bibel: ein Druck, worin die Satzteile noch durch Virgeln getrennt
waren, wie bis in die erste Hälfte des 18. Jh. statt Kommata üblich." (227, Anm. 7) Da ein
genauerer Nachweis von Hölderlins Quelle noch nicht erbracht ist, zitiere ich die Lutherbibel
nach der Ausgabe letzter Hand: „Biblia: Das ist: Die gantze Heilige Schrifft: Deudsch auffs
new zugericht." (Wittenberg 1545; Neudruck München 1974)
[12] In ähnlicher Form findet sich die Formulierung von den Fenstern des Himmels darüber
hinaus 2. Könige, 7, 2 und Jes. 24, 18.
[13] Cf. dazu die einschlägigen Stellen aus dem „Hyperion" (FHA 11, 741, Z. 8; 744, Z. 14)
und aus dem „Archipelagus" (FHA 3, 249, V. 257; 251, V. 223; 252, V. 287).

scheinbar richtungslos mit sich.[14] Auch nach dieser Lesart wird der Nachtgeist also mit den zerstörerischen Naturgewalten parallelisiert. Ebenso pejorativ wird eine weitere Aktivität des Nachtgeistes ausgedrückt: Hieß es zunächst – in einem selbst ungehaltenen Ton – „Der ungehaltene, ist Geschwäz", so wird diese Aussage (im Zuge der Streichung von „ist Geschwäz") nun konkretisiert: „der hat unser Land / Beschwäzet, mit Sprachen viel, undichtrischen". Dieser Satz könnte so verstanden werden, daß sich hier jemand gegen die Vielheit der Sprachen als solche (und damit gegen eine – wie wir heute sagen würden – multikulturelle Gesellschaft) wendet. Dieser Eindruck ist jedoch unbegründet: Es sind nur die „undichtrischen" Sprachen, die als „Geschwäz" empfunden werden. Aber dieses Attribut bezeichnet die Sprachen, die hier gemeint sind, offensichtlich nicht genau genug. Ihm sind daher vier andere Adjektive – sit venia verbo – auf die Schultern gestellt: „unendlichen", „unfriedlichen", „unbündigen", „unbändigen". Was kann die Interpretation mit dieser grotesken (und in dieser Größe in Hölderlins Manuskripten einmaligen) paradigmatischen Wortanhäufung anfangen? Es scheint mir klar zu sein, daß der Autor an dieser Stelle nicht von vorläufigen zu immer ausgereifteren Formulierungen fortgeschritten ist, wie Beißner und Sattler in ihren Konstituierungen unterstellen. Dazu fehlt es an einer eindeutigen Richtung in dieser Variantenreihe. Vielmehr muten die Varianten so an, als habe sich Hölderlin hier eher spielerisch an jeweils leicht variierten Iterationen der Signifikanten versucht. Dieses Spiel hat aber auch eine ernste Seite: Der Autor scheint mit den niedergeschriebenen Varianten jedesmal unzufrieden gewesen zu sein und setzte probierend jeweils noch eine neue, ähnliche hinzu. Zweifellos fügt sich „unbändigen" am besten in den formalen und semantischen Zusammenhang ein: Lautlich (besser: buchstäblich) harmoniert es mit „Beschwäzet" und „gewälzet", zwei Wörtern, die fast so etwas wie einen Reim bilden. Auch inhaltlich paßt „unbändigen" bruchlos in diesen Abschnitt, in dem die Gewalt des freigelassenen Nachtgeistes geschildert wird. Aber gerade diese formale Bruchlosigkeit könnte als ein Grund dafür angesehen werden, daß der Autor sich nicht eindeutig (etwa durch Streichung der übrigen Varianten) für die vermutlich zuletzt niedergeschriebene Version entschieden hat, soll doch an dieser Stelle offenbar an den Sprachen, die der Nachtgeist verbreitet hat, gerade der Aspekt hervorgehoben werden, daß sie sich *nicht* in Normen, etwa in die Konventionen intersubjektiver Verständlichkeit, fügen: Das Widerborstige und Unverständliche der Sprachen des Nachtgeists wird am besten durch die Ungewöhnlichkeit und Sperrigkeit eines solchen Wortturms als Teil eines Gedichts zum Ausdruck gebracht, gerade nicht durch das passendste Wort allein; die Vielheit der Sprachen wird im Gedicht in der Vervielfältigung des Ausdrucks wiedergegeben.[15]

---

[14] So auch schon Häny 1948, 53.

[15] Martin Heidegger hat in seinem späten Aufsatz „Das Wohnen des Menschen" (GA I.13, 213–220) anregende und textkritisch fundierte Überlegungen zu dem vorliegenden Bruchstück vorgestellt. Er fragt darin zu Recht: „Wie sollen wir das Variable dieser Varianten denken? Löst die eine nur die andere ab, wird die jeweils voraufgehende durch die nachfolgende getilgt, so daß nur die letzte für die endgültige Textgestaltung gültig bleibt?" (Ibd., 218) Das Vorge-

Mit dem Motiv der negativen Pluralität der Sprachen spielt Hölderlin auf die alt-testamentliche Geschichte von der Babylonischen Sprachverwirrung (1. Mose 11) an, die zur Erklärung dafür dient, daß sich die universell verständliche Urspra-che in eine Fülle von Nationalsprachen aufgesplittert hat.[16] Implizit klingt aber auch die komplementäre neutestamentliche Geschichte vom Pfingstfest (Apg. 2) an, in der die Utopie der (zumindest temporären) Wiederherstellung universeller Verständigung erzählt wird. Nur diese kommunikative Utopie (in unseren heuti-gen Begriffen die Verwirklichung einer herrschaftsfreien multikulturellen Gesell-schaft) kann den normativen Rahmen bereitstellen, der es erlaubt, die Vielheit der bestehenden Sprachen als defizitär zu qualifizieren. An dieser Zielvorstellung gemessen, ist die sprachliche Entfremdung der Menschen voneinander noch wei-ter vorangeschritten als in Babel: Die Sprachverwirrung ist durch den Nachtgeist in „unser Land" selbst hineingetragen worden, so daß nun nicht einmal natio-nale Verständigung mehr möglich zu sein scheint. Die subkulturellen Sprachen, die sich den in den aufgetürmten Negationen enthaltenen normativen Anforde-rungen (dichterisch, begrenzt und friedlich zu sein) nicht unterwerfen, gefährden den nationalen Konsens, durch den sich „unser Land" erst als Gesellschaft kon-stituieren könnte. Konstituiert wird es allerdings an dieser Stelle sprachlich: Ein Wir wird an diesem frühen Punkt des Textverlaufs als besitzende Instanz ein-geführt, der ein „Land" gehört. Diese Form von raumgreifender Gemeinschaft wird offenbar durch die Sprachverwirrung des Nachtgeistes so grundlegend in Frage gestellt, daß auf den nächsten eineinhalb Seiten von keinem Wir mehr die Rede ist.

Im Licht der Sprachverwirrung wird auch das Segment „Des Feindes Gott" (Z. 9) präziser erklärbar: Der ‚Feind' ist derjenige Andere, der sich der Norm inter-subjektiver Verständigung gewaltsam entgegenstellt, sei es innerhalb einer oder zwischen mehreren Sprachgemeinschaften.[17] „Des Feindes Gott" ist demnach der

---

hen der meisten Editoren, die die zweite Frage bejahen und nur die letzte Variante in ihrer Textkonstitution berücksichtigen, lehnt Heidegger mit guten Gründen ab und schlägt dagegen folgendes Verständnis der Stelle vor: „Die Varianten zeigen die Bemühung, das ‚dichterische' im ‚undichtrischen' zu bestimmen. Dieses nennt das Unwesen des ‚dichterisch', sein Unheimli-ches. ‚undichtrischen' ist das Beiwort zu ‚Sprachen viel', in denen ‚der Nachtgeist' spricht; ‚der hat unser Land / Beschwäzet', der ist ‚himmelstürmend', feindselig, aufrührerisch gegen den Himmel. [Absatz] Im ‚undichtrischen' verschwindet das ‚dichterisch' nicht; vielmehr: wird das ‚endliche' mißachtet, das ‚friedliche' gestört, das ‚bündige' aufgelöst, das ‚bändigende' verkehrt in das ‚losgelassen'. All dieses sagt: das Maßgebende wird nicht zugelassen, die Maßnahme wird unterlassen." (Ibd.) Heideggers Versuch, die alternativen Attribute zueinander in Bezie-hung zu setzen, ist überzeugend; nicht notwendig scheint es mir indes zu sein, sie im Gegenzug zu der durch das Variantenparadigma eröffneten Entgrenzung der Bedeutung der Stelle wie-der um das zuerst gesetzte Wort „undichtrischen" zu zentrieren – ein Verfahren, das offenbar vor allem Heideggers Interesse daran, eine Parallelstelle zu dem Diktum vom ‚dichterischen Wohnen des Menschen auf der Erde' (aus den „Phaëton"-Fragmenten) zu finden, geschuldet ist.

[16] Cf. zu diesem Motiv Steiner 1981.

[17] Es klingt darin – das möchte ich nicht bestreiten – die griechische Herabsetzung aller Ausländer, die in nicht-griechischen Sprachen kommunizierten, als ‚Barbaren' an.

Geist, der diese Kommunikationszerstörung betreibt, indem er die Menschen und ihre Sprachen aufspaltet, der „Nachtgeist".

Die Bilder dieses Abschnitts sind also vor allem der sagenhaften Frühgeschichte der abendländischen Kultur entnommen, wie sie zu Beginn des Alten Testaments erzählt wird. In der Genesis erscheint eine Naturkatastrophe – die Sintflut – als Ausgangspunkt der kulturellen Entwicklung, die sogleich durch menschliche Hybris (den Turmbau zu Babel, der in Hölderlins Text materiell durch die Auftürmung negativer Attribute wiedergegeben ist) pervertiert wird, worauf Gott mit der Sprachverwirrung und Zerstreuung der Menschen in alle Welt reagiert. Auch die Reihenfolge der Motive ist in Hölderlins Text beibehalten. Die Frühgeschichte abendländischer Kultur wird aber darüber hinaus unter dem Blickwinkel ihrer Nachwirkung gesehen, die hier als bloßes unproduktives Wälzen des Schuttes dargestellt ist. Der Nachtgeist, dessen Aktivität mit der Naturkatastrophe beginnt, ist das Subjekt dieser historischen Entwicklungen, eine Art negatives Prinzip der Geschichte, eine Gegenbildung zum „Herrn der Zeit" (StA III, 535, V. 79) der „Friedensfeier", der die utopische Vollendung der Geschichte einleitet, sowie – avant la lettre – zu den in Hegels späterer Geschichtsphilosophie affirmativ besetzten Instanzen des Zeitgeistes und des Weltgeistes. Die abendländische Geschichte nach dem Untergang der antiken Hochkulturen erscheint so unter dem Vorzeichen der Nacht.[18]

Der Terminus „Nachtgeist" weist damit über eine bloße Wiedergabe der frühgeschichtlichen Kulturentstehung weit hinaus. In ihm klingt die neuzeitliche Aufklärungskritik an, die von Beginn an ein notwendiges theoretisches Gegengewicht zum wissenschafts- und fortschrittsgläubigen Optimismus der Aufklärung bildete.[19] Es ist dabei nicht ausgemacht, ob der Nachtgeist das „Andere der Vernunft", also eins von den Ungeheuern ist, die – Goyas Radierung zufolge – der Schlaf oder Traum der Vernunft produziert, oder ob der *esprit* der *lumière* selbst als finsteres Prinzip charakterisiert werden soll.[20] In jedem Falle unterläuft der neuzeitliche Bezug, der durch den Nachtgeist in den Text hineinkommt, die biblische und antike Bilderwelt, ist doch ein solcher Nachtgeist, der die dunkle Seite oder den Widerpart der Aufklärung repräsentiert, schwer als ‚vom Himmel stürmend' vorstellbar. In diesem Kontext müßte „himmelstürmend" daher eher als ‚den Himmel stürmend' gelesen werden; es kommt also – wenn man diese Lesart wieder mit der antiken Vorstellungswelt in Einklang bringen möchte

---

[18] Die begriffsgeschichtliche Entwicklung des Terminus ‚Geist' wird in dem Artikel im „Historischen Wörterbuch der Philosophie" (Ritter et al. 1971ff., Bd. 3 [1974], Sp. 154-204) detailliert nachgezeichnet. Cf. darin über das Verhältnis zu griechisch πνεῦμα Sp. 157-167, zu lateinisch *animus*, *mens* und *spiritus* Sp. 169, zu französisch *esprit* Sp. 178.

[19] Cf. Horkheimers und Adornos Essay über die dunklen Seiten der Aufklärung, „Juliette oder Aufklärung und Moral", in: Adorno GS 3, 100-140.

[20] Wahrscheinlich lassen sich beide Ebenen der Aufklärungskritik in Hölderlins Forderung nach einer „höheren Aufklärung" zusammenfassen; cf. Kurz 1988a.

– ein titanisches Motiv[21] in den Text hinein.[22] Damit verändert sich auch der Blick auf die Eingangsbilder: Der Nachtgeist ist dieser Version zufolge „freigelassen", da er die Sprachverwirrung und seine unproduktive geschichtliche Arbeit, die ihn bisher in Anspruch genommen hatten, abgeschlossen hat. Da nun – im Zuge allgemeiner Säkularisation – die „Fenster des Himmels" offen sind, nutzt er die Situation, um auch den Himmel zu stürmen und damit die letzten sinnstiftenden Orientierungspunkte der Menschen zu zerstören. Nachdem ich mich zunächst veranlaßt gesehen hatte, das Anfangsbild aus seiner starken bildlichen Präsenz heraus und an den Anfang der Kulturgeschichte zu rücken, holt die um den Nachtgeist zentrierte Gegenlektüre das Bild von den Fenstern des Himmels wieder in die geschichtliche Situation der Gegenwart des Gedichts hinein.

Dieses Jetzt wird als Wendepunkt konstruiert, die bisherige Tätigkeit des Nachtgeistes „Bis diese Stunde" terminiert. Am Schluß des Abschnitts kommt der Widerstand zur Sprache, der diese Wende erzwingen soll: „Doch kommt das, was ich will, / Wenn" (Z. 11f.). Nachdem die Rede von einem Wir und einem ihm zugehörigen „Land" (Z. 5) sich als nicht tragfähig erwiesen hat, taucht hier überraschend ein Ich auf, das sich dem Treiben des Nachtgeistes entgegenstellt und eine Veränderung des bisherigen geschichtlichen Ablaufs vorhersagt, die nach seinem eigenen Willen gestaltet sein werde. Allerdings steht diese Prognose unter einem nicht ausgeführten Vorbehalt: Der trotzige Vorstoß des sprechenden Ich bricht, kaum daß er formuliert ist, auch schon wieder ab. Diesen Abbruch, der zugleich das fragmentarische Ende dieses Eingangsabschnitts markiert, sollte man nicht als Zusammenbruch und endgültiges Scheitern dramatisieren.[23] Er ist allerdings ein Indiz dafür, daß auf dezisionistischem Wege, durch die bloße Willenserklärung eines isolierten Subjekts, die Aktivität des Nachtgeistes nicht zu bremsen sein wird.

Der frappierende Auftritt eines artikulierten Ich lenkt die Aufmerksamkeit zum Schluß des Abschnitts noch einmal auf den Beginn zurück und macht darauf aufmerksam, daß auch die vorhergehenden Bilder Ausdruck einer durch ein (nicht-

---

[21] Cf. zu den zeitgenössischen mythologischen Vorstellungen von den Titanen Hederich 1770, Sp. 2383-2386.

[22] Es ist aber wichtig zu beachten, daß hier – im Gegensatz zu vielen anderen Stellen in Hölderlins Lyrik – die Titanen ebensowenig wie andere mythologische Gestalten bei ihrem Namen genannt werden: Indem der Text die Akteure mit Begriffen wie „Nachtgeist" bezeichnet, ist er nicht auf den Prätext eines einzelnen Mythos festlegbar. Diese Sachlage wird in vielen Arbeiten zu Hölderlins später Lyrik verkannt. (Nur so ist auch der unproduktive Streit um den „Fürst des Fest" der „Friedensfeier" erklärbar, wie Szondi [S I, 335-342; Vorl. V, 350-402] überzeugend nachgewiesen hat). So verabsolutiert etwa Arthur Häny in seiner Interpretation des Abschnitts das titanische Motiv, das er ausschließlich negativ konnotiert sieht, und verkennt völlig die Gegentendenzen dazu; cf. Häny 1948, 43f., 46, 53.

[23] So Häny (1948, 53): „Das Gedicht bricht ab im Übermass des Entsetzens. Das Wort verstummt, nachdem es über die Gegenwart hinaus sich auf das Heil des Kommenden berufen hat." Sieht man einmal davon ab, daß von der Berufung auf „kommende Gnade" (ibd.) in diesem Abschnitt nirgendwo die Rede ist, so erklärt sich Hänys Fehleinschätzung daraus, daß er noch auf Hellingraths Textkonstitution angewiesen war, die den Abschnitt aus dem Kontext der auf der Seite 73 entworfenen Texte isoliert.

artikuliertes) Subjekt konstruierten Wirklichkeit sind.[24] In diesem intratextuellen Sinne – und nur in diesem[25] – kann davon die Rede sein, daß die Bilder ein katastrophisches Naturerlebnis (einen Wolkenbruch, einen Sturm, eine Überschwemmung) in Worte fassen. Nur wenn man die ersten beiden Bilder (Z. 2 und 3) als unmittelbaren Ausdruck eines Erlebnisses ansieht, versteht man ihre vor allem durch die elliptische Konstruktion erzeugte Präsenz, die es schwer macht, in ihnen die bloße Darstellung frühgeschichtlicher Vorgänge zu sehen.

Damit ist zum ersten Mal innerhalb meiner Analyse der vier Handschriftenseiten ein diffiziler Problemkomplex aufgeworfen, der etwa folgende Fragen umfaßt: Welche Konsistenz hat das an verschiedenen Stellen des Textes artikulierte Ich jeweils? Welche Rolle spielt dabei die grammatische Funktion des Ich, seine Verwandlung zu „mir", „mich", „mein"? Bezeichnen die verschiedenen Vorkommnisse des Ich jeweils dieselbe Instanz? Welche Beziehung besteht zwischen den Pronomina der ersten Person Singular und den nur indirekt ausgedrückten oder erschließbaren textstrukturierenden Erlebnisinstanzen? Welches Verhältnis unterhält das Ich jeweils zum Wir?[26] Gibt es ein übergreifendes Subjekt des Textes, das alle diese Vorkommnisse von Ich und Subjektivität unter sich begreift? In welcher Beziehung steht dieses Subjekt, stehen aber auch die einzelnen Textstellen, an denen ein Ich artikuliert ist, zu dem empirischen Ich des Autors und der jeweils Rezipierenden? Alle diese Fragen dürfen ebensowenig ausgeblendet werden, wie sie in einem theoretischen Vorgriff bereits beantwortet werden können. Denn die spezifischen Verhältnisse der Konstitution oder auch Auflösung von Subjektivität gehören zu den unverwechselbarsten Eigenheiten lyrischer Texte wie der vorliegenden; und ihre Ergründung kann daher als einer der kräftigsten Leitfäden der Analyse dienen.[27]

---

[24] Ich übernehme die Terminologie vom „artikulierten Ich" und von dem diesem vorgängigen „Subjekt" eines Textes (das wiederum sorgfältig vom empirischen Autor zu trennen ist) von Rainer Nägele (1980, 62, Anm. 2).

[25] Cf. dagegen Häny 1948, 53: „Hölderlin scheint aus weit geöffnetem Fenster hinaus in die Nacht zu spähen. Angstvoll vernimmt er da den wilden Sturm, der alles Feste, Gegründete, von seiner Stelle hinwegzureißen droht." Wertvoll ist an dieser Stelle der Hinweis auf ein weiteres, ganz wörtliches Verständnis des Eingangsbildes: Die geöffneten Fenster eines realen Hauses wären demnach gemeint, die den Blick von innen auf den Himmel freigeben. Dagegen erscheint der psychologisierende, beinahe nachdichtende Ton der Passage aus heutiger hermeneutischer Sicht als nicht mehr vertretbar.

[26] Stierle (1989, 497f.) setzt das einsame Ich in Hölderlins später Lyrik in seiner Untersuchung der „Friedensfeier" schroff vom – sozusagen real existierenden – Wir der französischen Revolutions- und Friedenshymnen ab. Dabei vernachlässigt er allerdings das in Hölderlins Texten ebenfalls zentrale und keineswegs nur fiktive Wir.

[27] Neuerdings hat Renate Böschenstein einen Versuch unternommen, die Unterscheidung zwischen ‚empirischem' und ‚lyrischem' Ich präziser zu fassen und zugleich im Hinblick auf den „anthropologischen Gehalt" (R. Böschenstein 1990, 73) lyrischer Texte zu überwinden. Sie geht davon aus, „daß das sich im lyrischen Text aussprechende Ich als ein dem empirischen analoges vorgestellt und verstanden werden will. Vielleicht kann die genauere Analyse der verschiedenen Instanzen, die sich unter der formalen Gleichheit des Pronomens verbergen, hier größere Klarheit bringen. Ein Orientierungspunkt wird sein, was sich als festes Ergebnis aus der linguistisch-philosophischen Diskussion herausschält: die einzigartige Fähigkeit des

In drei verschiedenen Lektüren – zwei allegorischen und einer wörtlichen – habe ich den Eingangsabschnitt vor- und zurückblickend durchkreuzt: In diesem Text ist sowohl von der Entstehung der abendländischen Kultur und Sprachen und vom Untergang und Fortwirken der Antike die Rede wie von den Nachtseiten der Aufklärung und der Säkularisation. Es ist offenbar ein Naturerlebnis, das diese Reflexionen des Textsubjekts auslöst und es dazu motiviert, sich den historischen Tendenzen isoliert und unvermittelt, daher zunächst vergeblich entgegenzusetzen. Alle drei Lektüren sind notwendig, da keine für sich den Text als ganzen erklären und somit für sich in Anspruch nehmen könnte, ‚richtiger' zu sein als die anderen. Andererseits ist auch keine einfache Synthese der drei Sichtweisen möglich, in der jeder von ihnen die Erklärung genau zugeordneter Textelemente zukäme. Vielmehr kommen sie sich gegenseitig in die Quere, zwingen dazu, die Textsegmente immer wieder aus einem neuen Blickwinkel zu sehen und in andere Zusammenhänge zu stellen. Nur einer solchen mehrdimensionalen Lektüre (die möglicherweise noch um weitere Perspektiven bereichert werden könnte und müßte) kann es gelingen, die Dynamik dieses Textes nicht etwa festzustellen, sondern interpretierend zu erproben und so auch im Medium des anderen, des literaturwissenschaftlichen Diskurses zur Sprache kommen zu lassen.

Z. 13-41 (linearer Text mit Bruchstücken am linken Rand)

Viel thuet die gute Stunde.   (Z. 13)

Hatte sich beim genaueren Blick auf den Beginn dieses Gedichtabschnitts gezeigt, daß möglicherweise gar keine Lücke zwischen Überschrift und erster Zeile vorliegt, obwohl der graphische Befund klar darauf hinzudeuten scheint, so ist nach Z. 12 die Lage umgekehrt: Obgleich die rechts herausgerückten letzten Zeilen des ersten Abschnitts ganz nah an die Z. 13, mit der der folgende Textabschnitt beginnt, herangeschrieben sind, so daß es fast so aussieht, als schlösse sich das „Wenn" direkt an „Viel thuet die gute Stunde." an (was aber syntaktisch unmöglich ist), trotz dieser scheinbaren graphischen Verschmelzung also endet das „Wenn" in der Leere. Eine Möglichkeit besteht allerdings, einen syntaktisch und semantisch sinnvollen Anschluß herzustellen: indem man das „Wenn" nicht hinter, sondern vor „Viel thuet die gute Stunde." einordnet. Die Tätigkeit der guten Stunde wäre somit die Bedingung für die Verwirklichung der Ankündigung des Ich, das Treiben des Nachtgeistes zu beenden – eine zunächst einleuchtende Konstruktion. Es muß nach dieser Lesart zur Entschlossenheit des Subjekts das

---

Wortes ‚ich', zugleich Subjekt eines Sprechakts und Subjekt des in diesem Akt Gesprochenen zu sein. Gerade diese banal scheinende Einsicht schärft den Blick für die Verschiedenheit der Bezüge der gleitenden Ich-Evokationen im Gedicht und ihrer Relation zum Sprechen." (Ibd., 78f.) Darüber hinaus macht Böschenstein darauf aufmerksam, daß das im Gedicht artikulierte Ich jeweils unterschiedliche Funktionen haben kann: „Das Pronomen ‚ich' kann [...] eine Art Mantel-Ich bezeichnen, das verschiedene Ich-Teile einhüllt, wie auch solche Teile selber." (Ibd., 74)

Glück des richtigen Moments hinzukommen, damit der Widerstand erfolgreich sein kann.

Z. 13 erhält durch diese Verschmelzung eine wichtige Funktion innerhalb des Zusammenhangs des ersten Textabschnitts. Da die zeitliche Begrenzung der Tätigkeiten des Nachtgeistes bereits in Z. 10 („Bis diese Stunde.") zur Sprache kommt, hatten Beißner und Sattler die Z. 13 – obwohl sie nicht gestrichen ist und ihr die Zeilen 11 und 12 ausweichen – als überflüssig bzw. überlagert eingestuft und nicht in ihre konstituierten Texte aufgenommen. Diese Entscheidung ist – wie ich oben zu zeigen versucht habe – keinesfalls zu rechtfertigen. Die eben vorgeschlagene Konstruktion „Wenn / Viel thuet die gute Stunde." ist zwar integrativer, dafür aber sehr gewagt: Graphische Indizien kann sie nicht für sich in Anspruch nehmen. Zudem ist es auch in Hölderlins später Lyrik sehr ungewöhnlich, daß eine alleinstehende Konjunktion eine ganze Zeile bildet. Das deutet darauf hin, daß hier ein Abbruch und eine Lücke vorliegen. Diese Leere und dieses Schweigen, die sich nach dem „Wenn" einstellen, müssen ernstgenommen werden als ein vorübergehendes Verstummen des sprechenden Subjekts. Dieser Befund würde durch einen direkten Anschluß von Z. 13 an das „Wenn" harmonisiert und vertuscht: das ist das stärkste Argument gegen die Verschmelzung. Damit kann diese Möglichkeit zwar nicht grundsätzlich widerlegt werden; sie muß jedoch als weniger plausibel eingestuft werden, als es zunächst den Anschein hatte.

Am wahrscheinlichsten ist es also, nach Z. 12 eine Textlücke anzunehmen und „Viel thuet die gute Stunde." als Beginn des nach dieser Lücke folgenden zweiten Abschnitts anzusehen.[28] Wer sich auf diese Sichtweise einläßt, wird schnell bemerken, daß diese Zeile einen Ruhepunkt bildet gegenüber der Dynamik, ja Hektik des Eingangsabschnitts und auch gegenüber der gleich darauf einsetzenden Beschreibung des Vogelzuges. Diese Ruhe wird auf der lautlichen (etwa durch das dreimalige u) wie auch auf der semantischen Ebene erzeugt: Die Tätigkeit der guten Stunde erscheint als unbeschränkt und herausgenommen aus den bis zum Zerreißen gespannten Konflikten der Anfangszeilen; diese Stunde hat die Wirkung einer segensreichen Quelle.[29] Dabei bleibt die Aussage merkwürdig abstrakt; Art und Ergebnis der Tätigkeit werden nicht spezifiziert. Es ist darum nicht unberechtigt, sich das Tun der ‚guten Stunde' als absolute Aktivität, als Ur-Akt der Poiesis vorzustellen, in dem Ausgeglichenheit und Kreativität noch eine Einheit bilden, die später zerfällt oder zerspalten wird:

---

[28] Immerhin wäre auch bei Annahme einer Textlücke noch eine Verknüpfung von Z. 12 und 13 möglich, wenn man nämlich annimmt, daß nur ein erster Konditionalsatz fehlt, Z. 13 aber den zweiten Konditionalsatz bildet. Diese Konstruktion ist jedoch sehr spekulativ und nimmt wie die vorige den Befund nicht ernst, daß Z. 12 offensichtlich fragmentarisch ist, während Z. 13 problemlos als selbständiger Hauptsatz gelesen werden kann.

[29] Die „gute Stunde" könnte hier also als funktionales Äquivalent der Quelle angesehen werden, die in Hölderlins Flußgedichten, aber beispielsweise auch in „Andenken" (V. 39) thematisiert wird (cf. dazu Heidegger Erl., 132f. und GA II.52, 172-175). Es ist jedoch keineswegs arbiträr, daß an der vorliegenden Stelle gerade nicht von einer Quelle die Rede ist, sondern ein Anfangspunkt im abstrakten Medium des zeitlichen Verlaufs artikuliert wird.

L'heure, qui est „*die gute Stunde*", la bonne heure qui „fait beaucoup". Qui a sa
nécessité, comme une nature, au sens où l'on dirait que „l'heure y fait beaucoup",
pèse son poids dans la réussite du voyage, de la pêche, des semailles. Mais qui fait
aussi beaucoup, qui agit, qui active. „*Thuet*". Comme un être actif et poétique. L'heure
créative. L'heure de la création, du big-bang poétique. L'heure aussi, et sans doute
principalement, du moment historique où une ère se quitte pour une autre.[30]

Diese Beobachtungen liefern weitere Argumente dafür, die Zeile nicht mit dem
Anfangsabschnitt zu kontaminieren: Paradoxerweise scheint erst hier, mit dem
Satz „Viel thuet die gute Stunde.", ein (Gedicht-)Anfang im emphatischen Sinne
artikuliert zu sein, während die wie beiläufig gesetzte Überschrift „Das Nächste
Beste." ebenso wie die darunterstehende fragmentarische erste Zeile „offen die
Fenster des Himmels" mit Walsers eingangs zitierter Aussage über das zerfled-
dert aufgefundene Hölderlin-Bändchen adäquat zu beschreiben sind: „es begann
mitten in einem Gedicht."

> Drum wie die Staaren,
> Mit Freudengeschrei, wenn auf Gasgone, Orten, wo viel Gärten sind
> Wenn im Olivenland, und
> In liebenswürdiger Fremde,
> (An grasbewachsnen Wegen)
> (Auf feuchten Wiesen)
> (Unwissend in der Wüste)
> (Im Thal)
> Die Sonne sticht,
> Und das Herz der Erde thuet
> Sich auf, wo um
> Den Hügel von Eichen
> Aus brennendem Lande
> Die Ströme und wo
> Des Sonntaags, unter Tänzen
> Gastfreundlich die Schwellen sind
> An blüthenbekränzten Straßen, stillegehend.   (Z. 14-17, 19, 21-32)

Der Bezug des Satzes über die „gute Stunde" zu der nun folgenden Ellipse scheint
eindeutig zu sein: „Drum wie die Staaren, / Mit Freudengeschrei", so setzt dieser
Satz ein, der nach komplizierten eingeschobenen Nebensätzen keinen Abschluß
findet. Die Tätigkeit der guten Stunde ist also die Ursache für den freudigen
Aufbruch der Stare oder auch für den (nicht ausgeführten) Vergleich mit den
Zugvögeln.[31] Mit diesem kausalen Anschluß wird aber zugleich der Ruhepunkt
der Z. 13 wieder verlassen. Das gilt sowohl semantisch (man kann sich den freudig
kreischenden und kreisenden Vogelschwarm schlechterdings nicht als in der guten
Stunde verharrend vorstellen) als auch lautlich, setzt doch das harte „Drum"
schon wie ein Trommelschlag der Harmonie ein Ende.

Signifikant ist, daß hier nicht allgemein von Vögeln oder Zugvögeln, sondern von
den „Staaren"[32] die Rede ist. Die Stare – so lehren uns die Naturerfahrung und

---

[30] Lefebvre 1989, 422.

[31] Die große Bedeutung, die die Vögel und einzelne Vogelarten im Werk Hölderlins haben,
hat Bertaux (1984, 54-84) herausgearbeitet.

[32] Zum Erkenntnisstand sechzig Jahre vor Entstehung des Textes cf. Zedler, Bd. 39 (1744),

die Ornithologie[33] – sind diejenigen Zugvögel, die als erste bereits im Vorfrühling in großen Schwärmen aus ihren nordwestafrikanischen und südwesteuropäischen Winterquartieren aufbrechen und nach Mitteleuropa fliegen. Dank ihrer hohen Fluggeschwindigkeit von bis zu 74 Kilometern pro Stunde[34] erreichen sie ihr Ziel bereits nach wenigen Tagen. Das gemeinsame Flugverhalten ist sehr diszipliniert:

> Ein fliegender Starenschwarm bildet eine erstaunlich geschlossene Formation. Alle Vögel des Schwarms führen bei einer Richtungsänderung praktisch gleichzeitig die Wendung durch, lassen sich zur gleichen Zeit auf dem Boden nieder oder fliegen gemeinsam auf.[35]

In einem Spannungsverhältnis zu diesem disziplinierten Kollektivverhalten stehen die Eigenschaften, die den Staren gemeinhin zugeschrieben werden: Sie gelten im allgemeinen Bewußtsein als lebendig, munter und geschwätzig und suchen die Nähe zu menschlichen Ansiedlungen. Das „Freudengeschrei" der Stare wird von Fachkundigen als „ziemlich unreine" Mischung aus „Schnalzen und Schmatzen, Gurgeln und Quietschen, Trillern und Flöten"[36] beschrieben, das oftmals die Laute anderer Vogelarten oder sonstige Geräusche nachahmt:

> Viele Stare verhalten sich ziemlich geräuschvoll und schwatzen sowohl im Flug als auch beim Rasten unaufhörlich miteinander.[37]

In anthropozentrischer Naturanschauung werden die Stare daher oftmals als Spötter und eitle Selbstdarsteller angesehen. Auf weitere mögliche Konnotationen weist Lefebvre hin:

> Ces oiseaux qui volent en bandes annoncent parfois l'orage et le tonnere, la guerre. Dans le même temps, ils sont notoirement gais et joyeux, amateurs de zones humides et friands (ô Dionysos) de raisins, capables d'apprentissages sophistiqués (de parole!), et surtout, quand ils sont rassemblés au sol, ils ne sautillent pas, mais marchent. De loin on les compare à des troupes guerrières assemblée pour des assauts, *ein Kriegsvolk, das im Felde liegt* ...[38]

Welche der Nuancen aus diesem Bedeutungsspektrum hier mehr als andere aktualisiert werden, kann aus dem kurzen Segment „Drum wie die Staaren, / Mit Freudengeschrei" noch nicht eindeutig herausgelesen werden. Erst der nun folgende Kontext kann darüber nähere Aufschlüsse geben.

Das Nebensatzgeflecht, das sich von Z. 15 bis Z. 32 erstreckt, ist kaum zu entwirren, zumal wahrscheinlich die Zeilen 19 und 21-23 gestrichen und durch die Randbemerkungen (Z. 18, 20, 22) nur stichwortartig ersetzt worden sind. In diesen Sätzen werden die Bedingungen des Aufbruchs der Stare geschildert. Da es

---

Sp. 569-571 (s. v. Staar, Star, Sprehe). Interessanterweise beschreibt Zedler zwar Körpergestalt, Gewohnheiten und Nahrung der Stare sowie Techniken, sie zu fangen, zuzubereiten und zu verzehren, nicht jedoch deren Flugverhalten und Wanderung.

[33] Cf. Smolik 1970, Bd. 3, 45-49.

[34] Grzimek 1970, 448 (Artikel von H. Bruns).

[35] Brehm 1975, 132. Cf. auch Grzimek 1970, 451; Rüppel 1975, 161; Rüppel 1980, 144-146.

[36] Smolik 1970, Bd. 3, 45.

[37] Grzimek 1970, 446.

[38] Lefebvre 1989, 422. Im übrigen cf. auch Schillers Bemerkung im letzten seiner Briefe „Über die ästhetische Erziehung des Menschen", es sei „sicherlich nicht der Schrey der Begierde, den wir in dem melodischen Schlag des Singvogels hören." (NA, Bd. 20, 406)

sich hierbei nicht um einen einmaligen, sondern um einen zyklisch wiederkehrenden Vorgang handelt, kommt dem „wenn", mit dem die Nebensätze zweimal
kurz hintereinander einsetzen (Z. 15 und 16), eher eine temporale (im Sinne von
„immer wenn") als eine konditionale Bedeutung zu. Die Zeit des Aufbruchs wird
aber vor allem durch „Orte[ ]" (Z.15) näher bestimmt: Mit dem im Gedichtzusammenhang merkwürdig abstrakt wirkenden Wort wird gleich zu Beginn der
Beschreibung der südwestfranzösischen Landschaft die Kategorie genannt, die
die folgende Darstellung dominiert. In diesen achtzehn Zeilen, die fast die Hälfte
des Textes der Seite ausmachen, findet eine Verräumlichung statt, die die Dynamik der Aufbruchssituation, die sich gerade erst aus dem Ruhepunkt der „gute[n]
Stunde" herausgelöst hatte, wieder auffängt und damit die Textbewegung retardiert. Mit „stillegehend." (Z. 32) kommt diese Stillstellung ebenso wie die
merkwürdige Satzperiode zu einem Abschluß, dem aber durch die Unvollständigkeit des Satzes auch das Signum des Abbruchs anhaftet: Die vielfältigen Beschreibungen der verschachtelten Nebensätze können nicht darüber hinwegtäuschen,
daß der Vergleich „wie die Staaren", mit dem die Periode einsetzte, unabgeschlossen bleibt. In Verbindung mit dem emphatischen „Drum" kann man aus dieser
Unvollständigkeit eine appellative Komponente herauslesen, etwa in dem Sinne:
‚Darum ist es richtig und nachahmenswert, wie die Stare freudig aufzubrechen.'
Das „stillegehend" ist also trügerisch: Ruhe wird in diesen Zeilen nicht erreicht,
vielmehr grundiert das „Freudengeschrei" der sich zur Wanderung vorbereitenden Stare alle Ortsbeschreibungen. Diese Dynamik wird in Z. 33 explizit wiederaufgenommen: „Sie spüren nemlich die Heimath,". Die kausale Anknüpfung
mit „nemlich", die allerdings nicht so stark ist wie die vorhergende mit „Drum",
greift den Beginn der vorigen Periode semantisch wieder auf. Zugleich kann
sich das „nemlich" auch auf die dazwischen, in dem Nebensatzgefüge entfalteten Beschreibungen beziehen. Schließlich weist es voraus auf die folgenden,
erneut mit „wenn" (Z. 34 und 38) einsetzenden Nebensätze. Die Beschreibung
der südfranzösischen Orte entfaltet ihre Bedeutung also erst innerhalb des Spannungsgefüges der Zeilen 13-15 und 33, in das sie eingelagert ist, allerdings als ein
gewichtiger Block, der die zielgerichtete Bewegung des Textes, die sich am Vogelflug von Südwestfrankreich nach Deutschland ausrichtet, aufhält und ablenkt.[39]
Das sperrige Moment wird verstärkt durch die Textur dieser Ortsbeschreibungen. Schon das zweimalige Einsetzen „wenn auf Gasgone, Orten, wo viel Gärten
sind / Wenn im Olivenland und / In liebenswürdiger Fremde" (Z. 15-17) gibt das
Problem auf, in welchem Verhältnis die beiden mit „wenn" beginnenden Passagen zueinander stehen. Sicher scheint nur zu sein, daß die „Orte[ ], wo viel Gärten
sind" als Apposition zu „Gasgone" zu verstehen sind. Ob jedoch das „Olivenland" mit diesen „Orten" identisch ist oder ob damit eine zusätzliche Landschaft
in die Darstellung einbezogen wird, bleibt in der Schwebe: Stellt man sich unter
„Gärten"[40] fruchtbare, gut bewässerte Areale vor, so passen die Oliven nicht in

---

[39] Die ortskundlichen Ausführungen Levionnois' zu dieser Passage (1986, 47f.) tragen zum
Verständnis von deren poetischer Textur nicht sehr viel bei.

[40] Gaier geht in seinem Beitrag über „Hölderlins Gärten" (1987/88) bedauerlicherweise nicht

dieses Bild, wachsen sie doch auf kargem, trockenem Boden. Andererseits werden die Ölbäume von Menschen planvoll und in Gruppen gepflanzt und bilden so Olivenhaine, die im weiteren Sinne auch als Gärten verstanden werden können.[41] In der dritten der aneinandergereihten Ortsbestimmungen, „In liebenswürdiger Fremde", wird die von Menschen angelegte südfranzösische Kulturlandschaft als unbekannt und vertraut zugleich vorgestellt. Da die „Fremde" mit „und" angeschlossen wird, scheint sie mit dem „Olivenland" nicht identisch zu sein.[42] Man kann also einen wenngleich feinen Gegensatz zwischen den „Gärten", der „Fremde", die gleichwohl „liebenswürdig[ ]" ist (ein Attribut, das ihr nur durch ihre menschliche Geprägtheit, nicht etwa allein durch ihre Naturschönheit zugeschrieben werden kann), und dem „Olivenland" (das möglicherweise als rauh und weniger liebenswürdig gesehen wird) ausmachen. Jedenfalls die Gegenden voller Gärten, möglicherweise jedoch auch das „Olivenland" und die „Fremde" gehören zur „Gasgone". Mit einiger Sicherheit ist damit die Gascogne gemeint, die historische Landschaft im äußersten Südwesten Frankreichs, südlich von Bordeaux und nördlich der Pyrenäen gelegen. Zwei Seiten später (III, Z. 49) finden wir den Ausdruck „die Gasgognischen Lande". Auch dort ist also die französische Lautgestalt verändert. Ein wesentlich gravierenderer Eingriff in die Lautung ist jedoch der Wegfall des g vor dem n, der nur an der vorliegenden Stelle auftaucht. Nicht ganz von der Hand zu weisen ist daher die Überlegung, daß es sich bei „Gasgone" nicht einfach um einen Schreibfehler, sondern um eine gezielte Verfremdung handelt, wie sie Sattler annimmt (cf. FHA Einl., 32).[43] Daß darin

---

auf südländische, insbesondere südfranzösische, sondern nur auf deutsche Gärten ein.

[41] Cf. Zedler (Bd. 25 [1740], Sp. 698-701 [s. v. Oelbaum, Olivenbaum]): „ein eben nicht gar zu grosser Baum, dessen es zwey Sorten giebet, eine zahme und eine wilde." (Sp. 698) Daß der Ölbaum „schon seit den ältesten Zeiten ein Sinnbild des Friedens" sei, wie Adelung (Bd. 3 [1808], Sp. 604 [s. v. Öhlbaum]) hervorhebt, scheint mir im Rahmen der vorliegenden Landschaftsbeschreibung nur eine untergeordnete Rolle zu spielen (cf. auch bei Zedler [Sp. 699-701] die kulturgeschichtlichen Hinweise, die bereits mit dem Alten Testament einsetzen).

[42] Die Wahl des Begriffs ‚Olive' ist allerdings im Kontext der zeitgenössischen sprachkritischen Debatte als Entscheidung für das – mit Adorno zu sprechen – ‚Wort aus der Fremde' zu werten; cf. dazu die Polemik Adelungs (Bd. 3 [1808], Sp. 604 [s. v. Olive]): „Der Nahme ist aus dem Lat. Oliva, und man könnte ihn gar wohl entbehren, da wir den Deutschen Öhlbeere haben, obgleich derselbe von dem ausländischen noch immer verdrängt wird. Aber völlig unverzeihlich ist es, wenn manche Schriftsteller, besonders ungeschickte Übersetzer, für Öhlbaum noch immer Olivenbaum, und für Baumöhl immer Olivenöl setzen." Das in Hölderlins Texten erreichte Reflexionsniveau zum Problem des Verhältnisses zwischen dem ‚deutschen' und dem ‚fremden' Moment in der Sprachverwendung und geschichtlichen Erfahrung der Zeit verfehlt Adelung mit Stellungnahmen dieser Art um einiges.

[43] Schon Zedler (Bd. 10 [1735], Sp. 370-372) verzeichnet die Landschaftsbezeichnung in der heutigen Lautung „Gascogne", weist jedoch auf die Herkunft des Wortes vom lateinischen „Vasconia" (Sp. 370) hin. Aufschlußreich ist darüber hinaus Zedlers Umgrenzung der Region: „Es liegt selbige Provinz zwischen der Garonne, denen Pyrenäischen Gebürgen, der See und dem heutigen Gvienne." (Ibd.) In dieser nach Zedler offenbar charakteristischen ‚Zwischenlage' scheint die Gascogne beinahe alle Formen einer Kulturlandschaft zu vereinigen: Stadt und Land, Gebirge, Fluß und Meer. Auch in der vorliegenden Evokation einer Landschaft sind viele divergierende Züge vereinigt; nur von der „See", die für den Vorstellungsraum von „Andenken" konstitutiv ist, ist erst auf der folgenden Seite – und eher beiläufig – (II, Z. 17) die Rede.

allerdings griechisch γῆ γονή zu lesen sei, was sehr frei mit „gebährende Erde"
übersetzt und mit dem „Herz der Erde" (Z. 25) in Verbindung gebracht wird
(FHA Einl., 32), ist eine allzu hypothetische Konstruktion.[44] Der Text – nur so
viel scheint mir zu sagen möglich zu sein – nimmt die französische Landschaft
nicht etwa als Realie in sich auf, sondern eignet sie sich durch die verfremdende
Verschreibung als eine poetisch konstruierte an: Was die „Gasgone" ist, erfahren
wir allein durch den Nachvollzug oder die Rekonstruktion der Bezüge, in denen
dieses Wort im vorliegenden Text steht, nicht durch die veristische Identifikation einzelner Elemente des Textes mit Teilen konkreter südwestfranzösischer
Landschaften. Daß die Erfahrung dieser realen Landschaften das Verständnis
des Gedichts bereichern und umgekehrt die Lektüre des Textes neue Perspektiven auf die betreffenden Landstriche eröffnen kann, wird durch diese Grenzziehung zwischen beiden Bereichen nicht verhindert, sondern im Gegenteil allererst
ermöglicht, denn produktive Erfahrung im Medium der Literatur ist nicht durch
Einfühlung und Einswerdung, sondern nur durch das Austragen der Spannung
zwischen dem Vertrauten und dem Fremden möglich.[45]

Wenn man annimmt, daß die vier nun folgenden Zeilen wirklich gestrichen sind,
so ergibt sich, daß der zweimal mit „wenn" ansetzende Nebensatz fortgesetzt
wird mit „Die Sonne sticht, / Und das Herz der Erde thuet / Sich auf" (Z. 24-
26). Die All-Anwesenheit der stechenden Sonne wird nach dieser Annahme nicht
nur durch die verschiedenen Ortsbezeichnungen, sondern schon durch die Präpositionen zum Ausdruck gebracht: Die Sonne scheint nicht nur „im Olivenland",
sondern auch „auf Gasgone", ist also sowohl Teil der Landschaft als auch von
oben herab wirkendes Element. Diese allgemeinen Bestimmungen des Wirkungs-
bereichs der stechenden Sonne werden in den gestrichenen Zeilen bis in die Einzelheiten konkretisiert. Die Konkreta verselbständigen sich in diesen Zeilen so
weit, daß sie sich nicht mehr bruchlos in den syntaktischen und semantischen
Zusammenhang fügen. Einleuchtend ist die Verknüpfung, daß die Sonne „Im
Thal" (Z. 23) sticht, aber die – im Gegensatz zu „auf Gasgone" – nicht als Richtungsangabe interpretierbare Ortsbestimmung „Auf feuchten Wiesen" (Z. 21)
paßt nicht unmittelbar mit der Aussage „Die Sonne sticht" zusammen, denn die
„feuchten Wiesen" widersetzen sich der universellen Strahlung der Sonne und
lassen an eine andere, vom Morgentau, von Bächen oder Seen mit Wasser ver-
sorgte, vor der sengenden Sonne geschützte Landschaft denken. Sattlers Lesung
zufolge sind mindestens diese beiden Zeilen, die wahrscheinlich als erste in diesem Bereich niedergeschrieben wurden, sicher gestrichen. Allerdings kann keine

---

[44] Sattler trägt in seinem Interpretationsansatz zu dieser Passage (cf. FHA Einl., 32) gewaltsam Gegensätze in den Text hinein, ohne sie hinreichend nachzuweisen. In einem vitiösen
Zirkel sollen sich dabei die völlig ungesicherte editorische Integration der Randbemerkungen
und die waghalsige Interpretation gegenseitig stützen. Auf diese willkürlichen Konstruktionen
gehe ich nicht näher ein.

[45] Insofern muß unter literaturwissenschaftlicher Perspektive Walsers Modell des Gedichts
als „Baedeker", das auf der Identifikation des Lesenden mit dem Erfahrungssubjekt des Gedichts einerseits, der poetisch entworfenen und der lebensweltlichen Realität andererseits beruht, an einigen entscheidenden Punkten differenziert werden.

Rede davon sein, daß die später über je eine der genannten Zeilen geschriebenen Zeilen „An grasbewachsnen Wegen" (Z. 19) und „Unwissend in der Wüste" (Z. 22) sich besser in den Zusammenhang fügten als die nach Sattlers Vermutung verworfenen. Es ist eine zumindest sehr sperrige Vorstellung, daß die Sonne „An grasbewachsnen Wegen" (nicht etwa auf die Wege) sticht; diese Verbindung könnte allerdings (wie auch die der Sonne mit den „feuchten Wiesen") als weiterer drastischer Beleg für die Ubiquität der Sonne verstanden werden. Die Aussage dagegen, daß die Sonne „Unwissend in der Wüste" sticht, erscheint unmittelbarer einleuchtend, liegt doch hier eine Kongruenz der Bilder von der sengenden Sonne und der durch ihre Strahlkraft ausgetrockneten Wüstenlandschaft vor. Demnach würde die Sonne als „Unwissend", das heißt ihrer durch ihr Übermaß vernichtenden Kraft nicht bewußt, bezeichnet, jeder mythisch überhöhten Bedeutung, die ihr an vielen anderen Stellen im Werk Hölderlins zugeschrieben wird, entkleidet. Die bedrohliche Vorstellung von der unwissend stechenden Sonne ist zumindest *eine* Möglichkeit, diese Zeilen zu verstehen. Damit wäre ein krasser Gegensatz aufgebaut zu den in den vorhergehenden Zeilen entwickelten, trotz ihrer inneren Gegensätzlichkeit eher beschaulichen Vorstellungen, nicht nur zur „liebenswürdige[n] Fremde", den „Gärten", „grasbewachsnen Wegen" und „feuchten Wiesen", sondern auch zu dem bei aller Kargheit doch bebauten „Olivenland". (Das „Thal" dagegen kann sowohl als fruchtbares wie als Wüstental verstanden werden.) Nimmt man aber an, daß auch die beiden später eingefügten Zeilen durch die beiden vertikalen Striche getilgt sind (und auch Sattler erwägt in seiner Umschrift von 1986 eine Streichung mindestens für „Unwissend in der Wüste"), so könnten die links von der ganzen Passage notierten Randbemerkungen als Ersatz dafür angesehen werden. Da ist zunächst das fragmentarische Segment „Und die" (Z. 18), das hinter „In liebenswürdiger Fremde" eingeschoben ist. Eine eindeutige Zuordnung dieser beiden Wörter scheint mir schlechterdings nicht möglich zu sein, passen sie doch syntaktisch weder in den Kontext der Lokalbestimmungen (der Form des Pronomens wegen, die auf einen Nominativ oder Akkusativ hindeutet) noch in den des Kernsatzes „Die Sonne sticht" (denn wo wäre ein vorhergehender Nominativ oder Akkusativ, an den das „Und" anschließen könnte?). Denkbar wäre allerdings ein Anschluß der beiden weiteren Randbemerkungen ‚Springbrunnen' (Z. 18 und 20) und ‚die Bäum' (Z. 22 und 23) an „Und die", so daß sich entweder die Lesung ‚Springbrunnen / Und die Bäum' (wobei ein ‚die' bei der Kontamination wegfallen würde) oder die Lesung ‚Und die Springbrunnen die Bäum' ergäbe. Dieser Vermutung steht allerdings der graphische Befund entgegen, denn dem handschriftlichen Duktus und der feinen Feder nach ist „Und die" in einem Zuge mit der ersten Entwurfsschicht der unteren Hälfte der Seite entstanden, während die übrigen Randzusätze offenbar einer späteren, mit einer weichen, leicht gespaltenen Feder ausgeführten Bearbeitungsschicht zugehören. Damit ist allerdings nicht auszuschließen, daß der Autor mit „Und die" zunächst eine Leerstelle markiert hat, in die die späteren Ergänzungen dann eingefügt werden sollten. Unabhängig von diesem kaum eindeutig zu klärenden Problem kann festgestellt werden, daß die über vier Zeilen notierten Zusätze semantisch gut in den im danebenstehenden Kolumnentext entworfenen Zusammenhang der Bilder südfranzösischer Landschaften passen. Sie gehören innerhalb dieses Bildbereichs eher der Vorstellung „liebenswürdiger Fremde" zu, bezeichnen sie doch eine fruchtbare Kulturlandschaft (selbst wenn es sich bei den Bäumen um Oliven handeln sollte), keineswegs aber eine „Wüste". Gegenüber den allgemeinen Bezeichnungen von Landschaften („Gasgone", „Orten", „Olivenland", „Fremde", „Wüste") und von Bestandteilen dieser Landschaften („Gärten", „Wegen", „Wiesen", „Thal") werden mit „Springbrunnen" und „die Bäum" konkrete Gegenstände innerhalb der Kulturlandschaft denotiert. Andererseits sind die beiden Begriffe (ebenso wie die „Gärten", Wege[ ]", „Wiesen" und das „Thal") so allgemein, daß sie nicht nur in die Beschreibung einer mediterranen, sondern auch einer anderen (etwa einer süddeutschen) Landschaft passen könnten: Es wird nicht gesagt, welche Art Bäume gemeint sind (ob es sich etwa nochmals um Olivenbäume handelt), und Springbrunnen finden sich überall in Europa. Ähnlich wie in den ersten beiden Strophen von „Andenken" sind die Begriffe, mit denen die südfranzösische Landschaft beschrieben wird, also Wortfeldern entnommen, die auch zur Beschreibung deutscher Landschaften benutzt werden könnten (in „Andenken" etwa die „Eichen und Silberpappeln", der „Ulmwald" und die „Mühl"); und erst das Ensemble der Bilder sowie einzelne Namen (in „Andenken" die „Garonne" und „die Gärten von Bourdeaux") konturieren die Spezifika der südwestfranzösischen Landschaft. Als Begriff, der einen einzelnen von Menschen geschaffenen Gegenstand bezeichnet (obwohl es sich hier auch um einen Plural handeln kann), wirkt „Springbrunnen"[46] als konkretestes Element der Landschaftsschilderungen.[47] Das Moment des Feuchten, das auch in den „Gärten" und den „grasbewachsnen Wegen" enthalten ist und in den „feuchten Wiesen" zur Sprache kommt, ist im „Springbrunnen"[48] an einem

---

[46] Das Wort ist in Hölderlins Lyrik nur an dieser Stelle nachweisbar. Häufig findet sich dagegen ‚Brunnen‘, und zwar fast immer im Sinne eines lebensspendenden Quells, häufig auch ausdrücklich als Springbrunnen (nicht als Ziehbrunnen) vorgestellt: „Unbekränzt ist die Stirne des Bergs und beredtsame Bäche / Kennet er kaum, es erreicht selten die Quelle das Thal. / Keiner Heerde vergeht am plätschernden Brunnen der Mittag." („Der Wanderer" [Druckfassung von 1801], FHA 6, 69, V. 9); „und die Brunnen / Immerquillend und frisch rauschen an duftendem Beet." („Brod und Wein", FHA 6, 248, V. 9f.); „Brunnen steigen empor und über die Hügel in reinen / Bahnen gelenkt, ereilt der Quell das glänzende Beken" („Der Archipelagus", FHA 3, 250, V. 188f.); „und helle quillten lebendig Brunnen" („Versöhnender der du nimmergeglaubt ...", StA II.1, 133, V. 17 [‚Zweite Fassung‘]); cf. auch gleich darauf: „du, / Der [...] / Wo nahe lag die Stadt am Brunnen gerne weiltest", StA II.1, 134, V. 39-42).

[47] Es handelt sich im übrigen um einen Topos, der – gleichzeitig mit den vorliegenden Fragmenten und in den folgenden Jahrzehnten – in der romantischen Literatur bis zum Überdruß immer und immer wiederkehrt; cf. u. ä. die Belege bei Grimm (Bd. 10.2 [1905], Sp. 80 [s. v. springbrunnen]), die beliebig vermehrt werden könnten.

[48] Grimm (Bd. 10.2 [1905], Sp. 80 [s. v. springbrunnen]) betont die ältere und allgemeinere Bedeutung „brunnen, aus dem das wasser mit einiger gewalt hervorspringt" oder „überhaupt ‚quelle‘ " und nennt erst an zweiter Stelle die engere, dem französischen ‚fontaine‘ entsprechende Bedeutung „kunstvollere anlagen, welche das wasser in strahlen emporwerfen". Bereits in den zeitgenössischen Wörterbüchern jedoch wird die weitere Bedeutung als veraltet angeführt; so verweist Adelung (Bd. 4 [1808], Sp. 238f. [s. v. Springbrunnen]) allein auf den bei

Punkt konzentriert, der der Mittelpunkt und das Lebenselement[49] eines Parks, Gartens, Hofes oder Platzes sein kann.[50] Der Springbrunnen integriert aber neben dem Wasser auch die anderen Elemente der festen Erde, aus der er gebaut ist, und der Luft, in die das Wasser springt. Die Bäume könnten als eine Gruppe verstanden werden, die den Springbrunnen umgibt (ähnlich wie in „Andenken" über den Bach „Hinschauet ein edel Paar / Von Eichen und Silberpappeln"). Aber diese Verbindung ist keineswegs zwingend. Ebensogut wäre es möglich, daß der oder die Springbrunnen in ihrer äußeren Gestalt mit Bäumen verglichen werden sollen, verbreitert sich doch bei vielen Springbrunnen der in die Höhe springende Wasserstrahl an seinem höchsten Punkt durch das zur Seite wieder herabfallende Wasser[51] und kann dadurch die Form einer Baumkrone annehmen. Der Vergleich kann aber auch anders herum verstanden werden in dem Sinne, daß die Bäume als Springbrunnen vorgestellt werden sollen.

Schließlich ist auf die syntaktisch engste Anschlußmöglichkeit der Zusätze an

---

Otfried begegnenden Terminus „springanta Brunno" im Sinne von ‚Wasserquelle' (Sp. 239) und definiert ansonsten: „ein Brunnen oder Wasserbehältniß, aus welchem das Wasser durch seinen eigenen Druck in einem oder mehrern Strahlen in die Höhe getrieben wird" (Sp. 238).

[49] Das Motiv des Brunnens als Mittelpunkt ursprünglicher südländischer Gesellschaften spielt übrigens eine zentrale Rolle in Rousseaus – Hölderlin möglicherweise bekanntem – „Essai sur l'origine des langues" (cf. dazu Derrida 1983, 448-450).

[50] Die verschiedenen möglichen Standorte und Erscheinungsformen von Springbrunnen führt Zedler auf: „Es geben dergleichen Spring=Brunnen in den Pallästen grosser Herren, besonders in den Gärten derselben eine grosse Zierde. Sie stehen entweder in einem freyen Raume, oder an einer Mauer angelehnt, unter einer Bogenstellung in einem Blint, oder auch in einer gewölbten Grotte, oder Wasser=Keller. Das Wasser springet entweder in einfachen Strahlen oder Güssen, oder es wird durch gewisse Aufsätze gezwungen, daß es allerley Gestalten und Figuren vorstellet, Bilder bewegt, Orgeln spielt, und dergleichen." (Bd. 39 [1744], Sp. 502-504 [s. v. Spring=Brunnen], hier Sp. 503f.) Von diesen herrschaftlichen Brunnenanlagen, wie sie sich beispielsweise in Versailles oder in dem „Hochfürstl. Schwarzburgischen Garten zu Sondershausen" (Sp. 504) finden, unterscheidet Zedler die öffentlichen Springbrunnen, wie sie vor allem in Italien zu finden seien: „In Rom sind prächtige, in Trivoli und Frascati lustige Spring=Brunnen in grosser Anzahl zu sehen, wie denn die meisten Städte in dem niederen Italien damit prangen, weil hierzu die Natur ihnen stattliche Gelegenheit darreichet." (Sp. 504) In Analogie zu diesen künstlichen Anlagen (nicht jedoch als ursprüngliche Bedeutung) nennt Zedler schließlich auch einige natürliche Springbrunnen: „Man findet auch in Deutschland verschiedene merckwürdige Spring=Brunnen, welche ohne die Kunst, von der Natur selbsten gemacht worden", so „bey *Gießbach* im Elsaß" sowie „bey Schwalbach, welcher in Ansehung seines Geschmacks und beywohnender Hitze dem Wein sehr ähnlich ist" (Sp. 504). Es ist denkbar (wenngleich für das Verständnis der Stelle nur von beiläufigem Interesse), daß Hölderlin einige dieser Springbrunnen kannte. Mit einiger Sicherheit gehörten zu seinem Anschauungsraum die an Springbrunnen, Aquädukten und Kaskaden reichen Gärten von Schwetzingen und Kassel-Wilhelmshöhe (cf. dazu Gaier 1987/88; Winter 1988/89; zu Schwetzingen generell Zenkner 1989).

[51] Die technischen Voraussetzungen dieser Vorgänge arbeitet detailliert ebenfalls der Artikel bei Zedler heraus: Springbrunnen „wird derjenige Beschluß genennet, worinnen das Wasser durch Röhren in die Höhe springet. Es wird aber das Wasser auf unterschiedene Art zum Springen gebracht: Einmahl durch den Fall; dann durch die zusammen gedruckte Lufft, oder durch die ausgejagte Lufft, und endlich durch den Heber." (Bd. 39 [1744], Sp. 502-504 [s. v. Spring=Brunnen], hier Sp. 502)

den Haupttext hinzuweisen: Möglicherweise sind „Springbrunnen" und „die Bäum" als Akkusativobjekte zu „Die Sonne sticht" aufzufassen. Das könnte eine Erklärung für die mutmaßliche Streichung der nebenstehenden Ortsbestimmungen ergeben, wird doch durch die vielen Ergänzungen der angenommene Bezug zwischen Prädikat und Objekt verunklart. Bei dieser Lesart wäre „sticht" als transitiv aufzufassen im Gegensatz zu meiner bisherigen Annahme, es handele sich dabei um ein intransitives Prädikat, dem nur verschiedene Lokalbestimmungen zugeordnet werden. Damit geriete diese Aussage in die Nähe zu Hölderlins an anderer Stelle, vor allem im zweiten Böhlendorff-Brief, geäußerten Vorstellungen vom Stechen der Sonne: Das „Feuer des Himmels" – so heißt es dort in mythologischer Sprache – habe die Wirkung gehabt, „daß mich Apollo geschlagen". Hier sticht die Sonne aber kein menschliches Subjekt, sondern „Springbrunnen" und „die Bäum". Diese Vorstellung ist ebenso ungewöhnlich wie die, daß die Sonne „An grasbewachsnen Wegen" oder „Auf feuchten Wiesen" sticht. Denn dem Springbrunnen als Sinnbild der Üppigkeit, der Reichhaltigkeit des verfügbaren Wassers scheint das Stechen der Sonne nichts anhaben zu können; im Gegenteil bringt sie zu ihm das einzige noch fehlende Element hinzu, das Licht, durch das das springende Wasser transparent und ein Gleichgewicht der Elemente hergestellt wird. Weniger befremdlich ist dagegen das Bild, daß die Sonne die Bäume sticht, kann man dabei doch an die ausgedorrten Bäume in trockenen Gegenden denken, die aber dennoch Früchte tragen können (wie etwa die Olivenbäume). Die Einbeziehung einiger der mutmaßlich gestrichenen Zeilen in dieses Feld von Bezügen könnte das Bild ergänzen; so könnte sich die Partizipialkonstruktion „Unwissend in der Wüste" nicht nur auf die Sonne, sondern auch auf „Springbrunnen" oder „die Bäum" beziehen.

Dieser Lesart zufolge werden auch mit der Einbeziehung der Randzusätze Vorstellungen zusammengefügt, die kaum gegensätzlicher sein könnten: die stechende Sonne und die Wüste auf der einen, der Springbrunnen und die Bäume auf der anderen Seite. Versteht man indes ‚Springbrunnen' im älteren Sinne als Wasserquelle allgemein, so könnte man dieses Ensemble als Evokation einer Szenerie verstehen, wie sie beispielsweise im Alten Testament häufig begegnet, beispielsweise in der Exodus-Episode vom Brunnen zu Mara:

> Mose lies die kinder Jsrael ziehen vom Schilffmeer hinaus zu der Wüsten Sur / vnd sie wanderten drey tage in der wüsten / das sie kein wasser funden. Da kamen sie gen Mara / Aber sie kundten des wassers zu Mara nicht trincken /denn es war fast bitter / da her hies man den ort Mara. Da murret das Volck wider Mose /vnd sprach / Was sollen wir trincken? Er schrey zu dem HERRN / vnd der HERR weiset jm einen Bawm /den thet er ins wasser /da ward es süss.   (2. Mose 15, 22-25)[52]

Gleich darauf wird die Konstellation von Brunnen, Bäumen und Wüste leicht variiert nochmals aufgenommen:

---

[52] Der Hinweis findet sich bei Zedler im Artikel „Moses Springbrunnen" (Bd. 21 [1739], Sp. 1886), in dem er einige Brunnen im Raum Palästina nennt und zu alttestamentlichen Stellen in Beziehung setzt: „Etliche halten diese Brunnen vor das Wasser zu Mara, welches Moses durch Hineinlegung eines Baums süsse gemacht hat".

Vnd sie kamen in Elim / Da waren zwelff Wasserbrunnen / vnd siebenzig Palmbewme / vnd lagerten sich daselbs ans wasser. Von Elim zogen sie /vnd kam die gantze gemeine der kinder Jsrael in die wüsten Sin [...]   (2. Mose 16, 1)

Die Wanderung durch die Wüste ist geprägt von der Suche nach Wasser, das sich fast nur in Oasen[53] findet. Eine Oase kann idealtypisch als Ensemble aus einem in der Mitte befindlichen Brunnen und ihn umgebenden Bäumen beschrieben werden: Die Bäume sind auf das Quellwasser angewiesen, spenden umgekehrt jedoch Schatten und schützen die Quelle vor dem Austrocknen. An der ersten der zitierten Stellen wird dem Baum darüber hinaus eine geradezu magische Wirkung zugeschrieben, das verunreinigte Wasser wieder genießbar zu machen. Sieht man die hier untersuchte Stelle in diesem Zusammenhang, so kommt der randständigen Position der Zusätze sogar eine gestaltende Funktion zu: Einer Oase gleich ist die Gruppe von ‚Springbrunnen' und ‚Bäumen' aus dem Textzusammenhang herausgesetzt, der an dieser Stelle von der stechenden Sonne[54] und der Wüste dominiert wird.[55]

Es ist also möglich, die Zusätze auf den syntaktischen und semantischen Zusammenhang des Textes zu beziehen. Das heißt aber nicht, daß sie derart einzugliedern wären, als wären sie ein integraler Bestandteil des linearen Textzusammenhangs. Vielmehr ist die randständige Position der Stichworte für ihren Bezug auf den übrigen Text konstitutiv. Es kann also nicht definitiv festgelegt werden, an welcher Stelle sie einzufügen wären, sondern ihre syntaktische Funktion bleibt in der Schwebe. Die Erwartung, durch die Integration der Zusätze in den linearen Textzusammenhang würde die Bedeutung der Passage vereindeutigt, ist also trügerisch, zumal auch der syntagmatische Zusammenhang selbst der Integration der randständigen Segmente Widerstände entgegensetzt: Die Zeile „Die Sonne sticht" erweckt einen so sehr in sich abgeschlossenen Eindruck, daß es schwerfällt anzunehmen, ihr ginge die Aureihung zweier Akkusativobjekte voraus. Das starke Gewicht dieser Zeile wird noch dadurch verstärkt, daß sie zweimal kurz hintereinander auf dem Blatt steht (73, Z. 25 und 30); da das erste Notat von den beiden vertikalen Tilgungsstrichen erfaßt wird, hat der Autor die Zeile unmittelbar unter der Tilgung noch einmal notiert. Obwohl das so sicherlich nicht intendiert ist, wird durch diesen graphischen Sachverhalt die

---

[53] Dieser Begriff taucht erst im 18. Jahrhundert im deutschen Sprachraum auf (cf. Kluge 1975, 517 [s. v. Oase]) und findet sich bei Luther nicht. Er beschreibt die genannte Gruppe von Vorstellungen jedoch am genauesten.

[54] Daß die unterschiedlichsten Landschaftsformen als unter der sengenden Sonne stehend dargestellt werden, kann darüber hinaus als Gegenbild zu einem weiteren Passus aus dem Alten Testament angesehen werden, in dem Gott Hiob dessen Ohnmacht vor Augen führt und seine eigene Allmacht unter anderem dadurch dokumentiert sieht, daß er auch die unfruchtbarsten Gegenden mit Regen zu versorgen vermag: „Das es regent auffs Land da niemand ist / in der wüsten da kein Mensch ist. Das er füllet die einöden vnd wildnis / vnd macht das gras wechset." (Hiob 38, 26f.)

[55] Selbst wenn man annimmt, daß an der vorliegenden Stelle von einem Springbrunnen im heutigen Sinne die Rede ist, lassen sich die auf vorderasiatische Wüsten bezogenen Konnotationen der Stelle halten: Beispielsweise wäre an Springbrunnen zu denken, wie sie noch heute in den arabischen Ländern vielfach in den Innenhöfen von Karawansereien zu finden sind.

Penetranz der stechenden Sonne materiell reproduziert (sie hat sich – so könnte man sagen – untilgbar ins Papier eingebrannt). Dieser Befund ist aber zugleich ein Indiz dafür, daß die übrigen von den beiden Strichen durchkreuzten Zeilen wirklich getilgt werden sollten (wobei unklar ist, ob nicht eine oder mehrere später hinzugesetzte Zeilen nur zufällig zwischen die Striche geraten sind). Der Passus wird aber durch die Randzusätze nicht vollwertig ersetzt. Zwar bieten diese eine alternative Lesart des Satzes an, aber diese wirkt nicht wesentlich überzeugender als die Anhäufung von Ortsbestimmungen. Zudem fehlt in den Begriffen ‚Springbrunnen' und ‚die Bäum', durch die möglicherweise die Bilder von den „grasbewachsnen Wegen" und „feuchten Wiesen" ersetzt werden könnten, das Moment des krassen landschaftlichen Gegensatzes, das in der Zeile „Unwissend in der Wüste" zum Ausdruck kommt. Die Randzusätze sind daher als fragmentarischer Entwurf einer Umformulierung der Passage zu sehen. Jeder Versuch einer Glättung dieses Zusammenhangs, also sowohl die Aussonderung der Zusätze aus dem wie ihre Einschmelzung in den Text, aber auch die Nichtberücksichtigung der mutmaßlich gestrichenen Zeilen, verfälscht den schwierigen Befund. Erst die Vielfalt der möglichen Lesungen und Verknüpfungen macht – hier noch stärker als an anderen Stellen – den Text aus, wie er uns in der Handschrift überliefert ist.

Ebenso wie die Zeile „Die Sonne sticht" durch ihre Wiederholung hervorsticht, stechen einige andere Segmente durch ihren vom Rest der Niederschrift stark abgehobenen handschriftlichen Duktus (große, ausholende, stark geneigte Buchstaben; dunkle Tinte; breite, etwas sperrige Feder) in die Augen. Das gilt zum einen für die Randzusätze, in noch stärkerem Maße aber für den Passus „wenn auf Gasgone, Orten, wo viel Gärten sind" (Z. 15), der auf diese Weise beim Durchblättern des Folioheftes den Bick sofort auf sich lenkt – ein Eindruck, den das Faksimile dadurch nicht so stark vermittelt wie die Originalhandschrift selbst, daß in der fotografischen Wiedergabe auch der übrige, im Original blassere Text klar und deutlich erscheint. Durch diesen graphischen Befund, der in einer Textkonstitution nicht wiedergegeben werden kann, wird der vor dem zuerst entworfenen eingeschobene zusätzliche, für sich aber unvollständige „wenn"-Satz, in dessen Mittelpunkt der verfremdete Name der Landschaft, „Gasgone", steht, aus dem Textzusammenhang herausgehoben. Die Atomisierung der einzelnen Textsegmente gilt aber nicht nur für diesen Passus, bei dem sie besonders sinnfällig wird, sondern kennzeichnet den gesamten Abschnitt von Zeile 15 bis 24. Meine bisherige analytisch-rekonstruktive Lektüre dieser Zeilen ist daher insofern verzerrend, als sie dieser Atomisierung nicht hinreichend Rechnung trägt: Liest man den Abschnitt unbefangen, so stellt sich der Eindruck eines unverbundenen Nebeneinanders von Ortsbestimmungen und blitzartig aufleuchtenden und wieder verschwindenden Bildern ein, die durch kein syntaktisches oder semantisches Band zu einer Einheit verschmolzen werden können. So scheint es mir auch eine unzulässige Vereinfachung zu sein, anzunehmen, in dieser Passage würde der Beginn des Fluges der Stare über verschiedene südfranzösische Landschaften geschildert: Ich kann ein solches narratives Band hier nicht erkennen; die Vögel fehlen in diesen Nebensätzen, in denen sich die Landschaftsbilder unvermittelt in den Vordergrund drängen. Man kann das als mangelnde poetische Verarbeitung des Materials werten, und die Streichung deutet darauf hin, daß der Autor von seinem Text einen ähnlichen Eindruck hatte, aber es wäre falsch, eine Synthese, die der Text selbst nicht hergibt, als Leser oder Leserin ‚hinzuzudichten'.

Wenn schon keine Synthese, so doch ein alles vorher Beschriebene dominierendes Prinzip findet sich in dem den Nebensätzen auch syntaktisch übergeordneten Hauptsatz „Die Sonne sticht". Die Omnipräsenz der Sonne ist es, auf die sich alle Bestandteile der südfranzösischen Landschaft beziehen, auch und gerade wenn sie sich vor der Kraft dieser Sonne zu schützen und abzusetzen versuchen. Betont wird in diesem Satz nicht die lebenspendende Kraft des Sonnenlichts oder die Leuchtkraft, die alles Dunkle und Versteckte erkennen läßt, sondern die verletzende Gewalt der Sonnenstrahlen. Die Einbeziehung einiger anderer Stellen im Spätwerk Hölderlins, an denen dieses Motiv ausführlicher entwickelt wird, kann vielleicht ein zusätzliches Licht auf die vorliegende Passage werfen.

Schon im zweiten Böhlendorff-Brief hat Hölderlin Apoll, den Gott des Lichts und der Aufklärung, als gewaltsamen Gott gedacht. In den „Anmerkungen zur Antigonä" deutet er eine Genealogie an, die zu erklären vermöchte, wie die ursprünglich lebenspendenden Sonnenstrahlen ins Destruktive umschlagen:

> So einer [der Gegenstände, mit denen sich die Seele vergleichen kann] ist ein wüst gewordenes Land, das in ursprünglicher üppiger Fruchtbarkeit die Wirkungen des Sonnenlichts zu sehr verstärket, und darum dürre wird. (FHA 16, 415, Z. 5-8)

Es ist diesem Gedankengang zufolge nicht etwa die unerbittlich gesteigerte Strahlkraft der Sonne, sondern die Beschaffenheit des rezeptiven Mediums selbst, die das Sonnenlicht im Übermaß resorbiert und damit seine eigene Verwüstung herbeiführt. Diese Denkfigur könnte helfen, das Nebeneinander der gegensätzlichen Landschaftsformen in der vorliegenden Passage zu erklären: Es handelt sich möglicherweise um die Gleichzeitigkeit verschiedener Entwicklungsstufen, die alle unter der stechenden Sonne stehen und daher die Gefahr in sich tragen, allesamt zur „Wüste" zu werden.

Im dritten der apokryphen Fragmente aus Waiblingers „Phaëton" schließlich wird die Vorstellung von der Gewalt der Sonne und der Götter zwar auch am mythologischen Beispiel des Oedipus und des Herkules entwickelt, aber zugleich konkretisiert auf der körperlichen Ebene:

> Doch das ist auch ein Leiden, wenn mit Sommerfleken ist bedekt ein Mensch, mit manchen Flecken ganz überdekt zu seyn! Das thut die schöne Sonne: nemlich die ziehet alles auf. (FHA 9, 35, Z 12-14)

Fast höhnisch wird hier die naive Floskel von der schönen, das Wachstum der Pflanzen und Lebewesen ermöglichenden Sonne konterkariert durch den konkreten Befund der körperlichen Entstellung der Haut eines Menschen, so daß die Wendung „die ziehet alles auf" nicht nur im Sinne von ‚die erzieht alles', sondern auch im Sinne von ‚die verspottet alles' gelesen werden kann. Wenige Zeilen später, zum Schluß des Fragments, wird die These von der Leben ermöglichenden wie vernichtenden Kraft der Sonne verallgemeinert zu der düsteren Sentenz „Leben ist Tod, und Tod ist auch ein Leben." (FHA 9, 35, Z. 17f.).[56] (Es scheint mir keine Plattheit zu sein, darauf hinzuweisen, daß diese Erkenntnisse in der heutigen ökologischen Situation angesichts der Zerstörung der Ozonschicht aktueller sind als je zuvor.)

Es ist im vorliegenden Text nicht von Menschen die Rede, die von der Gewalt der Sonne betroffen wären, auch wenn in Artefakten wie den Springbrunnen und den Wegen menschliche Tätigkeit dokumentiert ist und die anthropomorphen Wendungen „In liebenswürdiger Fremde" und „Unwissend in der Wüste" das Textsubjekt als ordnende und wertende Instanz der textuellen Konstruktion durchscheinen lassen. Diese Abwesenheit von Menschen kann aber nicht als Indiz für die Harmlosigkeit der sengenden Sonne gelesen werden, sondern nur dafür, daß sich die Menschen offenbar aus dem gefährlichen Licht zurückgezogen haben (wie es um die Mittagszeit in südlichen Ländern tatsächlich der Fall ist), so daß die Leere von Menschen die Landschaftsbeschreibungen eher bedrohlich als beschaulich macht.

Die beiden Sätze „Die Sonne sticht, / Und das Herz der Erde thuet / Sich auf" (Z. 24-26) bilden die syntaktische und bildliche Achse des hochkomplexen und vielfach brüchigen Satzgeflechts, das die Hälfte der Handschriftenseite einnimmt. Mehr noch als „Die Sonne sticht", das als Abschluß der „wenn"-Sätze, aber auch – nimmt man deren Unvollständigkeit an – als selbständiger Hauptsatz gelesen werden kann, scheint „Und das Herz der Erde thuet / Sich auf" der Wortstellung nach eindeutig ein Hauptsatz zu sein. Das einleitende „Und" wie auch die enge semantische Verbindung deuten jedoch darauf hin, daß es sich bei den beiden Sätzen entweder um zwei Haupt- oder um zwei Nebensätze handelt, so daß es auch möglich ist, den zweiten Satz als weiteren „wenn"-Satz mit unkorrekter Wortstellung anzusehen. Mit Sicherheit kann so viel gesagt werden: Hier wie auch in den folgenden Zeilen, die syntaktisch als wiederum verdoppelter „wo"-Satz angeschlossen werden, werden die Beschreibungen südfranzösischer Landschaften fortgeführt, die von der Darstellung des Zuges der Stare weitgehend abgelöst und somit als ein großer Block (Z. 15-32) in die die Vögel thematisierenden Zeilen (14f. und 33-41) eingelassen ist. Im Gegensatz zur ersten Hälfte des Blocks (Z. 15-24) ist aber in den folgenden Passagen (Z. 25-32) eine starke Tendenz feststellbar, die einzelnen Bilder nicht mehr collageartig nebeneinanderzusetzen, sondern zu einem Bildkontinuum zu verbinden.

Die Bedrohlichkeit, die ich in der in „Die Sonne sticht" kulminierenden Passage festgestellt hatte, steigert sich in der mit „Und das Herz der Erde thuet / Sich auf" einsetzenden Beschreibung noch. Die Erde wird hier wie noch an zwei weiteren Stellen innerhalb der vier Handschriftenseiten körperbildlich vorgestellt.

---

[56] Mit dieser radikalen Kritik am Lichtideal der Aufklärung, das auch noch die Metaphorik der Französischen Revolution dominierte (cf. Starobinski 1981, 40-47; Hofmann 1989, 24-28), entwickelt Hölderlin einen zentralen Topos der poetischen Moderne. So kann Batailles früher Prosatext „L'anus solaire" (1936) als Variation zu der zitierten Hölderlin-Passage gelesen werden.

Hölderlin nimmt damit archaische mythologische Vorstellungen wie die von der Erdmutter Gäa auf, die auch an vielen anderen Stellen in seiner Lyrik (so etwa im „Der Mutter Erde" gewidmeten Gedicht oder in den Fragmenten, die von einigen Herausgebern als Hymne ‚An die Madonna' angesehen werden[57]) eine wichtige Rolle spielen. Die Mythologie ist an der vorliegenden Stelle – wie in der archaischen Weltsicht, jedoch im Gegensatz zur Vorstellungswelt der griechischen Klassik und der meisten klassizistischen Remythologisierungen seitdem – konkret körperlich gewendet.[58] Auf dem nächsten Blatt (und zwar fast an derselben Stelle in der Mitte der Seite wie hier, so daß die beiden Körperteile – stellt man sich das Papier als transparent vor – ganz nah beieinanderliegen) ist vom „Nabel / Dieser Erde" (75, Z. 27 und 29) die Rede.[59] Ist der Nabel zugleich die Narbe der Geburt und der Mittelpunkt der Körperoberfläche[60], so bezeichnet das „Herz der Erde" das Innerste des Erdkörpers. Inneres Organ ist auch das „Eingeweid / Der Erde", das zwischen beiden bisher genannten Stellen, nämlich im letzten Abschnitt auf Seite 74, sogar zweimal genannt wird (74, Z. 58-60 und 63). Die Eingeweide erhalten ihre Identität jedoch allein aus ihrer Funktion für das Körperganze, aus dem sie nicht herausgerissen werden dürfen. Das Herz dagegen gilt zugleich als Organisationszentrum des Körpers (und damit – in Termini einer überkommenen Psychologie – als Sitz der Seele[61]), dem somit

---

[57] Cf. dazu R. Böschenstein 1988.

[58] Die spezifisch sinnliche und körperbildliche Weiterentwicklung antiker Mythologie in der „Empedokles"-Tragödie, in der dem „Herz der Erde" ebenfalls eine zentrale Position zukommt, hat Wolfgang Binder eindringlich herausgearbeitet: „Von dieser Art [einer Mischung aus Altem und Neuem, die den ‚Empedokles' als ein Dokument des Übergangs auszeichne] ist ein eigentümlicher Mythus von Äther und Abgrund, der ganz auf die Lokalität des Stücks zugeschnitten ist, den Ätna-Krater und den hellen Himmel Siziliens. Er beginnt damit, daß Hölderlin den Krater das ‚Heiligtum des Abgrunds' und das ‚Herz der Erde' nennt [...] und dieses Herz ‚klagt' und sagt Empedokles ‚seine Schmerzen', weil es, vom Licht geschieden, die Empörer gegen das Licht, die Titanen, beherbergen muß. Aber diese Klage ist sinnlich zu hören – im Grollen des Vulkans – und dann geschieht es, daß ‚eingedenk der alten Einigkeit die dunkle Mutter zum Äther aus die Feuerarme breitet' – im Ausbruch des Vulkans; so dichtet Hölderlin den antiken Mythus von Himmel und Erde weiter, die einmal beisammen waren und dann getrennt worden sind." (Binder 1983, 366) Cf. außerdem die Parallelstellen bei Häussermann (1958-60, 203, bes. Anm. 71).

[59] Cf. „Ganymed" (FHA 5, 838, V. 20), „Griechenland" (StA II.1, 257, V. 16f.). In einer späten, fragmentarischen Neuübersetzung von Pindars erster Pythischer Ode spricht Hölderlin vom „Antlitz / Dieser gütigfruchtbaren Erde" (FHA 15, 369, Z. 57f.); vorher übersetzte er nahezu wörtlich: „der früchtereichen Erde Stirn" (ibd., 195, V. 55). (Im Original lautet die Stelle: „εὐκάρποιο γαί- / ας μέτωπον"; ibd., 194, V. 57f.) Beide Formulierungen bleiben durch ihre Engführung der Erde mit Körperzonen, die gemeinhin als Sitze des Gesichtssinns bzw. des Verstandes angesehen werden, näher an klassischer Metaphorik als die bedrohliche Körperbildlichkeit der übrigen angeführten Stellen. Cf. allgemein Schottmann 1960, 176-178.

[60] Cf. Nägele 1983. Nägele analysiert in diesem Aufsatz auch die für Hölderlins Lyrik wichtige, hier nur angedeutete Vorstellung von der Schrift als Körper.

[61] So etwa Adelung (Bd. 2 [1808], Sp. 1144-1148 [s. v. Herz]), der unter den ‚figürlichen Bedeutungen' des Herzens „am häufigsten die Seele des Menschen und deren besondere Fähigkeiten" (Sp. 1146) ausmacht. Zedler (Bd. 12 [1735], Sp. 1819-1822 [s. v. Hertz]) dagegen verzeichnet nur die anatomisch-physiologische Bedeutung des Wortes: „Ein fleischiges Theil in

ein gewisses, allerdings auf die Stoffwechselfunktionen des Körpers angewiesenes Eigenleben zukommt.[62] Wenn sich das „Herz der Erde" auftut, so heißt das, daß es nicht nur zum Vorschein kommt, indem sich die Oberfläche öffnet, sondern daß auch noch das Innerste selbst nach außen gekehrt wird. Dieses eindringliche Bild kann nur sehr unvollkommen in unmetaphorische Rede ‚übersetzt' werden. Die Vorstellung eines Vulkanausbruchs, aber auch anderer Naturkatastrophen, z. B. eines Erdbebens, drängt sich auf. Ereignisse dieser Art zeichnen sich dadurch aus, daß sie die Grenzen des menschlichen Fassungsvermögens überschreiten, da sie die kulturell geschaffene und zur Alltagsorientierung unentbehrliche Lebenswelt zu zerstören oder grundlegend umzugestalten drohen. Wenn sich bei einem Vulkanausbruch die feurige Lava über die Erdoberfläche ergießt und erkaltend erstarrt oder wenn sich bei einem Erdbeben tiefe Felsspalten auftun, so bleiben diese landschaftlichen Veränderungen länger als viele Menschenalter bestehen und dokumentieren in ihrer Topographie das Ereignis der Katastrophe, die einmalige Aktivität der Erde. Damit ist zugleich eine neue Lebensgrundlage geschaffen (etwa durch die fruchtbare Vulkanerde), in der sich die Menschen kulturierend wieder neu einrichten können und müssen.[63] Die Anwesenheit des Naturereignisses in den Spuren, die es hinterlassen hat, läßt uns auch heute (nach)erleben, daß sich das „Herz der Erde" auftut. Ohne uns unmittelbar körperlich zu bedrohen, kann uns die katastrophisch entstandene Natur betroffen machen, eine Erlebnisstruktur, die in der Terminologie der Zeit Hölderlins als Erhabenheit bezeichnet wird.[64] Die Bedrohung durch die Natur besteht aber auch im physischen Sinne noch heute fort, etwa in der verletzenden Gewalt der Sonne. Im Zusammenhang gelesen, entwerfen daher die beiden Sätze „Die Sonne sticht, / Und das Herz der Erde thuet / Sich auf" auch ein Bild von einer Erdoberfläche (etwa in leeren Flußbetten oder auf anderen wenig bewachsenen Flächen), die, von der Sonne ausgetrocknet, aufbricht und auch das Innere dem

---

dem menschlichen Leibe, welches zwischen denen beyden Boden der Lunge lieget, und durch sein abgewechseltes Auf= und Zu=Zühen das durch die Blut=Adern aufsteigende Blut in seine Höhlen aufnimmt, und durch die Puls=Adern wieder forttreibet." (Sp. 1819)

[62] Zur Geschichte des Herzens als literarischen Topos cf. Frank 1978, zur Bedeutungsbreite bei Hölderlin Häussermann 1958-60. Schmidt weist auf die Bedeutung des Herzens als „Sitz der genialen Empfindsamkeit" (1985, 429) hin und stellt unter Bezug auf den Schluß der ‚Feiertags'-Hymne fest: „Bei Hölderlin verkörpert das Herz [...] die Fähigkeit zum passiven, empfindsamen und doch zugleich ekstatisch intensiven Wahrnehmen der großen, ‚göttlichen' Natur." (ibd.) Die vorliegende Stelle kann unter dieser Perspektive möglicherweise als Umwertung und Ausdruck der Gefährdung der in der Hymne ausgedrückten Konzeption von Dichtung und Subjektivität gelesen werden.

[63] Über die naturhistorische und kulturelle Bedeutung von Vulkanen hat Hölderlin im Umkreis seines „Empedokles"-Projekts intensiv nachgedacht. Das Erdbeben war seit der verheerenden Katastrophe von Lissabon (1755) ein zentraler philosophischer Gegenstand, durch den die Theodizee-Problematik in ein neues Licht gerückt wurde. Cf. dazu Weinrich 1986, 74-90. Kant geht in der „Kritik der Urteilskraft" der Vorstellung nach, die von den Menschen vorgefundene Gestalt der Erde allein als Produkt „wilder allgewaltiger Kräfte einer im chaotischen Zustande arbeitenden Natur" (KdU B 384/A 380; WA 10, 385) zu verstehen.

[64] Cf. Pries 1989. Zum Erhabenen bei Hölderlin und in Heideggers Hölderlin-Lektüre cf. Bohrer 1989a.

Außen, der Sonnenstrahlung, preisgibt. Der Zusammenhang der beiden Vorstellungsbereiche – vulkanisch gestaltete Erde und ausgetrocknete, rissige Böden – ist keineswegs beliebig, kann doch der nur temporär aufgerissene Erdboden, der sich bei längeren Regenfällen (in diesen Klimazonen zumeist erst im Winter) wieder glätten wird, als ein Zeichen für die nur scheinbar unveränderliche, in Wirklichkeit aber durch ein katastrophisches Ereignis in der Zeit entstandene und durch ein ähnliches künftiges wieder bedrohte vulkanische Landschaft verstanden werden. Beide Naturerscheinungen finden sich in der südfranzösischen Landschaft. Wie das Stechen der Sonne, so ist auch das sich öffnende „Herz der Erde" Ausdruck einer rückhaltlosen Aktivität der Natur, die das geordnete menschliche Dasein bedroht. Zugleich wird in der Konfrontation von „Sonne" und „Erde" unverkennbar das Verhältnis zweier Grundelemente der Natur thematisiert. Der Text reproduziert – von dieser Seite gesehen – in den zweieinhalb Zeilen den Gestus archaischer Schöpfungsmythen. Die „Sonne" ist in dieser Abbreviatur einer Mythologie das aggressive, durchdringende Element, die „Erde" das sich öffnende und rezeptive.

Die exzessive Gewaltsamkeit der beschriebenen Natur spiegelt sich wider in der Sprache dieser Zeilen: Die Körpermetaphorik reißt die Grenze zur Subjektivität des Sprechenden ein. Indem die Natur als menschlicher Körper gesehen wird, fügt sich das sprechende Subjekt mimetisch in die Beschreibung der Naturvorgänge ein. Liest man den Satz gegen die sich zunächst aufdrängende syntaktische Verknüpfung, versteht man nämlich „der Erde" als Dativ, so wird deutlich, daß diese Entgrenzungsbewegung hier auch explizit gemacht wird: Das Herz des Subjekts – so läßt sich der Satz auch lesen – öffnet sich der Erde gegenüber. Mit der bis in die syntaktische und semantische Mikrostruktur reichenden Engführung[65] von Natur und Subjekt, durch die die gestaltende Kraft des

---

[65] Der Begriff der ‚Engführung' mag in diesem Zusammenhang ungewöhnlich erscheinen. In der musikwissenschaftlichen Terminologie bezeichnet er „eine Art der imitativen Themendurchführung, bei der eine Stimme mit dem Thema einsetzt, bevor es in der vorangehenden zu Ende geführt ist" (Riemann Musik Lexikon. Sachteil [1967], 258f.). Ich benutze ihn – hier und im folgenden – in etwas abgewandelter Bedeutung für eine poetische Technik, in der mindestens zwei voneinander in der Alltagssprache getrennte Vorstellungsbereiche einander mit sprachlichen – meist syntaktischen – Mitteln (z. B. Aufzählung, Attribution) angenähert werden, so daß sie sich mindestens berühren, manchmal sogar durchdringen und für einen Moment zu verschmelzen scheinen – bis ihre Konstellation im weiteren syntagmatischen Verlauf meist recht schnell wieder relativiert wird. Ein ähnlich offenes Verständnis des Begriffs ‚Engführung' hat bereits Peter Szondi am Ende seiner Lektüre von Celans gleichnamigem Gedicht vorgeschlagen: „*Engführung*, durch die Enge geführt – der Titel, der auch Name ist, weist er auf die Verengung, die strikte Durchführung des Gedichts, oder auf die Enge des Weges, den der Leser durch die Lektüre mitzugehen hat, oder schließlich auf das Erinnern der Enge in der *jüngsten Verwerfung*? Wer Celans Schrift zu ‚lesen' gelernt hat, weiß, daß es nicht darum geht, sich für eine der verschiedenen Bedeutungen zu entscheiden, sondern zu begreifen, daß sie nicht *geschieden* sind, sondern eins. Die Mehrdeutigkeit, Mittel der Erkenntnis geworden, macht die Einheit dessen sichtbar, was verschieden nur schien. Sie dient der Präzision." (Szondi S II, 389) Mutatis mutandis – so scheint mir – gelten diese Einsichten auch für die Textur der vorliegenden späten Entwürfe Hölderlins.

Subjekts ebenso wie das Gegenüber einer objektiv gegebenen Natur vorübergehend aufgelöst zu sein scheinen, hebt sich diese Passage nicht nur vom bisherigen
Zusammenhang des Gedichts ab, sondern sie durchbricht auch die Konventionen lyrischen Sprechens ihrer Zeit. Denn selbst die in der Natur- und Erleb-
nislyrik der Goethe-Zeit dominante Einfühlung in ein Anderes, eine Struktur,
die auch dem romantischen Sehnsuchts-Topos zugrunde liegt, setzt ein intaktes
Subjekt-Objekt-Verhältnis voraus.[66] Dieses Verhältnis aber ist im rückhaltlosen
Ineinander von Natur-Körper und Subjekt-Körper, wie es sich in der Rede vom
„Herz der Erde" dokumentiert, aufgelöst. Subjekt und Natur spiegeln sich hier
wechselseitig ineinander, ohne daß ausgemacht werden könnte, welcher Sphäre
die sprachlichen Bilder ursprünglich entstammen. In diesem präzisen Sinne einer
sprachlichen Engführung, einer wechselseitigen Mimesis von Natur und Subjektivität kann die Sprache dieser Zeilen als sinnlich (also Wahrnehmungs- und Aus-
drucksmöglichkeiten erweiternd) bezeichnet werden. Diese neue Form von Sensibilität poetischen Sprechens ist neben der montageartigen Textur von Hölderlins
späten Gedichtfragmenten ein weiterer Beleg dafür, daß in ihnen Verfahrensweisen der literarischen Moderne vorweggenommen werden.

Worauf beziehen sich die beiden mit „wo" eingeleiteten Nebensätzen, von denen
der erste unvollständig ist? Zunächst bietet sich der Bezug auf die unmittelbar
vorangehenden Sätze „Die Sonne sticht / Und das Herz der Erde thuet / Sich
auf" an. So gesehen werden im folgenden die Lokalitäten beschrieben, an denen sich die existentiell bedrohlichen Naturvorgänge abspielen. Aber noch eine
zweite Lesart erscheint möglich: Einen mit „wo" eingeleiteten Lokalsatz gibt es
bereits einige Zeilen weiter oben: „wo viel Gärten sind" (Z. 15). Dieser Satz
hängt von dem vorangehenden unvollständigen Konditionalsatz „wenn auf Gasgone" (Z. 15) ab, und es folgt ihm ein weiterer, mit „Wenn im Olivenland" (Z.
16) einsetzender Bedingungssatz. Diese syntaktische Konstellation ließ es als
wahrscheinlich erscheinen, daß an dieser Stelle zwei Konditionalsätze hintereinander aufgereiht werden, der Lokalsatz jedoch nur die Apposition „Orten" zu
der Ortsbestimmung „auf Gasgone" erläutert.

Das Auftauchen zweier weiterer Lokalsätze gibt indes eine Möglichkeit an die
Hand, die drei Lokalsätze und nicht etwa die beiden Konditionalsätze zu Beginn
der Passage auf derselben syntaktischen Ebene miteinander zu verknüpfen. Es
ist denkbar, daß der mit „Wenn im Olivenland" beginnende Satz nicht gleichwertig mit dem Anakoluth „wenn auf Gasgone" ist, sondern von dem diesem
untergeordneten Lokalsatz „wo viel Gärten sind" abhängt. Die ‚vielen Gärten'
gibt es demzufolge nur unter bestimmten Voraussetzungen, die in den Zeilen 16
bis 26 genannt werden, nämlich „Wenn" in den verschiedenartigen südfranzösischen Landschaften „Die Sonne sticht, / Und das Herz der Erde thuet / Sich
auf". Diese Aussage ist durchaus sinnvoll, denn ohne Sonnenlicht gibt es kein
pflanzliches Wachstum und mithin keine „Gärten"; und die Öffnung des ‚Herzens
der Erde' ließe sich möglicherweise ganz profan als Umgraben, als Öffnen der

---

[66] Cf. dazu die umfassende Darstellung von Kaiser (1988).

verkrusteten Flächen für die Aussaat und den Anbau, verstehen. Unter dieser Perspektive erschienen die katastrophischen Naturelemente also als gebannt, gemildert und funktionalisiert als Möglichkeitsbedingungen für die Anlage und den Erhalt der ‚vielen Gärten'. In den nun folgenden Lokalsätzen würden demnach weitere der ‚Orte' der „Gasgone" geschildert. So gesehen, wäre das dreimalige „wo" (Z. 15, 26 und 29) ein durchgängiges syntaktisches Band zwischen den Zeilen 15 bis 32.

Aber auch diese neue Verknüpfungsmöglichkeit erweist sich als trügerisch, denn wenn man den gesamten linearen Textzusammenhang in diesem Bereich (also zwischen „wo viel Gärten sind" und „stillegehend") den drei Lokalsätzen zuordnet, so bleibt nicht nur der Hauptsatz „Drum wie die Staaren, / Mit Freudengeschrei" unaufhebbar anakoluthisch, sondern auch der unmittelbar von ihm abhängende Konditionalsatz „wenn auf Gasgone". Die Kontinuität der aufgereihten Lokalitäten hat also das Aufreißen des ansonsten möglichen syntaktischen Zusammenhangs ‚wenn auf Gasgone [...] die Sonne sticht' zur Folge.

Jeder Versuch, eine durchgehende syntaktische Ordnung in dieser Passage auszumachen, scheitert, da jedes konsequent durchgesetzte Ordnungsprinzip Ordnungen anderer Art zerstört. Diese fehlende Synthetisierbarkeit bewirkt eine hohe Selbständigkeit der Einzelelemente, nicht nur, wie schon gesehen, auf der semantischen, sondern auch auf der syntaktischen Ebene. Dieses Nebeneinander bedeutet jedoch nicht den Zerfall jeglicher ordnender Kräfte in diesem Text. Vielmehr bleiben die konkurrierenden Ordnungselemente (beispielsweise die zweimal auftauchende Konjunktion ‚wenn' oder das dreimalige ‚wo') als Ansatzpunkte für Ordnungs- und Orientierungsversuche durchaus wirksam; sie haben nur ihre alles strukturierende Kraft, wie sie ihnen in anderen Texten eignet, verloren.

Sieht man sich den in Z. 26 beginnenden zweiten der drei Lokalsätze dieses Abschnitts genauer an, so hat es zunächst den Anschein, als solle die südfranzösische Landschaft nun wieder beschaulicher konnotiert werden: Die Ortsbestimmung „um / Den Hügel von Eichen" (Z. 26f.) könnte wie einige andere aus dem ersten Teil der Periode oder wie das „edel Paar / Von Eichen und Silberpappeln" aus „Andenken" auch zur poetischen Gestaltung einer mitteleuropäischen Landschaft benutzt werden. Durch das „um" wirkt die Wendung zudem der die vorhergehenden Zeilen dominierenden Tendenz der exzessiven Natur zur Entgrenzung entgegen, unabhängig davon, ob man es statisch (als Gruppierung um den Hügel) oder dynamisch (als ausweichende Bewegung um den Hügel herum) versteht. Das sich öffnende „Herz der Erde", Metapher rückhaltloser Verausgabung des Ursprungs, wird im „Hügel von Eichen", der möglicherweise die an der Oberfläche noch mögliche Ordnung und Friedfertigkeit zum Ausdruck bringt, für einen Augenblick stillgestellt. Die Alliteration der Substantive in beiden Wendungen unterstützt den Eindruck einer parallelen Konstruktion der Bilder, in die ein krasser inhaltlicher Gegensatz eingelagert ist. Aber der mit dem „Hügel von Eichen" markierte Ruhepunkt wird bereits in den folgenden Zeilen wieder verlassen: Mit „Aus brennendem Lande / Die Ströme" (Z. 28f.) endet der er-

ste Lokalsatz, und man muß entweder ein völlig fehlendes Prädikat annehmen
oder das blasse „sind" (Z. 31) aus dem zweiten Lokalsatz zur syntaktischen Vervollständigung heranziehen. Da die erste Lösung rein spekulativ wäre, drängt
sich die zweite als die am wenigsten in den Textbestand eingreifende auf. Der
Sinn der Zeilen wird jedoch nicht wesentlich davon tangiert, ob man das „sind"
als Prädikat auch dieses Satzes versteht oder diesen als Ellipse liest. Unabhängig
davon sind die hier evozierten Bilder vielschichtig und ambivalent. Vor allem
kann das „Aus" modal oder lokal verstanden werden. Im ersten Fall hieße das,
daß die Ströme aus brennendem Land bestehen, im zweiten, daß sie aus dem
brennenden Land herkommen. Zum einen denkt man an die Ströme glühender
Lava, die sich bei einem Vulkanausbruch über die Umgebung ergießen. Zum anderen drängt sich die Vorstellung der unter der hochstehenden Sonne flirrenden
Landschaft auf, die zusätzlich ihrer Trockenheit wegen im Sommer immer wieder
von Waldbränden heimgesucht wird. Auch wenn die Bäche in dieser Jahreszeit
ausgetrocknet sind, die großen Flüsse wie die Rhône oder die Garonne fließen
auch im Sommer durch das – im wörtlichen oder übertragenen Sinne – brennende
Land hindurch und aus ihm heraus ins Meer. Während die Ströme dieser Lesart
zufolge in einen Gegensatz zum brennenden Land treten (und damit dem Bild-
reich zuzuordnen sind, der friedfertiges organisches Wachstum beschreibt), sind
sie der ersten Lektüremöglichkeit nach mit dem brennenden Land identisch. Die
aus brennendem Land bestehenden Ströme können als Einheit der vier Elemente
verstanden werden (Erde verbrennt mit Hilfe von Luft und wird zum Strom).
Im Gegensatz zum Springbrunnen, der einen – wenngleich in sich dynamischen –
Gleichgewichtszustand der Elemente vor Augen führt, ist der Lavastrom Zeichen
einer ungebremsten zerstörerischen Aktivität der Elemente.

Es kann nicht sicher entschieden werden, welches Verhältnis von Strömen und
brennendem Land hier gemeint ist. Das Bedeutungspotential wird durch das
Spannungsverhältnis beider Möglichkeiten konstituiert. Fest steht nur, daß der
„Hügel von Eichen" in keinem Fall vom destruktiven Potential des brennenden
Landes erfaßt wird: Ob hier von großen Flüssen oder von Lavaströmen die Rede
ist – beide fließen um den Hügel herum; keiner reicht auf ihn hinauf. Im Kontext
gelesen, bildet also der „Hügel von Eichen" (ähnlich wie die „gute Stunde")
einen zwar vorübergehenden, nicht aber einen nur scheinhaften Ruhepunkt in
der rasanten, katastrophischen Bewegung des Gedichts.

Im letzten Lokalsatz öffnet sich die Beschreibung, die sich seit Z. 13 ganz auf
die Schilderung einer – wenngleich deutliche Spuren menschlicher Kulturierung
tragenden – Natur konzentriert hatte, auf den Bereich menschlichen Zusammenlebens im Rahmen dieser Natur hin: Das „Herz der Erde" öffnet sich auch dort,
wo

> Des Sonntaags, unter Tänzen
> Gastfreundlich die Schwellen sind
> An blüthenbekränzten Straßen, stillegehend.   (Z. 30-32)

Auch dieser Passus erweckt zunächst den Eindruck, die zerstörerische Tätigkeit der Natur werde aufgehoben in einer Szenerie voller Ruhe und Harmonie. Eine sonntägliche Dorfidylle wird evoziert. Zwar kommt dem Sonntag nicht dieselbe Emphase zu wie dem Feiertag, der den Ausgangspunkt der Hymne „Wie wenn am Feiertage ...“ bildet und auch in „Andenken“ (V. 17 und 47) eine zentrale Rolle spielt.[67] Aber die Tänze und die Gastfreundschaft sowie der Blütenschmuck der Straßen verweisen auf ein von den Zwängen der Alltagsarbeit vorübergehend befreites Zusammenkommen der Menschen (nicht nur der Dorfgemeinschaft, sondern auch auswärtiger Gäste) bei einem Fest. Doch dieser Eindruck sieht sich sogleich wieder einer Irritation ausgesetzt: Von den Menschen selbst ist nämlich in diesen Zeilen ebensowenig wie in den vorhergehenden die Rede.[68] So heißt es nicht etwa, daß die Dorfbewohner gastfreundlich seien, sondern vielmehr „die Schwellen“; der Eingangsbereich der Häuser also lädt zum Verweilen ein. Merkwürdig mutet auch die Bestimmung „unter Tänzen“ an, die räumlich oder zeitlich (im Sinne eines Begleitumstands) gelesen werden kann. Die erste Möglichkeit würde darauf hinauslaufen, daß die Tänze auf den Schwellen stattfinden; die Gastfreundschaft der Schwellen könnte demnach darin bestehen, den Raum für die Tänze abzugeben. Die zweite Lesart würde besagen, daß die Schwellen während der Tänze gastfreundlich sind. Beide Möglichkeiten können restriktiv verstanden werden; die Gastfreundschaft beschränkt sich möglicherweise allein auf die Erlaubnis zum Tanz (umfaßt also keine Einladung zu einem Festessen oder zu Übernachtungen), oder sie erstreckt sich nur auf die Dauer der Tänze. Unter dieser Perspektive kann auch noch die einleitende Zeitbestimmung als Einschränkung verstanden werden: *Nur* sonntags sind die Schwellen gastfreundlich; an Werktagen dagegen bleiben die Türen geschlossen. Auch die „blüthenbekränzten Straßen“ vermögen unter diesen Umständen das Ambiente nicht zu beleben; sie erscheinen als Accessoires eines Festes, das sich auf Tänze beschränkt, deren Akteure nicht genannt sind.

Natürlich ist diese ‚dunkle‘ Lesart der Stelle nur die eine Seite. Der erste Eindruck, hier werde eine friedliche Sonntagsstimmung beschrieben, wird damit nicht etwa abstrakt negiert (als falsch erwiesen), sondern dekonstruiert: Die genaue Lektüre zeigt, daß unter der harmonischen Oberfläche des Textes eine destruktive, subjektlose Bedeutungsebene hindurchscheint. Der Sinn des Textes besteht gerade in der nicht aufzulösenden Interferenz der beiden Ebenen.[69]

---

[67] Die Analyse des Topos von Fest und Feiertag in Hölderlins Dichtung zählt zu den stärksten Passagen in Heideggers Hölderlin-Lektüre; cf. Heidegger GA II.52, 59-122.

[68] Damit hebt sich der Passus signifikant von der ersten Feiertags-Stelle in „Andenken“ ab, in deren Mittelpunkt „Die braunen Frauen daselbst“ (V. 18) stehen. Adorno hat in seiner Polemik gegen Heideggers vom sinnlichen Gehalt abstrahierende Deutung der Stelle – nicht ohne einen Anflug von Sexismus, damit aber die Konnotationen des Textes wohl präzise erfassend – in diesem Vers das Entzücktsein „von der erotischen Imago der Südländerin“ (Adorno GS 11, 458) gespürt.

[69] Eine analoge Argumentationsstrategie schlägt Hamlin in seiner – als Kontrafaktur zu Henrichs Buch konzipierten – Studie zu „Andenken“ ein; cf. Hamlin 1984/85, bes. 120: „Dieses Gedicht besitzt eine dunkle Unterseite, die alles in Zweifel zieht, einschließlich seines eigenen programmatischen Unternehmens, und die womöglich sogar eine kategorisch tragische Wen-

Was hat es jedoch mit dem nachgestellten Partizip Präsens „stillegehend" auf
sich? Denkbar ist ein Bezug auf die „blüthenbekränzten Straßen", obwohl „stillegehend" nicht dekliniert ist. Das würde bedeuten, daß es sich um abgelegene,
in die Stille führende Straßen handelt. Syntaktisch wahrscheinlicher dagegen ist,
daß sich „stillegehend" auf das Subjekt „die Schwellen" bezieht. Was aber soll
es heißen, daß die Schwellen ausgerechnet „unter Tänzen", die doch in der Regel
mit Musik und lebhafter Bewegung einhergehen, „stillegehend" sind? Sie würden
also der Unruhe und Bewegung der Tänze einen Widerstand entgegensetzen,
indem sie selbst still gehen oder auf das Stille hinausgehen – eine schwer nachvollziehbare Vorstellung. Oder die Tänze selbst würden von der Stille affiziert,
wodurch sich die Unheimlichkeit der Vorstellung nicht nur subjekt-, sondern
nunmehr auch lautloser Tänze noch steigern würde.

Da alle bisher erörterten Lesarten nicht voll überzeugend sind und ein direkter Bezug auf noch weiter entfernte Substantive unwahrscheinlich ist, neige ich
dazu, „stillegehend" stärker von einzelnen Satzteilen abgetrennt zu lesen, als eine
Coda der ganzen langen Satzperiode oder als einen Metatext in der Art einer
Regie- oder Partiturbemerkung. Der ganze Satz wäre demnach „stillegehend";
es wäre nach all den Exaltationen ein den Ausgangspunkt der Periode (Z. 13)
erneuernder Ruhepunkt erreicht, der weniger transitorisch ist als der sich der
Gewalt der Elemente entgegensetzende „Hügel von Eichen".

Aber auch wenn man die selbstreferentielle Dimension des Textes in den Vordergrund der Lektüre rückt, sollte man nicht der Versuchung zur Harmonisierung
erliegen: Dem Ruhepunkt zum Schluß stellt sich die in den Satz eingelagerte
Spannung entgegen, die mit dem „stillegehend" alles andere als aufgehoben ist.
Insbesondere strahlt das die Grenzen zwischen Natur und Subjekt auflösende
Bild vom sich öffnenden „Herz der Erde" auf die ganze zweite Hälfte der Periode aus, die sich als mehrfache Lokalbestimmung auf das Bild bezieht. Es ist eine
auf den ersten Blick verblüffende Aussage, daß sich das „Herz der Erde" nicht
nur an Schauplätzen zerstörerischer Naturaktivität auftut, sondern auch am Ort
sonntäglicher Tänze. Aber die von mir vorgeschlagene Lektüre der Substruktur
dieser Zeilen könnte eine Erklärung dafür abgeben: Die unterschwellig bedrohliche Ruhe der Bilder eines Dorffestes, die Subjektlosigkeit der Handlungen und
Schauplätze nähern sich der Beschreibung eines Zustandes menschenleerer Natur ebenso an, wie die zerstörerische Natur in einer komplementären Sprachgeste
als menschlicher Körper vorgestellt wird. Die beiden Bewegungen treffen sich an
einem Punkt, der möglicherweise – einer weiteren Lesung dieses Wortes und des
ganzen Satzes folgend – durch das „stillegehend" markiert wird, das sich, die
beiden Lokalsätze einklammernd, auch auf das sich öffnende „Herz der Erde"
zurückbeziehen könnte. Dem Sich- Öffnen des Erdinneren wäre damit die Gewalt des Ausbruchs genommen; der Entfaltung des Herzens entspräche ein Weg
in die Stille, der zugleich ein Weg zurück ins Innerste sein könnte. Aber diese

---

dung des dichterischen Prozesses des Erinnerns thematisiert, der alles offen und unversöhnt
läßt."

Stille – daran führt keine der hier versuchten Lektüren der Passage vorbei – ist die einer Welt ohne Menschen.

Wo aber bleibt in diesem Abschnitt das Subjekt des Textes, das sich zum Schluß des Eingangsabschnitts (Z. 11) so vehement als Ich artikuliert und der Aktivität des Nachtgeistes entgegengesetzt hat? In Z. 13 kann es noch als zentrierende, wertende Instanz wahrgenommen werden: „Viel thuet die gute Stunde." Mit Z. 14 verlagert es seine Aufmerksamkeit auf „die Staaren", also auf eine Pluralität von Akteuren, die aber trotz aller Ungezügeltheit im „Freudengeschrei" während ihres Zuges als Kollektiv handeln. Nun wird aber in dem ganzen langen Satz bis Z. 32 nicht etwa schon diese Vogelwanderung beschrieben. Vielmehr kreist die Darstellung scheinbar ziellos um blitzartig aufscheinende Bilder südfranzösischer Landschaften, denen allein der Bezug auf die verletzende Gewalt der Sonne gemeinsam ist. Subjektivität als eine Sinneswahrnehmungen zu einem Gesamteindruck ordnende Instanz scheint hier aufgelöst zu sein. Synthetischer dagegen ist die zweite Hälfte der Periode angelegt, in der Natur und Kultur eine spannungsreiche, aber friedliche Einheit einzugehen scheinen, in der Gewalt und Stille zugleich möglich sind. Natur wird als körperliches Subjekt gedacht. Möglichkeiten menschlicher Subjektivität und Intersubjektivität dagegen scheinen nicht auf. Die in der „Friedensfeier" aufgewiesene Perspektive eines in „Gesang" übergehenden Gesprächs zwischen Menschen fehlt hier ganz. Das sonntägliche Fest ist nicht etwa Instanz einer wechselseitigen Konstitution von Individuum und Gemeinschaft (wie etwa in der „Rhein"-Hymne und wohl auch noch in „Andenken"); vielmehr werden die Tänze bloß abstrakt beschworen und von der Stille und Menschenleere affiziert: Das Textsubjekt schreitet wie im Traum durch die „blüthenbekränzten Straßen" des von Menschen verlassenen, nur von unwirklichen Tänzen belebten Dorfes, in dem die Dinge menschliche Eigenschaften angenommen haben (die Schwellen etwa die Gastfreundschaft). Die Stille, die zum Schluß einkehrt und in die das Subjekt des Textes eingeht, ist keine der Versöhnung.

Aber der Text versinkt nicht etwa in dieser Melancholie der Stille, denn mit Zeile 33, die den nächsten Satz einleitet, kehrt wieder heilsame Unruhe in den Gedichtverlauf ein:

Sie spüren nemlich die Heimath,
Wenn grad   aus falbem Stein
Die Wasser silbern rieseln
Und heilig Grün sich zeigt
Auf feuchter Wiese der Charente,   (Z. 33-37)

„Sie spüren nemlich die Heimath". Rein grammatisch gedacht, müßte sich „Sie" auf die „Straßen" oder aber auf das Subjekt des letzten Nebensatzes, „die Schwellen", beziehen. Auch wenn die Schwellen anthropomorph als „Gastfreundlich" bezeichnet werden, erscheint mir der Rückbezug des „Sie" auf die trügerische Dorfidylle jedoch nicht als sinnvoller Interpretationsansatz. Der Kontext des restlichen Textes auf dieser Seite (und auch noch seiner Fortsetzung auf der Rückseite) macht vielmehr deutlich, daß mit Zeile 33 das Bild der „Staaren" aus dem letzten anakoluthischen Hauptsatz (Z. 14) wiederaufgenommen und im folgenden konsequent weiterentwickelt wird. Auch der Anschluß „nemlich" (dem allerdings in Hölderlins Lyrik häufig nur überleitende, selten eine starke kausale Funktion zukommt) läßt sich sinnvoller auf die Szenerie der mit Freudengeschrei aufbrechenden Vögel als auf das sonntägliche Fest zurückbeziehen. Die „Heimath" steht in Opposition zu „liebenswürdiger Fremde" in Zeile 17. Ist mit der „Fremde" die Gascogne oder Südfrankreich allgemein gemeint, so scheint die „Heimath" hier Deutschland zu bedeuten. „Sie spüren nemlich die Heimath" hieße demnach, daß die Stare einen Drang verspüren, nach Deutschland zu fliegen, und daß sie zugleich bereits eine Ahnung, ja eine antizipierende sinnliche Wahrnehmung von ihrem Ziel haben. Aber das ist nur eine der möglichen Bedeutungen dieser Zeile, die nicht vorschnell verabsolutiert werden darf. Es kann nämlich nicht ausgeschlossen werden, daß mit der „Heimath" Südfrankreich gemeint ist, läßt sich doch für einen Zugvogel, der sein Leben an zwei geographisch und klimatisch entgegengesetzten Orten sowie mit der Wanderung zwischen beiden verbringt, nicht ohne weiteres ausmachen, welcher der beiden Orte nun seine Heimat ist. Für diese Sichtweise sprechen die Bedingungen für das Spüren der Heimat, die in den folgenden Zeilen angegeben werden. In dieser Passage erscheint die südfranzösische Landschaft nachgerade als das Paradies auf Erden. Die Beschreibung versammelt nur positiv konnotierte Naturbestandteile zu einem Bild: Die oben wahrscheinlich gestrichenen „feuchten Wiesen" (Z. 21) werden hier variierend wiederaufgenommen, integriert und zum Ort stilisiert, an dem „heilig Grün sich zeigt". Das pflanzliche Wachstum als Inbegriff der produktiven Natur wird vom Textsubjekt als Offenbarung des Heiligen angesehen.[70] Auch das Bild der – als Pendant zu dem weiter oben am linken Rand evozierten ‚Springbrunnen' verstehbaren – Quelle, die die Wiese mit Feuchtigkeit versorgt und damit das „heilig Grün" erst möglich macht, vereinigt in sich konkretanschauliche Darstellung mit Überhöhung, die dadurch erzielt wird, daß das aus dem hellen Stein fließende kristallklare Wasser als „silbern" rieselndes bezeichnet wird. In Vokabeln wie dieser nähert sich die Idylle beinahe dem Kitsch an. Auch das archaisierende Attribut „falbem" (für ‚bleich', ‚hell') scheint in diese Richtung zu deuten. Aber die Verwendung dieses ansonsten zur Bezeichnung der Haut- oder Haarfarbe (vor allem von Tieren) benutzten Wortes[71] zur Beschreibung des vom Wasserquell ausgebleichten Steins durchbricht bereits die scheinbar auch sprachlich geglättete Idylle. Ebensowenig fügt sich der Beginn

---

[70] An der deutlichsten Parallelstelle zu dieser Passage, in der Elegie „Der Wanderer", wird die Funktion des „heilig Grün" explizit gemacht: „Und das heilige Grün, der Zeuge des seeligen, tiefen / Lebens der Welt, es erfrischt, wandelt zum Jüngling mich um." („Flora"-Fassung, FHA 6, 70, V. 41f.)

[71] Cf. Kluge 1975, 180 (s. v. fahl) und 181 (s. v. falb); Duden-Etymologie, 172 (s. v. fahl) und 173 (s. v. falb). Interessanterweise kennt das Schwäbische weder die niederdeutsche Variante „fahl" noch die hochdeutsche „falb" (cf. Kluge 1975, 181). Die Verwendung des Wortes ist also auch in Hölderlins mundartlichem Kontext ungewöhnlich. Als einzige Parallelstelle in der Lyrik des Autors läßt sich der bekannte Beginn des Bruchstücks „Auf falbem Laube ruhet ..." (HF 90, Z. 1) ausmachen, bei dem das Wort ebenso unkonventionell verwendet ist.

der Passage „Wenn grad", dem in der Handschrift eine Lücke von der Länge etwa eines Wortes folgt, der beschaulichen Szenerie ein. Denn ‚grad rieselnde' Wasser müssen als arg schiefes Bild eingeschätzt werden; eher wäre bei „grad" im Zusammenhang mit Wasser wieder an den geraden Strahl des Springbrunnens zu denken, der am Rand neben dem ersten Notat der „feuchten Wiesen" erwähnt wird. Aber damit ist die Lücke in dieser Zeile nicht zu füllen. Durch diese Lücke und durch die – wie sich erst auf den zweiten Blick zeigt – sperrige Wortwahl wird das scheinbar harmonische Bild in sich gebrochen und seiner Idyllik beraubt.[72]

Führt man sich ferner – die vom Text entworfene Perspektive verlassend – vor Augen, was es bedeutet, wenn ein Starenschwarm sich in einer fruchtbaren Landschaft niedergelassen hat, so verkehrt sich die Idylle unter landwirtschaftlichen Gesichtspunkten in eine Horrorvision:

> Besonders beliebte Schlafstellen [der Stare] sind hohe Bäume, Schilfbestände und Weidendickichte. Da Stare außer Schnecken, Insekten und anderen Kleintieren auch Beeren und andere saftige Früchte fressen, können Starenschwärme in Obstplantagen und in den Weinbergen erhebliche Schäden anrichten. Die im Winter nach Nordafrika gezogenen Stare plündern hier oft die Olivenbestände.[73]

Natürlich ist von dem Schaden, den plündernde Starenschwärme anrichten können, im Text des Gedichts nicht die Rede. aber die anderen Elemente der von den Staren handelnden Bildfolge („Freudengeschrei", Spüren der „Heimath" – hier verstanden als Orientierung auf das Ziel des Zuges –, Aufenthalt in feuchten Niederungen) sind ornithologisch denkbar präzise; daher ist es vielleicht nicht allzu abwegig, anzunehmen, daß mit dem Bild der Stare unterschwellig *auch* deren mögliche Schädlichkeit für die genannten landwirtschaftlich genutzten Gegenden („Gärten", „Olivenland") gesetzt ist, daß die „Staaren" also nicht durchgängig positiv konnotiert sind. Die scheinbare Idylle bekommt damit noch weitere Brüche.

„Auf feuchter Wiese der Charente": damit ist zunächst die Niederung des etwa hundertfünfzig Kilometer nordöstlich von Bordeaux entspringenden und etwa vierzig Kilometer nördlich der Gironde in den Atlantik mündenden Flusses gemeint, darüber hinaus aber auch die gleichnamige Landschaft, durch die die Charente fließt.[74] (Die Wiese ist daher nicht notwendigerweise vom Fluß her feucht, sondern möglicherweise auch durch andere Quellen, durch Morgentau oder einen Frühlingsregen.) Die paradiesische Szenerie ist also etwas weiter nördlich angesiedelt als die vorhergehende Landschaftsbeschreibung, die – das zumindest ist die einzige geographisch eindeutige Denotation in jenem Abschnitt – in der Gascogne lokalisiert war. Will man eine Richtung in dieser Bewegung ausmachen, so zielt sie auf Paris oder auch – cum grano salis – auf Südwestdeutschland.

---

[72] Im Gegensatz zu Beißner, der die Lücke in seiner Textkonstitution wiedergibt, trägt Sattler diesem irritierenden Moment in seiner Textfassung nicht Rechnung.

[73] Brehm 1975, 133. Cf. auch Grzimek 1970, 453.

[74] Zedler (Bd. 5 [1733], Sp. 2008f.) kennt die Bezeichnung nur für den Fluß selbst und beschreibt penibel dessen Verlauf.

Adolf Beck hat darauf aufmerksam gemacht, daß Hölderlin mit dieser Bewegung möglicherweise seine eigene Rückreise von Bordeaux über Paris nach Nürtingen nachzeichnet.[75] So instruktiv diese These für die biographische Forschung ist, so wenig hilft sie bei der Analyse der Textur des vorliegenden Gedichts. Bestenfalls läßt sich mit ihr die Vermutung stützen, jedes einzelne der Bilder des Gedichts sei erfahrungsgesättigt, könne „nur auf Augenschein beruhen"[76]. Diese Vermutung drängt sich zwar aufgrund der konkret-sinnlichen Landschaftsbeschreibungen in diesen Passagen auf, läßt sich aber mangels Zeugnissen mit biographischen Argumenten nicht weiter stützen.

Innerhalb des Textzusammenhangs bietet sich dagegen die These an, mit der Bewegung von der Gascogne zur Charente werde der Frühlingszug der Stare nachgezeichnet. Mehrere Gründe lassen es jedoch als geraten erscheinen, dieser These mit Vorsicht zu begegnen. Zum einen läßt sich aus dem ersten Komplex von Beschreibungen südfranzösischer Landschaften (Z. 15-32) keine einsinnige Richtung herauslesen, sondern nur ein blitzlichtartiges Aufleuchten von Szenerien, die in der Bildachse „Die Sonne sticht, / Und das Herz der Erde thuet / Sich auf" gebündelt werden und schließlich in der trügerischen Dorfidylle ausklingen. Es wäre auch falsch, einen klaren Gegensatz zwischen der „Gasgone" und der Charente zu konstruieren, wird doch die „Gasgone" ausdrücklich mit „Orten, wo viel Gärten sind" (Z. 15) gleichgesetzt. Kann man in diesem Bild und in einigen anderen Fruchtbarkeit und Lebendigkeit ausdrückenden Segmenten schon eine Antizipation der paradiesischen Natur der Charente sehen, so führen die dazwischen eingefügten, aber nicht eindeutig der Gascogne zuzuordnenden Bilder die Zerstörungskraft und Bedrohlichkeit der südlichen Landschaft vor Augen.[77]

Die Vögel sind in der Passage bis Z. 32 als Erfahrungssubjekt nicht auszumachen. Auch aus der Aussage „Sie spüren nemlich die Heimath" (Z. 33) läßt sich noch nicht klar entnehmen, daß die Stare nun bereits unterwegs sind. Erst der nun folgende letzte Passus auf dieser Seite entwirft eindeutig eine Aufbruchsszenerie und bestätigt im nachhinein, daß mit dem „Sie" in Z. 33 bereits die Vögel gemeint sind:

> Der klugen Sinne pflegend.   wenn aber
> Die Luft sich bahnt,
> Und ihnen machet waker
> Scharfwehend die Augen der Nordost, fliegen sie auf,   (Z. 38-41)

Die Zeilen setzen nach einer Lücke in der Handschrift ein, in der etwa zwei Zeilen hätten Platz finden können. Dieser Lücke wegen ist die gradlinige Lektüre,

---

[75] Cf. Beck 1950. Ebenso Uffhausen 1983, 16.

[76] Beck 1950, 89.

[77] Jean-Pierre Lefebvre faßt den Abschnitt (Z. 13-37) folgendermaßen zusammen: „Cris des bandes d'oiseaux en partance. Mais aussi: pays des oliviers. Souriante terre étrangère. Soleil brûlant. Terre qui s'ouvre. Seuils accueillants. Routes fleuris. Pourqoi partir, on est si bien." (1989, 422) Diese Beschreibung trifft auf einzelne Stellen wie die Charente-Idylle zu, harmonisiert jedoch die ungeheuren Spannungen, die in der gesamten Passage aufgebaut sind (offenbar aus einer Nähe und Liebe zur südfranzösischen Landschaft, die ich gut nachvollziehen kann, die aber die im vorliegenden Text evozierte zerrissene Stimmung verfehlt).

die „pflegend" auf das letzte Satzsubjekt „heilig Grün" bezöge, nicht sehr wahrscheinlich. Das ist fast ein wenig ärgerlich, denn es wäre ein in sich stimmiges Bild, daß die mit göttlichen Attributen ausgestattete fruchtbare Natur die „klugen Sinne" der Vögel pflegt und sie so auf die lange Wanderschaft vorbereitet. Aber es hat sich schon an vielen Stellen der Lektüre dieser Seite ergeben, daß die sich zunächst aufdrängenden stimmigen Interpretationen durch manifeste textuelle Tatbestände aufgebrochen und in Frage gestellt werden. Möglich ist dagegen ein Bezug auf das Subjekt des Hauptsatzes, also „Sie" (Z. 33). (Die Lücke könnte demnach beispielsweise für einen weiteren Konditionalsatz reserviert worden sein.) Das hieße, daß die Vögel ihre eigenen „klugen Sinne" pflegen – ebenfalls eine sinnvolle Lesart. Eindeutig kann dieser weit zurückgreifende Bezug des Partizip Präsens jedoch nicht befürwortet werden, da auch nicht auszuschließen ist, daß „pflegend" sich auf die dann nicht ausgeführten Zeilen in der Lücke beziehen sollte. Jedenfalls ist es evident, daß die Lücke keine tiefgreifende inhaltliche Zäsur markiert, sondern daß das Bild der in der Charenteniederung ihren Aufbruch vorbereitenden Stare bruchlos fortgeführt wird. Zu überlegen wäre, ob die Lücke nur deshalb so groß ausgefallen ist, weil Hölderlin die Zeilen 37 und 40 schon in einer frühen Arbeitsphase notiert (cf. StA II.1, 233; FHA Einl., 26) und die Zeilen 38 und 39 später eingefügt hat. Demnach hätte er den Raum, den er für das noch Einzufügende benötigte, einfach falsch kalkuliert. Diese Hypothese wird aber dadurch unplausibel, daß die beiden eingefügten Zeilen sehr klein geschrieben und ganz eng an die Zeile 40 herangerückt sind. Hätte die Lücke mit den beiden Zeilen überbrückt werden sollen, wären sie dagegen mit Sicherheit großzügiger und weiter oben notiert worden. Das Loch im Text darf also keineswegs als nur zufällig und vernachlässigbar angesehen werden. Für den Gedichtzusammenhang an dieser Stelle ist konstitutiv, daß eine inhaltliche Klammer über eine manifest klaffende Lücke im Textbestand gespannt ist.

Darin erschöpfen sich jedoch noch nicht die Probleme, die das Segment „Der klugen Sinne pflegend" der Textanalyse aufgibt. Zum einen ist es umstritten, ob es überhaupt „Der" oder nicht vielmehr „Die klugen Sinne pflegend" heißt. Graphisch erscheint mir eine Korrektur von „Die" in „Der" wahrscheinlicher als eine in umgekehrter Richtung. Hölderlin gebraucht „pflegen" mit Genitiv noch an zwei anderen Stellen in seiner Lyrik; es handelt sich also nicht um eine völlig ungewöhnliche Konstruktion.[78] Durch sie wird eine enge, intensive Beziehung zwischen Subjekt und Objekt des Pflegens hergestellt, während der Akkusativ eher Distanz signalisiert. Um so gravierender wirkt es sich an dieser Stelle aus, daß ein Subjekt der hier im Partizip Präsens dargestellten Tätigkeit nicht eindeutig auszumachen ist: Die Stare scheinen für die Pflege ihrer Sinne letztlich doch auf sich allein angewiesen zu sein. Immerhin bringen sie die Veranlagung dazu bereits mit, da ihre Sinne noch vor aller Pflege als ‚klug' bezeichnet wer-

---

[78] „So pflegte / Sie einst des gottgeliebten, / Des Sehers" (Patmos, V. 73-75); „Dort wart auch ihr, ihr Schönsten! oder pflegtet / Der Inseln" (Die Wanderung, V. 68f.). Cf. auch „Hyperion": „Er hatte eben die Arbeit bei Seite gelegt, saß in einer mondhellen Eke am Fenster und pflegte seiner Gedanken." (FHA 11, 713, Z. 6-8).

den. Daran wird deutlich, daß das Textsubjekt die Vögel nach anthropomorphen Maßstäben mißt.

Noch gravierender als diese Unsicherheit ist der Tatbestand, daß das genannte Segment nach der Lücke nicht etwa einen intakten Zusammenhang der letzten vier Zeilen dieser Seite einleitet, sondern daß auf den Punkt eine Lücke innerhalb der Zeile folgt, nach der der Text mit „wenn aber," wieder einsetzt. Dieses Segment gibt wiederum eine Fülle von Problemen auf. Es stellt sich zunächst die Frage, welches Wort vor der klein geschriebenen Konjunktion „wenn"[79] einen Satz einleiten könnte. Kaum eine Lösungsmöglichkeit scheint mir syntaktisch und semantisch befriedigend zu sein, zumal der adversative Anschluß schon durch das „aber" hergestellt ist.[80] Es ist also ein starker Bruch innerhalb der Zeile festzustellen. Auf den ersten Blick ist es dagegen naheliegend, eine Verbindung zur nächsten Zeile herzustellen: ‚wenn aber die Luft sich bahnt'. Diese Betrachtungsweise ignoriert jedoch das eindeutig hinter „aber" gesetzte Komma. Das Komma trennt das Segment von dem syntaktisch sinnvollen Zusammenhang. Paradoxerweise wird also gerade die Kombination zweier Bindewörter aus dem Kontext des Vorhergehenden und Folgenden isoliert. Daraus haben die neueren Herausgeber Konsequenzen gezogen: Sattler ordnet „wenn aber," in seiner Transkription von 1986 einer früheren Entstehungsphase zu als den Beginn der Zeile und die folgende Zeile 39. Damit ist der Weg frei, das Segment in mögliche neue Zusammenhänge zu stellen. Uffhausen sieht „wenn aber," als Schluß einer fragmentarischen Zeile an, die zwischen die Zeilen 38 und 39 zu schieben wäre.[81] Diese Lesung kann für sich geltend machen, daß das Segment nicht genau auf einer Linie mit dem Vorhergehenden, sondern etwas weiter unten notiert ist. Demnach wäre ein mehr als nur ein Wort umfassender Satzanfang vor „wenn aber" anzunehmen. Damit ist allerdings die Frage nach dem Zusammenhang zum Folgenden nicht zufriedenstellend gelöst; Uffhausen hält trotz des Kommas an der syntaktischen Verbindung ‚wenn aber die Luft sich bahnt' fest. Löst man diesen Anschluß auf, wie es das Komma nahelegt, so ergibt sich daraus sogleich das nächste Problem: Die folgenden Sätze („Die Luft sich bahnt, / Und ihnen machet waker / Scharfwehend die Augen der Nordost"), die wegen der Inversion keine Hauptsätze sein können, müßten dann ebenfalls als fragmentarisch angesehen werden. Da sich jedoch „wenn aber" als Beginn eines Nebensatzes problemlos eignet, scheint es mir vertretbar zu sein, trotz des Kommas diesen Anschluß hypothetisch anzunehmen. Möglicherweise liegt also ein Schreibfehler des Autors

---

[79] Das „wenn" ist eindeutig klein geschrieben. Auch die zusätzlichen unentzifferten und vielleicht auch nicht dekodierbaren Striche im w können nicht als Indiz für eine Großschreibung gewertet werden.

[80] Man könnte erwägen, ob Hölderlin hier die von ihm gern verwendete pindarische Wendung „wie wenn" geplant hat. Es erscheint mir aber als unwahrscheinlich, daß er in diesem Fall nur den zweiten Teil der Kombination („wenn") notiert hätte. Zudem paßt das „aber" nicht zu der Kombination. Allgemein läßt sich sagen, daß eine Verbindung dreier Konjunktionen sehr schwerfällig wirken würde, während andere Wortarten syntaktisch nicht vor das „wenn aber" passen.

[81] Cf. Uffhausen 1989, 144, Z. 46.

vor.[82] Dieser Leseweise nach tritt das „wenn aber" in einen deutlichen Gegensatz zu „Wenn grad" (Z. 34), das übrigens ebenfalls am Rande einer (in diesem Fall folgenden) Lücke steht.[83] Die nun folgende Darstellung der Aufbruchssituation durchbricht die Naturidylle der Charenteniederung. Diese Unterbrechung wird nicht allein durch die adversative Konjunktion „aber", sondern ebenso durch die Lücke am Satzbeginn vor „wenn aber" (die keine Leerstelle ist, da kaum auszumachen ist, was in sie eingefügt werden könnte) sinnfällig gemacht.

In der Aussage, daß „Die Luft sich bahnt", findet sich das erste eindeutige Indiz für eine Ausrichtung der Bilderwelten des Gedichts am Zug der Stare von Südwestfrankreich nach Deutschland: Die Luft bildet eine Bahn, so könnte man das Segment paraphrasieren.[84] Diese Aussage wird im Folgenden konkretisiert: „Und ihnen machet waker / Scharfwehend die Augen der Nordost". Der ganze Satz spannt sich auf das in Endstellung gebrachte Subjekt „der Nordost" hin.[85] Auch die Plazierung des Akkusativ-Objekts „die Augen" unmittelbar davor ist ungewöhnlich. Dadurch bleibt der genaue Bezug von „waker" und „Scharfwehend" zunächst in der Schwebe. So wäre es möglich, daß sich neben „waker" auch „Scharfwehend" als adverbiale Bestimmung unmittelbar auf „machet" bezieht oder aber „waker" attributiv auf „Scharfwehend". Überblickt man jedoch den Satz als ganzen, so ergibt sich als einzige semantisch sinnvolle Auflösung, daß „Scharfwehend" – trotz der fehlenden Flexion und der ungewöhnlichen Stellung[86] – als Attribut zu „der Nordost" anzusehen ist, „waker" aber als Prädikatsnomen. Der „Nordost" ist demnach ein scharfwehender Wind, und als solcher macht er dem Gedicht zufolge die Augen der Stare „waker". (Daß sich „ihnen" auf „die Staaren" [Z. 14] bzw. „Sie" [Z. 33] zurückbezieht, ergibt sich aus dem nachgestellten Hauptsatz „fliegen sie auf" [Z. 41].) Gerade der den Staren bei ihrem Frühjahrszug entgegenwehende scharfe Nordostwind ist es also, der ihnen eine Bahn schafft. In bezug auf die Augen ist „waker" hier offenbar weniger im Sinne von ‚tüchtig, ordentlich' gebraucht als in der etymologisch eng mit „wach" und

---

[82] Weniger wichtig ist in meinen Augen die Frage, ob „wenn aber," als eigene Zeile anzusehen ist. Obwohl Uffhausens Vorschlag vertretbar ist, übernehme ich ihn nicht, da der Bruch zum Vorstehenden auch schon durch eine Lücke innerhalb der Zeile hinreichend ausgedrückt ist. Die leichte Versetzung des Segments nach unten erscheint mir als Indiz für eine zusätzliche Zeile als zu wenig tragfähig, da ein Absacken des Zeilenendes auf diesen Handschriftenseiten häufig zu finden ist.

[83] Dieser Gegensatz wäre semantisch viel eindeutiger und rhetorisch viel eindrucksvoller, wenn das „wenn aber" durch Großschreibung eindeutig als Satzanfang markiert wäre. Aber es scheint beinaho so etwas wie eine Regel zu sein, nach der die Textur dieses Gedichtfragments gefügt ist, daß alle glatten und sauberen Lektüren mit Hilfe kleinster textueller Befunde in Zweifel gezogen werden können.

[84] Zugleich klingt für heutige Ohren darin ‚sich anbahnen' an, die Vorbereitung großer Ereignisse. Dieses Wort ist allerdings erst ab 1807 nachgewiesen; cf. Kluge 1975, 21 (s. v. anbahnen). Das transitive Verb ‚bahnen' (so in ‚einen Weg bahnen') ist jedoch schon seit dem Mhd. überliefert; cf. Duden-Etymologie, 58 (s. v. bahnen); Lexer 1979, 9 (s. v. banen).

[85] Cf. Sowinski 1986, 100; Reuß 1990, 169, Anm. 203

[86] Cf. zur fehlenden Adjektivflexion als Stilmittel in Hölderlins später Lyrik auch Reuß 1990, 175.

„wecken" zusammenhängenden Bedeutung ‚frisch, kräftig'.[87] Die Stare, so kann diese Aussage interpretiert werden, benötigen – entgegen der naheliegenden Erwartung, daß sie sich Rückenwind wünschten – gerade den scharfen Gegenwind, um überhaupt aus der Naturidylle aufbrechen zu können und dort nicht in süßlicher Lethargie zu verharren, wodurch sie das ihnen gesetzte Ziel nie erreichen würden. Der Wind kräftigt jedoch nicht vorrangig ihre körperlichen Fähigkeiten, sondern entscheidend ist die Ausbildung des für ihren Flug wichtigsten Sinnesorgans, des Gesichtssinns. Damit wird die Aussage „Der klugen Sinne pflegend" konkretisiert.[88] Es ist sehr aufschlußreich, daß der ungemütliche Nordostwind auch in diesem Bildzusammenhang als segensreich konnotiert wird, also nicht nur, wenn er – wie in „Andenken" – aus der anderen Richtung (von Deutschland nach Südfrankreich) als „Der liebste unter den Winden / Mir, weil er feurigen Geist / Und gute Fahrt verheißet den Schiffern" (V. 2-4) beurteilt wird.

Es ist Jean-Pierre Lefebvres Verdienst, in diesem Zusammenhang mit aller Vorsicht auf eine weitere Konnotationsmöglichkeit hingewiesen zu haben, die sich aus der Mehrdeutigkeit des deutschen Wortes ‚Star' ergibt:

> *Wacker machen* signifie [...], dans la langue biblique, *ouvrir les yeux* de ceux qui ne voient pas, les tirer de la cécité. Est-ce vraiment par l'effet d'une pure contingence que le nom même de l'oculiste, du practicien qui rendait la vue aux aveugles fut longtemps *Starstecher*, celui qui perce la taie? Si l'on disait *Starblind* des aveugles qui ne voyaient pas malgré leurs yeux apparemment ouverts?[89]

Folgt man dieser Idee, so erscheinen die Stare nicht allein als muntere, kreischende und bewegliche Wesen, sondern ihnen wird (unter Vernachlässigung der Etymologie[90]) ein ‚starrer' Blick zugeschrieben, wie man ihn früher fälschlich bei an Grünem oder Grauem Star Erkrankten oder sogar Erblindeten glaubte beobachten zu können.[91] Demnach würden die Stare durch den Nordostwind

---

[87] Cf. Kluge 1975, 829f. (s. v. wacker); Duden-Etymologie, 796 (s. v. wacker); Lexer 1979, 304 (s. v. wacker). Interessanterweise versucht Kant, die vegetative und die ethische Bedeutungsnuance zusammenzuhalten: „Ein jeder Affekt von der *wackern* Art (der nämlich das Bewußtsein unserer Kräfte, jeden Widerstand zu überwinden, (animi strenui) rege macht) ist *ästhetisch-erhaben*, z. B. der Zorn, sogar die Verzweiflung (nämlich die *entrüstete*, nicht aber die *verzagte*)." (KdU B 122; WA 10, 199) Das Wort ist in Hölderlins Lyrik nur an dieser Stelle belegt.

[88] Auch an dieser Stelle klingen Formulierungen aus Luthers Bibelübersetzung an: „Ein hörend Ohr / vnd sehend Auge / Die macht beides der HERR. // Liebe den Schlaff nicht / Das du nicht arm werdest / Las deine augen wacker sein / So wirstu brots genug haben." (Sprüche 20, 12f.; cf. auch 1. Sam. 14, 27)

[89] Lefebvre 1989, 423.

[90] Cf. Kluge 1975, 739f. (s. v. Star[1] und Star[2]); Duden-Etymologie, 701 (s. v. Star[1] und Star[2]).

[91] Cf. z. B. Adelung, Bd. 4 (1808), Sp. 257f. (s. v. Staar), der die Augenkrankheit so beschreibt, daß die Betroffenen „starr vor sich hin sehen" (258). Adelung unterscheidet diese Bezeichnung orthographisch streng von der des ‚Sangvogels' (cf. ibd., Sp. 275f. [s. v. Stahr]). Wie die Schreibweise an der vorliegenden Stelle zeigt, war diese Unterscheidung zu Beginn des neunzehnten Jahrhunderts nicht allgemein durchgesetzt. Zedler führt den Vogel unter dem Stichwort „Staar" mit den Varianten „Star, Stahr, Sprehe" an (Bd. 39 [1744], Sp. 569-571), die Augenkrankheit ebenfalls unter „Staar", aber ohne Varianten (ibd., Sp. 572-610 – mit

nicht nur aus einem Traum geweckt, den sie während ihres Aufenthalts in der Charente-Idylle träumten, sondern zugleich sehend gemacht.[92] Eine weitere Ausschmückung dieser Assoziationskette verbietet sich jedoch, da die in diesem Text realisierte Lautgestalt „Staaren" das Wort deutlich von dem krankhaften ‚Starren' der Augen abhebt. Erst jetzt, im letzten Syntagma auf dieser Seite, ist explizit vom Aufbruch der Stare die Rede: Wenn der Nordost bläst, „fliegen sie auf", nach all dem präludierenden „Freudengeschrei" und dem retardierenden Spüren der „Heimath" in der Charente-Niederung. Die Verzögerung des Aufbruchs, der sich schon in Zeile 13 mit der Aussage „Viel thuet die gute Stunde." angekündigt hatte, bis zur allerletzten semantischen Einheit auf dieser Seite schafft einen großen Spannungsbogen, der den gesamten Abschnitt umspannt. Damit ist freilich der in meiner Lektüre betonte Eigenwert der Einzelpassagen, insbesondere der Zeilen 15 bis 32, in denen die Stare schon fast vergessen zu sein scheinen und das sprechende Subjekt versucht, sich in der zugleich fruchtbaren und furchtbaren südfranzösischen Landschaft zu orientieren, keineswegs aufgehoben, sondern nur in einen Zusammenhang gestellt. Zwar erhalten die Stare eine Orientierung und eine Ausrichtung auf ein Ziel durch den ihnen entgegenblasenden Nordostwind. Inwieweit damit allerdings die Orientierungslosigkeit, Gefährdung und Vereinsamung des Textsubjekts aufgehoben sind, ist noch völlig unklar, denn es ist nicht ausgemacht, ob oder inwieweit sich das Subjekt mit den Vögeln identifiziert, ja welche Funktion sie überhaupt im Gedichtzusammenhang haben. Die Frage kann an dieser Stelle noch nicht beantwortet werden, da die Stare jetzt erst auffliegen, die entscheidende Darstellung ihres Weges also noch aussteht. Diese Offenheit macht der Text durch das Komma sinnfällig, das hinter „fliegen sie auf" das letzte Zeichen auf dieser Seite ist. Darauf folgen acht Zentimeter freier Raum bis zum unteren Seitenrand. Das leere Papier scheint an dieser Stelle wieder Unvollständigkeit zu signalisieren. Vielleicht ist es aber auch so, daß auf das „fliegen sie auf", das den über drei Viertel der Seite gespannten Bogen schließt, nichts mehr folgen konnte: Der Aufbruch hat sich ereignet; und nun ist alles ganz anders, wir wissen nicht wie. Diese Ratlosigkeit darüber, was auf den Aufbruch folgt, wird durch den großen Leerraum vor Augen geführt. Wir müssen die Seite umblättern, um zu sehen, wie es weitergeht.

---

detailliertesten Beschreibungen der Krankheitssymptome und Operationsmethoden).

[92] Dem Wind käme also eine christusähnliche Potenz zu, die im paradiesischen Traum Eingelullten, also scheinbar Toten, zu erwecken und die Blinden sehend zu machen.

2 Seite II (74)

Die Seite trägt keine Überschrift. Der Text der vorigen Seite mündet, so hat sich als Endpunkt meiner Lektüre ergeben, mit der Aussage „fliegen sie auf" und einem Komma dahinter ins Offene und läßt damit eine Fortsetzung auf dieser Seite als sinnvoll erscheinen. Die Spannung, die sich über den größten Teil der Vorderseite von der ersten Erwähnung der Vögel bis zu deren Abflug aufgebaut hatte, wird durch das Umblättern weiter erhöht. Die Zäsur im Text hat sich somit auch in der Gestaltung der Handschrift niedergeschlagen. Die Erwartung, nun etwas über den Flug und die Ankunft der Vögel zu erfahren, wird mit dem Textbeginn „Und Ek um Eke" (Z. 3) nicht enttäuscht.

Z. 1f. (Bruchstück, rechts)

Was aber hat es in diesem Zusammenhang mit den ersten beiden Zeilen auf dieser Seite auf sich, die einige Zentimeter nach rechts versetzt und damit eindeutig aus dem linearen Textzusammenhang herausgerückt sind?

> Zwei Bretter und zwei
> Brettchen apoll envers terre (Z. 1f.)

Eine titelartige Funktion kommt für das Segment nach allen Überlegungen, die ich zur Überschrift der vorigen Seite angestellt habe, aber auch wegen der Zweizeiligkeit und Länge des Bruchstücks, nicht in Frage. Die widerspenstige, klecksende Feder und die unregelmäßige Handschrift (z. B. stark voneinander abweichende Wortabstände) sind klare Indizien dafür, daß die beiden Zeilen einer anderen Arbeitsphse entstammen als wahrscheinlich der gesamte übrige Text dieser Seite. Daß sie *vor* dem mit gleichmäßiger Feder und sorgfältiger Schrift notierten dominierenden Text niedergeschrieben wurden, ist unwahrscheinlich, da der Autor in der Phase erster Notate ins Homburger Folioheft, wie die meisten der fast leeren Seiten zeigen, auf eine ästhetisch ansprechende Schriftgestaltung Wert legte. Die Zeilen gehören also wahrscheinlich einer späten Bearbeitungsphase an, während der ein großer Teil des Textes dieser Seite oder sogar das gesamte übrige Material bereits hier standen. (Vorstellbar ist von der Feder und dem handschriftlichen Duktus her eine Gleichzeitigkeit mit einem der allerletzten Bearbeitungsdurchgänge auf der gegenüberliegenden Seite 75.) Trifft diese Annahme aber zu, so scheint es mir unabweisbar, daß diese obersten beiden Zeilen gezielt zum übrigen Text der Seite in eine Beziehung gesetzt sind. (Und auch wenn die Annahme nicht zuträfe, müßte man nach der objektiven Konstellation fragen, in die die verschiedenen Subtexte auf der Seite zueinander treten.) Denn wenn der Autor sich nur eine beliebige, unzusammenhängende Sentenz notieren wollte, so hätte er das sicherlich nicht auf einem der vollgeschriebensten Blätter im ganzen Folioheft getan, sondern auf einer der Seiten, auf denen nur einige wenige, in keinem oder nur in einem lockeren Zusammenhang stehende Bruchstücke plaziert sind.

Die graphische Anordnung der beiden Zeilen zum Text läßt vermuten, daß es sich bei ihnen um eine Art Motto handelt. Nun ist damit noch recht wenig gesagt, ist doch das Genre des Mottos eines der am wenigsten festgelegten[93]: Während in einigen Fällen Motti programmatisch gesetzt sind und man in ihnen bereits den folgenden Text in nuce vorgeprägt findet[94], so sind sie in andern Fällen eher spielerisch-auflockernd oder sogar ablenkend verwendet. Das über diese Seite gesetzte Motto – wenn es denn als solches intendiert ist, wie der graphische Eindruck nahelegt – scheint beide Aspekte miteinander zu verbinden. Während einerseits – zumal durch die Nennung Apolls – eine Sphäre mythologisch-philosophischer Bedeutsamkeit evoziert wird, entzieht sich der Spruch auf der anderen Seite (beispielsweise durch die Mehrsprachigkeit und die Nichtfestlegbarkeit auf einen konkreten Gegenstandsbereich) fast schalkhaft jeder vereindeutigenden Interpretation. Wir haben es also mit einem Rätsel zu tun, und zwar sowohl innerhalb des Segments (Was bedeuten die beiden Zeilen?) als auch in seiner Beziehung zum Rest der Seite (Welche Funktion haben sie?). Im Rätsel verknüpfen sich die beiden genannten Spielarten des Mottos, denn wir kennen, wenn wir das Motto lesen, in der Regel den folgenden Text noch nicht und können daher noch nicht entscheiden, was Antizipation des Textes und was spielerische Ablenkung ist.

Alle Erläuterungen zu dieser Stelle, die von den bisherigen Editoren und Kommentatoren gemacht wurden, werden ihr nicht gerecht, da sie das Rätsel zu entschlüsseln statt es in seinem Rätselcharakter zu verstehen versuchen. Beißners Hinweis auf die Parallelstelle und mögliche Quelle in Bürgers „Lenore"[95] (StA II.2, 954, Z. 7) ist sicherlich hilfreich, erklärt aber weder, warum hier nur von „Zwei" statt sechs Brettern die Rede ist, noch was das mit Apoll zu tun hat.[96] Uffhausen zielt mit seinen ausführlichen Überlegungen[97] in die richtige Richtung, fragt er doch nach der Funktion des Segments innerhalb des Zusammenhangs der Seite. Seine neue Lesung „grole" statt „apoll" ist aber eindeutig fehlerhaft. Schließlich nützt es auch wenig, von „bedeutsamer Abwandlung"[98] des Bürger-Zitats zu reden, wenn man nicht erklärt, *worin* diese neue Bedeutung liegt. Denn auch für Uffhausen machen die „Zwei Bretter und zwei / Brettchen" schon einen Sarg, ebenso übrigens wie für Sattler, der zwar zunächst vornehm erklärt: „Ein kaum übersetzbares Concetto", um im selben Atemzug dann doch zu übersetzen: „Der Sarg bezeichnet das Verhältnis Apolls zur Erde, ihn selbst als Totengott." (FHA Einl., 29)

---

[93] Cf. Genette 1989, 141-156.

[94] So etwa das Rousseau-Motto zu Hölderlins früher „Hymne an die Menschheit" oder die Motti zu den beiden Bänden des „Hyperion".

[95] Der zugleich witzige und schaurige lyrische Dialog ist der Wiedergabe wert:

[96] Diese Zweifel macht auch Beck (1978/79, 238f.) geltend. Er sieht die Stelle daher als sarkastische Distanzierung von der Volkslieddichtung Bürgers an.

[97] Cf. Uffhausen 1986, 143-145. Eine solche Ausführlichkeit läßt er leider nur diesem von ihm selbst als „Marginalie" eingestuften Notat angedeihen; man hätte sie sich jedoch für seine Erläuterungen des ganzen Textes gewünscht.

[98] Uffhausen 1986, 144.

In einem neuen Interpretationsansatz[99] versucht Sattler heute, der spezifischen
Veränderung des Mottos gegenüber der Bürgerschen Version gerecht zu werden:
Mit den zwei Brettern und zwei Brettchen sei nicht etwa ein Sarg gemeint, wie
auch er bisher vermutete, sondern vielmehr ein Bilderrahmen. Apoll sei hier also
nicht als Todesgott, sondern als Gott der Kunst verstanden. Das „envers terre"
drücke zum einen ganz materiell die von der Schwerkraft bestimmte, aber durch
die Befestigung an der Wand unwirksam gemachte Bewegungsrichtung des Bildes
mitsamt seines Rahmens nach unten aus, zum anderen aber die in Hölderlins
Poetologie zentrale Norm, daß Kunst nicht im rein geistigen Bereich verbleiben
dürfe, sondern sich der Erde im Sinne der Materialität und Sinnlichkeit zu öffnen
habe.[100]

Mit diesem Vorschlag ist ohne Frage eine neue Dimension in der Beschäftigung
mit diesem Segment gewonnen, die über die bisherige Fixierung auf die Todes-
problematik hinausführt. Es wäre allerdings ein Irrtum zu glauben, damit sei
das Rätsel dieser beiden Zeilen endgültig gelöst. Denn die bisher favorisierte, an
Bürgers Prätext[101] orientierte Assoziation des Sarges ist ja nicht einfach falsch,
sondern im Text als einer Variation des Bürger-Zitats immer noch präsent. Durch
die Veränderung der Anzahl der Bretter und die Dekontextualisierung des Zitats
werden jedoch noch andere Assoziationen möglich wie die Sattlers, die deshalb
eine große Plausibilität für sich in Anspruch nehmen kann, weil sie – ebenso wie
die Sarg-Assoziation – eine einsichtige Verknüpfung zum zweiten Element des
Zweizeilers, „apoll envers terre", herstellt. Man kann jedoch bei den zwei kleinen
und zwei großen Brettern beispielsweise auch an einen Bettrahmen denken (wie
er in Bürgers Ballade übrigens als „Hochzeitsbettchen" zwei Zeilen vor der Beschreibung des Sarges erwähnt wird). Damit läge hier einfach eine Rückholung
der beispielsweise bei Bürger evozierten bedrohlichen Todesvorstellung in den
Alltag vor, wozu auch die Rede vom der Erde (und eben nicht der Unterwelt)
zugewandten Apoll passen würde.

All diese Interpretationsansätze, denen man noch weitere hinzufügen könnte,
sind gleichermaßen ‚richtig', aber nur insofern, als ihr beschränkter und rela-

---

[99] Soweit ich sehe, noch nicht publiziert. Ich danke D. E. Sattler für diese wichtige Anregung.
[100] Der Brief an Neuffer vom 12.11.1798 (Nr. 167, StA VI.1, 288-291) ist dafür der eindrucks-
vollste Beleg.
[101] Ich benutze diesen Begriff hier und im folgenden nicht wie das französische *prétexte* ,
also im Sinne von ‚Vorwand', sondern als Analogiebildung zu ‚Intertextualität' u. ä.: Der
‚Prätext' ist demzufolge der vorher entstandene Text, auf den der aktuell untersuchte Text
Bezug nehmen könnte, ohne daß man diesen Bezug als zwingend nachweisen müßte. Hans-Jost
Frey verwendet dafür den Ausdruck ‚Vortext': „Es gibt kein unschuldiges Sprachmaterial, sondern nur Vortexte. Deshalb ist jeder Text zugleich Textzertrümmerung." (Frey 1990, 99) Das
Verhältnis der einzelnen Bearbeitungsstufen eines Textes zueinander bezeichnet Frey als ‚Zwi-
schentextlichkeit' (cf. ibd., 78, 87 und 105). Haverkamp dagegen läßt den Begriff ‚Pre-text'
bzw. ‚Pretext' zwischen der eben umrissenen und der französischen Bedeutung oszillieren;
cf. Haverkamp 1991, 68, 74, 86, besonders aber 73f.: Henrich mache es sich in seinem „Andenken"-Buch zur Aufgabe, „den Pretext, der das Gedicht für Heidegger war, in den Text
zurückzuverwandeln, als der es von Philosophen gelesen zu werden verdient".

tiver Aussagewert bewußtgehalten wird. Das Motto, in dem Konkretheit und Abstraktheit des fehlenden Kontextes wegen untrennbar ineinander verschlungen sind, spielt mit allen Deutungsmöglichkeiten und übersteigt sie zugleich. Seine Rätselhaftigkeit und Fremdheit werden selbstreferentiell thematisiert in seiner sprachlichen Gestalt, nämlich in der – durch lateinische Schrift hervorgehobenen – fremdsprachigen Fügung „apoll envers terre", die durch die Einbeziehung des griechischen Götternamens nicht einmal eindeutig als ‚französisch' bezeichnet werden kann. Hierin wird noch einmal prismatisch einer der Hauptgegenstände der vorigen Seite zusammengefaßt, die Beschreibung der südfranzösischen „Erde" und ihres Verhältnisses zum – apollinischen – Licht.[102] Gegenüber diesen schwergewichtigen Anspielungen wirkt die Rede von den Brettern banalalltäglich und unernst. Zugleich wird auf Vertrautes – Bürgers Ballade und das Tischlerhandwerk – angespielt. Auf der sprachlichen Ebene wird das Deutsche mit dem Französischen (und Griechischen) konfrontiert, genau wie es an diesem Übergangspunkt von der Vorder- zur Rückseite auch im linearen Text im Bild des Vogelfluges von Frankreich nach Deutschland geschieht. Die Technik, das Rätselhafte mit dem Banalen, das Tiefsinnige mit dem Schalkhaften zu verknüpfen, sollte dazu mahnen, das Bruchstück zwar wichtig, aber nicht zu ernst zu nehmen. Es ist eine spielerische Variation zum Thema des dominierenden Textes, ein Rätsel mit vielen Deutungsmöglichkeiten und keiner Auflösung und zugleich ein proleptischer Kommentar auf die verbissenen Bemühungen seiner Interpreten, vor deren Köpfen die Bretter und Brettchen plaziert sind.

Z. 3-41 (linearer Text)

Und Ek um Eke
Das Liebere gewahrend
Denn immer halten die sich genau an das Nächste,
Sehn sie die heiligen Wälder und die Flamme, blühendduftend
Des Wachstums und die Wolken des Gesanges fern und atmen Othem
Der Gesänge.   (Z. 3-8)

Die Passage erweckt zunächst den Eindruck syntaktischer Unvollständigkeit oder Unregelmäßigkeit: Weil der an ungewöhnlicher Stelle eingeschobene „Denn"-Satz (Z. 5), der die Partizipialkonstruktion erläutert, den Satz unterbricht, erwartet man beim ersten Lesen, daß das „Und" (Z.3) den verkürzten Nebensatz „Ek um Eke / Das Liebere gewahrend" mit einem ähnlichen Syntagma, das davor hätte stehen müssen, aber nicht ausgeführt wurde, verknüpfen sollte. Beim Weiterlesen wird aber schnell klar, daß das „Und" die unmittelbar anschließenden Hauptsätze (mit den Prädikaten „Sehn" und „atmen") mit einem vorhergehenden Hauptsatz verbindet. Da die Seite 73 mit dem Hauptsatz „fliegen sie auf,"

---

[102] Ebenso könnte das Motto als Zusammenfassung einer Grundproblematik der beiden Böhlendorff-Briefe gelesen werden: Während im ersten die griechische Feuerbestattung gegenüber der heutigen Beerdigung gerühmt wird, klagt Hölderlin im zweiten, während er „die traurige einsame Erde" Frankreichs gesehen habe, von „Apollo geschlagen" worden zu sein.

endet, ist es von der syntaktischen Seite her sehr plausibel, daß der Seitenwechsel zwar eine Zäsur, aber keine Textlücke markiert.

Auch inhaltlich schließt der Abschnitt offenbar an den Text unten auf Seite 73 an: War dort zuletzt vom Auffliegen der Stare die Rede, so werden im Folgenden Art und Verlauf ihres Fluges beschrieben. Ich habe bereits herausgearbeitet, daß hier, die Überschrift der vorigen Seite affirmativ wiederaufnehmend, die Flugtechnik von Vögeln beschrieben wird, die ihre aktuelle Flugrichtung von den ihnen jeweils begegnenden örtlichen Gegebenheiten bestimmen lassen und durch die mimetische Anschmiegung an die Topographie, die als zielloses Hin und Her mißverstanden werden könnte, ihr Ziel ebenso erreichen wie andere Zugvögel, die dabei aber zusätzlich den sinnlichen Qualitäten des Weges gerecht werden. Wer so hinter der jeweils nächsten Ecke das „Liebere" wahrnimmt, für den erschließen sich auch die positiven Aspekte rauher oder bedrohlicher Landschaften. Daß es sich dabei nicht um eine bloße Selbsttäuschung handelt, erhellt aus dem Ausdruck „gewahrend", der in sich das Attribut ‚wahr' enthält.

Allerdings gilt es an dieser Stelle einen Moment innezuhalten: Ich habe bis jetzt immer vorausgesetzt, daß es sich bei den Vögeln, deren Flug hier beschrieben wird, um die „Staaren" handelt, von denen in Z. 14 und (ohne nochmalige ausdrückliche Nennung) ganz unten auf der Vorderseite die Rede ist; und der über die Seitengrenze hinweggreifende syntaktische Zusammenhang sowie die semantische Kontinuität lassen diese Annahme als gerechtfertigt erscheinen. Liest man die ersten Zeilen der Seite 74 jedoch abgelöst von diesem Kontext (ein Vorgehen, das naheliegt, wenn man den Seitenwechsel als Einschnitt ernst nimmt), so denkt man bei den „Ek um Eke" fliegenden Vögeln sicherlich nicht zuerst an Stare, sondern an Schwalben, die für ihren Zickzackflug bekannt sind.[103] Es wäre jedoch verfehlt, deswegen die offensichtliche Kontinuität zwischen beiden Seiten zu vernachlässigen und anzunehmen, das Satzsubjekt habe mit der Seitengrenze gewechselt und es seien hier nicht mehr Stare, sondern Schwalben gemeint. Naheliegender ist es, daß den „Staaren" Eigenschaften anderer Zugvögel, nämlich der Schwalben, zugeschrieben werden. Dieses Verständnis der Stelle erhält nicht nur durch die hohe Assimilations- und Nachahmungsfähigkeit, die den Staren zugeschrieben wird, hohe Plausibilität, sondern zusätzlich durch ornithologische Erkenntnisse:

> Im Flug ist der Star dadurch kenntlich, daß er die Schwingen nach einigen Flügelschlägen nicht anlegt, sondern weit ausbreitet, so daß ein schwebendes Gleiten entsteht. An warmen Tagen kann man beobachten, daß der Star nicht nur von einer Warte oder am Boden Beute macht, sondern auch nach Schwalbenart in der Luft umherfliegt, etwa

---

[103] Cf. dazu die äußerst lebendige Darstellung der Rauchschwalben von Smolik (1970, Bd. 3, 107f.): „Jäh schießen sie zwischen den Häusern der Dorfstraße dahin, wischen knapp über den Teich, nehmen im Flug einen Schluck, reißen sich kraftvoll empor, schwenken haarscharf um den Kirchturm und landen im nächsten Augenblick am Nest im Kuhstall. Tief in Afrika, am Weißen und Blauen Nil, sind sie gewesen und finden sich doch immer wieder in das kleine Dorf und zum altvertrauten Nistplatz zurück."

an Kirchtürmen oder über Parks, um dort Fluginsekten zu erhaschen.[104]

Ein weiteres Mal erweist sich der Text also an diesem Punkt auch im Bereich der Referenz auf Konkreta als weitaus präziser, als es auf den ersten Blick scheinen mochte. Die Annäherung an die Vorstellung der Schwalben stärkt dessenungeachtet die Vermutung, daß die Stare hier nicht oder jedenfalls nicht allein als eine konkrete ornithologische Gattung eingeführt werden, sondern stellvertretend für die Zugvögel allgemein oder vielleicht sogar für alle Vögel oder auch für andere Lebewesen. Wenige Zeilen weiter unten (Z. 12) ist tatsächlich nur noch ganz allgemein von den ‚Vögeln' die Rede.

Von der Beschreibung des Vogelfluges aus gesehen, kann auch der Text der vorigen Seite in einem neuen Licht erscheinen. Denn dieses „Ek um Eke", diese (scheinbar oder wirklich) fehlende Zielorientierung zeichnet ja auch den größten Teil der Beschreibungen südfranzösischer Landschaften in der Mitte der Seite 73 aus, in denen ich im linearen Durchgang durch den Text keine Spur der zuvor erwähnten Stare entdecken konnte. In einer zweiten Textschicht sind die Vögel also doch in diesen Passagen präsent, indem der Text ihre Zickzackbewegung von einem geographischen Punkt zum anderen nachvollzieht. Demnach wäre in diesem Abschnitt dem Eindruck der Ziellosigkeit zum Trotz bereits der Weg der Stare von der Gascogne in die etwa hundert Kilometer weiter nördlich gelegene Charente dargestellt. Insofern kommt dem anschließenden „nemlich" (Z.33), mit dem die ausdrückliche Thematisierung der Stare wiederaufgenommen wird, tatsächlich eine kausale Funktion zu. Der Flugtechnik der Stare wegen, die auf dieser Seite noch nicht ausdrücklich thematisiert wird, erscheint der Weg bis zu diesem Punkt jedoch nicht als geographisch nachvollziehbare Aufeinanderfolge von Stationen, sondern als unvermitteltes Aufblitzen verschiedenster Topographien.[105]

Mit dieser Rekonstruktion einer zweiten Textschicht, durch die das Staren-Motiv als durchgehendes Strukturprinzip des gesamten Textes ab Zeile 14 der Vorderseite erscheint, wird das bisher über diese Abschnitte Gesagte jedoch keineswegs für nichtig erklärt. Vielmehr behält die erste Lektüre, die in den Zeilen 15 bis 32 keine Anwesenheit der Stare hat entdecken können, durchaus ihre Berechtigung. Vor allem läßt sich das Subjektivitätsproblem, das sich als Leitmotiv gerade dieser Passagen herausgeschält hat, nicht durch eine simple Identifikation des Textsubjekts mit den Staren lösen. Das gilt insbesondere für den zweiten Teil des fraglichen Abschnitts (Z. 25-32), in dem eine Realität beschrieben wird, in

---

[104] Grzimek 1970, 448. Ähnlich (allerdings ohne Hinweis auf die Schwalben) Brehm 1975, 129: „Sie fliegen leicht, mit behenden Flügelschlägen, rasch und tauschend [...]." Cf. ergänzend die Beschreibung der sich ‚wellengleich' an die landschaftlichen Gegebenheiten anpassenden Flugtechnik eines Starenschwarms bei Rüppel (1975, 161 und 1980, 144f.).

[105] Lefebvre (1989, 425) hat in dieser Perspektivenführung ein filmisches Sehen erkannt: „Surgissent alors, comme filmés d'un hélicoptère, vus de l'œil avide des étourneaux, des souvenirs visuel de France plus précis". Mit Recht vergleicht Lefebvre den Flug der Stare nicht mit dem eines Flugzeugs, sondern mit dem eines Hubschraubers, der sich nicht auf einer geraden Linie, sondern mit abrupten Bewegungen über die Landschaft bewegt.

der Subjekt und Natur auf bedrohliche Weise miteinander verschmelzen und in der sonntägliche Tänze ohne die Beteiligung von Menschen stattfinden. Diese Darstellungsbereiche fallen fraglos aus dem Bildbereich des Vogelflugs völlig heraus, denn was haben die Stare mit einem französischen Dorffest zu tun?

Zwei Strukturprinzipien, die sich wechselseitig durchdringen und von denen mal das eine, mal das andere sich stärker an die Textoberfläche schiebt, bestimmen also den Text von Seite 73 bis oben auf Seite 74: Das Subjektivitätsproblem, das spätestens seit der expliziten Nennung eines „ich" in Z. 11 virulent ist, und das Leitmotiv der Wanderung der Stare. Man wird der Komplexität des Textes nur gerecht, wenn man das bis zu diesem Punkt unaufgelöste Ineinander der beiden Prinzipien erkennt und es nicht durch Vereinseitigung zu zerstören versucht.

In den Zeilen 6 und 7 wird dargestellt, was die Stare auf ihrem Flug „Ek um Eke" – und nur mit Hilfe dieser Technik – sehen: „die heiligen Wälder und die Flamme, blühendduftend / Des Wachstums und die Wolken des Gesanges fern". Diese hochkomplexen Aussagen erfordern eine eingehende syntaktische und semantische Analyse.

Wie in der letzten Zeile der Vorderseite werden die Attribute hier höchst unkonventionell plaziert. Insbesondere ist durch die zweimalige Kombination eines nichtdeklinierten Adjektivs (bzw. Partizips) mit einem Genitivattribut in beiden Fällen nicht klar, ob sich das Adjektiv auf den Genitiv oder auf das gemeinsame Bezugswort bezieht: Sind „die Wolken des Gesanges fern" die Wolken des fernen Gesangs oder aber die fernen Wolken des Gesangs? Beides ist möglich und bestimmt die Bedeutung des Syntagmas mit, wenngleich die beiden Versionen semantisch nicht allzuweit auseinanderliegen. Die Unsicherheit über die richtige Zuordnung der Elemente ist bei der vorhergehenden Wendung „die Flamme, blühendduftend / Des Wachstums" geradezu zum Verwirrspiel gesteigert: Der Zeilenbruch läßt zunächst „die Flamme" und „blühendduftend" als Einheit erscheinen; nimmt man jedoch den im harten Enjambement[106] angefügten Genitiv „Des Wachstums" hinzu, so erscheint es als möglich, „blühendduftend" auch auf diesen zu beziehen. Das Komma hinter „Flamme", dem zunächst wenig Bedeutung zuzukommen schien, wäre so gesehen ein Indiz für die Abtrennung des Bezugsworts von den als zusammengehörig zu lesenden Attributen „blühendduftend / Des Wachstums". Da die erstgenannte Kombination sich aber weniger gegen eine flüssige Lektüre des Syntagmas sperrt, kann sie für wahrscheinlicher gelten. Dennoch müssen beide Leseweisen offengehalten werden.

Die Vögel sehen „die heiligen Wälder". Es wäre voreilig, im Vorgriff auf den weiteren Textverlauf sich darauf festzulegen, damit sei notwendigerweise der deutsche Wald als „Zeichen der Heimat"[107] gemeint, der hier ins Religiöse überhöht werde, greift das Syntagma doch ebenso auf die Beschreibungen südfranzösischer Landschaften zurück. Denn als „heilig" wurde auch schon das „Grün" der feuchten Charentewiese bezeichnet (I, Z. 36); und Wälder – seien es auch nur Oli-

---

[106] Cf. zu dieser von Hölderlin virtuos gehandhabten Technik Kurz 1988b.
[107] So B. Böschenstein 1968a, 25.

venhaine – gibt es auch in Südfrankreich. Die „heiligen Wälder" können also wie die übrigen Erscheinungen, die den Staren auf ihrem Weg von Frankreich nach Deutschland begegnen, keiner Region eindeutig zugeordnet werden. Unentschieden bleibt auch, ob bestimmte Wälder als heilig qualifiziert oder ob alle Wälder (etwa in ihrer Eigenschaft als dokumentierte Naturgeschichte, als Ort komplexen Zusammenlebens von Pflanzen und Tieren oder als Sitz von Naturgöttern) als heilig bezeichnet werden sollen.

Die Vögel sehen „die Flamme, blühendduftend / Des Wachstums", also – wie oben festgestellt – entweder die blühendduftende Flamme des Wachstums oder die Flamme des blühendduftenden Wachstums.[108] Beide Lesarten durchbrechen hergebrachte Vorstellungen. Es fällt schon schwer, ‚die Flamme des Wachstums' zu verstehen, assoziiert man doch mit der Flamme zunächst die katastrophische Aktivität der Natur, die auf der vorigen Seite so sinnfällig zur Sprache gebracht wurde und die das organische Wachstum gefährdet. In der vorliegenden Verknüpfung wird dagegen die Einheit beider Momente vor Augen geführt: Wie sich im pflanzlichen Wachstum das Licht (das „Feuer vom Himmel", wie es im zweiten Böhlendorff-Brief heißt) zusammen mit anderen Elementen in gefahrloser Gestalt materialisiert, so wird die Blüte zum Abbild der Flamme und damit zum Zeichen dafür, daß in der Natur Exzeß und Bändigung untrennbar sind. (Das gilt auch für die organische Natur selbst, denn das Wachstum kann hypertrophieren und damit auf einer anderen Ebene die zerstörerische Tätigkeit des Feuers wiederholen.)

Mit dem neugebildeten Adjektiv „blühendduftend" wird der synästhetische Gesamteindruck einer Blüte treffend zum Ausdruck gebracht. Die Synästhesie wiederum kann als Ausdrucksmedium der Einheit von „Flamme" und „Wachstum", der beiden Nomina, auf die sich das Attribut bezieht, verstanden werden. Indem die Flamme als „blühendduftend" charakterisiert wird, treten ihre Schönheit und ihre Kultivierung in den Vordergrund. Das Wachstum als Grundprinzip der organischen Natur erhält durch die Verbindung zu „blühendduftend" konkrete sinnliche Qualitäten.[109]

Die Vögel sehen „die Wolken des Gesanges fern". Unabhängig davon, worauf sich das „fern" bezieht, ist der Ausdruck „Wolken des Gesanges" schon wegen der Genitivkonstruktion interpretationsbedürftig. Es kann nämlich nicht eindeutig ausgemacht werden, ob der ‚Gesang' eine Eigenschaft der „Wolken" bezeichnet oder ob umgekehrt die „Wolken" zur Charakterisierung des „Gesanges" dienen. Der letzteren Leseweise folgend, ist der Gesang das Ausgangsphänomen, das metaphorisch als wolkig qualifiziert wird. Darin steckt nicht allein das Moment des

---

[108] Cf. zu dieser Stelle Bennholdt-Thomsen 1967, 61f.

[109] Bernhard Böschenstein hat daher zu Recht festgestellt, daß in Formulierungen wie der vorliegenden eine neue Form bildlicher Sprache entwickelt wird, die die Einheit eines symbolischen Zeichens durchbricht: „Auf dieser Stufe läßt die Unangemessenheit eines allzu sichtbaren Einklangs von Bild und Sinn die mit Bedeutung beladenen Bilder in ihre greifbare Nähe sich einschließen. Dieser Zug zur absoluten Bildlichkeit erfaßt sogar abstrakte Prägungen, die in die Sphäre konkreter Bildlichkeit übertreten." (B. Böschenstein 1964, 8)

Unklaren und Undeutlichen, der Ratio nicht unmittelbar Zugänglichen, sondern auch das des von Bedrohlichkeit untrennbaren Verheißungsvollen. Der ersten Lesart nach wird dagegen eine Naturerscheinung dadurch konkretisiert, daß die Wolken selber als singende vorgestellt werden. Die metaphorische Bewegung zwischen Bildspender und -empfänger (um einmal diese traditionellen rhetorischen Termini zu benutzen), zwischen Subjekt und Objekt des Bildes ist keine einsinnige, sondern eine Pendelbewegung ohne feststehenden Pol.[110] Keinesfalls kann also auf dem Wege der Substitution die Wendung leichthin als Umschreibung eines Gewitters abgetan werden.[111] Nicht nur die genannten hermeneutischen Bedenken stehen dem entgegen, sondern auch die Sperrigkeit der Vorstellung, daß die Geräusche eines Gewitters in der Ferne mit einem Gesang zu assoziieren wären. In Hölderlins Texten kann der Donner (der häufig auf einen Urheber, den „Donnerer" oder „donnernden Gott" zurückgeführt wird) als Inbegriff der himmlischen, die Menschen bedrohenden, ihnen aber auch Frucht und Freude bringenden Gewalt verstanden werden.[112] Dagegen kommt dem Gesang zumeist eine dem menschlichen Bereich zugehörige Bedeutung zu[113], die am emphatischsten an der berühmten Stelle aus der „Friedensfeier" zur Sprache kommt:

> Viel hat von Morgen an,
> Seit ein Gespräch wir sind und hören voneinander,
> Erfahren der Mensch; bald sind wir aber Gesang.   (StA III, 536; V. 91-93)[114]

„Gesang" bezeichnet hier eine bisher noch nicht erreichte Form von künstlerisch geprägter Intersubjektivität, die die von Rationalität dominierte Umgangs-

---

[110] Diese Dynamik verkennt Schottmann in seiner Interpretation der Wendung „Wolken des Gesanges" in Hölderlins Spätwerk: „Später ist die Wolke nicht mehr Bild für den Gesang und seine Wirkung, sondern sie *singt selber*, besitzt einen wirkenden Inhalt, den der Mensch erfahren kann. [...] Die ‚Gesangeswolke‘ bringt das ihr innewohnende Gewitter zum Tönen, das sich nicht unmittelbar entlädt und so ihr von seiner Macht mitteilt" (Schottmann 1960, 73).

[111] Diese Identifikation findet sich auch bei Bennholdt-Thomsen (1967, 62 und205).

[112] Cf. z. B. „Friedensfeier", StA III, 534, V. 32; ‚An die Madonna‘, StA II.1, 212, V. 37; „Wenn aber die Himmlischen ...", StA II.1, 222, V. 14; „Was ist Gott?", FHA 9, 32, V. 5; „Brod und Wein", FHA 6, 251, V. 138. Cf. dazu B. Böschenstein 1968, 42-44. (Nebenbei bemerkt hat der Donner etwa hundertdreißig Jahre später in der Lyrik Ossip Mandelstams einen ganz ähnlichen Stellenwert wie in der Hölderlins; cf. z. B. „Verse über die russische Poesie II" in: Mandelstam 1990, 133.) Am Schluß des ersten Entwurfs der Hymne „Am Quell der Donau" werden der „Donnerer" und die „Wolken des Gesangs" dagegen zusammengebracht:

[113] Damit möchte ich nicht bestreiten, daß das Zusammenwirken beider Tendenzen (des göttlichen Eingreifens und der menschlichen Gemeinschaftsbildung) ein Grundproblem von Hölderlins später Lyrik ist, das paradigmatisch bereits in der ‚Feiertags‘-Hymne ausgetragen wird.

[114] Cf. zur rezeptionspragmatischen Bedeutung dieser Stelle Martens 1982a, zum historischen Hintergrund Stierle 1989, bes. 500f. Sehr anregend ist auch die aphoristische Notiz Martin Bubers (1958-60). Rainer Nägele hat nachdrücklich darauf aufmerksam gemacht, daß in der Reinschrift der „Friedensfeier" das „wir" in V. 93 nicht steht (cf. das Faksimile: Binder/Kelletat 1959, S. 7, Z. 3), und in dieser ‚Vergeßlichkeit‘ des Autors zu Recht ein ‚Vergessen‘ des kollektiven Subjekts des Gesanges gesehen (cf. Nägele 1985, 219). Cf. auch Fédier (1989, 461), der darauf hinweist, daß offenbar Heidegger der erste war, der die Befremdlichkeit der Stelle als relevant angesehen und durch die sperrige Konjektur ‚Bald sind aber Gesang (wir)‘ erhalten hat.

und Seinsweise des ‚Gesprächs' transzendiert (nicht aber ersetzt).[115] Der die
Isolation der Subjekte temporär aufhebende Gesang kann daher als *ein* Modell einer herrschaftsfreien Gemeinschaft gelten.[116] Die „Wolken des Gesanges"
wären demnach ein in der Naturerscheinung von ferne sich ankündigender neuer
Lebenszusammenhang.[117] Die Wolken antizipieren diesen Lebenszusammenhang
ebenso, wie sie ihn verhüllen, ja möglicherweise auch nur vortäuschen.[118] Es
steckt aber ein Moment der Klarheit und unbezweifelbaren Realität im Gesang,
der durch die Verhüllung hindurch tönt. (Man wird dabei eher an ein Rauschen
der vorbeiziehenden Wolken als an das Donnern der Gewitterwolken denken.)
Dieses Moment wird jedoch dadurch konterkariert, daß nicht etwa davon die
Rede ist, daß der Gesang *gehört* wird, sondern paradoxerweise nur davon, daß
die Stare die „Wolken des Gesanges" *sehen*. Daraus könnte man schließen, daß
der Gesang in der Wolke nur ein imaginierter ist. Ein Durchbrechen einseitig
optischer Sinneswahrnehmung findet sich aber auch schon in den beiden vorhergehenden Objekten: Vom rein logischen Standpunkt aus bewertet, kann man
zwar Wälder sehen, nicht aber, daß es sich um heilige handelt; auch eine Flamme
ist unter anderem ein optisches Phänomen, möglicherweise ist auch das Blühen
und das Wachstum an ihr sichtbar, nicht jedoch kann der mit dem Blühen in
einem Kompositum verschmolzene Duft mit dem Auge erfaßt werden. Mit ihrer
Fähigkeit, das Heilige, das Duften und den Gesang an verschiedenen Naturerscheinungen zu beobachten, wird den Staren somit eine zumindest synästhetische, vielleicht sogar übersinnliche Wahrnehmungsgabe zugesprochen. Indem sie

---

[115] Demgegenüber wird zu Beginn des zweiten Buches des „Hyperion" die Sprache dezidiert
gegenüber dem mit Diotima konnotierten Gesang herabgesetzt: „Wir sprachen sehr wenig zusammen. Man schämt sich seiner Sprache. Zum Tone möchte man werden und sich vereinen
in Einen Himmelsgesang." (FHA 11, 645, Z. 18-20) „Nur, wenn sie sang, erkannte man die
liebende Schweigende, die so ungern sich zur Sprache verstand." (FHA 11, 648, Z. 7f.) Allerdings wird diese Position noch im Verlauf dieses Buches insofern korrigiert, als die Liebenden
(insbesondere aber Diotima) eine klare, an der Liebesbeziehung geschulte Sprache entwickeln
(cf. FHA 11, 662-664, 688-692).
[116] Diesen Sachverhalt hat Hölderlin an anderen Stellen auch philosophisch-theologisch als
„Geist" (cf. z. B. im „Archipelagus", FHA 3, 251, V. 251, und in Diotimas Abschiedsbrief, FHA
11, 767, Z. 23-25) oder im Rahmen der säkularisierten Theologie, die er zusammen mit seinen
Freunden im Tübinger Stift entwickelte, als „Reich Gottes" (Brief an Hegel vom 10.7.1794,
Nr. 84, StA VI.1, 126, Z. 5) bezeichnet.
[117] Beck (1978/79, 243, Anm. 65) deutet die Formulierung nicht ganz zu Unrecht als Hinweis
auf einen „chiliastische[n] Grund". Die von Beck zum Beleg dieser These angeführten zahlreichen Bibelzitate scheinen mir allerdings wenig einschlägig zu sein. Auf die utopische Funktion
der ‚Gesangeswolken' in den Entwürfen zum „Quell der Donau" und zu „Griechenland" weist
auch R. Böschenstein-Schäfer (1984/85, 103) hin. Allemann (1959, 215) sieht die „Gesangeswolken" (namentlich in „Griechenland") als schattenspendendes Komplement der „Wüste".
Dieser Zusammenhang scheint mir an der vorliegenden Stelle nicht herstellbar zu sein.
[118] In der „Friedensfeier" werden Christi Jünger als „das treue Gewölk" (StA III, 534, V. 46)
bezeichnet, deren scheinbar schützende und Vermittlung des göttlichen Wortes gewährleistende
‚Umschattung' abrupt durch „ein tödlich Verhängniß" (ibd., V. 50) unterbrochen wird, das
weit dunklere Schatten wirft. Es ist schwer zu sagen, inwiefern der vorangehende Zustand nur
Täuschung über die bevorstehende Katastrophe, inwieweit er Antizipation und Versprechen
eines dauerhaften friedvollen Zustandes war.

das Nichtsichtbare sehen, lesen sie die Naturphänomene als Zeichen kommender
Vollendung des Zusammenlebens aller Wesen in der Natur.[119] Um diese Fähigkeit zu entwickeln, braucht es schon ,wackere' Augen, die auszubilden den Staren
der scharfwehende Nordost geholfen hat.

Die sinnliche Aufnahmefähigkeit der Stare geht jedoch noch in anderer Hinsicht
über das bloße Sehen hinaus: Sie „atmen Othem / Der Gesänge". An dieser
Aussage überrascht zunächst der Ausdruck „atmen Othem", in dem die Wiederholung desselben Wortstamms durch die variierende Lautung[120] kaschiert wird,
aber dennoch leicht durchsichtig ist. Die Wendung erscheint zunächst nicht nur
als tautologisch, sondern eher noch als unpräzise: Ist es doch nach gewöhnlicher
Vorstellung die Luft (oder ein anderes Gasgemisch), die man einatmet, nicht
aber der Atem selbst. Dieser entsteht vielmehr erst beim Vorgang des Ein- und
Ausatmens, welchen man als Internalisierung der Luft und darauf folgende Ex-
ternalisierung des Atems (der erst bei diesem Schritt als solcher wahrnehmbar
wird) verstehen kann. Die doppelte Verwendung des gleichen Wortes kann also
entweder eine intensivierende Reduplikation des Internalisierungsvorgangs an-
zeigen (der Atem als schon von einem Organismus eingesogene Luft wird noch
weiter hinein geatmet) oder aber ein Wechselspiel von Heraus und Hinein, wenn
man nämlich annimmt, daß es der Atem eines oder einer anderen ist, der entweder über das Medium der Außenluft oder in einer direkten Verbindung (etwa
im Kuß) von einem zweiten Lebewesen eingeatmet wird. Die Veränderung der
Lautgestalt (von *a* zu *o*) ist also nicht allein stilistischen Rücksichten geschuldet
und semantisch irrelevant, sondern bringt die variierende Verdoppelung des Atmens, die sowohl als Intensivierung wie als Übertragung gelesen werden kann,
präzise zum Ausdruck.

Das (wie auch schon bei der vorletzten Genitivkonstruktion) erst nach dem Zeilenbruch folgende Genitivattribut „Der Gesänge" erscheint auf den ersten Blick
ebenfalls als Indiz dafür, daß die vorliegende Stelle stilistisch eher schwach durch-
gearbeitet ist, muß es doch wie eine matte Wiederholung des letzten Genitivs
„des Gesanges" wirken. Aber die Kunst liegt hier wie bei der zwischen beiden
Genitiven plazierten Wendung „atmen Othem" in der minimalen Variation: Der
Plural ist als Steigerung zu verstehen. Nun könnte man dagegen einwenden, daß
das utopische Moment dem Gesang in Hölderlins Texten gerade deswegen zugeschrieben wird, weil es der *eine* Gesang ist, der die Individuen zum Chor einer
Gemeinde vereinigt und damit ihre Atomisierung zumindest temporär überwindet. Dem kann entgegengehalten werden, daß dem Einen auch ein Moment des
Totalitären innewohnt, das durch eine Pluralisierung des Gesangs (die ja keine
Dissoziierung in ein Stimmenwirrwarr mit sich bringen muß) überwunden werden
kann. Die Rede von den Gesängen geht also insofern über die von den „Wolken
des Gesanges" im letzten Syntagma (und auch über die zitierte Stelle aus der

---

[119] Cf. dazu die letzte Strophe der Ode „Rousseau", in der der Philosoph wie ein Vogel,
nämlich wie der Adler, „seinen / Kommenden Göttern" (FHA 5, 788, V. 38f.) vorausfliegt.

[120] Die Lautform „Othem", die heute altertümlich wirkt, schreibt sich von Luther her, bei
dem das Wort „Odem" lautet; cf. Kluge, s. v. Atem, 34.

„Friedensfeier") hinaus, als dort der Eine Gesang als in der Ferne wahrgenommene utopische Perspektive erscheint, hier jedoch versucht wird, eine neue Form von Intersubjektivität als gegenwärtig lebbare zu denken.

Mit dieser Interpretation stimmen auch die syntaktischen und semantischen Kontexte des „Gesanges" und der „Gesänge" überein. Ich hatte festgestellt, daß die „Wolken" zwar verheißungsvolle, aber ebenso auch bedrohliche, undurchschaubare und unscharfe Gebilde sind, namentlich, wenn sie erst in der Ferne gesehen werden. Dem Gesang in den Wolken kommt somit noch ein Moment des Scheins zu, der sowohl Antizipation wie Täuschung sein kann. Diese Unklarheit spiegelt sich in der nicht eindeutig auflösbaren metaphorischen Beziehung zwischen „Wolken" und ‚Gesang' wider. Ganz anders stellt sich die Situation beim „Othem / Der Gesänge" dar: Hier kann von einem metaphorischen Verhältnis zwischen Genitiv und Bezugswort nicht die Rede sein, da der Gesang auf den Atem angewiesen ist, ja sogar als eine besondere Form des Atmens angesehen werden kann. Es wird also das Moment der Erzeugung des Gesangs im Körper von Lebewesen herausgestellt. Die variierend-intensivierende Doppelung der Rede vom Atmen/Atem verstärkt diese Tendenz: Entweder ist gesagt, daß der Gesang ganz in die Körper der einzelnen Lebewesen hineinversenkt ist, aus denen er dann als pluralisierter wieder nach außen tritt. Dadurch ändert sich aber nicht nur der vordem nur verschwommen erahnte Gesang, sondern auch die Subjekte machen eine Wandlung durch: Sie atmen jetzt nicht mehr profane Luft, nicht einmal mehr irgendeinen Atem (sei es ihr eigener oder der eines anderen Wesens), sondern den „Othem / Der Gesänge", durch den die Ebene des Stoffwechsels transzendiert (nicht aber suspendiert) wird auf einen „mehr als mechanischen *Zusammenhang*[ ]" (FHA 14, 46, Z. 9) hin. Eine Transzendierung findet auch statt, wenn man die Stelle so liest, daß die Subjekte nicht ihren eigenen „Othem / Der Gesänge" atmen, sondern den eines oder mehrerer anderer Wesen. Durch ihr Atmen partizipieren sie an einer pluralen Einheit von körperlichem und geistigem Ausdruck, die zwar im Vegetativen verankert ist, es aber durch die „Gesänge" übersteigt. Versteht man die „Gesänge" – wie es meine bisherigen Interpretationen nahelegen – sowohl als Metonymie für das Schöne in Natur und Kunst als auch als Metapher für neue, bisher unerreichte Formen religiösen und politischen Zusammenlebens[121], so wird klar, daß hier die wechselseitige Abhängigkeit von Kunst und Natur paradigmatisch als in einem einzigen Vorgang zusammengezogen dargestellt wird.

Es sind die Zugvögel – daran ist zu erinnern –, die nach wie vor das Subjekt dieser komplexen Vorgänge sind. Schon ihre optische Wahrnehmungsfähigkeit – geschult am scharfen Nordostwind – übersteigt die natürlichen Fähigkeiten

---

[121] Genau dieses Ineinander ist der Kern von Hölderlins poetischem Projekt „vaterländischer Gesänge". Allerdings ist die Frage nach der Zugehörigkeit der vorliegenden Fragmente zu diesem Projekt noch völlig ungeklärt. Man kann aber die Stelle unabhängig davon als intertextuelle Bezugnahme lesen, durch die die Frage nach dem eigenen Status des Textes autoreferentiell thematisiert wird.

des Gesichtssinns bei weitem[122]: In den Wäldern, denen sie auf ihrem Weg von
der Charente nach Deutschland begegnen, erkennen sie das ‚Heilige‘, an der
blühenden ‚Flamme des Wachstums‘ nehmen sie ihren Duft wahr, und sie sehen
den Wolken an, daß in ihnen ‚Gesang‘ steckt. Dennoch bleiben diese Wahr-
nehmungen, so weit sie sich auch einer synästhetischen Perspektive annähern,
jenem Sinnesorgan verhaftet, das sich durch die größte Distanzierung auszeichnet. Das Atmen dagegen stellt eine intimere Verbindung zwischen Körper und
Welt her, als es jedes noch so distanzlose Sinnesvermögen wie Geschmack oder
Geruch vermöchte, ist es doch die notwendige, nicht hinreichende Bedingung
dafür, daß überhaupt wahrgenommen werden kann. Indem die Stare „Othem /
Der Gesänge“ atmen, sind sie eingelassen in eine Form von Zusammenleben, in
der Individualität und Gemeinschaft eine bisher ungekannte Verbindung eingegangen sind.

Die synästhetischen Fähigkeiten, die die Vögel auf ihrem Flug offenbar entwickelt haben, mehr aber noch die Möglichkeit, die Sphäre vegetativen Lebens
zu transzendieren, die sich im letzten Syntagma andeutet, heben sie aus dem
Bereich gewöhnlicher Lebewesen heraus. Andererseits sind sie durch ihre enge
Bindung an die sinnliche Welt sicherlich keine Götter oder auch nur ein Ersatz
für diese. Was sie sind, kann hier nicht positiv bestimmt werden. Der weitere
Verlauf des Gedichts problematisiert dieses Problem explizit.

„Menschlich ist / Das Erkentniß.“ (Z. 8f.) heißt es nämlich unmittelbar im Anschluß an die Rede vom „Othem der Gesänge“. Es fällt auf, daß auch diese zentrale Aussage durch den Zeilenwechsel gebrochen ist. Dadurch wird die Spannung thematisiert, die sich während der langen Beschreibung des Vogelfluges,
vor allem aber in den letzten inhaltsschweren Zeilen aufgebaut hat: Was hat
denn – diese Frage stellt sich bei der Lektüre dieser Passagen mit zunehmender
Dringlichkeit – all das mit den Menschen zu tun, mit dem in diesem Gedicht sprechenden Subjekt wie mit denjenigen, die den Text rezipieren? Daß das Gedicht
keine ethologische Studie darstellt, dürfte nicht allein wegen seiner formalen Gestaltung, sondern auch wegen der Verwendung von Begriffen wie ‚heilig‘ klar
sein. Was aber unterscheidet die vorliegende Naturbeschreibung beispielsweise
von einer beschaulichen Stilisierung der Natur zu einem „Irdischen Vergnügen in
Gott“, wie sie einige Jahrzehnte vor Hölderlin Barthold Heinrich Brockes betrieben hat? Der Unterschied scheint mir genau in der Frage zu liegen, die am Ende
von Z. 8 implizit gestellt ist: Was ist menschlich? Die Stellung des Menschen zur
Natur ebenso wie zum Bereich des ‚Heiligen‘ ist fragwürdig geworden. Das heißt
nicht etwa, daß die Frage schon negativ beantwortet wäre in dem Sinne, daß der
Mensch nichts mehr mit Natur und Heiligem zu tun habe, aber sein Verhält-

---

[122] Indem der Text den Staren solche fast ‚übersinnlichen‘ Fähigkeiten zuschreibt, befindet
er sich übrigens auf der Höhe auch noch der heutigen ornithologischen Erkenntnisse: Der
Vogelforscher Georg Rüppell berichtet von einem Versuch, bei dem Stare an einen ihnen völlig
unbekannten Ort gebracht wurden und viele von ihnen an ihren Brutplatz zurückfanden: „Die
Vögel konnten [...] die Richtung des Heimatortes bestimmen, als verfügten sie über eine innere
Landkarte.“ (Rüppel 1975, 171).

nis zu diesen Bereichen muß von Grund auf neu gefaßt werden. Diese Aufgabe
– das wird spätestens an diesem Punkt deutlich – stellt sich das Gedicht. Das
Problem, was menschlich (das heißt: das dem Menschen Angemessene) sei, wird
bereits mit dem allerersten Segment der Seite 73 aufgeworfen, das, wie sich nun
erweist, zu Recht als Überschrift auch noch der Rückseite angesehen werden
kann: „Das Nächste Beste.". Denn als eine der Lesarten der Überschrift hatte
sich die Maxime ergeben, daß an einem höchsten Ziel festzuhalten sei, ohne das
Nächstgelegene aus dem Blick zu verlieren, ja daß wo immer möglich das Nächste
als das Beste und das Beste als das Nächste anzusehen sei. Die im bisherigen
Textverlauf erkennbaren menschlichen Subjekte, das solipsistische Ich des ersten
Abschnitts und das der Intensität der südlichen Landschaft hilflos ausgesetzte
und ebenfalls zunehmend in Vereinsamung versinkende Textsubjekt im mittleren Passus der Vorderseite, konnten dieser Zielsetzung nicht gerecht werden.
Den „Staaren" dagegen wird die Fähigkeit zugesprochen, durch die intuitive,
durchaus einseitige Orientierung am Nächsten das Beste zu erreichen, nämlich
den „Othem / Der Gesänge" zu atmen. Die Frage, die sich am Ende von Z. 8
stellt, muß also aus dem Kontext heraus folgendermaßen konkretisiert werden:
Ist den Menschen diese Fähigkeit zur Erreichung des Besten durch das Nächste
(oder zumindest die Möglichkeit, sie zu entwickeln) auch gegeben?

„Menschlich ist / Das Erkenntniß.": Die in der folgende Zeile gegebene Antwort
auf die Frage, was menschlich sei, verneint diese Möglichkeit. Läßt sich die Fähigkeit, die optische Wahrnehmung auf eine synästhetische Weltsicht hin zu überschreiten, eventuell noch als Erkenntnisvermögen verstehen, so kann die eine
zumindest temporäre Versöhnung von Natur und Kunst indizierende somati-
sche Internalisierung der Gesänge – die eigentliche Errungenschaft der Stare –
beim besten Willen nicht mit epistemologischen Kategorien erfaßt werden. Unter
diesem Blickwinkel muß die Aussage privativ gelesen werden: Der menschliche
Bereich ist beschränkt auf das, was von der Erkenntnis erfaßt werden kann.[123]

Aber diese Lesart ist nicht die einzig mögliche. Liest man den durch seinen apodiktischen Gestus und seinen gnomischen Charakter aus dem Zusammenhang
des Gedichtverlaufs herausstechenden Satz vor dem Hintergrund von Kants „Kritik der reinen Vernunft", auf den er sich unverkennbar bezieht[124], so wird der

---

[123] Diese Seite betont Lefebvre (1989, 427): „Tandis que les hommes, comme les pays, les
continents, et même les mers, ont la connaissance, mais n'ont que la connaissance, sont assignés
aux limites, aux frontières."

[124] Als Indiz dafür kann neben den inhaltlichen Evidenzen die altertümliche (cf. Lexer 1979,
46 [s. v. erkantnisse]), für heutige Ohren ungewöhnliche Verwendung des Neutrums „Das
Erkenntniß" dienen, die sich bei Kant neben dem Femininum vielfach findet; cf. z. B. KdrV D
XVII, 2 und 75 (WA 3, 25, 45 und 97; KdU A/B V (WA 10, 74). Hölderlin gebraucht das Wort
auch in seinem Brief an Sinclair vom 24.12.1798 (Nr. 171) als Neutrum („das Erkenntniß";
StA VI.1, 300, Z. 23f.); in seiner Lyrik taucht das Wort sonst nur zweimal im Plural (in
„Griechenland", StA II.1, 256, V. 24 [‚Zweite Fassung'] bzw. 257, V. 27 [‚Dritte Fassung']
sowie in einem Stammbuchblatt für einen Unbekannten, StA II.1, 347, V. 7) und einmal ohne
Artikel (in der späten Bearbeitung von „Brod und Wein", FHA 6, 261, V. 138) auf, so daß
dort das Genus nicht festgelegt ist.

Doppelcharakter der Aussage „Menschlich ist / Das Erkentniß." deutlich. Kant zeigt nämlich, daß die von ihm unternommene methodische Selbstbeschränkung der Vernunft auf den Bereich, in dem menschliche Erkenntnis möglich ist, keineswegs dem „Interesse der Menschen"[125] schadet, sondern vielmehr eine verläßliche Grundlage für seine Weltorientierung bereitstellt. Weder wird damit die Möglichkeit ausgeschlossen, daß es nicht- oder übermenschliche Formen des Wissens und Erkennens gibt (von denen wir aber naturgemäß nichts wissen können), noch wird uns das Recht abgesprochen, an Dinge und Sachverhalte, die über den Bereich unseres Erkennens hinausreichen, zu glauben. Zumindest der zweite Aspekt findet sich auch an der vorliegenden Stelle: Es wird damit, daß „Das Erkentniß" als menschlich qualifiziert wird, nicht bestritten, daß noch andere Erfahrungsbereiche zum Menschlichen gehören. Allerdings läßt sich aus der emphatischen Betonung der substantiellen Beziehung zwischen den Menschen und der Erkenntnis ablesen, daß anderen Wesen diese enge Bindung fehlt.

Auch unter dieser Perspektive steht das Diktum also im Gegensatz zum Vorhergehenden. Es deutet so gesehen aber nicht auf einen Mangel des Menschen (den „Othem / Der Gesänge" nicht oder noch nicht atmen zu können), sondern auf ein Defizit oder die Einseitigkeit der Weltbeziehung der Stare: Ihre geradezu traumwandlerische Fähigkeit, sich in der Welt zu orientieren und damit ein höchstes Ziel zu erreichen, entbehrt nämlich der Dimension der Erkenntnis. Beide Aspekte sind problemlos miteinander vereinbar und machen erst zusammengenommen die zentrale Aussage dieses Satzes aus: Dadurch, daß die Menschen nun einmal mit dem Erkenntnisvermögen ausgestattet sind, sind sie aus der Existenzweise der Tiere unwiderruflich herausgesetzt. Damit ist ihnen zwar das instinktive Erreichen ihrer Ziele verwehrt, andererseits eröffnen sich ihnen aber neue Dimensionen der Welterfahrung, die den Staren völlig verschlossen sind.

Ist der Gegensatz zwischen Menschen und Staren aber unüberbrückbar, so stellt sich die Frage, warum im bisherigen Verlauf eines Gedichts, das sich offensichtlich den Problemen der Weltorientierung des Menschen stellen und nicht etwa bloß die erbauliche Naturbeschreibung pflegen will, derart ausführlich, ja überwiegend von den Gewohnheiten und Erfahrungen einer Vogelgattung die Rede war. Nach allem bisher über den in der Mitte der Z. 8 einbrechenden Gegensatz Gesagten kann ausgeschlossen werden, daß der Vogelflug in einem unmittelbaren Sinne als Vorbild für das Verhalten der Menschen dienen soll. Mir scheint, daß das Problem wiederum mit einer Gedankenfigur Kants, dessen Denken offenbar den wichtigsten Prätext dieser Passage darstellt, gelöst werden kann. Kant hält nämlich die Erkenntnis nicht für die allein angemessene Einstellung der menschlichen Vernunft zur Natur, sondern erkennt die Notwendigkeit der Urteilskraft an, die sich die Aufstellung regulativer, die reinen Begriffe übersteigender Ideen zur Aufgabe macht.[126] Wir müssen Kant zufolge annehmen (ohne es jedoch

---

[125] KdrV B XXXIII (WA 3, 34). Im Original hervorgehoben.
[126] Cf. KdU A/B IV (WA 10, 73).

mit empirischen Mitteln beweisen zu können), daß die Natur nach der Idee der Zweckmäßigkeit aufgebaut ist, da wir sonst keinen Ordnungsrahmen und „Leitfaden" für unsere Naturerkenntnisse hätten.[127] Eine analoge Einstellung scheint der poetischen Beschreibung des Zuges der Stare von Südwestfrankreich nach Nordosten zugrunde zu liegen: Das Verhalten der Vögel wird vom Textsubjekt als sinnvoll und zweckmäßig bewertet und somit als exemplarisch für eine teleologische Einrichtung der Natur angesehen. Natur ist aber in der im vorliegenden Gedicht aufgebauten Weltsicht kein kontradiktorischer Gegensatz zur Kultur, zur Geschichte und zum Bereich des Menschen allgemein, sondern von diesen durchdrungen, ohne von ihnen deformiert zu sein. So werden gleich zu Beginn der Beschreibung des Verhaltens der Stare in einer einzigen Zeile (I, Z. 15) ihre Aktivität anthropomorph dargestellt („Mit Freudengeschrei"), ein von Menschen gegebener Landschaftsname („Gasgone") genannt und eine von Menschen angelegte Landschaftsform („Gärten") angeführt. Die anthropomorphe Weise, von den Staren zu reden, verstärkt sich mit der Wiederaufnahme des Motivs ab Z. 33 der Vorderseite, allerdings mit verschiedenen Akzentuierungen: Eine „Heimath" zu „spüren" (I, Z. 33), ‚kluge' und ‚wackere' Sinnesorgane zu haben, sind Eigenschaften, die gemeinhin nur Menschen zugesprochen werden. Auch daß die Vögel das Heilige in den Charentewiesen und den ihnen auf ihrer Wanderung begegnenden Wäldern wahrnehmen, ist eine Fähigkeit, die ihnen das Textsubjekt projizierend zuspricht. Die Schilderung ihres Flugverhaltens schließlich (cf. II, Z. 3-5) ist ganz aus der abstrahierenden Perspektive des menschlichen Subjekts geschrieben und transzendiert die Binnenperspektive der Vögel auf die Vorgänge bei weitem.

Nicht substantiell also kann das Verhalten der Vögel als Leitlinie menschlichen Lebens dienen (etwa in dem Sinne, daß die Menschen sich mimetisch in die Stare hineinversetzen und ihre Lebensweise – sei es auch nur in übertragener Form – nachahmen sollten), sondern nur semiotisch: Das poetische Ich liest den Flug der Stare als Zeichen einer sinnvollen Einrichtung der Natur (in die Kultur und Geschichte durchaus einbezogen sein können), und diese Überzeugung, nicht schon der Vogelzug als solcher, kann als Rahmen der menschlichen Weltorientierung dienen.[128] Diese Transpositionsleistung, die gleichwohl den beobachteten Naturphänomenen nahe bleibt, kann als spezifisch menschliche Form der Erkenntnis verstanden werden. Insofern darf der Bruch in Z. 8 nicht als unüberbrückbar verstanden werden; er markiert auf *einer* Ebene der Lektüre auch eine Synthese: Das Textsubjekt bezieht sich autoreferentiell auf den bisherigen Textverlauf und stellt fest, daß mit der Nachzeichnung und Würdigung des Starenzuges bereits exemplarisch das erreicht ist, was Menschen im Verhältnis zur Natur möglich ist:

---

[127] KdU A XXXIV/B XXXVI (WA 10, 94).

[128] Hölderlin knüpft damit an archaische Formen der Prophetie an, die im Flugverhalten der Vögel Anhaltspunkte für den Ablauf künftiger Ereignisse lesen zu können meinten. Noch heute kann der Abflug oder die Ankunft der Zugvögel in Gegenden, wo diese Bewegungen zu beobachten noch möglich ist, als Orientierungsmarke dafür dienen, wie weit die Jahreszeiten vorangeschritten sind.

Ein die Kausalitätsebene transzendierendes Verständnis der Sinnhaftigkeit von
Naturabläufen. Die Grundstimmung der Verlorenheit und des Ausgeliefertseins
in der gleißenden Hitze des Südens, die den Text in der Mitte der Vorderseite
prägte, scheint damit überwunden zu sein.

Noch in Z. 9 wird aber eine weitere Perspektive auf die Stellung des Menschen in der Welt wie auf die Position des sprechenden Subjekts eröffnet: „Aber
die Himmlischen" wird beinahe mahnend eingeworfen, offenbar um eine sich
auf seine Erkenntnisleistungen berufende Hypertrophierung des menschlichen
Selbstbewußtseins bereits im Ansatz zu unterbinden.[129] Die Menschen werden
damit explizit zwischen den Bereich der Natur und den der „Himmlischen"
gestellt.[130] Diese Zwischenposition spiegelt sich auch formal dadurch, daß der
einzige Satz, in dem in diesem Textzusammenhang bisher explizit von Menschen die Rede war, zwischen die ausladenden Passagen über die Stare und die
Himmlischen eingeschoben ist. Was zunächst als den linearen Textverlauf durch-
brechender Fremdkörper wirkt, erweist sich bei näherem Hinsehen (wenn man
nämlich die autoreferentielle Dimension des Textes einbezieht) als Achse des
weitgespannten Bildtableaus, das auf den beiden Handschriftenseiten entfaltet
wird.

Will man nun in den folgenden Zeilen nachvollziehen, wie die Position der
„Himmlischen" im Verhältnis zur Natur und zu den Menschen umrissen wird,
so begegnet man ebenso unerwartet wie unausweichlich störenden Elementen
in der Handschrift: Schräg rechts unterhalb von „Aber die Himmlischen", aber
noch oberhalb der nächsten Zeile ist nämlich das Segment „der Katten Land"
(Z. 10) eingestreut, das offenbar mit dem hier untersuchten Textablauf unmittelbar nichts zu tun hat. Es gehört wie eine Reihe weiterer Einsprengsel nach
einhelliger Auffassung der Editoren einer allerersten Entwurfsschicht der Seite
an, die durch den ausgeführten Text später überlagert wurde. Ich habe, um den
eigenständigen, wenngleich fragmentarischen Zusammenhang dieser Segmente
untereinander zu wahren, sie in meiner Textdarstellung (in diesem Fall gegen
die dokumentarische Wiedergabe der Handschrift) als einen Textblock rechts aus
dem dominierenden Text herausgerückt. Dieser Interlineartext soll daher auch
im Anschluß an die Interpretation des vorliegenden Abschnittes des Haupttextes, in den er eingestreut ist, gesondert untersucht werden. Dennoch muß auch
jetzt schon die Interferenz, die zwischen den beiden Texten und ihren Elementen
herrscht und die es bei einzelnen Segmenten wie bei Z. 23 („ihr ewigen Besänftigungen") sehr schwer macht zu entscheiden, zu welchem Zusammenhang sie
gehören, beachtet werden. Die regionalisierende Rede von den „Katten" (den
Hessen), die sich mit den folgenden Segmenten des Zwischen-Textes fortsetzt

---

[129] Auch an der schon erwähnten „Griechenland"-Stelle wird hervorgehoben, daß Göttliches
nicht mit Mitteln der Erkenntnis erfaßt werden kann: „Gott an hat ein Gewand. / Und Er-
kentnissen verberget sich sein Angesicht / Und deket die Lüfte mit Kunst." (StA II.1, 256,
V. 23-25 [‚Zweite Fassung'] bzw. 257, V. 26-28 [‚Dritte Fassung'])

[130] Daß diese hierarchische Topologie ein Grundmotiv in Hölderlin Lyrik ist, zeigt B. Böschenstein (1968a, 27f.).

(„Und des Wirtemberges / Kornebene", Z. 13 und 15), bringt ein sehr irdisches Moment in den Text hinein, das mit den „Himmlischen" zunächst zu kontrastieren scheint.

Aber die Himmlischen
Auch haben solches mit sich und des Morgens beobachten
Die Stunden und des Abends die Vögel. Himmlischen auch
Gehöret also solches. (Z. 9, 11, 12, 14)

An der dunklen Rede dieser Zeilen ist fürs erste nur das eine deutlich, daß von den „Himmlischen", den Göttern, nicht als Bewohnern einer anderen, höheren Welt die Rede ist, sondern in ihrer Beziehung zu irdischen Wesen und Abläufen. Vor allem die erste und die dritte Aussage zeichnen sich durch beispiellose Ungenauigkeit aus, und bei genauerem Hinsehen erweist sich auch der scheinbar so konkrete Satz mit dem Prädikat „beobachten" als Schauplatz von Irritationen. Was bedeutet es zunächst, daß „die Himmlischen / Auch [...] solches mit sich" haben? ‚Etwas mit sich haben' kann sowohl bedeuten, etwas dabei zu haben, mitgebracht zu haben, als auch (wenn man das ‚sich' betont und somit als nicht verblaßtes Präpositionalobjekt versteht), eine besondere Beziehung zu sich selbst zu haben[131]. Die Aussage ist so schwammig, daß man sich bei der Lektüre dagegen zu wehren versucht, ‚haben' hier als Vollverb zu verstehen, und sich – erfolglos – auf die Suche nach einem eventuellen Partizip Perfekt macht, durch das sich der gemeinte Sachverhalt klären könnte. ‚Solches' ist ein Demonstrativpronomen, das sich vergleichend auf einen zuvor genannten Tatbestand zurückbezieht. Durch den in dieses Wort eingeschriebenen deiktischen Vergleich wird eine relativ eindeutige Zuordnung zu Bezugswörtern, wie sie die Demonstrativpronomina ‚dieses' und ‚jenes' gestatten, erschwert. An dieser Stelle könnte sich „Solches" somit sowohl auf „Erkentniß" als auch – als zusammenfassendes Neutrum – auf den ganzen zuvor entwickelten Zusammenhang oder einzelne, nicht näher bestimmbare Segmente daraus zurückbeziehen. Den „Himmlischen" wird also – wenngleich vage – ein Bezug zu den bisher geschilderten Vorgängen im allgemeinen wie auch ein mit der Erkenntnis vergleichbares Vermögen im besonderen zugeschrieben. Für sie ist die Erkenntnis jedoch nicht substantiell wie für die Menschen, sondern akzidentiell: Sie ‚sind' nicht etwa Erkenntniswesen oder haben die Erkenntnis auch nur ‚in sich', sondern vielmehr nur neben anderen Dingen „Auch [...] solches mit sich".

Der folgende Hauptsatz scheint zu konkretisieren, worin sich die erkennende Teilhabe der Himmlischen an den irdischen Dingen äußert: „des Morgens beobachten / Die Stunden und des Abends die Vögel". Die exponierte Position von „die Himmlischen" am Satzanfang signalisiert, daß sie Subjekt auch dieses mit „und" angeschlossenen Satzes sind. Allerdings überrascht die Inversion, die auch nicht durch ein Personalpronomen aufgefangen wird (‚des Morgens beobachten sie'). Trotz dieser Irritationen verfolge ich zunächst diese, vom Zusammenhang des Satzes her naheliegende Lektüre.

---

[131] Cf. Duden-Stilwörterbuch, s. v. etwas mit jmdm. haben / es mit etwas haben, 330.

Die Himmlischen beobachten das irdische Leben, und zwar den alles strukturierenden Ablauf der Zeit („Die Stunden") ebenso wie einzelne Lebewesen. Zwar sind „die Vögel" nicht umstandslos mit den Staren zu identifizieren, die einen großen Teil des bisherigen Textverlaufs dominierten, aber es ist angesichts des expliziten Anschlusses („Auch") der Rede von den Himmlischen an das Vorherige wahrscheinlich, daß die Stare eine prominente Rolle bei den Vogelbeobachtungen spielen. Zudem hatte sich auch schon bei den ersten Zeilen dieser Seite gezeigt, daß den Staren Eigenschaften zugeschrieben werden, die gemeinhin vor allem anderen Vögeln, nämlich den Schwalben, zukommen. Verblüffend ist nun, daß die Götter nicht außerhalb der von ihnen beobachteten „Stunden" zu stehen scheinen, sondern daß sich ihre Beobachtungstätigkeit selbst nach Tageszeiten gliedert: Bei Tagesanbruch widmen sie sich dem Studium des abstrakten Zeitverlaufs und erst in der Abenddämmerung der Erkundung der Vogelaktivitäten. Nimmt man die Erkenntnis hinzu, daß der Zug der Stare im vorhergehenden Text als Zeichen einer sinnvollen Einrichtung der Natur und einer – darin enthaltenen – ihr Ziel erreichenden geschichtlichen Bewegung dargestellt wurde, so drängt sich die Vermutung auf, daß die Götter ihre Beobachtungen im Verlauf ihres Tages von abstrakten Zeitstudien zur Erfassung von Natur und Geschichte in ihrer ganzen Fülle weiterentwickeln.[132] Auch wenn man zugesteht, daß den Göttern tausend Jahre wie ein Tag sein können[133], ist es doch verwunderlich, daß sie zum einen die genannten Abläufe offenbar als äußerliche erfahren und nicht etwa selbst gestalten, zum anderen aber der Zeit selbst unterworfen sind und nicht instantan außer ihr stehen. Diese Tendenz verschärft sich noch, wenn man „beobachten" nicht im Sinne von ‚betrachten', sondern von ‚beachten' versteht. Dadurch verstärkt sich das mimetische Moment, das jeder Beobachtung innewohnt, zur Anpassung an das beobachtete Objekt. Zugleich werden die „Himmlischen", indem sie als Naturbeobachtende dargestellt werden, den Menschen angenähert, die sich ebenfalls temporär – wenn sie nicht gerade in Handlungszwängen stehen – aus dem natürlichen und geschichtlichen Geschehen heraussetzen und eine kontemplative Haltung dazu einnehmen können.

Während der erste Hauptsatz sich als syntaktisch korrekt, aber semantisch unterbestimmt erwiesen hat, scheint der zweite Hauptsatz mithin zwar semantisch gehaltvoll, syntaktisch dagegen (wegen der unmotivierten Inversion) inkorrekt zu sein. Man könnte daher versucht sein, die komplementären Defizite der beiden Teilsätze dadurch auszugleichen, daß man sie enger verschmilzt, indem man den

---

[132] Man könnte in dieser Stelle bereits eine Vorwegnahme von Hegels berühmtem Diktum am Ende seiner Vorrede zur Rechtsphilosophie erkennen, die Eule der Minerva beginne „erst mit der einbrechenden Dämmerung ihren Flug" (Hegel WW 7, 28) – auch wenn das Bild anders gebaut ist (die Eule ist hier eine Allegorie der Philosophie). Der ganze Satz läßt sich darüber hinaus als eine Art Skizze von Hegels später entwickeltem System lesen, das von der Logik über die Natur zum Geist fortschreitet. (Die letzten beiden Stufen sind hier zusammengezogen.) Über die vorliegende Stelle hinaus wäre zu überlegen, inwieweit Hegel der Philosophie eine Position zuweist, die bei Hölderlin die Götter einnehmen.

[133] Cf. Ps. 90, 4.

zweiten Teil als eine den ersten erläuternde Infinitivkonstruktion versteht: ‚Aber die Himmlischen auch haben solches mit sich: des Morgens die Stunden und des Abends die Vögel zu beobachten.' Dem steht jedoch das beide Teile verbindende „und" entgegen, das eine parataktische Reihung indiziert. Eine Möglichkeit, den mit „und" angeschlossenen Satz doch als syntaktisch korrekt zu verstehen, ist, „Die Stunden" und „die Vögel" nicht als Akkusativobjekte, sondern als Subjekte zu verstehen. Damit fehlt dem Prädikat „beobachten" aber das notwendige Akkusativobjekt. Sollten „die Himmlischen" als Objekt verstanden werden, müßten sie, da sie vorher nur als Nominativ auftauchen, innerhalb dieses Satzes zumindest durch das Personalpronomen ‚sie' repräsentiert werden. Auch diese Lesart führt also zu keiner syntaktisch korrekten Lösung.

Ruth-Eva Schulz-Seitz bringt ebenfalls die irritierende Faktur der Stelle zur Sprache:

> Dies klingt fast so, als seien die Vögel „Himmlische". Das ist natürlich nicht gemeint. Aber die Vögel gehören der Natur an, und wenn sie schon die Tageszeiten auf Grund von Beobachtung unterscheiden, so kann man daraus folgern, daß „also" auch schon den Himmlischen, d. h. den Mächten der Natur, Erkenntnis eignet.[134]

Damit ist immerhin eine syntaktisch mögliche Lösung gefunden: „die Vögel" sind – trotz der Endstellung – alleiniges Subjekt, „Die Stunden" Objekt des zweiten Hauptsatzes; die Zeitbestimmungen „des Morgens" und „des Abends" würden demnach keinen Gegensatz markieren, sondern wären als durch Prädikat und Objekt auseinandergerissene Aufzählung zu verstehen: ‚Die Vögel beobachten morgens und abends [also mindestens regelmäßig, vielleicht auch zu jeder Tageszeit] die Stunden.' Diese Aussage knüpft somit an die früheren Passagen über die geschärften sinnlichen Fähigkeiten der Vögel an. Zugleich wird der Beginn des Satzes, „Aber die Himmlischen", durch sein Pendant, die an allerletzter Stelle genannten „Vögel", hintertrieben; eine Konfundierung von Subjekt und Objekt der Beobachtung, von Vögeln und Himmlischen ist die Folge.[135]

Die zunächst dargestellte Lektüre, der zufolge „die Himmlischen" Subjekt beider Hauptsätze sind, wird also durch die vertrackte Syntax des zweiten Satzes subvertiert. Damit eröffnen sich Möglichkeiten mehrerer Gegenlektüren: Demnach beobachten die Stunden und die Vögel die Götter (und nicht umgekehrt), oder aber Vögel und Stunden beobachten einander wechselseitig. Da diese Lesarten nicht mehr und nicht weniger syntaktisch inkorrekt sind als die dominante, können sie weder abgetan noch als richtige instauriert werden, sondern sie müssen als komplexe Gegenbewegungen mitgelesen werden.[136]

---

[134] Schulz-Seitz 1970, 68.

[135] Im übrigen kann auch diese Lektüre noch einmal gewendet werden: Möglicherweise sind „Die Stunden", das abstrakte Medium der Zeit, Subjekt, „die Vögel" aber Objekt der Beobachtung – eine semantisch allerdings nicht sehr weit reichende Möglichkeit.

[136] Ob diese komplizierte Satzkonstellation vom empirischen Autor Hölderlin intendiert und konstruiert worden ist, ist für die Feststellung des Sachverhalts zum einen völlig irrelevant, zum andern ohnehin nicht zu eruieren. Es macht im Rahmen meiner hermeneutischen Prämissen also keinerlei Unterschied, ob man meint, der Text sei dem Autor hier entglitten, nicht

Allen Lektüren gemeinsam ist die Depotenzierung und Degradierung der Götter, durch die sie einerseits mit den Vögeln verwechselt zu werden drohen, andererseits aber auch den Menschen angenähert werden. In eins damit wird die Exklusivität des menschlichen Anspruchs auf die Erkenntnis gefährdet. Eine unauflösliche Verunsicherung des Verhältnisses von Himmlischen, Vögeln und Menschen ist das Ergebnis dieses Satzes.[137]

Dieses Ergebnis resümiert der folgende Satz: „Himmlischen auch / Gehöret also solches." Es zeugte von einer sehr vordergründigen Lektüre, wollte man den Satz nur als wenig sprachmächtige, kaum variierende Wiederholung der Aussage „Aber die Himmlischen / Auch haben solches mit sich" verstehen. Zwar *kann* der Satz folgendermaßen paraphrasiert werden: ‚Solches ist das Eigentum der Himmlischen.' Damit ist aber keineswegs eine semantische Übereinstimmung zwischen den beiden Sätzen erzielt, besteht doch ein grundlegender – auch rechtlich relevanter – Unterschied dazwischen, etwas mitgebracht (und damit in Besitz) zu haben einerseits und etwas als Eigentum zu haben andererseits. Der Unterschied zwischen beiden Ausdrücken verschärft sich aber noch, wenn man sich die weiteren Bedeutungen des Wortes ‚gehören' vor Augen führt, die einen normativen Einschlag (im Sinne von ‚den richtigen Platz haben' oder ‚angebracht sein, gebühren') haben.[138] Demzufolge spiegelt sich in der vorliegenden Wendung semantisch nicht das ‚mit sich haben' aus dem vorletzten Satz, sondern das ‚beobachten' im Sinne von ‚beachten' aus dem letzten Satz wider. Schließlich ist darauf hinzuweisen, daß das Wort etymologisch eng mit ‚hören', ‚gehorchen' und ‚hörig sein' zusammenhängt, weshalb – isoliert gelesen – „Gehöret also solches" als Partizip Perfekt von ‚hören' verstanden werden könnte. Damit wird den Himmlischen neben der Beobachtungsgabe ein akustisches Vermögen zugeschrieben. Gleichzeitig wird angedeutet, daß das mit „solches" bezeichnete Subjekt des Satzes sich dem Willen der Himmlischen unterordnet. Damit ist auch diesem Satz eine Gegenwendigkeit eingeschrieben: Versteht man nämlich ‚gehören' hier im Sinne von ‚gebühren, geziemen', so ist gesagt, daß es den Himmlischen zukommt, sich an „solches" anzupassen. Liest man dagegen eine Eigentumszu-

---

genügend durchkonstruiert (was in sträflicher Verkürzung häufig als Indiz für mangelnde Geisteskraft gelesen wird), oder ob man vielmehr einen Befund wie den vorliegenden für eine besonders subtile und pfiffige, in sich selbst vielfach gegenläufig konzipierte dichterische Konstruktion hält. Auch wenn die letztere Auffassung ungleich produktiver ist als die erstgenannte, so kann sie doch ebensowenig eindeutige Indizien für sich geltend machen: Wir wissen nicht, ob Hölderlin diese Stelle mit gegenwendigem Witz infizieren wollte; wir können nur feststellen, daß ihm sein Text so geraten ist.

[137] An den meisten anderen Stellen in Hölderlins Werk – so etwa in der achten Strophe der „Rhein"-Hymne (V. 105-114) – wird dagegen das Verhältnis von Himmlischen und Menschen so gefaßt, daß es zwar hierarchisch, aber dennoch von wechselseitiger Abhängigkeit geprägt ist. (Cf. dazu B. Böschenstein 1968a, 74-79). Die einige Seiten später im „Vatikan"-Fragment geäußerte Überzeugung „Gott rein und mit Unterscheidung / Bewahren, das ist uns vertrauet" (HF 89, Z. 20f.; StA II.1, 252, Z. 12f.) wird hier in einen Strudel der Unsicherheit und Ununterscheidbarkeit hineingezogen.

[138] Cf. Duden-Stilwörterbuch, 293 (s. v. gehören). Die normative Komponente ist besonders, aber nicht nur ausgeprägt bei der reflexiven Wendung ‚sich gehören'.

schreibung oder den Anklang an ‚Gehorchen/Hörigkeit‘ heraus, so bedeutet das eine Unterordnung von ‚solchem‘ unter die Himmlischen.

Darüber hinaus ist darauf hinzuweisen, daß auch die aus dem vorletzten Satz übernommenen Wörter „Himmlischen" und „solches" in ihrem neuen Zusammenhang nicht etwa die identische Bedeutung haben wie zuvor: „Himmlischen" ist hier (dativisch) ohne Artikel gebraucht. Damit erhält der Satz den Charakter einer Allgemeinaussage, die für *alle möglichen* Himmlischen gilt. Das Pronomen „solches" schließlich kann seiner deiktischen Komponente wegen an zwei verschiedenen Stellen nicht dasselbe bezeichnen. Zwar kann nicht ausgeschlossen werden, daß es sich auch hier noch auf „Das Erkentniß" und den vorhergehenden Textzusammenhang zurückbezieht, naheliegender aber ist der Bezug auf den letzten Satz. Es wird also resümierend festgestellt, daß die Himmlischen einen engen Bezug auf den Verlauf der Zeit im allgemeinen wie auf die Vorgänge in Natur und Geschichte im besonderen haben. So wie diese irdischen Bereiche an die Himmlischen gebunden sind, so müssen sich diese andererseits an den Maßstäben der Welt orientieren. Damit aber ist den Himmlischen noch immer keine Position zugeschrieben, die sie von den Menschen abheben würde. Der Satz hält noch einmal zusammenfassend die in den letzten Zeilen aufgekommene Unsicherheit in der Bestimmung des Verhältnisses von Göttern und Menschen fest: Schien in der Mitte von Z. 9 eine selbstreflexive Erkenntnis erreicht zu sein, die die Vorgänge und Ereignisse in Natur, Kultur und Geschichte als Zeichen einer sinnvollen Einrichtung des Ganzen der Realität zu lesen vermag, so hat sich gleich darauf (schon mit dem Einwurf „Aber die Himmlischen" in der zweiten Hälfte der Zeile) die Kehrseite dieses Ergebnisses in den Vordergrund geschoben: Wenn die Menschen diesen Grad von Erkenntnis erreicht haben, haben sie sich quasi an die Stelle der Götter gesetzt, die ebenfalls nicht allmächtig und allgegenwärtig sind, sondern eine Beobachterposition gegenüber der Realität einnehmen. Die Unfähigkeit, Götter und Menschen klar in ihrer Position und Funktion voneinander abzuheben, läßt für jeden Menschen, der an die Existenz der Götter glaubt (und dieser Glaube ist eine unbezweifelte Grundlage des Textes), die Gefahr der Hybris akut hervortreten.

„Wolan nun." (Z. 14) Der Ausruf ist nach langen Abschnitten der nur indirekten Artikulation als vehemente Intervention des poetischen Ich zu verstehen. Der Sprechende versucht offensichtlich sich selbst (und vielleicht auch andere) zur Überwindung der unklaren und gefährlichen Situation zu ermuntern. Die Klärung wird auf dem Wege der Erinnerung gesucht:

> Sonst in Zeiten
> Des Geheimnisses hätt ich, als von Natur, gesagt,
> Sie kommen, in Deutschland. Jezt aber, weil, wie die See
> Die Erd ist und die Länder, Männern gleich, die nicht
> Vorüber gehen können, einander, untereinander
> Sich schelten fast, so sag ich. (Z. 14, 16-19, 21)

Schon das erste Wort dieses Passus macht klar, daß nun ein Rückgriff auf Vergangenes folgt.[139] „Zeiten / Des Geheimnisses" sind es, an die damit erinnert wird. Jeder interpretierende Versuch, diesen „Zeiten" durch eine historische oder lebensgeschichtliche Fixierung ihr ‚Geheimnis' zu rauben, müßte sie notwendig verfehlen. Um so mehr überrascht, was von den Zeiten gesagt wird: damals „hätt ich, als von Natur, gesagt, / Sie kommen, in Deutschland." Zunächst fällt ins Auge, daß an dieser Stelle ein Ich wieder von sich selbst spricht, nachdem die erste Person Singular zum ersten und bisher einzigen Mal in Z. 11 auf der Vorderseite verwendet wurde. (Dieser Tatbestand garantiert natürlich noch nicht, daß es dasselbe Ich ist, das hier wie dort spricht, oder daß sich an diesen Stellen sogar das Subjekt des Textes selbst artikuliert). Vorbereitet wird das ich-zentrierte Sprechen allerdings bereits durch den Ausruf „Wolan nun." Der zweite Faktor, der an der Aussage verblüfft, ist, daß die „Zeiten / Des Geheimnisses" offenbar keine des Schweigens sind: Es war damals nicht undenkbar, etwas zu sagen, doch wird die Möglichkeit sogleich in den Irrealis zurückgenommen.[140] Nur wenn das Ich während dieser Zeiten die Gelegenheiten und Einsichten dazu gehabt hätte, hätte es gesagt, „Sie kommen, in Deutschland". (Subjekt des Nebensatzes sind relativ eindeutig die „Himmlischen" [Z. 12].[141]) Der durch den syntaktischen Kontext bewirkten Abqualifizierung der Aussage als irreal wirkt allerdings entgegen, daß sie durch die Zeilengrenze von diesem Kontext abgetrennt wird. Liest man die erste Hälfte von Z. 17 isoliert, so hat sie den Gestus einer selbstgewissen Feststellung oder Vorhersage.

Es ist nicht klar, welchen der Bestandteile des Satzes der zwischen „ich" und „gesagt" eingeschobene und durch Kommata isolierte Vergleich „als von Natur" erläutern soll: Entweder bezeichnet sich das Ich als ein aus der Natur stammendes Subjekt, oder seine Aussage wird als eine natürliche qualifiziert, oder es ist gemeint, daß die Aussage, die über die Götter gemacht wird, ebenso über die Natur gemacht werden könnte, oder aber, daß die Götter nach Deutschland kommen, als kämen sie aus der Natur, oder schließlich, daß die Götter natürlicherweise nach Deutschland und nicht anderswohin kommen. Diese Bezüge lassen sich nicht vereindeutigen, aber so zusammenfassen, daß die „Zeiten / Des Geheimnisses" unter einem unbezweifelten und vielfältigen Einfluß der Natur standen. Die regulative Funktion der Natur ermöglichte dem Ich ein nicht durch Hybris gefährdetes Sprechen, das das Kommen der Götter ankündigen und als Ort ihrer Epiphanie Deutschland aufzeigen konnte. Die geheimnisvollen Zeiten sind somit keine graue Vorzeit, sondern ein gegenüber der im Gedicht konstitu-

---

[139] Die Wendung „wie sonst", in der das „sonst" häufig in Hölderlins Lyrik verwendet wird, bezeichnet den Versuch, das Vergangene vergleichend als Hintergrund für gegenwärtige oder zukünftige Ereignisse heranzuziehen. Eine solche Aktualisierung liegt hier nicht vor.

[140] Derselbe Schwebezustand zwischen Geheimnis und Aussprechen findet sich in „Germanien" als gegenwärtiger: „Nicht länger darf Geheimnis mehr / Das Ungesprochene bleiben, nachdem es lange verhüllt ist; / Denn Sterblichen geziemet die Scham; / Und so zu reden die meiste Zeit, / Ist weise auch von Göttern." (V. 84-89)

[141] Ein Bezug auf „die Vögel" (Z. 12) wäre grammatisch inkorrekt, einer auf die „Zeiten" (Z. 14) inhaltlich nicht schlüssig.

ierten Gegenwart nur kurze Zeit zurückliegender Zustand voller damals noch un-
erkannter und im realen Geschichtsverlauf nicht zum Zuge gekommener Möglichkeiten.

Ein poetisches Sprechen, das vom Bewußtsein eines solchen Potentials getragen
ist, hat Hölderlin etwa in der „Friedensfeier" oder in „Germanien"[142] realisiert.
Wird in jener Hymne eine universelle Friedensordnung evoziert, in der keiner
Nation eine dominante Rolle zukommt, so geht es in dieser um die spezifische
friedensstiftende Funktion Deutschlands, das – als „Priesterin" (V. 49 und 110)
personifiziert – die Ankunft der Götter[143] vorbereiten soll. Damit ist eine Hoffnung, in die Hölderlin bereits einige Jahre zuvor die Enttäuschung über den
Verlauf der Französischen Revolution meinte wenden zu können, in mythische
Rede umgesetzt. Das „Chaos" – so spricht der Briefschreiber Hölderlin sich und
seinem Adressaten Ebel in Paris Mut zu – sei „gewiß ein Vorbote außerordentli-
cher Dinge" (Brief an Johann Gottfried Ebel vom 10.1.1797, Nr. 132, StA VI.1,
229, Z. 43-45). Und er fährt fort:

> Ich glaube an eine künftige Revolution der Gesinnungen und Vorstellungsarten, die
> alles Bisherige schaamroth machen wird. Und dazu kann Deutschland vieleicht sehr
> viel beitragen. Je stiller ein Staat aufwächst, um so herrlicher wird er, wenn er zur
> Reife kömmt [...].   (Ibd., Z. 45-49)

Aus dieser Analyse leitet Hölderlin die Maxime ab, „man solle von nun an dem
Vaterlande leben" (StA VI.1, 230, Z. 57f.). Man könnte diese Schwerpunktsetzung als kruden Nationalismus verstehen. Mir scheint jedoch, daß hier eher
eine Aufgabenverteilung zwischen den Nationen vorgeschlagen wird, bei der
Deutschland an dem Problem ansetzt, das die Französische Revolution nicht
lösen konnte, der grundlegenden Neuorientierung des Denkens nämlich. Wenn
diese Zuschreibung gerechtfertigt ist, ist es nur konsequent, sich als politisch
bewußter deutscher Intellektueller in einer solchen Situation ganz dieser Aufgabe zu widmen. Die Wortwahl an dieser Stelle ist allerdings nicht frei von einer
sachlich nicht angemessenen Aufwertung dieser Funktion, die mit einer Abwertung des bisher von anderen Völkern Geleisteten verbunden ist. Diese unange-
nehme Komponente fehlt dagegen in der mythologischen Utopie am Ende von
„Germanien", die als poetische Umsetzung der im Brief an Ebel entwickelten
Situationsanalyse verstanden werden kann:

> Doch in der Mitte der Zeit
> Lebt ruhig mit geweihter
> Jungfräulicher Erde der Aether
> Und gerne, zur Erinnerung, sind
> Die unbedürftigen sie
> Gastfreundlich bei den unbedürftgen

---

[142] Die Reinschrift von „Germanien" findet sich etwas weiter vorne im Folioheft, auf den
Seiten 59-63. Das ist aber kein eindeutiges Indiz für die Entstehungszeit des Gedichts im
Verhältnis zu der der Seiten 73-76.
[143] Nicht die „Entflohene[n] Götter" (V. 17) Griechenlands werden allerdings erwartet, sondern ein Vatergott, der „Aether" (V. 39 und 105; cf. V. 49), sowie die Erde als Muttergottheit
(cf. V. 97f. und 105).

Bei deinen Feiertagen
Germania, wo du Priesterin bist
Und wehrlos Rath giebst rings
Den Königen und den Völkern.   (StA II.1, 152, V. 103-112)

Ein prophetisches Sprechen in der Art dieser Verse evoziert das poetische Ich
an der vorliegenden Stelle, um es jedoch in einem Atemzug damit nicht nur als
vergangenes, sondern auch als irreales zu qualifizieren.[144] Es ist allerdings zu
beachten, daß die Zeiten, in denen die poetische Ankündigung der Ankunft der
Götter in Deutschland möglich schien, nicht etwa als solche der Täuschung und
Illusion, sondern als solche „Des Geheimnisses" bezeichnet werden. Das deutet
darauf hin, daß das frühere utopische Sprechen ein Potential in sich birgt, das
zwar nicht entdeckt und geborgen werden konnte, aber noch nicht hoffnungslos
verloren ist.

Ursache der veränderten Perspektive des poetischen Ich sind grundlegende
Umwälzungen in der politischen Realität:

Jezt aber, weil, wie die See
Die Erd ist und die Länder, Männern gleich, die nicht
Vorüber gehen können, einander, untereinander
Sich schelten fast, so sag ich.   (Z. 17-19, 21)

Dem episch erinnernden Duktus des letzten Satzes, der mit der präsentischen
Aussage „Sie kommen, in Deutschland" ausklingt und einen alle Irritationen
scheinbar hinter sich lassenden Ruhepunkt findet, wird ein die Zeile deutlich
zäsurierendes „Jezt" entgegengesetzt. Während das emphatische „jezt" aber
etwa in der ‚Feiertags'-Hymne (V. 19, 23, 33, 54) die Epiphanie des Heiligen
und deren Bewältigung bezeichnet[145], geht es hier um einen ebenso energischen
Einbruch der Enttäuschung („Jezt aber"), dem mit weitläufigen und verschachtelten, alle Emphase des Satzbeginns einebnenden Mitteln der Begründung und
des Vergleichs („weil, wie") entgegenzuwirken versucht wird.

Bevor klar wäre, was verglichen werden soll, wird zunächst das genannt, mit
dem es verglichen werden soll: „wie die See". Der Vergleich bringt einen völlig
neuen Anschauungsbereich in den Text, waren doch alle bisherigen Vorgänge
und Bilder relativ eindeutig im Bereich des Festlandes angesiedelt. Insbesondere wird mit der Nennung der „See" der Bildbereich des Zuges der Stare von
Südwestfrankreich nach Nordosten, der mit Sicherheit kein Meer kreuzt, klar
durchbrochen.[146] Das ist insofern relevant, als damit auch die affirmativ konnotierte Flugtechnik der Stare, sich „Ek um Eke" fliegend immer „genau an das

---

[144] Um Mißverständnissen vorzubeugen, möchte ich klarstellen, daß ich damit nicht etwa behaupte, hier liege ein verstecktes Selbstzitat des Autors vor o. ä. Es geht mir nur darum zu
zeigen, daß der Gestus utopisch-poetischen Sprechens, den ich am Schlußpassus von „Germanien" zu veranschaulichen versucht habe, an der hier analysierten Stelle aufgenommen und
sogleich distanziert wird.

[145] Die zentrale Bedeutung dieses vierfachen „jezt" hat Heidegger (Erl., 70f.)
herausgearbeitet.

[146] Dagegen entstammt „die See" eher der Vorstellungswelt von „Andenken", in dem die entgegengesetzte Richtung von Deutschland mit dem Nordost nach Südwestfrankreich dominiert,

Nächste" zu halten, ihrer Grundlage beraubt wird, denn auf See gibt es keine
Ecken und damit auch keine Möglichkeit, sich aufgrund sinnlich wahrnehmbarer
Fixpunkte zu orientieren. (Dazu sind vielmehr ein Kompaß und andere Naviga-
tionsinstrumente sowie komplizierte Berechnungen, also eine Form menschlicher
„Erkentniß", vonnöten.[147]) Mit diesem Orientierungsverlust wird aber auch der
privilegierte Zugang der Stare zum „Othem / Der Gesänge" gefährdet oder zumindest relativiert. Der normative Ordnungsrahmen des bisherigen Textes, dessen Partikularität sich bereits anläßlich des noch immer ungeklärten Verhältnisses von Menschen und Himmlischen herausgestellt hat, droht damit vollends ins
Wanken zu geraten.

Dieser Verdacht verschärft sich, wenn man das mit der „See" Verglichene in die
Betrachtung einbezieht: „Die Erd" ist „wie die See", wie zu Beginn der folgenden Zeile klargestellt wird. Darin ist nicht nur eine Relativierung, sondern eine
Umwertung aller bisher entwickelten Werte enthalten. Schien es bis zu diesem
Punkt so, als könne die terrestrische Orientierung der Stare als – wenngleich
nicht mehr universell – verbindliches Verfahren aufrechterhalten werden, so geht
nun auch diese Sicherheit verloren, da offenbar keine Unterscheidung zwischen
den beiden Oberflächengestalten unseres Planeten mehr möglich ist, sondern die
Erde insgesamt wie die See geworden ist. Damit ist alle Ordnung verloren, und
das Meer, das unablässig Fließende, Schwankende, in unbekannte Fernen und
bedrohliche Tiefen Ziehende, ist zum alles dominierenden Element geworden.[148]
Diese Aussage darf nicht so mißverstanden werden, daß nun (wider alle ornithologischen Erkenntnisse) bestritten würde, daß die Stare mit ihren Mitteln ihren
Weg finden. Radikal in Frage gestellt wird vielmehr der *Zeichencharakter* des
Vogelfluges, der uneingeschränkt bis Z. 8, relativiert auch noch bis Z. 17 eine
sinnvolle Ordnung von Natur und Geschichte zu verbürgen schien.

Es hat sich also wieder eine von Bedrohung und Orientierungslosigkeit gekenn-
zeichnete Situation eingestellt, wie sie auch die mittleren Passagen auf der
Vorderseite kennzeichnete. Auch dort war eine grundlegende Verwandlung der
„Erde" festzustellen („Und das Herz der Erde thuet / Sich auf"; I, Z. 25f.), die
sich ebenfalls als Angleichung des flüssigen und des festen Elements manifestierte

---

die über Bordeaux hinaus auf das Meer hin verlängert wird. Die der „See" zu Beginn der
Schlußtrias von „Andenken" emphatisch zugeschriebene Fähigkeit, „Gedächtniß" zu nehmen
und zu geben (StA II.1, 189, V. 56f.), kommt ihr im vorliegenden Text sicherlich nicht zu.
Eher drängt sich eine Erinnerung an die ironische Maxime am Schluß der „Feuer"-Strophe
von „Mnemosyne" (StA II.1, 197, Z. 60f. [‚Dritte Fassung']) auf: „Uns wiegen lassen, wie /
Auf schwankem Kahne der See." (Nägele [1978, 201] hat allerdings zu Recht darauf hingewie-
sen, daß „der See" hier auch Nominativ Maskulinum sein kann. Völlig fehlgehend ist dagegen
Reuß' Behauptung, an dieser Stelle sei der Geist des Redenden zerstört, und es spreche der
„Wahn" selbst; cf. 1990, 522-524.)

[147] Daß es Vögel gibt, die sich – anders als die Stare – mit Hilfe anderer Techniken auch auf
See orientieren können, soll damit nicht ausgeschlossen werden.

[148] Zur geistesgeschichtlichen Bedeutung des Meeres als Bedrohung und Herausforderung cf.
Blumenberg 1979. Ich verwende ‚Meer' und ‚See' (Femininum) synonym, da im vorliegenden
Textzusammenhang ‚Meer' gar nicht auftaucht und daher auch keine Bedeutungsnuancierung
zwischen beiden Termini feststellbar ist, wie sie in „Andenken" vorliegt (cf. Reuß 1990, 330).

(„Aus brennendem Lande / Die Ströme"; I, Z. 28f.). Der grundsätzliche Unterschied zur vorliegenden Stelle besteht darin, daß dort die Gefährdung in einer konkreten südeuropäischen Landschaft lokalisiert und damit auch auf diese beschränkt wurde; das ‚brennende Land' verwandelte sich zwar in ‚Ströme', nicht aber in ein Meer. Wenige Zeilen später (ab I, Z. 33) schien die Gefahr denn auch wenn nicht gebannt, so doch vergessen zu sein. An der vorliegenden Stelle dagegen ist die Anverwandlung der Erde an die See universell geworden. Die Orientierung am Vogelzug, die lange Zeit als Ausweg nicht nur aus einer partikularen Bedrohung, sondern aus der im ersten Abschnitt des Textes thematisierten Gefährdung der geschichtlichen Weiterentwicklung durch die zerstörerischen Aktivitäten des Nachtgeistes erschien, erweist sich nun als gescheitert. Die Textbewegung bis zu diesem Punkt muß daher insofern als katastrophisch bewertet werden, als nicht nur die scheinbar harmonische Überwindung der hilflosen Befangenheit des Textsubjekts in der von Extremen gekennzeichneten südfranzösischen Landschaft in sich zusammengebrochen ist, sondern in eins damit grundlegende Marken der Weltorientierung eingerissen wurden, so daß der Text an dieser Stelle einen Zustand evoziert, der noch hinter die uranfängliche Scheidung von Wasser und Erde (1. Mose 1, 9f.) zurückfällt. Dieser Zustand wird zur Begründung des mit „Jezt aber" eingeleiteten und noch nicht fortgesetzten Satzes angeführt. In einer Situation des universellen Chaos – läßt sich daraus schließen – sind partikulare Konfliktlösungen (wie die bisher entworfenen naturforschenden, poetisch-hermeneutischen und philosophisch-religiösen) nicht realisierbar. An den Kausalsatz schließt sich das Syntagma „und die Länder" an. Denkbar wäre, daß sich „die Länder" als ein zweites Subjekt zeugmatisch auf „wie die See / [...] ist" bezieht. Daraus ergibt sich aber gegenüber der ungeheuren Gleichsetzung von Erde und See keine wesentliche Bedeutungserweiterung; daher kann diese grammatisch inkorrekte Möglichkeit vernachlässigt werden. Man muß also einen zweiten Kausalsatz annehmen: weil „die Länder [...] / Sich schelten fast". Daß ein reziprokes und kein reflexives Schelten gemeint ist, wird durch die vor „Sich" plazierten Adverbien „einander, untereinander" verdeutlicht, allerdings auf stilistisch merkwürdige Weise: Ist schon die gemeinsame Verwendung von ‚sich' und ‚einander' als pleonastisch anzusehen[149], so gilt das um so mehr für die Reduplikation des Adverbs. Hinzu kommt, daß das erste der beiden und damit am weitesten vom Verb entfernte Adverb am besten zum Verb paßt (‚einander schelten'), während ‚untereinander schelten' zumindest als ungewöhnlich eingestuft werden muß. (Durch die letztgenannte Kombination könnte betont werden, daß die Länder beim Schelten ‚unter sich' sind, daß also äußere Einflüsse keine wesentliche Rolle dabei spielen.)

Damit sind aber die Bezugsprobleme, die der Satz aufwirft, noch keineswegs erschöpft. Denn zwischen „die Länder" und „einander" ist ein Vergleich eingefügt, der wiederum durch einen Relativsatz präzisiert wird: „Männern gleich, die nicht / Vorüber gehen können". Klar ist immerhin, daß „die Länder" (oder

---

[149] Cf. Duden-Grammatik, 321.

auch ihre Tätigkeit, das Schelten) mit „Männern" verglichen werden. Was aber soll es heißen, daß diese Männer „nicht / Vorüber gehen können", vor allem: *woran* vorüber? Es bietet sich an, zwei Probleme zugleich zu lösen, nämlich die semantische Unvollständigkeit des Relativsatzes und die Redundanz im übergeordneten Kausalsatz, indem man das erste Adverb auf jenen, das zweite auf diesen bezieht. Diese Lösung ist allerdings stilistisch doppelt schief, denn es müßte besser ‚aneinander' statt ‚einander vorüber gehen' heißen, ebenso wie danach eher ‚einander' statt ‚untereinander schelten'.

In besonders krasser Weise entzieht sich der Satz also eindeutigen Wortzuordnungen, die syntaktisch, semantisch und stilistisch gleichermaßen befriedigend wären. Dieser Sachverhalt kann gerade an dieser Stelle nicht auf eine fragmentarische Ausarbeitung oder auf sich überlagernde Bearbeitungsstufen des Textes zurückgeführt werden, denn die Zeilen 18 bis 21 sind – nach der Handschrift zu urteilen – offenbar in einem Zuge und lückenlos niedergeschrieben worden.[150] Es hat demnach den Anschein, als habe der Autor gezielt die Wörter ‚durcheinander' gewürfelt, um das Chaos auch formal zum Ausdruck zu bringen, das in dieser Passage zur Sprache kommt.[151]

Dennoch läßt sich folgendes feststellen: Während die Bildlichkeit des ersten Kausalsatzes der Ebene der Naturelemente entnommen ist, wird nun der Verlust allgemeinverbindlicher Wertmaßstäbe in der konkreten politischen Welt der „Länder" angesiedelt. Die Länder werden durch den Vergleich mit „Männern" personifiziert (wobei nicht eindeutig ist, ob alle Männer gemeint sind, der Relativsatz also charakterisierende Funktion hat, oder nur eine Gruppe von Männern, die durch den Relativsatz spezifiziert wird). Mit der mangelnden Fähigkeit der Männer, (aneinander) „Vorüber gehen" zu können, ist offenbar gemeint, daß sie nicht in der Lage sind, Streitpunkte und persönliche Antipathien gelassen hinzunehmen, ihrer Bedeutung entsprechend zu behandeln und gegebenenfalls auch hinter sich zu lassen. Die aus Inkompetenz entstandene Streitlust der Männer hat sich nun auf ganze Länder übertragen. Allerdings läßt der Text insofern einen Ausweg offen, als es noch nicht wirklich zum Schelten gekommen ist, sondern erst „fast". Es ist also eine Situation entstanden, in der gegenseitige Beschuldigungen der Länder zwar noch nicht ausgesprochen sind, aber vom Textsubjekt für jederzeit möglich gehalten werden. Damit kommt diesem „fast" eine vergleichbare Bedeutung zu wie jenem zu Beginn der „Zeichen"-Strophe von „Mnemosyne" („wir [...] haben fast / Die Sprache in der Fremde verloren", StA II.1, 195, V. 2f.

---

[150] Dieser innere Zusammenhang des Passus wird zwar gestört, aber nicht gefährdet durch das in ihn eingesprengte frühe Segment „Und wo berühmt wird", dem die Niederschrift des späteren, hier zuerst analysierten Textes ausweicht. Man kann in diesem Segment ein Gegenbild zum im dominierenden Text geschilderten desolaten Zustand der Länder sehen, das ebenso wie die implizite normative Komponente des Satzes auf einen Ausweg aus der verfahrenen Situation weist.

[151] Damit meine ich natürlich nicht, daß eine chiastische Zuordnung von Verben und Adverbien hier das Problem lösen könnte, denn ‚untereinander vorüber gehen' erscheint mir auch nicht als sinnvolle Kombination.

[‚Zweite Fassung']), das zwischen Verzweiflung und Suche nach einem letzten Halt changiert.

Es ist aufschlußreich, daß die Länder hier nicht allein personifiziert (das gehört zum Grundinventar mythologischer und allegorischer Sprache), sondern daß sie mit schimpfenden Männern verglichen werden. Die abwertende Stoßrichtung dieses Vergleichs verweist implizit auf die normative Grundlage der Aussage: das Ideal gelingender Kommunikation nicht nur zwischen Einzelsubjekten, sondern auch zwischen Ländern. Das bedeutet einerseits eine Distanzierung des sprechenden Subjekts von der Privilegierung Deutschlands, die das Ich im vorigen Satzgefüge als seine eigene frühere Position zitiert hat (denn wer eine so prononcierte Rede von der zentralen Bedeutung Deutschlands führt, riskiert es, ins Schelten und Gescholtenwerden zu geraten). Andererseits überrascht, daß der drohende Streit zwischen den Ländern hier mit der vergleichsweise harmlosen Vokabel „schelten" charakterisiert und zudem durch das „fast" weiter abgeschwächt wird. Daraus läßt sich entnehmen, daß die Sphäre der Kommunikation offenbar noch nicht verlassen ist, denn – anders als etwa im ‚Streit' – ist im ‚Schelten' nicht die Bedeutungskomponente kriegerischer Auseinandersetzung enthalten. Entgegen dem ersten Anschein ist der Satz also zwar kritisch, aber nicht defätistisch, denn es lassen sich ihm implizite normative Grundlagen und politische Perspektiven entnehmen.[152] Ohne daß (wie etwa in der „Friedensfeier") behauptet würde, der Frieden sei schon da oder stehe unmittelbar bevor, erscheint der Krieg an dieser Stelle als unpraktikables politisches Instrument.

Allerdings trägt diese normative Basis nicht so weit, daß damit auch der im ersten Kausalsatz ausgedrückte Verlust elementarer Naturorientierung aufgefangen würde. Um so überraschender ist es, daß die unvermittelt zwischen Orientierungsverlust und neue Normen einführender Kritik schwankende Aussage des Satzgefüges mit dem Abschluß „so sag ich" bekräftigt wird. Zudem wird der Satz damit bestenfalls rhetorisch, nicht aber syntaktisch abgeschlossen. Denn es fehlt der Hauptsatz, der mit „Jezt aber" anzuheben und durch die beiden in sich hochkomplizierten Kausalsätze unterbrochen zu werden schien. So bleibt es bei der Evokation eines „Jezt", das die „Zeiten / Des Geheimnisses" hinter sich läßt.

Hält man diese Absetzungsbewegung für den dominierenden Gestus des Satzes, so kann das „Jezt aber" als Aufforderung (im Sinne von ‚jetzt erst recht!') gelesen werden, die durch das „so sag ich" bekräftigt wird. Versteht man „so sag ich" aber als Abschluß eines anakoluthischen Satzgebildes, so wirkt diese scheinbar so resolute Selbstevokation als hilfloser und redundanter Versuch des Ich, sich selbst als sprechendes Subjekt des Textes zu bestätigen und in Erinnerung zu rufen. Im zwiespältigen Charakter des „so sag ich" spiegelt sich also die

---

[152] Das heißt aber nicht, daß man damit die Aussage historisch genau fixieren und zu einer politischen Voraussage verdinglichen dürfte. Denn wir wissen weder, wann das Gedicht genau entstanden ist (und die politischen Entwicklungen zwischen 1802 und 1806 waren bekanntlich turbulent), noch ließe sich ein solches Entstehungsdatum, selbst wenn es exakter einzukreisen wäre, umstandslos mit der im Gedicht konstituierten Gegenwart gleichsetzen.

Zerrissenheit des Satzgefüges wider, das wie kaum ein anderes von Undurchsichtigkeit, Orientierungslosigkeit und Ambivalenz der Aussage gekennzeichnet ist. Der Text scheint an diesem Punkt auf die Ebene bloß subjektiver und unhaltbarer Willens- und Meinungsbekundungen zurückgefallen zu sein, durch die der abbrechende Schluß des ersten Abschnitts der Vorderseite („Doch kommt das, was ich will, / Wenn"; I, Z. 11f.) gekennzeichnet war.

Der Punkt hinter „so sag ich" trennt den Satz mitten in der Zeile schroff vom folgenden ab. Ein Doppelpunkt hätte dagegen eine Offenheit herstellen können, die es ermöglicht hätte, auch den nachfolgenden Text als Aussage des Ich zu verstehen.[153] So setzt sich der Text nun aber vom Gestus subjektiver Bekundungen ab und geht zu Beschreibungen über, die mit dem Anspruch auf allgemeine Verbindlichkeit auftreten.

> Die Burg ist, wo,
> Abendlich wohlgeschmiedet
> | ihr ewigen Besänftigungen |
> Von Wien an,
> | Eine Stadt, | seitwärts | biegt sich das Gebirg |
> Vom Oberlande, wo auf hoher Wiese die Wälder sind wohl an
> Und Hirten auf
> Der bairischen Ebne. Nemlich Gebirg
> Geht weit und streket, hinter Amberg sich und
> Fränkischen Hügeln. Berühmt ist dieses.   (Z. 21-26, 28f., 31f.)

Diese Passage zählt zu den textkritisch schwierigsten Abschnitten des Textes. Es finden sich hier ungewöhnlich viele Streichungen von Buchstaben und Wörtern, aber auch ungestrichene Wortwiederholungen und nur leicht variierende Neuansätze.[154] Die Zeilengrenzen lassen sich nicht mit Sicherheit festlegen, da ein Großteil der Segmente zwischen schon notierte Zeilen geschrieben wurde und deren Einheit aufbricht.[155] Meine Textkonstitution ist ein Versuch, trotz des komplizierten Befundes möglichst alles Material dieses Abschnitts in den Text zu integrieren und so zu zeigen, daß es möglich ist, einen sinnvollen Zusammenhang herzustellen, ohne einzelne Segmente willkürlich als ‚verworfen' auszusondern.[156] Mehr noch als an anderen Stellen kann ein solcher Text aber hier nur mit dem Eingeständnis der Fehlbarkeit und der unhintergehbaren Subjektivität der Konstitution vorgestellt werden, die nur intersubjektiv aufgefangen werden können.

---

[153] Diesen krassen Unterschied verwischt Lüders (II, 382).

[154] So ist beispielsweise das Wort „Ebne" *viermal* notiert, davon zweimal gestrichen, zweimal ungestrichen.

[155] Selbst bei einem Segment wie „der" bzw. „Der bairischen Ebne", das einmal am Ende und gleich darunter am Anfang einer Zeile notiert ist – die Unterscheidung zwischen großem und kleinem d läßt sich nur aus dieser Positionierung, nicht aber aus der graphischen Gestaltung des Buchstabens selbst schließen –, ist das obere (damit aber nicht notwendigerweise frühere) Notat nicht eindeutig als verworfen anzusehen.

[156] Für einen solchen Versuch spricht auch, daß das Textmaterial dieses Abschnitts (74, Z. 22-33, außer den randständigen Segmenten in Z. 24, 30 sowie 31f.) dem handschriftlichen Duktus nach einer einzigen Arbeitsstufe angehört und nicht mehreren Stufen, wie Sattler in seiner Umschrift suggeriert und (ebenso wie Beißner) seiner Textkonstitution zugrunde legt. Selbst wenn das aber nicht der Fall wäre, wäre dies kein Grund, Textmaterial willkürlich auszusondern.

Hinzu kommt an dieser Stelle das Problem der Interferenz mehrerer ineinander notierter Textzusammenhänge. Interessanterweise sind es drei Lokalsätze, die, der frühen Entwurfsschicht zugehörend, scheinbar in den dominierenden Text eingestreut sind: Das schon erwähnte „Und wo berühmt wird" (Z. 20), das links oberhalb des Satzbeginns „Die Burg ist, wo," zwischen den Zeilen steht, und die Segmente „wo dich, und der Winkel," (Z. 27) sowie „und wo die Knaben gespielt" (Z. 30). Man ist versucht, alle drei Bruchstücke als Fortführung der am Ende von Z. 21 und in Z. 26 beginnenden Lokalsätze zu verstehen, doch würde eine solche unmittelbare Vermengung dem abgesetzten Status dieser Segmente nicht gerecht. So kann hier zunächst nur festgestellt werden, daß der Versuch der Lokalisierung offenbar ein Leitmotiv nicht nur des dominierenden Textes, sondern auch der randständigen Texte ist. Nicht unmittelbar integriert werden (weder in den Haupt- noch in die Neben-Texte) kann das Stichwort „Theresienstraß", das auf gleicher Höhe mit Z. 28 und 29 links von der Kolumne festgehalten ist.[157] Wohin das kaum lesbare, von anderem Text eingeklemmte Segment „ihr ewigen Besänftigungen" gehört, scheint mir noch weniger entscheidbar zu sein.[158] Ich werde daher seine Funktion in beiden Textzusammenhängen erproben.

Die Passage hat den Duktus eines Reiseführers. Charakteristisch sind dafür nicht allein die objektivierenden Beschreibungen geographischer und städtebaulicher Gegebenheiten, sondern auch die darin eingestreuten Wertungen, die zwar subjektiv sind, aber dennoch mit autoritativem Gestus auftreten.[159] Die bis zu diesem Punkt aufgestauten Fragen nach dem Verhältnis von Göttern und Menschen sowie nach den Möglichkeiten der Orientierung in der naturgeschichtlichen und politischen Situation der Gegenwart des Gedichts werden damit zunächst stillgestellt. Der Passage scheint die Maxime zugrunde zu liegen: Auf die geographischen Verhältnisse ist Verlaß, man muß sie nur zu erkennen und zu beschreiben wissen.

Vier geographische Namen bieten zunächst die deutlichsten Anhaltspunkte für eine Rekonstruktion des hier aufgebauten Bildraums: „Wien", „bairische[ ] Ebne", „Fränkische[ ] Hügel" und „Amberg" – zwei Städtenamen und zwei Landschaftsbezeichnungen. Das Panorama spannt sich „Von Wien an" westwärts in

---

[157] Das Zeichen hinter dem Wort muß nicht unbedingt ein Komma sein, was zumindest auf die Absicht einer syntaktischen Integrierung hindeuten könnte, sondern kann auch ein Abtrennungsstrich gegenüber dem Anfang von Z. 29 sein.

[158] Meines Erachtens gehört es nicht unbedingt, wie Sattler in seiner Umschrift nahelegt, der frühen Entwurfsschicht an, deren Notate alle einen recht einheitlichen Duktus aufweisen. Insbesondere gibt mir zu denken, daß es nicht in einer geraden Waagerechten notiert ist wie alle sonstigen frühen Eintragungen, sondern in einem unregelmäßigen Auf und Ab. Ich halte es daher für möglich, daß das Segment erst spät zwischen „seitwärts" und „Abendlich wohlgeschmiedet" einerseits (74, Z. 23) und „Eine Stadt" (74, Z. 25) andererseits eingefügt wurde. Selbst wenn es aber schon früh niedergeschrieben worden sein sollte, ist damit nicht auszuschließen, daß es in einer Beziehung zum später festgehaltenen Text steht.

[159] Zu diesen Attribuierungen zählt „wohlgeschmiedet", vielleicht auch „wohl" (wenn man es im Sinne von ‚gut', nicht als Indikator hoher Wahrscheinlichkeit versteht). Die Reihe kulminiert im dritten, kurzen Satz des hier untersuchten Abschnitts: „Berühmt ist dieses."

den südostdeutschen Raum, zunächst zur „bairischen Ebne", also wahrscheinlich nach Niederbayern, und von dort aus nördlich nach Amberg in der Oberpfalz und (wieder etwas weiter westlich) zu den „Fränkischen Hügeln", mit denen die Fränkische Alb und die Fränkische Schweiz gemeint sein könnten.

In diesem Teil des Textes ist also nicht nur der bis oben auf der Seite dominierende Anschauungsraum, der sich von Südwestfrankreich nach Nordosten erstreckte, verlassen; es wird auch eine um neunzig Grad verschobene Richtung eingeschlagen, nämlich von Südosten nach Nordwesten. Damit sucht der Text eine grundlegende geographisch-naturgeschichtliche Neuorientierung, nachdem sich der Zug der Stare als nicht allgemeinverbindlicher Ordnungsrahmen erwiesen hat. Das Ziel beider Bildachsen aber könnte dasselbe sein, der südwestdeutsche Raum nämlich, der sich damit als das (bisher) unerwähnte[160] Zentrum des Gedichts erweisen würde.[161] Bevor dieser Gedanke weiterverfolgt werden kann, ist aber eine genauere Analyse des in diesen Zeilen entworfenen Raums nötig.

„Die Burg" – damit könnte das 1741 gegründete Wiener Burgtheater gemeint sein; aber die Richtungsbestimmung „Von Wien an" läßt eher einen von Wien aus exzentrischen Standort der „Burg" vermuten. Auch an eine der zahlreichen österreichischen und süddeutschen Ritterburgen läßt sich denken, zumal angesichts des (allerdings nicht klar auf „Burg" bezogenen) Attributs „wohlgeschmiedet", das mit einer Rüstung assoziiert werden kann.[162] Allerdings widerstreitet die Beliebigkeit irgendeiner Burg dem bestimmten Pronomen in der Wendung „Die Burg". Es erscheint mir daher am plausibelsten, daß mit der „Burg" Regensburg gemeint ist, die bereits im frühen Mittelalter am Ort des römischen Stützpunkts Castra Regina gegründete nordbayerische Stadt an der Donau, seit dem 13. Jahrhundert Reichsstadt und von 1663 bis 1806 Sitz des Immerwährenden Reichstags.[163] Mit Wien und Regensburg wären die beiden Zentren des zur Entstehungszeit des Gedichts kurz vor der Auflösung stehenden ersten Deutschen Reiches benannt. „Von Wien an" würde demnach eine donauaufwärts gerichtete Bewegung oder genauer: den Weg zwischen den beiden Städten entlang der Donau bezeichnen. Auch der Fluß ist also, obwohl ungenannt, im Bildaufbau dieser Passage präsent. Die emphatische Bezeichnung „Eine Stadt" (die Großschreibung findet sich in der Handschrift mitten in der Zeile) kann sich so-

---

[160] Das gilt nur für den dominierenden Text; in den Intarsien sind ja bereits „der Katten Land" und „des Wirtemberges / Kornebene" erwähnt worden.

[161] Diese These vertritt vehement Sattler (1981a, 562).

[162] So Beißner in StA 11.2, 871, Z. 18.

[163] Hölderlin kannte die Stadt und ihre Umgebung von seiner Reise mit Sinclair (der dort bei der Reichsdeputation die Interessen Hessen-Homburgs zu vertreten hatte) im Herbst 1802 her. Der Freund meinte danach, „nie grösere Geistes u. SeelenKraft als damahls bei ihm gesehen" (Isaak von Sinclair an Hölderlins Mutter, StA VII.2, 254, Z. 11f. [LD 289]) zu haben. Auch dieser Abschnitt beruht also – produktionsästhetisch gesehen – nicht bloß auf Atlantenstudium, sondern auch auf eigener Anschauung. Weitergehende Schlüsse lassen sich jedoch aus den – zumal sehr spärlich überlieferten – biographischen Fakten für die Interpretation nicht ziehen.

wohl auf Wien beziehen als auch auf Regensburg.[164] Ironischerweise wäre demnach nicht nur „Eine Stadt" gemeint, sondern es wären zwei Städte, die aber als
Einheit verstanden werden (in ihrer Funktion als doppeltes Zentrum des Deutschen Reiches). Die singularen und sehr allgemeinen Begriffe „Die Burg", „Eine
Stadt" und „das Gebirg", die den Beginn der Landschaftsbeschreibung domini-
ren, erwecken in dieser Häufung den Eindruck einer archetypischen Darstellung
einer Kulturlandschaft.

Zwischen die Zeilen eingeschoben, aber mit großer Wahrscheinlichkeit zum selben Textzusammenhang gehörig ist das Prädikat „Abendlich wohlgeschmiedet",
das – wie erwähnt – an eine Rüstung oder an Waffen denken lassen kann, aber
nicht muß. Es könnte also „Die Burg" gemeint sein, deren wohlgerüsteter Zustand durch das Blinken des Metalls in der Abendsonne sichtbar wird. Ohne
sich jedoch auf einen solchen Bezug festzulegen, kann man sagen: Es wird ein
Produkt handwerklicher Arbeit bezeichnet, das am Abend nach der Tagesarbeit
fertig vorliegt und als gelungen beurteilt wird. Seit 1. Mose 1 wird das Tage-
werk metaphorisch immer wieder auf Gott als Schöpfer und Baumeister der Welt
bezogen. Diese Vorstellung hat Hölderlin – am beeindruckendsten in der „Friedensfeier" (V. 81-90) – in den „Abend der Zeit" (V. 111) transponiert, an dem
„der Meister, / [...] Der stille Gott der Zeit" (ibd., V. 87 und 89) nach Vollendung
der Geschichte „aus seiner Werkstatt tritt" (ibd., V. 88).[165] Dieser Prätext klingt
hier an, aber nur leise, denn es fehlt an der vorliegenden Stelle die Erwähnung
von Menschen, die bei einem endzeitlichen Fest unabdingbar sind. So bietet es
sich an, „Abendlich wohlgeschmiedet" auf „das Gebirg" (Z. 25) zu beziehen.
Das Gebirge ist demnach ein Dokument der göttlichen Schöpferleistung, dessen
Konturen im abendlichen Licht besonders beeindruckend hervortreten, während
sie im hellen Tageslicht verschwimmen. Zur Abendstimmung paßt auch der Einschub „ihr ewigen Besänftigungen", dessen textuelle Einbindung nicht eindeutig
möglich ist. Er könnte hier als Anruf der unverlierbaren beruhigenden Kräfte der
Natur gelesen werden, die an einem Abend im Gebirge besonders unmittelbar
erfahrbar sind. Zugleich ist ein Kontrapunkt zu der kriegerischen Komponente
in „wohlgeschmiedet" gesetzt.

Mit „Abendlich" kann schließlich auch ‚westlich' gemeint sein, womit sich ein
weiteres Indiz dafür ergibt, daß mit der „Burg" das westlich von Wien gelegene
Regensburg gemeint sein könnte. Diese Bedeutung kann im kulturgeschichtlichen
Zusammenhang zu ‚abendländisch' bzw. (in Hölderlins Terminologie) ‚hespe-

---

[164] Im einen Falle ist „Eine Stadt" Apposition zu „Wien" – allerdings in einem anderen
Kasus –, im anderen Fall Subjekt eines elliptischen Lokalsatzes mit etwa folgender Bedeutung:
‚wo, wenn man von Wien an flußaufwärts [oder auch: seitwärts] geht, eine Stadt liegt'.
[165] Ähnliche Vorstellungen finden sich auch gegen Ende der „Rhein"-Hymne (StA II.1, 147,
V. 170-179). Die dortige Schilderung ist aber nicht so eindeutig eschatologisch wie die in
der „Friedensfeier", sondern läßt die Möglichkeit offen, daß das von Menschen und Göttern
gefeierte „Brautfest" (ibd., V. 180) nur für „eine Weile das Schiksaal" (ibd., V. 183) ausgleichen
könnte, also nur ein transitorisches, aber wiederkehrendes Ereignis ist.

risch' erweitert werden.[166] Die Segmente sind gerade an dieser Stelle syntaktisch nicht eindeutig gefügt, sondern eher patchworkartig neben- und untereinander gesetzt. Es verbietet sich daher eine syntaktisch vereindeutigende Zuordnung; die Vielfalt der Bezüge muß ungefiltert hingenommen werden.

Während das Prädikat „wohlgeschmiedet" (unter anderem) auf die Produziertheit des Gebirges hinweist, erscheint dieses im folgenden als Subjekt einer reflexiven Bewegung: „seitwärts biegt sich das Gebirg / Vom Oberlande, wo auf hoher Wiese die Wälder sind wohl an / Und Hirten auf / Der bairischen Ebne."[167] Dieser Satz zeichnet sich durch eine Fülle von Landschaftsbezeichnungen aus, von denen allein der Name „bairisch[ ]" eine ungefähre geographische Lokalisierung erlaubt. Auf der „bairischen Ebne" wird Viehzucht betrieben, und in diesem Zusammenhang ist nun erstmals von einer spezifizierten Gruppe von Menschen die Rede, den „Hirten". Der erste Teil des Nebensatzes lokalisiert dagegen „auf hoher Wiese die Wälder". Das ist eine überraschende Bestimmung, denn Wälder und Wiesen sind komplementäre Landschaftsformen, die nicht zugleich an einem Ort vorliegen können; bestenfalls kann ein kleiner Wald inmitten einer Wiese stehen oder eine Wiese von einem Wald eingeschlossen sein. Diese Ungenauigkeit wird durch das vage, subjektiv angenommene Wahrscheinlichkeit ausdrückende Adverb „wohl" explizit gemacht. Unter diesem Vorbehalt könnte hier gemeint sein, daß sich die Wälder über die Wiesen ihrer Umgebung erheben. Die Wiesen aber sind selbst hochgelegen und treten damit in Opposition zur „bairischen Ebne" – es sei denn, man nimmt an, es sei kein wirkliches Flachland, sondern eine Hochebene gemeint.[168] Der Tendenz zur Angleichung der Landschaftsformationen auf einem mittelhohen Niveau kommt auch die doppelte Lokalisierung der Wälder nicht nur „auf hoher Wiese", sondern auch „an / [...] / Der bairischen Ebne" entgegen. Im Gegensatz zu den Hirten, die sich (in einem vertikalen Bezug) *auf*

---

[166] So Beißner in StA II.2, 871, Z. 21, der allerdings „Abendlich" und auch ‚hesperisch' mit ‚nördlich' gleichsetzt (cf. ibd., Z. 27) und so zu inkonsistenten Interpretationen kommt. Schwer nachzuvollziehen ist auch Beißners These, die an der vorliegenden Stelle konnotierten südostdeutschen Landschaften wiesen „nach dem Abendland, nach Hesperien, nach Deutschland" (ibd., Z. 24), denn sie liegen ja *innerhalb* dieser Gebiete. Wollte man Beißners Vermutung folgen, müßte man zumindest untersuchen, inwieweit hier eine Autoreferentialität von Zeichen konstituiert wird.

[167] Angesichts der Komplexität des handschriftlichen Befundes überrascht es, mit welcher Eindeutigkeit die neueren Herausgeber „seitwärts" vor „Eine Stadt" setzen (cf. StA II.2, 869, Z. 6; FHA Einl., 28; Uffhausen 1989, 145, Z. 24 und 26). Ich halte das zwar für durchaus möglich. (Damit ergäbe sich eine eindeutigere Differenzierung von „Eine Stadt" und Wien, zumal wenn man das später gestrichene „geht" hinzunähme: ‚Von Wien an, geht seitwärts Eine Stadt'.) Aber ebensogut kann das etwa auf gleicher Höhe mit „Abendlich wohlgeschmiedet" plazierte „seitwärts" auch zum weiter unten stehenden „biegt sich das Gebirg" gezogen werden, das aus Platzmangel ohnehin schon in zwei Zeilen notiert ist. Ich habe mich in meiner Textkonstitution für diese Version entschieden, um ein Gegengewicht gegen die bisher unbezweifelte Konstitution zu schaffen.

[168] Vom landwirtschaftlichen Standpunkt aus ist das eine sinnvolle Alternative, denn in Gegenden wie den hier beschriebenen werden in der Regel die fruchtbaren Flußniederungen für den Ackerbau genutzt, während Viehzucht auf höher gelegenen Bergweiden betrieben wird.

der Ebene bewegen, reichen die Wälder also (in einem horizontalen Bezug zu ihr stehend) *an* die Ebene heran.

Weitere Lektüremöglichkeiten eröffnen sich, wenn man Z. 26 isoliert vom Nachfolgenden liest. Dann kann „wohl" als Prädikatsnomen verstanden werden; „die Wälder sind wohl" bedeutet in diesem Falle: Es geht ihnen gut. Außerdem wird in „wohl an" der aufmunternde Zuruf „Wolan nun." wiederaufgenommen, mit dem sich das Textsubjekt auf dieser Seite erstmals als subjektive, expressive Instanz artikuliert hat. Mit den beiden versteckten Nebenbedeutungen dieser Zeile, einer Wertung des Zustandes der Wälder und einem ironischen Selbstzitat, wird der objektivierende Gestus der vorliegenden Beschreibung für einen Augenblick unterbrochen.

Die These, daß in den beiden Lokalsätzen ein kohärentes Ensemble von Landschaften entworfen ist, wird zudem dadurch gestützt, daß beide das „Oberland[ ]" näher charakterisieren. Dieser Begriff macht nur Sinn, wenn man einen Gegenbegriff ‚Unterland' annimmt. Andererseits darf „Oberland[ ]" nicht mit ‚Berg' gleichgesetzt werden, denn ein Land ist immer etwas, das sich in die Breite erstreckt und nicht primär auf die Höhe eines Gipfels hin orientiert ist. Der syntagmatische Kontext des Wortes zeigt, daß auch „Gebirg" und „Oberland" hier klar voneinander unterschieden werden. Man muß sich unter dem „Oberland" also in der Tat so etwas wie eine Hochebene vorstellen, auf deren Fläche sich Hirten mit ihren Herden aufhalten, während an deren Ränder höher gelegene Bereiche grenzen, auf denen sich Bergwiesen und Wälder finden.

Weiteren Aufschluß über das komplexe hier entworfene Landschaftsbild gibt der den Lokalsätzen übergeordnete Satz „seitwärts biegt sich das Gebirg / Vom Oberlande". Er kann einerseits als Hauptsatz verstanden werden; es ist jedoch auch möglich, ihn als Fortsetzung des in Z. 21 beginnenden Lokalsatzes zu lesen: „Die Burg ist, wo, / [...] / Von Wien an / [...] seitwärts biegt sich das Gebirg". Es fällt allerdings schwer, ein Gebirge zu finden, das „Von Wien an" nicht nur „seitwärts" geht (das ließe sich von den Alpen behaupten, die sich von Wien aus nach Westen erstrecken), sondern sich „seitwärts biegt", womit ein Abweichen von einer zunächst dominierenden Richtung ausgesagt ist. Diese dominierende Richtung als Bildachse dieser Passage muß also zunächst festgestellt werden. Relativ deutlich handelt es sich dabei um die Richtung, die „Von Wien an" zu den übrigen namentlich genannten Orten im Südosten Deutschlands führt, also donauaufwärts von Ost nach West.[169] Im großen und ganzen folgen auch die Alpen dieser Richtung, bevor sie in der westlichen Schweiz nach Süden abknicken, und zwischen Donau und Alpen erstreckt sich – ebenfalls in Ost-West-Richtung – das Alpenvorland. Nördlich der Donau sind es der Bayerische Wald und der noch weiter nördlich in etwa parallel zu ihm verlaufende Böhmerwald sowie im

---

[169] Ich vernachlässige dabei den zunächst etwas nach Nordwesten abweichenden Bogen der Donau (mit Regensburg als dem nördlichsten Punkt), der aber an der Quelle wieder denselben Breitengrad erreicht, auf dem auch Wien liegt.

Westen die Schwäbische Alb, die in Ost-West-Richtung verlaufen.[170] Gebirge, die von dieser Richtung „seitwärts" abbiegen, nämlich von Süden nach Norden verlaufen, sind der Oberpfälzer Wald, die Fränkische Alb sowie weiter westlich der Schwarzwald. Wenn man es für plausibel hält, daß mit der „Burg" Regensburg gemeint ist, so sind es die ersten beiden der drei Gebirge, die sich westlich bzw. östlich von dieser Stadt nach Norden biegen. Mit dem „Oberlande", von dem sich diese Gebirge abwenden, und der „bairischen Ebne" ist demzufolge das östliche Alpenvorland gemeint. Regensburg tritt damit ins Zentrum der Gebirge und Ebenen, die in diesem Satz konstruiert werden.

Diese Annahmen gelten auch, wenn man den Lokalsatz nicht als Konkretisierung des Oberlandes ansieht, sondern direkt auf das Prädikat „biegt sich" (Z. 25) bezieht. Demnach beschriebe er den Ort des Abbiegens und nicht das ganze Land, von dem sich das Gebirge abwendet. Möglich ist außerdem, daß der Nebensatz das Subjekt des Hauptsatzes, „das Gebirg" (Z. 25), charakterisiert. In diesem Falle müßte man allerdings annehmen, daß das Gebirge zugleich als Ort der „bairischen Ebne" bestimmt wird. Sinnvoller ist dagegen die Rede von „hoher Wiese" und Wäldern im Zusammenhang mit dem abbiegenden Gebirge, wenn man annimmt, daß mit diesem der außerordentlich vegetationsreiche Oberpfälzer Wald gemeint ist, dem somit der Primat bei der Beantwortung der Frage zukommt, welches reale Gebirge in diesem Satz gemeint sein könnte. Zu fragen ist schließlich, in welchem Zusammenhang das links von der Kolumne auf der Höhe dieses Satzes notierte Stichwort „Theresienstraß"[171] mit der Landschaftsbeschreibung steht. Natürlich könnte es sich um irgendeine Straße in einer beliebigen süddeutschen Stadt handeln.[172] Anregender erscheint mir jedoch Sattlers Vermutung, die Notiz ziele „politisch-sarkastisch auf die Donauebene als österreichische Heerstraße, zuletzt in den Koalitionskriegen gegen Frankreich" (FHA

---

[170] Diesen parallelen Verlauf von Gebirgen und Donau thematisiert das Gedicht „Der Ister": „Der scheinet aber fast / Rükwärts zu gehen und / Ich mein, er müsse kommen / Von Osten. / Vieles wäre / Zu sagen davon. Und warum hängt er / An den Bergen gerad? Der andre / Der Rhein ist seitwärts / Hinweggegangen. Umsonst nicht gehn / Im Troknen die Ströme. Aber wie? Ein Zeichen braucht es" (StA II.1, 191, V. 41-50). Das „seitwärts"-Gehen findet sich also nicht nur bei Gebirgen, sondern auch bei Flüssen, nicht jedoch bei der gerade entlang der Berge verlaufenden Donau. Die der Flußrichtung inverse Richtung von Ost nach West strukturiert auch hier das Bild; allerdings wird die Befremdlichkeit dieser gar nicht als solcher erkennbaren Bewegung flußaufwärts gleich mitgedacht. Die letzten anderthalb Zeilen des zitierten Passus können geradezu als Programm des vorliegenden Textes gelesen werden: Die Bewegung der Ströme ist zwar nicht unwichtig geworden, aber sie ist gegenüber den Fluß-Dichtungen des Autors in den Hintergrund getreten, und die Bewegungen werden nunmehr „Im Troknen" weiterverfolgt. Da die Ströme somit nicht mehr unvermittelt lesbar sind, tritt der Verlauf der Gebirge an ihre Stelle und wird in seinem Zeichencharakter entziffert.
[171] Das Wort ist in den von mir herangezogenen zeitgenössischen Nachschlagewerken nicht belegt.
[172] So Beißner: „Es [das Stichwort] soll wohl an eine bestimmte Begegnung, an eine Erkenntnis erinnern, die dem Dichter in einer Theresienstraße wurde – zu Regensburg, zu Ingolstadt oder sonstwo." (StA II.2, 872, Z. 14-16) Die biographische Interpretation gerät an einer Stelle wie dieser zur Karikatur.

Einl., 29). Der Bezug auf die von 1740 bis 1780 herrschende Kaiserin Maria Theresia ist an dieser Stelle sicherlich nicht beliebig; er bringt – vom Rande her – eine politisch-historische Komponente in die Landschaftsbeschreibung hinein. Sattlers Vorschlag aktualisiert eine der Bedeutungen, die sich mit diesem neuen Bezugsfeld für die Passage ergeben. Es hieße aber, das vieldeutige Stichwort gewaltsam zu vereindeutigen, wollte man es auf diese militärische Konnotation festlegen.

Der im Text folgende Satz konkretisiert die Evokation der süddeutschen Gebirgslandschaft: „Nemlich Gebirg / Geht weit und streket, hinter Amberg sich und / Fränkischen Hügeln." Amberg liegt etwa fünfzig Kilometer nördlich von Regensburg und, obwohl man von dort aus Naab und Vils flußaufwärts folgen muß, nur dreißig Meter höher als die Stadt, die ins Zentrum des letzten Satzes gestellt ist. Dennoch deutet schon die naheliegende Lesart des Ortsnamens als ‚am Berg‘ darauf hin, daß dieser Ort einen Übergangspunkt zwischen Ebene und Gebirge markiert. Dagegen ist schwer festzulegen, welches Gebirge es ist, das sich „hinter" Amberg erstreckt, ist es zur Konkretisierung der Präposition doch notwendig zu klären, von welcher Seite aus man sich der Stadt nähert. Nach allem bisher Gesagten scheint es mir naheliegend zu sein, daß die dominierende Richtung der Passage von Ost nach West auch an der vorliegenden Stelle wirksam ist. Allerdings ist sie hier noch etwas weiter nach Norden hin abgeknickt, als es der Weg der Donau zwischen Wien und Regensburg ohnehin mit sich bringt, und wird damit zur Südost-Nordwest-Richtung.

Das Gebirge, das von dieser Seite aus gesehen hinter Amberg liegt, ist die Fränkische Alb, die sich in ihrem südlichen Teil von Donauwörth bis nahe Regensburg in West-Ost-Richung erstreckt, dann aber um fast neunzig Grad nach Norden abknickt. Die Fränkische Alb „Geht weit" insofern, als sie sich im Südwesten in der Schwäbischen Alb, im Norden aber in der Fränkischen Schweiz, im Fichtelgebirge, im Frankenwald und im Thüringer Wald fortsetzt.

Daß Franken die Gegend ist, in der das „Gebirg" (Z. 25) zu lokalisieren ist, darauf deutet auch die zusätzliche Ortsbestimmung „hinter [...] / Fränkischen Hügeln" hin. Es macht allerdings wenig Sinn, in diesen Hügeln die (nicht sonderlich hohe) Fränkische Alb selbst sehen zu wollen, die aus logischen Gründen nicht hinter sich selbst liegen kann und hinter der (von Osten aus gesehen) sich nur das noch flachere Fränkische Stufenland erstreckt. Man kann in den Hügeln also das westlich von Amberg gelegene Vorland der Fränkischen Alb sehen, oder aber man nimmt eine Umkehrung der Blickrichtung an, so daß das Stufenland gemeint wäre und das doppelte „hinter" sich durch die inverse Perspektive als ‚zwischen‘ erweisen würde.

Während auf den Oberpfälzer Wald die meisten der Angaben zutreffen, die im vorigen Satz über „das Gebirg" (Z. 25) gemacht wurden, scheint mit „Gebirg" (Z. 29) in diesem Satz eher die westlich von jenem ebenfalls von Süd nach Nord verlaufende Fränkische Alb (mit ihrer Fortsetzung, der Fränkischen Schweiz) gemeint zu sein. Dem „Nemlich" (Z. 29) kommt hier also keine erläuternde, sondern nur eine überleitende Funktion zu. Daß nicht an beiden Stellen dasselbe „Gebirg" gemeint ist, darauf deutet auch die Tatsache hin, daß das Wort einmal mit bestimmtem, einmal ohne Artikel gebraucht ist. Das im Text konstituierte Landschaftsbild bewegt sich meiner These zufolge also beim Übergang zwischen beiden Sätzen weiter auf der von Wien ausgehenden Ost-West-Achse voran.

All diese Vorschläge dürfen aber nicht so verstanden werden, daß die im Text gesetzten Begriffe einfach durch Namen von Orten und Landschaften substituiert werden könnten. Vielmehr ist die Unbestimmtheit und Allgemeinheit der Ortsbezeichnungen und -beschreibungen (ebenso wie bei den Bildern südfranzösischer Landschaften auf der Vorderseite) ein konstitutives Merkmal des Textes, das sich durch mutmaßliche geographische Identifizierungen einzelner Bestandteile oder Zusammenhänge des Landschaftsensembles keineswegs auflöst.

Ein neuer Ton wird durch den kurzen, in der Mitte der Zeile 32 stehenden Satz „Berühmt ist dieses." in den Text gebracht. Die Landschaftsbeschreibungen des vorletzten, aber auch des letzten Satzes erweisen sich spätestens an dieser Stelle nicht als trockene Ausführungen eines Geometers, sondern als Rede eines Reiseführers, der die Eigentümlichkeiten der Landschaft hervorhebt und ihrer Bedeutung entsprechend gewichtet. Normativer Maßstab der Bewertungen einzelner Phänomene ist deren ‚Berühmtheit', also der Grad der Bekanntheit und Anerkennung unter den Menschen (der Region, der Sprachgemeinschaft oder auch über deren Grenzen hinaus). Zwei der beschriebenen Örtlichkeiten können mit „dieses" gemeint sein: entweder „Amberg" als letzter Singular oder „Gebirg" als Subjekt des letzten Satzes. Amberg ist meines Wissens nur als Ort einer Schlacht bekannt geworden, in der die Österreicher 1796, gegen Ende des Ersten Koalitionskrieges, über die Franzosen siegten. Wenn man davon ausgeht, daß es dieses Ereignis der zur Entstehungszeit des Textes kurz zurückliegenden Zeitgeschichte ist, das als „Berühmt" bezeichnet wird, so liegt hier eine unkritische Affirmation eines Koalitionssieges über das revolutionäre Frankreich vor. Denn selbst wenn man die Aussage „Berühmt ist dieses." hier nur als Mitteilung über den Anerkennungsgrad des bezeichneten Gegenstandes auffaßt, wird sie ohne jede Einordnung oder Distanzierung zu einem Akt des Rühmens selbst. Liest man den Satz also politisch, so läßt sich sein antirevolutionärer Gestus nicht bestreiten. Allerdings handelt es sich hier nur um *eine* mögliche Lesart des Satzes, dessen Funktion im Textzusammenhang erst noch zu prüfen ist.

Denn es ist auch möglich, „dieses" auf „Gebirg" (Z. 29) zu beziehen. Nimmt man an, daß mit diesem die Fränkische Alb und Fränkische Schweiz gemeint sind, so könnte die bizarre Felslandschaft dieser Gebirge mit ihren teilweise urgeschichtliche Funde aufweisenden Höhlen als „Berühmt" bezeichnet sein. So gesehen verbleibt der Text an dieser Stelle auf der Ebene der Naturbeschreibung, die nur durch Hervorhebungen einzelner Phänomene akzentuiert wird.

Die Funktion der mit Z. 21 einsetzenden objektivierenden Darstellungen, die sich abrupt gegen die vorherige subjektive Schilderung des zeitgeschichtlichen Chaos absetzen, kann also bis zu diesem Punkt noch nicht abschließend beur-

teilt werden. Da die beiden Textabschnitte unvermittelt hintereinandergesetzt
sind, bleibt es in der Schwebe, ob sich die Besinnung auf die Ruhe der Gebirgslandschaft als Lösung der vorher skizzierten Konflikte oder als bloße Flucht aus
der politischen Realität erweisen wird. Durch die Namen „Theresienstraß" und
„Amberg" ist zudem der zeitgeschichtliche Kontext auch in diese Passage eingelagert. Das Verhältnis beider Sphären wird im nun folgenden Abschnitt explizit
thematisiert.

> Umsonst nicht hat
> Seitwärts gebogen Einer von Bergen der <?> Jugend
> Das Gebirg, und gerichtet das Gebirg
> Heimatlich. Wildniß nemlich sind ihm die Alpen und
> Das Gebirg, das theilet die Tale und die Länge lang
> Geht über die Erd. Dort aber   (Z. 32f., 35, 37, 39, 41)

Die Handschrift bietet an dieser Stelle ein auf den ersten Blick verwirrendes Bild,
da mindestens drei Textzusammenhänge ineineinandergeschrieben sind. Im Gegensatz zu dem mit „Die Burg ist, wo," (Z. 21) beginnenden Teil des Textes,
in dem die Kombination der fragmentierten Segmente nicht endgültig festgelegt
werden kann, sind die Zusammenhänge hier aber relativ leicht und eindeutig
entwirrbar: Der mit dem Schluß der Zeile 32, „Umsonst nicht hat", beginnende
Zusammenhang setzt sich mit der Zeile „Seitwärts gebogen einer von Bergen
der Jugend" fort, die links aus der bisher eingehaltenen Kolumne herausgerückt
ist und damit der Zeile „und rauschen, über spizem Winkel" (Z. 43) ausweicht.
Auch die folgenden eben angeführten Zeilen beginnen ganz am linken Seitenrand und stellen damit eindeutig die direkte Fortsetzung des bisher diskutierten
Textes dar, die mit „Dort aber" abbricht. Der mit „und rauschen, über spizem
Winkel" beginnende Text (in meiner Konstitution Z. 43-48) stellt einen in sich
geschlossenen Zusammenhang dar, der mit Sicherheit vor dem durchgehenden
Text notiert wurde und dessen Zugehörigkeit zu diesem noch zu prüfen sein
wird. Als dritter in sich zusammenhängender Text schließlich findet sich in diesem Areal das mit „Viel sind in Deutschland" beginnende Bruchstück (Z. 34,
36, 38, 40, 42), das der frühesten Entwurfsschicht zuzurechnen ist und deshalb
in deren Kontext interpretiert werden wird.[173]

Der in Z. 32 beginnende Satz scheint unmittelbar an die für sich genommen
noch nicht eindeutig verstehbare Aussage „Berühmt ist dieses." anzuknüpfen;
der bewertende Gestus des Sprechens wird fortgesetzt. „Umsonst" kann ‚ohne
Bezahlung' oder aber ‚ohne Erfolg' heißen, seine Negation also ‚mit Bezahlung'
oder ‚mit Erfolg'; der verneinten Wendung kommt zudem im Zusammenhang
mit intentionalen Handlungen die Bedeutung ‚nicht ohne Grund' zu. Der Erfolg
(und möglicherweise auch das Ziel) der Handlung des im folgenden genannten
Subjekts könnte also, liest man den Satz im Zusammenhang mit dem vorigen,
darin bestehen, die Berühmtheit von ‚diesem' erreicht zu haben. Daß der Satz

---

[173] Das Ineinander der drei Texte konnte in der Textkonstitution aus Gründen der Lesbarkeit nur unvollkommen wiedergegeben werden, darf aber bei der Lektüre nicht vernachlässigt
werden.

eng an das vorher Gesagte anschließt, wird daran deutlich, daß auch hier wieder vom „Gebirg" die Rede ist, wenngleich nicht als einem sich biegenden oder weit gehenden und sich streckenden Subjekt, sondern als Objekt der Tätigkeit eines anderen, der denkbar unbestimmt als „Einer" tituliert wird. Offenbar ist aber – darauf deutet die Großschreibung hin – nicht ein beliebiger, sondern ein bestimmter gemeint. Dieser Eine hat das Gebirge „Seitwärts gebogen [...] von Bergen der Jugend". Angedeutet war die Produziertheit des Gebirges (oder eines anderen Elements des Landschaftsensembles) bereits in der vieldeutigen Wendung „Abendlich wohlgeschmiedet" (Z. 22). Beinahe wörtlich wird dagegen an Z. 25f. angeknüpft: Offenbar wird hier derselbe oder zumindest ein ähnlicher Vorgang wie dort beschrieben[174], aber mit einer entscheidenden Korrektur: Die metaphorische Rede von den Bergen als Subjekt ihrer eigenen Gestaltung wird verlassen zugunsten der nicht minder metaphorischen von einem externen, nicht näher bezeichneten Gestalter der Bergwelt, der mit seiner Aktivität Ziele verfolgt, die allerdings zunächst nicht konkretisiert werden.

Was sind die „Berge[ ] der Jugend", von denen das Gebirge weggebogen wird? Offenbar sind sie nicht dasselbe wie das „Oberland[ ]", das dem Zusammenhang nach eher als Hochebene denn als Bergmassiv zu verstehen ist. Das könnte darauf hindeuten, daß nicht nur in Z. 25 und 29, sondern auch in Z. 35 trotz der teilweise analogen Aussagen ein jeweils verschiedenes Gebirge gemeint ist. Es scheint mir nicht einmal gewährleistet zu sein, daß mit dem – nun schon beinahe penetrant – in Z. 35 zweimal auftauchenden „Gebirg"[175] beide Male dasselbe gemeint ist, denn es fällt schwer, sich vorzustellen, daß ein und dasselbe Gebirge zugleich von „Bergen der Jugend" weggebogen und „Heimatlich" ausgerichtet wird, konnotiert man doch zunächst mit beiden Bereichen ähnliche Vorstellungen.[176]

---

[174] Diese Analogie ist ein weiteres Indiz dafür, daß die Kombination „seitwärts biegt sich das Gebirg" in Z. 25 wenn nicht sogar die zu favorisierende, so doch zumindest *eine* der Möglichkeiten ist.

[175] Uffhausen (1989, 145, Z. 39) liest an der ersten Position „Das die Berg", ein Vorschlag, der angesichts der für ein großes *G* ungewöhnlichen Ausführung des Beginns des zweiten Wortes nicht völlig zurückgewiesen werden kann, aber – da das „Das" nicht gestrichen ist – wenig Sinn macht und auch keine wesentlichen Bedeutungsdifferenzen hinzufügt.

[176] Diese Interpretationsprobleme lassen die Entzifferungsprobleme bei „Bergen der Jugend" wieder virulent werden: Als erster entziffert Kasack „Umsonst nicht hat / Einer vorbei schon die Jugend und rauschen, über seligem Winkel" (1920, 17). Er schließt also die auf derselben Höhe notierte, aber weit rechts eingerückte Zeile „und rauschen, über spizem Winkel" (74, Z 38), der das Segment „Bergen der Jugend" nach oben ausweicht, unmittelbar an und kommt dadurch zu keiner syntaktisch und semantisch stimmigen Lösung. Auch Pigenot scheitert an der Stelle, da er vieles überhaupt nicht entziffern kann und es ihm nicht gelingt, die drei Textebenen genau voneinander abzuheben (cf. Hell. VI, 14f., V. 23 und 27, und die Erl. z. St., 482). Zinkernagel schlägt die schöne Lesung „Einer verblühende Jugend" (Zink. V., 183) vor, die aber ebenfalls nicht zu halten ist, da die Silbe hinter „Einer" mit einiger Sicherheit als „von" entziffert werden kann. Als mögliche Alternative kann dagegen Uffhausens Lesung „von bergender Jugend" (Uffhausen 1989, 145, Z. 38) gelten, die allerdings den Gegensatz von Jugend und Heimat ebenso enthält. Die mitten im Wort in eine höhere Zeile ausweichende,

Bei „Bergen der Jugend" liegt eine ähnlich vieldeutige metaphorische Genitiv-konstruktuion vor wie bei den „Wolken des Gesanges" (Z. 7). Geht man davon aus, daß mit „Bergen" eine reale Landschaftsform gemeint ist, so könnte die Jugend eine Qualität der Berge bezeichnen: ‚jugendliche Berge'. Das könnten gerade erst (aufgrund katastrophischer geologischer Veränderungen, wie sie auf der Vorderseite des Blattes thematisiert werden) entstandene Berge sein oder aber die Berge in ihrer Frühzeit. Die Wendung könnte aber auch so verstanden werden, daß die Berge der Jugend, also z. B. den zum Zeitpunkt der Entstehung des Gedichts lebenden jungen Menschen, gehören oder daß sie der nur noch in der Erinnerung gegenwärtigen Jugendzeit des sprechenden Subjekts zuzuordnen sind. Nimmt man dagegen eine umgekehrte Richtung des metaphorischen Pro-zesses an, so könnte der Ausdruck aufgehäufte Hindernisse bezeichnen, die sich der Jugend in den Weg stellen. Auch wenn der Kontext es wahrscheinlich macht, daß hier von konkreten Landschaftsformationen die Rede ist, läßt sich angesichts der Vieldimensionalität der Wendung die Assoziation solcher scheinbar abwegi-gen Bedeutungen nicht einfach wegschieben. Als gemeinsame Dimension der vielfältigen Bedeutungsmöglichkeiten ist festzuhalten, daß das scheinbar stati-sche Naturphänomen der Berge mit der Jugend, dem für die jeweils Betroffenen transitorischen Frühzustand ihrer Entwicklung, zusammengedacht wird, ohne daß festgelegt werden könnte, ob die Frühzeit der Berge oder des Sprechenden oder aber die jüngere Generation innerhalb der zeitgenössischen Gesellschaft gemeint ist.

Nicht viel eindeutiger ist die Bedeutung von „Heimatlich". ‚Heimat' ist der Ort oder das Land der Herkunft, also in der Regel der Schauplatz, wo ein einzel-ner, eine einzelne oder eine Gruppe seine oder ihre Jugendzeit verbracht hat. Wenn etwas heimatlich, also auf die Heimat hin, ausgerichtet wird, so ist das in der Regel eine Inversionsbewegung, eine Rückwendung aus der Fremde zum Ort der Herkunft, denn Heimat wird nur im Modus der Erinnerung, und das heißt: aus der Ferne, als solche erfahrbar. Dieses Motiv hat Hölderlin in um die Jahrhundertwende entstandenen Gedichten wie „Rükkehr in die Heimath" und „Heimkunft" prägnant gestaltet. Allerdings kann Heimat (etwa in der Wendung ‚eine zweite Heimat') auch ein exzentrischer Ort sein, an dem ein Grad von Ver-trautheit aufgebaut worden ist oder werden soll, der dem am Ort der Herkunft möglichen gleichkommt oder ihn sogar übertrifft oder im Falle seines Verlustes (etwa im Exil) ersetzt. Die Entfremdungserfahrung, die es unmöglich zu machen scheint, Heimat auf dem Wege geradliniger Rückkehr zu erreichen, drängt sich in der späten Lyrik in den Vordergrund. So ist in der „Patmos"-Hymne die Trauer der Jünger über den Tod des Herrn zugleich Trauer über den Verlust der Heimat: „und lassen wollten sie nicht / vom Angesichte des Herrn / Und der Heimath." (V. 95-97); es ist das Grundproblem der Hymne, nachdem Gott „das Lebende" „Unendlich hin zerstreut" (V.122) hat, einen (geographischen, religiösen und ge-

---

kaum eindeutig entzifferbare Zeichenkombination ‚Bergen der'/‚bergender', die zwischen kon-kreter und metaphorischer Rede changiert, kann – wie so oft auf diesen Seiten – als versteckter Wortspiel gelesen werden.

sellschaftlichen) Ort zu finden, an dem die erneute Vereinigung der zersprengten Gemeinde möglich ist.[177] Ein eindrucksvolles Beispiel für die Exzentrizität des Heimatbegriffs in der späten Lyrik des Autors ist auch der „Heimath" überschriebene, offenbar groß angelegte Entwurf im Homburger Folioheft, der nach einer Lücke einsetzt mit der ratlosen Feststellung „Und niemand weiß" (HF 38, Z. 2; StA II.1, 206, V. 1) und nach großen weiteren Zwischenräumen mit einem Ensemble von sinnlichen Natureindrücken fortgeführt wird, die sich nicht zu einer Schilderung heimatlicher Landschaft zusammenfügen, wie sie in den vor der Frankreichreise entstandenen Gedichten noch gelang.

Es ist also nicht entscheidbar, ob „Heimatlich" eine bloße Rückwendung oder aber eine Neuorientierung auf einen Hoffnung versprechenden Ort oder einen angestrebten Zustand bezeichnet. Das Problem kompliziert sich dadurch, daß unklar ist, aus welcher Perspektive von „Heimatlich" die Rede ist: Entweder es ist die Heimat der Berge selbst gemeint oder die des Einen, der die Berge verformt, oder die des sprechenden Subjekts.[178]

Die potenzierte Vieldeutigkeit dieses Satzes macht es unmöglich, ihn in der Weise zu analysieren, wie das bei den beiden vorhergehenden Sätzen geschehen konnte: Jede vereindeutigende geographische Zuordnung ist hier von vornherein ausgeschlossen, da sich der Satz auf einer ganz anderen Ebene als die anderen beiden bewegt, indem er den Verlauf der Gebirge nicht mehr beschreibt, sondern nach den Ursachen und dem Sinn dieses Verlaufs fragt. Insofern ist auch der wörtliche Anklang an Formulierungen aus dem vorletzten Satz nicht etwa so zu verstehen, daß hier dieselben südostdeutschen Gebirge wie dort beschrieben werden. Bestenfalls können die dort dargestellten Biegungen des Gebirges als Exempel oder Anschauungsmaterial für das hier Ausgesagte verstanden werden, das sich folgendermaßen umreißen läßt: Es ist von Deutschland die Rede, denn dafür, daß auch das Heimatproblem anderer Nationen thematisiert würde, finden wir in der ganzen Passage keine Hinweise.[179] Die geographische Form der (vor allem süddeutschen) Gebirge wird als sinnvolles Ergebnis der intentionalen Handlungen eines emphatisch hervorgehobenen, aber nicht näher charakterisierten Subjekts angesehen, das damit als Schöpfergott ausgezeichnet wird.[180] Dieser Gott

---

[177] Der Weg von der Konzentrik zur Exzentrik des Heimatbegriffs ist auf den ersten Seiten des Homburger Folioheftes dokumentiert, das mit der Abschrift von fünf schon zuvor entworfenen Gedichten beginnt, deren erstes die Elegie „Heimkunft" und deren letztes die „Patmos"-Hymne ist. Die Verschiebung der „Heimath" kann mithin auch ganz material als *einer* der Wege angesehen werden, die mitten ins Spätwerk hineinführen.

[178] Eine ähnliche Ambivalenz kommt dem Begriff „Heimath" (I, Z. 33) auch auf der Vorderseite im Zusammenhang mit dem Aufbruch der Stare aus Südfrankreich zu.

[179] Darauf deutet auch das mit dieser Passage interferierende frühe Bruchstück hin, das mit „Viel sind in Deutschland" (Z. 34) beginnt.

[180] Übrigens gibt es die Möglichkeit, „von Bergen der Jugend" nicht als adverbiale Bestimmung auf „gebogen" zu beziehen, sondern als eine Art Attribut auf „Einer": ‚Einer, der von den Bergen der Jugend stammt'. Darin klingt die Vorstellung der auf dem Olymp lebenden griechischen Götter an; die „Jugend" wäre demnach auch die Jugend des Menschengeschlechts. Der Widerstreit zwischen „Jugend" und „Heimatlich" geht mit dieser Lesart allerdings verlo-

hat die Gebirge von den Orten der Jugend weg, zugleich aber zur Heimat hin
gebogen. Das kann entweder so verstanden werden, daß es zwei verschiedene
Gebirge sind, von denen das eine vom Ort der Herkunft weg, das andere aber
auf ihn hin ausgerichtet ist. Oder aber es handelt sich um ein und dieselbe Bewegung und mithin auch um dasselbe Gebirge, das von der Herkunft weg, aber
auf die Heimat hin weist, womit diese als exzentrischer Ort verstanden werden
müßte. Erst beide Möglichkeiten zusammen erfassen die Vieldimensionalität der
in diesem Satz zusammengefaßten Richtungsbestimmungen.

Entscheidend ist, daß diese Gestaltung der Gebirge durch den Einen Gott vom
sprechenden Subjekt als „Umsonst nicht" bewertet wird. (Der sich zunächst
aufdrängende Rückbezug dieser Wendung auf den unmittelbar vorhergehenden
Satz „Berühmt ist dieses." erweist sich damit zwar nicht als falsch, aber als bloß
äußerlich.) Wenn wir eine Handlung in ihrem Ergebnis als nicht umsonst, also
als erfolgreich erkennen, so können wir daraus auch die hinter der Handlung
stehende Intention rekonstruieren. Wenn wir also in der Gestalt der Berge die
Gestaltungskraft eines Gottes entdecken, so gibt uns das Hinweise auf die Absichten dieses Gottes. Demnach wird in diesem Satz vorgeschlagen, die Gebirge
als Zeichen zu lesen, in denen sich die Absichten des Einen Gottes materialisiert
haben. Allerdings ist damit noch nicht explizit gemacht, *was* konkret der Sinn
und die Bedeutung der Bergformationen sind. Die Dunkelheit, die über dem
Verhältnis von den Orten der Herkunft zur erst noch zu erreichenden Heimat
hier herrscht, indiziert nichts anderes, als daß wir die Zeichen des Gottes noch
nicht hinreichend genau lesen können. Erst wenn wir die Pläne Gottes verstehen
könnten – so suggeriert der Satz –, wüßten wir auch, in welcher Richtung die
Heimat zu suchen ist.[181]

Nachdem der Versuch, den Flug der Stare von Frankreich nach Deutschland
als Orientierungsrahmen für das menschliche Handeln zu nutzen, gescheitert
und im Szenario einer chaotischen Gegenwart untergegangen ist, wird nun ein
grundlegend neuer Ansatz erprobt: Es wird versucht, nicht mehr das Bleibende
aus der Bewegung der Vögel in der Luft herauszulesen, sondern das in der
natürlichen Umgebung der Menschen (zumindest der im süddeutschen Raum
lebenden) Festeste, die Gestalt der Bergformationen, als Produkt nicht nur einer dynamischen Entwicklung, sondern sogar des intentionalen Handelns eines
göttlichen Subjekts zu verstehen. Verläßt man zu analytischen Zwecken diese
vom Textsubjekt aufgebaute Fiktion, so wird die Stoßrichtung der im Text entwickelten poetisch-naturgeschichtlichen Hermeneutik deutlich: Der Passage liegt
die unhinterfragte Grundannahme zugrunde, daß es eine Instanz (nämlich den

---

ren, denn es fehlt die Angabe, von was weg oder auf was hin das Gebirge gerichtet worden
ist.

[181] Dieses durch den Textverlauf exponierte Problem verkennt Sattler, wenn er allzu aktioni-
stisch fordert: „Das im Zeichen der Gebirge als unaufhaltsam Angekündigte soll nicht in einer
Wolke dunkler Ahnungen heraufziehen. Darum sind die Chiffren zu entschlüsseln, nicht als gei-
steswissenschaftlicher Selbstzweck, sondern in jenem radikal pragmatischen, zeitverändernden
Sinn." (Sattler 1981a, 446)

Einen Gott) gibt, die einen letztgültigen Sinn und eine umfassende Ordnung gestiftet hat und weiterhin gewährleisten kann. In der Gegenwart des Gedichts besteht das Problem nun darin, daß diese semiotischen Stiftungsakte verstellt und überlagert sind durch das nicht verständigungsorientierte Handeln der Menschen. Dieses ist die Ursache dafür, daß das Wirken des Einen Gottes nicht mehr in jeder kleinsten Erscheinung der Natur zu erspüren ist, wie das einem Pantheisten wie Brockes noch möglich war. Demzufolge ist das habituelle Handeln nicht-menschlicher Lebewesen (beispielsweise das Flugverhalten der Stare) in der Wirklichkeit des Gedichts zwar noch nicht in sich gestört, wie das heute im Zuge von Umweltzerstörung und Klimaveränderung der Fall ist, aber angesichts der Verwirrungen im gesellschaftlichen Bereich kann ihm nicht mehr erfolgreich jene normative Funktion zugeschrieben werden, die frühere Generationen den Regularitäten in Tier- und Pflanzenwelt noch zumessen konnten. Erfolgversprechender ist es dagegen, die Sinnhaftigkeit des Ganzen an Phänomenen festzumachen, die die menschliche Lebenswelt scheinbar unzerstörbar strukturieren, nämlich an den Formen der Landschaft selbst. Festigkeit gewährleisten aber nicht „die See" (Z. 17), die im Text sogar als Metapher gesellschaftlichen Chaos erscheint, und auch nicht die Flüsse, die in dieser Passage gar nicht erwähnt werden, obwohl sie implizit präsent sind (insbesondere die Donau mit ihren Nebenflüssen, deren Verlauf man flußaufwärts folgen muß, um von Wien nach Regensburg und von dort nach Amberg zu gelangen). Als Pendant zu den bekannten *Fluß-Gedichten* des Autors liegt hier vielmehr eine Art *Gebirgs-Dichtung* vor. Allerdings werden die Gebirge (im Gegensatz zu den mythologischen Gestalten der Flüsse) nur andeutungsweise personifiziert; sie werden unmittelbar als Zeichensprache des Schöpfergottes gesehen, aber noch nicht entziffert. Damit unternimmt das sprechende Subjekt den Versuch, die unbestreitbar sinnlich gegebenen Fixpunkte der natürlichen Umgebung aus ihrer Selbstverständlichkeit herauszuheben und mit Bedeutung zu füllen: Die Berge sind schon da; das, worauf sie in ihrer Gestalt verweisen, muß erst noch kommen.[182]

> Wildniß nemlich sind ihm die Alpen und
> Das Gebirg, das theilet die Tale und die Länge lang
> Geht über die Erd. Dort aber   (Z. 37, 39, 41)

Der Passus, mit dem die Darstellung des Gebirgsmotivs abbricht, kann – insbesondere wegen des Anschlusses mit „nemlich" – als Konkretisierung und Erläuterung der bisher ganz abstrakten Behauptung des durch den Einen Gott gestifteten, sich in den Bergmassiven manifestierenden Sinns verstanden werden. Nach-

---

[182] Die Struktur von „Hölderlins Geographie und Geometrie des Geistes" analysiert grundlegend Nägele (1988/89). Auch er arbeitet die Hypostasierung des Stiftungsaktes als Grundproblem von Hölderlins Geschichtsphilosophie und -geographie heraus: „Es ist aber die Festigkeit dieses Felsens nicht die einer ‚realen' Natur als ontologischem Ursprung. Die Stellung der Natur [...] ist die eines Gleichnisses, eine rhetorische Figur, die auf einen anderen weniger greifbaren Grund verweist [...]. Diese väterliche Gründung, obwohl noch nicht Sprache, scheint doch strukturiert zu sein wie eine Sprache [...]. Es bleibt freilich in diesem Gründungsakt ein rätselhafter Kern, der sich nicht ‚an sich' benennen läßt und deshalb von der metaphorischen Sphäre des Gleichnisses borgen muß" (Nägele 1988/89, 12).

dem sich die Landschaftsdarstellung vor der abstrahierenden Aussage auf die
nördlich der Donau verlaufenden Gebirgszüge konzentriert hat, scheint sie nun
auf die südlich „Von Wien an" in etwa parallel zur Donau verlaufenden Alpen
überzugehen. Wurde das „Gebirg" im vorigen Satz als vom Schöpfergott „gebogen" und „gerichtet" und damit als Produkt einer ordnenden, gestaltenden
Kraft bezeichnet, so tut sich dazu jetzt ein Gegensatz auf (so daß das „nemlich"
nicht nur konsekutiv, sondern auch adversativ gelesen werden muß): „Wildniß
nemlich sind ihm die Alpen". Dieser Satz könnte so verstanden werden, daß die
Alpen als ein Beispiel für die Gebirge angeführt werden, in die der Gott eine
Ordnung gebracht hat. „Wildniß" wären sie demnach nur *vor* dem göttlichen
Eingriff gewesen. Diese Lesart würde allerdings die Zeitfolge vernachlässigen, die
in diesem Text ansonsten streng durchgehalten wird; man müßte das Präsens
als eine Art historisches Präsens verstehen. Plausibler erscheint mir eine zweite
Lesart: Die Alpen sind *noch immer* „Wildniß" (allerdings nicht schlechthin, sondern zunächst nur für ‚ihn', den Einen nämlich), nachdem der Eine das „Gebirg"
schon gerichtet hat. Das kann entweder so verstanden werden, daß die Alpen gerade nicht gemeint waren, als von der Ausrichtung der Gebirge die Rede war,
oder so, daß die Alpen sich der ordnenden Hand widersetzt haben und sich
nicht ohne weiteres „Heimatlich" haben richten lassen.[183] Die Bedeutung der
Aussage kann auch insofern nicht eindeutig erfaßt werden, als mit dem Begriff
‚Wildnis', der in der Grundbedeutung das nicht kultivierte Land bezeichnet[184],
entgegengesetzte Konnotationen verbunden werden können, die auch im Kontext dieser Stelle möglich sind: Das Ungeschiedene und Ungeordnete der Wildnis kann für die Menschen nämlich ebenso die Gefährdung des mit großer Mühe
kultivierend und zivilisatorisch Aufgebauten, die Bedrohung aller lebensweltlichen Sicherheiten bedeuten wie auf der anderen Seite das Geheimnisvolle des
Ursprünglichen, Unverfälschten in sich tragen und zur Projektionsfläche für den
Wunsch werden, alle zivilisatorischen Fesseln abzustreifen und zu einem Zustand
natürlicher Freiheit zurückzukehren. Die beiden Pole markieren Positionen zu
einem Grundproblem der neuzeitlichen Philosophie, die an den Protagonisten

---

[183] Jean-Pierre Lefebvre (1989, 426) hat darauf hingewiesen, daß die Gebirge bis zum Beginn
des 19. Jahrhunderts noch Gebiete waren, die sich der präzisen kartographischen Erfassung
widersetzten, da der Geographie noch keine Mittel zur Verfügung standen, Dreidimensiona-
lität exakt zu messen und adäquat darzustellen. Nicht nur für die Alltagserfahrung, sondern
auch noch für die Wissenschaft waren die Gebirge also zur Entstehungszeit des vorliegenden
Textes unwirtliche, unzugängliche und unerfaßbare Zonen. Insofern ist es keine anachronisti-
sche Remythisierung, sondern gibt den Erkenntnisstand der Zeit wieder, wenn die Alpen hier
als „Wildniß" deklariert werden. Der Versuch, dennoch eine ‚Gerichtetheit' der Gebirge auszumachen, befindet sich also auf der Höhe seiner Zeit: „Hölderlin, avec sa géopoétique, est bien
a l'écoute de l'esprit du temps." (Ibd., 427)
[184] Cf. Duden-Stilwörterbuch, 805 (s. v. Wildnis). Hölderlin setzt den Begriff „Wildniß" in
den „Anmerkungen zu Antigonä" im Zusammenhang seiner Reflexionen zur „vaterländischen
Umkehr" dem der „Gestalt" entgegen (cf. FHA 16, 420, Z. 2-5). Diese Opposition findet sich
auch an der vorliegenden Stelle, denn die Gestalt (im Sinne von Gestaltetheit) eines Gebirges erscheint als Alternative zu seinem wilden Zustand. Zum ‚Wildnis'-Motiv bei Hölderlin
allgemein cf. Schottmann 1960, 130-135.

Hobbes und Rousseau exemplifiziert werden können: Beide unternehmen den Versuch, einen imaginierten oder rekonstruierten Naturzustand zur normativen Basis bestehender oder wünschenswerter Gesellschaftsordnungen zu machen, allerdings mit entgegengesetzten Ergebnissen: Während Hobbes die ‚Wildnis' als Reich des Schreckens porträtiert und daraus die Notwendigkeit einer rigiden Ordnungsmacht ableitet, arbeitet Rousseau die Vorzüge des natürlichen Lebens vor und außerhalb der menschlichen Gesellschaftsbildung heraus und kritisiert auf diesem Hintergrund die Fesselungen und Entfremdungen des bestehenden zivilisatorischen Zustandes.[185] Der Widerstreit zwischen diesen Extremen zieht sich durch Hölderlins Werk.[186] Der Begriff „Wildniß" ist dabei fast durchgehend positiv konnotiert, bezeichnet also einen Naturzustand im rousseauschen Sinne.[187] Zwar scheint in der vorliegenden Passage das Bedürfnis nach einer geordneten Welt zu überwiegen, aber die Faszination durch die „Wildniß", die hier in den Alpen lokalisiert wird, ist damit nicht verschwunden.[188]

Es überrascht, daß nicht nur die Alpen, sondern in der folgenden Zeile wiederum „Das Gebirg" als Wildnis apostrophiert werden. Das innerhalb weniger Zeilen (25, 29, 35, 35, 39) fünfmalige Auftauchen des Begriffs „Gebirg" könnte den Verdacht mangelnder poetischer Durchgestaltung der Passage aufkommen lassen. Produktiver scheint mir jedoch die Annahme zu sein, es handle sich hier um poetisch gezielt eingesetzte variierende Wiederholungen, denn es hat sich gezeigt, daß „Gebirg" an jeder einzelnen Stelle etwas anderes meint: Zunächst zwei voneinander verschiedene Gebirge auf der Ebene konkreter Landschaftsbeschreibung, dann zwei Aspekte des göttlich gerichteten Gebirges. An der vor-

---

[185] Cf. zu dieser bis in die neueste Anthropologie hinein aktuellen Debatte Lepenies 1971; Kohl 1981.

[186] Paradigmatisch dafür ist das in Frankfurt entstandene Gedicht „Die Eichbäume" (FHA 3, 51). Daß Hölderlins Rousseauismus auch in der späten Lyrik nicht der gegenläufigen Tendenz zur Ordnung und zum Gesetz gewichen ist, zeigt die Adaption von Stellen aus der fünften „Promenade" von Rousseaus „Rêveries" am Ende der „Feuer"-Strophe von „Mnemosyne" (StA II.1, V. 15-17 [‚Dritte Fassung']). Zum Verhältnis Hölderlins zu Rousseau cf. Burger 1956, 352-355; Wais 1959-62; B. Böschenstein 1966; de Man 1967/68. Karlheinz Stierle hat in seiner Studie zum Grundmotiv der „Friedensfeier" (1989) gezeigt, daß Hölderlins Bezug auf Rousseau und auf von diesem angeregte Vorstellungsformen der Französischen Revolution weitaus umfassender und differenzierter ist, als bislang angenommen. Cf. auch seinen Forschungsbericht, ibd., 483-485 (Anm. 7).

[187] Insbesondere fällt auf, daß die „Wildniß" häufig mit dem Heiligen zusammengedacht wird; cf. z. B. „Versöhnender der du nimmergeglaubt ...", StA II.1, 131, V. 53-55 [‚Erste Fassung']: „Daß milder auf die folgende Zeit / Der hohe Stral / Durch heilige Wildniß scheine"; „Friedensfeier", StA III, 534, V. 47f · „damit der heiligkühne / Durch Wildniß mild dein Stral zu Menschen kam"; „Die Titanen", StA II.1, 217, V. 22: „Und es wurzelt vielesbereitend heilige Wildniß."; „Tinian", StA II.1, 240, V. 1f.: „Süß ists, zu irren / In heiliger Wildniß"; „Brod und Wein" (späte Überarbeitung), FHA 6, 262, V. 149f.): „Vergnügt ist nemlich der in der Wildniß / Auch."

[188] Programmatisch wird die Vereinbarkeit von Ordnung und Wildnis in den Fragmenten gefordert, die von den meisten Herausgebern als Hymne ‚An die Madonna' angesehen werden: „Vor allem, daß man schone / Der Wildniß göttlichgebaut / Im reinen Geseze" (StA II.1, 214, V. 96-98).

liegenden Stelle schließlich ist ein Gebirge bezeichnet, das zusammen mit den
Alpen als „Wildniß" der Wohlgeordnetheit der bisher betrachteten Landschaftsformationen entgegengesetzt wird. Es ist müßig, darüber zu spekulieren, welchem
konkreten Gebirge das Prädikat ‚Wildnis' zugeschrieben werden könnte. Nicht
ausgeschlossen werden kann, daß in einer tautologischen Häufung „Das Gebirg"
noch einmal die Alpen selbst bezeichnen soll. Möglich ist jedoch auch, daß sich
die Formulierung auf die ganze Passage korrigierend zurückbezieht. So gesehen
wird hier darauf hingewiesen, daß auch die scheinbar überschaubaren und in
ihrer Zeichenfunktion fixierbaren Gebirge ein Moment von „Wildniß" an sich
haben, das der Ordnung und Funktionalisierung zuwiderläuft. Mit dieser abschließenden Nennung des Gebirges ist also eine dritte Ebene des Bezugs zu diesen
Naturformationen erreicht: Nach Beschreibung und Funktionszuschreibung ist
nun die Reflexion auf die bisherigen Tätigkeiten und das heißt auch: die Rück-
beugung auf den unaufhebbaren Grund aller Verstandestätigkeit, die „Wildniß",
erreicht.

Es wäre daher ein Irrtum zu glauben, daß die Aussagen „Das Gebirg, das theilet
die Tale und die Länge lang / Geht über die Erd" wieder auf die Ebene bloßer
Landschaftsschilderung zurückfallen.[189] Vielmehr sind sie vor dem Hintergrund
der Frage zu lesen, inwieweit das „Gebirg" Wildnis, inwieweit es göttlich geschaffene Ordnung ist. Auch diese Perspektive erleichtert jedoch nicht das Verständnis der anderthalb Zeilen. Auffällig sind zunächst die Alliterationen, ja der nur
geringfügig variierte Gleichklang von „theilet"/„Tale" bzw. „Länge lang". Dieses rhetorische Mittel bringt – gerade in seiner Doppelung – ein spielerisches
Moment in die Darstellung hinein, das sich nicht unmittelbar funktionalisieren
läßt.

Die Probleme beginnen bei der syntaktischen Zuordnung der Satzelemente. Der
Passus kann nämlich als zweiter Hauptsatz des Satzgefüges („Das Gebirg [...]
/ Geht über die Erd.") mit einem eingefügten Relativsatz gelesen werden, so
daß „Das Gebirg" nicht mehr als zweites Subjekt des ersten Hauptsatzes zur
Verfügung steht. Zuordnungsprobleme ergeben sich auch innerhalb des Relativsatzes. So ist nicht klar, ob sich das Adverb „lang" nur auf die zweite oder auch
auf die erste Hälfte des Relativsatzes bezieht, ob also nicht nur „die Länge",
sondern auch „die Tale" „lang" durch das Gebirge geteilt werden. Darüber hinaus gibt es die Möglichkeiten, entweder den Relativsatz schon nach „Tale" für
abgeschlossen zu halten und das Folgende als neuen Hauptsatz mit dem Subjekt
„die Länge" zu sehen oder aber das Segment „Geht über die Erd" (trotz fehlender Konjunktion) als zweiten Relativsatz zu verstehen. Schließlich kann „Geht
über die Erd." auch isoliert als Imperativ gelesen werden, ohne daß der Rest des
Satzes fragmentiert würde. Durch diese syntaktischen Vieldeutigkeiten wird der

---

[189] Diese These darf nicht so verstanden werden, als seien die Zeilen 21 bis 32 platte Land-
schaftsmalereien. Vielmehr sollte die Interpretation deutlich gemacht haben, daß hier zwar
relativ konkret beschrieben wird, daß diese Beschreibung aber zum einen in sich schon sehr
reflektiert ist, zum andern aber im Textzusammenhang eine präzise Funktion erfüllt, die durch
die in den Zeilen 32 bis 37 vorgenommene abstrahierende Bewertung eingelöst wird.

auf der semantischen Ebene bereits konstatierte ambivalente Status des in Z. 39 genannten Gebirges noch weiter verschärft.

Die semantische Analyse sollte eigentlich die Funktion haben, die unaufhebbare Polyvalenz der Passage etwas aufhellen. Aber auch in semantischer Hinsicht stellen sich sogleich Irritationen ein: Was hat man sich darunter vorzustellen, daß ein Gebirge ein Tal teilt? Während für gewöhnlich die Täler (insbesondere die Flußtäler) den Verlauf der Gebirge durchschneiden[190], sind es hier die Gebirge, die als separierend dargestellt werden. Auffällig an dieser Aussage ist, daß dem Gebirge hier wieder wie in Z. 25 eine Aktivität zugeschrieben wird und daß es sich damit nicht mehr als bloßes Produkt göttlichen Gestaltungswillens darstellt. Eine Teilung von Tälern könnte man darin sehen, daß ein Gebirgszug zwei Täler, die als zusammengehörig betrachtet werden, voneinander trennt. Nimmt man ferner an, daß die Täler die Orte menschlicher Besiedlung sind, so sind die trennenden Berge als Einschnitt der „Wildniß" in die Existenzgrundlagen von Kultur zu bewerten.

Mit dem Begriff „Länge" bewegt sich der Text vollends von der geographischen auf die abstrakt geometrische Ebene, die sich mit „theilet" schon angedeutet hat. Allerdings kann „Länge" auch temporal im Sinne von Dauer verstanden werden, ebenso wie das scheinbar tautologisch angefügte „lang". Durch diese Doppelung aber widersetzen sich die letzten beiden Wörter der Zeile der semantischen Vereindeutigung: Die Länge läßt sich zwar wie das Tal teilen, aber sie bleibt dabei doch lang. Dieses Eigengewicht von Nomen und Adverb bewirkt schließlich, daß „die Länge" nicht nur als Objekt, sondern auch als Subjekt gelesen werden kann. Dadurch kommt ein versteckter Gegensatz in die Aussage: Während das Gebirge die Täler teilt, geht die Länge lang über die Erde. Nicht auszuschließen ist, daß mit der Länge die Erstreckung des Gebirges selbst gemeint ist (so wie sich etwa die Alpen von Wien bis zum Mittelmeer, aber auch die im Norden entlang der Donau verlaufenden Bergzüge weit über die Erde erstrecken).

Es wird also in diesen anderthalb Zeilen auf einer Konkretion und Abstraktheit verschmelzenden Ebene das Verhältnis von Kontinuität und Diskontinuität, von Ganzem und Teilen, von Punkt und Erstreckung thematisiert. Insofern der Verlauf der Gebirge Anlaß und Anhaltspunkte zu solchen Reflexionen gibt – so könnte die Stoßrichtung des Satzes im Kontext umrissen werden –, kann er als von Göttern gesetzte Zeichensprache verstanden werden. Die spielerische Rhetorik und die offenbar gezielt kniffrig und mehrdeutig gestalteten syntaktischen Verknüpfungen bewahren den Passus jedoch vor zu krampfhafter Ernsthaftigkeit und verleihen ihm einen Hauch von Sophistik.

Diese im Text nur angedeutete Richtung wird jedoch nicht weiter verfolgt. Vielmehr scheint mit dem fragmentarischen Schluß des Abschnitts, „Dort aber", ein Versuch anzusetzen, die gewonnenen Erkenntnisse wieder auf konkrete Phänomene anzuwenden und dadurch fruchtbar zu machen. Dieser Ansatz endet in

---

[190] Solche ausgeprägten Flußtäler finden sich – nebenbei bemerkt – in der Region, von der in diesem Abschnitt die Rede ist, sowohl in den Alpen wie auch in der Fränkischen Alb.

der Handschrift jedoch in der Leere des nichtbeschriebenen Raums.[191] Es gelingt dem Textsubjekt also weder auf der theoretischen noch auf der konkretanschaulichen Ebene, die Behauptung, daß sich in der Richtung der Gebirge eine göttliche Zeichensprache manifestiere, zu untermauern. Der Nachweis, daß der süddeutsche Raum zwischen Mittelgebirgen und Alpen entlang dem Oberlauf der Donau ein privilegierter Geschichtsraum ist, wird nicht überzeugend zu Ende geführt. Vielmehr arbeitet der Text – offenbar gegen die Intention des sprechenden Subjekts – das Andere der göttlichen Ordnung, die „Wildniß", heraus und verstrickt sich in abstrakten geographisch-geometrischen Reflexionen. Auch dieser zweite großangelegte Versuch innerhalb des Gedichts, einen verbindlichen Orientierungsrahmen für das politisch orientierte Handeln in einer von Verwirrung und Verständigungslosigkeit gezeichneten Gegenwart zu erstellen, ist damit gescheitert.

Der bisher untersuchte Text von Z. 3 bis 41 stellt einen linearen Textzusammenhang dar, der nur an einzelnen Stellen (insbesondere zwischen Z. 21 und 29) durch nicht eindeutig zu klärende Zugehörigkeits- und Zuordnungsfragen aufgeweicht wird. Inhaltlich gliedert sich der umfangreiche Text in drei Teile: Von Z. 3 bis 8, in denen das auf der Vorderseite entwickelte Starenmotiv unmittelbar fortgesetzt wird, geht es um die Fähigkeiten der Vögel, die vom Textsubjekt als repräsentativ für eine sinnvolle Einrichtung von Natur und Geschichte dargestellt werden. Von Z. 8 bis 21 wird dieses Weltbild, das die Erfüllung des Wunsches nach einer für alle Lebewesen zufriedenstellenden Einrichtung der Wirklichkeit verspricht, unter den Bedingungen der Gegenwart des Gedichts erprobt und problematisiert: Den Menschen ist in der hier skizzierten Realität weder eine unmittelbare Orientierung an den Regularitäten der Natur möglich, noch gelingt ihnen die Vorbereitung des Kommens der Götter und damit einer herrschaftsfreien Gesellschaft, sondern sie sind durch ihre mangelnde Kommunikationsfähigkeit in eine aussichtslos verfahrene Lage hineingeraten. Im dritten Teil, von Z. 21 bis 41, versucht das sprechende Subjekt einen Neuansatz, indem es den Verlauf der Gebirge (speziell einiger südostdeutscher Landschaften) als göttliche Zeichensprache (und das heißt als geschichtsphilosophisch signifikant) zu lesen vorschlägt. Dieser komplexe Textzusammenhang knüpft unmittelbar an den großen Textblock der Vorderseite (I, Z. 13 bis 41) an, in dem die Gefährdungen von Subjektivität unter extremen Einflüssen der Natur dem kollektiven, im Einklang mit den natürlichen Bedingungen stehenden Verhalten der Stare entgegengesetzt werden.

Als Ergebnis meiner Interpretation kann also ein durchgehender, nur durch geringfügige Lücken und Unklarheiten unterbrochener Textzusammenhang diagnostiziert werden, der von Z. 13 der Vorderseite bis Z. 41 der Rückseite reicht. Von diesem Kontext ist der erste Abschnitt der Vorderseite, der die verfahrene gesellschaftliche Situation der Gegenwart des Gedichts in historischer Perspektive

---

[191] Diese Leere des Nichtgesagten sollte als solche ernstgenommen und nicht durch Spekulationen vertuscht werden (cf. Sattler 1981a, 445).

skizziert, deutlich abgehoben. Allerdings werden Motive daraus auf der Rückseite (Z. 17 bis 21) zitiert. Auch die Überschrift der Seite 73 wird oben auf Seite 74 (Z. 5) wiederaufgenommen. Insofern kann beinahe alles bisher untersuchte Textmaterial als ein einziger Gedichtentwurf aufgefaßt werden, der allerdings aus Segmenten mit starkem Eigengewicht und großer Selbständigkeit besteht und zudem einige Lücken und textkritisch unklare Stellen enthält. Nur die Notiz oben auf der zweiten Seite (Z. 1f.) fällt aus dem linearen Textverlauf heraus und steht nur mittelbar in einem Zusammenhang zu ihm. Das Verhältnis aller übrigen im folgenden noch zu untersuchenden Bruchstücke der Seite 74 zu diesem Kontinuum ist noch ungeklärt. Es handelt sich um vier Fragmente: die in sich eine Einheit bildenden Zeilen 43 bis 49, die als Interlineartext erscheinende frühe Entwurfsschicht (Z. 10-42) sowie die beiden Schlußsegmente der Seite (Z. 50-55 bzw. 54-58).

Z. 43-49 (Bruchstück)

und rauschen, über spizem Winkel
Frohlolokende Baume. Gut ist, das gesezt ist. Aber Eines
Das ficht uns an Anhang, der bringt uns fast um heiligen Geist Barbaren
Auch leben, wo allein herrschet Sonne und Mond.
Gott aber halt uns, zu sehen einen, der wolle
    hät uns, wenn zu sehn ist einer, der wolle
Umkehren mein Vaterland.   (Z. 43-49)

Dieses Bruchstück beginnt im Manuskript auf derselben Höhe wie Z. 33, die der Z. 43 nach links und oben ausweichen muß. Der fragmentarische Schluß des bisherigen Textes mit „Dort aber" und der fragmentarische Beginn des vorliegenden Abschnitts könnten dazu verführen, einen unmittelbaren Anschluß an das Vorhergehende anzunehmen (dazu müßte zwischen „Dort aber" und „und" nur ein fehlendes Verb angenommen werden). Zwar läßt der Befund die Annahme zu, daß der ganz an den linken Rand gedrängte Text eine spätere, aber notwendige Ergänzung des in der Kolumne notierten sei, die mit ihrem Ende wieder an den Punkt der Einfügung zurückkehre. Eine solche Kontinuität müßte aber erst interpretatorisch erwiesen werden. Außerdem steht zu bedenken, daß die nun zu analysierenden Zeilen offenbar auch zu dem oberhalb von Z. 33 Niedergeschriebenen in keinem direkten Zusammenhang stehen, sondern einen zunächst separaten Block bilden. Ferner ist darauf zu achten, daß sich das Abbrechen des bisher betrachteten Textzusammenhangs auf eine Lücke in der Handschrift hin öffnet, auf die die Schlußsegmente dieser Seite folgen. Möglicherweise ist ein Anknüpfungspunkt an „Dort aber" eher in diesem Textmaterial zu sehen als in „und rauschen ...". Nur eine zunächst isolierte Analyse der einzelnen Bruchstücke kann die Frage ihrer Zusammengehörigkeit klären.

Der Beginn des Fragments, „und rauschen, über spizem Winkel / Frohlolokende
Baume."[192], scheint sogleich in eine andere Welt zu führen als die kahle der
Gebirge und ihrer Zeichensprache. Bestenfalls läßt sich eine Parallele zu den
Wäldern „auf hoher Wiese" (Z. 26) feststellen; und das Rauschen der Bäume im
Wind sowie der „spize[ ] Winkel", unter dem man sich eine Felsenspitze vorstellen kann, können als Indizien dafür gelten, daß hier kein vor allen Widrigkeiten
geschützter Ort, sondern möglicherweise ebenfalls eine Stelle im Gebirge evoziert
wird. Aber daß die Bäume als ‚frohlockend' bezeichnet werden, ist etwas Neues,
das sich im letzten Abschnitt nicht findet. Die mit objektivistischem Anspruch
auftretenden Beschreibungen ließen dort keinen Raum für Gefühlsäußerungen,
und die einzigen subjektiv geprägten Wertungen behielt sich das sprechende
Subjekt selber vor. Daß den Bäumen dagegen hier anthropomorphisierend die
Fähigkeit zu überschwenglicher Freude zugeschrieben wird, knüpft an das „Freudengeschrei" (I, Z. 15) an, mit dem die Stare in den Text eingeführt wurden.
Das Frohlocken der Bäume affiziert auch ihr Rauschen, das damit nicht mehr
bloß als das Geräusch angesehen werden kann, das der Wind produziert, wenn
er durch die Baumkronen hindurchfährt, sondern das hier als Ausdrucksmedium
der Bäume selbst erscheint: Liest man Z. 43 isoliert, so könnte man meinen, es sei
von Gebirgsbächen die Rede, die über Felsenspitzen hinwegrauschen; die Bäume
sind also für einen Moment dynamisiert und von ihrem festen Standort befreit.
Das gilt zumindest mental: Im frohlockenden Rauschen der Bäume klingen das
Sich-Berauschen und der Rausch an.

Dieser entgrenzenden Bewegung steht allerdings der „spize[ ] Winkel" entgegen,
über dem die Bäume ihre Freude entfalten. Die in ihm scharf aufeinander treffen-
den Seiten bieten einen Halt für das amorphe Rauschen. Aber die Anschauung,
die mit diesem Ort verbunden werden kann, ist merkwürdig vexierend: Zwar
drängt es sich auf, daß im „spize[n] Winkel" Gestein und Luft aufeinandertreffen, aber handelt es sich um eine in die Luft ragende Felsspitze (wie etwa bei
der „luftigen Spiz'" in „Andenken", Z. 51) oder um eine höhlenartige Felsspalte,
wie sie in „Der Winkel von Hahrdt"[193] beschrieben wird? Diese unauflösliche
Zwiespältigkeit deutet auf den Ursprung des Begriffs ‚spitzer Winkel' hin: Er
stammt aus der abstraktesten Disziplin der Raumbeschreibung, der Geometrie.
Damit knüpft der Ausdruck überraschenderweise doch an den vorher analysierten Abschnitt an, insbesondere an Z. 39, in der ganz abstrakt vom Teilen und
der „Länge lang" die Rede war. Allerdings scheint an der vorliegenden Stelle

---

[192] Höchstwahrscheinlich kann zu ‚Frohlokende Bäume' konjiziert werden. Während das Fehlen des Umlautzeichens nicht sehr signifikant ist, bringt die reduplizierte Silbe in „Frohlolokende" die auf der semantischen Ebene bezeichnete Freude lautlich sehr anschaulich zum
Ausdruck.

[193] Sattler nimmt diese motivische Parallele zum Anlaß, einen textgenetischen Zusammenhang zu konstruieren: Das handschriftlich nicht erhaltene, aber später in die „Nachtgesänge"
aufgenommene Kurzgedicht sei möglicherweise aus dem an der vorliegenden Stelle lückenhaf-
ten Entwurf heraus entwickelt worden (cf. FHA Einl., 33 und 38). Abgesehen von dem rein
hypothetischen Charakter dieser durch keine Indizien gestützten Vermutung, trägt sie zur Interpretation des vorliegenden Entwurfs nichts bei und kann daher hier vernachlässigt werden.

das Gegeneinander von willkürlich gesetzter göttlicher Ordnung und sich dieser entziehender Wildniß überwunden und eine Einheit von orgiastischer Freude und fester Grundlage in einem einzigen Naturbild erreicht zu sein. Unter dieser Perspektive kann auch eine mehr als motivische Verbindung zwischen dem fragmentarisch endenden und dem mit einer Lücke beginnenden Abschnitt hergestellt werden: Das „Dort aber" in Z. 41 würde demzufolge nicht auf eine schon erreichte und nur noch zu bezeichnende Stelle verweisen, sondern in die Ferne, und das heißt über die Lücke hinweg auf das Naturbild, in dem die bisher kontradiktorischen Gegensätze zu einer spannungsvollen Einheit verbunden sind. Weit entfernt davon, daß mit Hilfe dieser Vermutung die Lücke geschlossen würde, wird sie damit vielmehr zum konstitutiven Bestandteil des Textes.

„Gut ist, das gesezt ist." Der Satz macht explizit, daß eine feste Grundlage unabdingbar für einen Zustand des Frohlockens ist. Allerdings fällt er nicht auf die Ebene der abstrakten Götterordnungen zurück, denn der vorhergehende Satz hat klargemacht, daß nur eine anthropomorphe Sicht der Natur einen Ausgleich der Gegensätze erreichen kann. Das Relativpronomen schwankt in der Handschrift zwischen „das" und dem ebenfalls erwogenen „was". Während dieses aber eine gewisse Beliebigkeit des Gesetzten suggeriert und ein (nimmt man einen Rechtschreibfehler an, ebenfalls mögliches) ‚daß' die bloße Tatsache, daß überhaupt etwas gesetzt ist, unabhängig von dessen Substanz für gut erklären würde, drückt das „das" aus, daß genau das, was gesetzt ist, auch gut ist. Darin steckt eine positive Einstellung zu den Gegebenheiten des Lebens ebenso wie ein Bewußtsein von deren Produziertheit, wobei offenbleibt, ob die Setzungen von Götter- oder Menschenhand vorgenommen wurden. Damit wird die Ambivalenz des Gesetzesbegriffs zwischen Naturgesetz und menschlich geschaffenem Gesetz hier übernommen.

Nachdem in diesen anderthalb Zeilen eine Art Utopie in nuce entworfen ist, wird in dem Satz, der am Ende von Z. 44 beginnt und sich über die nächsten beiden Zeilen erstreckt, die Gefährdung dieses Zustands zum Ausdruck gebracht: „Aber Eines / Das ficht uns an". Ein zunächst nicht näher bezeichnetes Subjekt ist es, das den vom Textsubjekt als gut bewerteten Zustand bekämpft und bedroht.[194] Durch die Großschreibung allerdings vervollständigt „Eines" die Reihe der zugleich unbestimmten wie emphatisch hervorgehobenen Instanzen auf dieser Seite um das letzte noch fehlende Genus: „Eine Stadt" (Z. 25), „Einer" (Z. 33), „Eines" (Z. 44). Wurde „Einer" als Schöpfergott beschrieben, so scheint „Eines" demgegenüber geradezu das gegengöttliche Prinzip zu verkörpern, wie es sich bereits im ersten Textabschnitt als „Nachtgeist" (I, Z. 3) oder „Des Feindes Gott" (I, Z. 9) fand. Diese Annahme wird durch die Fortsetzung des Satzes bestätigt.

Zunächst ist jedoch ein unscheinbarer und doch zentraler Bestandteil der Aussage zu beachten: ‚Das ficht *uns* an', heißt es. Damit kommt zum ersten Mal

---

[194] Heute wird die Wendung meist nur noch negiert gebraucht (im Sinne von ‚das beunruhigt mich nicht'); an der vorliegenden Stelle wird ihre wörtliche, aus dem militärischen Bereich stammende Bedeutung (cf. Duden-Etymologie, 179 [s. v. fechten]) aktiviert.

nach der bedrängten Rede von ‚unserem Land' (I, Z. 5) wieder ein Wir zur Sprache, wenngleich zunächst nur als defensives Objekt. Wo bisher von Kollektiven die Rede war, handelte es sich um Naturerscheinungen wie die Vögel und die Bäume, auf die das Textsubjekt menschliche Eigenschaften projiziert hatte, also um Bilder von oder Surrogate für Intersubjektivität. Auch die Rede von den „Himmlischen" (Z. 9 und 12) und den „Männern" (Z. 18) hatte die Feststellung zum Ergebnis, daß eine Vereinigung von Subjektivität und Intersubjektivität nicht möglich ist, sondern daß die gegenwärtige Situation, auf die das Gedicht Bezug nimmt, nur ein Aneinander-vorbei-Handeln von Menschen und Göttern zuläßt. Während sich bisher in den Passagen, in denen sich das geschichtliche und gesellschaftliche Chaos am mächtigsten in den Vordergrund des Textes drängte, ein isoliertes Ich hilflos diesen Mächten entgegenstellte (I, Z. 11; II, Z. 16), geht dieses Ich nun im Augenblick der Bedrohung durch eine noch unbestimmte, aber offenbar mächtige Instanz in einem Wir auf. Dieses Wir macht nur Sinn, wenn es keine neue, von außen in den Text eintretende Gruppe bezeichnet (die nur in der zweiten Person angeredet werden könnte), sondern eine neue Qualität dessen, was im bisher Gesagten schon angelegt ist. Diese Überlegung legitimiert im nachhinein die Annahmen, daß auch, wenn anthropomorphisch von Bäumen und Staren die Rede war, es um das Problem gelingender Intersubjektivität ging, und daß, wo die Richtung der Gebirge und der dahinterstehende göttliche Wille beschrieben wurden, die Grundlagen vertrauensvollen Zusammenlebens poetisch-hermeneutisch erarbeitet werden sollten. Ebensowenig wie all diese raumgreifenden Bemühungen des im Text sprechenden Subjekts bisher in eine Lösung gesellschaftlicher Probleme einmündeten, bietet nun allerdings die bloße Nennung eines Wir – und noch dazu aus defensiver und bedrohter Perspektive – schon einen Ausweg an. Dennoch ist damit, daß ein Wir sich angegriffen fühlt, wenn die kleine Utopie ‚frohlockender Bäume' bedroht wird, eine neue Qualität des Sprechens erreicht, mit deren Hilfe möglicherweise ein Ausweg aus den bisher skizzierten gesellschaftlichen Konflikten aufgezeigt werden kann. Indem das Wir als bloßes Objekt („uns") zur Sprache gebracht wird, ist zugleich die Gefahr vermieden, daß das Ich hypostasierend im Pluralis majestatis ein „wir" benutzt, das eine bloße Verbreiterung isolierter Subjektivität wäre und keine reale intersubjektive Grundlage hätte. Denn im Gegensatz zu solcher Anmaßung ist ein „uns", das aus der Anfechtung entsteht, ein bloßes Angebot des sprechenden Subjekts, dem sich alle anschließen können, die sich in einer ähnlich bedrohten Situation finden, wie sie hier skizziert ist.

Der an „Das ficht uns an" ohne Satzzeichen angeschlossene Zusatz „Anhang, der bringt uns fast um heiligen Geist"[195] kann als Apposition zu „Eines" verstanden

---

[195] Auffällig ist an dieser Stelle die unschöne lautliche Reduplikation „an Anhang", die ebenso wie das fehlende Satzzeichen vermutlich dadurch zu erklären ist, daß das Segment nachträglich in eine Lücke zwischen „an" und „Barbaren" eingefügt wurde, die sich als zu klein erwies, so daß „Anhang, der bringt uns fast" oberhalb der Zeile notiert werden mußte und der mangelnden Übersichtlichkeit wegen nicht hinreichend eingepaßt ist. Es findet sich hier also eine ähnliche Problemlage wie in Z. 26f. Auch dort war der Vollständigkeit der Textwiedergabe der Vorzug

werden. Allerdings stimmt das Genus nicht überein, und es überrascht, daß der anfechtenden Instanz nicht der Status eines selbständigen Subjekts zugeschrieben wird. Alternativ bietet sich die Möglichkeit, das Segment als unverbunden angehängte, vom Vorhergehenden unabhängige Ellipse zu lesen. In diesem Falle bleibt „Eines" allerdings völlig unerläutert. Auch dieser Passus läßt sich also nicht so analysieren, daß ein syntaktisch und semantisch gleichermaßen konsistenter Zusammenhang erkennbar wird.

Darüber hinaus ist unklar, ob „Anhang" hier im Sinne von ‚Appendix, Nachtrag' gebraucht ist oder im Sinne von ‚Anhängerschaft'. Die erste Möglichkeit wirkt im Zusammenhang der Bildlichkeit des Gedichts zunächst unpassend, aber die bisherige Interpretation hat gezeigt, daß in einem poetischen Sprechen dieser Art auch scheinbar entlegene Seitenbedeutungen die Vieldimensionalität des Textes mit konstituieren. Allerdings war von einem Textkorpus, das durch einen „Anhang" ergänzt werden könnte, bisher noch nicht die Rede, es sei denn, man nimmt an, daß es sich hier um eine Selbstreferentialität des Gedichts handelt. Demzufolge käme die Gefährdung des Geschriebenen durch Zusätze zur Sprache, also die Fragilität eines Textes, der durch immer neue Korrekturen seine Konturen und damit seinen „Geist", sein einheitliches Signifikat und seinen Sinn, zu verlieren droht. Aus diesem Blickwinkel erhält die Aussage „Gut ist, das gesezt ist." eine überraschende neue Bedeutung: Sie kann auch als Lob des fertig gesetzten, für den Druck vorbereiteten Buches (oder sonstigen Textes) gelesen werden. Demzufolge wird an dieser Stelle am Ideal des vollständigen, druckreifen Textes festgehalten und alles Angehängte diskreditiert. Diesem Ideal aber wird der Autor in dieser Phase nicht nur im allgemeinen nicht gerecht, wie man sich unschwer an den das Kontinuum aufbrechenden Zusätzen zu den scheinbar längst ‚vollendeten' Elegien zu Beginn des Foliohefts vor Augen führen kann. Auch die Bemerkung „Anhang, der bringt uns fast um heiligen Geist" selbst ist ein Zusatz, der das Maß der Zeile sprengt und damit das textliche Kontinuum aufzusprengen droht. Das lyrische Sprechen in ‚Anhängen' ist offenbar unvermeidbar, wird aber selbstkritisch als defizitär beurteilt.

Aber der Appendix muß nicht notwendigerweise der eines literarischen Textes sein, es könnte sich beispielsweise auch um den „Anhang" eines Gesetzeswerkes handeln, in dem sich Sonder- und Zusatzbestimmungen finden, die den Sinn des Gesetzes nicht nur präzisieren, sondern auch gefährden könnten. Die juristische (bzw. legislative) Dimension ist unverkennbar im Diktum „Gut ist, das gesezt ist." enthalten, und bei genauem Hinsehen wird klar, daß auch der Terminus ‚anfechten' dem juristischen Sprachgebrauch entlehnt sein könnte (im Sinne von ‚etwas nicht anerkennen, gegen etwas angehen'). Es ist hier also ein subtextueller Zusammenhang von Gesetz, Klage und Gesetzesauslegung angedeutet, der parallel zu der Problematik des literarischen Textes entwickelt wird. Nimmt man schließlich hinzu, daß die Gefährdung beider Textsorten darin besteht, „um heiligen Geist" gebracht zu werden, so wird klar, daß auf einer der Aussageebenen

---

vor stilistischen Begradigungen zu geben.

dieser Zeilen die Situation der allgemeinen Hermeneutik skizziert wird, denn der Heilige Geist ist das, was die theologische Hermeneutik aus den heiligen Schriften herauszulesen versucht.[196] Die analoge Problemlage der drei klassischen hermeneutischen Disziplinen Theologie, Rechtswissenschaft und Philologie wird also hier so dargestellt, daß ihnen die sichere Grundlage des Einen Textes und des aus ihm zu entnehmenden Einen Sinns zu entgleiten drohen, da sie sich durch immer neue Zusätze vervielfältigen. Aber diese Gefahr kann gerade noch abgewendet werden: Nur „fast" verschwindet der Heilige Geist.

Damit ist aber erst eine der Bedeutungen von „Anhang" erfaßt. Versteht man das Wort im Sinne von ‚Anhängerschaft' oder ‚Verwandtschaft', so verläßt man die Ebene hermeneutischer Aussagen. Der Begriff bekommt eine deutlichere abwertende Note als in den textologischen Zusammenhängen, denn wenn man eine Personengruppe als „Anhang" bezeichnet, so ordnet man sie als nicht erwünschte Begleiterscheinung der eigentlichen Hauptperson zu. Unter dieser Voraussetzung wird jedoch der Zusammenhang zum Vorhergehenden noch problematischer, als er ohnehin schon erschien. Denn wenn „Anhang" ein Kollektivum ist, so bezeichnet das Wort gerade nicht „Eines", sondern eine Vielheit von Personen. Dieser versteckte Wechsel des Numerus bringt möglicherweise den Kern der Gefährdung zum Ausdruck: die Zersplitterung des ‚Einen' in eine konturlose Pluralität. Die Tätigkeit, die dem „Anhang" zugeschrieben wird, bestätigt diese Annahme: Könnte man bei sukzessiver Lektüre zunächst glauben, es werde hier vor einer Mörderbande gewarnt („der bringt uns fast um"), so wird schnell klar, daß die eigentliche Gefahr, die die Anhänger mit sich bringen, der Verlust des Heiligen Geistes ist. Dieser aber ist das Prinzip der Einheit nicht nur der Heiligen Schrift und ihres Sinns, sondern auch der christlichen Gemeinde. Folgt man der Pfingsterzählung und der Kornelius-Episode der Apostelgeschichte (cf. Apg. 2, 1-13 und 10, 44-48), so wird klar, daß die Einheit der Sprachen, die der Heilige Geist stiftet, eine solche ist, die die Vielheit der Einzelwesen und ihrer Sprachen nicht unterdrückt oder amalgamiert, sondern in ihrer Individualität anerkennt. Somit kann die Ausgießung des Heiligen Geistes als Utopie einer herrschaftsfreien Kommunikationssituation gelten, die das Fremde nicht ausgrenzt, sondern in seiner Fremdheit zur Sprache kommen läßt und so gelingende Verständigung von Teilnehmenden ermöglicht, die aus unterschiedlichsten Lebenszusammenhängen stammen. Der „Anhang", der dieses Ideal gefährdet, verkörpert dagegen ein Kollektiv, das sich nicht auf universelle Verständigung hin öffnet oder sie sogar bekämpft.

Daß an der vorliegenden Stelle tatsächlich das Kommunikationsproblem angesprochen ist, wird auch durch die Tatsache indiziert, daß zum zweitenmal innerhalb der Zeile ein Wir erscheint. Die bis zu diesem Punkt ganz abstrakte Gefährdung des Wir kann nun als Gefahr einer Sprachverwirrung konkretisiert werden. Wie ein Leitmotiv zieht sich dieses Problem durch den Text der beiden Seiten:

---

[196] Im Zusammenhang theologischer Rede bekommt auch der Begriff ‚anfechten' einen neuen Sinn, nämlich den einer Versuchung.

Zunächst tauchte es im Zusammenhang mit den Aktivitäten des Nachtgeistes (I, Z. 3-7) auf, dann kehrte es in der zwischen die Staren- und die Gebirgspassage eingeschobenen Gegenwartsdiagnose wieder (II, Z. 18-21). Ein entscheidender Unterschied zu diesen beiden Stellen besteht allerdings darin, daß die Gefahr scheiternder Kommunikation hier nicht abstrakt konstatiert wird, sondern sich im Angesicht dieser Gefahr ein Wir – wenngleich zunächst als defensives – konstituiert, und zwar insistierend gleich zweimal innerhalb einer Zeile.

Zum Problembereich sprachlicher Verständigung paßt auch das Wort „Barbaren", das wiederum unverbunden an den Relativsatz angefügt ist und die Zeile abschließt, die damit zur längsten auf dieser Seite wird. Denn jemanden als Barbaren zu bezeichnen, ist vom griechischen Ursprung des Wortes her eine Geste der Ausgrenzung: Die fremde Sprache wird als unverständlich qualifiziert, und wer diese Sprache spricht, als kommunikationsunfähig oder -unwürdig abgestempelt. Aus dieser Grundbedeutung haben sich im Deutschen schon relativ früh die verallgemeinerten Bedeutungen ‚unkultivierter, roher' bzw. ‚unmenschlicher, grausamer Mensch' entwickelt.[197] „Barbaren" sind im vorliegenden Kontext diejenigen, die sich der kommunikativen Utopie des Heiligen Geistes widersetzen oder sie sogar sabotieren. Die Gegenseite, die in dieser Passage als Widersacher des Wir aufgebaut wird, schält sich also, nachdem sie zunächst als abstraktes Prinzip („Eines"), dann möglicherweise als eine textliche Kategorie erschien, nun immer deutlicher als gegnerisches Kollektiv heraus.

Erst mit der folgenden Zeile wird deutlich, daß das Wort „Barbaren" nicht isoliert gelesen werden muß (als Apposition zu „Anhang" oder als eine Art Ausruf), sondern Subjekt eines weiteren angehängten Satzes ist: „Barbaren / Auch leben, wo allein herrschet Sonne und Mond." Einigermaßen überraschend ist zunächst, daß den „Barbaren" hier keine destruktiven Eigenschaften oder Tätigkeiten zugeschrieben werden, sondern allein die Tatsache, daß sie existieren, festgehalten wird. Ambivalent ist dabei das „Auch": Es kann nicht festgelegt werden, ob gemeint ist, daß die Barbaren neben anderen Wesen leben oder daß sie neben anderen Seinsweisen auch leben oder daß sie nicht nur an dem im folgenden näher bezeichneten Ort leben. Dieser Ort wird durch die Herrschaft von Sonne und Mond charakterisiert. Offenbar wird damit eine platonische Formulierung aufgenommen:

> Es scheint mir, daß die ältesten Bewohner von Hellas allein die für Götter gehalten haben, welche auch jetzt noch vielen Barbaren dafür gelten, nämlich Sonne, Mond und Erde, die Gestirne und den Himmel. (Krat. 397cd; Übs. Schleiermacher)

Die Verehrung der Himmelskörper ist demnach die älteste und elementarste Form von Religion; für Platon und die griechische Klassik gilt sie jedoch, verglichen mit der zwischenzeitlich entwickelten, differenzierten Mythologie, als archaisch oder barbarisch. Der gemeinsame Ursprung aller Völker in der Anbetung

---

[197] Cf. Kluge 1975, 51 (s. v. Barbar); Duden-Etymologie, 63 (s. v. Barbar). Das Wort ist in Hölderlins lyrischem Werk durchgehend negativ konnotiert; cf. „Diotima", StA I.1, 242, V. 3; „Vanini", StA I.1, 262, V. 7: „Daß er die Asche der Barbaren / Fort aus der Erd', aus der Heimath werfe."

von Sonne und Mond (cf. dazu auch Nom. 887e) kann jedoch eine mögliche Erklärung für die vorliegende Formulierung ‚Barbaren auch leben' abgeben.

Auch in dem Lokalsatz ist das Verhältnis von Einheit und Vielheit, das das Grundproblem des Satzgefüges nicht nur auf der inhaltlichen, sondern bereits auf der grammatischen Ebene darstellt, spannungsgeladen: Das Adverb „allein" ebenso wie die Singularform des Prädikats[198] lassen ein singularisches Subjekt erwarten, es folgt jedoch ein doppeltes. Zudem gelten Sonne und Mond in der Kultur fast aller Völker als polare Prinzipien (sei es im Sinne von Tag und Nacht oder auch von männlich und weiblich usw.), von denen jedes für sich die ‚Alleinherrschaft' beansprucht. Die grammatische Gestalt des Satzes fordert dazu auf – will man sie nicht als zeugmatisch verstehen –, „Sonne und Mond" als Einheit zu lesen. Damit wird darauf aufmerksam gemacht, daß jeder der beiden Himmelskörper ebenso wie das von ihm repräsentierte Prinzip auf sein Anderes angewiesen ist: Der Tag und die Nacht, die von der Sonne bzw. dem Mond erleuchtet werden, machen erst zusammengenommen die Einheit eines Tagesverlaufs aus. Die beiden Tagesabschnitte schließen einander nicht kontradiktorisch aus, sondern gehen beim Auf- und Untergang der Sonne ineinander über. Sieht man von der astronomischen Erkenntnis, daß der Mond nichts anderes verbreitet als reflektiertes Sonnenlicht, einmal ab, so wird die gegenseitige Ergänzung von Sonne und Mond darin sinnfällig, daß sie zu manchen Zeiten sogar zugleich scheinen. Der Satz würde demzufolge aussagen, daß an dem bezeichneten Ort außer der in sich spannungsvollen Einheit von Sonne und Mond nichts herrscht. Diese Dominanz der Gestirne findet sich vor allem in solchen Gegenden, in denen weder die Vegetation noch zivilisatorische Vorrichtungen ihre Strahlen abhalten oder zerstreuen. Es liegt nahe zu vermuten, daß hier die Landstriche gemeint sind, in denen dem Text der vorigen Seite zufolge „Die Sonne sticht" (I, Z. 24), also die kargen Gebiete in Südwestfrankreich.

Anregend wirken in diesem Zusammenhang vor allem die eingehenden Reflexionen, die Hölderlin zu Beginn seines zweiten, nach der Rückkehr aus Frankreich geschriebenen Briefes an Böhlendorff über die klimatischen und landschaftlichen (aber auch die politischen) Voraussetzungen der Herausbildung eines bestimmten südländischen Menschentypus angestellt hat: Dort ist davon die Rede, daß „die traurige einsame Erde" (undatierter Brief an Casimir Ulrich Böhlendorff, vermutlich Ende 1802, Nr. 240, StA VI.1, 432, Z. 3) Menschen hervorgebracht habe, für die „das wilde kriegerische" (ibd., Z. 11f.) charakteristisch sei, „das rein männliche, dem das Lebenslicht unmittelbar wird in den Augen und Gliedern und das im Todesgefühle sich wie in einer Virtuosität fühlt, und seinen Durst, zu wissen, erfüllt" (ibd., Z. 12-15). Einmal abgesehen davon, daß die Frauen, die in

---

[198] Dem handschriftlichen Befund nach ist es möglich, daß „herrschet" in „herrschen" korrigiert wurde, eine Lesung, die Uffhausen vorschlägt (1989, 145, Z. 50). Der Gegensatz des Plurals zum Adverb „allein" bleibt aber auch in diesem Falle bestehen; insofern ändert sich durch eine solche Annahme die Problemlage nicht. Zudem könnte die Korrektur des Buchstabens ebensogut auch in der umgekehrten Richtung (vom Plural zum Singular) verlaufen sein.

den „Gegenden, die an die Vendée gränzen" (ibd., Z. 11), leben, offenbar weniger
Eindruck auf den Dichter gemacht haben[199], fällt an den Formulierungen auf,
daß die ‚wilden‘ Menschen eher fasziniert als abwertend dargestellt werden. Eine
politische Wertung der blutigen Niederschlagung des Aufstandes in der Vendée
(1793)[200] findet sich dagegen in diesen Passagen nur sehr chiffriert („Männer und
Frauen, die in der Angst des patriotischen Zweifels und des Hungers erwachsen
sind", ibd., Z. 4-6).

Im zweiten Böhlendorff-Brief also überwiegt ein anthropologisches (um nicht
zu sagen ethnologisches) Interesse an den südfranzösischen Menschen, das durch
den folgenden Vergleich mit den Griechen kulturgeschichtlich gewendet wird, gegenüber direkten politischen Stellungnahmen.[201] Eine ähnliche Aufmerksamkeit
für die Anpassungsfähigkeit und Widerstandsfähigkeit der Menschen, die den
Einflüssen der Elemente in rauher Umgebung ungeschützt ausgesetzt sind, läßt
sich – trotz der möglicherweise einige Jahre umfassenden zeitlichen Distanz zum
Brief an Böhlendorff – aus der vorliegenden Stelle auch herauslesen. Obwohl also
die südfranzösischen Landschaften und ihre Bewohnerinnen und Bewohner *auch*
gemeint sein können, womit sich ein weiteres Indiz für die engen Verflechtungen
von Vorder- und Rückseite zeigt, gibt es keinen Hinweis darauf, daß hier *ausschließlich* südfranzösische Landschaften angesprochen sind. Jeder Versuch aber,
mit Hilfe des Lokalsatzes die Barbaren als eine realgesellschaftliche Gruppe zu
identifizieren (etwa als eine der opponierenden Parteien während der Französischen Revolution), muß fehlschlagen.[202] Vielmehr wird hier nur ausgesagt, daß
die Barbaren (neben anderen Gruppen) unter anderem auch an solchen Orten
leben, an denen die Natur unmittelbaren Einfluß auf das Leben der Menschen
ausübt.[203] Es kann aus der Aussage auch nicht abgeleitet werden, ob der Einfluß
von Sonne und Mond das Barbarische fördert oder vielmehr lindert. Der Satz
weist nur darauf hin, daß überall damit gerechnet werden muß, daß es Menschen
gibt, die sich dem Ideal universeller Verständigung entziehen oder es sogar zu
sabotieren versuchen. Die abstrakte Berufung auf scheinbar unverrückbare Na-
tureinflüsse wie die von Sonne und Mond kann dagegen keinen verläßlichen Halt

---

[199] Es sei denn, man nimmt an, den weiblichen Bewohnerinnen dieser damals wenig zivili-
sierten – und zudem vom *terreur* zusätzlich verwüsteten – Landstriche würden hier ebenfalls
überwiegend männliche Eigenschaften zugeschrieben nach Art der Amazonen – ein Gedanke,
der Hölderlin aber sicherlich viel fremder ist als etwa seinem Zeitgenossen Kleist.

[200] Cf. dazu Markov/Soboul 1989, 271-273, 326.

[201] Cf. dagegen Mieth 1978, 154f.

[202] Es scheint mir kein Zufall zu sein, daß nicht nur an dieser Stelle der vier vorliegenden
Seiten, sondern auch dort, wo geographische Namen genannt sind (etwa die Gascogne oder die
Charente), jeder ausdrückliche Hinweis auf Gegenden, die durch die Geschichte, insbesondere
der Revolution, ‚belastet‘ sind und daher doppeldeutig gelesen werden können (beispielsweise
die Vendée oder die Gironde), vermieden ist.

[203] Ähnlich paraphrasiert auch Beese (1982, Seite A84, Anm. 503) diese Stelle, ohne allerdings
das Problem von Einheit und Vielheit zu reflektieren: „Wo die Elementarkräfte, das Objektive,
‚allein‘ ‚herrschen‘, leben ‚Barbaren‘, Menschen (als geschichtliche Wesen gedacht), die den
haltgebenden, vermittelnden Kontakt zum ‚Gott‘ nicht besitzen, sondern der Unmittelbarkeit
ausgesetzt sind."

bieten.

Eine Instanz, die Halt gegenüber den „Barbaren" verspricht, wird dagegen im letzten Satz des Abschnitts angeführt: „Gott aber halt uns, zu sehen einen, der wolle / hät uns, wenn zu sehn ist einer, der wolle / Umkehren mein Vaterland." Die ersten beiden dieser Zeilen sind bis auf den Beginn „Gott aber", der nur einmal notiert ist, als alternativ zu verstehen: Zunächst wurde Z. 47 niedergeschrieben, später – aus Platzmangel etwas weiter unten und nicht wie an anderen Stellen der Handschrift oberhalb der Zeile – die Neuformulierung (Z. 48). Allerdings ist keiner der beiden Varianten etwa durch Streichung der anderen der Vorzug gegeben; daher habe ich sie gleichwertig in meine Textkonstitution aufgenommen. Konstant bleibt in beiden Formulierungen die Berufung auf Gott, die den Bedrohungen, die im letzten Satzgefüge zur Sprache gekommen sind, explizit entgegengesetzt wird. Die erste Formulierung ist im Gestus des Gebets gehalten (unabhängig davon, ob man die Verbform als Imperativ oder als Konjunktiv Präsens versteht)[204]; Gott wird gebeten, das Wir, das hier insistierend bereits zum dritten Mal innerhalb von drei Zeilen (und zwar wiederum in der Objektform) auftaucht, zu halten. Unklar ist, ob ‚halten' hier im Sinne von ‚festhalten, nicht loslassen', ‚aufhalten, stoppen', ‚abhalten, hindern' oder ‚anhalten, veranlassen' gemeint ist. Auch die vom Hauptsatz abhängige Infinitivkonstruktion „zu sehen einen" bringt keine Klarheit in diese konträren Interpretationsmöglichkeiten, denn sie kann sowohl final als auch adversativ verstanden werden. Diese Mehrdeutigkeit sollte offenbar mit der Neuformulierung des Segments vermieden werden. Der Nebensatz lautet nun „wenn zu sehn ist einer" und weist auf eine Gleichzeitigkeit oder auf ein Konditionalverhältnis zwischen dem Erblicken des ‚einen' und dem Halten des Gottes hin, das nun nur noch im Sinne von ‚festhalten' oder ‚stoppen' gelesen werden kann. Wer dieser ‚eine' ist, wird durch den nachfolgenden Relativsatz erläutert; es ist also mit Sicherheit nicht ‚irgendeiner' gemeint. Eine emphatische Hervorhebung des ‚einen' durch Großschreibung liegt allerdings auch nicht vor, so daß er nicht den zentralen Instanzen „Eine Stadt" (Z. 25), „Einer" (Z. 33) und „Eines" (Z. 44) zugerechnet werden kann.

Verändert wurde bei der Neuformulierung auch die Form des Hauptsatzverbs (und damit der Status der ganzen Äußerung). Allerdings hat sich an dieser Stelle eine neue Unklarheit eingeschlichen, denn das Wort lautet jetzt „hät". Wegen des flüchtigen Duktus der Handschrift kann man entweder ein Rechtschreibversehen oder auch nur eine nachlässige Notation annehmen, so daß vermutlich zu ‚hält' zu konjizieren ist.[205] Es ergibt sich damit die ironische Situation, daß gerade der Versuch, einen Wunsch in eine indikativische, als Gewißheit auftretende Aussage zu verwandeln, neue Irritationen schafft. Diese Unsicherheit (neben den

---

[204] Die Lesung „halt" an dieser Stelle findet sich erstmals in Sattlers Transkription von 1986 und wird mittlerweile auch von Uffhausen (1989, 145, Z. 52) vertreten.

[205] Immerhin wäre mit denselben Gründen zu vertreten, daß die Form ‚hätt' (also Konjunktiv Imperfekt des Vollverbs ‚haben') zu lauten hätte, obwohl dann keine Kongruenz zur Form des Prädikats des Konditionalsatzes herrschen würde. Der Satz würde dann besagen, daß Gott unter bestimmten Voraussetzungen im Besitz des Wir wäre.

schon genannten textkritischen Gründen) läßt es als geraten erscheinen, auch die offenbar früher notierte Formulierung der Stelle nicht als verworfen auszusondern: Das Textmaterial wehrt sich gegen eine (möglicherweise sogar vom Autor intendierte) definitive Behauptung, daß Gott „uns" halte, sondern läßt es als möglich erscheinen, daß es sich dabei nur um einen Wunsch handelt.

Der Halt Gottes wird für den Fall erbeten bzw. konstatiert, daß „einer" zu sehen ist, „der wolle / Umkehren mein Vaterland". In diesem Relativsatz laufen die zwei Versionen der Stelle wieder zusammen. Zunächst fällt an dem Beginn des Satzes auf, daß das Verb im Konjunktiv Präsens steht und damit grammatisch weder im ersten noch im zweiten Fall zur Form des übergeordneten Satzes, den der Relativsatz erläutert, paßt. Diese Inkorrektheit wird offenbar bewußt in Kauf genommen (darauf deutet hin, daß „der wolle" zweimal identisch notiert wurde), um die Unsicherheit über das Auftreten des „einen" und seine Absichten zum Ausdruck zu bringen.[206] Der Grad dieser Unsicherheit erklärt sich daraus, daß es hier um die Möglichkeit der Umkehrung des ‚Vaterlandes' geht.

Versteht man „Vaterland" geographisch, so kann es synonym mit dem Begriff ‚Heimat' verwendet werden im Sinne von ‚Land, in dem jemand geboren ist und dem er oder sie sich zugehörig fühlt'.[207] In der Zeit nach der Französischen Revolution, zu deren Leitworten „patrie" gehört (man denke nur an den Beginn der Marseillaise), ist das deutsche Äquivalent dazu, der Vaterlands-Begriff, stark politisch aufgeladen; und so wird der Terminus „Vaterland" von Hölderlin auch verwendet. In dieser Übergangszeit, in der noch unausgemacht ist, inwieweit auch auf deutschem Boden eine Revolution möglich ist, die der französischen nachfolgt oder sie in den Resultaten sogar übertrifft, fehlt dem Begriff ‚Vaterland' also noch die nationalistische Komponente, die er während der ‚Befreiungskriege' und im weiteren Verlauf der ersten Hälfte des neunzehnten Jahrhunderts bekommt.[208] An der vorliegenden Stelle kann die Umkehrung des Vaterlandes also als politische Revolution, als Befreiung von überkommenen Bindungen und Zwängen, verstanden werden.

Die Dimensionen und Konsequenzen einer solchen Revolution hat Hölderlin in seinem um die Jahrhundertwende entstandenen Aufsatzfragment „Das untergehende Vaterland ..." (‚Das Werden im Vergehen') sowie besonders prägnant in den späten „Anmerkungen zur Antigonä" herausgearbeitet:

> Denn vaterländische Umkehr ist die Umkehr aller Vorstellungsarten und Formen. Eine gänzliche Umkehr in diesen ist aber, so wie überhaupt gänzliche Umkehr, ohne allen

---

[206] Daß dem Konjunktiv Präsens in diesem Falle eine optative Komponente zukommt, halte ich zumindest bei der zweiten Variante, bei der der Relativsatz von einem eindeutig indikativischen Satz abhängt, für unwahrscheinlich. Zudem fällt es schwer, sich vorzustellen, daß das Wollen eines anderen vom Sprechenden gewollt wird.

[207] Cf. Duden-Stilwörterbuch 728 (s. v. Vaterland); Kluge 1975, 810 (s. v. Vaterland).

[208] Auf die Ungleichzeitigkeiten in diesem Bedeutungswandel hat Kreutzer (1988/89) hingewiesen: Er arbeitet heraus, daß Hölderlin schon zu seiner Zeit sozusagen eine altmodische Position vertritt, indem er an einem ‚Vaterland' als „Entwurf in die Zukunft" (72) festhält, während gleichzeitig für Kleist ‚Vaterland' bereits als Kampfbegriff im Krieg gegen die Franzosen fungiert. Cf. außerdem Kreutzer 1980/81.

> Halt, dem Menschen, als erkennendem Wesen unerlaubt. Und in vaterländischer Um-
> kehr, wo die ganze Gestalt der Dinge sich ändert, und die Natur und Nothwendigkeit,
> die immer bleibt, zu einer andern Gestalt sich neiget, sie gehe in Wildniß über oder in
> neue Gestalt, in einer solchen Veränderung ist alles blos Nothwendige partheiisch für
> die Veränderung, deswegen kann, in Möglichkeit solcher Veränderung, auch der Neu-
> trale, nicht nur, der *gegen* die vaterländische Form ergriffen ist, von einer Geistesgewalt
> der Zeit; gezwungen werden, patriotisch, gegenwärtig zu sein, in unendlicher Form, der
> religiösen, politischen und moralischen seines Vaterlands.   (FHA 16, 419f.)

‚Vaterländische Umkehr' ist also eine Umkehr *des* Vaterlandes, nicht etwa eine
Rückkehr *zum* Vaterland, wie vielfach in der Diskussion dieses Terminus behauptet wurde. ‚Vaterland' bedeutet hier die größte erfaßbare Bezugseinheit
menschlichen Handelns, den Inbegriff der Gewohnheiten und Regeln, die in einer
Gesellschaft gelten. Die „vaterländische Umkehr" ist damit keine bloß politische
Revolution im engeren Sinne (also eine Veränderung der Herrschaftsform), sondern eine totale Umwälzung, die alle Maßstäbe und Formen des Lebens und
Denkens völlig verändert. Sie ist daher „ohne allen Halt" und sogar „dem Menschen, als erkennendem Wesen unerlaubt", weil Erkenntnis ohne einen Halt nicht
denkbar ist. Jede Revolution ist also ein Zustand der Bewußtlosigkeit; sie übt
auch gegen den Willen der Individuen einen Zwang zur Parteilichkeit aus und
bringt die Gefahr des Rückfalls in die „Wildniß", den Zustand vor oder außerhalb
aller Ordnung, mit sich.

Überlegungen dieser Art, die Revolutionen als notwendige gesellschaftliche
Veränderungsprozesse verstehen und von einer naiven Begeisterung für den Um-
sturz wie von einem krampfhaften Festhalten am Bestehenden oder von der
reaktionären Sehnsucht nach der Wiederherstellung des gewohnten Zustands
gleichermaßen entfernt sind, liegen auch dem vorliegenden Passus zugrunde: Die
Umkehrung des Vaterlandes erscheint als tiefer Einschnitt, bei dem noch nicht
auszumachen ist, was an ihm Chance, was Gefahr ist. Der Satz rückt dabei
das Subjektproblem in den Mittelpunkt der Umwälzungen: Während ein Wir
Halt in den Veränderungen sucht, ist es „mein Vaterland", dem die Umkehrung
bevorsteht. Im Rahmen der Funktion des erst in den letzten Zeilen auftretenden Wir, die ich herausgearbeitet habe, kann das Possessivpronomen „mein" gerade im Zusammenhang mit dem Vaterland, der Instanz, die den institutionellen
Rahmen einer Kommunikationsgemeinschaft bereitzustellen verspricht, nur als
Rückfall in die solipsistische Rede gewertet werden. In der defensiven Haltung,
die das Textsubjekt in dieser Passage einnimmt, ist offenbar der Begriff ‚unser
Vaterland' nicht möglich; von einem Wir kann nur als einem bedrohten, in keiner Weise abgesicherten Kollektiv geredet werden. Dieses scheinbare Defizit hat
aber eine durchaus positive Seite: Mit der Zurücknahme des Wir entgeht der
Text der Gefahr, eine Rede aus der Position der starken Gemeinschaft, also des
Nationalismus, zu führen, wie sie der Begriff ‚unser Vaterland' repräsentieren
würde. Die Revolution des Vaterlandes wird als voluntativer Akt eines nicht
näher bestimmten männlichen Subjekts bezeichnet. Es ist müßig, darüber zu

spekulieren, *wer* dieser ‚eine‘ ist[209]; es kann nicht einmal festgelegt werden, ob es sich um ein menschliches oder ein göttliches Wesen handelt. Wichtig ist nur, daß es einem Einzelsubjekt zugetraut wird, so weitreichende Veränderungen in die Wege zu leiten. Daß der Wille dieses einzelnen tatsächlich die Kraft zu Revolutionen hat, erhellt daraus, daß die höchste Instanz, Gott nämlich, angerufen werden muß, um in den erwarteten Umwälzungen einen Halt zu bieten. Der Text ist an dieser Stelle also geprägt vom Glauben an die Macht eines geschichtlichen Einzelsubjekts, der quasi-göttliche Qualität zugeschrieben wird.

Es wäre nach allem bisher Gesagten ein Mißverständnis, die Passage als antirevolutionär und ‚vaterländisch‘ im reaktionären Sinne zu lesen. Vielmehr wird präzise herausgearbeitet, wie in einer revolutionären Situation das aktive Subjekt, das die Veränderung rezipierende und beschreibende Subjekt sowie das Kollektiv zunächst auseinandertreten. In dieser Lage bietet die Berufung auf Gott die Aussicht auf einen Halt, der den Menschen die Umwälzung aushaltbar und verstehbar macht.

Die rasanten Entwicklungen, die der Text in diesem kurzen Abschnitt durchmacht, sollten nicht dazu verführen, die einzelnen Stufen zu verschmelzen und das Material dadurch zu verfälschen. Nachdem zunächst die zuvor ganz abstrakt entworfene göttliche Ordnung in den menschlichen Erfahrungsbereich eingeholt und mit einem Naturbild von utopischer Harmonie ausgestaltet wurde, wurde darauf die Gefahr des Verlusts von einheitlichem Sinn und des Scheiterns universeller Verständigung vor Augen geführt. Dieses drohende Scheitern wird zunächst als Konsequenz eines abstrakten Prinzips, dann als Folge des Handelns eines Kollektivs dargestellt, das sich der Kommunikationsgemeinschaft entzieht oder entgegensetzt. Im gleichen Zuge konstituiert sich in der Situation der Bedrohung jedoch auch ein Wir. Dieser Schritt des Gedankengangs ist durchaus nicht unproblematisch, eignet ihm doch die autoritative Geste der Ausgrenzung, die damit begründet wird, daß die Ausgegrenzten als nicht kommunikationswillig oder -fähig denunziert werden – eine Gedankenfigur, die sich auch in heutigen Kommunikationstheorien noch findet. Weniger problematisch erscheint mir dagegen der dritte Schritt, in dem die Lösung des Konflikts angedeutet wird. Es wäre nämlich eine verkürzte Sicht der Dinge, wollte man die Revolution des Vaterlandes mit dem zuvor genannten Verlust des Heiligen Geistes und den „einen" mit den „Barbaren" gleichsetzen und somit meinen, hier werde etwa die Französische Revolution als Horrorbild aufgebaut, vor der das deutsche „Vaterland" mit Gottes Hilfe bewahrt werden müsse. Vielmehr erscheint die Revolution als Ausweg aus der zuvor skizzierten verfahrenen Situation. Möglich ist sie der Aussage des Textes zufolge jedoch nur als Ergebnis des Handelns eines mächtigen Geschichtssubjekts. Erforderlich ist andererseits der Halt, den nur Gott geben kann, damit

---

[209] Napoleon Bonaparte wäre eine solche zeitgenössische Figur, der in Hölderlins Werk (und nicht nur in seinem) die Revolution aller gesellschaftlichen Verhältnisse in ganz Europa zugetraut wird. An der vorliegenden Stelle aber kommt es (ähnlich wie beim ‚Fürsten des Fests‘ in der „Friedensfeier") darauf an, das *Fehlen des Namens* zu denken und nicht durch textexterne Spekulationen zu verschleiern.

die unvermeidlichen Gefahren der radikalen Umwälzung die Menschen nicht in den Abgrund reißen.

Der hier untersuchte Abschnitt knüpft an die Problemlage an, die sich aus den langen Ausführungen über den Verlauf der Gebirge und dessen Bedeutung herausgeschält hat. Die poetische Sprache in den Zeilen 43 bis 49 ist jedoch ungleich komprimierter und dynamischer als in dem epischeren Textteil zuvor. Insofern kommt diesen Zeilen auch ein selbständiger Status zu, der es gestattet, sie als eigenen Textblock zu behandeln, der jedoch trotz der Lücke zum Vorhergehenden ein unverzichtbarer Bestandteil des auf den beiden Handschriftenseiten entworfenen Textganzen ist.

Z. 10-42 (Bruchstücke; frühe Entwurfsschicht)

Über die oberen drei Viertel der Seite 74 verteilt – also eingestreut in das bisher untersuchte Textmaterial – finden sich einige Segmente, die nicht in den durchgehenden Zusammenhang zu integrieren sind und der Notationsweise nach einer in sich zusammenhängenden Entwurfsschicht angehören, die die Herausgeber einhellig als früheste Bearbeitungsstufe der Seite einschätzen. Man muß sich also, um sich den Zusammenhang vor Augen zu führen, innerhalb dessen diese Bruchstücke niedergeschrieben wurden, die Seite 74 leer vorstellen mit Ausnahme folgender Notate:

> der Katten Land

Und des Wirtemberges
Kornebene

Und wo berühmt wird

> | ihr ewigen Besänftigungen |

> wo dich, und der Winkel,

> und wo die Knaben gespielt

Viel sind in Deutschland
Wohnsize sind da freundlicher Geister, die
> so
Zusammengehören, wenn die Keuschen
Sie <?> bindet ein gleiches Gesez
Unterscheidet ein gleiches Gesez.

(Z. 10, 13, 15, 20, 23, 27, 30, 34, 36-38, 40, 42)

Zur Interpretation der Bruchstücke ist es notwendig, ihren – wenngleich fragmentarischen – Zusammenhang untereinander ebenso zu berücksichtigen wie die interferierende Funktion, die sie im Rahmen des später festgehaltenen dominierenden Textes bekommen; man muß also bei der Analyse zwischen dem hypothetisch rekonstruierten fast leeren Blatt und dem vor uns liegenden Zustand, in dem diese Segmente kaum noch zwischen den Textmassen zu entdecken sind, immer wieder hin und her schalten. Eine adäquate Interpretation der frühen Entwurfsschicht ist also erst jetzt möglich, nachdem der semantische Gehalt des übrigen Textzusammenhangs erschlossen ist.

Die Segmente sind in einer Art Schlangenlinie über das Papier verteilt. In dieser Anordnung kann man ein graphisches Pendant der „Ek um Eke" gehenden Bewegung der Stare sehen, die innerhalb des später ausgeführten dominierenden Textes der Seite oberhalb von „der Katten Land" beschrieben wird. Zum Motivbereich der Frühjahrswanderung der Stare nach Nordwesten passen auch die geographischen Angaben: Mit dem äußerst selten gebrauchten Wort „Katten" ist wahrscheinlich der germanische Volksstamm gemeint, der im Bereich des heutigen Hessen lebte.[210] Zieht man die Linie des Vogelfluges von Südwestfrankreich nach Nordosten bis auf deutsches Gebiet aus, so erweist sich Hessen ebenso wie Württemberg als eines der möglichen Zielgebiete der Stare. Im Gegensatz zum später ausgeführten Text, der eine um neunzig Grad gewendete Bildrichtung einschlägt und so den Weg von Wien donauaufwärts nach Südostdeutschland poetisch zu erschließen versucht, ist also in der hier zu untersuchenden Textschicht die Bildachse von Südwestfrankreich nach Südwestdeutschland noch nicht verlassen.[211] Während das erste Segment nur das hessische Land un-

---

[210] Cf. Zedler, Bd. 5 (1733), Sp. 1581f. (s. v. Catti, Chatti, Cattes): „ein altes Teutsches Volck, welches einen grossen Strich Landes bewohnte" (Sp. 1581); Brockhaus Wahrig Dt. Wb., Bd. 2 (1981), 86 (s. v. Chatte): „Angehöriger eines germanischen Volksstamms zwischen Fulda, Eder und Lahn; oV [orthographische Variante] Katte".

[211] Hessen könnte möglicherweise jedoch auch als Zielpunkt der von Südosten kommenden Bildrichtung angesehen werden. Bei der Interpretation könnten sich die biographischen Fakten aufdrängen, daß Württemberg die Herkunftsregion und der häufigste Aufenthaltsbereich des Autors (Nürtingen, Tübingen, Stuttgart) und Hessen für ihn der Schauplatz einschneidender Erfahrungen (Frankfurt 1796-98; Kassel/Bad Driburg 1796; Homburg 1798-1800) ist; möglicherweise ist der Text auch erst während des zweiten Homburger Aufenthalts (1802-04) entstanden. Den im dominierenden Text hauptsächlich beschriebenen bayrischen Raum hat Hölderlin dagegen während einer einzigen kurzen Reise nach Regensburg im Herbst 1802 kennengelernt. Der weitgehend ausgestaltete Text ist also unter biographischer Perspektive Dokument einer poetischen Distanzierung vom ursprünglichen Impuls, der offenbar von der Intuition getragen war, den Text auf dieser Seite mit einer Darstellung südwestdeutscher Landschaften fortzusetzen: „La genèse du manuscrit coïnciderait alors davantage avec la concurrence qui s'esquisse entre élégie privée et l'hymne historico-universel." (Lefebvre 1989, 425) Diese Veränderung verkennt Beißner, wenn er in seinem Kommentar zur zweiten seiner drei „Fassungen" diese Segmente als „gerade in den späten Entwürfen öfters bemerkbare Einschränkung auf den engeren heimatlichen Umkreis" (StA II.2, 870, Z 22f.) wertet. Auf erhellende Weise geraten hier Beißners Aufspaltung des Materials in „Fassungen" und seine biographistische Interpretationsmethode in einen Widerspruch zueinander, aus dem die Falschheit beider Ansätze erhellt. Denn wäre die Beschränkung auf die engere „Heimat" wirklich ein Grundmotiv in Hölderlins später Lyrik, so müßte „des Wirtemberges Kornebene" ja ein zentrales Element des ‚endgültigen' Textes sein. In Hölderlins Text wird es jedoch gerade zur zentralen Frage, was unter den zeitgenössischen Bedingungen noch Heimat sein kann; und nur eine Interpretation, die der Verwobenheit der Textschichten ineinander gerecht zu werden versucht, kann sich der Komplexität der auf diesen Blättern unternommenen Suche nach einer Antwort annähern.

ter Bezug auf dessen frühe Bewohner anführt[212], wird im zweiten Bruchstück die
württembergische „Kornebene" genannt, die als Pendant zur „bairischen Ebne"
im dominierenden Text (Z. 29) angesehen werden kann, welche im Gegensatz
zu jener als Weideland charakterisiert ist. Diesen beiden geographischen Angaben eine weitergehende Zeichenfunktion zuzumessen, scheint mir jedoch ein rein
spekulatives Unterfangen zu sein.

Auch in den folgenden Segmenten „Und wo berühmt wird", „wo dich, und der
Winkel" sowie „und wo die Knaben gespielt" steht die Bemühung um eine Lokalisierung im Vordergrund, wie aus der Konjunktion „wo" erhellt. Direkter noch
als in dem volkskundlichen Begriff „Katten" wird durch das Adjektiv „berühmt"
die historische Dimension bei der Ortsbestimmung zu Hilfe genommen. Das
Bruchstück hat sogar eine futurische Komponente, denn es heißt nicht, daß an
dem gemeinten Ort jemand oder etwas berühmt geworden (und uns daher noch
heute bekannt) ist, sondern daß er, sie oder es gegenwärtig „berühmt wird",
daß also zur Gegenwart des Gedichts etwas abläuft, das einen Ruhm begründet,
der in die Zukunft ausstrahlt. Von einem solchen „Jezt" ist auf etwa gleicher
Höhe auch im linearen Text die Rede (Z. 17), aber das Chaos, das in diesen Zeilen vor Augen geführt wird, ist alles andere als geeignet, Ruhm zu begründen;
eher noch könnte das skizzierte politische Fehlverhalten als berüchtigt gekennzeichnet werden. Das Segment setzt hier also einen positiven Kontrastpunkt zu
dem Textzusammenhang, in den es eingelegt ist. Die Formulierung wird dann
im Text etwas weiter unten abgewandelt wiederaufgenommen: „Berühmt ist dieses." (Z. 32) Dort dient sie jedoch der Bestätigung des bis dahin aufgebauten
geographischen Sinnzusammenhangs. Die zeitliche Dimension reicht nunmehr
nicht mehr (prophetisch-utopisch) von der Gegenwart in die Zukunft, sondern
(historisch) von der Vergangenheit in die Gegenwart.

Man könnte das nun folgende Bruchstück „ihr ewigen Besänftigungen", bei dem
unklar ist, welchem Kontext es zugehört, als eine Beschreibung der beruhigenden Funktion lesen, die der Interlineartext in diesem Abschnitt gegenüber dem
Lineartext ausübt. Dieser Kommentar kann durchaus auch ironisch verstanden
werden, hat doch die besänftigende Rede, gerade wenn sie perennierend wird,
etwas Ideologisches, dem mitunter die kalte Herausstellung von Mißständen vorzuziehen ist. Dem textkritisch unsicheren Status des Segments entspricht daher
auf der inhaltlichen Ebene präzise seine Zwischen-Stellung als Kommentar zum
Verhältnis beider Textschichten.

---

[212] Dafür, daß dieser Textfetzen „im Gedenken an den großen Katten- oder Cheruskerfürsten
Hermann/Armin, den Befreier Germaniens von römischer Fremdherschaft" (Uffhausen 1986,
145), geschrieben sei, kann ich keinerlei Anhaltspunkt erkennen. Um so absurder wirkt Uffhausens Behauptung, mit dieser Stelle werde „vielleicht allzu deutlich [!] auf die damalige
französische Okkupation" (ibd.) hingewiesen, und es schwinge in ihr „sicherlich [!] die Absicht
mit, die Landes-Bewohner im Zustand der Not und Bedrängnis an den großen ruhmvollen
Ahnen des befreiten Germanien zu erinnern und sie auf dieses stolze Erbe zu verpflichten"
(ibd.).

Gegenüber der auf historische Dimensionen anspielenden Angabe „Und wo berühmt wird" sind die folgenden beiden Lokalbestimmungen gekennzeichnet durch eine Beschränkung aufs Private und Idyllische. Insbesondere fällt auf, daß sich das sprechende Subjekt in Z. 27 zum ersten und einzigen Mal auf den beiden Seiten einem Gegenüber mit der vertraulichen Du-Anrede zuwendet. Nimmt man allerdings die Beobachtung hinzu, daß auf etwa derselben Höhe am linken Seitenrand das Stichwort „Theresienstraß" notiert ist, in dem der (außer „apoll", Z. 2) einzige Personenname auf diesen Seiten steckt, so kann nicht ausgeschlossen werden, daß hier die frühere österreichische Kaiserin angeredet ist und damit dem Segment doch eine historische Komponente eignet. Die mit dem Wort „Winkel" einhergehenden Konnotationen (Beschränktheit, Zurückgezogenheit) passen jedoch nicht zu dieser Dimension. Was mit dem (ähnlich wie später das Wir) im Akkusativ auftretenden Du passiert und in welchem Verhältnis es zum „Winkel" steht, wird aus dem kurzen Bruchstück nicht deutlich.[213] Der „Winkel" wird in der wenig unterhalb notierten Zeile „und rauschen, über spizem Winkel" (Z. 43) wiederaufgenommen, in der ein idyllisches Naturbild entworfen wird. In einem Spannungsverhältnis steht das auf Beschränkung hin ausgerichtete Bruchstück jedoch zu den es umgebenden weit ausladenden geographischen Darstellungen.

Das gilt auch von dem folgenden Syntagma „und wo die Knaben gespielt", durch das die erhabene Geste dessen, der den Verlauf der Gebirge beschreibt, ein wenig ironisiert wird. Der Ort des Kinderspiels ist zumeist ein geschützter Ort, möglicherweise ein „Winkel".[214] Daß es aber „Knaben" und keine Mädchen sind, die an diesem Ort gespielt haben, kann vor dem Hintergrund der zur Entstehungszeit des Gedichts verbreiteten Erziehungsvorstellungen als Hinweis auf die Bildungsfunktion des Spiels gelesen werden.[215] Wiederaufgenommen wird das Motiv we-

---

[213] Beißners Behauptung, das Wort sei „in dem nämlichen Sinn zu verstehn wie in der Überschrift des Gedichts Der Winkel von Hahrdt", vielleicht sei „sogar der Ulrichstein gemeint" (StA II.2, 870, Z. 26; ähnlich noch Uffhausen 1986a, 145), entbehrt daher jeder Grundlage und ist allein den biographistischen Interpretationsgewohnheiten des Editors entsprungen.

[214] Auch aus diesem Segment läßt sich keinesfalls ablesen, daß es sich bei der frühen Textschicht um eine Ansammlung von Kindheitserinnerungen handelt, wie Beißner (StA II.2, 870, Z. 22-26) suggeriert. Völlig aus der Luft gegriffen wäre etwa die Annahme, bei den „Knaben" handele es sich um Hölderlin und seinen Bruder, der gemeinte Ort sei der Wald beim Dörfchen Hardt in der Nähe von Nürtingen (so Uffhausen 1986a, 145f.) o. ä. Offener kommentiert dagegen Lefebvre (1989, 424) die Stelle: „La géographie concernée se confond avec l'espace de la biographie et de la politique."

[215] In welchem Maße Hölderlin in den Bildungsvorstellungen und Rollenklischees seiner Zeit befangen war, dokumentiert auf erschreckende Weise ein Brief aus Frankfurt an Hegel, in dem er diesem dessen zukünftige Hauslehrertätigkeit im Hause Gogel vorstellt: „Seine Jungen, 2 an der Zahl, seien gut, sagt er [Gogel], eines seiner 2 Mädchen, denen Du aber nur gelegentlich hie und da was beibringst ist etwas hartköpfig. Das kann Dich aber nicht sehr verdrießen. Daß Deutschland in Europa liegt, behält Dir wohl jede. Wer unterhält sich nicht gerne mit so einem guten Ding eine Viertelstunde?" (Brief an Hegel vom 20.11.1796, Nr. 128, StA VI.1, 222, Z. 22-26). Im oben (18-21) näher betrachteten Neujahrsbrief wird das Spiel als bloße „Zerstreuung" (Brief an Karl Gok vom 31.12.1798/1.1.1799, Nr. 172, StA VI.1, 305, Z. 131f.) der Kunst entgegengesetzt. Diese Assoziationen können jedoch nur den geistesgeschichtlichen Hintergrund des Textes erhellen und tragen zur Interpretation nur mittelbar bei.

nige Zeilen weiter unten im durchgehenden Text: „Seitwärts gebogen Einer von Bergen der Jugend" (Z. 33). Die Orte früher Sozialisation werden nunmehr als immer schon verlassen und invertiert dargestellt; die Immanenz und Intimität des ‚Winkels', des Knabenspiels und der persönlichen Anrede eines Du scheinen unwiderruflich verloren zu sein.

Im Gegensatz zu den bisher untersuchten sechs Bruchstücken, die aus jeweils drei bis sechs Wörtern bestehen und untereinander nur einen lockeren Zusammenhalt haben, bilden die mit „Viel sind in Deutschland" beginnenden Zeilen 34 bis 42 einen in sich zusammenhängenden Textblock, ähnlich den Zeilen 43 bis 49, von denen sie in der Handschrift ebenso wie vom Schluß des langen Textabschnitts (Z. 33-41) überlagert werden.

Die ausdrückliche Erwähnung Deutschlands findet sich im Lineartext wesentlich weiter oben (Z. 17). Dort erscheint „Deutschland" im Rahmen einer früheren Vorhersage des poetischen Ich als möglicher Schauplatz einer Wiederkunft der Götter. Nachdem sich die Erfüllung dieser globalen Prophetie als fraglich herausgestellt hat, wird in dem umfangreichen Textabschnitt der bescheidenere Versuch unternommen, in einzelnen geographischen Gegebenheiten göttliche Zeichen zu entdecken und zu entziffern. In dem hier zu untersuchenden Interlineartext verläuft die Bewegung dagegen in umgekehrter Richtung, von der Erwähnung einzelner deutscher Landstriche über einige idyllische Ortsbestimmungen zu einer generalisierenden Rede über „Deutschland". Auf engstem Raum sind also in der Handschrift (74, Z. 38-56) die (letztlich scheiternde) Deutung des Verlaufs der Gebirge, die Utopie eines Einklangs von Idylle und Ordnung, dessen Gefährdung durch Sprachverwirrung und seine Wiederherstellung durch eine göttlich stabilisierte Revolution sowie generelle Aussagen über Möglichkeiten des Zusammenlebens in Deutschland ineinander verwoben. Besonders eng sind die Verflechtungen der beiden kürzeren Textblöcke, in denen die Problematik des Gesetzes eine zentrale Position einnimmt (Z. 40, 42, 44).

Wie man die Aussage „Viel sind in Deutschland" versteht, hängt davon ab, ob man „Viel" für einen unflektierten Plural oder für einen Singular hält. Im ersten Falle wird – einigermaßen nichtssagend – behauptet, daß es in Deutschland eine Vielzahl von etwas (beispielsweise von Menschen) gibt. Im zweiten Fall muß man ein mit dem pluralischen „sind" kongruentes Subjekt suchen und „Viel" eine adverbiale Funktion (etwa im Sinne von ‚oft' oder ‚an etlichen Orten') zumessen. Als Subjekt bietet sich „Wohnsize" am Beginn der nächsten Zeile an, dem allerdings als Prädikat ein nochmaliges „sind" nachfolgt. Auch die Angabe „in Deutschland" wird im „da" wiederaufgenommen. Diese Doppelung bewirkt eine besondere Emphase der Aussage, daß es in Deutschland viele Wohnsitze „freundlicher Geister" (und damit vermutlich auch viele dieser Geister selbst) gibt. Daran ist Folgendes bemerkenswert: Wenn von Geistern die Rede ist, so steht zunächst nicht fest, ob damit Götter oder andere nichtkörperliche Wesen gemeint oder aber die Menschen als Geistwesen bezeichnet sind.[216] Daß es sich um „freundliche[ ]" Geister handelt, wirft auch ein positives Licht auf „Deutschland", wo sie ihre „Wohnsize" haben. An dem letztgenannten Begriff fällt (wie auch schon bei einigen Ausdrücken in dem mit „und rauschen, über spizem Winkel" beginnenden Bruchstück) seine Herkunft aus dem politisch-juristischen Bereich auf[217], deren sachliche Konnotationen es verhindern, daß das hier entworfene Bild allzusehr ins kitschig Idyllische abrutscht. Die „freundliche[n] Geister" werden dadurch charakterisiert, daß sie „Zusammengehören". Damit ist nicht etwa behauptet, daß sie tatsächlich zusammenleben, sondern nur die Norm ausgedrückt, daß sie nicht getrennt werden sollten. Diese Zusammengehörigkeit wiederum wird an die Bedingung[218] geknüpft, daß „die Keuschen / Sie bindet ein gleiches Gesez / Unterscheidet ein gleiches Gesez." Es kann vom grammatischen Standpunkt aus nicht mit letzter Sicherheit behauptet werden, daß „die Keuschen" mit den „freundliche[n] Geister[n]" identisch sind. Andererseits erscheint es mir inhaltlich als wenig sinnvoll, anzunehmen, daß die Zusammengehörigkeit der „Geister" von der Gesetzesbezogenheit einer anderen Gruppe abhängen soll. Ich würde daher vorschlagen, den Satz so zu lesen, daß den Geistern in dem Konditionalsatz eine neue Qualität zugeordnet wird; sie sind demnach nicht nur freundlich, sondern auch unschuldig und unerfahren.

Was ist „ein gleiches Gesez"? Zum einen wird damit der juristische Grundsatz der Gleichheit vor dem Gesetz bezeichnet, der als Errungenschaft der bürgerlichen

---

[216] Die mit dem Geist-Begriff gegebenen terminologischen und metaphysischen Probleme diskutiert Kant eindringlich in den „Träumen eines Geistersehers" (1766): „Ihr werdet also den Begriff eines Geistes nur beibehalten können, wenn ihr euch Wesen gedenkt, die so gar in einem von Materie erfüllten Raume gegenwärtig sein können; Wesen also, welche die Eigenschaft der Undurchdringlichkeit nicht an sich haben, und deren so viele, als man auch will, vereinigt niemals ein solides Ganze ausmachen. Einfache Wesen von dieser Art werden immaterielle Wesen und, wenn sie Vernunft haben, Geister genannt werden. (A 12f.; WA 2, 927f.) Während Kant die Vorstellung eines „unendlichen Geiste[s]", der „der Urheber und Erhalter" des Weltganzen sei (ibd., A 12, Anm.; WA 2, 927) für unproblematisch erklärt, hält er es für völlig unausgemacht, ob die menschliche Seele „immateriell und folglich ein Geist sei, ja so gar, ob eine solche Art Wesen als diejenige, die man *geistige* nennet, nur möglich sei" (ibd., A 13f.; WA 2, 928). Versteht man jedoch Geist allein im Sinne eines Vernunftvermögens, so erscheint es Kant als unzweifelhaft, daß er dem Menschen gegeben sei (cf. Verkündigung des nahen Abschlusses eines Traktats zum ewigen Frieden in der Philosophie [1796], A 495f.; WA 6, 410). Alle von Kant herausgearbeiteten Nuancen des Begriffs gehören zum zeitgenössischen Bildungshintergrund des Gedichts und spielen daher in die Verwendung des Begriffs „Geister" an der vorliegenden Stelle hinein.
[217] Das Wort ‚Wohnsitz' ist – dem Grimmschen Wörterbuch (Bd. 14.2 [1960], Sp. 1227 [s. v. wohnsitz]) zufolge – ab 1684 mit der Bedeutung ‚Stammsitz, Residenz' nachweisbar. Kramer definiert in dem 1700 erschienenen Band seines Wörterbuchs: „wer sich an einem ort ständig niederläszt, begründet an diesem ort seinen wohnsitz" (dict. [1700] 2, 824a; zit. nach Grimm, ibd.). Im Verlauf des 18. Jahrhunderts tritt der Begriff dann häufig „in bildlicher verwendung für sitz, ort der wirksamkeit" (Grimm, ibd.) auf.
[218] Daß es sich um ein konditionales und kein bloß temporales Verhältnis zwischen Gesetzesbezogenheit und Zusammengehörigkeit handelt, bringt die später notierte alternative Konjunktion „so" eindeutiger zum Ausdruck als das zuerst niedergeschriebene „wenn".

Revolutionen (im Entstehungskontext des Textes also vor allem der Französischen Revolution) angesehen werden kann. Zum anderen klingt darin aber auch das Gesetz der Gleichheit an, eine Norm, die weit über die formale Rechtsgleichheit hinausgeht, indem sie die reale soziale Gleichstellung aller Mitglieder einer Gesellschaft fordert.[219] Die beiden Variationen der Zeile spielen die Problematik durch, die damit gegeben ist, daß das Gesetz für alle Individuen mit ihren natürlich und sozial bedingten Unterschieden gleichermaßen gilt: Wenn das Gesetz die ihm Unterworfenen[220] „bindet", bedeutet das einerseits, daß es ein gemeinsames Band schafft, das allererst aus der Vielheit der Einzelwesen eine Gesellschaft macht. Andererseits weist die Aussage darauf hin, daß das Gesetz der freien Entfaltung der Individuen Grenzen setzt.[221] Daß das Gesetz die Gesellschaftsmitglieder aber trotz des Gleichheitsgrundsatzes „unterscheidet", weist darauf hin, daß Gleichheit nicht mit dem Maß des Prokrustes gemessen werden darf, sondern die individuellen Unterschiede berücksichtigen muß, z. B. durch den sozialen Ausgleich von Ungerechtigkeiten.[222] Das Gesetz darf andererseits keinen totalitären, alle Lebensverhältnisse durchdringenden Charakter haben, sondern muß den Individuen einen Spielraum zur Entfaltung ihrer unterschiedlichen Interessen und Fähigkeiten lassen. Nur ein solches Gleichgewicht zwischen Unterscheidung und Bindung, nicht etwa der bloße Zwang oder die absolute Gleichheit, ermöglicht dem Text zufolge eine Zusammengehörigkeit der Gesellschaftsmitglieder.[223] Da erst die beiden variierenden Zeilen zusammen die ganze Breite dieses Gedankens entfalten, ist es berechtigt, sie beide als gleichwertige Bestandteile in den Text aufzunehmen.

Das mit „Viel sind in Deutschland" beginnende Bruchstück entwirft ein in sich austariertes Ideal des Zusammenlebens, in dem die Unterschiede zwischen den Individuen den Zusammenhalt gewährleisten und das Gesetz nicht Zwangsin-

---

[219] Diesen Unterschied hat Karl Marx in seiner 1844 erschienenen Rezension „Zur Judenfrage" präzise herausgearbeitet.

[220] Nimmt man an, daß das erste Wort von Z. 40 „Sie" lautet (cf. oben, 173), so liegt hier eine emphatische Wiederholung eines Satzgliedes („die Keuschen") ähnlich der im Hauptsatz vor.

[221] Der Zwangscharakter des Gesetzes wird in Hölderlins früher, unter direktem Einfluß der revolutionären Ereignisse von 1789 stehender Hymnendichtung immer wieder betont; cf. z. B. „Hymne an die Schönheit": „Was im eisernen Gebiete / Mühsam das Gesez erzwingt" (FHA 2, 123, V. 121f.).

[222] Darin steckt die moderne Fassung des Gleichheitsgedankens, der Grundsatz der Chancengleichheit, der eine gezielte Ungleichbehandlung zur Kompensation ungleicher individueller Voraussetzungen fordert.

[223] Dieser positive Gesetzesbegriff überwiegt in der späten Lyrik Hölderlins. So heißt es beispielsweise in der „Friedensfeier" programmatisch, daß in der dort entworfenen utopischen Szenerie „nur der Liebe Gesez, / Das schönausgleichende gilt von hier an bis zum Himmel" (StA III, 536, V. 89f.). Selbst wo noch von „vestem Geseze" die Rede ist wie in der ‚Feiertags'-Hymne (StA II.1, 118, V. 25), wird es aus dem „Chaos" (ibd.) hergeleitet und als Medium der „Begeisterung" (ibd., V. 26) angesehen.

strument, sondern Vermittlungsinstanz[224] ist. „Deutschland" wird als ein Land dargestellt, das gute Voraussetzungen zur Verwirklichung dieses Ideals bietet. Wichtiger als die nationale Dimension ist jedoch, daß die regionalen Eigenheiten der verschiedenen „Wohnsize" zum Tragen kommen. Das Hauptproblem bei der Umsetzung dieses Programms liegt indes, wie das Bruchstück deutlich vor Augen führt, nicht in der adäquaten Ausgestaltung des Gesetzes, sondern in den Voraussetzungen, die die Bewohner eines solchen neugestalteten Landes mitbringen müßten: Indem sie als ‚freundlich' bezeichnet werden, wird ihre Gutwilligkeit verlangt; durch die Charakterisierung als „Geister" wird ihnen zugleich die sinnlich-körperliche Dimension abgesprochen. Daß sie darüber hinaus „die Keuschen"[225] sind, verstärkt diese Tendenz, werden sie doch damit zu unerfahrenen und unschuldigen Wesen erklärt.[226] Daß die hier genannten „Geister" etwas mit der gespenstischen Welt des oben auf der ersten Seite eingeführten ‚Nachtgeistes' zu tun haben könnten, erscheint durch dieses Attribut ebenfalls als unwahrscheinlich. Man kann sich mithin des Eindrucks nicht erwehren, hier werde eine intelligible Welt nach Kantschem Vorbild[227] entworfen, deren Beziehungen zur und Wirkungen auf die reale Lebenswelt nicht klar auszumachen sind. Das Bruchstück könnte daher auch als Parodie auf Utopien gelesen werden, die die Sinnlichkeit der Beteiligten ebenso vernachlässigen wie die Möglichkeit, daß sie zumindest temporär auch unfreundlich und nicht kommunikationsorientiert sein könnten.

---

[224] Ähnlich heißt es in Hölderlins Kommentar zum Pindar-Fragment „Das Höchste": „Die strenge Mittelbarkeit ist aber das Gesez." (FHA 15, 355. Z. 15)

[225] Das Wort ‚keusch' taucht in Hölderlins Lyrik nur viermal auf, zuerst in „Hyperions Schiksaalslied": „Schiksaallos, wie der schlafende / Säugling, athmen die Himmlischen; / Keusch bewahrt / In bescheidener Knospe, / Blühet ewig / Ihnen der Geist" (FHA 5, 401, V. 7-12). Alle übrigen Stellen finden sich im Homburger Folioheft, und zwar außer im vorliegenden Zusammenhang auf den Seiten 46 und 88: „wenn es aber / Zum Urteil kommt / Und keusch hat es die Lippe / Von einem Halbgott berührt" (HF 46, Z. 3, 5, 7, 9; „Einst hab ich die Muse gefragt ...", StA II.1, 221, V. 28-31); „Der Kranich hält die Gestalt aufrecht / Die Majestätische, keusche, drüben / In Patmos, Morea, in der Pestluft." (nach HF 88, Z. 9-12; „.. der Vatikan ...", StA II.1, 253, V. 30-32). Diesen drei Vorkommnissen des Wortes ‚keusch' ist (bei aller Rätselhaftigkeit vor allem des zweiten Zitats) gemeinsam, daß es einen unschuldigen, unangetasteten Zustand (beispielsweise eines Kindes oder eines Vogels von erhabener Gestalt) bezeichnet, der vor den Anfechtungen und Gefährdungen der Außenwelt („Pestluft") bewahrt.

[226] Zur Wortgeschichte cf. Grimm, Bd. 5 (1873), Sp. 651-654 (s. v. keusch). Adelung (Bd. 2 [1808], Sp. 1565 [s. v. Keusch]) unterscheidet zwischen einer veralteten weiter gefaßten Bedeutung („mäßig, bescheiden überhaupt") und einer neuen engeren („Fertigkeit besitzend, allen unrechtmäßigen Gebrauch des Triebes zum Beyschlafe zu vermeiden"). Zedler (Bd. 15 [1737], Sp. 547-550 [s. v. Keuschheit]) kennt bereits siebzig Jahre früher nur die engere, sexuelle Bedeutung: „eine Mäßigung derer Liebes=Leidenschafften. GOtt hat den Menschen nicht als einen Klotz geschaffen, welcher gegen das andere Geschlecht unempfindlich sey: Denn so würde das menschliche Geschlecht bald untergehen, wo alle Lust zum Beyschlaffen aufhörte. Bleibt nun die Begierde darnach im gehörigen Schrancken in Absicht auf den Göttlichen Endzweck, so ist der Mensch keusch." (Sp. 547) Hölderlins Begriffsverwendung hebt das Wort also offenbar aus dem sexuellen Diskurs im engeren Sinne wieder heraus und ‚ätherisiert' es zu einer spezifischen Seinsweise von Lebewesen.

[227] Cf. Grundlegung zur Metaphysik der Sitten (1785), BA 117-121; WA 7, 94-97.

Die gesamte frühe Entwurfsschicht (zu der möglicherweise auch noch das rechts unten notierte Schlußfragment gehört) ist gekennzeichnet durch harmonisch-idyllische Bilder und durchgehend positive Wertungen. Es fehlt ihr dagegen an Problem- und Konfliktbewußtsein. Demgegenüber werden in dem später ausgeführten linearen Text die Bilder und Denkmodelle konsequent zu Ende gedacht und damit ihre Unzulänglichkeiten und Aporien erbarmungslos vor Augen geführt. Dieser Gegensatz kulminiert in den drei unterhalb der Mitte des Blattes ineinandergeschriebenen Texten: Während die Interlinearfragmente mit Z. 42 in einer Welt des schönen Scheins ausklingen, endet der große Textabschnitt mit Z. 41 im Scheitern einer globalen Weltdeutung und das daran anknüpfende Bruchstück mit Z. 49 in der bangen Erwartung einer Revolution des ‚Vaterlandes'. Aus diesem Befund darf man allerdings nicht (wie die meisten der früheren Herausgeber) den Schluß ziehen, der frühe Entwurf sei dieser Überlagerung wegen verworfen oder ‚vergessen' worden. Vielmehr kann die Komplexität des auf dieser Seite entworfenen Textzusammenhangs nur dann adäquat erfaßt werden, wenn man sich den Widerstreit zwischen den verschiedenen Schichten und Fragmenten vor Augen führt: Die utopische Skizze, die hermeneutisch-geschichtsphilosophischen Exerzitien und die Erwartung radikaler Umwälzung aller Lebensverhältnisse machen erst in ihrem spannungsgeladenen Zusammenhang das hier vorgestellte poetische Modell aus. Die Analyse der Bruchstücke am Fuß der Seite könnte zur Klärung der Frage beitragen, ob in diesem Textzusammenhang auch eine oder mehrere Lösungsmöglichkeiten der komplexen Problemlage entwickelt werden.

Z. 50-55 (Bruchstücke, links)

Im unteren Viertel der Seite 74 finden sich mit einem deutlichen Abstand zu den vorhergehenden Texten drei Bruchstücke, deren Zusammenhang untereinander und zum Vorigen allererst zu klären ist: Die Notiz am linken Rand (Z. 50-53), der rechts daneben stehende Abschnitt (Z. 50-55) und die zum Teil von diesem Text überlagerten Zeilen in der rechten unteren Ecke der Seite (Z. 54-56). Daß die mit „Gehn mags nun." (Z. 50) beginnenden Zeilen ebenso wie der größte Teil der zum längsten Abschnitt auf dieser Seite gehörenden Zeilen (3-32; diese rutschen allerdings nach unten hin immer weiter nach rechts), etwa fünf Zentimeter rechts vom linken Seitenrand beginnen, hat die meisten früheren Herausgeber dazu veranlaßt, sie für den allein ‚gültigen' Schlußteil des Textes dieser Seite und damit (nach Beißner) des Gedichtentwurfs „Das Nächste Beste" zu erklären. Daß die Bemerkung am linken Rand später als dieser Abschnitt entstanden ist, ist aus der Anordnung der Segmente in der Handschrift (insbesondere der Verteilung der wenigen Wörter über vier Zeilen) einsichtig. Es ist daher gut möglich, daß sich das Bruchstück ergänzend oder korrigierend auf den rechts von ihm stehenden Text bezieht; allerdings ist auch nicht auszuschließen, daß es von ihm unabhängig ist. Klar ist aus der Anordnung der Zeilen auch, daß das Fragment rechts unten schon dastand, als der mit „Gehn mags nun." beginnende Abschnitt

ausgeführt wurde: Besonders auffällig ist, daß die Zeile „Am Ufer zorniger Greise,
der Entscheidung nemlich" (Z. 54) hinter „der" abbricht und oberhalb von „wenn
das Tagwerk aber bleibt" (Z. 54) fortgesetzt wird. Ein „Wenn", das vermutlich
ein Ansatz zu dem früheren Text war, aber sehr weit links notiert ist und sich
zwischen den Zeilen „Am Ufer ..." und „Drei unser sind." (Z. 55) findet, ist gestrichen, vermutlich, weil es in den erst später entwickelten Textzusammenhang
nicht paßt und die Verbindung zu seinem ursprünglichen Kontext durch den dazwischenstehenden Text gekappt ist.[228] Diese Indizien zeigen aber zunächst nur,
daß hier zwei Textblöcke relativ unabhängig voneinander entwickelt wurden; ob
es sich um zwei selbständige Bruchstücke handelt, ob der rechts unten notierte
Text als Fortsetzung des linksbündig niedergeschriebenen oder aber dieser als
Ersatz für jenen anzusehen ist, kann erst die genaue Analyse erweisen. Ich beginne mit der Untersuchung des mittleren Abschnitts („Gehn mags nun." usf.),
frage dabei auch, inwieweit sich die Bemerkung am linken Rand auf diesen bezieht, und wende mich darauf dem in der Ecke stehenden Bruchstück zu, um
daran anschließend die Frage zu klären, ob wir es hier mit einem oder mehreren
Textschlüssen zu tun haben und inwieweit durch diese die über die beiden Seiten
verlaufende Textbewegung tatsächlich zu einem Ende kommt.

> Gehn mags nun. Fast, unrein hatt sehn lassen und das Eingeweid
> Der Erde. Bei Ilion aber auch
> Das Licht, der Adler. Aber in der Mitte
> Der Himmel der Gesänge. Neben aber,
> Am Ufer zorniger Greise, der Entscheidung nemlich, die alle
> Drei unser sind. (Z. 50-55)

Die linksbündige Positionierung des Abschnitts kann als Hinweis darauf gelesen werden, daß mit ihm das Vorhergehende fortgesetzt werden soll. Was aber
das Vorhergehende ist, ist angesichts der drei im dritten Viertel der Seite ineinandergeschriebenen Texte schwer zu bestimmen. Denkbar ist ein Anschluß
an die frühe Entwurfsschicht, die in der harmonistischen Utopie ausklingt, daß
„die Keuschen / [...] / Unterscheidet ein gleiches Gesez". Die Zeile, die als unterste des Textknäuels direkt in die Lücke vor „Gehn mags nun." hineinragt,
ist der fragmentarische Schluß des langen Textabschnitts, „Geht über die Erd.
Dort aber". Es wäre sogar ein unmittelbarer Anschluß ‚Dort aber / Gehn mags
nun.' syntaktisch und semantisch möglich. Allerdings hat die Interpretation erwiesen, daß das mit „und rauschen, über spizem Winkel" beginnende Fragment
in gewisser Hinsicht an „Dort aber" anknüpft. Der Schluß dieses Bruchstücks
wiederum, in dem die Befürchtung geäußert wird, daß einer „wolle / Umkehren
mein Vaterland", ist zwar einige Zentimeter weiter oben notiert, stellt aber meiner bisherigen Analyse zufolge den bisherigen Schlußpunkt der Bewegung des
dominierenden Textes und damit den wahrscheinlichsten Übergangspunkt zum

---

[228] Vom Duktus her halte ich es allerdings auch nicht für ausgeschlossen, daß das „Wenn" in
einem Zuge mit der linken Randbemerkung im Anschluß an „Des G" (Z. 53) niedergeschrieben
wurde. Diese Hypothese könnte dazu motivieren, doch anzunehmen, daß die Randbemerkung
in einer relativ frühen Bearbeitungsphase notiert wurde.

Folgenden dar.

Nicht allein diese komplizierte Textlage gestaltet jedoch die Klärung des Textzusammenhangs an dieser Stelle schwierig, sondern vor allem der semantische
Gehalt des Beginns des Abschnittes selbst: „Gehn mags nun." Zunächst lautete
der Satz „Gehn mags also."; damit wäre ein kausaler Anschluß an das Vorhergehende angedeutet worden. Das Wort „also" ist jedoch eindeutig gestrichen und
durch „nun" ersetzt worden. Damit ist die Kausalitätsbeziehung gekappt; statt
dessen wird hervorgehoben, daß die Aussage in der unmittelbaren Gegenwart
situiert ist – allerdings nicht im „Jezt" (Z. 17) des plötzlich hereinbrechenden
Ereignisses, sondern im – schon durch die Lautgestalt – Ruhe ausstrahlenden
„nun", ähnlich wie im appellativen „Wolan nun." weiter oben auf der Seite.
Durch diese Betonung des gegenwärtigen Augenblicks setzt sich die Aussage vom
vorhergehenden Geschehen ab, und diese abstrakte Entgegensetzung macht es
schwer, einen eindeutigen Anschluß an vorherige Textteile festzustellen.[229]

Der Satz klingt quietistisch und resigniert. Es wird nicht einmal gesagt, daß ‚es
nun geht' (im Sinne von: ‚die Situation ist einigermaßen in Ordnung; es funktioniert alles zufriedenstellend'), sondern selbst diese vage Aussage wird durch das
Modalverb ‚mögen', dessen Bedeutung zwischen ‚sollen', ‚können' und ‚wollen'
oszilliert, noch weiter verunklart. Aus der Betonung des gegenwärtigen Augenblicks läßt sich immerhin entnehmen, daß ‚es' bis zu diesem Zeitpunkt nicht
‚gegangen' ist. Das kann sowohl bedeuten, daß die bisher nicht realisierte Utopie
„freundlicher Geister" nunmehr in die Tat umzusetzen ist, wie auch, daß die
geographisch-geometrische Hermeneutik nun eine Stimmigkeit und einen Rea-
litätsgehalt bekommt, der ihr bis dahin fehlte.[230] Am wahrscheinlichsten erscheint mir jedoch, daß die Aussage „Gehn mags nun." auf eine Situation der
Gefahr und Unsicherheit aus der Perspektive ihrer Überwindung Bezug nimmt.
Die Erwartung, daß jemand „wolle / Umkehren mein Vaterland", charakterisiert
eine solche Situation, so daß an dieser Stelle der wahrscheinlichste Anknüpfungspunkt zu suchen ist, ohne daß die anderen beiden ausgeschlossen werden könnten. Das Zwiespältige an der Aussage „Gehn mags nun." als Ausdruck einer
überwundenen Gefahr liegt darin, daß überhaupt nicht gesagt wird, ob die bang
erwartete Revolution tatsächlich stattgefunden hat und in ihren destruktiven
Wirkungen begrenzt werden konnte oder ob sie etwa ganz verhindert wurde.

---

[229] Ich kann daher Lefebvre nicht folgen, wenn er in dem vorliegenden Passus ein Resümee
des gesamten Textes zu erkennen meint, aus dem eine „sagesse conservatrice" spreche, „qui
chante [...] sa victoire sur les espoirs naïvements placés dans le progrès des hommes par les
jeunes gens sans expérience et sans mémoire, sur l'âge d'or espéré des Lumières." (1989, 429)
[230] Allerdings hat die unmittelbare Verknüpfung der weit ausladenden Geste „Dort aber" mit
der resignativen Aussage „Gehn mags nun." einen deutlichen parodistischen Gehalt. Es hat sich
aber bei der Interpretation der Textkomplexe schon öfters erwiesen, daß Parodie, Selbstironie
und Satire hier einen unerwarteten Stellenwert haben. Dabei ist es völlig unerheblich, ob diese
Momente intentional vom Autor gesetzt sind oder sich in der Fügung der Textsegmente ‚von
selbst' eingestellt haben.

Die Aussage „Gehn mags nun." markiert nochmals einen unmittelbar wertenden
Eingriff des Textsubjekts, der die Hilflosigkeit des Ich im Angesicht der Revolution überwindet oder zumindest unterbricht. Der Text wird damit von der Fixierung auf historische Ereignisse befreit. Allerdings wird damit auch ein großer Teil
der bisher erhobenen Ansprüche aufgegeben, hat es sich doch während des bisherigen Textverlaufs als eins der dringendsten Ziele ergeben, ein präzises Verhältnis
zwischen dem Text und der sich in ihm manifestierenden Subjektivität zur politischen und geographischen Realität zu entwickeln. Es wird zu untersuchen sein,
inwieweit die Geste der resignierenden Abwendung von den bisherigen Zielset-
zungen und Orientierungen sich auch im weiteren Verlauf der Schlußfragmente
durchhält.

„Fast, unrein hatt sehn lassen und das Eingeweid / Der Erde." Obwohl das
Segment „Sehn lassen und das Eingeweid" als eigenständiger Vers noch einmal
notiert ist, bleibt der Satz anakoluthisch. Die Verbkombination ‚sehen lassen' hat
drei Leerstellen: Jemand läßt jemand anderen etwas sehen. Alle drei Positionen
sind im vorliegenden Satz nicht besetzt. Denkbar ist allerdings auch, daß ‚sehen'
intransitiv gebraucht ist, so daß neben dem Subjekt nur ein Akkusativobjekt
fehlen würde. Die Schwierigkeiten potenzieren sich jedoch auf der semantischen
Ebene: ‚lassen' kann im Sinne von ‚ermöglichen', ‚erlauben' oder auch ‚veranlassen' verstanden werden; die Kombination beider Verben kann außerdem ‚(sich,
jemand anderen oder etwas anderes) zur Schau stellen, zeigen' bedeuten.

Darüber hinaus überrascht im unmittelbaren Anschluß an das emphatisch mit
„nun" betonte Präsens das Plusquamperfekt „hatt sehn lassen".[231] Dieses Tempus taucht sonst nur noch oben auf der Seite auf, und zwar im Konjunktiv:
„Sonst in Zeiten / Des Geheimnisses hätt ich, als von Natur gesagt" (Z. 14 und
16). Sonst herrscht in den Entwürfen der beiden Handschriftenseiten das Präsens
vor; häufig wird außerdem das Perfekt benutzt, mit dem Vorgänge benannt
werden, die dem Gegenwärtigen unmittelbar vorhergegangen sind und dessen
Voraussetzung darstellen. (Das erzählend-erinnernde Präteritum wird interessanterweise an keiner einzigen Stelle gebraucht.) Durch das Plusquamperfekt an
dieser Stelle wird die Aussage zwar nicht irrealisiert wie die aus den „Zeiten / Des
Geheimnisses" stammende Prophetie, aber in die weit entfernte Vergangenheit
gerückt.

Anstatt durch ein Subjekt und ein oder zwei Akkusativobjekte wird das Syntagma „hatt sehn lassen" nur durch ein – syntaktisch überflüssiges – Adverb
ergänzt: „unrein". Man sollte sich durch den Mangel an tragenden Satzgliedern
nicht dazu verführen lassen, „unrein" an deren Stelle zu setzen, beispielsweise
so, daß hier davon die Rede sei, ‚etwas Unreines' sehen zu lassen. Vielmehr wird
das Lassen oder das Sehen selbst als „unrein" bezeichnet. Damit könnte ausgesagt sein, daß zu dem früheren Zeitpunkt, um den es in diesem Satz geht, die

---

[231] Pigenot liest ‚halt' statt „hatt" (Hell. VI, 15). Liest man das Wort isoliert, scheint das
von seiner handschriftlichen Gestalt her nicht unberechtigt. Leider ergibt sich so aber weder
syntaktisch noch semantisch ein Sinn.

Wahrnehmungsfähigkeit selbst behindert war, weil die Wahrnehmungsmedien ‚verschmutzt' waren. Diese Aussage impliziert offenbar die Norm eines ‚reinen Sehens'[232], die als nicht erfüllt dargestellt wird.[233] Möglicherweise wird dabei auf die Erwartung, „zu sehen einen, der wolle / [...] / Umkehren mein Vaterland" (Z. 47 und 49) angespielt, die – nimmt man an, daß sich die vorliegende Zeile an das Bruchstück der Zeilen 43 bis 49 anschließt – nur wenig zuvor geäußert wurde. Ein unreines Sehen wäre demzufolge ein Sehen der Umwälzung, bei der die optischen Medien durch den aufgewirbelten Staub und Unrat vorübergehend getrübt werden, bevor die Einkehr eines ruhigeren, geordneteren Zustandes wieder Sichtbarkeit schafft. Allerdings verwundert es, daß die zwei Zeilen zuvor noch als bevorstehend dargestellten Ereignisse nunmehr in die Vorvergangenheit abgeschoben werden.

Daß ein solches Reinheitsideal eine kontraproduktive Fiktion ist, hat Hölderlin in einem Brief an Neuffer eindringlich ausgeführt:

> Das Reine kan sich nur darstellen im Unreinen und versuchst Du, das Edle zu geben ohne Gemeines, so wird es als das Allerunnatürlichste, Ungereimteste dastehn, und zwar darum, weil das Edle selber, so wie es zur Äußerung kömmt, die Farbe des Schiksaals trägt, unter dem es entstand, weil das Schöne, so wie es sich in der Wirklichkeit darstellt, von den Umständen unter denen es hervorgeht, nothwendig eine Form annimmt, die ihm nicht natürlich ist, und die nur dadurch zur natürlichen Form wird, daß man eben die Umstände, die ihm nothwendig diese Form gaben, hinzunimmt.
> (Brief an Christian Ludwig Neuffer vom 12.11.1798, Nr. 167, StA VI.1, 290, Z. 75-84)

Legt man eine solche Einschätzung hier zugrunde, so wäre, von der ‚reinen Poesie' ausgehend, das ‚Unreine', ein Höchstmaß an Sinnlichkeit als Gegenpol zur Vergeistigung, gerade die Zielvorstellung. Welche der beiden konträren Bewertungen des ‚Unreinen' hier anwendbar ist, kann nicht letztgültig entschieden werden.

Die Aussage vom unreinen Sehen scheint jedoch durch das „Fast" zu Beginn des Satzes eingeschränkt zu werden. Während an den beiden Stellen innerhalb des bisherigen Gedichtzusammenhangs, an denen ein „fast" auftaucht, es die letzte Möglichkeit der Abwendung einer unmittelbar drohenden Gefahr für das friedliche, kommunikativ gestaltete Zusammenleben der Menschen bezeichnet („Sich

---

[232] Umgekehrt steckt in Kants Begriff ‚reiner Vernunft' die Abwehr der Vorstellung einer ‚unreinen Vernunft'. Es wäre zu untersuchen, inwiefern die von Kant mit Vorsicht behandelte, von Schelling aber als zentrale philosophische Erkenntnisweise angesehene ‚intellektuelle Anschauung' einem Begriff ‚reinen Sehens' gleichkommt.

[233] Natürlich klingt im Begriff des ‚Unreinen' auch das protestantische und besonders pietistische Reinlichkeitsgebot an, das jede Verunreinigung durch Berührung mit der sinnlichen Sphäre – auch und gerade bei der optischen Wahrnehmung – zu vermeiden heißt. Cf. dazu Schmidt 1985, 426-428, der das gegen Ende der ‚Feiertags'-Hymne zweimal genannte Ideal des ‚Reinen' ganz in pietistischer Tradition und das „Reinsein von allem Irdischen" (ibd., 428) mit dem Absoluten gleichsetzt. Unter dieser Perspektive könnte die vorliegende Stelle als kritisches Selbstzitat in dem Sinne verstanden werden, daß die in der früheren Hymne erstrebte ‚Reinheit' nunmehr als akut bedroht erscheint. Schmidt weist außerdem auf die enge Verknüpfung des „Kult[s] der dichterischen Reinheit" (ibd., 215) mit der Genieästhetik hin, die er als Gemeinsamkeit Goethes und Hölderlins ansieht (cf. auch ibd., 227).

schelten fast", Z. 21; „der bringt uns fast um heiligen Geist", Z. 45), könnte es
hier aussagen, daß ein unreines Sehen in jenem vergangenen Zustand vermieden
oder verfehlt worden ist. Bezieht man die Rede vom ‚Unreinen' auf die politischen Voraussetzungen des poetischen Sprechens, so könnte man in dem „Fast"
ein Indiz dafür entdecken, daß die wenige Zeilen zuvor erwartete Revolution
mit all ihren Konsequenzen, unter anderem für die Wahrnehmungsfähigkeiten,
nicht stattgefunden hat. Liest man „unrein" als – durchaus nicht despektierliche – Selbstbeschreibung der poetischen Sprache, so könnte das „Fast" darauf
hindeuten, daß das anzustrebende Maß an Sinnlichkeit im bisherigen Sprechen
noch nicht erreicht worden ist.

Allerdings gibt es zu denken, daß das „Fast" durch ein Komma eindeutig vom
Nachfolgenden abgetrennt ist (während das Komma hinter „unrein" eindeutig
gestrichen ist, wie die meisten Herausgeber verkennen). Man könnte das als
Indiz für eine Aufzählung der beiden Adverbien „Fast" und „unrein" lesen. Der
Satz würde dann besagen, daß in jener Vorvergangenheit zwar das unreine Sehen
möglich war, das Sehen selbst aber knapp verhindert wurde. Diese Lesung würde
also die Defizienz des unreinen Sehens betonen.

Das Adverb „Fast" könnte sich auch einschränkend auf den vorangehenden Satz
beziehen (als eine Art Ausruf), wodurch die Vagheit des „Gehn mags nun." noch
weiter potenziert würde. Allerdings ist bei dieser unmittelbaren Verknüpfung
beider Sätze völlig unklar, in welchem Verhältnis die beiden Aussagen zueinander
stehen, daß ‚es nun fast gehen mag' und daß irgend jemand einen anderen, eine
andere oder etwas anderes ‚hatte unrein sehen lassen'. Daher erscheinen mir
die beiden Möglichkeiten, daß „Fast" entweder „unrein" oder aber das Prädikat
„hatt sehn lassen" einschränkt, als plausiblere Lesarten.

Verwunderlich ist an diesem merkwürdigen Satz schließlich auch, daß anstelle einer etwaigen Auffüllung der Leerstellen am Ende ein weiteres Satzglied
aufzählend angehängt wird: „und das Eingeweid / Der Erde". Will man nicht
annehmen, mit dem „und" werde ein weiterer Anakoluth eingeleitet, so ist völlig
unklar, was dieses „und" eigentlich miteinander verbindet. Der Form nach kann
„das Eingeweid" als Nominativ oder Akkusativ gelesen werden, könnte also als
zweites Subjekt oder Objekt des Satzes aufgefaßt werden – wenn es denn ein
jeweils erstes gäbe. „Der Erde" ist wahrscheinlich Genitivattribut zu „das Eingeweid".[234] Der Satz kann also so verstanden werden, daß neben einem fehlenden
anderen Subjekt „das Eingeweid / Der Erde" (sich selbst oder etwas ungenanntes anderes) hatte fast unrein sehen lassen. Die zweite Möglichkeit besteht darin,
daß ein ungenanntes Subjekt neben einem ebenfalls fehlenden Objekt auch das
„Eingeweid / Der Erde" hatte fast unrein sehen lassen. Der Unterschied zwischen beiden Lesarten ist nicht sehr groß. Wichtig scheint mir zu sein, daß das

---

[234] Es kann grammatisch nicht völlig ausgeschlossen werden, daß „Der Erde" ein Dativobjekt
zu „hatt sehn lassen" ist; es würde dann ausgesagt, daß der Erde etwas gezeigt worden war.
Das ergibt aber keinen weittragenden Sinn. Allerdings weist der grammatische Befund (ebenso
wie die Zeilenfuge) darauf hin, daß die „Erde" innerhalb der Wendung ein großes Eigengewicht
gegenüber dem „Eingeweid" hat.

Adverb „unrein" nun nicht mehr allein auf das Prädikat, sondern auch auf „das Eingeweid" bezogen werden kann[235]: Entweder das „Eingeweid" selbst oder die Tatsache, daß es gezeigt wird bzw. sich selbst oder etwas anderes zeigt, wird als (fast) „unrein" qualifiziert.

An dieser Stelle drängt sich ein Vergleich mit einem Passus auf der vorigen Seite auf: „Und das Herz der Erde thuet / Sich auf" (I, Z. 25f.). Auch dort wird die Erde körperbildlich vorgestellt, und es wird gesagt, daß sich das Innerste der Erde nach außen kehrt (ein Bild, das möglicherweise metaphorisch für einen Vulkanausbruch steht).[236] Allerdings ist das Herz nicht nur ein Körperorgan, sondern wird zugleich als Sitz der Seele oder des Gemüts, als Pendant des Verstandes angesehen; der Begriff kann also ebenso aus medizinisch-biologischen wie aus theologisch-philosophischen Zusammenhängen entnommen sein. Ganz anders liegt der Fall bei dem Wort ,Eingeweide', das ebenfalls das Innerste der als Körper vorgestellten Erde bezeichnen kann, denn hierbei handelt es sich um „ein altes Jägerwort"[237]: Die inneren Organe werden nicht in ihrer Funktion innerhalb des lebenden Körpers betrachtet, sondern allein als das, was beim Aufschneiden des verletzten oder getöteten Körpers als dessen Inneres nach außen tritt: „das Gekröse des erlegten Wildes, das die Meute bekommt"[238]. Der Anblick aufgerissener Körper kann in der Tat auch noch nach heutigen mitteleuropäischen Maßstäben des Geschmacks als „unrein" bezeichnet werden.[239] Die Rede vom „Eingeweid" drängt also die poetologische Komponente des ,Unreinen' zugunsten elementarer menschlicher Empfindungen bei der Konfrontation mit dem gewaltsamen Tod anderer Lebewesen in den Hintergrund.

Der Ekel und das Grauen, die mit dem Anblick von Eingeweiden konnotiert sind, werden an der vorliegenden Stelle nun auch auf die Gestalt der Erde übertragen,

---

[235] Es ist auch möglich, daß es sich bei „unrein" um ein unflektiertes Adjektiv handelt, das trotz der auseinandergerissenen Plazierung als Attribut auf „Eingeweid" bezogen werden könnte.

[236] Auf andere, wesentlich harmlosere Weise wird die Unruhe an der Erdoberfläche auch oben auf der Seite 74 metaphorisch ausgedrückt: „wie die See / Die Erd ist" (Z. 17f.).

[237] Kluge 1975, 159 (s. v. Eingeweide).

[238] Kluge 1975, 159 (s. v. Eingeweide). Allerdings wird die Brutalität dieser Vorstellung auch in anderen Zusammenhängen metaphorisch genutzt, so etwa in der Wendung ,der Schmerz wühlt in den Eingeweiden', die nicht nur für akute Verletzungen oder Erkrankungen innerer Organe stehen kann, sondern auch für tiefgehendes seelisches Leid (mit möglicherweise psychosomatischen Folgen). Cf. z. B. Mignons Lied „Nur wer die Sehnsucht kennt ...": „Es schwindelt mir, es brennt / Mein Eingeweide." (Goethe SW 1, 343, V. 9f.)

[239] Nietzsche hat nicht nur die Reflexion der Leibgebundenheit des Denkens zum Angelpunkt seines Philosophierens gemacht, sondern in seiner Schreibweise das körperbildliche Sprechen weiter ausgearbeitet. In jeder dieser beiden Hinsichten sind die ,Eingeweide' auch für Nietzsche negativ konnotiert, da sie die für ihn entscheidende Oberfläche des Körpers, seine Gestalt, hintertreiben. So heißt es in „Ecce homo": „Alle Vorurtheile kommen aus den Eingeweiden." (KSA 6, 281) Eine Stelle aus „Zarathustra's Vorrede" schließlich könnte – wie vieles bei Nietzsche – als ein signifikant abgewandeltes Hölderlin-Zitat angesehen werden, wenn der Stand der Hölderlin-Ausgaben, die Nietzsche zu seinen Lebzeiten zu Rate ziehen konnte, einer solchen Hypothese nicht im Wege stände: „An der Erde zu freveln ist jetzt das Furchtbarste und die Eingeweide des Unerforschlichen höher zu achten, als den Sinn der Erde!" (KSA 4, 15)

die sich den Blicken darbietet – allerdings erst nach der Zeilengrenze, so daß die Vorstellung der Eingeweide beim Lesen zunächst ihre volle Wirkung entfalten kann, bevor beim Übergang auf die nächste Zeile klar wird, daß hier metaphorische Rede gebraucht ist. Gegenüber dem ungeheuerlichen Bild der aufgerissenen Erde wirkt die Wertung, daß dieser Anblick unrein oder gar nur fast unrein sei, rückblickend geradezu euphemistisch. Einen unsicheren Halt verspricht immerhin das „Fast", das nun so gelesen werden *könnte*, daß der ganze Anblick knapp hat abgewendet werden können. Auch die Verlegung der Szenerie ins Plusquamperfekt wirkt unter dieser Perspektive tröstlich, scheint sie doch zu suggerieren, daß das alles nun lange vorbei sei und keine Auswirkungen mehr auf die Gegenwart habe. Aber dieser Trost ist trügerisch, denn durch die poetische Evokation – zumal in einem Kontext, in dem unmittelbar zuvor die Gegenwart der Sprechsituation emphatisch hervorgehoben wurde („Gehn mags nun.") – ist das Bild der aufgerissenen Erde auch präsent; seine sinnliche Eindringlichkeit durchbricht die grammatischen Distanzierungsversuche.

Es ist möglich, die Aussage „Fast, unrein hatt sehn lassen und das Eingeweid / Der Erde." als autoreferentiell zu lesen und auf vorhergehende Passagen des Textzusammenhangs zurückzubeziehen. So gesehen würden hier Abschnitte, die sich in der Interpretation als besonders sinnliche Ausprägungen poetischer Sprache erwiesen haben, (insbesondere der Mittelteil des auf der Seite 73 entworfenen Textes, der sich um die Aussagen „Die Sonne sticht, / Und das Herz der Erde thuet / Sich auf" [I, Z. 24-26] herum gruppiert) nachträglich umgewertet, indem ihre bedrohliche, grauenerregende Seite hervorgekehrt wird. Will man eine solche Wertung in der vorliegenden Aussage sehen, so stellt sie einen performativen Selbstwiderspruch dar, denn die Wendung „das Eingeweid / Der Erde" zählt sicherlich zu den drastischsten im gesamten Textzusammenhang der beiden Seiten. Es wird also an dieser Stelle vor Augen geführt, daß ein protestantisches Reinlichkeitsideal[240] moderner poetischer Sprache inkompatibel ist.[241]

Rein spekulativ sind dagegen externe Interpretationsansätze, die dafür plädieren, hier werde die von den französischen Revolutionsheeren verwüstete Erde o. ä. geschildert. Bei Versuchen dieser Art werden – meist ebenso unverstandene – Andeutungen aus dem zweiten Böhlendorff-Brief unvermittelt in den gänzlich anderen Kontext und die transformierte Bildlichkeit des möglicherweise erst Jahre später entstandenen Entwurfs übertragen.

Sehr gut ist jedoch ein Bezug des Satzes auf das Folgende möglich, in dem der Text auf den Beginn der europäischen Geschichte und Kultur zurückgreift: „Bei Ilion aber auch / Das Licht, der Adler." Das Entsetzen über den Anblick

---

[240] Zum pietistischen Wortfeld ‚reinigen' cf. Langen 1968, 68-75. Allerdings ist zuzugestehen, daß gerade der Pietismus selbst eine extreme Körperbildlichkeit entwickelt hat, um seelische Sachverhalte zum Ausdruck zu bringen; und in dieser spielt auch der Begriff ‚Eingeweide' (im Anschluß an Hiob 30, 27) eine Rolle (cf. Langen 1968, 373).

[241] Auch dieser Aspekt mag der bewußten Intention des Autors widerstreiten, der – wie man insbesondere dem Briefwechsel mit seiner Mutter entnehmen kann – den Normen des Protestantismus mehr verhaftet war, als ihm selber lieb sein konnte.

der aufgerissenen Erde scheint mit diesem Ruhe ausstrahlenden Erinnerungsbild überwunden zu sein. Der Satz war zunächst nicht elliptisch: Offenbar relativ kurz hintereinander wurden die beiden Varianten „Bei Ilion aber / War auch das Licht der Adler." und „Bei Ilion aber auch schien / Das Licht der Adler herein." erprobt und beide Verben schließlich ersatzlos gestrichen.[242] Während die vermutlich erste Version statisch bloß die Existenz des Lichts behauptet, wird in der zweiten die Dynamik des in den Raum „Bei Ilion" hineinscheinenden Lichtes betont (und zwar aus der Innenperspektive, also aus der Gegend „Bei Ilion", denn es heißt, daß das Licht „herein" scheint).

Im vorliegenden Zustand der Handschrift ist dagegen jede Konkretisierung der Tätigkeit des Lichts getilgt, es wird nur vage „Bei Ilion" angesiedelt. Wichtig ist auch eine weitere Beobachtung: Hinter „Licht" ist ein klares Komma erkennbar, das in keiner der bisherigen Editionen auch nur erwähnt wird. Damit wird die grammatische Beziehung zwischen „Licht" und „Adler" vereindeutigt: In der ersten Version konnte sie noch so gelesen werden, daß eins der beiden Nomina Subjekt, das andere Prädikatsnomen ist, womit eine (wegen des „auch" nur partielle) Identität zwischen „Licht" und „Adler" behauptet würde. In der zweiten Formulierung des Satzes ist dagegen „der Adler" als pluralisches Genitivattribut zu „Das Licht" zu verstehen.[243] In der letzten Fassung dagegen werden „Das Licht" und „der Adler" nebeneinandergestellt als Teile eines Ensembles, das „Bei Ilion" lokalisiert wird.

Erstmals in dem bisher untersuchten Textzusammenhang wird an dieser Stelle mit der Nennung von Troja (und damit des nach der Stadt benannten Homerischen Epos) explizit auf Texte und Erzählungen der Mythologie bzw. Frühgeschichte zurückgegriffen[244], während alle bisherigen Bilder im Erfahrungsraum der Gegenwart konstruiert wurden, ohne daß damit ihre historische Dimension geleugnet worden wäre. Insofern kann bereits das sich von den sonst fast ausschließlich gebrauchten Tempora Präsens und Perfekt deutlich abhebende Plusquamperfekt in Zeile 50 als in die Prähistorie und die Sphäre des Mythos zurückverweisende Geste gelesen werden, die mit der Rede von „Ilion" ihr Ziel erreicht.

---

[242] Die Chronologie dieser Korrekturen ist schwer festzustellen, da alle Varianten an ihrer korrekten Stelle in der Zeile notiert sind (also nicht darüber, darunter oder hineingezwängt) und wie in einem Zuge niedergeschrieben aussehen. Nimmt man aber an, daß die Versionen nicht alle zugleich erwogen wurden, so erscheint es mir am wahrscheinlichsten, daß zunächst „Bei Ilion aber / War auch das Licht der Adler" notiert, dann „War auch" gestrichen und an die Vorzeile „auch schien" sowie an den Schluß des Satzes „herein" angefügt wurde. Andernfalls wäre nicht zu erklären, wieso „War auch" linksbündig plaziert und das Folgende entsprechend eingerückt ist. Schließlich ist vorstellbar, daß von der zweiten Version zuerst der Schluß „herein" gestrichen wurde, so daß sich eine Übergangsvariante „Bei Ilion aber auch schien / Das Licht der Adler." ergäbe, die Uffhausen (1989, 146, Z. 7f.; Uffhausens eigene Zählung ist hier unkorrekt) ohne weitere Begründung zur gültigen Fassung konjiziert. Aber „schien" ist im uns vorliegenden Zustand des Textes ebenso eindeutig gestrichen wie „herein".
[243] Diese beiden Behauptungen gelten nur unter dem Vorbehalt, daß das Komma nicht schon bei einem der frühen Korrekturvorgänge gesetzt wurde.
[244] Einmal abgesehen von der kryptischen und in einem nur lockeren Zusammenhang mit dem übrigen Text stehenden Notiz „apoll envers terre".

Das „Eingeweid / Der Erde" ist demzufolge nicht erst im vorliegenden Text, sondern bereits in der Ilias sichtbar geworden: Man könnte darin eine Charakterisierung der mitunter brutalen Kriegsschilderungen des griechischen Epikers erblicken. Daß auch das erste abendländische Epos bereits (fast) „unrein" ist, relativiert die – wie ich zu zeigen versucht habe, in ihrer Konsequenz sowieso nicht haltbare – Selbstkritik des poetischen Sprechens an dieser Stelle. Inwieweit der Bezug auf die Homerische Erzählung Absicherung der Rede über die Gegenwart, inwieweit er Rückzug und Flucht in längst abgesteckte Areale dichterischen Sprechens ist, hat die weitere Interpretation zu erweisen. In jedem Falle scheint mir die Referenz auf die „Ilias" hier so zentral zu sein, das sie einen kleinen Exkurs rechtfertigt. Im zwölften und im vierundzwanzigsten Gesang der Ilias – darauf hat bereits Sattler (FHA Einl., 33) hingewiesen – finden sich die einschlägigen Stellen über das Licht und den Adler. In beiden Textabschnitten geht es darum, ob und wie man aus dem Flug der Adler künftige Geschehnisse vorhersagen kann. Es wird also mit der Zitation der Homer-Stellen hier erneut das Problem einer Hermeneutik des Vogelfluges aufgenommen, das bei den der Deutung des Zuges der Stare gewidmeten Passagen eine zentrale Rolle spielte.

Zwei Zeichen sind es, die der Troer Polydamas bei einem Kriegsrat, der im zwölften Gesang des Epos wiedergegeben wird, als Warnung interpretiert: Daß ein über dem Heer fliegender Adler nach links hinweggeflogen ist und daß die Schlange, die er als Beute in den Fängen hielt, sich ihm entwand, bevor er sein Ziel erreichte. (Ilias XII, V. 211-229) Unwirsch antwortet darauf der Königssohn Hektor:

> Keineswegs gefällt mir, Polydamas, was du geredet!
> Leicht wohl könntest du sonst ein besseres rathen, denn solches!
> Aber wofern du wirklich in völligem ernste geredet;
> Traun dann raubeten dir die unsterblichen selbst die besinnung:
> Der du befiehlst, zu vergessen des donnerers Zeus Kronions
> Rathschluss, welchen er selbst mir zugewinkt und gelobet.
> Aber du ermahnest, den weitgeflügelten vögeln
> Mehr zu vertraun. Ich achte sie nicht, noch kümmert mich solches,
> Ob sie rechts hinfliegen zum tagesglanz und zur sonne,
> Oder auch links dorthin, zum nächtlichen dunkel gewendet.
> Nein, des erhabenen Zeus rathschluss vertrauen wir lieber,
> Der die sterblichen all' und unsterbliche götter beherrschet!
> Ein wahrzeichen nur gilt: das vaterland zu erretten! (Ibd., V. 231-243; Übers. Voss)

In diesem Passus finden sich alle Elemente des zu untersuchenden Satzes versammelt, und zwar im Rahmen einer anregenden hermeneutisch-theologischen Debatte: Hektor nimmt für sich einen unmittelbareren Zugang zum höchsten Gott in Anspruch als den durch Naturzeichen vermittelten, auf den sein Widersacher sich berufen hat. Das „Vaterland" gilt ihm dabei als einzige Legitimationsinstanz. Gegenüber dieser scheinbar avancierteren monotheistischen Position gilt dem an den Normen der tradierten Mythologie orientierten Polydamas der Flug des größten Vogels, des Adlers, als Zeichen: Wendet er sich nach rechts ins Licht der Sonne, so ist das ein gutes Omen, fliegt er aber nach links ins Dunkel, ein böses.

Nachdem Hektor nach der Ermordung des Patroklos ein weiteres entscheidendes Mal den zur Vorsicht mahnenden Rat des Polydamas verworfen hat (Ilias XVIII, V. 284-309), wird er vom in wütender Trauer entbrannten Achilles getötet, sein Leichnam geschändet und den Hinterbliebenen vorenthalten. Der letzte Gesang der Ilias berichtet, wie auf Anweisung und mit Hilfe der Götter Hektors Vater Priamos unerkannt ins Lager der Griechen fährt, dort Achilles mit Geschenken aufsucht und die Freigabe des Leichnams erfleht. Achilles, von den Göttern milde gestimmt, überläßt ihm den Toten und bietet den Troern eine elftägige Kampfpause für die Bestattungsfeierlichkeiten an. Mit der Schilderung dieser Zeremonien schließt das Epos.

Es ist interessanterweise wiederum die Deutung eines Adlerfluges, die den Ausschlag für die nach menschlichen Maßstäben tollkühne Unternehmung des Priamos gibt, den Achilles in seinem Lager aufzusuchen: Nachdem Priamos' Gattin Hekabe mehrfach von der Aktion abgeraten hat, erklärt sie schließlich, daß sie es als Zeichen des Zeus dafür, daß ihr Mann lebend aus dem feindlichen Lager wiederkehren werde, anerkennen würde, wenn ein Adler „Rechts einher" („δεξιόν"; Ilias XXIV, V. 294 und 312) flöge. Priamos unterwirft sein Handeln dem Eintreten dieses Zeichens; gleich darauf schickt ihm Zeus den Adler tatsächlich „Rechtsher" („δεξιός"; V. 320) und gewährleistet damit den Erfolg des Unternehmens.[245] Es ist, als würde durch diese Episode Hektors Kritik an der Deutung des Vogelfluges nach seinem Tode noch einmal falsifiziert: Der Ratschluß des höchsten Gottes und das Zeichen des Adlers lassen sich – so wird hier vor Augen geführt – nicht gegeneinander ausspielen, ist es doch oftmals der Gott selbst, der sich in diesem Zeichen manifestiert.

Der Flug des Adlers ins Licht ist also ein Motiv, das zwar relativ unscheinbar in den Gang der Handlung eingeflochten ist, aber dennoch an zentralen Gelenkpunkten des Epos steht. Es erscheint mir als sicher, daß auf diese Passagen an der vorliegenden Textstelle angespielt wird. Die Zitation geht jedoch nur so weit, daß hier die Bausteine des Motivs – wie Erinnerungsfetzen, die sich nach und nach einstellen – nebeneinander aufgereiht werden, ohne daß sie zu einer Aussage über den Zeichencharakter des Adlerfluges zusammengefügt würden.[246] Damit erfüllt der Passus nicht die Funktion, die Deutung des Vogelfluges, die sich als ein Leitmotiv durch einen großen Teil des Textes der beiden Seiten hindurchzog, sich letztlich aber als ungeeigneter Rahmen für die menschliche Weltorientierung erwies, nachträglich zu legitimieren. Nur mehr erinnernd wird darauf verwiesen, daß bereits in der Ilias dem Adler eine wichtige Rolle zugemessen wurde. Man

---

[245] Die geringfügige Abweichung der genannten Formulierungen zu der Richtungsangabe „ἐπὶ δεξιί" („nach rechts'; XII, V. 239) fällt gegenüber den genannten Gemeinsamkeiten nicht ins Gewicht.

[246] Das Motiv wird dagegen entfaltet in der letzten ausgeführten Strophe der Ode „Rousseau", in der der Philosoph als Verkünder des Kommenden mit dem Adler verglichen wird, und in der Hymne „Germanien", in deren zweiter Hälfte ausschließlich der Adler spricht und die zukünftige Bedeutung Deutschlands vorhersagt.

kann in diesem Hinweis sogar eine ironische Komponente entdecken, wenn man bedenkt, daß es im vorliegenden Text nicht mehr der traditionellerweise mit erhabenen Prädikaten belegte Adler ist, dessen Flug gedeutet wird, sondern ein Schwarm von ihrem Instinkt geleiteter Zugvögel.

Allerdings geht die Stelle nicht völlig in der Reminiszenz an die Ilias auf, denn dem „Licht" kommt hier (wie auch immer man die syntaktische Beziehung beider Wörter zueinander beurteilen mag) eine eigenständige Bedeutung gegenüber dem „Adler" zu, die es in den beiden zitierten Episoden nicht hat. Man kann sich dabei an die den Strahlen der Sonne in anderen Gedichten des Autors (am sinnfälligsten in der ‚Feiertags'-Hymne) zugeschriebene Funktion als zwar erhellendes, aber zugleich gefährliches Zeichen Gottes erinnern – eine Bedeutung, die im vorliegenden Textzusammenhang zu der lapidaren Aussage „Die Sonne sticht" (I, Z. 24) zusammengeschmolzen ist. Statt der offenbar gesuchten Absicherung der bisherigen poetischen Rede bringt der Rückgriff auf den Mythos auch in diesem Punkt nur Desillusionierung mit sich.

Die Randbemerkung „Die Rosse / bis über / den Gurt. / Des G", die am linken Rand auf der Höhe der Zeilen 50 bis 53 notiert ist, könnte aus demselben Motivkomplex der Ilias geschöpft sein wie die Rede von Licht und Adler.[247] Die „Rosse" spielen in der ganzen Ilias für die Helden beider Seiten eine wichtige Rolle. So ist es beispielsweise Achills eigenes Pferd, das ihn vor seinem herannahenden Tode warnt:

> Unter dem joch antwortete drauf das geflügelte streitross
> Xanthos, und neigte das haupt; ihm sank die blühende mähne
> Wallend hervor aus dem ringe des jochs, und erreichte den boden;
> Aber die stimme gewährt' ihm die lilienarmige Here (Ilias XIX, V. 404-407)

Stellen von dieser Art könnten es sein, auf die mit der Randbemerkung angespielt wird: Indem sich die Pferde „über den Gurt" erheben (so wie in der zitierten Passage die Mähne aus dem Joch wallt), transzendieren sie die ihnen für gewöhnlich zugetrauten Fähigkeiten.[248] Eine zentrale Funktion kommt den ‚Rossen' auch im schon ausgiebig angeführten letzten Gesang der Ilias zu: Immer und immer wieder wird durch den ganzen Gesang hindurch das Gespann von Pferden und Maultieren beschrieben, mit dem Priamos die Auslösungsgeschenke zu Achilles transportiert und schließlich den Leichnam seines Sohnes in die Stadt zurückbringt. Die Operation gelingt jedoch nur, weil der Gott Hermes auf der

---

[247] Ich untersuche im folgenden nur diesen erstmals von Zinkernagel (der allerdings „Der" statt „Die Rosse" liest) so entzifferten Text, nicht aber Sattlers mittlerweile berühmte, von Uffhausen übernommene Version ‚Der Rosse Leib war der Geist. Des G', die natürlich eine un geheure Attraktivität und Suggestionskraft für sich verbuchen kann (Leib-Geist-Problematik; Sonnenwagen etc.), aber wohl doch – wie ich oben (174) zu zeigen versucht habe – falsch ist. Es scheint sich an dieser Stelle leider zu zeigen, daß Sattlers ‚(Wieder-)Entdeckung' des – von Beißner skandalöserweise völlig übersehenen oder ignorierten – Bruchstücks, dessen Gestus sehr ‚hölderlinisch' klingt, zu schön ist, um wahr zu sein.

[248] Damit zeigt sich, daß Zinkernagels pragmatischere Lesart in ihrer Aussagekapazität gar nicht so weit hinter Sattlers Version zurückbleiben muß.

entscheidenden Strecke die Lenkung übernimmt und so den König unbemerkt ins gegnerische Lager manövriert:

> Also der bringer des heils, und ins rossegeschirr sich erhebend,
> Fasst' er die geissel geschwind' und das schöne gezäum in die hände,
> Und gab edelen mut den rossen zugleich und den mäulern.   (Ilias XXIV, V. 440-442)

Die Motive sind hier so konfiguriert, daß es als sehr gut möglich erscheint, daß die Randbemerkung diese Passage zitiert: Der den Weg bereitende Gott übernimmt das Zaumzeug, schwingt sich auf die Rosse und stärkt dadurch deren Edelmut. Die göttliche Lenkung und der von dieser ausgehende neue Mut wären es also, die den Rossen „bis über den Gurt" reichen. Andererseits ist es wegen der Kontextlosigkeit und der – bei aller Konkretion – merkwürdigen Vieldeutigkeit der Formulierung nicht möglich, zwingend nachzuweisen, daß hier auf die Ilias (und gar auf die zitierten oder andere einzelne Stellen) angespielt wird. Ein solcher eindeutiger Hinweis findet sich aber in dem Satz „Bei Ilion aber auch / Das Licht, der Adler." Daß sich die Rede von den ‚Rossen' in unmittelbarer Nachbarschaft zu dieser Aussage findet und ansonsten in keinen Kontext einzuordnen ist, kann immerhin als Indiz dafür gewertet werden, daß auch das „Rosse"-Motiv aus der Ilias entnommen ist. Was jedoch mit diesem Motiv hier zum Ausdruck gebracht werden soll, bleibt dunkel. Aus den Ilias-Stellen wird klar, daß es göttliche Kräfte sind, die die Pferde über ihre gewöhnlichen, im Dienst für die Menschen geschulten Fähigkeiten hinauswachsen lassen. Ein solcher Hinweis fehlt hier völlig[249], und so bleibt die Bemerkung kryptisch, unabhängig davon, ob man die Anspielung auf die Ilias für gegeben hält oder nicht.

Man könnte alternativ zum Homerischen Kontext in der Randbemerkung auch eine Anspielung auf den Untergang des ägyptischen Heeres im Roten Meer entdecken, das sich für den Exodus des Volkes Israel geteilt hatte:

> Da recket Mose seine Hand aus vber das Meer / Vnd das Meer kam wider fur morgens in seinen strom / vnd die Egypter flohen jm entgegen. Also stürtzet der HERR mitten ins meer / das das wasser wider kam / vnd bedecket Wagen vnd Reuter / vnd alle Macht des Pharao / die jnen nachgefolget waren ins Meer / das nicht einer aus jnen vberbleib.   (2. Mose 14, 27f.)

Demzufolge könnte die Notiz auch so gelesen werden, daß den ‚Rossen' (die im zitierten Exodus-Kapitel in V. 9 auch ausdrücklich genannt werden) das Wasser „bis über den Gurt" reicht, so daß es die Reiter herunterreißt und mit dem Tode bedroht.[250] Diese Allusion weist also in eine der zuvor genannten glatt entgegengesetzte Richtung: War es dort die göttliche Kraft, die es den Pferden

---

[249] Es sei denn, man wollte den Ansatz „Des G" (Z. 53) zu ‚Des Gottes' o. ä. konjizieren. Da aber ein so wenig ausgeführter Fetzen Text schlechterdings alles und nichts belegen kann (am wahrscheinlichsten ist wohl noch ein Neuansatz des Vorigen: ‚Des Gurtes'), ist eine solche Annahme nicht statthaft oder zumindest in keiner Weise beweisträchtig.

[250] Sattler ist zu seiner Lesung ‚Der Rosse Leib war der Geist.' offenbar von einer Prophetenstelle (Jes. 31, 3) inspiriert worden, die sich ebenfalls mit dem Untergang der Ägypter auseinandersetzt (cf. FHA Einl., 33). Auch in diesem Interpretationsstrang berührt sich die Analyse von Zinkernagels schlichterer Lesart also mit Sattlers spekulativer Version.

erlaubte, zum Wohle des Menschen über ihre (durch den „Gurt" symbolisierten) knechtischen Fähigkeiten hinauszuwachsen, so läßt hier ein Gott die Pferde im „bis über den Gurt" stehenden Wasser ertrinken und ihre Reiter mit in den Tod reißen. Die Herausgerissenheit des Segments aus allen Kontexten läßt es nicht zu, einer dieser Möglichkeiten oder etwaigen anderen[251] den Vorzug zu geben. Bestenfalls ließe sich vielleicht sagen, daß das Bruchstück in seiner Rätselhaftigkeit stellvertretend für die Unberechenbarkeit göttlichen Einwirkens auf die Sphäre der Lebewesen steht. Eine inhaltliche Grundlage für die Einordnung in den laufenden Textzusammenhang fehlt damit jedoch. Allerdings ist zu bedenken, daß jeder der bisher untersuchten Sätze des Abschnitts mehr oder weniger isoliert für sich steht und sich ein Zusammenhang zwischen ihnen nur als ein Ensemble von Gegensätzlichem herstellt. Als eine Art Leitmotiv, durch das sich der Abschnitt von allem Vorhergehenden unterscheidet, könnte man immerhin den Rückbezug auf mythologische Vorstellungen, vornehmlich aus der Ilias, ansehen. In diesem Sinne ‚paßt' die Randbemerkung zu den Zeilen 50-55 und ist ihnen als ein weiteres eigenständiges Element parataktisch zugeordnet.[252] Allerdings ist auch dieser Zusatz alles andere als geeignet, den Versuchen, die gegenwärtige poetische Rede durch Rückbindung an mythologisches Sprechen der Vergangenheit zu legitimieren, zum Erfolg zu verhelfen.

Auch die noch folgenden dreieinhalb Zeilen dieses Abschnitts stehen in einem Bezug zur Ilias, wiewohl sie nicht in ihm aufgehen. „Aber in der Mitte / Der

---

[251] Denkbar ist – auch wenn man Sattlers Lesung des Segments nicht folgt –, daß auf das Proömium des Parmenideischen Lehrgedichts (Diels/Kranz 28 B 1; Vorsokratiker, ed. Capelle, 163f. [Kommentar ibd., 161f.]; Vorsokratiker, ed. Mansfeld, Bd. 1, 312-314) angespielt wird, in dem der Philosoph eine Fahrt mit dem Sonnenwagen, aber in umgekehrter Richtung, von West nach Ost, also von der Nacht zum Licht, imaginiert, die als Allegorie der Suche nach der absoluten Wahrheit zu verstehen ist. In diesem für die abendländische Lichtmetaphorik wegweisenden Text ist vielfach von den vorgespannten Rossen, allerdings nicht von deren Geschirr (wohl aber von der Achse, den Naben und den Rädern des Wagens) die Rede, so daß die Anspielung auf ihn hier nicht so präzise rekonstruiert werden kann wie bei den „Ilias"- Stellen und der „Exodus"-Episode. Cf. dagegen das von Hölderlin 1795 übersetzte ‚Phaethon-Fragment' aus Ovids „Metamorphosen" (FHA 17, 463-471): „‚Wenn glühend mir die Rosse widerstreben, / ‚Wenn meines Zügels sich der stolze Naken schämt" (ibd., 469, V. 82f.). Möglich ist auch eine Allusion auf das von Hölderlin zweimal übersetzte Chorlied vom Beginn des zweiten Aktes der „Antigone" über das ungeheure Wesen des Menschen: „Und dem rauhmähnigen Rosse wirft er um / Den Naken das Joch" (FHA 16, 299, V. 368f.); cf. auch FHA 16, 59, V. 20: „Dem Naken des Rosses wirft er das Joch / Um die Mähne". Heidegger geht leider in seinem Kommentar zu dem Chorlied in der „Ister"-Vorlesung (GA 53, 63-152) auf diese Passage nicht ein.

[252] Absurd ist allerdings Sattlers Vorschlag, die Randbemerkung ersetze den Satz „Fast, unrein hatt sehn lassen und das Eingeweid / Der Erde." – eine These, die er selber für „nicht sicher zu begründen" (FHA Einl., 33) hält. Die Streichung des ungeheuren Satzes aus dem konstituierten Text ist nichts anderes als ein Versuch der ‚Reinigung' der poetischen Sprache, wie sie in dem Satz selbst ad absurdum geführt und von Sattler an anderen Stellen (cf. z. B. ibd., 16) mit Recht immer wieder verurteilt wird. Die zentrale Position, die Sattler der Randbemerkung bei seinen Ansätzen zur Interpretation des Abschnitts zumißt (cf. ibd., 33), erklärt sich fast ausschließlich aus seiner wohl nicht haltbaren Lesung „Der Rosse Leib war der Geist.", wäre aber auch unter Annahme von deren Richtigkeit nicht vertretbar, da sie den internen Kontext der Zeilen zerstört zugunsten des einseitigen Bezugs auf die Randnotiz.

Himmel der Gesänge." lautet der nächste, wiederum elliptische und – wie alle
Sätze des Abschnitts bis auf den ersten – durch den Zeilenbruch zerteilte Satz.
Auffallend sind zunächst schon auf der formalen Ebene die autoreferentiellen
Qualitäten des Satzes: Er steht, von der Mitte der dritten bis zur Mitte der
vierten Zeile reichend, genau in der Mitte des sechszeiligen Abschnitts.[253] Das
Wort „Mitte" wiederum findet sich unmittelbar vor dem Zeilenwechsel, der die
genaue Mitte des kurzen Textes darstellt, so daß sozusagen auf das Zeichen
„Mitte" unverzüglich die angezeigte Mitte selbst folgt. Natürlich wäre es absurd, aus solchen Beobachtungen die These abzuleiten, diese formalen Fakten
sprächen für eine endgültige Durchgeformtheit des Abschnitts – eine These von
der Art, wie sie die der Vereindeutigungstendenz anhängenden Interpretinnen
und Interpreten der späten Fragmente leider nur allzugern vertreten. Der Blick
auf die komplizierten Verhältnisse in der Handschrift zeigt, auf wie unsicherem
Boden sich jede Konstitution auch dieses Abschnitts und damit um so mehr jede
auf einer Konstitution beruhende formal-analytische Behauptung bewegt.

Darüber hinaus fällt auf der formalen Ebene auf, daß der Satz nicht nur ebenso
elliptisch gebaut ist wie der vorige, sondern noch weitere strukturelle Parallelen
zu ihm aufweist: Auf die entgegensetzende Konjunktion „Aber" (im vorigen
Satz „aber auch") und eine Ortsbestimmung folgt nach dem Zeilenbruch ein
Nominativ („Das Licht" bzw. „Der Himmel"), von dem ein Attribut im Genitiv
Plural abhängt („der Gesänge"; im vorigen Satz ist gegenüber dieser Möglichkeit
der Lesart von „der Adler" als weiterer Nominativ Singular der Vorzug zu geben).
Aber diese Parallelen ergeben für das Verständnis des vorliegenden Satzes relativ
wenig, zumal sie sogleich in neue Unklarheiten umzuschlagen drohen. Wovon
beispielsweise setzt das einleitende „Aber" den Satz ab? Normalerweise ist zu
vermuten, daß ein Gegensatz zum vorigen Satz aufgebaut wird. Aber auch dieser
Satz setzte sich bereits durch „aber" dem vorhergehenden entgegen. Bedeutet
das, daß mit dem vorliegenden Satz wieder die Aussage des vorletzten affirmiert
wird? Damit wäre die Parallelkonstruktion der letzten beiden Sätze zerstört. Zu
deren Stützung jedoch hätte man eher ein ‚auch' als ein „Aber" erwartet. Beide
Möglichkeiten müssen also offengehalten werden.

Die Unklarheiten setzen sich fort, wenn man sich fragt, was mit der „Mitte"
(über den genannten formalen Aussagewert des Wortes hinaus) hier gemeint ist,
genauer: in *wessen* Mitte sich etwas befindet oder abspielt. Sucht man aber nach
einem Genitiv, so bietet sich wiederum „Der Himmel" an, der wie „Der Adler"
im vorigen Satz ebensogut wie als Nominativ Singular als Genitiv Plural gelesen
werden kann. In diesem Fall würde der Satz nur aus einer einzigen Ortsbestimmung mit ihren Erläuterungen bestehen. Denn bei „der Gesänge" handelt es
sich eindeutig um einen Genitiv Plural, bei dem allerdings nicht festzulegen ist,
ob er von „Der Himmel" oder von „der Mitte" abhängig ist. In letzterem Fall

---

[253] Diese Behauptung gilt nur unter der Bedingung, daß man Z. 50 in der langen Version für
maßgeblich hält (wie ich es in meiner Konstitution getan habe) und damit keinen Zeilenbruch
zwischen „hatt" und „sehn" annimmt.

läge also wahrscheinlich eine Aufzählung zweier Genitive vor, es kann allerdings auch nicht ausgeschlossen werden, daß zwischen den Genitiv „der Gesänge" und sein Bezugswort „Mitte" ein Nominativ eingeschoben ist. All diese Möglichkeiten müssen im folgenden erprobt werden.

Nimmt man an, daß hier von dem „Himmel" oder eventuell den „Himmel[n] der Gesänge" die Rede sei, so drängt sich der Vergleich zu Z. 7f. auf, wo davon die Rede ist, daß die Vögel „die Wolken des Gesanges fern" sehen und schließlich „Othem / Der Gesänge" atmen. Der ‚Gesang' ist dort zunächst nur in der Ferne und in dem ihm unangemessenen optischen Medium wahrzunehmen und durch die ebenso bedrohlichen wie vielversprechenden „Wolken" verhüllt; dann wird er von den Vögeln körperlich als Lebensmedium internalisiert, wobei er sich zugleich zu ‚Gesängen' pluralisiert. Die Überwindung des Einen Gesanges zugunsten einer Vielzahl von Gesängen ist auch an der vorliegenden Stelle schon vollzogen. Gleichzeitig ist aber hier ein neues Stadium dadurch erreicht, daß die „Gesänge" nicht mehr im Medium ihrer Erzeugung, in den Atmungsorganen von Lebewesen, betrachtet werden, sondern so, daß sie sich wieder vereinigt haben zu oder an einem „Himmel". Was an den „Wolken" durchaus ambivalentes Potential war, ist hier real geworden und hat damit alles Geheimnisvoll-Bedrohliche verloren. Die „Himmlischen" (Z. 9) werden nicht mehr als äußerliche Instanz erfahren, die den Lebewesen beobachtend oder eingreifend gegenübersteht. Dafür hat die Vorstellung eines oder gar mehrerer „Himmel der Gesänge" den feierlich-pathetischen Anstrich einer erfüllten religiös-poetischen Utopie, die ungleich verschwommener ist als die Vorstellung des Zusammenlebens „freundlicher Geister" (Z. 34-42) und von der zu fragen ist, worin sie ihren Sachgehalt hat, nachdem im letzten Satz ebenso wie in der Randbemerkung noch einmal die Desillusionierung poetischen Sprechens vor Augen geführt wurde. Das einleitende „Aber" ist mithin als krasse Absetzung des Satzes sowohl gegen den elegischen Rückgriff auf die Ilias wie gegen das vorhergehende Entsetzen über den Anblick der aufgerissenen Erde zu verstehen.

Mangels einer weiteren Ausführung des Motivs kann nur die Ortsbestimmung „in der Mitte" als Legitimationsinstanz der allzu euphemistischen Utopie herangezogen werden. Das gilt unabhängig davon, ob man „Der Himmel" als Nominativ Singular oder als Genitiv Plural liest. Im ersten Falle wäre der elliptische Satz problemlos zu vervollständigen: ‚Aber in der Mitte liegt der Himmel der Gesänge.' Die zentrierende Lokalbestimmung macht klar, daß die Gesänge nunmehr aus der Ferne (cf. Z. 7) in die Immanenz der reinen Präsenz hineingeholt worden sind. Die zweite Alternative geht noch weiter: Nicht nur werden der oder die Himmel in der Mitte der Welt angesiedelt, sondern es wird sogar eine „Mitte / Der Himmel" im allgemeinen oder eine „Mitte / Der Himmel der Gesänge" im besonderen festgelegt. Der Satz suggeriert somit (gerade wenn man beide Lesarten zusammennimmt) die Restaurierung einer Topographie der Himmlischen Sphären, wie sie zuletzt etwa in der "Divina commedia"versucht wurde. Die Assoziation ist vielleicht nicht so abwegig, führt man sich die Achsenfunktion vor Augen, die Dantes christlichem Epos zwischen antiker und moderner Literatur zukommt. Insofern kann die Bestimmung „in der Mitte" durchaus auch temporal im Sinne von ‚in der Mitte der Zeit' bzw. ‚im Mittelalter' verstanden werden. Wie wenig aussagekräftig aber ein solcher Rückbezug auf eine vergangene Weltordnung ist, zeigt die Tatsache, daß der Satz (insbesondere, wenn man „Der Himmel" als Genitiv der „Mitte" zuordnet) zu einem bloßen Verweis auf die „Mitte" und die sich um sie entfaltende Welt zusammengeschrumpft ist und kein Ansatz zu einer weiteren inhaltlichen Ausgestaltung zu finden ist.

Übrig bleibt schließlich, die Rede von der „Mitte / [...] der Gesänge" zu analysieren, die ebenfalls in diesem Satz enthalten ist. Sie kann entweder so verstanden werden, daß die „Mitte / Der Himmel" zugleich die „der Gesänge" ist, oder so, daß in der ‚Mitte der Gesänge' der Himmel lokalisiert wird. In beiden Fällen wird die Bedeutung der Gesänge durch ihren Bezug auf die Mitte wie durch ihre Verbindung zum Himmel enorm überhöht. Welche „Gesänge" sind aber konkret gemeint? Zunächst drängt sich die Referenz auf die im vorigen Satz angeführte Ilias auf, und fast genau in der Mitte dieses Epos (nämlich im zwölften der vierundzwanzig Gesänge) findet sich tatsächlich die erste entscheidende Erwähnung von „Licht" und „Adler". Der Satz kann also auf einer ganz elementaren Ebene als Quellenangabe für den vorigen gelesen werden. Von Gesängen ist jedoch auch in der Priamos-Episode die Rede, die offenbar den reichhaltigsten Quellenfundus für die vorliegenden Zeilen darstellt: Gegen Ende des vierundzwanzigsten Gesangs und damit des ganzen Epos werden nämlich die Trauergesänge auf den toten Hektor dargestellt (cf. Ilias XXIV, V. 720-722). Allerdings finden sich diese Schilderungen nicht „in der Mitte", sondern eindeutig am äußersten Rande des Textkorpus der Ilias. Nimmt man also an, daß hier auch auf die Totengesänge zu Ehren Hektors angespielt wird, so heißt das, daß das Ende des Epos zu dessen eigentlicher Mitte erklärt wird.[254] Der Unsicherheit ihrer Prämissen wegen kann dieser Interpretation der Stelle jedoch kein allzu großes Gewicht beigemessen werden.

Auch eine autoreferentielle Dimension des Satzes läßt sich nicht übersehen, ist doch der vorliegende Textzusammenhang ganz offenkundig auf der Suche nach einer ‚Mitte des Gesangs', von der ausstrahlend sich seine formale Einheit aufbauen könnte. Eine solche Mitte aber – sei es ein einheitliches Strukturprinzip, sei es ein durchgehendes Leitmotiv – hat sich bisher nicht finden lassen, und es kann mit Gründen bezweifelt werden, daß an dieser Stelle, vom Rand des Textes her, nämlich von den letzten Zeilen unten auf der Seite ausgehend, eine solche Zentrierung nachzuholen sein wird. Der Text der beiden Seiten hat sich nämlich als in sich spannungsreiche Vielheit von Gesängen erwiesen, die sich nicht zu einer Einheit zusammenzwingen lassen. Es wäre daher verfehlt, in der Erwähnung

---

[254] Auch explizit findet sich die „Mitte" zweimal im letzten Ilias-Gesang: Thetis, die göttliche Mutter Achills, und „der Greis" Priamos, Vater von dessen Opponenten Hektor, werden – in einer Paralleldarstellung – von der Götterbotin Iris jeweils in der Mitte ihrer weinenden Bekannten und Verwandten angetroffen (V. 84 und 162).

einer Mitte am Schluß des Textes einen Beleg dafür zu sehen, daß diese nun auch erreicht sei und es sich zeige, daß der Text sich – allem Anschein entgegen – klassischen Vorstellungen von textlicher Einheit und Ganzheit unterwerfe. Vielmehr wird hier nur kraftlos an das Projekt einer Zentrierung des Gesangs um eine sinnstiftende Mitte erinnert, ohne daß es noch eingelöst werden könnte.

Prüfenswert wird es allerdings sein, ob die autoreferentielle Dimension der Aussage hier so zu lesen ist, daß man sich an diesem Punkt in der Mitte der Gesänge, nämlich des Textmaterials der Seiten 73 bis 76, befinde. Das könnte ein Hinweis darauf sein, daß es sich hier in der Tat nicht um einen Schlußabschnitt, sondern um einen Übergang zum Text der beiden folgenden Seiten handelt. Damit wäre ein Indiz für einen mehr als äußerlichen Zusammenhang der vier in dieser Arbeit zu untersuchenden Seiten gefunden.[255]

Führt man sich vor Augen, daß der Text dieser Zeilen zwischen einem Selbstbezug des gegenwärtigen poetischen Sprechens und einem Rückbezug auf das Homerische Epos aufgespannt ist, also letztlich die gesamte abendländische Kulturentwicklung umfaßt, so drängt sich noch ein weiterer Gedanke auf, wo die ‚Mitte der Gesänge' zu suchen sei. Da sich das sprechende Subjekt offenkundig in der Tradition von Epen wie der Ilias einordnet, könnte es wiederum Dantes Komödie sein, die als ein ‚mittlerer' Gesang die zeitliche und geistesgeschichtliche Kluft zwischen dem mythologischen Gesang Homers und der gegenwärtigen poetischen Rede, die ebenfalls Gesang sein will, überbrückt.

Auch an diesem Satz hat sich erwiesen, daß seine Bedeutung nur als Konfiguration einer Vielheit von Möglichkeiten adäquat erfaßt werden kann. Im Gegensatz zu der Prätention des Satzes auf der inhaltlichen Ebene, daß nun die religiös-poetisch-gesellschaftliche Utopie und damit eine Mitte nicht nur der Gesänge, sondern auch der menschlichen Weltorientierung erreicht sei, indizieren seine syntaktisch wie semantisch vieldeutige Textur und seine randständige Plazierung innerhalb des bisherigen Textzusammenhangs gerade das Verfehlen einer Mitte und damit einer von dieser aus strukturierten Einheit. Der emphatische Gestus der auch mit christlichen Motiven aufgeladenen Aussage verpufft ebenso wie der Verweis auf die Ilias; übrig bleibt ein kraftloser elliptischer Fingerzeig.

„Neben aber, / Am Ufer zorniger Greise, der Entscheidung nemlich, die alle / Drei unser sind." Während die ersten zweieinhalb Zeilen des Abschnitts vor dem mittleren Satz sich in drei kurze Sätze zergliedern, nimmt dieser Satz die letzten zweieinhalb Zeilen für sich allein in Anspruch. Trotz der Länge ist er von syntaktischer Vollständigkeit weit entfernt; vielmehr handelt es sich wiederum um einen schwer entwirrbaren anakoluthischen Knäuel. Alle auf den Eingangssatz „Gehn mags nun." folgenden Sätze (und auch die Randnotiz) sind also syntaktisch un

---

[255] Es überrascht, daß Uffhausen, der die These des Zusammenhangs der vier Seiten so vehement vertritt, diesen naheliegenden textimmanenten Hinweis darauf nicht anführt. Aber Uffhausen ist von seiner Strophenkonstruktion so vereinnahmt, daß sich sein Text an diesem Punkt noch lange nicht in der Mitte, sondern erst mitten in der siebten von fünfzehn ‚Strophen' befindet.

vollständig oder sogar falsch gebaut. Um dennoch Bedeutungszusammenhänge zu rekonstruieren, kann man sich nicht allein an den Trümmern von Syntax orientieren, sondern muß andere und neue Ordnungskriterien einbeziehen.

Der vorliegende Anakoluth ist auf einer elementaren formalen Ebene auf zweierlei Weise zu dem Vorangehenden in Beziehung gesetzt: Zum einen handelt es sich um den dritten Satz in Folge, der durch ein ‚aber‘ etwas vorher Ausgesagtem entgegengesetzt wird. Jeder dieser Sätze konturiert sich durch das ‚aber‘ gegenüber seinem Vorgänger. Zugleich stellen die drei ‚aber‘ jedoch auch eine Parallele zwischen den drei Sätzen her. So gesehen bilden die drei ‚aber‘-Sätze ein Ensemble von variierenden Einwänden gegen etwas vorher zum Ausdruck Gekommenes. Im Kontext des Abschnitts kann dieser Gegenpol nur das Entsetzen sein, das im zweiten Satz, „Fast, unrein hatt sehn lassen und das Eingeweid / Der Erde.", unerwartet nach dem beschwichtigend-resignativen Beginn „Gehn mags nun." zum Ausbruch kommt. Die drei Sätze sind also Versuche, die zu Anfang mühsam und verzichtreich erworbene Ruhe wieder herzustellen, und zwar (jedenfalls gilt das für die ersten beiden) durch die Verknüpfung des bisherigen poetischen Sprechens mit mythologischen Bezügen. Innerhalb dieser drei Versuche steht der soeben untersuchte zweite – und das ist eine weitere Dimension der Autoreferentialität dieses Satzes – „in der Mitte".

Die zweite syntaktische Anknüpfung des Anakoluths an den vorherigen Text geschieht durch das einleitende „Neben", das hier offenbar nicht als Präposition, sondern anstelle eines Adverbs wie ‚daneben‘ oder ‚nebenan‘ oder auch als Verkürzung einer adverbialen Bestimmung wie ‚neben diesem oder diesen‘ gebraucht ist.[256] Der Satz wird also dem vorigen nicht nur entgegengesetzt, sondern auch nebengeordnet; die nachfolgende Ortsbestimmung bezeichnet zwar nicht den Ort „in der Mitte", aber einen, der trotz seiner Exzentrizität dem Zentrum benachbart ist. Eine konkretere Lokalbestimmung folgt gleich darauf zu Beginn des nächsten Verses: „Am Ufer".[257] Ebenso wie durch „Bei Ilion" wird auch durch diese Bestimmung etwas Dezentriertes, ein Nebeneinander zum Ausdruck gebracht, während der mittlere Satz explizit eine Zentrierung vornimmt. Das Ufer ist zudem der Bereich der Grenze zwischen Land und Wasser, die sich permanent durch die Bewegungen des Meeres (beispielsweise durch Ebbe und Flut) verschiebt, so daß man im strengen Sinne gar nicht ‚auf‘ dieser Grenze, sondern nur ‚an‘ ihr stehen kann, nämlich mit den Füßen entweder im Wasser

---

[256] Dieser Wortgebrauch läßt sich aus der Etymologie des Wortes legitimieren, hat sich doch die Präposition aus dem mhd. Adverb ‚inëben‘ (in gleicher Weise, zusammen) entwickelt; cf. Kluge 1975, 505 (s. v. neben).

[257] Nicht ausgeschlossen werden kann, daß „Neben" doch als Präposition zu verstehen ist, die sich auf „Ufer" bezieht, so daß hier eine Reihung zweier Präpositionen vorläge, die beide das „Ufer" als Bezugspunkt haben: ‚neben und an dem Ufer‘. Allerdings ist diese Verknüpfung zeugmatisch, da der Dativ-Artikel vor „Ufer" fehlt. Außerdem bringt sie keine wesentliche Bedeutungsnuance in den Text, da im „Am" bereits die Bedeutung ‚direkt neben, angrenzend an‘ steckt.

oder im Trockenen. Dieses Ufer wird als das „zorniger Greise" charakterisiert.[258] Darauf folgen nur noch ein substantivischer Einschub und ein Relativsatz, so daß es sich auch bei diesem Satz (ähnlich wie möglicherweise bei dem vorigen) um eine einzige komplexe Ortsbestimmung handelt.

Der abschließende Relativsatz „die alle / Drei unser sind" kann sich aus grammatischer Sicht zunächst nur auf die „Greise" als den einzigen Plural dieses Satzes beziehen. Schwieriger ist die Zuordnung des davorstehenden, durch Kommata abgetrennten Einschubes „der Entscheidung nemlich". Das „nemlich" betont redundanterweise noch einmal ausdrücklich, daß mit dem Zusatz eins der vorigen Glieder erläutert wird, gibt aber keinerlei vereindeutigenden Hinweis darauf, *welches* der Glieder gemeint sein könnte. Drei Möglichkeiten bleiben daher offen: Entweder es ist das ‚Ufer der Entscheidung' oder es sind die ‚Greise der Entscheidung' gemeint. Angesichts der großen Nähe, die zwischen „Ufer" und „Greise[n]" grammatisch ohnehin schon hergestellt ist, liegen diese beiden Bedeutungen eng beieinander. Man kann sie so zusammenfassen, daß hier ein eng verbundenes Ensemble ‚Ufer – Greise – Entscheidung' aufgebaut ist, das den Kern der Ortsbestimmung ausmacht, die wiederum durch ihre exzentrische Nachbarschaft zur „Mitte" charakterisiert wird.

Die dritte Möglichkeit fügt sich nicht der Einheitlichkeit eines solchen Ensembles. Man kann nämlich „der Entscheidung" auch als Dativ lesen und als Erläuterung von „zorniger" ansehen. Der Zusatz würde dann besagen, daß die Greise wegen der Entscheidung oder auf die Entscheidung zornig sind. Die „Entscheidung" wäre somit nicht eine, die am Ufer und von den Greisen getroffen wird (wie die ersten beiden Zuordnungsmöglichkeiten nahelegen), sondern eine vorher, außerhalb dieses Raums und von anderen Personen schon gefällte. Der Zorn würde also nicht mit der Entscheidung einher- oder in sie eingehen, sondern sich an der Heteronomie der Entscheidung allererst entzünden. Die „Entscheidung" erweist sich also als das Moment, das die Einheitlichkeit des Bildes aufspaltet, je nachdem, ob man sie als einen autonomen oder heteronomen Akt ansieht. Der kritische Punkt des Satzes wird damit autoreferentiell auch als κρίσις bezeichnet.

---

[258] Diese These gilt nur unter der Bedingung, daß man die Lesung der FHA akzeptiert. In der Tat wird die Buchstabenfolge ‚zornig' in der Handschrift mit zwei Häkchen abgeschlossen, die meines Erachtens als *er* zu lesen sind: Ich kann jedoch nicht ausschließen, daß es sich um ein einfaches *e* handelt, so daß das Wort ‚zornige' lauten würde. Das hätte zur Folge, daß ‚zornige Greise' als Nominativ zu lesen wäre. Damit würde eine analoge Problemlage wie bei „Der Himmel" vorliegen, das (allerdings bei identischer Lautung) ebenfalls Genitivattribut zur Lokalbestimmung oder selbständiger Nominativ, also eine Art Subjekt, sein kann. In diesem Fall wäre der Satz eine Ellipse und könnte etwa so ergänzt werden: ‚Daneben aber, am Ufer, befinden sich zornige Greise' usf. Der Unterschied, der bei der reinen syntaktischen Betrachtungsweise als gravierend erscheint, schmilzt angesichts des geringen Stellenwerts der Syntax und der Bedeutung anderer Ordnungskriterien in diesen Sätzen zu einer Nuance zusammen: Während die eine Version besagt, daß die Greise sich am Ufer aufhalten, charakterisiert die andere das Ufer als ein den Greisen zugehöriges (was ja voraussetzt, daß diese sich zumindest von Zeit zu Zeit auch dort aufhalten).

Hat man einmal das Auge für Autoreferenzen geschult, so drängt es sich auf, den Relativsatz „die alle / Drei unser sind" auf die drei möglichen Zuordnungen der „Entscheidung" zu beziehen, die damit alle als „unser" gebilligt und angeeignet würden. Greift man nun auf dieser Linie noch weiter zurück, so erscheint es auch als möglich, den Relativsatz auf das Ensemble der drei letzten Sätze zu beziehen, die durch je ein ‚aber' neben- wie gegeneinander gesetzt sind. Natürlich lassen sich auch die drei Sätze von einer so vagen, allgemeinen Aussage, wie sie der Relativsatz darstellt, vereinnahmen.[259] Allerdings ist gegenüber all diesen ferneren und unklareren Bezügen der grammatisch eindeutige Bezug des Relativsatzes auf die „Greise" der dominante.

Es handelt sich also nicht um eine beliebige Vielzahl, sondern um drei Greise, die zudem eine Allheit, also eine in sich abgeschlossene Gruppe ausmachen. Was kann es nun heißen, daß diese drei Alten am Ufer, die entweder zornig über eine Entscheidung sind oder im Zorn eine Entscheidung treffen, „unser sind"? Mit dieser Zuschreibung wird die Rede von einem Wir wiederaufgenommen, wie sie im mit „und rauschen, über spizem Winkel" beginnenden Abschnitt versucht wurde, allerdings nur im Modus des Objekts („uns"; Z. 45, 45, 47, 48). Auch hier spricht das Wir nicht als Subjekt, jedoch als besitzende Instanz, die die Greise – möglicherweise auch deren „Entscheidung" oder gar den Inhalt der letzten drei Sätze – für sich vereinnahmt. Die Bescheidenheit und der defensive Gestus, die die Rede des Wir in dem früheren Abschnitt auszeichneten, scheinen damit verlorengegangen zu sein. Das Possessivpronomen „unser" fand sich dagegen bereits einmal ganz zu Beginn des Textzusammenhangs: „unser Land" (I, Z. 5). Aber dort wurde die besitzergreifende (und hier speziell raumgreifende) Komponente des Possessivums sogleich zurückgenommen, indem „unser Land" als gefährdet durch die sprachverwirrenden Aktivitäten des Nachtgeistes eingeführt wurde.

---

[259] Die bisherigen Kommentatoren haben sich durch den vagen Gestus des ihrer Meinung nach den Text abschließenden Relativsatzes zu oftmals abenteuerlichen Spekulationen hinreißen lassen, die jeder textuellen Grundlage entbehren. So sieht Beißner in diesem Abschnitt „die drei Phasen des griechischen Göttertags" (StA II.2, 872, Z. 17) skizziert, und wider alle Grammatik behauptet er: „Das Relativum *die* v. 61 meint also nicht etwa die Greise, sondern die *drei* angedeuteten Phasen, die ebenso *unser sind*, die sich ebenso im hesperischen Schicksal wiederholen werden, wie sie im griechischen zu beobachten sind" (ibd., Z. 31-33). Lüders setzt sich etwas von Beißner ab und behauptet nicht mehr, daß es hier um „Phasen" ginge, hält aber daran fest, daß sich der Schluß des Entwurfs vergewissere, „daß ‚Drei' wesentliche Phänomene des Göttertages, die in Griechenland bestanden, auch ‚unser sind' " (Lüders II, 383). Trotz aller Vorsicht begeht dieser Kommentator den gleichen Fehler wie Beißner, indem er den Relativsatz, ohne ihn zunächst in seinem unmittelbaren Kontext zu untersuchen, sogleich auf die – schon bereitstehende und, wie meine Lektüre gezeigt hat, in keiner Weise haltbare – Interpretation des Ganzen der ‚Strophe', wenn nicht des Entwurfs insgesamt bezieht. Sattler verfällt – allerdings auf einem poetologisch ungleich reflektierteren Niveau – ebenfalls der Versuchung, den Kontext vor den Text zu stellen: „Der Dichter kommentiert sein Gedicht. Den drei Geistern korrespondieren die poetologischen Töne: die beinahe schon polemischen Reden am *Ufer* des Widerstreits der *heroischen*, die tiefsinnige Ansicht der Naturzeichen der *naiven*, die transzendierende Reflexion *in der Mitte* der *idealischen* Sangart." (Sattler 1981a, 562)

Welchen realen Sachgehalt kann aber die Geste der Aneignung an der vorliegenden Stelle haben? Natürlich kann man darüber spekulieren, daß es sich
bei den ‚Greisen‘ um bedeutende Dichter, Philosophen oder Staatsmänner der
griechischen Antike handeln könnte, deren vorbildhaftes Denken und Handeln
wir uns durch das Studium von Literatur, Philosophie und Geschichtsschrei-
bung aneignen und es möglicherweise nachahmen können. Oder es könnte sich
um drei führende Geister des zeitgenössischen deutschen Kulturlebens handeln.
Aber diese Überlegungen, die sich beliebig fortspinnen ließen, verbleiben im Bereich der Phantasie und haben nichts mit Interpretation zu tun.[260] Denn solches
willkürliche Füllen von Leerstellen, die der Text aufweist, täuscht eher über diese
hinweg, als daß es sie zu präzisieren hülfe. Eine größere Plausibilität könnte dagegen aus dem Kontext dieses Abschnitts heraus die Überlegung für sich in Anspruch nehmen, daß auch an dieser Stelle (wie eindeutig in Z. 51f., mutmaßlich
auch im folgenden Satz und in der Randbemerkung) Motive aus der Ilias zitiert
werden. Der Begriff ‚Greis‘ etwa wird in deren letztem Gesang leitmotivisch für
Priamos gebraucht (zuerst in V. 162), und das „Ufer“ ist der Ort, wo das Lager
der Griechen sich befindet, das der alte Fürst aufsucht. Aber auch diese Zitatfet-
zen schießen nicht zu einer einheitlichen Bedeutung des Bildes zusammen, denn
an der vorliegenden Stelle ist von mehreren (nämlich drei) Greisen die Rede, und
die Motive des Zorns und der Entscheidung spielen zwar in der Gedankenwelt
der Ilias insgesamt eine wichtige Rolle; ihre Zusammenziehung an dieser Stelle
kann jedoch nicht auf einzelne Episoden des Epos zurückgeführt werden.[261]

Was der Text an diesem Schlußpunkt des Abschnitts vorführt, ist eine Geste des
Aneignens, der ihr Gegenstand entgleitet. Denn wir können der noch so gründ-
lichen Lektüre des Textes schlechterdings nicht entnehmen, *wer* die Greise sind,
an *welchem* Ufer sie sich befinden, *worüber* sie zornig sind und *ob* sie selbst
oder jemand anders die Entscheidung getroffen haben, mit der sie sich offenbar beschäftigen. Anstelle der Beantwortung dieser Fragen ist es nur möglich,
die Konstellation der Begriffe zu rekonstruieren, die in dem vorliegenden Anakoluth versammelt sind: Es wird eine konkrete Szenerie dreier an einem Ufer
versammelter Greise entworfen. Den Greisen werden der Zorn und die Entscheidung zugeschrieben, deren Verhältnis zueinander ambivalent ist. Ebenso wie
die Entscheidung, wenn sie eine heteronome ist, Ursache des Zorns der Greise
sein kann, ist der Zorn im Sinne wütender Entschlossenheit möglicherweise auch
Voraussetzung der Entscheidung und der darauffolgenden Tat.[262] Weder wird
das Verhältnis der beiden Bewußtseinselemente im Text geklärt, noch wird eine

---

[260] Was nicht bedeuten soll, daß Interpretation sich grundsätzlich von jeder Inanspruchnahme
der Phantasie freizuhalten habe!

[261] Möglicherweise klingt auch die von Sattler (cf. FHA Einl., 33) erwähnte Prophetenstelle
Dan. 12, 5-10 an, die sich hier allerdings ebensowenig glatt assimilieren läßt, denn in ihr ist
zwar von drei mutmaßlich alten Personen die Rede (nämlich dem Propheten selbst und zwei
anderen Weisen); diese werden jedoch weder mit Zorn noch mit Entscheidung ausdrücklich in
Verbindung gebracht und verteilen sich zudem über *zwei* Ufer.

[262] Daß der „Begriff des Zorns in Hölderlins Spätwerk“ nicht allein negativ konnotiert ist,
hat Schmidt (1967/68) nachgewiesen.

plausible Beziehung zu den konkreten Bestandteilen des Bildes hergestellt. Angesichts des Ensembles von offenen und nicht abschließend zu klärenden Fragen, die die im letzten Anakoluth des Abschnitts entworfene Szenerie eher zu einem Traumbild als zu einem realen Erfahrungs- und Entscheidungsraum machen, wirkt die Aussage, daß „alle / Drei unser sind", daher geradezu wie ein Hohn. Das scheinbar so souverän besitzergreifende Wir wird damit zu einem blinden Schemen.

Der vorliegende Abschnitt ist geprägt von dem Bedürfnis nach Ruhe und Ausgleich. Programmatisch dafür ist der erste Satz, „Gehn mags nun.", durch den die in und zwischen den vorhergehenden Textabschnitten aufgebrochenen Gegensätze stillgestellt werden sollen. Die Gefährdung dieses Programms durch elementare Naturgewalten und durch eine sich diesen unterwerfende poetische Sprache kommt jedoch gleich im zweiten Satz drastisch zum Ausdruck: „Fast, unrein hatt sehn lassen und das Eingeweid / Der Erde." In den folgenden drei Sätzen wird ebenso wie in dem Zusatz am linken Rand versucht, aus Erinnerungsfetzen an mythologische Erzählungen (aus der Ilias und aus dem Alten Testament) die intersubjektive Verbindlichkeit und beruhigende Kraft zu entwickeln, die ihnen in ihren ursprünglichen textuellen und gesellschaftlichen Kontexten zukam. In den drei narrativen Segmenten, die dabei zu einem Ensemble versammelt werden, wird erinnert an die Möglichkeit, über die Deutung von Zeichen der Natur eine Verbindung zum Überirdischen herzustellen („Bei Ilion aber auch / Das Licht, der Adler."), an die zentrale Bedeutung der „Gesänge" im Rahmen einer religiösen und gesellschaftlichen Utopie und an das Zusammenwirken von Zorn und „Entscheidung" als Voraussetzungen politischen Handelns. Hinzu tritt die kryptische Randnotiz „Die Rosse bis über den Gurt. Des G", mit der auf die inspirierende ebenso wie auf die vernichtende Seite göttlichen Einwirkens in die Sphäre der Lebewesen angespielt wird. Die Notiz ist also dem Motivzusammenhang des Abschnitts zu-, aber in diesen nicht unmittelbar eingeordnet. Der den Abschnitt abschließende Relativsatz „die alle / Drei unser sind" bezieht sich zwar grammatisch zunächst nur auf das Bild „zorniger Greise" im letzten Satz. Offenbar ist er aber gezielt am Schluß plaziert, um die einem Wir zugeschriebene Geste der Aneignung auf den ganzen in diesem Textteil unternommenen Versuch auszudehnen, mythologische Gehalte poetisch zu reaktivieren. Aber wie schon die einzelnen Elemente dieses Versuchs in sich disparat und vieldeutig sind, gelingt es durch die bloße Aneignungsgeste auch nicht, die Fetzen von Erinnerungen an mythologische Erzählungen zu einer für die Gegenwart des Gedichts und für ein Wir gültigen Einheit zu verknüpfen. Die Behauptung, daß „alle / Drei unser sind", bleibt daher leer, schwankend zwischen Anmaßung und Hilflosigkeit. Entgegen dem Schein, den das poetische Subjekt offenbar aufzubauen versucht, daß in diesem Abschnitt die Bewegungen innerhalb des Textzusammenhangs zur versöhnlichen Ruhe und damit zu einem Abschluß kommen, erweist sich bei genauerer Analyse, daß das Gegenteil der Fall ist: Auch der Rückgriff auf den Mythos ist nicht geeignet, der poetische Rede in der Gegenwart des Gedichts Gültigkeit und Wirksamkeit zu verschaffen.

Z. 54-58 (Bruchstück, rechts)

In der rechten unteren Ecke der Seite 74 ist ein Text entworfen, der – den hergebrachten Lesegewohnheiten bei deutschsprachigen Texten folgend, die die Augenbewegungen von links nach rechts und von oben nach unten lenken – als der letzte auf dieser Seite erscheint:

| wenn | das | Tagwerk aber bleibt,
Der Erde Vergessenheit,
Ein Wohlgefallen aber
Wahrheit schenkt aber dazu den Athmenden
Der ewige Vater.   (Z. 54-58)

Der Textabschnitt ist – im Gegensatz zu dem zuletzt untersuchten, der in sich keine Lücken aufweist – fragmentarisch: Das „wenn" zu Beginn ist eindeutig klein geschrieben und anders als das folgende Wort „aber" nicht gestrichen. Daher gibt es keinen Grund, das über dem „wenn" notierte „das" als Ersatz für das „wenn" anzusehen (so in FHA Einl., 28); aber auch die Konjektur ‚Wenn' (StA II.1, 236, V. 62) ist nicht legitimierbar, ist doch ein zunächst viel weiter links notiertes „Wenn" (74, Z. 69) eindeutig gestrichen. Vielmehr scheint es mir die plausibelste Lösung zu sein, das „das" als notwendige Ergänzung zwischen „wenn" und „Tagwerk" einzufügen. Damit ist der Beginn des Textabschnitts also als Temporal- oder Konditionalsatz zu verstehen, dessen übergeordneter Satz fehlt.[263] Durch Überschreibung bzw. Streichung eindeutig verworfen ist die Variante „Die Menschen", die in derselben Zeile durch „Der Erde Vergessenheit" ersetzt wurde. (Möglich ist auch, daß zuerst „Die" zu „Der" verändert wurde, so daß sich die Variante „Der Menschen Erde" ergibt. Dagegen kann die Variante ‚Der Menschen Vergessenheit' ausgeschlossen werden, da alle Wörter auf einer Linie notiert sind und daher „Vergessenheit" syntagmatisch nur an „Erde" anschließen kann.) Gestrichen ist auch das Notat „Der ewige Vater" direkt unter dieser Zeile (74, Z. 71); es ist aber noch zwei weitere Male niedergeschrieben, nämlich am rechten Rand unterhalb von „den Athmenden" (74, Z. 74f.) und als eigenständige unterste Zeile (74, Z. 76). Ich gebe der letzten Variante wegen der Sinnfälligkeit des alleinstehenden Syntagmas „Der ewige Vater" den Vorzug[264], obwohl auch nicht auszuschließen ist, daß der Zeilenbruch weiter vorne gesetzt ist: ‚Wahrheit schenkt aber dazu / Den Athmenden der ewige Vater.'[265] Für die Interpretation weitaus gravierender ist jedoch die Frage nach dem textuellen Status des Segments „Ein Wohlgefallen aber", das als eigenständige Zeile zwischen der gestrichenen Niederschrift „Der ewige Vater" und „Wahrheit schenkt aber dazu" notiert ist: Dieses Notat ist – entgegen den Behauptungen in den meisten bisherigen Editionen – weder gestrichen[266] noch unterstrichen und durch

---

[263] Diese Interpretation des Befundes findet sich auch bei Uffhausen (1989, 146, Z. 15f.).
[264] Auch hierin folge ich Uffhausen (1989, 146, Z. 18-21).
[265] So StA II.1, 236, V. 64f.; FHA Einl., 28; auch noch Uffhausen 1986, 138, V. 104f.
[266] So StA II.2, 868, Z. 24 sowie die Umschriften in FHA Einl., 25, Z. 71 und FHA Suppl. III Beil., 100, Z. 72.

die darunterstehende Zeile überschrieben[267]. Vielmehr sind die Flecken, Striche und Punkte, die sich links unterhalb von „Ein" finden sowie „Wohlgefallen aber" von links unten nach rechts oben kreuzen, eindeutig Tintenabdrücke von der gegenüberliegenden Seite 75, und zwar von der Zeile „Dankbarkeit mir die Gasgognischen Lande" (75, Z. 55).[268] „Ein Wohlgefallen aber" muß also uneingeschränkt als integraler Bestandteil des Textes angesehen werden.[269]

Das somit aus fünf Zeilen bestehende Fragment strahlt Ruhe und Ausgeglichenheit aus. Auf die Arbeit eines Tages wird – ähnlich wie in der ersten Strophe von „Brod und Wein" – an dessen Ende zurückgeblickt, denn nicht mehr der Schaffensprozeß selbst ist die dominante Erfahrung, sondern das „Tagwerk" – das Produkt der Tätigkeit ebenso wie die in ihm sich manifestierende Arbeitsleistung – wird nach seiner Beendigung als ein Bleibendes erfahren. Allerdings steht diese Einschätzung unter einem Vorbehalt, der durch das „wenn" ebenso wie durch das „aber" ausgedrückt wird und der die Möglichkeit offenhält, daß das „Tagwerk" auch der Vergänglichkeit anheimfallen könnte.

Die Allgemeinheit der in dieser Zeile aufgeworfenen Frage nach dem, was bleibt, läßt die synekdochische Bedeutung von „Tagwerk" hervortreten: Möglicherweise ist nicht nur das Werk eines einzelnen Arbeitstages gemeint, sondern der Ertrag aller Tage eines Menschenlebens. Unter dieser Perspektive zielt die Formulierung in den Kern christlicher, namentlich paulinischer Glaubensgrundsätze, die von Luther wieder aktiviert wurden: Ich meine die Zurücksetzung menschlicher Werke und Verdienste zugunsten des reinen Glaubens und des Vertrauens auf die göttliche Gnade, wie sie programmatisch etwa in Röm. 3 formuliert sind.[270] Der Text setzt sich von diesen Theoremen ab, indem er es für möglich erklärt, daß die menschlichen Werke bleibende Resultate haben.

Daß hier keine Einzelszene aus dem Arbeitsalltag entworfen, sondern eine anthropologisch-metaphysische Perspektive eröffnet wird, wird auch aus dem Ansatz zur nächsten Zeile deutlich, der allerdings eindeutig verworfen ist: „Die Menschen" oder auch „Der Menschen Erde" lautete die Fortsetzung. Auch die ausformulierte Zeile „Der Erde Vergessenheit," bewegt sich innerhalb dieser Dimension universaler Aussagen über das Leben auf der Erde. Der Genitiv kann an dieser Stelle als Genitivus obiectivus verstanden werden, so daß sich die Bedeutung ‚das Vergessensein der Erde' ergibt.[271] Möglich ist jedoch auch ein Genitivus auctoris (im Sinne von ‚die von der Erde gestiftete Vergessenheit'); blickt man

---

[267] So Uffhausen 1989, 146, Z. 19f.

[268] Das läßt sich durch ein Gegeneinanderhalten der beiden Blätter und durch einen Spiegeltest verifizieren. Ich habe meine These auch am in Stuttgart aufbewahrten Original überprüfen können.

[269] Erkannt hat das – trotz all seiner unsicheren und falschen Lesungen gerade in diesem Bereich der Handschrift – auch schon Pigenot (Hell. VI, 15, V. 40).

[270] Cf. dazu Luthers Marginalien (Biblia, Bd. 3, 2273f.), in denen er dieses Theorem in den „Mittelplatz" (ibd., 2274, Anm. b) der ganzen Heiligen Schrift rückt. Cf. auch die Präzisierungen bei Bultmann (1980, 263 und 280).

[271] So auch Beißner in StA II.2, 870, Z. 27f.

auf die ursprüngliche Bedeutungsbreite des Wortes ‚Vergessenheit'[272], so könnte
außerdem ‚die Vergeßlichkeit der Erde' gemeint sein. Die anthropomorphe Herkunft der Rede vom Vergessen weist bereits darauf hin, daß hier in jedem dieser
Fälle das Verhältnis der Menschen zur festen Materie und zu ihrem heimatlichen
Planeten thematisiert wird. Es wird also entweder ausgesagt, daß die Erde von
den Menschen vergessen wird, oder, daß die Erde selbst zum Vergessen (vielleicht auch der Menschen und ihrer Geschichte) neigt, oder schließlich, daß es
die Erde den Menschen ermöglicht, (vielleicht auch die Erde selbst) zu vergessen.
Aus allen drei Bedeutungen läßt sich herauslesen, daß das Verhältnis der Menschen zur Erde hier als eines gekennzeichnet wird, das von der Abwesenheit des
Wissens, vielleicht auch von der Unfähigkeit zur Erinnerung, geprägt ist. Dieser
Tatbestand wird parataktisch der vorhergehenden Aussage an die Seite gestellt;
es wird nicht ausgesagt, ob die „Vergessenheit" schon eingetreten oder erst noch
zu erwarten, ob sie positiv oder negativ zu werten ist. Immerhin könnte „Der
Erde Vergessenheit" als zweites Subjekt des „wenn"-Satzes gelesen werden, so
daß ein Zustand skizziert würde, in dem nicht nur das „Tagwerk", sondern auch
die „Vergessenheit" bleibt. (Die Paradoxie in dieser Aussage ist nur scheinbar,
sind es doch allein die Bewußtseinsinhalte, die beim Vergessen verschwinden oder
sich dem Zugriff entziehen, während das Vergessen selbst durchaus ein dauerhaf-
ter Zustand sein kann.) Es wird hier also eine Parallele zwischen „Tagwerk" und
„Vergessenheit" hergestellt.[273] Damit wird – einer Lesart von „Vergessenheit"
folgend – die Arbeit des Menschen nicht etwa als Aufmerksamkeit für die, sondern als Abwendung von der Erde gewertet, und das hier benannte Problem liegt
gerade nicht darin, etwas Bleibendes zu finden, das sich dem Sog der Vergänglichkeit entzieht, sondern vielmehr darin, daß dieser Zustand der „Vergessenheit"
ein perennierender ist.[274]

Die letzten drei Zeilen des Bruchstücks setzen sich durch ein doppeltes „aber"
(Z. 56 und 57) gegen die bisherigen Versuche ab, etwas Bleibendes in der irdischen Sphäre zu finden.[275] Auch inhaltlich wird der Gegensatz bereits mit dem
isoliert in einer Zeile stehenden, zunächst ebenso unverbunden wie „Der Erde
Vergessenheit" auftretenden Substantivkomplex „Ein Wohlgefallen aber" deutlich. Das selten benutzte Wort „Wohlgefallen" erinnert an Luthers Bibelübersetzung, insbesondere an seine berühmte Fehlinterpretation „den Menschen ein

---

[272] Cf. Lexer 1979, 270 (s. v. vergezzenheit).

[273] Unmittelbarere syntaktische Verknüpfungen erscheinen mir allerdings als unwahrscheinlich, etwa die, „Vergessenheit" als Apposition zu „Tagwerk" oder als Prädikatsnomen (‚das
Tagwerk bleibt Vergessenheit') zu lesen. (Die letztere Möglichkeit wird durch das Komma hinter „bleibt" ausgeschlossen.) Auch an dieser Stelle ist die abschließende Klärung grammatischer
Fragen für die Interpretation jedoch weder möglich noch notwendig, da die Verknüpfungen anderen Ordnungskriterien unterliegen.

[274] Solche Passagen weisen eine gewisse Affinität zu später von Heidegger entwickelten Phi-
losophemen auf.

[275] Daher ist es sehr unwahrscheinlich, obwohl grammatisch möglich, daß „Vergessenheit"
neben „Ein Wohlgefallen" und „Wahrheit" als Akkusativobjekt zu „schenkt" zu lesen ist.

Wolgefallen" in der Verkündigung an die Hirten (Lk. 2, 14).[276] An der vorliegenden Stelle gibt es keinen Grund, das „Wohlgefallen" anderen als menschlichen
Subjekten zuzuschreiben; es gehört ebenso wie das Vorhergehende zum Bereich
metaphysisch-anthropologischer Aussagen. Es wird innerhalb dieses Bereichs sowohl dem „Tagwerk", der stets von Sorgen geprägten Alltagstätigkeit, als auch
der (möglicherweise mit jenem verbundenen) „Vergessenheit" entgegengesetzt.
„Wohlgefallen" erscheint in diesem Kontext also als eine Form der Freude, die
voller Bewußtheit über ihren Gegenstand ist und die vor allem am Feierabend
oder an Feiertagen möglich wird. Nicht ausgeschlossen, aber ebensowenig be-
weisbar ist es, daß hier direkt die genannte Lutherstelle zitiert ist, in der den
Menschen ein neues, mit der Geburt Christi einsetzendes Zeitalter verkündet
wird.

Ungleich präziser als dieses zunächst isolierte Segment ist der Schluß des
Bruchstücks: „Wahrheit schenkt aber dazu den Athmenden / Der ewige Vater." Es handelt sich hierbei um den – neben dem Beginn des weiter links
oben entworfenen Textes, „Gehn mags nun." – einzigen syntaktisch vollständigen und korrekten Hauptsatz im unteren Viertel der Seite. Allerdings schließt
diese Vollständigkeit die Möglichkeit syntaktischer Mehrdeutigkeiten nicht aus.
So kann, liest man Z. 57 isoliert, „Wahrheit" als Subjekt gelesen werden. Allerdings fehlt in diesem Falle das notwendige Akkusativobjekt. Auch „Ein Wohlgefallen" kann als Subjekt in den Satz eingebunden werden, wodurch dann wieder
„Wahrheit" als Objekt zur Verfügung steht: ‚Ein Wohlgefallen schenkt Wahrheit.' Die invertierte Wortstellung, mehr aber noch das doppelte „aber" lassen
auch diese Lesart als unwahrscheinlich erscheinen. Aus denselben Gründen kann
die umgekehrte Möglichkeit, „Wahrheit" als Subjekt und „Ein Wohlgefallen" als
Objekt zu lesen, als unplausibel verworfen werden.

Am überzeugendsten ist daher die Annahme, „Der ewige Vater" sei Subjekt,
„Wahrheit" Akkusativobjekt des Satzes. Die Spannung des Satzgefüges wird
durch die Nachstellung des Subjekts bis auf diesen letzten Punkt hin gestreckt,
und die Instanz „Der ewige Vater" wird den so geweckten Erwartungen auch
inhaltlich vollauf gerecht: Was könnte die in diesem Abschnitt gesuchte abend-
liche Versöhnung und Bewahrung des Vergänglichen verläßlicher gewährleisten
als die höchste göttliche Instanz?

Auch „Ein Wohlgefallen aber" läßt sich auf diese Weise relativ problemlos als
weiteres Akkusativobjekt in den Satz einbinden. Dadurch, daß „Der ewige Vater" als Stifter des ‚Wohlgefallens' erscheint, wird der Anklang an die Lukas-/
Lutherstelle noch immens verstärkt.

---

[276] Wie wichtig Luther die utopische Vorstellung war, daß nicht nur „Friede auff Erden"
einkehre, sondern auch „den Menschen ein Wolgefallen" zuteil werde, zeigt seine Erläuterung
z. St.: „(Wolgefallen) Das die menschen dauon lust vnd liebe haben werden / gegen Gott vnd
vnternander. Vnd dasselb mit danck annemen / vnd darüber alles mit freuden lassen vnd
leiden." (Biblia, Bd, 3, 2074) Ein Kapitel später wird dagegen (wie im Original auch an dieser
Stelle) das Wohlgefallen eindeutig dem Vatergott zugeschrieben: „Du bist mein lieber Son /
An dem ich wolgefallen habe." (Lk. 3, 22; cf. auch Mt. 3, 17 und bereits Jes. 42, 1)

Vier entscheidende Komponenten der vom Vatergott ausgehenden Versöhnung werden in Z. 57 genannt: Der „Vater" schenkt *erstens* neben dem „Wohlgefallen" auch „Wahrheit". Damit wird die Opposition zur „Vergessenheit", die auch schon als ein Moment des ‚Wohlgefallens' zu beobachten war, explizit gemacht. Nicht bloße Freude also ist es, die den Menschen gegeben wird, sondern umfassende Erkenntnis der Wirklichkeit. *Zweitens* gibt es sowohl die Freude als auch die Erkenntnis offenbar nur als Geschenk. Alles tägliche Bemühen der Menschen bleibt Stückwerk und droht, der „Vergessenheit" anheimzufallen. Ohne daß es dadurch überflüssig würde, muß doch ein nicht vorausberechenbarer göttlicher Schenkungsakt hinzukommen, um die Vergänglichkeit zu überwinden. Allerdings wird den Menschen damit nicht, wie man meinen könnte, eine rein passive Rolle zugewiesen. Denn jede Schenkung ist erst vollzogen, wenn der oder die Beschenkte die Gabe angenommen hat, denn ihm oder ihr steht prinzipiell die Option offen, die Annahme zu verweigern und es damit nicht zur Schenkung kommen zu lassen. Der Aspekt des Zusätzlichen ist es *drittens*, der durch das „dazu" am göttlichen Schenkungsakt hervorgehoben wird. Es bedeutet nicht nur, daß der „Vater" zusätzlich zu „Wohlgefallen" auch „Wahrheit" schenkt, sondern auch, daß die göttliche Gabe etwas ist, was zum „Tagwerk" hinzutreten muß, weil es nicht erarbeitet werden kann. Darüber hinaus kommt dem Adverb eine teleologische Komponente zu; „dazu" antwortet nämlich auch auf die Frage ‚wozu, zu welchem Zweck?': Ohne daß ein Ziel konkret angegeben würde, wird deiktisch darauf verwiesen, daß die göttliche „Wahrheit" auch eine Zielorientierung ermöglicht. *Viertens* schließlich wird in der Zeile angegeben, wem die göttlichen Geschenke zugute kommen: „den Athmenden". Dieser Begriff verweist offenbar nicht nur auf die Menschen, sondern auf alle irdischen Lebewesen. Die „Wahrheit", die vom himmlischen „Vater" kommt, ist demzufolge so beschaffen, daß sie nicht nur von höheren Erkenntnisvermögen erfaßt werden kann. Die Lebewesen werden über die elementare vegetative Funktion des Atmens definiert. Damit wird auf die als letzte genannte und komplexeste Fähigkeit angespielt, die den Staren ganz oben auf der Seite zugeschrieben wurde: Sie „atmen Othem / Der Gesänge." (Z. 7f.) Wurde es dort als genuine Leistung der Zugvögel dargestellt, die Medien herrschaftsfreier Gesellschaftsbildung zu pluralisieren und zu internalisieren, wird hier ausgesagt, was möglicherweise auch zu den ‚Gesängen' noch dazukommen muß: das „Wohlgefallen" und die „Wahrheit" als göttliche Gaben. Während durch die Einbeziehung der früheren Stelle dieser Passus gesellschaftspolitisch aufgeladen wird – macht sie doch klar, daß „den Athmenden" immer nur im Plural, während der „Gesänge", und das heißt als Mitgliedern einer herrschaftsfreien Gesellschaft, die Verwirklichung ihrer Lebensziele gelingt –, wird durch die Wiederaufnahme des Atem-Motivs jene Stelle zusätzlich religiös aufgeladen: Eine in sich abgeschlossene Natur für sich allein würde den Vögeln die Erreichung des höchsten Ziels niemals ermöglichen; es muß vielmehr eine göttliche Gabe „dazu" kommen.

Damit ist auch die merkwürdig ambivalente Position überwunden, die den „Himmlischen" im oberen Abschnitt (Z. 9–14) im Verhältnis zu den Vögeln und zur Natur insgesamt zugeschrieben wurde: Dort blieb offen, ob die „Himmlischen" völlig außerhalb der Natur stehen oder als ein Teil von ihr angesehen werden können, ob sie die natürlichen Abläufe nur „beobachten", ob sie ihnen unterworfen sind oder aber in sie eingreifen können. Hier dagegen wird betont: Das Göttliche tritt zum irdischen Leben hinzu, es ist Supplement und dennoch unentbehrlich. Zugleich scheint mit der emphatischen, durch Endstellung betonten Nennung des ‚ewigen Vaters' der Polytheismus der „Himmlischen" ebenso überwunden zu sein wie die abstrakte Rede von dem ‚Einen' (Z. 33), der die Berge geformt hat. Der Bewußtseinsstand der frühgriechischen Mythologie ebenso wie der abstrakte Monotheismus, wie man ihn bei Platon und vielleicht auch im Alten Testament findet, werden hier offenbar verworfen zugunsten der neutestamentlichen Rede vom ‚ewigen Vater', als dessen Kinder sich die Lebewesen fühlen können.[277]

In den letzten beiden Zeilen des Textstücks tritt der religiöse Diskurs, der bis dahin nur implizit präsent war, an die Oberfläche, am deutlichsten in der letzten Zeile, auf die der ganze Abschnitt hin angelegt ist. Wie auch in den bisherigen Anspielungen sind es vor allem neutestamentliche Quellen, aus denen sich die poetische Sprache dieser Zeilen speist. So wird der Bereich möglicher Konnotationen zum Begriff „Wahrheit", der ebenso in den Kern und Ursprung philosophischen Denkens weisen könnte[278] und die Zielvorstellung auch noch heutiger Wissenschaften bezeichnet, dadurch signifikant eingeschränkt, daß hier von einer von einem Vatergott geschenkten Wahrheit die Rede ist. Diese Vorstellung wird meines Wissens am prägnantesten im Johannes-Evangelium entwickelt. Während Menschen wie Pilatus, die nicht an Christus glauben, ratlos vor der Frage „Was ist Wahrheit?" kapitulieren (Joh. 18, 38), können die Anhänger der neuen Lehre die Wahrheit erkennen (Joh. 8, 32), weil Jesus selbst die Wahrheit und in eins damit der einzige Weg zu Gott ist (Joh. 14, 6).[279] Diese Funktion kann der Sohn Gottes aber nur haben, weil sein Vater ihn selbst der Welt geschenkt hat (Joh. 3, 16; cf. auch Röm. 8, 32). Möglicherweise werden an der vorliegenden Stelle diese Zusammenhänge zitiert: Ebenso wie das „Wohlgefallen" wäre in diesem Falle die „Wahrheit" mit dem Erscheinen Christi auf Erden assoziiert. In diesem heilsgeschichtlichen Zusammenhang kommt „den Athmenden" ebenfalls eine besondere Bewandtnis zu, wenn man sich vor Augen führt, daß $\pi\nu\varepsilon\tilde{\upsilon}\mu\alpha$ sowohl ‚Atem' als auch ‚(heiliger) Geist' oder ‚das Wunderbare' bedeutet.[280] Die Rede von „den Athmenden" könnte daher auch als eine die körperliche Seite des Sachverhalts hervorhebende Übersetzung von $\pi\nu\varepsilon\upsilon\mu\alpha\tau\iota\kappa\upsilon\acute{\iota}$ (1. Kor. 3, 1; Luther übersetzt hier „Geistliche[ ]") gelesen werden.

---

[277] Mitgesetzt ist damit natürlich auch die schwierige Vorstellung des einzigen Gottessohnes, wie sie in den Hymnen „Patmos" und „Der Einzige" in allen Facetten durchdacht und problematisiert wird.

[278] Cf. dazu Heidegger GA II.34.

[279] Zur Interpretation dieser Stellen cf. Bultmann 1980, 71 und 370f.

[280] Cf. dazu Bultmann 1980, 155-166.

Während in dem etwas weiter links oben plazierten Abschnitt die ausdrückliche Erwähnung ‚Ilions' zumindest einen Fingerzeig auf die Herkunft der rätselhaften Bilder gibt, fehlt ein solcher Hinweis im vorliegenden Textstück völlig. Allerdings hatte sich dort gezeigt, daß der Text keineswegs als bloßes Ensemble von Zitaten aus der Ilias zu verstehen ist. Abgesehen davon, daß die Bilder zum Teil auch von anderen Quellen (etwa aus dem Alten Testament) inspiriert sein können, treten sie dort in völlig neue poetische Konstellationen, die jede Zitation transzendieren. Dagegen ist im vorliegenden Abschnitt, obwohl jedes direkte Zitat fehlt, eine Weltsicht entwickelt, die mit zentralen neutestamentlichen Theoremen voll kompatibel ist. Die Textelemente fügen sich fast bruchlos in den Vorstellungsbereich eschatologischer Erwartungen: Das vom Vatergott geschenkte „Wohlgefallen" und die göttliche „Wahrheit" werden als das Bleibende dargestellt, das das Vergessen und die Vergänglichkeit menschlichen Schaffens überwindet.

Trotz der syntaktischen Ambivalenzen und des Eigengewichts der ersten beiden Zeilen (in denen es offengelassen wird, ob auch im „Tagwerk" und in der „Vergessenheit" selbst etwas Bleibendes zu finden ist) gibt es in diesem Abschnitt keine Bruchstellen, an denen die Ruhe und Harmonie in Frage gestellt würden. Gerade wegen dieser Glattheit hat der Abschnitt jedoch auch einen eigentümlich schwebenden Status im Kontext der auf den beiden bisher betrachteten Seiten entworfenen Texte. Obwohl die Zeile „Der ewige Vater." einen nicht hintergeh- oder übersteigbaren Schlußpunkt setzt und damit einen dem Bruchstück impliziten Anspruch, Schlußstück des Textzusammenhangs zu sein, signalisiert, kann der Abschnitt gerade wegen dieser unwirklichen Harmonie und Ruhe den Anforderungen nicht gerecht werden, die an einen Abschluß der bis zum Zerreißen gespannten Textbewegungen im Verlauf der beiden Seiten gestellt werden müssen. Vielmehr wird die Irrealität des in den Zeilen 34 bis 42 (möglicherweise in demselben Bearbeitungsdurchgang wie der vorliegende Textteil) notierten Abschnitts, die Utopie „freundlicher Geister", hier noch weiter gesteigert zu einer von Widersprüchen bereinigten Heilserwartung.

Die beiden am Fuß der Seite entworfenen Bruchstücke können als komplementär angesehen werden; in einen gemeinsamen Zusammenhang lassen sie sich keinesfalls fügen. Darüber hinaus können weder der aporetische Abschnitt mit dem Beginn „Gehn mags nun." noch der vorliegende harmonistische Text im strengen Sinne als Abschluß oder auch nur als unmittelbare Fortsetzung der vorherigen Textzusammenhänge angesehen werden. Vielmehr wird mit gänzlich anderen Mitteln als zuvor (nämlich durch Rückgriff auf die Ilias und die Bibel) versucht, die zuvor entwickelten Problemstränge resümierend in den Griff zu bekommen. Dieser Versuch scheitert doppelt. Es erweist sich also, daß die Schwierigkeiten poetischer Gegenwartsanalyse nicht durch den Bezug auf überkommene poetische oder religiöse Standards zu bewältigen sind. Damit bleibt der große Textzusammenhang, der sich über eineinhalb Seiten erstreckt, unabgeschlossen, und die beiden Abschnitte am Schluß der Seite behalten ihr Eigengewicht, obwohl in sie Verweise auf die vorhergehenden Texte eingelagert sind.

3 Zusammenfassung der Interpretation der Seiten I (73) und II (74)

Bei der Analyse der auf den Seiten 73 und 74 entworfenen Gedichtfragmente haben sich zwei Kernprobleme herausgeschält, die sich durch die Lektüre des gesamten Materials hindurchziehen: die Frage nach dem Status der Texte selbst und die nach der sich in diesen Texten manifestierenden Subjektivität.

Meine Untersuchung ist bei der Frage nach der Textualität zu dem Ergebnis gekommen, daß sämtliches Textmaterial beider Seiten zusammengehört, jedoch nicht als ein einziger linearer Gedichtzusammenhang, sondern als Ensemble von Texten, die untereinander in mehrfacher Hinsicht in Verbindung stehen. Auf der ersten Seite finden sich im wesentlichen drei Fragmente: Die Überschrift (Z. 1), der Eingangsabschnitt (Z. 2-12) und der große Text (Z. 13-41), der drei Viertel der Seite in Anspruch nimmt und durch eine Lücke zwischen Z. 37 und 38 nur unwesentlich unterbrochen wird. Die Randbemerkung (Z. 18, 20, 22 und 23) ist diesem Text zugeordnet, läßt sich jedoch nicht eindeutig in ihn integrieren. Komplizierter steht es bei der Rückseite: Zwar gibt es auch dort einen umfangreichen Textblock (Z. 3-41) mit einer zugehörigen, aber nicht eingefügten Randbemerkung (Z. 28f.). Zudem schließt dieser Block an den großen Text auf der Vorderseite unmittelbar an, so daß ein Komplex entsteht, der über die Hälfte des Textmaterials der beiden Seiten umfaßt (I, Z. 13 – II, Z. 41). Über den zweiten Teil des großen Textes und die ganze Rückseite ist ein zweizeiliges, nicht integrierbares Motto gesetzt (II, Z. 1f.). In den dominierenden Text hineinverwoben ist ein kontrastierender, aber sehr fragmentarischer Entwurf (II, Z. 10-42). In den Schluß des großen Textkomplexes ist zudem ein eigenständiger Abschnitt hineinmontiert, der als eine mögliche Fortsetzung angesehen werden kann (II, Z. 43-49). Am Fuß der Seite schließlich sind etwas ineinander versetzt zwei in einem Spannungsverhältnis zueinander stehende Bruchstücke notiert, in denen mit jeweils gänzlich anderen Mitteln als den bisher erprobten versucht wird, die im dominierenden Textkomplex aufgekommenen Aporien aufzulösen (II, Z. 50-55 [dazu die Randnotiz Z. 50-53] und II, Z. 54-58). Diese Versuche scheitern jedoch an ihrer Inkompatibilität mit der vorher entwickelten Problemsituation. Der durchgehende Zusammenhang endet also im Offenen, mit der in Z. 49 zum Ausdruck kommenden zwiespältigen Erwartung einer politischen und kulturellen Revolution. Die vier übrigen Fragmente auf dieser Seite behalten ihre Selbständigkeit, indem sie mit anderen Mitteln versuchen, die im dominierenden Text ausführlich entwickelte Situation zu bewältigen.

In den vorliegenden Fragmenten ist das Textsubjekt schwer auszumachen; es gibt keine feste und durchgehend mit sich identische Instanz, die als sinnkonstituierendes Zentrum, als Subjekt der im Text zum Ausdruck kommenden Erfahrungen auszumachen wäre. Jede Rezeption, die nach Anhaltspunkten für eine Identifikation mit im Text entworfenen Subjektivitätsmodellen sucht, wird immer wieder dem Befremden über die Brüchigkeit und Unfaßbarkeit dieser Modelle ausgesetzt. Die Personalpronomina geben hier wenig Orientierungshilfe: Es erweist sich, daß ein Ich nur in kritischen Situationen (I, Z. 11; II, Z. 21 und 49) oder im Modus der Erinnerung (II, Z. 16) an die Oberfläche des sprachlichen Materials tritt. Ein Gegenüber wird nur an einer einzigen Stelle, und zwar in einem unzusammenhängenden Sprachfetzen, direkt als Du angesprochen (II, Z. 27). Inwieweit es ein Wir gibt und welche Reichweite dieses Wir hat, wird ganz zu Beginn und gegen Ende des Textzusammenhangs problematisiert (I, Z. 5; II, Z. 45, 45, 47, 48, 55). Der überwiegende Teil des Textes ist in der dritten Person verfaßt – sofern nicht die syntaktischen Zusammenhänge nahezu aufgelöst werden, so daß die Rede von grammatischen Personen sowie von Subjekt, Prädikat und Objekt ohnehin kaum noch mit Sinn zu erfüllen ist.

Angesichts dieses Befundes verlagert sich das Subjektivitätsproblem auf eine andere Ebene: Wo kein artikuliertes Ich an die Textoberfläche tritt und die Darstellung strukturiert, ist danach zu fragen, aus welcher Perspektive die im Text entworfene Realität jeweils gesehen ist. Während „der Nachtgeist" (I, Z. 3) und „Des Feindes Gott" (I, Z. 9), „Anhang" und „Barbaren" (II, Z. 45) als Intersubjektivität gefährdende Instanzen dargestellt werden, wird die kollektive Lebensweise der „Staaren" (I, Z. 14) überwiegend positiv gewertet: Sie können ein „Freudengeschrei" (I, Z. 15) ausstoßen, besitzen die Sensibilität für ein ‚Spüren' der „Heimath" (I, Z. 33) und lassen sich ihre „klugen Sinne" (I, Z. 38), insbesondere aber die „Augen" (I, Z. 41) gerade auch durch widrige Umwelteinflüsse ausbilden. Durch ihre den jeweiligen Umweltbedingungen nicht sklavisch, sondern vielmehr souverän angepaßte Lebensweise, die an ihrer Flugtechnik exemplifiziert wird, gelingt es ihnen, in jeder Situation das „Liebere" (II. Z. 4) zu gewahren und schließlich zu einer synästhetischen Antizipation eines utopischen Miteinanders der gegensätzlichen Kräfte der Natur zu gelangen. Somit

> Sehn sie die heiligen Wälder und die Flamme, blühendduftend
> Des Wachstums und die Wolken des Gesanges fern und atmen Othem
> Der Gesänge.   (II, Z. 6-8)

Dieser utopische Zustand, den die Vögel zumindest augenblickshaft spüren können, ist auch für die Menschen erstrebenswert. Diese gemeinsame Zielperspektive legitimiert die einen großen Teil des Textzusammenhangs dominierende Wahl der Vögel als Modell auch des menschlichen Zusammenlebens. Der Zug der Stare ist also keineswegs bloß als äußerliches Zeichen, als Allegorie für geschichtsphilosophische Modelle oder gesellschaftliche Entwicklungen zu verstehen. (Eine derartige bloß abstrakte Beobachtung und Deutung des Verhaltens der Vögel wird im folgenden [II, Z. 11f.] den Göttern zugeschrieben.) Hinzu tritt vielmehr, daß die Menschen (also auch die Leserinnen und Leser dieser Passagen) sich in die Innenperspektive der „Staaren" versuchsweise hineinversetzen können (ohne diese Möglichkeit verlören beispielsweise die eben zitierten zweieinhalb Zeilen jeden Sinn). An diesem Punkt erweist sich jedoch auch die begrenzte Übertragbarkeit des Modells der „Staaren" auf die Menschen. Denn den Staren gelingt das im Text als glücklich und erfolgreich bewertete Leben gerade nur aufgrund ihrer beschränkten Seinsart als Vögel, als nichtmenschliche Lebewesen. So ist

ihr geschicktes Reagieren auf unerwartete Situationen im wesentlichen instinkt-
gelenkt, und das friedvolle Zusammenleben ist ihnen nur möglich, weil sie sich
nur als Kollektiv erfahren können (von einem Staren im Singular ist im Text nirgends die Rede) und Individualität und die mit ihr verbundene Erfahrung der
Zerrissenheit, die allererst zu einem Miteinanderleben auf höherer Stufe führen
könnte, nie kennengelernt haben.

Den Menschen (mindestens denen der Gegenwart, von der im Gedicht die Rede
ist) sind solche Beschränkungen nicht auferlegt; ihnen fehlt damit aber auch
die Geborgenheit einer ein für allemal gültigen Weltorientierung. Das Diktum
„Menschlich ist / Das Erkentniß." (II, Z. 8f.) ist damit in Hinblick auf den
Gesamtverlauf des Textes als radikaler Perspektivenwechsel zu bewerten. Im
folgenden fehlt die Geschlossenheit des Modells des Vogelzuges, das auch noch
die disparatesten Details des bisherigen Textverlaufs zusammenbinden konnte,
sich aber als zur menschlichen Weltorientierung nicht ausreichend erwiesen hat.
Der Text ist nunmehr von einer immer neu ansetzenden Suche nach neuen Ori-
entierungspunkten und Maßstäben geprägt. Während die Vögel die Einheit ihrer Weltorientierung gerade im (durchaus umkehrbaren) Wechsel vom französischen zum deutschen Erfahrungsraum erreichen, von dem im Übergang von der
Vorder- zur Rückseite des Blattes die Rede ist, wird nun, angesichts der zeitgeschichtlichen Gefährdungen, denen die Menschen in der im Gedicht evozierten
Gegenwart ausgesetzt sind, versucht, einen Halt in einem einheitlichen Erfahrungsraum zu finden, für den das Wort „Deutschland" (II, Z. 17 und 34) steht.
Aber gerade dieser Raum, von dem Vertrautheit und Geborgenheit erwartet
wurde, entgleitet dem Zugriff des Textsubjekts immer mehr und zerfällt in einzelne seiner Landschaftselemente. So erweist sich zunächst die polytheistische
Hoffnung auf die Ankunft der „Himmlischen (II, Z. 9 und 12) in „Deutschland" als trügerisch. Im folgenden wird die Möglichkeit einer einsamen Deutung
des Verlaufs der süddeutschen Gebirgszüge, die als durch den Einen Schöpfergott gesetzte Zeichen gelesen werden, erprobt, und auch sie endet aporetisch.
Intersubjektivität erscheint schließlich als gefährdete Möglichkeit im Angesicht
einer Revolution (II, Z. 47-49). Das Ergebnis dieser Umwälzung aller geltenden
Maßstäbe bleibt völlig offen. Die rein geistige Utopie ,freundlicher Geister' (II,
Z. 34-42), die Rückbesinnung auf die verbindende Kraft des Mythos (II, Z. 54f.)
und auf den Vatergott des Neuen Testaments (II, Z. 58), von denen in den kurzen Bruchstücken am Fuß der Seite die Rede ist, haben so wenig Verhaftung
in der in diesen Fragmenten skizzierten gesellschaftlichen Realität, daß sie nur
als ergänzende Bilder fungieren können und nicht etwa als umfassende Lösung
der zuvor aufgeworfenen Problemkomplexe. Die Texte der Seiten 73 und 74 bieten ihren Leserinnen und Lesern somit kein geschlossenes und in sich stimmiges
Modell der Weltorientierung an, sondern nur zahlreiche Ansätze und Versuche
dazu, die in der Lektüre aufgenommen, immer neu zusammengesetzt und weiterentwickelt sowie aufgrund der heutigen lebensweltlichen Erfahrung überprüft
werden können.

Auch die Frage nach dem Zusammenhang der Seiten 73 bis 76 des Homburger Folioheftes ist an dieser Stelle noch nicht abschließend zu beantworten. Die Seiten 73 und 74 haben sich als Ensemble zusammengehöriger, aber nicht in einem einzigen Textverlauf verschmolzener Fragmente erwiesen. Der dominierende Text endet offen, mit der Erwartung einer radikalen Umwälzung aller Lebensverhältnisse. Es ist möglich, daß einer der auf Seite 75 niedergeschriebenen Texte an diesem Punkt anschließt oder daß sich die Fragmente der beiden folgenden Seiten ebenfalls zu dem Ensemble der Seiten 73 und 74 gruppieren. Endgültig kann die Frage nach dem Zusammenhang der vier Seiten also erst im Anschluß an die Analyse der Seiten 75 und 76 beantwortet werden.

4 Seite III (75)

Z. 1 und 3 (Bruchstück, links)

Wie die Seite 73 mit „Das Nächste Beste." überschrieben und über die Seite 74 der rätselhafte Aphorismus „Zwei Bretter und zwei / Brettchen apoll envers terre" gesetzt ist, so trägt auch die letzterer gegenüberliegende Seite 75, deren Textbestand unfraglich der unübersichtlichste aller vier hier untersuchten Seiten ist, eine Art Überschrift: „Die apriorität des Individuellen / über das Ganze." (Z. 1 und 3). Es scheint sich – so kann man an dieser Stelle vorsichtig vermuten – als ein Strukturprinzip der vorliegenden Seiten herauszuschälen, daß jede von ihnen bei allen Unterschieden in ihrer sonstigen Textur mit einem Textsegment überschrieben ist, das zum übrigen Inhalt der Seite in einer gewissen Distanz steht, aber gerade dadurch Möglichkeiten anbietet, den Text der Seite aus dieser exzentrischen Position zu betrachten und vielleicht so unter einem Gesichtspunkt zu bündeln, wie es aus ihm selbst heraus nicht möglich wäre.

Es drängt sich vom optischen Handschriftenbefund her, bei dem die Seiten 74 und 75 als Rückseite eines und als Vorderseite des folgenden Blattes einander gegenüberliegen, auf, die Grenze zwischen den beiden Seiten, die auch die zwischen den beiden Blättern ist, genauer zu untersuchen, denn die Beantwortung der Frage, inwieweit es sich bei ihr um die Abgrenzung separierter Textkomplexe, um einen bloßen Übergang zwischen zusammengehörigen Teilen eines einzigen Komplexes oder aber um eine Linie handelt, an der entlang und über die hinweg sich vielfältige Konstellationen von Fragmenten und Fragmentkomplexen erkennen lassen, wird eine entscheidende Rolle bei der Klärung des Problems spielen, inwieweit die vier Seiten zusammengehören. Ich möchte daher zunächst vorschlagen, die Grenze zwischen den Seiten 74 und 75 experimentierend als eine Achse zu betrachten, an der sich das Textmaterial der beiden Seiten spiegelt. Dabei fällt gerade im Hinblick auf das genannte Problem der ‚Überschriften' ein symmetrisches Verhältnis auf: Über ein auf den ersten Blick – und wie sich bei der Analyse der Seite 74 gezeigt hat, nicht nur auf den ersten Blick – schwer durchschaubares Textdickicht ist ein zweizeiliges, offenbar nicht unmittelbar zugehöriges Textseg-

ment gesetzt. (Anders als bei Seite 73, deren einzeilige Überschrift „Das Nächste
Beste." noch am ehesten als Titel der Seite, zusätzlich auch der Rückseite oder
gar aller vier Seiten angesehen werden kann; anders auch als bei Seite 76, auf
der sich im oberen Drittel allein ein dreizeiliges Segment findet, das nicht im bisher ausgeführten Sinne als Überschrift angesehen werden kann.) Dabei ist das
kryptische Motto der Seite 74 nach rechts, die Notiz „Die apriorität des Individuellen / über das Ganze." aber nach links an die Seitengrenze herangerückt.
Da beide Notate außerdem beinahe auf einer Höhe notiert sind, stehen sie sich
direkt gegenüber. (Die linke Notiz setzt etwas höher an, so daß ihre zweite Zeile
sich etwa mit der ersten der rechten Notiz auf einer Linie befindet.) Sogar die
Linienführung der beiden Einträge stimmt überein: Die Zeilen weichen um etwa
fünf Grad nach unten von der Waagerechten ab. Diese Beobachtung steht jedoch
in einem gewissen Spannungsverhältnis zu der Spiegelsymmetrie-These: Sie legt
eine von links nach rechts über die Seitengrenze hinweg reichende Kontinuität
der beiden Segmente nahe.

Vernachlässigt werden dürfen allerdings auch nicht die Unterschiede in der Plazierung der beiden zweizeiligen Bruchstücke: Während die Notiz auf der linken
Seite durch ihre Herausrückung nach rechts deutlich vom darunter linksbündig
beginnenden Textblock abgesetzt ist und damit die Position eines Mottos einnimmt, setzt die auf der rechten Seite in etwa auf einer Linie mit den meisten
der darunterstehenden Zeilen ca. 2 cm vom linken Rand ein. Zudem kann hier
nicht von einem Textblock in dem Sinne gesprochen werden, wie er sich auf
der Seite 74 findet. Vielmehr stellt gerade das obere Drittel der Seite 75 ein
Konglomerat ineinandergeschriebener, aber in keinem unmittelbar ersichtlichen
Zusammenhang zueinander stehender Bruchstücke dar, die – den verschiedenen
benutzten Schreibgeräten und der unterschiedlichen Führung der Handschrift
nach zu urteilen – zu verschiedenen Zeitpunkten entstanden sind. So ist bereits
in den Raum unter „Individuellen", noch oberhalb der Zeile „über das Ganze",
die erste Zeile einer neuen Notiz („und kehr in Hahnenschrei", Z. 2) hineingesetzt. Dieser Bereich der Handschrift macht damit eher den Eindruck einer
Sammlung von Notizen als den eines zusammenhängenden Textes. Das Notat
„Die apriorität des Individuellen / über das Ganze." tritt also zu wenig aus seiner unmittelbaren Umgebung heraus, als daß es ohne weiteres als Motto oder
Überschrift der ganzen Seite gelesen werden könnte.

Zwei einander widerstreitende Beobachtungen an der Handschrift sind es also,
die die Position und Funktion der ‚apriorität'-Notiz zunächst noch in der
Schwebe halten: Die Symmetrie zur gegenüberliegenden Seite legt es nahe, die
Notiz als Pendant zu deren Motto anzusehen, die Unübersichtlichkeit der textuellen Verhältnisse im oberen Drittel der Seite läßt eine solche herausgehobene
Funktion der Notiz jedoch zweifelhaft erscheinen. Erst eine inhaltliche Analyse
des Segments und letztlich des Textes der ganzen Seite ermöglicht eine verläßli-
chere Klärung des Problems. Anders als bei den beiden vorigen Seiten, anders
aber auch als bei der Seite 76 kann ich hier auf einige hilfreiche Forschungs-

beiträge zurückgreifen.[281]

Die Formulierung „Das Nächste Beste." erschien wegen des alltagssprachlichen Verwendungszusammenhangs, in dem sie normalerweise gebraucht wird, als ein einigermaßen ungewöhnlicher Gedichttitel, der Zweizeiler „Zwei Bretter und zwei / Brettchen apoll envers terre" als ein kaum auflösbares Rätsel mit intertextuellen und mythologischen Bezügen. Das nun zu betrachtende Segment „Die apriorität des Individuellen / über das Ganze." scheint im Zusammenhang lyrischer, ja überhaupt literarischer Texte mehr noch als jene Überschriften fehl am Platze zu sein, entstammen doch alle seine neben den Partikeln sinntragenden Bestandteile relativ eindeutig dem wissenschaftlichen, namentlich dem philosophischen Diskurs. Charakteristisch dafür ist bereits die grammatische Form der Wörter „apriorität", „Individuellen" und „Ganze", handelt es sich doch bei allen dreien um substantivierte Adjektive bzw. Adverbiale („a priori'), eine für philosophische Begrifflichkeit charakteristische abstrahierende Wortbildung.

Der Terminus „apriorität" verweist insbesondere auf die von Kant inaugurierte Philosophie des deutschen Idealismus.[282] Kant mißt nur solchen Erkenntnissen und Anschauungen einen apriorischen Status zu, „die *schlechterdings* von aller Erfahrung unabhängig stattfinden"[283] und damit eine Bedingung der Möglich-

---

[281] Parallelstellen zu der ‚apriorität'-Notiz aus Hölderlins Briefen hat Beck (1978/79, 235f.) zusammengestellt. Söring (1980) hat die Notiz einer genauen, philosophiehistorisch fundierten Analyse unterzogen, in deren Verlauf er den Vorschlag entwickelt, jene gattungstheoretisch als einen Versuch zu lesen, „ein Prinzip der Lyrik zu finden" (205), das bereits auf eine Poetik der Moderne vorausweist. Jakob hat in seiner subtilen Polemik (1987) gegen Uffhausens Konstitution und Kommentierung der vier Seiten (1986) skizziert, in welcher Weise das von Söring analysierte Notat auf den Inhalt der Seite 75 bezogen werden könnte (cf. v. a. 325f. [Anm. 12]). In seinen knappen Andeutungen läßt Jakob darüber hinaus die Notwendigkeit und die Möglichkeiten einer topographischen Lektüre der Seite erkennen, wie ich sie im folgenden entwickeln möchte. Eine ausführlichere Interpretation der auf der Seite entworfenen Textkomplexe findet sich bei Beese (1982, 193-203). Aber in dieser Arbeit werden die Texte nur scheinbar Zeile für Zeile genau analysiert; an allzu vielen Stellen werden interpretatorische Probleme durch eine verallgemeinernde und schwammige Begrifflichkeit zugedeckt. Wenig hilfreich ist auch die kurze und pauschale Interpretation von Hausdörfer (1989). Ganz anders dagegen die den mit „Vom Abgrund nemlich" beginnenden Fragmentkomplexen gewidmeten Seiten in dem unscheinbar wirkenden Vortrag Wolfgang Binders (1983, 357-365): In einem schlichten Sprachgestus werden hier äußerst subtile Beobachtungen zu den auf der Seite 75 notierten Fragmenten vorgetragen, mit denen ich mich im folgenden an vielen einzelnen Punkten auseinandersetzen werde.

[282] Das gilt unbeschadet der Tatsache, daß sich der Begriff in der hier vorliegenden Substantivierung bei Kant selbst nicht findet, sondern erst – worauf Sattler (1981, 296) aufmerksam gemacht hat – in Hegels Differenzschrift von 1801 (WW 2, 10). Ich wende mich damit gegen Sörings Versuch, das in Hölderlins Begriffskombination gegebene Problem dadurch zu eskamotieren, daß man behauptet, „apriorität" könne hier nicht im Sinne eines transzendentalen Prinzips verstanden werden, sondern sei im einfachen Sinne von ‚Priorität', d. h. des aristotelischen πρότερον, gebraucht (cf. Söring 1980, 216f.). Zwar ist Söring darin zuzustimmen, daß Hölderlin sich hier „eine terminologische Lizenz", nämlich „die Freiheit, von Kant abzuweichen" (217), nimmt. Aber es handelt sich dabei um eine Differenzierung kantischer Paradigmata, nicht etwa um einen Sprung hinter Kant zurück in vorkritische Begrifflichkeit.

[283] KdrV, B 3 (WA 3, 46).

keit aller Erfahrung darstellen. Diese Erkenntnisse und Anschauungen können nur formal sein, da alle Inhalte sich erst in der sinnlichen Erfahrung konstituieren, und sie können nur in der Beschaffenheit der Subjekte selbst gesucht werden, da wir von den Dingen an sich (d. h. unabhängig von unserer Erfahrung) nichts wissen.[284] Diese Aussagen faßt Kant in der verblüffenden These zusammen, „daß wir [...] von den Dingen nur das a priori erkennen, was wir selbst in sie legen"[285]. Die Erfahrung dagegen sieht er als „synthetische Verbindung der Anschauungen" zu einem „Ganzen"[286] an, in dem den apriorischen Begriffen akzidentelle Prädikate zugeschrieben werden.

Der Kantische Funktionalbegriff ‚a priori' wird in Hölderlins Wendung zum Prinzip erhoben. Überraschend ist, daß der so gegenüber Kant noch weiter abstrahierte Begriff ausgerechnet dem „Individuellen" zugeordnet wird, einer Instanz, die nach idealistischer Terminologie weder einem Allgemeinen zugerechnet werden kann (wie etwa die Begriffe ‚Subjekt' oder ‚Ich') noch mit einem aus diesem separierten Besonderen (wie der ‚Person') gleichgesetzt werden darf.[287] Hölderlin selbst hat den Zustand des In-dividuellen in seinem frühen erkenntnistheoretischen Text über ‚Seyn Urtheil Möglichkeit' (bisher meist ‚Urtheil und Seyn' genannt) als „Seyn schlechthin" zu umschreiben versucht:

> Seyn –, drükt die Verbindung des Subjects und Objects aus.
> Wo Subject und Object schlechthin, nicht nur zum Theil vereiniget ist, mithin so vereiniget, daß gar keine Theilung vorgenommen werden kan, ohne das Wesen desjenigen, was getrennt werden soll zu verlezen, da und sonst nirgends kann von einem *Seyn schlechthin* die Rede seyn, wie es bei der intellektualen Anschauung der Fall ist.
>   (FHA 17, 156, Z. 1-6)[288]

Das „Seyn" ist also der Zustand vor der „Ur=Theilung" (ibd., Z. 5)[289] von Subjekt und Objekt, die allererst eine „Identität" (ibd., Z. 28) des Ich und damit ein „Selbstbewußtseyn" (ibd., Z. 5) ermöglicht. Aber diese eine zeitliche Abfolge suggerierende Rede trifft den von Hölderlin bezeichneten Sachverhalt nicht: Das „Seyn" wäre kein „Seyn schlechthin", wenn es nur zufälligerweise noch nicht geteilt wäre; vielmehr handelt es sich um einen Zustand der *prinzipiellen Unteilbarkeit*, der – in topologischer Metaphorik – als ein eigenständiger Bereich dargestellt wird, der sich bestenfalls einem nichtreflexiven Vermögen wie der

---

[284] Cf. die Schrift über die ‚Fortschritte der Metaphysik' (1791; ed. 1804) A 27 (WA 6, 597f.): „Die Form des Objektes, wie es allein in einer Anschauung a priori vorgestellt werden kann, gründet sich also nicht auf der Beschaffenheit dieses Objektes an sich, sondern auf der Naturbeschaffenheit des Subjekts, welches einer anschaulichen Vorstellung des Gegenstandes fähig ist, und dieses Subjektive in der formalen Beschaffenheit des Sinnes, als der Empfänglichkeit für die Anschauung eines Gegenstandes, ist allein dasjenige, was a priori, d. i. vor aller Wahrnehmung vorhergehend, Anschauung a priori möglich macht [...]."

[285] KdrV B XVIII (WA 3, 26).

[286] KdrV B 12/A 8 (WA 3, 54).

[287] Cf. Frank 1986, 25f.

[288] Michael Franz (1986/87) hat den Text mit überzeugenden Argumenten neu betitelt und angeordnet. Cf. zu diesem Fragment auch die wegweisende Studie von Henrich (1965/66) sowie Kurz 1975a, 61-64. Weniger ergiebig sind dagegen die Ausführungen von Bachmaier (1979).

[289] Diesen Gedanken hat Hegel in seiner „Logik" wieder aufgegriffen; cf. WW 6, 304 et pass.

„intellektualen Anschauung" erschließt. Deutlich wird, daß Hölderlin keine Ontologie instaurieren will, sondern einen Zustand vorsichtig zu umschreiben sucht, der sich der begrifflichen Fixierung aus prinzipiellen Gründen entzieht. Um jede falsche Fixierung und insbesondere die Zirkularität von Fichtes Lösungsversuch zu vermeiden, das Ich als eine sich selbst setzende Instanz zu verstehen, spricht Hölderlin hier nicht von einem ‚Ich'.[290] Dieser Zustand kann jedoch ohne Begriffsverwirrung auch als einer des „Individuellen"[291] bezeichnet werden.

Ich möchte vorschlagen, den Begriff des „Individuellen" an der vorliegenden Stelle in genau diesem Sinne zu verstehen. Kants These von der Notwendigkeit von Erkenntnissen a priori wird damit konkretisiert und zugleich abgewandelt: Die Rede von der „apriorität des Individuellen" meint, daß es einen Zustand oder Bereich vor bzw. außerhalb aller Erfahrung (also auch der Selbst-Erfahrung) gibt, der sich allem Urteilen entzieht. Schon Kant hatte diesen Bereich auf der Seite des Subjekts angesiedelt, aber er hatte nicht deutlich genug das Subjekt im Sinne dieses apriorischen „Individuellen" von dem innerhalb der Subjekt-Objekt-Relation abgehoben. Hölderlin löst das Problem, indem er – wie aus den einschlägigen Stellen[292] in seinen theoretischen Schriften erhellt – präzise zwischen dem „Individuellen" oder „Seyn" einerseits, dem „Subject" oder „Ich" andererseits unterscheidet. An der vorliegenden Stelle wird also der Zustand einer ursprünglichen, nichtbewußten Vertrautheit mit sich selbst hervorgehoben. Erst im Zustand der Selbstreflexion erkennt das Subjekt oder Ich, daß dieser prä- oder besser a-reflexive Zustand eine notwendige Bedingung der Möglichkeit seiner (des Subjekts oder des Ich) selbst ist, aber als solche unverfügbar und damit auch unerkennbar bleibt.

Zu diesem Diktum scheint die von ihm abhängige, in der zweiten Zeile folgende Präpositionalbestimmung „über das Ganze" wenig zu passen. Einerseits würde man als Gegenbegriff zum „Individuellen" das ‚Generelle' o. ä. erwarten, als Gegenstück des ‚Ganzen' aber seine ‚Teile'.[293] Andererseits erscheint es als sinnwidrig, daß die „apriorität" überhaupt in eine Verhältnisbeziehung gesetzt wird, handelt es sich doch Hölderlins eigener Analyse zufolge um einen Zustand des Absoluten. Denkbar wäre bestenfalls, daß etwas als ‚apriorisch von' oder (in metaphorischer Rede) ‚apriorisch vor' etwas anderem bezeichnet wird. Eine „apriorität [...] / über" dagegen legt das Mißverständnis nahe, daß hier ganz traditionell eine ‚Vorherrschaft' gemeint sei.[294]

Das erste Problem läßt sich möglicherweise durch einen Rekurs auf die Kantischen Ausführungen zum ‚a priori' auflösen: An einer bereits angeführten

---

[290] So auch Frank/Kurz 1975, 80.

[291] Nicht aber des ‚Individuierten' oder der ‚Individuation' im Sinne Schopenhauers oder gar Nietzsches. Einen solchen „– gewagten – Umweg" (um nicht zu sagen: Irrweg) schlägt Söring (1980, 217) zur Erklärung der vorliegenden Notiz vor.

[292] Cf. auch die lange Fußnote im Theoriefragment „Wenn der Dichter einmal des Geistes mächtig ist ..." (FHA 14, 312-314).

[293] So auch Söring 1980, 214.

[294] Diesem Irrtum erliegt Söring (1980, 217).

Stelle[295] bezeichnet er nämlich die „Erfahrung" als ein „Ganze[s]", das sich aus den apriorischen Begriffen und den aus zufälligen Sinnesdaten gewonnenen Prädikaten zusammensetzt. Dieses „Ganze" der Erfahrung, das die reflexive Selbsterfahrung einschließt, könnte auch an der vorliegenden Stelle gemeint sein. Damit wird ausgesagt, daß das unverfügbar Individuelle unhintergehbare Bedingung der Möglichkeit der Synthesis von Erfahrung ist.

Daß im Rahmen des Idealismus eine völlig andere Bestimmung des Verhältnisses von Ganzem und Individuellen möglich ist, zeigt ein Vergleich mit den einschlägigen Passagen aus Hegels 1807, also nur kurze Zeit nach der Entstehung des vorliegenden Entwurfs, erschienener „Phänomenologie des Geistes". Im „Vernunft"-Kapitel des Buches führt Hegel die gesellschaftliche Arbeitsteilung als ein Argument dafür an, daß sich „die Selbständigkeit des Individuums"[296] zugunsten eines Ganzen auflösen müsse. Etwas später faßt er zusammen:

> Das Ganze ist die sich bewegende Durchdringung der Individualität und des Allgemeinen [...].[297]

Die Einheit sei aber auf dieser Stufe noch vom „Spiel der Individualitäten miteinander"[298] gefährdet und müsse daher durch die „gesetzgebende Vernunft"[299] abgesichert werden. Das Individuelle erscheint also in Hegels Darstellung als ein zwar notwendiges, aber zu überwindendes Übergangsstadium auf dem Weg zum Ganzen, das in der Einleitung der „Phänomenologie" als das „Wahre"[300] ausgezeichnet wird.

Gegenüber dieser teleologischen Hierarchisierung der Begriffe im Dienste einer holistischen Konzeption bewegt sich Hölderlins Diktum viel enger im Rahmen der Kantischen, auf der logisch-erkenntnistheoretischen Ebene angesiedelten Gedankenführung. Neben den schon genannten Differenzierungen der Kantischen Argumentation sticht jedoch eine weitere Abweichung ins Auge: die Präposition „über", die sich mit einem apriorischen Denken schlechterdings nicht in Einklang bringen läßt. Mit dem „über" bricht eine deutliche Wertung in die scheinbar nur erkenntnistheoretische Gedankenfigur der „apriorität des Individuellen" ein: Das Individuelle ist demzufolge nicht nur transzendentale Bedingung des Ganzen, sondern diesem zugleich auch übergeordnet. Diese beiden, im streng logischen Sinne unvereinbaren Gedanken sind im vorliegenden Notat zusammengepreßt und machen seine ungeheure immanente Spannung aus, die nicht durch interpretatorische Manipulationen nivelliert werden sollte. In einem Zuge wird hier also der Kantische Transzendentalismus durch den Rekurs auf ein unvordenkliches Individuelles präzisiert und – avant la lettre – das Hegelsche Totalitätsdenken umgewertet zugunsten einer Überordnung des Einzelnen

---

[295] KdrV B 12/A 8 (WA 3, 54).
[296] Hegel WW 3, 265.
[297] Hegel WW 3, 308.
[298] Hegel WW 3, 308.
[299] Hegel WW 3, 311.
[300] Hegel WW 3, 24.

über das Ganze.[301] Eine vergleichbare Umwertung zugunsten des Individuums und des von der Norm Abweichenden findet sich im Homburger Folioheft wenige Seiten weiter vorne, allerdings als sorgfältig durchstrichenes (damit aber nicht schon widerrufenes) Notat:

Ein anderes freilich ists,

Unterschiedenes ist
gut. Ein jeder

und es hat
Ein jeder das Seine.   (HF 66, Z. 1-5)

Das Tastende, Vorsichtige dieser Bruchstücke, das durch die Zurücknahme des Schreibaktes noch unterstrichen wird, ist die adäquateste Ausdrucksform für eine Aussage, wie sie in dem in sich aufs äußerste gespannten Notat oben auf Seite 75 in der Sprache des philosophischen Diskurses explizit gemacht wird.

Was für eine Funktion aber, so ist zu fragen, kommt dieser programmatischen philosophischen Notiz im Kontext eines Gedichtentwurfs oder eines Ensembles lyrischer Bruchstücke zu? Die zu Beginn festgestellte Verwobenheit des Zweizeilers in ein Konglomerat anderer, schwer einander zuzuordnender Bruchstücke lenkt zunächst die Aufmerksamkeit auf diesen unmittelbaren Kontext. Die Notiz ist zwar eine unter anderen, aber doch die oberste auf dieser Seite. Sie kann mithin in einer autoreferentiellen Dimension als programmatische Aussage gelesen werden: Jedes einzelne Textsegment sei dem Ganzen nicht nur vorgängig, sondern sogar überlegen.[302] Diese Aussage muß konsequenterweise auch auf die ‚apriorität'-Notiz selber angewandt werden: Würde sie als allgemeingültige Regel gelesen, geriete sie in einen pragmatischen Selbstwiderspruch, denn die „apriorität" wird dekretiert nur als eine „über das Ganze", also über die Instanz des *totum*, nicht etwa als eine über alles und jedes. Nur in einer bescheidenen, sich selbst zurücknehmenden Lesart – analog zu der verwobenen handschriftlichen Positionierung des Notats – kann dieses seinen Geltungsanspruch aufrechterhalten. Damit wird von der inhaltlichen Analyse her eine Interpretation unplausibel, die sich zunächst aufdrängt, insbesondere wenn man die zweite Zeile des Notats isoliert liest: die Lesart nämlich, daß dieses Segment „über das Ganze" der Seite gesetzt sei und damit deren Inhalt dominiere. Denn weder gibt es – nach der ersten Sichtung des Textbestandes – ein Ganzes, wenn man darunter nicht ein Ensemble von Verschiedenem versteht, noch könnte das Notat über ein Ganzes – wenn es denn vorhanden wäre – eine Aussage machen,

---

[301] Sattler trifft diesen Impuls des Segments präzise durch seinen Verweis auf Adornos Hegelkritik (cf. FHA Einl., 87), die sich in seiner berühmten Neubewertung des Hegelschen Holismus kristallisiert hat: „Das Ganze ist das Unwahre." (Adorno GS 4, 55)

[302] An diesem Punkt zeigt sich, wie nützlich es ist, den Begriff des „Individuellen" an der vorliegenden Stelle nicht ausschließlich im subjekttheoretischen Sinne zu verstehen, sondern auf Hölderlins Erkenntnistheorie, die die Notwendigkeit der Annahme eines „Seyn[s] schlechthin" zu zeigen versucht, zurückzubeziehen. Damit kann er sowohl auf menschliche Individuen als auch auf singulare Texte als deren Manifestationen bezogen werden.

denn es spricht von nichts anderem als von der schlechthinnigen Vorgängigkeit und der Überlegenheit des Einzelnen.

Damit, daß ein solches Diktum eingelassen ist in ein Ensemble lyrischer Bruchstücke, wird zugleich deren gattungspoetische Einheitlichkeit in Frage gestellt und aufgelöst: Das Segment läßt sich nicht ohne weiteres als Bestandteil eines Gedichtkomplexes identifizieren (auch nicht als dessen Überschrift oder Motto), sondern trägt dazu bei, daß hier eine im zeitgenössischen Kontext neue Form poetischen Sprechens etabliert wird, die die Konventionen lyrischer (oder auch hymnischer) Gedichte sprengt. Die Zwiespältigkeit der Notiz, ein Votum für das Individuelle in einer opaken sprachlichen Gestalt vorzutragen, markiert aber sogleich die schwierigen Bedingungen für die Verwirklichung des in ihr ausgesprochenen Programms. Auch weitere Textsegmente wie der fremdsprachige Ausruf „$M\alpha$ $\tau o\nu$ $o\rho\kappa o\nu$" tragen zu einer Auflösung der Genrekonventionen bei, die im einzelnen noch weiter zu verfolgen sein wird.[303]

Vor der Analyse des weiteren Materials ist eine grobe Orientierung über dessen Strukturiertheit unumgänglich. Die textkritischen Überlegungen haben zu dem vorläufigen Ergebnis geführt, daß – entgegen dem ersten Eindruck unentwirrbarer Verknäuelung – der linksbündig notierte Text der Seite einen durchgehenden Zusammenhang bildet, der sich von Z. 6 („Vom Abgrund nemlich haben") bis Z. 55 („Das Licht sich prüfet wenn < > Deutschland") hindurchzieht und der allein durch das möglicherweise als Zwischentitel fungierende Stichwort „Germania" in seiner Mitte (Z. 29) unterteilt wird. Unterhalb dieses Einschnitts lassen sich zunächst einige kleinere Bruchstücke am rechten Rand (Z. 31, 35, 37f., 40, 43-46) nicht gewaltlos in den linearen Text integrieren; ab Z. 47 ist ein durchgehender Textzusammenhang kaum noch schlüssig von hinzugesetzten Segmenten abzuheben. Ähnlich kompliziert ist die Problemlage im oberen Viertel der Seite: Wie schon erwähnt, ist bereits in den Raum unterhalb der ersten und rechts von der zweiten Zeile der Eingangsnotiz das Segment „und kehr in Hahnenschrei / den Augenblik des Triumps" (Z. 2 und 4) hineingesetzt. Direkt darunter, also zwischen der ‚apriorität‘-Formel und dem Textbeginn „Vom Abgrund nemlich haben", findet sich das Bruchstück „Werber!   keine Polaken sind wir" (Z. 5; das erste Wort davon links herausgerückt, der Rest nach einer Lücke in etwa unterhalb von „den Augenblik des Triumps"). Am linken Seitenrand sind zwei nicht eindeutig einzuordnende Zusätze festgehalten („Der / Gelehrten / halb", Z. 7, 9, 11 sowie „Mit / ihnen", Z. 16f.). Das in einer Linie mit dem linksbündigen Text zweimal notierte Segment „Der Schöpfer" (Z. 21) gehört entgegen dem ersten Eindruck einem anderen Entwurfszusammenhang an. In den Raum rechts von den Zeilen des linearen Textes schließlich sind neben den bisher genannten Zusätzen im oberen Bereich der Seite zwei weitere Gruppen von Fragmenten

---

[303] Das Moderne der Formel von der „apriorität des Individuellen" und des Kontextes der Entwürfe, in den sie gestellt ist, sehe ich in diesen gattungspoetischen Konsequenzen, nicht aber in einer vermeintlichen „Aufhebung (oder Auflösung) des Individuellen und Subjektiven", die Söring (1980, 245) – geleitet vor allem von einem Ausblick auf die spätesten Gedichte – an dieser Formel konstatiert.

hineingeschrieben: die griechische Notiz „$M\alpha$ $\tau o\nu$ $o\varrho\kappa o\nu$" und die – der Feder und dem Duktus der Handschrift nach zu urteilen – in einem Zuge mit ihr entstandenen Zeilen „In Zweifel und aergerniß, / denn sinnlicher sind Menschen" (Z. 7, 9, 11) sowie die Sequenz „Indessen aber / an meinem Schatten < > ich / und Spiegel die Zinne <?> / Meinen Fürsten / Nicht umsonst / Die Hüfte unter dem Stern / nationell" (Z. 18-21, 23, 25, 27).

Bei der Seite 74, auf der ebenfalls zwischen einem dominierenden Text einerseits und Zusätzen, Interlineartexten und eigenständigen Fragmenten andererseits unterschieden werden konnte, habe ich zuerst den durchgehenden Textzusammenhang und danach die ‚Nebentexte' analysiert. Die Lage war dort allerdings insofern einfacher, als es nur wenige (nämlich vier) relativ umfangreiche Entwurfszusammenhänge außerhalb des dominierenden Textes gab. Auf Seite 75 dagegen findet sich eine Fülle relativ kurzer randständiger Segmente, die untereinander in keinem auf den ersten Blick erkennbaren Zusammenhang stehen (wie er auf Seite 74 etwa in der über beinahe die ganze Seite verstreuten frühen Entwurfsschicht vorliegt). Es ist daher hier ein flexibleres Vorgehen notwendig: Die Bruchstücke müssen sowohl in ihrem etwaigen Zusammenhang untereinander gesehen werden wie in ihrem möglichen Bezug zu ihrem unmittelbaren handschriftlichen Kontext, das heißt zu der Stelle des linearen Textes, neben der sie plaziert sind und die sie möglicherweise ergänzen. Je nach Sachlage in den einzelnen Regionen der Seite werde ich mal die eine, mal die andere Perspektive voranstellen. Abschließend gehe ich dann der Frage nach, inwieweit in den Texten dieser Seite Einheit, Gegensatz und Vielheit zu finden sind: Reicht der Zusammenhang des dominierenden Textes über die mit dem Stichwort „Germania" gesetzte Zäsur hinweg? Lassen sich die kurzen Fragmente (wenigstens zum Teil) in den Textverlauf integrieren, oder stehen sie möglicherweise untereinander in einem sich nicht auf den ersten Blick erschließenden Konnex? Gibt es einen Gesichtspunkt, unter dem die scheinbar so disparaten Fragmente doch zu einer – wenn auch fragilen – Einheit zusammenschießen? Nach Abschluß der Interpretation zwar nicht des ‚Ganzen' (denn ein solches scheint es hier nicht zu geben), aber aller Textelemente der Seite kann die Frage noch einmal aufgenommen werden, in welchem Sinne und in welchem Maße sich hier eine „apriorität des Individuellen" manifestiert und welche Funktion diesem Diktum somit im Kontext der Seite, über die es gesetzt ist, zukommt.

Z. 2 und 4 (Bruchstück, rechts)

und kehr in Hahnenschrei
den Augenblick des Triumps   (Z. 2 und 4)

Dieser Anakoluth ist in den Raum direkt neben das ‚apriorität'-Notat hineingeschrieben. Er muß daher zunächst in diesem Kontext gesehen werden.[304] Dem

---

[304] Dafür, daß es sich um einen Zusatz handle, der an einer Stelle viel weiter unten eingefügt werden müsse, wie es Sattler (FHA Einl., 86, Z. 14f.; cf. auch ibd., 86 z. St.; ebenso Sattler

Satz fehlt ein grammatisches Subjekt, als das ein Pronomen der ersten Person Singular in Frage käme, das sich jedoch erst in Z. 19, ebenfalls im rechten Bereich der Seite, findet. Denkbar wäre außerdem, daß „kehr" als Konjunktiv zu lesen ist, so daß auch ein Subjekt in der dritten Person in Betracht kommt. Auch ein solches fehlt jedoch im näheren Kontext. Es gibt aber die dritte Möglichkeit, „kehr" als Imperativ zu verstehen, womit ein Subjekt unnötig ist und der Satz nicht mehr als Anakoluth erscheint, obwohl noch immer nach dem Punkt zu suchen ist, an den das einleitende „und" anschließt. Dieser Lesart zufolge, die den Vorzug hat, das Segment aus sich selbst heraus zu verstehen und nicht wahllos auf externe Elemente zurückzugreifen, wird ein ungenanntes Gegenüber vom sprechenden Subjekt aufgefordert, „in Hahnenschrei / den Augenblick des Triumps" zu ‚kehren'. In dem durch die übrigen Satzelemente abgesteckten semantischen Feld kann wahrscheinlich eine der beiden Bedeutungen des heutigen ‚kehren', nämlich ‚mit dem Besen reinigen, fegen', vernachlässigt werden. Naheliegender ist die Bedeutung ‚etwas in eine Richtung drehen, wenden', zumal beide Leerstellen, die das Verb in dieser Bedeutung hat, nämlich ein Akkusativobjekt und eine Richtungsangabe, als besetzt angesehen werden können: Der „Augenblick des Triumps" soll demzufolge in den „Hahnenschrei" umgewendet werden.[305] Mit hoher Wahrscheinlichkeit ist der ‚Augenblick des Triumphs' gemeint, aber

---

1981a, 301 sowie 307, Z. 15f.) und mit ihm ohne weitere Begründung Uffhausen (1986a, 146; 1989, 146, Z. 56f.) annehmen, sehe ich keinen Anhaltspunkt (so auch Wellmann-Bretzigheimer 1975-77, 493 und Jakob 1987, 321 und 324, Anm. 7). Es überrascht, mit welcher Selbstverständlichkeit die Editoren, die ansonsten versuchen, jedes Segment aus diesem Bereich der Seite in den linearen Textzusammenhang zu integrieren, diese beiden Zeilen aus ihrem topologischen Kontext herausreißen. – Die feine Feder, mit der das Segment notiert ist, könnte eher einen entstehungsgeschichtlichen Zusammenhang mit dem Textbeginn „Vom Abgrund nemlich haben" (Z. 6) vermuten lassen.

[305] Allerdings ist in diesem Zusammenhang auf die unsichere Lesung des Artikels „den" hinzuweisen, der Sattler und Uffhausen zufolge aus ‚der' korrigiert ist (cf. FHA Suppl. III Beil., 101, Z. 4; Uffhausen 1989, 146, Z. 57), während Beißner keine Korrektur sieht und „der Augenblick" (‚Bruchstück 79', StA II.1, 339, Z. 2) liest. Die Korrektur jedoch liegt meinem Augenschein nach eindeutig vor, nur ist es wie in vielen solcher Fälle auf diesen Blättern schwer zu entscheiden, in welche Richtung sie erfolgt ist, ob also ‚der' oder ‚den' als die ‚gültige' Variante anzusehen ist. Obwohl auch ich der Variante „den Augenblick" als der synthetischeren, die beide Zeilen eng, wenn auch spannungsreich miteinander verknüpft, den Vorzug gebe, muß die Alternative ‚der Augenblick' mitbedacht werden. In diesem Fall könnte, wenn man nicht auf die Verknüpfung der beiden Zeilen ganz verzichten will, ‚der Augenblick' als Subjekt eines konjunktivischen „kehr" verstanden werden. Abgesehen von der Verlagerung der aktiven Rolle von einem ungenannten Gegenüber auf den Augenblick selbst, ändert sich wenig an der optativen bzw. imperativen Aussage des Satzes, der Augenblick möge „in Hahnenschrei" ‚kehren' bzw. ‚gekehrt' werden.

der Schreibfehler[306] hat lautmalerische Wirkung[307]: Mit der Verwandlung des Reibelauts in einen Verschlußlaut tritt die in einem einzigen Moment gebündelte Gewalt des Sieges und der Siegesfeier an die Oberfläche der Wortgestalt. Darüber hinaus klingen durch die ungewöhnliche Lautung die volkssprachliche Abwandlung des Wortes ‚Trumpf‘, sowie das – nicht verwandte – Wort ‚Trompete‘ an[308], wodurch die Konnotationen um weitere verwandte Aspekte bereichert werden: Man denkt an das ‚Ausstechen‘ anderer sowie an die Fanfaren, die ebenso zum Kampf blasen wie die Siegesfeier begleiten. Schließlich weist das Wort „Triump" auf seine antike Vorgeschichte zurück: Es kann nämlich aus griechisch $\vartheta\varrho\iota\alpha\mu\beta\sigma\varsigma$, einem Beinamen des Dionysos, hergeleitet werden, aus dem lat. *triumpe* entstanden ist, das einen Festruf bei den im Mai stattfindenden Umzügen der Arvalischen Brüder, einer Priestergenossenschaft, bezeichnet.[309]

Der triumphale Augenblick soll dem Bruchstück zufolge ‚gekehrt‘, also abgewendet oder auch in seiner Ausrichtung umgekehrt werden. Damit wird das in allen Konnotationen enthaltene Gewaltsame dieses Moments zurückgenommen. Trotzdem ist es eine befremdliche Vorstellung, daß ein Augenblick, der eine Spitze, einen Kairos, markiert, ‚gekehrt‘ werden soll. Auch bleibt unklar, ob es sich um eine Wendung von außen nach innen, also eine Umstülpung, oder um eine bloße Richtungsänderung, also eine Umkehr, handeln soll.[310]

---

[306] Mit dem Wort hatte Hölderlin immer wieder seine Probleme: Schrieb er zunächst noch – im zeitgenössischen Kontext durchaus nicht ungewöhnlich – „Triumf" („Denn es naht, siehe es naht, hoch herab / Vom Gefild, wo der Triumf jubelt, der Mann"; „Keppler", StA I.1, 81, V. 7f.), so sind in der späteren Lyrik neben einigen orthographischen Normalfällen (z. B. „Dichterberuf", FHA 5, 559, V. 2) noch an weiteren zwei Stellen fehlerhafte Schreibungen überliefert: „Und, wie der Feldherr auf dem Helme den Adler trägt in Kampf und Triumph, so möcht ich daß sie [die Natur] mich trüge" (‚Palingenesie‘ [‚Bruchstück 12‘], StA II.1, 317, Z. 4f.; cf. StA II.2, 930, Z. 20 z. St.: „Triumph] Triuph H". Im Entwurf zur Fortsetzung der Ode „An die Deutschen", der durch die „Rousseau" gewidmete Umarbeitung des Gedichts hinfällig wurde, heißt es gar: „Den Wagen deines Triump" (FHA 4, 229, Z. 36). Man kann von Zufall oder tatsächlicher orthographischer Nachlässigkeit oder Unsicherheit sprechen; mir scheint es jedoch einleuchtender zu sein, daß in allen diesen Normabweichungen wenn nicht der Autor mit den Lauten, so doch die Laute mit dem Autor spielen.

[307] Ähnlich argumentiert an dieser Stelle auch Beese (1982, 196), allerdings ohne die Abweichung von der orthographischen Norm zu berücksichtigen: „Hier ist die begriffliche Formulierung ‚Triumph‘ nicht schlechthin metaphorisiert, sondern ins Akustische, Sinnlich-Empfundene übertragen."

[308] Cf. Duden-Etymologie, 758 (s. v. Triumph) und 761 (s. v. Trumpf). Die geringe lautliche Differenz zu ‚Trompete‘, die sich in engl. *trump – trumpet* noch erhalten hat, tritt unter etymologischer Perspektive noch deutlicher hervor: ‚Trompete‘ leitet sich (ebenso wie ‚Trommel‘) aus dem lautmalerischen ahd. *trumba* ab, das sich zu mhd. *trumpet* weiterentwickelt hat. Cf. dazu einhellig Duden-Etymologie, 759 (s. v. Trommel, Trompete) und Kluge 1975, 792 (s. v. Trommel, Trompete).

[309] Cf. Kluge 1975, 794 (s. v. Trumpf).

[310] Zbikowski (1988, 251) weist zu Recht auf eine Parallelstelle aus dem „Hyperion" hin: "[...] da ruhn wir dann erst, Alabanda, wenn des Genius Wonne kein Geheimniß mehr ist, dann erst, wenn die Augen all in Triumphbogen sich wandeln, wo der Menschengeist, der langabwesende, hervorglänzt aus den Irren und Laiden und siegesfroh den väterlichen Aether grüßt." (FHA 11, 720, Z. 1-5) An beiden Stellen ist von einem ‚Wandel‘ bzw. einer ‚Kehre‘ die Rede, und es

Daß der Augenblick „in Hahnenschrei" umgewendet werden soll, bringt in diesen Fragen wenig Aufklärung, obwohl die präpositionale Bestimmung mit relativ großer Wahrscheinlichkeit als Richtungsangabe verstanden werden muß.[311]
Eine Gemeinsamkeit zwischen dem „Augenblik des Triumps" und dem „Hahnenschrei", in den er ‚gekehrt' werden soll, besteht zunächst darin, daß auch dieser
ein Ereignis ist, das nur einen Augenblick Zeit in Anspruch nimmt und damit zur
Bezeichnung des Zeitpunktes, in dem es sich ereignet, dienen kann. Es gibt also
auch einen ‚Augenblick des Hahnenschreis'[312], der allerdings kein einmaliger und
auch kein seltener, sondern ein rekursiver Moment ist: Da die Hähne vornehmlich in der Morgendämmerung zu schreien pflegen, kann der „Hahnenschrei"
synekdochisch für das Ende der Nacht und den Anbruch des Tages stehen.[313] In
der Passionsgeschichte etwa kommt dem Krähen des Hahns die Funktion eines
Zeichens für die $\dot{\epsilon}\pi o\chi\acute{\eta}$ zwischen der Nacht des Verrats und der Verleugnung
Christi durch seine Jünger sowie dem Tag seiner Kreuzigung zu (cf. z. B. Mt.
26, 74f.). Auch wenn dieser finsterste Zeitpunkt der christlichen Mythe nicht
ohne weiteres in das vorliegende Bruchstück hineinprojiziert werden darf, ist
der „Hahnenschrei" hier negativ konnotiert: Der „Augenblick des Triumps" verliert, indem er „in Hahnenschrei" gewendet wird, alle Attribute von Glanz und
Selbstgewißheit; der Triumph wird der Nacht zugeordnet, büßt somit bei Tagesanbruch seine Wirksamkeit ein und erweist sich als chimärisch.[314]
Es fällt schwer, diesem kurzen und zunächst kontextlosen Textfetzen, der zudem

---

ist nicht eindeutig, ob die mit „in" eingeleitete Umstandsbestimmung („in Hahnenschrei" bzw.
„in Triumphbogen") Zeit und Ort der Umwandlung oder aber deren Ergebnis bezeichnet. Auch
von ‚Augen' ist an beiden Stellen die Rede; einmal sind sie jedoch mit dem ‚Triumph' assoziiert
(„Augenblik des Triumps"), an der anderen Stelle jedoch dasjenige, was „in Triumphbogen"
gewandelt werden soll. Während also in der „Hyperion"-Passage der ‚Triumph' das Produkt
der Umwandlung ist, ist er an der vorliegenden Stelle der Zustand vor der Umkehrung. Der
affirmative ‚Triumph'-Begriff aus dem Roman wird also hier destruiert. Wenn es sich also um
ein „Selbstzitat" (Zbikowski 1988, 251) Hölderlins handelt, so um ein ironisches.

[311] Nicht völlig ausgeschlossen werden kann, daß es sich um eine Zeitangabe handelt, obwohl offenbar nicht der Dativ (‚im Hahnenschrei' im Sinne von: ‚zum Zeitpunkt des Hahnenschreis') verwendet ist. Ich verfolge jedoch auch in diesem Falle die (hier auch grammatisch
näherliegende) schwierigere und darum produktivere Lesart, die versucht, „in Hahnenschrei"
als Richtungsangabe zu verstehen.

[312] An der einzigen Parallelstelle in Hölderlins Lyrik wird der Ereignischarakter des Hahnen-
schreis mehr betont als seine Wiederkehr: „Ich traumete fort die Nacht hindurch da wekte der
Hahnschrei / Plözlich mich auf" („Der Archipelagus" [letzte, erweiterte Fassung], FHA 3, 251,
V. 233f.).

[313] Cf. Grimm, Bd. 4.2 (1877), Sp. 169 (s. v. Hahnenschrei): „zeitbestimmung für die anbre-
chende morgendämmerung". Diese Bedeutung findet sich bereits in Jesu letzter prophetischer
Rede: „So wachet nu / Denn jr wisset nicht / wenn der Herr des hauses kompt / Ob er kompt
am Abend / oder zu Mitternacht oder vmb den Hanenschrey / oder des Morgens" (Mk. 13,
35).

[314] Eine ähnliche Szenerie wird übrigens an fast derselben Stelle auf dem folgenden Handschriftenblatt entworfen: „Höret das Horn des Wächters bei / Nacht / Nach Mitternacht ists
um die fünfte Stunde" (HF 77, Z. 1-3). Da allerdings kein wörtlicher Anklang festzustellen ist
und zudem auch dieses Segment rätselhaft genug ist (cf. Beck 1977/78, 231f.), verzichte ich
hier auf eine eingehende Parallelisierung der beiden Bruchstücke.

auf den ersten Blick unvereinbar erscheinende Elemente im Medium der ‚Kehre‘ (um für einmal mit Heidegger zu reden) zusammenspannt, einen kohärenten Sinn zuzusprechen. Ein Zusammenhang könnte immerhin zur Eingangsnotiz der Seite hergestellt werden, in deren Zwischenraum die beiden Zeilen plaziert sind. Ein direkter Anschluß, den man wegen des einleitenden „und“ vermuten könnte, ist allerdings nicht nur wegen des Punktes hinter „das Ganze“, sondern auch wegen der völlig unterschiedlichen Sprachebenen der beiden Zweizeiler kaum möglich. Versucht man, die abstrakt-philosophische Sprache des einen und die konkret-bildliche des anderen Segments ineinander zu ‚übersetzen‘, so könnte es als naheliegend erscheinen, den ‚Triumph‘ mit der ‚Apriorität über das Ganze‘ zu parallelisieren. Abgesehen jedoch von der bereits analysierten spekulativen Semantik des Begriffs ‚Apriorität‘, die ein simples Verständnis im Sinne von ‚Vorherrschaft‘ nicht zuläßt, kann es auch ausgeschlossen werden, daß das Individuelle, das unverrechenbar Einzelne, als die Instanz, der Apriorität zugeschrieben wird, einen Triumph, der stets mit Gewalt und Unterwerfung verbunden ist, erstrebt oder erreicht. Eher ließe sich der Triumph mit dem Ganzen parallelisieren und das Individuelle mit dem Hahnenschrei als dem Moment der Ernüchterung über vermeintliche Siege. Aber der Text bietet keine Anhaltspunkte, eine solche Verknüpfung der beiden Segmente über den Status der Vermutung hinauszutreiben.

Z. 5 (Bruchstück)

Werber!   keine Polaken sind wir   (Z. 5)

Dieses Bruchstück, das trotz seiner Kürze in sich eine Lücke enthält[315], ist unterhalb der beiden bisher untersuchten Zweizeiler über fast die ganze Breite der Zeile notiert. Zusammen mit jenen macht es also die Trias der den Text der Seite einleitenden Segmente aus. Gezielt scheint es zwischen die ‚apriorität‘- Notiz und den Beginn des fortlaufenden Textes, „Vom Abgrund nemlich haben“ (Z. 6), eingeschoben zu sein. Dennoch fällt es auch bei diesem Bruchstück schwer, Anhaltspunkte zu finden, die die Konstellation, in der es zu den es umgebenden Texten steht, erhellen könnten.[316] Es ist also wiederum zunächst eine immanente

---

[315] Da jedoch seine beiden Bestandteile als syntaktisch und semantisch in sich abgeschlossene Elemente (nämlich als Anrede und Aussage) gelesen werden können, kann eine Bedeutung des Bruchstücks aus dem Spannungsverhältnis dieser beiden Teile entwickelt werden, ohne daß der Frage nach dem fehlenden mittleren Element nachgegangen werden müßte.

[316] In einer ebenso beeindruckenden wie gewaltsamen Gedankenbewegung versucht Sattler, der das Segment 1975 noch wie alle anderen Editoren als nicht zugehörig ausgesondert hatte (cf. FHA Einl., 83), es in seiner editorischen Etüde von 1981 mit dem Beginn des linearen Textes zu verschmelzen. Zwar ist ihm uneingeschränkt zuzustimmen, wenn er (auch selbstkritisch) feststellt: „An der Gültigkeit einer Zeile, die dem Geschmack dergestalt zuwider war, daß er sie schlichtweg verdrängte, ist nicht länger zu zweifeln.“ (Sattler 1981a, 297) Die editorische Umsetzung dieser Einsicht schießt jedoch entschieden über das Ziel hinaus: Aufgrund der irrigen, in der Umschrift von 1986 (cf. FHA Suppl. III Beil., 101) bereits wieder revozierten Annahme, daß „nemlich“ (75, Z. 5) gestrichen sei, kommt er zu der Textkonstitution

Analyse vonnöten, bevor der Frage des Kontextbezuges nachgegangen werden kann. Aus der Anrede „Werber!" ebenso wie aus der Aussage „keine Polaken sind wir" spricht das starke Selbstbewußtsein eines Kollektivs, das sich der angeredeten Person oder Gruppe (ob es sich bei „Werber" um einen Singular oder Plural handelt, ist nicht eindeutig auszumachen[317]) ebenso vehement entgegenstellt, wie es sich von den „Polaken" absetzt.[318] Diese Bezeichnung für die Polen hat nicht erst im heutigen, sondern bereits im zeitgenössischen deutschen Wortgebrauch einen despektierlichen, ja rassistischen Beiklang, obwohl es sich dabei um die genaue Übernahme des polnischen Wortes handelt.[319] Mit dem „Werber" oder den ‚Werbern' könnten ein oder mehrere Armeebeauftragte gemeint sein, die Soldaten für den Kriegsdienst anzuwerben versuchen.[320] Das hier zur Sprache kommende Wir scheint sich mit großer Kraftanstrengung aus der fatalen Dichotomie von Werbern und Geworbenen zu befreien.[321] Aber ebensogut ist das Gegenteil möglich: Der Satz könnte auch besagen, daß das sprechende Wir im Gegensatz zu den Polen, die sich der Werbung entziehen, dem oder den Werbern mit dem Selbstbewußtsein entgegentritt, sich ohne Widerstand, ja mit Begeisterung der kriegerischen ‚Aufgabe' zu stellen. Um in dieses Problem mehr Klarheit hineinzubekommen, wäre es erforderlich festzustellen, *in welcher Hinsicht* sich das sprechende Kollektiv von den Polen absetzt. Aber es liegen in diesem Textfetzen keine Hinweise darauf vor, so daß Sattlers Vermutung (die auch Uffhausen übernimmt), es seien die polnischen Teilungen gemeint, die dem zur wahrscheinlichen Entstehungszeit des Fragments im Zerfall begriffenen deutschen Nationalstaat als abschreckendes Beispiel vor Augen gehalten würden[322], bei aller Plausibilität nicht als abgesichert gewertet werden kann.

Damit bleibt das Segment im Zwielicht: Sicher ist nur, daß Angehörige der polnischen Nation durch das sprechende Kollektiv ausgegrenzt und abgewertet werden. Ob sich dieses vor Selbstbewußtsein und Selbstgerechtigkeit strotzende Wir

---

„Werber! | vom Abgrund | keine Polaken sind wir|" (1981a, 307, Z. 3) Die Kontamination von Segmenten, die auf den ersten Blick nichts miteinander zu tun haben, erkauft um den Preis der Aussonderung von Textelementen, die sich der Verschmelzung nicht fügen, löst nicht das Problem, in welchem Verhältnis die heterogenen, aber eng nebeneinander notierten Texte zueinander stehen.

[317] Darin ist Uffhausen (1986a, 147) zuzustimmen.

[318] Sowohl „Werber" als auch „Polaken" sind übrigens in Hölderlins Lyrik nur an dieser einzigen Stelle nachgewiesen.

[319] Cf. Sanders, Bd. 2, (1876), 570 (s. v. Poláck): „Bewohner Polens (in edlerer Rede: Pole)". Außerdem Grimm, Bd. 7 (1889), Sp. 1974 (s. v. Poláck, Poléck); dort der Nachweis folgender Heine-Stelle: „und kommen die vagabunde, / zigeuner, Polacken und lumpenhunde." (ed. Elster, Bd. 18, 341)

[320] Unwahrscheinlich scheint es mir dagegen, daß „Werber" im Sinne von ‚Bewerber' „um Nationen und Kronen" gebraucht sein könnte, wie Sattler zunächst (FHA Einl., 83) vorschlägt.

[321] Sattler merkt zu dem Segment an: „Werber und Polaken verhalten sich zueinander wie Jäger und Freiwild, in dem spezifisch militärischen Sinn, den das Wort damals hatte, wie im propagandistischen, der ihm bis heute anhaftet." (Sattler 1981a, 297) Der polemische Gehalt des Bruchstücks ist damit gut charakterisiert. Aber die Aussage des Bruchstücks kann nicht auf diese Komponente festgelegt werden, wie Sattler suggeriert.

[322] Cf. FHA Einl., 83; Sattler 1981a, 298; Uffhausen 1986a, 146f.

auch dem „Werber" oder den ‚Werbern' entgegenstellt oder sich ihm oder ihnen vielmehr andienen will, ist nicht auszumachen. Somit kann nur gesagt werden, daß sich ein solches Wir durch seine haltlose Verstrickung in nationalistische Denkmuster und politische Händel selbst denunziert.[323] Es wäre also ein fataler Irrtum, wollte man in diesem Wir eine Wiederaufnahme der vorsichtigen und mitunter hilflosen Suche nach einem Wir sehen, die vor allem in den Texten der Seite 74 zu beobachten war.[324]

Liest man das Bruchstück im Kontext der anderen beiden über die Seite gesetzten Segmente, so drängt sich eine Zuordnung auf: Die selbstgerechte Evokation eines Wir könnte als ‚Augenblick des Triumphs' charakterisiert werden. Diesem Augenblick ist dem zweiten Segment zufolge seine Desillusionierung in Gestalt des den Tag ankündigenden Hahnenschreis bereits mitgegeben. Auch das hybride Auftrumpfen des Wir verfällt dieser Enttäuschung.

Das erste Element der Zeile 5, die Anrede an die „Werber", ist ebenfalls auf das zweite Textstück der Seite beziehbar: Die Tätigkeit der Werber besteht darin, die Streitmacht zu verstärken, um damit bessere Voraussetzungen für bevorstehende oder bereits laufende militärische Operationen zu schaffen; das Telos ihres Tuns ist der Sieg. Dieser aber ist – darauf weist das zweite Segment unmißverständlich hin – transitorisch; auf die Jubelfeier folgt der Augenblick des Erwachens und der Ernüchterung. Durch die Verlängerung der zeitlichen Perspektive über den Sieg hinaus tritt also das Moment des Sinnlosen an der Tätigkeit des Werbens für den Krieg hervor.

Zu der ‚apriorität'-Notiz steht die Zeile 5 dagegen in einem antithetischen Verhältnis: Das Werben etwa ist mit der „apriorität des Individuellen" prinzipiell unvereinbar, denn es versucht nichts anderes als die Überrumpelung der Individualität und seine Fesselung in einem streng hierarchisch gegliederten Ganzen, dem Militär. Dagegen könnte die Abgrenzung des Wir gegenüber den Polen als ein Akt der Bewahrung nationaler Individualitäten verstanden werden. Aber diese Sichtweise wäre fehlerhaft, denn die Absonderung der Nationen von-

---

[323] Das hat bereits Sattler (1981a, 297f.) sehr luzide erkannt.

[324] Uffhausens Deutung der Stelle kann in beinahe jeder Hinsicht als warnendes Beispiel dienen. „ *Wir* damit sind ‚die Deutschen' gemeint" (1986a, 146), dekretiert er, ohne einen einzigen Grund dafür anzugeben. Zwar gesteht er zu Recht ein, daß „aus der rudimentären Notiz" (147) wenig Eindeutiges zu entnehmen ist. Allerdings zieht er aus dieser Einsicht innerhalb einer halben Seite zwei Konsequenzen, die kontradiktorischer nicht gedacht werden könnten: Welche Funktion die Notiz im Kontext der Seite habe – heißt es zum einen –, „liegt weitgehend im Bereich des Ermessens und kann hier offen bleiben" (146). Gleich darauf verkündet Uffhausen: „Die Frage, wem der Ausruf gilt, dürfte eine der Kardinal-Fragen der Gesamt-Interpretation des Gedichts sein, denn sie zielt auf die lebenslange komplexe, zumindest aber bis 1806 anhaltende Auseinandersetzung Hölderlins mit Napoleon" (147). Die beiden Konsequenzen aus der fehlenden kontextuellen Verankerung des Bruchstücks sind nicht nur miteinander unvereinbar, sondern auch je für sich falsch: Weder kann die Interpretation des Segments der Beliebigkeit anheimgegeben werden, noch kommt ihm eine zentrale, genau festzulegende Funktion zu. Vielmehr muß es ein konstitutiver Bestandteil der Interpretation sein, den unsicheren Status des Fragments mit allen seinen Konsequenzen zu durchdenken.

einander, wie sie auch heute noch das politische Geschehen dominiert, schafft Besonderes, nämlich verhärtete nationale Identitäten, die zueinander in einem Konkurrenzverhältnis stehen, keineswegs aber unverrechenbar einzelnes, das sich zusammen mit anderen einzelnen zu einer herrschaftsfreien Konfiguration zusammenschließen könnte, einer multikulturellen Weltgesellschaft etwa. Daß in dem hier dokumentierten Sprechakt Besonderung als eine Form der Ausgrenzung betrieben wird, macht auch der verächtliche Ausdruck „Polaken" deutlich, der von einer Anerkennung der anderen Nation weit entfernt ist.

Die Bezüge, in denen das dritte Bruchstück vom Kopf der Seite zu den beiden übrigen steht, machen deutlich, daß das Selbstbewußtsein des Wir, in dem in dieser Zeile möglicherweise das Nationalgefühl der Deutschen zur Sprache kommt, nicht als in der Textbewegung erreichter oder die noch folgenden Texte dominierender Stand der kollektiven Selbstverständigung aufgefaßt werden kann, sondern daß es schon in sich brüchig und im Kontext der diffenzierten Problemzugänge, die in den ersten vier Zeilen bereits entwickelt sind, unhaltbar ist. Mir scheint daher, daß es am adäquatesten als Zitat einer zu dem bisher (auf dieser Seite wie auf den beiden vorhergehenden) Entwickelten antithetischen Position zu verstehen ist. Das heißt jedoch nicht, die Zeile an den Rand zu drängen und damit ihrer Wirksamkeit zu berauben. Vielmehr weist die fast bedrohlich anmutende Situierung direkt über dem Beginn des fortlaufenden Textes darauf hin, daß das Segment als ein abschreckendes Beispiel durchaus ernst zu nehmen ist.

Z. 6-17 (linearer Text)

> Vom Abgrund nemlich haben
> Wir angefangen und gegangen
> Dem Leuen gleich,
> Der luget <?>
> In dem Brand
> Der Wüste
> Lichtrunken und der Thiergeist ruhet   (Z. 6, 8, 10, 12-15)

Dieser Passus, der dichtgedrängt unter dem dritten Einleitungssegment beginnt, weist extreme handschriftliche Unterschiede auf: Die eineinhalb Zeilen bis „angefangen" sind mit feinster Feder ziseliert, die viereinhalb darauffolgenden Zeilen bis „Der Wüste" mit einem weichen Bleistift niedergeschrieben, und die letzte hier zitierte Zeile ist offenbar zu einem späteren Zeitpunkt mit einer breiten Feder, wie sie für viele der Einträge in der Mitte der Seite verwandt wurde, zwischen das Bleistiftnotat und die Fortsetzung des Textes eingefügt worden.

Die vorliegende Stelle ist die einzige im Homburger Folioheft, an der Hölderlin eine Notiz mit Bleistift ausgeführt hat. Dieser materielle Umstand weist (gerade durch den sinnfälligen Kontrast zu dem in feiner Tinte niedergeschriebenen Segment „Vom Abgrund nemlich haben / Wir angefangen") auf das Gemachtsein und damit auch auf die Vergänglichkeit des Entworfenen hin, sind diese Zeilen doch jederzeit der Gefahr des Ausradiertwerdens ausgesetzt.[325]

Trotz der verschiedenen Schreibmaterialien und Schriftzüge machen die sieben Zeilen durch ihre gemeinsame Linksbündigkeit und gleichmäßige Linienführung innerhalb des Knäuels der sie umlagernden Texte den Eindruck der Zusammengehörigkeit. Auch ein durchgehender syntaktischer und semantischer Zusammenhang ist nach einer ersten Sichtung zu konstatieren. Zudem scheint durch das „nemlich" an etwas zuvor Gesagtes erläuternd angeknüpft zu werden. Daß „Vom Abgrund nemlich" der Beginn eines völlig selbständigen Gedichtentwurfs sein könnte, wie es die Herausgeber bis Beißner (mit Ausnahme Zinkernagels, der eine Sequenz von Entwürfen darstellt) einhellig annahmen, erscheint mir daher als relativ unwahrscheinlich. Woran aber wird hier angeknüpft? Es liegt nahe, zunächst das „Werber"-Segment als Anschlußpunkt in Betracht zu ziehen. Als Indiz dafür kann der Tatbestand angesehen werden, daß gleich in der zweiten Zeile des neuen Textes ein „Wir" (Z. 8) spricht, das als Wiederaufnahme des sich in nationaler Selbstgewißheit von den „Polaken" absetzenden Wir betrachtet werden könnte. Es ist jedoch erforderlich, den mit „Vom Abgrund nemlich haben" beginnenden Passus zunächst aus sich heraus zu verstehen, bevor die Frage nach einem möglichen Anschluß an Vorhergehendes geklärt werden kann.

Wolfgang Binder hat die Bedeutung des ‚Abgrunds' im Werk Hölderlins[326] in der Opposition zur Vorstellung des ‚Äthers' analysiert und ebenso schlicht wie treffend festgestellt:

Es geht um die Vertikaldimension in den Dichtungen und im Weltbild Hölderlins.[327]

Im Gegensatz zur Horizontalen, deren Richtungen immer nur relativ zur Position des Betrachters zu bestimmen seien, handle es sich dabei um „absolute Richtungen"[328], die durch die Erdgravitation vorgegeben seien. Während die horizontalen Richtungen rechts und links, vor und zurück jedoch unsere alltägliche Lebenswirklichkeit strukturierten, seien Blicke in die Höhe oder die Tiefe „für den Flachländer Ausnahmeerlebnisse, die ihm die Vertikale erst zum Bewußtsein

---

[325] Die durch die Materialität einzelner Segmente betonte Vergänglichkeit der Entwürfe sollte allerdings nicht so ausgelegt werden, daß einige Textelemente editorisch ausgesondert und durch andere, am Rand notierte ersetzt werden dürfen, ein Verfahren, wie es Sattler in seiner neueren Rekonstruktion einer letzten ‚Textfassung' (Sattler 1981a, 296-308; cf. dazu oben, 142-144) radikal praktiziert.

[326] Walter Rehms Abhandlung „Tiefe und Abgrund in Hölderlins Dichtung" (1943) ist nur noch in geistesgeschichtlicher Hinsicht informativ; Rehms Vorgehen, die Momente des Heroismus, der Todessehnsucht und Opferbereitschaft in Hölderlins Texten rückhaltlos affirmativ nachzuerzählen, paßt in die Entstehungszeit seiner Arbeit, ist aber heute methodisch nicht mehr haltbar. Einen materialreichen, jedoch eher referierenden als interpretierenden Überblick über die Entwicklung des Abgrund-Motivs bietet dagegen Doppler (1968, zu Hölderlin 80-150). Cf. außerdem Schottmann 1960, 163f.

[327] Binder 1983, 349. Am eindrücklichsten tritt die Vertikalbeziehung zwischen beiden Begriffen in der ‚Feiertags'-Hymne zutage: „Und hoch vom Aether bis zum Abgrund nieder / Nach vestem Geseze, wie einst, aus heiligem Chaos gezeugt, / Fühlt neu die Begeisterung sich, / Die Allerschaffende wieder." (StA II.1, 118, V. 24-27)

[328] Binder 1983, 349.

bringen"[329]. Gerade wegen dieser lebensweltlichen Abstraktheit der Senkrechten stehe diese Dimension aber „der poetischen, der mythischen, religiösen oder philosophischen Deutung um so offener"[330]. Hölderlin nehme sowohl christliche wie pantheistische Elemente in seine Konzeption der Dichotomie von Äther und Abgrund auf. Der Äther stehe dabei nicht nur für den Himmel, sondern auch für das Licht, den Geist und die Sphäre der Götter[331]; der Abgrund dagegen sei entweder der Bereich des Widergöttlichen wie etwa der Titanen im Orkus oder der des Lebensursprungs, der ‚Mutter Erde' oder der Natur.[332] Darüber hinaus weist Binder auf einen in metaphorologischer Perspektive entscheidenden Unterschied zwischen beiden Begriffen hin:

> Der *Abgrund*, wörtlich die Stelle, wo der Grund abstürzt, ist, anders als der Äther, etwas unmittelbar Anschauliches.[333]

Während die Rede vom ‚Äther' bereits von einer Abstraktionsleistung zeugt[334], können wir die schauerliche Tiefe, wenn wir an ihrem Rand stehen, sinnlich (durch Hinunterblicken oder durch ein Echo beim Hinunterrufen) erfahren.

Vom ‚Abgrund' spricht man vor allem aus der Perspektive ‚am Rande des Abgrunds'[335], seltener dagegen aus der der Tiefe selbst, die von unten als Höhe erscheint.[336] Die Position am Abgrund markiert eine Situation, die von der Gefahr gekennzeichnet ist, in die Tiefe zu stürzen.[337] „Vom Abgrund [...] angefangen" zu haben, bedeutet also, von dieser Situation der Gefährdung und Bedrohung ausgegangen (und wahrscheinlich nicht: aus der Tiefe aufgestiegen) zu sein.[338] Daß die Gefahr nach diesem Anfang überwunden ist, ist dem Wortlaut zufolge ebensowenig ausgeschlossen wie zwingend. Eine Parallelstelle aus der ‚Zeichen'-Strophe von „Mnemosyne" macht klar, daß auch eine umgekehrte Ausrichtung, auf den Abgrund hin, vorstellbar und wünschenswert ist:

---

[329] Binder 1983, 349.

[330] Binder 1983, 349.

[331] Cf. dazu auch Kluge 1975, 34f. (s. v. Äther); Duden-Etymologie, 49 (s. v. Äther).

[332] Cf. Binder 1983, 350. Als Beleg für die erste Bedeutungsvariante läßt sich anführen: „Und in die Tiefe greifet / Daß es lebendig werde / Der Allerschütterer, meinen die / Es komme der Himmlische / Zu Todten herab und gewaltig dämmerts / Im ungebundenen Abgrund / Im allesmerkenden auf." („Die Titanen", StA II.1, 219, Z. 68-74) Daß der „Abgrund" nicht nur ‚heilig' ist, sondern menschlichen Blicken ebenso gefährlich wie das gleißende Licht der Sonne oder des Blitzes, wird an der Stelle aus dem ersten Entwurf der Hymne „Am Quell der Donau" hervorgehoben, die als Pendant zum Schluß der ‚Feiertags'-Hymne gelesen werden kann: „und es erlosch das Licht <der> Augen allen, die da / sahen in den heiligen Abgrund" (nach StA II.2, 688, Z. 29-33).

[333] Binder 1983, 354.

[334] Es sei denn, wir meinen die 1730 von Frobenius dargestellte und benannte anästhesierende Flüssigkeit (cf. Kluge 1975, 34 [s. v. Äther]).

[335] Diese Bedeutung weist auch Doppler (1968, 9-16) mit vielen Belegen aus der Religions- und Literaturgeschichte nach.

[336] Die aus der Tiefe nach oben gerichtete Perspektive liegt beispielsweise dem Psalm 130 („de profundis") zugrunde.

[337] In der Ode „Stimme des Volks" erscheint diese Gefahr pervertiert in „Das wunderbare Sehnen dem Abgrund zu" (FHA 5, 593, V. 17). Cf. dazu Nägele 1980, 69.

[338] Binder (1983, 359) hält demgegenüber beide Lesarten für möglich.

Denn nicht vermögen
Die Himmlischen alles. Nemlich es reichen
Die Sterblichen eh' an den Abgrund.   (StA II.1, 195, V. 12-14 [‚Zweite Fassung'])

Die Menschen und andere Lebewesen haben den Göttern und Göttinnen demnach voraus, daß sie ganz nah an den Abgrund herankommen, während diese zwar im Himmel heimisch und auch noch auf der Erde wirksam sind, aber an die Tiefe des Ursprungs[339] und der Gefährdung nicht heranreichen.[340]

Das „Wir" an der vorliegenden Stelle könnte als synonym zu den „Sterblichen" verstanden werden. Auch der durch das „nemlich" unterstrichene erläuternde Gestus der beiden Stellen stellt eine Parallele zwischen ihnen her. Die Versuchung ist also groß, die beiden Passagen zusammen zu lesen und als Grundbestimmungen der Condition humaine zu verstehen: Die Menschen (und eventuell auch andere Lebewesen) zeichnen sich demnach dadurch aus, daß sie von einer bedrohlichen Randsituation ihren Ausgang nehmen und sich immer wieder auf diesen Ursprung, auf den den Göttern entgegengesetzten und verschlossenen Bereich des Vor- und Unterweltlichen, zurückbeziehen können.[341] Die beiden komplementären Aussagen könnten also zu einem in sich stimmigen, quasi existentialistischen Weltbild[342] zusammengeschlossen werden.

Aber es wäre eine Verkürzung der Bedeutung der vorliegenden Stelle, wollte man sie allein aus ihrem Bezug auf den „Mnemosyne"-Passus heraus verstehen. Denn wie schon erwähnt, ist auf der Seite 75 von einer Rückwärtsbewegung zum „Abgrund" nicht die Rede. Obwohl eine solche nicht ausgeschlossen werden kann, deutet die Fortsetzung „und gegangen" eher auf eine Bewegung hin, die sich noch weiter vom Ursprung entfernt. Andererseits kann aus dem

---

[339] Heidegger hat die Frage nach dem Ursprung zur Leitlinie seiner Lektüre der „Rhein"-Hymne gemacht (cf. Heidegger GA II.39, bes. 196-209, 239-267). Ich halte es für vertretbar, auch den „Abgrund" an der vorliegenden Stelle und der aus „Mnemosyne" unter der von Heidegger entwickelten metaphysischen (oder metaphysikkritischen) Perspektive zu lesen. Allerdings gebe ich zu bedenken, daß in der konkreten Bildlichkeit der beiden Begriffe eine spezifische Differenz zu beachten ist: Während der ‚Ursprung' auf die Quelle eines Flusses verweist, bezeichnet der ‚Abgrund' eine meistens im Gebirge auftretende abfallende Bodenformation, deren ‚Grund' nicht ohne weiteres (jedenfalls nicht ohne Gefahr) zu gewahren ist. In – vielleicht etwas gewagter – Etymologisierung kann der ‚Abgrund' daher als ,Abwesenheit von Grund' verstanden werden. Mir scheint somit Skepsis gegenüber Binders Behauptung angebracht zu sein, das „dichterische Bild" des Abgrunds sei mit dem „philosophische[n] Wort [...] Grund" gleichzusetzen (cf. Binder 1983, 350). Mit einer solchen philosophischen Fundierung und Absicherung wird das Unheimliche, Nichtfaßbare des Abgrunds gerade verfehlt.
[340] Cf. zu dieser Stelle Reuß 1990, 444-456.
[341] Eine Übersetzung von 1. Mose 1, 2 lautet: „Aber die Erde war wüst und leer, und Finsternis war über dem Abgrund, und der Geist Gottes schwebte über den Wassern." (Zitiert nach Doppler 1968, 9; Luther übersetzt „Tieffe" statt „Abgrund".) Der Abgrund steht hier für den amorphen Urzustand, der durch die Schöpfung gestaltet wird. Das ‚Anfangen vom Abgrund' könnte unter dieser Perspektive über die Phylo- und Ontogenese des Menschen hinaus auf die Genesis der Erde und allen irdischen Lebens zurückverweisen.
[342] Der Unterschied zwischen Hölderlins Weltkonzeption und der existentialistischen besteht natürlich darin, daß in dieser die Götter ganz fehlen, während sie bei Hölderlin eine wichtige – wenngleich prekäre – Funktion haben.

zeugmatisch an „haben / Wir angefangen" angeschlossenen zweiten Prädikat
„gegangen", dem keine Richtungsangabe beigegeben ist, auch nicht auf eine Zielorientierung der Bewegung des Wir geschlossen werden. Der spielerisch und
beliebig wirkende Binnenreim „angefangen"-„gegangen" verstärkt den Eindruck
einer ziellosen Aufreihung eher, als daß er auf eine eindeutige Richtung hinwiese.
Damit wird die hier vorgestellte Bewegung dezidiert von zirkularen idealistischen
Modellen abgesetzt, wie sie Hölderlin selbst in früheren Texten entwickelt hat:

> Jetzt nimmt der Mensch seinen Anfang vom Abgrund, von dem Ort also, der zum
> Göttlichen in der weitesten Opposition steht. Damit ist jeder idealistischen Deutung
> des Daseins der Boden entzogen, die ein Ziel nur erreicht, wenn sie den Ursprung so
> ansetzt, daß er in nuce das Ziel schon enthält. Ob und wie ein vom Abgrund beginnender
> Mensch zum Licht, zum Äther und zum Gott gelangt, ist ganz und gar nicht ausgemacht,
> und Hölderlin hütet sich denn auch, irgend ein Muß, ein Gesetz auszusprechen.[343]

Gegenüber Binder ist jedoch noch eine weitere Einschränkung zu machen: Das
hier sprechende Wir kann nicht eindeutig als Platzhalter des Menschen schlechthin identifiziert werden; der philosophisch-metaphysische (und sei es auch idea-
lismuskritische) Aspekt der Aussage ist also keineswegs der einzig mögliche. Ich
habe oben darauf hingewiesen, daß das Wir der Z. 8 auch jenes der Z. 5 wieder-
aufnehmen könnte. Demnach würde es sich hier um ein nationales Kollektiv, also
vermutlich die Deutschen, handeln. Der „Abgrund" als Ausgangspunkt könnte
dann politisch gelesen werden im Sinne einer gefährlichen oder sogar katastro-
phalen Lage der Nation oder ihres Staates, die in der Folgezeit überwunden
werden soll. Diese Aussage, daß die Deutschen im Desaster nicht enden, sondern
sich von ihm entfernen, könnte die Distanzierung von den Polen erklären, deren
staatliche Identität 1795 mit der dritten Teilung bis auf weiteres zerstört wurde.

Dieses Verständnis der Zeilen 6 und 8 ist zwar neben der philosophischen Lektüre
eine weitere Möglichkeit, aber angesichts der mangelnden Absicherung der Hypothesen, welche darüberstehenden Zeilen auf den Textbeginn „Vom Abgrund
nemlich haben" zu beziehen sind, keineswegs zu favorisieren. Alternativ ist vielmehr zu erwägen, daß die Rückbesinnung auf den Ausgangspunkt des Wir am
„Abgrund" als eine der Ausdrucksformen der desillusionierenden ‚Kehre' im „Augenblick des Triumps" anzusehen ist. Denkbar ist sogar, den „Abgrund" mit der
„apriorität des Individuellen" zu konnotieren, so daß das schlechthin Singuläre
als etwas Abgründiges, Nichtfaßbares und damit Unheimliches veranschaulicht
würde.

Gegenüber all diesen hypothetischen Anschlüssen an Vorhergehendes ist jedoch
der keine externen Voraussetzungen heranziehenden Annahme der Vorzug zu
geben, daß das Wir, das hier spricht, sich im Akt des Sprechens erst konstituiert.
Demzufolge hätte es weniger mit dem selbstgerechten Wir der Zeile 5 zu tun als
mit den vorsichtigen und unsicheren Versuchen auf der nebenstehenden Seite
74, ein Wir zur Sprache kommen zu lassen. Was es mit einem solchen im Text
allererst konstituierten Wir aber auf sich hat, kann nur der weitere Verlauf des
Textes erweisen, der ja hier erst „angefangen" hat.

---

[343] Binder 1983, 360.

„Dem Leuen gleich" werden in der folgenden Zeile sowohl das Wir als auch seine Tätigkeit gesetzt. Ungewöhnlich erscheint der Vergleich zwischen einem menschlichen Kollektiv und einem einzelnen Tier, einem Tier zumal, das in der literarischen Tradition (insbesondere in der Fabeldichtung) dezidiert als ein souveränes Einzelsubjekt, als ‚König der Tiere', vorgestellt wird.[344] Diese zeugmatische Gleichsetzung kann entweder so gelesen werden, daß – in der Tradition organologischer Gesellschaftsmodelle wie etwa des Hobbes'schen „Leviathan"[345] – das Kollektiv als ein animalischer Gesamt-Körper aufgefaßt wird, oder sie kann als ein weiteres Indiz dafür angesehen werden, daß mit dem Wir der letzten Zeile in der Tat ‚der Mensch' als Gattungswesen gemeint sei. Damit wird dem Menschen „etwas Tierhaftes in seinem anfänglichen Wesen"[346] zugeschrieben, während umgekehrt der Löwe menschliche Züge erhält. Welche Eigenschaften des Löwen im einzelnen aber auf das sich hier artikulierende Wir übertragen werden (und umgekehrt), ist noch nicht ausgemacht. Etwas mehr Aufschluß gibt darüber die Tatsache, daß der Löwe nicht nur mit dem Wir schlechthin gleichgesetzt wird, sondern daß die Eigenart des Wir, „Vom Abgrund" anzufangen, sowie sein Gehen bzw. sein Gang in diesen Vergleich mit einbezogen werden. Diese Einsicht bestärkt die Vermutung, daß der Bezug auf den Abgrund kein Privileg des Menschen ist, sondern auch anderen Lebewesen eignet. Die Beziehung des „gegangen" auf den Vergleich mit dem Löwen ist handschriftlich dadurch besonders eng geknüpft, daß dieses Partizip ebenso wie die folgenden vier Zeilen mit Bleistift notiert ist. Zugleich wird durch diese Notationsart das Transitorische des Ganges beider Lebewesen hervorgehoben: Durch den Vergleich des Gehens des Wir mit dem des Löwen verschiebt sich die Aufmerksamkeit vom Telos der Fortbewegung auf die Gangart. Vertraut man einem breiten Konsens in der kulturellen Überlieferung der meisten mit Löwen konfrontierten Völker, so wird die menschliche Art zu gehen durch den Vergleich mit der des Löwen außerordentlich positiv konnotiert (‚kraftvoll, geschmeidig, schnell' etc.). Man kann darin

---

[344] „Es wird der Löwe wegen seiner edelmüthigen Freudigkeit, tapffern Stärcke und Hertzhafftigkeit, auch unerschrockenem Gemüthe, der König aller wilden Thiere genannt, so billig auch den Vorzug dererselben haben muß." (Zedler, Bd. 18 [1738], Sp. 216-227 [s. v. Löwe, Leue], hier Sp. 216) Ähnlich Adelung: Der Löwe sei „wegen seiner Stärke, Tapferkeit und Unerschrockenheit ein altes Sinnbild tapferer Helden und Krieger. Weil er alle Thiere überwältiget, aber nur von wenigen überwunden wird, so führet er schon von Alters her den Nahmen des *Königes der Thiere*." (Bd. 2 [1808], Sp. 2116 [s. v. Löwe])

[345] Eine etymologische Verwandtschaft zwischen dem altorientalischen ‚Leviathan' und der Wurzel des dt. ‚Löwe, Leu' scheint mir zwar nicht nachweisbar zu sein; Kluge aber rätselt nach Erwähnung von lat. *leo* und gr. λέων: „ob weiter aus dem Semit.?" (1975, 448, s. v. Löwe). Luther unternimmt in seiner Bibelübersetzung (möglicherweise auch von etymologischen Spekulationen inspiriert) aus der Sicht des heutigen Nhd. einen aufschlußreichen lautlichen Substitutionsprozeß: Während er die Lautung „Lew" oder „Law" bietet, taucht das alttestamentliche Ungeheuer bei ihm als „Leuiathan" auf; cf. z. B. Hiob 39, V. 39 (40, V. 9 nach der heutigen Zählung) und 40, V. 20 (entspricht heute 40, V. 20): „KAnstu der Lewin jren raub zu jagen geben? vnd die jungen Lewen settigen"; „KAnstu den Leuiathan ziehen mit dem hamen / vnd seine Zungen mit einem strick fassen?" (Biblia, 959 und 961)

[346] Binder 1983, 359.

eine Anspielung auf eine Bibelstelle erkennen, an der die Unerschrockenheit des Löwen und die Zielgerichtetheit seines Ganges hervorgehoben wird:

> Dreierley haben einen feinen gang / vnd das vierde gehet wol. Der Lew mechtig vnter den Thieren / vnd keret nicht vmb fur jemand / Ein Wind von guten lenden. Vnd ein Widder / Vnd der König / wider den sich niemand thar legen.   (Spr. 30, 30)

Weitere Anhaltspunkte für jene Eigenschaften des Löwen, die zum Vergleich mit dem Wir herangezogen werden, gibt der folgende Relativsatz, der über drei ganze Zeilen verteilt ist, die jeweils nur aus drei Silben bestehen. Die Symmetrie wird dadurch noch weiter unterstrichen, daß die mittlere Zeile aus drei einsilbigen Wörtern besteht, während die beiden äußeren Zeilen aus einem einsilbigen und einem zweisilbigen Wort zusammengesetzt sind. Auf die Spitze getrieben wird diese Parallele schließlich durch den Umstand, daß das einsilbige Wort der ersten ebenso wie das der dritten Zeile „Der" lautet. Zwar scheint der syntaktische Zusammenhang darüber aufzuklären, daß es sich bei dem ersten ‚der' um ein Relativpronomen im Nominativ Singular Maskulinum handelt, während das zweite als auf „Wüste" bezogener Artikel zu verstehen ist, also im Genitiv Singular Femininum steht. Diese die lautliche Symmetrie auflösende Eindeutigkeit auf der syntaktischen und semantischen Ebene ist jedoch nur scheinbar: Das ‚der' von „Der Wüste" ist zwar unzweifelhaft ein Artikel, aber nicht unbedingt ein Femininum; es kann nämlich ebenso ein Nominativ Singular Maskulinum sein wie das Relativpronomen zwei Zeilen weiter oben. Beide Partikel würden sich demzufolge auf den „Leuen" beziehen, „Der Wüste" wäre als an den Relativsatz angehängte Apposition zu dessen Subjekt zu verstehen. Auch unter semantischer Perspektive könnte es durchaus Sinn machen, den Löwen als ‚den Wüsten', also als ein ungestümes, rücksichtsloses Tier, zu bezeichnen[347]. Nimmt man an, daß die Gleichsetzung des Wir mit dem „Leuen" bis zu dieser Stelle reicht, so spricht das Wir sich damit (zumindest für eine Anfangsphase) auch selbst eine gewisse unberechenbare Wildheit zu.

Der Relativsatz würde demzufolge nur „Der luget / In dem Brand" lauten; das Syntagma „Brand / Der Wüste" wäre aufgelöst. Zugunsten der Plausibilität dieser Aufspaltung könnte angeführt werden, daß es einen „Brand / Der Wüste" im wörtlichen Sinne nicht gibt, denn die Wüste im engeren sinne einer Sand- oder Steinwüste besteht im Gegensatz zu den meisten anderen Landschaftsformationen fast ausschließlich aus anorganischen und damit unbrennbaren Substanzen.

---

[347] Nach heutigen zoologischen Erkenntnissen ist der Löwe zwar eher als träge und maßvoll zu bezeichnen, aber sein Bild als das eines ‚Wüsten' entspricht den zeitgenössischen Vorstellungen: „Ist ein vierfüßiges Thier, groß und dick, wild und grausam, von erschrecklichem Anblick." (Zedler, Bd. 18 [1738], Sp. 216-227 [s. v. Löwe. Leue], hier Sp. 216) Cf. auch Schillers aufschlußreiche Charakterisierung des Löwen als Beispiel der luxurierenden Natur im letzten der ästhetischen Briefe: „Wenn den Löwen kein Hunger nagt, und kein Raubthier zum Kampf herausfodert, so erschafft sich die müßige Stärke selbst einen Gegenstand; mit muthvollem Gebrüll erfüllt er die hallende Wüste, und in zwecklosem Aufwand genießt sich die üppige Kraft." (NA, Bd. 20, 406) Wenig später wird die Perspektive eröffnet, daß im Zuge der zunehmenden Kulturierung „der trotzige Löwe dem Zaum eines Amors gehorchen" (NA, Bd. 20, 412) werde.

Natürlich ist dieses Argument im Rahmen der Interpretation eines poetischen Textes recht naiv, denn es ist klar, daß die Rede vom „Brand / Der Wüste" metaphorisch gemeint sein kann etwa in dem Sinne, daß „in der Wüste [...] / Die Sonne sticht" (I, Z. 22 und 24) und alles Lebendige zu verbrennen droht. Aber ein bestimmtes Maß an Naivität scheint mir auch am vorliegenden Punkt notwendig zu sein, um den Automatismus einer scheinbar ‚selbstverständlichen' Interpretation zu durchbrechen und in den Textelementen enthaltene, dem ersten Verständnis gegenläufige Tendenzen aufzudecken.

Die Doppeldeutigkeit des Segments „Der Wüste" wird dadurch besonders sinnfällig, daß es eine Zeile für sich beansprucht und somit von seinen Kontexten abgetrennt ist. Die extrem kurzen Zeilen, zu denen die auch metrisch ganz analog gebaute Zeile „Der luget" ebenso zählt wie die zwischen beiden stehende Zeile „In dem Brand", in der jede einzelne Silbe ein Wort bildet, haben noch einen anderen Effekt: Sie lassen viel leeren Raum um sich herum frei; und in der Handschrift ist dieser Raum nicht einmal durch anderen Kontexten zugehörige Notate ausgefüllt, so daß rechts von den mit Blei geschriebenen Zeilen ein auf der im übrigen eng beschriebenen Seite auffälliges Loch klafft. Dieser nicht durch Signifikanten erschlossene oder besetzte Raum könnte in metaphorischer Redeweise als ‚Wüste' bezeichnet werden.[348] Die kurzen Zeilen erscheinen somit als isolierte Bedeutungsträger, die sich nicht bruchlos zu einem Kontinuum zusammenfügen. Paradoxerweise stellen sich dagegen Zusammenhänge auf anderen Ebenen als der syntaktischen und der semantischen ein. So kann auch die Tatsache, daß die viereinhalb Zeilen von „und gegangen" bis „Der Wüste" mit Bleistift notiert sind, als eine Art ‚Zeichen' für die „Wüste" gelesen werden: Die leichte Auslöschbarkeit dieser Zeilen ‚steht für' die Verwischbarkeit oder Unlesbarkeit[349] der Spuren, die Subjekte in der Wüste hinterlassen. Würden die Zeilen wirklich ausradiert, klaffte ein noch größeres Loch im Textmaterial der Seite. Dadurch, daß sie in ihrer fragilen Faktur hier stehen, verweisen sie auf die Leere und unterbrechen sie zugleich.[350]

Unter autoreferentieller Perspektive tritt also die Lesart von „Der Wüste" als Genitiv Singular Femininum in den Vordergrund. Doch ist das kein Argument dafür, die Alternative auszuschließen, daß „Der Wüste" auch als Nominativ Singular Maskulinum verstanden werden kann. Beide Interpretationen sind vielmehr

---

[348] Ebenso wie sein Pendant, ein übervoll bedrucktes und dadurch unübersichtliches Blatt, als ‚Bleiwüste' bezeichnet wird.

[349] Je nachdem, ob es sich um eine Sand- oder Felswüste handelt.

[350] Allemann kommt in seiner luziden Interpretation des Satzes „Der Ort war aber // Die Wüste." aus einem der Entwürfe zum ‚Einzigen' sogar zu dem nur scheinbar paradoxen Ergebnis: „Tatsächlich ist die Wüste der Ort, an welchem die Überlieferung, die Spur eines Wortes am reinsten bewahrt wird, weil sie hier der schärfsten Gefahr ausgesetzt ist." (Allemann 1959, 215) „Die Wüste ist so sehr ‚Ort', trotz der Haltlosigkeit des Menschlichen in ihr, daß sie als ‚Goldne (das heißt vom himmlischen Feuer durchglühte) Wüste' in einem späten Entwurf geradezu als ‚Brennpunct' bezeichnet werden kann, in dem sich ‚Leben, summendheißes' versammelt (2, 249, 4ff.)." (Ibd., 212f.) Cf. zu dieser Stelle aus dem ‚Einzigen' auch Frey 1990, 103-106.

problemlos miteinander vereinbar und ergänzen sich: Die Lebewesen, die in der Wüste leben, passen sich den rauhen Umweltbedingungen an und werden damit selber ‚wüst'. Durch die Doppeldeutigkeit von „Der Wüste" wird also ein Gedanke nochmals aufgegriffen, der auf der nebenstehenden Seite 74 in dem Satz „Barbaren / Auch leben wo allein herrschet Sonne und Mond" (II, Z. 45f.) zur Sprache gekommen war: Die Analyse dieser Zeilen hat ergeben, daß in ihnen behauptet wird, die Anpassung der Bewohnerinnen und Bewohner unwirtlicher Landstriche, die unter der direkten Einwirkung der Elemente stehen, an ihre Umgebung, lasse sie eine besondere Widerstandsfähigkeit entwickeln, die sie von der sensiblen Sphäre intersubjektiver Verständigung entfremdet.

Deutlicher noch wird mit dem „Brand / Der Wüste" (verstanden im Sinne einer kargen Landschaft unter sengender Sonne) die in der Mitte der Seite 73 entworfene Wirklichkeit wiederaufgenommen: „Unwissend in der Wüste / Im Thal / Die Sonne sticht" (I, Z. 22-24); „Aus brennendem Lande" (I, Z. 28). Auf beiden Blättern werden in einer ebenso konkret sinnlichen wie präzis mehrdeutigen poetischen Sprache Bilder einer südländischen Landschaft von ungeheurer Intensität evoziert. Diese Landschaftsschilderungen sind zwar, wie wir vor allem aus dem zweiten Böhlendorff-Brief wissen, biographisch motiviert und produktionsästhetisch inspiriert durch Eindrücke, die der Autor auf seiner Reise nach Südwestfrankreich im ersten Halbjahr 1802 gesammelt hat. Die auf der Seite 73 eingestreuten geographischen Namen „Gasgone" (I, Z. 15) und „Charente" (I, Z. 37) und ihre auf der vorliegenden Seite noch folgenden Pendants „In Frankreich" (Z. 19), „aus der Provence" (Z. 47) und „die Gasgognischen Lande" (Z. 50) scheinen ebenfalls darauf hinzudeuten, daß es auf diesen Seiten um die Darstellung einer südfranzösischen Landschaft geht. Schon auf der ersten Seite war jedoch der Eindruck unabweisbar, daß in den betreffenden Abschnitten nicht etwa ein Kontinuum von Details zum Ganzen einer Landschaft zusammengefügt wird, sondern daß unvereinbare Einzelheiten schroff nebeneinander plaziert werden, die sich auch nicht einer einsinnigen Bewegung von der südlich von Bordeaux gelegenen Gascogne zur etwas weiter nördlichen Charente-Niederung einordnen lassen. Darüber hinaus läßt sich in Passagen wie „Und das Herz der Erde thuet / Sich auf, wo um / Den Hügel von Eichen / Aus brennendem Lande / Die Ströme" (I, Z. 25-29) kaum einem der Textelemente, geschweige denn ihrem Zusammenhang, eine eindeutige Anschauung zuordnen, der ein Ausschnitt aus der empirischen Realität historischer oder auch noch heute bestehender Landschaften entspräche. All diese Beobachtungen verdichten sich zu der Annahme, daß bereits auf der Seite 73 eine imaginäre Szenerie entworfen ist, die nur Versatzstücke aus südfranzösischen Landschaften enthält.[351]

---

[351] Diese These ist nicht unvereinbar mit der Rekonstruktion eines mit geschichtsphilosophischer Bedeutung aufgeladenen Zuges der Stare von Südwestfrankreich nach Deutschland, die vor allem im Übergang von der Vorder- zur Rückseite des ersten Blattes zentral wird. Denn die poetische Darstellung dieses Zuges kann zwar auf empirische ornithologische Erkenntnisse und auf geographische Gegebenheiten zurückgreifen, wählt aber zum einen relativ willkürlich aus diesen aus (so folgen andere Zugvögel ganz anderen Routen; und auch die Stare haben

Diese Sichtweise verstärkt sich bei der Analyse der vorliegenden Stelle. Die auch schon auf Seite 73 zu findende Rede von der „Wüste" (I, Z. 22) paßt nach der üblichen geographischen Terminologie weniger auf mediterrane Landschaftsformationen als auf völlig vegetationslose Gebiete in heißen Klimazonen wie etwa die Sahara.[352] Daß hier im Zusammenhang mit der Wüste zusätzlich von einem Löwen die Rede ist, festigt die Vermutung, daß in diesen Zeilen keine europäische, sondern eine nordafrikanische oder vorderasiatische Landschaft evoziert wird.[353] Umgekehrt ist der Löwe zunächst in diesem Kontext zu sehen und sollte nicht voreilig mit einer seiner vielfältigen und konträren kulturellen Bedeutungen identifiziert werden.[354] Wird auf der ersten der hier untersuchten Seiten die Vorstellung der „Wüste" jedoch durch Aneinanderreihung ihr zugehöriger oder kontra-

---

ihr Winterquartier keineswegs nur in Südwestfrankreich, sondern auch in Spanien, Nordafrika etc.) und versieht sie zum anderen mit einer poetischen und geschichtsphilosophischen Bedeutsamkeit, die ihnen keineswegs inhäriert.

[352] Dagegen wird im betreffenden Grimm-Artikel die Unfruchtbarkeit nicht als konstitutives Merkmal von Wüsten angesehen: „im eigentlichen gebrauch für örtlichkeiten, landstriche, räume verschiedenster art und variabler eigenschaften, deren gemeinsames merkmal die unbewohntheit und die unbebautheit, keineswegs aber notwendig die vegetationslosigkeit ist" (Bd. 14.2 [1960], Sp. 2440-2454 [s. v. wüste], hier Sp. 2441). Davon wird eine engere Bedeutung unterschieden: „als spezifische bezeichnung der auszereuropäischen weiträumigen sand- und steinwüsten, deren notwendige merkmale auszer den [zuvor] genannten eigenschaften namentlich dürre, vegetationslosigkeit und ganz bestimmte bodenformen sind. seit dem späten 18. Jh. der vorherrschende, heute der eigentliche, prägnant verwendete gebrauch des wortes, neben dem die anderen anwendungen aber fortbestehen." (Ibd., Sp. 2444) Die Begriffsverwendung an der vorliegenden Stelle vereinigt, wie mir scheint, die beiden im Grimm-Artikel abgesteckten Konnotationsfelder in sich.

[353] „Ihr [der Löwen] rechtes Vaterland ist eigentlich Asien, Africa, Persien, und dergleichen warme Länder, woselbst sie in grossen Wildnissen und Einöden zu finden, und ihre Nahrung vom Raub derer Camele, Maulthiere und Rind=Vieh, auch von der Frucht des Palmenbaums haben." (Zedler, Bd. 18 [1738], Sp. 216-227 [s. v. Löwe, Leue], hier Sp. 216) Knapper dagegen Adelung: „Er ist in den beiden Sandwüsten von Afrika zu Hause" (Bd. 2 [1808], Sp. 2116 [s. v. Löwe]).

[354] Cf. dazu Zedler (Bd. 18 [1738], Sp. 227-231 [s. v. Löwe in der Wappen=Kunst]). Sattler (1980, 13f.; 1981a, 529f.) verweist auf den hungrigen Löwen als Allegorie des Stolzes in der Divina commedia (Inf. I, V. 44-48) und auf Tizians „Allegorie der Klugheit" (National Gallery, London), in der die Züge eines erwachsenen Mannes – in der Mitte zwischen einem Jüngling und einem Greis – denen eines darunter zu sehenden grimmigen Löwenhauptes gleichen. Die dämonische Löwenskulptur in der Tübinger Bursagasse (cf. die Abbildung in LpH 4/5 [1980], 12), setzt der abgrenzenden Allegorisierung das Andere des Ungebändigten entgegen, wie Sattler zu Recht hervorhebt (ibd., 13). Die biographische Annahme, daß diese Skulptur auf Hölderlin starken Eindruck gemacht und sein Bild eines Löwen maßgeblich beeinflußt haben könnte, erscheint mir als nicht unplausibel. Es zeugt jedoch – nicht nur wegen der Fixierung auf Lokalitäten der unmittelbaren Erfahrungswelt des Autors – von einem Identifizierungsbedürfnis, das vor allem für deutsche Forscher charakteristisch ist, wenn Sattler die hier untersuchte Passage des Gedichts folgendermaßen einleitet: „Diesen [nämlich den Tübinger Löwen] und keinen anderen ruft Hölderlin, spät, wohl in der letzten Homburger Zeit, ins Gedächtnis" (ibd.). Wie willkürlich die Heranziehung beliebiger Löwenstatuen als ‚Vorbilder' für die vorliegende Rede vom „Leuen" ist, zeigt außerdem Uffhausen, der in diesem eine Skulptur auf dem *place des arbres* in Limoges zu erkennen meint und das umgekehrt als „ein echtes Indiz für Hölderlins Aufenthalt in Limoges" (Uffhausen 1983a, 13) auf der Reise nach Bordeaux interpretiert.

stierender Elemente konkretisiert, so daß sie eingebunden ist in ein umfassendes und in der Lektüre des Textes detailliert (wenngleich nicht eindeutig) rekonstruierbares Landschaftsensemble, so bleibt die Evokation von Landschaft hier (gleichsam wie eine Ikone des Begriffs ‚Wüste‘ selbst) karg und abstrakt; sie setzt sich aus wenigen Nomina („Abgrund“ – „Leu[ ]“ – „Brand“ – „Wüste“) zusammen. Damit wird in diesen Zeilen – wie mir scheint – weniger eine konkrete Vorstellungswelt als eine archaisch anmutende Atmosphäre erzeugt: Losgelöst von konkreten Landschaften, erinnert die „Wüste“, von der hier die Rede ist, an den vorderasiatischen Entstehungsraum dreier Weltregionen, an den Erfahrungsraum, wie er vor allem im Alten Testament zum Ausdruck kommt.[355]

Die Beziehung zwischen dem „Leuen“ und dem „Brand“ bzw. dem „Brand der Wüste“ wird dadurch hergestellt, daß jener in dem Brand „luget“. An diesem Punkt ist auf eine weitere elementare Schwierigkeit innerhalb dieser scheinbar so simplen Zeilen einzugehen: Bis 1981 lasen nämlich alle Herausgeber (mit Ausnahme Zinkernagels, der beide Alternativen für möglich hält) an dieser Stelle ‚lieget‘. Diese Lesung kann trotz der zu Recht gegen sie angeführten und oben diskutierten Argumente oder vielmehr gerade wegen deren äußerst subtilem und damit prekärem Status nicht völlig ausgeschlossen werden: Der Autor könnte sich ja, um den über seiner Handschrift brütenden „Gelehrten“ (Z. 9) ein Schnippchen zu schlagen, an dieser Stelle gerade einmal nicht an seine Gewohnheit gehalten haben, ein kleines *g* mit einem Häkchen zu beginnen. Darüber hinaus möchte ich auf eine weitere Möglichkeit hinweisen, die bisher – soweit ich sehe – überhaupt noch nicht erwogen wurde: Wenn man es für gut möglich oder sogar wahrscheinlich hält, daß die graphischen Zeichen zwischen dem unstrittigen Anlaut *l* und der ebenso klar lesbaren zweiten Silbe ‚-get‘ als *u* und der über die Linie gesetzte Bogen somit als U-Bogen zu lesen sind, so ist zu fragen, inwieweit ein solcher U-Bogen in Hölderlins Handschrift von einem Umlaut-Häkchen zu unterscheiden ist. Eine Durchsicht der graphischen Ausführungen der U-Bögen sowie der Umlautzeichen über *ä*, *ö* und *ü* zeigt, daß bei der flüchtigen handschriftlichen Ausführung, durch die die Seite 75 gekennzeichnet ist,

---

[355] Die einschlägigen Artikel bei Zedler sind interessanterweise fast gänzlich der Rekonstruktion des Motivs im Alten Testament gewidmet, beginnend bei 1. Mose 1, 2, „wo von der Erde gesaget wird, daß sie wüste und leer gewesen. Die Erde war ein unförmlicher Klumpen, da alles unter einander gemenget war, ohn alles Gewächs, Thiere und Menschen.“ (Bd. 59 [1749], Sp. 1410 [s. v. Wüste]) Unter dem Stichwort „Wüsten“ (Sp. 1412-1414) wird festgestellt: „deren fande man im Gelobten Lande zweyerley. Erstlich werden diejenigen Oerter Wüsten genennet, welche wegen des hitzigen Sandes nicht konnten bewohnet werden [...]. Hernach wurden auch diese Oerter Wüsten geheissen, da sich nur hin und wieder etliche Leute mit Graß und Laub erhalten konnten.“ (Sp. 1412f.) Etwas vom theologischen Kontext abstrahierend, heißt es schließlich: „Im verblümten Verstande wird auch ferner durch das Wort *Wüste* ein recht elender, kümmerlicher und trübseliger Zustand angedeutet, darinne die Menschen als in einer Wüste leben.“ (Sp. 1413) Darüber hinaus kann die Wüste – so ist zu ergänzen – Ort der Versuchung (Mt. 4, 1-11) und der Erleuchtung sein: „schauplatz des frühchristlichen anachoretentums, dem sachlich z. t. übrigens die wüste im engeren sinne von sand- oder steinwüste [...] zugrunde lag, und des büszer- und eremitentums überhaupt“ (Grimm, Bd. 14.2 [1960], Sp. 2440-2454 [s. v. wüste], hier Sp. 2442).

der U-Bogen, der auf anderen Seiten einem waagerechten, nach oben geöffneten Halbkreis ähnelt, sich dem Umlautzeichen, einem tendenziell senkrechten, in der Mitte etwas nach rechts gerundeten Häkchen, bis zur Ununterscheidbarkeit annähert.[356] Diese Überlegung hat zur Konsequenz, daß man auch mit der Möglichkeit rechnen muß, daß das Wort ‚lüget‘[357] lautet, eine Alternative, die aus syntaktischer und semantischer Perspektive als nicht unplausibel erscheint. Es müssen also alle drei Lesarten bei der Interpretation berücksichtigt werden.

Die Vorstellung, daß der Löwe ‚lieget‘, scheint die eingängigste zu sein, da bis zu Sattler niemand eine Alternative zu dieser Lesung in Erwägung gezogen hat. Als schwer vereinbar erscheint diese Möglichkeit aber mit der – nach meinen bisherigen Analysen nicht auszuschließenden – Abspaltung von „Der Wüste“ als Apposition: Warum bleibt der Löwe „In dem Brand“ liegen, wenn es sich um ein Feuer im wörtlichen Sinne handelt, und inwiefern ist er bei einem solchen lethargischen und äußerst selbstgefährdenden Verhalten noch als „Der Wüste“ zu bezeichnen? Schwierigkeiten tauchen auch bei der Verbindung zum Vorhergehenden auf: Der Löwe wird ja nicht isoliert eingeführt, sondern als ein Wesen, das zum Vergleich mit dem Wir dient. Inwieweit aber könnte das Liegen des Löwen, der sich damit der Gefahr des Verbranntwerdens aussetzt, veranschaulichen, wie das Wir „angefangen“ hat und „gegangen“ ist? Der Vergleich wäre unter den genannten Prämissen nur so zu verstehen, daß der Anfang und das Gehen des Wir so richtungs- und erfolglos sind, daß sie einem Liegen, das heißt dem Verzicht auf jede Fortbewegung, gleichkommen. Während das Ausgehen „Vom Abgrund“ zumindest die Möglichkeit offenzuhalten schien, diesen Anfangspunkt und die mit ihm verbundene Gefährdung zu überwinden, läßt der Vergleich mit dem inmitten des bedrohlichen Feuers liegenden Löwen kaum eine Ausweichmöglichkeit erkennen. Diese Diagnose wird kaum abgeschwächt, wenn man „Brand / Der Wüste“ als zusammengehörige und damit metaphorische Wendung (im Sinne von ‚unfruchtbare Landschaft unter sengender Sonne‘) versteht. Die beiden Bestandteile des Bildes verstärken sich dabei sogar in ihrer Trostlosigkeit; und das der Lethargie und Hoffnungslosigkeit entgegenwirkende dynamische Moment von „Der Wüste“, als ‚der Wilde‘ verstanden, ist bei dieser Lektüre verloren.

Eine ganz andere Tendenz dagegen erhält der Vergleich, wenn man das Prädikat des Relativsatzes als ‚luget‘ liest, wie es die neueren Herausgeber bevorzugen. Das Verb ‚lugen‘, das ‚ausschauen, spähen‘ bedeutet, war schon im zeitgenössischen Kontext altertümlich und nur im süddeutschen Sprachraum gebräuchlich.[358] Es fällt also deutlich aus dem exotischen Kontext heraus und

---

[356] Als Belege vergleiche man etwa ‚apriorität‘ (75, Z. 1), ‚Wuste‘ (Z. 14), ‚Hüfte‘ (Z. 27) auf der einen sowie ‚Abgrund‘ (Z. 6), ‚Leuen‘ (Z. 10), ‚unter‘ (Z. 27) auf der anderen Seite.

[357] So jetzt auch Groddeck (1990/91, 312). Groddeck bewertet die Bedeutung der Stelle allerdings zu hoch, wenn er behauptet, mit der Lesung ‚lüget‘ „erscheint der ganze Entwurfskomplex in einem anderen Licht“ (ibd.), ja, es handle sich hier um „eine Entscheidung ums Ganze des Gedicht-Entwurfs“ (ibd., 313).

[358] Cf. Kluge 1975, 449 (s. v. lugen); Duden-Etymologie, 428 (s. v. lugen).

holt den Satz in die Sphäre ‚heimatlicher' Sprachverwendung hinein. Der Löwe wäre unter dieser Perspektive eher einer, der aus einem Ritterwappen[359] herausschaut, als das Raubtier der bengalischen oder afrikanischen Wüste.[360] Die dem Löwen damit zugeschriebene Aktivität jedoch paßt in das Wüsten-Ambiente: Die Fähigkeit des Ausspähens ist eine unverzichtbare Voraussetzung, um Beutetieren aufzulauern und einem etwaigen feindlichen Hinterhalt zu entgehen. Dennoch wirkt die Ortsangabe „In dem Brand / Der Wüste" etwas ungewöhnlich; im Zusammenhang mit „luget" würde ich eher eine Richtungsangabe (‚in etwas hinein' oder ‚aus etwas heraus') erwarten.[361] Die Aussage kann hier aber so verstanden werden, daß dem Löwen ausgeprägte Scharfsichtigkeit auch unter widrigsten Umwelt- und Klimabedingungen attestiert wird. Dem Wir wird durch den Vergleich mit dem „Leuen" große Umsicht und Orientierungsgabe auf seinem am „Abgrund" beginnenden Weg zugeschrieben.[362]

Schließlich ist die Möglichkeit zu erörtern, daß das Verb auch ‚lüget' heißen könnte. Dem Löwen werden dieser Lesart zufolge nicht nur menschliches Sprachvermögen, sondern auch die Fähigkeit, bewußt falsch auszusagen (und das impliziert: zwischen wahr und falsch zu unterscheiden), zugeschrieben. Damit bewegt sich die Aussage auf der Sprachebene der Fabel. Allerdings wird die dort übliche Rollenzuweisung durchbrochen: Der Löwe ist in allen mir bekannten Fabeln, in denen er vorkommt, ein gütiger, wahrheitssuchender Herrschertyp, während das Lügen anderen Räubern wie dem Fuchs vorbehalten ist.[363] Auf welchen Gegenstandsbereich sich das Lügen des Löwen bezieht, kann aus dem Text nicht entnommen werden: Konkretisiert wird das Lügen nur durch die Ortsbestimmung „In dem Brand / Der Wüste". Aber diese Bestimmung ist wenig hilfreich, denn das Lügen ist ein intersubjektives Verhalten und läßt die Frage nach dem oder der Angelogenen aufkommen, während die Konkretisierung der objektivnatürlichen Begleitumstände von eher peripherem Interesse ist. Dadurch, daß das Ambiente in den Vordergrund gerückt wird, wird eine grundsätzliche Ent-

---

[359] Kluge (1975, 449, s. v. lugen) weist Schillers Tell 1, 1, V. 46 („Lug' Seppi, ob das Vieh sich nicht verlaufen.", NA 10, 133) und die um 1800 populären Rittergeschichten als Quellen der Wiederbelebung des seit dem 17. Jahrhundert kaum noch gebrauchten Wortes nach.

[360] Sattlers Zusammenfassung „Die Bursagasse als Wüste." (1980, 13) zeigt, wieviel der Passage verlorengeht, wenn man sie *nur* unter diesem Blickwinkel liest.

[361] Ich kann in diesem Punkt – nach nochmaliger Prüfung der Handschrift – Groddeck (1990/91, 312) nicht folgen, der meint, die folgende Zeile könne auch ‚In *den* Brand' gelesen werden: Der verdickte Strich nach dem *d* stellt meines Erachtens bereits das *e* dar, so daß drei Häkchen für das *m* verbleiben.

[362] Es ist nicht auszuschließen, daß die Aussage durch ein konkretes Ritterwappen, eine barocke Allegorie oder auch durch den Tübinger ‚Reuchlinlöwen' (dem allerdings Brand und Wüste fehlen) inspiriert ist. Es scheint mir jedoch unmöglich zu sein, festzulegen, *welches* zur Entstehungszeit des Gedichts schon vorliegende Artefakt als Vorbild oder Anregung gedient hat. Die Analyse muß sich daher auf die semantischen Gehalte der Aussage selbst konzentrieren und darf nicht wahllos *irgendein* themenverwandtes Gebilde zur Grundlage der Interpretation des Textes machen.

[363] Cf. etwa die prominenteste zeitgenössische Bearbeitung von Fabelstoffen, Goethes „Reineke Fuchs" (1794).

fremdung von der intersubjektiven Sphäre indiziert, die die durch das Lügen ausgelöste Verzerrung der Kommunikation noch verschärft. Allerdings wird (ähnlich wie bei der Aussage „Barbaren / Auch leben, wo allein herrschet Sonne und Mond" [II, Z. 45f.]) nicht deutlich, inwieweit die extremen Umweltbedingungen das Lügen fördern oder als Abwehrreaktion provozieren. Indem die Aktivität des Wir mit dem lügnerischen Verhalten des Löwen gleichgesetzt wird, gerät sie in ein Zwielicht: Der zumindest der Intention nach konstruktive Impuls des Ausgangs „Vom Abgrund" wird durch Unaufrichtigkeit und Falschaussage gefährdet. Die Gefährdung setzt im intersubjektiven Bereich an, in jener Sphäre also, in der allein sich ein Wir konstituieren kann. Durch den Vergleich mit dem lügenden Löwen droht also sogar die sprechende pluralische Instanz, die bisher in Text und Kontexten noch keinen verläßlichen Halt gefunden hatte, der Auflösung anheimzufallen. Anzufügen ist, daß sich bei der Lesung des Prädikats als ‚lüget' Assoziationen und Kohärenzen auf der lautlichen Ebene einstellen, die quer zu der destruktiven Aussage des Satzes verlaufen: In der Lautfolge ‚Leuen' klingen sowohl das von ‚lügen' abgeleitete Verb ‚leugnen'[364] an als auch die (anderen etymologischen Zusammenhängen entstammenden) Wörter ‚Leumund' und ‚verleumden'[365]. Daraus ließe sich eine mögliche Erklärung dafür ableiten, daß hier die (im zeitgenössischen Kontext allerdings nicht im selben Maße wie heute antiquierte) Form ‚Leu' statt ‚Löwe' verwendet ist: Als ‚Leu' erhält der Löwe von vornherein eine lautliche Affinität zum Problembereich Wahrheit und Lüge, die durch die (zudem mit „Leuen" allitterierende) Aussage, daß er ‚lüget', negativ wiederaufgenommen wird. Sogar die alternative Lesung ‚luget' kann in diese phonischen Assoziationen einbezogen werden, kann in ihr doch das von ‚lügen' abgeleitete Substantiv ‚Lug', das heute nur noch in der Wendung ‚Lug und Trug'[366] gebräuchlich ist, mitgehört werden. Auf der lautlichen Ebene liegen die sich semantisch scheinbar ausschließenden Lesungen ‚luget' und ‚lüget' nah beieinander. Diese Nähe sollte Veranlassung sein, nach Möglichkeiten der semantischen Vereinbarkeit der divergierenden Lesungen zu suchen.

Ein die drei möglichen Lesungen des Wortes einander annähernder Impuls scheint mir darüber hinaus der einzige Ausweg zu sein, um der Stelle einen konsistenten Sinn zuzuschreiben, obwohl es weder auf der graphischen noch auf der semantischen Ebene möglich ist zu entscheiden, welche der drei Alternativen ‚gültig' ist: Der Löwe, mit dem sich das Wir vergleicht, ‚lieget', ‚luget' und ‚lüget' gleichermaßen „In dem Brand / Der Wüste".[367] In einer Situation ex

---

[364] Cf. Kluge 1975, 438 (s. v. leugnen); Duden-Etymologie, 417 (s. v. leugnen).

[365] Cf. Kluge 1975, 438 (s. v. Leumund); Duden-Etymologie, 417 (s. v. Leumund).

[366] Cf. Kluge 1975, 449 (s. v. Lüge); Duden-Etymologie, 428 (s. v. lügen).

[367] Damit ist – um ein weiteres Mal an einer prekären Stelle der Analyse hervorzuheben, daß es ihr nicht um die Rekonstruktion von Autorabsichten, sondern um die Erschließung des uns vorliegenden handschriftlichen Befundes geht – nicht ausgesagt, daß Hölderlin das Wort gezielt so undeutlich notiert hat, daß genau die drei Varianten aus ihm herauszulesen sind. Vielmehr möchte ich allein folgendes feststellen: Die Analyse des Autographs läßt drei Lesungen des Wortes als gleichermaßen möglich erscheinen. Die syntaktische Analyse hat ergeben, daß alle drei Varianten als korrekt gebildete Satzprädikate fungieren können. Die semantische Analyse

tremer und gefährdender äußerer Bedingungen zeichnet sich das Raubtier also
durch fehlende Bewegung, geschärfte sinnliche Fähigkeiten und gezielte Verweigerung intersubjektiver Verständigung aus. Das mit dem „Leuen" gleichgesetzte
Wir droht damit, nicht nur in seiner von vornherein ohne erkennbares Ziel begonnenen Bewegung lahmgelegt zu werden, sondern auch seine Identität als
sich artikulierendes Kollektiv zu verlieren. Allein die optischen Fähigkeiten des
spähenden Löwen vermögen einen Ausweg aus dem Zirkel von Stillstand und
Selbstaufhebung zu weisen. Aber die Fähigkeit zu ‚lugen' ist eine unauflöslich
individuelle, ja solipsistische, das Grundvermögen des aus seinem Versteck her-
ausschauenden einsamen Jägers oder Spions (oder der Jägerin oder Spionin).
Die Heimlichkeit ist es, die das Lugen nicht weit vom Lug entfernt hält. Der
„Abgrund", von dem „Wir angefangen" haben, ist noch lange nicht überwunden. Nicht nur der Löwe, auch das Wir, das sich mit ihm gleichsetzt, ist gefangen
„In dem Brand / Der Wüste".

Die folgende Zeile „Lichtrunken und der Thiergeist ruhet" knüpft an diese Problemlage an.[368] Das Komma hinter „Der Wüste" sowie das „und", mit dem der
folgende Satz „der Thiergeist ruhet" eingeleitet wird, deuten darauf hin, daß
‚lichttrunken' als Erläuterung an den vorhergehenden Satz angefügt ist. Jedes
der Elemente des Relativsatzes kommt als Bezugswort für ‚lichttrunken', das
somit entweder als unflektiertes Adjektivattribut oder als Adverb zu verstehen
ist, in Frage. Dabei erscheinen mir die Aussagen, daß entweder die „Wüste"
oder der „Brand / Der Wüste" als ‚lichttrunken' bezeichnet werden, als beinahe
tautologisch: Die grenzenlose Wirkung des Lichts gehört zu unserem Bild eines Brandes wie auch einer Wüste in den meisten Fällen dazu. Neue Aspekte
kommen dagegen in die vom Text aufgebaute Wirklichkeit, wenn man ‚lichttrunken' auf den „Leuen" (der möglicherweise auch als „Der Wüste" bezeichnet
wird) oder auf seine Tätigkeit, das Liegen, Lugen oder Lügen, bezieht. Wenn der
Löwe ‚lichttrunken' ist, so ist er nicht nur beschienen, sondern auch berauscht
vom Licht; dessen ungehemmte Ausbreitung droht den einem höheren Lebewesen möglichen Grad von Bewußtheit hinwegzuspülen und damit die Selbsterhal-
tungsmechanismen des Tieres lahmzulegen. Genau dieser Sachverhalt wird auch
mit dem folgenden Satz ausgedrückt: „und der Thiergeist ruhet". Stärker noch
als durch das ‚lichttrunken' wird mit dieser Aussage aber auch auf die positive
Seite der Stillstellung der Lebensenergien hingewiesen, wie sie durch das gleich
einer Droge wirkende Licht der Sonne oder eines Feuers ermöglicht wird. Die
Ruhe muß nicht eine der Betäubung, sondern kann auch eine der Entspannung

---

schließlich hat zu dem Ergebnis geführt, daß jedes der drei Verben an der vorliegenden Stelle
einen zwar teilweise befremdlichen, aber insgesamt kohärenten Sinn ergibt. Die Interpretation
muß also versuchen, alle drei Varianten gleichermaßen zu berücksichtigen, da zwischen ihnen
nicht letztgültig entschieden werden kann.

[368] „Lichtrunken" kann mit großer Wahrscheinlichkeit zu ‚Licht<t>runken' konjiziert werden. Die Lautung ‚Lichtrunken' scheint selbst von einer Trunkenheit affiziert zu sein, die den
Auslaut des ersten Teils des Kompositums nicht mehr vom Anlaut des zweiten Teils zu trennen
vermag. Cf. auch Sattler in FHA Einl., 87, zu Z. 7.

sein; die Energien sind nicht lahmgelegt, sondern nur für eine gewisse Zeit in einen ausgeglichenen Zustand gebracht.

Allerdings scheint einem solcherart ruhenden Geist des Löwen das Lugen wie das Lügen kaum möglich zu sein, da beide Tätigkeiten ein waches Bewußtsein voraussetzen. Dieser semantischen Überlegung kann auf der lautlichen Ebene die Assonanz zu „ruhet" entgegengehalten werden, die für die Lesung „luget" sprechen würde. Die ähnliche Lautung der beiden Wörter würde auf der phonetischen Ebene das Moment der Ruhe verstärken, mit dem der Satz in Z. 15 ausklingt. Das ‚ruhende Lugen' des Löwen verlöre so gesehen den Charakter zielgerichteten Spähens und gliche eher dem Blinzeln, das die Augen vor der brennenden Sonne der Wüste schützt.

Während zwischen „luget" und „ruhet" eine phonetische Ähnlichkeit besteht, können „lieget" und „ruhet" als Synonyme angesehen werden. Rekonstruiert man unter dieser Perspektive den Zusammenhang der Zeilen 12 bis 15, so tritt wiederum die Gefahr der Betäubung durch das Licht in den Vordergrund: Die ‚Lichttrunkenheit' im „Brand / Der Wüste" droht den Geist des Löwen nicht nur einzuschläfern, sondern ihn im Licht der sengenden Sonne zu vernichten; die tatenlose Ruhe und das bloße Liegenbleiben stehen so gesehen für das hilflose Ausgeliefertsein an die vernichtenden Umweltbedingungen.

Nun bezeichnet der „Thiergeist" nicht ausschließlich das Bewußtsein des Löwen, sondern auch das anderer Tiere. Denkbar ist sogar, den Begriff auch auf Menschen anzuwenden im Sinne der animalischen Seite des menschlichen Charakters.[369] Der Vergleich mit dem Leuen scheint also mit dieser Zeile zu dem Resultat zu führen, daß die hektische und ziellose Tätigkeit des Wir („angefangen und gegangen") unter der sengenden Sonne, in der Wüste gescheiterter Kommunikation nicht nur zu versanden droht, sondern das sich artikulierende Wir (und mit ihm möglicherweise alles tierische und menschliche Leben) in die Selbstauslöschung, in die trügerische Ruhe einer Betäubung der elementaren Lebenstriebe, die möglicherweise niemals endet, führt.[370]

Aber auch damit ist die Zeile noch nicht in ihrer vollen Bedeutung erfaßt. Der „Thiergeist" kann hier über die beiden bisher genannten Bedeutungen hinaus auch ein Dämon sein, der die Menschen umtreibt und sich in Gestalt eines wilden Tieres inkorporiert. Archaische Dimensionen eines ‚wilden Denkens' werden also

---

[369] Dieser Aspekt wird von Nägele etwas überpointiert: „Ununterscheidbar das höchste Geistige vom witternden Tiergeist." (Nägele 1985, 234) Erhellend ist freilich Nägeles Hinweis auf Adorno, der „die Spuren des Raubtiers noch in den idealistischen Systemen" (ibd., 256, Anm. 111) aufdecke: „Das System, in dem der souveräne Geist sich verklärt wähnte, hat seine Urgeschichte im Vorgeistigen, dem animalischen Leben der Gattung. Raubtiere sind hungrig; der Sprung aufs Opfer ist schwierig, oft gefährlich. Damit das Tier ihn wagt, bedarf es wohl zusätzlicher Impulse. Diese fusionieren sich mit der Unlust des Hungers zur Wut aufs Opfer, deren Ausdruck dieses zweckmäßig wiederum schreckt und lähmt." (Adorno GS 7, 33)

[370] Ähnlich Binder: „Menschen des Abgrunds schützen sich nicht, sondern geben sich dem Element in trunkener Selbststeigerung hin. Ihre Sinnlichkeit ist daher nicht bloß Vitalität, sondern eigentlich Ichsucht, analog dem biblischen ‚Fleisch'. Und das Ruhen mit dem Tiergeist drückt vermutlich die körperliche Vereinigung mit der Tierheit aus." (Binder 1983, 361)

an diesem Punkt des Textes evoziert, der bisher nur einen Weg in die Wüste, keinen aus ihr heraus gewiesen hat. Vom Licht trunken zu sein, sich rückhaltlos der Gewalt der Sonne oder des Feuers auszusetzen, wird offenbar als Mittel angesehen, die in unberechenbaren Tieren wie dem Löwen umgehenden Geister ruhigzustellen und vielleicht zu überwinden.

Über die Polyvalenz des Begriffs „Thiergeist" hinaus bleibt vor allem die im Textzusammenhang entscheidende Frage nach dem Verhältnis zwischen dem Wir und dem Löwen offen: Setzt sich das in der ersten Person artikulierte Kollektiv gegen Ende des Satzes von dem ruhiggestellten und doch mit dämonischen Zügen ausgestatteten Löwen ab, oder versinkt es mit ihm im Rausch des sengenden Lichts? Das etwas unterhalb dieser Zeile am linken Rand plazierte Notat „Mit / ihnen" (Z. 16f.) könnte möglicherweise genauere Aufschlüsse darüber geben. Bei diesem Segment handelt es sich, wie dem klar als Majuskel zu identifizierenden Anlaut von „Mit" zu entnehmen ist, um den Beginn entweder eines Satzes oder eines geplanten Verses. Denkbar ist auch, daß es als selbständige Zeile in den Textzusammenhang einzuschieben ist. Kaum entscheidbar scheint mir jedoch zu sein, an welcher Stelle die Textergänzung einzuschieben wäre. Daher überrascht, daß alle bisherigen Herausgeber (mit Ausnahme Zinkernagels, der das Segment gar nicht berücksichtigt) das Bruchstück nach Z. 15 einordnen: ‚der Thiergeist ruhet / Mit ihnen'[371]. Die Plazierung der beiden Wörter links neben den Zeilen 16 bzw. 17 läßt jedoch vom Schriftbild her eine Anfügung auch an diese Zeilen als denkbar erscheinen. Diese Möglichkeiten müssen im Rahmen der Analyse der folgenden Zeilen syntaktisch und semantisch überprüft werden. Zunächst kann es nur um die Erörterung des Anschlusses an Z. 15 gehen.

‚Der ‚Thiergeist ruhet / Mit ihnen': Die Isolation des ruhenden Dämons oder des Verstandes des Löwen scheint aufgehoben, eingebunden in ein Kollektiv. Wer aber ist die Gruppe, mit der der „Thiergeist" offenbar friedlich beisammen liegt? Denkbar ist, daß ein Wechsel von der ersten in die dritte Person Plural stattgefunden, daß das Wir der Z. 8 seine Binnenperspektive verlassen hat und sich nunmehr selbst von außen betrachtet. Dieser Akt der Selbstdistanzierung wäre somit gegenläufig zu dem der Verbindung und Harmonisierung, der durch das Segment ‚Mit ihnen' angedeutet ist. Während das Wir sich zunächst in einer eher abstrakt logischen Behauptung „Dem Leuen gleich" (Z. 10) setzt (eine Gleichheit, die die Zugehörigkeit zu verschiedensten Lebenszusammenhängen nicht ausschließt, sondern nur die Existenz mindestens eines Tertium comparationis erfordert), tritt es nun aus sich heraus und kann erst so ein konkretes Bild der Vereinigung zeichnen: ‚der Thiergeist ruhet / Mit ihnen'. Aber das ist nicht die einzige Deutungsmöglichkeit.

Zwar findet sich im bisherigen Verlauf des linearen Textes (ab Z. 6) kein weiterer Plural, und die Substantive ‚Abgrund', ‚Leu', ‚Brand' und ‚Wüste' indizieren (möglicherweise als eine Form textimmanenter Erfüllung des Diktums von der

---

[371] Cf. StA II.1, 250, V. 7f.; FHA Einl., 86, Z. 7f.; Sattler 1981a, 307, Z. 7f.; Uffhausen 1989, 146, Z. 36f.

„apriorität des Individuellen") je für sich singuläre Sachverhalte, die sich schlechterdings nicht zu einem Plural verschmelzen lassen. Wie meine Analyse bis zu diesem Punkt ergeben hat, wird der dominierende Text jedoch nicht erst an der vorliegenden Stelle, sondern besonders massiv bei den ersten Zeilen überlagert, konterkariert und erweitert durch Neben- und Randtexte. So findet sich in dem in den Zwischenraum zwischen Eingangsnotiz und Beginn des linearen Textes eingeschobenen Segment „Werber!   keine Polaken sind wir" (Z. 5) mindestens eine Pluralform, und auch „Werber" kann als Plural gelesen werden. Angesichts der Entfernung dieses Bruchstücks von dem etwa zehn Zeilen weiter unten am linken Rand notierten Zusatz „Mit / ihnen" kommt es als Bezugspunkt für diesen jedoch kaum in Frage.

Anders sieht es mit den bisher von mir noch nicht untersuchten Zusätzen aus, die links und rechts von den ersten Zeilen des linearen Textes plaziert sind. „Der / Gelehrten / halb" (Z. 7, 9, 11) ist etwa fünf Zeilen oberhalb von „Mit / ihnen" ebenfalls am linken Rand notiert, auf dem für nur ein Wort pro Zeile Raum ist. Da es sich um die beiden einzigen Zusätze am linken Rand dieser Seite handelt, fallen sie besonders ins Auge. Es muß also die Möglichkeit erwogen werden, daß sich „ihnen" auf die „Gelehrten" beziehen könnte. Ein Bezug zu den Notaten, die gegenüber von ‚Der Gelehrten halb' rechts vom linearen Text zu finden sind, kann jedoch ebensowenig ausgeschlossen werden: Ein Plural findet sich zwar nicht in der griechischen Notiz „$M\alpha\ \tau o\nu\ o\varrho\kappa o\nu$" (Z. 8), aber in der Aufzählung „In Zweifel und aergerniß" (Z. 9) sowie in dem Satz „denn sinnlicher sind Menschen" (Z. 11). In den Randzusätzen spielt also die Mehrzahl, die aus den ersten sieben Zeilen des linearen Textes zugunsten des Singularen ausgeschlossen ist, eine wichtige Rolle. Schon auf einer elementaren textlichen und grammatischen Ebene werden zwischen dem dominierenden Text und der Vielzahl randständiger Texte die in der Eingangsnotiz angesprochenen Verhältnisse von Ganzem und Teilen, Einheit und Vielheit, Einzelheit und Allgemeinheit ausgetragen. Bevor jedoch der Frage nach einem möglichen Zusammenhang dieser Segmente untereinander und/oder zum linearen Text nachgegangen werden kann, müssen sie je für sich analysiert werden.

Z. 7, 9 und 11 (Bruchstücke, linker Rand)

Ich beginne mit „Der / Gelehrten / halb", das etwas oberhalb von „Mit / ihnen" am linken Rand zu finden ist. Die drei Wörter sind auf der Höhe der Zwischenräume zwischen den ersten vier Zeilen des linearen Textes notiert. Aus diesem Umstand läßt sich jedoch kein eindeutiges Indiz für eine etwaige Einordnung des Segments in den linearen Textzusammenhang entnehmen.[372] Die Schwierigkeit, eine Stelle zu identifizieren, an der das Syntagma am passendsten

---

[372] Diese Behauptung wird nicht widerlegt, sondern im Gegenteil untermauert durch die eher hilflosen Versuche mancher Herausgeber, das Segment einzuordnen. Beißner schlägt in seinen ‚Plänen und Bruchstücken' für die Zusätze aus diesem Bereich der Seite eine besonders unglückliche Zusammenstellung vor: An die zweizeilige „Hahnenschrei"-Notiz hängt er

einzufügen wäre, liegt aber auch in seiner immanenten Struktur begründet: Es handelt sich um eine adverbiale Bestimmung, die von der nachgestellten Präposition „halb" (im Sinne von ‚wegen, um willen') abhängt.[373] Das Segment kann daher syntaktisch gesehen als Kausalbestimmung in potentiell jeden der Sätze des in diesem Bereich der Handschrift entworfenen linearen Textzusammenhangs eingefügt werden. Wenn etwas ‚wegen der Gelehrten' oder ‚um der Gelehrten willen' geschieht, so bedeutet das, daß auf eine bestimmte gesellschaftliche Gruppe Rücksicht genommen wird. Ein Gelehrter ist jemand, der über eine umfassende geistliche oder wissenschaftliche Bildung verfügt. Die Hinwendung der Gelehrten zum Wissen ist aber – wie uns schon die über Sokrates lachende thrakische Magd lehrt – erkauft um den Preis der abstrahierenden Abwendung und Entfernung von der gesellschaftlichen Realität und alltäglichen Lebenswelt. In verschärfter Gestalt findet sich dieser Konflikt im Neuen Testament, dessen kritischer Impuls gegen die dogmatische Fixierung der Priesterkaste auf Schrift und Gesetz des Alten Testaments gerichtet ist, so in Jesu wütender Rede gegen die „Schrifftgelerten und Phariseer" (Mt. 23). Dieser Gegensatz kommt auch an der einzigen Parallelstelle zum Ausdruck, an der in Hölderlins Lyrik noch von ‚Gelehrten' die Rede ist: Einige Seiten weiter vorne im Folioheft, im handschriftlichen Zusammenhang mit dem an die Madonna gerichteten Hymnenentwurf, findet sich das Notat „Weltlauf und Gelehrtensentimental" (HF 64, Z. 2; Beißner konjiziert

---

das Einzelwort „Werber!" an (‚Bruchstück 79', StA II.1, 339), während er das von diesem abgespaltene Bruchstück „keine Polaken sind wir" mit „Der Gelehrten halb" zusammenspannt (‚Bruchstück 80', ibd.). Die Zusätze „in Zweifel und Aergerniß, / Denn sinnlicher sind Menschen" ordnet er dagegen in den laufenden Text des ‚Hymnischen Entwurfs' „Vom Abgrund nemlich ..." ein (cf. StA II.1, 250, V. 3f.). In letzterer Entscheidung folgt ihm Sattler; er sieht jedoch darüber hinaus „Der Gelehrten halb" als Beginn der mit „in Zweifel und Aergerniß" fortgesetzten Zeile an (FHA Einl., 86, Z. 3). Beißner sieht die Zeile „Der lieget" als durch die Zusätze verworfen und gestrichen an, Sattler auch „Dem Leuen gleich". Als Begründung führen beide an, daß „Leuen" und „lieget" (bzw. ‚luget') in der Handschrift unterstrichen sind (cf. StA II.2, 886, Z. 23; FHA Einl., 82, Phase XVIII). Dieser Argumentation, aus der nur Sattler die konsequente Entscheidung ableitet, das Bild des Löwen ganz zu streichen (cf. seine triftige Kritik an Beißners Inkonsequenz, Sattler 1981a, 300), kann ich nicht folgen; die Unterstreichung der beiden Wörter kann auch eine ganz andere Funktion haben, beispielsweise die Hervorhebung ihrer lautlichen Gemeinsamkeiten o. ä. Bestenfalls könnte die geplante, aber nicht ausgeführte Ersetzung der beiden Wörter indiziert sein, nicht jedoch die Streichung der ganzen Zeilen. Vor allem aber vermag ich nicht zu erkennen, warum durch die hochabstrakten Zusätze das ausgeführte Bild des „Leuen" aufgespalten (so Beißner) oder gar ersetzt (so Sattler) werden sollte. Noch absonderlicher ist Sattlers späterer Vorschlag, auch noch die ersten beiden Zeilen des linearen Textes zu segmentieren und einzelne Schnipsel davon zwischen die Randzusätze zu mischen: „Der Gelehrten halb | und gegangen | in Zweifel und aergerniß," (Sattler 1981a, 307, Z. 3). Uffhausen (1989, 146) dagegen macht zwar den Versuch, alles Textmaterial zu integrieren, verfällt jedoch auch hier dem Fehler, die Zusätze ausnahmslos in einen linearen Textverlauf hineinpressen zu wollen, der Züge von Beliebigkeit und Fiktion trägt und die realen handschriftlichen Abläufe und Konstellationen zerstört.

[373] Dieses Wort, das von dem gleichlautenden Adjektiv abgeleitet ist, findet sich in der vorliegenden Bedeutung bereits im Mhd., heute jedoch fast nur noch in den variierenden Formen ‚halben' und ‚halber' sowie in Zusammensetzungen wie ‚deshalb'. Cf. Kluge 1975, 283 (s. v. halb, -halb); Duden-Etymologie, 264 (s. v. halb).

zu ‚Gelehrtensentimentalität', cf. StA II.1, 331, Z. 2 [‚Bruchstück 55']).[374] Die
‚sentimentale' Einstellung der ‚Gelehrten' wendet sich vom aktuellen Lauf der
Welt ab und der in Schriften dokumentierten Vergangenheit zu, die mit dem
verhaltenen Glanz des Ewigen und Allgemeinmenschlichen ausgestattet wird.

Ein größerer Gegensatz als der zwischen den „Gelehrten" und den Subjekten des
linearen Textes – dem Wir, das sich aus der existentiellen Situation am Abgrund
heraus versteht, und dem mit diesem Kollektiv verglichenen „Leuen", der sich
unter widrigsten Umweltbedingungen zu behaupten trachtet – ist kaum vorstellbar. Wenn nun gesagt wird, daß in den Extremsituationen am „Abgrund" und in
der „Wüste" (unter der Voraussetzung, das man das Wort als Femininum, also
als Bezeichnung der Landschaftsformation, versteht) etwas ‚der Gelehrten halb'
geschieht, so bekommt diese Aussage eine parodistische Komponente.[375] Wer
das Segment daher umstandslos in den Textverlauf zu integrieren und damit die
Spannung zwischen beiden zu nivellieren versucht, macht sich selber lächerlich,
verfehlt aber den im Text steckenden Witz.

Bei der Rede von den „Gelehrten" sollten sich – ich habe es oben schon angedeutet – die über dem Blatt brütenden professionellen Rezipienten und Rezipientinnen selbst ertappt fühlen, denn was ist die Hölderlin-Philologie anderes
als Schriftgelehrsamkeit? Die „Gelehrten" können zwar nicht unmittelbar mit
dem sich im Text artikulierenden Wir gleichgesetzt werden; dennoch könnten
wir als heutige Leserinnen und Leser distanzierend in der dritten Person hier
angesprochen sein. Der Text wäre demzufolge mit Rücksicht auf eine bestimmte
Gruppe von Rezipierenden, nämlich die professionellen, verfaßt. Die – bei aller
Vieldeutigkeit – auf der Sprachebene konkreter Sinnlichkeit angesiedelten Beschreibungen der ersten sieben Zeilen des linearen Textes könnten also zu dem
Zweck gestaltet sein, den „Gelehrten" ihr Anderes, das Leben in Grenzsitua-
tionen, entgegenzuhalten und sie damit aus der Sphäre bloßer Gelehrsamkeit
herauszureißen. Sieht man das Segment als den Bezugspunkt des etwas weiter
unten stehenden Notats „Mit / ihnen" an und dieses als Vervollständigung des
Satzes „der Thiergeist ruhet", so wird ausgesagt, daß der „Thiergeist" – der
Dämon oder das Bewußtsein des Löwen – zusammen mit den „Gelehrten" zur
Ruhe kommt. In dieser Ruhe werden die wenige Zeilen weiter oben scheinbar
unversöhnlich auseinanderklaffenden Seiten, existentielle Bedrohung und Welt-
abgewandtheit, Unzivilisiertheit und Gelehrsamkeit, versöhnt: Friedlich schla-
fen der „Wüste" (sofern man das Wort als Maskulinum, also als Bezeichnung
einer Person, liest) und der ‚Gelehrte' nebeneinander, Modell vielleicht auch eines friedlichen Zusammenlebens im wachen Zustand. Unter dieser Perspektive
erweist sich die Ruhe, die in Z. 15 zum Ausdruck kommt, nicht als eine der
Betäubung und Resignation, sondern als eine der Versöhnung. Diese Konstruk-

---

[374] Cf. dazu Beck 1978/79, 233f.
[375] Etwa in dem Maße, wie sich in den Abenteuerromanen Karl Mays die verschrobensten
der westlichen Zivilisation entsprungenen Protagonisten (beispielsweise Lordschaften und ihre
Diener) durch die wüstesten Wüsten bemühen.

tion ist jedoch mehr als fragil: Weder der Bezug der beiden Zusätze am linken Rand noch der Anschluß ‚der Thiergeist ruhet / Mit ihnen' ist zweifelsfrei gesichert. Aber diese Kombination ist *eine* Möglichkeit, die einen die Texte am linken Rand integrierenden Faden anbietet.

Z. 8 (Bruchstück, rechts)

Die griechische Notiz „$M\alpha\ \tau o\nu\ o\varrho\kappa o\nu$" paßt in keiner Hinsicht in diesen Zusammenhang. Am befremdlichsten innerhalb eines überwiegend in deutscher Sprache verfaßten Komplexes lyrischer Fragmente ist zunächst ihre Fremdsprachigkeit, die durch das abweichende Notationssystem, das griechische Alphabet, besonders sinnfällig wird (im Gegensatz etwa zu dem französischen „envers terre", das sich auf der gegenüberliegenden Seite ebenfalls rechts oben findet [II, Z. 2]). Bei dem Segment handelt es sich um einen Schwur: $\mu\acute{\alpha}$ mit Akkusativ ist eine Schwurpartikel, mit der die Gottheit oder Sache, bei der man schwört, angerufen wird. In diesem Sinne wendet Hölderlin das Wort auch in einem Stammbuchblatt für Rudolph Magenau von 1793 an: „$M\alpha\ \tau o\upsilon\varsigma\ \epsilon\nu\ M\alpha\varrho\alpha\vartheta\omega\nu\iota\ \pi\epsilon\sigma o\nu\tau\alpha\varsigma$ / soll bestehen der Bund zwischen mir und Dir!" (StA II.1, 351) Zuweilen wird auch der Name der Gottheit weggelassen: $\mu\acute{\alpha}\ \tau\acute{o}\nu$ (‚bei Gott').[376] Das ist hier nicht der Fall; die Instanz, bei der geschworen wird, ist genannt. Es ist jedoch nicht etwa der höchste Gott (in seiner Eigenschaft als Schwurgott, $Z\epsilon\grave{\upsilon}\varsigma\ \acute{o}\varrho\kappa\iota o\varsigma$), sondern nur dessen für die Eide zuständiger Diener Horkos, Sohn der Eris, bei dem geschworen wird: „ein göttliches Wesen, das die Ungerechten und Eidbrüchigen züchtigt"[377]. ‚Beim Eide' selber bzw. seinem göttlichen Vertreter wird hier also geschworen. Das ist höchst befremdlich, funktioniert doch die Legitimierung, die mit dem Eid eingeholt werden soll, gerade nur dadurch, daß sie sich auf eine dem Akt des Schwörens wie seinem Inhalt äußerliche, durch ihre allgemein anerkannte Dignität oder durch ihre herausgehobene Bedeutung für den Schwörenden oder die Schwörende ausgezeichnete Instanz beruft. Dem vorliegenden Eid jedoch mißlingt diese Legitimationsleistung, da er sich entweder auf sich selbst (und sei es in personifizierter Form) beruft – und damit in einen Circulus vitiosus gerät – oder aber auf einen anderen, vorangegangenen Eid. Dabei stellt sich die Frage, worauf sich wiederum dieser frühere Eid beruft, und es entsteht ein infiniter Regreß: Der $\acute{o}\varrho\kappa o\varsigma$ droht an den Rand des *Orcus* zu geraten, mit dem er bereits seit Virgil immer wieder konfundiert wird.[378]

Sattler schlägt vor, das Segment als mahnende Erinnerung zu lesen: an frühere Schwüre, wie sie sich etwa in Jugendgedichten des Autors (z. B. „Die Tek" oder „Am Tage der Freundschaftsfeier") finden, oder an die gemeinsame Losung

---

[376] Cf. Passow 1841-57, Bd. II.1 (1852), 104 (s. v. $\mu\acute{\alpha}$); Menge 1913, 413 (s. v. $\mu\acute{\alpha}$); Gemoll 1979, 480 (s. v. $\mu\acute{\alpha}$).

[377] Passow 1841-57, Bd. II.1 (1852), 528 (s. v. $\acute{o}\varrho\kappa o\varsigma$). Cf. auch Menge 1913, 499 (s. v. $\acute{o}\varrho\kappa o\varsigma$); Gemoll 1979, 551 (s. v. $\acute{o}\varrho\kappa o\varsigma$).

[378] Der Hinweis auf Virg. Georg. 1, 277 findet sich bei Passow 1841-57, Bd. II.1 (1852), 528 (s. v. $\acute{o}\varrho\kappa o\varsigma$).

„Reich Gottes!", die sich die Studienfreunde beim Abschied aus dem Tübinger Stift mit auf den Weg gaben, oder an den rasch vergessenen Grundsatz der
Französischen Revolution, keinen Eroberungskrieg führen zu wollen.[379] Diese
Assoziationen sind zwar sehr anregend und erfassen vermutlich die relevanten
zeitgeschichtlichen und biographischen Zusammenhänge, in denen ein Eid im
Kontext dieser Gedichtfragmente zu sehen wäre. Der Materialreichtum verstellt
jedoch das Problem, daß der Schwur, von dem hier die Rede ist, inhaltlich nicht
eindeutig identifiziert werden kann und daß zudem nicht einfach an einen vergangenen Schwur mahnend erinnert, sondern daß unter Berufung auf den Schwur
erneut geschworen wird. Man kann den Ausruf daher präziser als Bekräftigung
einer Selbstverpflichtung verstehen, der erst sekundär der Appell an andere Be-
teiligte inhäriert, sich gleichfalls vergangener Vorsätze zu entsinnen.

Der Eid ist in der westlichen Zivilisation einer der wenigen im Zuge der Säkularisation verbindlich gebliebenen kultischen Akte: Ein Subjekt verpflichtet sich
selbst auf eine höhere Instanz.[380] Dieses Subjekt kann sowohl ein Individuum
(z. B. der Bundeskanzler der Bundesrepublik Deutschland) als auch ein Kollektiv (z. B. ein Regiment beim Fahneneid) sein. Zwingend stellt sich also die Frage,
wer hier unter Berufung auf einen früheren Eid oder den Akt des Schwörens
selbst schwört. Es drängt sich angesichts der Ungewöhnlichkeit der Eidesformel
zunächst die Vermutung auf, daß es sich um den Sprechakt eines isolierten Individuums handelt. Aber ein Ich ist bis zu diesem Punkt in den Texten dieser
Seite noch nicht ausdrücklich zur Sprache gekommen, so daß diese Vermutung
das Segment isolieren würde. Ein kollektives Subjekt („wir') spricht dagegen direkt oberhalb der Notiz (Z. 5) wie auch auf derselben Höhe zu Beginn der Zeile
8. Vom Duktus des Sprechens her könnte der Eid ganz gut zu dem Ausruf „Werber!   keine Polaken sind wir" passen; es könnten also die Deutschen sein, die
hier schwören. Inhaltlich kann ich jedoch dazu in der zeitgenössischen Situation
der ersten Jahre des neunzehnten Jahrhunderts keinen Bezugspunkt entdecken:
Wann hätten sich bis zu diesem Zeitpunkt die Deutschen einer Selbstverpflichtung unterworfen, die sie zudem noch legitimiert hätte, sich von anderen Nationen abzusetzen? Ein Wir findet sich auch im anthropologisch-kulturgeschichtlich
anmutenden Beginn des linearen Textes, „Vom Abgrund nemlich haben / Wir
angefangen und gegangen". Ein Verknüpfungspunkt zwischen beiden Textteilen
läßt sich dann herstellen, wenn man im ὅρκος den Orcus anklingen hört: in
der antiken Vorstellungswelt der Abgrund schlechthin. Demnach würde hier be-
schwörend auf den Abgrund verwiesen, auf den der nebenstehende Textbeginn

---

[379] Cf. Sattler 1981a, 298f. Sattler weist an dieser Stelle zu Recht auf Klopstocks Revolutions-
und Antikriegsoden hin, die in ihrer Naturmetaphorik als wichtiger intertextueller Bezugspunkt für die Entwürfe auf diesen Seiten (und speziell auch für die vorliegende Stelle) gelten
können (cf. auch „Der Freyheitskrieg" [1792] und „Der Erobrungskrieg" [1793]). Beeindruckend
und erschreckend aktuell ist das von Sattler angeführte Zitat aus der der Devise „Kein Eroberungskrieg!" gewidmeten Ode „Das Versprechen" (1795):
[380] Dieser Sprechakt soll sich häufig materialisieren durch die Berührung eines kultischen
Objekts, meist der Heiligen Schrift; es kann aber auch – einige Nummern kleiner – das Grundgesetz oder die Flagge der Bundesrepublik Deutschland sein.

eher deskriptiv-distanzierend Bezug nimmt. Darüber hinaus kann aber auch die Möglichkeit, daß es ein Einzelsubjekt ist, das den Eid spricht, nicht ausgeschlossen werden.

Einen weitergehenden Vorschlag zur Einbindung des Segments hat Dietrich Uffhausen gemacht: Die gegenüber, am linken Rand stehende Notiz ‚Der Gelehrten halb' sei als „ausdrückliche[ ] Begründung"[381] für die Fremdsprachigkeit des Notats zu verstehen. Das ist eine anregende Idee, die meiner Interpretation der „Gelehrten"-Notiz als einem auf eine bestimmte Zielgruppe des Textes ausgerichteten ironischen Wink nahekommt. Allerdings ist ein fremdsprachiges Einsprengsel in einen lyrischen Text nach den zeitgenössischen Maßstäben, auch denen der Philologie, keineswegs als Erfüllung einer Erwartungshaltung (wie Uffhausen suggeriert), sondern vielmehr als Provokation zu verstehen: Durch die fremde Sprache und Schrift springt das Segment aus den poetischen Textzusammenhängen heraus.[382]

Beißner (StA II.2, 888, zu V. 2) hat darauf hingewiesen, daß es sich bei dem Segment um ein abgewandeltes Pindar-Zitat handelt: „ναὶ μὰ γὰρ ὅρκον" lautet die Stelle im Original (Nem. 11, 24).[383] Aber das Wissen um diesen Umstand löst nicht etwa alle Probleme, die sich mit dem Notat stellen, denn die Berufung auf den Eid selbst wird nicht dadurch ungewöhnlicher, daß sie auch der antike Hymniker verwendet. Vielmehr ist auf dem Hintergrund dieser Information die Frage zu stellen, welche Funktion der mehr oder weniger deutlichen Zitation des antiken Autors im vorliegenden Kontext zukommt.

Die variierende Anführung Pindars hat im Werk Hölderlins eine Parallele, und zwar in den etwa gleichzeitig mit den vorliegenden Entwürfen entstandenen Kommentaren zu seinen Übersetzungen einiger Fragmente des griechischen Lyrikers. In den Kommentaren benutzt Hölderlin die Begriffe der Übersetzungen und entwickelt sie assoziierend weiter. Eine solche gezielte Abwandlung ist an der vorliegenden Stelle nicht zu erkennen; die geringfügige und nicht sehr sinnverändernde Abweichung vom Wortlaut des Originals könnte sich vielmehr daraus erklären, daß die Stelle aus dem Gedächtnis zitiert und nicht verifiziert worden ist. Hinzu kommt, daß das Zitat nicht einmal übersetzt ist, so daß beide Aneignungsschritte der ‚Pindar-Fragmente', die Übersetzung und der Kommentar, fehlen. Der rätselhafte Eid aus Pindars Ode wird in seiner ganzen Fremdheit in den Kontext der lyrischen Entwürfe hineingesetzt. Die isolierte Position, die das griechische Zitat in seiner neuen Umgebung einnimmt, darf jedoch keinesfalls so mißverstanden werden, daß es nur zufällig oder beliebig hier festgehalten worden ist und genausogut wegfallen oder woanders stehen könnte. Vielmehr

---

[381] Uffhausen 1989, 252.

[382] Auf die – bei Hölderlin in seinen letzten Lebensjahrzehnten besonders wichtig werdende – Distanzierungsfunktion des ‚Registerwechsels' von der eigenen in die fremde Sprache hat Manfred Schneider (1992) aufmerksam gemacht.

[383] In Pindars Epinikion wird die (durch ναί noch verstärkte) Formel zur hymnischen Bekräftigung der schlechterdings nicht beweisbaren Vermutung verwendet, daß der gepriesene Aristagoras einen Sieg errungen hätte, wenn er zum Wettkampf angetreten wäre.

kommt ihm gerade durch seine Fremdartigkeit zunächst die Funktion zu, die Sphäre des Fremden, unvermittelt Anderen im Rahmen der vorliegenden lyrischen Entwürfe zu markieren. Sobald man das Zitat jedoch identifiziert und übersetzt hat – Möglichkeiten, die den ‚gelehrten‘ und den durch diese informierten übrigen Rezipientinnen und Rezipienten vorbehalten sind –, wird zum einen klar, daß es eine Referenz an jenen griechischen Lyriker ist, der im Bereich des ‚Fremden‘ die wichtigste Orientierungsmarke für die auf diesen Blättern versuchten neuen Formen lyrischen Sprechens darstellt. Zum anderen wird erkennbar, daß sich im Akt des Schwörens, den das Zitat thematisiert, das Verhältnis eines Subjekts zu einer Legitimationsinstanz kristallisiert. Damit wird eine Problemkonstellation wiederaufgenommen, die vor allem auf der Seite 74 breit entfaltet worden ist, nämlich der mühevolle Versuch, eine friedvolle und fruchtbare Beziehung zwischen Ich, Wir, Gott und Natur zu finden.[384]

Obwohl (oder gerade weil) das Zitat also in seinem unmittelbaren Kontext relativ isoliert dasteht, erfüllt es im Rahmen der Konstellation von lyrischen Entwürfen, die auf diesen Seiten festgehalten sind, eine wichtige Funktion. Die Nebeneinandersetzung von auf den ersten Blick nicht zusammengehörigen Textelementen, wie sie hier realisiert ist, kann als Montagetechnik im Sinne der literarischen Moderne charakterisiert werden.[385] Der alte, fremdsprachige Text wird in neue, deutschsprachige Kontexte hineingestellt, und durch das Spannungsverhältnis zwischen ihm und diesen entwickeln sich neue Bedeutungspotentiale.[386]

Direkt unterhalb der griechischen Notiz am rechten Rand der Seite sowie in einem ähnlichen handschriftlichen Duktus wie diese und auch wie der Zusatz am linken Rand, ‚Der Gelehrten halb‘, sind die beiden Zeilen „in Zweifel und aergerniß / denn sinnlicher sind Menschen“ (Z. 9 und 11) notiert. Es wird zu prüfen sein, ob diese drei hinzugesetzten Zeilen am rechten Rand in sich eine Einheit bilden und ob ein weiterer Bezug zum auf etwa gleicher Höhe am linken Rand über ebenfalls drei Zeilen verteilten Notat festzustellen ist, der über die

---

[384] Diese vier Instanzen unterscheiden sich in signifikanter Weise von denen, die Heidegger – beispielsweise in „Hölderlins Erde und Himmel“ (1959) – aus späten Gedichtentwürfen Hölderlins herauszulesen versucht, nämlich Himmel, Erde, Mensch und Gott (cf. Heidegger Erl., 170). Heidegger vernachlässigt dabei zugunsten der Ausdifferenzierung objektiver Sphären das für Hölderlin zentrale Verhältnis von Subjektivität und Intersubjektivität.

[385] Das Moderne der Stelle erkennt auch Uffhausen (1989, 251). Sattlers und Uffhausens Argumentation, die (vermutliche) Korrektur des Autors, die den Zitatbeginn mit der Majuskel M (statt μ) versieht, beweise, daß das Segment als ein Vers in den linearen Textverlauf einzuordnen sei (cf. Sattler 1981a, 299; Uffhausen 1989, 251), kann ich allerdings nicht folgen. Sattlers antimodernistischer Versuch, das Notat von der „leere[n] Collage“, dem „zynischen Kunstgriff der verfremdeten Wiederholung“ (Sattler 1981a, 298) abzusetzen und ihm im Gegenzug eine Art mythischer Kraft zuzusprechen, erscheint mir als höchst problematisch.

[386] Die sprachspielerische Verschmelzung der Sprachen, bei der die fremdsprachigen Zitate die Einheit der Sprache des literarischen Textes, in den sie eingelassen sind, mehr und mehr zersetzen, ist in der Moderne auf die Spitze getrieben worden. Arno Schmidt stellt beispielsweise treffend fest, daß die „Lektüre des – naja; sagen wir ‚englischen‘ – Originals“ (A. Schmidt 1975, 208) von „Finnegan's Wake“ ohne Zuhilfenahme einer umfassenden Bibliothek nicht zu bewerkstelligen ist.

autoreferentielle Pointe hinausgeht, daß das Zitat möglicherweise ‚Der Gelehrten halb' in altgriechischer Sprache hierhergesetzt ist.

Z. 9 (Bruchstück, rechts)

Das Segment „in Zweifel und aergerniß," ist ebenso wie „Der / Gelehrten / halb" eine adverbiale Bestimmung, die rein syntaktisch gesehen in jeden der Sätze des Kontextes eingefügt werden könnte.[387] Die Frage nach der etwaigen Zugehörigkeit zu einem dieser Sätze kann somit erst nach einer immanenten Analyse des Notats entschieden werden.[388] ‚Zweifel' und ‚Ärgernis' sind Zustände, die im Inneren eines Subjekts oder zwischen mehreren Individuen herrschen, ja sogar für die Stimmungslage einer Gesellschaft oder eines Zeitalters charakteristisch sein können. ‚Ärgernis' ist in dieser Zusammenstellung offenbar weniger in der heutigen Bedeutung ‚Anstoß erregender Tatbestand, Unannehmlichkeit' gebraucht, sondern eher im Sinne des subjektiven Pendants dazu, ‚Verdruß, Unwille'.[389] Allerdings klingt auch die von Luther eingeführte und von den Pietisten verbreitete Bedeutung ‚Skandalon, Anstößigkeit' mit an.

Während ‚Ärgernis' die emotionale Seite einer ablehnenden Haltung gegenüber Sachverhalten, besonders aber gegenüber den Handlungen anderer Subjekte, betont, handelt es sich bei ‚Zweifel' um eine kognitive Einstellung zur Außenwelt.

---

[387] Anstatt diesen schwierigen Befund zu analysieren, haben sich die bisherigen Herausgeber und Interpreten jeweils eine der Möglichkeiten mehr oder weniger beliebig herausgegriffen und als allein richtige propagiert: „Dem Leuen gleich, in Zweifel und Ärgerniß," (StA II.1, 250, V. 3); „Der Gelehrten halb, in Zweifel und Aergerniß," (FHA Einl., 86, Z. 3; cf. auch Uffhausen 1989, 146, Z. 29f.); „Wir angefangen und gegangen / In Zweifel und Ärgernis," (Binder 1983, 358, V. 2f.); „Der Gelehrten halb | und gegangen | in Zweifel und aergerniß," (Sattler 1981a, 307, Z. 3). Diese Vielfalt zeigt, daß die Stelle bisher editorisch völlig falsch behandelt wurde.

[388] Binder dekretiert: „Beide Begriffe sind in ihrem biblischen Sinn zu verstehen: Zweifel nicht ‚dubitatio', sondern ‚tentatio', Anfechtung, und Ärgernis nach Art des Ärgernisses, welches die Heiden am Kreuz nehmen." (Binder 1983, 360f.) Für eine solche Bedeutungsverengung kann ich im Text keinen Anhaltspunkt erkennen. Ebensowenig wird Sattlers These, hier würden sadduzäische und pharisäische Denkformen, Skeptizismus und Dogmatismus einander gegenübergestellt (cf. Sattler 1981a, 300), dem Segment gerecht. Nur die skeptische Position wird durch den „Zweifel" vertreten; dazu steht das „aergerniß" in einem viel differenzierteren Verhältnis als dem der bloßen Opposition.

[389] Die objektive und die subjektive Seite der Bedeutung berühren sich in einer heute noch nicht völlig ungebräuchlich gewordenen Wendung wie ‚Ärgernis an etwas nehmen'. Adelung (Bd. 1 [1807], Sp. 426 [s. v. Ärgerniß]) unterscheidet bereits präzise beide Bedeutungen: Einerseits die „lebhafte Empfindung des Unerlaubten oder Schändlichen in den Handlungen anderer, zum Unterschiede von dem schwächern Anstoß", andererseits dasjenige, „was andern zum Ärgernisse gereicht, und in weiterer Bedeutung, alles was wider die Ehrbarkeit, die guten Sitten und die allgemeine Meinung streitet". Hinzu kommt eine aus den moralischen Zusammenhängen gelöste, subjektive Bedeutung: „ein geringerer Grad des unterdrückten Zornes, der mehr auf die eigene Empfindung, als auf die äußern Gegenstände wirket." (Ibd.) – Erst ab 1750 ist, zunächst im niederdeutschen Sprachraum, für den Anlaß wie auch für den Zustand des Sich-Ärgerns das heute weitaus gebräuchlichere Wort ‚Ärger' belegt; cf. Kluge 1975, 29 (s. v. ärgern).

‚Ärgernis' nehmen wir an etwas, wenn es an unseren moralischen Normen gemessen verwerflich ist.[390] Der ‚Zweifel' ist demgegenüber eine zurückhaltend-
prüfende Haltung, die einen Sachverhalt erst dann für wahr und das Verhalten
eines anderen Subjekts erst dann für wahrhaftig hält, wenn sich genügend Indizien für die Richtigkeit einer solchen Annahme gefunden haben. Der Zweifel
ist die Grundeinstellung der neuzeitlichen Philosophie; mit seiner Hilfe wurden
im Lauf der Zeit immer mehr vermeintliche Grundwahrheiten der Religion und
Ontologie ins Wanken gebracht. Artet der Zweifel jedoch in einen Skeptizismus
aus, der nichts und niemanden mehr anerkennt, so gefährdet er auch die Voraussetzungen unserer lebensweltlichen Orientierung. Ein radikaler Zweifel kann
also durchaus ‚Ärgernis' auslösen.[391]

Ein von „Zweifel und aergerniß" gekennzeichneter Zustand ist durchgängig negativ geprägt; Unwille und Ungewißheit verstärken sich gegenseitig. Es ist denkbar,
daß ein solcher Zustand „Der / Gelehrten / halb" entsteht, die mit ihrem isolierten Buchstabenwissen alles bezweifeln, ohne die lebenspraktischen Konsequenzen ihres Tuns mitzubedenken. Die beiden Segmente vom linken und rechten
Rand lassen sich also zu einer wissenschaftskritischen Aussage zusammenschließen. Aber noch weitere Verknüpfungen der Zeile sind möglich: Der Zustand
„in Zweifel und aergerniß" kann die Sphäre bezeichnen, in der es nötig ist, einen
früheren Eid zu beschwören, um der Verunsicherung Einhalt zu gebieten. Eine
Zeit politischer Krisen, in der vermeintliche Triumphe beim Anbruch der Morgendämmerung ihren Glanz verlieren und in der es nicht genügt, sich mit na-
tionalem Selbstbewußtsein von anderen Völkern abzusetzen, ist ein solcher von
„Zweifel und aergerniß" geprägter Zustand. Mit Hilfe der zunächst unscheinbaren Z. 9 vom rechten Seitenrand kann es also gelingen, sämtliche Zusätze
(mit Ausnahme der Eingangsnotiz und dem Beginn des linearen Textes), die
bisher relativ disparat nebeneinander standen, unter einem einheitlichen Gesichtspunkt zu versammeln. Der Schwur „Mα τον ορκον" erhält unter dieser
Perspektive den Status eines verzweifelten Ausrufs, mit dem das (individuelle

---

[390] Adelung (Bd. 1 [1807], Sp. 426 [s. v. Ärgerniß]) führt ebenfalls die theologische Bedeutung
von ‚Ärgernis' als „Verleitung anderer zur Sünde durch unserer Handlungen" an. Möglicherweise klingt in der Formulierung Jesu drastische Predigt über den Umgang mit den Ärgernissen
der Welt an: „WEh der Welt / der ergernis halben. Es mus ja ergerniß komen / Doch weh dem
Menschen / durch welchen ergernis kompt." (Mt. 18, 7) Um diesen Fatalismus zu überwinden,
müsse man sich von den Ärgernis erregenden Gliedern trennen: „Vnd so dich dein Auge ergert
/ reis es aus / vnd wirffs von dir. Es ist dir besser das du eineugig zum Leben eingehest / denn
das du zwey Augen habest / vnd werdest in das hellische Fewr geworffen." (Mt. 18, 9) Der
„Zweifel" an der vorliegenden Stelle könnte demzufolge stellvertretend für die Zwiefältigkeit,
die Stereoskopie der Wahrnehmung stehen, deren beide Bestandteile sich nicht mehr zu einem
einheitlichen Bild vereinigen.

[391] B. Böschenstein untersucht im Vorwort zu seiner Konkordanz exemplarisch die in den
zwischen 1800 und 1806 entstandenen Gedichten Hölderlins begegnenden Parallelstellen zu
der vorliegenden Formulierung (1964, 5-8) und kommt zu dem Ergebnis: „Hölderlin kennt,
nach dem Ausweis sämtlicher Belege bis in die Konkordanz erfaßten Zeitraums, als einzigen
Zweifel den Zweifel an Gott". (ibd., 7) Ich kann die Eindeutigkeit dieser Feststellung gerade
nach der Lektüre der von Böschenstein beigebrachten Belege nicht teilen.

oder kollektive) Subjekt aus der verfahren erscheinenden Situation „in Zweifel und aergerniß" auszubrechen versucht. Daß dieser Aufschrei in griechischer Sprache erfolgt und somit hinter die Forderungen nach Aktualität eher zurückfällt, ist ein Indiz dafür, daß er zunächst unverstanden und unwirksam bleibt. Verloren ist die in ihm enthaltene Selbstverpflichtung eines Individuums oder Kollektivs damit jedoch nicht. Auch auf den Beginn des linearen Textes läßt sich jedoch das Segment von Z. 9 beziehen. Der Weg des Wir „Vom Abgrund" kann ebenfalls von „Zweifel und aergerniß" gekennzeichnet sein, ebenso der Löwe, mit dem sich das Wir vergleicht, zumal, wenn es sich um einen ‚lügenden' Löwen handelt. Dagegen scheint in Z. 15 („Lichtrunken und der Thiergeist ruhet") sowie in dem zweiten Zusatz am linken Rand („Mit / ihnen") ein Zustand zunächst der Betäubung, dann jedoch möglicherweise auch der substantiellen, gefahrlosen Ruhe und der Verbindung und Versöhnung vorher getrennter und verfeindeter Einzelwesen und Gruppen erreicht zu sein, der die Zerrissenheit von Zweifel und Ärgernis überwindet.

Unter der Perspektive des Segments „in Zweifel und aergerniß" werden also die erste Notiz am linken Rand (Z. 7, 9 und 11) sowie die weiteren, überwiegend in der rechten Seitenhälfte notierten Zusätze (Z. 2, 4f., 8) als schlaglichtartige Momentaufnahmen eines zerrissenen Zustandes erkennbar, der offenbar in der Gegenwart des Gedichts angesiedelt wird. Diese Streiflichter konkretisieren und konterkarieren die anthropologisch-metaphysisch, ja fast märchenhaft anmutenden Schilderungen des mit „Vom Abgrund nemlich" einsetzenden Textzusammenhangs. Trotz dieses einheitlichen Gesichtspunktes, unter dem die Einzelsegmente zusammenzustellen sind und in einen Bezug zum linearen Text treten, behalten sie ihre Eigenständigkeit und Widerständigkeit, so daß es sich verbietet, sie miteinander oder sogar mit dem laufenden Text zu verschmelzen.

Z. 11 (Bruchstück, rechts)

Direkt unterhalb des Segments „in Zweifel und aergerniß," findet sich die Zeile „denn sinnlicher sind Menschen" (Z. 11), der letzte Randzusatz im oberen Drittel der Seite, der bisher noch nicht analysiert wurde. Hinter „aergerniß" läßt sich in der Handschrift ein Komma mehr erahnen als erkennen. Mit einiger Sicherheit handelt es sich jedoch um ein mit leerer Feder gesetztes Zeichen und nicht um ein beiläufig entstandenes Phänomen wie etwa eine Unebenheit im Papier, ein Tintenfleck oder ein Durchscheinen der Rückseite. Nimmt man also an, daß hier tatsächlich ein Komma steht, so ist das zusätzlich zu der engen Zusammenrückung der beiden Zeilen ein weiteres Indiz für ihre Zusammengehörigkeit.[392] Allerdings ist diese Annahme nicht zwingend, so daß auch alter-

---

[392] Das heißt aber nicht, daß es sich um ‚Verse' handelt: „in" ist eindeutig klein geschrieben, und auch der Anlaut von „denn" sieht, wenn man die Proportionen zwischen den Buchstaben vergleicht (ein freilich unsicheres Indiz), eher wie eine Minuskel aus. Nach dem Grundsatz, nur zweifelsfreie Majuskeln auch als solche wiederzugeben, gehe ich also davon aus, daß es

native Möglichkeiten, den „denn"-Satz einzuordnen, erwogen werden müssen.[393]
Die Aussage „denn sinnlicher sind Menschen" kann im Zusammenhang mit einigen Passagen der vorhergehenden beiden Textseiten gesehen werden. Sinnliche Fähigkeiten wurden dort vornehmlich nichtmenschlichen Lebewesen, nämlich den Staren, zugeschrieben, so in I, Z. 38: „Der klugen Sinne pflegend" oder in konkreteren Aussagen wie „Sie spüren nemlich die Heimath" (I, Z. 33) oder „Das Liebere gewahrend" (II, Z. 4) und den folgenden Beschreibungen der Errungenschaften der Stare auf ihrem Zug (II, Z. 5-8). Die emphatische Aussage „Menschlich ist / Das Erkentniß." (II, Z. 8f.) kann in diesem Zusammenhang als Abgrenzung der Menschen von der sinnlichen Wahrnehmungsfähigkeit der Vögel gelesen werden; es ist jedoch auch möglich, sie als Qualifizierung der menschlichen als einer sinnlich affizierten gegenüber der göttlich-objektiven Erkenntnisweise zu verstehen. Eindeutiger als auf der expliziten Ebene konnte dagegen die Schreibweise einiger Abschnitte, vor allem auf der ersten Textseite, als ‚sinnlich' qualifiziert werden. Diese ‚Sinnlichkeit' der poetischen Sprache gründet nicht nur in der Mimesis an die Wahrnehmungsweise der Vögel, sondern mehr noch in der Engführung von Körper und Natur, durch die die Dichotomie zwischen Subjekt und Objekt der Erfahrung wo nicht aufgehoben wird, so doch über einige Strecken ins Schlingern und in einen ebenso faszinierenden wie bedrohlichen Strudel der Ununterscheidbarkeit gerät.

Die Unklarheiten in bezug auf das Verhältnis der Menschen zur Sinnlichkeit scheinen mit der Behauptung „sinnlicher sind Menschen" überwunden zu sein. Aber dieser Eindruck täuscht in zweierlei Hinsicht. Zum einen ist es im Zusammenhang des bisher umrissenen Bedeutungsfeldes von ‚Sinne, sinnlich, Sinnlichkeit'[394] merkwürdig, daß „Menschen" als solche (es ist nicht klar, ob es sich um irgendwelche oder um alle Menschen handelt) und nicht etwa ihre Wahrnehmungs-

---

sich um einen Kleinbuchstaben handelt. Auch die Einrückung von Z. 11 gegenüber Z. 9 nach rechts deutet darauf hin, daß hier keine Verse notiert sind, sondern Bruchstücke, die neben der syntaktischen und semantischen Struktur ganz anderen Ordnungskriterien (nämlich denen der Topologie und der Konstellation) unterliegen als der traditionellen Versstruktur eines Gedichts. Der mit „Vom Abgrund nemlich" einsetzende lineare Text, dessen Zeilen in ihrer nicht metrischen, sondern scheinbar nur prosaischen oder rhetorischen Überlegungen folgenden Brechung ohnehin kaum mehr als Verse zu bezeichnen sind, wird durch die Vielzahl von Randzusätzen noch weiter aufgebrochen.

[393] Fataler als die kommentarlos zugrunde gelegte Annahme der meisten Herausgeber, die beiden Zeilen gehörten zusammen, ist allerdings ihr ebenso kommentarloses Auseinanderreißen durch Uffhausen, der zwischen sie die Zeilen „Dem Leuen gleich / Der luget / In dem Brand / Der Wüste" meint einschieben zu müssen (Uffhausen 1989, 146, Z. 30-35). An dieser Stelle zeigt sich noch einmal sehr plastisch, wie wenig der richtige Grundsatz, alles Textmaterial wiederzugeben, mit der Konstitution eines einzigen linearen Textzusammenhangs vereinbar ist.

[394] Diese Bedeutung ist auch in Hölderlins theoretischer Verwendung der Begriffe anzutreffen: Im Fragment „Das untergehende Vaterland ..." (,Das Werden im Vergehen') wird „Sinnlichkeit" mit „Faßlichkeit" parallelisiert, „sinnlicher Idealismus" mit „Epikuräismus" (FHA 14, 177, Z. 18; 176, Z. 34f.). Der Kontext macht klar, daß auch der letztere Ausdruck im erkenntnisphilosophischen Sinne gemeint ist, nicht in dem einer Philosophie der Sinnenfreude.

und Erkenntnisorgane oder -vermögen als ‚sinnlich' bezeichnet werden. Aus heutiger Sichtweise drängt es sich auf, ‚sinnlich', wenn es Personen als Eigenschaft zugeschrieben wird, im Sinne von ‚erotisch' oder ‚auf Sinnengenuß, insbesondere auf sexuelle Befriedigung, ausgerichtet' zu verstehen.[395] Diese Bedeutungskomponente, die das Wortfeld ‚Sensibilität, Ausbildung neuer Wahrnehmungsfähigkeiten' sprengt, läßt sich hier wegen der ungewöhnlichen Wortverwendung nicht verleugnen.

Die zweite Auffälligkeit an dieser Zeile liegt in dem Komparativ „sinnlicher": Es kann nicht eindeutig ausgemacht werden, womit der damit bezeichnete Zustand größerer Sinnlichkeit verglichen wird, mit einem vorangegangenen Zustand geringerer Sinnlichkeit (‚als früher') oder mit anderen Existenzweisen (‚als andere Wesen'). Mit dem Komparativ werden die Menschen also entweder einem nicht klar abzugrenzenden Zwischenbereich zwischen der Sphäre der Tiere und der der „Himmlischen" zugeordnet, wie er auch schon für die Aussage „Menschlich ist / Das Erkentniß." kennzeichnend war, oder es wird hervorgehoben, daß (einige oder alle) Menschen eine Phase höherer sinnlicher Aufnahmefähigkeit, aber auch stärkerer sinnlicher Bedürfnisse erreicht haben.

Die große Bedeutungsbreite des Segments macht es schwer, es als Begründung einer vorhergehenden Aussage zu verstehen.[396] Der nächste Anschlußpunkt ist die Zeile 9; das größere Maß an Sinnlichkeit der Menschen wäre demnach als Grund für „Zweifel und aergerniß" anzusehen. Das kann so verstanden werden, daß das Verhaftetsein in der sinnlichen Sphäre den Menschen (im Gegensatz etwa zu den Göttern und sonstigen nichtkörperlichen Geistwesen) keine reine Erkenntnis ermöglicht, so daß sie in der Ungewißheit und im Streit verbleiben müssen. Allerdings scheint dieser kausale Anschluß im Widerspruch zu der adverbialen Begründung ‚Der Gelehrten halb' zu stehen, die sich am linken Rand findet und die, wie ich gezeigt habe, ebenfalls auf „in Zweifel und aergerniß" bezogen werden kann. Je nachdem, welche der beiden Begründungen man für vorrangig hält, ist es also entweder ein Übermaß an Sinnlichkeit oder ein Mangel daran (bei den Gelehrten), was „Zweifel und aergerniß" hervorruft. Diese zwei Möglichkeiten sind aber durchaus miteinander vereinbar: Beide Extreme müßten demnach vermieden werden, um zu einem Gleichgewicht von Sinnlichkeit und Erkenntnis zu kommen und einen von Zweifel und Ärgernis beherrschten Zustand zu überwinden.[397]

Trotz dieser Vermittlungsmöglichkeit paßt der Satz „denn sinnlicher sind Men-

---

[395] Cf. Duden-Stilwörterbuch, 626 (s. v. sinnlich).

[396] Stierle hat darauf hingewiesen, daß die Konjunktion „denn" in Hölderlins Spätwerk nicht mehr der Logik der argumentierenden Rede gemäß gebraucht wird, sondern eher eine neue, poetische Logik konstituiert: „Das *denn* wird zur poetischen Setzung des Grundes aus der Verfügung der poetischen Rede selbst." (1989, 523)

[397] In einem Brief an Neuffer stellt Hölderlin diesen Gedanken als Grundproblem seiner poetischen Produktion dar: „Das Lebendige in der Poësie ist jezt dasjenige, was am meisten meine Gedanken und Sinne beschäfftiget." (Brief an Neuffer vom 12.11.1798, Nr. 167, StA VI.1, 289, Z. 31f.)

schen" nicht besonders gut in den oben umrissenen Kontext der übrigen Randzusätze, der sich um das Segment „in Zweifel und aergerniß," gruppiert und in
dem vornehmlich politische und zeitgeschichtliche Probleme schlaglichtartig beleuchtet werden. Engere inhaltliche Beziehungen scheinen dagegen zum Beginn
des linearen Textes herstellbar zu sein, in dem – jedenfalls *einer* Lektüremöglichkeit zufolge – Grundprobleme der Condition humaine aufgegriffen werden. Zieht
man diese Linie aus, so ist ein weiteres Indiz dafür gewonnen, daß das Wir in
Z. 8 tatsächlich nicht für eine partikulare Gruppe steht, sondern daß ebenso
wie in Z. 11 Menschen schlechthin gemeint sind. Der Ausgangspunkt der Menschen „Vom Abgrund" kann als Paradigma für die ‚sinnlichere' Seinsweise der
Menschen angesehen werden. Damit verstärkt sich die Parallele zu der Stelle
aus „Mnemosyne", in der sich ebenfalls ein Komparativ findet: „Nemlich es reichen / Die Sterblichen eh' an den Abgrund." In ihrer Fähigkeit, sich auf die
existentielle Gefährdung des Abgrunds, auf die Natur in ihren bedrohlichsten
Aspekten, einzulassen, sind die Menschen sinnlicher als alle göttlichen Wesen.
Mit der Konkretheit der Situation am Rande des Abgrunds wird die abstrakt
erkenntnistheoretische Seite der Rede von der Sinnlichkeit der Menschen überwunden.

Diese Tendenz verstärkt sich noch, wenn man den Vergleich des Wir mit dem
„Leuen" in die Überlegungen einbezieht. Ich halte es für unwahrscheinlich, daß
den Menschen der Gleichsetzung zum Trotz ausgerechnet gegenüber dem Löwen
ein höheres Maß an Sinnlichkeit zugesprochen werden soll; vielmehr kann die
Lebensweise des Raubtiers „In dem Brand / Der Wüste" als weitere Konkretisierung einer ‚sinnlicheren' Existenzweise angesehen werden. Das gilt besonders, wenn der Löwe „luget", das heißt über eine geschärfte optische Wahrnehmungsfähigkeit nicht nur verfügt, sondern sie auch anzuwenden weiß. Knapper
und zugleich schärfer als auf den vorhergehenden Seiten die Parallelisierung der
Menschen mit den Zugvögeln ist hier eine Engführung zwischen Menschen und
Raubtieren durchgeführt, die ihren Fokus wiederum im sinnlichen Vermögen hat.
Syntaktisch (und auch von der Topologie der Fragmente her) ist im übrigen ein
Anschluß ‚denn sinnlicher sind Menschen / In dem Brand / Der Wüste' sehr
gut möglich. Damit würde ausdrücklich gesagt, daß die Menschen ihre Wahr-
nehmungsfähigkeit unter extremsten Umweltbedingungen zu schärfen vermögen;
der Komparativ bezöge sich also nicht auf andere Lebewesen, sondern auf andere
Existenzweisen des Menschen.

Die Zeile „Lichtrunken und der Thiergeist ruhet", zumal wenn man ihr den Zusatz „Mit / Ihnen" zuordnet, kann als noch weiter gehende Konkretisierung der
Aussage „denn sinnlicher sind Menschen" angesehen werden. Nimmt man an,
daß von der Trunkenheit durch das Licht nicht nur die animalischen Bewohner
der Wüste erfaßt sind, sondern auch die Menschen, so kommt an dieser Stelle
auch die zweite Bedeutung von ‚sinnlich', nämlich ‚auf Sinnengenuß ausgerichtet', zum Zuge: Der durch das Licht der Sonne und des Feuers ausgelöste Rausch
changiert zwischen der Vernichtungsdrohung und der durchaus als positiv erfahr-

baren höchstmöglichen Steigerung der sinnlichen Erregbarkeit, droht allerdings
ebensoschnell wieder umzukippen in eine bloße Betäubung. Denkt man aber die
Ruhe des ‚Tiergeistes' (der ja auch das animalische, ‚sinnliche' Wesen des Menschen bezeichnen kann) zusammen mit den erhöhten sinnlichen Fähigkeiten der
Menschen, so wird die in diesen kurzen Segmenten aufschimmernde Utopie noch
gehaltvoller: Die Ruhe ist kein bloßer Schlaf, sondern eine Ausgeglichenheit, die
mit wachen Sinnen erreichbar ist und in die potentiell alle Lebewesen einbezogen
werden können.

Nicht nur auf der inhaltlichen Ebene läßt sich die Rede von der erhöhten Sinnlichkeit der Menschen auf den Beginn des linearen Textes beziehen. Es ist in
diesen Zeilen ein Maß von Sinnlichkeit der poetischen Sprache erreicht, das jenes womöglich noch übersteigt, das bei den Texten zu konstatieren war, die
in den mittleren Passagen der Seite 73 notiert sind. Diese Intensivierung einer
sowieso schon – an zeitgenössischen Maßstäben gemessen – höchst unkonventionellen poetischen Sprechweise liegt darin begründet, daß hier nicht wie auf der
Seite 73 Tiere stellvertretend für die Menschen extremen Situationen ausgesetzt
oder gar (wie in den Zeilen 15 bis 32 der ersten Textseite) Subjekte ganz ausgespart sind, sondern die Menschen selbst in ihrem Weg „Vom Abgrund" verfolgt
werden, der dem „Brand / Der Wüste" offenbar nicht auszuweichen vermag.

Ungleich enger scheint die Anbindung des Satzes „denn sinnlicher sind Menschen" an den linearen Text zu sein als die an die unmittelbar vorangehende
Zeile „in Zweifel und aergerniß,"; aber auch diese Verbindung darf deswegen
nicht einfach gekappt werden. Die Zeile ist in ihrer Interferenz zu der direkt
über ihr notierten ein zweites Kristallisationszentrum, das den Text an diesem
Punkt in der Schwebe hält zwischen politischer Stellungnahme und Suche nach
existentieller Orientierung im Angesicht einer bedrohlichen Wirklichkeit.

Z. 16-19 (linearer Text)

Bald aber wird, wie ein Hund, ungehn
In der Hizze meine Stimme auf den Gassen der Garten
In den wohnen Menschen
In Frankreich   (Z. 16-19)

In diesem Passus scheinen sich die Verschreibungen, die auf dieser Seite ohnehin
nicht selten sind, zu häufen: Nach „Triumps" (Z. 4) und „Lichtrunken" (Z. 15)
(von der ungewöhnlichen Kleinschreibung „aergerniß" [Z. 9] ganz abgesehen) hat
sich hier fast in jede Zeile ein offenkundiger orthographischer Fehler eingeschlichen: Statt „ungehn" muß es offenbar ‚umgehn' heißen, anstelle von „Garten"
müßte vermutlich der Genitiv Plural ‚Gärten' stehen, und grammatisch kongru-
ent zu ‚Gärten' wäre ‚In denen' (Dativ Plural) statt „In den" zu erwarten. All
diese Unkorrektheiten lassen sich als Flüchtigkeitsfehler erklären: Es fehlen ein
Bogen, ein Umlautzeichen und zwei Buchstaben. Insofern sind die von den meisten Editoren vorgenommenen Konjekturen zu legitimieren. Die Einzelanalyse
könnte jedoch zeigen, daß die Verschreibungen durch ihre Abweichung von dem

offensichtlich intendierten Sinn signifikant sind und daher nicht einfach unter den Tisch fallen dürfen.

Zu Beginn des zitierten Segments findet sich das erste „aber" auf dieser Seite, eine Partikel, die den weiteren Text der Seite 75 auffallend häufig skandiert. Während das „nemlich" der Z. 6 schlußfolgernd an etwas anzuknüpfen scheint, was nicht eindeutig auszumachen ist, stellt das „aber" zwar eine Verbindung zum Vorhergehenden her, aber eine, in der das Moment des Gegensatzes dominiert. Der Gegensatz ist zunächst im Tempus des Satzes auszumachen: Das Wir spricht am Textbeginn von seinen Handlungen im Perfekt, und der Vergleich mit dem Löwen ist im Präsens ausgeführt, hier aber wird zum ersten Mal auf den bisher untersuchten Seiten das Futur gebraucht. Der Text ab Z. 6 beginnt also mit der Selbstvergewisserung des sich artikulierenden Kollektivs über die Anfänge und den Gang seiner Existenz und seines Handelns und bewegt sich über die nicht nur grammatische, sondern auch unmittelbar sinnliche Präsenz der Situation „In dem Brand / Der Wüste" hin zur Antizipation eines bevorstehenden Geschehens, das durch das Adverb „Bald" nah an die Gegenwart des Sprechens herangerückt wird.

Bevor gesagt wird, was konkret für diese nahe Zukunft zu erwarten ist, wird das künftige Geschehen oder dessen ebenfalls noch ungenanntes Subjekt durch einen in Kommata eingeschlossenen Vergleich erläutert: „wie ein Hund".[398] Damit wird zum vierten Male auf dieser Seite menschliches Leben und Handeln zu animalischen Existenzen in Beziehung gesetzt: Während der „Hahnenschrei" vornehmlich der Bezeichnung eines Zeitpunktes dient, setzt sich das Wir „Dem Leuen gleich". Weniger klar ist dagegen, ob der „Thiergeist" mit dem des Löwen identisch ist und ob es das Wir ist, mit dem der „Thiergeist ruhet" oder ein anderes Kollektiv oder ob die adverbiale Bestimmung „Mit / ihnen" sich gar nicht auf dieses Ruhen bezieht. Mit dem „Hund" wird nun ein weiteres Lebewesen eingeführt, und zwar neben dem Löwen ein weiteres Raubtier. Zwar werden seit unvordenklichen Zeiten Hunde als Haustiere gehalten und gezüchtet, aber einige wilde Hundearten (so etwa Schakale und Hyänenhunde) leben wie der Löwe in Wüste, Steppe und Savanne. Es ist daher trotz des „aber", mit dem die Zeile der vorhergehenden entgegengesetzt ist, nicht auszuschließen, daß der in der Wüste ruhende „Thiergeist" auch der des Hundes ist. Der Tiergeist wäre demnach etwas, was Löwe und Hund gemeinsam ist. Möglich ist somit, daß mit dem Pronomen „ihnen" in dem (nicht eindeutig gesicherten) Satz „der Thier-

---

[398] Es fällt schwer, diesen Vergleich heute zu lesen, ohne an den Schluß von Kafkas „Prozeß"-Roman zu denken, das letzte Wort des gedemütigten Josef K. im Augenblick seiner Ermordung. Noch sinnfälliger ist die Parallele zu einer Strophe aus Hofmannsthals Terzine „Über Vergänglichkeit" (1894): „Und daß mein eignes Ich, durch nichts gehemmt, / Herüberglitt aus einem kleinen Kind / Mir wie ein Hund unheimlich stumm und fremd." (GW I, 21; cf. dazu R. Böschenstein 1990, 88f.) Die in dem Vergleich enthaltene Formulierung der Entfremdungs-erfahrung scheint fast wortgleich der vorliegenden Stelle entnommen zu sein. Beide Autoren konnten jedoch den erst 1920 erschienenen Textabschnitt Hölderlins während ihrer Formulierung des ‚Hunde'-Vergleichs nicht kennen. Dennoch überraschen die Koinzidenzen, mit denen dieses Motiv in der jüngeren deutschen Literatur immer wieder auftaucht.

geist ruhet / Mit / ihnen" Löwe und Hund zusammen gemeint sind, denen als ein Drittes der „Thiergeist" beigesellt ist.[399] Unter diesen Umständen könnte man sich unter diesem vielleicht sogar eine Art Schutzgeist vorstellen, der die Ruhe der Tiere in der Wildnis zu gewährleisten vermag.

Trotz der Parallelisierung sind Löwe und Hund in unserer alltagssprachlichen Vorstellungswelt spezifisch voneinander unterschieden.[400] Das liegt vor allem an der Domestikation, die das Bild des Hundes zumeist dominiert. Aufgrund dieses kulturgeschichtlichen Tatbestandes erscheint der Hund einerseits „als treuer Begleiter und Diener des Menschen"[401], andererseits „als niedere, getretene und geprügelte Kreatur"[402], die wegen ihrer Unterwürfigkeit verachtet wird. Beide Komponenten stehen in scharfem Gegensatz zum Bild vom Löwen als einem souveränen, in der Wildnis lebenden Tier oder gar als dem König der Tiere in der Fabelwelt.[403] Es ist zunächst nicht auszumachen, welche der drei Seiten des Hundes (Raubtierhaftigkeit, Zuverlässigkeit und Verächtlichkeit) an der vorliegenden Stelle vorherrscht oder ob alle drei zusammenwirken.[404]

Etwas bisher nicht Genanntes wird bald wie ein Hund „ungehn", heißt es zum Schluß der Zeile. Ausgerechnet das sinntragende Verb, durch das das Geschehen, um das es hier geht, zum Ausdruck gebracht werden müßte, ist offenbar fehlerhaft notiert, so wie es in Z. 12 nicht eindeutig identifizierbar war. Man kann – mit etwas Wagemut – in dieser Verschreibung einen Neologismus erblicken, die Verneinung des Verbs ‚gehen‘, die für einen Stillstand oder jedenfalls ein Mißlingen der Fortbewegung stehen könnte. Das wahrscheinlich intendierte Wort ‚umgehen‘ ist von dieser Bedeutung nicht allzuweit entfernt: Je nach Betonung bedeutet es entweder ‚um etwas herumgehen, etwas nicht beachten‘ oder ‚kur-

---

[399] Diese Konstruktion ist nur denkbar, wenn man die in der Handschrift vorliegende Konstellation der Segmente beachtet, durch die „Mit / ihnen" herausgesetzt ist aus dem linearen Textzusammenhang und sich somit sowohl an „ruhet" anschließen wie auf den „Leuen" und den „Hund" beziehen kann, obwohl letzterer in der Textabfolge erst nach „ruhet" auftaucht. Die editorische Glättung dieser aufgerauhten Textstruktur würde diese Möglichkeit verstellen.

[400] Zedler weiß allerdings von einer Gemeinsamkeit zu berichten: „Ihre [der Löwen] Brunfft und Streichen ist wie bey denen Hunden, und lauffen ihrer viel einer Löwin nach." (Bd. 18 [1738], Sp. 216 [s. v. Löwe, Leue]) Zumindest auf den „Hund" bezogen, scheint mir diese Bedeutungskomponente, die Vorstellung eines rastlos umherstreunenden männlichen Wesens auf der Suche nach einer Sexualpartnerin, im vorliegenden Zusammenhang nicht auszuschließen zu sein. Daß das Ich indes hier offenbar nicht selbst ‚umgehen‘ will, sondern allein seine körperlose „Stimme" durch die brütend heißen „Gassen" gehen läßt, könnte unter psychoanalytischer Perspektive als Abwehr solcher sexuellen Konnotationen gelesen werden. Der Faden ist aber zu dünn, als daß er noch weiter fortgesponnen werden sollte.

[401] Duden-Etymologie, 295 (s. v. Hund).

[402] Duden-Etymologie, 295 (s. v. Hund).

[403] Auch die zur Familie der Hunde gehörenden Kreaturen Wolf und Fuchs spielen in den meisten abendländischen Fabeln eine weitaus zwiespältigere Rolle als der Löwe.

[404] Binder bringt diese Unsicherheit ebenfalls zum Ausdruck, leitet aber aus dem Futur des vorliegenden Satzes mit Blick auf die untersten Zeilen der Seite die weniger überzeugende Vereindeutigung ab, der Hund sei hier „ein Bild für Wächteramt und treue Warnung" (1983, 361).

sieren, auftreten'.[405] In beiden Fällen steht das Verb nicht für eine zielgerichtete Bewegung, sondern das Präfix ‚um-' indiziert das Scheitern von Zielorientierung, das bloße Kreisen ‚um' einen Ort. Ein Blick auf die folgende Zeile, in der sich sogleich die adverbiale Bestimmung „In der Hizze" anschließt, zeigt, daß ‚umgehn' hier nicht mit Akkusativ gebraucht ist. Damit tritt die zweite Bedeutung des Verbs in den Vordergrund: Etwas wird umgehen in dem Sinne, wie ein Gespenst, eine Seuche oder ein Gerücht umgeht.

In Z. 17 wird explizit gemacht, was „wie ein Hund" umgehen wird: „In der Hizze meine Stimme auf den Gassen der Garten". Es handelt sich hier mit fünfzehn Silben um die bisher längste Zeile auf dieser Seite; sie erstreckt sich bis fast ganz an den rechten Rand und trennt damit den leeren Raum unterhalb der Randbemerkung „denn sinnlicher sind Menschen" (Z. 11) von den direkt unter der Zeile beginnenden weiteren Randzusätzen („Indessen aber", Z. 18) ab. Dominiert wird die Zeile von den beiden Adverbialbestimmungen „In der Hizze" und „auf den Gassen", die nicht nur in den verwendeten Wortarten und in ihrer metrischen Struktur übereinstimmen, sondern durch den doppelten Zischlaut in der Mitte der beiden Substantive noch weiter parallelisiert werden. In der Zeile geht es also vornehmlich darum, Orte und Umstände des Geschehens zum Ausdruck zu bringen.

Zwischen beiden Adverbialbestimmungen findet sich der Nominativ „meine Stimme", der als Subjekt des Satzes zu identifizieren ist. Durch die Nachstellung des Subjekts haben sich der Vergleich „wie ein Hund" und die Umstandsbestimmung „In der Hizze" in den Vordergrund gedrängt. Man erwartet daher eine ähnliche Naturbeschreibung wie die des „Leuen [...] / In dem Brand / Der Wüste". Die „Hizze" kann als unmetaphorisches Synonym des ‚Brandes der Wüste' aufgefaßt werden. Um so mehr überrascht das nun auftretende Subjekt „meine Stimme". Die Überraschung liegt nicht allein darin begründet, daß sich hier erstmals auf dieser Seite ein Ich artikuliert, nachdem bereits zweimal (Z. 5 und 8) ein Kollektiv in der ersten Person Plural zur Sprache kam. Das Verblüffende ist vielmehr, daß es nicht heißt ‚ich werde', sondern ‚meine Stimme wird umgehen wie ein Hund'. Angesichts der Konkretheit der Beschreibung drängt sich die Frage auf, ob die Stimme sich vom Körper, von dem sie ausging, gelöst hat[406] und nun quasi körperlos ‚umgeht' wie ein Gerücht, das „fliegt von Zunge zu Zunge" („Der Weingott", erste Fassung von „Brod und Wein", FHA 6, 242, V. 65), oder ob die Stimme ihrem Träger, dem Leib des Ich, verhaftet bleibt und ihn auf ihrem Gang mit sich nimmt. In dem letzteren Fall würde „meine Stimme" metonymisch für ‚ich' stehen als der hier entscheidendste Aspekt des sich artikulierenden Subjekts.[407] Welche Bedeutung dem Subjekt

---

[405] Cf. Duden-Stilwörterbuch, 712 (s. v. umgehen).

[406] Diesen Aspekt betont Nägele: „Die entkörperte Stimme will sich wieder verkörpern, und wäre es als Hund" (Nägele 1984, 209). Der Vergleich mit dem „Hund" erscheint unter dieser Perspektive als Ultima ratio der nach Verkörperung suchenden Stimme des artikulierten Ich.

[407] Cf. zur Funktion von Körperteilen als Stellvertretern des Ich in Gedichten grundsätzlich Renate Böschensteins Untersuchungen „Das Ich und seine Teile" (1990).

„meine Stimme" zukommt, kann erst die Analyse der übrigen Satzelemente erweisen. Unzweifelhaft wird an der vorliegenden Stelle jedoch das Problem von
Sprache und Sprechen aufgenommen und damit die bisherige, in Naturbildern
entwickelte Rede von den Bedingungen animalischer und menschlicher Existenz
durchbrochen.[408]

‚Meine Stimme' wird nicht nur „In der Hizze" umgehen, sondern auch „auf
den Gassen". Die Lokalbestimmung beschreibt wahrscheinlich dieselbe Situation näher, von der bisher die Rede war. Demzufolge würde die Hitze „auf den
Gassen" selbst herrschen. Es ist allerdings auch nicht auszuschließen, daß es sich
um zwei verschiedene Situationen handelt, eine „In der Hizze" (vielleicht auch
außerhalb der Gassen), eine andere „auf den Gassen" (in denen möglicherweise
keine Hitze herrscht). In jedem Falle handelt es sich bei den „Gassen" um den
ersten Bestandteil innerhalb der bisherigen Landschaftsbeschreibung auf dieser
Seite, der auf eine Kulturlandschaft hindeutet, auf ein Dorf oder auf eine Stadt.

Das folgende Segment „der Garten" weist in dieselbe Richtung. Beinahe an
derselben Stelle auf dem vorhergehenden Blatt ist in einer offenbar späten
Ergänzung einer Zeile ebenfalls von „Gärten" (I, Z. 15) die Rede. Dort leitet
dieser Begriff aber die Darstellung einer Kulturlandschaft ein, in der ein Gleichgewicht zwischen natürlich gewachsenen und von Menschen geschaffenen und
gestalteten Elementen besteht. Erst mit der Zeile „Unwissend in der Wüste" (I,
Z. 22) geht der Text zur Schilderung einer Landschaft über, die von der rückhaltlosen Gewalt der Elemente beherrscht wird, durch die das auf Halt und Maß
angewiesene menschliche Leben wenn nicht schon vernichtet, so doch existentiell
bedroht ist. Hier jedoch steht „der Garten" an einem anderen Übergangspunkt:
Die Textbewegung hat die „Wüste" (Z. 14) schon durchlaufen, und der „Garten" nährt (ebenso wie die „Gassen") die Erwartung, daß die Schilderung nun
zu Landschaftsformationen übergeht, in denen die Menschen und übrigen Lebewesen nicht den elementaren Gefährdungen im „Brand" und am „Abgrund"
ausgesetzt sind.

Damit ist aber noch völlig unausgemacht, in welcher syntaktischen und semantischen Relation „der Garten" zu „den Gassen" und zum übrigen Kontext steht.
Bei „Garten" scheint es sich um einen weiteren Nominativ Singular zu handeln.
Demzufolge wären die erste und die zweite Hälfte dieser Zeile streng parallel gebaut: Auf die metrisch identischen Adverbialbestimmungen („In der Hizze"; „auf
den Gassen") folgt je ein Nominativ Singular („meine Stimme"; „der Garten"),
der als Satzsubjekt angesehen werden kann. Dieser Lesart folgend, sind „Hizze"
und „Gassen" als zwei verschiedene Vorstellungsbereiche anzusehen: „während
„meine Stimme" in der Hitze (also möglicherweise „In dem Brand / Der Wüste",
außerhalb jeder Ortschaft) umgeht, geht der Garten „auf den Gassen" um.[409]

---

[408] Ich halte es angesichts dieser Schwierigkeiten für voreilig, diese „Stimme" von vornherein
als ‚poetischen Geist' oder als ‚Dichtung' zu identifizieren, wie es Binder (1983, 361) und Beese
(1982, 195f.) tun.
[409] Eine verblüffende Parallelstelle findet sich einige Seiten weiter vorne im Folioheft, in den

Die Vorstellung eines umhergehenden Gartens mutet surrealistisch an; das ist jedoch kein Grund, sie von vornherein zu verwerfen, wie aus einer ähnlich gebauten Stelle in der „Feuer"-Strophe von „Mnemosyne" erhellt: „Vorwärts aber und rükwärts wollen wir / Nicht sehn. Uns wiegen lassen, wie / Auf schwankem Kahne der See." (StA II.1, 197, V.15-17 [‚Dritte Fassung']) Rainer Nägele hat darauf hingewiesen, daß hier „der See" nicht Genitiv Singular Femininum sein muß, sondern mindestens ebensogut Nominativ Singular Maskulinum sein kann:

> Die totale Verkehrtheit solcher Sehnsucht wird kühn im verkehrten Bild sichtbar gemacht: ein See, der sich wiegen läßt auf schwankem Kahn! Die Vertracktheit solcher Sprache liegt auch darin, daß man, eingelullt von Rhythmus und spontaner Spracherwartung, die Verkehrtheit leicht überlesen kann.[410]

Eine vergleichbare Gefahr, nämlich „Garten" voreilig zu ‚Gärten' zu konjizieren und damit die alternative Lesemöglichkeit zu vertuschen, besteht auch an der vorliegenden Stelle. Ebenso wie der „See" in „Mnemosyne" könnte sich hier der „Garten" aus seiner topographischen Verankerung gelöst haben und mobil geworden sein.

Es besteht allerdings die Möglichkeit, diese Lesart etwas abzuschwächen, indem man allein „meine Stimme" als Subjekt zu „ungehn", „auf den Gassen der Garten" dagegen als verkürzten weiteren Satz versteht, so daß zwei parallele, aber voneinander unabhängige Sachverhalte zum Ausdruck gebracht würden: Während „meine Stimme" in der Hitze umgeht, liegt der Garten auf den Gassen oder ist dort zu sehen. So gelesen, hat die Stelle eine frappierende Parallele in der Schlußstrophe der Ode „Heidelberg":

> Sträuche blühten herab, bis wo im heitern Thal,
> An den Hügel gelehnt, oder dem Ufer hold,
> Deine fröhlichen Gassen
> Unter duftenden Gärten ruhn.   (FHA 5, 467, V.29-32)

Dieter Henrich hat darauf insistiert, sich hier nicht mit der Lectio facilior zufriedenzugeben, die „Gassen" lägen „Unter" den „Gärten", weil diese auf den Hügeln oberhalb der Stadt zu finden seien. Vielmehr habe es in Heidelberg um 1800 auch mitten in der Stadt Gärten gegeben, die auf Trümmerfeldern angelegt waren und daher höher als die Straßen lagen, wodurch ihre Bäume und Sträucher Gassen und zum Teil sogar Häuser überragten.[411] Eine ähnliche Vorstellung kann auch mit der vorliegenden Aussage verbunden werden, ohne daß ich damit be-

---

„Dem Fürsten" gewidmeten Fragmenten: „und auch die süße Heimath wo / Viel Blumen blühen gesehn / Als im Geseze deiner Garten, in der / Gestalt / Des Erdballs" (nach HF 58, Z. 6-10). Hier scheidet allerdings (wegen der eindeutigeren Flexion des Possesivpronomens gegenüber dem Artikel) die Möglichkeit aus, „deiner Garten" als Nominativ Singular zu verstehen, und man ist versucht, eine simple Verschreibung anzunehmen (so Zbikowski, der schon in seiner Umschrift zu ‚deiner Gärten' konjiziert [1981/82, 234, Z. 44]) – wäre da nicht die Parallele wenige Seiten später. Möglicherweise handelt es sich also an beiden Stellen um eine gezielte Verfremdung der Pluralform durch die Vermeidung des Umlauts.

[410] Nägele 1978, 201. Mit dieser Lektüre steht Nägele unverständlicherweise nach wie vor allein; cf. Roland-Jensen 1989, 163f.; Reuß 1990, 522-524.

[411] Cf. Henrich 1986, 27-29.

haupten möchte, hier sei ebenfalls von Heidelberg oder einer anderen eindeutig fixierbaren Stadt die Rede. Auch eine weitere Abschwächung ist möglich: Daß der Garten „auf den Gassen" liegt, muß ja nicht besagen, daß er sich *über* diesen befindet, sondern kann auch bedeuten, daß er *an ihrer Oberfläche* plaziert ist. Es könnte sich also um einen Garten inmitten einer dörflichen oder städtischen Gasse handeln, also vielleicht eine öffentliche Grünanlage oder einen parkartig angelegten Dorfplatz.[412]

Mit diesen Überlegungen soll die Befremdlichkeit der Lesung „auf den Gassen der Garten", die bei allen bisherigen Editoren Auslöser für die Konjektur ‚Gärten' statt „Garten" war, keineswegs hinweggeredet werden. Aber sieht man sich die Version ‚auf den Gassen der Gärten' einmal genauer an, so wird klar, daß mit dieser keineswegs alle Fremdheiten beseitigt sind. Besonders die Bedeutung des Genitivs ‚der Gärten' ist schwer auszumachen: Soll ausgesagt werden, daß die Gassen zu den Gärten oder durch die Gärten führen, oder aber, daß sie zu den Gärten gehören, oder dienen die Gärten der genaueren Charakterisierung der Gassen? All diese Bedeutungskomponenten bestehen nebeneinander, auch wenn die Differenzen zwischen ihnen nicht allzu gravierend sind.

In jedem Fall schließt die Lesart ‚auf den Gassen der Gärten' die zweite Hälfte der Zeile enger an deren erste Hälfte an als die von mir zunächst diskutierte buchstabengetreue Lektüre. Damit wird die Aufmerksamkeit auf den Zusammenhang der Zeilen 15 und 16 gelenkt: Der Kern der Zeilen ist die Aussage ‚meine Stimme wird umgehen', die durch vier adverbiale Bestimmungen erläutert wird, eine temporale („Bald"), eine lokale (‚auf den Gassen der Gärten') und zwei modale („wie ein Hund", „In der Hizze"). Diese strukturelle Betrachtungsweise ermöglicht es, die unmittelbar neben den Zeilen am linken Rand festgehaltene Notiz „Mit / ihnen" (Z. 16f.) in die Überlegung einzubeziehen: Sie kann problemlos als weitere Modalbestimmung aufgefaßt und der einfachen Struktur des Satzes wegen sowohl an Z. 16 wie an Z. 17 angehängt werden, ohne daß sich zwischen den beiden Alternativen eine gravierende Bedeutungsdifferenz ergäbe. (Auch diese Möglichkeit ist von allen bisherigen Editoren und Interpretinnen dieser Zeilen vollständig übersehen worden.) Dieser Bezug eröffnet zudem den Blick auf eine weitere Bedeutungskomponente des Prädikats: ‚umgehen mit' kann

---

[412] Eine differenzierte Vorstellung verschiedener Möglichkeiten von Gartenanlagen konnte Hölderlin bei seinen mehrjährigen Aufenthalten in Homburg gewinnen (1798-1800 wohnte er in der Haingasse in der oberen Altstadt, 1804/05 in der Dorotheenstraße, 1805/06 wieder in der Haingasse; inwieweit indes die Erfahrungen der Jahre 1804-06 in die vorliegenden Texte eingeflossen sind, läßt sich angesichts der mangelnden Indizien für deren genaue Datierung nicht sagen): Dort gab es nicht nur den – für die Bevölkerung frei begehbaren – Schloßgarten, den Landgraf Ludwig V. durch die Anlage der Tannenwaldallee bis zum Taunus hin vergrößerte und damit in die Landschaft hineinlaufen ließ; dort fanden sich auch zwischen den beiden parallel verlaufenden Hauptstraßen der Neustadt, der Louisenstraße und der Dorotheenstraße, also auf dem Hügelkamm, der zum Wiestal auf der einen, zum Mühltal auf der anderen Seite hin abfällt, zahlreiche zu den Privathäusern gehörende Gärten. Cf. Biehn/Einsingbach 1981, 30f.; Modrow 1989, 38-41 und 71; Baeumerth 1982, 36f. Für diese und andere detaillierte Hinweise danke ich Frau Gerta Walsh, Bad Homburg vor der Höhe.

im Sinne von ‚behandeln als' verstanden werden; zumal in Verbindung mit der Modalbestimmung „wie ein Hund". Daraus könnte sich die Bedeutung ergeben: Meine Stimme wird sie (Plural) behandeln wie einen Hund[413] bzw. wie ein Hund sie (Plural) behandeln würde. Nicht nur die offene Frage, ob sich der Vergleich auf Subjekt oder Objekt des Umgehens bezieht, sondern auch die Vieldeutigkeit des Vergleichs „wie ein Hund" selbst lassen die hier angesprochene Weise des Umgangs völlig im unklaren. Darüber hinaus ist ebensowenig wie bei dem Anschluß an Z. 15 auszumachen, worauf sich das Pronomen „ihnen" bezieht, auf das Wir der Zeile 8, die „Menschen" (Z. 11), die „Gelehrten" (Z. 9), auf „Zweifel und aergerniß" (Z. 9) oder den „Leuen" (Z. 10) und den „Hund" (Z. 16).

Die Anhäufung von Umstandsbestimmungen hat – zumal angesichts der Vagheit und Mehrdeutigkeit der einzelnen Wendungen, die sich auch im Kontext nicht zu einem konsistenten Bedeutungsgefüge oder Vorstellungsraum zusammenschließen – den Effekt, daß die Aussage nicht etwa konkretisiert, sondern vielmehr diffundiert wird. Die ‚ungehende' oder ‚umgehende' Stimme setzt sich ihre Ziele nicht selbst, sondern hat sich offenbar zahlreichen Bedingungen zu unterwerfen. Daraus ergibt sich der Eindruck einer allgemeinen Desorientierung: Die Stimme des artikulierten Ich hat in dessen eigener, auf die unmittelbare Zukunft bezogenen Vision kein Gegenüber, an das sie sich wenden könnte, um Interaktion allererst zu eröffnen, sondern sie irrt unter extremen und belastenden äußeren Bedingungen („In der Hizze") offenbar ziellos umher. Selbst wenn man annimmt, daß sie in Kommunikation „Mit / ihnen" tritt, ist völlig unklar, welche Gruppe mit dem Personalpronomen bezeichnet ist und wie die Umgangsformen zwischen der Stimme und dem unbekannten Kollektiv aussehen.

Der Vergleich mit dem Hund tritt in seinem Kontext in einen schärferen Gegensatz zu der Identifizierung des Wir mit dem „Leuen", als es auf den ersten Blick erkennbar war. Der Löwe wird offenbar affirmativ als Vorbild für eine sich unter extremen und gefährlichen Lebensbedingungen bewährende Existenz eingeführt; die räuberische und mörderische Seite einer solchen Lebensform spielt in diesem Zusammenhang keine erkennbare Rolle. Wenn sich dagegen eine Stimme in der Hitze „wie ein Hund" bewegt, sei es in der Wüste oder durch die Gassen und Gärten von Ortschaften, so drängt sich das Bild eines streunenden Köters auf der Suche nach Nahrung eher auf als das eines treuen Dieners des Menschen.[414] Eine menschliche Stimme, die einem Hund gleich jault und kläfft, verfehlt ihr Ziel, Kommunikation mit anderen Menschen aufzunehmen.[415] Damit

---

[413] In diesem Falle müßte man annehmen, daß „wie ein Hund" fehlerhafterweise nicht dekliniert worden ist.

[414] Lüders (II, 390f.) bewertet den Vergleich positiver: „Der Vergleich *wie ein Hund* meint vielleicht einschränkend, daß die hesperisch-vaterländische Dichtung sich in einem südlichen Lande zunächst nur scheu (*wie ein Hund*, der *in der Hitze* im Schatten der *Gassen* schleicht) bewegen kann." Begrüßenswert ist an dieser Bewertung immerhin, daß der in Lüders' Kommentar omnipräsente abendländisch-deutsche Kulturimperialismus hier ein wenig gezügelt erscheint.

[415] Hausdörfer behauptet, in diesem Satz werde „die verlorene Sinnlichkeit [...] als wiederzugewinnende" (1989, 495) anvisiert, die „Entäußerung" werde als „Ort der Selbstfindung"

tritt auch das Ich in Kontrast zu dem Wir, das einige Zeilen weiter oben artikuliert wurde: Während in der „Vom Abgrund" ausgehenden Existenzform, die
als nicht sprachlich strukturierte dargestellt wird, das Kollektiv unhinterfragtes
Subjekt der Erfahrung war, erweist sich das Ich, das sich hier als Artikulati-
onsorgan von Sprache darstellt („meine Stimme"), als isoliert und desorientiert.
Paradoxerweise wird diese Entfremdungserfahrung auf einem Schauplatz dargestellt, der als Übergang von ungebändigter Natur (Abgrund, Wüste) zur Zivilisation (Gassen, Garten) gelesen werden kann: Die von Menschen gestaltete
Kulturlandschaft stellt offenbar nicht automatisch alle für eine Kultur des Zusammenlebens und der Verständigung notwendigen Bedingungen bereit, sondern
kann unter ungünstigen Voraussetzungen zur Atomisierung der Individuen beitragen. Die „Hizze", die im „Brand / Der Wüste" ebenso wie in den Gassen und
Gärten herrschen kann, kann als Zeichen für die Erbarmungslosigkeit der Natur
gelesen werden, die dazu beiträgt, daß die Menschen unter den Bedingungen
von Kultur und Zivilisation nicht mehr vereinigt, sondern isoliert werden. Die
Voraussage, bald werde „meine Stimme" umgehen, erweist sich also als ausgesprochen desillusionierende Vision.[416]

„In den wohnen Menschen" (Z. 18). Diese Zeile schließt sich syntaktisch und
semantisch eng an das Vorhergehende an. Das Demonstrativ- oder Relativpronomen „den" muß sich offensichtlich auf eines der letzten Substantive beziehen.
Hat man wie alle bisherigen Herausgeber „Garten" zu ‚Gärten' konjiziert, so
fehlt in Z. 17 ein Nomen im Singular Maskulinum, und man muß aus „den" die
Pluralform ‚denen' machen – die dritte Konjektur in den Zeilen 16-18.

Bevor ich mich dieser Möglichkeit zuwende, möchte ich jedoch auch hier auf
die Alternative einer buchstäblichen Lektüre hinweisen, die durch die Konjektur
sonst allzu leicht verstellt und vergessen wird. Wenn man nämlich „Garten" un-
konjiziert stehen läßt, wie ich es als eine Möglichkeit vorgeschlagen habe, so hat
man ein mögliches Bezugswort für „den" im Nominativ Singular Maskulinum.
Allerdings ist man in diesem Falle mit der weiteren Schwierigkeit konfrontiert,
daß „den" Akkusativ ist und „In den" sich daher als Richtungsangabe auf ein
Verbum der Bewegung oder Ausrichtung beziehen müßte: ‚in den [Garten] gehen Menschen hinein' o. ä. Das Verb ‚wohnen' dagegen ist im heutigen Sprachgebrauch eins der zentralen Wörter, die das dauerhafte Bleiben an einem festen Ort
bezeichnen[417]; dementsprechend kann es mit einer Richtungsbestimmung wie ‚in'

(ibd.) bestimmt. Das sei „Ausdruck eines Denkens, das Natur, das ganz Andere neben sich
bestehen lassen kann, ohne ihm im menschlichen Verstehen und Erklären Gewalt anzutun"
(ibd.). Sie verkennt dabei, daß an dieser Stelle die Selbstverständigung des artikulierten Ich
gerade scheitert, daß sich die Öffnung von Subjektivität auf das „ganz Andere" hin nicht
mehr schließen läßt, sondern möglicherweise immer weiter aufgerissen wird. Die Gewalt geht
in der Wirklichkeit, wie sie in diesen Zeilen entworfen wird, nicht vom naturbeherrschenden
Menschen aus, sondern von der unbeherrschten oder aber zurückschlagenden Natur.

[416] Damit muß ich Binders Behauptung, hier werde die künftige Verbreitung einer neuen
Poesie vorhergesagt, als nicht plausibel zurückweisen.

[417] Cf. auch Heideggers oben (185, Anmerkung 15) schon einmal angeführte – an Hölderlin
geschulte – späte Reflexionen zum „Wohnen des Menschen" auf der Erde (GA I.13, 113-120,

+ Akkusativ nicht kombiniert werden, sondern erfordert eine Lokalbestimmung wie ‚in‘ + Dativ. Ein Blick auf die Etymologie des Wortes ‚wohnen‘ allerdings ermöglicht eine aufschlußreiche neue Perspektive: Das Wort stammt nämlich aus einer gemeinsamen indogermanischen Wurzel mit ‚gewinnen‘, die die Bedeutungen ‚umherziehen, streifen, nach etwas suchen oder trachten‘ abdeckte.[418] Das Verb ‚wohnen‘ bezeichnet demnach ursprünglich die (vorübergehende oder dauerhafte) Fest-stellung einer schweifenden Suchbewegung: ‚Gefallen finden, zufrieden sein, sich gewöhnen‘.[419] In der heutigen Sprache ist diese Tiefendimension von ‚wohnen‘ noch in verwandten Wörtern wie ‚gewohnt‘, ‚Gewohnheit‘, ‚sich gewöhnen‘[420] erkennbar. Durch den nach heutigen (und auch schon nach den zeitgenössischen) Sprachregeln falschen Akkusativ (‚in den [hinein] wohnen Menschen‘) wird also die dynamische Herkunft des Verbs ‚wohnen‘ reaktiviert und subtil auf das unaufhebbare Spannungsverhältnis von Bewegung (sei es auch die „exzentrische Bahn" [Hyperion, Vorrede zur vorletzten Fassung, FHA 10, 276, Z. 45] eines menschlichen Lebens) und Heimischsein oder Ansässigwerden verwiesen.[421]

Man könnte argwöhnen, mit Überlegungen dieser Art sei die Grenze zur Spitzfindigkeit überschritten, aber völlig abwegig scheinen sie mir angesichts des merkwürdigen handschriftlichen Befundes „der Garten / In den wohnen" nicht zu sein. Hält man es jedoch angesichts der soeben vorgetragenen gewagten Konstruktion für ratsamer, eine Konjektur vorzunehmen (und ich würde zu dieser Lösung neigen), so ist es nicht zwingend, daß gleich beide betroffenen Wörter konjiziert werden müssen: Es kann ebensogut ‚der Garten / In dem wohnen‘ wie ‚der Gärten / In denen wohnen‘ heißen. Konjiziert man zu ‚denen‘, ist aber der Bezug zu „Garten" bzw. ‚Gärten‘ nicht zwingend; vielmehr könnte sich das Relativpronomen auch auf „Gassen" zurückbeziehen. Ob es sich also um einen oder um mehrere Gärten handelt und in welchem genauen Verhältnis diese oder dieser zu den „Gassen" stehen, ist auch durch den Kontext nicht entscheidbar.

„Menschen" wohnen im Garten oder in den Gärten, lautet die erste Lesart des Relativsatzes. Die Aussage läßt in der Schwebe, ob sie sich auf alle Menschen oder nur auf einige bezieht. Die gleiche Unklarheit war auch bei dem Randzusatz „denn sinnlicher sind Menschen" (Z. 11) festzustellen. Ebensowenig war der Geltungsbereich des Wir zu Beginn des linearen Textzusammenhangs (Z. 8) eindeutig abzustecken. Diese Parallelen machen es möglich, die vorliegende Zeile in den Kontext der Aussagen über die Condition humaine zu stellen: Die Menschen, die von der Extremsituation am „Abgrund" ausgegangen sind und aufgrund ihrer Erfahrungen ein gegenüber den Göttern und anderen Lebewesen

---

bes. 119f.).

[418] Cf. Duden-Etymologie, 240 (s. v. gewinnen).

[419] Cf. Duden-Etymologie, 817 (s. v. wohnen).

[420] Cf. die entsprechenden Artikel in der Duden-Etymologie, 241.

[421] Auch Sattler (1981a, 301) weiß in den beiden scheinbaren Verschreibungen einen Sinn zu lesen: „die unflektierte, sprachblasphemische Form gehört zum Signalement des Textes, wie der falsche Plural Garten für wüstgewordene Städte".

besonderes Maß an Sinnlichkeit entwickelt haben, wohnen nunmehr – der Relativsatz ist nicht wie der übergeordnete Satz im Futur, sondern im Präsens formuliert – in einem „Garten" oder in ‚Gärten'. Damit wird eine Lebenswelt evoziert, die der am „Abgrund" und im „Brand / Der Wüste" diametral entgegengesetzt ist: ein Garten ist eine oftmals kunstvoll angelegte Landschaftsform, die ebenso vor störenden Umwelteinflüssen (wie Trockenheit oder Überschwemmungen) geschützt werden muß, wie sie den in sie eintretenden Menschen Schutz vor den ungezügelten Naturelementen bietet. In der Regel jedoch ist der Aufenthalt der Menschen in der idyllischen Welt des Gartens nach der Vertreibung aus dem Garten Eden ein temporärer; der Vorsatz des Candide, nur noch seinen Garten zu bestellen, ist ein resignativer Rückzug aus der (leider nicht besten möglichen) Realität in eine separierte Kunst-Welt. Wenn Menschen also nicht in Häusern wohnen und alltags ihrer Arbeit nachgehen, sondern sich generell in Gärten aufhalten, so nährt das ebenfalls den Verdacht, sie hätten sich aus der harten Realität zurückgezogen – es sei denn, man nimmt an, die ganze Welt oder zumindest ein signifikanter Ausschnitt aus ihr habe sich wieder in einen einzigen blühenden Garten verwandelt.[422]

Ein solches spannungsfreies, idyllisches Weltbild wird hier jedoch nicht entwickelt: Der Relativsatz kann auch auf die „Gassen" bezogen werden. Wenn Menschen in Gassen wohnen, so weckt das ganz andere Assoziationen als die Vorstellung, daß sie ihre Wohnstätte in Gärten gefunden haben. Denn die Gassen und Straßen sind von jeher für den Verkehr der Menschen, Güter und Wagen innerhalb von Ortschaften und durch sie hindurch geschaffen und lassen wenig Raum für ein dauerhaftes ‚Wohnen'. Wer in den Gassen wohnt, könnte jemand sein, der oder die immer unterwegs ist und keine feste Wohnung hat, etwa fahrende Handwerksgesellen oder Obdachlose. Die Möglichkeit einer Synthese beider Lektürestränge ergibt sich jedoch, wenn man den Relativsatz nicht isoliert auf „Garten"/‚Gärten' oder „Gassen" bezieht, sondern auf das Syntagma ‚Gassen der Gärten'. Darunter könnte man sich eine dörfliche oder kleinstädtische Infrastruktur vorstellen, also einen Park oder Dorfplatz, auf den Gassen und Wege ebenso hinführen, wie sie durch ihn hindurchgehen. Eine solche Szenerie ermöglicht das Verweilen und das Durchqueren gleichermaßen.

„In Frankreich" (Z. 19) lautet die folgende kurze Zeile. Durch das völlige Fehlen von Interpunktion wird jeder Hinweis darauf verweigert, zu welchem Satzzusammenhang das Segment gehört. So ist es beispielsweise möglich, daß sich die Ortsangabe wie eine Szenenanweisung in einem dramatischen Text auf das Folgende bezieht und damit einen Wechsel der Lokalitäten indiziert. Ebensogut ist jedoch ein Bezug auf den vorangehenden Satz (Z. 16-18) möglich. Die dort entworfene Szenerie läßt sich (anders als die darüberstehende Beschreibung des „Leuen" in der „Wüste") keiner konkreten Zone der Erde zuordnen, denn Gas-

---

[422] Eine Welt omnipräsenter Springbrunnen und Nachtigallen wird in Romanen einiger Romantiker (vor allem Eichendorffs) entworfen. Doch der idyllische Eindruck trügt: Die Spannungen in diesen Texten lauern unterhalb der Oberfläche der erzählten Realität.

sen, Gärten und Hunde gibt es in vielen Kulturlandschaften. Allein die „Hizze"
könnte als Anzeichen dafür verstanden werden, daß es sich um eine südländische
Gegend handelt; doch ist dieses Indiz nicht zureichend, da auch beispielsweise in
Südwestdeutschland sommertags beträchtliche Temperaturen erreicht werden.
Nun jedoch wird das Geschehen explizit in einem Land lokalisiert: „In Frank-
reich".

Wolfgang Binder hat seine Irritation angesichts dieser Lokalbestimmung (im
Anschluß an seine weniger überzeugende Identifikation der „Stimme" mit der
Dichtung Hölderlins) in bemerkenswerter Offenheit dokumentiert:

> Unerklärt bleibt damit freilich, warum das in Frankreich geschehen wird. Dort gehört
> zu werden, konnte Hölderlin nicht meinen. Vielleicht kommt man dem Satz durch eine
> kleine Umstellung bei: Bald aber wird meine Stimme umgehn auf den Gassen der
> Gärten, in denen *in Frankreich Menschen wohnen*; denn Menschen will diese Stimme
> ja erreichen. Irgendwelche Gärten also, z. B. in Deutschland, aber solche, in denen,
> wie in Frankreich, jemand wohnt. Das wäre eine mögliche, freilich nicht zwingende
> Deutung.[423]

Binders Vorschlag geht zu Recht von der Befremdlichkeit der Vorstellung aus,
daß Menschen in Gärten „wohnen". Durch einen geschickten Schachzug gelingt
es ihm, diese Merkwürdigkeit für seine – trotz des tastenden Argumentationsge-
stus im Ergebnis doch vereindeutigende – Interpretation zu funktionalisieren: Er
liest die Lokalbestimmung als eine Art landeskundliches Kuriosum und koppelt
damit den Relativsatz vom Hauptsatz ab: ‚Gärten gibt es überall, aber vor allem in Frankreich leben Menschen in ihnen.' In einem zweiten Schritt verengt er
den Geltungsbereich des Hauptsatzes wieder, den er zunächst ganz weit fassen
mußte, um den Bezugspunkt zum Relativsatz zu gewährleisten: ‚Meine Stimme
wird umgehen, aber gerade nicht in Frankreich, wo sie sich nicht verständlich
machen kann, sondern dort, wo sie gehört wird, also vor allem in Deutschland.'
Diese Lesart, die es ausschließt, daß auch das in Z. 16f. beschriebene Geschehen „In Frankreich" angesiedelt ist, erscheint mir als zu restriktiv. Zudem läßt
sie viele Fragen offen: Warum geht die (mit Hölderlins Dichtung identifizierte)
Stimme ausgerechnet „In der Hizze" durch die (deutschen) Gassen? Was hat
sie in den Gärten zu suchen, und wer gewährleistet, daß dort wie in Frankreich
Menschen wohnen?

Eine offenere Lektüre wird, wie mir scheint, der Polyvalenz der Zeilen 16-19
gerechter als Binders Versuch, ihnen um den Preis der Vereindeutigung oder sogar Verbiegung der einzelnen Elemente einen konsistenten Sinn abzugewinnen.
In Frankreich wohnen (die oder einige) Menschen in den Gärten oder Gassen,
wird gesagt. Diese Aussage muß nicht so interpretiert werden, daß in diesem
Land viele Menschen nicht in Häusern lebten o. ä. Wenn man ‚wohnen' in einem abgeschwächten Sinne versteht, könnte hier vielmehr die Beobachtung zum
Ausdruck gebracht sein, daß in südeuropäischen Ländern wie in Frankreich zumindest im Sommer sich ein großer Teil des Lebens der meisten Menschen im

---

[423] Binder 1983, 361.

Freien, beispielsweise auf dem Dorfplatz oder in städtischen Parkanlagen, abspielt, wodurch die Lebensbereiche des Öffentlichen und Privaten nicht so streng
voneinander getrennt sind wie in Gegenden mit unwirtlicherer Witterung. Die
detaillierte Ortsangabe „auf den Gassen der Garten / In den wohnen Menschen
/ In Frankreich" deutet so gesehen auf eine Sphäre gelingender Intersubjektivität hin. Daß sich die der Lokalbestimmung vorangehende Voraussage „Bald
aber wird, wie ein Hund, ungehn / In der Hizze meine Stimme" ebenfalls auf ein
Geschehen „In Frankreich" bezieht, ist nicht zwingend, aber ebensowenig auszuschließen. Von gelingender Kommunikation ist jedoch in der Aussage nichts zu
spüren; vielmehr bleibt die einem Hund verglichene Stimme zunächst ganz allein und orientierungslos, denn erst im Relativsatz ist von „Menschen" die Rede.
Nimmt man an, daß das ganze Geschehen in Frankreich angesiedelt ist, worauf
die „Hizze" hindeuten könnte, so ergibt sich eine weitere Verschärfung des Kom-
munikationsproblems: Die sich (zumindest im vorliegenden Text) in deutscher
Sprache artikulierende Stimme des Ich wird sich den „Menschen / In Frankreich"
schwer verständlich machen können; die fremden Laute haben für die nur ihrer
eigenen Sprache mächtigen Menschen nicht mehr Signifikanz als das Jaulen eines
Hundes.

Der sich über die Zeilen 16 bis 19 erstreckende Satz bewegt sich also von der
Ankündigung, bald werde sich die isolierte Stimme des Ich artikulieren und verbreiten, zu der Beschreibung gegenwärtigen Zusammenlebens von Menschen in
Frankreich. Die Vermittlung beider Bereiche bleibt aber unklar; durch nichts ist
gewährleistet, daß das sich artikulierende Ich von den Menschen (in Frankreich
oder auch in Deutschland) gehört und verstanden wird oder daß es mit ihnen
zusammenleben kann.

Z. 20-28 (linearer Text)

> Frankfurt aber, neues zu sagen nach der Gestalt, die
> Abdruk ist der Natur, zu reden
> Des Menschen nemlich, ist der Nabel
> Dieser Erde. Ist des Menschen betrüblich. Aber <?> diese Zeit auch
> Ist Zeit, und deutschen Schmelzes.   (Z. 20, 22, 24, 26, 28)

Diese Passage ist keineswegs so geradlinig niedergeschrieben, wie meine Textkonstitution suggerieren könnte. Vielmehr ist zwischen die erste und zweite Zeile,
etwas nach links herausgerückt, das Stichwort „Der Schöpfer" (Z. 21) notiert,
die Wiederholung eines gleichlautenden, aber gestrichenen Notats, das sich zwischen Z. 17 und 18 findet. Dieses Segment läßt sich nicht unmittelbar in den
Textzusammenhang integrieren und muß daher im Anschluß an dessen Analyse
für sich betrachtet werden.

Eine weitaus gravierendere interferierende Wirkung üben jedoch die Notizen in
der rechten Seitenhälfte aus, die oberhalb der Mitte des Textmaterials, zwischen
Z. 18 und Z. 27, besonders massiv in den Raum rechts von den Zeilen des linearen Textes hineingeschrieben sind, so daß es an einigen Stellen nicht einfach ist,

auseinanderzuhalten, welche Segmente zum durchgehenden Text gehören und welche nicht. Dieser Umstand kann als Indiz dafür gelesen werden, daß einige oder alle dieser Bruchstücke an bestimmten Stellen in den linearen Zusammenhang zu integrieren sind, ein Versuch, den einige der bisherigen Herausgeber unternommen haben. Allerdings besteht – wie in den bisher untersuchten ähnlich gelagerten Problemfällen – keine Einigkeit darüber, an welcher Stelle die Notate jeweils einzufügen sind. Darüber hinaus gibt es auch die Möglichkeit, daß die über acht Zeilen verteilten Segmente untereinander in einem Zusammenhang stehen, ähnlich wie das auf der gegenüberliegenden Seite zu beobachten ist. Die Rekonstruktion eines solchen etwaigen Zusammenhangs würde unmöglich gemacht, wenn man die einzelnen Elemente jeweils isoliert auf den linearen Text beziehen würde. Ich untersuche daher zunächst diesen bis zu dem einschneidenden Stichwort „Germania" (Z. 29) und erst danach die auf gleicher Höhe in der rechten Seitenhälfte notierten Bruchstücke.

Das Prinzip, die Analyse der Randzusätze zunächst zurückzustellen und sie anschließend in ihrem internen Zusammenhang zu untersuchen, gilt nicht für Ergänzungen des durchgehenden Textes, die direkt über oder zwischen dessen Zeilen gesetzt und nicht nach rechts herausgerückt sind, so daß die Einfügungsstelle relativ eindeutig zu identifizieren ist. Ich meine damit insbesondere das Segment „neues zu sagen" (Z. 20), das unmittelbar über der Lücke zwischen „aber," und „nach" beginnt (cf. 75, Z. 21[424]) und problemlos an dieser Stelle eingefügt werden kann, sowie das Notat „Ist des Menschen betrüblich. Aber" (Z. 26), das in den engen Raum zwischen den Zeilen 24 und 26 hineingeschrieben ist (cf. 75, Z. 28) und syntaktisch als Ergänzung des zunächst mit „ist der Nabel / Dieser Erde." endenden Satzes sowie als adversative Einleitung („Aber") des folgenden Satzes, der mit „diese Zeit auch" beginnt, angesehen werden kann. (Die Alternative, das Segment „Ist des Menschen betrüblich. Aber" als eigenständige Zeile zwischen die Zeilen 24 und 26 einzufügen, eine Möglichkeit, die wegen der Großschreibung des „Ist" als naheliegend erscheinen könnte, ergibt syntaktisch und semantisch wenig Sinn, da so das Syntagma „der Nabel / Dieser Erde" auseinandergerissen und das „Aber" nichts als das isolierte Genitivattribut „Dieser Erde" einleiten würde.)

Die zitierten fünf Zeilen gliedern sich in drei Sätze, von denen der erste sich über mehr als drei Zeilen erstreckt, der zweite nur die Mitte der vierten Zeile beansprucht und der dritte den Rest dieser Zeile sowie die folgende einnimmt. Charakteristisch für die drei Sätze ist, daß sie die logische Struktur eines Urteils haben: In allen drei Fällen ist die Kopula ‚ist' grammatisches Prädikat des Hauptsatzes; hinzu kommt ein weiteres Prädikat ‚ist' in einem Relativsatz, der Bestandteil des ersten Satzgefüges ist, so daß in den letzten vier der fünf Zeilen dieses Abschnitts sich je ein ‚ist' findet. Dieser in einem lyrischen Text ungewöhnliche und auch innerhalb der bisher untersuchten Textkomplexe erst-

---

[424] Die Umschrift (FHA Suppl. III Beil., 101) gibt hier die handschriftlichen Verhältnisse nicht ganz korrekt wieder.

malige Befund gibt der Passage (vor aller inhaltlichen Analyse) den Duktus einer Ansammlung von Definitionen oder zumindest von Aussagen über dauerhaft gegebene Tatbestände.

Dieser Parallelität entgegen wirkt die zweimal auftretende Konjunktion ‚aber‘, durch die nicht nur der ganze Abschnitt vom Vorhergehenden abgesetzt wird (Z. 20), sondern auch der letzte Satz in einen Gegensatz zu den beiden vorigen tritt (Z. 26). Die Adversation zu Beginn läßt es als unwahrscheinlich erscheinen, daß das erste Satzgefüge bruchlos an den bisher untersuchten Zusammenhang anschließt. Unter semantischer Perspektive spricht auch nichts dafür, daß „Frankfurt" (Z. 20), das Subjekt des ersten Satzes, „In Frankreich" (Z. 19) zu lokalisieren wäre. Die zuvor erwogene Möglichkeit, die Ortsangabe „In Frankreich" könne sich auch auf den nachfolgenden Text beziehen, kann daher mit einiger Sicherheit verworfen werden. Während der vorangehende, ebenfalls mit einem ‚aber‘ (Z. 16) eingeleitete Satz eine Szenerie in Frankreich entwirft, geht es im folgenden ganz offensichtlich um deutsche Verhältnisse.

Das bedeutet jedoch nicht, daß keine Beziehung zwischen den beiden direkt untereinander stehenden Namen „Frankreich" und „Frankfurt" bestünde. Auf eine solche Beziehung deutet vielmehr unzweifelhaft die in der heutigen Wortgestalt noch gut erkennbare Herkunft beider Wörter von den ‚Franken‘ hin, einem Wort, das wenigstens bis zur Teilung des Fränkischen Reiches im Vertrag von Verdun (843) für die Einheit der deutschen und französischen Völker stand. „Frankfurt" kann so gesehen an dieser Stelle als Übergangspunkt von Frankreich nach Deutschland gesehen werden.

Das Satzgefüge, in dem es um die gleich zu Beginn genannte Stadt Frankfurt geht, enthält in seiner Mitte eine Reihe von Nebensätzen und sonstigen Ergänzungen, die auf den ersten Blick sehr unübersichtlich oder gar wirr erscheinen. In diese Verwirrung wird aber der Hauptsatz nicht hineingezogen; die den Satz umspannende Kernaussage lautet vielmehr eindeutig: ‚Frankfurt aber [...] ist der Nabel dieser Erde.‘ (Z. 20, 24, 26) Die Ergänzungen fügen, wie schon eine flüchtige Durchsicht zeigt, dieser Behauptung inhaltlich nichts hinzu, sondern erläutern und rechtfertigen nur die Weise des ‚Sagens‘ und ‚Redens‘, mit Hilfe derer die Aufstellung einer solchen These möglich ist. Damit die dominierende Bedeutung des Hauptsatzes, die schon bei der ersten Lektüre dieser Zeilen aufscheint, durch die Fülle der Einzelheiten nicht zu sehr in den Hintergrund gedrängt wird, beginne ich meine Untersuchung – entgegen meiner sonstigen Praxis, die Entwicklung des Textes Zeile für Zeile nachzuvollziehen – mit der Analyse dieser zentralen Aussage und gehe erst danach der Frage nach, inwieweit der Hauptsatz durch die Nebensätze erläutert oder auch modifiziert wird.[425]

---

[425] Natürlich behaupte ich damit nicht, daß ein Vorgehen Zeile für Zeile, Wort für Wort, den Sinn dieser Passage notwendig verfehlen müßte; dieses im übrigen Kontext bewährte Verfahren könnte bei entsprechender Umsicht auch an der vorliegenden Stelle zum Erfolg führen. Vielmehr handelt es sich um eine Ermessensentscheidung von mir: Ich halte die Umstellung

‚Frankfurt aber ist der Nabel dieser Erde.' Dieser Satz scheint – um mit Nietzsche zu sprechen – „mit dem Hammer" gedichtet zu sein; es handelt sich offenbar um eine monströse Überhöhung einer einzelnen deutschen Stadt zu einer Stätte globaler Bedeutung. Der Verdacht drängt sich auf, daß hier eine private Vorliebe unreflektiert zum Maßstab universeller Bedeutung erhoben wird. Das sich bei der Lektüre zunächst einstellende Erschrecken über diesen Verlust von Begrenzungen und Dimensionen gehört zur Semantik dieses Satzes unverzichtbar hinzu; es sollte jedoch fundiert und differenziert werden in einer genauen Analyse der einzelnen Bestandteile der Aussage.[426]

Die Stadt wird zunächst, vor dem Zeilenbruch, als „Nabel" bezeichnet. Die „rundliche Vertiefung in der Mitte des Bauches"[427] ist nicht nur ein Körperteil ohne Funktion, sondern zugleich eine Narbe, die jedem Menschen und Säugetier mit seinem Eintritt ins Leben beigebracht wird[428], ein unauslöschliches Anzeichen dafür, daß der Körper nicht aus sich selbst, sondern aus einem anderen Körper, dem der Mutter, heraus entstanden ist, aus welchem er nicht nur heraustreten, sondern von dem er auch ‚abgenabelt' werden mußte[429], um sich schließlich auch von indirekteren Abhängigkeiten zu befreien – ein Prozeß, der eine ganze Lebensgeschichte in Anspruch nehmen kann und immer wieder auf seinen Anfangspunkt, das – wie uns die Psychoanalyse lehrt – traumatische Heraustreten aus dem und Abgetrenntwerden vom Mutterleib Bezug nehmen muß.[430]

---

der Reihenfolge hier vor allem darstellungstechnisch für die einfachere Lösung. Ein solches durch die Struktur der einzelnen zu untersuchenden Textstelle motiviertes Abweichen von den methodischen Prinzipien dürfte hie und da zu vertreten sein.

[426] Die beiden Parallelstellen in Hölderlins Lyrik, an denen von einem ‚Nabel der Erde' die Rede ist („schaudernd regt im / Nabel der Erde der Geist sich wieder", „Ganymed", FHA 5, 838, V. 19f.; „Denn fest ist der Erde / Nabel.", „Griechenland" [‚3. Fassung'], StA II.1, 257, V. 16f.) sind zur Klärung der vorliegenden Passage wenig hilfreich, da die Formulierung an jenen beiden Stellen ganz im Rahmen von Naturszenarien und -vorgängen angesiedelt ist und in keinen Bezug zu menschlichen Orten und Ordnungen gesetzt wird. Cf. den Überblick über die Parallelstellen bei Schottmann (1960, 176).

[427] Duden-Etymologie, 477 (s. v. Nabel). Noch etwa präziser ist Adelungs (Bd. 3 [1808], Sp. 356 [s. v.Nabel]) Beschreibung: „an den thierischen Körpern die gewundene runde Vertiefung in der Mitte des Schmerbauches, welche im Grunde gemeiniglich eine kleine runde Erhöhung hat, und die zurück gebliebene Narbe von der abgeschnittenen Nabelschnur ist."

[428] In dem dem Aristophanes im platonischen „Symposion" in den Mund gelegten Mythos von der ursprünglichen Natur des Menschen als eines kugelförmigen Doppelwesens, das je nach dem Geschlecht der beiden Hälften entweder weiblich, männlich oder androgyn ist, wird der Nabel (Symp. 190e) als Narbe der Spaltung dieser Wesen und damit als Zeichen eines Traumas gedeutet, durch das die Sehnsucht nach dem abgespaltenen Anderen ausgelöst wurde .

[429] Diesen Aspekt arbeitet besonders drastisch Zedler (Bd. 23 [1740], Sp. 14f. [s. v. Nabel]) heraus: „der mitten auf dem Bauch befindliche Knote, oder Narbe, so von den so genannten Nabel=Gefässen, durch welche das Kind an der Bähr=Mutter hänget, und die reineste Nahrung von der Mutter an sich ziehet, nachdem selbige bey der Geburt des Kines abgeschnitten und zugebunden worden, hernachmahls vertrocknet und abgefallen sind, zurück bleibet." (Sp. 14)

[430] In anderen indogermanischen Sprachen wird die Bedeutung des ‚Nabels' in diese Richtung metonymisch erweitert: Im Altindischen und Altiranischen bedeuten die entsprechenden

Der Wortkörper ‚Nabel' selbst (und nicht nur das von ihm Bezeichnete) führt
die Bedeutungskomponente der Abtrennung von Abhängigkeiten vor: Im Gegensatz zu fast allen anderen indogermanischen Bezeichnungen von Körperteilen, die
nicht ableitbar sind, handelt es sich hier um eine abgeleitete Wortbildung: ‚Nabel'
ist nämlich parallel zu ‚Nabe' entstanden, einem Begriff, der den Mittelteil eines
Rades bezeichnet.[431] In die metaphorische Wendung ‚Nabel der Erde', die sich
von Pindar (Pyth. 8, 59) herleitet[432], sind offenbar beide Bedeutungsbereiche
eingeflossen, die ihre Schnittmenge in der abstrakten topographischen Vorstellung ‚Mittelpunkt'[433] haben: Der ‚Nabel der Erde' ist zum einen das organisie-
rende Zentrum des Lebens auf der Außenseite des Planeten, das die Verbindung
zum eigentlichen, unterhalb der Oberfläche liegenden Kraftzentrum ermöglicht,
dem „Herz der Erde" (I, Z. 25), wie es in der konsequenten Körpersprachlichkeit
der vorliegenden Entwürfe genannt wird. Zum andern ist der ‚Nabel der Erde'
ein Mal der Verletzung, ein Ort, an dem das lebensweltliche Regelsystem nicht
gilt, sondern einzubrechen und neu geordnet zu werden droht.[434] Diese doppelte

---

Wörter auch ‚Verwandtschaft' oder ‚der/die verwandtschaftlich Nächststehende'; cf. Kluge
1975, 498 (s. v. Nabel).

[431] Eine parallele Entwicklung findet sich sonst nur noch bei ‚Achsel'/‚Achse' (letzterer Begriff
steht bezeichnenderweise für das wagenbautechnische Pendant zur ‚Nabe'). Cf. Kluge 1975,
498 (s. v. Nabe und Nabel); Duden-Etymologie, 477 (s. v. Nabe und Nabel). Zunächst stand
‚Nabe' für den Körperteil; als dieser Terminus auf das Rad übertragen wurde, bildete sich die
Ableitung ‚Nabel' (bzw. in anderen idg. Sprachen deren Entsprechungen, die aber fast alle das
l enthalten, z. B. in griechisch ὀμφαλός) für den Nabel. Cf. bereits Adelung (Bd. 3 [1808], Sp.
356 [s. v. Nabel]): „ein naher Verwandter des vorigen *Nabe*, mit welchem es in dem Begriffe
so wohl der Vertiefung, als auch der Erhöhung überein kommt."

[432] Hölderlin übersetzt interessanterweise „γᾶς / Ομφαλόν" mit „der Erde / Mittelpuncte"
(FHA 15, 287, V. 84f.; die von Hölderlin verwendete Heynesche Ausgabe von 1798 [cf. ibd.,
12] hat eine von heute gültigen Editionen abweichende Verszählung) und reduziert damit die
Anzahl der möglichen Konnotationen erheblich. Daß in seinem eigenen, einige Jahre nach der
großen Pindarübersetzung entstandenen Gedichtentwurf (sowie an zwei anderen Stellen des
lyrischen Spätwerks) die zuvor vermiedene, wesentlich eindrucksvollere Wendung „Nabel /
Dieser Erde" auftaucht – nach „Μα του ορκου" das zweite Pindarzitat auf dieser Seite –,
kann als versteckte Korrektur der zuvor gewählten bläßlichen Formulierung gelesen werden
oder aber als Zeichen dafür, daß der Autor die polyvalente Wendung für Kontexte aufgespart
hat, an denen ihre Vieldeutigkeit eher zum Tragen kommt als an der Pindar-Stelle selbst.

[433] Die bei Adelung (Bd. 3 [1808], Sp. 356 [s. v. Nabel]) hervorgehobene allgemeine Bedeutung
„eine jede schneckenförmige runde Vertiefung oder ähnliche Erhöhung" scheint mir hier keine
wesentliche Rolle zu spielen.

[434] Nägele (1984, 208) weist darauf hin, daß an der vorliegenden Stelle „fragmentarisch auch
der verschwiegene Körper der ‚Mutter Erde' in den Text eindringt". Allerdings verfehlt diese
These die ungeheuren sinnkritischen Dimensionen der Stelle um eine entscheidende Drehung:
Es wird hier nämlich nicht in traditionell-patriarchalischer Manier (die noch Hölderlins von
Nägele angeführten Hymnenentwurf leitet) die Erde zur ‚Mutter' mythisiert, die durch das
väterliche Ordnungsprinzip gestaltet werden kann und muß, sondern *sie wird als Kind vorgestellt*, dessen Körper im Mittelpunkt seiner Oberfläche das Mal seiner Geburt trägt. Natürlich
ist damit ebensowenig ausgeschlossen, daß die Erde eine Mutter hat, von der sie abgenabelt
wurde, wie daß das Kind ‚Erde' zur Mutter wird, die selbst Kinder gebiert. Damit reißt der
Begriff ‚Nabel der Erde' aber die Möglichkeit einer weiblichen Genealogie auf, die die patriarchalischen Ordnungsschemata durchbricht und das Weltbild des archaischen Matriarchats

Dimension kam in der griechischen Antike den Apollon-Heiligtümern in Delphi und Delos zu.[435] Aber die Doppelheit nicht der Funktionen, sondern der Orte irritiert: Ein Körper (und sei es der der Erde) kann nach aller Logik nur einen einzigen Nabel haben; die Konkurrenz zweier Orte um diese Begriffszuschreibung weist drastisch darauf hin, daß es sich beim ‚Nabel der Erde' nur um eine willkürliche Prädikation handelt, durch die der jeweilige Ort aufgewertet werden soll, nicht etwa um eine unzweifelhafte natürliche Gegebenheit oder einmalige göttliche Stiftung.

Die Skepsis gegenüber der Vorstellung eines ‚Nabels der Erde' verschärft sich, wenn man diese in den Kontext eines Kopernikanischen Weltbildes hinüberzuretten versucht: Sinn macht sie, wenn man die Erde als kreisrunde Scheibe imaginiert, die (ebenso wie ein Rad eine Nabe) einen – wenn auch schwer ermittelbaren – Mittelpunkt haben muß, der als ‚Nabel' vorgestellt werden kann, als Vertiefung, die in eine dritte Dimension führt. Im Gegensatz zur Oberfläche einer Scheibe hat aber die einer Kugel keinen Mittelpunkt – oder aber (die Kehrseite desselben Sachverhalts): jeder Punkt kann zum Mittelpunkt dekretiert werden.

Die Metapher ‚Nabel der Erde' hat also im neuzeitlichen Koordinatensystem ihre Fixpunkte verloren und scheint einzig der Regel *anything goes* zu gehorchen. Es gibt daher keinen Begründungsrahmen mehr, der dagegen sprechen würde, daß auch Frankfurt – wie jeder andere Ort auf unserem Planeten – ‚Nabel der Erde' sein könnte. Eine solche universelle Legitimation läßt allerdings den Geltungsbereich der Aussage bis zur Bedeutungslosigkeit zusammenschrumpfen: ‚Frankfurt aber ist der Nabel dieser Erde.' wäre demnach allein eine privatistische Zuschreibung, deren Gültigkeit sich zunächst völlig auf das hier sprechende Subjekt beschränkte, dem sich allerdings andere Subjekte anschließen könnten, die eine ähnlich intensive Bindung an den genannten Ort haben oder sich von etwaigen Gründen für eine solche Prädikation überzeugen lassen.

Aber die bisherigen Ausführungen vernachlässigen eine wesentliche Nuance in der vorliegenden Formulierung: Es heißt nicht etwa, Frankfurt sei der Nabel ‚der Erde', sondern ‚*dieser* Erde'. Es ist zwar möglich, daß die Deixis nur der Verstärkung des Bezugs auf die eine Erde dient (so wie manche deutschen Politiker heute gerne von ‚diesem unserem Lande' reden, ohne damit notwendigerweise zu behaupten, den Deutschen stünden noch andere Länder zur Verfügung). Denkbar ist aber auch – worauf Wolfgang Binder hingewiesen hat[436] –, daß ‚diese Erde' von einer anderen Erde abgehoben werden soll, die einen anderen Mittel-

---

durchscheinen läßt.

[435] Cf. Binder 1983, 361.

[436] „Wenn Hölderlin nun Frankfurt mit diesem Prädikat auszeichnet, so will er nicht Delphi entthronen. Er sagt ja: der Nabel *dieser* Erde, des abendländischen, des hesperischen Orbis also. Was einst Delphi war, ist heute Frankfurt geworden." (Binder 1983, 361f.) Binders Festlegung auf diese Bedeutungskomponente verstellt ihm allerdings den Blick für den Absolutheitsanspruch, der mit der Prädikation ‚Nabel dieser Erde' auch verbunden werden kann, und für die daraus resultierende Spannung in diesen Zeilen. Die harmonisierende Vorstellung einer umgreifenden Weltordnung durchzieht auch Binders frühere Lektüre der Stelle: „Die Heimat bildet beim späten Hölderlin also nicht nur einen umschließenden Raum, sondern sie

punkt haben kann. Dazu findet sich auf der übernächsten Handschriftenseite in der rechten unteren Ecke eine instruktive Notiz:

> Flibustiers, Entdekunssreisen
> als Versuche, den hesperischen
> orbis, im Gegensaze gegen den
> orbis der Alten zu bestimmen.   (nach HF 77, Z. 44 und 47-49)

Den Seefahrern und Piraten wird hier das Bestreben zugeschrieben, durch praktische Erkundungen auf den Weltmeeren die Gestalt der neuzeitlichen, abendländischen Welt auszumessen und gegen den antiken (beispielsweise durch Odysseus er-fahrenen) Raum abzusetzen.[437] Der in diesem Zusammenhang gebrauchte lateinische Terminus *orbis* paßt vorzüglich zu der mit den Begriffen ,Nabel' und ,Nabe' evozierten Vorstellung, da er ursprünglich einen Kreis oder ein Rad bezeichnet und im übertragenen Sinne die Erdscheibe oder einen ,Erdkreis', den Lebensbereich eines Volkes oder mehrerer Völker. Der antike Orbis könnte demnach Delphi (oder Delos) zum ,Nabel' haben, der neuzeitliche Frankfurt. Der oben entwickelte naturphilosophische Einwand, im Rahmen des neuzeitlichen Weltbildes könne nicht mehr in demselben Sinne von einem ,Nabel der Erde' die Rede sein wie in der antiken Weltsicht, verliert unter dieser geschichtsphilosophischen Perspektive an Gewicht, da hier von einer ,Erde' nur in einer partikularen Bedeutung die Rede wäre. Womit ist es aber zu legitimieren, „Frankfurt" als Mittelpunkt und zugleich als einen wunden Punkt des heutigen Abendlandes auszuzeichnen?

Es ist davon auszugehen, daß hier von Frankfurt am Main die Rede ist. Zwar läßt sich nicht bestreiten, daß Frankfurt an der Oder damals wie heute als wichtiger Übergangspunkt von Mittel- nach Osteuropa gelten konnte und kann, aber im allgemeinen Sprachgebrauch dominiert doch, wenn die geographische Lage nicht näher spezifiziert ist, die größere Stadt im Westen Deutschlands. Das gilt um so mehr in einem Kontext, in dem „Frankfurt" in eine direkte Gegenposition zu „Frankreich" gesetzt wird.

Frankfurt am Main ist schon seit dem Mittelalter eine bedeutende Handels- und Messestadt, das kulturelle Zentrum des Rhein-Main-Gebietes, Geburtsstadt Goethes usf. Aber alle diese Umstände reichen schwerlich als Begründungen dafür aus, die Stadt als ,Nabel dieser Erde' auszuzeichnen.[438] Darüber hinaus war Frankfurt seit 1356 Wahl-, seit 1562 auch Krönungsstätte der deutschen Könige und Kaiser; die letzte Inthronisation (von Franz II.) fand 1792 statt. Diese Bedeutung der Stadt als Symbol der Kontinuität des deutschen Reiches

---

verdichtet sich in magischen Orten, deren Zentralort jener das Ganze repräsentierende Mittelpunkt ist." (Binder 1970, 108) Wegweisend ist in diesen Formulierungen die Rede von den „magischen Orten": Auch der vorliegende Gedichtentwurf kann als Dokument einer Suche nach diesen Orten gelesen werden, einer Suche allerdings, die sich nicht in einem „umschließenden Raum" bewegt, sondern die Erfahrung der Heimatlosigkeit durchmacht, der Unmöglichkeit, *den* zentralen oder Erfüllung bietenden Ort zu finden.

[437] Zu Hölderlins Geschichtsbild von ,Griechenland' und ,Hesperien' allgemein cf. Binder 1955, Bd. 2, 666.

[438] So auch Binder 1983, 362.

konnte für national gesinnte Geister im Augenblick von dessen akuter Gefährdung durch die napoleonischen Hegemoniebestrebungen und kurz vor seinem Ende 1806 in den Mittelpunkt des Interesses rücken.

Hölderlin selbst verkündete 1804 öffentlich ein Projekt nationaler Dichtung – allerdings an eine Empfängerin gerichtet, die ein einschlägiges Interesse daran haben mußte:

> Sonst will ich, wenn es die Zeit gibt, die Eltern unsrer Fürsten und ihre Sitze und die Engel des heiligen Vaterlands singen.
> (Widmung der „Trauerspiele des Sophokles" an die Prinzessin Auguste von Homburg, FHA 16, 75f.)

Möglicherweise war es zum Zeitpunkt der Abfassung des vorliegenden Gedichtentwurfs – von dem wir nicht wissen, ob er vor oder nach dem Erscheinungsdatum der Sophokles-Übersetzung liegt – für den Autor die politisch und lebensgeschichtlich richtige Zeit, mit dieser Art von Gesängen einzusetzen. Wie auf der gegenüberliegenden Seite „Wien" (II, Z. 24) und die „Burg" (II, Z. 21), also möglicherweise Regensburg, genannt werden, die Sitze des Kaisers und des Reichstages, so wird hier mit „Frankfurt" eine dritte Symbolstätte des Reiches hervorgehoben. Diese nationalstaatliche Bedeutung könnte es legitimieren, Frankfurt einen ‚Nabel', nämlich den Ort der Geburt und Tradierung des deutschen Kaisertums, zu nennen. Irritierend ist an dieser Lesart allerdings, daß ein matriarchalisches Bild rücksichtslos in die Affirmation patriarchalischer Strukturen eingebunden wird. Ein weiteres wichtiges Bedenken gegen diese Lektüre ist an dem Genitivattribut ‚dieser Erde' festzumachen. Selbst wenn man dessen Bedeutung dahin gehend einschränkt, daß damit vermutlich nicht der ganze Globus zu allen Zeiten, sondern nur die westliche Welt der Neuzeit gemeint ist, so erhebt sich doch die Frage, ob es eine plausible Lesart ist, das deutsche Reich mit ‚dieser Erde' zu identifizieren oder auch nur als deren Kerngebiet anzusehen. Denn für ein deutsches Großmachtdenken und chauvinistisches Sendungsbewußtsein findet sich an der vorliegenden Stelle wie auch im Kontext der bisher untersuchten Gedichtkomplexe kein Indiz. Auf der anderen Seite kann nicht bestritten werden, daß die nationale Frage nicht nur hier, sondern auch im übernächsten Satz (Z. 26 und 28), im skandierenden Stichwort „Germania" (Z. 29) und in der Randnotiz „nationell" (Z. 27) aufgeworfen wird. Das Problem, in welcher Weise Deutschland in diesem Entwurf thematisiert ist, muß daher bei der Untersuchung dieser Segmente weiterverfolgt werden.

Binder leitet aus der berechtigten Skepsis gegenüber einer historisch-politischen Deutung des Satzes die Folgerung ab:

> Dem biographischen Charakter der folgenden Passagen entsprechend und auch des nächsten Satzes wegen kann nun diese Auszeichnung Frankfurts nicht irgendwelche historischen Sachverhalte im Auge haben, die man kennt, sondern allein Hölderlins Zeit mit Diotima, in der er eine Wiedergeburt Griechenlands und seines Geistes glaubte erlebt zu haben; davon sprechen die Diotima-Gedichte und der Hyperion auf Schritt und Tritt.[439]

---

[439] Binder 1983, 362.

Diese Argumentation überzeugt nicht: Weder lassen sich, wie im einzelnen noch zu zeigen sein wird, in den folgenden Passagen eindeutige autobiographische Aussagen nachweisen – das erst in Z. 33 wieder auftauchende Ich und die poetische Textur der ab Zeile 26 entfalteten Bilder sind mit dem empirischen Ich des Autors und seinen Erlebnissen keineswegs problemlos zu identifizieren –, noch wäre ein solcher Nachweis, selbst wenn er gelänge, ein hinreichender Beleg dafür, daß auch die hier zu untersuchende Formulierung autobiographischen Gehalt hat. Vielmehr ist eine etwaige autobiographische Komponente der Stelle allererst an ihr selbst zu prüfen.

Aber auch für eine solche Prüfung bietet Binder ein nach heutigen hermeneutischen Maßstäben ungeeignetes Instrumentarium an. Seine Formulierungen schließen sich nämlich (ein in seiner Forschergeneration gängiges und auch heute mancherorts noch gepflegtes Verfahren) rückhaltlos Hölderlins mythisierender Selbstdarstellung[440] an: Die Geliebte Susette Gontard wird nicht nur „Diotima" *genannt*, sondern mit der gleichnamigen Gestalt in (zum Teil früher, zum Teil später entstandenen) literarischen Texten wie dem „Hyperion" oder vielen Gedichten *identifiziert*. Was Binder allerdings übersieht, ist die Tatsache, daß Hölderlin das poetisch entwickelte und experimentierend in seine Lebenspraxis umgesetzte Modell einer idealen Liebesbeziehung, dem geschichtsphilosophische Bedeutung zugeschrieben wird, in seiner ganzen Problematik zu Ende denkt und schließlich verwirft.[441] Eine konsequente Durchführung der (in sich schon äußerst problematischen) biographistischen Interpretation von Hölderlins später Lyrik – und speziell auch der vorliegenden Stelle – hätte also das Scheitern des Paradigmas ‚Versöhnung durch Liebe' zugrunde zu legen.

Die Analyse der vorliegenden Stelle darf andererseits nicht in das entgegengesetzte Extrem verfallen, die Frage, inwieweit hier biographische Sachverhalte zur Sprache kommen könnten, von vornherein auszuklammern.[442]

---

[440] In knapper und zugleich übersteigerter Form findet sich dieses Denkmuster auch in Beißners Erläuterung z. St.: „Der heilige Ort des Diotima-Erlebnisses wird mit Delphi in eins gesetzt" (StA II.2, 888, Z. 19f.).

[441] Cf. dazu oben, 21–25.

[442] Peter Szondi hat sich diesem heiklen Problemfeld besonders im Aufsatz „Eden" aus den nachgelassenen „Celan-Studien" auf subtile Weise genähert; cf. Szondi S II, 390–398. Szondi kann die genaue biographische Herkunft jedes einzelnen Motivs von Celans 1967 in Berlin entstandenem Gedicht „DU LIEGST im großen Gelausche ..." nachweisen, da er selbst den Autor in den Tagen vor der Niederschrift des Gedichts häufig gesehen und begleitet hat. Wie Szondi in einer methodologischen Randnotiz zu seinem Aufsatz erläutert, führt er die ihm zufällig bekannten biographisch-historischen Daten jedoch gerade nicht dazu ein, um in positivistischer Manier zu zeigen, daß die Interpretation ohne sie nicht auskäme, sondern um im Gegenzug nachzuweisen, daß man von ihnen absehen kann: „Rekurriert wird auf sie nur, um zu überprüfen, ob die Analyse ihr Material insgeheim nicht doch von ihnen bezieht, als Schmuggelware. Zugleich wird dank ihrer Kenntnis, die dem Leser vorgängig der Interpretation vermittelt worden ist, auch dieser die Arbeitshypothese verifizieren können, derzufolge die Determiniertheit des Gedichts durch den Erlebnishintergrund einer Autonomie hat weichen müssen, die in der immanenten Logik des Gedichts besteht." (ibd., 430) Cf. zu diesem Verfahren Szondis auch Derrida 1986, 38–43.

Hölderlin lebte bekanntlich von 1796 bis 1798 in Frankfurt als Hauslehrer der Bankiersfamilie Gontard und unterhielt während dieser Zeit zu Susette Gontard, der Mutter seines Zöglings, eine Liebesbeziehung. Nach zahlreichen Spannungen kommt es Ende September 1798 zum Eklat zwischen dem Bankier und dem Hofmeister; Hölderlin wird des Hauses verwiesen und zieht um ins nicht weit entfernte Homburg. Zwei weitere Jahre lang tauschen die beiden Liebenden insgeheim noch Briefe aus; danach kommt es aus gesellschaftlichen Rücksichten zum einvernehmlichen völligen Abbruch ihrer Beziehung. Susette Gontard stirbt am 22.6.1802, also etwa zu demselben Zeitpunkt, zu dem Hölderlin von seinem Frankreichaufenthalt nach Württemberg zurückkehrt.

Es erscheint plausibel, daß diese Erfahrungen der Formulierung ,Frankfurt aber ist der Nabel dieser Erde.' zugrunde liegen könnten. Frankfurt, der Wohnort der Geliebten, würde demnach hier in einer Persönliches übersteigernden Wertung zum Mittelpunkt der Welt erklärt. Zugleich würde das Moment der erzwungenen Trennung, der irreversiblen Auflösung einer (dem Anspruch und dem Selbstverständnis beider Beteiligter nach) symbiotischen Beziehung hervorgehoben. Schließlich wäre es denkbar, daß auch auf den alle etwa verbliebenen Hoffnungen zerstörenden endgültigen Verlust Susette Gontards durch ihren Tod angespielt wird: Während sich der Dichter „In Frankreich" (Z. 19) aufhält (bzw. gerade von dort zurückkehrt), stirbt in „Frankfurt" die von ihm noch immer geliebte Frau. Die Stätte der Geburt, der Nabel, ist auch die ihres Korrelats, des Todes. Man könnte auch so etwas wie eine Selbstbeschuldigung darin lesen, daß sich der Autor im entscheidenden Moment, dem des Todes, nicht in der Nähe der Geliebten aufgehalten hat, sondern an einem so exzentrischen Ort wie Frankreich.

Alle diese Mutmaßungen klingen sehr schön, sie haben nur einen entscheidenden Nachteil: Man findet für sie keinerlei Anhaltspunkt im Text des Gedichts. Von Liebe und von Geliebten ist weder in der Sentenz ,Frankfurt aber ist der Nabel dieser Erde.' noch in den bisher ausgesparten Ergänzungen dieses Satzes noch sonstwo im Kontext dieser Seite die Rede. Gegen dieses Argument mag eingewandt werden, daß das Entscheidende, das tiefste persönliche Leid und die Trauer, nicht unvermittelt, sondern nur als ein Verschwiegenes und Verstelltes, nämlich in der allegorischen Wendung ,Frankfurt aber ist der Nabel dieser Erde.', zur Sprache kommen könne. Aber mit diesem Einwurf hat man sich von der These, an der vorliegenden Stelle komme „allein Hölderlins Zeit mit Diotima" (Binder) zum Ausdruck, schon weit entfernt. Die persönlichen Erlebnisse des Autors in Frankfurt mögen die Formulierung motiviert haben (diese Vermutung kann sogar ein hohes Maß an Wahrscheinlichkeit für sich in Anspruch nehmen), aber sie haben sich im Text nicht so kristallisiert, daß dieser auf sie verweisen würde. Während beispielsweise zeitgeschichtliches und historisches Wissen für das Verständnis dieser Gedichtentwürfe unverzichtbar ist, kann die frappierende Sentenz auch abgelöst von der Kenntnis der Lebensgeschichte und Befindlichkeit des Autors verstanden werden, indem man ihre Struktur analysiert und in dieser selbst den Grund des von ihr ausgelösten Skandalons zu ermitteln versucht.

Dieser Unterschied zwischen biographischem Spezial- und historischem Allgemeinwissen läßt sich plausibel machen, wenn man ihn vor dem Hintergrund der Produktionssituation und der anvisierten Rezeptionsbedingungen des Textes beleuchtet: Der Autor konnte davon ausgehen, daß beispielsweise die Kenntnis einiger Eckpfeiler der Geschichte und der aktuellen Situation des deutschen Reiches für die potentiellen zeitgenössischen Leserinnen und Leser seiner Gedichte selbstverständlich und lebensweltstrukturierend war, während außerhalb seines engsten Freundeskreises niemand etwas von seiner Affäre mit einer Frankfurter Bankiersgattin wissen konnte und durfte. Biographische Informationen sind entgegen einem verbreiteten Irrtum der traditionellen Hölderlinforschung nicht einmal zum Verständnis der manifesten Liebesgedichte erforderlich; vielmehr sprechen diese für sich selbst und transzendieren die (ohnehin schwer zu rekonstruierende) private Situation, aus der sie entstanden sind. Um so mehr gilt das für die vorliegende Stelle, an der, sofern Privates in sie eingeflossen sein sollte, dessen Spuren sogleich wieder verwischt worden sind.[443] Die Analyse muß sich daher auf das literarisch Ausgedrückte und auf die Rekonstruktion des heute verstellten zeitgenössischen oder auch kulturgeschichtlichen Hintergrundwissens beschränken und sollte sich nicht – mit Szondi zu sprechen – mit biographischer „Schmuggelware" belasten.[444]

‚Frankfurt aber ist der Nabel dieser Erde.' Mit diesem ungeheuren Satz ist vielerlei behauptet, das sich nicht zu einer einheitlichen Bedeutung zusammenschließen läßt. Der Satz impliziert, daß es einen Mittelpunkt der Welt gibt, wohl nicht mehr des ganzen Universums, aber doch der (um 1805) gegenwärtigen Ordnung der abendländischen Welt. Der Mittelpunkt ist aber zugleich Zeichen der Abtrennung von einer ursprünglichen, symbiotischen Geborgenheit der Menschen: Ausgerechnet im Augenblick des Zerfalls des ersten deutschen Reiches wird Frankfurt, die Kaiserkrönungsstätte, zu diesem Zentrum nicht des Reichs, sondern der Erde erklärt. Angesichts der Zersplitterung einer patriarchalischen Macht, die ein Jahrtausend lang Mitteleuropa beherrscht hat, behält die Stadt also ihre zentrale Bedeutung, ja erhält sie vielleicht erst. Der scheinbare nationalistische Gehalt des Satzes verflüchtigt sich also bei genauerer Betrachtung.

Die Behauptung über Frankfurt kann als eine Ausprägung des Diktums von der „apriorität des Individuellen / über das Ganze" gelesen werden[445]: Das Ganze

---

[443] Das verkennt auch Nägele, wenn er behauptet, hier komme die „Besonderheit individueller Erfahrung" (1984, 209) zum Ausdruck: „Frankfurt, wo Hölderlin sein Liebstes verlor" (ibd.). Ähnlich Hausdörfer (1989, 495). Besonders melodramatisch drückt Levionnois (1986, 51) diesen Gedanken aus: „En un certain lieu de sa pensée, il [Hölderlin] assimile aussi Delphes à Francfort òu se fond à la terre la dépouille mortelle de sa Diotima."

[444] Damit soll nicht bestritten werden, daß sich Hölderlins Lyrik – gerade auch auf den hier untersuchten Seiten – durch eine sehr eigenwillige und esoterische Verknüpfung von Elementen allgemein zugänglichen Wissens mit eigenen Beobachtungen und neuartigen Ausdrucksweisen auszeichnet. Bestritten wird nur, daß der Rekurs auf die Entstehungsbedingungen dieser Gedichte ihre komplexe Textur in irgendeiner Hinsicht zu entwirren vermöchte.

[445] So auch Nägele 1984, 209.

des Reichs zerfällt, aber die Stadt, scheinbar nur ein Teil des Staatsgefüges, entzieht sich diesem Zerfall und gewinnt durch ihn sogar gesteigerte Bedeutung; „apriorität" wäre demnach nicht nur als ‚zeitliche oder logische Vorgängigkeit', sondern auch als ‚größere Dauerhaftigkeit' zu verstehen.

Die entscheidende Dimension des Satzes verfehlt man jedoch, wenn man sich bei der Analyse allein auf die in ihm enthaltenen Konstativa beschränkt und seine performativen Implikationen vernachlässigt. Denn es handelt sich hier um eine von keinem kulturellen Konsens getragene Behauptung des sich in diesem Text artikulierenden Subjekts, die auch durch eine noch so genaue Untersuchung ihrer Teilaspekte und möglichen Motivationen nichts von ihrer Ungeheuerlichkeit verliert. Die Äußerung ist – um es auf den Punkt zu bringen – ein purer Akt des Dezisionismus. Frankfurt ist letztlich durch keine Eigenschaft ausgezeichnet, die es legitimieren würde, diese Stadt eher als eine andere zum ‚Nabel dieser Erde' zu erklären. Das Höchstmaß an subjektiver Willkür, das sich in diesem Satz artikuliert, kennzeichnet ihn – unabhängig von allen biographischen Spekulationen – als einen ‚privaten', nur für das sprechende Subjekt gültigen. Wer diese Stadt so auszeichnet, für den muß sie von zentraler lebensgeschichtlicher Bedeutung, mit einschneidenden persönlichen Erlebnissen (von Symbiose und Verlust) verknüpft sein. An diesem Punkt ist die Textanalyse an die äußerste Grenze des ihr Möglichen gelangt.

Überschreitet man die Grenze der Textanalyse und nimmt die Information hinzu, daß nachgewiesenermaßen die Stadt Frankfurt für den empirischen Autor Hölderlin eine zentrale biographische Rolle gespielt hat, so ist man nicht gezwungen, diese Parallele für Zufall zu erklären. Vielmehr kann sie als ein gewichtiges Indiz dafür gelesen werden, daß an der vorliegenden Stelle eine große Nähe zwischen dem artikulierten Subjekt und dem Autor besteht, daß der Autor versucht hat, ‚sich selbst' im Medium des Gedichts zu artikulieren. Aber dieser Versuch mußte scheitern: Das lyrische Sprechen folgt seinen eigenen Diskursregeln und ist damit immer schon Selbstentäußerung seines Autors. Nur in kryptischer Gestalt gelangt Biographisches in den Text des Gedichts; für dessen Verständnis ist es nicht relevant.

Der exponierte subjektiv-dezisionistische Gestus des Diktums wird besonders deutlich, wenn man, wie ich es bisher getan habe, die zahlreichen Einschübe in seiner Mitte vernachlässigt. Sie gehören jedoch als Erklärungen und Modifizierungen unverzichtbar zum Satz hinzu. Binder charakterisiert sie zu Recht als „Entschuldigungen für ein schockierendes Wort"[446].

---

[446] Binder 1983, 362. Hausdörfer bemerkt zu der Reihung der Einschübe: „Unter der herrschaftsfreien Perspektive der Parataxe werden die Dinge wieder um ihrer selbst willen angeschaut und wie zum ersten Mal, ursprachlich mit ‚dunkleren Nahmen', weil nicht eingeschliffener Sprachkonvention verpflichteten, sondern um Authentizität des Ausdrucks bemühten, benannt." (1989, 496) Ich vermag in dem vorliegenden Satzgefüge indes weder eine Parataxis noch ein einfaches Nennen von Dingen zu erkennen; vielmehr werden auf – zugegeben ‚dunkle' und mehrdeutige Weise – mit sprachlichen Mitteln Relationen und Ordnungen hergestellt. Hausdörfers Äußerung zeigt, daß auch ein von Benjamin und Adorno entlehntes Instrumen-

„[N]eues zu sagen", lautet der erste dieser Zusätze, der in den Zwischenraum
zwischen „Frankreich" und „Frankfurt" gesetzt ist. Diese Position bestätigt die
oben bereits geäußerte These, daß sich „In Frankreich" höchstwahrscheinlich nur
auf die voranstehenden, nicht auf die nachfolgenden Zeilen bezieht; es wird indiziert: Im folgenden ist von etwas Neuem die Rede. Aber der Geltungsbereich des
erweiterten Infinitivs beschränkt sich nicht auf die textinterne Ebene; vielmehr
ist die Behauptung über den Status Frankfurts etwas grundlegend Neues, bisher
Unerhörtes. Auch die syntaktische Einbindung des kurzen Satzes ist nicht eindeutig; es kann sich um einen verkürzten Finalsatz handeln (,um etwas Neues
zu sagen') oder um eine verkürzte Aussage mit imperativischer Bedeutung (,es
ist etwas Neues zu sagen'). Zudem ist an diesem frühen Punkt des Satzgefüges
nicht klar, in welchem Verhältnis „Frankfurt" zu „neues zu sagen" steht: Möglicherweise wird nicht nur etwas *über* Frankfurt geäußert, wie bisher angenommen,
sondern *der Stadt selber* etwas gesagt. All diese kaum entscheidbaren Zweifelsfra-
gen gruppieren sich um die Kernbedeutung des Segments, die ich als Markierung
des Ereignisses bezeichnen möchte, daß hier etwas „neues zu sagen" und damit
auch zu lesen ist.

„[N]ach der Gestalt", ist als zweite Erläuterung angefügt. Verbindet man dieses Segment mit dem zuerst genannten (was nicht zwingend ist, da dieses über
der Zeile notiert und in meiner Textkonstitution nur vorschlagsweise an der genannten Stelle integriert worden ist), so ergibt sich eine Irritation: Wenn etwas
sich „nach der Gestalt" bildet, also offenbar als Nachbildung oder Folgewirkung
einer schon bestehenden Gestalt, inwiefern wäre es dann noch als etwas Neues
zu bezeichnen? Im übrigen ist angesichts des fehlenden Kontextes, insbesondere
in der zumindest vorläufigen Ermangelung einer Erklärung, um *wessen* Gestalt
es geht, nicht auszumachen, ob hier die Statur eines Menschen, eine bedeutende Persönlichkeit, eine zwielichtige Person, eine literarische Figur oder aber
ganz allgemein die Form eines Gegenstandes gemeint ist. Es könnte sich also
entweder um die Gestalt Frankfurts handeln oder um eine bisher noch nicht genannte Gestalt. Der folgende Relativsatz „die / Abdruk ist der Natur" erläutert
die „Gestalt" und bringt damit etwas Klarheit in die bisher dunklen Bezüge.
Die „Gestalt" ist demnach nicht etwas selbständig Entstandenes oder Gewach-
senes, sondern eine Nachformung, eine seitenverkehrte Kopie von etwas schon
Vorhandenem. Dieses Vorgängige könnte ein natürlicher Gegenstand sein (etwa
ein Fuß, der einen Abdruck im Sand hinterläßt) oder ein künstlich geschaffener
(etwa eine Matrize oder ein Stempel). Die Gestalt des letzteren ist in den meisten Fällen teleologisch auf den Abdruck hin orientiert und daher ein Negativ,
so daß als Produkt einer doppelten Negation ein Positiv entsteht.[447] Wenn nun

---

tarium nicht dagegen gefeit ist, den Texten Gewalt anzutun, gerade indem das Moment der
Gewalt und des (partiellen) Scheiterns in ihnen unablässig geleugnet wird.

[447] Das Wort „Abdruk" steht in einer signifikanten Opposition zu dem ihm phonisch sehr
nahe stehenden Begriff „Abgrund", der den Beginn des linearen Textzusammenhangs dieser
Seite dominiert: Der Abgrund ist das Nichtfaßbare, Sich-Entziehende schlechthin, der Abdruck
dagegen etwas klar Umrissenes, auf etwas anderes Hinweisendes.

gesagt wird, daß etwas „nach der Gestalt, die / Abdruk ist" folgt, so drängt sich die Vermutung auf, daß hier eine abermals seitenverkehrende Reproduktion gemeint ist. Noch größere Überraschung löst allerdings das Genitivattribut „der Natur" aus: Offenbar ist die „Gestalt" nicht „Abdruk" eines konkreten Gegenstandes, sondern der Natur als ganzer, also eine Art Spiegelbild der Natur und damit eine Gegen-Natur. Nicht ‚nach der Natur' wird gemalt oder geformt, sondern ‚nach dem Abdruck der Natur' geschieht etwas. (Man könnte versucht sein, darin ein antinaturalistisches Kunstprinzip zu sehen.) Allerdings muß man „Natur" hier nicht unbedingt als ‚Gesamtheit aller natürlichen Dinge' interpretieren, sondern sie kann auch als deren Prinzip verstanden werden. Darüber hinaus ist es möglich, daß „Natur" hier im abgeschwächten Sinne ‚Eigenart, Naturell' bedeutet.[448] In diesem Falle ist genau wie bei der „Gestalt" danach zu fragen, *wessen* Natur gemeint ist.[449]

Das nächste erläuternde Segment lautet „zu reden"; es ist offenbar in einem späteren Arbeitsgang an die Zeile „Abdruk ist der Natur," angefügt worden. Nicht nur dieser Umstand, sondern auch die syntaktische Gleichwertigkeit mit dem über der vorigen Zeile hinzugesetzten erweiterten Infinitiv „neues zu sagen" kann als Hinweis darauf verstanden werden, daß die beiden Segmente konkurrieren. Während die Formulierung „neues zu sagen" auf den Mitteilungsaspekt von (literarischer oder alltagssprachlicher) Kommunikation zielt, hebt „zu reden" allein die Tätigkeit des Sprechens selbst hervor. Diese nicht unwichtige Bedeutungsnuance ist ein Indiz dafür, daß die beiden Formulierungen nicht als Varianten in dem Sinne zu verstehen sind, daß eine von ihnen wegfallen könnte.[450]

---

[448] In der berühmten Arztszene im „Woyzeck" beispielsweise changiert der vom Protagonisten gebrauchte Naturbegriff ununterscheidbar zwischen ‚innerer' und ‚äußerer' Natur (eine ohnehin kaum mehr als metaphorische Unterscheidung).

[449] Auch diese Stelle hat eine Parallele zu der schon zitierten Passage aus den „Dem Fürsten" gewidmeten Entwürfen einige Seiten weiter vorn im Folioheft: „Als im Geseze deiner Garten, in der / Gestalt / Des Erdballs" (nach HF 58, Z. 8-10). Dort ist zwar eindeutig von der Gestalt des Globus die Rede, aber was in welcher Hinsicht „in" dieser Gestalt geformt ist, bleibt ebenso unklar wie die Bezüge an der vorliegenden Stelle. Frappierend ist jedoch eine strukturelle Parallele: Die alliterierenden Nomina ‚Geseze', ‚Garten' und ‚Gestalt' im „Fürsten"-Fragment treten in eine Konstellation zu ‚Gassen', ‚Garten' und ‚Gestalt' an der vorliegenden Stelle. Die ‚Geseze' sind also unter dieser Perspektive hier durch Veränderung weniger Grapheme gegen die ‚Gassen' ausgetauscht, die abstrakte und dennoch alles durchherrschende Ordnung gegen den Ort des Umhergehens, des Diskurses, aber auch der Verirrung und Verwirrung (will man nicht annehmen, daß über die Seiten hinweg hier von ‚Gesetzen der Gassen' die Rede sein soll). Die beiden rätselhaften Stellen beleuchten sich in ihren lautlichen und semantischen Konstellationen gegenseitig, die eine kann als satyrische Verfremdung der anderen gesehen werden und umgekehrt. So bleibt es unverständlich, wie jemand in Zeilen dieser Art „keine Spur von Doppelsinn oder Ironie" (Zbikowski 1988, 249) zu entdecken vermag.

[450] Sattler etwa beurteilt mal die eine, mal die andere Formulierung als früher und damit durch die später notierte verworfen; cf. FHA Einl., 81, Phase IX und X; Sattler 1981a, 303f. Erst die Umschrift von 1986 gibt den Befund unverfälscht wieder: Beide Zusätze sind später als der Grundtext entstanden (jedoch nicht unbedingt viel später, möglicherweise wurden sie sogar mit derselben Feder wie dieser notiert); eine zeitliche Reihenfolge zwischen ihnen läßt sich nicht festlegen.

Der meiner Konstitution zugrundeliegende Vorschlag, beide in den Textzusammenhang aufzunehmen, greift in den Befund viel weniger ein als die kaum zu begründende Ausschließung eines der Segmente. Man kann den Textausschnitt „neues zu sagen nach der Gestalt, die / Abdruk ist der Natur, zu reden" als variierende Aufzählung zweier Infinitivsätze ansehen oder den zweiten der Infinitive als Erläuterung des ersten. Die zwischen beiden stehende adverbiale Bestimmung „nach der Gestalt, die / Abdruk ist der Natur" kann sich in beiden Fällen sowohl auf „neues zu sagen" wie auf „zu reden" beziehen. Von diesen beiden Möglichkeiten erscheint die zweite als plausibler, da „neues zu sagen" besser für sich stehen, „zu reden" aber sinnvollerweise ergänzt werden kann. ‚Nach der Gestalt zu reden‘ kann im Sinne etwa von ‚nach der Gestalt zu urteilen‘ gelesen werden, aber auch im Sinne von ‚der Gestalt folgend, die Gestalt nachzeichnend zu reden‘. Da die Gestalt eine ist, „die / Abdruk ist der Natur", ist die Nach-Rede ebenfalls eine, die sich – wenngleich vermittelt über eine doppelte Spiegelung – den Formen und Prinzipien der Natur anpaßt. Die Rede ist also von einem mimetischen, den Formen und Gestaltungen der Natur nachgebildeten Sprechen. Dieses Sprechen steht in einem Spannungsverhältnis zum zuvor genannten Sagen des Neuen: Einerseits ist das Reden, das ‚der Gestalt, die Abdruck ist der Natur‘ nachfolgt, ein Reden, das Gegebenes bewahrt und reproduziert – also nichts Neues. Andererseits aber kann das – mit Benjamin gesprochen – mimetische Vermögen in der Sprachpraxis einer Kommunikationsgemeinschaft in einem solchen Maße verschüttet oder verlorengegangen sein, daß ein mimetisches Sprechen als Versuch erscheint, ein gegenüber den Formen verzerrter Kommunikation „neues zu sagen". Das Diktum ‚Frankfurt aber ist der Nabel dieser Erde.‘, das durch die hier analysierten Einschübe erläutert wird, erfüllt beide Bedingungen: Es handelt sich zum einen um eine grundlegend neue, ‚unerhörte‘ These, zum anderen aber um eine Aussage, die der ‚Gestalt‘ der Natur nachfolgt: Die geographische Lage und das äußere Erscheinungsbild der Stadt Frankfurt sind Ausprägungen der von Menschen veränderten und mitgestalteten Natur; die Rede vom ‚Nabel dieser Erde‘ zeugt von dem Versuch, die Erde als Organismus mit menschenähnlicher Gestalt zu denken.

Die letzte eingeschobene Erläuterung lautet „Des Menschen nemlich". Auffällig ist an dieser zunächst das Adverb „nemlich", das bereits ganz zu Beginn des linearen Textes („Vom Abgrund nemlich haben / Wir angefangen") begegnete. Dort allerdings erschien es als Synonym der Konjunktion ‚denn‘, hatte also die Funktion eines kausalen Anschlusses. Hier dagegen, wo es offenbar keinen ganzen Satz, sondern nur ein Satzglied begleitet, ist es im Sinne von ‚und zwar‘ gebraucht und bezeichnet eine Erläuterung. Gemeinsam ist beiden Vorkommnissen des Wortes der Versuch, einen Anschluß herzustellen, ohne daß sich allerdings – wie sich auch im vorliegenden Fall noch zeigen wird – der Punkt, an den etwas angeschlossen werden soll, eindeutig ausmachen ließe. Zwischen die beiden „nemlich" ist zu Beginn des zweiten und des (momentan untersuchten) dritten Satzgefüges ein „aber" eingeschoben, durch das die synthetischen Tendenzen zugunsten einer Antithetik in den Hintergrund gedrängt werden.

Das Genitivattribut „Des Menschen" erläutert ebenso wie der Relativsatz die „Gestalt" – so belehren uns die Kommentatoren Beißner und Binder.[451] Das – zumal in einem lyrischen Text – etwas unbeholfen klingende „nemlich" hat demnach die Funktion, trotz der langen dazwischenstehenden Sequenzen den Anschluß des Attributs an sein Bezugswort zu gewährleisten. Folgt man dieser Lesart, so ist hier nicht von der Gestalt der Stadt Frankfurt oder einer Naturformation die Rede, sondern allein von der ‚Gestalt des Menschen'. Gemeint ist offensichtlich nicht die Statur eines einzelnen Menschen, sondern die Form und das Erscheinungsbild des menschlichen Körpers schlechthin.[452] Damit wird ausdrücklich auf die Körperbildlichkeit der Wendung ‚Nabel dieser Erde' hingewiesen: Wer der Erde einen Nabel zuschreibt, denkt sie ‚nach der Gestalt des Menschen'. Diese Gestalt aber ist dem Text zufolge wiederum ‚Abdruck der Natur'. Es handelt sich hier nicht um ein Verhältnis der Wechselwirkung zweier voneinander getrennter Sphären, sondern um die größtmögliche Annäherung der Vorstellungsbereiche ‚Mensch' und ‚Natur', die über den Austausch von Begriffen hergestellt wird: Die Natur ist als menschliche Gestalt gedacht, diese aber ist ein Abdruck der Natur. An dieser Stelle wird also ein Verfahren nicht nur angewandt, sondern auch expliziert, das bereits auf der ersten der hier untersuchten Seiten in der Wendung „Und das Herz der Erde thuet / sich auf" (I, Z. 25f.) auftauchte und bei der Rede vom „Eingeweid / Der Erde" (II, Z. 50f.) erneut begegnete. An diesem Punkt ergibt sich dadurch eine neue Dimension, daß die an den genannten Stellen versuchte poetische Engführung von Körper und Natur sich mit dem anthropologischen Diskurs kreuzt, der sich durch den Text dieser Seite zieht, wie es das mehrmals auftauchende Stichwort „Menschen" (Z. 11, 18, 24), aber auch ein nicht auf eine bestimmte Gruppe begrenzbares „Wir" (Z. 8) belegen. Wenn sich hier die Möglichkeit andeutet, daß Mensch und Natur über die gleichen Ausdrucksmedien verfügen, daß die Gestalt der Menschen Spiegelbild der Natur und umgekehrt die Natur vom Menschen gestaltet ist, so hat das Diktum ‚Frankfurt aber ist der Nabel dieser Erde.' etwas von seiner Befremdlichkeit verloren.

So plausibel diese den Vorschlägen früherer Kommentatoren folgende Lektüre ist, sie ist keineswegs die einzig mögliche. Denn es ist nicht auszuschließen, daß sich „Des Menschen" auch auf die „Natur" beziehen könnte. Demnach wäre die „Gestalt", nach der geredet werden soll, Abdruck der Natur des Menschen. Es ginge also um die innere Natur, den Charakter und die Anlagen des Menschen als Gattungswesen. Diese innere Natur prägt sich aus in der äußeren Gestalt des Menschen – ein durchaus sinnvoller Gedanke.[453] Der Einschub würde unter

---

[451] Cf. StA II.2, 888, Z. 21, Binder 1983, 362: „die Gestalt des Menschen ist Abdruck der Natur".

[452] Die in der Handschrift erkennbare Korrektur von ‚Der' zu „Des Menschen" könnte in dieselbe Richtung zielen: Sie vermeidet die Äquivokation, daß auch die Umrisse einer Menschenmenge gemeint sein könnten, und zielt offenbar auf den Menschen als Gattungswesen.

[453] Der Pietismus hat sogar die Vorstellung einer inneren Gestalt oder Seelengestalt ausgeprägt, der zufolge nicht nur das Äußere des Menschen „Abdruk" seines Inneren, sondern

dieser Perspektive nur besagen, daß es sich bei der Behauptung über Frankfurt um eine anthropomorphe Aussage handelt. Diese Erläuterung aber ist beinahe redundant. Auch wenn diese Lesart nicht völlig verworfen werden kann: Das in dem Satz lagernde Bedeutungspotential erschließt sich erst ganz, wenn man die „Natur" nicht auf die ‚Natur des Menschen' reduziert, sondern im vollen Sinne einer dem Menschen gegenüberstehenden Sphäre begreift. So kann man die Einschübe als programmatische Vorstellung einer neuen, die Bereiche von Mensch und Natur engführenden poetischen Sprache lesen, einer Sprache, die auf den vorliegenden Seiten schon vielfach erprobt worden ist und die in dem die Erläuterung umrahmenden Hauptsatz ‚Frankfurt aber ist der Nabel dieser Erde.' mit provozierender Konsequenz angewandt wird.[454]

Das folgende Segment „Ist des Menschen betrüblich. Aber" (75, Z. 28) ist oberhalb der Zeile „Dieser Erde. [D]iese Zeit auch" (75, Z. 29) notiert. Es bietet sich an, es zwischen die beiden Sätze einzuschieben. Allerdings sollte dadurch nicht verdeckt werden, daß diese bei der ersten Niederschrift ohne den Zusatz aufeinanderfolgten. Es muß daher im Anschluß an die Analyse des Einschubs nach dem Zusammenhang der beiden Sätze gefragt werden.

Während das „Aber" offenbar einen neuen Satz einleitet, ist das Segment „Ist des Menschen betrüblich." durch die Großschreibung des ersten Wortes und den abschließenden Punkt anscheinend als eigenständiger Satz ausgezeichnet.[455] An diesem fällt zunächst die invertierte Wortstellung auf, die auf eine Frage hindeutet; aber ein Fragezeichen fehlt. Zudem besteht dieser merkwürdige Satz nur aus einem Prädikat und einem isolierten Genitiv. Das Verb ‚betrüblich sein', das ja ‚traurige Stimmung auslösen' bedeutet, macht aber nur Sinn, wenn es auf einen Sachverhalt bezogen ist, der die Trübseligkeit auslöst. Das Fehlen eines solchen Subjekts hat Sattler zum Anlaß genommen, eine Lücke zu sehen,

---

dieses selbst eine Art ‚Abdruck' einer ursprünglichen Prägung durch Gott ist (cf. Langen 1968, 43). Es ist nicht auszuschließen, daß diese Wendung des Begriffs in die vorliegenden Stelle hineinspielt, vielleicht vermittelt über die Stelle aus den ‚Bekenntnissen einer schönen Seele': „Ich litt und liebte, das war die eigentliche Gestalt meines Herzens." (Goethe SW 7, 385)

[454] Noch eine dritte Anschlußmöglichkeit für das Syntagma „Des Menschen" wäre möglich: es könnte auch von „Abdruk" als ein zweites Genitivattribut abhängig sein. Die „Gestalt" wäre demnach „Abdruk" des Menschen selbst, nicht bloß seiner Natur. Im Anschluß an diese Möglichkeit lassen sich weitere alternative Kombinationen von Satzgliedern entwickeln: Der Relativsatz könnte (wogegen allerdings die Zeichensetzung spricht) nach „Abdruk" zu Ende sein; „der Natur" wäre dann entweder Genitivattribut zu „Gestalt" oder ein auf „zu reden" bezogener Dativ (mit der Bedeutung: ‚für die Natur, im Sinne der Natur zu reden'). Der hohe Abstraktionsgrad der Begriffe, die ungewöhnliche Wortstellung und die fehlende syntaktische Eindeutigkeit lassen es zu, daß in diesem Satz quasi aleatorisch beinahe alle Bestandteile mit allen kombiniert werden können. Allerdings ergeben sich dabei zu den im obenstehenden Text erläuterten Lesarten wenig neue Bedeutungsnuancen: Das Spiel der Bedeutungen ist ausgereizt und sollte daher nicht auf die Spitze getrieben werden.

[455] Daß das „Ist" einen Versanfang markiert, ist wegen der – von den handschriftlichen Gegebenheiten her unnötigen – Einrückung des Segments unwahrscheinlich. Zudem ist (wie schon erwähnt) die Sequenz ‚ist der Nabel / Ist des Menschen betrüblich. Aber / Dieser Erde.' syntaktisch wie semantisch wenig überzeugend.

wo eindeutig keine ist, nämlich hinter „Menschen", und den Satz mit der – allerdings verblüffend parallelen – Wendung von der Rückseite „des Menschen / Herz betrüblich" (IV, Z. 45 und 47) zu kontaminieren.[456] Dieser massive Eingriff in den textlichen Befund ist nicht nur pikant – ein fehlendes „Herz" wird ausgerechnet im Anschluß an eine Stelle eingesetzt, an der die Erörterung des Verhältnisses vom Körper des Menschen zu dem der Natur an den weitestmöglichen Punkt getrieben wurde – ; er ist editorisch nicht vertretbar: Die Parallelstelle auf der Rückseite kann nicht beweisen, daß hier dasselbe wie dort stehen sollte; sie könnte ebensogut auf eine spezifische Differenz hindeuten: Nicht nur das „Herz" des Menschen ist „betrüblich", sondern auch dessen Fehlen. All diese Beobachtungen veranlassen dazu, den Satz entgegen dem ersten Anschein doch nicht für eigenständig zu halten, sondern zu erwägen, ihn an den vorhergehenden anzuschließen.

Versucht man, die Möglichkeiten eines solchen Anschlusses auszuloten, so fällt zunächst der Parallelismus zwischen dem vorliegenden Segment und dem Schluß des vorigen Satzes, „ist der Nabel / Dieser Erde", ins Auge. Die Anfangsstellung des Existenzprädikats könnte also ein Indiz dafür sein, daß hier keine Inversion vorliegt, sondern daß es sich um einen zweiten Hauptsatz handelt, dessen Subjekt wiederum „Frankfurt" ist: Frankfurt ist demnach nicht nur „der Nabel / Dieser Erde", sondern auch „des Menschen betrüblich".

Damit ist allerdings das Problem noch nicht gelöst, worauf sich der Genitiv „des Menschen" beziehen könnte. Wenig wahrscheinlich ist die Kombination ‚Frankfurt des Menschen'. Auch ein direkter Bezug auf „betrüblich" widerspricht aller Sprachpraxis, ist aber nicht völlig undenkbar: „des Menschen betrüblich" sein, könnte etwa ‚in Hinblick auf den Menschen, angesichts des Menschen betrüblich sein' bedeuten. Naheliegender ist aber die Annahme, daß in diesem Anakoluth auch das Bezugswort zu „des Menschen" ausgelassen ist. Allerdings sollte man eine mögliche Füllung dieser Lücke nicht auf der Rückseite oder in anderen entlegenen Regionen der Handschrift suchen, sondern im vorliegenden Textzusammenhang selbst.

Zunächst ist zu beachten, daß „des Menschen" eine wörtliche Wiederholung des eine Zeile weiter oben stehenden Genitivattributs ist, dessen Bezugswort ebenfalls nicht eindeutig festzulegen ist. Bereits zum vierten Mal auf dieser Seite ist also hier ausdrücklich von Menschen die Rede, ein Umstand, der angesichts der über weite Strecken menschenleeren Szenerien auf den beiden vorstehenden Seiten besonders ins Auge fällt. Möglicherweise könnte das vorliegende Segment also die obere Stelle substituieren. Damit würde die ‚Gestalt des Menschen' oder die ‚Natur des Menschen' als „betrüblich" bezeichnet. Zweitens ist die Parallele zu dem Segment „ist der Nabel / Dieser Erde" wiederaufzunehmen; „des Menschen" könnte sich auch auf den „Nabel" beziehen, womit sich folgender Satz ergäbe: ‚Frankfurt aber ist der Nabel des Menschen betrüblich.' Wegen der fehlenden Flexion ist nicht festzulegen, auf welches der drei Nomina dieser Lesart sich das

---

[456] Cf. FHA Einl., 86, Z. 18f. (dort fälschlich „der Menschen"); Sattler 1981a, 307, Z. 19f.

Attribut „betrüblich" bezieht. Während bei der Rede vom ‚Nabel der Erde' das poetische Sprechen vom menschlichen Körper und das von der äußeren Natur enggeführt werden, sind die beiden Bereiche hier in krasser Weise kurzgeschlossen; die geographischen Verhältnisse werden mit dem menschlichen Leib unmittelbar gleichgesetzt. Mit dieser radikalen Körperbezogenheit werden die Regeln traditioneller Metaphorik eklatant durchbrochen: Wird Frankfurt als ‚Nabel dieser Erde' bezeichnet, so ist klar, daß damit zwei normalerweise getrennte Erfahrungsbereiche (die Anatomie und die Geographie) einander angenähert werden und ihre Konnotationen austauschen und vermischen. Frankfurt aber als ‚Nabel des Menschen' zu bezeichnen, ist zunächst einmal ‚falsch', denn die Behauptung bietet kein Medium an, ihre beiden Pole miteinander zu vermitteln. Einen Hinweis gibt aber das Attribut „betrüblich": Es deutet nicht nur darauf hin, daß jeder Nabel als Mal der Trennung von einer symbiotischen Bindung Schmerz und Trauer auslöst, und zeichnet damit Frankfurt als einen paradigmatischen Ort des menschlichen Leidens aus, sondern es ist auch in seiner ursprünglichen Bedeutung ‚verdunkelnd, trübe machend' ernst zu nehmen.[457] Unter dieser Perspektive bezeichnet „betrüblich" eine Verunreinigung des optischen Mediums und nimmt damit ein Problem wieder auf, das auf der nebenstehenden Seite in dem Satz „Fast, unrein hatt sehn lassen und das Eingeweid / Der Erde." (II, Z. 50f.) zum Ausdruck kam: Die in diesen Texten unternommenen Versuche, durch neue Formen körperbildlichen Sprechens die Medien poetischer Sprache zu erweitern, führen zunächst dazu, daß die Wörter und die Normen ihrer Verknüpfung so durcheinandergewirbelt werden, daß der Eindruck von Trübung der Klarheit und der Wahrnehmungs- und Ausdrucksfähigkeit entsteht. Die Begrenzung des poetisch Sagbaren – und nicht allein das dahinterstehende Erlebnis – ist es somit, was Trauer auslöst.

Die zuletzt angestellten Zuordnungen und Deutungen bewegen sich schon hart an der Grenze zur Spekulation und sollten nicht darüber hinwegtäuschen, daß die genauen Bezüge des Anakoluths „Ist des Menschen betrüblich." auf den vorstehenden Satz auch nach einer genauen Analyse nicht eindeutig festlegbar sind. Das Segment gehört damit zwar zum linearen Textzusammenhang, verbleibt aber in einem syntaktischen Schwebezustand. Gegenüber dem Vorhergehenden betont es noch einmal die zentrale Bedeutung „des Menschen" und die mit dessen Existenz untrennbar verbundenen Erfahrungen von Leiden und Unsicherheit.

Hinter „betrüblich" folgt mit etwas Abstand das Wort „Aber", das sich als Einleitung eines folgenden Satzes anbietet. Die Lesung dieses Wortes ist jedoch umstritten; Uffhausen hat vorgeschlagen, das Wort als „An" und als neuen Beginn des einige Zeilen weiter oben im rechten Bereich der Seite niedergeschriebenen Segments „an meinen Schatten < > ich" (Z. 19) zu lesen.[458] Für die Berechtigung dieses Anschlusses sehe ich keinen Anhaltspunkt, aber die neue Lesung ist erwägenswert: Zwar ist ein großes A relativ deutlich erkennbar, aber der sonst

---

[457] Cf. Duden-Etymologie, 760 (s. v. trüb[e]).
[458] Cf. Uffhausen 1989, 146, Z. 50f.

in Hölderlins Handschrift auch auf diesen Seiten relativ deutlich ausgeprägte Bogen des *b* ist kaum auszumachen. (Eine fast ebenso nachlässige Notation des Wortes findet sich jedoch beispielsweise etwas weiter rechts unten: „Aber schreeg geht neben", 75, Z. 38.) Allerdings gibt es für die alternative Lesung ‚An' (oder meines Erachtens der Anzahl der Bogen wegen eher ‚Am') im engeren Kontext keine sinnvolle Anschlußmöglichkeit. Die Unsicherheit der Lesung sollte jedoch die Skepsis gegenüber der Annahme verschärfen, daß „Aber" den folgenden Satz „diese Zeit auch / Ist Zeit, und deutschen Schmelzes." einleite. Es wird also zu fragen sein, inwieweit dieser Satz tatsächlich in einem so prägnanten Gegensatz zu dem bzw. den ihm vorhergehenden steht, wie er bei den beiden bisherigen Vorkommnissen von ‚aber' auf dieser Seite (Z. 16 und 20) festzustellen war.

„[D]iese Zeit auch / Ist Zeit". Der Zeilenbruch schafft ein Spannungsmoment (welches Prädikat wird ‚dieser Zeit' zugesprochen?), das durch die tautologische Wendung sogleich enttäuscht wird: Wie jede Zeit ist natürlich auch diese eine Zeit; was sollte dagegen sprechen? Der Satz macht jedoch Sinn, wenn man – dem Vorschlag Binders folgend – den Begriff ‚Zeit' an der Subjektstelle anders versteht als den an der Prädikatsstelle:

> So versteht man den Satz: „Diese Zeit auch ist Zeit." Sie ist Zeit im vollen Sinne des Wortes, nicht eine Zwischenzeit, eine Epigonenzeit, eine Zeit im Wellental der Geschichte, sondern erfüllte Zeit, vergleichbar dem, was in *Patmos* „Gipfel der Zeit" genannt wird.[459]

Aber ganz so einfach und eindeutig ist der Satz doch nicht zu entschlüsseln. Denn die von Binder vorgeschlagene Wertung – ‚diese Zeit' ist das tendenziell Transitorische, ‚Zeit' schlechthin aber das Erfüllte, Ewiggültige – könnte ebensogut umgekehrt werden: Tritt die Gegenwart nämlich mit dem Anspruch auf, Abschluß und Maßstab der Geschichte zugleich zu sein (eine immer wieder zu beobachtende und namentlich im Zeitalter von Postmoderne und Posthistoire vielfach kultivierte Prätention), so könnte ihr mahnend entgegengehalten werden, daß auch sie ‚Zeit', also etwas Vergängliches und von der Zukunft Einholbares, ist.

Um die Wendung adäquat zu erfassen, ist zunächst zu fragen, worauf die Deixis in der Wendung ‚diese Zeit' zielt. Ein analoges Problem stellte sich sicherlich nicht zufällig in derselben Zeile bereits mit dem Ausdruck ‚diese Erde' (und wenn man den Einschub wegläßt, treffen beide Wendungen unmittelbar aufeinander: ‚Dieser Erde. Diese Zeit auch'); es soll offenbar der Erfahrungsbereich des Hier und Jetzt evoziert werden. In der räumlichen Sphäre ist das Problem begrenzbar; es stellt sich nur die Frage, ob der Globus als ganzer oder bloß ein Teil von ihm mit „Dieser Erde" gemeint ist. Was aber ist „diese Zeit": die Entstehungszeit des Gedichts, die in ihm konstruierte Gegenwart oder die je verschiedenen Momente, in denen Leser und Leserinnen den Text zur Kenntnis nehmen? Die Verweisung muß zunächst textintern gelesen werden: Alles, was in ihrem Kontext als präsentisch beschrieben wird, könnte ‚dieser Zeit' angehören. Die zahlreichen

---

[459] Binder 1983, 362.

im Präsens gehaltenen Aussagen über die „Menschen" allerdings treten eher mit dem Anspruch auf Allgemeingültigkeit (und das heißt: Zeitlosigkeit) auf. Gegenwart wird jedoch beim Übergang von der Vorgeschichte des Wir zur Prognose „Bald aber wird, wie ein Hund, ungehn / In der Hizze meine Stimme" konstituiert. Unmittelbar präsentisch ist an diesem Punkt das Auftreten des Löwen und des ‚Tiergeistes'. Auch das Segment „neues zu sagen" weist darauf hin, daß die Aussage, die es begleitet, auf einen in der im Gedicht konstituierten Gegenwart neu eintretenden Sachverhalt hinweist. Die These über den Status Frankfurts tritt also nicht mit dem Anspruch auf zeitlose Gültigkeit auf, sondern bezieht sich zunächst nur auf einen Jetztzustand. Das viermalige Auftreten der Kopula „ist" in den Zeilen 22-28 verliert also etwas von seinem definitorischen Charakter und konstituiert eher eine Szenerie der gleichzeitigen Präsenz vieler Sachverhalte nebeneinander, wenn man in Rechnung stellt, daß es in diesem Passus offenbar primär darum geht, über „diese Zeit" etwas „neues zu sagen".

Damit sind aber noch keinerlei Hinweise darauf gewonnen, ob mit ‚dieser Zeit' eine konkrete historische Zeit gemeint und ob diese gegebenenfalls mit der Entstehungszeit des Entwurfs identisch ist – oder ob es sich auf der anderen Seite um eine abstrakte, sich mit jeder Lektüre wieder erneuernde Gegenwart handelt.

Einen konkreteren Hinweis gibt jedoch die zweite Prädikation in diesem Satz: ‚Diese Zeit' ist demnach nicht bloß Zeit, sondern darüber hinaus auch „deutschen Schmelzes". Bei dieser Formulierung handelt es sich bereits um das fünfte Genitivattribut in den hier untersuchten fünf Zeilen (nach „der Natur", Z. 22; „Des Menschen", Z. 24; „Dieser Erde", Z. 26; „des Menschen", Z. 26); und auch dieses ist nicht eindeutig zuzuordnen. Es ist nämlich einerseits möglich, „deutschen Schmelzes" als Prädikatsnomen zu verstehen, so daß die Aussage als selbständige an die erste angereiht wäre und etwa besagen würde: ‚Diese Zeit ist aus deutschem Schmelz gemacht.' Andererseits ist es denkbar, „deutschen Schmelzes" auf das Prädikat der ersten Aussage zu beziehen und die zweite Hälfte des Satzes somit als eine bloße Erläuterung der ersten zu verstehen, wodurch sich folgender Sinn des gesamten Satzes ergibt: ‚Diese Zeit ist auch Zeit, und zwar eine Zeit deutschen Schmelzes.' So wenig die beiden Lesarten auseinanderzuliegen scheinen: Die von Binder betonte emphatische Bedeutung des isolierten Begriffs ‚Zeit' würde mit der Präzisierung durch das Genitivattribut weiter zurückgenommen.

Ein deutsches Element ist es dem Text zufolge, das ‚diese Zeit' auszeichnet. Der Diskurs über Deutschland wurde in den bisher betrachteten Texten auf dieser Seite nur indirekt geführt: In dem Bruchstück „Werber!   keine Polaken sind wir" (Z. 5) sind es möglicherweise die Deutschen, die sprechen und sich von der Nachbarnation absetzen; ein Bezug zur Zeitgeschichte und zur politischen Situation um die Entstehungszeit des Gedichts ist herstellbar, muß aber nicht zwingend gegeben sein. In der Opposition „Frankreich / Frankfurt" (Z. 19f.) ist der Übergang von dem Erfahrungsraum ‚Frankreich' in den deutschen Bereich angesprochen, ohne daß der Name ‚Deutschland' fiele. Nach der Hervorhebung der einen deutschen Stadt Frankfurt soll nun offenbar eine ganze Zeit, nämlich eine nicht näher umrissene Gegenwart, als von deutschen Merkmalen geprägt ausgezeichnet werden.

Was kann es aber bedeuten, daß die Zeit eine „deutschen Schmelzes" ist? Das Wort ‚Schmelz' bezeichnet einen glänzenden Überzug, eine Glasur (aus Emaille oder Edelmetall), die oberste Schicht des Zahns oder aber im metaphorischen Sinne die Weichheit (etwa einer Stimme) oder den sanften Glanz (etwa der Jugend). Das von ‚schmelzen' abgeleitete Wort[460] bewahrt in allen Verwendungsweisen die Bedeutung von etwas Festem, das aus Flüssigem entstanden ist und wieder verflüssigt werden kann, den Übergangspunkt von etwas Liquidem, Weichem zu etwas Fixiertem.[461] Die damit gegebenen Konnotationen scheinen zu dem nationalen Diskurs, der eher unnachgiebige Härte und Dominanz fordert, nicht zu passen. Aber genau diese beiden Pole werden hier zusammengedacht, und zwar an einer exponierten Stelle des Textes, nämlich unmittelbar vor dem Stichwort „Germania" (Z. 29), durch das das auf dieser Seite notierte Textmaterial in zwei Hälften unterteilt wird. Nicht erst in der folgenden zweiten Hälfte der Seite, sondern ganz offensichtlich schon jetzt, ja schon seit Z. 20 („Frankfurt aber [...]") ist von deutschen Verhältnissen die Rede.[462] Wenn nun an der Stelle, an der der Begriff ‚deutsch' auf dieser Seite erstmals auftaucht, er mit dem Wort ‚Schmelz' verbunden ist, so kann das so gelesen werden, daß das deutsche Element, das in „diese Zeit" eingebracht werden soll, die Weichheit und Sanftheit ist, die Offenheit für Veränderungen und die Fähigkeit zu Synthesen.[463]

---

[460] Cf. Duden-Etymologie, 641 (s. v. schmelzen).

[461] Dieser Übergang kommt an einer Parallelstelle, in Hölderlins Pindar-Kommentar „Vom Delphin.", zur Sprache: „Der Gesang der Natur, in der Witterung der Musen, wenn über Blüthen die Wolken, wie Floken, hängen, und über dem Schmelz von goldenen Blumen." (FHA 15, 353, Z. 4-6; zu dieser Stelle cf. R. Böschenstein-Schäfer 1984/85, 102-104) Eine weitergehende Erklärungskraft der Kommentarstelle zu der vorliegenden vermag ich allerdings nicht zu erkennen; inwiefern jene beweise, daß die Zeit „deutschen Schmelzes" analog „dem Schmelz der goldenen Zeit der Griechen" (Binder 1983, 362) gedacht werden müsse, will mir nicht einleuchten, denn in dem Pindar-Kommentar ist an keiner Stelle von dem Gegensatz zwischen Griechenland und Hesperien/Deutschland die Rede. Auch inwiefern der nationale Diskurs etwas mit der Beziehung zwischen Hölderlin und „Diotima" zu tun haben soll, kann Binder (cf. ibd.) nicht plausibel machen. – In Hölderlins eigener Lyrik kommt nur das Verb ‚schmelzen' vor, und zwar immer mit der Bedeutung ‚auflösen': „O! mich schmelzen keine Mädchenmienen" („Der Kampf der Leidenschaft", StA I.1, 49, V. 15); „So schmelzt' im Weine Perlen der Übermuth" („Empedokles"; FHA 5, 430, V. 5) „Und den eigenen Sinn schmelzet, wie Perlen, der Wein." („Stutgard", FHA 6, 199, V. 32). Das im Pietismus extensiv zur Verbildlichung der Läuterung des Menschen durch Gott benutzte Verb (cf. Langen 1968, 71-73, 291-294) wird also von Hölderlin profanisiert.

[462] In seiner materiellen handschriftlichen Gestalt veranschaulicht das Wort „Schmelzes", wie der ‚deutsche Schmelz' aussehen könnte: Das Wort ist – vermutlich gleich nach der Niederschrift, als die Tinte noch feucht war – völlig verwischt worden, und doch scheinen die ursprünglichen Schriftzüge relativ gut lesbar durch die verschmierten Tintenfelder hindurch. Weshalb Sattler seit 1981 diese offensichtlich unwillkürliche Entstellung des Wortes als Tilgung – und zwar gleich als eine der letzten drei Zeilen! – auffaßt (cf. Sattler 1981a, 304), ist mir unverständlich. Das Wort ist zerschmolzen und hat dennoch seine Gestalt bewahrt.

[463] Ähnlich auch Beese 1982, 197 und Jakob 1987, 325.

Die Rede vom ‚deutschen Schmelz' kann nicht allein textintern verstanden werden; sie muß vor dem zeitgenössischen Hintergrund der Entstehungszeit des Textes gelesen werden, da die Verwendungsweise eines Nationalbegriffs wie ‚deutsch'
sich mit jeder politschen Veränderung wandelt. In der Einschätzung, daß die Gegenwart eine Zeit sei, in der das deutsche Element eine wichtige Rolle zu spielen
habe, geht der Text mit einer breiten Strömung in der deutschen Literatur der
ersten Jahre des neunzehnten Jahrhunderts konform. Er setzt sich aber von allen
nationalistischen und militaristischen Tendenzen vehement ab, wenn er ausgerechnet den ‚Schmelz' – und nicht etwa Sekundärtugenden wie Standfestigkeit,
Tapferkeit oder Opferbereitschaft – als diejenige deutsche Eigenschaft heraus-
hebt, die für „diese Zeit" prägend sei.

Aber die Analyse darf andererseits bei einer historisierenden Einschätzung nicht
stehenbleiben, da der Begriff ‚deutsch' in den vergangenen zwei Jahrhunderten so
radikale Bedeutungsveränderungen durchgemacht hat, daß wir ihn nicht in seiner Verwendungsweise von etwa 1805 fixieren können, sondern ihn auch bei der
Lektüre eines historischen Textes wie des vorliegenden unvermeidlich mit aktuellen Assoziationen anreichern. Unter diesem aktualisierenden Blickwinkel zeigt
sich eine verblüffende Parallele zur historischen Analyse: Von ‚Deutschland' ist
in der heutigen Literatur viel die Rede[464], aber das Diktum von einer ‚Zeit deutschen Schmelzes' hat nichts von seiner Ungewöhnlichkeit verloren. Es bewegt
sich auf der Grenzscheide zwischen offensiver Härte und Stärke auf der einen,
Innerlichkeit und Sentimentalität auf der anderen Seite, ohne einem der beiden
Extreme zu verfallen. Man kann aus der Formulierung unter heutiger Perspektive die Forderung herauslesen, daß ‚Deutschland' zur Sphäre der Verschmelzung verschiedenster nationaler und sonstiger kultureller Einflüsse werde, zum
Schmelztiegel multikulturellen Zusammenlebens und interkultureller Verständigung.

Die Behauptung ‚Frankfurt aber ist der Nabel dieser Erde.' tritt trotz oder gerade wegen der mit ihr verknüpften Erläuterungen und Differenzierungen mit
dem Gestus einer zwar neuen, aber nichtsdestoweniger allgemeingültigen Aussage auf, die den Raum „Dieser Erde" auslotet und vermißt. Auch der Einschub,
in dem noch einmal das mit der menschlichen Existenz verknüpfte Leiden hervorgehoben wird, ändert nichts an der raumgreifenden Geste des langen Satzgefüges.
Der abschließende Satz dieses Abschnitts betont demgegenüber die zeitliche Dimension. Es ist daher nicht unplausibel, daß dieser Satz durch das oberhalb
der Zeile notierte und für sich genommen nicht eindeutig entzifferbare „Aber"
eingeleitet wird. ‚Diese Zeit auch ist Zeit', bedeutet unter dieser Perspektive:
Es gibt nicht nur die vermessene Welt[465], zu deren Mittelpunkt in einer Geste
der Vermessenheit Frankfurt erklärt wurde, sondern auch das Jetzt, die zeitliche
Dimension, die alle Zentrierungen und Orientierungen in Frage stellt und neue

---

[464] Cf. Steinfeld/Suhr 1989.

[465] Werner Hofmann hat diesen ambiguen Terminus zu einem Leitbegriff seiner Darstellung
der europäischen Aufklärung gemacht; cf. Hofmann 1989, 149-189.

Trennungen und Wunden schafft. Ob die Betonung des Sachverhalts, daß auch ‚diese Zeit' eine Zeit sei, die Gegenwart als erfüllte Zeit auszeichnen oder in den Strudel der Vergänglichkeit jeder Zeit hineinstellen soll, läßt sich nicht ausmachen. Ein so merkwürdiges Medium wie der ‚deutsche Schmelz' jedenfalls ist es, durch den die Jetztzeit im Text ausgezeichnet wird. Die nationale Materie steht demnach auf dem Grat zwischen Weichheit und Härte. Der weitere Kontext muß zeigen, in welche Richtung hin der ‚deutsche Schmelz' geformt wird.

Z. 21 (Stichwort, links)

Zwischen den bisher untersuchten Zeilen des linearen Textzusammenhangs findet sich in der Handschrift an zwei Stellen das Stichwort „Der Schöpfer": einmal zwischen den Zeilen 17 und 18 „In der Hizze meine Stimme auf den Gassen der Garten" und „In den wohnen Menschen" – dort aber mit leichter Feder gestrichen –, sodann zwischen den Zeilen 20 und 22 „Frankfurt aber, neues zu sagen nach der Gestalt, die" und „Abdruk ist der Natur". Obwohl das Segment in beiden Fällen linksbündig mit den Zeilen des linearen Textes notiert ist, paßt es in keinem der Fälle in dessen syntaktischen und semantischen Zusammenhang.[466] Seine Position ist textgenetisch zu erklären: Es ist offenbar als eines der ersten Notate niedergeschrieben worden, wurde dann von der Ausführung des Entwurfs bis „In Frankreich" (Z. 19) überlagert und als Konsequenz daraus gestrichen, aber nicht verworfen, sondern nur anderthalb Zentimeter unter dieser Zeile (wahrscheinlich mit derselben Feder wie diese) nochmals notiert. Aber der weitere Textverlauf nahm nochmals eine andere Wendung als geplant: Die mit „Frankfurt aber" beginnende Zeile wurde über „Der Schöpfer" eingefügt, und der damit eingeleitete, bis „deutschen Schmelzes" (Z. 28) reichende Abschnitt ist nicht, wie offenbar zunächst vorgesehen, auf das Stichwort „Der Schöpfer" hin orientiert. Das bedeutet aber nicht, daß keinerlei Zusammenhang zwischen dem Segment „Der Schöpfer" und den Texten seiner handschriftlichen Umgebung bestünde, daß das Stichwort als verworfen oder ausgegrenzt gewertet werden dürfte. Vielmehr deutet seine zweimalige Fixierung darauf hin, daß der Autor an ihm als einem integralen Bestandteil des Textes festhalten wollte, ohne daß ihm aber eine bruchlose Einpassung des Bruchstücks gelungen wäre.

Es ist dies interessanterweise ein ähnlicher Befund wie bei dem Segment „Der ewige Vater", das rechts unten auf der nebenstehenden Seite dreimal festgehalten (und nur einmal gestrichen) wurde.[467] Die Texte sind offenbar motiviert von dem

---

[466] Am ehesten wäre noch eine Verknüpfung mit dem Segment „Mit / ihnen" (Z. 16f.) vorstellbar, das wenig oberhalb der ersten Notation von „Der Schöpfer" am linken Rand zu finden ist: ‚Mit ihnen der Schöpfer'. Aber diese Möglichkeit ist durch die Streichung von „Der Schöpfer" an dieser Stelle vom Autor eindeutig ausgeschlossen worden.

[467] Einen Zusammenhang beider Segmente sieht auch Uffhausen (1986a, 147f.). Er ignoriert allerdings die analoge Position der Notate in ihrem handschriftlichen Kontext und hebt allein auf ihre inhaltliche Kongruenz ab. Da er außerdem einen fortlaufenden Text über die Seitengrenze 74/75 hinweg annimmt, kann er „Der ewige Vater" als vorweg- und in den Text-

nicht nur religiösen, sondern sogar ausdrücklich christlichen Impuls, den Vater-
und Schöpfergott in ihre Mitte zu stellen, aber die Integration dieser höchsten
Instanz in den ausgeführten Text gelingt nur mit großer Mühe (wie im rechts
unten auf der Seite 74 festgehaltenen Abschnitt) oder gar nicht (wie an der
vorliegenden Stelle).

Allerdings deutet das Stichwort „Der Schöpfer" hier die Möglichkeit einer weiteren Ebene an, die hinter den im linearen Text entworfenen Denkzusam-
menhängen steht: Wenn man sich eine „Gestalt, die / Abdruk ist der Natur,"
vorstellt, so gibt es (nicht notwendiger-, aber) möglicherweise auch einen Urheber dieser Natur, jemanden, der den ‚Abdruck' veranlaßt, sowie ein gestaltendes
Subjekt: den „Schöpfer". Noch deutlicher wird der Bezug bei der Rede vom „Nabel / Dieser Erde", die auf die Genealogie von Mensch und Erde und damit auf
die Schöpfungsmythen der Menschheit verweist. Der ‚Nabel der Erde' ist nicht
nur deren Mitte, sondern verweist auch auf ihren Ursprung, der als Schöpfungsakt gedacht werden kann (aber nicht muß). „Der Schöpfer" ist es dieser Lektüre
zufolge, der der Erde zugleich mit ihrer Existenz ihren „Nabel" gegeben hat;
ja vielleicht ist sogar die kühne Kontamination möglich (immerhin steht „Der
Schöpfer" direkt unter dem Satzsubjekt „Frankfurt" und könnte daher als paradigmatische Alternative zu diesem angesehen werden): ‚Der Schöpfer ist der
Nabel dieser Erde.' Damit würde nicht nur der Schöpfungsakt als Verwundung
bezeichnet, an die ein unauslöschliches Mal erinnert, sondern „Der Schöpfer"
selbst auf die Erde geholt und damit auf die christliche Menschwerdung Gottes
angespielt.

Denkbar ist auch die Verknüpfung des Segments mit dem schwer integrierbaren
Anakoluth in Z. 26, der ebenfalls zwischen den Zeilen notiert ist: ‚Der Schöpfer
ist des Menschen betrüblich.' Dieser Satz könnte entweder besagen, daß der
Schöpfer des Menschen Traurigkeit auslöst, oder aber, daß der Schöpfer im Ange-
sicht des Menschen Trauer verbreitet – in beiden Fällen eine nicht eben tröstliche
Aussage.

Schließlich möchte ich auf die Möglichkeit hinweisen, „Der Schöpfer" mit dem
später eingefügten Segment „neues zu sagen" zu verknüpfen, das sich in der
Handschrift genau zwischen den beiden Notaten von „Der Schöpfer" findet.[468]
Damit würde entweder annonciert, daß der Schöpfergott nun etwas „neues zu
sagen" habe, oder aber es würde sich – in einer zur Hybris tendierenden Geste – derjenige, der hier ankündigt, daß er etwas „neues zu sagen" habe, also
das in diesem Text sprechende Subjekt, selbst als „Der Schöpfer" bezeichnen,
also als einen Produzenten bisher unerhörter Wortschöpfungen, wie sie in den
vorliegenden Entwürfen in der Tat zu finden sind.

---

zusammenhang hineingenommene Ausführung von „Der Schöpfer" ansehen – eine These, die
mit meiner Verfahrensweise, den Hiat zwischen den beiden Blättern ernst zu nehmen und mit
aller Vorsicht strukturelle Parallelen und sonstige Bezüge und Querverweise herauszuarbeiten,
unvereinbar ist.

[468] Auf diese Möglichkeit weist auch Uffhausen (1986a, 147f.) hin.

Alle diese Verknüpfungen sind möglich, und keine von ihnen setzt sich gegen die anderen als die plausibelste durch. Damit behält das Stichwort „Der Schöpfer" den Status eines Subtextes, der den Zusammenhang des vorliegenden Textabschnitts nicht dominiert oder aufbricht, aber an verschiedenen Stellen an dessen Oberfläche auftauchen und die Zeilen in einem jeweils neuen Licht erscheinen lassen kann.

Z. 18-27 (Bruchstücke, rechts)

Im rechten Bereich der Seite findet sich ab der Höhe von Z. 18 („In den wohnen Menschen") und zunächst bis zum Schluß der bisher betrachteten Zeilen ein ganzer (allerdings zerfranster) Block von Zusätzen, der gegenüber dem linearen Zusammenhang ein erhebliches Eigengewicht besitzt:

> Indessen aber
> an meinen Schatten < > ich
> und Spiegel die Zinne <?>
> Meinen Fürsten
> Nicht umsonst
> Die Hüfte unter dem
> Stern
> nationell   (Z. 18-21, 23, 25-27)

Gegenüber allen bisher untersuchten Segmenten unterhalb von Z. 16 zeichnen sich die zitierten Bruchstücke dadurch aus, daß sie alle rechts von der Seitenmitte beginnen und damit deutlich aus dem linearen Textzusammenhang herausgerückt sind. Dennoch kann ein Bezug zu anderen Textzusätzen wie „neues zu sagen" oder „Ist des Menschen betrüblich. Aber" nicht ausgeschlossen werden.

Durch die erste der zitierten Zeilen, die aus zwei Adverbien besteht, wird auf doppelte Weise eine Beziehung zu etwas Vorangehendem hergestellt: „Indessen" (im Sinne von ‚unterdessen,‘ inzwischen‘) weist auf einen Sachverhalt hin, der beginnt, während ein anderer noch anhält; zugleich kann das Wort einen Gegensatz zwischen den beiden Sachverhalten indizieren.[469] Dieser Gegensatz wird durch das hinzugesetzte „aber" nochmals betont. Ein Textzusammenhang, auf den sich die beiden Adverbien sinnvoll zurückbeziehen können, findet sich in den nebenstehenden Zeilen 16 bis 19: „Bald aber wird, wie ein Hund, ungehn / In der Hizze meine Stimme auf den Gassen der Garten / in den wohnen Menschen / In Frankreich". Schon dieser Satz ist durch ein „aber" von der vorher skizzierten, sich zwischen dem „Abgrund" und der Ruhe des ‚Tiergeistes‘ entfaltenden Szenerie abgesetzt. Der im linksbündigen Text folgende Satz beginnt mit „Frankfurt aber" und markiert wiederum einen Gegensatz zum Bild der umgehenden Stimme des Ich. Die rechts herausgerückten Segmente könnten also als Alternative zur mit dem Diktum ‚Frankfurt aber ist der Nabel dieser Erde.‘ beginnenden Fortsetzung des Textes angesehen werden. Denkbar ist aber noch

---

[469] Kluge (1975, 326, s. v. indes) faßt beide Aspekte sehr plastisch zusammen: „Der Satz mit i. fällt in die Zeit des vorhergehenden Satzes hinein".

eine zweite Möglichkeit, nämlich eine Anknüpfung an den Schluß der bisher
analysierten Zeilen, der (vermutlich) durch eine nochmalige Adversation eingeleitet ist: „Aber diese Zeit auch / Ist Zeit, und deutschen Schmelzes." Ein
wichtiges verbindendes Element ist in diesem Falle darin zu sehen, daß in beiden Sätzen die Dimension der Zeit, insbesondere der Gegenwart, hervorgehoben
wird. Nur eine Analyse der folgenden Segmente kann erweisen, ob einer der
beiden Anknüpfungsmöglichkeiten der Vorzug zu geben ist.

In der nächsten Zeile jedoch begegnen sogleich massive Probleme: „an meinen Schatten < > ich". Zunächst ist die Lesung „meinen" umstritten; Sattler
plädiert hier im Gegensatz zu den übrigen Herausgebern für ‚meinem‘.[470] Dieser
Vorschlag scheint mir aber angesichts der Anzahl der Bogen in dem Wort nicht
haltbar zu sein; bestenfalls könnte man die Verdickung der Linie am Ende als
Indiz für eine Korrektur von ‚meinem‘ zu „meinen" ansehen, nicht aber umgekehrt.

Die Streitfrage, ob es sich bei ‚an meinen Schatten‘ um eine Orts- oder um eine
Richtungsangabe handelt, verliert indes angesichts des weitaus gravierenderen
zweiten Problems an Gewicht: Das Wort hinter „Schatten", das vermutlich das
Prädikat des Satzes sein soll, ist nämlich schlechterdings nicht zu identifizieren.
Von den bisher gemachten Vorschlägen ‚stesst’‘ (Verschreibung [!] für ‚stellt’‘;
Beißner), ‚Richt’‘ (Sattler)[471], ‚Blik’‘ (Uffhausen, der sogar Ansätze zu ‚schau‘
und ‚sprech‘ zu erkennen meint) sowie ‚fessel’‘ (Steimer) ist keiner völlig auszuschließen, aber auch keiner klar zu präferieren; und zusätzliche Hypothesen (die
leicht aufzustellen, aber schwer zu begründen wären) möchte ich nicht formulieren. Die Lesungen liegen inhaltlich so weit auseinander, und es gibt so gut
wie keine einengenden Hinweise durch den Kontext, daß eine Interpretation des
Worts sinnlos wird. (Anders als etwa in Z. 12, in der das zweite Wort entweder
‚luget‘, ‚lieget‘ oder ‚lüget‘ lauten *muß* und die Analyse die drei möglichen Lesungen zu einem konsistenten Spektrum von Bedeutungen zusammenschließen
kann.) Diese Diagnose ist um so bitterer, als mit dem vermutlichen Prädikat der
ganze Satz seines wichtigsten sinntragenden Elements beraubt wird, aber sie ist
nichtsdestoweniger unausweichlich.

Es können also nur die entzifferbaren Rudimente des Satzes analysiert werden.
Die wichtigste Beobachtung, die an diesem Material gemacht werden kann, ist
die, daß sich hier wieder ein Ich explizit artikuliert, und zwar sogar zweimal:
Das (an dieser Stelle zum ersten Mal auf dieser Seite auftauchende) Personalpronomen der ersten Person Singular ist Subjekt der nicht feststellbaren Tätigkeit, um die es in diesem Satz geht; zusätzlich wird diese Tätigkeit durch die
Richtungsbestimmung „an meinen Schatten" erläutert. Damit ist eine zusätz-

---

[470] Cf. Sattler 1981a, 302.

[471] Sattler zieht aus der zugegebenermaßen unsicheren Lesung („So klar und schlüssig der
Sinn des einmal gelesenen Richt’, so problematisch ist sein Schriftbild", Sattler 1981a, 301)
sogar weitergehende Schlüsse; er begründet nämlich den Anschluß der Zeilen 2 und 4 (meiner
Zählung) mit der „Kongruenz der Formen Richt’ und kehr’" (ibd.). Damit scheint mir die
Grenze zur Spitzfindigkeit überschritten zu sein.

liche Anknüpfungsmöglichkeit an den mit „Bald aber wird" beginnenden Satz gegeben, dessen Subjekt „meine Stimme" ist. In beiden Sätzen geht es um Aktivitäten des aus dem Verbund des Wir (Z. 5 und 8) herausgelösten Ich; und in beiden Fällen ist von Ausdrucksformen dieses Ich die Rede: „meine Stimme" bedeutet nicht nur das individuelle sprachliche Artikulationsvermögen, sondern auch die hörbare Realisierung dieses Vermögens; ‚mein Schatten' ist dagegen der Umriß von Dunkelheit, den der im Licht stehende Körper des Ich erzeugt, also gleichsam das Negativ der „Gestalt" (Z. 20). Vom „Abdruk" (Z. 22) unterscheidet ihn, daß er nichts Fixiertes ist, sondern eine Kontur, die untrennbar vom Körper ist und das ‚umgehende' Ich auf allen seinen Wegen begleitet. Die Rede von ‚meinem Schatten' nimmt also in vielerlei Hinsicht Motive des linearen Textzusammenhangs auf: die ‚lichttrunkene' (Z. 15) Szenerie der ersten Zeilen, das Bild vom umhergehenden und sich artikulierenden Körper des Ich sowie die Körperbildlichkeit des „Frankfurt" gewidmeten Satzes. Aber diese Bezüge bleiben so schwebend und vieldeutig, daß aus ihnen keinesfalls ein Punkt erschlossen werden kann, an dem der mit „Indessen aber" beginnende Satz einzuordnen wäre.

Auf den bisher untersuchten Seiten trat ein Ich nur an einer einzigen Stelle als grammatisches Subjekt an die Oberfläche des Textes, nämlich am Ende des allererstren Textabschnitts auf Seite 73: „Doch kommt das, was ich will, / Wenn" (I, Z. 11f.). Dieser voluntaristische Sprechakt erwies sich als scheiternd und im Leeren abbrechend. Es muß als geradezu tragischer Umstand gewertet wären, daß ausgerechnet an der Stelle, an der zum ersten Mal wieder ein Ich sich als handelndes Subjekt artikuliert, seine Tätigkeit selbst durch Unleserlichkeit verstellt ist. Zwar sollte man sich hüten, aus zwei Fällen ein Gesetz abzuleiten, aber es hat doch den Anschein, als gelänge es in diesen Entwürfen nicht, daß sich ein Ich als handelndes Subjekt artikuliert. Dieses Problem wird im weiteren Verlauf des Textes weiter zu verfolgen sein.

Bedauerlicherweise sind damit die sich in diesem Bereich der Seite häufenden Entzifferungsprobleme noch nicht erschöpft. Gleich die nächste Zeile wartet nämlich mit neuen Zweifelsfällen auf: „und Spiegel die Zinne <?>". Daß „Spiegel" mit einer Majuskel beginnt, ist relativ eindeutig. Damit muß es eigentlich als Nomen gelesen werden – wenn man nicht wie Uffhausen annimmt, daß die Großschreibung einen Zeilenbeginn markieren soll, so daß sich die Möglichkeit ergibt, „Spiegel" als Verb zu lesen, das in der ersten Person Singular Präsens stehen könnte und somit als ein (nach dem unleserlichen Wort) zweites Prädikat zu dem Subjekt „ich" passen würde. Darüber hinaus sind die letzten beiden Wörter der Zeile umstritten: Beißner liest ‚der Zimmer'. Tatsächlich ist in der Handschrift kein I-Punkt zu erkennen (der Punkt, der an dieser Stelle zu sehen ist, entstammt einer ganz anderen Feder und gehört wahrscheinlich nicht in diesen Zusammenhang), und die Notation des letzten Wortes ist so reduziert, daß nicht zu entscheiden ist, ob es ‚Zinne‘ oder ‚Zimmer‘ lautet.[472]

Geht man von der ersten Möglichkeit aus, so folgt auf das Nomen ‚Spiegel‘, dessen Kasus und Numerus nicht eindeutig bestimmt werden können, das weitere Nomen ‚Zinne‘, das durch den vorangestellten Artikel ‚die‘ als Nominativ oder Akkusativ Singular Femininum ausgewiesen, durch den Artikel ‚der‘ aber als Genitiv oder Dativ gekennzeichnet wäre. Gerade diese Vielzahl möglicher Hypothesen verhindert es jedoch, das Segment mit einer klaren und konsistenten Vorstellung zu verbinden, denn eine inhaltliche Verbindung zwischen dem aus der mittelalterlichen Festungsarchitektonik stammenden Begriff ‚Zinne‘, der einen „zwischen zwei Schießscharten zahnartig emporragende[n] Mauerteil“[473] bezeichnet[474], und dem Wort ‚Spiegel‘, das für das glatte, meist aus Glas gefertigte Medium eines seitenverkehrten Abbildes, einer Widerspiegelung, steht, ist nicht ohne weiteres erkennbar.[475] Bezieht man jedoch die nächste Zeile, „Meinen Fürsten“, in die Überlegung mit ein und sieht man den ganzen Passus in einem mittelalterlich-feudalistischen Bedeutungszusammenhang, so könnte daraus ein Fingerzeig für eine Verknüpfung der Vorstellungen gewonnen werden: Ein ‚Fürstenspiegel‘ ist eine Schrift, die ein vorbildliches Fürstenleben darstellt, beispielsweise ein Staatsroman. In dieser Bedeutung verwendet noch Wieland das Wort in seinem 1772 erschienenen Roman „Der goldene Spiegel oder Die Könige von Scheschian“, durch dessen Publikation sich der Autor als Erzieher des Weimarer Erbprinzen qualifizierte.[476] Die beiden Zeilen könnten also (trotz der unklaren syntaktischen Verknüpfungen) als Hinweis auf einen „Spiegel“ über und für „Meinen Fürsten“ gelesen werden, eine Schrift, in der der Wehrhaftig-

---

[472] Für Sattlers Behauptung, bei dem fraglichen Wort sei „die erste Endung gestrichen und verdeutlichend wiederholt“ (Sattler 1981a, 302), kann ich keinen Anhaltspunkt in der Handschrift entdecken.

[473] Duden-Etymologie, 831 (s. v. Zinne).

[474] Sattler (1981a, 302f.) weist auf die Parallelstelle in dem Epigramm „Sömmerings Seelenorgan und das Publikum“ (1797) hin: „Gerne durchschaun sie mit ihm das herrliche Körpergebäude, / Doch zur Zinne hinauf werden die Treppen zu steil.“ (FHA 6, 86) Nichts deutet jedoch in diesem Text darauf hin, daß keine Burg oder kein sonstiges befestigtes Gebäude gemeint sei. Unplausibel scheint mir daher Sattlers Kontamination mit dem zweiten Epigramm „Sömmerings Seelenorgan und die Deutschen“, das Sömmering ebenfalls in sein Handexemplar des Buches eingeklebt hat: „Viele gesellten sich ihm, da der Priester wandelt’ im Vorhof, / Aber ins Heiligtum wagten sich wenige nach.“ (ibd.) Aus der strukturellen Parallele der beiden Texte kann keineswegs geschlossen werden, daß die „Zinne“ das „Heiligtum“ sei, wie Sattler suggeriert. Zur Bedeutung von Sömmerings Lehre für Hölderlin cf. Strack 1983.

[475] Sattler (1981a, 303 und 218) behauptet, mit dem Spiegel müsse wie bei Jakob Böhme der Mensch als Spiegel der Gottheit gemeint sein. Das ist jedoch eine hochspekulative Annahme, die keinen textlichen Rückhalt hat.

[476] Dem Verzeichnis der von Hölderlin in Nürtingen nachgelassenen Bücher zufolge, das allerdings mit Sicherheit nur einen Teil seines früheren Bücherbestandes erfaßt, war Wieland für Hölderlin einer der wichtigsten zeitgenössischen Schriftsteller: Von den nur 78 Titeln sind vier von Klopstock (FHA 17, 29, Nr. 51-54), zwei von Wieland, nämlich „Der neue Amadis“ (1777; FHA 17, 30, Nr. 75) und „Musarion“ (1780; FHA 17, 29, Nr. 46) – dagegen keins von Schiller oder Goethe. Es ist also nicht unwahrscheinlich, daß auch der 1772 erschienene ‚Goldene Spiegel‘ Hölderlin bekannt war.

keit der fürstlichen Burgen, für die metonymisch „die Zinne" steht, eine zentrale Rolle zukommt.[477] Möglicherweise kann der durch das – nach nur zwei Zeilen nochmals auftretende – Possessivpronomen „meinen" hergestellte enge Bezug zwischen dem sprechenden Subjekt und dem „Fürsten" sogar als Indiz dafür interpretiert werden, daß das Ich einen solchen Fürstenspiegel zu verfassen beabsichtigt. Damit könnte die Stelle als poetisches Pendant des (oben schon einmal zitierten) Programms aus der Widmung der „Trauerspiele des Sophokles" an die Prinzessin Auguste von Homburg verstanden werden:

> Sonst will ich, wenn es die Zeit gibt, die Eltern unsrer Fürsten und ihre Sitze und die Engel des heiligen Vaterlands singen.   (FHA 16, 75f.)[478]

Dieser Bezug auf das Lob der Fürsten und ihrer Wohnsitze ist auch dann herstellbar, wenn man ‚Zimmer' statt ‚Zinne' liest. Dabei tritt jedoch die wehrhafte Komponente zurück zugunsten des friedlicheren Aspekts des Wohnens. Die Lesart ‚und Spiegel die Zimmer' löst sich allerdings insofern aus dem bisher entwickelten Kontext des Fürstenlobs heraus, als sie im Gegensatz zu der Alternative ‚und Spiegel die Zinne' in sich semantisch kohärent ist: Spiegel finden sich in der Regel nur im Inneren von Bauwerken, also in Zimmern, nicht aber an oder auf der Außenseite. Sie dienen entweder der Selbstbetrachtung der Bewohnerinnen und Bewohner, etwa bei der kosmetischen Pflege und beim Ankleiden, oder der optischen Vergrößerung von Wohn- und Repräsentationsräumen. Das Spiegelbild gibt die menschliche „Gestalt" und auch den von ihr geworfenen „Schatten" meist (soweit es sich nicht um einen Zerrspiegel handelt) originalgetreu wieder, allerdings mit verkehrten Seiten, wie es auch beim „Abdruk" der Fall ist. Das Motiv eines adäquaten optischen Abbildes, das den linearen Text auf dieser Höhe dominiert, wird also auch in den hinzugesetzten Segmenten fortgeführt. Hinzu kommt der Gegensatz von außen und innen: Im linksbündigen Text ist eine Szenerie „auf den Gassen der Garten / In den wohnen Menschen / in Frankreich" entworfen, hier dagegen geht es um das Innere von Wohngebäuden, „die Zimmer". Dieser Gegensatz könnte es sein, der durch das „Indessen" hervorgehoben werden soll. Die optische Thematik tritt noch deutlicher in den Vordergrund, wenn man „Spiegel" nicht als Nomen, sondern als Verb versteht, wie es Uffhausen vorgeschlagen hat. Es ist dann entweder als erste Person Singular Präsens lesbar, so daß das „ich" doch noch ein Prädikat erhielte, oder als Imperativ Singular. Aber unabhängig davon, ob das sprechende Subjekt von sich behauptet oder jemand anderen dazu auffordert, die Zinne zu spiegeln, ergibt sich kein konsistenter Sinn. (Bestenfalls könnte man an eine Kriegslist denken, an den Einsatz von Spiegeln zur Blendung oder Täuschung der jeweiligen Gegner beim Versuch

---

[477] Übrigens beschränkt sich der architektonische Diskurs nicht auf die „Zinne"; im Wort „Fürsten" kann das – entgegen dem Anschein etymologisch allerdings nicht verwandte – Wort ‚First' mitgelesen werden, das im Neuhochdeutschen vor allem die Oberkante des Daches bezeichnet. Cf. Kluge 1975, 199 (s. v. First); Duden-Etymologie, 189 (s. v. First).

[478] Ein großes Interesse an den Schicksalen gegenwärtiger und historischer Fürsten ist auch im (etwa gleichzeitigen) Brief Hölderlins an Leo von Seckendorf vom 12.3.1804 (Nr. 244, StA VI.1, 437f., Z. 7 und 26-28) dokumentiert.

der Eroberung einer von Zinnen gekrönten Mauer.) Nicht viel überzeugender ist die alternative Lesart: Inwiefern sollte eine Person (sei es das Ich oder sein von ihm angesprochenes Gegenüber) mehrere Zimmer spiegeln können? Nicht nur wegen der Großschreibung, sondern auch wegen der geringen semantischen Plausibilität muß die Interpretation von „Spiegel" als Verb daher als wesentlich unplausiblere Lösung eingestuft werden.

Die Lesung der folgenden Zeile als „Meinen Fürsten" (statt ‚Meinem Fürsten', wie Sattler 1976 vorgeschlagen hatte[479]) ist relativ eindeutig möglich, da das Possessivpronomen viel deutlicher notiert ist als das „meinen" zwei Zeilen weiter oben. Damit ist das Segment jedoch nicht von Zweideutigkeit befreit: Es muß nämlich nicht, wie ich es oben getan habe, als Akkusativ Singular interpretiert werden, sondern es kann sich auch um einen Dativ Plural handeln. Dabei stellt sich allerdings die Frage, ob ein einzelnes Subjekt überhaupt mehr als einen Fürsten als ‚mein' bezeichnen kann (während in dem obigen Zitat aus der Sophokles-Widmung von ‚unseren Fürsten' angesichts der vielen deutschen Kleinstaaten durchaus zu Recht die Rede sein konnte). Der Alleinvertretungsanspruch des durch Geburt Ersten, der der Widmungsformulierung „Dem Fürsten." weiter oben im Homburger Folioheft (Seite 57, Z. 4) noch scheinbar unhinterfragt zugrunde liegt[480], wird zersetzt, und zwar nicht allein durch die Pluralisierung, die aus der vorliegenden Stelle herausgelesen werden kann, sondern bereits durch das Possessivum, das auf eine Subjektivierung der Instanz des „Fürsten" hindeutet: ‚Mein Fürst' muß nicht notwendigerweise auch von meiner Nachbarin als der ihre anerkannt werden. Die Möglichkeit, daß die fürstliche Instanz zersetzt werden könnte, wird auch schon auf der Rückseite des mit „Dem Fürsten." überschriebenen Entwurfs thematisiert:

> fast hatte
> Licht mein Tags, tieffurchend
> Der Tag von deinem Herzen
> Mein Churfürst! mich
> Hinweggeschwazt   (nach HF 58, Z. 2-6)

Hier wird versucht, der Veralltäglichung des Fürsten durch subjektive Aneignung dieser Instanz oder des sie repräsentierenden Trägers entgegenzuwirken. Damit wird aber die Ebene der Allgemeinverbindlichkeit der Herrschaft verlassen und somit der Auflösung der feudalen Instanz entgegengearbeitet. Diese Tendenz verstärkt sich an der vorliegenden Stelle mit der (möglichen) Pluralisierung ‚meine Fürsten'. Die Fürsten sind nicht mehr Herrscher von Gottes Gnaden, sondern nur mehr Individuen, die allerdings durch das in diesen Texten sprechende Subjekt in einer Geste der Aneignung als Personen ausgezeichnet werden, die ein besonderes Interesse verdienen.[481] Dieses Interesse könnte insbe-

---

[479] Cf. seine eindeutige Revision in Sattler 1981a, 302.
[480] Cf. dazu Zbikowski 1980/81.
[481] Die besondere Bedeutung des Possessivpronomens der ersten Person Singular in den genannten Wendungen hebt auch Zbikowski (1988, 250) hervor. Zu Recht weist er auf die analoge (und nicht aus dem Original stammende) Wendung „*Mein* Zevs" (FHA 16, 309, V. 467; Herv.

sondere durch die Abfassung eines neuartigen ‚Spiegels' zum Ausdruck kommen, in dem nicht nur die kriegerische Außen- und die friedliche Innenseite des fürstlichen Lebensraumes (die ‚Zinne' und die ‚Zimmer', die sich somit als gleichwertige Lesungen erweisen) beschrieben würden, sondern auch das besondere Verhältnis des Verfassers dieser Schrift zu ‚seinem' Fürsten.[482]

Trotz dieser Differenzierungen fällt es schwer, die beiden zuletzt betrachteten Zeilen zu dem zuvor untersuchten Textmaterial in eine kohärente Beziehung zu setzen: Alles, was das artikulierte Ich beispielsweise bisher als ‚mein' bezeichnet hat, waren sein „Schatten" und seine „Stimme", also Ausdrucksformen seines Körpers. Nun aber werden in einer merkwürdig anmutenden politischen Wendung des Textes eine oder mehrere ausgezeichnete Personen des öffentlichen Lebens, der Fürst oder die Fürsten, als ‚mein' bezeichnet. Diese Rede verfremdet (wie bereits einige andere der in der rechten Seitenhälfte notierten Zusätze) den eine Suche nach Selbstverständigung und Orientierung des Ich in der Welt dokumentierenden Verlauf des linearen Textes.

Rätselhaft muten schließlich auch die letzten Textsegmente in diesem Bereich der Seite an: „Nicht umsonst / Die Hüfte unter dem / Stern / nationell". Sie sind in der Handschrift so angeordnet, daß ihr Zusammenhang zueinander und zum linearen Text kaum festzulegen ist: „Nicht umsonst" ist sehr weit nach links gerückt, so daß es zwischen den Enden der beiden Zeilen 22 und 24, „zu reden" und „ist der Nabel", steht. Eine Verknüpfung ‚zu reden / Nicht umsonst' oder ‚Frankfurt aber [...] / Nicht umsonst / ist der Nabel / Dieser Erde.' ist also nicht ausgeschlossen. Das Segment, eine Inversion des gleichbedeutenden „Umsonst nicht" von der nebenstehenden Seite (II, Z. 32), weist darauf hin, daß der Sachverhalt, auf den es sich bezieht, seine Kosten, aber auch seinen Nutzen hat. Die zuerst genannte Kontamination würde also hervorheben, daß die der Natur nachgestaltete Rede von Frankfurt als dem Nabel dieser Erde eine sinnvolle Rede ist; die zweite Verschmelzung würde darauf hinweisen, daß die zentrale und zugleich prekäre Position der Stadt Frankfurt eine sinnvolle Einrichtung ist – zwei in sich schlüssige Möglichkeiten.

Trotz dieser sich aufgrund der Anordnung aufdrängenden Bezüge zum linearen Text ist „Nicht umsonst" dem handschriftlichen Duktus nach eher im Zusammenhang der Zusätze in der rechten Seitenhälfte notiert worden. Insbesondere erscheint eine Verknüpfung mit dem einige Zentimeter weiter rechts unten zu

---

im Orig.) aus Hölderlins „Antigonä"-Übersetzung hin. Daß allerdings der subjektiv angeeignete Fürst an den beiden Stellen aus den Gedichtfragmenten eine „Übergangsfigur" (Zbikowski 1988, 251) sei, die „auf *Künftiges* hin" (ibd., 250) deute, scheint mir eine euphemistische Uminterpretation dieses Subjektivierungs- und Auflösungsprozesses zu sein. Das gleiche gilt für Zbikowskis an anderer Stelle vorgetragene Behauptung, daß der Plural „Fürsten" (der sich auch HF 57, Z. 25 findet) „in den Doppelbereich eines ideell und zugleich politisch-konkret gedachten Prinzips" (Zbikowski 1981/82, 257) weise.

[482] Stierle (1989, 497, Anm. 32) regt daher nicht zu Unrecht an, daß mit der Gestalt des ‚Fürsten' in Hölderlins Spätwerk nicht etwa einer der Herrscher der deutschen Kleinstaaten, sondern Napoleon gemeint sein könnte.

findenden Stichwort „nationell" als wahrscheinlich. Das ‚Nationelle' würde demzufolge als ein notwendiger und sinnvoller Bereich bezeichnet. Konkreter ausformuliert erscheint dieser Gedankenansatz, wenn man das Segment „zu reden",
das an Z. 22 des linearen Textes bruchlos angeschlossen ist, aus seinem engeren
Kontext herauslöst und an den Beginn einer Synthese von Textelementen stellt,
die in der Handschrift treppenartig von links oben nach rechts unten absteigend
angeordnet sind: ‚zu reden / nicht umsonst / nationell'.[483] Nicht das Nationelle
schlechthin, sondern vornehmlich das nationelle Reden wird so gesehen als eine
Veranstaltung ausgezeichnet, die nicht vergeblich, sondern im Gegenteil zweck-
gebunden und anspruchsvoll ist oder sein soll (man könnte ergänzen: ‚[Es ist] zu
reden ...'). Eine nationelle Rede dieser Art findet sich beispielsweise auf etwa der
gleichen Höhe im letzten Satz des linksbündigen Textes vor der Zäsur: „Aber
diese Zeit auch / Ist Zeit, und deutschen Schmelzes." (Z. 26 und 28) Die poetische Positionierung des ‚deutschen Schmelzes' (nicht etwa der deutschen Stärke!)
im Mittelpunkt der Gegenwart ist ein Akt sinnvollen nationellen Sprechens, wie
er im Randtext in einer Art Metadiskurs explizit wird.[484]

Als poetischer Metadiskurs, nämlich als Ankündigung eines Projekts, ‚meinen'
oder ‚meine Fürsten' dichterisch zu ‚spiegeln', können – wie meine Analyse ergeben hat – auch die voranstehenden Zeilen in der rechten Seitenhälfte gelesen werden. Möglicherweise ist sogar eine direkte Verknüpfung der Segmente
möglich: ‚und Spiegel die Zinne / Meinen Fürsten / Nicht umsonst / nationell'.
Auch diese Sequenz kann zugleich deskriptiv und normativ gelesen werden: Die
projektierte neue Art des Fürstenspiegels, in deren Mittelpunkt nicht nur das
beschriebene Subjekt, sondern auch der sich ihm annähernde Autor steht, ist
zwar nicht überflüssig und auch sinnvollerweise ‚nationell' orientiert; zugleich
aber ist gesagt, daß das ‚Nationelle' nicht zum Selbstzweck werden, sondern nur
funktional eingesetzt werden darf.

Mit diesen Gedankengängen scheint das Segment „Die Hüfte unter dem / Stern",
das rechts von und nur wenig tiefer als „Nicht umsonst" und oberhalb von „nationell" plaziert ist, nichts zu tun haben. In der abendländischen kulturellen
Überlieferung spielt die „Hüfte" an zumindest einer Stelle eine wichtige Rolle,
auf die Sattler hingewiesen hat: in Jakobs Kampf mit dem in Menschengestalt
auftretenden Gott: „DA rang ein Man mit jm bis die morgenröte anbrach. Vnd
da er sahe / das er jn nicht vbermocht / rüret er das Gelenck seiner hüfft an /
Vnd das gelenck seiner hüfft ward vber dem ringen mit jm verrenckt." (1. Mose

---

[483] Diese Sequenz erscheint sowohl von der handschriftlichen Anordnung wie von der Feder
und Federführung aus zu urteilen als möglich; cf. dagegen Wellmann-Bretzigheimer 1975-77,
487.

[484] Das schwer entzifferbare und von mir in Z. 26 eingeordnete „Aber" ist mit einigem Abstand zum vorangehenden „beträblich" und direkt unter „Nabel" notiert, über dem sich wiederum das Segment „Nicht umsonst" findet. Ich halte daher einen Anschluß ‚Nicht umsonst
/ Aber' ebenfalls nicht für ausgeschlossen; denkbar ist sogar die Sequenz ‚zu reden / Nicht
umsonst / Aber / nationell'. Damit würde ein Gegensatz zwischen ‚umsonst' und ‚nationell'
hervorgehoben in dem Sinne, daß die nationelle Rede eine sei, die nicht der Vergeblichkeit
anheimfällt – eine kleine, aber nicht uninteressante Bedeutungsnuance.

32, 24f. [32, 25f. nach heutiger Zählung]485). Es ist nicht ausgeschlossen, daß auf diese Bibelstelle hier angespielt wird. Sattler aber geht einen entscheidenden Schritt weiter:

> Mit seinem wissenden Opfer richtet er [Hölderlin] den Künftigen die Hüfte und heilt, was der bei Tagesanbruch scheidende Geist eines vergangenen Zeitalters an Jakob verrenkte.486

Sattler benutzt also die problematische Lesung des Wortes hinter „Schatten" (Z. 19) als ‚Richt'' auch für die Deutung der vorliegenden Stelle. Hinzu kommt eine Mythisierung des artikulierten Ich zu einer prophetischen, ja messianischen Gestalt, die mit dem Namen ‚Hölderlin' belegt wird.487 Die kurzen Textbruchstücke in diesem Bereich der Seite, zwischen denen ein Zusammenhang nur mit großer Mühe und Vorsicht herstellbar ist, legitimieren eine so exponierte Deutung wie die Sattlers jedoch in keiner Weise.

Schon der Bezug auf die Jakob-Geschichte ist bestenfalls angedeutet. Zwar könnte die adverbiale Bestimmung ‚unter dem Stern' zu der Geschichte passen, die sich in der Morgendämmerung abspielt: Man könnte an den Morgenstern denken. Aber auch Sattler räumt zu Recht ein: „die Zeitangabe: unter dem Stern, bleibt zweideutig."488 Sterne leuchten während der ganzen Nacht, aber auch schon in der Abenddämmerung und bei guter Sicht sogar am Tage. Somit ist die Bestimmung ‚unter dem Stern' weniger eine Zeit- als eine Ortsangabe, die auch metaphorisch verstanden werden kann (z. B. in den Wendungen ‚unter einem guten Stern stehen' oder ‚unter fremden Sternen leben'). Darüber hinaus ist darauf hinzuweisen, daß mit dem „Stern" nicht notwendigerweise der Himmelskörper gemeint sein muß. Denkbar ist auch, daß es sich um ein sternförmiges Abzeichen handelt, etwa einen Feldherrnstern als „Zeichen des Sieges"489. Damit wäre wieder ein Bezug zu dem oder den „Fürsten" hergestellt. Der Unterschied zu den vorhergehenden Zeilen liegt jedoch darin, daß die abstrakte politische oder auch poetologische Rede hier durchbrochen wird zugunsten konkreter Körperlichkeit: Der Körper des Fürsten, auch wenn er dekoriert ist von Sternen und sonstigen Abzeichen, bleibt doch ein menschlicher und damit für Verletzungen und Verrenkungen anfälliger Körper. Er wird damit auf einer elementaren Ebene dem Körper des Ich angenähert, aus dem seine „Stimme" spricht und der seinen „Schatten" wirft.

Aber selbst mit diesem Bedeutungsfächer ist das Segment „Die Hüfte unter dem / Stern" noch nicht hinreichend erschlossen. Es gibt nämlich eine fachsprachliche

---

485 Luthers Bibelübersetzung liegt noch die Septuaginta-Zählung zugrunde, die später revidiert wurde.

486 Sattler 1981a, 303 (Zusatz in eckigen Klammern von mir).

487 Noch deutlicher wird diese hypertrophe Interpretationstendenz an einer anderen Stelle in Sattlers ‚Fliegenden Briefen': „Hier [in der Geschichte von Jakobs Kampf mit dem Engel Gottes] entsteht die messianische Idee. [Absatz] Doch erst Hölderlin rührt an den philosophischen Gehalt der mythischen Metapher. Die spirituelle Heilung muß so real sein, wie das real bezeichnete Leiden." (Sattler 1981a, 401)

488 Sattler 1981a, 303.

489 So Zbikowski 1988, 251.

Bedeutung von „Stern", durch die dieses Wort auf dieselbe Ebene wie „Hüfte"
gerückt wird: Die neulateinische Bildung *sternum* ist der anatomische Terminus für das Brustbein, und es liegt nicht allzufern, daß im Zusammenhang mit
der „Hüfte" das Wort „Stern" für einen weiteren Körperteil steht, also als Ein-
deutschung der lateinischen Wortform anzusehen ist. Plausibel wird diese Lesart
auch durch die lokale Verknüpfung der beiden Elemente: Tatsächlich findet sich
die Hüfte als einer der unteren Teile des menschlichen Rumpfes etwas unterhalb des Brustbeins. Unter diesem Blickwinkel erscheint das Segment jedoch
zunächst nur als anatomische Platitüde, die durch den – zudem abgewandelten
– Fachausdruck kunstvoll, aber letztlich nutzlos verbrämt ist. Die Herkunft des
medizinischen Terminus könnte jedoch einen weiteren Fingerzeig auf eine tiefere
Bedeutung des kurzen Textes geben: *sternum* (verwandt mit lat. *sterno*, aus-
breiten) ist nämlich dem griechischen στέρνον nachgebildet, das ‚Brust', aber
übertragen auch ‚Herz, Gemüt' bedeutet. (Möglicherweise bezieht sich „Stern"
sogar unter Umgehung der neulateinischen Wendung unmittelbar auf das griechische Wort zurück.) Nimmt man also an, daß mit dem „Stern" hier möglicherweise die Brust als Sitz des ‚Gemüts' gemeint ist, so könnte man vermuten,
daß der Körperteil, der „unter dem / Stern" lokalisiert ist, „Die Hüfte" nämlich,
ebenfalls als Sitz eines Vermögens anzusehen ist. Es ist demnach nicht auszuschließen, daß hier in verschlüsselter Form der Geschlechtstrieb dem Herzen oder
dem Gemüt oder gar der Seele entgegengesetzt wird. Die Präposition „unter"
wäre demnach nicht nur als Lokalbestimmung zu verstehen, sondern würde auch
eine Abwertung des in der „Hüfte" angesiedelten Vermögens gegenüber den in
der Brust waltenden Kräften beinhalten. Dieses Verschweigen oder nur halbe
Andeuten alles Geschlechtlichen geht durchaus konform mit der in Hölderlins
Texten (selbst in seinen Diskursen über die Liebe wie den „Diotima"-Gedichten
oder dem „Hyperion") auch sonst durchgehend zu beobachtenden Sprachpraxis.

In jedem Falle isoliert die zuletzt vorgetragene Lektüre, die „Die Hüfte unter dem
/ Stern" in toto als Rede vom menschlichen Körper und vom Verhältnis zweier
seiner Teile zueinander auffaßt, das Segment vollends aus dem Kontext der umgebenden Textfetzen „Meinen Fürsten", „Nicht umsonst" und „nationell". Diese
Einsicht sollte jedoch nicht als Argument gegen diese Lektüre herangezogen werden, sondern als Erkenntnis über die Textur der hier vorliegenden Elemente
selbst: Das zuletzt untersuchte Ensemble von Textsegmenten (von „Indessen
aber" bis „nationell") gehört zu jenen Teilen des in dieser Studie analysierten
Gedichtmaterials, die die größten Probleme aufgeben. Das liegt vor allem daran,
daß in diesem Bereich die syntagmatischen Verknüpfungen der Elemente fast
völlig aufgelöst sind (maximal lassen sich in diesen acht Zeilen je fünf, in den
meisten Fällen jedoch nur zwei Wörter einander eindeutig zuordnen) und somit nur eine Konstellation separater Bruchstücke, nicht jedoch ein gegliederter
Zusammenhang rekonstruiert werden kann.

Es hat sich erwiesen, daß der Text rechts von der Seitenmitte zunächst mit der
Rede von ‚meinem Schatten' an die Schilderung des Umgehens ‚meiner Stimme'

in den Gassen in Frankreich anzuknüpfen scheint, sich dann aber abrupt ‚meinem [oder meinen] Fürsten' und damit dem poetisch-politischen Diskurs zuwendet. Es wird das Bild eines Spiegels evoziert, das möglicherweise für eine poetische Schilderung des oder der Fürsten steht. In dieser Darstellung würden der Wohnsitz und/oder die Wehrhaftigkeit des Fürsten eine wichtige Rolle spielen. Seine Siegesinsignien werden jedoch nicht mit dem Fürsten als Person gleichgesetzt und somit als unhintergehbar verstanden, sondern auf die Körperlichkeit und damit Verletzlichkeit des Besungenen hin transzendiert. Eine solche umsichtige Rede vom oder von Fürsten wäre eine – so hebt ein hier eingeflochtener poetologischer Metadiskurs hervor –, die ‚nicht umsonst nationell' genannt zu werden verdiente.

Dieser Versuch einer Zusammenfügung des zunächst völlig disparat erscheinenden Materials sollte weder über die unaufhebbare Widerständigkeit der Einzelelemente hinwegtäuschen noch über den Umstand, daß diese Texte (wie schon einige andere, die rechts oben auf der Seite notiert sind) schwerlich zu dem Diskurs passen, der im weitgehend linksbündig notierten linearen Text entwickelt wird. Es ist eine sperrige Gegenrede, die hier geführt wird, in der nach dem Standort des Sprechens vom ‚deutschen Schmelz' und nach etwaigen politischen Defiziten der poetischen Selbstverständigungsversuche des aus dem dominanten Text sprechenden Subjekts gefragt wird. Die hinzugesetzten Segmente wirken durch die Konfrontation historischer und zeitgenössischer politischer Elemente mit poetologischen Gedankenfetzen im Rahmen heutiger Rezeptionsgewohnheiten noch fremdartiger als der lineare Textzusammenhang.

Ein unmittelbarer Anschluß dieser Texte ist daher weder an Z. 19 noch an Z. 28 möglich. Dennoch stehen sie in einer engen Interaktion zu dem linksbündigen Text, in dessen Zwischenräume sie hineingeschrieben sind. Ein Bezug ist auch möglich zu dem Segment rechts oben auf der Seite „und kehr in Hahnenschrei / den Augenblick des Triumps" (Z. 2 und 4). Der „Hahnenschrei" als eine Ausdrucksform der Morgenröte könnte ebenfalls auf die Jakob-Geschichte zurückverweisen, in der der Held seinen ‚Triumph' mit einer verrenkten Hüfte bezahlt. Siegen ist auch das Metier des „Fürsten" als Feldherrn, und der „Augenblick des Triumps" könnte ‚unter dem Stern' des Glücks stattfinden und mit einem Stern als Siegeszeichen honoriert werden. Aber alle diese Anknüpfungspunkte berechtigen nicht dazu, die beiden oberen Zeilen umstandslos an „Die Hüfte unter dem / Stern" anzuschließen, wie es Sattler und Uffhausen tun. Vielmehr entfalten diese Zeilen, wie meine Analyse gezeigt hat, im Spannungsfeld zwischen der ‚apriorität'-Sentenz und dem „Werber"-Segment ihr Eigengewicht, das nicht zugunsten eines problematischen linearisierenden Anschlusses aufgegeben werden darf.

Z. 29 (Stichwort, zentriert)

Der bisher untersuchte durchgehende Textzusammenhang gelangt an den Punkt
einer Evokation „deutschen Schmelzes"; der nebenstehende Text kommentiert
diese Rede als ‚nicht umsonst nationell'. Das nachfolgend eingeschobene Stichwort „Germania" (Z. 29) führt diesen doppelten nationalen Diskurs fort. Es hat
den Anschein, als solle auch im folgenden „nationell" geredet werden.

Das Stichwort „Germania" erscheint – unabhängig davon, ob es vor oder nach
den Textsegmenten in seiner Umgebung notiert wurde – im vorliegenden Zustand der Handschrift als eingeschoben zwischen die Zeilen des linearen Textzusammenhangs. Im Gegensatz zu allen diesen Zeilen ist es weit nach rechts
eingerückt, aber wiederum nicht so weit, daß es aus dem durchgehenden Text
herausragen würde und damit den Randzusätzen zugeordnet werden könnte. Es
kann – so habe ich mit textkritischen Mitteln oben bereits festgestellt – als eine
Zwischenüberschrift angesehen werden, die über die zweite Hälfte des auf dieser
Seite notierten Textmaterials gesetzt wurde.

Noch eine zweite Besonderheit fällt an der handschriftlichen Notation dieses
Wortes auf: Der Anfangsbuchstabe, die Majuskel G, ist nämlich in lateinischer
Schrift ausgeführt. Dieses Phänomen begegnete – sieht man von der fremdsprachigen Sentenz „apoll envers terre" (II, Z. 2) einmal ab, die komplett in lateinischen Zeichen niedergeschrieben ist – bereits auf der ersten der hier untersuchten Seiten bei dem Wort „Gasgone" (I, Z. 15), das ebenfalls mit einem lateinischen G beginnt. Dieser Name einer französischen Landschaft war damit als ein
Fremdwort gekennzeichnet, durch die verfremdende Lautung (statt ‚Gascogne')
dagegen wieder an deutsche (besonders süddeutsche) Sprechgewohnheiten angenähert worden. Umgekehrt verläuft die Bewegung bei „Germania": Das Wort
bezeichnet, wie trivialerweise bekannt ist, Deutschland, ist aber kein deutsches
Wort, sondern ein lateinisches (oder italienisches) und damit in einem (weitgehend) deutschsprachigen Text wie dem vorliegenden ein Fremdwort. Wer einen
Text (wie Tacitus) mit „Germania" überschreibt, schreibt über Deutschland von
außen, aus der Perspektive des Fremden. Wer als Deutscher oder Deutsche über
„Germania" schreibt[490], versetzt sich aus der Innen- in die Außenperspektive und
verfremdet damit die Sicht auf das eigene Land.[491] Dieser Verfremdungseffekt
wird mit dem lateinischen G unterstrichen.

Es liegt nahe, in diesen winzigen und dennoch unübersehbaren Gesten bei der
Gestaltung der Laute eines Wortes einen Grundgedanken Hölderlins umgesetzt

---

[490] Das gilt nicht für den Titel „Germanien", der über einer der im Homburger Folioheft
entworfenen Hymnen steht und der sich durch die deutsche Endung von „Germania" abhebt.
Allerdings wird in der Hymne auch „Germania" (V. 110) genannt. die Gestalt einer Priesterin,
in der Deutschland personifiziert ist. Bei den beiden Gestalten des Wortes in der Hymne findet
sich ebenfalls der Wechsel von der ‚deutschen' zur ‚lateinischen' Notation der Majuskel G; cf.
HF 59, Z. 1 und 63, Z. 13.
[491] Diese Technik hat beispielsweise auch Heiner Müller bei seiner Titelgebung „Germania
oder Tod in Berlin" angewandt.

zu sehen, den er besonders eindringlich im ersten Böhlendorff-Brief ausgeführt hat:

> Aber das eigene muß so gut gelernt seyn, wie das Fremde. Deßwegen sind uns die Griechen unentbehrlich. Nur werden wir ihnen gerade in unserm Eigenen, Nationellen nicht nachkommen, weil, wie gesagt, der *freie* Gebrauch des *Eigenen* das schwerste ist. (Brief an Böhlendorff vom 4.12.1801, Nr. 236, StA VI.1, 426, Z. 36-39)

Es wird bei der Analyse des nachfolgenden Textmaterials danach zu fragen sein, inwieweit hier das ‚Eigene‘, ‚Nationelle‘ aus der Perspektive des ‚Fremden‘ in den Blick genommen wird und welches Verhältnis von Eigenem und Fremdem sich daraus ergibt.

Z. 30-41 (linearer Text mit eingelagertem Bruchstück)

> Ein wilder Hügel aber stehet über dem Abhang
> | damit sie schauen sollte |
> Meiner Gärten. Kirschenbäme. Scharfer Othem aber wehet
> Um die Löcher des Felses.   (Z. 30-33)

In diesen Zeilen ist – in krassem Gegensatz zu den voranstehenden abstrakten Zeilen des linearen Textes ebenso wie der Randzusätze – von der nationalen Problematik in keiner Hinsicht mehr die Rede. Die durch die Zwischenüberschrift „Germania" geweckte Erwartung, nun würden die Fäden der bisher entwickelten Gedankensplitter zur Rolle Deutschlands in der Gegenwart zusammengeführt zu einer kohärenten poetischen Exposition der Thematik, wird also zunächst enttäuscht. Das „aber" zu Beginn der zitierten Passage drückt demnach aus, daß nun Aspekte zur Sprache kommen, die im vorigen zu kurz gekommen sind.[492]

Es wird eine Naturszenerie entworfen: Der ‚wilde Hügel‘ steht offenbar metonymisch für seine unzugängliche Oberfläche und seinen ungezügelten, unkultivierten Pflanzenbewuchs. Dieses Areal von Menschenhand weitgehend unberührter Naturlandschaft wird „über dem Abhang" lokalisiert. Die Ortsangabe kann als Pendant zu der Adverbialbestimmung „Vom Abgrund" (Z. 6) angesehen werden, mit der die obere Hälfte des linearen Textes auf dieser Seite beginnt. Im Gegensatz zum ‚Abgrund‘ aber, der für eine unermeßliche Tiefe steht, bezeichnet der ‚Abhang‘ nur die Abschüssigkeit des Terrains und damit in der Regel eine weniger bedrohliche Landschaftsformation. Etwas ungewöhnlich ist allerdings das Verhältnis von ‚Hügel‘ und ‚Abhang‘ zueinander, von dem hier die Rede ist: Zu erwarten wäre, daß die Seiten des Hügels selbst einen Abhang bilden; hier dagegen heißt es, daß der Hügel als ganzer „über dem Abhang" steht. Das kann so verstanden werden, daß auch seitlich von dem ‚wilden Hügel‘ das Gelände nicht flach oder wieder ansteigend, sondern noch weiter abschüssig ist. Die Grenze zwischen dem Hügel und dem benachbarten Abhang wird durch die Verschiedenheit ihrer Gestaltung und ihres Bewuchses markiert: Während der

---

[492] Diesen Bruch vernachlässigt Lüders (II, 391), wenn er behauptet: „In diesen Sätzen ist der *deutsche Schmelz* unmittelbar gestaltet."

Hügel unkultiviert ist, gehört der Abhang zu ‚meinen Gärten'. Anders als der
„Garten" (oder die Gärten), von dem (oder denen) etwas weiter oben (Z. 17) im
Zusammenhang mit „Gassen" sowie mit in diesen oder im Garten selbst woh-
nenden Menschen „In Frankreich" (Z. 19) die Rede ist, liegen die hier genannten
Gärten offensichtlich außerhalb von Ortschaften; denn ein „wilder Hügel" findet
sich in der Regel nur in der freien Natur, und ein einzelner Mensch könnte wahrscheinlich kaum mehr als einen der städtischen Gärten ‚mein' nennen, die sich
entweder durch ihren öffentlichen Charakter oder durch ihre Parzellierung und
Zugehörigkeit zu Wohnhäusern auszeichnen. Vor den Toren der Stadt jedoch
liegt oft ein Garten neben dem anderen, ohne daß sie auf den ersten Blick individuellen Besitztümern zugeordnet werden könnten, und es kann in bestimmten
Regionen durchaus ein Übergangspunkt zwischen kultivierter Gartenlandschaft
und der angrenzenden ‚Wildnis' ausgemacht werden.[493] Bei Gärten, die an einem „Abhang" liegen, könnte es sich möglicherweise um Weinanbau handeln;
denkbar ist in Hanglage aber auch eine Nutzung durch Obstanbau.

Eine vergleichbare Szenerie, in der „viel Gärten" (I, Z. 15) und unkultivierte
Landstriche aufeinandertreffen, wurde bereits auf der ersten der hier untersuchten Seiten entworfen und in der „Gasgone" angesiedelt. Hier dagegen wird, wenn
man dem darüberstehenden Stichwort folgt, vermutlich eine deutsche Landschaft
beschrieben.[494] Aber bereits auf der formalen Ebene waren Gemeinsamkeiten
zwischen den beiden geographischen Bezeichnungen festzustellen (lateinische
Schreibung des Anlauts G; Verfremdung des Wortes durch Wahl des Fremdworts
[„Germania"'] bzw. verzerrte Lautform [„Gasgone"']). Möglicherweise spiegeln
sich diese Parallelen auch auf der inhaltlichen Ebene wider. Es wird im folgenden
– als eine Spezifizierung der Frage nach dem Verhältnis zwischen dem Eigenen
und dem Fremden – zu untersuchen sein, ob in der vorliegenden Passage eine
Landschaft entworfen ist, die eindeutig in Deutschland angesiedelt werden kann,
oder ob es sich um ein Bild handelt, das geographisch nicht fixierbar ist.

Bereits zum vierten Mal auf dieser Seite (nach Z. 17, 18 und 21) begegnet hier
das Possessivpronomen ‚mein'. Als dem Ich eigen und zugehörig werden nicht
wie zuvor Ausdrucksformen seines Körpers oder hochgestellte Persönlichkeiten
genannt, sondern eingrenzbare, kultivierte Grundstücke. Das kann so verstanden
werden, daß dem Ich die Gärten nach bürgerlichem Recht gehören. Möglich ist
aber auch, daß das Ich (ähnlich wie bei dem Segment „Meinen Fürsten") durch
das Possessivum nur eine besonders enge Beziehung zu den Gärten ausdrücken
will; es könnte sich um Gärten handeln, in denen das Ich in seiner Jugend oder
auch später prägende Erfahrungen gemacht hat. Der geographischen Eingrenzung dient das Genitivattribut „Meiner Gärten" nicht: Landschaften, die das Ich
sich als die seinen zuschreibt, können sowohl in Deutschland wie in Frankreich,
aber auch sonstwo in der Welt liegen. Dagegen kann etwas über den Status des
hier sprechenden Ich im Gegensatz zu den bisherigen Vorkommnissen des Pos-

---

[493] Cf. oben (376, Anmerkung 412) zu Hölderlins Homburger Erfahrungsraum.
[494] Diesen Aspekt verabsolutiert Binder (1970, 106f. und 1983, 362f.).

sessivpronomens der ersten Person Singular gesagt werden: Ein Ich, das Gärten ‚mein' nennt, hat damit einen Ruhepunkt gefunden, der der Unruhe der „auf den Gassen" umgehenden Stimme des Ich (Z. 17) entgegengesetzt ist. Allerdings ist damit noch nicht gewährleistet, daß es sich um dasselbe Ich handelt, das an den verschiedenen Stellen spricht. Die Frage nach der Kohärenz des an verschiedenen Textstellen artikulierten Ich wird weiter zu verfolgen sein.

„Kirschenbäme.", lautet das nächste, aus allen syntaktischen Zusammenhängen herausgelöste Segment. Es kann mit einiger Sicherheit eine nachlässige Notation des Wortes angenommen werden, so daß zu ‚Kirschenbä<u>me' zu konjizieren ist; eine Sinnverschiebung durch die Verschreibung vermag ich hier nicht zu erkennen. Die ungewöhnliche Form ‚Kirschenbäume' (statt ‚Kirschbäume') dagegen, deren Verwendung auch metrisch bedingt sein mag, da sie den regelmäßigen Wechsel von Hebung und Senkung in dieser Zeile nicht durch ein Aufeinandertreffen zweier betonter Silben unterbricht, hebt die Vielzahl der Früchte auf jedem Baum gegenüber der bloßen Gattungsbezeichnung hervor. Die ‚Kirschenbäume' illustrieren das Bild des Übergangs zwischen dem ‚wilden Hügel' und ‚meinen Gärten': Die Kirsche ist ursprünglich ein Waldbaum, seit zwei Jahrtausenden aber in Europa einer der verbreitetsten Kulturobstbäume.[495] Zur näheren geographischen Eingrenzung der entworfenen Naturszenerie können die ‚Kirschenbäume' daher nicht dienen.

Das Wort „Kirschenbäme" und der Rest der Zeile weichen in der Handschrift dem in feiner, gleichmäßiger Schrift notierten Segment „damit sie schauen sollte" (Z. 32) aus. In Duktus und Feder gleicht diese fragmentarische Zeile dem Textbeginn „Vom Abgrund nemlich haben / Wir angefangen" (Z. 6 und 8). Die von beinahe allen Herausgebern geteilte Meinung, daß das Segment (ähnlich wie auch das – allerdings mit anderer Feder geschriebene – Stichwort „Der Schöpfer" [Z. 21]) zur ersten Entwurfsschicht gehört und von der eine andere Richtung nehmenden Ausarbeitung überlagert wurde, erscheint mir daher als sehr plausibel. Eine Zuordnung zum linearen Textzusammenhang scheint syntaktisch und semantisch nicht möglich zu sein: Der Finalsatz ist an die Hauptsätze in seiner Umgebung kaum anschließbar, da ein Nomen im Singular Femininum, das als Bezugswort des Personalpronomens „sie", des Subjekts des Nebensatzes, dienen könnte, nicht aufzufinden ist. Vorstellbar ist dagegen ein Bezug auf das (der lateinischen Form wegen) im Femininum stehende Stichwort „Germania" (Z. 29).[496] Demnach wäre das Land hier (ähnlich wie in der „Germanien"-Hymne, StA II.1, 152, V. 110) personifiziert zu einer weiblichen Gestalt, die mittels einer nicht genannten Handlung zum ‚Schauen' gebracht werden „sollte". Das Modalverb und zumal seine Vergangenheitsform sind ungewöhnlich genug: Von wem geht die Norm des Sollens aus? Von welcher Vergangenheit ist die Rede? Oder handelt es sich um einen Konjunktiv II? – Alle diese Fragen sind nicht eindeutig zu beantworten, da eine kontextuelle Einbindung des Bruchstücks fehlt. Ein Bezug zum

---

[495] Cf. Baumeister et al. 1969, Bd. 3, 717f.
[496] So auch Uffhausen 1986a, 148.

das Segment umgebenden Text kann aber vielleicht insofern hergestellt werden, als in dem Passus „Ein wilder Hügel aber stehet über dem Abhang / Meiner Gärten. Kirschenbäme." eine optisch wahrgenommene Szenerie entworfen wird: An dem Hügel, dem Abhang oder den Kirschbäumen kann man entweder hinaufschauen, oder man steigt auf deren jeweilige Spitze und schaut von dort hinab. Der Finalsatz „damit sie schauen sollte" könnte also darauf hinweisen, daß das Naturbild zu dem Zweck entworfen worden ist, daß das als weibliche Gestalt personifizierte Deutschland etwas optisch wahrnehmen kann – eine nicht gerade sehr überzeugende, aber auch nicht völlig auszuschließende Verknüpfung. Die – wahrscheinlich vorzuziehende – einzige Alternative zu dieser Lösung sehe ich darin, das Segment „damit sie schauen sollte" in seiner Isoliertheit und Rätselhaftigkeit stehenzulassen.

„Scharfer Othem aber wehet / Um die Löcher des Felses." Nachdem schon das Bild von Hügel, Abhang, Gärten und Kirschbäumen durch ein „aber" vom Vorhergehenden abgesetzt wurde, tritt der vorliegende Satz durch ein nochmaliges „aber" in einen Gegensatz zu dieser Szenerie. Dieser Gegensatz ist inhaltlich durch das Wehen des ‚scharfen Othems' begründet, das, wenn es zur Unzeit, also im Frühjahr oder Frühsommer, auftritt, die empfindlichen Blüten und Früchte der Kirschbäume oder andere im Garten angebaute Kulturpflanzen bedrohen kann. Ein scharfwehender Wind kann aber auch (worauf ganz unten auf der ersten Seite der hier betrachteten Entwürfe [I, Z. 41] hingewiesen wurde) den gegen ihn anfliegenden Vögeln die Augen „waker" (I, Z. 40) machen. „Othem" ist hier ganz offensichtlich als Synonym für ‚Wind' gebraucht, kann jedoch nicht einfach durch das profanere Wort substituiert werden. So klingt die auf der gegenüberliegenden Seite gebrauchte Wendung vom „Othem / Der Gesänge" (II, Z. 7f.) an, die dort den vollkommensten Zustand markiert, der den Staren zu erreichen möglich ist. Wird der Wind als „Othem" bezeichnet, so verweist das darüber hinaus auf ein atmendes Subjekt, einen Gott oder den heiligen Geist. Aber diese Bezüge scheinen hier nur durch die Wortwahl auf und werden nicht ausgeführt; der Text verbleibt ansonsten auf der Ebene der Naturbeschreibung.

Der scharfe Wind weht „Um die Löcher des Felses", wird in der nächsten Zeile erläutert.[497] Dieses Bild paßt nicht zu der Vorstellung eines wohlbestellten Gartens, der in aller Regel nicht auf einem von Felsen und Löchern zerklüfteten Terrain angelegt wird (es sei denn in südlichen und gebirgigen Gegenden, deren Bewohner und Bewohnerinnen jeden Quadratmeter nutzen müsen, um ihre Nahrungsgrundlage sicherzustellen – aber in diesen Fällen würde man kaum von ‚Gärten' sprechen). Eher schon sind die „Löcher des Felses" auf dem ‚wilden Hügel' vorstellbar.[498] Ebensogut ist es jedoch möglich, daß die durchlöcherten Felsen auf eine dritte, im Vergleich zum Hügel noch unkultiviertere Landschafts-

---

[497] Der heute ungebräuchliche Genitiv ‚des Felses' (statt ‚des Felsens') ist in der zeitgenössischen Sprachverwendung verbreitet.

[498] Es trifft den Sachverhalt daher nicht, hier von einem „jähen assoziativen Wechsel" (Beese 1982, 198) zu sprechen.

form verweisen.[499] Der Wind weht ,um' die Felslöcher, das heißt, er dringt nicht in sie hinein oder durchfährt sie gar: Das steinige Element und die in es eingelassenen Hohlräume sind resistent gegen das scharfe Wehen von außen, so daß der Wind sie umgehen oder umkreisen muß.[500] Es schiene mir verfehlt, in das in diesen anderthalb Zeilen entworfene Naturensemble gewaltsam einen „Sinn hineinzubringen"[501], der die Naturbeschreibung transzendierte.

„Allda bin ich / Alles miteinander." (Z. 33f.) Mit diesem ungeheuren Satz ist allerdings die Ebene der Naturbeschreibung sprungartig wieder verlassen. Dennoch wird an diese angeknüpft, zumal mit dem ersten Teil des Satzes vor der Zeilengrenze: „Allda bin ich". Das Ich sagt von sich selbst, daß es an allen genannten Orten (also in den Gärten, auf dem Hügel und bei den Felslöchern) anwesend ist. Überraschend ist an dieser Aussage vor allem das Präsens, in dem sie gemacht wird – ein Perfekt oder Präteritum würde dem Satz alles Ungewöhnliche nehmen. So aber hat es den Anschein, als behaupte das Ich, an allen Orten gleichzeitig zugegen zu sein – eine Eigenschaft, die gemeinhin allein göttlichen Wesen zugebilligt wird. Um die Aussage plausibler zu machen, müßte man sie in abgeschwächter Bedeutung verstehen, beispielsweise indem man das Präfix ,all' als emphatische Verstärkung liest in dem Sinne, daß die Anwesenheit an einem Ort repräsentativ für die an allen übrigen stehe.[502] Aber auch noch in dieser Version frappiert das Selbstbewußtsein, mit dem ein Ich seine eigene Existenz deklariert, vergleicht man diesen Sprechakt mit den wenigen bisherigen Vorkommnissen des Personalpronomens der ersten Person Singular: Das zuletzt

---

[499] So auch Binder (1983, 362): „Dann das Bild der Heimat: Oben ein wilder, d. h. nicht zum Garten kultivierter Hügel und darüber noch wildere Felsen mit Löchern und scharfe Luft. Es sind die höhlenreichen Kalkfelsen der Schwäbischen Alb, die auch in Hölderlins Nürtinger Heimat den Blick begrenzen, und die sprichwörtlich rauhe ,Albluft' – in einem anderen Gedichtentwurf notiert er dieses Stichwort. Drunten das sanfte Gegenbild [...]." Binders Rekonstruktion der *topographischen* Anordnung der Bildelemente erscheint mir als überzeugend, nicht jedoch seine *geographische* Fixierung dieses Ensembles: Es ist keineswegs ausgemacht, daß hier ausschließlich ein „Bild der Heimat" entworfen wird; noch weniger leuchtet die weitere biographistische Einengung auf „Hölderlins Nürtinger Heimat" ein (sowenig es ausgeschlossen werden kann, daß die „Löcher des Felses" *auch* auf die Schwäbische Alb verweisen).

[500] Beese (1982, 198f.) konstatiert an dieser Stelle nicht ganz zu Unrecht einen „Gegensatz von pneumatisch Bewegtem und beständig Naturhaftem". Allerdings berücksichtigt sie den Umstand nicht, daß es ausgerechnet „Löcher" sind, die hier für das Beständige stehen. Lüders (1970, Bd. 2, 391) holt gar zu der kühnen, sich vom im Text Ausgesagten noch weiter entfernenden These aus: „*Gärten* und *Kirschenbäume* entsprechen der klar geordneten, *wilder Hügel* und *scharfer Othem* der orientalisch wilden Komponente des vaterländischen Dichtens." Solche allzu bedeutungsbeladenen Lektüren der Stelle enthalten ein hohes Maß an Beliebigkeit; ich verzichte daher lieber auf Spekulationen dieser Art.

[501] Seckendorff berichtet über seinen editorischen Umgang mit einigen späten Gedichten Hölderlins, die er in seinem „Musenalmanach für das Jahr 1807" veröffentlichte: „Ich habe sie, mit äußerster Schonung, aber doch hie und da verändern müssen, um nur Sinn hineinzubringen." (Brief Leo von Seckendorfs an Justinus Kerner, StA VII.2, 381, Z. 8-10 [LD 362a])

[502] So wie der Igel zum Hasen sagt: „Ick bün all hier." Ob allerdings an der vorliegenden Stelle ein Einfluß der – erst einige Jahre später von den Grimms aufgezeichneten – niederdeutschen Fabel festzustellen ist, bleibe dahingestellt.

artikulierte Ich (Z. 19) blieb gehaltlos, da das ihm zugeordnete Prädikat unentzifferbar war, und die erste Selbstäußerung eines Ich (I, Z. 11) ging mit einem ähnlich trotzig-übersteigerten Selbstbewußtsein einher wie an der vorliegenden Stelle, endete aber sogleich kläglich im Schweigen: „Doch kommt das, was ich will, / Wenn".

Die Hybris der Aussage steigert sich noch in der Fortsetzung nach der Zeilenfuge: „Alles miteinander". Das Ich behauptet also von sich, nicht nur an allen genannten Orten anwesend zu sein, sondern darüber hinaus „Alles" zu sein. Damit verglichen, mutet ein Diktum wie „L'État, c'est moi." geradezu bescheiden an. Allaussagen dieser Art haben aber einen gefährlichen Haken: Sie sind umkehrbar. Wenn ein Ich sich zur Summe aller Dinge aufschwingt, so geht es auch in ihr auf oder besser: unter. Ein Ich, das ‚alles' zu sein vorgibt und sich somit nicht von der umgebenden Welt abhebt, ist ein ‚Nichts'.[503] Eine pantheistische Weltsicht tendiert daher dazu, zwischen der Euphorie der Vereinigung des Ich mit dem All und der Resignation über die Haltlosigkeit des Ich in realen Weltzusammenhängen hin- und herzuschwanken.[504] Wichtig ist in diesem Zusammenhang jedoch das Adverb „miteinander", durch das „Alles" erläutert wird: Es geht nicht um die bloße Summe, sondern um den inneren Zusammenhang der Teile der Natur. Man kann vielleicht sagen, daß in dem Diktum die beiden für Hölderlins gesamtes Werk zentralen vorsokratischen Leitsätze „$Εν$ $και$ $Παν$" (FHA 10, 277, Z. 3; cf. FHA 11, 644, Z. 13-15 u. ö.)[505] und „ $εν$ $διαφερον$ $εαυτω$"(FHA 11, 681, Z. 7 und 683, Z. 18)[506], die im „Hyperion" beide mit der Schönheit assoziiert werden, zusammengefaßt sind.[507] Das Schockierende allerdings ist, daß

---

[503] Der Gedanke der Entindividualisierung steht im Mittelpunkt von Kudszus' Deutung der Stelle: „Die hier deutlich auch tiefenpsychologische Bedeutsamkeit der Bilder zielt nicht aufs Individuelle – das ‚ich' ist nur noch eine Hilfsvorstellung –, sondern auf ‚alles miteinander' ab." (Kudszus 1973, 21) Mit seiner ‚tiefenpsychologischen' Lektüre löst Kudszus den Schwebezustand der Stelle zwischen Übersteigerung und Auflösung des Ich aber zu Unrecht nach einer Seite hin auf.

[504] Das wird sehr eindrucksvoll im zweiten Brief des „Hyperion" vorgeführt:

[505] Hölderlin übernimmt die auf Xenophanes zurückgehende Formulierung, die sich in ähnlicher Gestalt auch bei Parmenides und Heraklit findet, vermutlich von Jacobi (cf. WW IV.1, 10 und IV.2, 34-46). Boehm (1988/89) weist darüber hinaus auf den für Hölderlin wichtigen Einfluß Heinses hin.

[506] Die geläufigste Quelle für diese von Hölderlin abgewandelt zitierte und inkorrekt übersetzte Heraklit-Äußerung (Diels/Kranz 22 B 51; cf. Vorsokratiker [ed. Mansfeld], Bd. I, 258f. [Nr.49] und Vorsokratiker [ed. Capelle], 134 [Nr. 27]) ist Platons Polemik in Symp. 187a. Cf. zum Verhältnis Hölderlins zu Heraklit auch Heidegger GA II.39, 123-129.

[507] Binder (1970, 107) weist darüber hinaus auf „Diotima" („Lange todt ..."), mittlere Fassung, V. 99f. hin: „Wo wir Eins und Alles werden, / Da ist nur mein Element". Binder faßt seinen Kommentar zusammen: „Es ist wohl kein Zufall, daß Diotima und die Heimat ähnliche Äußerungen bei Hölderlin hervorrufen." (1970, 108) Darin ist ihm zuzustimmen; aber Binder übersieht die Dynamik des Scheiterns, die all diese Identifizierungsversuche durchzieht. Die „mystische Verbundenheit, ja Identität mit dem All der Welt" (1970, 107), die – wie der oben (21-25) analysierte Entwurf eines Briefes an Susette Gontard zeigt – in der Liebesbeziehung als nicht realisierbar erfahren wurde, wird nun in einer (übrigens im Verlauf des „Hyperion" schon vorgezeichneten) Rückzugsbewegung in der ‚heimatlichen Natur' – letztlich wiederum

hier die in sich unterschiedene Einheit aller Dinge und Orte in einer einzigen, personalen Instanz gesehen wird: im Ich – und nicht etwa in der ‚Natur‘, der ‚Schönheit‘ oder der ‚Liebe‘. Nimmt man das Diktum als ein philosophisches (das es nicht ist), so scheint es sich im kategorialen Rahmen des Denkens von Fichtes „Grundlage der gesammten Wissenschaftslehre" von 1794 zu bewegen:

> Aller Realität Quelle ist das Ich. Erst durch und mit dem Ich ist der Begriff der Realität gegeben. Aber das Ich *ist*, weil es *sich setzt*, und *setzt sich*, weil es *ist*. Demnach sind *sich setzen*, und *Seyn* Eins und ebendasselbe.[508]

Hölderlin selbst hat als einer der ersten in einem Brief aus Jena an Hegel (und dann ausführlicher in der langen Fußnote zum Aufsatzfragment „Wenn der Dichter einmal des Geistes mächtig ist ...“; cf. FHA 14, 312-314) nachgewiesen, daß diese Gleichsetzung des Ich mit Allem auf eine unvermeidliche Aporie hinausläuft:

> [...] sein [Fichtes] absolutes Ich (= Spinozas Substanz) enthält alle Realität; es ist alles, u. außer ihm ist nichts; es gibt also für dieses abs. Ich kein Object, denn sonst wäre nicht alle Realität in ihm; ein Bewußtsein ohne Object ist aber nicht denkbar, und wenn ich selbst dieses Object bin, so bin ich als solches notwendig beschränkt, sollte es auch nur in der Zeit seyn, also nicht absolut; also ist in dem absoluten Ich kein Bewußtsein denkbar, als absolutes Ich hab ich kein Bewußtsein, und insofern ich kein Bewußtsein habe, insofern bin ich (für mich) nichts, also das absolute Ich ist (für mich) Nichts.
> (Brief an Hegel vom 26.1.1795, Nr. 94, StA VI.1, 155, Z. 48-56)

Der Satz ‚Ich bin alles.‘ ist also nach des Autors eigener Argumentation logisch nicht konsistent; hinter diese einmal gewonnene Einsicht kann auch die poetische Umsetzung des Satzes („Allda bin ich / Alles miteinander.") nicht zurück. Aber der poetische Satz geht nicht in dem philosophischen auf (selbst wenn er mit diesem gleichlautend wäre) und ist damit auch nicht in demselben Sinne wie dieser widerlegbar.[509] Durch das poetische Diktum „Allda bin ich / Alles miteinander." wird eine Vorstellung evoziert, die eigentlich ‚undenkbar‘ ist.[510]

---

ohne Erfolg – gesucht. Vielleicht muß man (wie ich ohne Spott anmerken möchte) selber in der Region beheimatet sein, um über die Zeilen 30 bis 41 Worte wie die folgenden finden zu können: „Zum letztenmal nennt Hölderlin hier seine Nürtinger Heimat, in einer Sprache, die dieses Bild inmitten zerbrechender, kaum mehr verständlicher Zeilen unversehrt wie eine Blume aus dem Schutt aufleuchten läßt." (Binder 1970, 107)

[508] Fichte WW 1, 134.

[509] Das hat Schmücker (1991, 26-31) in seiner Auseinandersetzung mit Hegels Wahrheitsästhetik gezeigt.

[510] Ähnlich argumentiert auch Jakob in seinem Versuch, den Verlauf der auf der Seite 75 entworfenen Texte vor dem Hintergrund der ‚apriorität‘-Notiz zu skizzieren: Dem *„spekulative[n]* Satz ‚Allda bin ich / Alles miteinander.‘," (Jakob 1987, 325) komme scheinbar die Funktion zu, die auseinanderlaufenden Tendenzen des bisherigen Textverlaufs zu vermitteln: „Sobald der Satz niedergeschrieben worden ist (bzw. verstanden worden ist), hebt er sich auf: das Ich kann nicht Subjekt eines Zusammenhanges sein, in welchem es zugleich als Teil der All-Einheit im Umfassenden aufgeht. Zwar kann es Subjekt eines Zusammenhanges sein, dessen Teile zu ihm (alle) in Beziehung stehen, das würde aber wiederum die All-Einheit aufheben. Das Ich darf sich nicht mehr absolut, sprich: als absolutes Subjekt setzen, sondern muß sich in Beziehung zum Anderen setzen. Mit der zu Ende gedachten Dialektik des Satzes ‚Allda bin ich / Alles miteinander.‘ verändert sich demnach die Rolle des Subjekts. Es kann sich nun

Schon die Rede von Frankfurt als dem ‚Nabel dieser Erde' ist ungeheuerlich, weil sie traditionssprengend, dezisionistisch und anmaßend ist. Der jetzt zu untersuchende Satz aber beansprucht die Toleranzfähigkeit seiner Leserinnen und Leser noch weit mehr, indem er dazu anhält, sich etwas Undenkbares vorzustellen. Lautete er dagegen ‚Hier bin ich alles miteinander.', so drückte er zwar immer noch die hybride Gleichung Ich = Alles aus, aber der göttliche Anspruch auf Ubiquität wäre zurückgenommen. Der doppelte Allheitsanspruch läßt sich jedoch aus dem vorliegenden Diktum nicht einfach eskamotieren.

Vielleicht hilft angesichts dieses Sachverhalts eine Besinnung auf eine Passage aus dem zweiten Böhlendorff-Brief weiter, in der der Autor sein Erleben der süddeutschen Natur nach seiner Rückkehr aus Bordeaux beschreibt:

> Die heimathliche Natur ergreift mich auch um so mächtiger, je mehr ich sie studire. Das Gewitter, nicht blos in seiner höchsten Erscheinung, sondern in eben dieser Ansicht, als Macht und als Gestalt, in den übrigen Formen des Himmels, das Licht in seinem Wirken, nationell und als Prinzip und Schiksaalsweise bildend, daß uns etwas heilig ist, sein Drang im Kommen und Gehen, das Karakteristische der Wälder und das Zusammentreffen in einer Gegend von verschiedenen Karakteren der Natur, daß alle heiligen Orte der Erde zusammen sind um einen Ort und das philosophische Licht um mein Fenster ist jezt meine Freude; daß ich behalten möge, wie ich gekommen bin, bis hieher!
>
> (Brief an Böhlendorff, vermutlich Ende 1802, Nr. 240, StA VI.1, 433, Z. 37-47)

Die in den vorhergehenden Passagen des Briefes beschriebene Erfahrung der südfranzösischen Natur hat die Sensibilität des Autors für die Wahrnehmung auch der ‚heimatlichen Natur' geschärft. Besondere Bedeutung schreibt er in diesem Zusammenhang dem Klima und dem Wetter zu: Die Erscheinungsformen des Himmels, das Licht und insbesondere das Gewitter, werden als Kräfte wahrgenommen, die das menschliche Leben und Zusammenleben maßgeblich prägen. Auch die württembergische Landschaft, für die metonymisch die „Wälder" stehen, gehört unverzichtbar zu der ‚charakteristischen' heimatlichen Umgebung hinzu, die es dem Autor ermöglicht, „das philosophische Licht um mein Fenster" zu sehen, und die die Hoffnung auf die Erhaltung des individuell erreichten Lebenszustandes nährt. Für die aktuell zu untersuchende Gedichtstelle ist jedoch vor allem folgende der heimatlichen Natur zugeschriebene Eigenschaft aufschlußreich: „das Zusammentreffen in einer Gegend von verschiedenen Cha-

---

nicht mehr selbst bestimmen, sondern nur noch in und aus seinem Verhältnis zum *Anderen* (‚miteinander'). [...] Während im sich aufhebenden Satz ‚Allda bin *ich* alles miteinander.' das Ich gleichsam noch in der Mitte steht, verschwindet es in den folgenden Versen zugunsten einer Konfiguration, in welchem [sic] das Verbindende überwiegt [...]." (Jakob 1987, 325) Wo sich Jakob auf die Freilegung des Gedankengerüsts der komplexen und zunächst verwirrend anmutenden Entwürfe beschränkt (was im Rahmen einer kurzen Skizze durchaus legitim ist), versuche ich, die poetische Ausgestaltung und Modifizierung des zugrundeliegenden Gedankengangs zu rekonstruieren. Die These vom Verschwinden des Ich, die Jakob mit Kudszus (1973) teilt, wird bei der Analyse der nachfolgenden Zeilen zu überprüfen sein. Die genau entgegengesetzte Behauptung findet sich übrigens bei Hausdörfer, die auch sonst in dem Text nichts anderes als Harmonien zu lesen vermag: „Dergestalt verschafft Dissoziation dem Subjekt die Erfahrung von Integrität." (1989, 496)

rakteren der Natur, daß alle heiligen Orte der Erde zusammen sind um einen Ort". Die südwestdeutsche Landschaft (oder vielleicht sogar die engere Umgebung von Nürtingen, wo der Brief geschrieben wurde), so wird hier behauptet, vereinige in sich Wesenszüge verschiedener anderer Regionen, und durch diese Eigenart versammelten sich „alle heiligen Orte der Erde" um diesen einen Ort. Hölderlin hält es offenbar für möglich, in seiner engeren Heimat „in gleichsam mystischer Vergegenwärtigung"[511] die ganze Welt und insbesondere die „heiligen Orte" zu erfahren.

Diese religiöse Formulierung scheint im vorliegenden Gedichtentwurf in der Rede vom ‚Nabel dieser Erde' sinngemäß wiederaufgenommen zu werden; hier ist es aber die Stadt Frankfurt und nicht die „heimatliche Natur", die als zentrales Heiligtum deklariert wird. Zu beachten ist darüber hinaus der gänzlich andere Kontext, in dem die beiden Äußerungen stehen: Im Böhlendorff-Brief handelt es sich um eine private Äußerung gegenüber einem Freund; die Beschreibungen und Beurteilungen der Natur werden zudem ausdrücklich als subjektive eingeführt (‚Die Natur ergreift *mich* um so mächtiger'). Dagegen ist der Gedichtentwurf, in dem sich der Satz über Frankfurt findet, ohne Frage mit dem Ziel einer späteren Veröffentlichung angelegt worden (so weit er von einer abgerundeten Gestalt auch entfernt sein mag), und die Aussage tritt mit einem (durch die erläuternden Einschübe nicht zurückgenommenen) apodiktischen Gestus auf, in dem von subjektiver Vorsicht und Einschränkung nichts zu spüren ist.

Aber auch die vorliegende Stelle „Allda bin ich / Alles miteinander." kann als modifizierte Wiederaufnahme des Gedankenkomplexes aus dem Böhlendorff-Brief gelesen werden. Die Gruppierung ‚aller heiligen Orte der Erde' um den ‚einen Ort' läßt sich in der Formulierung wiederfinden, daß „Alles miteinander" sei. Nicht unwichtig ist in diesem Zusammenhang auch der vorangehende Satz „Scharfer Othem aber wehet / Um die Löcher des Felses." In ihm wird eine Bewegung beschrieben, die ‚um' ein Zentrum herumführt. Im Gegensatz zu der Vorstellung des ‚einen Ortes' als Mittelpunkt ist das Zentrum an der vorliegenden Stelle pluralisiert: „Um die Löcher" herum fährt der scharfe Wind. Diese schon in der konkreten Naturschilderung begegnende Pluralisierung spiegelt sich in der abstrakten Aussage: Nicht an ‚einem Ort' trifft „Alles miteinander" zusammen, sondern in einer Vielheit von Orten: „Allda". Denkbar ist allerdings, daß diese (nicht unendliche[512]) Vielheit, die offenbar Hügel, Abhang der Gärten, Kirschbäume und Löcher des Felsens unter sich begreift, ein Ensemble bildet, das als eine zugleich komplexe und offene Einheit verstanden werden kann, ähnlich dem „Zusammentreffen in einer Gegend von verschiedenen Charakteren der Natur", von dem im Böhlendorff-Brief die Rede ist.

Die zahlreichen Kongruenzen der hier zu untersuchenden Gedichtstelle mit der Briefpassage sollten aber nicht dazu verleiten, die gravierenden Unterschiede zwischen beiden zu übersehen. Zum einen ist noch immer nicht ausgemacht, daß

---

[511] Binder 1983, 363.
[512] Sonst hieße es ‚überall' und nicht ‚allda'.

es sich bei der ab Z. 30 entworfenen Szenerie eindeutig um ein Bild ‚heimatlicher‘, also südwestdeutscher Natur handelt – sie könnte auch in vielen anderen Regionen mit gemäßigter Witterung angesiedelt sein. Zum anderen hat es sich als besonders frappierend erwiesen, daß die Einheit einer Landschaft, in die sogar „Alles miteinander" eingeht, ausgerechnet in der Instanz des Ich angesiedelt wird.[513] Demgegenüber nimmt das Ich im Böhlendorff-Brief eine geradezu demütige Haltung ein: Es begreift sich nur als Medium, das den wechselhaften Ereignissen in der Natur hilflos ausgesetzt ist und nur durch diese Hingabe die Sensibilität entwickelt hat, die Einheit der Natur an einem Ort wahrzunehmen.

Die Heranziehung der Briefstelle kann das Diktum „Allda bin ich / alles miteinander." zwar konturieren und veranschaulichen, aber nicht abschließend erklären. Es muß auch und gerade nach der eingehenden Analyse in seiner Unfaßbarkeit hingenommen werden: Ein Ich deklariert sich zur Instanz der Einheit der Natur. Damit soll offenbar die Vielheit der zuvor beschriebenen Naturphänomene gebündelt und der Gefahr der Auflösung eines einheitlichen Gesichtspunktes entgegengewirkt werden. Aber dieser Versuch schießt nicht nur weit übers Ziel hinaus, sondern wirkt sich zugleich destruktiv aus: Die grenzenlose Selbstübersteigerung trägt die Selbstzerstörung des Ich in sich, da ihm jeder klare Begriff seiner selbst entgleitet.[514] Im weiteren Textverlauf werden die Konsequenzen dieser Hybris für die Konstitution des Ich und sein Verhältnis zur im Text entworfenen Wirklichkeit zu verfolgen sein.

> Wunderbar
> Aber über Quellen beuget schlank
> Ein Nußbaum und sich Beere, wie Korall
> Hängen an dem Strauche über Röhren von Holz,   (Z. 34, 36, 39, 41)

Das Adverb „Wunderbar" kann wegen seiner Anfangsstellung und der Zeilenfuge, die es vom Folgenden trennt, zunächst auf den Satz „Allda bin ich / Alles miteinander." bezogen werden. Die Stellung des Ich im Zentrum der Natur wird demnach als ‚wunderbar‘ bezeichnet. In der Tat handelt es sich um eine Position, die nur durch ein Wunder erreicht werden könnte. Ob allerdings die Bewertung der hybriden Geste als ‚wunderbar‘ im Sinne von ‚großartig, bewundernswert‘ im weiteren Textverlauf haltbar ist, muß bezweifelt werden.

Gleich zu Beginn der nächsten Zeile setzt wiederum ein „Aber" den Satz von dem vorangehenden ab. Das „Wunderbar" steht zwar vor dem „Aber"; es ist aber nicht durch ein Komma von dem folgenden Satzzusammenhang abgetrennt, sondern kann auch als dessen Bestandteil gelesen werden. Durch die Anfangsstellung wird nahegelegt, daß nicht nur das im ersten Teilsatz, sondern alles in den zitierten drei Zeilen Beschriebene als „Wunderbar" charakterisiert werden soll. Der erste der beiden Sätze scheint grammatisch falsch zu sein: Das Subjekt „Ein Nußbaum" und das Reflexivpronomen „sich" können nicht durch ein

---

[513] Diese beiden entscheidenden Unterschiede übersieht Binder (1983, 363), wenn er die Briefstelle zwar vorsichtig, aber doch undifferenziert auf die Gedichtstelle appliziert.

[514] Daß in diesem Satz die Befreiung der Natur und der Geschichte vom „Logos" zum Ausdruck komme (so Hausdörfer 1989, 496), ist daher abwegig.

„und" miteinander verbunden werden. Eine Lücke vor oder nach dem „und", die auf ein fehlendes zusätzliches Akkusativobjekt, Prädikat oder Subjekt hindeuten könnte, ist aber – entgegen den Mutmaßungen Beißners und Sattlers – nicht festzustellen. Es ist also am naheliegendsten, eine versehentliche Vertauschung von „und" und „sich" bei der Niederschrift anzunehmen und konjizierend aufzuheben: „über Quellen beuget schlank / Ein Nußbaum <sich und> Beere, wie Korall / Hängen an dem Strauche über Röhren von Holz".[515]

Hier wird ganz offensichtlich ein anderer Ausschnitt der Natur geschildert oder eine andere Perspektive auf sie entwickelt als in den zweieinhalb Zeilen vor dem Satz „Allda bin ich / Alles miteinander." Während sich dort die ‚Gärten' und ‚Kirschenbäume' gegenüber rauhen, unwirtlichen Orten und Naturphänomenen (‚wilder Hügel', ‚scharfer Othem', ‚Löcher des Felses') zu behaupten hatten, ist hier von der wilden, gefährlichen Seite der Natur nichts mehr zu spüren; alles ist „Wunderbar". Um die Quellen herum gruppieren sich ein Nußbaum und ein Strauch voller Beeren, also zwei eßbare Früchte tragende Pflanzen, die stellvertretend für die Fruchtbarkeit der ganzen hier entworfenen Szenerie stehen könnten. In dem Herabneigen der Pflanzen zur Quelle drückt sich die Affinität der Naturphänomene zueinander aus, eine Form von Sensibilität und Geschmeidigkeit, die alle ‚Schärfe' und ‚Wildheit' verloren zu haben scheint.[516]

Aber die Idylle ist trügerisch, denn es sind Fallen und Widerhaken in sie eingebaut. Zunächst stellt sich die Frage, was genau mit dem „Nußbaum" gemeint ist. Bekanntlich gibt es in Europa im wesentlichen zwei grundlegend verschiedene Pflanzen, die Nüsse tragen: den Walnußbaum und den Haselnußstrauch. Ersterer ragt in der Regel hoch und gerade empor und breitet seine Äste nach allen Seiten weit aus. Er wächst einzeln oder in kleinen Gruppen, selten jedoch mit anderen Pflanzen zusammen, und man findet ihn eher in Hügelgegenden als in Niederungen.[517] Es fällt schwer, sich vorzustellen, daß ein solcher Baum als ganzer (also nicht nur seine Äste) sich „schlank" über Quellen beugt. Merkwürdig ist

---

[515] Denkbar ist auch ein weniger gravierender Eingriff in den handschriftlichen Befund: Binder (1983, 358) setzt konjizierend einfach einen Punkt hinter „sich", so daß der erste Satz lautet: ‚Wunderbar aber über Quellen beuget schlank ein Nußbaum und sich.' Das „und" würde demnach „über Quellen" und „sich" verbinden. Allerdings führt diese Lösung nicht zu syntaktischer Kohärenz: Dem ersten Teil des Satzes, ‚Ein Nußbaum beuget über Quellen', auf den das Reflexivpronomen somit nicht zu beziehen ist, fehlt demzufolge ein Akkusativobjekt. Inhaltlich ergibt sich kaum ein Unterschied zu der Umstellungskonjektur, so daß ich diese stimmigere Lesart vorziehe. Binder selbst verwischt übrigens in seiner Deutung (1983, 362) die Konsequenzen seiner Konjektur wieder: „Ein Nußbaum, der sich wunderbar über Quellen beugt." Offenbar möchte Binder die in seiner früheren Auseinandersetzung mit der Stelle (1970, 106f.) noch fraglos übernommene Konjektur Beißners ‚und <spiegelt> sich' nicht missen, denn auch hier spricht er noch vom „Sich-zuneigen und vielleicht Sich-spiegeln" (1983, 362f.), ohne daß das ‚Spiegeln' im einige Seiten zuvor gegebenen Text aufgetaucht wäre.

[516] Binder (1983, 362f.) weist zu Recht darauf hin, daß das Bild der sich zum Wasser herabneigenden Pflanzen auch in dem berühmten Beginn von „Hälfte des Lebens" gestaltet ist: „Mit gelben Birnen hänget / Und voll mit wilden Rosen / Das Land in den See". Es ist nicht abwegig, darin „ein Sinnbild des Liebesbezugs" (Binder 1983, 363) zu erkennen.

[517] Baumeister et al. 1969, Bd. 2. 480f.

daran auch, daß ein einziger Baum sich gleich über mehrere „Quellen beuget".[518]
Dagegen wächst der Haselnußstrauch zwar in allen gemäßigten Vegetationszonen
(also auch an „Quellen") und besteht aus ‚schlanken' Zweigen, aber sie beugen
sich nicht hinab, sondern ragen gerade empor.[519] Entscheidender scheint mir jedoch zu sein, daß die Bezeichnung „Nußbaum" für den fast niemals einen Stamm
ausbildenden und nur selten Baumgröße erreichenden Haselstrauch völlig unpassend ist. Man muß daher wohl doch davon ausgehen, daß es ein Walnußbaum ist,
der sich über die Quellen hinabneigt. Die einzelnen Elemente des scheinbar so
abgerundeten Bildes von Nußbaum und Quellen erweisen sich also bei näherer
Betrachtung als nur schwer miteinander zu vereinigen. Vielleicht ist es aber gerade das, was als „Wunderbar" charakterisiert werden soll: daß ein Nußbaum –
entgegen aller Naturanschauung – sich beugt und mit den Quellen und anderen
Pflanzen zusammen ein in sich geschlossenes Ensemble bildet.[520]

Der zweite Satz, „Beere, wie Korall / Hängen an dem Strauche über Röhren
von Holz", ist an den ersten nicht einfach durch ein „und" angereiht, sondern
durch die wahrscheinliche Verschreibung „und sich" statt ‚sich und' und die damit ausgelöste Verwirrung der syntaktischen Verhältnisse mit ihm besonders eng
verknüpft. Liest man den zweiten Satz vor dem Hintergrund des ersten, so scheint
hier in der Frage, welche Nußart gemeint ist, eine Korrektur vorgenommen zu
werden: Es ist von einem ‚Strauch über Röhren von Holz' die Rede, an dem
Früchte hängen – also offenbar doch von einem Haselstrauch. Die Früchte aber
werden als „Beere" charakterisiert; der Text fordert also unter dieser Perspektive, sich die Nüsse am Haselstrauch als Beeren vorzustellen und sich damit von
der gewohnten Anschauung weit zu entfernen: Während es sich bei den Nüssen
um große, feste Früchte in harter Schale handelt, sind Beeren klein und weich.
Auch dieser Teil der Naturbeschreibung führt also in Verwirrung; was zunächst
als Verdeutlichung des ersten Teils des Bildes erscheinen könnte, erweist sich
möglicherweise als Täuschung: Es ist vielleicht ein ganz anderer Strauch als der
Haselstrauch mit demjenigen gemeint, an dem „Beere, wie Korall / Hängen",
oder präziser: Der Text evoziert die Vorstellung eines Strauchs, der Eigenschaften
verschiedener Sträucher in sich vereint und sich daher nicht mit einer einzigen

---

[518] Es ist nicht entscheidbar, ob das *n* am Schluß von „Quellen" in der Handschrift gestrichen
ist. In diesem Falle läge ein Singular ohne Artikel vor: ‚über Quelle beuget'. Diese grammatisch nicht konsistente Lösung erscheint mir als noch unbefriedigender als der im vorliegenden
Zusammenhang nur semantisch schwierige Plural „Quellen". Sattler dagegen behauptet: „Die
Streichung [des *n* am Schluß von ‚Quellen'] ist da; sicher keine Wendung zur Dialektdich-
tung, sondern in der Erkenntnis, daß es nur eine Quelle gibt (dagegen jedoch Beere in V. 7!).
Die Korrektur *die* gibt dem Text, was er nach dem ersten Schritt verlangen darf." (Sattler
1981a, 305) In dieser Argumentation zeigt sich Sattlers bestechende Fähigkeit, seine eigenen
Spekulationen als zwingende Erfordernisse des Textes auszuzeichnen.
[519] Cf. Baumeister et al. 1969, Bd. 2, 491-493.
[520] Nußbäume wurden übrigens dem Dionysos geweiht, und Karya, die Priesterin und Geliebte des Gottes, wurde in einen Nußbaum verwandelt (cf. Baumeister et al. 1969, Bd. 2,
481). Dieser Kontext scheint mir in der vorliegenden Naturszenerie jedoch bestenfalls eine
untergeordnete Rolle zu spielen.

in der Natur vorkommenden Pflanze identifizieren läßt .

Das Prädikat „Hängen" erfordert ein Subjekt im Plural; es liegt also nicht nur inhaltlich, sondern auch grammatisch nahe, daß das Wort „Beere" als mundartliche Verkürzung des Plurals ‚Beeren' anzusehen ist.[521] Denkbar ist aber auch eine andere Lösung: Man kann nämlich das „wie" statt als Vergleichspartikel auch als Konjunktion auffassen: Die „Beere" (möglicherweise ein Kollektivum, das für eine Gruppe von Beeren steht) und der „Korall" gleichermaßen hängen demzufolge an dem Strauch. Da Korallen nur in Meeren leben bzw. nach ihrem Tode dort Bänke und Riffe bilden, mutet die Vorstellung surreal an. Aber nicht nur die Aufzählung, auch der Vergleich zwingt dazu, Beeren und Korallen zusammenzudenken. Es könnte gemeint sein, daß die an dem Strauch hängenden Beeren zusammen vielfältige Formen darstellen, die an die skurrile Gestalt der Korallen, einer Klasse der Hohltiere, oder das Labyrinth eines Korallenriffs erinnern. Auch der Strauch als ganzer könnte mit den verzweigten Armen mancher Korallenarten (beispielsweise der Hornkorallen) verglichen werden. Im Begriff des ‚Koralls' steckt aber nicht nur eine Formvorstellung, sondern auch der Gedanke an die Kristallisation: Nur als tote Tiere, als Kalkskelette, bewahren die Korallen ihre feste Form[522], durch die die Riffs zum Inbegriff der Schönheit unter dem Spiegel tropischer Meere werden und dazu verführen, aus ihnen Einzelteile

---

[521] Das deutet Beißner (StA II.2, 888, Z. 22; cf. auch Sattler in FHA Einl., 89, zu Z. 29) durch seinen Verweis auf „Die Tek" an: „Wie sie die köstliche Traube mit heiterstaunendem Blike / Über sich halten, und lange noch zaudern, die glänzende Beere / In des Kelterers Hände zu geben" (StA I.1, 55, V. 8-10). Zutreffend an diesem Hinweis ist, daß in dem genannten Gedicht von 1788 (wie in vielen Jugendgedichten Hölderlins) etliche mundartliche Verkürzungen der Pluralformen festzustellen sind. Allerdings ist daraus nicht zwingend abzuleiten, daß „Beere" (V. 9) dort Plural sein muß; vielmehr könnte es ähnlich wie „Traube" (V. 8) als singularische Sammelbezeichnung aufgefaßt werden, die für eine Gruppe von Beeren steht. Anders dagegen „Der Mensch": „die süßen / Beere" (FHA 5, 448, V. 15f.). Uffhausen (1989, 147, Z. 8; 252 z. St.) nimmt eine Flüchtigkeit statt eines Suevismus an und konjiziert daher zu ‚Beeren' – ebenfalls eine mögliche Lösung.

[522] „Da nun die Kinder und Enkel fast regelmäßig auf den Skeletten der Eltern und Voreltern aufbauen, werden aus den strauch- und baumartigen Stöcken, an denen die Einzeltiere wie bunte Blüten sitzen, allmählich mächtige unterseeische Wälder von märchenhafter Pracht und Schönheit, die zuletzt zu gewaltigen Bänken und Riffen verschmelzen." (Smolik 1968, Bd. 5, 195) Die zeitgenössische Naturwissenschaft hatte allerdings die Korallen noch nicht als Tiere erkannt. So sind sie nach Zedler (Bd. 6 [1733], Sp. 1210-1214 [s. v. Corallen]) „steinigte, harte Zweige, von unterschiedlichen Farben, welche im Grunde des Meeres, wie kleine Bäumlein, offt etliche Schuhe hoch in die Höhe wachsen. Ob sie aber so groß, als unsere Kirsch=Bäume, und so hoch, daß die Zincken aus dem Meer stehen, zu finden seyn? [...] scheinet einem Mährlein, als der Wahrheit ähnlicher." (Sp. 1210) Es überrascht, in diesem Artikel ebenso wie im vorliegenden Text ‚Kirschbäume' und ‚Korallen' so nah nebeneinandergerückt zu sehen – wenn auch zweifelnd und abwehrend. Möglicherweise – das sei nur en passant vermerkt, ohne daß es zur Interpretation viel beitrüge – hat Hölderlin sein Wissen über Korallen dem Zedler-Artikel entnommen und assoziativ erinnert, daß darin auch von Kirschbäumen die Rede ist. Adelung (Bd. 2 [1808], Sp. 1718 [s. v. Koralle]) präsentiert einen etwas weiter entwickelten Erkenntnisstand und beschreibt die Korallen als „steinartige ästige Masse in Gestalt eines Baumes, welche auf dem Grunde des Meeres angetroffen wird, und von kleinen Würmern herrühret, welche selbige als ihre Wohnung bauen."

herauszubrechen, um sie als modischen Schmuck oder auch als auf einer Ge-
betsschnur aufgereihte Kugeln zu verwenden.[523] Wenn die Beeren mit Korallen
verglichen werden, so scheint das ein Versuch zu sein, die Schönheit des Früchte
tragenden Buschs zu fixieren, den Prozeß von Wachstum und Vergängnis still-
zustellen. Damit werden aber die Beeren offenbar als tote Objekte angesehen,
die vor allem der Betrachtung oder auch der Meditation dienen.[524]

Aber der Vergleich mit dem „Korall" impliziert nicht nur diesen Verfremdungseffekt, sondern könnte auch zurückführen zu der Vorstellung eines Haselstrauchs,
denn wie es bei den Korallen die kristallisierten toten Körper sind, die von den
Menschen geschätzt werden, so beim Haselstrauch die am Ende seines jährli-
chen Wachstumsprozesses stehenden getrockneten Früchte, die Nüsse. In der
Forschung ist der Vergleich dagegen als Hinweis gelesen worden, daß eine ganz
bestimmte Art von Beeren und Pflanzen hier gemeint ist:

> Die Beeren sind Holderbeeren, die Röhren von Holz die hohlen Äste des
> Holunderstrauchs.[525]

So belehrt uns Binder und beansprucht damit, die Stelle restlos aufzuklären.
Zugleich ist Binder zufolge das Vorkommen eines Holunders wegen der engen
Verbindung zu Heimatvorstellungen, die dieser Pflanze in Hölderlins Gedichten
zukommt, ein klarer Beweis dafür, daß hier von der ‚heimatlichen Natur' die
Rede ist.[526] Nun wächst der Holunder oder Flieder tatsächlich als Strauch mit
Zweigen, die „mit einem weißen, weichen, elastischen Mark gefüllt"[527] sind, also
als „Röhren" bezeichnet werden können und an denen nach der Blüte violett-
schwarze Beeren hängen, deren Erscheinungsbild mit dem einiger Korallenarten verglichen werden kann. Aber *erstens* gibt es den Holunder nicht nur in
Deutschland, sondern (ebenso wie die anderen Elemente der ab Z. 30 entworfenen Naturbilder, also auch die Kirsch- und Nußbäume) in weiten Gebieten
Europas, so daß eine klare Eingrenzung auf deutsche Landschaften noch immer
nicht festzustellen ist. Vielmehr bringt der Vergleich mit dem (nur in südlichen
Meeren vorkommenden) „Korall" ein exotisches Element in das Bild, durch das
es von der Vorstellung einer vertrauten, heimatlichen Landschaft eher entfernt
wird. *Zweitens* reichen die Hinweise im Text nicht aus, den Strauch unzweifelhaft
als Holunder zu identifizieren; vielmehr könnte es sich beispielsweise auch um

---

[523] So Adelung (Bd. 2 [1808], Sp. 1718): „Man drehet unter andern kleine Kugeln daraus,
welche so wohl zu Pater=Nostern gebraucht, als auch zur Zierde um den Hals getragen werden
und gleichfalls Korallen heißen." Zedler (Bd. 6 [1733], Sp. 1211-1214) zeigt noch vielfältige
andere Nutzungsformen der Korallen auf, beispielsweise als Arznei.

[524] Das verkennt Jakob (1987, 325), wenn er in dieser Passage „sämtlich Zeichen irdischer
Fülle" wahrnehmen zu können meint.

[525] Binder 1970, 107, Anm. 62. Ähnlich Binder 1983, 363. Sattler (FHA Einl., 88, zu Z. 29;
Sattler 1981a, 292) übernimmt diese Annahme ebenso wie Binders Hinweis auf die autobiographische Funktion des ‚Holders' für Hölderlin als vertrauliche Form seines Familiennamens
wie (daran anknüpfend) als Bestandteil seines Wappens.

[526] Cf. Binder 1970, 107 und ibd., Anm. 62. Dort der Hinweis auf „Der Wanderer" („Horen"-
Fassung; FHA 6, 60, V. 64) und „An Thills Grab" (StA I.1, 83, V. 17).

[527] Baumeister et al. 1969, Bd. 5, 1049.

Johannis- oder Brombeeren handeln.[528] Selbst wenn man aber annimmt, daß es sich wahrscheinlich um Holunder handelt, so ist zu beachten, daß der Name der Pflanze (anders etwa als der der Kirsche) nicht genannt wird. *Drittens* schließlich verschleiert Binders Lektüre, daß auch das Bild des Beerenstrauches (von der Engführung mit dem Haselstrauch einmal ganz abgesehen) in sich merkwürdig widersprüchlich gestaltet ist: Keineswegs nämlich ist davon die Rede, daß die Beeren an den röhrenartigen Zweigen des Strauches hängen, wie es zu erwarten wäre, sondern sie hängen ‚an dem Strauche' selbst, und zwar ‚*über* Röhren von Holz'. Die Ortsbestimmung läßt darauf schließen, daß sich die hölzernen Röhren zumindest unterhalb der Beeren befinden (dann bleibt es immerhin möglich, daß die Beeren *auf* den Röhren, also den Zweigen, sitzen und daher über ihnen hängen), vielleicht aber sogar unterhalb des ganzen Strauchs. Letzteres aber hieße, daß die „Röhren von Holz" gar nicht zum Strauch hinzugehören, sondern zu seinen Füßen als tote Gegenstände (etwa ausgehöhlte Baumstämme) liegen. Nicht allein der „Korall", sondern auch die hölzernen Röhren bringen also ein Moment abgestorbenen Lebens in den Text, in dem es auf den ersten Blick allein um das als „Wunderbar" gepriesene pflanzliche Wachstum geht.[529]

In den Zeilen 36, 39 und 41 wird eine Naturidylle beschrieben, die in vielerlei Hinsicht ein Gegenbild zu der in den Zeilen 30, 32 und 33 entworfenen Szenerie darstellt. Während dort in einer weit ausgreifenden Bewegung ganze Landschaften evoziert werden (höher gelegene unbebaute Areale und Felslandschaften mit rauher Witterung, Gärten mit Kirschbäumen im geschützten Tal), wird hier ein einziger Ort vorgestellt, der dank einer oder mehrerer Quellen von üppiger Vegetation bedeckt ist. Auch hier herrscht ein Verhältnis von oben und unten, aber es wird nicht durch das abfallende und unregelmäßige Terrain hergestellt, sondern durch das pflanzliche Wachstum. Der Nußbaum, der stellvertretend für die sich hoch und ‚schlank' erhebenden Bäume stehen kann, ‚beugt' sich in einer Gegen-

---

[528] Mit derselben Sicherheit wie Binder behauptet Kasack: „die hier näher beschriebene kornartige Beere ist die [...] Avignonbeere (Gelbbeere)" (1920, 26) – also gerade keine Beerenart, die für den süddeutschen Raum typisch ist. Die Austauschbarkeit der Identifizierungen der „Beere, wie Korall" mit Realia zeigt, daß sie auf falschen poetologischen Voraussetzungen beruhen.

[529] Haverkamp (1991, 110) identifiziert – Sattler folgend (cf. ibd., Anm. 174) – die „Beere" ebenfalls als Holunderbeeren und sieht die Stelle sowie ihren Kontext als Vorgriff auf die spätesten Gedichte, insbesondere auf den „Kirchhof": Der mit „Vom Abgrund nemlich" beginnende Text sei „ein Fragment, das Andeutungen zu sammeln erlaubt, deren Topik der *Kirchhof* als begrenzter Bezirk hinter schützender Mauer befriedet" (ibd.). Die hier umgesetzte These, für die Sattler (1984) die Formel „al rovescio" geprägt hat, in Hölderlins Œuvre herrsche „eine eigenartige *introvertierte Intertextualität*, in der die spätesten bis auf die frühesten Gedichte zurückgehen" (Haverkamp 1991, 103), ist zwar für den Versuch, sich die Entwicklung des Werks verständlich zu machen, fruchtbar, für die Analyse der Einzeltexte aber nur bedingt tauglich. Haverkamps an anderer Stelle seines Buches vorgestellte Assoziation zu den ‚Beeren' geht einen entscheidenden Schritt über die ‚Introvertiertheit' von Hölderlins Werk hinaus: „Im leeren Nachbild überspannter Transzendenz, später Allegorie des alten Hölderlin, sammeln sich die Gegenstände der Versuchung und Verheißung neu und jenseits aller Überanstrengung: in *Laub voll Trauer* ‚Beeren, wie Korall', die Früchte Cezannes." (12)

bewegung wieder zurück über die Quellen. Eine vergleichbare Bewegung vollzieht sich unterhalb der Baumkronen auf der Ebene der Sträucher: Die Beeren
befinden sich zwar oberhalb der Zweige und am Boden liegender Röhrenhölzer,
aber sie ‚hängen' andererseits wieder herab und wenden sich damit dem Grund
und letztlich der das ganze Ensemble bewässernden Quelle zu. Statt Wildheit
und Entgrenzung herrscht in diesem Bild eine Atmosphäre von Geschlossenheit,
gegenseitiger Zuneigung und Intimität.

Allerdings ist diese Idylle bei genauerer Betrachtung voller innerer Spannungen,
Brüche und Widersprüche. Zudem weisen der Vergleich der Beeren mit Korallen
und das röhrenförmige Holz auf einen Zustand abgestorbenen Lebens hin, auf
den Tod, der ein unumgängliches Glied des Kreislaufs organischen Wachstums
und Verfalls ist. Die brüchigen und bedrohlichen Aspekte der Quellenidylle lösen
diese jedoch nicht etwa auf, sondern berauben sie nur ihrer Künstlichkeit und
Abgeschlossenheit und nähern sie einer in sich differenzierten Naturvorstellung
an. In einer komplementären Bewegung ist in der vorangehenden Beschreibung
nicht etwa bloß die rauhe Wildnis dargestellt, sondern in sie eingelagert findet
sich das Bild „Meiner Gärten. Kirschenbäme.", das eine Zone der Ruhe und Kultiviertheit inmitten der chaotischen und bedrohlichen Naturlandschaft umreißt.

Zwischen den beiden gegensätzlichen und doch miteinander vereinbaren Naturbeschreibungen steht „in der Mitte der, der von sich sagt: Allda bin ich alles
miteinander."[530] Das artikulierte Ich stellt sich Binders Analyse zufolge nicht
nur in die Mitte der von ihm geschilderten Landschaften, sondern zugleich auch
in die Mitte der Sätze, die diese Landschaften zum Gegenstand haben.[531] Demnach bezieht sich das „Allda" nicht nur rückwärts auf Hügel, Gärten und Fels,
sondern proleptisch auch auf das Ensemble von Quellen, Nußbaum und Beerenstrauch. Das Ich wähnt sich also auch in der Idylle und verleibt sie sich
im gleichen Atemzug ein. Damit ist sein Allmachtsanspruch noch weiter ausge-
dehnt, aber er verfällt nichtsdestoweniger den oben aufgezeigten Widersprüchen
und Aporien.

Die zentrale Position des Ich inmitten der gegensätzlichen Landschaftsformen
entspricht aber nur der einen Seite der im Text aufgebauten Konstellation, der
räumlichen, die den Text als gleichzeitig gegebenes Nebeneinander von Sätzen
und anderen Elementen ansieht. Dieser entgegen wirkt die Seite des zeitlichen
Verlaufs, die den Text trotz aller Brechungen und Unklarheiten als syntagmatischen Zusammenhang, als Abfolge von Wörtern und Sätzen betrachtet. Unter
dieser Perspektive kann sich der Satz „Allda bin ich / Alles miteinander." nur auf
das vorher Gesagte beziehen, und die folgenden, mit „Wunderbar / Aber" anhe-

---

[530] Binder 1983, 359.

[531] Allerdings legitimiert das nicht die folgende Spekulation Binders: „Wäre das Gedicht
vollendet, dann stünden diese Worte vermutlich genau in der Mitte; denn in allen großen
Gedichten verfährt Hölderlin so, daß er die zentrale Aussage wie ein Geheimzeichen in den
Mittelvers rückt." (Binder 1983, 363) So kann man nur reden, wenn man die in dem Satz
„Allda bin ich / alles miteinander." lagernde Sprengkraft nicht wahrnimmt.

benden Sätze setzen sich von den Allmachtsphantasien des Ich vehement ab.[532]
Die hybride Selbsteinschätzung des Ich erweist sich so gesehen als eine transitorische, und zwar um so mehr, je weiter sich der Textverlauf von ihr entfernt,
um schließlich – wie sich zeigen wird – gegen Ende des auf dieser Seite entworfenen Textzusammenhangs zu neuen Selbstbestimmungsversuchen eines Ich
überzugehen. Erst wenn man beide Perspektiven gleichermaßen berücksichtigt,
den Satz „Allda bin ich / Alles miteinander." also in seiner zentralen Position wie
in seinem transitorischen Charakter ernst nimmt, erfaßt man den vorliegenden
Textabschnitt in seiner ganzen Komplexität.

Zusammengenommen entwerfen die ersten sieben Zeilen des linearen Textes unterhalb des Stichworts „Germania" ein äußerst vielgestaltiges Bild von Natur-
landschaften. Möglicherweise handelt es sich dabei um die Beschreibung einer
einzigen Region; und diese Region könnte Schwaben sein. Beide Annahmen sind
aber nicht zwingend. Es findet sich weder ein geographischer Name noch ein
einziges Element, das nur der Landschaft im deutschen Südwesten zugehören
könnte (während beispielsweise einige der auf der gegenüberliegenden Seite beschriebenen Gebirge relativ eindeutig zu identifizieren waren). Es kann zusammenfassend nur gesagt werden, daß in diesem Abschnitt von Landschaften die
Rede ist, die allein in einem gemäßigten Klima entstehen können, wie es sich
beispielsweise in Mitteleuropa findet. Aber schon im Hinblick auf die erste der
hier untersuchten Seiten (cf. I, Z. 33-37) wurde gezeigt, daß es auch in Südwestfrankreich Zonen gibt, in denen gemäßigte Witterung und große Fruchtbarkeit
herrschen, Zonen, die ein Gefühl von „Heimath" (I, Z. 33) vermitteln können.

Das auf der Seite 73 entworfene Bild südfranzösischer Natur zeichnet sich durch
ein unmittelbares Nebeneinander der krassesten Gegensätze aus. Auf der vorliegenden Seite dagegen werden die Naturbilder nicht in dieser extremen Form
gegeneinander gesetzt, sondern zu Ensembles zusammengestellt, deren Elemente
zumindest in einigen Aspekten (wie der Zugehörigkeit zu Klimazonen) zueinander passen. Das Stichwort „Germania" in der Mitte des Textmaterials erweist
sich auch in dieser Hinsicht als Scheidelinie: Die Szenerie der Zeilen 30 bis 41
tritt trotz ihrer inneren Gegensätze deutlich den Landschaften gegenüber, die
oberhalb der Seitenmitte skizziert sind. Zwar gibt es auch dort ‚Gärten' (Z. 17);
dominierend aber sind die bedrohlichen Bereiche Abgrund und Wüste sowie die
allgegenwärtige Hitze und das sengende Licht der Sonne. Diese extremen Kli-
maverhältnisse ermöglichen so gut wie kein pflanzliches Wachstum; und so ist
in der oberen Hälfte der Seite von keiner einzigen Pflanze die Rede, während in
den letzten sieben Zeilen eine neben die andere gereiht wird. Dagegen wurden
am Textbeginn Tiere genannt (Löwe und Hund), die in der Wüstenlandschaft
mehr oder weniger gut leben können. Der Löwe wurde mit dem zuvor eingeführten Wir gleichgesetzt, der Hund mit der orientierungslos umgehenden Stimme
des Ich. In der hier entworfenen Landschaft dagegen kommen keine Tiere mehr
vor; das Ich setzt sich mit unerhörtem Selbstbewußtsein in die Mitte der Natur

---

[532] Jakob (1987, 325) betrachtet in seiner Analyse der Passage allein diesen Verlaufsaspekt.

und duldet offenbar keine anderen Wesen mehr neben sich. Beide Selbstbestimmungen eines Ich, die haltlose Demut wie die autoritäre Selbstübersteigerung, vermögen nicht zu überzeugen und erweisen sich als unhaltbar. Zu suchen wäre im weiteren Verlauf des Textes nach einem Ausgleich zwischen diesen Positionen des Ich oder aber – sofern letzterer wegen der Unvereinbarkeit der Extreme nicht möglich ist – nach einem dritten Weg, der die Möglichkeit eines ausgewogenen und zukunftsträchtigen Verhältnisses zwischen dem Ich, seinen Mitmenschen und seiner Umwelt aufzeigen könnte.

Z. 35-40 (Bruchstück, rechts)

Auf gleicher Höhe mit den zuletzt untersuchten dreieinhalb Zeilen, nur etwas enger zusammengedrängt, finden sich nahe dem rechten Seitenrand folgende Zeilen:

> Aber schreeg <?> geht neben
> Bergen der Frohe weg.
> Rechts liegt
> aber der Forst.   (Z. 35, 37, 38, 40)

Die Kürze dieser Zeilen, insbesondere die Zeilenbrechung hinter „neben" und „liegt", ist, wie ein Blick in die Handschrift lehrt, wohl vor allem aus den in diesem Bereich der Seite herrschenden beengten räumlichen Verhältnissen heraus entstanden.[533] Noch zu klären ist dagegen, ob die beiden Sätze zusammengehören und in welchem Verhältnis sie zum linearen Text stehen. Die Dichte, mit der dessen Zeilen aufeinanderfolgen, könnte den Autor bei der Niederschrift dazu gezwungen haben, neu einzufügende Zeilen am rechten Rand zu notieren. Ob es sich bei den vorliegenden Segmenten um solche unmittelbaren Textergänzungen handelt oder aber (wie bei dem meisten am rechten Rand notierten Material) um eigenständige Bruchstücke, kann, da eindeutige graphische Indizien für etwaige Einfügungsstellen fehlen[534], allein die inhaltliche Analyse der vier Zeilen erweisen.

Auch bei diesen Segmenten allerdings sind zunächst elementare Entzifferungsprobleme zu lösen. Einig sind sich alle Editoren darüber, daß das zweite und dritte Wort der ersten Zeile vom Autor in sich korrigiert wurden; dabei entstand „geht" aus ‚geben'. Bei dem davorstehenden Wort sind jedoch die Richtung und das Ergebnis der Korrektur umstritten: Beißner nimmt eine Verschreibung ‚schweg' an, die zu „schwer" korrigiert worden sei, Sattler einen Wechsel

---

[533] So auch Sattler in FHA Einl., 88, zu Z. 25 und 27.

[534] „Ein unter ‚Allda' gesetzter, kräftiger Punkt" (FHA Einl., 88, zu Z. 27), den Sattler als Einfügungszeichen wertet, ist eindeutig ein Tintenfleck; ansonsten bietet Sattler (ibd., besonders zu Z. 25) nur fragwürdige biographisch-geographische Spekulationen zur Begründung seines Textkontamination an. Noch weniger vermag Sattlers späterer Vorschlag zu überzeugen, zuerst habe ‚Rechts liegt aber der Forst.' den Text ergänzen sollen, dieses sei aber später gestrichen und durch ‚Aber schwer geht neben Bergen / Der Frohe weg.' ersetzt worden (cf. Sattler 1981a, 305). Die von Sattler behauptete „kaum noch sichtbare, zwischen *der* und *Forst* von oben nach unten führende Streichung" (ibd.) ist, wie ich an der Original-Handschrift noch einmal überprüft habe, eine Knitterfalte im Papier!

von ‚schreg' zu „schwer", Uffhausen dagegen liest zunächst ein mutmaßliches ‚schwer', aus dem dann ein „schreeg" geworden sei. Mir scheint diese Annahme am plausibelsten zu sein, denn in dem *g* am Wortende ist keinerlei Tilgung zu entdecken, die erforderlich gewesen wäre, um gegebenenfalls die Verwerfung von „schreeg" zu dokumentieren. Allerdings muß angesichts der unsicheren Situation die Variante ‚schwer' in die Analyse mit einbezogen werden.

Ganz am rechten Seitenrand unterhalb von „neben" findet sich ein Zeichen, das Uffhausen als ‚den' liest (so daß sich ‚neben den / Bergen' ergibt)[535], Sattler einmal als Einfügungszeichen für „Bergen" am Schluß der Zeile[536], in der neuesten Umschrift aber zu Recht als unentzifferbar deklariert. Schließlich hat Uffhausen abweichend von allen anderen Ausgaben die Lesung ‚Rechts liegt *oben* der Forst.'[537] Dieser Vorschlag muß angesichts der vielen Notationen von „aber", die mit der hier vorliegenden beinahe identisch sind, eindeutig verworfen werden – so daß sich, alles zusammengenommen, der oben zitierte Text ergibt.

Wer ist der „Frohe"[538], von dem hier die Rede ist? Es muß sich entweder um eine Person oder um eine personifizierte Naturerscheinung handeln. Wenn das Segment nicht isoliert für sich steht, so gibt es in diesem Bereich der Seite weit und breit nur eine Person, auf die sich das substantivierte Adjektiv beziehen könnte: das Ich, das sich selbst zur universellen Instanz erhebt. In einem Prozeß der Selbstdistanzierung wäre es hier somit in eine dritte Person verwandelt. Auch die Anwesenheit „Allda" scheint aufgehoben: Der „Frohe" ist nicht einfach, sondern er geht weg, verschwindet, und zwar nicht einmal auf dem geraden Weg, sondern ‚schräg neben' Bergen. Das einleitende „Aber" könnte ein Zeichen dafür sein, daß tatsächlich ein adversativer Anschluß an den Satz „Allda bin ich / Alles miteinander." intendiert ist, also eine alternative Fortsetzung zu dem nebenstehenden, mit „Aber über Quellen" beginnenden Text. Unter dieser Voraussetzung ist es jedoch nicht zwingend, daß der „Frohe" mit dem Ich identisch ist; vielmehr könnte es sich auch um eine neu eingeführte Gestalt handeln, mit der gerade ein Gegenentwurf zu dem Ich versucht wird. Die gänzlich abweichenden Aussagen, die über die beiden Personen gemacht werden, lassen diese Lesart als plausibler erscheinen. Demnach wird dem Ich, das die ganze es umgebende Natur vereinnahmt, eine Figur entgegengestellt, die sich bewegt, und zwar auf ungeradem Wege in die Ferne, ins Ungewisse. Der Weggehende wird nicht als Scheiternder, sondern als ‚Froher' charakterisiert. Dabei ist nicht auszumachen, aber auch nicht entscheidend, ob er seine freudige Grundstimmung trotz des

---

[535] Uffhausen 1989, 147, Z. 13f.

[536] Cf. Sattler 1981a, 305.

[537] Cf. Uffhausen 1989, 147, Z. 15.

[538] Beck (1982, 115) schlägt hier als alternative Lesung vor, statt ‚Frohe' abermals ‚Forst' zu lesen. Vergleicht man jedoch die Notation der beiden Wörter, so erscheint dieser Vorschlag als nicht sehr plausibel. Ebensowenig scheint es mir ausgemacht zu sein, daß hier eindeutig vom Vorland der Schwäbischen Alb die Rede sei, wie Beck (ibd.) meint.

Verlusts der vertrauten Umgebung bewahrt[539] oder ob er froh gerade darüber
ist, das Gewohnte hinter sich zu lassen und auf krummen Wegen Neues zu entdecken. Von Freude ist dagegen in der raumgreifenden Geste des Ich nichts zu
verspüren. Die Verknüpfung der beiden Sätze scheint also folgende Konsequenz
nahezulegen: Nur wer nicht „Allda" und auch nicht „Alles miteinander" sein
will, sondern weggehen, Vertrautes hinter sich lassen und Geliebtes aufgeben
kann, kann zum ‚Frohen' werden. Schon an dieser Stelle, direkt neben dem Satz,
in dem die ungeheuerliche Selbsteinschätzung des Ich zur Sprache kommt, wird
diese Position also implizit kritisiert oder zumindest relativiert.

Allerdings ist damit die Bedeutungsbreite des hinzugesetzten Segments noch
längst nicht erschöpft. Die plötzlich auftauchende Figur des ‚Frohen' hat durch
den spannungsgeladenen Bezug auf das Ich nichts von ihrer Rätselhaftigkeit
verloren: Handelt es sich um einen Menschen, einen Gott oder ein personifiziertes
Naturphänomen? Möglicherweise kann eine Parallelstelle aus der ‚Ister'-Hymne
helfen, den Satz besser zu verstehen:

> Und warum hängt er
> An den Bergen gerad? Der andre
> Der Rhein ist seitwärts
> Hinweggegangen.   (StA II.1, 191, V. 46-49)

Die Rede ist von der Donau, dem „Ister" selbst. Der Fluß wird als männliche
Person vorgestellt, der Verlauf des Flusses als intentionales „kommen" (V. 43)
und „gehen" (V. 42). Daß die Donau ‚gerade an den Bergen hängt' (nicht nur
‚an ihnen haftet', sondern auch ‚ihnen besonders verbunden, von ihnen abhängig
ist'), kann als Veranschaulichung ihres Oberlaufs verstanden werden, der an der
Schwäbischen Alb und am Bayerischen Wald entlang führt. Diese von der Donau
und den parallelen Gebirgszügen markierte ‚gerade' Ost-West- bzw. West-Ost-
Achse strukturiert, wie meine Analyse erwiesen hat, auch das große Landschaftsbild auf der gegenüberliegenden Seite (II, Z. 21-41). An der zitierten ‚Ister'-Stelle
aber wird dieses gradlinige Verhalten des Flusses dadurch in Frage gestellt, daß
es mit dem ‚des andren, des Rheins' konfrontiert wird, ‚seitwärts hinweggegangen' zu sein, also sich in einer schroffen Biegung (es kann die am Anfang des
Bodensees oder die bei Basel gemeint sein) von den Bergen abgewandt zu haben.

Es ist nicht auszuschließen, daß auch an der hier zu untersuchenden Stelle dieser
oder ein ähnlicher Sachverhalt ausgedrückt werden soll, daß mit dem ‚Frohen'
also der Rhein oder ein Fluß mit einem ebenso ungeraden Verlauf gemeint ist.
Daß dem Rhein nicht nur Eigenwilligkeit, sondern auch extreme Emotionen zugeschrieben werden, ist aus der „Rhein"-Hymne bekannt, in der der Fluß als
Halbgott eingeführt wird: „Drum ist ein Jauchzen sein Wort." (V. 61)

Der Unterschied der vorliegenden Stelle zu den genannten aus den beiden komplementären Flußhymnen besteht allerdings darin, daß hier ein determinieren-
der Kontext fehlt, der sicherstellen könnte, daß tatsächlich von einem Fluß die

---

[539] In diese Richtung deutet die Variante ‚schwer', die jedoch nach meiner Lesung durch das
„schreeg" überlagert wurde.

Rede ist, denn auf der ganzen Seite (wie auch auf der nebenstehenden) sind bis jetzt (und auch im folgenden) keinerlei Flüsse oder Bäche genannt. Zwar isoliert die Interpretation des ‚Frohen' als halbgottähnlicher Rhein das Segment nicht völlig von dem Kontext des nebenstehenden linearen Textes, aber sie betont die Distanzierung des ‚Frohen' von den übrigen Naturszenen: Weder in die All-Anwesenheit noch in ein begrenztes Ensemble von Landschaften läßt er sich einspannen, denn er ist vor allem der sich auf ungeradem Wege Entfernende. Eine der Äußerungsformen dieses Sich-Entziehens ist auch die Nichtfestlegbarkeit des ‚Frohen' auf ein bestimmtes Naturphänomen oder auf einen Namen wie ‚der Rhein'.[540]

Das Segment muß daher – trotz oder gerade wegen der hier im Gegensatz zu anderen Randzusätzen gegebenen Möglichkeit, Bezüge zum linearen Text herzustellen – in seiner Eigenständigkeit ernst genommen werden. Die Identifikation des ‚Frohen' als selbstdistanzierende Maske des Ich, als dessen Gegenspieler oder als Halbgott Rhein geht letztlich nicht überzeugend auf. Die Gestalt des ‚Frohen', ihr Auftauchen und ihr Verschwinden bleiben rätselhaft. Ich lese den Satz daher als eine eigene kleine Geschichte, die mit den umgebenden Naturszenarien nur locker verbunden ist und sich ihren Kontext selbst schafft: durch die Assoziationen, die sie bei jedem Rezeptionsakt auslöst.

Zum Kontext des ersten der beiden Sätze gehört aber ganz unmittelbar der zweite, „Rechts liegt / aber der Forst." Auch dieser setzt sich durch die in den Texten dieser Seite überdurchschnittlich oft gebrauchte Konjunktion „aber" von etwas Vorangehendem ab, möglicherweise also von der Aussage über den Weggang des ‚Frohen'. Damit könnte dessen Weg noch genauer als einer beschrieben sein, der zwischen Wald und Bergen hindurchführt; damit würde das „aber" hier als eine bloß reihende Konjunktion verstanden, deren adversative Bedeutung verblaßt ist.

Das Moment des Gegensatzes kommt dagegen mehr zum Tragen, wenn man den Satz auf den linearen Textzusammenhang bezieht. Anders als bei der rätselhaften Aussage über den ‚Frohen' scheint mir ein Anschluß des Satzes „Rechts liegt / aber der Forst." an jeden der Sätze innerhalb der ersten sieben Zeilen unterhalb des Stichworts „Germania" möglich zu sein. Das liegt daran, daß es sich bei diesem Zusatz um eine konkrete Ortsangabe handelt, die auf irgendeine andere, vorangehende Ortsangabe Bezug nimmt: Mit der relativen Ortsbestim-

---

[540] Sattler hält diesen und den folgenden Satz zwar auch für eine Beschreibung konkreter Naturphänomene; er liest sie aber als „topographisch exakte[ ] Beschreibung der Stelle, an welcher das schmale Plateau der Teck nach Süden hin abbricht" (FHA Einl., 88, zu Z. 25). Das entscheidende Manko dieser Deutung, die ansonsten nicht völlig unplausibel ist, liegt darin, daß sie die rätselhafte Gestalt des ‚Frohen' nicht analysiert, sondern offenbar unterstellt, daß es irgendein Bergwanderer ist (vielleicht gar der Autor oder ein ihm nachfolgender Leser?), der den schönen Ort mit einigen Mühen und vielleicht schweren Herzens verläßt. Völlig unhaltbar ist Sattlers (1981 von ihm schon wieder verworfene) These, das einige Zeilen weiter unten im linearen Textzusammenhang notierte Segment „Aus denen" (Z. 42) sei als adverbiale Bestimmung auf „Bergen" zu beziehen (FHA Einl., 88, zu Z. 25).

mung „Rechts" lokalisiert das sprechende Subjekt den „Forst" innerhalb seines
Gesichtsfeldes auf der ‚rechten' Seite; und diese Positionsbestimmung ist auf
jedes der im linearen Text entworfenen Bildelemente projizierbar. Der „Forst"
könnte demnach rechts von Hügel und Gärten, rechts von den Kirschbäumen,
rechts von den Löchern des Felsens oder aber rechts von der um die Quellen
versammelten Gruppe von Nußbaum und Beerenstrauch liegen. Diese scheinbar
universelle Beziehbarkeit hat aber eine Kehrseite: Gibt es keinen festgelegten
Bildausschnitt und Blickwinkel, so verliert die Ortsbestimmung ‚rechts' ihren
Sinn; dreht man sich im Kreise, so kann alles, was das Auge erfaßt (und damit
nichts), rechts, links oder in der Mitte liegen.

Der Verlust aller Maßstäbe ist es auch, der den Satz „Allda bin ich / Alles miteinander." der Sinnlosigkeit annähert. Versucht man, die Aussage „Rechts liegt /
aber der Forst." auf diesen Satz zu beziehen, so wird die Omnipräsenzphantasie
des Ich in ein ironisches Licht gerückt: In einem „Allda" kann es eigentlich kein
Rechts und Links geben; und im „Alles miteinander" gehen die einzelnen Bestandteile der Wirklichkeit unter. Wenn dieser totalisierten Vorstellung eine so
konkrete Ortsbestimmung wie „Rechts liegt / Aber der Forst." entgegengestellt
wird, so tritt ein weiteres Mal deutlich zutage, daß die All-Aussage doch nicht
alles umfassen kann und damit unhaltbar ist.

Das Segment „Rechts liegt / aber der Forst." kann also sowohl an den Satz „Aber
schreeg geht neben / Bergen der Frohe weg." als auch an jedes der im linksbündigen Text in diesem Bereich der Seite entworfenen Naturbilder angeschlossen werden. Denkbar ist darüber hinaus, daß die beiden Randzusätze in umgekehrter
Reihenfolge zu lesen sind und die Aussage über den „Forst" möglicherweise eine
Verbindung zwischen dem linearen Text und der Rede vom ‚Frohen' herstellt.
Aber diese nahezu beliebige Kombinierbarkeit geht zu Lasten der Signifikanz:
Zu den vielen im linksbündigen Text genannten Landschaftselementen kommt
ein Wald, der, aus irgendeiner nicht näher zu bestimmenden Perspektive gesehen, ‚rechts' innerhalb eines Bildausschnitts oder von etwas anderem liegt. Damit
werden die im umgebenden Text entworfenen Landschaftsblder nur unwesentlich
bereichert.

Z. 42-47 (linearer Text)

Aus <?> denen
Ursprünglich aus Korn, nun aber zu gestehen,
Bis zu Schmerzen aber der Nase steigt
Citronengeruch auf und der Öel, aus der Provence,   (Z. 42f., 45, 47)

Mit diesen – wiederum linksbündig notierten – Zeilen beginnt das untere Viertel
des auf dieser Seite entworfenen Textmaterials, das sich – das sei vorweggenommen – dadurch auszeichnet, daß die syntaktischen Bezüge und im weiteren auch
die Zusammengehörigkeit und Abfolge der Segmente zunehmend undurchschau-
barer werden. Der Kontrast zu den ersten sieben Zeilen unterhalb des Stich-

worts „Germania" ist besonders kraß, da dort im wesentlichen klar gegliederte[541]
Hauptsätze parataktisch aneinandergereiht sind, während die nun zitierten Zei-
len sich durch den Versuch einer hypotaktischen Gliederung auszeichnen, der in
Undurchsichtigkeit endet.

Die Probleme beginnen bereits mit der merkwürdig kurzen Zeile „Aus denen",
deren syntaktische Fortsetzung zunächst schwer auszumachen ist, so daß die Annahme einer Textlücke naheliegt und die Versuchung aufkommt, diese hypothetisch zu füllen. Das Relativ- oder Demonstrativpronomen muß sich (wenn man
keine leere Deixis annehmen will) auf eine zuvor genannte Pluralform beziehen.
Syntaktisch am naheliegendsten ist der Bezug auf die unmittelbar vorangehenden „Röhren von Holz" (Z. 41); man könnte dabei „an Brunnenrohre denken,
aus denen Wasser quillt"[542] Nicht auszuschließen ist jedoch auch ein Rückbezug
auf „Beere, wie Korall" (Z. 39) oder auf „Quellen" (Z. 36). Im letzteren Falle
könnte das „Aus denen" ebenfalls auf die Herkunft des Wassers hinweisen. Sind
die ‚Beeren' gemeint, so könnte etwas „Aus denen" aufsteigen (etwa ein Geruch)
oder hergestellt sein (beispielsweise eine Konfitüre). Alle drei Bezüge sind also
inhaltlich möglich; aber ohne eine Konkretisierung durch den Kontext bleibt das
Segment „Aus denen" vieldeutig und ohne klar konturierten Sinn.[543]

Die folgende Zeile beginnt mit weiteren Umstandsbestimmungen: „Ursprünglich
aus Korn". Die artikellose Singularform „Korn" macht es sehr wahrscheinlich,
daß das ‚aus' hier auf ein Material (nämlich das Getreide) vor der Verarbeitung verweist und nicht auf den Ausgangspunkt einer Bewegung (das Kornfeld
zum Beispiel). Die abermalige Verwendung der Präposition bietet einen Ansatzpunkt, die beiden Segmente in Beziehung zueinander zu setzen: Etwas, was
„Ursprünglich aus Korn" hergestellt wurde, wird nun aus etwas anderem gewonnen, nämlich „Aus denen". In diesem Zusammenhang erscheint nur „Beere" als
Bezugswort für „denen" als plausibel.[544] Beispielsweise könnte ein alkoholisches
Getränk gemeint sein, das früher aus Getreide gebrannt, nun aber aus Beeren
destilliert wird. Etwas „aus Korn" zu machen, wird dabei durch das Wort „Ursprünglich" nicht nur als eine frühere Gewohnheit charakterisiert, sondern als der
Ursprung solcher Verfahren selbst. Ob dieser im Text nur sehr vage und brüchig
vorgetragenen These, die ihren Platz in einer Geschichte der Landwirtschaft ha-

---

[541] Wenn man annimmt, daß das „und sich" in Z. 39 zu ‚sich und' konjiziert werden sollte,
gibt es in diesen Zeilen kein gravierendes syntaktisches Problem.

[542] So Binder 1983, 363, der allerdings diese Möglichkeit verwirft und allein den Bezug auf
„Beere" für möglich hält – aus textgenetischen und interpretatorischen Überlegungen heraus,
die gleichermaßen angreifbar sind.

[543] Uffhausen (1989, 147, Z. 10) ist darin zuzustimmen, daß das Segment eventuell auch
‚Auf denen' lautet (die Notation des Auslauts liegt zwischen der eines *s* und eines *f*). Damit
vermehren sich die möglichen Bezüge dieses Bruchstücks noch weiter. Auf Uffhausens delikate
Idee, „Holz" sei hier als Spitzname für ‚Hölderlin' zu verstehen und es sei daher „vielleicht,
dem Sinn nach zu ergänzen: ‚Aus denen <die Knaben Flöten geschnitzt>' oder ‚Auf denen
<die Knaben (Flöte) gespielt>' oder dergleichen" (Uffhausen 1986a, 148), gehe ich allerdings
nicht ein.

[544] Diesen Interpretationsstrang hält Binder (1983, 363) zu Unrecht für den einzig möglichen.

ben könnte, eine weitergehende kulturhistorische Bedeutung zukommt, wie das
in anderen Texten Hölderlins der Fall ist, die den Weinbau zum Gegenstand
haben[545], läßt sich zunächst nicht ausmachen.

Es ist jedoch nicht zwingend, daß die beiden ‚aus' in gleicher Weise verwendet sind; nach wie vor ist es möglich, das erste lokal zu verstehen, auch wenn
das zweite auf ein Material verweist. Denkbar ist darüber hinaus, daß das Segment „Ursprünglich aus Korn" sich kontrastierend auf den Schluß der vorletzten
Zeile zurückbezieht: Die „Röhren von Holz" wären demzufolge „Ursprünglich aus
Korn" gewesen, eine ungewöhnliche These, in der, wie es scheint, die Metamorphose von Getreidehalmen in die – allerdings ebenfalls hohlförmigen – Zweige
und Äste anderer Pflanzen behauptet wird.

Das auf „Ursprünglich aus Korn," folgende Segment „nun aber zu gestehen," (in
dem sich bereits das zehnte ‚aber' auf dieser Seite findet) deutet dagegen eher
darauf hin, daß der Gegensatz zwischen dem ‚ursprünglichen' Zustand und dem
„nun" herrschenden innerhalb dieser Zeile 43 konstruiert wird und die darüberstehenden Zeilen nicht in diesen Zusammenhang gehören. Allerdings geht die
Erwartung nicht auf, daß nach dem „nun aber" das Material genannt würde, aus
dem in der Gegenwart im Gegensatz zu dem ‚ursprünglich' benutzten „Korn"
etwas bisher Ungenanntes gefertigt wird (‚Ursprünglich aus Korn, nun aber aus
X'). An die Stelle der Materialbezeichnung tritt der Infinitiv „zu gestehen", mit
dem, wie das dahinterstehende Komma signalisiert, das Syntagma bereits abgeschlossen ist; und tatsächlich folgt auch in der nächsten Zeile kein weiteres ‚aus'.
Damit kann das „nun aber" unmittelbar auf „zu gestehen" bezogen werden, so
daß die zweite Zeilenhälfte als ein verkürzter Satz zu lesen ist: ‚Es ist nun aber
zu gestehen' oder ‚um es nun aber zu gestehen'. In dieser Wendung äußert das
in diesem Text sprechende Subjekt seine Verlegenheit darüber, daß es offenbar
nicht möglich ist, den Text in der Richtung fortzuführen, die zuvor angedeutet
worden ist. Der Gegensatz zwischen „Ursprünglich" und „nun aber" beschränkt
sich also nicht auf die Ebene der poetisch erzählten Geschichte, sondern er bricht
die im Rahmen der Kulturhistorie für möglich gehaltene Kontinuität auf und
markiert einen Riß nicht nur zwischen „Einst und Jezt", sondern zwischen der
früher gegebenen Möglichkeit, Geschichten zu erzählen und die Natur poetisch
zu beschreiben, und der „nun" eingetretenen Unfähigkeit dazu, die das poetische
Subjekt zu einem ‚Geständnis' seines Unvermögens zwingt.[546]

„Bis zu Schmerzen aber der Nase steigt / Citronengeruch auf", lautet der sich an
die Geste des Eingestehens anschließende Satz. Auch hier äußert sich ein Subjekt
unmittelbar, ohne daß es sich jedoch als ‚ich' bezeichnete. Die „Schmerzen", von
denen die Rede ist, lassen einer solchen Setzung des Subjekts keinen Raum, sie
verdrängen die Ich-Instanz und erlauben nur den Ausdruck der Empfindung und
des mit ihr verbundenen Leidens. Es ist aber weder eine Krankheit noch eine

---

[545] Cf. Behre 1987, 63-74.
[546] Diese dramatische Entwicklung verkennt Binder, wenn er schlicht behauptet, das Segment
deute „auf etwas Neues" (Binder 1983, 363).

Verletzung, die die Schmerzen hervorruft, sondern der aufsteigende „Citronengeruch". Die Zitronenfrucht besteht bekanntlich überwiegend aus Flüssigkeit, die
intensive Aromastoffe und einen außerordentlich hohen Anteil an Zitronensäure
enthält.[547] Wem einmal beim Öffnen der Frucht der Saft ins Gesicht gespritzt ist
oder wer den ausgepreßten Saft unverdünnt und in einem Zuge getrunken hat,
weiß, daß der Geruch und Geschmack der Zitrone tatsächlich ‚bis zu Schmerzen der Nase steigen' können. Allerdings ist hier von einem aktiven Zugriff des
Subjekts auf die Zitrusfrüchte nicht die Rede; vielmehr scheint der „Citronengeruch" ohne einen solchen Auslöser aufzusteigen und beim Subjekt schmerzhafte
Empfindungen auszulösen. Möglicherweise ist es also nicht der Saft, aus dem
der intensive Geruch aufsteigt, sondern die Frucht als ganze, in deren Schale
ein stark duftendes, ätherisches Öl enthalten ist, oder sogar der ganze Zitro-
nenbaum, an dem nicht erst die Früchte, sondern bereits die Blütenblätter Aromastoffe verbreiten.[548] Der Duft der Zitronenblüte und der Früchte vor oder
nach der Ernte wird aber gemeinhin – soweit er nicht wie in heutiger Zeit durch
chemische Behandlungen zerstört ist – eher als sehr angenehm und nicht als
bedrängend oder gar schmerzhaft empfunden. So wird das „Land, wo die Zitronen blühn / Im dunkeln Laub die Gold-Orangen glühn," in Mignons Lied
zu Beginn des dritten Buches von ‚Wilhelm Meisters Lehrjahren' als Region besonders milder und angenehm warmer Witterung ausgezeichnet und mit ‚Italien'
identifiziert.[549] Wenn hier der Duft der Zitronenhaine oder der bereits geernteten
Früchte als bedrängend, ja schmerzhaft dargestellt wird, so deutet das auf eine
ungewöhnliche Intensivierung der sinnlichen Prozesse hin: Nicht nur der Geruch
selbst, sondern auch die Wahrnehmungsmedien, die „Nase" und das Geruchsvermögen, haben sich weit über das in der Naturwahrnehmung gewohnte Maß
hinaus gesteigert.[550] Wichtig ist in diesem Zusammenhang, daß Gerüche diejenigen Sinneseindrücke sind, denen wir uns am schwersten entziehen können: Wir
können zur Not die Augen vor unangenehmen Anblicken verschließen und uns
bei unerträglichem Lärm die Ohren zuhalten, aber uns kaum auf Dauer gegen

---

[547] Cf. Baumeister et al. 1969, Bd. 4, 811.

[548] Cf. Baumeister et al. 1969, Bd. 4, 809 und 811. Bereits Zedler (Bd. 6 [1733], Sp. 174-180
[s. v. Citronen=Baum]) gibt eine detaillierte Beschreibung aller Teile des Zitronenbaums und
der von ihnen ausgehenden sinnlichen Reize: Die Blätter seien „von gar starckem Geruch" (Sp.
174), die Schale der reifen Frucht habe „einen lieblichen Geruch und würzhafften, scharffen
Geschmack" (ibd.), der Fruchtkern „ist mit einem sehr angenehmen, sauren Saft erfüllet"
(ibd.). Zedler stellt außerdem die umfassende Nutzung aller Teile der Frucht dar (ibd., Sp.
178-180).

[549] Cf. Goethe SW 7, 155f. In den ‚Wanderjahren', die freilich erst anderthalb Jahrzehnte nach
der Entstehung des hier untersuchten Textes veröffentlicht wurden, wird die Italiensehnsucht
des Mignon-Liedes in einer wehmütigen Reprise noch einmal durchgespielt; cf. Goethe SW 8,
248-261.

[550] Sattlers weitergehende Assoziationen, die Zitronen seien „bei Leichenbegängnissen in
der Sommerhitze" (Sattler 1981a, 293) gebraucht worden und deuteten daher auf die
„Ausdünstung einer Totenlandschaft" (ibd.) hin, unter der man sich wiederum „das Wissenschaftliche, etwa der Theologie" (ibd.) vorzustellen habe, entbehren jeder textlichen
Grundlage.

die Gerüche zur Wehr setzen, die in der von uns zum Atmen benötigten Luft liegen. Wer also über ein gesteigertes Geruchsvermögen verfügt, ist in bestimmten Situationen zugleich mit ihm geschlagen. Der Geruchssinn kann daher exemplarisch für eine Konstellation von Subjekt und Objekt der Wahrnehmung stehen, in der die beiden Sphären sich eng berühren oder sogar durchdringen und daher nicht scharf voneinander getrennt werden können. Diese Vermischung geht zu Lasten des Subjekts, das sich nur als eine distinkte, von der Außenwelt abgegrenzte Instanz selbst erhalten kann. Das Moment der Wehrlosigkeit gegenüber intensiven Sinneseindrücken ist es, was an der vorliegenden Stelle vor allem zum Ausdruck kommt: Die Initiative geht allein vom Geruch selbst aus, der ohne Zutun des betroffenen Subjekts in die Nase hinaufsteigt und dort Reizungen verursacht, die sich bis zum Schmerz steigern können.

Demzufolge hat das hier sprechende Subjekt „nun aber zu gestehen" nicht nur das Fehlen der Angabe, woraus das, was „Ursprünglich aus Korn" bestand oder gefertigt wurde, heute gemacht ist und ob dieses ungenannte Objekt jetzt überhaupt noch existiert, sondern es gibt eine gesteigerte sinnliche Wahrnehmungsfähigkeit zu erkennen, deren Kehrseite die Wehrlosigkeit gegenüber den bedrängenden sinnlichen Reizen ist. An die Stelle der bisherigen deskriptivgenealogischen Rede über die Natur, für die das abbrechende Segment „Ursprünglich aus Korn" beispielhaft stehen kann, tritt eine nonverbale Sprache der Natur selbst, die das Subjekt nicht mehr gestaltet, sondern nur noch erleidet.

Syntaktisch scheint es naheliegend zu sein, daß es der „Citronengeruch" ist, der „Ursprünglich aus Korn" entstanden ist oder bestand. Aber dieser Annahme steht zunächst der graphische Befund entgegen: Die Zeilen 43 und 45 sind in der Handschrift durch einen großen Abstand getrennt, der gegebenenfalls sogar Raum für eine zusätzliche Zeile geboten hätte. Die Zeilen 45 und 47 dagegen sind dadurch, daß sie weiter links beginnen als der umgebende Text, als zusammenghörig ausgezeichnet. Zudem erzeugt der Versuch einer grammatischen Verschmelzung der semantisch entgegengesetzten Elemente in sich den Bruch noch einmal, der in dem Syntagma „nun aber zu gestehen" zum Ausdruck gekommen ist. Das scheinbare Kontinuum ‚ursprünglich aus Korn – nun aber bis zu Schmerzen der Nase' enthält in sich einen radikalen Wechsel nicht nur, wie ich gezeigt habe, der Redeweisen, sondern auch der Vorstellungsbereiche. Mit dem „Citronengeruch" verläßt der Text die Sphäre einer Landschaft gemäßigten Klimas, wie es in Deutschland (aber gleichermaßen auch in einigen Regionen Frankreichs) anzutreffen ist, und wendet sich Produkten einer mediterranen Natur zu. In den folgenden Zeilen finden sich eindeutige Hinweise darauf, daß nunmehr (ebenso wie in weiten Teilen des auf der Seite 73 entworfenen Textes) von südfranzösischen Dingen die Rede ist – ohne daß daraus, wie gesagt, geschlossen werden könnte, daß zuvor eindeutig „Germania" Gegenstand gewesen wäre.[551]

---

[551] Überprononciert und – wie sich zeigen wird – letztlich nicht haltbar ist daher Binders strenge Gliederung des Abschnitts in die Teile „Die Heimat" und „Frankreich" (Binder 1983, 359).

Das unmittelbar angeschlossene Segment „und der Öel, aus der Provence" weist bereits explizit auf eine konkrete Landschaft im Süden Frankreichs hin. Im Gegensatz zu den geographischen Namen „Gasgone" (I, Z. 15) und „Charente" (I, Z. 37), von denen der erste im Begriff „die Gasgognischen Lande" (Z. 50), einige Zeilen unter der momentan betrachteten Stelle, wiederaufgenommen wird, bezeichnet der Name „Provence" keine Region in Südwestfrankreich, also an der Atlantikküste, sondern eine im äußersten Süden, am Mittelmeer. Allerdings wird hier kein provençalisches Landschaftsbild entworfen, sondern es wird mit einem abermaligen „aus" auf die Herkunft eines Naturerzeugnisses, nämlich des Öls, hingewiesen.

An diesem Punkt beginnen massive textkritische Probleme: Es heißt nämlich – darüber sind sich die neueren Editoren mittlerweile einig – „der Öel" und nicht etwa ‚das Öl'. Sattler hat aus diesem Befund – allerdings nur in seiner Etüde von 1981 – die These abgeleitet, der Passus müsse „Der Ölgeruch auf der Provence"[552] statt wie bei Beißner „Citronengeruch auf und das Öl, aus der Provence" (StA II.1, 251, V. 29) lauten. Sattlers Lesart ist jedoch – wie oben gezeigt – unhaltbar: Die Lesung des Wortes vor „der Provence" als ‚auf' ist (vergleicht man das Wort etwa mit dem „auf" nach „Citronengeruch") wahrscheinlich falsch, und keines der von Sattler ausgelassenen Wörter (insbesondere nicht das Bestimmungswort ‚Citronen-') ist gestrichen. An der Aufzählung muß daher in der Textkonstitution unbedingt festgehalten werden. Das hat den weiteren Vorzug, daß das bei Sattler wegfallende „auf" hinter „Citronengeruch" als Bestandteil des anschaulichen Verbs ‚aufsteigen' erhalten bleibt, während das „aus" vor „der Provence" eindeutig als Präposition zu lesen ist. Dennoch kann Sattlers Vorschlag vielleicht in modifizierter Form berücksichtigt werden: Der Artikel „der" vor „Öel" könnte als Indiz dafür gelesen werden, daß „Öel" tatsächlich als ein zweites Bestimmungswort zum Grundwort ‚Geruch' zu verstehen ist, aber als ein zusätzliches und nicht als ein alternatives, so daß sich folgende Version ergäbe: ‚Citronengeruch auf und der Öel<geruch>, aus der Provence'. Zu einem ganz ähnlichen Ergebnis führt auch die von Uffhausen vorgeschlagene Konjektur: „Citronengeruch auf und / Der <von> Öel, aus der Provence"[553].

Diese Lesarten erklären zwar den Artikel „der", wenngleich um den Preis einer stark in den handschriftlichen Befund eingreifenden Konjektur, aber die merkwürdige Lautgestalt „Öel", in der zwei Gestaltungen des Umlauts vereinigt sind, ohne daß eine von ihnen (wie Sattler behauptet) gestrichen wäre, bleibt damit ungeklärt.[554] Ich vermute, daß die Schreibung „Öel" und eventuell auch der Artikel „der" vom französischen *l'œil* beeinflußt sind, in dem

---

[552] Sattler 1981a, 296, Z. 27.

[553] Uffhausen 1989, 147, Z. 18f. (Uffhausens eigene Zeilenzählung stimmt hier nicht!)

[554] Allerdings war die Schreibweise des Wortes um 1800 – von dem Streit um die fremdsprachliche Bezeichnung ‚Olive' vs. ‚Ölbaum' einmal ganz abgesehen – noch völlig uneinheitlich: Zedler verzeichnet das Stichwort „Oelbaum" (Bd. 25 [1740], Sp. 698-701), Adelung (Bd. 3 [1808], Sp. 591) dagegen „Öhlbaum". Die Schreibung ‚Öel' habe ich allerdings außer an der vorliegenden Stelle nicht ermitteln können.

auf den Umlaut ebenfalls ein weiterer Vokal folgt. Direkt unterhalb des Worts „Nase", aber unter der Textoberfläche (angedeutet durch den ungewöhnlichen Artikel und die merkwürdige Lautung) würde demzufolge ‚das Auge' ins Spiel gebracht. Dem Geruchssinn wäre damit das Sehvermögen an die Seite gestellt, das unter allen Sinnen die diffenzierteste und am meisten zielgerichtete Wahrnehmung ermöglicht, während jener die Objekte nicht zu unterscheiden, sondern nur eine Verbreitung von Gerüchen zu konstatieren vermag. Wenn der distanzierende Gesichtssinn ebenso wie der ihm in der Skala der Wahrnehmungsorgane entgegengesetzte Geruchssinn von Sinneseindrücken so bedrängt würde, daß sie „Bis zu Schmerzen" anstiegen, dann deutete das darauf hin, daß alle Sinne von diesem Übermaß an Eindrücken und von einer übersteigerten Empfänglichkeit betroffen wären. So unsicher und angreifbar der Vorschlag, in „der Öel" ein Hineinspielen von *l'œil* zu lesen, sein mag: Er bestätigt (falls man ihm einen Hauch von Plausibilität zuerkennen mag), was meine Interpretation dieser Zeilen schon jetzt ergeben hat: daß in ihnen die grundlegende Problematik von Sinnlichkeit aufgeworfen und durchgespielt wird.

Von dieser subtextuellen Lesart abgesehen, kann die Bedeutung des Segments folgendermaßen expliziert werden: Ebenso wie der „Citronengeruch" steigt auch Ölgeruch oder das Öl selbst auf und kann sich ‚bis zu Schmerzen der Nase' steigern. Höchstwahrscheinlich ist das Olivenöl gemeint, denn das Wort ‚Öl' hat sich nicht nur etymologisch aus ‚Olive' entwickelt, sondern bis heute kommt dem Olivenöl in südlichen Ländern eine zentrale Rolle unter den Dingen des täglichen Lebensbedarfs zu.[555] Es zeigt sich somit, daß die Konjektur ‚der Öel<geruch>' gar nicht unbedingt erforderlich ist, denn ein Aufsteigen des Olivenöls selbst ist kaum anders vorstellbar als in der Form der Verdunstung oder wenn es etwa als Bratfett verwendet wird. In beiden Fällen verliert das Öl seine flüssige Gestalt und wird zum Geruch.[556]

Daß auch der Geruch des Olivenöls als schmerzlich erlebt wird, verwundert noch mehr als der ‚bis zu Schmerzen der Nase' gesteigerte Zitronengeruch. Denn bekanntlich ist der Olivenölgeruch eher milde[557], und das Öl selbst ist als schmerz-

---

[555] Cf. Duden-Etymologie, 497 (s. v. Öl) und 497f. (s. v. Olive). Sicher ausgeschlossen werden kann dagegen die heute dominante Bedeutung ‚Erdöl', da dieser Begriff erst seit dem Ausgang des 19. Jahrhunderts, also seitdem dem Stoff zentrale wirtschaftliche Bedeutung zukommt, synonym mit ‚Öl' verwendet wird. Cf. dazu Kluge 1975, 171 (s. v. Erdöl).

[556] Nicht ganz auszuschließen ist auch, daß das ätherische Öl in der Zitronenschale gemeint ist, das – wie der Begriff schon andeutet – ebenfalls als Geruch austritt. Unter dieser Perspektive wäre die Aufzählung ‚Zitronengeruch und Öl' allerdings pleonastisch. Ich ziehe daher jene Lektüren vor, in denen „der Öel" ein neues Element in den Text hineinbringt, das auch in einem Gegensatz zum „Citronengeruch" stehen kann.

[557] Das gilt allerdings nicht für den *Geschmack* der Oliven selbst. Cf. dazu Zedler (Bd. 25 [1740], Sp. 1318-1320 [s. v. Oliven]), der auf den Unterschied zwischen den „schwarzen oder reifen" Oliven, „die gleichsam von dem Baume abfallen", und den „gelbgrüne[n] Früchte[n] des Oelbaumes" hinweist, „welche unter einer glatten Haut und ölichtem Marke, einen sehr harten Kern in sich haben, und eines bittern und anhaltenden herben Geschmacks sind" (Sp. 1318).

lindernd bekannt und wird daher auch als Salb-, Haut- oder Massageöl verwendet. Allerdings ist es nicht zwingend, „der Öel" als zweites Satzsubjekt neben „Citronengeruch" zu verstehen; wegen der Singularform des Prädikats „steigt" ist diese Lesart ohnehin zeugmatisch (ohne daß sie deswegen ausgeschlossen werden dürfte, wie die ebenso zeugmatische Formulierung „wo allein herrschet Sonne und Mond" [II, Z. 46] auf der gegenüberliegenden Seite zeigt). Ein weiteres Prädikat ist allerdings nicht zu entdecken, so daß „der Öel", wenn es nicht zweites Subjekt zu „steigt" ist, als ein an den Satz durch „und" angereihtes elliptisches Segment verstanden werden müßte. In diesem Falle wäre es auch denkbar, daß „der Öel" als Kurzform für ‚der Ölbaum' bzw. ‚der Olivenbaum' gebraucht ist, so daß sich eine weitere mögliche Erklärung für den maskulinen Artikel ergäbe. Allerdings würde ich der Lesart, die „der Öel" trotz des Zeugmas als integralen Bestandteil des mit Z. 45 beginnenden Satzes ansieht, vor der separierenden Version den Vorzug geben, da ein enger inhaltlicher Zusammenhang zwischen ‚Citrone' und ‚Öl' besteht, der die grammatischen Inkongruenzen überlagert.

Dieser inhaltliche Konnex erstreckt sich auch auf das folgende Segment: Die mit einem Komma vom Vorhergehenden abgetrennte adverbiale Bestimmung „aus der Provence" bezieht sich zunächst unmittelbar auf „Öel". Entweder das Öl oder dessen Geruch kommt demnach aus der Provence. Nimmt man letzteres an, so kann das Bild nicht weit außerhalb der Provence angesiedelt sein, denn der Geruch kann sich nicht weit von dem Ort, wo er entströmt, entfernen, ohne sich so zu verdünnen und mit anderen Aromen zu vermischen, daß er nicht mehr identifizierbar ist. Wahrscheinlicher aber ist, daß die Ortsangabe die Herkunft des Öls selbst bezeichnet. In diesem Falle ist es – wie bereits erwähnt – nicht zwingend, daß der Bildraum des Satzes in der Provence selbst situiert ist; vielmehr sind die Oliven und das aus ihnen gepreßte Öl ein wichtiges Handelsgut, das von Regionen mit besonders intensivem Olivenanbau (wie der Provence)[558] in Gebiete transportiert wurde und wird, in denen die Ölbäume nicht so gut gedeihen (etwa ins nördlichere Frankreich). Möglich ist es aber auch – sofern man den zweiten Teil der Zeile 47 („und der Öel, aus der Provence") vom ersten („Citronengeruch auf") nicht syntaktisch abtrennt –, die Herkunftsangabe „aus der Provence" auf den Zitronengeruch oder die Zitronen selbst zu beziehen. Auch die Zitronen würden demnach als ein aus der Provence stammender Handelsartikel bezeichnet.

Die Tendenz der Ablösung der Naturprodukte von der mediterranen Landschaft, der sie entstammen, charakterisiert den vorliegenden Abschnitt: Der Satz „Bis zu Schmerzen aber der Nase steigt / Citronengeruch auf und der Öel, aus der Provence" *kann* aus der Perspektive der unmittelbaren Wahrnehmung einer provençalischen Landschaft geschrieben sein, in der sich Zitronen- und Olivenbäume

---

[558] Cf. dazu Zedler, Bd. 29 (1741), Sp. 986-988 (s. v. Provence): „Diese Provinz [die mittlere, zwischen Gebirgen und Meer gelegene Region der Provence] ist fruchtbar an Getreyde, Wein, Oel, Feigen, Mandeln, Granat=Aepffeln, u. d. m." (Sp. 986)

gleichermaßen finden und sich die von beiden Baumgruppen ausströmenden Düfte mischen und zugleich intensivieren. Aber die Landschaft selbst wird (im Gegensatz zu den entsprechenden Passagen auf der Seite 73) mit keinem Wort beschrieben; vielmehr treten die von Menschen geernteten Produkte dieser Natur ganz in den Vordergrund der Wahrnehmung. Es wird eine Situation geschildert, in der Zitronen und Öl auf engem Raum versammelt sind, so daß sie intensive Gerüche verbreiten, die bei besonders sensiblen Menschen ‚bis zu Schmerzen der Nase' führen können. Der Ort des Geschehens liegt vermutlich außerhalb der Provence, aber innerhalb Frankreichs, denn der Export von Südfrüchten und Öl nach Deutschland war zur Entstehungszeit des Textes noch nicht sehr weit entwickelt. Die Gegenden um Bordeaux, von denen auf der Seite 73 sowie im folgenden Text als „die Gasgognischen Lande" die Rede ist, kommen – neben vielen anderen Regionen Frankreichs – als Schauplatz in Frage, obwohl auch dort („im Olivenland"; I, Z. 16) Olivenbäume wachsen[559], während die Zitronen das mildere Mittelmeerklima gegenüber dem rauheren atlantischen Klima bevorzugen.

Vorstellbar ist die geschilderte schmerzhafte Steigerung von Gerüchen beispielsweise auf einem Markt oder im Lagerraum eines Handelshauses. Aber eine andere Assoziation scheint mir noch wichtiger zu sein: Die beiden Nahrungsmittel gehören zu den Grundbestandteilen vieler Gerichte, wie sie in mittelmeerischen Ländern bevorzugt werden, sei es als Salatsauce (bei der der Zitronensaft den Essig ersetzen kann), sei es zur Zubereitung von Fleisch und Fisch (die mit Zitronensaft gewürzt und in Olivenöl gebraten werden können). Schon in den vorangegangenen Passagen war von zahlreichen pflanzlichen Nahrungsmitteln die Rede: Kirschen, Nüsse, Beeren und Korn (allesamt übrigens aus heutiger Sicht Bestandteile einer Rohkosternährung). Diese wurden aber nicht primär in ihrer Nahrungsfunktion dargestellt, sondern als Teile einer Kulturlandschaft in gemäßigtem Klima. Eine solche distanzierend-beschreibende Rede kann nun nicht mehr durchgehalten werden. Das liegt zum einen daran, daß jetzt von eindeutig südländischen Pflanzen (und damit implizit von heißeren Klimazonen) die Rede ist, zum anderen daran, daß die Pflanzen und Pflanzenprodukte in ihrer sinnlichen Wirkung auf das Subjekt und in ihrer Nahrungsfunktion unmittelbar zur Sprache kommen. Die schmerzhafte Intensivierung der Wahrnehmung tritt ein, wo zwei Nahrungsmittel aufeinandertreffen, die zusammen die Basis einer Hauptmahlzeit ausmachen können. Möglicherweise ist darin auch eine Scheu vor der Geselligkeit, in der solche Mahlzeiten in südlichen Ländern zumeist eingenommen werden, auszumachen.[560] Einige Zeilen weiter unten wird die Thematik

---

[559] Inwieweit um 1800 Olivenöl aus der Provence nach Südwestfrankreich transportiert wurde, habe ich nicht ermitteln können.

[560] Wenn man sehr weit ausgreift, könnte man in dem Gegensatz zwischen dem Zustand „Ursprünglich aus Korn" und dem schmerzerregenden Aufeinandertreffen von Zitronen und Öl sogar eine Revision der vor allem in „Brod und Wein" entfalteten Abendmahlsvorstellung erblicken: Die Versöhnlichkeit des ‚Korns' (und der ‚Traube', von der weiter unten [Z. 53] allerdings noch ausdrücklich die Rede ist) scheint nicht mehr möglich zu sein, wo sich die

von Tafel und Fest weiterzuverfolgen sein.

Das Wort „Provence" ist das letzte, das noch einigermaßen eindeutig in den linearen Textzusammenhang eingeordnet werden kann. Nicht nur rechts davon ist eine Fülle von Segmenten neben- und ineinandergedrängt, die durch Verschmierungen und Verblassen des Textes am Seitenrand schwer entziffer- und entwirrbar sind, sondern auch unterhalb der Zeile 47 ist die einheitliche Linksbündigkeit der Zeilen (die durch die etwas weiter nach links herausgerückten Zeilen 45 und 47 ohnehin schon als gefährdet erschien) völlig aufgegeben.

Z. 43-46 (Bruchstücke, rechts)

Bevor ich mich aber diesem Konglomerat zuwende, darf ein Randzusatz nicht vergessen werden, der noch oberhalb des nun folgenden Gewirrs notiert ist, rechts neben den (im groben) linksbündigen Zeilen 43, 45 und 47:

bevestigter Gesang
vom Blumen
   als
Neue Bildung aus der Stadt,   (Z. 43-46)

Die meisten Herausgeber haben versucht, diese Segmente in den linearen Textzusammenhang zu integrieren. Ein solcher Versuch liegt insbesondere deswegen nahe, weil „bevestigter Gesang" fast genau auf einer Linie mit der linksbündigen Zeile 43 notiert ist. Allerdings ist bei genauem Hinsehen festzustellen, daß das Wort „bevestigter" etwas oberhalb der Grundlinie der Zeile ansetzt[561] und auch einen etwas größeren Abstand zum voranstehenden „gestehen," hat als die übrigen Wörter der Zeile. Aber diese graphischen Argumente sind nicht so gravierend, daß sie die Frage nach der Zugehörigkeit dieses Textmaterials zum linearen Text entscheiden könnten. Vielmehr ist jeweils die inhaltliche Plausibilität einer solchen Einfügung zu prüfen.

Die naheliegendste Kontamination bietet Beißner an:

Ursprünglich aus Korn, nun aber zu gestehen, bevestigter Gesang von
                                 Blumen als
Neue Bildung aus der Stadt, wo
Bis zu Schmerzen aber der Nase steigt   (StA II.1, 250, V. 26-28[562])

Das Segment „bevestigter Gesang" ist an die links daneben stehende Zeile angeschlossen; darauf folgen die restlichen Randzusätze in ihrer handschriftlichen Abfolge; der Anschluß an die Einfügungsstelle im linksbündigen Text wird mit Hilfe

---

intensiven Gerüche von Zitronen und Öl mischen. Aber dieser Gedanke ist nicht abgesichert genug, als daß er anders als am Rande vermerkt werden dürfte.

[561] Keineswegs jedoch ist es „eindeutig eine Zeile höher, in gleicher Linie mit Aus denen" plaziert, wie Sattler (1981a, 292) unverständlicherweise behauptet.

[562] Beißner geht übrigens in seinem Apparat mit keinem Wort darauf ein, daß sich der Textkonstitution an dieser Stelle ein gravierendes Problem stellt; er merkt zu den anderthalb Versen von „nun" bis „wo" nur an: „wahrscheinlich später eingefügt, V. 27 am rechten Rand" (StA II.2, 887, Z. 19). Wenigstens die außerordentliche Überlänge des ,Verses' 26 hätte Beißner nach seinen eigenen Maßstäben skeptisch gegenüber seiner Konstitution werden lassen müssen.

des „wo" hergestellt, das unterhalb von „Stadt", aber bereits rechts von „Provence" am rechten Rand notiert ist. Damit erscheint die Szenerie des Schmerz erregenden Citronen- und Ölgeruchs nicht als selbständig, sondern sie wird in der „Stadt" angesiedelt. Unter textkritischer Perspektive ist diese Lesart denkbar. Wolfgang Binder hat versucht, sie auch interpretatorisch plausibel zu machen. Wegen der weitreichenden Schlußfolgerungen, die Binder aus seiner Analyse zieht, zitiere ich sie ausführlich:

> Nun heißt dieser befestigte Gesang aber „Gesang von Blumen". Es liegt nahe, diese Blumen mit den Beeren und dem Korn in Verbindung zu bringen, und damit komme ich zu einer, wie gesagt, sehr hypothetischen Deutung. Haben nämlich auch Korn und Holunderbeeren etwas mit der Dichtung zu tun, dann könnten die drei Wörter sinnbildlich die Stoffe oder Gegenstände bezeichnen, „aus denen" sich diese Dichtung gebildet hat. Korn deutet auf Brot, Beeren auf eine süße Zugabe, und Blumen sind nur noch zum Anschauen da. Die Stoffe der Dichtung hätten dann einen Weg vom Nützlichen über das Angenehme zum Schönen und Lieblichen genommen, sie wären immer ätherischer geworden. In dem Maße aber, wie ihre Verwertbarkeit abnahm, mußte ihre dichterische Gestaltung in sich selber sicher werden, bis hin zum befestigten Gesang von Blumen; was der Gegenstand an Solidität verlor, mußte das Wort ersetzen. Formelhaft ausgedrückt: Je undinglicher der Stoff, desto tragfähiger die Kunst. [...] Man könnte also die drei Dinge als Zeichen für die Stufen in Hölderlins dichterischer Entwicklung lesen: die Christlichkeit der frühen Gedichte, die Subjektivität der klassischen Periode und die strenge Sachlichkeit der späten Hymnen, die nur noch „das Vaterland oder die Zeit angehen", wie Hölderlin in einem Brief schreibt. So etwa könnte ich diesen lakonischen Notizen etwas abzugewinnen versuchen.[563]

Es ist begrüßenswert, daß Binder den subjektiven Charakter seiner Rekonstruktion der Passage so deutlich herausstellt. In der Tat handelt es sich um eine sehr eigenwillige und angreifbare Hypothese: Zwar ist es nicht unplausibel, eine Entwicklung vom „Korn" zu den „Blumen" anzunehmen, aber wieso die ‚Beeren', von denen einige Zeilen weiter oben die Rede ist, ein Zwischenstadium auf diesem Wege markieren sollen, vermag mir nicht einzuleuchten. Will man eine bestimmte Richtung in den an verschiedenen Stellen des Gedichtkomplexes genannten Gegenstandsbereichen ausmachen, so sind *alle* Stationen dieses Weges zu beachten, nicht nur einige ausgewählte, die besonders gut zueinander zu passen scheinen. So wäre zu fragen, was der „Nußbaum" und die „Röhren von Holz" sowie der „Citronengeruch" und „der Öel" mit der Entwicklung der Dichtung (Hölderlins) zu tun haben, die nach Binder in dieser Passage allegorisch dargestellt wird. Betrachtet man insbesondere die bisher letzte Stufe, die von einer bis zu Schmerzen gesteigerten Sensibilität gekennzeichnet ist, unter der Perspektive der Entwicklung von Dichtung, so zeigt sich, daß Binders These geradezu in ihr Gegenteil verkehrt werden muß: Nicht die Festigkeit der Dichtung steht am Ende des Weges, sondern vielmehr ihre drohende Auflösung in schmerzhafte Wahrnehmung. Der Versuch, den dreizeiligen Randzusatz zwischen den Zeilen 43 und 45 in den linearen Text einzufügen, verzerrt die innere Dynamik des linksbündigen Textes, den mit dem Syntagma „nun aber zu gestehen" eingeleiteten radikalen Wechsel von der distanzierenden Naturbeschreibung zum

---

[563] Binder 1983, 363f.

haltlosen Sich-Ausliefern an intensive Sinneseindrücke.

Auch auf der autoreferentiellen Ebene läßt sich Binders Deutung nicht halten: Wenn man die These ernst nimmt, in der vorliegenden Passage werde die Entwicklung von Hölderlins Œuvre allegorisch rekapituliert, so müßte der vorliegende Text konsequenterweise der Phase zugehören, in der die Gegenstände von Hölderlins Dichtung ‚ätherisch‘ geworden sind und die poetische Machart diesen Verlust durch besondere Festigkeit kompensiert, die nicht mehr subjektiven Unsicherheiten unterliegt. Das genaue Gegenteil ist der Fall: Die Gegenstände treten mit einem Maß an Konkretion an die Textoberfläche, daß sie „Schmerzen" bei dem Subjekt des Textes auslösen. Das Subjekt wird sich selbst aufgrund dieser Gefährdungserfahrungen mehr und mehr zum Problem, und eine ‚Festigkeit‘ des Textes wird bestenfalls postuliert; in Wirklichkeit lassen sich eine Auflösung der Begrenzungen des Textes gegenüber eingefügten und nebenstehenden Segmenten sowie eine Pluralisierung des einheitlichen Textsinns mit dem Ergebnis einer schwer begrenzbaren Polyfunktionalität der Textelemente konstatieren. Die verlockende Vermutung, mit dem Randzusatz bezeichne sich der vorliegende Text selbst als „bevestigter Gesang", führt also nicht viel weiter.[564]

Die – durch den zurückhaltenden Gestus der Darstellung allerdings ein wenig kompensierte – Gewaltsamkeit von Binders Rekonstruktionsversuch spricht auch gegen die seiner Lektüre zugrundeliegende Integration des Randzusatzes in den linearen Textzusammenhang. Sattlers Vorschläge zur Stelle, die, wie oben gezeigt, auf zahlreichen Annahmen über Wortumstellungen basieren, die sich an der Handschrift nicht nachvollziehen lassen, verzerren den handschriftlichen Befund so sehr, daß ich sie hier nicht noch einmal zu erörtern brauche.

Anregend ist dagegen Uffhausens Version des Passus: Er hält die Zeilen „Bevestigter Gesang als / Neue Bildung aus der Stadt" für eine „mäeutische Notiz", die nicht unmittelbar zum ‚Grundtext‘ des ‚Gesangs‘ gehöre, und plaziert sie zwischen „Aus denen" und „Ursprünglich". Die über „bevestigter Gesang" stehenden Zusätze (Z. 35-40) ordnet er danach als Teil des Haupttextes ein, und erst dann folgt die Zeile „Ursprünglich aus Korn, nun aber zu gestehen, vo<n> Blumen", in die das noch fehlende Segment vom rechten Rand, „vom Blumen", integriert ist.[565] Mit diesem Verfahren werden die eng untereinander notierten Zusätze in den Zeilen 43-46 auseinandergerissen, während die Ergänzungen in den Zeilen 35-40 ohne weitere Begründung einige Zeilen weiter unten in den linearen Text eingefügt sind. Dennoch hat Uffhausens Lesart zwei wichtige Vorzüge: Sie bewahrt den von Beißner und Binder herausgestellten Gegensatz von „Korn" und „Blumen", macht aber darauf aufmerksam, daß die Segmente der Zeilen

---

[564] Noch fragwürdiger ist Uffhausens Übernahme des Stichworts „bevestigter Gesang" als Titel seiner Ausgabe von Hölderlins später Lyrik, eine Praxis, mit der offenbar suggeriert werden soll, diese Texte seien – entgegen allem Anschein – nach des Autors eigenem Dekret ‚befestigt‘ und dieser Tatbestand müsse durch entsprechende Eingriffe des Editors herausgestellt werden. Der Titel „Bevestigter Gesang" wurde im übrigen erstmals 1970 von Ruth-Eva Schulz-Seitz für ihren Beitrag zur Heidegger-Festschrift verwendet.

[565] Uffhausen 1989, 147, Z. 11-16. Cf. auch Uffhausen 1986a, 148f.

43-46 am rechten Rand nicht notwendigerweise als ein Kontinuum zusammengehören. Ich werde die Bruchstücke daher zunächst je für sich untersuchen und erst dann der Frage nach ihrem möglichen Zusammenhang untereinander und mit dem linksbündigen Text nachgehen.

In der Forschung ist immer wieder vorgeschlagen worden, das Stichwort „bevestigter Gesang" als eine Art Kurzfassung des Postulats vom Schluß der „Patmos"-Hymne anzusehen:

> der Vater aber liebt,
> Der über allen waltet,
> Am meisten, daß gepfleget werde
> Der veste Buchstab, und bestehendes gut
> Gedeutet. Dem folgt deutscher Gesang.   (StA II.1, 172, V. 222-226)

So sinnfällig die Parallele ist, so eindringlich muß jedoch auch auf die spezifischen Differenzen der vorliegenden Stelle zum Schluß von „Patmos" hingewiesen werden: Dort wird der ‚Buchstabe', also die Schrift, als schlechthin ‚fest' bezeichnet, und aus dieser Gegebenheit werden die beiden fundamentalen Aufgaben der Philologie abgeleitet, die ‚Pflege des Buchstabens', also die Überlieferung und Kritik der Texte, und die ‚gute Deutung des Bestehenden', also die Kommentierung und Interpretation.[566] Der ‚Gesang' (der als ‚deutscher' bezeichnet wird) wird von der durch die ‚Festigkeit' des Buchstabens dominierten Sphäre der Philologie abgehoben als ein Supplement, eine nachfolgende Phase.

Auch an der vorliegenden Stelle wird der „Gesang" nicht als schlechthin ‚fest' bezeichnet, wie das für den ‚Buchstaben', also die Schrift, gilt, sondern er muß ‚befestigt' werden, ist also in seinem ursprünglichen Zustand diskontinuierlich, ungesichert und nicht faßbar. Diese Eigenschaften entsprechen der Vorstellung, die man sich von einem ‚Gesang' gemeinhin macht: Selbst wenn er schriftlich fixiert und insofern ‚befestigt' ist, so ist er doch angelegt auf seine Aktualisierung, also den mündlichen (womöglich musikalischen) Vortrag und die komplementäre akustische Rezeption. Das gilt sogar für die ‚stille' Lektüre eines Gedichts, das als ‚Gesang' verstanden werden will: Sofern man dieser Gattungszuordnung gerecht zu werden versucht, liest man es so, als ob es vorgetragen und von anderen gehört würde.

Ein „bevestigter Gesang" erscheint daher zunächst als Contradictio in adjecto. Möglicherweise ist das Attribut jedoch so zu lesen, daß nicht nur ein schriftliches Festhalten, sondern eine weitergehende, institutionelle Absicherung des ‚Gesangs' gefordert wird, beispielsweise eine Einführung dieses Genres auf dem Büchermarkt (so wie es Hölderlin in seinem Brief an Wilmans vom 8.12.1803 [Nr. 242; StA VI.1, 435] projektiert hat) oder eine Verankerung der ‚Gesänge' im Bewußtsein breiter Bevölkerungskreise. Denkbar ist es auch, eine strenge innere Gliederung aufgrund poetologischer Gesetzmäßigkeiten (wie sie Hölderlin

---

[566] Ich vernachlässige in diesem Zusammenhang die juristische und die theologische Dimension der „Patmos"-Stelle sowie die Frage, ob mit der Forderung, ‚Bestehendes gut zu deuten' nur für eine „Lesbarkeit der Welt" (Blumenberg) oder aber für eine prinzipiell affirmative Weltdeutung plädiert wird.

in seinen theoretischen Schriften erforscht hat) als dessen ‚Befestigung', als eine Art Rückgrat, anzusehen.[567] Sicher jedenfalls ist, daß der ‚befestigte Gesang' im Zusammenhang der vorliegenden Gedichtfragmente bestenfalls Postulat ist: Weder eine strenge Gliederung noch auch nur eine ‚Befestigung' der ausfransenden Ränder des Textes ist feststellbar. Darüber hinaus halte ich es für äußerst fraglich, ob ein Gebilde wie das vorliegende überhaupt als ‚Gesang' (oder ‚hymnisches Fragment') bezeichnet werden kann, denn es erscheint (jedenfalls nach zeitgenössischen Maßstäben) für einen mündlichen oder gar musikalischen Vortrag aufgrund der unregelmäßigen Zeilenlänge und Betonungsabfolge als eher ungeeignet[568], und die zahlreichen Zusätze lassen eine sinnvolle mündliche Realisierung des Textes in einem zeitlichen Kontinuum als geradezu unmöglich erscheinen.[569] Auch das Moment des Lobpreises, das der traditionellen Hymnik eignet, geht den vorliegenden Textkomplexen über weite Strecken ab. Es wird aber im weiteren noch zu prüfen sein, inwieweit auf dieser und den übrigen hier untersuchten Seiten Elemente von ‚Gesang' und ‚Hymnik' festzustellen sind.

Das nächste Element, das sich in der Handschrift unterhalb von „bevestigter Gesang", aber etwas nach links versetzt findet, lautet „vom Blumen". Die Verschreibung „vom" liegt unbestreitbar vor, und die Herausgeber sind sich einig, daß, da „Blumen" eindeutig Plural ist, zu ‚von' konjiziert werden müsse. Zu erwägen wäre allerdings, ob dem „vom", in dem ein bestimmter Artikel im Maskulinum oder Neutrum Singular enthalten ist, dennoch eine Funktion zukommt. Möglicherweise wird hier nämlich das Substantiv ‚Blume' auf seine etymologische Wurzel ‚blô-' (das Blühen) zurückgeführt, aus der sich parallel auch das Verb ‚blühen' entwickelt hat.[570] Demnach wäre in der Wendung „vom Blumen" das

---

[567] Ähnlich interpretiert Stierle – unabhängig von der vorliegenden Stelle – Hölderlins spannungsgeladene Konzeption des ‚Gesangs' allgemein: „Die Unvordenklichkeit der rhythmischen Figur, die die Figur des Sinns trägt, widersetzt sich der Ordnung des Gesanges und verlangt den rhythmisch ergriffenen einsamen Leser, der in der Spannung des aufgeschobenen Gesanges steht." (1989, 501; cf. auch ibd., 561)

[568] Paradoxerweise sind es aber innerhalb von Hölderlins Œuvre gerade Texte wie die vorliegenden, die in neuester Zeit außerordentlich häufig vertont werden (cf. dazu die Hölderlin-Bibliographien: Kohler 1985, Sohnle/Schütz 1991 und laufende Fortsetzungen), während sie in der literaturwissenschaftlichen Forschung noch immer vernachlässigt werden. Man könnte das als ein Indiz dafür ansehen, daß Hölderlin möglicherweise mit seinen späten Gedichtfragmenten tatsächlich eine neue Form von ‚Gesang' entwickelt oder auch nur antizipiert hat, die die klassisch-romantische Lyrik weit hinter sich läßt und Affinitäten zur Musik unserer Gegenwart aufweist – eine Entwicklung, der die Kunstwissenschaften noch weit hinterherhinken. Auch die vorliegende Arbeit kann zur Klärung der Beziehung der Gedichtfragmente zur Musik wenig beitragen, da dazu umfangreiche kunst- und medientheoretische Vorarbeiten notwendig wären.

[569] Vielleicht wäre als adäquate akustische Realisierung an eine Art Verräumlichung des Vortrags durch Pluralisierung der Stimmen zu denken, also an eine Art Hörspiel mit gleichzeitigen, einander interferierenden Sprechern und Sprecherinnen. Durch Wiederholungen der einzelnen Elemente könnten eventuell die durch die Gleichzeitigkeit bedingten Informationsverluste kompensiert und weitere Konstellationen von Textteilen hergestellt werden. Cf. zu diesem Problem auch Derrida 1988.

[570] Cf. Kluge 1975, 86 (s. v. blühen und Blume).

‚Blumen' als Substantivierung eines neu gebildeten Verbums anzusehen, in dem
die heutige Trennung von Aktivität (‚blühen') und Gegenstand (‚Blume' oder
‚Blüte') aufgehoben wäre. Aber diese Deutung der Verschreibung ist sicherlich
nur ein Seitenpfad der Interpretation des Segments.

Das Segment könnte von der handschriftlichen Anordnung her sowohl an Z. 43
wie an Z. 45 angeschlossen werden, da es rechts von dem Ende dieser beiden
Zeilen beginnt und in der Höhe genau zwischen ihnen steht. Die erste Möglichkeit entspricht dem Vorschlag Uffhausens: ‚Ursprünglich aus Korn, nun aber zu
gestehen, von Blumen / Bis zu Schmerzen aber der Nase steigt'. In diesem Fall
fungiert ‚von Blumen' gleichermaßen in zwei syntagmatischen Kontexten: Denkbar ist die Abfolge ‚ursprünglich aus Korn, nun aber von Blumen' ebenso wie
die Sequenz ‚von Blumen bis zu Schmerzen der Nase'. Während der Wechsel
vom ‚Korn' zu ‚Blumen' eine gewisse Dematerialisierung der wahrgenommenen
Naturgegenstände hervorhebt, die Ablösung eines Grundnahrungsmittels durch
ein ‚bloß' schönes Objekt, geht es in der zweiten Verbindung um den Übergang
von dem schönen Naturobjekt zum Akt der Wahrnehmung selbst. Auch der
Duft der Blumen kann demnach Schmerzen bei einem empfindsamen Subjekt
hervorrufen.

Die zweite Anschlußmöglichkeit ist bisher – soweit ich sehe – noch nicht erwogen
worden: ‚Bis zu Schmerzen aber der Nase steigt von Blumen / Citronengeruch
auf'. Die Blumen verbreiten demnach nicht ihre eigenen Düfte, sondern Zitronengeruch. Das ist zwar ein gewagtes Bild, aber ein durchaus stimmiges: Die
Gerüche erscheinen als so intensiviert, die Sensibilität als so aufgereizt, daß eine
Unterscheidung der Gerüche und eine Zuordnung zu ihren Quellen nicht mehr
möglich sind, sondern nur noch die schmerzhafte Empfindung übrigbleibt.

Die beiden Einordnungen des Segments „vom Blumen" in den linearen Text sind
also gleichermaßen möglich, ohne daß einer von ihnen der Vorzug gegeben werden
könnte. Gemeinsam haben sie, daß mit den ‚Blumen' die über den Riß zwischen
Z. 43 und Z. 45 durchgehaltene Kontinuität durchbrochen wird: Trotz des Wechsels der Klimazonen und der Wahrnehmungsweisen ist im linksbündigen Text
durchgehend von Nutzpflanzen und pflanzlichen Nahrungsmitteln die Rede; die
Blume zeichnet sich dagegen (im Gegensatz auch zur Blüte, die zur Frucht wird)
durch ihre weitgehende Nutzlosigkeit für den Menschen[571] aus, sie ist vor allem
ästhetisches Objekt (was die anderen Pflanzen *auch* sein können). Diese – mit
Binder zu sprechen – ‚Ätherisierung' des Naturobjekts bildet zwar einen gewich-
tigen Gegenpol zu den im linksbündigen Text evozierten Natursphären, aber sie
rückt das Segment „vom Blumen" zugleich auch vom linearen Text ab und läßt
die Frage nach einem inneren Zusammenhang der rechtsstehenden Zusätze als
dringlich erscheinen.

---

[571] Diesen Aspekt betont Zedler (Bd. 4 [1733], Sp. 195f. [s. v. Blume]): „Insgemein dasjenige
Theil eines Gewächses, aus welchem der Saame entstehet. Ins besondere eine Pflantze, die
allein um der Blüthe willen gebauet wird." (Sp. 195) Adelung (Bd. 1 [1808], Sp. 1086f. [s. v.
Blume]) weist auf eine ‚figürliche' Bedeutung hin: „Das feinste und beste von einer Sache, in
einigen besondern Fällen." (Sp. 1086)

Ebensogut wie die anderen Anschlüsse ist in graphischer Hinsicht die Verbindung ‚bevestigter Gesang / von Blumen' möglich. Auch inhaltlich stehen die ‚Blumen' zwischen dem durchgehenden Text und dem Randzusatz: Während sie sich von den übrigen Naturgegenständen (unter anthropozentrischer Perspektive) durch ihre Funktionslosigkeit absetzen, haben sie als Naturobjekte mit dem menschlichen Gesang auf den ersten Blick auch nicht viel gemein.[572] Am naheliegendsten ist es noch, daß die Blumen Gegenstand des Gesangs sind (‚von' im Sinne von ‚über'). Demnach hätte sich der ‚befestigte Gesang' eins der fragilsten Naturobjekte als Beispiel ausgesucht, um die zerbrechliche Schönheit der Natur zu besingen.

Schwieriger wird es dagegen, wenn man das ‚von' im Sinne von ‚aus' versteht, wenn die Blumen also nicht Gegenstand des Gesangs, sondern die Materie sind, aus der der Gesang besteht. Die Fragilität dringt damit in den Gesang selbst ein; er wird als rasch aufblühend, aber ebenso schnell verwelkend dargestellt. Diese Bestimmung scheint mit dem Attribut ‚befestigt' unvereinbar zu sein, aber der Text veranlaßt dazu, die scheinbare Kontradiktion als Synthese zu denken – ja, es ist sogar möglich, daß der Gesang nicht nur befestigt wird, um ihn gegen seine zerbrechliche Faktur zu schützen, sondern daß *die Befestigung in der Fragilität selbst besteht* (‚von Blumen befestigt'; ‚von' im Sinne von ‚durch'). Das ist ein aufregender Gedanke: Die Festigkeit, die einem Gesang möglich ist, ist demzufolge gerade nicht durch konsequente Durchstrukturierung und klare Begrenzung oder durch Institutionalisierung auf dem literarischen Markt und im Bewußtsein der Leserinnen und Leser erreichbar, sondern durch Einsicht in die und Bekenntnis zu der Vergänglichkeit des Genres oder zumindest seiner einzelnen Manifestationen: Wie eine Blume blüht der Gesang auf und vergeht, um in immer neuer Gestalt wiederzukehren.[573] Damit wird der Ereignischarakter des Kunstwerks als Bedingung seiner ästhetischen Autonomie erkennbar – ein Gedanke, der erst in der ästhetischen Moderne voll entfaltet worden ist.[574]

Das folgende „als" ist gegenüber „vom Blumen" etwas nach rechts unten versetzt, so daß es direkt über dem „der" aus dem Segment „Neue Bildung aus der Stadt" steht. Daß das „als" eine Variante zu „der" ist, erscheint mir aus syntaktischen Gründen als wenig sinnvoll. Es kann vielmehr als Verbindungsglied zwischen dem Vorangehenden und der Wendung „Neue Bildung aus der Stadt" angesehen werden. Diese Zeile kann aber zunächst auch als ein selbständiges, in sich abgeschlossenes Segment gelesen werden, ein Eindruck, der durch die Majuskel in „Neue" noch verstärkt wird. Man könnte die Zeile geradezu als eine Art Slogan lesen, der für die durch Großschreibung emphatisch ausgezeichnete „Neue

---

[572] Binder verweist darauf, daß in „Germanien" die „neue Sangart die ‚Blume des Mundes' " heiße (Binder 1983, 364; cf. HF 61, Z. 27). Allerdings ist die Wendung „Blume des Mundes" im Kontext der „Germanien"-Hymne mindestens ebenso rätselhaft wie der ‚befestigte Gesang von Blumen' an der vorliegenden Stelle und kann daher als Parallelstelle nicht mit viel Gewinn herangezogen werden.

[573] Cf. grundsätzlich zum Blumenmotiv bei Hölderlin Bennholdt-Thomsen 1967.

[574] Cf. dazu Henckmann 1984.

Bildung" wirbt.[575] Ohne weiteren Kontext ist allerdings nicht auszumachen, ob
‚Bildung' hier allgemein im Sinne von ‚Formung, Verfertigung' oder im engeren,
durch Klopstock, Herder und Goethe eingeführten kulturellen und pädagogischen Sinne gebraucht ist.[576] Der Terminus „Neue Bildung" verweist jedoch e
contrario auf die Existenz einer ‚alten Bildung', die von der neuen eingeholt und
eventuell auch abgelöst wird. Möglicherweise kann mit der ‚alten Bildung' die
klassische, humanistische Bildung oder ihr Gegenstand, die antike Kultur und
insbesondere Literatur, assoziiert werden. Die Überwindung des Alten geschieht
nicht von der Provinz aus, sondern die Entwicklung neuer Formen kommt „aus
der Stadt". Die Formel kann also als ein überraschend modernes Plädoyer für
eine urbane Neuformierung der Kultur gelesen werden.[577]

Die Isolation der in der rechten Seitenhälfte eingeschobenen Zeile 46 aus ihrem Kontext ist zwar möglich, aber nicht notwendig. Wie das Element „vom
Blumen" an die linksbündigen Zeilen 43 oder 45 angeschlossen werden kann,
so ist das Segment „Neue Bildung aus der Stadt", das weit nach links in den
linearen Text hineingerückt ist, so daß es oberhalb von „aus der Provence" beginnt, an die Zeilen 45 und 47 anschließbar, zwischen denen es notiert ist. Damit
ergäben sich folgende Sequenzen: ‚Bis zu Schmerzen aber der Nase steigt als /
Neue Bildung aus der Stadt, / Citronengeruch auf' oder ‚Citronengeruch auf
und der Öel, aus der Provence, als / Neue Bildung aus der Stadt'. Die „Neue
Bildung aus der Stadt" wird dabei mit dem „Citronengeruch" und/oder mit dem
„Öel" assoziiert. (In beiden Versionen ist das „als" als Einleitung der Apposition übrigens syntaktisch auch verzichtbar.) Das überrascht, denn die genannten
Naturprodukte werden in der Regel auf dem Lande hergestellt und in der Stadt
bestenfalls gelagert, verkauft und verbraucht. Will man an dem Anschluß festhalten, muß man also annehmen, daß hier Stadt und Land einander angenähert
werden sollen. Mir scheint es jedoch fruchtbarer zu sein, wenn man statt dessen die parallele und zugleich antithetische Konstruktion der Wendungen im
linksbündigen (Z. 47) und im eingefügten (Z. 46) Text herausarbeitet: ‚Zitronengeruch und Öl aus der Provence – Neue Bildung aus der Stadt'. Wie also

---

[575] Es ist also keineswegs zwingend, die Großschreibung als Indiz für einen ‚Versanfang' zu
lesen, wie Beißner, Sattler und Uffhausen es tun.

[576] Cf. dazu Kluge 1975, 77 (s. v. Bildung). Schon Adelung (Bd. 1 [1807], Sp. 1015f. [s. v.
Bilden]) verzeichnet die neu eingeführte Begriffsbestimmung als eine der Grundbedeutungen
des Verbs: „Den Fähigkeiten des Geists und Willens die gehörige Richtung geben." (Sp. 1015)
Für das Substantiv hält er dagegen die ältere physiologische oder physiognomische Bedeutung
noch für dominant: „Daher die Bildung so wohl von der Handlung des Bildens, als auch, und
zwar am häufigsten, von der Gestalt eines Menschen, besonders von der Gestalt des Gesichtes."
(Sp. 1016) Die pietistische Bildungsvorstellung, die nur Gott als Subjekt, den Menschen aber
als Gegenstand des Bildungsprozesses kennt (cf. Langen 1968, 39-44), scheint mir hier keine
wesentliche Rolle zu spielen.

[577] In einem recht vordergründigen Sinne verfolgt Schulz-Seitz diese Lesart, indem sie das
Segment auf die „Röhren von Holz" bezieht: „Diese Röhren sind ‚neue Bildung aus der Stadt':
das Vorhandensein einer Wasserröhre aus Holz zeugt davon, daß jemand aus der Stadt dage-
wesen ist, ein Flaschner oder Brunnenbauer, und sie hier angelegt hat, denn von allein ist sie
nicht hier gewachsen." (Schulz-Seitz 1970, 92)

die Gerüche der südfranzösischen Naturprodukte aufsteigen, so auch die „Neue Bildung aus der Stadt", der damit trotz ihrer urbanen Herkunft ein hohes Maß an sinnlicher Intensität zugeschrieben wird.

Das Segment „Neue Bildung aus der Stadt" kann also sowohl für sich gelesen wie auch sinnvoll in den linksbündigen Text integriert werden. Es gibt aber darüber hinaus noch die Möglichkeit, es in den internen Zusammenhang der Zusätze am rechten Rand zu stellen. Dabei ergeben sich zwei Alternativen: Die von Beißner vorgeschlagene Sequenz ‚bevestigter Gesang von Blumen als / Neue Bildung aus der Stadt' und Uffhausens Vorschlag ‚bevestigter Gesang als / neue Bildung aus der Stadt' (bei dem ‚von Blumen' zum linksbündigen Text gerechnet wird) sind textkritisch gleichermaßen vertretbar.

Die einfachere Lösung von beiden ist die Uffhausens: Der Gesang würde ohne Einschränkung als ‚befestigt' bezeichnet. Die „Bildung" könnte als poietischer Akt verstanden werden, in dem der Gesang entsteht, oder auch im besonderen als die Befestigung des Gesangs. Daß eine solcherart geformte und fixierte neue Art von Dichtung „aus der Stadt" kommt, leuchtet ein, denn die Stadt bietet (jedenfalls sofern es sich um eine der seit dem Beginn der Neuzeit planvoll angelegten Städte handelt) durch ihre Struktur und Architektur[578] Orientierungspunkte, die sich auf dem Lande nicht finden, und das kulturelle Leben entwickelt sich hier (auch schon um 1800 in einigen Geisteszentren[579]) schneller als in der Provinz.

Die Beißnersche Version dagegen, die alle Randzusätze der Zeilen 43-46 in einen Zusammenhang stellt, gibt größere Probleme auf: Die in der spannungsgeladenen Sequenz ‚bevestigter Gesang / von Blumen' zum Ausdruck kommende fragile Einheit soll zusätzlich als „Neue Bildung aus der Stadt" gedacht werden. Obwohl die Blumen in der Regel besser in der freien Natur als auf Straßen, Plätzen und Balkonen gedeihen, kommt der neuartige ‚Gesang von Blumen' demnach aus der Stadt. Auch in dieser Sequenz ist also ein Votum für Urbanität als Geburtsort avantgardistischer Dichtung zu lesen, aber der Akzent liegt nicht auf der ‚Festigung' des ‚Gesangs' in der Stadt, sondern auf seiner vergänglichen Schönheit, die offenbar unter den rauheren Bedingungen des Stadtlebens besser gedeiht als – wie man erwarten könnte – eingebettet in eine Natursymbiose.[580]

---

[578] Man muß deswegen jedoch nicht Uffhausens Lesart folgen, der den ‚bevestigten Gesang' mit den Festungsmauern der ‚Stadt' assoziiert und diese als Frankfurt identifiziert (cf. Uffhausen 1986a, 149) – eine äußerst bedenkliche Simplifizierung der vorliegenden komplexen Stelle.

[579] Cf. dazu die Reihe von Sammelbänden, die seit 1981 in der Reihe „Deutscher Idealismus" des Klett-Cotta-Verlages erscheinen (z. B. Jamme/Pöggeler 1981 und 1983).

[580] Man kann die Stelle unter dieser Perspektive also als eine Art Revision einer Weltsicht lesen, wie sie in dem Gedicht „Die Eichbäume" (1796) zum Ausdruck kommt. Dagegen wird in dem von Hölderlin „Untreue der Weisheit" überschriebenen Pindar-Fragment dem aus der Wildnis kommenden Kind ebenfalls aus pragmatischen Gründen geraten: „allen Städten geselle dich, / Das gegenwärtige lobend / Gutwillig, / Und anderes denk in anderer Zeit." (FHA 15, 347, Z. 4-7) Hölderlin faßt das zu der pädagogischen Maxime zusammen: „Fähigkeit der einsamen Schule für die Welt." (Ibd., Z. 8)

Wenngleich auch die anderen möglichen Bezüge des Segments „Neue Bildung
aus der Stadt" nicht ausgeschlossen werden können, würde ich die Beißnersche Zusammenstellung, die die Randzusätze der Zeilen 43-46 als einen Zusammenhang ansieht, gerade wegen ihrer Komplexität bevorzugen, ohne allerdings
die Einbindung dieses Komplexes in den linearen Text zu akzeptieren. Denn
trotz aller Berührungspunkte und Einbindungsmöglichkeiten einzelner Elemente
sind in diesem Bereich der Seite zwei Diskurse zu unterscheiden: Während im
linksbündigen Text (und auch in den Zeilen 35-40 am rechten Rand) ein neuartiges poetisches Sprechen über das Verhältnis von Natur und Subjektivität
konkret erprobt wird, können die Segmente „bevestigter Gesang / vom Blumen / als / Neue Bildung aus der Stadt" als autoreferentieller Versuch gelesen
werden, ein poetologisches Programm als Rahmen einer solchen neuen poetischen Sprache zu entwerfen. In diesem randständigen Text, der selbst poetisch
formuliert und Teil eines Ensembles von Gedichtfragmenten, zugleich aber herausgesetzt aus dem durchgehenden Zusammenhang des dominierenden Textes
ist, verschmelzen, so könnte man sagen, für einen Augenblick implizite und explizite Poetik. Neuartig und wegweisend ist das Diktum aber nur, wenn man die
Differenzierung „vom Blumen" nicht aus ihm ausscheidet und anderen Kontexten zuschlägt: Ein ‚befestigter Gesang als neue Bildung aus der Stadt' verbliebe
im Bereich des Konventionellen, könnte rest- und widerstandslos zurückgeführt
werden auf Hölderlins anderswo ausformulierte Poetik, auf die Etablierung der
bürgerlichen Institution Literatur o. ä. Die Formel ‚befestigter Gesang von Blumen' dagegen skizziert das Programm einer Poesie, die sich der Gefährdung und
der Vergänglichkeit ausliefert, um ihre Autonomie zu erlangen und zu bewahren. Die zur Umsetzung dieses Projekts notwendige, prekäre Sensibilität bildet
sich jedoch nicht, wie man vermuten könnte, in und an der freien Natur aus,
sondern, wie in der Randnotiz hervorgehoben wird, als „Neue Bildung aus der
Stadt". Die Erfahrung der Fremdheit und Gegensätzlichkeit von Natur und Zivilisation, vielleicht auch der Entfremdung des Lebens in der modernen Welt,
die sich um 1800 auszubilden beginnt, ist offenbar vonnöten, um den Gesang
so zu ‚festigen', das er ‚von Blumen' singen, ja aus ihnen bestehen kann. Ein
Versuch solchen neuartigen Sprechens, das nicht mehr von einem einheitlichen
Sinnzentrum aus organisiert ist, wird im nebenstehenden Text unternommen.
Dabei wird das Subjekt des Textes immer mehr und mit noch offenem Ausgang
in den Strudel der sinnlichen Wahrnehmung der Natur hineingezogen.

Z. 47-53 (linearer Text, sich auflösend)

An diesem Punkt beginnen in der Handschrift Zuordnungsschwierigkeiten von
bisher noch nicht gekanntem Ausmaß. Sowohl das Segment „Neue Bildung aus
der Stadt," in der rechten Seitenhälfte (Z. 46) als auch die linksbündige Zeile
„Citronengeruch auf und der Öel, aus der Provence," (Z. 47) enden mit einem Komma, das auf eine (geplante oder ausgeführte) Fortsetzung des Satzes
hindeutet. Mögliche Fortsetzungen bieten sich tatsächlich mehr als genug an:

Direkt hinter „Provence," findet sich ein „und", das auf eine weitere Ortsbestimmung, ein zusätzliches Subjekt oder auf einen angehängten Hauptsatz hindeuten könnte. Aber unmittelbar hinter diesem „und" steht ein „wo", das einen Lokalsatz nach sich ziehen und dem das „und" in einem syntagmatischen Zusammenhang als Verbindung zweier Ortsbestimmungen durchaus vorangehen könnte. Die beiden Konjunktionen „und wo" sind aber nicht nur auf einer Linie mit der linksbündigen Zeile 47 notiert[581], sondern auch direkt unterhalb von „der Stadt," (Z. 46). Angesichts dieser Situation stellen sich drei Fragen:

1. Gehören die beiden Konjunktionen zusammen?
2. Schließen sie an „Provence," und/oder an „Stadt," an?
3. Welcher Text oder welche Texte werden durch die beiden Konjunktionen eingeleitet?

Meine Textkonstitution beruht auf folgenden Vorschlägen zur Entwirrung dieses komplexen handschriftlichen Befundes: Die beiden Partikel gehören vermutlich nicht zusammen, da sich bei genauem Hinsehen in den nachfolgenden Notaten zwei voneinander unabhängige Sätze unterscheiden lassen, von denen der eine wegen seiner regulären Wortstellung als Hauptsatz identifizierbar, der andere durch Inversion als Nebensatz ausgezeichnet ist. Ich sehe das „und" als Einleitung des Hauptsatzes, das „wo" als Konjunktion des Nebensatzes an, so daß sich folgende Sequenzen ergeben: „und / es haben diese / Dankbarkeit / Und Natürlichkeit mir die Gasgognischen Lande / Gegeben." (Z. 47-50, 52) sowie „wo / Längst auferziehen (und) der Mond und / Schiksaal / Und Gott, ich aber," (Z. 47-50).[582] Bis auf die zweite Hälfte des Hauptsatzes („Und Natürlichkeit mir die Gasgognischen Lande / Gegeben.") sind die beiden Sätze unterhalb der Z. 47 im rechten Bereich der Seite auf engstem Raum ineinandergeschrieben. Dennoch stimmen die neueren Herausgeber in der Zuordnung der Einzelelemente (mit Ausnahme der genannten Konjunktionen) zu je einem der beiden Sätze, allerdings nicht in der Anordnung der Elemente innerhalb der Sätze, weitgehend überein; auch ich sehe keine überzeugende Alternative zu den genannten Sequenzen.[583] Die Probleme beginnen jedoch bei der Frage nach dem Status der zwei Sätze, denn – und das ist das grundlegend neue textkritische Problem,

---

[581] Das „wo" ist dabei minimal tiefer als das „und" plaziert, keinesfalls aber, wie Sattler besonders kraß in seiner neuesten Umschrift suggeriert (cf. FHA Suppl. III Beil., 101, Z. 49f.), direkt unter dem „und".

[582] Nicht ganz ausgeschlossen werden kann allerdings, daß „und wo" doch zusammengehören und der Hauptsatz ohne Konjunktion beginnt. Allerdings müßte er dann wegen der Kleinschreibung des „es" als zu Beginn fragmentarisch angesehen werden. Inhaltlich ergeben sich keine gravierenden Divergenzen dieser Lesart zu der von mir bevorzugten, so daß ich auf eine ausführliche Erörterung der Alternative verzichten kann.

[583] Beißners (von Sattler in allen seinen bisherigen Textkonstitutionen übernommene) Version, die das „wo" an „aus der Stadt" anschließt und als Einleitung zu „Bis zu Schmerzen aber der Nase steigt" deklariert, ist nur legitimierbar im Rahmen seines Versuchs, die Randzusätze in den Zeilen 43-46 uneingeschränkt in den linearen Text zu integrieren – ein Versuch, der – wie sich gezeigt hat – außerordentlich problembelastet ist. Gegen diese Funktionalisierung des „wo" spricht – neben der Entfernung der beiden Stellen in der Handschrift und dem Feh-

das an dieser Stelle auftritt – es gibt in diesem Bereich keinen linksbündigen ‚Grundtext', dem etwas hinzu- oder entgegengesetzt würde, sondern die Fortentwicklung des Textes – wenn es denn eine gibt – findet in der Konkurrenz zweier am rechten Rand ineinandergeschriebener Sätze statt. Das bedeutet jedoch nicht, daß die beiden Sätze exakt denselben Stellenwert hätten. Vielmehr ist erkennbar, daß der mit „und / es haben diese / Dankbarkeit" beginnende Hauptsatz seine Fortsetzung in Texten findet, die wieder näher am linken Rand beginnend (allerdings nicht mehr konsequent linksbündig) notiert sind und die einen (wenngleich nicht bruchlosen) Zusammenhang bilden, der bis zu den untersten Segmenten auf dieser Seite reicht. Es bietet sich also an, mit aller Vorsicht den mit „und / es haben diese / Dankbarkeit" beginnenden Hauptsatz als eine Fortsetzung des linearen Textzusammenhangs anzusehen, der allerdings in diesen letzten Zeilen zunehmend brüchiger und zerfließender wird. Der mit „wo / Längst auferziehen" beginnende Nebensatz wäre demnach ein Seitenstrang, dessen Verhältnis zu den umgebenden Texten noch zu prüfen wäre.

Die Ergebnisse dieser Analyse habe ich in meiner Textkonstitution so umzusetzen versucht, daß ich den Haupt- und den Nebensatz in diesem Bereich nebeneinandergesetzt habe, so daß ihre Parallelität deutlich wird, zugleich aber der (von mir mehr links plazierte) Hauptsatz als Fortsetzung des linearen Textzusammenhangs erkennbar wird, der (von mir rechts herausgerückte) Nebensatz dagegen eher als einer der Randzusätze erscheint. Ich nehme um dieser Klärung willen in Kauf, daß meine Textdarstellung den handschriftlichen Befund insofern verzerrt, als die Links-Rechts-Position bei einigen Einzelelementen vereinfacht oder sogar vertauscht ist.

Der mit „wo" beginnende Lokalsatz kann (ob mit oder ohne ein vorgeschaltetes „und") der handschriftlichen Lage nach wie auch in syntaktischer Hinsicht so-

---

len von in einem solchen Falle notwendigen Einfügungszeichen – der Umstand, daß der mit „bis zu Schmerzen" beginnende Satz problemlos als Hauptsatz lesbar ist, durch den Anschluß an „aus der Stadt, / wo" aber in seiner Bedeutung massiv eingeschränkt wird: Mit keinem Wort ist im linksbündigen Text von einer Stadt die Rede, sondern es wird eine eher ländliche Szenerie entworfen. Die Kontamination von Randtext und linksbündigem Text suggeriert nun, hier sei sogar von einer bestimmten Stadt die Rede, und zwar von Bordeaux (so Binder 1983, 363). Diese Insinuation aber verfälscht den Text: keine einzelne Stadt (weder Frankfurt noch Bordeaux) wird hier genannt, sondern es werden in den verschiedenen Textsegmenten Bilder und Szenarien von Natur und Kultur entwickelt, durchgespielt, reflektiert und gegeneinander gesetzt. Dieses Spiel der Diskurse gilt es zu rekonstruieren, nicht jedoch die Realien aufzudecken, als schlummerten sie hinter den lesbaren Worten wie die unsichtbare Vorderseite einer Spielkarte. Schließlich ist darauf hinzuweisen, daß Beißners Lesart nur haltbar ist unter Preisgabe des Segments „Längst auferziehen und der Mond und Schiksaal / Und Gott, ich aber," als aufgegebene Variante (StA II.2, 887, Z. 25f.), denn diese Segmente benötigen das „wo", um als syntaktisch einigermaßen konsistenter Nebensatz erkennbar zu sein. Noch weniger überzeugt Sattlers Vorschlag, das Segment als Anakoluth zwischen die Zeilen 53 und 55 (meiner Zählung), also wesentlich weiter unten, einzuschieben, da es keinerlei Indiz für die Legitimation dieser Kontamination gibt. Cf. zu diesem textkritisch außerordentlich heiklen Bereich der Handschrift auch Thurmair (1979, 262f.), der, allerdings, wie er selbst einräumt (263), ebenfalls zu keiner voll überzeugenden Darstellung der Textgenese oder zu einer kohärenten Textkonstitution kommt.

wohl an „aus der Provence," als auch an „aus der Stadt," anknüpfen. Es könnte sich bei diesem Satz also entweder um eine Fortsetzung der Randzusätze oder um einen Einschub in den Textzusammenhang handeln, der vor der Fortsetzung mit „und / es haben diese / Dankbarkeit" einzufügen wäre.[584] Um diese Frage einer Klärung näherzubringen, muß zunächst der Lokalsatz in sich analysiert werden.

Dabei stellen sich zwei weitere textkritische Detailprobleme. Zum einen ist der Status des ersten „und" in Z. 48 unklar: Beißner verzeichnet es als ungestrichen (was aber ohne Konsequenzen bleibt, da das Segment sowieso nicht in den konstituierten Text der StA aufgenommen wird), Sattler als eindeutig gestrichen, und Uffhausen ordnet es dem anderen Textzusammenhang zu, da es in „Dankbarkeit" (Z. 49) hineingeschrieben ist.[585] Nun steht das Wort aber auf einer Linie mit und in einem gleichmäßigen Abstand zu den Elementen „Längst auferziehen" sowie „der Mond und", so daß es mir relativ wahrscheinlich zu sein scheint, daß es tatsächlich in diese Sequenz gehört. Darüber hinaus sind feine Striche unterhalb der Grundlinie des „und" sowie im Bereich des U-Bogens zu erkennen; es erscheint mir jedoch als unsicher, ob diese Linien tatsächlich als Streichung oder aber als zusätzliche, nicht entzifferbare Zeichen zu werten sind. Man muß das „und" daher zunächst als existent hinnehmen, obwohl der Satz dadurch syntaktisch inkorrekt wird: Es fehlt entweder ein zweites Prädikat hinter „und" oder ein erstes Subjekt vor „und", dem die drei weiteren Subjekte dann folgen würden.

Das zweite Problem betrifft das vorletzte Wort der Sequenz, das ich mit Beißner als „ich" lese. Sattler dagegen entziffert „euch" (neuerdings immerhin eine Korrektur von „ich" zu „euch"), Uffhausen „mi<r>" oder „mich". Nun scheint mir ein *ch* am Ende des Wortes unbestreitbar vorhanden zu sein, während ein *m* zu Beginn eindeutig fehlt (man vergleiche die zahlreichen Notationen von „mir" und „mich" in diesem Bereich der Handschrift; HF 75, Z. 55, 57 und 59), so daß Uffhausens Vorschläge ausgeschieden werden können. Es ist allerdings zuzugestehen, daß der Beginn des Wortes eine Strichverdickung aufweist, die als Korrektur gewertet werden könnte. Ein I-Punkt ist jedoch eindeutig vorhanden und nicht gestrichen, und das Zeichen darunter kann eher als *i* denn als *eu* gelesen werden, da es im wesentlichen aus einem einzelnen dicken Strich besteht. Gegebenenfalls ist also eine Korrektur von ‚euch' zu „ich" wahrscheinlicher als eine in umgekehrter Richtung. Obwohl die Annahme verlockend wäre, daß an dieser Stelle die Anrede eines Kollektivs in der zweiten Person Plural erstmals in den bisher untersuchten Texten erprobt würde, ist sie angesichts des handschriftlichen Befundes zu unwahrscheinlich, als daß sie mit allen Konsequenzen in der Interpretation berücksichtigt werden könnte. Ich gehe daher – mit aller

---

[584] Letzteres schlägt Uffhausen (1989, 147) vor – leider ohne irgendeine Begründung.
[585] Cf. Uffhausen 1989, 147, Z. 21. Ich bin mir allerdings nicht ganz sicher, ob Uffhausen an dieser Stelle wirklich *dieses* „und" meint, da seine Textdarstellung keinerlei Rückschlüsse darauf zuläßt, auf welche Stelle in der Handschrift er sich jeweils bezieht.

Vorsicht – davon aus, daß sich hier abermals ein Ich in der ersten Person Singular des Personalpronomens artikuliert.

Drei Instanzen (möglicherweise auch vier, von denen die erste ungenannt bleibt) sind es, von denen gesagt wird, daß sie „Längst auferziehen“: „der Mond und / Schiksaal / Und Gott“. Ungewöhnlich ist nicht nur das pluralisierte Subjekt, sondern auch das Prädikat[586]: Normalerweise werden nur die Zusammensetzungen ‚aufziehen‘ (das mehr das rein biologische ‚Großziehen‘ betont) und ‚erziehen‘ (das die Persönlichkeitsbildung des Kindes im umfassenden Sinne bezeichnet) gebraucht; die hier benutzte Form soll möglicherweise die in den beiden einfacheren Zusammensetzungen enthaltenen Bedeutungsaspekte bündeln und könnte als Analogiebildung zu ‚auferstehen‘ und ‚auferwecken‘ entstanden sein[587], zwei Tätigkeiten, die aufs engste mit dem christlichen Glauben verknüpft sind.[588] Ein Objekt des Erziehungsaktes, der schon in der Vergangenheit („Längst“) begonnen hat und noch immer andauert, wird nicht genannt; offenbar ist die ‚Auferziehung‘ eine Eigenschaft, die Mond, Schicksal und Gott schlechthin zukommt. Allerdings wird durch das „wo“ auf einen Ort des Erziehens verwiesen, auf den noch zurückzukommen sein wird.

Mond, Schicksal und Gott sind übermenschliche Instanzen, die allerdings auf verschiedenen Vorstellungsebenen angesiedelt sind: Während der „Mond“ ein realer Himmelskörper ist, der – vor allem als Gegenpol der Sonne – in der

---

[586] Cf. Grimm, Bd. 1 [1854], Sp. 641 (s. v. auferziehen); darin der Hinweis auf Luthers Übersetzung von Dan. 1, 5.

[587] Adelung (Bd. 1 [1807], Sp. 484-486) arbeitet das Analoge der Bildungen ‚auferbauen‘, ‚auferfahren‘ (nur bei Luther; Mt. 17, 27), ‚auferlegen‘, ‚auferstehen‘, ‚auferwachen‘, ‚auferwecken‘ sehr genau heraus. Er stellt fest, daß die meisten dieser Wörter im Hochdeutschen nur in biblischer Sprache und Bedeutung begegnen und resümiert: „Alle diese Verba kommen darin mit einander überein, daß sie eigentlich eine Bewegung in die Höhe bedeuten, welche Bedeutung jedoch jede der beyden Partikeln auf und er schon für sich allein hat.“ (Ibd., Sp. 484 [s. v. Auferbauen]) Zu ‚auferziehen‘ speziell bemerkt er, daß es „mit erziehen einerley Bedeutung hat, doch nur von der Erziehung der Kinder, und der Bildung ihres Geistes zuweilen gebraucht, aber am besten mit erziehen vertauscht wird.“ (Sp. 486) Hölderlin hält sich offenbar nicht an diese sprachkritische Maßgabe.

[588] In Hölderlins Lyrik findet sich das Wort ‚erziehen‘ sehr häufig, das Wort ‚aufziehen‘ nur dreimal und das sonst eher ungebräuchliche Wort ‚auferziehen‘ nicht nur an der vorliegenden Stelle, sondern noch in fünf anderen Texten. Während ‚erziehen‘ eher unspezifisch gebraucht wird (cf. bereits „erzogen“ etwas weiter unten auf dieser Seite [Z. 52]), sind die Subjekte des ‚Aufziehens‘ bzw. ‚Auferziehens‘ in allen Fällen göttliche Instanzen oder Naturphänomene: „Götter zogen dich auf, Jüngling,“ („Schiller“ [‚Bruchstück 11‘], StA II.1, 316, einzige Zeile); „Und du mein Haus, wo Felder mich und / Heilige Schriften noch auferzogen!“ („Rükkehr in die Heimath“ [späte Überarbeitung], FHA 5, 782, V. 7f.) Aus einer Stelle könnte man sogar einen Gegensatz zwischen ‚erziehen‘ und ‚auferziehen‘ herauslesen: „Wenn für deines Schiksaals Woogen / Hohe Götterkräfte dich, / Kühner Schwimmer! auferzogen, / Was erzog dem Siege mich?“ („An Herkules“, FHA 2, 251, V. 25-28) Eine Sozialisation unter der Obhut der Götter wird offenbar als ‚Auferziehung‘ bezeichnet; fehlt die göttliche Betreuung, so müssen vermutlich Menschen die Lücke füllen, und es ist nur noch von ‚Erziehung‘ die Rede. Cf. außerdem „Hymne an die Warheit“ (Konstituierter Text II), FHA 2, 79, V. 54; „An den Aether“ (letzte Fassung), FHA 3, 80, V. 1f.; „Die Heimath“, FHA 5, 498, V. 5; „An Eduard“ (Konstituierter Text IV), FHA 5, 668, V. 29; „In lieblicher Bläue ...“, FHA 9, 35, Z. 55.

abendländischen Tradition mit verschiedenen symbolischen Bedeutungen auf-
geladen wurde, ist „Gott" (namentlich ohne Artikel) der als Person gedachte
Urheber der Welt, „Schiksaal" dagegen das von Gott geschickte oder auch blinde
Fatum, dem die Menschen unterworfen sind[589]. Eine Erziehung durch diese drei
Instanzen hat nichts mit der von Menschen für ihre Nachkömmlinge organisier-
ten zu tun, sondern sie ist geprägt von der unmittelbaren Konfrontation des
einzelnen mit der Natur, den in ihr waltenden Gesetzen und dem Einen Gott.
Auch auf der gegenüberliegenden Handschriftenseite wird schon thematisiert, zu
welchem Ergebnis eine solche Erziehung, die nicht Sozialisation ist, führen kann:

> Barbaren
> Auch leben, wo allein herrschet Sonne und Mond.
> Gott aber halt uns   (II, Z. 45-47).

Die doppelte Alleinherrschaft der beiden Himmelskörper, die metonymisch für
den Wechsel von Nacht und Tag stehen kann, signalisiert die Abwesenheit kultureller Brechungen und Abmilderungen. Eine solche Situation – so wird suggeriert
– macht aus Menschen Barbaren. Von „Gott" (auch an dieser Stelle ohne Artikel gebraucht) wird dagegen Halt erwartet oder erfleht. Dieser Gegensatz macht
darauf aufmerksam, daß möglicherweise auch an der momentan untersuchten
Stelle „Gott" nicht in einem Triumvirat mit „Mond" und „Schiksaal" aufgeht
(zu denen eventuell, wie das „und" andeuten könnte, noch die Sonne oder etwas anderes hinzutritt), sondern daß „Gott" hier bereits für eine andere Form
des ‚Auferziehens' steht als die unter der Ägide der Gestirne und der „eherne[n]
Nothwendigkeit" (FHA 2, 197, V. 64) stehende. Auch der Zeilenbruch vor „Und
Gott", der durch die Majuskel im „Und" zusätzlich hervorgehoben ist, kann als
Indiz für einen solchen Gegensatz gelesen werden.

In einem klaren Gegensatz zu dem vorher Gesagten steht das „ich aber" am Ende
des Segments. Daß es sich bei dem Personalpronomen nochmals um eine Form im
Nominativ Singular handelt, könnte darauf hindeuten, daß das Ich sich ebenfalls
als erziehende Instanz versteht, aber als eine neue, die sich von den „Längst"
etablierten Natur- und Schicksalsgewalten absetzt. Denkbar ist jedoch auch,
daß der Gegensatz weit gravierender ist, daß das Ich sich von den Mechanismen
der ‚Auferziehung' überhaupt verabschiedet, sich weder zum Subjekt noch zum
Objekt solcher Vorgänge machen läßt. Da das Segment an dieser Stelle nach
einem Komma abbricht, gibt es keinen Fingerzeig, worin genau der durch das
„aber" signalisierte Gegensatz besteht.

Wegen der Offenheit und Brüchigkeit des syntagmatischen Zusammenhangs tritt
die Zeile „Und Gott, ich aber," als isolierte hervor. Beinahe exklamatorisch tritt
hier das Ich Gott – erstmals auf den bisher untersuchten Seiten – direkt gegenüber. Es ist nicht entscheidbar, ob darin das Moment der Reihung oder das
des Gegensatzes zwischen beiden überwiegt. Die hybride Geste, die aus dem
Diktum „Allda bin ich / Alles miteinander." spricht, ist in dieser Konfronta-

---

[589] So wird in Hölderlins früher Hymne „Das Schiksaal" (1794; FHA 2, 195-198) diese Instanz
durchaus unchristlich mit der „eherne[n] Nothwendigkeit" (ibd., 197, V. 64) assoziiert.

tion eines Ich mit Gott in jedem Falle überwunden, denn welcher Gott immer an dieser Stelle gemeint sein mag: er nimmt die Position des unüberwindbaren Anderen ein, der das Ich in seine Schranken weist und damit von dem Anspruch auf Omnipräsenz und -potenz fernhält.

Nachdem der Lokalsatz soweit möglich in seinem inneren Zusammenhang untersucht ist, bleibt die Frage zu klären, an welcher Stelle er möglicherweise in die umgebenden Texte einzufügen ist. Zunächst bietet es sich an, ihn in den Zusammenhang der Randzusätze zu stellen. Ein Anschluß an die Sequenz „bevestigter Gesang / vom Blumen / als / Neue Bildung aus der Stadt," erscheint nicht nur syntaktisch, sondern auch motivisch als sinnvoll: Die pädagogische Komponente der ‚Neuen Bildung aus der Stadt' wird in der Rede von den ‚längst auferziehenden' Instanzen wiederaufgenommen. Allerdings fällt es schwer, sich vorzustellen, daß die Naturinstanzen Mond und Schicksal ihre Erziehungsfunktion ausgerechnet in der Stadt wahrnehmen. Vielmehr scheint die ‚Neue Bildung' in einem schroffen Gegensatz zu der seit unvordenklichen Zeiten herrschenden Erziehung durch die Naturgewalten zu stehen. Will man den Anschluß des Lokalsatzes an die Randzusätze herstellen, muß man es also akzeptieren, daß in der „Stadt" die neue Art von Bildung mit der elementaren Naturerziehung konfrontiert wird und möglicherweise sogar eine Einheit eingeht, deren einer Pol das Barbarische, deren anderer das Urbane, Moderne wäre.

Aber die Anknüpfung an die Randnotizen ist nur die eine der beiden Möglichkeiten, einen Kontext für den Lokalsatz zu finden. Denkbar ist auch, daß er hinter der Zeile „Citronengeruch auf und der Öel, aus der Provence," und noch vor der Fortsetzung „und / es haben diese / Dankbarkeit" einzuschieben ist. Diese Lesart zwingt nicht in demselben Maße wie die erste dazu, scheinbar Unvereinbares zusammenzudenken. Denn der Gedanke, daß die südfranzösische Landschaft ein Ort ist, an dem die Gestirne und Naturgewalten uneingeschränkt herrschen, an dem aber in eins damit eine landwirtschaftliche Nutzung durch den Menschen möglich ist, ist ein Leitmotiv der bisher untersuchten Texte, das besonders auf der Seite 73 in allen Einzelheiten und Gegensätzlichkeiten entfaltet wird. Das in den Zeilen 45 und 47 aufgeworfene Problem der Gefährdung von Subjektivität durch ein Übermaß an Sinneseindrücken und eine übersteigerte Sensibilität wird demnach in dem Lokalsatz durch die Berufung auf die uralte Naturerziehung zunächst scheinbar gelöst, aber die hilflose Evokation „ich aber" am Schluß, mit der der Dezisionsimus vom Beginn der auf diesen Seiten entworfenen Gedichtfragmente wiederaufgenommen wird (cf. I, Z. 11f.), zeigt, daß mit der Berufung auf alte Autoritäten und Mechanismen nichts gewonnen ist: Das Problem, wie sich das Subjekt in Situationen überschwenglicher Naturfülle einerseits und angesichts der Anforderungen einer „Neuen Bildung" andererseits zu behaupten und zu artikulieren vermag, ist nach wie vor ungelöst. Es bleibt eine spannende Frage, ob die letzten Zeilen auf dieser Seite diese Problematik einer Lösung noch näher zu bringen vermögen.

In der Handschrift völlig verflochten mit den Elementen des Lokalsatzes ist wie gesagt der Hauptsatz, der eine Verbindung zwischen dem bisherigen linearen Textzusammenhang und dem Rest des Textmaterials auf dieser Seite herstellt: „und / es haben diese / Dankbarkeit / Und Natürlichkeit mir die Gasgognischen Lande / Gegeben." (Z. 47-50, 52) Auch bei diesem Satz ist die Textkonstitution alles andere als unproblematisch. Umstritten ist vor allem die Anordnung der Substantive „Dankbarkeit" und „Natürlichkeit": „Dankbarkeit" ist in der Handschrift zweimal notiert, einmal rechts unterhalb von „es haben diese" und einmal ganz links als Beginn der Zeile, die mit „mir die Gasgognischen Lande" fortgesetzt wird. „Und Natürlichkeit" steht direkt über diesem Zeilenbeginn und auf einer Höhe mit der ersten Notation von „Dankbarkeit". Meine Textkonstitution geht davon aus, daß zunächst die Zeile „Dankbarkeit mir die Gasgognischen Lande" festgehalten wurde (eventuell in einem Zuge mit dem Segment „es haben diese" am rechten Rand, das mit derselben brüchigen Feder niedergeschrieben sein könnte) und später in einem Korrekturvorgang „Und Natürlichkeit" über die Zeile gesetzt und „Dankbarkeit" eine Zeile höher am rechten Rand wiederholt wurde. Ich verzichte auf die doppelte Wiedergabe von „Dankbarkeit", da ich die zweimalige Notation für redundant halte.[590]

---

[590] Demgegenüber sieht Beißner die Zeile „Dankbarkeit mir die Gasgognischen Lande" als gültig und die darüberstehenden Notate „Und Natürlichkeit" und „Dankbarkeit" (ebenso wie das mit „Längst auferziehen" beginnende Segment) als verworfene Vorstufen dazu an (cf. StA II.2, 887, Z. 23) – eine Lektüre, die allein der Herstellung eines ‚gereinigten' Textverlaufs dient und alles davon Abweichende ohne textkritische Legitimation eliminiert. Sattler vertritt 1975 noch die von mir im obigen Text dargestellte Lösung (cf. FHA Einl., 81f., Phase VI und XV). Später argumentiert er: „Der versetzte Einsatz unter nicht gestr. *Natürlichkeit* kann nur Vertauschung des Wortpaars bedeuten." (Sattler 1981a, 293) Damit ergäbe sich die Sequenz ‚Natürlichkeit / Und Dankbarkeit'. Das von Sattler angeführte einzige Argument dafür – die Rechtseinrückung von HF 75, Z. 55 – ist aber nicht zureichend, zumal auch die folgenden beiden Zeilen ebensoweit rechts beginnen und generell die konsequente Linksbündigkeit in diesem Bereich der Seite aufgehoben ist. Uffhausen dagegen bietet an diesem Punkt eine begrüßenswert vielschichtige Lösung an. Der Unterschied zu allen anderen Editoren (und auch zu meiner Lesart) liegt schon im berücksichtigten Wortmaterial: Uffhausen nimmt an, daß das „und", das, etwas nach oben versetzt, in „Dankbarkeit" (in der rechten Seitenhälfte) hineingeschrieben ist, zu diesem syntagmatischen Zusammenhang gehört. Diese Vermutung hat den Vorzug, daß sie das „und" aus dem Segment ‚Längst auferziehen und der Mond' herausnimmt, in dem es ohnehin dysfunktional ist (zu dem es aber nach meiner Einschätzung des graphischen Befundes, wie oben [461] ausgeführt, dennoch gehört). Aufgrund dieser Annahme schlägt Uffhausen drei Anordnungen der Segmente vor, die er für gleichermaßen möglich hält (cf. Uffhausen 1989, 253; Version 2 entspricht meinem Vorschlag bzw. dem der FHA Einl.). Nicht ganz unplausibel ist auch die Mutmaßung, daß möglicherweise eine Erweiterung der Reihe um ein drittes Substantiv geplant war, für das in der Handschrift hinter „Und Natürlichkeit" genügend Raum frei gelassen ist. Da die Erweiterung aber nicht ausgeführt worden ist, braucht sie auch nicht erörtert zu werden. Letztlich geht es also nur um die Frage, welches der beiden Substantive als erstes, welches als zweites genannt wird. Der Bedeutungsunterschied zwischen diesen beiden Lesarten erscheint mir als so gering, daß ich auf eine weitergehende Diskussion verzichte und meine Interpretation auf einem vereinfachten konstituierten Text aufbaue, in dem aber außer den Wiederholungen und etwaigen Umstellungen alle Elemente der Handschrift enthalten sind.

Auffällig an diesem Satz ist die Reihenfolge, in der seine Elemente eingeführt werden, so daß bis zum Schluß ihre jeweilige syntaktische und semantische Funktion changiert, ein Effekt, der durch die vielen Zeilenbrüche noch verstärkt wird. (Diese Beobachtung bleibt von einer etwaigen Vertauschung von „Dankbarkeit" und „Natürlichkeit" weitgehend unberührt.) Auf die Konjunktion „und", die vermutlich den Anschluß an den mit „aus der Provence," endenden Satz herstellt[591], folgt zunächst die Partikel „es", die offenbar stellvertretend für ein noch folgendes Substantiv steht, aber durch die Anfangsstellung ein erhebliches Eigengewicht erhält.[592] In dem Segment „es haben diese" scheint „diese" Nominativ Plural zu sein; „haben" könnte als Vollverb verstanden werden, während „es" die Stelle eines Akkusativobjekts zu vertreten scheint. Liest man „es haben diese / Dankbarkeit" als Einheit, so scheint „Dankbarkeit" das bis dahin noch ausstehende Objekt zu sein; das Segment hätte demnach etwa die Bedeutung ‚diese sind dankbar' (wobei das Problem besteht, daß kein Bezugswort im Plural für „diese" zu erkennen ist). Zugleich scheint aber die Möglichkeit auf, daß ‚diese Dankbarkeit' zusammengehört und damit – da ein Singular nicht Subjekt zu „haben" sein kann – an die Objektstelle rückt, wodurch „es" wiederum als Stellvertreter eines noch ungenannten Subjekts im Plural erscheint.

Hinzu kommt an dieser Stelle eine weitere Konstellation, die quer zum syntagmatischen Zusammenhang steht: „Dankbarkeit" findet sich nämlich in der Handschrift direkt neben „Schiksaal", das dem Lokalsatz angehört. Den von einer übermenschlichen Instanz bestimmten und für die Betroffenen undurchschaubaren Wendungen des Lebens- und Weltlaufs wird also eine menschliche Grundhaltung des Dankes gegenübergestellt, eine affirmative Einstellung zur Welt und zum Leben, die die wechselvollen Fügungen und Schickungen unabhängig von ihrem Inhalt als (möglicherweise göttliches) Geschenk entgegennimmt. Allerdings ist ‚Dankbarkeit' keine einseitig passive Haltung, da der Dank für das Erhaltene wiederum ausgesprochen oder ausgerichtet werden muß.[593]

Nimmt man das folgende Element hinzu, so ergibt sich die Sequenz ‚und es haben diese Dankbarkeit und Natürlichkeit'. Noch immer ist es möglich, „diese" (trotz eines fehlenden Bezugswortes) separat zu lesen, so daß sich in etwa die Bedeutung ‚diese sind dankbar und natürlich' ergibt. Wahrscheinlicher aber ist es, daß ‚diese Dankbarkeit und Natürlichkeit' zusammengehört und als Subjekt zu lesen ist, während das „es" nun wieder die Objektstelle vertritt. „Natürlichkeit" ist ein von der Natur geprägter oder der Natur angenäherter Zustand oder auch eine Charaktereigenschaft des Menschen (im Sinne von ‚Ungezwungenheit, Un-

---

[591] Denkbar ist allerdings auch – wie gesagt – ein Anschluß an den möglicherweise an dieser Stelle eingeschobenen Lokalsatz. Schließlich kann auch nicht ganz ausgeschlossen werden, daß „und / es haben diese" an „Neue Bildung aus der Stadt," anknüpft.

[592] Zur Funktion des „es" in Hölderlins später Lyrik cf. auch Reuß 1990, 270f.

[593] Das geht auch aus der zentralen Frage in der letzten Strophe von „Heimkunft" hervor: „wie bring' ich den Dank?" (FHA 6. 319, V. 98) Böckmann (1961/62) sieht diese Frage als „großes Grundthema" (220) von Hölderlins Dichtung, insbesondere aber seiner Spätdichtung an. Das scheint mir eine zu eindimensionale Perspektive auf diese Texte zu sein.

verbildetheit'). Bezieht man „Natürlichkeit" ebenso wie „Dankbarkeit" auf ein menschliches Subjekt, so kann als Gemeinsamkeit von beiden Eigenschaften oder Haltungen festgestellt werden, daß sie der Außenwelt – in welcher Gestalt diese auch auftreten mag – keinen Widerstand entgegensetzen, sondern sich ihr im Gegenteil rückhaltlos anpassen („Natürlichkeit") oder sie kritiklos akzeptieren und affirmieren („Dankbarkeit").

Das folgende Wort „mir" bringt eine gewisse Eingrenzung der syntaktischen Kombinationsmöglichkeiten mit sich: Das Verb „haben" kann kein Dativobjekt nach sich ziehen; es muß also entweder noch ein Prädikatsnomen folgen (z. B. ‚haben mir etwas voraus'), oder das „haben" ist Teil einer Perfektform. Im Gegensatz zu dem in der Handschrift unmittelbar benachbarten Segment „Und Gott, ich aber," artikuliert sich das Ich hier nicht als trotzig-ratloses Subjekt, als Gegenüber Gottes, sondern als indirekt betroffenes Objekt von bis jetzt noch nicht durchschaubaren Vorgängen.

Auch das letzte Textelement in dieser Zeile, „die Gasgognischen Lande", bietet noch keinen Ansatz für eine endgültige Klärung der syntaktischen Verhältnisse an. Es könnte sich bei diesem Syntagma ebenso wie bei ‚diese Dankbarkeit und Natürlichkeit' um eine Nominativ- oder eine Akkusativform handeln. Unabhängig von dieser Schwierigkeit transportiert das Segment eine wichtige Information zur geographischen Ansiedlung der im vorliegenden Abschnitt entworfenen Szenerie: Trotz der leicht verfremdeten Lautgestalt kann man davon ausgehen, daß von der Gascogne, der Region in Südwestfrankreich, die Rede ist, die bereits auf der ersten der von mir untersuchten Seiten in noch verfremdeterer Gestalt als „Gasgone" (I, Z. 15) auftaucht. Demnach wäre hier eine Rückwärtsbewegung an einen der Ausgangspunkte der auf den Seiten 73 bis 76 entworfenen Gedichtfragmente zu beobachten: Zwar wurde wenige Zeilen weiter oben mit der „Provence" schon einmal eine südfranzösische Landschaft genannt, aber wahrscheinlich nur als Herkunftsregion von Naturprodukten wie Öl und Zitronen. Jetzt aber ist wieder wie auf der ersten Seite von den Gegenden um Bordeaux die Rede, denn die Wendung „die Gasgognischen Lande" bezeichnet möglicherweise nicht nur die Gascogne im engeren Sinne, sondern pars pro toto auch die Regionen um die Gascogne herum. (Eine ähnliche Dezentrierungsgeste war auch bei der erstmaligen Erwähnung dieser Landschaft schon zu beobachten: „auf Gasgone, Orten, wo viel Gärten sind", I, Z. 15.)

Das abschließende Element des Satzes, das die bis jetzt vermißte Klarheit über die syntaktischen Verhältnisse mit sich bringen müßte, findet sich erst zu Beginn der nächsten Zeile: „Gegeben". Alle bisherigen Editoren und Kommentatoren der Stelle sind sich darüber einig, daß die syntaktische Eindeutigkeit wirklich hergestellt ist. Der Satz müßte daher in regulärer Wortstellung folgendermaßen lauten: ‚Die Gasgognischen Lande haben mir diese Dankbarkeit und Natürlichkeit gegeben.' Das „es" wäre demzufolge redundant, da es am Satzbeginn das erst an vorletzter Stelle genannte Satzsubjekt vertritt.

Im Gegensatz zur ersten Seite ist also hier nicht von gegenwärtig „auf Gasgone"
ablaufenden Vorgängen die Rede, sondern das Ich nimmt (ähnlich wie das Wir
ganz oben auf der vorliegenden Seite) Bezug auf frühere Ereignisse, die allerdings
(wie die Perfektform unterstreicht) noch unmittelbare Auswirkungen auf die Gegenwart haben, obwohl das Ich sich jetzt dort vermutlich nicht mehr aufhält.
Die ‚Gasgognischen Lande' haben dem Ich bei seinem Aufenthalt ‚Dankbarkeit
und Natürlichkeit' gegeben, zwei Eigenschaften, über die es offenbar in der im
Gedicht konstituierten Gegenwart noch verfügt, da sie durch das Demonstrativpronomen „diese" als aktuell vorhandene gekennzeichnet werden. Gemeint ist
vermutlich ein mimetisches Verhalten zur Natur, in dem die „Dankbarkeit" für
ihre Gaben, vielleicht auch für das Leben überhaupt eine zentrale Rolle spielt.[594]
Das aktive Moment im ‚Dank' wird dadurch, daß auch die „Dankbarkeit" noch
eine (von der Natur bzw. einzelnen ihrer Gegenden) ‚gegebene' ist, völlig an
den Rand gedrängt. Es ist also die demütige Haltung einer natürlichen Religion,
die hier skizziert und als deren Ursprung eine konkrete Naturlandschaft selbst
ausgemacht wird.

Die möglichen subjekttheoretischen Konsequenzen des vorliegenden Satzes im
Zusammenhang des Textverlaufs hat Michael Jakob aufzuzeigen versucht:

> Das Subjekt zeigt sich zunächst nur in seiner Mittelbarkeit (Evokation eines bestimm-
> ten Geruches: „Bis zu Schmerzen aber der Nase steigt …") wieder, wodurch das *Leib-*
> *liche* aufgewertet, das Bewußtseins-Ich hingegen zu passiver und dankbarer Haltung
> abgeschwächt wird. Die Natur, im Bilde ihrer reifen Produkte „Citronen" und „Öl" ge-
> genwärtig, ist Gebende, Spendende; der „Dank" die angemessene Antwort des Ich auf
> solche fruchtbare Erfahrung der Fülle, der Gabe. Während das Subjekt in der Halung
> [sic] der „Dankbarkeit" (als dankbares) bewahrt bleibt, weist „Natürlichkeit" als Ver-
> such der Umschreibung dieses Zustandes möglicherweise auf die Gefahr hin, völlig in
> Natur aufzugehen, es verweist auf die Möglichkeit des Verschwindens des Ich. Denn die
> Stellung des Ich ist hier trotz (oder aufgrund) des scheinbar eingetretenen Umschlages
> („Schmelzes") nicht gesichert; es wird in diesen Versen eine Situation heraufbeschworen,

---

[594] Binder versteht die „Natürlichkeit" als „Gegenbild der Zeit deutschen Schmelzes in Frankfurt, eines Verhältnisses also, das nur in ‚höchster Geistigkeit' zu bestehen war. Da nun das
Geistige und das Natürliche symmetrisch um die Mitte des Gedichts angeordnet sind, wird
auch dieser Gegensatz in dem ‚Allda bin ich alles miteinander' liegen." (Binder 1983, 365)
So verlockend die Annahme sein mag, die zitierte Sentenz stelle nicht nur den Mittelpunkt,
sondern sogar die Achse einer symmetrischen Spiegelung zweier Hälften des Gedichtentwurfs
dar, so wenig scheint sie mir haltbar zu sein. Denn es ist zu vergröbernd, die ‚Zeit deutschen
Schmelzes' schlechthin in ‚Frankfurt' anzusiedeln, und von „Geistigkeit" ist in diesem Zusammenhang mit keinem Wort die Rede. Binder projiziert hier einmal mehr in – wie ich meine –
unzulässiger Weise seine biographischen Spekulationen in den Text hinein. Übrigens verblüfft,
mit welcher Selbstverständlichkeit Binder hier die von ihm mit Beißner als verworfen angesehene Variante „Natürlichkeit" ausgerechnet zur Stützung der Annahme einer Symmetrie
des Textes, also einer zumindest angestrebten abgerundeten und durchkonstruierten Form,
heranzieht, während er zu der von ihm als gültig angesehenen Variante „Dankbarkeit" nur
lakonisch zu annotieren weiß: „Aber auch die ‚Dankbarkeit' versteht man" (Binder 1983, 365).
Konsequenterweise müßte man aus diesem Vorgehen Binders die These ableiten, der Autor
habe die zunächst intendierte Symmetrie in einer Korrekturstufe wieder aufgebrochen – eine so
von Binder sicher nicht beabsichtigte These, der allerdings in der Grundtendenz zuzustimmen
wäre.

in welcher dem Ich nur noch „gegeben" wird.[595]

Diese Aussagen stimmen in vielen Einzelheiten mit den Ergebnissen meiner Analyse überein. Allerdings würde ich einige Punkte anders akzentuieren: Der ‚bis zu Schmerzen der Nase' aufsteigende Zitronen- und Ölgeruch ist nicht nur „Zeichen irdischer Fülle"[596], sondern wird vom Subjekt bereits als bedrängend und bedrohlich wahrgenommen. Insofern sehe ich das „und" am Ende der Zeile 47 (nach „aus der Provence,") als Konjunktion an, die einen scharfen Bruch überwinden soll: Denn die in den Zeilen 45 und 47 angedeutete Haltung zur Wirklichkeit kann schlechterdings nicht als eine der „Dankbarkeit" und „Natürlichkeit" angesehen werden, sondern eher als eine des aufkommenden Widerstands gegen die übergroße Nähe und das Eindringen der Natur in den Körper des Subjekts. Es ist also völlig ungewiß, worauf die in der Wendung ‚diese Dankbarkeit und Natürlichkeit' enthaltene Deixis zielt. Von den beiden grundlegend unterschiedenen Wahrnehmungsweisen, die die durch „und" verbundenen Sätze kennzeichnen, einmal abgesehen, erscheint es als wenig wahrscheinlich, daß es unter den vielen Eindrücken, die die „Gasgognischen Lande" zu vermitteln haben, ausgerechnet aus der Provence eingeführte Naturprodukte gewesen sein sollen, die ‚Dankbarkeit und Natürlichkeit' bei dem artikulierten Ich hervorgerufen haben.

Möglicherweise kann die Einbeziehung des nebenstehenden Lokalsatzes konkretere Anhaltspunkte zur Klärung der Frage bieten, auf *welche* Dankbarkeit und Natürlichkeit in dem Hauptsatz Bezug genommen wird. Denn die ‚Auferziehung' durch Mond, Schicksal und Gott könnte eine Erfahrung sein, die zu einer ‚dankbaren und natürlichen', also schicksals- und gottergebenen Einstellung führt. Aber ein Ich artikuliert sich auch in diesem Zusammenhang, und zwar gerade nicht als Objekt der natürlichen oder göttlichen Erziehung, sondern als widerständiges Subjekt, das sich möglicherweise von den Erziehungsakten ganz abwendet. Von ‚Dankbarkeit und Natürlichkeit' ist in dieser Geste des Ich nichts zu spüren. Man muß daraus schließen, daß sich in dem „ich" und dem „mir", obwohl sie auf derselben Höhe notiert sind, nicht ein mit sich identisches Ich artikuliert, sondern entweder zwei völlig getrennte Instanzen oder ein in sich selbst bis zum Zerreißen gespanntes Ich. Eine kohärente Antwort auf die Frage, was mit ‚dieser' dem Ich gegebenen Dankbarkeit und Natürlichkeit gemeint ist, läßt sich jedenfalls auch dem Lokalsatz nicht entnehmen.

Gegenüber Jakob, der eine geradlinige Textbewegung diagnostiziert, die von der irdischen Fülle der Natur und der ihr korrespondierenden, bloß passiven Dankbarkeit des Ich ausgeht und in einem möglichen Verschwinden des Ich kulminiert, möchte ich die Widerhaken und Brüche in der Fortentwicklung des Textes stärker betonen: Während zunächst ein leidendes Subjekt zur Sprache kommt, ohne sich als „ich" zu artikulieren (Z. 45 und 47), prallen in Z. 50 auf engstem Raum ein passives, dankbares und ein aktives, widerständiges Ich aufeinander. Welches Ich am Ende dominieren wird, ob es eine Synthese zwischen den wider-

---

[595] Jakob 1987, 325, Anm. 12.
[596] Jakob 1987, 325, Anm. 12.

streitenden Tendenzen gibt oder ob etwa jedes Ich schließlich verschwindet, ist – im Gegensatz zu den Insinuationen Jakobs, der seine skizzenhafte Analyse an diesem Punkt abbricht – noch völlig offen.

Aber selbst die bislang unterstellte Eindeutigkeit der syntaktischen Bezüge des gegenwärtig untersuchten Satzes, die sich mit den letzten Elementen einzustellen schien, ist – auch über das fehlende Bezugswort für „diese" hinaus – keineswegs so zweifelsfrei gegeben, wie es scheinen könnte: Nach wie vor sind nämlich Subjekt und Akkusativobjekt vertauschbar. Der Satz ist also auch so lesbar, daß ‚diese Dankbarkeit und Natürlichkeit' Subjekt, „die Gasgognischen Lande" aber Objekt ist. Demzufolge wird hier keine Genealogie von Dankbarkeit und Natürlichkeit geschildert, sondern diese beiden Eigenschaften sind bereits vorgegeben und werden aktiv, indem sie die „Gasgognischen Lande" dem Ich ‚geben'. Unter dieser Perspektive bleibt es auch mehrdeutig, was mit ‚geben' gemeint ist: Entstehen die Landschaften erst aufgrund der Dankbarkeit und Natürlichkeit, werden sie dem Ich übereignet, oder wird nur in seinem Bewußtsein ein Bild von ihnen erzeugt und aufbewahrt? Die letzte Deutungsmöglichkeit erscheint mir als die wahrscheinlichste: Das Erlebnis der Landschaft ist dem Ich nur aufgrund der Dankbarkeit und Natürlichkeit möglich gewesen. Der entscheidende Unterschied in der Bedeutung der beiden Nomina gegenüber der zuerst erprobten Lesart liegt darin, daß die Dankbarkeit und Natürlichkeit unter dem nun eingenommenen Blickwinkel nicht notwendigerweise Eigenschaften des Ich sein müssen, weder als natürliche Veranlagung noch als nachträglich empfangene ‚Gabe'. Es ist vielmehr nur eine von vielen Möglichkeiten, daß das Ich sich die „Gasgognischen Lande" hat aneignen können, weil es selbst dankbar und natürlich war oder ist. Die ‚Dankbarkeit und Natürlichkeit' könnte beispielsweise auch Eigenschaften der Landschaft selbst oder eines anderen, nicht genannten Subjekts bezeichnen.

Das Ich verbleibt zwar auch dieser Lektüre des Satzes zufolge in einer passiven Position, in der Rolle dessen, dem gegeben wird, aber es sind nicht die initiativlosen Haltungen ‚Dankbarkeit und Natürlichkeit', die ihm gegeben werden, sondern „die Gasgognischen Lande", das Erlebnis und das Erinnerungsbild einer ganzen Landschaft, und zwar unabhängig davon, ob es sich selbst dankbar und natürlich verhält oder eine andere Instanz. So gesehen ist der Gegensatz des „mir" zu dem „ich" in derselben Zeile nicht so schroff wie unter der Annahme, dem Ich sei von den ‚Gasgognischen Landen' nur Anpassung und Demut auferlegt worden.

Welche der beiden Lektüren des Satzes die ‚richtige' ist, kann nicht entschieden werden; er changiert zwischen ihnen. Damit wird die Frage nach dem Status des Ich in diesem Textabschnitt noch virulenter und unentschiedener, als oben schon von mir hervorgehoben.

Die nun folgenden Zeilen bieten eine Beschreibung konkret-sinnlicher Vorgänge und Gegebenheiten von großer Intensität:

> Gezähmet
> Gegeben. erzogen aber, noch zu sehen, und genährt <?> haben mich | gebraten Fleisch |

der Tafel und |

Die Rappierlust und des Festtags braune Trauben, braune

(Z. 51-53)

Die Analyse muß sich jedoch von dem faszinierend-berauschenden Eindruck, den diese Zeilen auf den ersten Blick machen, zunächst lösen und den Satz in seine Einzelteile zerlegen. Als erstes Problem stellt sich die Frage, wo die Fortsetzung nach dem Abschluß des zuletzt untersuchten Satzes zu suchen ist. Rechts von „Gegeben." findet sich nämlich das Wort „Gezähmet" (Z. 51), allerdings etwas oberhalb der Grundlinie des ersten Wortes. Darunter (und unterhalb der Linie von „Gegeben.") steht, weiter nach rechts versetzt, so daß eine Lücke zum ersten Wort entsteht, das Wort „erzogen". Angesichts dieses Befundes wäre eine Hypothese zu erwägen, die bisher noch von keinem Editor aufgestellt worden ist: Möglicherweise hat das zwischen die Zeilen gesetzte „Gezähmet" gar nichts mit der Fortsetzung zu tun, sondern stellt eine Variante zu „Gegeben" dar. Damit könnte die Bedeutung des Satzes ins Gegenteil verkehrt sein: Nimmt man an, daß ‚die Gasgognischen Lande mir die Dankbarkeit und Natürlichkeit gezähmet' haben, so würde die Landschaft gerade nicht zur Ausbildung, sondern zur Beschränkung der dankbaren und natürlichen Haltung des Ich beitragen. Allerdings wirkt das ‚Zähmen' ungewöhnlich, wenn es auf solche Eigenschaften wie die genannten angewendet wird, die normalerweise wenig Wildes an sich haben.

Plausibler scheint mir da schon die zweite Lesart: ‚Die Dankbarkeit und Natürlichkeit haben mir die Gasgognischen Lande gezähmet.' Die beiden Eigenschaften (seien es solche des Ich oder von außen hinzukommende) hätten demnach dazu beigetragen, daß die südfranzösische Landschaft auf das Ich nicht mehr die wilde, ungestüme Wirkung gehabt hat wie zuvor. Diese Lektüre ist mit derjenigen, die ebenfalls ‚Dankbarkeit und Natürlichkeit' als Subjekt, aber ‚haben gegeben' als Prädikat ansieht, durchaus vereinbar: Daß dem Ich die Landschaft ‚gegeben' wird, ist demzufolge nur möglich unter der Bedingung, daß sie ‚gezähmt' wird, denn in ihrer ganzen Wildheit ist sie für das Ich nicht erfaßbar und erinnerbar.

Es ist also nicht nur textkritisch und syntaktisch, sondern auch semantisch möglich, das „Gezähmet" zum vorangehenden Satz zu ziehen. Dennoch erscheint mir das nur als ein Seitenstrang der Analyse. Naheliegender ist es, „Gezähmet" als Variante nicht zu „Gegeben", sondern zu „erzogen" anzusehen. Dabei stellt sich allerdings das Problem, warum „erzogen" erst nach einer Lücke folgt und zudem nicht mit einer Majuskel beginnt, wie es für einen Satzanfang in durchgehenden Textzusammenhängen auf diesen Seiten sonst praktiziert wird.[597] Möglicherweise sollte am Satzbeginn noch ein Wort (wahrscheinlich ein Adverb) eingeschoben werden. Diese Absicht wurde aber nicht ausgeführt, da „erzogen" durch „Gezähmet" überlagert wurde. Denkbar ist allerdings auch, daß „Gezähmet"

---

[597] Sattler deutet eine der Verschmierungen in diesem Bereich als gestrichenes Komma (cf. FHA Suppl. III Beil., 101, Z. 57). Das ist nach meiner Einsicht in die Handschrift ebensowenig auszuschließen wie definitv zu behaupten. Zudem ist damit der große Abstand der Wörter auch noch nicht erklärt.

das Wort ist, das die Lücke füllen soll, so daß es nicht als Variante, sondern als Ergänzung zu lesen wäre. In diesem Fall müßte man einen gewissen Pleonasmus annehmen: ‚Gezähmet <und> erzogen‘.

Auch der weitere Textverlauf hält noch einige textkritische Fallstricke bereit. Das Segment, das ich (mit den meisten der bisherigen Editoren) als „und genährt" lese, ist ebenfalls über der Zeile notiert, beginnend oberhalb des Kommas hinter „sehen". Möglicherweise kann das Partizip auch als ‚geweiht‘ gelesen werden, eine Alternative, die in der Interpretation zu überprüfen sein wird. Sicher scheint mir jedoch zu sein, daß das Segment hinter dem Komma in den Text einzuschieben ist; ich habe es daher im Gegensatz zu „Gezähmet", dessen Status unklar ist, um der Lesbarkeit willen auf einer Linie mit dem Rest der Zeile wiedergegeben.

Gleich das folgende Wort ist ebenfalls schwer entzifferbar: Die meisten Herausgeber lesen es als ‚hat‘, da das *a* und der folgende Buchstabe mit gefüllter Feder ausgezogen sind, während das *h* und der Schluß des Wortes mit halbleerer (aber nicht notwendigerweise derselben) Feder ausgeführt sind, was auf eine Korrektur von ‚haben‘ zu ‚hat‘ hindeuten könnte. Ganz offensichtlich ist das Wort nicht in einem Zuge niedergeschrieben worden. Allerdings ist der Buchstabe hinter dem *a* auch in der korrigierten Version nicht notwendigerweise ein *t*, sondern kann auch als *b* entziffert werden, und der folgende Schluß des Wortes ist ungestrichen. Daher kann man das Wort auch als ‚haben‘ lesen.[598] Ich ziehe diese Version vor, da die Pluralform mit der Vielzahl der im folgenden Textverlauf aufgeführten Subjekte kongruiert und ich es für wenig sinnvoll halte, mit editorischen Mitteln zusätzliche grammatische Inkonsistenzen in einen Text einzuschmuggeln, der der Analyse ohnehin schon genügend Probleme bereitet.

Nicht sicher bestimmbar ist schließlich, an welcher Stelle und in welcher Gestalt das Segment „gebraten Fleisch der Tafel und" in den Textzusammenhang einzufügen ist.[599] Die Wörter „der Tafel und" sind mit etwas Abstand hinter „mich" auf einer Höhe mit der Grundlinie der Zeile notiert, die Wörter „gebraten Fleisch" darüber, so daß sie unmittelbar unter „Schiksaal" (Z. 49 meiner Zählung) und rechts von „Und Gott, ich aber," (Z. 50) stehen. Trotz dieser räumlichen Nähe ist ein Zusammenhang des Segments mit dem Lokalsatz wegen des hohen Abstraktionsgrades der dort behandelten Sachverhalte sehr unwahrscheinlich. Dagegen drängt es sich auf, daß das zweizeilige Notat zu dem gegenwärtig untersuchten Satz gehört, in dem es um Nahrung und Festtage geht. Das „und" am Schluß des Segments legt es nahe, daß noch ein anderes (möglicherweise syntaktisch gleichwertiges) Element folgt. Die beiden Syntagmen in der folgenden Zeile sind aber bereits durch ein „und" verbunden („Die Rappierlust und des Festtags braune Trauben, braune"), so daß dort ein zusätzliches „und" überflüssig wäre. Der sinnvollste Einfügungspunkt für das Segment ist

---

[598] So auch FHA Einl., 87, Z. 34 (später liest Sattler nur noch ‚hat‘) und Uffhausen 1989, 147, Z. 25.

[599] Die von Sattler (FHA Suppl. III Beil., 101, Z. 57) wieder bezweifelte Lesung ‚Tafel‘ (statt Beißners Vermutung ‚Tisch‘) scheint mir dagegen unproblematisch zu sein.

also hinter „mich" und vor der folgenden Zeile – also genau dort, wo es auch notiert ist. Fügt man es ohne Zeilenbruch an die Z. 52 an, wie ich es vorschlage, so entsteht die mit Abstand längste Zeile innerhalb des gesamten hier untersuchten Textmaterials, die (mit 26 bzw. – wenn man „Gezähmet" und „erzogen" doppelt zählt – 29 Silben) die Dimensionen eines Gedichtverses sprengt.[600] Fast alle bisherigen Herausgeber haben sich dagegen um Lösungen bemüht, die diesen Effekt vermeiden.[601] Diese Textkonstitution hat jedoch gegenüber den meisten konkurrierenden Vorschlägen zu dieser Stelle den Vorzug, daß sie kaum in den handschriftlichen Befund eingreift: Alle Textelemente sind einbezogen, und zwar fast genau an der Stelle, an der sie sich auch in der Handschrift finden; Wortumstellungen sind nicht erforderlich, und dennoch bleibt die syntaktische Korrektheit gewahrt.[602] Allerdings ist darauf hinzuweisen, daß auch die Konstitutionen der anderen Herausgeber (soweit sie nicht wie Sattler große Teile des handschriftlichen Materials aus dem Text ausklammern) an dieser Stelle nicht zu gravierend anderen Ergebnissen führen, da es in jedem Falle nur um Umstellungen zwischen den aneinandergereihten Satzsubjekten geht.[603]

---

[600] Soweit ich sehe, hat bislang allein Wolfgang Binder eine ähnliche Konstitution der Stelle vorgeschlagen: „Gegeben. Gezähmet aber, noch zu sehen, und genährt haben mich der Tafel gebraten Fleisch und / Die Rappierlust und des Festtags braune Trauben." (Binder 1983, 358f.) Auch Binder gesteht die Unsicherheit der Zuordnung ein (cf. 364).

[601] Dabei wird in einigen Fällen das *d* des Artikels „der" als Majuskel gelesen und als Zeilenbeginn interpretiert, wodurch eine Umstellung innerhalb des Segments notwendig wird, die notfalls vertretbar ist: ‚Der Tafel gebraten Fleisch und' (cf. FHA Einl., 87, Z. 37; Uffhausen 1989, 147, Z. 27). In Sattlers Versuch von 1975 bleibt allerdings von dem Text dieser Zeilen außer dem genannten Segment kaum etwas übrig, da er das meiste als gestrichen ansieht. Uffhausen dagegen schiebt das Segment, zu dem er auch das zweite „braune" zählt, das unter „der Tafel und" notiert ist, erst nach der folgenden Zeile 53 (meiner Zählung) ein. Damit muß er aber eine gravierende, den Text unnötig weiter fragmentierende Lücke hinter „braune" annehmen, die vermeidbar ist, wenn man „braune" als die nachgestellte Wiederholung des Adjektivattributs zu „Trauben" ansieht. Eine interessante Lösung, die die Umstellung vermeidet, schlägt dagegen Beißner vor: „Die Rappierlust und des Festtags gebraten Fleisch / Der Tisch und braune Trauben, braune" (StA II.1, 251, V. 32f.). Beißner nimmt dabei den Tatbestand ernst, daß hinter „Festtags" in der Handschrift offenbar neu angesetzt wurde („braune Trauben, braune" ist etwas höher notiert), was für einen Zusammenhang der offenbar nachträglich hinzugefügten Segmente sprechen könnte. Diese Version ist auch vertretbar, wenn man „Tafel" statt ‚Tisch' liest; „des Festtags" wäre demnach Genitivattribut zu ‚gebraten Fleisch' (das allerdings mit dem nachfolgenden ‚der Tafel' bereits über ein Genitivattribut verfügt) und möglicherweise zusätzlich zu „braune Trauben, braune". Sattler hat in seinem zweiten Versuch diesem Vorschlag angenähert (cf. Sattler 1981a, 308, Z. 16). Allerdings sieht er „und des Festtags" als gestrichen an (was angesichts der vielen Verschmierungen sowie eines ansonsten dysfunktionalen Strichs in „Festtags" nicht ganz ausgeschlossen werden kann) und muß daher keinen Zeilenbruch hinter „Fleisch" annehmen.

[602] Allenfalls wäre zu erwägen, ob „gebraten Fleisch" analog zu „Gezähmet" oberhalb der Zeile angesiedelt werden sollte. Ich habe hier (wie bei „und genährt") der besseren Lesbarkeit den Vorzug gegeben, da auch die etwaige Umstellung ‚der Tafel gebraten Fleisch und', deren Möglichkeit aus der handschriftengetreueren Darstellung besser zu ersehen wäre, keine gravierende Sinnverschiebung des Segments mit sich gebracht hätte.

[603] Diese Relativierung gilt auch für die letzte textkritische Frage, die dieser Satz aufwirft, nämlich die, wie mit dem reduplizierten Attribut in der Wendung „braune Trauben, braune"

Abermals kommt in diesem Satz ein Ich als Objekt zur Sprache, in diesem Fall
aber als Akkusativobjekt. Auch das Perfekt, in dem der vorangehende Satz abgefaßt ist, wird hier fortgesetzt. Das hat zur Folge, daß in Z. 51f. fünf Perfekt-
Partizipien auf engstem Raum versammelt sind (‚gegeben‘, ‚gezähmet‘, ‚erzogen‘, ‚genährt‘, ‚gebraten‘), ein stilistischer Tatbestand, durch den die Z. 52
sich ebenso wie durch ihre Länge von den zeitgenössischen Standards lyrischen
Sprechens weit entfernt. Die Tatsache, daß weiterhin das Indikativ Perfekt verwendet wird, legt zudem die Vermutung nahe, daß in diesem Satz die Darstellung der Vorgänge, die das Ich in seinen gegenwärtigen Zustand gebracht haben,
fortgeführt wird. Zu erwarten ist auch, daß das Geschehen weiterhin auf einem
südfranzösischen Schauplatz angesiedelt ist, ohne daß sich ein weiterer ausdrück-
licher Hinweis darauf fände.

Trotz der Parallelen zum mit „Gegeben.“ endenden Satz wird der nun untersuchte durch ein „aber“ (das letzte der vielen auf dieser Seite) von dem vorausgehenden Text abgesetzt. Ein erster Gegensatz findet sich in den beiden auf-
einanderprallenden Partizipien „Gegeben“ und „Gezähmet“, wie sich bereits bei
der Untersuchung der Möglichkeit gezeigt hatte, beide als alternative Schlüsse
des letzten Satzes anzusehen. Nun aber ist davon die Rede, daß das Ich selbst
„Gezähmet“ worden ist. Dieser Ausdruck stellt gegenüber der wahrscheinlich
zuerst notierten, aber nicht gestrichenen Variante „erzogen“ eine wesentliche
Verschärfung dar: Das Ich redet von sich im „erzogen“, mit dem das „auferziehen“ (Z. 48) wiederaufgenommen wird, als von einem Kind, das zu einem erwachsenen Menschen herangereift ist und gebildet wurde, im „Gezähmet“ aber als
von einem wilden Tier, das an den Umgang mit Menschen und an das Leben im
Haus gewöhnt werden mußte. Das Ergebnis dieses Erziehungs- oder Zähmungs-
prozesses sei – ebenso wie dieser selbst – „noch zu sehen“, wie der eingeschobene
Infinitivsatz hervorhebt.[604]

Darüber hinaus sagt das Ich von sich, daß es „genährt“ worden sei. Im Gegensatz
zu der Vorstellungswelt von Pädagogik und Aufklärung, der das Wort „erzogen“
zugehört, bezieht sich das Ich mit den Begriffen „Gezähmet“ und „genährt“
auf sich selbst vornehmlich als Körper. Diese beiden Ausdrücke sind sich nicht
nur lautlich sehr nahe, sondern können auch als korrelativ betrachtet werden,
denn die Fütterung freilebender Tiere ist eines der bevorzugten Mittel zu ihrer
Zähmung. Die beiden Aspekte der Versorgung heranwachsender Lebewesen mit
Nahrungsmitteln und mit der zu ihrer Erhaltung und Entfaltung notwendigen
Geborgenheit einerseits, der Heranbildung ihres Geistes andererseits sind, wie

---

umzugehen sei. Ich folge hier Beißners Vorschlag, die Wendung so wiederzugeben, wie sie sich
in der Handschrift findet. Aber selbst wenn man eins der Adjektive als gestrichen ansieht (wie
Sattler) oder ein fehlendes zweites Substantiv als Bezugswort des zweiten „braune“ annimmt
(wie Uffhausen), verändert das die Bedeutung des Textes nicht wesentlich.

[604] Ich lese das „noch“ also im Sinne von ‚immer noch‘, weil das am besten mit den Perfekt-
formen des Satzes harmoniert. Ansonsten wäre der Einschub auch so deutbar, daß es etwas
bis jetzt Ausstehendes in Zukunft „noch zu sehen“ geben werde; diese Lesart macht hier aber
wenig Sinn.

oben gezeigt, in dem Wort „auferziehen" bereits zusammengeführt.
Hölderlin zeigt auch an einer anderen Stelle, daß die Begriffe ‚ziehen', ‚aufziehen',
‚erziehen' und ‚ernähren' für ihn eine Einheit bilden: In seinen Pindar-Übertragungen gibt er an der Stelle aus der vierten Pythischen Ode, an der Jason über
die Erziehung berichtet, die er in „der einsamen Schule" (FHA 15, 347, Z. 8)
des Zentauren Chiron und seiner Töchter genossen habe, „θρέψαν" (Pyth. IV,
103), eine Aoristform von τρέφω[605], zunächst mit „genähret" wieder, ersetzt
diese Formulierung dann jedoch durch „gezogen" (FHA 15, 96, Z. 183). In dem
ersten Pindar-Kommentar „Untreue der Weisheit" zitiert er nochmals die entsprechende Passage aus der Ode und übersetzt das Verb dabei mit „ernähret"
(FHA 15, 347, Z. 20).[606] In dem griechischen Wort erscheinen die leibliche Versorgung und die geistige Heranbildung als Einheit, und Hölderlin betont mit
seinen Übersetzungen die körperlich-materielle Seite dieses Prozesses. Im vorliegenden Gedichtentwurf läßt er zunächst durch das Wort „auferziehen" die
Einheit körperlicher und geistiger Ausbildung aufscheinen, um den Prozeß dann
im vorliegenden Satz zunächst in seine Einzelaspekte („erzogen" auf der einen,
„Gezähmet" und „genährt" auf der anderen Seite) zu zerlegen und diese durch
ihre Aufreihung schließlich wieder zusammenzusetzen.

Ich habe bereits mehrfach erwähnt, daß das in den bisherigen Ausgaben zumeist
als „genährt" gelesene Wort möglicherweise auch (einem Vorschlag von H. G.
Steimer zufolge) ‚geweiht' lautet. Diese Lesung scheint auf eine völlig andere,
nämlich religiös-kultische Fährte zu führen, die mit dem bisher untersuchten
Wortfeld nichts zu tun hat. Möglicherweise kann aber auch für diesen Fall eine
Parallelstelle auf Zusammenhänge im Wortgebrauch Hölderlins hinweisen, die
auf den ersten Blick nicht offenbar sind. Am Tage seiner Ankunft in Bordeaux,
der eine offenbar sehr mühselige und gefahrenträchtige Reise voraufging, schreibt
der Autor an seine Mutter und seine Familie:

> Ihr Lieben! ich grüßt' Euch wie ein Neugeborner, da ich aus den Lebensgefahren heraus
> war [...]. Ich bin nun durch und durch gehärtet und geweiht, wie Ihr es wollt. Ich denke,
> ich will so bleiben, in der Hauptsache. Nichts fürchten und sich viel gefallen lassen.
> (Brief an die Mutter vom 28.1.1802, Nr. 238, StA VI.1, 430, Z. 17f. und 23-25)[607]

Der Autor vergleicht seine Lebenssituation nach den durchgestandenen Gefahren mit der eines Kindes unmittelbar nach der Geburt, also noch vor aller Erzie-

---

[605] Die meisten anderen Übersetzer geben das Verb an dieser Stelle durch ‚aufziehen' wieder;
cf. Pindar: Oden, 119; FHA 15, 254, V. 182; 346, V. 184.

[606] Diese Information auch bei Sattler (1981a, 149, Anm. 3). Dort der Hinweis auf Beißner
1961, 50.

[607] Übrigens sagen die drei einzigen erhaltenen Briefe Hölderlins aus Frankreich, die alle an
Frau Gok gerichtet sind (Nr. 237-239, StA VI.1, 428-431), durch die den Diskurs des Autors
mit seiner Mutter beherrschenden Verschleierungen und Beschönigungen hindurch weit mehr
über den ansonsten gar nicht dokumentierten Frankreichaufenthalt aus, als gemeinhin unterstellt. (Beispielsweise läßt sich in der zitierten Stelle die erste Formulierung der resignativen
Grundstimmung finden, die im zweiten Böhlendorff-Brief in dem oben (426) bereits zitierten
Wunsch kulminiert, „daß ich behalten möge, wie ich gekommen bin, bis hieher!") Sie wären
daher einmal einer Spezialuntersuchung wert.

hung. Die Erfahrungen werden daraufhin als ‚Härtung' und als ‚Weihe' charakterisiert. Hält man auch in diesem Satz den Vergleich mit dem Neugeborenen noch für wirksam (was nicht zwingend ist, da dazwischen Anreden an einzelne Familienmitglieder eingeschoben sind), so wäre die ‚Weihe', eigentlich ein Akt des Heilig-Machens[608], dem nur geistliche Würdenträger unterzogen werden, hier möglicherweise mit der Kindtaufe synkretisiert. Die ‚Weihe' trifft den Autor zwar wie ein unschuldiges Kind, das noch nicht durch Erziehung ge- oder verformt ist[609], aber sie ist zugleich ‚Härtung', das heißt, sie basiert auf einschneidenden und prägenden Erfahrungen (die möglicherweise dem Geburtstrauma verglichen werden können).

Ohne daß man biographistischen Versuchungen erliegen müßte, läßt sich die Briefstelle als Beleg dafür anführen, daß sich in Hölderlins Sprachgebrauch ein Subjekt selbst als „geweiht" bezeichnen kann. Auch der Kontext des Wortes ist auf die vorliegende Stelle übertragbar: Die ‚Weihe' wäre demnach eine anfängliche, nachhaltig wirksame Erfahrung, die vor allen Erziehungsakten liegt. Um zu überprüfen, ob hier angesichts der Unsicherheit der Entzifferung tatsächlich von einer ‚Weihe' die Rede ist und wenn ja in welchem Sinne, ist nach den Subjekten der Vorgänge zu fragen, denen das Ich nach seiner eigenen Aussage unterworfen gewesen ist.

Das erste dieser Subjekte ist das am Rande notierte „gebraten Fleisch der Tafel". Redet das Ich am Beginn des Satzes noch von sich selbst wie von einem Tier („Gezähmet"), so ist nunmehr von tierischer Nahrung die Rede, die auf die in den südeuropäischen Ländern vorherrschende Weise zubereitet, nämlich „gebraten" ist.[610] Das Braten des Fleisches könnte, wie oben schon erwähnt, eine Situation sein, bei der „Bis zu Schmerzen aber der Nase steigt / Citronengeruch auf und der Öel, aus der Provence", denn bei hoher Brattemperatur, die sich über offenem Feuer schnell entwickelt, spritzt das Bratfett und der über das Fleisch geträufelte Zitronensaft den Umstehenden leicht ins Gesicht. Die Zubereitung wird in dem vorliegenden Segment jedoch als bereits abgeschlossen dargestellt, das Fleisch ist schon gebraten und ist jetzt eines „der Tafel", also offenbar auf der Tafel angerichtet. Im Gegensatz zu dem funktionalen Ausdruck ‚Tisch' bezeichnet ‚Tafel' im Zusammenhang mit der Einnahme von Speisen zumeist einen festlich gedeckten Tisch. Das Segment evoziert also durch die Nennung zweier sinnlich-konkreter Elemente ein gutes und gleichwohl einfach zubereitetes Essen, das in geselliger, um eine Tafel versammelter Runde eingenommen wird. Daß das an der Tafel zu sich genommene gebratene Fleisch das Ich „genährt" hat, leuch-

---

[608] Cf. Kluge 1975, 847 (s. v. weihen); Duden-Etymologie, 805 (s. v. weihen).

[609] Es ist eine bittere Ironie, daß Hölderlin selbst diese Erfahrung, die er als einsamer Reisender in der Fremde machte und die so wenig mit den Idealen eines bürgerlich-protestantischen Lebenswandels zu tun hat, zur Erfüllung eines mütterlichen Wunsches, das heißt letztlich zum Ergebnis seiner Erziehung, uminterpretiert.

[610] Rousseau hält dagegen (in seinem Sprachursprungs-Essay) die Versammlung der Menschen um das Feuer zur Zubereitung tierischer Nahrung eher für ein Charakteristikum des Nordens; cf. dazu Derrida 1983, 447.

tet ein; inwieweit es jedoch zu seiner ‚Erziehung‘ oder ‚Zähmung‘, ja eventuell sogar zu seiner ‚Weihe‘ beigetragen haben könnte, will nicht unmittelbar erhellen. Bestenfalls wäre an die Erlernung von Tischsitten und die Initiation in die um die Tafel versammelte Gesellschaft zu denken – aber nicht die „Tafel", die als metonymische Bezeichnung für das soziale Geschehen, in deren Mittelpunkt sie steht, verstanden werden könnte, sondern das aufgetischte „Fleisch" selbst ist das Satzsubjekt.

Das folgende Syntagma „Die Rappierlust" dagegen, das am Beginn der nächsten Zeile steht, scheint mit dem festlichen Essen nichts zu tun zu haben. Ein ‚Rapier‘ ist ein „langer, gerader Fecht- und Raufdegen"[611]. Das merkwürdige Kompositum wird daher in der Forschung gewöhnlich als „Streit- oder Raublust"[612] gedeutet, ja Binder mutmaßt sogar: „[...] vielleicht hat sich Hölderlin in Bordeaux im Fechten geübt."[613] Wir wissen es nicht; und die Information würde uns zum Verständnis der Stelle auch nicht weiterhelfen. Wichtig ist es zunächst, festzuhalten, daß hier erstmals in diesen Entwürfen von einem so überschwenglichen Gefühl wie ‚Lust‘ die Rede ist – auch wenn nicht definitiv behauptet werden kann, daß es das Ich ist, daß diese Lust empfindet. Problematisch ist der Bezug auch dieses Subjekts auf die zuvor genannten Prädikate: Denn die Lust am Fechten und Raufen könnte zwar zur ‚Erziehung‘ des Ich beigetragen haben (nämlich zur Ausbildung und Verfeinerung seiner körperlichen Gewandtheit und Geschicklichkeit), und es ist auch noch vorstellbar, daß sie ‚zähmend‘ gewirkt hat (sei es im Sinne der Schulung der Disziplin bei spielerisch ausgetragenen Gefechten, sei es im Sinne der Katharsis, die die auf große körperliche Anstrengungen folgende Erschöpfung mit sich bringt) – inwieweit jedoch die Lust am körperlich ausgetragenen Wettstreit ‚nährend‘ wirken soll, will nicht recht einleuchten. Zu der so verstandenen „Rappierlust" würde eher noch die Lesung ‚geweiht‘ passen, denn den Kampfsportarten kommt bis heute ein rituelles Moment zu, und man könnte auch an den Initiationsritus des Ritterschlags oder ähnliches denken. Liest man jedoch ‚geweiht‘, so gibt es – wie gesehen – keinen Anhaltspunkt mehr dafür, was das „gebraten Fleisch der Tafel" mit diesen Vorgängen zu tun haben könnte.

---

[611] Kluge 1975, 581 (s. v. Rapier).

[612] Sattler 1981a, 306.

[613] Binder 1983, 364. Noch weiter auf dem Feld der biographistischen Spekulation geht Uffhausen: Er nimmt Bezug auf Moritz Hartmanns Erzählung über Hölderlins Aufenthalt in einem Schloß bei Paris auf der Rückreise von Bordeaux (eine Erzählung, die für Hellingraths Bild von „Hölderlins Wahnsinn" leitend war, deren Authentizitätsgrad aber zweifelhaft ist). Dort wird geschildert, wie der – ‚wahnsinnige‘ oder hypernervöse – Dichter in der Nacht mit einem Degen in der Hand das ganze Haus aufschreckt. Uffhausen meint, in der vorliegenden Stelle „eine deutliche Erinnerung an eben dies nächtliche Ereignis" (Uffhausen 1983, 18) erkennen zu können und schließt: „Was zur Zeit der Niederschrift ‚noch zu sehen‘ war, und worauf das Gedicht nicht ohne Stolz und zur äußersten Beglaubung des Gesagten Bezug nimmt, muß eine Verletzung, eine Narbe gewesen sein, die – warum nicht? – zurückgeblieben war von dem nächtlichen Streit auf dem Schloß Plessis-Villelouet bei Blois." (Ibd.)

Ich möchte jedoch auf eine bisher nicht beachtete Lektüremöglichkeit hinweisen, mit deren Hilfe die Einheit der beiden bisher betrachteten Satzsubjekte
möglicherweise dennoch gewahrt bleiben könnte: Es gibt auch das etymologisch
mit dem Substantiv eng zusammenhängende Verb ‚rapieren', das ‚Fleisch von
Haut und Sehnen abschaben' bzw. ‚Kartoffeln oder Gemüse schaben'[614] bedeutet. Demnach könnte „Rappierlust" hier die Freude an der Vorbereitung der
Mahlzeit bezeichnen. Allerdings paßt die „Rappierlust" in diesem Sinne zwar
zu dem Partizip „genährt" (denn die Vorbereitung des Fleisches zum Braten
ist unabdingbare Vorausetzung für seinen Genuß), sie spricht aber zugleich gegen die Lesung ‚geweiht' und scheint mit den Tätigkeiten des ‚Erziehens' und
‚Zähmens' wenig zu tun zu haben. Keine der beiden Verständnismöglichkeiten
des Wortes „Rappierlust" vermag also zur Einheit der Elemente der in diesem
Satz entworfenen Szenerie beizutragen.[615]

Das letzte der drei jeweils durch „und" verbundenen Subjekte dieses Satzes
lautet „des Festtags braune Trauben, braune". Damit wird die angesichts der
„Tafel" bereits aufgekommene Assoziation eines festlichen Mahls verstärkt. Und
doch löst sich das Segment auch wieder von der Mahlzeit im engeren Sinne,
denn die Trauben gehören bestenfalls als Abschlußgang zusammen mit anderen
Früchten zum in Gesellschaft eingenommenen Essen dazu; sie werden jedoch
auch außerhalb der Mahlzeiten verzehrt, besonders an Festtagen, die möglicherweise sogar dem Abschluß der Weinlese[616] gewidmet sind – obgleich es bekanntlich unvernünftig ist, den Wein zugleich in unvergorener und in vergorener Form
zu sich zu nehmen.

Der intensive sinnliche (nicht allein optische) Eindruck, den die vollreifen Trauben machen, wird durch das Attribut „braune" zum Ausdruck gebracht, das
nicht allein sehr ähnlich klingt wie „Trauben", sondern (bis auf ein fehlendes
t) auch ein Anagramm des Nomens ist. Dessen Einrahmung durch die beiden
gleichlautenden Adjektive verstärkt diesen Eindruck noch; die „Trauben" scheinen unter ihren überquellenden Eigenschaften zu verschwinden. Die Wiederholung weist jedoch auch eindringlich darauf hin, welche Konsistenz die Trauben
zum Zeitpunkt des „Festtags" haben: Es sind eben nicht ‚leuchtende' oder auch
‚goldene' oder ‚purpurne' Trauben, sondern „braune", also solche, die sich am
letzten Punkt der Reife, unmittelbar vor dem oder sogar schon im Übergang zur
Fäulnis befinden. Der Festtag, der durch diese Trauben charakterisiert wird, ist
der letzte Tag des Sommers, wenn nicht schon der erste des Herbstes. Es ist also

---

[614] Cf. Duden Gr. Wb., Bd. 5 (1980), 2095 (s. v. rapieren).

[615] Behre schlägt vor, „Rappierlust" auch als „Traubenlesen oder Traubenessen" (Behre 1987,
145) zu verstehen, und führt dafür folgende wortkundliche Belege an: „Schon mittelalterlich
rappe , französisch *la rape* ‚Reibeisen, Feile, Raspel', lateinisch *rapio* ‚raffen', heute mundartlich
der Rapp ‚Traubenkamm'." (ibd., Anm. 25) Auch diese Bedeutungskomponente kann nicht
ausgeschlossen werden; sie führt jedoch zu ähnlichen Ergebnissen wie die Annahme, mit dem
‚Rappier' sei ein Fleischmesser gemeint.

[616] Auf eine bislang übersehene mögliche Quelle der Bilder von der Weinlese in Hölderlins
Lyrik hat Stierle (1989, 502-505) aufmerksam gemacht: den 7. Brief im 5. Teil der „Nouvelle
Héloïse".

eine Szenerie der Vollendung wie des Übergangs und der drohenden Vergängnis, die mit den ‚braunen Trauben des Festtags‘ evoziert wird. Und so endet der Satz auch im Leeren und ohne einen abschließenden Punkt; das letzte Wort „braune" ist verwischt und verschwommen und steht ganz rechts als unterstes Wort in diesem Bereich der Seite.

Bei dem bislang vorherrschenden Eindruck der semantischen Zerrissenheit des Satzes muß man jedoch nicht stehenbleiben. Der ‚Festtag‘ könnte nämlich einen Gesichtspunkt abgeben, unter dem auch die übrigen Elemente dieses Satzes betrachtet werden können – zumal angesichts der Unsicherheiten der Zuordnung, die auch den von Beißner vorgeschlagenen Einschub von „gebraten Fleisch der Tafel" nach „Festtags" als denkbar erscheinen lassen. Der Festtag ist ein Tag, an dem man nicht nur in Gesellschaft von Familie und Freunden üppige Mahlzeiten zu sich nimmt, die unter anderem aus gebratenem Fleisch und braunen Trauben bestehen können, sondern an dem auch der Vorbereitung dieser Mahlzeiten (beispielsweise dem Rapieren des Fleisches) sowie spielerischen Wettkämpfen (wie – im zeitgenössischen Kontext – Gefechten mit dem Rapier) eine wichtige soziale Funktion zukommen kann. Nur das Zusammenwirken aller im zweiten Teil dieses Satzes aufgereihten Elemente, wie es sich an einem Festtag einstellt, kann also möglicherweise die Wirkungen auf das Ich ausüben, die zu Beginn des Satzes genannt werden. Das Erlebnis eines solchen Festtages hätte demnach das Ich ‚erzogen‘ und ‚gezähmet‘, also aus seiner Vereinzelung und Verwilderung heraus- und in die Gesellschaft zurückgeholt; und das Zusammensein hätte das Ich ‚genährt‘ (und zwar nicht nur im leiblichen, sondern auch im geistigen Sinne) oder möglicherweise als ein initiatives, unvergeßliches Erlebnis sogar ‚geweiht‘. Erst eine übergreifende, den ganzen Satz umfassende Betrachtungsweise, die die internen Zuordnungsprobleme transzendiert, erlaubt also ein nicht von Widersprüchen und Inkonsistenzen zerrissenes Verständnis.

Es liegt nahe, daß die in diesem Satz geschilderte Szenerie ebenso wie die vorangehenden Beschreibungen ab Z. 45 in Südfrankreich angesiedelt ist, obwohl hier keine geographischen Namen oder bestimmten Gegenden eindeutig zuzuordnenden Elemente mehr genannt werden: Zwar kann es nicht völlig ausgeschlossen werden, daß von einem beispielsweise schwäbischen Weinfest die Rede ist, aber das skizzierte, sehr rustikale Ambiente läßt eher an südeuropäische Festgewohnheiten denken. In der sinnlichen Intensität der Beschreibung übertrifft der Satz jedoch auch alles auf dieser Seite bisher über Südfrankreich Gesagte: Während im vorangehenden Satz noch in recht abstrakter Weise die „Gasgognischen Lande" sowie die „Dankbarkeit / Und Natürlichkeit" miteinander assoziiert und in ihrer Bedeutung für das Ich hervorgehoben wurden, treten nun ganz kraß die einzelnen Elemente des „Festtags" in den Vordergrund und werden nicht etwa nur als ‚nährend‘ und ‚zähmend‘, sondern auch als ‚erziehend‘ und vielleicht sogar als ‚weihend‘ charakterisiert. In einem einzigen, wenngleich in sich differenzierten Bild des „Festtags" konkretisieren sich also die bisher nur abstrakt benannten Bezugsinstanzen des Ich.

Dennoch wird in diesen Zeilen keine erfüllte Utopie geschildert. Zum einen liegt
das daran, daß die Szenerie auf einen einzigen Tag, den Übergangspunkt von der
Vollendung zur Vergängnis, datiert wird und angesichts der drohenden Leere endet. Zum anderen fällt an den Formulierungen ins Auge, daß zwar indirekt von
Situationen der Geselligkeit die Rede ist, jedoch mit keinem Wort ausdrücklich
von Menschen gesprochen wird. Die Dinge und ihre Anordnung stehen in diesem Text stellvertretend für die Menschen, sie weisen auf Leerstellen hin, die
mit Menschen zu füllen wären, aber man weiß nicht, ob die Menschen wirklich
anwesend sind. Trotz der sinnlichen Eindringlichkeit der gewählten Bilder wiederholt sich also hier in ähnlicher Form die unheimliche Szenerie von der ersten
der von mir untersuchten Seiten, in der „Des Sonntaags, unter Tänzen / Gastfreundlich die Schwellen sind / An blüthenbekränzten Straßen, stillegehend" (I,
Z. 30-32). Die einzige Gesellschaft außer der der Naturphänomene und des Gottes (Z. 50), die das Ich in den unterhalb des Stichworts „Germania" notierten
Texten bisher gefunden hat, ist die rätselhafte Gestalt des ‚Frohen' (Z. 37), unter
der sich möglicherweise nur ein personifiziertes Naturphänomen (beispielsweise
der Rhein) verbirgt.

Z. 54-57 (Bruchstück, Abschluß des linearen Textes)

und mich leset o
Ihr Blüthen von Deutschland, o mein Herz wird
Untrügbarer Krystall an dem
Das Licht sich prüfet wenn <   > Deutschland <?>   (Z. 54-57)

Dies sind die untersten Zeilen auf der Seite 75 des Homburger Foliohefts. Zeile
54 setzt rechts unterhalb von „Festtags" ein. Die massive Einrückung und die
Kleinschreibung des ersten Wortes sind eindeutige Indizien dafür, daß das „und
mich leset o" nicht als vollständige Zeile intendiert ist. Es ist denkbar, daß das
Segment an den Schluß von Z. 53 anzuschließen ist (ähnlich wie das Bruchstück
„gebraten Fleisch der Tafel und" an Z. 52); der grundlegend neue Duktus des
Sprechens, der mit „und mich leset o" beginnt, legt es jedoch nahe, auf die Verschmelzung in diesem Falle zu verzichten und eine Lücke am Anfang der Zeile 54
anzunehmen. Die folgende Zeile ist relativ unproblematisch lesbar.[617] Dagegen
ist die vorletzte Zeile am linken Rand links von „Ihr" notiert, ganz offensichtlich,
um den noch folgenden Text auf dem verbliebenen minimalen Raum unterzu-
bringen. Die Tatsache, daß „Untrügbarer" über „Krystall an dem" steht, scheint
mir relativ eindeutig allein diesem Umstand geschuldet zu sein, so daß ich diesen
Zeilenbruch in meinem Text um der besseren Lesbarkeit willen nicht wiedergebe.
Mit „Das Licht" dagegen setzt offenbar aus nicht bloß äußerlichen Gründen eine

---

[617] Das von Uffhausen hinter „wird" gelesene ‚das' (Uffhausen 1989, 147, Z. 30) entspricht
einem von mehreren feinen Strichgebilden in diesem Bereich, die meines Erachtens nicht als
Zeichen erkennbar sind; Sattler hat hier nur ein *d* (FHA Suppl. III Beil., 101, Z. 61), und selbst
wenn es sich tatsächlich um einen Wortansatz handeln sollte, so ist er nicht weitergeführt
worden.

neue Zeile an, da sonst nach „an dem" hätte weitergeschrieben werden können. Diese allerletzte Zeile nun steht direkt am unteren Rand der Seite. Das Papier ist – wahrscheinlich aufgrund der häufigen Benutzung des Blattes im Verlauf der Entstehungs- und Rezeptionsgeschichte – so mürbe geworden, daß aus dem Rand Stücke von mehreren Zentimetern Länge herausgebrochen sind, bevor er mit einem nicht ganz transparenten Papierstreifen überzogen wurde. Durch diesen Eingriff ist der Verfallsprozeß aufgehalten und das Blatt im noch heute vorliegenden Zustand konserviert worden. Neben dem Papierverlust erschwert jedoch auch der milchige Papierüberzug die Lesbarkeit der Zeile. Relativ zweifelsfrei entzifferbar ist „Das Licht sich prüfet wenn" (trotz Papierverlusten im „sich" und im „wenn"). Seit den ersten Herausgebern ist man sich darüber hinaus einig, daß das allerletzte Wort als „Deutschland" zu lesen ist, obwohl nur das D und der Schluß des Wortes noch erhalten sind. Diese letzten Buchstaben jedoch verschwimmen hinter der übergeklebten Papierschicht, so daß sie nur noch mit sehr viel gutem konjekturalen Willen als ‚-land' zu entziffern sind. Vergleicht man diesen Torso eines Wortkörpers mit dem klar lesbaren Notat „Deutschland" eine Zeile höher, so scheinen mir Zweifel daran angebracht, ob hier tatsächlich dasselbe Wort nochmals festgehalten worden ist. Ich möchte also dafür plädieren, sich dem tradierten editorischen Konsens nicht blindlings anzuschließen und die Lesung ‚Deutschland' mit Skepsis zu betrachten.

Zwischen „wenn" und „Deutschland <?>" sind etwa dreieinhalb Zentimeter Platz, und man erkennt in diesem Bereich Ansätze von zwei einzelnen kurzen Wörtern. Zinkernagel liest diese Stelle als „kam von" (Zink. V, 186), Pigenot das zweite Wort als „Von", während er das erste nicht entziffern kann (cf. Hell. VI, 483). Diese Herausgeber haben zu Beginn der zwanziger Jahre das Blatt möglicherweise noch in einem weniger lädierten sowie noch nicht restaurierten Zustand vorgefunden, so daß ihren Lesungen in diesem Falle eine höhere Dignität zukommen könnte. Allerdings schlagen die beiden frühen Herausgeber gerade zu diesem Bereich der Seite zahlreiche Lesungen vor, die nicht plausibel sind.[618] Die Zuverlässigkeit ihrer Entzifferungen der vorliegenden Stelle muß demnach trotz ihrer zeitlichen Priorität bezweifelt werden. Heutige Spekulationen über die fehlenden Wörter, die der Vergänglichkeit des Papiers zum Opfer gefallen sind, haben jedoch gar kein Fundamentum in re mehr, sondern scheinen allein von der Faszination durch das Loch im Text wie im Material, auf dem er notiert ist, inspiriert zu sein.[619] Die einigermaßen zuverlässige Entzifferung, die Basis

---

[618] Pigenot liest beispielsweise „Untrügbare Krystalle *wo* das Licht sich prüfet" (Hell. VI, 483; Herv. von mir) und übersieht dabei eins der Wörter unter „Ihr"; Zinkernagel schlägt für die darüberstehenden Zeilen vor: „und mich *besch[irmt]* / Ihr Blüthen von Deutschland, o *wäre* Herz und" (Zink. V, 186; Herv. von mir) – allesamt unhaltbare Leoungen.

[619] Sattler hält den ersten Wortansatz in der Lücke für gestrichen und schließt daraus: „Demzufolge fehlt nur ein einziges Wort und es ist nicht zu gewagt, hier die höchste und letzte Absicht an diesem wahrhaft prophetischen Blatt anzunehmen." (Sattler 1981a, 294) Das Blatt hätte sich demnach – wenn ich recht verstehe – selbst zernagt; oder der Autor hätte die wichtigste Stelle in kryptisierender Absicht herausgebrochen. Diese Spekulation scheint mir doch zu gewagt. In Sattlers neuestem Entzifferungsvorschlag wird ihr auch bereits die Grundlage

der Textanalyse sein kann, setzt also mit dem „wenn" aus. Der Text scheint
zwar zu einem Ende geführt worden sein – daß eine unmittelbare Fortsetzung
an einer anderen Stelle, auf der Rückseite oder auf einem anderen Blatt zumindest nicht intendiert war, darauf deutet die dichtgedrängte Notationsweise
der letzten Zeilen hin –, aber dieses Ende ist bis auf einige kryptische Spuren
verlorengegangen.

Die letzten vier Zeilen beginnen also mit einer Lücke und verschwinden im Leeren
des verlorenen Randes bzw. der Umrandung, die sich in das Blatt selbst hinein-
gefressen hat. Auch schon die Beschreibung des „Festtags" endete am rechten
Rand ganz unten ohne Schlußpunkt in der reduplizierten Beschwörung von Vollendung und Vergänglichkeit: „braune Trauben braune". Daraufhin setzt der Text
nach einem Moment des Schweigens wieder an: „und mich leset o / Ihr Blüthen
von Deutschland". Noch einmal wie in dem vorangehenden Satz tritt hier ein
Ich in der Funktion des Objekts auf. Der entscheidende formale Unterschied zu
den beiden vorstehenden Sätzen, die im Indikativ Perfekt abgefaßt sind, besteht
darin, daß hier eine Imperativform benutzt wird, und zwar ein Imperativ Plural.
Winfried Kudszus hat daher – einem Hinweis von Michael Hamburger folgend
– zu Recht darauf aufmerksam gemacht, daß das Ich an dieser Stelle Subjekt
und Objekt zugleich ist[620], nämlich auffordernde Instanz ebenso wie Gegenstand
der gewünschten Handlung. Das Ich initiiert also eine Reflexionsbewegung, die
vermittelt ist durch ein Gegenüber, eine Mehrzahl von anderen Subjekten. Komplementär zum Ich nehmen auch die von diesem Angesprochenen Objekt- und
Subjektstelle zugleich ein: Sie sind Empfänger der Aufforderung sowie Akteure
der intendierten Handlung in einem. Diese Handlung ist das ‚Lesen'. Versteht
man das Verb vor dem Hintergrund der Erwartungshaltung, die durch das letzte
Syntagma vor der Lücke, „braune Trauben, braune", gelenkt wird, so denkt man
zunächst an die Weinlese. Das Ich fordert also dazu auf, es ebenso zu pflücken
und zu sammeln wie die reifen Weintrauben. Diese ursprüngliche, konkrete Bedeutung von ‚lesen' mutet jedoch im Zusammenhang mit einem sprechenden
Subjekt merkwürdig an, so daß sich sogleich die übertragenen Bedeutungen
‚auswählen' und ‚Geschriebenes geistig erfassen' aufdrängen.[621] Aber auch in
der zuletzt genannten Dimension von ‚lesen', die in unseren heutigen Sprachge-
wohnheiten dominiert, geht die vorliegende Formulierung nicht problemlos auf.
Das Ich bezeichnet sich nämlich unter dieser Perspektive selbst primär als Text,
nicht als Subjekt. Das kann entweder als saloppe Wendung verstanden werden
(so wie wir auch heute manchmal davon sprechen, ‚Hölderlin zu lesen', wenn wir

---

entzogen: „wenn [So] v[o]n D[eu]tschland" (FHA Suppl. III Beil., 101, Z. 63; die eckigen Klammern stehen bei Sattler für unsichere Lesungen). Auch Uffhausens forsche Konjektur „wenn
Son<n' über?> Deutschland" (Uffhausen 1989, 147, Z. 32), die ein strahlendes Nationalbild
suggeriert, wo der Text sich buchstäblich im Nichts verliert, gehört eher dem Reich der Fiktion
als den Gefilden der Philologie zu.

[620] Cf. Kudszus 1973, 21.

[621] Die Geschichte des Wortes verlief in derselben Richtung; cf. Kluge 1975, 436f. (s. v. lesen);
Duden-Etymologie, 416 (s. v. lesen).

die von ihm verfaßten Texte meinen), oder aber es wird subtil darauf hingewiesen, daß das in Gedichttexten wie den vorliegenden sprechende Ich immer ein verfaßtes und nach den Gesetzmäßigkeiten von Texten strukturiertes, niemals ein unmittelbar sprechendes Subjekt ist und daß es daher ‚gelesen' (im Sinne von ‚ausgelegt' und ‚interpretiert') werden muß.[622]

Das „o", mit dem die Zeile endet, verstärkt den Eindruck, daß hier, am Schluß der Seite, ein ganz neues Sprechen erprobt wird. Die Interjektion kann zunächst als Ausdruck des Erschreckens oder der Überraschung verstanden werden, eine Deutung, die durch den abrupten Zeilenbruch nahegelegt wird. Im Zusammenhang mit dem Imperativ drängt es sich jedoch auf, das „o" als rühmende Verstärkung einer Anrede, wie sie in antiken Texten häufig anzutreffen ist, zu interpretieren. In der Tat folgt zu Beginn der nächsten Zeile eine Anrede: „Ihr Blüthen von Deutschland". Dieses Bild sei, so legt Beißner in seinem Kommentar (StA II.2, 888, zu V. 35) mit Hilfe von Parallelstellen von Pindar bis Gottfried Keller nahe, metaphorisch zu verstehen, und stehe für die Besten, die Fürsten und herausragenden Helden des Landes.[623] Michael Hamburger hat jedoch zu Recht darauf hingewiesen, daß die vorliegende Wendung ein Beispiel für die „so bildhaft, aber immer weniger metaphorisch"[624] gewordene Sprache Hölderlins sei und daher zunächst in ihrem inneren Zusammenhang verstanden werden müsse. So wirkt es irritierend, daß es ausgerechnet „Blüthen" sind, die das Ich ‚lesen' sollen, denkt man doch bei Blüten ebenso wie bei Trauben zunächst daran, daß sie selbst ‚gelesen' (im Sinne von ‚gepflückt') werden. Die „Blüthen" sind die schönsten und fragilsten Teile der Pflanzen, die von Menschen oftmals abgeschnitten und zur Dekoration verwendet werden. So bleibt es auch bei der Parallelstelle „An blüthenbekränzten Straßen" (I, Z. 32) in der Schwebe, ob an der Pflanze noch wachsende oder abgeschnittene und zu Kränzen verflochtene Blüten gemeint sind. Auch wenn man die ‚Blüten' metaphorisch verstehen will, drängt sich zunächst eine textimmanente Parallelstelle auf: „bevestigter Gesang / vom Blumen" (Z. 43f.). Wenngleich ‚Blumen' und ‚Blüten' nicht schlechthin identisch sind[625], ist es denkbar, daß auch die „Blüthen" hier die herausragenden, nur aufgrund hinreichender materieller Absicherung ihrer Produzenten

---

[622] Ob die Textualität des Ich auch die nichtschriftliche Kommunikation strukturiert oder ob es von dieser grundlegend verschiedene Formen von Interaktion gibt, ist eine der aktuellsten Fragen von Hermeneutik und Kommunikationstheorie. Hölderlin hält in dieser Debatte wie Schleiermacher in der Tradition von Platons „Phaidros" am Eigenwert, ja an der Priorität des ‚Gesprächs' fest. Cf. dazu Frank 1977.

[623] Auch Adelung (Bd. 1 [1808], Sp. 1095f. [s. v. Blüthe]) weist auf verschiedene ‚figürliche' Bedeutungen hin: Entweder „derjenige Zustand einer Sache, da sie viel Gutes von sich hoffen lässet, ein erwünschter Zustand" (Sp. 1095), oder „Eigenschaften, Umstände, von welchen man viel Gutes hoffet" (Sp. 1095f.), oder generell „Das Beste einer Sache" (Sp. 1096).

[624] M. Hamburger 1984, 30.

[625] Die zeitgenössischen Wörterbücher trennen jedoch nur unscharf zwischen beiden Begriffen; cf. z. B. Zedler (Bd. 4 [1733], Sp. 192 [s. v. Blüthe, Blühe]): „diejenigen Blümlein an Bäumen und Pflantzen, welche am nechsten vor der Frucht oder dem Saamen hergehen, mithin den ersten Ansatz dazu machen".

möglichen poetischen Erzeugnisse einer Gesellschaft bezeichnen.[626] Auch diese poetischen „Blüthen" wären eher zum Gelesenwerden als zum Lesen geeignet.[627] Die Wendung „Ihr Blüthen von Deutschland" kann also autoreferentiell, nämlich als metaphorische Bezeichnung poetisch-metaphorischer Sprachformen und - gebilde ‚gelesen' werden. Richtet sich die Aufforderung des Ich an diese Instanz, so führt das nicht nur zu einer weiteren Verwirrung von Subjekt und Objekt (denn die Subjekte, die zum ‚Lesen' angehalten werden, sind zugleich Gegenstände der Lektüre), sondern zu einer Hermetisierung der Aufforderung, denn nur von literarischen Gebilden scheint das Ich ‚gelesen' werden zu wollen.

Aber diese immanente Lektüre ist nur eine der Verständnismöglichkeiten der Stelle, denn die dreifach ausgedrückte Anrede (durch die Interjektion, das Personalpronomen der zweiten Person Plural sowie den Namen) weist auch vehement über die Immanenz hinaus auf ein Kollektiv, das das Ich als sein Gegenüber ansieht. In diesem rhetorischen Kontext gewinnt Beißners Vorschlag, die „Blüthen" als herausragende Menschen zu verstehen, doch seine partielle Berechtigung: In den Text ist an dieser Stelle durch den abrupten Wechsel zur zweiten Person Plural und zur Anrede eine Appellstruktur eingebaut, durch die sich alle potentiellen Rezipientinnen und Rezipienten angesprochen fühlen können. Allerdings wird gerade nicht eine Allheit angesprochen, wie sie sich oftmals hinter dem totalisierenden Singular ‚Lieber Leser!' verbirgt. Vielmehr wird jeder potentielle Rezipient und jede potentielle Rezipientin durch den Text aufgefordert, selbst zu prüfen, ob er oder sie sich zu den „Blüthen von Deutschland" zählen möchte, zu den „Aufnahmefähigen"[628], die bereit sind, Texte vom Schwierigkeitsgrad der vorliegenden Gedichtfragmente zu ‚lesen', also auszuwählen, aufzunehmen und auszulegen, und damit auch in einen Bezug zu dem in ihnen artikulierten Ich zu treten.

Die Anrede ist jedoch noch in einer zweiten Hinsicht einschränkend: Nicht alle „Blüthen" sind angesprochen, sondern nur die „von Deutschland". Damit wird zum ersten Mal – fast am Ende des Textzusammenhangs – das in der Mitte der Seite notierte Stichwort „Germania" (Z. 29) ausdrücklich wieder aufgegriffen, so daß sich eine Art Umklammerung der zweiten Hälfte des Textmaterials durch das ‚Deutschland'-Motiv bildet, innerhalb derer sich Passagen entfalten, die entweder nicht eindeutig (wie die Zeilen 30-43) oder aber eindeutig nicht (wie die Zeilen 45-52) in Deutschland angesiedelt sind. Wenngleich bislang nur in sehr vermittelter Weise von ‚Deutschland' die Rede war, richtet sich der Text offenbar an alle, die sich als „Blüthen von Deutschland" verstehen. Diese Anrede hat ihre Berechtigung zunächst darin, daß der Text weitgehend in deutscher Sprache abgefaßt und mithin nur für des Deutschen Kundige adäquat rezipier-

---

[626] Sattler weist darauf hin, daß ‚Blumen' ein verbreiteter „Topos für Poesie" ist „wie etwa im Stäudlinschen Almanach *Poetische Blumenlese*, der den zweiten Zyklus der Tübinger Hymnen enthielt" (Sattler 1981a, 292).

[627] Auf profanerer Ebene ist darüber hinaus an eine ‚Blütenlese' als Sammlung von ‚Stilblüten', also bemerkenswerter sprachlicher Fehlleistungen, zu denken.

[628] Lüders II, 392.

bar ist. Darüber hinaus kann die Aufforderung auch so gelesen werden, daß sie sich nur an in Deutschland ansässige „Blüthen" richtet. Allerdings gibt der Text keine Handhabe dafür, aufgrund welcher Kriterien diese Gruppe einzugrenzen sei. Es handelt sich bei den „Blüthen von Deutschland" also nicht um eine ein für allemal festgelegte Gruppe, eine Elite oder Avantgarde, sondern um eine Auswahl von Menschen wie auch von Texten, die mit jedem Rezeptionsakt neu zusammengestellt werden kann.

Der nach dem Komma unmittelbar anschließende Satz beginnt ebenfalls mit „o". Dieser Tatbestand legt die Vermutung nahe, daß nun eine zweite Instanz oder Gruppe angerufen wird, an die sich die zuvor formulierte Aufforderung richtet. Diese Erwartung wird jedoch enttäuscht; „o mein Herz", lautet die Fortsetzung des Satzes. Das klingt fast wie ein Schmerzensschrei, mit dessen Hilfe das Ich die Integrität seines Herzens zu bewahren sucht. Vom Lesen oder der Lese ist nun nicht mehr die Rede; dagegen wird vom Innersten des Ich gesprochen. Aber auch die metaphorische Ausdrucksweise, die davon sprach, daß das „Herz der Erde" (I, Z. 25) sich auftue, ist verlassen; es ist unmittelbar vom Leib des sich artikulierenden Ich selbst die Rede.[629]

Das Prädikat „wird" deutet zunächst auf eine Futurform und damit auf eine Prognose oder Prophetie hin; es zeigt sich jedoch schnell, daß hier eine gegenwärtig ablaufende Verwandlung beschrieben ist: Das „Herz" des Ich wird – jetzt oder in naher Zukunft – „Untrügbarer Krystall an dem / Das Licht sich prüfet". Das Herz wird ein Kristall: Das klingt fast so, als werde hier das romantische Motiv des ‚kalten Herzens' aufgegriffen, das statt aus Fleisch und Blut aus anorganischer Materie wie Stein oder Glas gefertigt ist und als Symbol für den Verlust an lebendiger, unverwechselbarer Subjektivität im Zeitalter der Industrialisierung und des sich ausbreitenden Kapitalismus verstanden werden kann.[630] Wo eben noch pflanzliches und menschliches Leben gedieh, herrscht nun die Welt der Minerale[631], ja die Worte „Untrügbarer Krystall an dem" haben sich in der Handschrift gleichsam um die Anrede „Ihr Blüthen" herum ‚kristallisiert'.[632] Aber dieser Übergang, der als Rückgang vor die organische Natur verstanden werden könnte, wird nicht als Verlust, sondern als Gewinn gewertet; das Herz ist als kristallenes ‚untrügbar' geworden. Die ungewöhnliche Adjektivbildung enthält das transitive Verb ‚trügen'; demnach wird gesagt, daß der „Krystall" nicht getäuscht werden kann. Das Adjektiv ‚untrüglich' dagegen, das morpho-

---

[629] Die Metonymie ‚mein Herz' für ‚ich' ist ein Topos der abendländischen Literatur seit Pindar (1. Ol.) und den römischen Lyrikern. Cf. dazu R. Böschenstein 1990, 82f.

[630] Cf. dazu Frank 1978.

[631] Denkbar ist immerhin, daß der „Krystall" hier für ‚kristallklares' Wasser steht, ähnlich wie auf der Seite 73 „Die Wasser silbern rieseln" (I, Z. 35). Aber auch in diesem Falle läge hier eine Abwendung vom Organisch-Lebendigen vor.

[632] Diesen grundlegenden Wandel der Motivik verkennen Uffhausen (1980/81, 325) und – ihm folgend – Behre (1987, 145), wenn sie – mit Bezug auf eine Anekdote aus dem Iselinschen Lexikon – den „Krystall" abermals als Wein identifizieren. Auch Zbikowski spricht angesichts der vorliegenden Stelle allzu konkretistisch von einer „Weinprobe" (Zbikowski 1988, 222, Anm. 31). Cf. dagegen Häussermanns pneumatische Lektüre (1958-60, 205).

logisch und semantisch eigentlich zu erwarten gewesen wäre (und damit als ab-
wesendes dennoch anklingt), ist vom intransitiven Verb ‚trügen‘ abgeleitet und
bezeichnet etwas, das nicht täuschen kann.

Diese die letzten vier Zeilen auf der Seite strukturierende Umkehrung des Erwarteten, die Vertauschung von Subjekt und Objekt, ist es auch, die in dem
erläuternden Nebensatz noch einmal angewandt wird: Das „Licht" prüft sich an
dem „Krystall", heißt es da, während man erwartet, daß der Kristall, nämlich
seine Reinheit, seine regelmäßige Form und Durchsichtigkeit, am Licht (der
Sonne) geprüft wird, das sich normalerweise, von den Unterschieden an Helligkeit abgesehen, immer gleichbleibt.[633] Aber die Umkehrung ist noch verwickelter,
denn es heißt nicht, daß nun das Licht durch den Kristall geprüft werde, sondern
es „prüfet" sich selbst. Das „Licht" ist also Subjekt des Prüfens, und es macht
sich in einer Reflexionsbewegung zugleich zum Objekt; der „Krystall" ist nur
ein Medium, das sich durch seine Klarheit und keinen Täuschungen erliegende
Zuverlässigkeit auszeichnet. Aber was heißt hier Reflexion, denn der Kristall ist
kein Spiegel (nur das neutrale Nomen ‚das Kristall‘ würde geschliffenes Glas
bezeichnen): Je reiner er ist, um so weniger wird das Licht, das auf ihn fällt,
zurückgeworfen, und es geht durch ihn hindurch, wird höchstens gebrochen und
prismatisiert und entgleitet in die Ferne.[634] Das Licht kann also am Kristall,
so ‚untrügbar‘ dieser auch sein mag, nur diesen Effekt der Ablenkung und Vervielfältigung prüfen, nicht aber sich als mit sich selbst identisches erfahren.

Es ist metaphorisch gesprochen, wenn das Ich von seinem Herzen sagt, daß es
zum Prüfstein des Lichtes werde. Aber diese Redeweise hebt sich von den romantischen Bildern des verhärteten Herzens signifikant ab.[635] Das Herz wird

---

[633] So argumentiert auch Binder 1983, 365. Binder weist zu Recht auf den Schluß der ‚Feiertags‘-Hymne hin, wo die Widerstandsfähigkeit gegenüber „des Vaters Stral" (V. 63), der
schlechthin ‚rein‘ ist, als eine Art Prüfstein der ‚Reinheit‘ des „Herzens" (V. 61) dargestellt
wird.

[634] Cf. auch die Begriffsbestimmung von Zedler (Bd. 6 [1733], Sp. 1777-1780 [s. v. Crystall,
Cristall]): „Ein weiß-heller, durchsichtiger und nicht so gar harter Stein, wie ein Stück Eis
anzusehen" (Sp. 1777), sowie die von Adelung (Bd. 2 [1808], Sp. 1808 [s. v. Krystall]): „ein
Nahme, welcher verschiedenen glasartigen und durchsichtigen Massen beygelegt wird" wie
beispielsweise dem „Bergkrystall" und dem „Krystallglas".

[635] Eine verblüffende Parallele gibt es dagegen in Mörikes etwa zwanzig Jahre später entstandenem Gedicht „An einem Wintermorgen, vor Sonnenaufgang." (entstanden 1825, publiziert
1834): „Einem Krystall gleicht meine Seele nun, / Den noch kein falscher Strahl des Lichts
getroffen" (Mörike, SWB I, 19, V. 5f.). Bei dieser Koinzidenz von Formulierungen *könnte*
es sich allerdings um ein klammheimliches oder unbewußtes Plagiat des Theologen handeln,
der Hölderlin während seines Studiums im Tübinger Stift persönlich kennenlernte, zwischen
1823 und 1826 mehrmals besuchte (cf. Hötzer 1984/85, 168-170) und später zum bedeutendsten privaten Sammler von Hölderlin-Handschriften wurde (cf. zu seiner Sammlung Auten-
rieth/Kelletat 1961, 36-38). Allerdings liegen gerade die persönlichen Begegnungen zwischen
dem Turmbewohner und dem jungen Theologiestudenten ziemlich im dunkeln. Von Mörike
selbst bezeugt ist immerhin, daß er auch schon zu dieser Zeit Hölderlin-Handschriften zur
Kenntnis nehmen und sogar in seinen Besitz bringen konnte; wo sich allerdings zu dieser Zeit
das Homburger Folioheft befand, ist nicht bekannt. Ein intensives Studium Mörikes von späten
Hölderlin-Handschriften, die er von dessen Hinterbliebenen zur Verfügung gestellt bekam, ist

nicht kategorisch devitalisiert, sondern ihm wird die Funktion eines optischen Mediums zugeschrieben (womit nicht ausgeschlossen ist, daß ihm auch noch andere Funktionen im Zusammenhang eines Organismus zukommen). Es findet also keine Metamorphose, sondern eine bloße Metaphorisierung statt. Auch „Das Licht" müßte demnach metaphorisch zu lesen sein, im Sinne des göttlichen Feuers oder der neuzeitlichen Aufklärung beispielsweise. Aber der kurz nach dieser Stelle – im konkretesten Sinne – abbrechende Text bietet keine Handhabe dafür, „Das Licht" auf eine dieser Bedeutungen festzulegen. Aus dem Text kann nur eine teleologische Struktur herausgelesen werden, in der die Wandlung des Herzens zum Kristall in ein Wechselverhältnis tritt mit dem Bestreben des Lichts, sich zu prüfen. Das Ich wird also nicht zu einem willenlosen optischen Gegenstand, sondern zu einem Medium, an dem sich das Licht adäquat prüfen kann, ein Vorgang, der zugleich zur Erhellung des „Krystalls" und damit zur Selbsterfahrung des Ich beiträgt.[636]

Ein Ich, dessen „Herz" zum allgemein zugänglichen Erkenntnismedium geworden ist, ist eines, das zumindest die subjektiven Voraussetzungen dafür mitbringt, ‚gelesen' zu werden. Damit zeigt sich, worin der Zusammenhang zwischen den letzten beiden Hauptsätzen liegen könnte, der durch das zweimalige „o" rhetorisch angedeutet wird, aber auf der semantischen Ebene zunächst nicht erhellt: Das Ich macht sich durch die Verwandlung seines Herzens bereit, ‚gelesen' zu werden, und fordert die „Blüthen von Deutschland" zur Lektüre auf. Der scheinbar harte und kalte „Krystall" könnte somit paradoxerweise zum Auslöser und zum Gegenstand einer ‚blühenden' Rezeption werden. Es scheint also die Möglichkeit einer neuen Form des ‚Lesens' auf, in der das poetisch artikulierte Ich zugleich Gegenstand, Erkenntnismedium und selbstreflexives Subjekt ist. Diese im Text selbst skizzierte Lektüre harrt nur noch ihrer Realisierung durch Leserinnen und Leser, die sich als „Blüthen von Deutschland" verstehen.[637] Diese neuen Möglich-

---

dagegen für die Jahre 1838 und 1843 überliefert (cf. Hötzer 1984/85, 174-177 und die Dokumente in StA VII.3, 28-31 [LD 481-483], 169-174 [LD 536a-g], 313f. [LD 613]). Auch wenn ein direkter Einfluß von Hölderlins Fragment auf Mörikes Gedicht nicht nachweisbar ist, bleibt die Parallele zwischen den beiden angeführten Stellen doch frappierend.

[636] Cf. auch Binder (1983, 365). – Eine ähnliche Funktion wie dem Ich an der vorliegenden Stelle wird dem „Verstand" in dem Pindar-Kommentar „Untreue der Weisheit" zugeschrieben: „Ist intensiv der Verstand geübt, so erhält er seine Kraft auch im Zerstreuten; so fern er an der eigenen geschliffenen Schärfe das Fremde leicht erkennt, deßwegen nicht leicht irre wird in ungewissen Situationen." (FHA 15, 347, Z. 12-15; den nur im Lesetext der FHA auftauchenden Druckfehler „Zertreuten" habe ich korrigiert) Dem „Verstand" werden hier ebenfalls die Eigenschaften eines Kristalls oder Edelsteins zugemessen, der ‚untrügbar' jedes von außen kommende Licht erkennt. Allerdings sind die Rollen hier eindeutig verteilt: Der Verstand ist zwar optisches Medium, zugleich aber erkennendes Subjekt, während „das Fremde" nur das Erkannte, nicht das sich selbst Erkennende ist. Insofern ist die Stelle aus dem Folioheft weitaus differenzierter als der Pindar-Kommentar.

[637] Binder (1983, 359) weist allerdings zu Recht darauf hin, daß nicht eindeutig einer der beiden Vorgänge als Ursache, der andere als Folge ausgezeichnet ist. Vielmehr bilden sie, obwohl, den Gesetzmäßigkeiten eines Textes folgend, hintereinander aufgereiht, ein unauflösliches Ensemble von Wechselwirkungen.

keiten poetischer Subjektivität in der Produktion und Rezeption von Literatur werden durch das zweimalige „o" emphatisch angerufen. Damit bekommt der bisher trotz aller Wechsel, Sprünge und Brüche eher episch-beschreibend entwickelte Text in diesen letzten vier Zeilen doch noch einen hymnischen Gestus, ohne daß jedoch ein besungenes Subjekt klar auszumachen wäre.

Aber auch diese Aussicht ist nicht ungebrochen. Deutete sich in der Rede von den „Blüthen von Deutschland" bereits an, daß die angestrebte Rezeption vermutlich zunächst nur in den Grenzen nationalsprachlicher Interaktion erreichbar sein würde, so deutet das auf „prüfet" folgende „wenn" die Möglichkeit neuer Konditionen an, ohne daß jedoch angesichts des Textabbruchs diese Bedingungen konkret festzumachen wären. In vergleichbarer Weise wurde dem seinen Willen artikulierenden Ich auf der ersten Seite ein isoliertes „Wenn" (I, Z. 12) als – sit venia verbo – absolute Kondition aufgebürdet. Inwieweit die hier ausstehende bzw. ausgefallene Bedingung tatsächlich abermals mit „Deutschland" zu tun hat, wie die meisten Herausgeber meinen, kann angesichts des unsicheren Textstandes ebensowenig behauptet wie ausgeschlossen werden. Will man nicht allzu gewagte Konjekturen wie ‚Sonn' über Deutschland' (Uffhausen) unternehmen, so bringt die bloße (brüchige) Gewißheit, daß hier abermals „Deutschland" genannt Mutmaßung, daß zum Schluß eines Textzusammenhangs, der durch das Stichwort „Germania" strukturiert wird, in dem ansonsten aber kaum von nationalen Gegebenheiten geredet wird, abermals „Deutschland" beschworen wird, trägt zum Verständnis der Stelle wenig bei. Vielleicht ist es ja ein ganz anderes, uns noch unbekanntes Land, das sich hinter und zwischen diesen apokryphen, vielleicht als ‚D land' zu entziffernden Zeichen verbirgt.

5   Zusammenfassung der Interpretation der Seite III (75)

Zu Beginn der Analyse der Seite 75 drängte sich die Frage auf, welche Elemente des verwirrend komplexen und verschachtelten Textmaterials zu kohärenten Einheiten und linearen Abfolgen zusammentreten und ob ein alle oder einen großen Teil der Segmente einbeziehender Gesamtzusammenhang zu erkennen ist. Diese auf dem steinigen und verwinkelten Weg durch das Textmaterial in den Hintergrund getretene Frage muß nun in einem Rückblick wieder aufgegriffen werden.

Dabei ist zunächst danach zu fragen, ob die fast über die gesamte Höhe der Seite linksbündig notierten Zeilen einen durchgehenden Zusammenhang bilden, wie es vom Schriftbild her nahegelegt wird. Die Zeilen 6-28 bilden einen solchen Konnex, der sich allerdings nicht als Entfaltung eines einzigen Motivs, sondern als Wandel und Übergang darstellt: Nach dem Rekurs auf den Ausgangspunkt des Wir in einer Extremsituation, die mit der tierischen Existenz in der Wüste verglichen wird, kommt das in die Zukunft projizierte Bild eines Ich zur Sprache, das sich in den Straßen einer französischen Stadt weder orientieren noch verständigen kann. Orientierung bietet dagegen die Stadt Frankfurt, die – trotz zahlreicher Einschränkungen – als heutiger Mittelpunkt der Erde dargestellt wird, eine Perspektive, durch die sowohl die Jetzt-Zeit als auch Deutschland als besondere Koordinaten ausgezeichnet werden. Nachdem durch diese zeitlichen und räumlichen Fixierungen ein Ausweg aus den zuvor entwickelten Problemlagen von Subjektivität und Intersubjektivität aufgewiesen zu sein scheint, läßt das eingeschobene Stichwort „Germania" erwarten, daß diese Lösung im folgenden expliziert werde. Das ist allerdings keineswegs der Fall, so daß das Wort „Germania" eine tiefgehende Zäsur innerhalb des linksbündig entfalteten Textmaterials markiert. Denn im folgenden wird nur ein Ensemble von Landschaftselementen entworfen, in dessen Mitte sich mit hybrider Gebärde ein Ich stellt. Die Landschaftsbeschreibung gleitet daraufhin von gemäßigten zu südländischen Klimazonen über, eine Bewegung, durch die das Ich seines Totalitätsanspruchs beraubt und in eine Position der Wehrlosigkeit gegenüber den herandrängenden sinnlichen Eindrücken gebracht wird, die ihm nur mehr eine rezeptive und mimetische Haltung zur Natur erlauben. Ein Ausweg scheint im Bild des „Festtags" auf, in dem das Ich eine Einheit mit Natur und Mitmenschen erreichen könnte, ohne in diesen aufzugehen. Auch hier jedoch drängen sich die sinnlichkonkreten Elemente mit einer Vehemenz in den Vordergrund, die die Problematik von Subjektivität und Intersubjektivität verstellt. Die letzten vier Zeilen schließlich nehmen diese Thematik sowie das bis dahin vernachlässigte Deutschlandmotiv wieder auf, können jedoch wegen ihres Abstraktheitsgrades nicht als Synthese der zuvor vor allem in Landschaftsbildern entwickelten Thematik angesehen werden. Es läßt sich demnach auch in der unteren Seitenhälfte ein fast lückenlos durchgehender Textzusammenhang rekonstruieren; auch dieser zeichnet sich jedoch eher durch Wechsel und Brüche als durch Kohärenz aus.

Das Stichwort „Germania" spaltet die Fragmente dieser Seite in eine obere und eine untere Hälfte; es ist aber nicht nur Abgrenzungs-, sondern auch Verbindungspunkt zwischen beiden. Bei den linksbündigen Texten handelt es sich um zwei weitgehend voneinander unabhängige Textzusammenhänge, die von unterschiedlichen Ausgangspunkten aus der Frage nach dem Verhältnis von Subjektivität und Intersubjektivität sowie dem Ort dieser beiden Instanzen in der sinnlichen Realität, insbesondere der Natur, nachgehen.

Die vornehmlich im rechten Teil der Seite notierten Randzusätze stehen fast alle zu der jeweiligen Stelle des linksbündigen Textes in einem nur indirekten Zusammenhang. Auch eine durchgehende Schicht von Annotaten ist nicht auszumachen, sondern es treten nur einzelne Zeilen zu je einem Segment zusammen. Viele dieser Zusätze zeichnen sich – gesteigert durch das Fehlen einer kontextuellen Determinierung – durch ein hohes Maß an Vieldeutigkeit und Rätselhaftigkeit aus. Allein in den Zeilen 47–50, in denen die Handschrift ein besonders verworrenes Bild bietet, erscheint es als möglich, einen randständigen Text zu integrieren und andererseits den linearen Text auf die Randzusätze zu beziehen. Das Textmaterial dieser Seite zerfällt also nicht nur in zwei Hälften, sondern zerfasert offenbar in einer Unzahl sperriger Zusätze. Dieser Befund könnte den Verdacht aufkeimen lassen, die Seite sei nur als ein Trümmerfeld von Notaten aufzufassen, die untereinander in keinem anderen als einem zufälligen Bezug stünden. Dieser Argwohn ist jedoch unberechtigt. Denn es lassen sich in diesen Fragmenten durchgehende Leitmotive ausmachen wie etwa die Suche eines Ich nach Möglichkeiten seiner adäquaten Artikulation und Selbstbehauptung oder das Verhältnis von Deutschland und Frankreich als potentiellen Orten der Verwirklichung eines versöhnten Verhältnisses von Subjektivität und Intersubjektivität. Diese Leitmotive lassen die Fragmente dieser Seite nicht als Sammelsurium, sondern als Konfiguration von Versuchen erscheinen, die der Lösung derselben Grundprobleme gewidmet sind.

In diesem Konfigurationsfeld gibt es einige Fixpunkte, auf die hin die anderen Segmente vornehmlich bezogen werden können, die aber untereinander ebenfalls in einem Spannungsverhältnis stehen. Diese Fixpunkte sind zumeist als *autoreferentielle Sentenzen* formuliert, die miteinander zu einer *impliziten Poetik* des Textes zusammentreten. Ich sehe vier dieser Supernovas im Sternenhimmel dieser Seite, eine philosophische, eine politische, eine poetologische und eine pragmatische. Doch diese Wahl ist angesichts der Polydimensionalität des vorliegenden Textmaterials sicher nicht unangreifbar.

Mit der allerersten Notiz „Die apriorität des Individuellen / über das Ganze." ist die philosophische Maxime dieser Seite formuliert. Ein ‚Ganzes' des Textmaterials ist hier zunächst nur im formalen Sinne feststellbar, als Ansammlung von Zeichen auf diesem Blatt, das nicht zerrissen ist oder sonstige unüberwindliche Trennlinien aufweist. Den einzelnen Textelementen kommt damit eine „apriorität" durchaus im streng logischen Sinne zu, denn Ganzheiten stellen sich erst im Durchgang durch und als Ensemble von Einzelheiten her. Das Diktum erhält seine Glaubwürdigkeit jedoch in autoreferentieller Hinsicht dadurch, daß es nicht einfach auf die Texte dieser Seite ‚angewendet' werden kann, sondern sich auf je verschiedene und nicht leicht begrifflich zu fassende Weise realisiert.

Der zweite Fixpunkt ist die Aussage unmittelbar vor der Seitenmitte: „Aber diese Zeit auch / Ist Zeit, und deutschen Schmelzes." Damit wird nicht nur das Jetzt in seiner Erfülltheit und Vergänglichkeit zugleich hervorgehoben, sondern es wird die besondere Bedeutung Deutschlands in der Gegenwart akzentuiert, eine Bedeutung, die es allein durch den Wechsel von harten zu weichen Zuständen und Verhaltensweisen erreichen könne.

Gegenüber diesen beiden abstrakten Thesen, durch die das Verhältnis von Theorie und Praxis abgesteckt wird, sind die beiden Kernaussagen im unteren Bereich der Seite um eine Reflexion über den Status von Literatur in der Gegenwart bemüht: „bevestigter Gesang / vom Blumen / als / Neue Bildung aus der Stadt," wird zunächst gefordert. Stabilität und Fragilität sollen also auch diesem Diktum zufolge in ein Gleichgewichtsverhältnis treten, und die Dichtung ist das Produkt dieser beiden Faktoren. Sie entsteht zudem in einer urbanen und modernen Form, und es liegt daher nahe, daß sie es ist, die der Jetztzeit ihren ausgezeichneten Status und Deutschland seinen ‚Schmelz' gibt.

Der letzte Fixpunkt, in dem alle anderen konvergieren, ist die Schlußsequenz „und mich leset o / Ihr Blüthen von Deutschland, o mein Herz wird / Untrügbarer Krystall an dem / Das Licht sich prüfet wenn < > Deutschland <?>". Wichtig ist, daß hier erstmals dem Ich eine zentrale, objektiv legitimierbare Funktion zugesprochen wird, nämlich die eines Prüfsteins des Lichts. Diese Selbstbescheidung und Mediatisierung des Ich macht es zugleich ‚lesbar', also fähig zur Kommunikation. Verständlich kann es sich jedoch nur den ‚Blüten' machen, also Subjekten von einem hohen Entwicklungsgrad, der mit großer Zerbrechlichkeit einhergeht. Diese ‚Blüten' sind dem Text zufolge vornehmlich in ‚Deutschland', dem Land des ‚Schmelzes' (wie es in der zweiten Sentenz heißt), zu suchen. In seiner Bescheidenheit und Zurücknahme hebt das rezeptionspragmatische Diktum vom untersten Reand der Seite keineswegs die ganz oben stehende Sentenz „Die apriorität des Individuellen / über das Ganze" auf, sondern bestätigt diese vielmehr: Nur ein sich zum lesbaren Medium machendes Individuelles kann demzufolge logischen Vorrang vor dem Ganzen beanspruchen, während jeder hybride Anspruch auf Vorherrschaft in sich zusammenfällt.

Nachdem sich die Seite 75 als eine in sich äußerst fragile Konstellation von Gedichtfragmenten erwiesen hat, stellt sich schließlich die Frage, inwieweit sie in einem Zusammenhang mit den beiden vorangehenden Handschriftenseiten steht. Im Gegensatz zu dem vorliegenden Blatt ist auf den Seiten 73 und 74 ein durchgehender, nur durch einige kleinere Lücken und Unsicherheiten unterbrochener Textzusammenhang rekonstruierbar, von dem sich vor allem ein zeitdiagnostischer Anfangsabschnitt und zwei mythologische Standortbestimmungen am Ende abheben. Hauptthema des umfangreichen Entwurfs ist es, in der Geographie Frankreichs und Deutschlands Anhaltspunkte für ein erfülltes Zusammenleben von Menschen und Natur zu finden. In rhapsodischer Form nähern sich die Texte der Seite 75 diesem Problem ebenfalls an. Möglicherweise ist die Ineinanderfügung von Bruchstücken als Bausteinen einer Konfiguration sogar als Versuch zu lesen, aus den letztlich aporetisch endenden Deutungsversuchen der Natur als Sinngefüge herauszukommen. Damit erweisen sich die auf den ersten Blick ins Auge fallenden graphischen Korrespondenzen der Seite mit der gegenüberliegenden Seite 74 als irreführend. Das Deutschland-Motiv, das dort breit entwickelt wird, spielt in den Texten der Seite 75 entgegen dem durch die zahlreichen Schlagwörter geweckten Anschein keine zentrale Rolle mehr: Von deutschen Landschaften ist – mit Ausnahme der Stadt Frankfurt – nicht die Rede; ‚Deutschland' bleibt ein Abstraktum oder bestenfalls eine Sprachgemeinschaft. Dagegen drängen sich die Bilder von südländischen Landschaften und Sinneseindrücken auf dieser Seite in den Vordergrund, ja selbst wo wahrscheinlich Landschaften in gemäßigten Klimazonen geschildert werden, treten die einzelnen Elemente (ähnlich wie im zweiten Böhlendorff-Brief) mit einer Intensität hervor, die auf ein Sensorium verweist, wie es allein unter extremen klimatischen Bedingungen ausgebildet und geschult werden konnte. Zwar sind aus diesem

Grunde weitreichende motivische Korrespondenzen mit der Seite 73 festzustellen, aber die Beschreibungen südfranzösischer Landschaften stehen hier in einem
ganz anderen Zusammenhang: Der Text vertraut nicht mehr auf ein Sinnkon-
tinuum, wie es durch die symbolische Aufladung des Zuges der Stare auf den
beiden vorangehenden Seiten erprobt wurde, sondern er probiert jedes einzelne
Element mit seinen sinnlichen Komponenten aus und konfrontiert es unmittelbar
mit Sinngebungsversuchen wie dem aporetischen Diktum „Allda bin ich / Alles
miteinander." Nicht etwa aufgrund handschriftlicher Kongruenzen oder unmittelbarer Anschlußmöglichkeiten, sondern nur weil die auf den Seiten 73 und 74
ungelösten Probleme auf der vorliegenden Seite in *verwandelter* Gestalt wiederaufgenommen werden, kann diese als eine Art Fortsetzung des vorangehenden
Blattes angesehen werden. Inwieweit auch die vierte der hier zu analysierenden
Seiten zur Aufhellung dieses Problemzusammenhangs beiträgt, wird im folgenden zu untersuchen sein.

6   Seite IV (76)

Die letzte der hier zu untersuchenden vier Seiten bietet ein gänzlich anderes Erscheinungsbild als die drei vorangehenden. Ist auf der Seite 73, die eine ähnlich
große Menge Textmaterial enthält wie die vorliegende, eine relativ eindeutige
Abfolge von Zeilen zu beobachten, so gibt es auf den dicht beschriebenen beiden mittleren Seiten zwar eine Fülle interferierender Neben- und Zwischentexte,
aber innerhalb dieser Vielheit setzt sich über weite Strecken ein durchgehender Textzusammenhang als dominierender Text durch. Nichts davon findet sich
auf der vorliegenden Seite. Alle größeren linearen Textzusammenhänge scheinen
aufgelöst zu sein zugunsten einer scheinbar beliebig verstreuten Anordnung isolierter Segmente über die Papierfläche. Während die obere Hälfte des Blattes
nur wenig Text enthält, findet sich in dem Viertel unterhalb der Seitenmitte
ein Konglomerat vieler neben- und ineinander geschriebener Segmente, und am
Fuß der Seite sind wiederum nur wenige kurze Zeilen notiert. Bei genauerem
Hinsehen läßt sich in den unteren drei Vierteln des Materials allerdings eine
Art Zweispaltigkeit ausmachen, die nur von wenigen, jeweils etwa in der Mitte
der Horizontalen plazierten Segmenten durchbrochen wird. Meine Textdarstellung ist aus dem Bemühen entstanden, diesen Befund möglichst klar und präzise
wiederzugeben.

Bei der textkritischen Prüfung haben sich darüber hinaus verblüffende graphische Parallelen zur Rückseite des vorangehenden Blattes (der Seite 74) ergeben,
die dem Anschein zuwiderlaufen, bei der Seite 76 handle es sich um eine Ansammlung nicht zusammenhängender Texte, die bestenfalls als ein Anhang zu
den auf den Seiten 73f. oder 75 entwickelten Problemzusammenhängen angesehen werden könnten. Auf beinahe derselben Höhe wie auf der Seite 74, etwas
unterhalb der Mitte, weicht nämlich auch auf der vorliegenden Seite die Fortsetzung eines Textes (der hier mit „Heidnisches" [Z. 4] beginnt) der Linksbündigkeit

der umgebenden Zeilen, die alle etwa drei Zentimeter vom linken Rand entfernt beginnen, weiter nach links hin bis unmittelbar an den Seitenrand aus. Dieser eingeschobene, sechs Zeilen umfassende Text fließt, wie das zweimal notierte Stichwort „Mein ist" (76, Z. 14 und 27) nahelegt, an der Einfügungsstelle wieder in den Zusammenhang der linksbündig notierten Zeilen ein. Damit ergibt sich ein relativ umfangreicher, nämlich achtzehn Zeilen (Z. 4-27) umfassender Textblock in der linken Seitenhälfte, dem jedoch keine die übrigen Segmente dominierende Position zukommt, wie sie die linksbündigen Texte auf den vorangehenden Seiten einnehmen.

Im übrigen fällt ins Auge, daß auch die untersten Sequenzen auf den Seiten 74 und 76 ähnlich gestaltet sind. In beiden Fällen lassen sich im wesentlichen – also abgesehen von den kurzen Segmenten „Die Rosse / bis über / den Gurt. / Des G" (II, Z. 50-53) bzw. „des Menschen / Herz betrüblich" (IV, Z. 47 und 45) – zwei voneinander relativ unabhängige Schlußabschnitte ausmachen, von denen der erste nahe dem linken Rand beginnt, der zweite aber einige Zeilen weiter unten ansetzt und weit nach rechts gerückt ist, so daß er sich der rechten unteren Ecke nähert (wie auf der Seite 74) bzw. diese fast völlig ausfüllt und vom unteren Rand aufgesogen zu werden droht (wie auf der vorliegenden Seite). Ob diesen graphischen Parallelen eine inhaltliche Bedeutung zukommt oder ob es sich nur um bei der Niederschrift zufällig aufgetretene Koinzidenzien handelt, kann erst die Analyse der betreffenden Texte dieser Seite erweisen.[638]

Z. 1-3 (Bruchstück)

Die Purpurwolke, da versammelt von der linken Seite
Der Alpen und der rechten sind die seeligen
Geister, und es tö   (Z. 1-3)

Die drei Zeilen dieses mitten im Wort endenden Segments beginnen etwa vier Zentimeter vom linken Rand entfernt – also weiter rechts als der nach einer großen Lücke mit „Heidnisches" (Z. 4) sechs Zentimeter weiter unten einsetzende Textblock – und erstrecken sich über die gesamte Breite des Blattes. Damit lassen sie sich im Gegensatz zu fast allen übrigen Texten der Seite nicht einer linken oder rechten Spalte zuordnen, sondern transzendieren die Zweispaltigkeit des folgenden Materials. Dieser Befund könnte die Vermutung nahelegen, daß es sich bei diesen Zeilen um eine vom nachfolgenden Text abgesetzte Überschrift,

---

[638] Eine knappe Analyse des Textmaterials dieser Seite findet sich auch bei Behre (1987, 239-241). Die Autorin bemüht sich, einen einheitlichen Gesichtspunkt zu finden, unter dem alle Bruchstücke dieser Seite zusammengeführt werden können, und findet ihn in dem Segment „Heidnisches / Jo Bacche". Damit fügen sich diese Fragmente zwar in das von Behre als Strukturprinzip von Hölderlins gesamter Dichtung ausgemachte „Mythokonzept Dionysos", die Analyse der einzelnen Textbruchstücke gerät ihr jedoch in den meisten Fällen zu summarisch. Dennoch lassen sich ihrer Lektüre einige hilfreiche Anregungen entnehmen. Im übrigen cf. auch Beese 1982, 187-193. Beeses Interpretation leidet allerdings bei dieser Seite besonders empfindlich darunter, daß sie sich rückhaltlos den unhaltbaren Textkonstitutionen im Einleitungsband der FHA anschließt.

ein Motto oder einen Vorspruch handelt, wie sie sich auf allen drei vorangehenden Seiten in jeweils etwas abgewandelter Form an dieser exponierten Stelle
finden. Gegen diese Annahme spricht indes die Tatsache, daß die drei Zeilen bemerkenswert weit unten, nämlich sieben Zentimeter vom oberen Rand entfernt,
einsetzen und damit vermutlich nicht einmal als Beginn eines dann nicht weiter ausgeführten Textes, geschweige denn als Überschrift, konzipiert sind. Trotz
dieser Einschränkung sollte die Frage weiterverfolgt werden, inwieweit die drei
obersten Zeilen der Seite einen einheitlichen Gesichtspunkt zu liefern vermögen,
der möglicherweise die Spaltung des übrigen Textmaterials zu überwinden vermag.

Bei dem Segment handelt es sich um ein Nomen im Nominativ oder Akkusativ
(„Die Purpurwolke"), das durch einen mit „da" eingeleiteten Lokal- oder Kausalsatz erläutert wird, sowie um den fragmentierten Ansatz zu einem weiteren Satz
(„und es tö"), der als Fortsetzung entweder des Nebensatzes oder eines nicht
ausgeführten Hauptsatzes, von dem nur „Die Purpurwolke" niedergeschrieben
wurde, angesehen werden kann.

In aller Regel erscheint eine Wolke nur im Licht der auf- oder untergehenden
Sonne in tiefem Rot. Die Stunde der Morgen- oder Abenddämmerung ist es
demnach, zu der „die seeligen / Geister" versammelt sind (oder aber – wenn
man das „da" kausal verstehen möchte – die „Geister" erzeugen durch ihre Versammlung erst das Purpurrot). Die „Geister" kommen „von der linken Seite /
Der Alpen und der rechten"; *wo* sie sich versammeln, wird nicht gesagt, wenngleich es naheliegt, daß sie sich auf halbem Wege, nämlich oben auf den Gipfeln
der Alpen, treffen, wo sie der Sonne und der von ihr angestrahlten „Purpurwolke"
am nächsten sind (so daß das „da" eventuell auch als Lokaladverb gelesen werden
kann).

Die hier entworfene Szenerie hat einen sakralen Einschlag: Da die Ebene der
Naturbeschreibung durch die Rede von der Versammlung der „Geister" sogleich durchbrochen wird, läßt das Purpur auch an die Gewänder geistlicher
Würdenträger (beispielsweise der zur Papstwahl versammelten Kardinäle) denken. Darüber hinaus scheint mit der Unterscheidung zwischen der ‚linken' und
der ‚rechten Seite der Alpen' der römische Gegensatz zwischen „Gallia cisalpina"
(also Oberitalien) und „Gallia transalpina" (also Frankreich) wiederaufgenommen zu sein, wenngleich schwer auszumachen ist, aus welcher Perspektive das
Bild entworfen ist, ob also die Nordseite ‚links' und die Südseite ‚rechts' ist
oder umgekehrt. (Weniger wahrscheinlich, aber immerhin möglich ist es zudem,
daß in einer um neunzig Grad gedrehten Perspektive vom West- und vom Ost-
ende der Alpen als den beiden ‚Seiten' die Rede ist.) In jedem Falle kann die
vieldeutige geographische Bestimmung für die Beziehung zwischen Mittel- und
Südeuropa stehen, das seit der Zeit der Cäsaren, vor allem aber das ganze Mittelalter hindurch eine entscheidende Achse kultureller Selbstverständigung der
europäischen Völker bildete. Es klingt damit auch der mittelalterliche Grund-
konflikt zwischen kaiserlicher und päpstlicher Herrschaft an, der in Heinrichs IV.

Gang nach Canossa (in Oberitalien, also südlich der Alpen) 1077 einen sinnfälligen Höhepunkt fand. Auf der gegenüberliegenden Handschriftenseite, in den unter der Überschrift „Kolomb." stehenden Materialien, wird dieses hier nur aufglänzende Motiv explizit wiederaufgenommen: „Kaiser Heinrich." (HF 77, Z. 11); „Heinrichs / Alpenübergang" (Z. 22f.).[639] Die „seeligen / Geister" wären demnach die verstorbenen weltlichen und geistlichen Herrscher des Mittelalters (gleichermaßen Träger wertvoller Purpurgewänder[640]), die hier noch einmal in einem in versöhnlichem Licht scheinenden Erinnerungsbild auf der Achse ihres damaligen Konflikts, auf dem Kamm der Alpen, versammelt werden.

Aber in dieser historiographischen Dimension geht das Segment keineswegs auf. Vielmehr wird den „Alpen" im Kontext der vorliegenden Gedichtfragmente auch eine aktuelle Bedeutung zugeschrieben: Auf der Rückseite des ersten hier untersuchten Blattes wird versucht, entlang einer Ost-West-Achse, die in etwa dem Verlauf der Alpen und dem Oberlauf der Donau entspricht, ein geographisches Modell zu entwerfen, das die sinnerfüllte Einrichtung der zeitgenössischen Realität und insbesondere ,Deutschlands' gewährleisten soll. Zugleich ist jedoch davon die Rede, daß die Alpen dem ,Einen', der das Gebirge ,heimatlich' gerichtet hat, „Wildniß" (II, Z. 37) sind und sich damit der sinnstiftenden Anordnung der Gebirge bis auf weiteres entziehen. In demselben Bereich der Handschrift, aber in einem anderen syntagmatischen Zusammenhang wird eine Utopie „freundlicher Geister" (II, Z. 36) entworfen, die in „Deutschland" herrschaftsfrei zusammenleben. Dieses auf der Seite 74 nur arbiträre, sich durch die topographische Nähe ergebende Aufeinandertreffen der ungezähmten Naturlandschaft, die als Projektionsfläche für noch nicht realisierte Hoffnungen dienen kann, und einer Gruppe friedfertiger Wesen wird im vorliegenden Segment gezielt realisiert. Ähnlich wie die oben auf der Seite 74 genannten „Wolken des Gesanges" (II, Z. 7), die zunächst nur den Staren in der Ferne sichtbar sind, könnte auch die „Purpurwolke" als ein natürliches Zeichen der Hoffnung gelesen werden, das allerdings mehr verhüllt als verspricht und zudem zwiespältig ist, da man nicht weiß, ob die Wolke von der Abend- oder der Morgensonne rot gefärbt ist, ob also der Anbruch des Tages oder der der Nacht zu erwarten steht. Zudem sind die „Geister" hier mehr noch als bei ihrer ersten Erwähnung entkörperlicht: Indem sie als „seelig[ ]" bezeichnet werden, erscheinen sie nicht nur als glücklich, sondern möglicherweise auch als verstorben und ins ewige Leben hinübergegangen. Zudem klingt durch die von Hölderlin bevorzugte, sonst aber seltenere Schreibung des Wortes in diesem Zusammenhang das (etymologisch nicht verwandte) Wort

---

[639] Michael Franz (1973/74, 141-147) hat die Bedeutung Heinrichs IV. als eines paradigmatischen „Vaterlandische[n] Helden" im Spätwerk Hölderlins eingehend analysiert. Cf. auch Beck 1978/79, 228-231.

[640] Adelung (Bd. 3 [1808], Sp. 868f. [s. v. Purpur]) nennt Purpurgewänder „seit den ältesten Zeiten das Sinnbild der vorzüglichen Gewalt und des festlichsten Gepränges" (Sp. 868); Zedler (Bd. 29 [1741], Sp. 1720-1722 [s. v. Purper, Purper=Farbe]) erwähnt, daß der Purpur früher „nur Kaysern und Königen zu tragen gebührte" (Sp. 1720), aber auch „den Priestern, bey den Christen" zukam, insbesondere dem Papst und den Kardinälen (Sp. 1721).

‚Seele' an, wodurch die Assoziation verstärkt wird, daß hier von einer Versammlung nichtirdischer Wesen die Rede ist.

Das Segment verbleibt somit in der Schwebe nur angedeuteter Bezüge. Es ist nicht auszumachen, ob hier längst verstorbene mittelalterliche Gestalten noch einmal zu einem friedvollen Erinnerungsbild zusammengerufen werden oder ob es sich um die Vision einer herrschaftsfreien Versammlung handelt, an der gegenwärtig allein „seelige / Geister", zukünftig aber vielleicht auch lebende Menschen beteiligt sind.[641] Auch die abbrechende Fortsetzung „und es tö" gibt keine Handhabe zu einer semantischen Fixierung. Zwar ist es möglich und vielleicht auch naheliegend, daß zu ‚tönet' oder ‚tönen' zu konjizieren ist, wie es seit Hellingrath (IV, 254) von fast allen Editoren praktiziert wird. Damit würde der Anklang an die „Wolken des Gesanges" noch verstärkt. Es ist jedoch auch möglich, daß das unvollständige Wort ‚töten' oder ‚tötet' lauten sollte und das Abbrechen als Zurückschrecken vor der damit evozierten, aber schon in den „seeligen / Geister[n]" anklingenden Vorstellung von Tod und Vergängnis zu werten ist. Ein bedeutungsverengender Kontext des Segments läßt sich auch dadurch nicht herstellen, daß man auf etwaige entstehungsgeschichtliche Zusammenhänge mit der vermutlich ersten Entwurfsschicht auf der Vorderseite des Blattes rekurriert: Die drei vorliegenden Zeilen mögen etwa gleichzeitig, vielleicht sogar in einem Arbeitsgang beispielsweise mit dem Textbeginn „Vom Abgrund nemlich haben / Wir angefangen" (III, Z. 6 und 8), mit der ersten Notation des Stichworts „Der Schöpfer" (III, Z. 21) oder mit der Zeile „damit sie schauen sollte" (III, Z. 31) entstanden sein; sie sind dennoch (zumal, wenn man sich ein beinahe noch leeres Blatt vorstellt, auf dem keinerlei Platzmangel herrscht) durch die Plazierung auf der Rückseite eindeutig von diesen Segmenten distanziert worden. Wenn es also einen Kontext dieses Segments geben sollte, so muß er in den noch folgenden Texten auf der Seite 76 zu suchen sein.

Z. 4-27 (linearer Text, links)

Heidnisches
Jo Bacche, daß sie lernen der Hände Geschik
Samt selbigem,
Gerächet oder vorwärts. Die Rache gehe
Nemlich zurück.   (Z. 4-8)

Das eine Zeile für sich einnehmende erste Wort dieses Passus, mit dem der Text nach einem großen Leerraum wieder einsetzt, ist mit einer anderen Feder und in einem anderen Duktus, also vermutlich in einem anderen Arbeitsgang notiert worden als die nachfolgenden Zeilen. Das ist allerdings kein Grund, es vom folgenden abzusondern, wie es Sattler und Uffhausen vorgeschlagen haben, denn diese Zeilen schließen sich linksbündig mit ihm und in einem gleichbleibenden Abstand an.

---

[641] Lüders' Behauptung, hier werde eine Versammlung „der Weltteile und Weltepochen" (Lüders II, 390; cf. auch 392) skizziert, ist daher entschieden zu spekulativ.

Will man keinen durchgehenden syntagmatischen Zusammenhang annehmen, so ist es allenfalls vertretbar, „Heidnisches" als eine Art Überschrift, als einleitendes Stichwort zu verstehen. Mit ihm wird – unabhängig von seinem syntaktischen Status – das Thema vorgegeben: Von dezidiert nichtchristlichen Gegenständen soll in der Folge offenbar die Rede sein; und der kultische Anruf des griechischen Weingotts erfüllt diese Erwartung nachdrücklich. Indem die Zeilen explizit vom christlichen Bereich abgesetzt werden, scheint ex negativo die christliche Sphäre auf, von der in dem der Lücke vorangehenden Bruchstück nur sehr mittelbar die Rede war. Wird Bacchus jedoch so deutlich wie hier als heidnischer Gott bezeichnet, so drängt es sich auf, ihn als Konkurrent oder Widersacher Christi zu verstehen. Damit wird hier auf eine religiöse Konstellation angespielt, die ein zentrales Thema in Hölderlins lyrischem Spätwerk darstellt: In „Brod und Wein" etwa werden die beiden Götter weitgehend enggeführt, in „Der Einzige" dagegen wird dem Problem nachgedacht, ob es neben Christus noch andere Halbgötter und Heroen wie Dionysos und Herakles geben kann und darf. Die vorliegende Stelle scheint demgegenüber von einer vehementen Ausschließung alles Christlichen geprägt zu sein.

Mit dem folgenden Nebensatz wird der im „Jo Bacche" realisierte Gestus hymnischen, ja berauschten Sprechens sogleich auf ernüchternde und befremdliche Art wieder aufgegeben. Am ehesten läßt sich noch eine Verbindung herstellen, wenn man den „daß"-Satz nicht als Erläuterung des Gottesanrufs oder als Folgerung daraus versteht, sondern als Wunsch oder Appell: ‚Auf daß sie lernen ...!' Der Text geht damit abrupt von der kultischen Beschwörung und Lobpreisung des Weingottes zur rationalen Zielsetzung über, eine nicht näher bestimmte Mehrzahl von Personen möge handwerkliche Geschicklichkeit und Fingerfertigkeit erwerben. Zugleich klingt aber die zweite Bedeutung von ‚Geschick' an, das auch im Sinne von ‚Fügung, Schicksal' verstanden werden kann.[642] Damit erscheint die Gewandtheit der Hände als göttliche Gabe, die allerdings durch Erlernen angeeignet werden muß. Das folgende Syntagma „Samt selbigem", das eine separate Zeile einnimmt, ist auf den ersten Blick kaum sinnvoll in den „daß"-Satz integrierbar. Mit der merkwürdigen präpositionalen Bestimmung, die der Gerichts- oder Kanzleisprache entlehnt sein könnte, die aber der Alliteration wegen die poetische Qualität nicht ganz abgeht, soll ein unmittelbar zuvor genanntes Maskulinum oder Neutrum in ein ebenfalls zuvor Gesagtes eingeschlossen werden. Unklar ist zunächst, ob „Samt selbigem" das Subjekt oder das Objekt des Satzes ergänzt: Es könnte gemeint sein, daß nicht nur „sie" der „Hände Geschick" lernen sollen, sondern mit ihnen noch ein anderer. Der ‚selbige' könnte dieser Lesart zufolge nur der zuvor angerufene Weingott sein, der sich demnach ebenso wie

---

[642] In den „Anmerkungen zur Antigonä" spielt Hölderlin virtuos mit dieser Doppeldeutigkeit von ‚Geschick' im Kontext von ‚Schicksal' und ‚Schicklichkeit': Die „Haupttendenz in den Vorstellungsarten unserer Zeit" sei es, „sich fassen zu können, Geschik zu haben, da das Schiksaallose, das δυσμορον, unsere Schwäche ist" (FHA 16, 418, Z. 12-15); die Griechen dagegen hätten „mehr Geschik und Athletentugend" (ibd., Z. 15f.). Cf. zu diesen Zusammenhängen Binder 1955, Bd. 2, 669.

das Kollektiv (mit dem unter dieser Perspektive möglicherweise seine Anhängerschaft gemeint sein könnte) dem Erwerb handwerklicher Fertigkeiten zuzuwen-
den habe. Diese Prädikation wirkt nicht ganz so ungewöhnlich, wenn man sich
vor Augen führt, daß auch in den Entwürfen zu „Der Einzige" der „Evier[ ]",
„Der Erde Gott" (StA II.1, 162, V. 55 und 57 [Dritte Fassung][643]), nicht etwa als
rauschhafter, auflösender, sondern als pragmatisch ordnender Gott dargestellt
wird:

> Aber rechte Wege gebot er mit Einem mal und Orte
> Die Sachen auch bestellt er von jedem.   (StA II.1, 163, V. 60f.)

Gegen Ende des Hymnenentwurfs heißt es von den drei in ihm thematisierten
Halbgöttern:

> Jene drei sind aber
> Das, daß sie unter der Sonne
> Wie Jäger der Jagd sind oder
> Ein Akersmann, der athmend von der Arbeit
> Sein Haupt entblößet oder Bettler.   (StA II.1, 164, V. 92-96)

Der Unterschied der vorliegenden Stelle zu den zitierten Aussagen über profane Tätigkeiten des Gottes besteht darin, daß er hier nicht als professioneller
Arbeiter, sondern als Lehrling erscheint.

Aber das ist nur eine der möglichen Lesarten der präpositionalen Bestimmung.
„Samt selbigem" kann auch das Objekt des Satzes ergänzen. Dann würde ausgesagt, daß „sie" nicht nur „der Hände Geschick" lernen sollen, sondern zugleich
etwas anderes. Mit diesem zusätzlichen Gegenstand des Lernens kann eigentlich
nur das ‚Heidnische‘ gemeint sein. Der Gott und das nicht eingegrenzte Kollektiv
treten also – so könnte man versuchen, beide Lesarten zu verbinden – im Zeichen
des ‚Heidnischen‘ zu einer pragmatischen Einheit von Gesang („Jo Bacche") und
„Geschick" zusammen, die mit der Formel „Samt selbigem" besiegelt wird.

Diese spannungsreiche Einheit wird durch das nächste, mit einem Komma angeschlossene Segment, das den Satz abschließt, wieder gefährdet. Es erscheint
kaum möglich, „Gerächet oder vorwärts" als Erläuterung oder Ergänzung des
Vorausgehenden anzusehen, denn die pädagogische Rede wird hiermit offenbar
aufgegeben zugunsten einer Aussage über das Vergeltungshandeln. Nur zu dem
‚Heidnischen‘ und dem griechischen Gott ist eine motivische Verbindung herstellbar, denn die Rache ist eine archaische, dezidiert nichtchristliche Gepflogenheit,
die der Gott des Alten und des Neuen Testaments sich allein vorbehält (5. Mose
32, 35; Ps. 94, 1; Röm. 12, 19). Vollends zeugmatisch wirkt jedoch die Alternative „Gerächet oder vorwärts". Das „vorwärts" allerdings könnte auf das ‚Lernen‘
bezogen werden, handelt es sich dabei doch um eine in die Zukunft gerichtete,
der Erwerbung künftig anzuwendender Fertigkeiten gewidmete Tätigkeit.

Das letzte Segment des von Z. 4 bis Z. 7 reichenden Satzes sprengt also dessen
Einheit irreparabel auf. Zugleich tritt es jedoch in eine Konstellation mit dem

---

[643] Zur Korrektur von Beißners Textkonstitutionen cf. Franz 1982, 280-331. Wegen der geringen Verbreitung dieser Arbeit zitiere ich den ‚Einzigen‘ dennoch nach der StA.

folgenden Satz ein: „Gerächet oder vorwärts. Die Rache gehe / Nemlich zurük." Der kurze Satz wird explizit als Erläuterung der vorangehenden rätselhaften Wendung deklariert. Er ist nicht als Aussage, sondern als Postulat formuliert: ‚Die Rache soll zurückgehen.' Das kann zweierlei heißen. Entweder soll sich die Rache in die Vergangenheit zurückwenden und dort ihre Gegenstände suchen, oder aber sie soll in ihrer Bedeutung verringert und vielleicht auf längere Sicht ganz eingestellt werden. In jedem Falle hat die Rache nichts Zukunftsweisendes an sich. Es wird also hier eine Situation evoziert, in der entschieden werden muß, ob ein vergangenes, an Mitgliedern der eigenen Gruppe begangenes Unrecht „Gerächet" werden soll, oder ob man sich lieber „vorwärts", beispielsweise auf eine Versöhnung mit dem feindlichen Kollektiv hin, orientieren will. Diese Entscheidung ist nicht nur eine moralische (also die Anwendung eines moralischen Kodex auf eine konkrete Situation), sondern eine ethische (zwischen zwei unvereinbaren Moralsystemen). Das zu erlernende „Geschik" verhält sich in diesem Konflikt neutral: Geschickte Hände können sowohl zur Anfertigung und zum Gebrauch von Waffen wie zur Ausübung friedfertiger handwerklicher Tätigkeiten gebraucht werden.

Die normative Rede wird auch in den nächsten Sätzen weitergeführt:

> Und daß uns nicht
> Dieweil wir roh, sind,
> Mit Wasserwellen Gott
>   schlage. Nemlich
> Gottlosen auch   (Z. 8f., 11, 13, 15)

Trotz des dazwischenstehenden Hauptsatzes kann das „Und" unter rhetorischer Perspektive als Anschluß an den ersten, ebenfalls optativ zu lesenden „daß"-Satz verstanden werden. Ist es dort allerdings ein Kollektiv in der dritten Person, dem gewünscht wird, daß es etwas lernen möge, so wünscht hier ein an der Objektstelle stehendes Wir, von Gott nicht geschlagen zu werden. Daß ein Schlag „Mit Wasserwellen" befürchtet wird, kann verschieden gedeutet werden, beispielsweise als Angst vor einer Sturmflut oder gar der Sintflut oder vor dem Zusammenschlagen der geteilten Wassermassen beim Durchgang des Volkes Israel durch das Rote Meer. Zugleich vermittelt das ungewöhnliche, fast redundante Kompositum „Wasserwellen" (denn Wellen sind in der Natur in aller Regel aus Wasser, wenn von keiner anderen Flüssigkeit die Rede ist) durch die metrische Gleichförmigkeit und die Alliteration seiner beiden Bestandteile sowie durch den Doppelkonsonanten in deren jeweiliger Mitte einen ruhigen, ausgeglichenen Eindruck, der zu den auf der semantischen Ebene angedeuteten Katastrophenszenarien in einem Spannungsverhältnis steht. Diese Inkongruenz sensibilisiert dafür, daß es eigentlich eine recht harmlos anmutende Vorstellung ist, daß Gott mit einem so liquiden und amorphen Gegenstand wie „Wasserwellen" zuschlägt und nicht etwa mit einem aus festem Material. Dennoch wird diese Vorstellung als unangenehm und vermeidenswert annotiert. Zudem ist möglicherweise eine Lücke vor „schlage" anzunehmen, mit dem – weit nach rechts eingerückt und ohne Majuskel – eine neue Zeile beginnt. Das eventuell fehlende Segment hätte die

Befürchtung des Wir möglicherweise noch weiter explizieren können.

Befürchtet wird Gottes Wasserschlag, „Dieweil wir roh, sind". Hinter „roh," ist das Wort „gleich" notiert, aber es ist gestrichen; es war also offenbar zunächst eine Aufzählung oder Erläuterung intendiert, die dann aber verworfen wurde. Es kann aufgrund dieses Befundes nicht entschieden werden, ob der Zustand der ‚Gleichheit' auch zu jenen gezählt werden sollte, die Gottes Schlag provozieren, oder ob ein nicht ausgeführter Vergleich sich anschließen sollte. Ungestrichen ist dagegen das „roh". Dieses kann im vorliegenden Zusammenhang wiederum zweifach gelesen werden: Entweder das Wir spricht von sich wie von unbearbeiteten Naturprodukten, oder es bezeichnet sich als grob und brutal. Mit diesen beiden Bedeutungen hängt die der Konjunktion eng zusammen: Versteht man „Dieweil" im kausalen Sinne, so liegt es nahe, daß „roh" eine Charaktereigenschaft oder eine intentionale Verhaltensweise des Wir bezeichnet, die den Schlag Gottes frevlerisch provoziert. Liest man in „Dieweil" aber die ursprüngliche temporale Bedeutung[644], so wird wahrscheinlich eher ein vorübergehender Zustand des Wir als „roh" bezeichnet, durch den es den „Wasserwellen" und sonstigen göttlichen Plagen relativ hilflos ausgeliefert ist. Der ängstliche Tonfall des Satzes scheint es nahezulegen, daß dieser defensiven Lesart der Vorzug zu geben ist, obwohl es ungewöhnlich ist, daß ein Wir von sich wie von unzubereiteten Nahrungsmitteln redet. Die zweite Lesart ist jedoch gleichermaßen möglich. Sie könnte auch semantisch eher an das Vorangehende anknüpfen, wenn man nämlich die „Rache" als ein ‚rohes', rücksichtsloses Verhalten versteht. Die von Menschen ausgeübte Rache würde demnach von Gott bestraft – ganz im Einklang mit den göttlichen Rachevorbehalten in der Bibel. Das bedeutet jedoch nicht, daß „Gott" hier von dem zuvor angerufenen Bacchus verschieden sein muß; möglicherweise wird dem griechischen Gott synkretistisch eine Strafkompetenz prädiziert, die gemeinhin dem biblischen Gott zugeschrieben wird. Damit stellt sich jedoch die Frage, ob ein solcher, die Rache überwindender Gott noch als ‚heidnischer' zu bezeichnen wäre.

Die fragmentarische Fortsetzung knüpft erläuternd an die Problematik nichtgottgefälligen Verhaltens an: „Nemlich / Gottlosen auch". „Gottlosen" ist Dativ, könnte also als Vergleichsglied an das „gleich" in Z. 9 angeschlossen werden, wenn dieses nicht gestrichen wäre und wenn das „Nemlich" nicht relativ eindeutig auf den Beginn eines neuen, jedoch sogleich abbrechenden Satzes hinweisen würde. So scheint „Gottlosen" das voranstehende Dativobjekt eines nicht ausgeführten Satzes zu sein. Das Wir bezieht sich offenbar in die Gruppe der „Gottlosen" nicht mit ein; aber das „auch" deutet darauf hin, daß es etwas mit diesen gemeinsam habe.

An dieser Stelle wird der linksbündige Text in der Handschrift bereits von anderen Segmenten umlagert und durchdrungen. Etwas rechts von der Zeile 8 ist mit einer dicken Tintenverschmierung „Ho" notiert, ein kontextloser und in dieser Form nach meiner Ansicht nicht signifikanter Schnipsel: Es kann schlechterdings

---

[644] Cf. Kluge 1975, 847 (s. v. weil).

nicht ausgemacht werden, ob es sich um eine ironische Kontrafaktur zum „Jo Bacche", um einen sofort aufgegebenen Ansatz zu „Hochzeit" (Z. 35) – eventuell auch zu ‚Holder', ‚Holunder' oder ähnlichen Wörtern – oder um eine fragmentarische Unterschriftsprobe des Autors handelt. In den Zeilen 10-16 ist außerdem ein vierzeiliges Segment notiert, das ich im Zusammenhang der rechten Textspalte untersuchen werde. Alle übrigen Konfusionen an dieser Stelle entspringen der schon erläuterten verwickelten Notation des gegenwärtig untersuchten Textzusammenhangs: Nach „Gottlosen auch" ist eine Lücke anzunehmen. Wenig unterhalb dieser Zeile, jedoch ganz an den linken Rand herausgerückt wird der Text dann mit derselben Feder fortgesetzt:

Wir aber sind
Gemeinen gleich,
Die, gleich
Edeln Gott versuchet, ein Verbot
Ist aber, deß sich rühmen. Ein Herz sieht aber
Helden. Mein ist   (Z. 16-21)

Durch eins der auf dieser Seite seltenen „aber" – drei von sechs „aber" dieser Seite finden sich in den eben zitierten Zeilen – ist der Beginn dieses Passus von dem abbrechenden Versuch, von „Gottlosen" zu reden, abgesetzt. Abermals spricht das Wir hier von sich, und zwar wiederum nicht von seinen Aktivitäten, sondern von seinen Eigenschaften und seinem Zustand. Darüber hinaus wird der zuvor aufgegebene Versuch wiederaufgenommen, diese Selbstcharakterisierung dadurch zu präzisieren, daß sich das Wir mit anderen „gleich" setzt, und zwar mit den „Gemeinen", also gewöhnlichen, vielleicht auch niederträchtigen Menschen. Allerdings folgt auf das erste „gleich", nur durch ein Relativpronomen von diesem getrennt, sofort ein zweites. Die neue syntaktische Einheit macht aber klar, daß hier nicht unmittelbar das Wir einer anderen Gruppe „gleich" gesetzt wird, sondern daß die „Gemeinen" das zu Vergleichende sind. Überraschenderweise ist es ausgerechnet das den „Gemeinen" entgegengesetzte Kollektiv, nämlich die „Edeln", das mit ihnen verglichen wird. Es macht offenbar im hier entwickelten Zusammenhang keinen relevanten Unterschied, ob die Menschen ‚gemein' oder ‚edel' sind, mit denen sich das Wir gleichsetzt. Die „Gemeinen" wie die „Edeln" werden nämlich von „Gott versuchet"; und dieser Gefahr ist demnach auch das Wir ausgesetzt. Durch Versuchungen stellt Gott die Gläubigen (voran die exponiertesten wie seinen eigenen Sohn oder die Heiligen) auf die Probe, ob sie auch angesichts irdischer Verlockungen und Irritationen an ihrer Gottestreue festhalten. Eine solche Versuchung könnte beispielsweise darin bestehen, in archaische Verhaltensgewohnheiten wie die „Rache" zurückzufallen und dadurch wieder „roh" zu werden. Wer einer solchen Versuchung erliegt, kann von Gott ‚geschlagen' oder – schlimmer noch – verstoßen und verlassen werden. Die „Gottlosen" stehen nicht in dieser Gefahr: Da für sie die göttlichen Verhaltensnormen keine Gültigkeit haben, können sie auch nicht in die Versuchung kommen, diese zu durchbrechen. Wer von Gott verstoßen wird, droht nach christlichen Vorstellungen in die Gruppe der „Gottlosen" hinabzusinken und damit den Maßstab der

Weltorientierung zu verlieren. Das fragmentarische Ende des Satzes „Nemlich /
Gottlosen auch" könnte andeuten, daß über diese der göttlichen Weltordnung
verlorene Gruppe nicht einmal mehr geredet werden kann, daß das Wir es nicht
wagt, sich zu den „Gottlosen" in Beziehung zu setzen.

Möglicherweise ist der frevlerische Impuls, der „Gemeinen" und „Edeln" gemeinsam ist und zu dem auch das Wir tendiert, sogar noch stärker als bisher
angenommen: Wenn man nämlich „versuchet" als Partizip Perfekt und damit
als eine Perfektform ansieht, bei der die finite Form des Hilfsverbs weggelassen
ist (wie es den stilistischen Gewohnheiten der Zeit und auch Hölderlins durchaus gemäß ist; man vergleiche nur ein wenig weiter oben in der rechten Spalte:
„wenn einer / geschliffen", Z. 12 und 14), so können Subjekt und Objekt des
Satzes auch ihre Rollen tauschen. Demnach wären es die „Gemeinen" und die ihnen gleichgesetzten Kollektive, die Gott „versuchet", also herausgefordert haben
– eins der schwersten Vergehen, das die jüdisch-christliche Weltordnung kennt.
In diesem Zusammenhang kann übrigens auch das Syntagma „gleich / Edeln"
anders zugeordnet werden: Wie die „Gemeinen" die „Edeln" versucht haben, so
haben sie es auch mit Gott getan. Diese Lesart würde also den Affekt, der in dem
pejorativen Ausdruck ‚die Gemeinen' enthalten ist, noch verstärken, während die
Gleichsetzung mit den ‚Edlen' ihn kompensieren würde.

Unversehens scheint der Text, der unter dem Stichwort „Heidnisches" steht, in
den letzten Zeilen in den Rahmen eines christlichen Weltbildes hinübergeglitten
zu sein: Wo zuerst von „Gott" die Rede ist, der die ‚Rohen' zu ‚schlagen' droht,
kann das noch auf den zuvor angerufenen Bacchus bezogen werden, wiewohl
die Artikellosigkeit dieses Gottes bereits stutzig macht. Auch die Rede von den
„Gottlosen" könnte noch in ein griechisches Religions- und Kulturverständnis
hineinpassen, aber bezeichnenderweise bricht sie ab. Die Vorstellung der ‚Versuchung' dagegen ist genuin christlich, da sie ein universell gültiges Moralsystem
voraussetzt, das in dieser Form im antiken Weltbild nicht ausgebildet und durchgesetzt ist.

Das folgende Segment „ein Verbot", das die mit „Edeln Gott versuchet" beginnende Zeile abschließt, setzt den moralischen Diskurs fort, aber nicht mehr
eingeschränkt auf den christlichen Welthorizont: Ein Verbot im Sinne eines Ta-
bus kann ebenso von archaischen Schicksalsmächten oder Göttern verhängt oder
ausgesprochen sein, wie es Teil eines ausgearbeiteten Verhaltenskodex (nach dem
Muster der Zehn Gebote) sein kann, der das dem Einen Gott gemäße Leben re-
gelt. Die Fortsetzung scheint zunächst rein tautologisch die Existenz des Verbots
zu statuieren und der Versuchung entgegenzusetzen: „Ein Verbot / Ist aber".
Gleich darauf scheint das Verbot jedoch spezifiziert zu werden: Das Verbot sei,
„deß sich rühmen". Das „deß" ist wahrscheinlich als verkürzte Form des Re-
lativpronomens ‚dessen' zu lesen, aber seine Bezüge sind unklar. Es kann für
„Verbot" stehen; in diesem Fall fehlt dem Nebensatz jedoch ein Subjekt: Das
„Verbot" wäre etwas, dessen sich ungenannte Personen „rühmen", worauf sie
also stolz sind – keine sehr überzeugende Lektüre. Plausibler ist es, einen erwei-

terten Infinitiv anzunehmen: Demnach wäre es Inhalt des Verbots, ‚sich dessen zu rühmen'; „deß" bezöge sich also auf einen vor der Erwähnung des Verbots genannten Sachverhalt. Es drängt sich auf, daß damit der Status des Wir gemeint ist, seine ‚Gleichheit' mit „Gemeinen" und „Edeln", seine Anfälligkeit für Gottes Versuchungen. Diese Eigenschaften sind jedoch ohnehin nicht von der Art, daß sie Anlaß zur Selbstpreisung geben würden. Es scheint mir daher notwendig zu sein, die syntaktischen Verhältnisse in diesem Satz etwas anders zu sehen, als bisher angenommen: Ich schlage vor, „deß sich rühmen" nicht nur auf „ein Verbot / Ist aber" zu beziehen, sondern auch auf „versuchet". Damit kommt der Gegensatz zwischen ‚Versuchung' und ‚Verbot' auch syntaktisch voll zum Tragen. Sich eines bestimmten Sachverhalts zu „rühmen", wäre demnach eine Versuchung, der das Wir ebenso wie fast alle anderen Menschen, egal, ob ‚edel' oder ‚gemein', ausgesetzt ist. Zugleich ist über diese Selbstpreisung jedoch ein Verbot verhängt.[645] Der singuläre „Gott" legt in diesem Konflikt ein Double-bind-Verhalten an den Tag: Weit entfernt davon, den Menschen einen verläßlichen Handlungsmaßstab anzubieten, führt er sie auf der einen Seite in Versuchung, auf der anderen jedoch spricht er Verbote aus. Die Hauptgefahr, der die Menschen und insbesondere das sich hier artikulierende Wir ausgesetzt sind, besteht in der Hybris und Selbstüberschätzung. Wessen sich das Wir allerdings zu rühmen versucht ist, geht aus dem fragmentierten Kontext nicht eindeutig hervor. Allein die „Rache" und das ihr entsprechende ‚rohe' Verhalten werden als mögliche Verhaltensweisen des Wir genannt. Demnach würde hier davor gewarnt, sich eines gewalttätigen Verhaltens zu rühmen. Daraus kann ex negativo ein Plädoyer für Gewaltlosigkeit, Kultiviertheit und Selbstbescheidung abgelesen werden.

„Ein Herz sieht aber / Helden." Dieser Satz ist nochmals durch ein „aber" von dem Vorangehenden abgesetzt. Ein semantischer Bezugspunkt zum letzten Satz könnte in den „Helden" gesehen werden, Personen nämlich, die sich durch außerordentliche Taten auszeichnen, wegen derer sie von anderen gerühmt werden, und die – durch dieses Fremdlob bestätigt – versucht sind, sich selber zu „rühmen". Über dem schnell zur Hybris neigenden Selbstlob liegt jedoch – dem letzten Satz zufolge – ein Verdikt. Dieses erstreckt sich auch auf die Tendenz zu rohem und rachsüchtigem Verhalten, wie es ebenfalls vielen Helden (beispielsweise denen der Ilias) nicht fremd ist. Die „Helden" scheinen also in einer ähnlichen Lage zu sein wie die „Edeln" und die „Gemeinen", mit denen sich das Wir vergleicht; zudem können sie jeder der beiden Gruppen entstammen. Damit ist zwar die Kontinuität zwischen diesem Satz und den vorangehenden erklärt, nicht jedoch das Moment des Gegensatzes. Dieser liegt in der neuen Perspektive des Satzes: „Ein Herz sieht aber". Dem zentralen Organ menschlicher und tierischer Lebe-

---

[645] Ein dezidiertes Verbot des Selbstpreises findet sich bereits beim Propheten Jeremia (9, 22f. [9, 23f. nach der der originalen Lutherbibel noch zugrundeliegenden LXX-Zählung]); und in den paulinischen Briefen (besonders 2. Kor. 10) ist die Bestreitung des Selbstruhms zu einem Topos geworden. Dieser theologische Hintergrund klingt an der vorliegenden Stelle deutlich an.

wesen, traditionellen Vorstellungen zufolge Sitz der ‚Seele' oder des ‚Gemüts',
wird in einer überraschenden metaphorischen Verschiebung die Fähigkeit des
Auges zugeschrieben: Während die Aussage, daß das Herz etwas ‚fühlt', zum
eingeführten und sogar schon abgenutzten Repertoire poetischer Metaphorik
zählt, ist die Behauptung „Ein Herz sieht" neu und frappierend. Eine Parallele
findet sich allerdings in dem Satz vom unteren Rand der Vorderseite: „o mein
Herz wird / Untrügbarer Krystall an dem / Das Licht sich prüfet" (III, Z. 55-57).
Dort wird das „Herz" – ungewöhnlich genug – zum Medium optischer Vorgänge
erklärt, hier dagegen zum Organ oder sogar Subjekt optischer Wahrnehmung.
Nicht auszumachen ist, ob es ein beliebiges oder ein singuläres „Herz" ist, das die
„Helden" erblickt. In jedem Falle ist die normative Redeweise der letzten Sätze
aufgegeben, und es wird eine radikal subjektive Perspektive auf die „Helden"
konstituiert. Durch dieses Heraustreten aus dem nüchtern-sachlichen Diskurs
des letzten Satzes wird ein empathisches Verhältnis zwischen „Herz" und „Helden" möglich, das auch durch die Alliteration der beiden Wörter unterstrichen
wird.

Diese subjektive Sichtweise wird durch die Fortsetzung „Mein ist", nach der der
links herausgerückte Text abbricht, auf das artikulierte Ich eingeschränkt und
damit weiter radikalisiert. Bei einem flüchtigen Blick auf die Handschrift scheint
es so, als bliebe diese Aneignungsgeste wieder (ähnlich wie auf der ersten Seite:
„Doch kommt das, was ich will, / Wenn"; I, Z. 11f.) gehaltlos und ende im
Leeren. Aber dieser Eindruck täuscht: Etwas weiter oben wird der Faden mit
der Wiederholung von „Mein ist" wiederaufgenommen:

> Mein ist
> Die Rede vom Vaterland. Das neide
> Mir keiner. Auch so machet
> Das Recht des Zimmermannes
> Das Kreuz.   (Z. 21-23, 25, 27)

Die ersten beiden Sätze dieses Passus gehören zu den am häufigsten zitierten Segmenten aus Hölderlins lyrischem Spätwerk. Allerdings werden sie in den meisten
Fällen aus ihrem handschriftlichen und syntagmatischen Kontext isoliert und als
direkte Aussage des Autors mißverstanden, in der er den mit seinen sogenannten „Vaterländischen Gesängen" erhobenen Anspruch offensiv formuliert.[646] Die
poetische Sprache wird so zur Fortsetzung des poetologischen Diskurses mit anderen Mitteln deklariert. Adäquater ist dagegen eine Lektüre, die das Segment
in seinen syntagmatischen Zusammenhängen situiert und zu anderen Reden vom
„Vaterland" innerhalb der Gedichtentwürfe des Homburger Foliohefts in Beziehung setzt.

Entgegen dem ersten Eindruck einer abrupt assoziativen Aneinanderreihung un-
zusammenhängender Gedankensplitter sind auch bei dem Satz „Mein ist / Die

---

[646] Cf. z. B. Kreutzer 1980/81, 35; Gaier 1986/87, 59. Differenzierter argumentieren dagegen
Beck (1982, 130f.) und Zbikowski (1988, 219 und 243). Fédier (1989, 457-459) versucht aus
französischer Sicht die unterschiedlichen Konnotierungen des ‚Vaterlands'-Begriffs und des
französischen Wortes *patrie* herauszuarbeiten.

Rede vom Vaterland." semantische Anknüpfungspunkte an den vorangehenden
erkennbar: Die „Helden" sind traditionellerweise Menschen, die sich für das „Vaterland", also für das Land ihrer Herkunft, aber auch für eine noch zu erreichende
Gemeinschaft freier Menschen, eingesetzt haben: ‚Held' ist jemand nur, wenn er
Leistungen erbracht hat, die von potentiell allen Mitgliedern einer Gesellschaft
als vorbildlich anerkannt werden; der Begriff des ‚Helden' setzt also (im Gegensatz etwa zu ‚Freund', ‚Wohltäter' oder ‚Lebensretter') den des ‚Vaterlandes' als
eines globalen Bezugsrahmens menschlichen Handelns voraus.[647] Erkennbar jedoch sind „Helden" – so die im letzten Satz aufgestellte Behauptung – nicht
unmittelbar durch die herrschenden politischen oder religiösen Instanzen, sondern allein durch das singuläre „Herz". Dieser Gedanke wird im vorliegenden
Satz weitergeführt und zugespitzt. Auch „Die Rede vom Vaterland" insgesamt
sei Sache eines einzelnen, wird behauptet, und zwar keines beliebigen: Das Ich
reklamiert diese Rede für sich allein. Es ist sich der ungeheuren Hybris dieses
Anspruchs[648], als einziger Grundsätzliches über das „Vaterland" sagen zu dürfen,
offenbar bewußt, doch die Ansprüche und die Mißgunst von Konkurrenten werden von vornherein schroff abgewiesen: „Das neide / Mir keiner."[649]

Nun könnte man einwenden, der Anspruch des Ich sei nicht ganz so umgreifend,
wie er scheine, denn das Ich reklamiere ja nur die „Rede vom Vaterland" für
sich, nicht etwa dieses selbst. Dem ist zu entgegnen, daß das ‚Vaterland' nur im
Medium des Diskurses existiert, läßt es sich doch an bestimmten Territorien,
Hauptstädten und Regierungssitzen niemals unmittelbar festmachen (sondern
beispielsweise nur an Schildern mit Aufschriften wie ‚Bundesrepublik Deutschland' oder ‚Landeshauptstadt Stuttgart'). Auch ist ein ‚Vaterland' – wenn man
versucht, diesen heute antiquiert und patriarchalisch wirkenden Begriff[650] dennoch zu denken – etwas anderes als die Summe der Mitglieder einer Gesellschaft, nämlich eher ein sie verbindendes ‚Band', das wiederum nur sprachlich
verfaßt sein kann (vorausgesetzt, man hält die Mechanismen faschistischer Mas-
senaufläufe bestenfalls für eine depravierte Form von so etwas wie ‚Vaterland').
Der globale Anspruch, der hinter dem Diktum „Mein ist / Die Rede vom Vaterland." steht, sollte also nicht heruntergespielt werden.[651] Mit dem Ernstnehmen

---

[647] Ich sehe hier von moderneren, fast immer übertragenen Gebrauchsweisen des Helden-
Begriffs ab.

[648] Behre weist zu Recht darauf hin, daß mit der Formulierung „Mein ist" die „Syntax der
Gottesformel" (Behre 1987, 240) übernommen wird, wie sie beispielsweise im oben (498)
erwähnten Rachevorbehalt des biblischen Gottes (z. B. Röm. 12, 19) auftaucht.

[649] Eine interessante Parallele zu dieser Stelle findet sich in dem an Buonaparte gerichteten,
früheren Gedichtentwurf „Dem Allbekannten":

[650] Schon Nietzsches Zarathustra ruft aus: „Was Vaterland! *Dorthin* will unser Steuer, wo
unser *Kinder-Land* ist! Dorthinaus, stürmischer als das Meer, stürmt unsre grosse Sehnsucht!"
(KSA 4, 267f.)

[651] Häussermann wertet in seinem Kommentar zur Stelle diesen Anspruch uneingeschränkt
affirmativ: „Einen Blick für die Helden, für die ‚Herzen an Kraft' hat nur der, der selbst in
der Mitte seiner Sendung steht. Auf diese Erfahrung baut Hölderlin das kühne Wort vom
Abenteuer seiner Verkündigung" (1958-50, 204).

dieses Anspruchs tritt allerdings auch seine Kehrseite hervor: Er wird niemals durchsetzbar sein, da es immer etliche konkurrierende Anwärter auf die exklusiv autorisierte „Rede vom Vaterland" gibt. Der Wirkungsgrad der Rede des Ich droht also auf ein privatistisches Ausmaß zusammenzuschrumpfen: Wer den Diskurs über das „Vaterland" für sich allein reklamiert, wird über wenig mehr als über sein privates „Vaterland" etwas aussagen können; schon was die Menschen aus seiner Umgebung, um so mehr jedoch alle Gesellschaftsmitglieder über das „Vaterland" denken, entgleitet der auf das Eigene verengten Perspektive des Ich leicht.[652] Diese Gefahr deutet sich bereits beim ersten Auftauchen des Begriffs „mein Vaterland" auf der zweiten Seite (II, Z. 49) an. Allgemeine Instanzen wie ,Gott' und ,Vaterland' – das hat Hölderlin in seinen Briefen und theoretischen Schriften immer wieder vor Augen geführt – konstituieren sich nur, wenn sie nicht Privileg eines einzelnen, sondern „allem gemein und jedem eigen" („Wenn der Dichter einmal des Geistes mächtig ist ...", FHA 14, 303, Z. 2) sind.[653] Privilegien eines einzelnen und diesen korrelierender ,Neid' der anderen haben in einem solchen Modell von Gemeinsamkeit keinen Platz. Zwar ist eine Avantgarde einsamer ,Seher' notwendig, um zwischen den Göttern und Schicksalsmächten sowie den Menschen zu vermitteln und dadurch neue Perspektiven zu entwickeln und die gesellschaftliche Entwicklung voranzutreiben (eine Vorstellung, die beispielsweise in den beiden Odenfassungen „An die Deutschen" und „Rousseau" entfaltet wird); wer sich jedoch in hybrider Geste zum exklusiven Inhaber der (göttlichen) Wahrheit stilisiert – das führt der Schluß der ,Feiertags'-Hymne eindringlich vor –, wird schnell als ,falscher Priester' enttarnt oder droht unter dem selbstgesetzten Anspruch zu zerbrechen.

Naheliegend ist es jedoch darüber hinaus, eine Verbindung innerhalb des vorliegenden Textes herzustellen: Die im vorletzten Satz ausgesprochene Warnung „ein

---

[652] Ähnlich argumentieren auch Thomas Steinfeld und Heidrun Suhr, die den Satz „Mein ist / Die Rede vom Vaterland." – allerdings ebenfalls ohne Berücksichtigung seines handschriftlichen Kontextes – als frühe Manifestation eines nationalen Diskurses in der deutschen Literatur lesen, der in der Gegenwart unter gänzlich anderen politischen Voraussetzungen wiederkehre: „Gleichzeitig ist der Anspruch selber wohl dialektisch zu betrachten. Denn daß offenbar die Notwendigkeit besteht, diesen Satz überhaupt zu formulieren – und defensiv zu formulieren: ,das neide mir keiner' –, zeigt auch die Schwäche der Position, in der sich der Dichter zu befinden meint." (Steinfeld/Suhr 1989, 346) Über die Analyse des vorliegenden Satzes hinaus bieten Steinfeld und Suhr aus amerikanischer Perspektive eine hellsichtige (kurz vor der staatlichen Vereinigung von BRD und DDR verfaßte) Skizze über das Problem des Nationalen in der deutschen Literatur.
[653] Cf. dazu Strauß 1958-60. Die schönste Formulierung findet dieser Gedanke in den Fragmenten, die von den Herausgebern ,Über Religion' bzw. ,Fragment philosophischer Briefe' genannt worden sind: „Und jeder hätte demnach seinen eigenen Gott, in so ferne jeder seine eigene Sphäre hat, in der er wirkt und die er erfährt, und nur in so ferne mehrere Menschen eine gemeinschaftliche Sphäre haben, in der sie menschlich, d. h. über die Nothdurft erhaben wirken und leiden, nur in so ferne haben sie eine gemeinschaftliche Gottheit; und wenn es eine Sphäre giebt, in der zugleich alle Menschen leben, und mit der sie in mehr als nothdürftiger Beziehung sich fühlen, dann, aber auch nur in so ferne, haben sie alle eine gemeinschaftliche Gottheit." (FHA 14, 45, Z. 8-15)

Verbot / Ist aber, deß sich rühmen", die in dem ihr vorangehenden Kontext (in dem noch von keinen rühmenswerten Eigenschaften oder Handlungen die Rede war) seltsam unmotiviert erschien, könnte proleptisch auf die mit einem Exklusivitätsanspruch auftretende Rede des Ich bezogen werden. Dem Apostel Paulus ähnlich, der beständig vor den Gefahren der Selbstpreisung warnt, aber sich dessenungeachtet als einer der wenigen autorisierten Vertreter der einzig wahren Lehre darzustellen weiß, verwickelt sich das Ich damit in einen performativen Selbstwiderspruch: Fast in demselben Atemzug, in dem es vor der Hybris warnt, formuliert es seinen Anspruch auf die einzig wahre Rede über das Gemeinwesen. Der Text führt also unverkennbar vor Augen, daß eine solche Prätention weder legitimierbar noch realisierbar ist.

Die Gefahr einer verengten Perspektive auf das „Vaterland" wird auch in den Notizen der rechten Spalte auf derselben Höhe der Seite explizit thematisiert: „Daß aber uns das Vaterland nicht werde / Nicht zusammengehe / Zum kleinen Raum." (Z. 24, 26, 28) Der auffallendste Unterschied zu der gegenwärtig untersuchten Stelle besteht darin, daß im soeben zitierten Text wieder ein Wir redet, also eine Instanz, der die „Rede vom Vaterland" weit besser ansteht als einem isolierten einzelnen. Der selbstgerechten Rede wird also die warnende unmittelbar gegenübergesetzt. Die genaue Bedeutung der in diesem Satz ausgesprochenen Warnung kann zwar erst im Kontext der übrigen Elemente der rechten Spalte entfaltet werden, mit denen sie eng verflochten ist. Wer jedoch das Diktum „Mein ist / Die Rede vom Vaterland." aus der antithetischen Verknüpfung herauslöst und gar zum Selbstbekenntnis des Autors erklärt, verfälscht diesen Befund gröblich.

Um zu verdeutlichen, welchen Stellenwert die gegenwärtig untersuchte „Rede vom Vaterland" in der linken Spalte im Kontext der in den Entwürfen des Homburger Foliohefts entwickelten ‚Vaterlands'-Diskurse hat, möchte ich ein weiteres Bruchstück heranziehen, das sich weiter vorne in diesem Konvolut findet:

> Einst hab ich die Muse gefragt, und sie
> Antwortete mir
> Am Ende wirst du es finden.
> Kein Sterblicher kann es fassen.
> Vom Höchsten will ich schweigen.
> Verbotene Frucht, wie der Lorbeer, aber ist
> Am meisten das Vaterland. Die aber kost'
> Ein jeder zulezt,   (nach HF 45, Z. 1-10; StA II.1, 220, V. 1-8)[654]

Auch hier setzt sich ein Ich in eine Beziehung zum „Vaterland". Statt jedoch das alleinige Rederecht darüber für sich zu okkupieren, *fragt* das Ich eine kompetente übermenschliche Instanz, die „Muse". Diese verweist darauf, daß das bis dahin ungenannte Gut den Menschen erst am Ende ihres Lebensweges, also mit dem Tode, zukomme. Und auch die Muse selbst verkündet nicht etwa die Wahrheit über das „Höchste", sondern erlegt sich selbst ein Schweigegebot auf. Erst

---

[654] Zu diesem Fragment cf. R. Böschenstein-Schäfer 1984/85, 106-112 (bes. 107f.); Zbikowski 1988.

zum Schluß wird deutlich, daß mit dem einem Tabu unterliegenden höchsten Gut, der ‚verbotenen Frucht', vor allem anderen das „Vaterland" gemeint ist. Diese Frucht zu kosten, steht nicht nur dem fragenden Ich offen, sondern ‚einem jeden', allerdings erst an seinem Lebensende. Das „Vaterland" kann somit als – um für einmal diesen Terminus der klassizistischen Ästhetik zu benutzen – Symbol für das zwar allen gemeinsame, aber nur je einzeln zu erreichende Lebensziel der Menschen angesehen werden. Unter utopischer Perspektive fallen ein herrschaftsfreies Zusammenleben aller und ein erfülltes Leben jedes und jeder einzelnen in eins.

In dieser subtilen Schilderung scheinen der sich im Frage- und Antwortspiel zwischen Sokrates und Diotima entfaltende diskret-indirekte Diskurs von der Liebe im „Symposion" und Moses Blick auf das Gelobte Land im Augenblick seines Todes (5. Mose 33, 4)[655] eine Einheit einzugehen. Die selbstgerechte Aneignung des Vaterlandes und der Alleinvertretungsanspruch auf den Diskurs darüber erscheinen vor diesem Hintergrund als der größte Frevel. Genau dieses Tabu jedoch wird an der vorliegenden Stelle vom artikulierten Ich auf rabiate Weise gebrochen.

Der letzte Satz des mit „Heidnisches" (Z. 4) beginnenden Textzusammenhangs lautet „Auch so machet / Das Recht des Zimmermannes / Das Kreuz." Damit wird die hypertroph subjektivistische Zuspitzung der letzten beiden Sätze ebenso abrupt wieder aufgegeben, wie sie auftrat, und der Text kehrt zu einem sachlich-nüchternen Stil zurück. Einerseits wird mit der Berufsbezeichnung ‚Zimmermann' die Handwerksmotivik aus Z. 5 („daß sie lernen der Hände Geschik") wiederaufgenommen. Andererseits ist auch wieder von Normen die Rede, und zwar nicht mehr von einem „Verbot" (Z. 19), sondern von einem „Recht", nämlich dem „des Zimmermannes". Ob damit ein einzelnes, verbrieftes oder sonstwie kodifiziertes Recht des Handwerkers (das dem Zimmermann zugesprochene Recht) gemeint ist oder der gesamte Kanon der von diesem vertretenen Rechtsnormen (das von dem Zimmermann aufgestellte Recht), läßt sich nicht eindeutig ausmachen. Unklar ist auch der syntaktische Bezug des ‚Rechts' zu dem „Kreuz": Jedes der beiden Nomina kann sowohl Subjekt als auch Akkusativobjekt sein. Erst in dem jeweiligen spezifizierten syntaktischen Kontext schließlich läßt sich die genaue Bedeutung des ‚Kreuzes' klären.

Nimmt man an, daß das „Recht des Zimmermannes" das Subjekt ist, das das „Kreuz" macht, so überrascht zunächst, daß es nicht der Zimmermann selbst ist, der das „Kreuz" (nämlich ein Holzkreuz, sei es als Bestandteil eines Dachstuhls, sei es als christliches Symbol) „machet". Es drängt sich daher auf, daß nicht das Holzkreuz selbst, sondern ein von dem handwerklichen Produkt verschiedenes Zeichen gemeint ist, das aus dem „Recht" heraus entsteht. Beißner hat für diese Lesart eine überzeugende, geradezu materialistische Erklärung gegeben:

---

[655] Kafka arbeitet in seinem Tagebuch vom 19.10.1921 den anthropologischen Kern der Erzählung von Moses Tod heraus: „Nicht weil sein Leben zu kurz war, kommt Moses nicht nach Kanaan, sondern weil es ein menschliches Leben war." (Tagebücher, 340)

Der Zimmermann versieht den von ihm für den Bau zubereiteten Balken mit seinem *Kreuz* oder einer andern Marke, wie auch der Steinmetz den von ihm behauenen Stein kennzeichnet.   (Beißner in StA II.2, 951, zu ‚Bruchstück 71')

In dieser Bedeutung muß ‚machen' nicht unbedingt ‚hervorbringen' bedeuten, sondern es kann auch im Sinne von ‚ausmachen, inkarnieren' verstanden werden: Das „Recht" und sein Zeichen, das „Kreuz", erscheinen als zwei voneinander untrennbare Seiten desselben Sachverhalts. Eine solche Verschmelzung von „Kreuz" und „Recht" ist auch unter der Annahme einer Vertauschung von Subjekt und Objekt noch plausibel.

Aber keinesfalls läßt sich das „Kreuz" auf die Bedeutung der Markierung eines Besitzanspruchs reduzieren. Vielmehr klingt auch das Kreuz als Symbol der Passion und der Erlösungstat Christi an. Die heilsgeschichtliche Notwendigkeit der Kreuzigung des Gottessohnes – so könnte man den Satz unter dieser Perspektive lesen – legitimiert auch noch die Taten seiner Peiniger, beispielsweise des „Zimmermannes", der das todbringende Kreuz verfertigt hat.

All die bisher vorgeschlagenen Lektüren geben jedoch keine Möglichkeit, den letzten Satz dieses Fragments an das vorher Gesagte anzuschließen. Zwischen der Aneignung der „Rede vom Vaterland" durch das Ich und der Schilderung des Zusammenhangs zwischen dem „Kreuz" und dem „Recht des Zimmermannes" scheint sich ein unüberbrückbarer Hiat aufzutun. Das ist um so verwunderlicher, als die den Satz einleitenden Partikel „Auch so" einen erläuternden Anschluß an vorher Gesagtes suggerieren. Ich möchte jedoch – ohne diesen Eindruck eines radikalen semantischen Bruchs als falsch abzutun – auf eine Erzählung hinweisen, die möglicherweise als ‚Quelle' des vorliegenden Fragments angesehen werden kann und die es erlaubt, die Einheit einiger seiner disparat erscheinenden Motive zu erkennen. Es ist die neutestamentliche Erzählung von den Anfeindungen, die Jesus zu Beginn seiner Laufbahn in seiner Heimatstadt Nazareth erfährt; in Luthers Übersetzung:

VND er gieng aus von dannen / vnd kam in sein Vaterland / vnd seine Jünger folgeten jm nach. Vnd da der Sabbath kam / hube er an zu leren in jrer Schule. Vnd viel die es höreten / verwunderten sich seiner Lere / vnd sprachen / Wo her kompt dem solchs? vnd was weisheit ists / die jm gegeben ist / vnd solche Thaten / die durch seine Hende geschehen? Jst er nicht der Zimmerman / Marie son / vnd der bruder Jacobi vnd Joses vnd Jude vnd Simonis? Sind nicht auch seine Schwestern alhie bey vns? Vnd sie ergerten sich an jm. Jhesus aber sprach zu jnen / Ein Prophet gilt nirgent weniger / Denn im Vaterland / vnd daheim bey den seinen. Vnd er kund alda nicht ein einige That thun / On wenig Siechen leget er die Hende auff / vnd heilet sie / Vnd er verwunderte sich jres vnglaubens / Vnd er gieng vmbher in die Flecken im kreis / vnd lerete.

(Mk. 6, 1-6)

Jesus selbst ist also seiner Herkunft und Ausbildung nach Zimmermann.[656] (In der knapperen Schilderung derselben Ereignisse bei Matthäus wird ihm dieser Beruf nicht selbst zugeschrieben, sondern er wird nur als „eines Zimmermans son" [Mt. 13, 55] bezeichnet.) Vor diesem Hintergrund rücken die konkrete

---

[656] Diesen Hinweis gibt auch Behre (1987, 240, Anm. 102), ohne ihn allerdings auszuführen.

und die christologische Dimension des gegenwärtig untersuchten Satzes in einen neuen Zusammenhang: Christus selbst „machet" demzufolge kraft seines ‚Rechts' das „Kreuz", das stellvertretend für seine Leidensgeschichte stehen kann. Umgekehrt „machet" das „Kreuz" auch das christliche „Recht": Die Passion legitimiert die menschliche Existenz des Gottessohnes.

Nimmt man an, daß die Geschichte aus den Evangelien als verborgener Prätext des vorliegenden Fragments wirksam ist, so erscheinen auch andere Segmente aus diesem in einem neuen Licht: Der ‚Zimmermann', der „der Hände Geschik" (Z. 5) anwendet, ist nicht nur einer, der materielle Güter herstellt, sondern – liest man die Berufsbezeichnung als kryptischen Namen des Erlösers – auch einer, der durch Handauflegen Kranke heilen kann. So gesehen wäre schon ganz am Anfang des Fragments, unmittelbar nach dem Beginn „Heidnisches / Jo Bacche", von christlichen Dingen die Rede. Die Probleme des Wir, ein dem Einen Gott gemäßes Leben zu führen, strukturieren den mittleren Teil des Fragments, ohne daß sich direkte Anklänge an die neutestamentliche Erzählung finden lassen. In dem Ausruf „Mein ist / Die Rede vom Vaterland. Das neide / Mir keiner." dagegen, der dem Schlußsatz vorausgeht, ohne daß bisher Anknüpfungspunkte zu diesem erkennbar gewesen wären, lassen sich verblüffende Parallelen zu der biblischen Geschichte entdecken: Jesus bekommt Ablehnung und Neid als Reaktion auf seine Reden und Taten ausgerechnet in seinem „Vaterland" (das meint in diesem Falle in seiner Heimatstadt Nazareth) besonders heftig zu spüren, und er erklärt sich und seinen Widersachern diese Konstellation durch den vielzitierten Ausspruch „Ein Prophet gilt nirgent weniger / Denn im Vaterland / vnd daheim bey den seinen." Zwar redet der verkannte Messias nicht „vom Vaterland", denn sein Reich ist – einem anderen berühmten Ausspruch zufolge – „nicht von dieser welt" (Joh. 18, 36). Aber er redet „im Vaterland", und seine Reden sind so angelegt, daß sie die Bewohnerinnen und Bewohner dieses Landes betreffen und zur geistlichen Umkehr aufrufen sollen.

Nichts deutet darauf hin, daß in den Sätzen „Mein ist / Die Rede vom Vaterland. Das neide / Mir keiner." Christus selbst spricht, denn von diesem ist bis zu diesem Punkt mit keinem Wort und auch im folgenden nur sehr verhüllt die Rede. Vielmehr eignet sich hier ein nicht näher bestimmtes Ich den Redegestus des neutestamentlichen Messias an und spricht, als sei es ein weltlicher Prophet. Diese hybride Geste wirkt auch im folgenden Satz noch nach: Er knüpft explizit durch „Auch so" an die prophetische Rede an (sowenig im einzelnen festzulegen ist, worauf sich die beiden Adverbien genau beziehen). Zu reden nach der Art des Messias – so scheint hier suggeriert zu werden –, ist *ein* Mittel (unter anderen), sich dessen Legitimation, aber auch dessen Leidensweg anzueignen. Der Rekurs auf die Evangelienepisode verstärkt also den Eindruck der Hybris noch, den der Alleinvertretungsanspruch des Ich auf die „Rede vom Vaterland" bereits bei der ersten Lektüre macht. Dieser Anspruch ist nicht haltbar. Es hieße, diese Aporie, in die das Fragment an seinem Ende hineinläuft, zu verharmlosen, wollte man den Ausspruch „Mein ist / Die Rede vom Vaterland. Das neide / Mir keiner."

als Zitat werten, in dem beispielsweise einer der „Helden" (Z. 21) spricht. Für eine solche Zurücknahme der selbstgewissen Rede gibt es keinen Anhaltspunkt. In dem Fragment, das mit „Heidnisches" (Z. 4) einsetzt und mit dem christlichen Symbol „Das Kreuz" (Z. 27) endet, wird das Problem einer menschlichen Lebensweise, die mit den Anforderungen Gottes oder der Götter im Einklang steht, auf verschiedenen Ebenen und in einer zum Teil sehr spannungsgeladenen, sprunghaft-assoziativen Darstellungsweise thematisiert. Von vornherein überlagern christliche Vorstellungen und Motive die zu Beginn mit „Heidnisches / Jo Bacche" hervortretende nichtchristliche Sphäre, die allerdings in Bildern von der „Rache" (Z. 7) und den „Gottlosen" (Z. 15) immer wieder hervorbricht. Das Fragment endet keineswegs in einer bruchlosen Übernahme christlicher Heilserwartungen; vielmehr tritt das Moment der Gewalt in den Vordergrund, mit der die christlichen Vorstellungen sich gegen massive Widerstände durchsetzen („Gott / schlage", Z. 11 und 13; „Gott versuchet", Z. 19; „ein Verbot", Z. 19). Auch die Übernahme von Motiven und Redewendungen aus den Evangelien hat eher hybriden und blasphemischen als genuin christlichen Charakter. Am Schluß steht ein auf seinem Privileg, als einziger „vom Vaterland" reden zu dürfen, insistierendes Ich, das sich damit aus der kommunikativen Sphäre, die allein das ‚Vaterland' ausmachen könnte, zurückzieht und in eine unhaltbare quasi-messianische Position begibt. „Das Kreuz" besiegelt, statt Zeichen der Hoffnung zu sein, die Isolation und das Scheitern des sich aus dem Wir verabschiedenden Ich.

Z. 27, 38, 40-43 (Bruchstücke, Mitte und links)

Es will uns aber geschehen, um
Die warme Scheue
Abzulegen, an der Leber
Ein linkisches.   (Z. 40-43)

Mit einem Abstand von mehr als vier Zentimetern zu dem zuletzt untersuchten Textkomplex der Zeilen 4-27 sowie vier bis fünf Zentimeter vom linken Rand abgerückt folgen diese vier Zeilen, die den Text der linken ‚Spalte' beschließen. Angesichts des großen Abstandes zu dem umfangreichen Textblock kann eine gewisse Symmetrie zu den ebenfalls von umittelbaren Kontexten weit entfernten obersten drei Zeilen auf der Seite konstatiert werden. Die im mittleren Bereich der Seite, zwischen den beiden ‚Spalten', notierten Segmente „dran schuldig." (Z. 27), „Beim Hochzeit / reigen und Wan- / derstraus" (Z. 35-37) sowie „ein Gewissen" (Z. 38) bilden allerdings eine Brücke zwischen dem großen Textblock und dem unteren, vierzeiligen Segment, da sie in einem nach rechts gewölbten Bogen angeordnet sind, der rechts unterhalb von „Zimmermannes" (Z. 25) beginnt und nahe an Z. 40 heranreicht. Zumindest in „dran schuldig." und „ein Gewissen" wird die sich durch den großen Textkomplex hindurchziehende, im Gegensatz zwischen „Verbot" und ‚Versuchung' (Z. 19) kulminierende normative Rede moralisch weiter zugespitzt. Die beiden Segmente sind komple-

mentär: „schuldig" macht sich, wer göttliche oder menschliche Verbote verletzt;
„ein Gewissen" sollte – den meisten christlichen und nachchristlich-abendländi-
schen Ethiken zufolge – vor jeder mutwilligen Normverletzung warnen; gelingt
die Triebbeherrschung, stellt sich ‚rein Gewissen' ein (eine andere, von Sattler
vorgeschlagene Lesart des Segments); mißlingt sie, regen sich ein schlechtes Gewissen und ein Schuldgefühl. Das im mit „Heidnisches" beginnenden Fragment
nur gewaltsam und brüchig durchgesetzte christliche Normensystem scheint in
den beiden zwischen den Spalten notierten Textsplittern also – soweit sich das
angesichts ihrer Kontextlosigkeit beurteilen läßt – noch uneingeschränkt gültig
zu sein. Das offenbar aus Platzgründen über drei Zeilen notierte Segment ‚Beim
Hochzeitreigen und Wanderstraus' dagegen steht mit dem normativen Diskurs
wie auch mit der Motivik des „Heidnisches"-Fragments in keinem erkennbaren
Zusammenhang, sondern evoziert ein eigenständiges Bild, das sich zunächst in
keinen Kontext fügt. Ein etwaiger Konnex mit Texten aus der rechten Spalte
muß allerdings noch überprüft werden, bevor ein abschließendes Urteil über den
Status dieses Segments möglich ist. Inwieweit die Bruchstücke „dran schuldig."
und „ein Gewissen" tatsächlich nicht nur graphisch, sondern auch semantisch
eine Brücke zwischen dem „Heidnisches"-Komplex und den vier unteren Zeilen
bilden, hängt davon ab, ob auch in diesen der religiös-moralische Diskurs des
oberen Fragments fortgesetzt wird.

Für eine solche Fortsetzung gibt es zunächst keine Indizien. Ein Anknüpfungspunkt an vorher Gesagtes läßt sich allerdings darin erkennen, daß in Z. 40 abermals ein Wir spricht, wenngleich nur in der Position des Dativobjekts „uns".
Das Wir der Zeilen 8, 9 und 16 befindet sich in der Ungewißheit darüber, ob
es wegen seiner Eigenschaften oder seines Zustandes Gottes Strafen ausgesetzt
sein würde. Auch der Vergleich mit anderen, einander entgegengesetzten gesellschaftlichen Gruppen führt nur zur Bewußtwerdung der Gefahr der Hybris, nicht
etwa zur Bewältigung des Konflikts. Die Erwähnung der „Helden" (Z. 21), das
die „Rede vom Vaterland" (Z. 22) an sich reißende Ich sowie der kryptische
Ausklang des Fragments lenken vom ungelösten Problem des Wir nur ab und
lassen es weiter offen. Es kann daher erwartet werden, daß mit der abermaligen
Artikulation eines Wir dieser Faden wiederaufgenommen wird.

Das Wir befindet sich hier in der Position eines Objekts, dem etwas ‚geschieht'.
Dieser Sachverhalt wird mit einem „aber" von etwas abgehoben, das angesichts
des Fehlens eines unmittelbaren Kontextes des Segments nicht auszumachen ist.
Auch das ‚Geschehen' selbst ist alles andere als klar konturiert: Das zunächst
ungenannte Subjekt des Satzes wird durch das unbestimmte Personalpronomen
„Es" vertreten; Prädikat ist nicht etwa das ‚Geschehen' selbst, sondern ein ‚Wollen'. „Es will" – das hört sich für heutige Leserinnen und Leser zunächst an
wie ein Leitsatz aus der psychoanalytischen Trieblehre. Durch das hinzugesetzte
„uns" wird das Wir zunächst zum Objekt dieses Willens; und erst der den Hauptsatz abschließende Infinitiv macht klar, daß das ‚Geschehen' der Gegenstand des
Wollens ist. Der Satz deutet also ein kommendes, aber noch nicht realisiertes

Geschehen an, als dessen Motor ein ihm innewohnender Wille angenommen wird. Statt zu klären, *was* dem Wir ‚geschehen will‘, wird nun zunächst ein Finalsatz eingeschoben, der den Zweck des Geschehens hervorhebt: „um / Die warme Scheue / Abzulegen“. Will man keine ungrammatische Sprachverwendung annehmen (eine Annahme, zu der hier keine Veranlassung besteht), so muß sich dieser Nebensatz auf das Subjekt des Hauptsatzes beziehen, also auf das noch ungenannte Geschehende selbst; der sich bei einer flüchtigen Lektüre aufdrängende Eindruck, es sei unmittelbar das Wir selbst, das die „warme Scheue“ ablegen solle, muß daher zurückgewiesen werden.

Die ‚Scheu‘ ist eine Zaghaftigkeit und Zurückhaltung, die manchen wildlebenden Tieren, kleinen Kindern und schüchternen Charakteren eignet und zum Tragen kommt, wenn diese mit unvertrauten Eindrücken und unbekannten Lebewesen konfrontiert werden oder sich auf fremdem Gebiet bewegen.[657] Unüblich ist die Wortgestalt „Scheue“[658], die für einen Augenblick die Vermutung aufkommen läßt, es könne auch eine scheue weibliche Person gemeint sein. Aber die hier benutzte Redewendung ‚die (bzw. meist: seine/ihre) Scheu ablegen‘ läßt eine solche Einschränkung des Sachverhalts auf eine einzelne Person als unwahrscheinlich erscheinen. Gänzlich unüblich ist das Attribut ‚warm‘, mit dem die „Scheue“ spezifiziert wird: Sie wird dadurch als lebendige, freundliche, Anteil nehmende Zurückhaltung ausgezeichnet und von ‚kühler‘ Distanz und ‚kalter‘ Ablehnung abgesetzt. Trotz dieser positiven Konnotierung der „Scheue“ nennt der Nebensatz das Ziel, sie „Abzulegen“, also offenbar zugunsten einer größeren Nähe zu dem bislang Fremden zu überwinden.

„Die warme Scheue / Abzulegen“: in dieser schönen Formulierung findet sich – löst man sie für einen Augenblick aus ihrem syntagmatischen Kontext heraus – ein zweistufiges oder zweidimensionales Konzept, wie zwischen Eigenem und Fremdem, Nähe und Ferne zu vermitteln sei. Zwar ist „warme Scheue“ notwendig, eine Herzlichkeit und Empathie, die das Andere des Selbst weder vereinnahmt noch sich ihm ausliefert, sondern es als Anderes wahrnimmt, ohne es darum abzuwehren. Martin Heidegger hat in seiner Vorlesung über „Andenken“ zum Begriff der Scheue (V. 39) luzide Bemerkungen gemacht, die auch für

---

[657] Cf. Adelung (Bd. 3 [1808], Sp. 1429f. [s. v. Scheu]): „die schnelle Entfernung von einem Gegenstande aus verworrener Vorstellung eines Übels, noch mehr und häufiger aber die Gewohnheit, Neigung und Fertigkeit einen Gegenstand aus verworrener Vorstellung eines Übels zu fliehen.“ (Sp. 1429f.) Darüber hinaus erwähnt Adelung noch die weiteren Bedeutungen ‚Ekel‘ und ‚Abscheu‘, ‚Furcht überhaupt‘, „Abneigung, in jemandes Gegenwart oder mit dessen Wissen etwas ihm Mißfälliges oder etwas Unanständiges zu begehen“ (Sp. 1430; dort auch der Hinweis auf Ps. 27, 12), sowie ‚Ehrfurcht‘. Zedler (Bd. 34 [1742], Sp. 1354 [s. v. Scheu]) nennt als eine der Bedeutungen von ‚Scheu‘ (jedoch nicht als dominierende) „eine kindliche Furcht“.

[658] Hölderlin benutzt diese Form auch in „Emilie vor ihrem Brauttag“ (FHA 3, 141, V. 506) und in „Andenken“: „Mancher / Trägt Scheue, an die Quelle zu gehen“ (StA II.1, 189, V. 30f.). Grimm (Bd. 8 [1893], Sp. 2603-2607 [s. v. scheu <Femininum>]) weist darauf hin, daß die veraltete Wortgestalt ‚Scheue‘ meist nur in dichterischer Sprache auftaucht, und führt neben Belegstellen von Goethe und Schiller auch (selten genug) eine von Hölderlin an (Sp. 2604).

die Konnotationen der vorliegenden Stelle zutreffend sind:

> Denn in der Scheu west allem zuvor eine Zuneigung zum Gescheuten, deren Vertrautheit
> sich im Fernbleiben verhüllt und ihr Fernes nahe hat, indem sie zu ihm hinüberstaunt.
> [...] Die Scheu entspringt und erwacht nur dort, wo ein Fernes erscheint, dem allein
> die anfänglich Entfernten eigentlich zugehören. Dieses Ferne zeigt sich zunächst als
> das Fremde. Dieses befremdet. Aber die Scheu ist nicht Scheu vor dem Befremdlichen,
> sondern vor dem Eigenen und fernher Vertrauten, das im Fremden als dem Fremden
> zu leuchten beginnt.[659]

Die in dieser zögernden Haltung enthaltene Befangenheit jedoch muß auch wieder ‚abgelegt‘ werden. Nicht notwendigerweise ist das Verbum im Sinne von ‚aufgeben‘ zu verstehen; es kann auch gemeint sein, daß die „Scheue" abgelegt werden solle, wie man ein Kleidungsstück auf einem Stuhl ‚ablegt‘, um es am nächsten oder einem darauffolgenden Tag wieder anzuziehen, oder wie man eine Prüfung oder ein Gelübde ‚ablegt‘ und damit einen Akt vollzieht, der zwar zu einem fixen Zeitpunkt stattfindet und den vorhergehenden Zeitabschnitt abschließt, aber weitreichende Auswirkungen auf die Zukunft des Subjekts haben kann. Ein solches durchaus reversibles ‚Ablegen der Scheue‘ wäre vorstellbar als kommunikative Zuwendung zum Gegenüber, bei der die abgelegte Scheu in Takt[660] verwandelt bewahrt bleibt.[661]

Verblüffend ist an der Formulierung im vorliegenden Zusammenhang allerdings, daß es offenbar kein menschliches Subjekt ist, das den Zweck verfolgt, „Die warme Scheue / Abzulegen", sondern etwas noch Ungenanntes, das sich anschickt zu „geschehen". Der Schluß des Satzes müßte Aufschluß über diese noch

---

[659] Heidegger GA II.52, 171f. Zum Begriff der ‚Scheu‘ in Hölderlins Spätwerk cf. außerdem die folgenden Stellen aus Heideggers Briefwechsel mit Erhart Kästner: „Innigkeit nennt das Zusammengehören des Fremden, das Walten der Befremdung, den Anspruch der Scheu." (Heidegger/Kästner 1986, 60) „Der Dank ist das scheu verehrende, zustimmende Denken an das Gewährte" (ibd., 61). Es wäre zu untersuchen, inwieweit Heideggers Begriff des ‚Fernen‘ bzw. ‚Fremden‘ und der ihm gegenüber gebotenen ‚Scheu‘ mit Benjamins Verständnis der ‚Aura‘ als „einmalige Erscheinung einer Ferne, so nah sie sein mag" (GS I.2, 479) vereinbar ist. Die Rede von der ‚Ferne‘ in bezug auf Hölderlin findet sich im übrigen bereits im Schlußsatz von Achim von Arnims 1828 publiziertem Aufsatz „Ausflüge mit Hölderlin": Kein „Zeitgenosse Hölderlins kann als Funke seiner Flamme betrachtet werden; was ihn erleuchtet, kommt aus weiter Ferne; wir ersehen es an einigen Ausdrücken heiliger Ferne, die sich vielleicht erst spät und überraschend ihm eröffnete, daß er hier [in ‚Patmos‘] nur glauben brauchte, um zu dichten." (StA VII.4, 60, Z. 192-194 [RW 16d])

[660] Dieser heute antiquiert wirkende Begriff, in dem das Umgehen der Menschen miteinander nach dem Bild musikalischen Formgefühls gedacht ist, hat, wie Wergin (1985, 377) gezeigt hat, einen unscheinbaren und doch zentralen Platz in Adornos Ästhetik und Ethik (cf. besonders GS 4, 38-41 sowie [über Mörike] GS 11, 63). Cf. außerdem die – mit Adornos Bemerkungen zum Thema durchaus nicht unvereinbaren – Bemerkungen Gadamers (1975, 13) über den Begriff des Takts, den er für das Kernvermögen von Bildung hält.

[661] Bereits Zedlers (Bd. 34 [1742], Sp. 1354 [s. v. Scheu]) Beschreibung der ‚Scheu‘ kommt diesem kommunikativen Gehalt des Wortfeldes nahe: „eine Gemüths=Regung, durch welche man zurück gehalten wird, etwas in des andern Gegenwart oder ihm wissende zu thun; nicht weil uns selbst etwas Böses daraus zuwachsen könnte, sondern weil es andern mißfallen möchte. Es ist also die Scheu von der Furcht unterschieden, als welche allein auf sich und nicht auf andere siehet."

offene Frage geben: „an der Leber / Ein linkisches." Das ist nun allerdings eine
Wendung, die den bisherigen Verlauf des Satzes an Rätselhaftigkeit noch übertrifft. Offenbar ist „Ein linkisches" das gesuchte, bislang durch das „Es" repräsentierte Subjekt, das ‚uns geschehen will'.[662] Dieses ‚Linkische' wird „an der Leber"
situiert. Vermittelt die Ortsbestimmung für einen Moment den Eindruck, man
sei in einen anatomischen Diskurs hineingeraten, so verweist das substantivierte
Adjektiv „linkisches", mit dem etwas Unbeholfenes, Ungeschicktes bezeichnet
wird, auf die Sphäre menschlichen (oder auch tierischen) Verhaltens. Da dieser Begriff das Bild eines als ein ganzer handelnden Organismus voraussetzt,
widerspricht es unseren alltagssprachlichen Vorstellungen, daß Teile im Inneren
dieses Organismus ‚linkisch' handeln könnten. Nun ist das Adjektiv ‚linkisch'
bekanntlich von der Ortsbezeichnung ‚links' abgeleitet, und man könnte vermuten, daß diese hier in verwandelter Form nachwirkt. Tatsächlich lassen sich beim
Menschen anatomisch ein größerer rechter und ein kleinerer linker Leberlappen
unterscheiden, aber diese simplifizierende Erklärung ist äußerst unbefriedigend,
da sie nicht erlaubt, das Segment zu den übrigen Elementen des Satzes in eine
sinnvolle Beziehung zu setzen.

Möglicherweise gibt der syntaktische Kontext bessere Handhabe, die abschließende Wendung zu verstehen: ‚Ein linkisches will uns geschehen, und zwar
an der Leber.' „Ein linkisches" könnte in diesem Zusammenhang etwa im Sinne
von ‚ein Mißgeschick' verstanden werden. Wenn eine Ungeschicklichkeit oder ein
Mißlingen „an der Leber"[663] situiert wird, so könnte damit auf die bis zur Entdeckung des Blutkreislaufs verbreitete Vorstellung von der Leber als Erzeugerin
des Blutes angespielt werden, derzufolge sie – zusammen mit dem Herzen – als
Sitz des Lebens und der innersten Empfindungen galt.[664] Der Satz könnte somit in etwa besagen, daß sich für das Wir eine innere, physiologisch bedingte

---

[662] Darauf deutet in der Handschrift auch ein weiteres Notat „ein linkisches" (76, Z. 37) hin,
das zunächst direkt unter „Es will uns aber geschehen" plaziert wurde, dann aber durch den
eingefügten Finalsatz verdrängt, gestrichen und weiter unten – nun durch eine Majuskel als
eigenständige Zeile ausgezeichnet – (76, Z. 41) wiederholt wurde.

[663] Beese bemerkt zu der Stelle: „Assoziiert wäre möglicherweise das Bild vom Adler, der an
der Leber des Prometheus zehrt." (Beese 1982, 188) Leider gelingt es ihr nicht, diese Assoziation in der Textur des Segments selbst zu fundieren; daher scheint sie mir allzu willkürlich
herangezogen zu sein.

[664] Cf. Kluge 1975, 429 (s. v. Leber); StA II.2, 952, Z. 13-17 (dort auch einige antike Belege).
In diesem Zusammenhang ist es wichtig, daß die Leber ein Organ ist, das eine Flüssigkeit (die
Galle) produziert; und das Flüssige kann in der an vorsokratische Traditionen anknüpfenden
pantheistischen Diskussion der Zeit um 1800 als Element des Lebens schlechthin angesehen
werden (cf. Strack 1983, 194f.) – eine Diskussion, in der Sömmerings These von der Ge-
hirnflüssigkeit als „Organ der Seele" als einer der Brennpunkte angesehen werden kann (cf.
ibd., 196-205 sowie die luzide Kritik Kants an Sömmering [WA 11, 255-259]). Der Einfluß
der Sömmeringschen Bilder vom Körper auf Hölderlins Körpervorstellungen bis hinein in die
Rede von den Körperorganen in den vorliegenden Fragmenten wäre noch zu untersuchen. Der
einschlägige Artikel bei Zedler (Bd. 16 [1737], Sp. 1281-1284 [s. v. Leber]) konzentriert sich
dagegen allein auf die anatomisch-physiologischen Aspekte des Begriffs: Die Leber „ist das
gröste Eingeweide, von Farbe roth, welches in der rechten Weiche unter dem Zwerg=Felle
lieget" (Sp. 1281).

Mißstimmung vorbereitet; man könnte ihn sogar als eine von größerer Ernsthaftigkeit getragene Nebenbildung zu der umgangssprachlichen Redewendung ‚jemandem ist eine Laus über die Leber gelaufen' verstehen.

Die semantische Verknüpfung des so verstandenen Hauptsatzes mit dem Nebensatz bereitet allerdings erhebliche Probleme, denn es will nicht einleuchten, daß ausgerechnet eine sich andeutende Mißgestimmtheit des Wir das Ziel voranbringen soll, „Die warme Scheue / Abzulegen"; sind doch zur Überwindung von Scheu (einer uneingeschränkt positiv konnotierten Zielsetzung) eher eine innere Ausgeglichenheit und ein produktiver Antrieb vonnöten. Möglicherweise darf also „Ein linkisches" nicht so negativ verstanden werden, wie ich es bislang erwogen habe: Es könnte auch eine nonkonformistische, sich den ‚richtigen', ‚rechten' und ‚rechtmäßigen' Normen entziehende Grundhaltung bezeichnen, die geeignet ist, festgefahrene Bindungen und unproduktive Verklemmtheiten zu überwinden.

Aber das allen bis hierher vorgetragenen Interpretationsansätzen zugrunde gelegte Verständnis von „Ein linkisches" als Subjekt des Hauptsatzes ist keineswegs selbstverständlich. Das Segment kann nämlich ebensogut wie im Nominativ im Akkusativ stehen und wäre in diesem Falle entweder als ein zweites Objekt des Nebensatzes oder als Apposition zu „Die warme Scheue" zu lesen. Unter dieser Voraussetzung würde der Hauptsatz nur „Es will uns aber geschehen" lauten – syntaktisch vollkommen korrekt; semantisch jedoch wäre zu akzeptieren, daß dem „Es" der Status eines vollwertigen Subjekts (nicht nur eines vorausweisenden Stellvertreters) zugewiesen wird: Das Subjekt des Geschehens bliebe somit dunkel und unbestimmt. Der Nebensatz dagegen würde durch den Zusatz „an der Leber / Ein linkisches" sinnvoll abgerundet, denn die „Scheue" kann als ein „linkisches", nämlich im kommunikativen Umgang ungeübtes Verhalten angesehen werden. Die „Leber" als – traditionellen Vorstellungen zufolge – der Ort der innersten Gefühle ist auch einer der ‚Wärme', und diese Wärme muß mit dem Ablegen der Scheu, mit der Überwindung des Linkischen keineswegs in Kälte umschlagen, sondern kann sich sogar noch intensivieren. Wie in der anderen Lesart könnte man den Satz auch unter dieser Perspektive als ‚seriöse' Umformulierung einer umgangssprachlichen Redensart ansehen, nämlich der, ‚frei von der Leber weg zu reden'.

Der Schritt zur Überwindung von Selbstbezogenheit und Ungeübtheit ist allerdings einer, den das Wir nicht selbst gehen kann, sondern der ihm allein aufgrund des Wollens eines nicht festlegbaren „Es" eröffnet wird. Die Depotenzierung des Wir zum Objekt eines von ihm nicht lenkbaren Geschehens gilt auch, wenn man das abschließende Segment dem Haupt- und nicht dem Nebensatz zuschlägt: Dann ist es das ‚Linkische an der Leber', also vermutlich eine physiologisch gesteuerte Haltung oder Stimmung, was das Wir zur Selbstveränderung antreibt. Es wird also in diesen vier Zeilen ein Modell vorgestellt, in dem innerkörperliche, selbst nicht lenkbare Vorgänge (oder sogar unbestimmbare Instanzen wie das „Es") Veränderungen in Subjekten hervorrufen, die zu einer größeren Offenheit gegenüber dem Anderen befähigen. Dieses Modell kann als sensible Vorwegnahme einer Physiologie der Psychologie verstanden werden, wie sie ein dreiviertel Jahrhundert später Nietzsche entwickelt hat.

Für den eingangs erwogenen und durch die ,Brücke' der Segmente „dran schuldig." (Z. 27) und „ein Gewissen" (Z. 38) graphisch und semantisch nahegelegten Anschluß des vierzeiligen Segments an den „Heidnisches"-Komplex gibt es keine überzeugenden Anhaltspunkte, denn der moralisch-religiöse Diskurs, in dem die Problematik eines selbstbewußten und doch dem göttlichen Verhaltenskodex gemäßen Lebens ausgetragen wurde, wird in dem unteren Text nicht fortgeführt. Dennoch ist es sicherlich kein Zufall, daß sich in Z. 40 wiederum ein Wir artikuliert, nachdem die Selbstbestimmung des Wir im Rahmen des oberen Textkomplexes gescheitert ist und zugunsten der – ebenfalls aporetischen – Selbsterhebung eines Ich zur privilegierten Instanz der Rede vom Gemeinwesen aufgegeben wurde. Vielleicht kann man sagen, daß der moralische Diskurs in den unteren vier Zeilen in verwandelter Gestalt wiederaufgenommen wird: Der Selbstbehauptungsversuch des Wir gegenüber Gott ist im Kräftefeld zwischen Hybris und Gewalt, Unterwerfung und Selbstdemütigung zerrieben worden. Die Instanz des Wir jedoch besteht fort, indem sie sich dem Willen eines Geschehens anheimgibt, das von physiologischen Vorgängen im Körper der Einzelsubjekte gelenkt ist. Diese Mimesis an „Ein linkisches", die frei ist vom Gestus der Unterwerfung unter eine gegnerische Gewalt, befähigt das Wir, eine neue, nicht-normative Praxis des Verhaltens gegenüber den jeweils anderen zu entwickeln, deren Grundton die empathische Wärme ist und die sich je nach den Anforderungen der Situation zwischen der abwartenden Scheu und dem Ablegen dieser Scheu im taktvollen Aufeinanderzu- und Miteinanderumgehen bewegt. In einem solchen Ethos ohne Moral könnten die zerreißenden Konflikte des Wir gelöst sein; und auch das Ich ist nicht mehr gezwungen, sich zur tonangebenden Instanz aufzuschwingen, sondern kann sich gewaltlos in das Wir integrieren, ohne seine unverwechselbare Individualität aufzugeben.

Die Zeilen 40-43 stehen also zu dem oberen Textkomplex in einem Verhältnis nicht der Anknüpfung und Fortsetzung, sondern der Transformation und des Resümees. Zu anderen Fragmenten und Textabschnitten der hier untersuchten vier Handschriftenseiten läßt sich dagegen ein motivischer Bezug herstellen, und zwar über die hier wie an vielen anderen Stellen erprobte Rede vom Körper und seinen Organen. Das neben der Leber als Sitz des Lebens angesehene Organ, das Herz, wird in einem unmittelbar benachbarten Segment genannt, das ganz am unteren Seitenrand zwischen der linken und der rechten Spalte plaziert und wahrscheinlich aus Platzgründen zeilenversetzt notiert ist: „des Menschen / Herz betrüblich." (Z. 47 und 45) Während sich in dem linksstehenden Segment eine Lösung der Selbstbestimmung des Wir im Medium der Physiologie abzuzeichnen beginnt, wird hier auf das nicht endgültig zu beseitigende Moment der Trauer und des Scheiterns im menschlichen Selbstverständnis hingewiesen. In den noch zu untersuchenden Zeilen 24-39 in der rechten Spalte wird gar eine umfassende

Topographie des menschlichen Körpers und insbesondere seiner Gliedmaßen entwickelt. Bezüge jedoch sind auch zu den beinahe leitmotivisch auf den vorangehenden drei Seiten auftauchenden Körperbildern herstellbar: Auf den Seiten 73
und 74 ist allein metaphorisch vom „Herz der Erde" (I, Z. 25) bzw. dem „Eingeweid / Der Erde" (II, Z. 50f.) die Rede, wenngleich auch hier bereits eine Mimesis
des Textsubjekts an die von ihm selbst körperbildlich vorgestellte „Erde" erkennbar ist. In der Formel ‚Frankfurt aber ist der Nabel dieser Erde.' (III, Z. 20, 24,
26) wird eine Engführung politischer und kosmologischer Bezugsgrößen im Bild
eines organischen Körpers versucht, die sich allerdings als höchst subjektiv herausstellt. In der Beschwörung „o mein Herz wird / Untrügbarer Krystall an dem
/ Das Licht sich prüfet" (III, Z. 54-56) schließlich wagt es das Ich, sein Innerstes
als Medium höchster Erkenntnis vorzustellen. An keiner Stelle der Entwürfe jedoch gelingt die Rede vom Körper so unprätentiös wie in den unscheinbaren, in
einer unteren Ecke der letzten Seite plazierten vier Zeilen. Das liegt vielleicht
daran, daß hier nicht mit hohem poetischen Anspruch eine Rede vom Körper
(sei es der des Ich, sei es – metaphorisch – der der Erde) und seinen Organen
versucht wird, sondern daß die Physiologie der Organe selbst ernst genommen
und zum Subjekt wird und daß diese Rede beiläufig, ‚linkisch', daherkommt. In
der Gewaltlosigkeit dieser Sprechweise deutet sich zugleich die Möglichkeit eines
zwang- und herrschaftslosen menschlichen Umgangs miteinander und mit der
Umwelt an.

Z. 10-39 (linearer Text und Bruchstücke, rechts)

Die weit nach rechts eingerückten Textsegmente auf dieser Seite, die ich in meiner Textkonstitution, den handschriftlichen Befund um der Übersichtlichkeit
willen vereinfachend, als rechte Spalte dargestellt habe, setzen erst etwas unterhalb der Seitenmitte ein. Sie bilden zunächst einen relativ lückenlosen Block, der
von „Schwerdt" (76, Z. 10) bis „der Deutschen Geschlecht" (76, Z. 34) reicht,
in sich allerdings keineswegs homogen ist, sondern aus extrem kurzen bis mit-
tellangen Zeilen besteht, die (wohl des nahen Seitenknicks wegen) eher rechts-
als linksbündig angeordnet und vielfach ineinandergeschrieben sind. Die text-
konstituierende Entwirrung dieses Materials kann daher in noch höherem Maße
als an anderen Stellen nur Vorschlagscharakter beanspruchen. Besonders unbefriedigend ist die Tatsache, daß der Block, der in meiner Textdarstellung die
Zeilen 10-39 umfaßt, entgegen dem handschriftlichen Befund als auseinandergerissen erscheint. Dieser Umstand ist dem Bemühen geschuldet, die Parallelität
der Segmente zu den entsprechenden Passagen in der linken Spalte zu wahren,
deren Zeilen 16-21 und 22-27 sich in der Handschrift überlagern, bei mir jedoch
zugunsten eines linearen Textes entzerrt sind. Die Lücke zwischen den zunächst
zu betrachtenden ersten vier Zeilen der rechten Spalte und den nachfolgenden
Segmenten ist also eine durch die Textkonstitution künstlich und notgedrungen
geschaffene, die für die Interpretation keine Rolle spielen sollte. Auch handschriftlich vorhanden ist dagegen die Lücke zwischen den Zeilen 39 und 42, die

den größeren Textblock der rechten Spalte von den ganz in der unteren rechten Ecke plazierten letzten fünf Zeilen trennt.

Schwerdt
und heimlich Messer, wenn einer
geschliffen
   mittelmäßig Gut.   (Z. 10, 12, 14, 16)

Das Fehlen von Majuskeln zu Beginn der letzten drei der zitierten Zeilen macht deutlich, daß das Segment nicht als abgerundeter Vierzeiler, sondern eher als beiläufige Notiz konzipiert ist. In lakonischer Weise, ohne Artikel und ohne Einbindung in einen Satzzusammenhang werden „Schwerdt" und „Messer" aufgezählt. Mit dem „Messer" könnte zwar das zum Zerteilen und Zerschneiden benötigte Eß- und Küchengerät gemeint sein; da es aber als „heimlich" bezeichnet und mit der mittelalterlichen Hieb- und Stoßwaffe in Verbindung gebracht wird, liegt es nahe, daß auch das „Messer" hier als Waffe gemeint ist, die sich wegen ihrer geringen Größe und eines eventuellen zusätzlichen Klappmechanismus besonders gut zum Verstecken in der Kleidung eignet und daher nicht selten zu Mordanschlägen benutzt wird. Die Rede vom „Schwerdt" situiert den Passus vermutlich in der weiter zurückliegenden Vergangenheit, denn das Schwert gehörte auch um 1800 schon seit vielen Jahrhunderten zu den antiquierten Waffen. Der unter Weglassung der finiten Verbform gebildete Konditional- oder Temporalsatz nennt offenbar die Voraussetzung der Aufzählung der beiden Waffen: Sie müssen von jemandem „geschliffen" worden sein, um gebrauchsfertig zu sein. Die folgende Zeile „mittelmäßig Gut" ist offensichtlich mit derselben Feder und vermutlich in einem Arbeitsgang mit „geschliffen" notiert, aber weit nach rechts versetzt worden.[665] Es ist daher nicht sicher, ob „mittelmäßig Gut" unmittelbar an „geschliffen" anschließt; möglich ist auch, daß zwischen beiden eine Lücke von anderthalb Zeilen anzunehmen ist oder daß es sich bei „mittelmäßig Gut" gar um ein völlig selbständiges Bruchstück handelt, das allerdings für sich allein genommen wenig aussagekräftig wäre. Es bietet sich daher an, trotz des handschriftlichen Abstandes der Segmente einen syntaktischen Zusammenhang zwischen ihnen anzunehmen: ‚Schwert und heimliches Messer' gibt es demzufolge, wenn jemand ‚mittelmäßiges Gut' (bei „mittelmäßig" kann ein flüchtiges Vergessen des Umlautzeichens bei der Niederschrift angenommen werden) geschliffen hat. Diese Formulierung ist mehrdeutig: Es kann nicht entschieden werden, ob das ‚mittelmäßige Gut' durch das Schleifen in ein Gut höherer Qualität verwandelt wird[666], ob Schwert und Messer vor wie nach dem Schleifen mittelmäßige Gegenstände sind oder ob der mediokre Zustand gar erst das Ergebnis der Be-

---

[665] Das liegt nur zum Teil daran, daß die Zeile zunächst mit einem „wohl" vor „mittelmäßig" begann, das dann gestrichen wurde. Die Plazierung von „Gut" unter statt hinter „mittelmäßig" erklärt sich aus der unmittelbaren Nähe des rechten Seitenrandes und wird daher in meiner Textdarstellung nicht wiedergegeben.
[666] So die Behauptung von Beese (1982, 191), die ihre Analyse – auf Bertaux' Spuren – darauf zuspitzt, in diesem Segment sei in „extreme[r] Chiffrierung" (ibd.) von der Revolution des ‚Vaterlandes' die Rede. Sie verliert jedoch zugunsten dieser Spekulation die (um im Bilde zu bleiben) ‚Zweischneidigkeit' des Satzes aus den Augen.

arbeitung ist, das „Gut" also durch das Schleifen verdorben worden ist. (Die letzte Möglichkeit widerspricht allerdings dem gewöhnlichen Sprachgebrauch, nach dem das Akkusativobjekt das bezeichnet, was in einer Tätigkeit zum Objekt gemacht wird – und nicht das Ergebnis dieses Prozesses.) Das gestrichene „wohl" könnte (ebenso wie der Akt des Streichens selbst) die Unsicherheit über die Qualität des Gutes zum Ausdruck bringen.

All diese Zusammenhänge sind so vage, daß mir eine weitergehende Interpretation des Segments als nicht angemessen erscheint: Es kann nicht gesagt werden, wozu „Schwerdt / und heimlich Messer" dienen, ob ihr Gebrauch positiv oder negativ konnotiert ist. Die Gegenstände, die durch das Schleifen geschärft und gebrauchsfertig gemacht werden, können sowohl bei einer konspirativen, revolutionären Aktion wie bei einem feigen Meuchelmord und bei vielen anderen Anlässen zum Einsatz kommen.

Durch die Erwähnung des Schleifens selbst allerdings wird ein Motiv aufgegriffen, das sich insistierend durch die Texte dieser Seite zieht, während es auf den vorangehenden keine Rolle spielte: das der handwerklichen Arbeit. Bislang war allgemein von „der Hände Geschik" (Z. 5) und vom „Recht des Zimmermannes" (Z. 25) die Rede; hier nun wird ein konkreter Arbeitsvorgang genannt und das diesem zugrundeliegende Material mit dem Blick des Fachmannes („einer") bewertet. An der vorliegenden Stelle fehlt jedoch eine Einbindung der Handwerkstätigkeit in übergeordnete (moralisch-religiöse) Sinnzusammenhänge, wie sie zu Beginn und zum Schluß des „Heidnisches"-Komplexes zumindest ansatzweise erkennbar war. Daher kann das Segment nicht sinnvoll an einer bestimmten Stelle in den linksbündigen Text eingefügt werden. Es vermittelt vielmehr zunächst den Eindruck einer relativ selbständigen, jedoch kryptisch formulierten Anekdote. Erst mit dem folgenden Satz wendet sich der Text wieder Problemen zu, die die Ebene konkreter Dinglichkeit und Tätigkeit transzendieren (der Wechsel der Thematik wird durch ein „aber" indiziert):

> Daß aber uns das Vaterland nicht werde
> Nicht zusammengehe
> Zum kleinen Raum.   (Z. 24, 26, 28)

Das Segment „Nicht zusammengehe" ist durch Majuskel als Beginn einer neuen Zeile ausgezeichnet; darüber ist in kleiner Schrift und ohne Majuskel „nicht werde" notiert. Da keine der beiden Varianten gestrichen ist, führe ich sie hintereinander auf; dabei habe ich „nicht werde" (der Kleinschreibung des Anfangsbuchstabens wegen) an den Schluß der vorangehenden Zeile gesetzt und „Nicht zusammengehe" an seiner Position am Zeilenanfang belassen. Diese Zeile schließt in der Handschrift mit dem Segment „zu kleinem Raum", das in dem als weitere neue Zeile ausgezeichneten Syntagma „Zum kleinen Raum" variiert wird. Diese beiden Varianten unterscheiden sich – außer durch ihre Position am Zeilenende bzw. Zeilenanfang – nur durch die Verschiebung des Dativsuffixes vom Attribut zur Präposition. Man kann darin einen Wechsel vom unbestimmten zum bestimmten Artikel erkennen. Wegen der geringen Signifikanz dieser Variation und um der besseren Lesbarkeit willen habe ich in diesem Fall nur die zweite Version in meine Textdarstellung aufgenommen, so daß sich der obige Dreizeiler ergibt.

Wie in Z. 5 der linken Spalte („daß sie lernen der Hände Geschik") ist auch der vorliegende mit „Daß" eingeleitete Satz, der in keinen übergeordneten Hauptsatz eingebunden ist, als Ausdruck eines Wunsches, einer inständigen, beschwörenden Bitte zu verstehen. Der Gegenstand des Wünschens ist negativ: Eine bestimmte Entwicklung des ‚Vaterlandes' möge abgewendet werden. Der Satz ist also nicht nur Bitte, sondern auch Warnung. Wird die Warnung nicht beachtet, so droht ein Zustand moralischer Schuld, der in dem zwischen den beiden Spalten notierten Segment erwähnt wird: „dran schuldig." (Z. 27) Der vorsichtig-zurückhaltende Sprechakt der Warnung steht in krassem Gegensatz zu dem auf beinahe derselben Höhe in der linken Spalte erhobenen usurpatorischen Anspruch „Mein ist / Die Rede vom Vaterland." (Z. 21f.) Dagegen ist bereits auf der zweiten von mir untersuchten Seite in ähnlicher Weise wie hier von einem gefährdeten Vaterland die Rede:

> Gott aber halt uns, zu sehen einen, der wolle
> hät uns, wenn zu sehn ist einer, der wolle
> Umkehren mein Vaterland. (II, Z. 47-49)

An der zitierten Stelle wird ein Halt angesichts einer revolutionären Situation des ‚Vaterlandes' gesucht. Ein Wir erbittet sich diesen Halt von Gott; das ‚Vaterland' selbst wird aber bereits in privatistischer Manier als „mein Vaterland" bezeichnet. An der nun zu untersuchenden Stelle artikuliert ebenfalls ein Wir einen das „Vaterland" betreffenden Wunsch; eine begriffliche Verengung auf das ‚Vaterland' eines einzelnen findet sich jedoch hier nicht. Im Gegenteil kann der Appell des Satzes gerade in dem Sinne verstanden werden, daß jede Unterwerfung des ‚Vaterlandes' unter die Macht und den Einfluß einzelner Personen – und sei es des sprechenden Ich selbst – zu vermeiden sei. Dieser Gedanke wird in einer Raummetaphorik ausgeführt, die – wie sich zeigen wird – auch noch für die folgenden Zeilen der gegenwärtig untersuchten Spalte leitend ist. Das „Vaterland" soll nicht zu einem oder dem „kleinen Raum" werden oder ‚zusammengehen': In dieser Forderung scheinen in fataler Weise die ‚Volk braucht Raum'-Parolen der Nationalsozialisten vorgeprägt zu sein, die Heidegger in seiner Auslegung der ‚Ister'-Hymne, wenngleich in philosophisch reflektierter und differenzierter Gestalt, aufgenommen und an Hölderlins späten Gedichten festgemacht hat.[667] Auch wenn eine solche Deutung nicht völlig ausgeschlossen werden kann, so scheint sie mir doch ungenau und einseitig zu sein. Denn nicht vom simplen ‚Schrumpfen' oder ‚Kleinerwerden' des ‚Vaterlandes' ist hier die Rede, sondern es werden mit Hilfe zweier anderer Verben äußerst differenzierte Vorstellungen entwickelt: Wenn es heißt, daß „das Vaterland" nicht „zusammengehn" möge, so wird der damit negativ annotierten Kontraktion implizit ein positiv besetztes Bild von Diffusion entgegengestellt. Das „Vaterland", das institutionalisierte

---

[667] Cf. Heidegger GA II.53, besonders 59.

Gemeinwesen, in dem bei menschenwürdiger Einrichtung das Wir seinen Ort finden kann, soll kein geschlossenes System bilden und sich auf einen „kleinen Raum", sein Territorium im engeren Sinne, beschränken, sondern es soll sich öffnen und an seinen Grenzen diffundieren, so daß sich Außen und Innen durchdringen. Etwas anders wendet sich die Formulierung, daß das Vaterland nicht zum kleinen Raum ‚werden' soll, diesem Problem zu: Es soll sich – so kann man paraphrasieren – nicht in einen solchen Raum verwandeln; es soll eine andere Konsistenz als die des Raumes haben, der *als solcher* klein, weil immer beschränkt ist. (Möglicherweise erhält unter dieser Perspektive auch die – aus der Verschiebung des Dativsuffixes zu erschließende – Veränderung von ‚einem' zu ‚dem Raum' ihre Funktion: Sie könnte auf den Wechsel von ‚einem beliebigen Raum' zu ‚dem Raum schlechthin' hindeuten.) Der Gegensatz zum „kleinen Raum" ist also nicht, wie man zunächst denken könnte, der große Raum; vielmehr wird mit dem „kleinen Raum" das auf starre räumliche Kategorien fixierte Denken insgesamt zurückgewiesen und ex negativo ein offenes und verflüssigtes Denken skizziert. Daß auch dieses Denken eine Kehrseite hat, erhellt aus einer Parallelstelle, die sich in einem späten „Patmos"-Entwurf findet:

Manchem ward
Sein Vaterland ein kleiner Raum
                              (StA II.1, 176, V. 119f. [‚Vorstufe einer späteren Fassung'])

Während an der gegenwärtig untersuchten Stelle „Raum" vorrangig als ‚Gebiet' oder ‚Bereich' zu verstehen ist, drängt sich bei dem Satz aus „Patmos" (des unbestimmten und nicht verneinten Artikels wegen) die Vorstellung eines Zimmers auf. Das „Vaterland", nach dem Modell eines kleinen Zimmers gedacht, ist geprägt von provinzieller Enge, aber auch von Beschaulichkeit, Übersichtlichkeit und Sicherheit. Der nach einer Strophenfuge auf den eben zitierten unmittelbar folgende Satz weist in aller Brutalität darauf hin, wie eine Realität aussieht, der die Beschränktheit des ‚kleinen Raums' fehlt:

Doch furchtbar wahrhaft ists, wie da und dort
Unendlich hin zerstört das Lebende Gott.   (StA II.1, 176, Z. 121f.)

In der Widmungshandschrift (und auch noch in der „Patmos"-Fassung im vorderen Teil des Homburger Folioheftes; cf. HF 24, Z. 24f.) hieß es statt „zerstört" noch „zerstreut" (StA II.1, 168, Z. 122); nunmehr wird die Diffusion, der die Begrenztheit des ‚kleinen Raums' fehlt, als haltlose Destruktion eingestuft.

An der vorliegenden Stelle dagegen ist an die mit der Entgrenzung des ‚Vaterlandes' möglicherweise verbundenen Gefahren nicht gedacht; als fatal und unbedingt zu vermeiden wird allein die Beschränkung der Vaterlandsvorstellung auf das Denken des ‚kleinen Raumes' eingestuft. Das projektierte dynamisch-offene „Vaterland" dagegen könnte, falls es sich als realisierbar erweisen sollte, ein Medium abgeben, in dem sich das Wir, das hier genau wie in Z. 40 die Position des Dativobjekts einnimmt, gewaltlos entfalten könnte. Damit kann die vorliegende Stelle als politisches Pendant zu den Zeilen 40-43 der linken Spalte angesehen werden, in denen Wege zur physiologischen Grundlegung einer herrschaftsfreien Artikulation des Wir gesucht werden.

Die auf das „Vaterland" bezogene dringliche Bitte strahlt aber auch zurück auf den vorangehenden Satz. In der Handschrift ist „mittelmäßig Gut" unmittelbar über „Vaterland" notiert und könnte damit bei flüchtiger Sichtung beinahe für eine Variante gehalten werden. In jedem Fall drängt sich angesichts der Nähe der beiden Bezeichnungen die Vermutung auf, daß mit dem mittelmäßigen Gut möglicherweise das „Vaterland" gemeint ist. Die Auffassung des ‚Vaterlandes' als „Gut", als (ideeller) Gegenstand, der in der Sphäre des Austauschs zwischen den Menschen entsteht und bewahrt werden muß, paßt auch zu der Zielrichtung des folgenden Satzes, in dem die Konzeption des ‚Vaterlandes' als Raum zurückgewiesen wird. Das ‚Schleifen' dieses bisher in einem sehr unbefriedigenden Zustand befindlichen Gutes sowie der Einsatz von „Schwerdt / und heimlich Messer" könnten dann als Vorbereitung und Durchführung einer politischen Revolution verstanden werden. Ich halte einen solchen Rückbezug des ‚Vaterlands'-Motivs auf die vorangehenden ersten Zeilen des Textblocks durchaus für möglich. Umgekehrt erscheinen unter dieser Perspektive diese Zeilen als selbst ‚heimliche' Vorbereitung der ‚vaterländischen' Problematik. Man sollte diese mögliche motivische Verknüpfung der beiden Sätze jedoch nicht zum allein gültigen Interpretationsstrang verfälschen: Das kryptische „Schwerdt"-Segment behält seine partielle Autonomie und seine Beziehungen zur linken Textspalte auch unabhängig von den folgenden, dem „Vaterland" gewidmeten Sätzen.

Arm und Bein
Schwer ist der
Zu liegen, mit Füßen oder den Händen auch
Nur Luft.   (Z. 29-32)

In einem auf den ersten Blick krude erscheinenden Wechsel der Motive ist wiederum von menschlichen Körperteilen die Rede, und zwar diesmal nicht von inneren Organen (wie unten auf der Seite von der „Leber" [Z. 42] und dem „Herz" [Z. 45]), sondern von je einem der paarweise auftretenden Gliedmaßen. Nachdem auf der vorstehenden Seite (neben dem „Stern" [III, Z. 26], mit dem möglicherweise das Brustbein gemeint ist) bereits mit der „Hüfte" (III, Z. 25) das Gelenk genannt wurde, das die Oberschenkelknochen mit dem Rumpf verbindet, wird mit der Erwähnung der Extremitäten nunmehr die kursorisch auf den hier untersuchten vier Seiten immer wieder aufgegriffene Topographie des menschlichen Körpers weiter vervollständigt. Die Glieder – so kann man vielleicht stark abstrahierend sagen – dienen den Menschen dazu, einen Stand in der Außenwelt zu finden und auszubauen: Auf den Beinen stehen und gehen wir; mit den Armen bearbeiten, ‚manipulieren' wir Gegenstände, um unsere Umwelt nach unseren Vorstellungen aus- und einzurichten. Der doppelte Singular „Arm und Bein" könnte auf diese allgemeine Funktion der Gliedmaßen hindeuten. Das Segment ist zwischen die Zeilen geschrieben (in den Zwischenraum zwischen den beiden variierenden Notationen des ‚kleinen Raums') und syntaktisch isoliert; es kann daher entweder als separate Notiz oder aber als Stichwort oder Motto für die folgenden Zeilen angesehen werden.

Direkt unter „Arm und Bein", rechts unterhalb von „Zum kleinen Raum", findet sich die Zeile „Schwer ist der". Es ist recht unwahrscheinlich, wenngleich nicht völlig auszuschließen, daß sich „der" auf „Arm" bezieht und damit womöglich auf die Muskelschwere des Körperteils hinweist. Plausibler ist da schon der Rückbezug auf das handschriftlich ebenfalls sehr nahe Maskulinum „Raum". Nun ist bekanntlich der Raum selbst im strengen physikalischen Sinne niemals schwer, sondern schwer sind bestenfalls die Gegenstände, die ihn ausfüllen. Im Zusammenhang mit der Verwandlung des ‚Vaterlandes' in einen „kleinen Raum" macht allerdings die Kategorie der ‚Schwere' wenig Sinn.

Mit dem folgenden Segment „Zu liegen" scheint sich eine Auflösung der Frage anzubieten, worauf sich das „Schwer" beziehen könnte: Es bezeichnet hier offenbar kein physikalisches Gewicht, sondern den Schwierigkeitsgrad des ‚Liegens'. Aber die Formulierung „Schwer ist der / Zu liegen" ist ungewöhnlich genug und schafft ebenso viele neue Probleme, wie sie alte zu lösen schien. Die Konstruktion ‚zu liegen sein' ist nämlich regelwidrig, da sie ein intransitives Verb in einen passivischen Bedeutungszusammenhang zu spannen versucht.[668] Korrekt wäre dagegen beispielsweise: ‚Der ist schwer zu legen.' Aber eine solche Bildung ist hier offensichtlich nicht gemeint, denn durch das transitive Verb wird bedeutet, daß „der" nicht bloß als grammatisches, sondern auch als Handlungssubjekt aufzufassen ist. Möglicherweise ist also in etwa gemeint: ‚Schwer fällt es dem zu liegen.' oder: ‚Schwer kommt der zum Liegen.' Die Grammatikwidrigkeit der Verknüpfung reißt jedoch die beiden Elemente wieder auseinander: Die physikalische Grundbedeutung des Diktums „Schwer ist der" drängt sich wieder in den Vordergrund, und „zu liegen" wäre demnach an diese Aussage nur assoziativ angereiht. Damit ist die Frage, worauf sich „der" bezieht, nach wie vor völlig offen, denn das Pronomen verweist – eine Vermutung, die das nachfolgende „Zu liegen" bestärkt – offensichtlich auf den Körper eines Lebewesens, doch zuvor war nur von Teilen eines solchen Organismus („Arm und Bein") und von Abstrakta die Rede. Es hat sich also offenbar auf dem Umweg über seine Körperteile ein (wahrscheinlich) menschliches, männliches Subjekt in den Text geschlichen, ohne eingeführt worden zu sein.

Diese Annahme wird durch das folgende Segment „mit Füßen oder den Händen auch" bestätigt. Abermals werden die Extremitäten genannt, diesmal jedoch die unteren Teile von „Arm und Bein", und zwar in dem der Doppelheit der Glieder gemäßen Plural statt wie zuvor im Singular. Schwer verständlich ist jedoch die Alternative, die mittels des „oder" zwischen den Gliedmaßen konstituiert wird[669]; und auch der semantische Zusammenhang zum ‚Liegen' erhellt nicht unmittelbar: ‚Liegen' tut man für gewöhnlich auf Bauch oder Rücken oder aber in einer Seitenlage, wobei Hände und Füße bestenfalls zur Stabilisierung

---

[668] Dennoch muß die Konstruktion so, wie sie hier vorliegt, ernst genommen werden. Das von Uffhausen (1989, 148, Z. 29) gelesene ‚lieben' steht eindeutig in der Handschrift nicht da.

[669] Allerdings könnte das „oder" auch gestrichen sein; es ist nicht eindeutig entscheidbar, ob der waagerechte Strich durch das Wort gezielt gezogen wurde oder Ergebnis einer der zahlreichen Verschmierungen in diesem Bereich der Seite ist.

der Ruheposition beitragen können. Möglicherweise ist hier jedoch das „mit" nicht in dem Sinne zu verstehen, daß Füße und/oder Hände ‚Mittel' des Liegens wären, sondern so, daß sie in das Liegen mit eingeschlossen werden sollen. So gibt es bekanntlich zahlreiche Betten und andere Ruheplätze, die zu knapp bemessen sind, als daß größer gebaute Menschen dort so bequem liegen könnten, daß sie auch ihre Hände und Füße ausstrecken können. Aber nur wenn die Glieder nicht krampfhaft angewinkelt werden müssen, kann von ‚liegen' im vollen Wortsinn gesprochen werden. Versucht man nun – trotz der Agrammatizität der Verknüpfung – die vorangehende Zeile einzubeziehen, so bietet sich folgende Vorstellung an: Das männliche Subjekt, von dem hier die Rede ist, ist nicht nur von großem Körpergewicht, sondern auch von großer Statur, so daß es ihm schwerfällt, „Zu liegen, mit Füßen oder den Händen auch". Demnach bliebe dem Subjekt beim Liegen so wenig Platz, daß es weder Füße noch Hände, geschweige denn beide Gliederpaare gleichzeitig von sich strecken kann.

Vielleicht bietet sich von diesem Punkt, dem Problem des zu kleinen Raums, ausgehend eine bisher noch nicht beachtete Möglichkeit der Verknüpfung der Zeilen 29-31 mit den drei vorangehenden an[670]: Dem namenlosen maskulinen Subjekt ist der ‚Raum' zum ‚Liegen' zu klein; und das „Vaterland" unterliegt der Gefahr, sich in einen „kleinen Raum" zu verwandeln. Diese Parallelität legt es nahe, das Subjekt „der" (Z. 30) als riesenhaften Bewohner dieses ‚Vaterlands' – als eine Art „Vater des Vaterlands" (FHA 6, 72, V. 98), wie in der Neufassung der Elegie „Der Wanderer" der „Aether" angeredet wird – zu verstehen oder aber als Personifikation des ‚Vaterlandes' selbst.[671] Das Problem der räumlichen Existenz des ‚Vaterlandes' würde demzufolge durch den Übergang auf die körperbildliche Sprache drastisch veranschaulicht als Leiden eines Organismus an der Enge.[672] Auch daraus muß nicht notwendigerweise der Schluß gezogen werden,

---

[670] Diese Verknüpfung stellt auch Behre (1987, 240) her. Allerdings verschmilzt sie auch an dieser Stelle die Einzelsegmente allzu bruchlos in einen übergreifenden Motivzusammenhang.

[671] Ähnlich Beese: „Die Assoziation eines im Raum liegenden Menschen wird mit der Charakterisitik des Raumes selbst kontaminiert, so daß dessen ‚Vermenschlichung' als Resultat einer expressiven Vorstellungsverschmelzung erscheint." (1982, 192) Beese vernachlässigt dabei allerdings die Wechselwirkung zwischen den beiden enggeführten Vorstellungsbereichen: Es wird nicht nur der Raum als Körper gedacht, sondern auch der Körper als Raum.

[672] Behre paraphrasiert zu Recht, daß der zu kleine Raum „den Körper wie eine Gefängniszelle knechtet" (1987, 249). Sie fragt aber nicht danach, *wessen* Körper hier gemeint ist. – Das Verhältnis der Körpergröße des von außen kommenden einzelnen zu der Durchschnittsgröße der Mitglieder einer Gesellschaft sowie zur Größe des Landes wird bekanntlich in „Gulliver's Travels" (1726) satirisch thematisiert. Frappierender jedoch ist die Parallele zu einer Stelle aus Kafkas „Brief an den Vater" (1919) – die sich vermutlich nicht aus Kafkas Kenntnis dieser Bruchstücke erklärt, die 1916 erstmals von Hellingrath (IV, 389, zu Bruchstück 20) publiziert wurden: „Manchmal stelle ich mir die Erdkarte ausgespannt und Dich quer über sie hin ausgestreckt vor. Und es ist mir dann, als kämen für mein Leben nur die Gegenden in Betracht, die Du entweder nicht bedeckst oder die nicht in Deiner Reichweite liegen. Und das sind entsprechend der Vorstellung, die ich von Deiner Größe habe, nicht viele und nicht sehr trostreiche Gegenden [...]." (Hochzeitsvorbereitungen, 158) Kafka setzt den Begriff des ‚Vaterlandes' auf so schonunglos drastische Weise in eine Szenerie um, daß es sich verbietet, hier

es müsse ein größerer Raum her, der dem personifizierten ‚Vaterland' bzw. dem
Metasubjekt, das jenes bewohnt, ausreichend Platz bietet. Ganz im Gegenteil
kann auch geschlossen werden, das durch ein riesenhaftes Subjekt verkörperte
‚Vaterland' müsse kleiner werden, um sich in seine Verhältnisse zu fügen, oder
es müsse den Versuch, sich einen ‚Raum' zu schaffen, sogar gänzlich aufgeben.

Möglicherweise weist das Segment „Nur Luft", das, wie der abschließende Punkt
anzeigt, offenbar als Ende des mit „Schwer ist der" beginnenden Satzes anzusehen ist, in diese Richtung einer Überwindung der bisherigen Vorstellungen vom
‚Vaterland', in denen Körperbildlichkeit und Topographie enggeführt sind. Von
Engführung spreche ich deshalb, weil die verschiedenen Motivkomplexe relativ
unabhängig voneinander entwickelt werden und trotz der Parallelen und Homo-
logien je für sich bestehen können. Mit dem Ausruf „Nur Luft" wird die in den
letzten sechs Zeilen vorherrschende horizontale Vorstellungsebene (‚Vaterland',
‚kleiner Raum', ‚liegen') nach oben hin durchstoßen. Auch „Arm und Bein",
‚Füße' und ‚Hände', die gewöhnlich, der aufrechten Körperhaltung des Menschen
entsprechend, in der Vertikalen angeordnet sind, schienen bis zu diesem Punkt
durch den „kleinen Raum", durch die ‚Schwere' und das ‚Liegen' zum Erdboden
niedergedrückt und in eine horizontale Lage gezwängt zu sein. Das Verlassen
dieser Ebene ist jedoch zweischneidig: Der Ausruf kann seiner Knappheit wegen
sowohl als Ausdruck des Ringens nach frischer Atemluft bzw. als „Wunsch nach
Hinausdringen in den freien Äther"[673] wie auch als enttäuschte Äußerung über
einen Mangel an fester Substanz, als „Registrierung der Bodenlosigkeit"[674] gelesen werden. Die Befreiung aus der Knechtschaft des kleinen Raums verläuft also
– wie von mir vermutet – nicht über die Ausdehnung des Raums in der Horizontalen, sondern nur über die Durchbrechung dieser Ebene, indem man sich – so
könnte man vielleicht ergänzen – „mit Füßen oder den Händen auch" gegen das
zwanghafte Liegen wehrt. Dieser Durchbruch in den freien Luftraum, der sich
im Ausruf „Nur Luft" artikuliert, bewirkt jedoch nicht nur die Loslösung vom
Zwang der Ebene, sondern birgt zugleich die Gefahr in sich, allen Boden unter
den „Füßen" und damit die Sicherheit der irdischen Schwerkraft zu verlieren.
Die Fortsetzung des Textes scheint diese Gefährdung jedoch nicht zu bestätigen:

> Denn schlank steht
> | Und gehet |
> mit getreuem Rüken des
> der die Gelenke verderbt
> und tauget in den Karren
> der Deutschen Geschlecht.   (Z. 32-34, 36f., 39)

---

von einer Allegorie zu sprechen. Die Allmacht und Omnipräsenz des Vaters wird vorgestellt
als monströse Größe seines Körpers, als Vereinnahmung beinahe der gesamten „Erdkarte".
Diese Monstrosität des Vaters jedoch – und darin vor allem sehe ich die Parallele zu der
vorliegenden Hölderlin-Stelle – erscheint zugleich als ein Leiden: Der Vater ist über die Erde
„hin ausgestreckt" wie auf einer Folterbank; seine körperliche Konstitution raubt ihm selbst
ebenso wie dem Sohn jede Möglichkeit des Entkommens.

[673] Behre 1987, 240.
[674] Behre 1987, 240.

Bevor die Motivik in diesem Passus weiterverfolgt werden kann, ist allerdings zunächst auf dessen prekären textkritischen Status hinzuweisen: „Denn schlank steht" ist rechts von „Nur Luft.", aber eine halbe Zeile höher notiert, und zwar wahrscheinlich mit derselben Feder und im gleichen Arbeitsgang wie „Arm und Bein". Anders als dieses Segment, das als separate Notiz für sich stehen kann, verlangt die subjektlose Wendung „Denn schlank steht" jedoch nach einem syntaktischen Kontext. Nicht ganz auszuschließen ist eine Einbindung in die darüberstehende Zeile, also in den vorangehenden Satz: ‚Denn schlank steht mit Füßen oder den Händen auch nur Luft.' Demnach würden der Luft Füße und Hände zugeschrieben, mit deren Hilfe sie im Gegensatz zu dem schwer liegenden Subjekt des vorderen Hauptsatzes „schlank steht" – semantisch keine sehr überzeugende Lesart. Eine größere Affiniät besteht dagegen zwischen „Denn schlank steht" und dem zwei Zeilen darunter notierten Segment „mit getreuem Rüken des". In diesen Zusammenhang läßt sich auch das eine Zeile unter „Denn schlank steht" (das heißt eine halbe Zeile tiefer als „Nur Luft.") notierte, aber etwas weiter links ansetzende Syntagma „Und gehet" als ein zweites Prädikat bruchlos einfügen. Allerdings gehört „Und gehet" offensichtlich einem ganz anderen Entstehungskontext zu: Es ist nämlich mit derselben gespaltenen und nur unregelmäßig Tinte führenden Feder geschrieben wie das nochmals eine Zeile weiter unten beginnende, aber weit nach links, also zwischen die beiden Spalten gerückte Segment „Beim Hochzeit / reigen und Wan- / derstraus." (Z. 35-38) Ein syntaktischer Zusammenhang von „Und gehet" mit diesem Passus liegt also nahe, ist jedoch nicht zwingend. Das Segment „Und gehet" muß vielmehr auf seine Funktion innerhalb beider syntagmatischer Zusammenhänge untersucht werden. Schließlich ist darauf hinzuweisen, daß der Abstand der Zeile „mit getreuem Rüken des" zur folgenden Zeile so groß ist, daß – verglichen mit der engen Aufeinanderfolge der übrigen Zeilen in diesem Bereich der Seite – noch Platz für die Einfügung einer weiteren Zeile gewesen wäre, so daß möglicherweise eine Lücke anzunehmen ist. (Tatsächlich findet sich unterhalb von „getreuem" in der Handschrift [76, Z. 30] ein unleserliches Zeichen.) Im übrigen fällt auf, daß die letzten vier Zeilen des Abschnitts (ebenso wie die Zeilen 12, 14 und 16) nicht mit Versalien beginnen und daher offenbar (im Gegensatz zu den acht dazwischenstehenden Zeilen 24-33) nicht als Versanfänge konzipiert sind.

Die die Zwänge der Ebene durchbrechende Vertikale, die auch schon in „Nur Luft" angedeutet wurde, wird mit dem Segment „Denn schlank steht" unübersehbar verstärkt. Da dieses demnach das aus dem Ausruf „Nur Luft" nur Erahnbare expliziert, ist auch der Anschluß mit „Denn" verständlich. Der Gegensatz zu den beiden vorangehenden Zeilen liegt aber nicht nur in der um neunzig Grad gegenüber dem ‚Liegen' gedrehten Richtung, sondern darüber hinaus in der ‚Schlankheit' des Stehens, die die ‚Schwere' des männlichen Subjekts des letzten Satzes ablöst. Das Adverb „schlank" evoziert hier nicht nur das Bild eines aufrechten Stehens, sondern auch das einer wohlproportionierten Gestalt.

Das Segment „Und gehet" läßt sich ausgezeichnet in diese Zusammenhänge
einfügen. Mit dem zweiten Prädikat wird die Statik des bloßen Stehens verlassen,
ohne in das ebenso statische Liegen zurückzufallen; im Gehen treten Horizontale und Vertikale in eine dynamische Verbindung ein: Eine aufrechte Gestalt
bewegt sich in der Ebene. Damit ist allerdings nicht gesagt, daß „Und gehet"
in den momentan untersuchten Zusammenhang gehören *muß*; es ist durchaus
möglich, daß das Segment gleichzeitig dem Kontext „Beim Hochzeit / reigen
und Wan- / derstraus" zugehört. Es ist also nicht ausgemacht, ob sich die in
der nächsten Zeile anschließende adverbiale Bestimmung „mit getreuem Rüken"
auf „gehet", auf „steht" oder auf beide Prädikate bezieht. In jedem Falle reiht
sie sich in die Rede von den Körperhaltungen ein, die den gesamten Abschnitt
dominiert. Der ‚getreue Rücken' könnte ein solcher sein, der seine Funktion beim
Stehen und/oder beim Gehen gut erfüllt, der sich also aufrecht und gerade zu
halten vermag, aber auch flexibel ist, wenn es darum geht, beispielsweise in
starkem Wind das Gleichgewicht zu bewahren oder bei einer Wanderung die
Unebenheiten des Geländes auszugleichen.

Andererseits wäre es auch denkbar, daß der Rücken deswegen ‚getreu' ist, weil
er schwere Lasten zu tragen vermag. Metonymisch würde demnach dem Rücken
eine Eigenschaft zugeschrieben, die eigentlich eher dem Charakter des ganzen
Menschen zukommt: ‚Getreu' ist einer, der bedingungslos seine Pflichten erfüllt,
sogar um den Preis eigenen Leidens. Ein ‚getreuer Rücken' könnte also ebensogut
ein von schwerer körperlicher Arbeit gebeugter wie ein aufrechter Rücken sein.
Es ist also nicht entscheidbar, ob hier die vertikale Dimension konsequent weitergeführt oder aber durchbrochen wird zugunsten eines Rückfalls in die Sphäre
der Schwere und des Liegens (eine Lage, die unvermeidlich ist, wenn der ‚getreue
Rücken' sich zuviel aufbürdet und unter der schweren Last zusammenbricht).

Die syntaktische Funktion des an den Schluß der Z. 34 angehängten Wortes
„des" ist ebenfalls schwer zu bestimmen. Zunächst drängt sich die Vermutung
auf, daß es sich dabei um einen Artikel handelt, aber ein zugehöriges Nomen
ist nicht aufzufinden. Will man „des" dennoch als Artikel verstehen, muß man
eine Lücke zwischen dem Wort und dem Beginn der folgenden Zeile annehmen
– eine Annahme, die, wie bereits gesagt, auch graphisch plausibel ist. Möglich
ist jedoch auch, „des" als die heute veraltete Kurzform des Demonstrativpro-
nomens ‚dessen' bzw. ‚desjenigen' anzusehen. Diese Zweideutigkeit ist um so
gravierender, als von der Beantwortung der Frage nach dem Status des „des"
die syntaktische Struktur des ganzen Satzgefüges abhängt. Ich werde im folgenden in zwei separaten Lektüren die Bedeutungen des Satzgefüges und seines
Kontextes rekonstruieren, die sich aus den beiden konträren Annahmen ergeben.

Hält man „des" für ein Demonstrativpronomen, so stellt es eine syntaktisch
bruchlose Verbindung zwischen der adverbialen Bestimmung des Hauptsatzes,
„mit getreuem Rüken", und dem folgenden Relativsatz her. Es wäre also der
‚getreue Rücken' desjenigen gemeint, „der die Gelenke verderbt / und tauget in
den Karren". Diese Sequenz ist semantisch insofern ungewöhnlich, als ‚getreu'

durchaus positiv konnotiert ist, ‚verderben' aber eine starke pejorative Komponente hat. Ein ähnliches Spannungsverhältnis herrscht jedoch auch innerhalb des Relativsatzes, denn im Gegensatz zu ‚verderben' hat das intransitive Verb ‚taugen', das etymologisch eng mit ‚tüchtig' und ‚Tugend' zusammenhängt[675], eine sehr positive Grundbedeutung (‚wertvoll, geeignet sein').[676]

Will man versuchen, aus diesen konträren Bestandteilen ein kohärentes Bild zusammenzusetzen, so ist zunächst ein präzises Verständnis der Einzelelemente notwendig. Die Schwierigkeiten beginnen jedoch bereits auf dieser Ebene. Der erste Teil des Relativsatzes lautet „der die Gelenke verderbt": „verderbt" kann wegen des fehlenden Lautwechsels nicht die dritte Person Singular Indikativ Präsens sein (die lautet ‚verdirbt'), sondern nur die heute veraltete Form des Partizips Perfekt Passiv. Es handelt sich also um die in diesen Fragmenten häufig gebrauchte Verkürzung der Perfektform um das finite Hilfsverb. Es hat also jemand „die Gelenke" verdorben, so daß sie jetzt stark beschädigt oder sogar unbrauchbar geworden sind. Im Zusammenhang der Rede von den Körperteilen liegt es nahe, daß mit den ‚Gelenken' die beweglichen Verbindungen zwischen Knochen gemeint sind, die zum Beispiel die Beweglichkeit von „Arm und Bein" und von deren unteren Teilen, den „Füßen" und „Händen", gewährleisten. Auf der Vorderseite des Blattes wird sogar ein Gelenk ausdrücklich genannt, das für das aufrechte Stehen und Gehen des Menschen unentbehrlich ist: „Die Hüfte" (III, Z. 25). Wenn nun die Gelenke einer Person verdorben sind, so ist ihr eine aufrechte Körperhaltung, ein ‚schlankes Stehen und Gehen mit getreuem Rücken', nur noch schwer und unter Schmerzen möglich, und sie ist mitunter sogar auf die Unterstützung anderer oder auf mechanische Gehhilfen angewiesen. Das deutet darauf hin, daß derjenige, von dem hier gesprochen wird, nicht seine eigenen Gelenke (beispielsweise durch ein Übermaß an körperlicher Arbeit) zerschunden hat, sondern die anderer (indem er sie beispielsweise zu schwerer Arbeit gezwungen oder im Ringkampf durch unfaire Griffe zu Invaliden gemacht hat). Die zuvor beschriebene Haltung wäre also zu Lasten anderer eingenommen. Die Inkongruenz zwischen der verderblichen körperlichen Wirkung des Subjekts auf andere und seinem eigenen ‚getreuen Rücken' bleibt allerdings bestehen.

Offenbar derselbe, der die Gelenke ruiniert hat, „tauget in den Karren". Die Richtungsbestimmung wirkt ungewöhnlich; üblich sind nur zwei von ‚taugen' abhängige Adverbialkonstruktionen: ‚zu etwas' oder ‚für jemanden' taugen. Es scheint hier gemeint zu sein, daß jemand „in den Karren" hineinpaßt und damit für den Karren brauchbar ist, also einen Wagen ziehen, das heißt schwere körperliche Arbeiten (beispielsweise in der Landwirtschaft) verrichten kann. Das klingt eher so, als habe das männliche Subjekt mit seinem ‚getreuen Rücken' sich selbst schweren Anstrengungen unterworfen und dabei seinen Körper zwar für harte Knochenarbeit gefügig gemacht, aber in seiner Bewegungsfähigkeit

---

[675] Cf. Duden-Etymologie, 736 (s. v. taugen).
[676] Die konkurrierenden Lesungen ‚träget' und ‚beuget' statt „tauget" konnten oben (154 [Anmerkung 80] und 178) bereits mit graphologischen Argumenten verworfen werden.

und Gewandtheit stark geschädigt. Dieses Verständnis des Satzes hat gegenüber dem zuerst erwogenen den Vorzug, daß es eine Kongruenz zwischen den drei Elementen ‚getreuer Rücken‘, ‚verdorbene Gelenke‘ und ‚in den Karren taugen‘ gewährleistet. Der Bruch ist allerdings dadurch nicht eskamotiert, sondern nur in den ersten Teil des Satzes verlagert: Die Haltung des Mühseligen und Beladenen muß mit seinem schlanken Stehen und Gehen zusammengedacht werden. Trotz der Knechtung und Schädigung seines Körpers – so könnte man daraus schließen – ist dem Subjekt ein aufrechter Gang möglich.[677]

Nimmt man – wie ich es bislang getan habe – keine Lücke zwischen „des“ und dem Relativsatz an, so fehlt dem Hauptsatz bis zum Ende von Z. 37 ein Subjekt. Es bleibt also nur die – syntaktisch problemlose – Möglichkeit, den Schluß des Satzes, „der Deutschen Geschlecht“, als Subjekt anzusehen. Die ausdrückliche Wiederaufnahme der nationalen Problematik am Schluß des Satzes und des ganzen Textblocks ist überraschend, da am Satzanfang die im vorangehenden Satz begonnene Rede von den Haltungen des menschlichen Körpers bruchlos fortgesetzt wird, die nur wegen ihrer Engführung mit der Aussage über den „kleinen Raum“ als eine erkennbar ist, die – unter anderem – das „Vaterland“ zum Gegenstand hat. Auch die vier Zeilen zwischen Anfang und Ende des zitierten Passus verbleiben im Motivfeld Körperteile/Körperhaltungen/körperliche Arbeit; und so wird die zuvor entworfene, in sich relativ geschlossenen Szenerie vom Schluß des Satzes aus gesehen als Allegorie des deutschen ‚Geschlechts‘ instrumentalisiert.

„Geschlecht“ ist hier sicherlich nicht im Sinne von Sexus, sondern von Genus zu verstehen. Die alttestamentliche Rede von einem ‚Geschlecht‘, das sich auf einen Stammvater und eine Stammutter zurückführen läßt, wirkt vom heutigen Standpunkt einer hochkomplexen, virtuell multikulturellen Gesellschaft aus außerordentlich antiquiert, wenn sie auf eine Nation bezogen wird. Noch befremdlicher ist, daß „der Deutschen Geschlecht“ als eine einzige Person (als eine Art Leviathan) vorgestellt wird, die „schlank steht / Und gehet / mit getreuem Rüken“. Der folgende Genitiv ‚des(jenigen)‘ wirkt zwar verallgemeinernd, kann aber ebenfalls auf „der Deutschen Geschlecht“ bezogen werden: Es hat einen ‚getreuen Rücken‘ wie jemand, „der die Gelenke verderbt / und tauget in den Karren“. Beide von mir oben durchgespielten Bedeutungen des Relativsatzes bleiben möglich, wenn man die personifizierte deutsche Nation als Subjekt ansieht: Es ist nicht auszuschließen, daß „der Deutschen Geschlecht“ die „Gelenke“

---

[677] Alternativ wäre zu erwägen, ob mit den ‚Gelenken‘ nicht die Verbindungsstücke zwischen den Knochen, sondern diejenigen zwischen Maschinenteilen gemeint sind. Das Wort könnte somit auf den „Karren“, ein – wenngleich einfaches – mechanisches Transportmittel, vorausweisen. Allerdings macht es wenig Sinn, davon zu reden, daß jemand sich als Antreibender eines Fahrzeugs eignet, wenn die „Gelenke“ des Gefährts zuvor demoliert worden sind. Zudem wird das Bild der mechanischen Geräte und ihrer Bestandteile an keinem anderen Punkt wiederaufgenommen, so daß es sich um eine isolierte und damit weitgehend funktionslose Erwähnung handeln würde, wohingegen die Rede von den Körperteilen ein Leitmotiv des gesamten Textes ist.

eines anderen (Volkes?) verdorben hat und sich nun selbst „mit getreuem Rüken" in den „Karren" spannt, dabei aber seine vorherige Haltung (‚schlankes Stehen und Gehen') bewahrt. Kohärenter ist jedoch die alternative Lesung, zumal sie nicht auf einen ominösen und im Text gar nicht ausdrücklich genannten ‚anderen' Bezug nehmen muß: Das deutsche „Geschlecht" hat sich selbst die „Gelenke" ruiniert, indem es sich „mit getreuem Rüken" der Kärrnerarbeit unterworfen hat, aber diese Mühen und Beschädigungen rauben ihm nicht seinen bisherigen Stand und Gang.

Die in den Zeilen 24-32 nur *enggeführten* Motivkomplexe ‚Vaterland' und ‚menschlicher Körper' werden in dem sich über die Zeilen 32-39 erstreckenden Satz, so wie ich ihn bis jetzt gelesen habe, zu einer Allegorie *zusammengeführt*, in der die Körperbildlichkeit nur noch Darstellungsmittel der nationalen Problematik ist. Zugleich ist nicht mehr vom „Vaterland" die Rede wie zu Beginn des Abschnitts (Z. 24), sondern von „der Deutschen Geschlecht"; der Diskurs wird personifiziert und zugleich spezifiziert auf eine einzige Nation. Damit scheint die Gefahr eines bloß topographischen oder territorialen Denkens, durch das das „Vaterland" an die Begrenzungen der Horizontalen gefesselt wurde, überwunden zu sein zugunsten einer dynamischen, handlungs- und arbeitsorientierten Vorstellung von der deutschen Nation. Die durchgängige Körperbildlichkeit jedoch, die zur Veranschaulichung dieses Wandels dienen soll, deutet zugleich auf eine beklemmende Kontinuität hin, die Ergebnis einer Dialektik der Aufklärung ist: Der überdimensionale männliche Körper, der die Nation repräsentieren soll, hat nichts gemeinsam mit den Götterkörpern in klassischen oder klassizistischen Schilderungen und Bildnissen, sondern er wird durchgängig als ein leidender Körper dargestellt[678], sei es als einer, der auf zu kleinem Raum in der Ebene ausgestreckt ist, sei es als einer, der unter übermäßigen Anstrengungen zerschunden wird. Unter dieser Perspektive hat das Segment „Arm und Bein" (Z. 29) als eine Art Motto oder Überschrift der folgenden acht Zeilen seine Berechtigung: Zwar soll in ihnen die Befreiung der deutschen Nation aus den Beengungen des territorialen Denkens hin zu einer handlungs- und arbeitsfähigen Gemeinschaft poetisch dargestellt und präfiguriert werden. Aber die Bildlichkeit zeigt, daß, wo ein solcher Wandel körperlich wird, er mindestens ebensoviel neues Leiden schafft, wie er altes beseitigt. Nicht die triumphal strahlende deutsche Nation steht am Anfang und Ende dieses poetisch dargestellten Prozesses, sondern „Arm und Bein", ein Zustand der Zerstückelung der Glieder, die eigentlich je paarweise ihre Funktion im Gesamtzusammenhang eines Organismus erfüllen sollten.

Die bis hierher vorgetragene Lektüre des letzten Satzes und damit des ganzen Textblocks ab Z. 24 beruht auf der Voraussetzung, daß zwischen den Zeilen 34 und 36 keine Lücke anzunehmen ist und daher das „des" als Demonstrativpronomen anzusehen ist, das durch den Relativsatz erläutert wird. Zu ganz anderen

---

[678] Was nicht heißen soll, daß klassische Bildnisse frei wären von der Darstellung des Leidens – man denke nur an die Laokoon-Gruppe, die einige Jahre vor Abfassung des vorliegenden Fragments im Zentrum der kunsttheoretischen Debatte in Deutschland stand.

Ergebnissen kommt man dagegen, wenn man den großen handschriftlichen Abstand zwischen den beiden Zeilen ernst nimmt und das „des" als Artikel einstuft, dem das Nomen fehlt. Es müßte sich dabei um ein maskulines oder neutrales Substantiv handeln. Da weder dieses Genus noch der Umfang der Lücke eindeutig bestimmbar sind, ist es nicht mehr zwingend, daß sich der folgende Relativsatz auf die Genitivform zurückbezieht. Nimmt man dennoch einen solchen Bezug an, der nicht ausgeschlossen werden kann, so ergeben sich dieselben syntaktischen Verknüpfungsmöglichkeiten wie bei der ersten Lektüre. Unter der gegenteiligen Annahme jedoch tun sich ganz neue Möglichkeiten auf: Man könnte ein anderes, maskulines Bezugswort für den Relativsatz konjizieren bzw. das Bezugswort als in dem Relativpronomen „der" bereits enthalten ansehen: ‚derjenige, der' – eine syntaktisch nicht unkorrekte Verkürzung. Demnach stünde der Relativsatz stellvertretend für einen Nominativ, also das Satzsubjekt. Damit wird das Segment „der Deutschen Geschlecht" (das wegen der Inkongruenz des Genus auch bei einer etwaigen Vertauschung der Zeilen nicht als Bezugselement des Relativsatzes angesehen werden kann) der Subjektfunktion enthoben, und es ist zu erwägen, ob es in den Relativsatz integriert werden kann.

Daraus ergibt sich folgende Bedeutung des Satzgefüges: Das männliche Subjekt des Satzes ‚steht schlank und geht mit dem getreuem Rücken' einer nicht genannten anderen Person. Die Taten des Subjekts, die es zu dieser Haltung gebracht haben, werden im Relativsatz beschrieben: Es hat „die Gelenke" – seine oder die anderer – verdorben, und es „tauget in den Karren". Vielleicht ist es möglich – so möchte ich zu erwägen geben –, „der Deutschen Geschlecht" an diesen zweiten Teil des Relativsatzes als Akkusativobjekt anzuhängen. Zu diesem Zweck muß allerdings ‚taugen' – entgegen der üblichen Sprachpraxis – als ein transitives Verb gelesen werden, etwa in dem Sinne von ‚tauglich machen'. Hält man das für möglich, so wird hier ausgesagt, daß das Subjekt des Satzes das deutsche „Geschlecht" geknechtet und zu Frondiensten gezwungen hat. Auch der erste Teil des Relativsatzes ließe sich unter dieser Prämisse vereindeutigen: Die „Gelenke" der Deutschen wären es, die durch die von dem Subjekt auferlegte Zwangsarbeit zerschunden worden sind. Demnach wäre also in diesem Satz von einem mächtigen Unterdrücker der deutschen Nation die Rede, dessen Name nicht genannt wird.[679] Es ist nicht auszuschließen, daß es dasselbe Subjekt ist, das im vorangehenden Satz ebenfalls mit dem Pronomen „der" genannt wird. Der Gegensatz der Positionen des Subjekts in den beiden Sätzen (schweres Liegen auf der einen, schlankes Stehen und Gehen auf der anderen Seite) sowie das als ‚Gelenk' fungierende, schlußfolgernde „Denn" (Z. 32) legen es allerdings eher nahe, zwei verschiedene Subjekte anzunehmen: Dem einen fällt sogar das Liegen schwer, *weil* sich der andere souverän und auf Kosten anderer in Positur gebracht hat.

---

[679] Da schon diese textimmanente Hypothese auf nicht eben sicheren Füßen steht, halte ich es nicht für angebracht, über etwaige historische Applikationen (mit dem Subjekt dieses Satzes sei die französische Nation, Napoleon oder wer auch immer gemeint) zu spekulieren.

Diese zweite Lektüre des Passus ist noch weitaus befremdlicher als die erste, da in ihr ein oder mehrere ungenannte Subjekte eine zentrale Rolle spielen. Aber diese Vagheit der handelnden Instanzen liegt im Text selbst begründet: Die Pronomina und/oder Artikel „der" (Z. 30 und 36) und „des" (Z. 34) lassen es im dunkeln, von wem geredet wird. Eine Entscheidung zwischen den beiden konträren Lektüren ist nicht begründbar; nur zusammengenommen konstituieren sie die Bedeutung des Passus in seiner ganzen Komplexität. Der Text der Zeilen 29-39 ist also in der Schwebe gehalten zwischen dem Bild einer deutschen Nation, die sich um den Preis der Unterdrückung von Körperlichkeit aus ihren hergebrachten Bindungen befreit (erste Lektüre), und dem Phantasma eines Unterdrückers dieser Nation, der die Arbeit und das Leiden der Deutschen zur Stützung seiner eigenen Machtposition ausbeutet (zweite Lektüre). Beiden Lektüren gemeinsam ist die Vorstellung, daß es – jedenfalls bis zu der im Gedicht konstituierten Gegenwart – angesichts der Zwänge und Rückschläge auf der Ebene des Körpers keine Befreiung und volle Souveränität der deutschen Nation gibt und vielleicht auch nicht geben kann. Während die antiquierte Rede von „der Deutschen Geschlecht" auf den ersten Blick heutige Leser und Leserinnen eher abzuschrecken geeignet ist, macht die im Text selbst – namentlich in den Nuancierungen der Körperbildlichkeit – entwickelte Dialektik diesen Passus aus heutiger Sicht dennoch lesbar und reizvoll.

Z. 35-37 (Bruchstück, Mitte)

Beim Hochzeit
reigen und Wan-
derstraus   (Z. 35-37)

Dieses Segment findet sich links neben dem zuletzt untersuchten Satzgefüge, in der Mitte zwischen der linken und der rechten Spalte. Die zweimalige Zeilenbrechung inmitten eines Wortes, durch die die aus nur vier Wörtern bestehende Notiz über drei Zeilen verteilt wird, kann als relativ eindeutiges Indiz dafür gelesen werden, daß das Segment erst nach der Niederschrift des zuletzt untersuchten Textes in den Freiraum in der Seitenmitte eingefügt wurde. Eine sinnvolle semantische Einbindung des Notats in die handschriftlich benachbarten Kontexte ist nicht erkennbar: Durch die übrigen Segmente zwischen den beiden Spalten zieht sich als Leitfaden ein moralisch-psychologischer Diskurs („dran schuldig.", Z. 27; „ein Gewissen", Z. 38; „des Menschen / Herz betrüblich.", Z. 47 und 45); in der linken wie in der rechten Spalte ist auf dieser Höhe der Seite von ‚vaterländischen' Problemen die Rede. Hier dagegen wird zunächst mit einem einzigen Wort die Szenerie eines Festes evoziert: Der gemeinsame Tanz aller Hochzeitsgäste markiert nicht nur den Höhepunkt der Feier für alle Beteiligten, sondern steht stellvertretend für die Hochzeit selbst, die – im Rahmen der bürgerlichen Familienvorstellungen – einer der glücklichsten Momente im Zusammenleben zweier Liebender sein sollte. Während auf der ersten der von mir untersuchten Seiten unter Aussparung aller Subjekte nur von den Orten und

Zeiten der ‚Tänze' (I, Z. 30) die Rede war, scheint der „Hochzeit / reigen" einen wahrhaft erfüllten Augenblick zu indizieren.

Das zweite Nomen des Segments dagegen ruft ganz andere Vorstellungen hervor; das ungewöhnliche Kompositum ‚Wanderstrauß'[680] ist als Konstellation seiner beiden Bestandteile zu verstehen: Im Gegensatz zu dem – bei aller Bewegtheit – für einen Augenblick in sich ruhenden, weil wunschlosen ‚Hochzeitreigen' ist jede Wanderung Ausdruck eines Mangels, eines Fortstrebens vom Hier und Jetzt. Die Phasen der Unrast sind unvermeidlich; sie gruppieren sich um die Augenblicke der Erfüllung (wenn sie diese überhaupt zulassen). Was dagegen mit dem durch die ‚Wanderung' bestimmten ‚Strauß' gemeint ist, ist durchaus zweideutig: Es könnte sich um ein Blumengebinde handeln, das zu Beginn oder am Ende einer Wanderung überreicht oder während dieser gepflückt wird; es könnte jedoch auch ein heftiger Streit[681] damit gemeint sein. Ein solcher ‚Wanderstrauß' wird beispielsweise in der letzten Bearbeitungsstufe von „Mnemosyne" (auf dem allerletzten, dem Folioheft beiliegenden Blatt) ausgefochten:

> Ein Wandersmann geht zornig,
> Fernahnend mit
> Dem andern   (nach HF 92, Z. 11-14; StA II.1, 198, Z. 32-34 [‚Dritte Fassung'])

Es ist des fehlenden Kontextes wegen nicht auszumachen, ob an der vorliegenden Stelle ein Streit zwischen Wanderern oder die versöhnliche Botschaft der Blumen gemeint ist; in jedem Falle weist der ‚Wanderstrauß' auf die alltägliche Ruhelosigkeit hin, die die festtägliche Ausgeglichenheit allzuschnell einholt.

Das einleitende „Beim" zeichnet das gesamte Segment als adverbiale Bestimmung aus, der allerdings der Kontext, den sie bestimmen könnte, fehlt. Es kann sich um eine temporale oder eine lokale Bestimmung handeln. Daß zwei grundlegend unterschiedliche Zeitpunkte bzw. Orte genannt werden, könnte als Verweis auf einen Sachverhalt gelesen werden, der zu allen Zeiten und an allen Orten anzutreffen ist, hier jedoch nicht genannt wird. Da diese Lektüre mangels einer syntaktischen Einbindung des Notats nicht sehr weit trägt, drängt sich eine weitere Vermutung auf: „Beim" kann auch als Eidesformel verstanden werden, als Übersetzung des griechischen μά, das auf der Vorderseite (III, Z. 8) zitiert wird. Ein Subjekt würde demnach bei den ausgeglichenen wie den ruhelosen Momenten des Lebens etwas schwören. Über diese Vermutung läßt sich im übrigen doch noch eine Verbindung zu der unmittelbar unter diesem Segment zu findenden Notiz „ein Gewissen" (Z. 38) herstellen: Die Gewissensinstanz regt sich unter anderem, wenn ein Eid nicht eingehalten wurde. Der von Sattler vorgeschlagene Anschluß des Segments an die letzten Notate der Vorderseite dagegen ist reine Spekulation: „Beim Hochzeit / reigen und Wan- / derstraus" ist und bleibt ein Bruchstück ohne eindeutig identifizierbaren Kontext.

---

[680] Das Wort ist in keinem der einschlägigen Wörterbücher (Zedler, Adelung, Grimm) verzeichnet.

[681] Cf. Grimm, Bd. 10.3 (1957), Sp. 1005-1014 (s. v. ²strausz): „heftiger auftritt; gefecht, wortwechsel" (Sp. 1005).

Diese Behauptung bleibt auch gültig, wenn man „Und gehet" (Z. 33) nicht in den Zusammenhang der rechten Spalte einordnet, sondern dem zuletzt untersuchten Notat voranstellt. Damit wird das dynamische Moment, das im „Wan- / derstraus" enthalten ist, noch stärker betont. Die Bedeutungsbreite der adverbialen Bestimmung wird aber nicht eingeschränkt: Es kann sich auch in diesem Falle um eine Temporal- oder Lokalbestimmung oder aber um eine Eidesformel handeln. Das Segment „Und gehet" selbst jedoch wird – aus weiteren syntaktischen Kontexten herausgelöst – zweideutig: Ob es sich bei der Verbform um eine dritte Person Singular handelt, der das Subjekt fehlt, oder um einen Imperativ Plural, ist nicht eindeutig auszumachen. In letzterem Falle kann das Segment als Aufforderung verstanden werden, nicht nur die Augenblicke der Erfüllung und die der Unruhe in einem Gleichgewicht zu halten, sondern die Bewegung über alles zu setzen, um die Gefahr der Saturiertheit zu überwinden. Das Syntagma „Und gehet" kann somit auch semantisch ebensogut in den Zusammenhang der rechten Textspalte eingeordnet wie zu dem Segment „Beim Hochzeit / reigen und Wan- / derstraus" gezogen werden.

Z. 42-48 (Bruchstücke, rechts und Mitte)

Wohl muß
Denn Umsonst nicht ehren der Geist
Das Schiksaal. Das
Will aber heißen
Der Sonne Peitsch und Zügel.   (Z. 42-44, 46, 48)

Diese Zeilen sind – mit einem Abstand von mehr als drei Zentimetern zu dem größeren Textblock der rechten Spalte – ganz in die rechte untere Ecke der Seite gedrängt und stellen daher – wenn man den bei deutschsprachigen Texten üblichen Lesegewohnheiten auch angesichts dieses ungewöhnlichen Materials folgt – den letzten Text auf dieser Seite und somit auch den Abschluß des auf den Seiten 73 bis 76 des Homburger Foliohefts entworfenen Fragmentmaterials dar. Geht man von diesem Punkt aus – ebenfalls wie gewohnt – zum oberen Teil der folgenden rechten Seite über, so findet sich dort unübersehbar und zentriert (neben einigen rechtsbündigen Notizen) die Überschrift „Kolomb." Dort beginnt also unzweifelhaft ein neuer Fragmentzusammenhang, der unter anderem vom Seefahren handelt und sich vermutlich bis Seite 82 erstreckt, da oben auf Seite 83 wiederum eine Überschrift folgt: „Luther." Es ist also legitim, die vorliegende Analyse bei den zitierten Zeilen einhalten zu lassen und diese auch daraufhin zu untersuchen, inwiefern sie als ein Abschluß dieser Seite, der letzten zwei oder aller vier Seiten angesehen werden können.

Was diesen von mir in fünf Zeilen wiedergegebenen Notizen allemal fehlt, ist eine innere Abgeschlossenheit. In der Handschrift sind nämlich – schlimmer noch als in dem darüberstehenden Textblock, in dem wenigstens Gruppen von Wörtern klar als solche identifizierbar sind – die einzelnen Wörter so verstreut oder ineinandergeschrieben, daß sich kaum eine Abfolge oder Zeilengrenze eindeutig ausmachen läßt. Hinzu kommt die Wiederholung und Streichung mancher Segmente; so heißt es in der Handschrift beispielsweise nach „Das Schiksaal." zuerst „Das heißt", dann – nach Streichung von „heißt" – „Das will heißen"; schließlich wird das Segment in erweiterter Form, angehängt ans Ende der folgenden Zeile, nochmals notiert: „Das / Will aber heißen". Die letzten drei Worte stehen auf der untersten Kante des Blattes, die – wie von der Vorderseite her bekannt – zum Teil weggebröckelt ist. Sie sind aber dennoch lesbar, und es scheint hier kein Textverlust entstanden zu sein. In den letzten beiden Zeilen steht nunmehr „Der Sonne Peitsch und Zügel." vor „Das / Will aber heißen". Es ist aber mangels einer plausiblen Alternative unzweifelhaft, daß „Der Sonne Peitsch und Zügel" Gleichsetzungsnominativ zu dem ihm in der Handschriftenzeile unmittelbar folgenden Subjekt „Das" ist.[682] Relativ eindeutig können auch „der Geist" als Subjekt und „Das Schiksaal" als Akkusativobjekt des voranstehenden Satzes identifiziert werden, dessen Prädikat ‚muß ehren' lautet. Fraglich ist dagegen – angesichts der mehr als verwirrenden Verteilung der Elemente dieses Satzes über vier Handschriftenzeilen (76, Z. 37-40) – der Status der Verneinung durch „nicht" sowie der Partikeln „Wohl", „denn" und „Umsonst". Hierin steckt zu guter Letzt noch eins der kniffligsten textkritischen Probleme dieser Seiten, das wahrscheinlich nicht eindeutig auflösbar ist. Meine Textkonstitution ist angesichts dieser Sachlage nicht mehr als ein Versuch (unter anderen möglichen), eine nicht allzu sinnwidrige Abfolge herzustellen, ohne den handschriftlichen Befund zu sehr zu verzerren. Im übrigen bleibt kein anderer Weg, als die möglichen Kombinationen der Elemente einzeln durchzuspielen.

Wahrscheinlich wurde zuerst „Wohl muß" und nach einer Lücke, die Raum für etwa ein Wort läßt, auf derselben Höhe „ehren" notiert. Das „Wohl" am Satzanfang ist vermutlich als Indiz für eine Einräumung, ein Zugeständnis zu verstehen, während möglicherweise im nächsten Satz (angezeigt durch das „aber", Z. 46) eine Kompensation des hier genannten Sachverhalts angeführt wird. Denkbar ist darüber hinaus, daß – wie Beißner (StA II.2, 952, Z. 22f.) annimmt – in einem Zuge mit „Wohl muß   ehren" darunter, aber etwas weiter links einsetzend, „Das Schiksaal" niedergeschrieben wurde. Die Verknüpfung dieser Elemente erlaubt es, „Das Schiksaal" als Subjekt zu verstehen; demnach wäre gesagt, daß das Schicksal gezwungen ist, etwas zu ehren, was noch zu nennen wäre. Ebensogut kann die freigelassene Stelle aber auch die des Subjekts sein, so daß dem Segment „Das Schiksaal" von vornherein die Objektposition zukäme. Tatsächlich gibt es ein Segment, das eindeutig als Subjekt ausgewiesen ist: „der Geist". (Statt „Geist" wurde zuerst „Sonne" niedergeschrieben, aber wieder gestrichen – offenbar ein Vorgriff auf das Segment „Der Sonne Peitsch und Zügel" einige Zeilen weiter unten.) Allerdings ist dieses Subjekt nicht in die Lücke eingefügt, sondern die beiden Wörter sind oberhalb bzw. rechts unterhalb von „ehren" hingestreut.

---

[682] Im Gegensatz zu allen anderen Herausgebern setzt Sattler statt dessen hier das noch eine Zeile weiter oben stehende Element „Das Schiksaal" ein, während er „Der Sonne Peitsch und Zügel" als Objekt in den ersten Satz hineinzieht. Nichts spricht für die Plausibilität einer solchen Vertauschung der Satzglieder; sie muß daher als willkürlich bezeichnet werden.

Dennoch wäre die Aussage, der Geist müsse das Schicksal ehren, unzweideutig, wäre nicht links oberhalb von „ehren", also vor „der", die Negation „nicht" plaziert. Möglicherweise kann die Aussage also auch als negierte gelesen werden. Zwischen die beiden Zeilenanfänge „Wohl muß" und „Das Schiksaal" schließlich sind die Wörter „Denn Umsonst" eingefügt. Mutmaßlich war zunächst das mit einer Majuskel beginnende „Umsonst" als Zeilen- oder Satzanfang vorgesehen, und es wurde danach das „Denn" ohne Änderung des Anfangsbuchstabens von „Umsonst" und ohne ein trennendes Satzzeichen vorgefügt. Das „Denn" gibt dem Satz einen begründenden Charakter, aber der ist prekär, denn ein Anknüpfungspunkt an vorangehende, zu begründende Aussagen ist nicht auszumachen. Obwohl das „nicht" weiter oben notiert ist, liegt es – auch vom Schriftduktus her – nahe, es an „Umsonst" anzuschließen: Das negierte ‚umsonst' findet sich noch an zwei anderen Stellen auf diesen Seiten (II, Z. 32 und III, Z. 23) und meint dort in etwa ‚mit Absicht' oder ‚nicht vergeblich'. Es könnte also mit dieser Wendung hier der Sinn dessen betont werden, daß der Geist das Schicksal ehren muß. „Wohl" und „Denn Umsonst nicht" könnten somit als Varianten angesehen werden, die sich nicht ausschließen, sondern ergänzen: Zum einen wird die Notwendigkeit des Ehrens eingeräumt, zum anderen betont, daß das Ehren oder auch die Notwendigkeit selbst nicht sinnlos ist. Aber man sollte diesen Vorschlag nicht zur Möglichkeit stilisieren, alle Zweifel und Widersprüche aus diesem Passus zu eskamotieren: Auch das genaue Gegenteil des eben Gesagten bleibt angesichts des unklaren Befundes möglich (wenngleich unwahrscheinlich); vielleicht wird gerade gesagt, daß der Geist das Schicksal nicht ehren müsse oder daß eine solche Ehrung vergeblich sei.

In jedem Falle wird in diesen wie Mosaiksteine auf verschiedene Weise an- und ineinanderfügbaren Bruchstücken das Verhältnis des Geistes zum Schicksal durchgespielt. Es ist das erste Mal auf diesen vier Seiten, daß „der Geist" schlechthin auftaucht; bisher gab es ihn nur im Plural (als ‚freundliche Geister' [II, Z. 36] oder ‚seelige Geister' [IV, Z. 2f.]) oder spezifiziert als „Nachtgeist" (I, Z. 3), ‚heiliger Geist' (II, Z. 45) oder „Thiergeist" (III, Z. 15). Angesichts des Fehlens eines Kontextes ist kaum zu bestimmen, ob mit dem „Geist" hier ein Gott gemeint ist, ein spirituelles Prinzip oder das Movens der Ratio (alle drei Bedeutungen können im übrigen Werk Hölderlins vielfach belegt werden). Dieser Geist unterliegt dem Zwang oder der Verpflichtung, das Schicksal zu ehren (bzw. es wird – selbst bei der Annahme einer Negation – ein solches Müssen immerhin als denkbar dargestellt). Bereits zwei Seiten weiter vorne wurde das „Schiksaal" (neben dem Mond) als eine der elementaren, ‚auferziehenden' Mächte genannt (II, Z. 48); und hier wird es sogar als einziger Gegenstand der Verehrung aufgeführt. „Das Schiksaal" bezeichnet die unüberschreitbare Grenze der Autonomie: Der „Geist" kann die Weltläufte zwar beeinflussen, aber nicht beherrschen, den Schlägen des Schicksals sind die rationalen und spirituellen Vermögen der Menschen – und nach antiker Vorstellung auch der Götter – letztlich hilflos ausgeliefert. Es ist daher ratsam und förderlich, das Schicksal nicht nur zu erdulden, sondern auch zu „ehren" – das scheint die demütige Lehre dieser Zeilen zu sein. Aber der

prekäre handschriftliche Befund läßt wie gesagt auch das Gegenteil dessen als
möglich erscheinen; vielleicht wird gerade die Sinnlosigkeit des Schicksals und
die Notwendigkeit des Aufbegehrens gegen es propagiert. Diese Zweideutigkeit
ist unbefriedigend, aber unaufhebbar.

Glücklicherweise ist der zweite Satz des Fragments, der letzte auf dieser Seite,
nicht mit ganz so vielen Unwägbarkeiten belastet. Das Demonstrativpronomen
„Das" ist Subjekt des Satzes. Es liegt am nächsten, daß es sich auf das unmittelbar voranstehende Objekt des letzten Satzes, „Das Schiksaal", zurückbezieht;
denkbar ist jedoch auch ein Bezug auf den im letzten Satz – allerdings äußerst
vieldeutig – genannten Sachverhalt insgesamt: die Notwendigkeit der Schicksals-
verehrung oder aber deren Negation. Das Verb ‚heißen' scheint, da der folgende
Gleichsetzungsnominativ „Der Sonne Peitsch und Zügel" kein Name ist, hier
nicht im Sinne von ‚den Namen haben' gebraucht zu sein, sondern im Sinne
von ‚bedeuten', also einen explikativen Sprechakt auszudrücken. Aufschlußreich
ist, daß die einfache Form des Prädikats, „heißt", unzweideutig verworfen und
durch die modale Umschreibung „Will aber heißen" ersetzt wurde. Zwar handelt
es sich dabei um eine geläufige Wendung, aber das Moment des Wollens, das damit zum Ausdruck kommt, sollte nicht unterdrückt werden. Diese Seite kommt
besonders zum Tragen, wenn man „das" nicht auf den ganzen letzten Satz bezieht, sondern nur auf dessen Objekt. Damit würde dem „Schiksaal" selbst ein
Wille zugesprochen, und zwar der Wille zu „heißen", also etwas zu bezeichnen
oder zu bedeuten, aber auch – um eine weitere Bedeutung des Verbs heranzuziehen – zu befehlen. Das Schicksal selbst enthält demnach in sich den Impuls,
als „Der Sonne Peitsch und Zügel" verstanden zu werden. Betrachtet man den
vorangehenden Satz ebenfalls unter dieser Perspektive, so wird deutlich, daß
auch in diesem – und damit in dem gesamten Bruchstück – das „Schiksaal" das
Willenszentrum ist, denn die Notwendigkeit oder der Zwang, denen der „Geist"
unterliegt, sind höchstwahrscheinlich von keiner anderen Instanz verhängt als
dem Schicksal selbst. Dem Geist bleibt nur die Alternative, sich verehrend oder
verweigernd diesem ‚Müssen', hinter dem das ‚Wollen' des Schicksals steckt, un-
terzuordnen; eine eigenständige Gestaltungsmöglichkeit wird dem Geist nicht
zugestanden. So gesehen, erscheint die Frage, ob sich „Das" auf das „Schiksaal"
oder auf den ganzen letzten Satz bezieht, nur als syntaktische Marginalie, der
keine weiterreichende Bedeutung für das Verständnis des Bruchstücks zukommt.

„Der Sonne Peitsch und Zügel." Diese offenbar allegorische Wendung, mit der
zum Ausdruck gebracht wird, als was das „Schiksaal" verstanden sein will, ist
mehrdeutig wie vieles in diesen Zeilen. Das betrifft zunächst den Status den Genitivs: Führt die Sonne „Peitsch und Zügel", oder wird sie von ihnen beherrscht?
Unabhängig von der Beantwortung dieser Frage ist die Vorstellung unverkennbar – ähnlich wie in dem Bruchstück unten auf Seite 74, „Die Rosse / bis über /
den Gurt. / Des G" (II, Z. 50-53) – der Praxis der Zähmung und Nutzung von
Pferden entlehnt; und die Anwendung solcher Bilder auf den Lauf der Sonne ist
im griechischen Mythos vom Sonnenwagen sowie in seiner poetischen Rezeption

zum Topos geworden.[683] So wird beispielsweise auch in der Ode „Dichterberuf"
die Situation geschildert,

> wenn der Gott
> Stillsinnend lenkt, wohin zorntrunken
> Ihn die gigantischen Rosse bringen.　　　　　　　(FHA 5, 560, V. 26-28)

Auch hier ist in der Schwebe gehalten, wer die Initiative hat: ob der Gott die
Pferde mit seinem ‚stillsinnenden Lenken' wirklich dirigieren kann oder ob er
ihrem ‚zorntrunkenen' Drängen ausgeliefert ist. Eine strukturelle Unklarheit des
Bildes, die sich nicht nur an dieser Stelle, sondern in fast allen Gestaltungen
des Mythos findet, liegt darüber hinaus darin, daß kaum zu sagen ist, wer oder
was in diesem Bild eigentlich die Sonne repräsentiert: die Pferde, der Wagen,
der Gott oder das ganze Ensemble? Vieles spricht dafür, daß es Helios selbst
mit seinem Strahlenkranz und seinen Sonnenpfeilen ist, und auch der Mythos
vom tragischen Scheitern seines Sohnes Phaëthon scheint die Unersetzbarkeit des
Gottes zu bestätigen. Allerdings stellt sich dann die Frage, wozu der Sonnengott
überhaupt Wagen und Rosse für seinen Lauf braucht.

Die dem Mythos inhärente Unsicherheit über den Status des Handlungssub-
jekts kommt auch an der vorliegenden Stelle zum Tragen. Da jedoch „Der Sonne
Peitsch und Zügel" hier zur Erklärung des Schicksals gebraucht wird, liegt es
nahe, daß es nicht primär um Machtverhältnisse innerhalb des Sonnenwagens
geht, sondern um das Verhältnis zwischen Sonne und Menschen. Diese nehmen demnach hier die Rolle der Pferde ein, die vom Licht der Sonne in einem
vorangetrieben und gehemmt werden.[684] Der Sonne wird damit eine Funktion
zugeschrieben, die sonst – der Ode „Der Frieden" zufolge – eine andere göttliche
Instanz innehat:

> Die du geheim den Stachel und Zügel hältst
> Zu hemmen und zu fördern o Nemesis!　　　　　　(FHA 5, 643, V. 17f.)

Die Göttin der Rache und der ausgleichenden Gerechtigkeit straft und belohnt
und sorgt damit für eine gerechte Verteilung von Glück und Recht zwischen
den Menschen. Sie ist zwar mit dem „Schiksaal" nicht von vornherein identisch;
denn dieses wird als Tyche personifiziert. Allerdings werden beide Göttinnen
auch in der griechischen Überlieferung schon eng einander angenähert oder sogar verschmolzen.[685] Das Rad der Nemesis, das mit seinen Drehungen Glück

---

[683] Bennholdt-Thomsen (1967, 61, Anm. 149) weist darüber hinaus auf Ilias VIII, 19 hin, wo
von einer am Himmel befestigten ‚goldenen Kette' die Rede ist. Platons Sokrates erläutert die
Stelle: Hier sei von nichts anderem als der Sonne die Rede, und Homer habe zeigen wollen,
„solange der gesamte Umkreis in Bewegung ist und die Sonne, solange *sei* auch Alles und bleibe
wohlbehalten bei Göttern und Menschen, wenn aber dieses einmal wie gebunden stillstände,
so würden alle Dinge untergehn und, wie man sagt, das Unterste zuoberst gekehrt" (Theait.
153cd, übs. Schleiermacher). Hier ist also eindeutig von einer gebundenen und keiner bindenden
Sonne die Rede; zudem fehlt gegenüber dem vorliegenden Segment der Kontext von Pferd und
Wagen, so daß *dieser* Kontext in „Der Sonne Peitsch und Zügel" nur sehr entfernt anklingt.
[684] So auch Allemann 1959, 209.
[685] Cf. Ranke-Graves 1984, 110-112.

in Unglück und dieses wieder in Glück verwandelt, entspricht dem Lauf des
Sonnenjahrs.[686] An der vorliegenden Stelle werden offenbar dieser Mythos und
der des Sonnenwagens übereinandergelegt, so daß die Sonne als Schicksalsin-
stanz Instrumente in die Hand bekommt, die ihr in den hergebrachten Mythen
nicht zugeschrieben werden. Damit werden die relativ abstrakten Personifikatio-
nen der griechischen Mythen wieder auf die Gestirne und sinnlich erfahrbaren
Naturelemente zurückgeführt.

Die Rede von der zugleich gefährlichen wie lebenspendenden Herrschaft der
Sonne über die Menschen zieht sich durch alle vier hier untersuchten Seiten:
Auf den Seiten 73 und 75 werden Landschaften und Lebensbedingungen unter
sengender Sonne beschrieben (cf. I, Z. 24; III, Z. 13-15); auf der Seite 74 ist vom
Leben der „Barbaren" (und vielleicht auch anderer Menschen) unter der Alleinherrschaft von „Sonne und Mond" (II, Z. 46) die Rede. Diese Motive werden
in der Allegorie von „Der Sonne Peitsch und Zügel" noch einmal aufgegriffen.
Allerdings kann nicht gesagt werden, daß sie an diesem Punkt zusammengeführt
würden, denn die evokative Kraft der drei vorangehenden Stellen fehlt dem vorliegenden Abschlußpassus bei weitem. Das liegt vermutlich daran, daß das Bild
hier zur bloßen Illustration eines im vorangehenden Satz schon genannten, ja
eigentlich sogar im Begriff „Schiksaal" schon enthaltenen Sachverhalts herangezogen wird.

Nicht auszuschließen ist, daß das links neben diesen Zeilen, ebenfalls am unteren Rand in versetzter Reihenfolge notierte Segment „des Menschen / Herz
betrüblich." (Z. 47 und 45) in diesen Zusammenhang hineingehört. Allerdings
nimmt es eine gänzlich andere Perspektive ein: Während in den eben untersuchten fünf Zeilen allein von der objektiven, ehernen Notwendigkeit des Schicksals
die Rede ist, dem der Geist sich entweder unterwerfen oder widersetzen muß,
wird in diesem kurzen Segment das Innere der menschlichen Psyche thematisiert.
Man könnte es insofern als komplementär ansehen und etwa folgendermaßen paraphrasieren: Wenn das Schicksal zugeschlagen hat, ist das Herz des Menschen
in einem betrüblichen Zustand. Enger scheinen mir jedoch die Verbindungen der
Notiz zu den beiden ebenfalls in der Mitte zwischen den Spalten zu findenden
Textfetzen „dran schuldig." (Z. 27) und „ein Gewissen" (Z. 38) zu sein, in denen
es ebenfalls um die Sphäre der Innerlichkeit geht.

Die fünf Zeilen in der rechten unteren Ecke der letzten der vier Seiten haben
sich als recht matter Abschluß erwiesen. Sie erreichen weder die mythologische
Komplexität des Abschnitts links unten auf der zweiten Seite (II, Z. 50-55) noch
die ruhige Harmonie der Zeilen rechts daneben (II, Z. 54-58), noch die ungeheure,
‚kristallene' Polydimensionalität der letzten Zeilen der Vorderseite (III, Z. 54-
57). Ob die Zeilen 42-48 daher im emphatischen Sinne als ‚Schluß' der Seite oder
gar der letzten beiden oder aller vier Seiten angesehen werden können, ist mehr
als fraglich.

---

[686] Cf. Ranke-Graves 1984, 111.

7 Zusammenfassung der Interpretation der Seite IV (76)

Bei einer ersten Lektüre vermittelt die Seite 76 des Homburger Folioheftes den Eindruck, daß hier Texte sehr unterschiedlicher Länge und Qualität, die in keiner linearen Abfolge und in keinem sonstigen erkennbaren Zusammenhang miteinander stehen, über das Blatt verstreut worden sind: Die Seite wirkt so wie eine Materialsammlung, ein Steinbruch oder eine Werkstatt für ein oder mehrere Gedichte (vielleicht auch für Texte anderer Genres), die weder hier noch – soweit unsere heutige Kenntnis der Überlieferung reicht – an anderer Stelle ausgeführt wurden.

Die genaue Analyse des Textmaterials dieser Seite konnte diesen Eindruck im wesentlichen bestätigen. Dabei bin ich allerdings hier wie auch bei den vorangehenden Seiten von der Einsicht ausgegangen, daß die Annahme eines nur provisorischen Charakters eines Textes unproduktiv ist, solange eine ausgearbeitete Fassung desselben Materials pure Fiktion ist.[687] Ich habe daher die vorliegenden Texte auf ihren Eigenwert hin befragt. Dabei hat sich gezeigt, daß auf der Seite fünf Textkomplexe entworfen sind, die relativ unabhängig voneinander sind, zwischen drei und neunzehn Zeilen umfassen und – mit Ausnahme einer dreizeiligen Notiz im oberen Bereich der Seite – in zwei Spalten notiert sind. Die beiden Spalten bestehen aus je einem umfangreichen Textkomplex im mittleren Bereich der Seite (19 bzw. 16 Zeilen; der rechte Block etwas weiter unten beginnend als der linke) sowie einem kürzeren Notat am Fuß der Seite (4 bzw. 5 Zeilen). In den Zwischenraum zwischen den beiden Spalten sind fünf Textfetzen eingelagert, die jeweils nur aus einem bis vier Wörtern bestehen und die untereinander teilweise einen motivischen Zusammenhang bilden, jedoch zum Teil auch auf die Texte der linken und/oder rechten Spalte beziehbar sind. Es ist somit eine gewisse strukturelle Symmetrie zwischen den Texten dieser Seite entlang der vertikalen Mittelachse erkennbar, die sich nicht unmittelbar aus den graphischen Befunden ergibt. Die Interpretation der einzelnen Segmente hat allerdings gezeigt, daß es verfehlt wäre, aus einer solchen Symmetrie einen übergreifenden – und sei es auch antithetischen – Zusammenhang der Texte dieser Seite zu konstruieren. Es handelt sich vielmehr um ein Ensemble von autonomen Einzeltexten, die allerdings nicht völlig beliebig nebeneinandergesetzt worden sind, sondern zwischen denen aufschlußreiche motivische Bezüge bestehen. Ein direkter Anschluß einzelner Segmente an Textzusammenhänge der Vorderseite, wie er von vielen Editoren vorgeschlagen worden ist, ist daher nicht nur unnötig, sondern er zerstört ein fragiles Netz intertextueller Bezüge auf dieser Seite. Das heißt

---

[687] Das gilt um so mehr, als die neuere Editionsphilologie mit guten Gründen dafür plädiert, die Privilegierung von Reinschriften und sonstigen Endstufen der Textentwicklung zu überwinden und alle Textfassungen (also bei nur handschriftlicher Überlieferung: Notizen, Entwürfe, Reinschriften und Überarbeitungen) als gleichwertig anzusehen. Cf. Scheibe 1971, 33; Martens 1989, 20f.; Zeller 1989, 9f.

jedoch nicht, daß sich nicht auch motivische Beziehungen zu den vorangehenden Seiten beobachten ließen.

Relativ abgelöst von den übrigen Texten der Seite ist – nicht nur unter topographischer Perspektive – das dreizeilige, mit „Die Purpurwolke" beginnende Notat oben auf der Seite, mit dem die auf Seite 74 unternommenen Versuche wiederaufgenommen werden, die Alpen nicht nur als geschichtsträchtigen Raum zu lesen, sondern auch zur Projektionsfläche für Voraussagen über künftige Entwicklungen zu machen. Ein Bezug läßt sich eventuell zur weiter unten (Z. 22 und 24) entfalteten zentralen Thematik des ‚Vaterlandes' herstellen: Deutschland könnte als eine der beiden ‚Seiten' der Alpen verstanden werden; die ‚vaterländische' Perspektive würde damit in ihrer Bedeutung relativiert und in einen größeren geographischen oder geschichtsphilosophischen Zusammenhang gestellt. In diesem Sinne eines kryptischen Verweises, der sich erst bei der genauen Lektüre des Folgenden ansatzweise erschließt, kann die obere Notiz (ähnlich wie die ersten beiden Zeilen der Seite 74) als eine Art Motto oder Überschrift der Seite verstanden werden.

Aufschlußreiche motivische Beziehungen sind auch zwischen den beiden in zwei Spalten nebeneinandergestellten großen Textblöcken zu beobachten. Die Parallelen betreffen die Problematik des Verhältnisses von Subjektivität, Intersubjektivität und „Vaterland" sowie das Motiv der körperlichen oder handwerklichen Arbeit. In der linken Spalte sind diese Themen und Motive in einen religiös-moralischen Diskurs eingebettet. Das Schlagwort zu Beginn „Heidnisches / Jo Bacche" wird dabei subvertiert und zur Seite gedrängt durch christliche Vorstellungen, die mit der Geschicklichkeit und Redlichkeit handwerklicher Arbeit, aber auch mit der zerstörerischen Gewalt Gottes konnotiert werden. Der Versuch des Wir, in diesen zum Zerreißen gespannten Gegensätzen ein stabiles Selbstverständnis zu finden, scheitert. Statt dessen reklamiert das Ich die „Rede vom Vaterland" für sich und wehrt alternative Entwürfe ab. Damit wird das im ‚Vaterlands'-Begriff enthaltene Ideal eines friedfertigen Gemeinwesens seiner elementarsten Voraussetzung, der Intersubjektivität, beraubt. Tatsächlich kann das Ich den mit dieser hybriden Rede erhobenen Anspruch nicht einlösen und flüchtet sich in den religiösen Diskurs – jedoch ohne daß dieser Lösungen der vielen angerissenen Probleme anzubieten hätte. In dem großen Textkomplex der linken Spalte wird also ein mehrdimensionaler Prozeß des Scheiterns dargestellt.

Das umfangreiche Textsegment der rechten Spalte kann als Gegenentwurf zu dieser Schilderung gelesen werden. Es entfaltet die Einsicht, daß das „Vaterland", der institutionelle Ort gelingender Verständigung einer größeren, komplexen Gruppe von Menschen, nicht auf einen Schlag durch Subreption anzueignen ist, sondern nur in mühevollen kollektiven Anstrengungen. Daher werden geopolitische Vorstellungen als unhaltbare Konzeption des ‚Vaterlandes' zurückgewiesen. In dem obersten Bruchstück der rechten Spalte kommt zum Ausdruck, daß die handwerkliche Arbeit, die in der linken Spalte uneingeschränkt als Modell erfolgreicher und per se legitimierter Tätigkeit angeführt wird, sich auch mit

Materialien minderer Qualität beschäftigen muß oder sogar selbst ‚mittelmäßige‘ Produkte herstellt. Das kann, bezogen auf den folgenden Text, so verstanden werden, daß das „Vaterland" etwas ist, was nicht einfach erarbeitet werden kann, sondern daß zum Gelingen noch etwas weiteres (hier nicht Genanntes) hinzukommen muß. Das Grundmotiv dieses Abschnitts ist jedoch der arbeitende und leidende Körper. Körperlichkeit und Intersubjektivität stehen trotz oder vielleicht sogar wegen aller Anstrengungen als unversöhnte Gegensätze nebeneinander; das Einzelsubjekt, das zur Versöhnung dieser Spaltung dringend benötigt würde, ist offenbar zerfallen in seine Körperteile: „Arm und Bein". Das Ich, das sich in der linken Spalte so schrill zur alleinigen Instanz der Rede deklariert hat, schweigt hier wie in allen übrigen Segmenten der Seite völlig.

Das subjektive Moment findet sich dagegen in drei der kurzen Textschnipsel zwischen den beiden Spalten wieder. Vielleicht kann man in diesen einen Versuch sehen, das Scheitern des in den beiden großen Textblöcken dokumentierten Bemühens, eine adäquate Vorstellung vom ‚Vaterland‘ zu gewinnen, aufzufangen in der Instanz des moralischen Subjekts, das „ein Gewissen" entwickelt und sich daher „dran schuldig" fühlt. Ein Blick ins Innere dieses Subjekts wird in der Notiz vom unteren Seitenrand evoziert, mit der ein Motiv von der Vorderseite (III, Z. 26) zitiert und weitergeführt wird: „des Menschen / Herz betrüblich." Interessant ist im übrigen, daß in allen drei kurzen Notizen Ansätze von Subjektivität aufscheinen, ohne daß die Instanz des Ich zur Sprache kommt.

Die beiden etwas längeren Textsegmente, die links und rechts von der zuletzt genannten Notiz am unteren Seitenrand zu finden sind, nehmen in gleichsam chiastischer Anordnung Grundmotive der beiden großen Textblöcke wieder auf: Das Bruchstück in der rechten unteren Ecke, der Anordnung nach der letzte Text auf dieser Seite, thematisiert und allegorisiert die Unterwerfung der Menschen unter das „Schiksaal". Damit wird die in den mit „Heidnisches" einsetzenden Passagen begonnene Thematik des Verhältnisses von Subjektivität und göttlicher Gewalt weitergeführt, allerdings mit einer gegenläufigen Tendenz: Während im Textverlauf der linken Spalte die Sphäre der griechischen Götter zurückgedrängt wird zugunsten des Einen christlichen Gottes, ist die in der rechten unteren Ecke angeführte Schicksalsergebenheit eine genuin ‚heidnische‘ Form von Religion, ja die Rede von der Herrschaft der Sonne bedeutet sogar eine Rückkehr zu den früh- und vorgriechischen, ‚barbarischen‘ Religionsformen.

Das Segment links unten auf der Seite dagegen knüpft an das in dem großen Textblock der rechten Spalte zentrale Motiv der Körperlichkeit an. Hier jedoch scheint eine Lösung auf, wie Körperlichkeit und Intersubjektivität zu versöhnen wären: durch „Scheue", die frei von Kälte ist, und durch das Ablegen dieser „Scheue", durch eine unabsichtliche Geste des Geschehenlassens: „Ein linkisches." Während in der gegenüberstehenden Notiz das „Schiksaal" als eine Instanz eingeführt wird, die sich selbst in der Gewalt der Sonne allegorisiert sehen *will*, ist hier von einem *Willen zum Geschehen* die Rede, der sich selbst zurücknimmt, indem er sich als ‚Ablegen‘ und Beiherspielen realisiert.

In den drei Segmenten am unteren Seitenrand werden drei zentrale Bestandteile des Menschen genannt: die „Leber", das „Herz" und der „Geist". Davon ist die Leber, der Ort, an dem die wichtigsten Körpersäfte produziert und chemisch umgewandelt werden, zwar ganz Teil des Körpers, zugleich aber auch Sitz des Charakters, der – der traditionellen Psychologie zufolge – Produkt der je spezifischen Kombination von Körpersäften ist. Das Herz dagegen ist zwar ebenfalls lebensnotwendiges Organ, aber andererseits als Sitz der Seele durch metaphorische Abstraktion schon weit von körperlichen Vorgängen entfernt. Der Geist schließlich ist kein Organ, sondern unkörperliche, freischwebende Instanz, Inbegriff des Menschen als Animal rationale. Vielleicht ist es kein Zufall, daß die intensivste Konzeption des Menschen in der engsten Verschlingung von Körperlichkeit und Subjektivität erreicht wird: in der Rede von der „Leber", die fadeste dagegen in der körperlosen Rede vom „Geist". Allen drei Konzeptionen jedoch ist – ebenso wie den Notizen zwischen den Spalten – gemeinsam, daß sie ohne Artikulation eines Ich auskommen. Möglicherweise wird hier also eine Form von Subjektivität entworfen, die nicht mehr darauf angewiesen ist, „ich" zu sagen.

In der Mitte der Kurztexte zwischen den Spalten und damit in einer zentralen Position des auf der Seite 76 entworfenen Textmaterials (obwohl im unteren Drittel des Handschriftenblattes niedergeschrieben) findet sich das auch durch Duktus und Feder herausstechende Segment „Beim Hochzeit / reigen und Wan- / derstraus". In ihm wird eine spannungsreiche Einheit von Ruhe und Dynamik, Ausgleich und Aufbruch skizziert. Während sich im ‚Hochzeitreigen' die Subjekte für einen Augenblick vereinigen, ohne stillzustehen, aber auch ohne miteinander zu verschmelzen, sind im ‚Wanderstrauß' einzelne unterwegs („Und gehet"), streiten sich miteinander (‚Strauß' als Streit) oder tauschen Zeichen der Zuneigung aus (‚Strauß' als Blumengebinde). Auch die hier angedeutete Versöhnung von Subjektivität und Intersubjektivität, die das Moment des Streits als ein unverzichtbares in sich aufgenommen hat, kommt ohne die Artikulation der Instanzen Ich und Wir aus. Dieser Sachverhalt könnte als ein weiteres Indiz dafür gelesen werden, daß das Zur-Sprache-Kommen von Ich und Wir einer gelingenden Konzeption von Subjektivität und Intersubjektivität eher abträglich ist.

Die auf der Seite 76 entworfenen Texte – so ist abschließend zu sagen – erreichen bei weitem nicht die thematische Geschlossenheit der vorangehenden Seiten; es läßt sich zwischen ihnen kein großer Bogen ausmachen, wie er auf den Seiten 73 und 74 unter der Überschrift „Das Nächste Beste.", aber auch auf der Seite 75 aufgespannt wird und noch das disparateste Material in ein poetisch entwickeltes und verfolgtes Projekt einzubinden vermag. Es gibt kein gemeinsames Band, das die Fragmente dieser Seite zusammenhält, außer einigen Strukturanalogien und motivischen Parallelen. Offensichtlich sind darüber hinausgehende Verknüpfungen auch gar nicht versucht worden. Erst recht lassen sich die Texte nicht als Fortsetzung des Textzusammenhangs der Vorderseite oder einzelner seiner Teile ansehen. Die beiden Seiten stehen also relativ abgeschlossen je für sich, und die Seite 76 zerfällt noch weiter in eine Konfiguration relativ autonomer Segmente.

IV   Schluß

1   Der Zusammenhang der Seiten 73 bis 76

Die Frage nach dem Zusammenhang der vier Handschriftenseiten, von der meine
Untersuchung ausging, soll nun in einem kurzen Rückblick auf das Erarbeitete
noch einmal aufgegriffen und – soweit möglich – abschließend beantwortet werden. Ganz bewußt spreche ich hier nicht von einer Zusammenfassung der gesamten Analyse, hat sich doch bereits bei den summierenden Überblicken über
den Gedichtkomplex „Das Nächste Beste." (Seite 73 und 74) sowie über den auf
der Seite 75 entworfenen Textzusammenhang und die auf der Seite 76 notierten
Segmente gezeigt, daß das in diesen Fragmenten Gedichtete kaum zusammenzu-
fassen ist, sondern daß es sich allein einem Ineinanderwirken von mimetischem
Nachvollzug und kritischer Rekonstruktion der Einzelelemente und ihres Bezuges
zueinander erschließt. Diese Verfahrensweise wird von den vorliegenden Texten
nicht nur implizit gefordert – durch ihre spezifische Textur, in der die Verständ-
nisschwierigkeiten, aber auch die erhellendsten Erkenntnisse ins kleinste Detail
eingelagert sind –, sondern sie läßt sich auch explizit aus jenem Diktum herauslesen (als eine seiner vielen Bedeutungen), das über die Seite 75 gesetzt ist, also
genau in der Mitte der vier Seiten steht und von dort ausstrahlt über diese Fragmente: „Die apriorität des Individuellen / über das Ganze." Andererseits wäre es
verfehlt, wenn dieses Diktum als Alibi herhalten müßte für einen Denkverzicht,
für ein Vorgehen, das die Frage nach dem Ganzen gar nicht mehr stellt, denn von
einer Ablösung oder gar Auflösung des Ganzen ist ja in dem elliptischen Satz
nicht die Rede; vielmehr wird versucht, das Ganze vom Individuellen ausgehend
neu und anders als gewohnt zu denken. Ebenso – so meine These, die, wie ich
hoffe, durch meine Einzelanalysen einige Plausibilität erhalten hat – wird in
den vorliegenden Fragmenten versucht, das Ganze neu und anders zu gestalten
als in den meisten, auf organologischen Grundvorstellungen aufbauenden klassizistischen Dichtungen der Zeit um 1800. Das am Ende einer so voluminösen
Untersuchung verständliche Interesse an einer Antwort auf die Frage nach dem
Ganzen dieser vier Seiten ist also auch von der Sache her völlig berechtigt. Die
folgenden Ausführungen, in denen versucht wird, das – mit Benjamin zu sprechen
– Gedichtete dieser Texte als ein Ganzes zu denken, müssen sich allerdings von
verifizierbaren Details entfernen und begeben sich damit auf ein ungeschützteres,
offeneres Gelände als das der Detailanalyse. Ich fasse zunächst meine Einwände
gegen die starke Annahme einer engen Zusammengehörigkeit des Materials als
Entwurf zu einer einzigen Hymne noch einmal zusammen und versuche dann,
vor diesem Hintergrund meine gemäßigtere These, auf den vier Seiten finde sich

ein Ensemble relativ autonomer, aber zusammengehöriger Texte, abschließend
zu präzisieren und plausibel zu machen.

Auf den vier Handschriftenseiten ist kein großer, strophisch gegliederter, ‚vaterländischer Gesang‘ entworfen. Mit textkritischen Mitteln konnte oben bereits
die These einer durchgehenden linearen Abfolge und einer strengen, gleichmäßigen Gliederung des Materials verworfen werden. Die Interpretation hat darüber
hinaus gezeigt, daß es zwar einen durchgehenden Textzusammenhang auf den
ersten beiden Seiten sowie auf der dritten Seite (mit einem scharfen Einschnitt in
der Mitte) gibt, daß sich aber diese beiden Komplexe nicht aneinanderknüpfen
lassen, sondern daß auf die beiden Schlüsse der zweiten Seite ein polydimen-
sionaler und zögerlicher Neuanfang auf der dritten Seite folgt. Die vierte Seite
schließlich ist nicht nur gegenüber den drei vorangehenden autonom, sondern
die einzelnen auf ihr entworfenen Segmente sind ebenfalls voneinander relativ
unabhängig.

Zu verwerfen ist über diese formalen Einwände hinaus auch die These, bei den
Texten dieser vier Seiten oder auch nur einem Teil davon handle es sich um den
Entwurf einer ‚Hymne‘, eines der ‚vaterländischen Gesänge‘, wie sie Hölderlin
in den Briefen an Wilmans projektiert hat. Dazu fehlen diesen Texten neben
der formalen Geschlossenheit zwei entscheidende Voraussetzungen: ein besunge-
ner Gegenstand und der hymnische Duktus des Sprechens. Ein kurzer Blick auf
die Variationen hymnischen Sprechens in dieser Phase von Hölderlins Dichtung
kann helfen, das Verhältnis der vorliegenden Texte zu diesem Œuvre schärfer
zu konturieren. Hölderlin hat ohne Frage in der Zeit nach 1800 (und auch noch
nach 1802) Hymnen geschrieben, beispielsweise „Die Wanderung“, „Der Rhein“,
„Friedensfeier“, „Germanien“, „Patmos“ und „Der Einzige“. Möglicherweise geht
jedoch bereits durch diese Gruppe ein Bruch: In den beiden zuletzt genannten
Gedichten versucht das artikulierte Ich, ein adäquates Verhältnis zu Gott und
zu Christus als dem menschgewordenen Gott zu finden, sei es über unmittelbare, gebetsähnliche Ansprache des als Gegenüber vorgestellten ‚Einzigen‘, sei
es vermittelt über die neutestamentlichen Erzählungen von den Menschen, die
direkten Umgang mit dem Messias hatten. Die beiden großen Gedichte verfügen
somit zwar über die beiden oben genannten Charakteristika hymnischen Sprechens, nämlich einen emphatisch-anredenden, vielleicht streckenweise auch ge-
sangsähnlichen Duktus und einen angeredeten Gegenstand des Lobpreises, aber
die formale Geschlossenheit geht im Zuge der Umarbeitungen der Widmungsfassung von „Patmos“ mehr und mehr verloren, und beim ‚Einzigen‘ wird sie
in keiner der zahlreichen überlieferten Handschriften auch nur annähernd erreicht. Nebenmotive werden neu aufgenommen und drängen sich zunehmend in
den Vordergrund, und andere, vornehmlich konkret-beschreibende Weisen des
Sprechens brechen hervor und verzögern und stören den hymnischen Gestus.
Ein ähnlicher Befund liegt auch bei „Mnemosyne“ vor, einem Gedicht, bei dem
– dem ersten Anschein formaler Abgeschlossenheit zum Trotz, den das Gedicht
in den verschiedenen Leseausgaben vermittelt – die Zugehörigkeit einer ganzen

Strophe strittig ist. Epische und emphatische Sprechhaltungen wechseln sich in schneller Folge ab; und ich neige dazu, hier eher von einem Trauergedicht als von einer Hymne zu sprechen.[1] Auch in „Andenken" greifen Beschreibungen, Erzählungen und Anreden ineinander; und der Titel signalisiert bereits unmißverständlich, daß es in diesem Gedicht nicht um den Lobpreis einer angeredeten Instanz geht, sondern um eine ganz andere Weise des Weltverhältnisses. Zumindest in den letzten vier hier genannten Gedichten[2] läßt sich also eine Auflösung der hymnischen Form beobachten, deren Ergebnis vielschichtig ist: Das Hymnische wird nicht aufgegeben, aber ihm werden andere Sprechweisen und damit andere Formen des Verhältnisses zur Welt und zu den Angeredeten entgegengesetzt. Damit wird zugleich die Geschlossenheit eines einheitlichen Sinns aufgebrochen, und dieser Vorgang kann, muß aber nicht mit einem Zerbrechen der äußeren Form einhergehen.[3] Man kann vielleicht von einer neuen Stufe im lyrischen Werk des Autors insofern sprechen, als die Texte zwar alle auf das Ideal der Hymne oder des ‚Gesangs' bezogen bleiben, aber in negativer Weise: Mindestens je eins der für Hymnen unabdingbaren Merkmale ist unwiederbringlich aufgegeben oder verloren. Ob die Texte als Konsequenz daraus zusammengenommen oder je für sich als Paradigmen einer neuen Form oder neuer Formen der Lyrik anzusehen sind, wäre im einzelnen zu prüfen. In diesem Feld einer aufgelösten, aber nicht verschwundenen hymnischen Form bewegen sich auch die vorliegenden Entwürfe.[4] Das zeigt sich bereits gleich zu Beginn: Wollte man „Das Nächste Beste.", die Überschrift der ersten beiden Seiten, als Hymnentitel

---

[1] Haverkamp präzisiert die Weise, wie in „Mnemosyne" hymnisches Sprechen überwunden werde: Bemerkenswert an der Zitation der Mythen in diesem Gedicht sei, „wie die Form des tragischen Monologs (Sophokles) und das Schema des Heldenpreises (Pindar) gemischt werden; nämlich derart, daß Pindars Schema, die Herleitung des Helden aus seiner Heimat (Ajax aus Salamis), durch den sophokleischen Monolog (im *Aias*) ausgefällt und gesprengt wird" (Haverkamp 1991, 54f.).
[2] Möglicherweise kann auch ‚Der Ister' zu dieser Gruppe gezählt werden, als eine fragmentarisierte, von Fragen und Zweifeln durchsetzte Weiterentwicklung der großen Flußdichtungen, als deren Höhepunkt zweifellos „Der Rhein" anzusehen ist.
[3] Umgekehrt ist nicht jede fragmentarische Hymne dieser späten Schicht einer sich auflösenden Hymnik zuzuordnen. So sind „Der Mutter Erde" und „Am Quell der Donau" zwar fragmentarisch überliefert, aber der Duktus des hymnischen Sprechens ist in ihnen noch ungebrochen. „Wie wenn am Feiertage ..." ist ein Grenzfall zur anderen Seite hin: Wie Szondi gezeigt hat, ist die Hymnik hier gebrochen, weil sie sich erst zu entwickeln beginnt und mit ihr noch andere Sprechweisen interferieren. Schließlich wäre in einer noch ausstehenden umfassenden Darstellung von Hölderlins später Lyrik zu untersuchen, inwieweit selbst in den scheinbar vollendetsten Hymnen wie „Friedensfeier" und „Der Rhein" – ähnlich wie in denen von Hölderlins Vorbild Pindar – das Nebeneinander verschiedener (auch nichthymnischer und nichtlyrischer) Schreibweisen und Sprechhaltungen und das Moment des Bruchs festzustellen sind und ob sich solche Spannungen und Inkonsistenzen wirklich mit Hilfe von Hölderlins eigener Theorie des ‚Wechsels der Töne' zureichend beschreiben und erklären lassen.
[4] Inwieweit in dem mit „der Vatikan" einsetzenden Textkomplex (HF 89 und 88) sowie den auf Einzelblättern überlieferten „Griechenland"-Entwürfen noch andere Formen lyrischen Sprechens realisiert sind als auf den hier untersuchten Seiten, kann in dieser Studie leider nicht mehr untersucht werden.

verstehen, so müßte man von einer Ironisierung der Hymnik sprechen, die sich
hier keinen erhabenen Gegenstand, sondern einen ganz alltäglichen und sogar
ständig wechselnden als Objekt des Lobpreises gewählt hätte. Die folgenden Seiten enthalten zwar an einigen Stellen Splitter und Schwundstufen hymnischen
Sprechens (am deutlichsten am Fuß der dritten Seite in der beschwörenden Anrede an die „Blüthen von Deutschland"), aber als ‚hymnische Entwürfe' sind sie
angesichts der vielfältigen anderen in ihnen realisierten Sprechweisen und Motive nicht zulänglich beschrieben. Einen Passus von der zweiten Seite kann man
geradezu als – wenngleich bedauernde – Verabschiedung der Hymnik lesen:

> Sonst in Zeiten
> Des Geheimnisses hätt ich, als von Natur, gesagt,
> Sie kommen, in Deutschland. Jezt aber, weil, wie die See
> Die Erd ist und die Länder, Männern gleich, die nicht
> Vorüber gehen können, einander, untereinander
> Sich schelten fast, so sag ich.   (II, Z. 14, 16-19, 21)

Was ‚sonst', in den besseren Zeiten der Hoffnung, möglich war, die hymnische
Vorhersage der Ankunft der Götter, ist ‚jezt', in einer veränderten, von Zwie-
tracht gekennzeichneten Situation, nicht mehr realisierbar, und auch ein alternatives Sprechen stellt sich nicht sogleich ein, sondern es bleibt zunächst nichts
als der einfache, hilflose Gestus des Sagens selbst. Die auf den vier Seiten entworfenen Texte sind, von diesem Gesichtspunkt aus betrachtet, ein tastender
und immer wieder neu ansetzender Versuch, zu erproben, was angesichts dieser
neuen Situation noch gesagt werden kann und welche poetischen Mittel dafür zur
Verfügung stehen. Dieser Versuch hat kein Ergebnis in dem Sinne, daß am Ende
der Produktion bzw. Rezeption dieser vier Seiten ein fertiges Konzept vorläge,
wie nachhymnisches lyrisches Sprechen möglich sei. Das einzige Ergebnis, das
dieser Versuch gehabt hat, ist die Dokumentation des Versuchs selbst, wie sie
uns noch heute auf den Seiten 73 bis 76 des Homburger Folioheftes vorliegt –
und das ist schon eine ganze Menge.

Die Annahme, bei den Texten handle es sich um ein Ensemble oder eine Konstellation von zum Teil abgeschlossenen, zum Teil fragmentarischen Gebilden
verschiedener Textsorten, hat sich angesichts dieser in der Sache selbst liegenden
Unsicherheiten über den Status des Materials als eine fruchtbare Arbeitshypothese erwiesen. Allerdings müssen einige in dieser Hypothese enthaltene Ideali-
sierungen richtiggestellt werden. Insbesondere hat sich gezeigt, daß die Vorstellung einer Konstellation bei diesem Textmaterial nicht auf eine abgeschlossene
Menge von Texten beschränkt werden kann. In einer Konstellation zueinander
stehen beispielsweise auch die drei von Goethe in seiner Gedichtausgabe letzter
Hand unter dem Titel „Trilogie der Leidenschaft" zusammengestellten lyrischen
Texte; es gibt aber nur eine endliche und recht kleine Anzahl von Möglichkeiten, die drei Gedichte „An Werther", „Elegie" und „Aussöhnung" zueinander in
Beziehung zu setzen.

Ganz anders stellt sich die Lage bei den vorliegenden, allein auf den vier Foliosei-
ten überlieferten Texten dar: Hier werden nicht in sich geschlossene Texte neben-

oder hintereinandergesetzt, sondern die syntagmatischen Zusammenhänge innerhalb der Texte selbst werden auf vielfältige Weisen geöffnet. Die einfachste dieser Möglichkeiten besteht in den paradigmatisch angeordneten Varianten, wie sie sich an zwei Stellen des allerersten Textabschnitts, später aber nur noch vereinzelt finden. Wir wissen nicht, welche der Varianten an die betreffende Stelle ‚gehört‘ und müssen daher alle innerhalb des jeweiligen Kontextes erproben. Mit jeder dieser Möglichkeiten ändert sich aber die Bedeutung nicht nur der Stelle, sondern, von dieser ausstrahlend, des ganzen Kontextes. Gravierender noch ist der umgekehrte Fall, daß einzelne Segmente verschiedenen syntagmatischen Zusammenhängen zugehören können (z. B. II, Z. 23 und IV, Z. 33), also gleichsam in diese eindringen und sie von innen her öffnen und somit als eine Art Weiche zwischen zwei verschiedenen Textverläufen wirken. Weiterhin stellt sich bei vielen am Rand notierten Stichwörtern die Frage, ob ihre randständige Position signifikant oder akzidentell ist, ob sie also gezielt als ein Kontrapunkt zum linearen Textverlauf zu verstehen sind oder aber an einer bestimmten Stelle in diesen eingefügt werden können und sollen. Dieses Problem wird noch komplizierter, wenn zwei oder mehr längere Texte neben- oder ineinandergeschrieben sind, so daß prinzipiell jedes einzelne der Elemente des einen mit jedem einzelnen Element des anderen Textes der räumlichen Nähe wegen in einen Bezug treten könnte – was jedoch tendenziell die Auflösung der syntagmatischen Zusammenhänge zur Folge hätte. Diese Auflösung schließlich findet sich tatsächlich an einigen Stellen, wenn nämlich die Segmente so ineinandergeschrieben sind, daß sich keine eindeutige Abfolge zwischen ihnen mehr ausmachen läßt (z. B. III, Z. 47-53).

Der Begriff der Konstellation darf also bei den vorliegenden Seiten nicht in dem Sinne verstanden werden, daß eine festgelegte Anzahl klar umrissener und in sich geschlossener Texte vorläge, die in Beziehung zueinander treten, sondern jeder Text selbst ist eine variable und offene Menge, gleichsam je für sich schon eine Konstellation von Elementen. Die somit in die Mikrostrukturen der Texte eingelagerte Konstellation sieht nicht nur von jedem Betrachtungspunkt aus anders aus, sondern sie kann auch jeweils andere Elemente in sich aufnehmen; und jedes einzelne dieser Elemente hat nicht etwa eine fest umrissene Gestalt und klar ausgebildete Struktur, sondern es erscheint in jedem neuen Kontext in einem anderen Licht.[5] Das hat die Konsequenz, daß, wo sich alle Begrenzungen

---

[5] Der Kunsthistoriker und Gadamer-Schüler Gottfried Boehm hat in diesen Eigenschaften einen Grundzug moderner Kunstwerke ausgemacht: In Bildern von Cézanne oder Mondrian sei jeder einzelne Baustein „zugleich von den verschiedensten Seiten her aktivierbar und fungibel, d. h. mit einer Überbestimmtheit ausgestattet. Kein einziges dieser Elemente ist also *mit sich selbst identisch*, keines verfügt über eine eindeutige Identität, einen stabilen *Selbstverweis*. [...] Erst über Kontexte gewinnen die ikonischen Elemente einen Sinn. Die erwähnte Überbestimmtheit ist die Barriere gegen jede Vereindeutigung, gegen den erfolgreichen Zugriff des Begriffes (der Sprache überhaupt). Sie ist aber auch die Triebfeder, die uns veranlaßt, als Betrachter zurückzukehren; sie ist der Grund dafür, daß wir nicht satt werden bei der Betrachtung, das gleiche Gebilde sich unter unseren Augen stets zu erneuern scheint. Jede Bedeutung, die wir im Bilde realisieren, bleibt an diese Alterität der Elemente gebunden."

aufzulösen scheinen, auch das Textkorpus der Seiten 73-76 an seinen Rändern auszufransen droht, und zwar syntagmatisch in die umgebenden Texte des Foliohefts hinein (beispielsweise in die erste Seite des „Kolomb"-Entwurfs), aber auch paradigmatisch in andere Texte des Autors, in denen vergleichbare Formulierungen wie auf den vorliegenden Seiten gebraucht sind.[6]

Das Moment von Einheit und Ganzheit scheint somit auf diesen vier Seiten gänzlich aufgelöst zu sein zugunsten einer tendenziell unendlichen Menge nicht festlegbarer Bezüge von Elementen variabler Größe; und mäanderartig scheint das Material über seine Grenzen hinauszudrängen und zu seinem Verständnis die Einbeziehung zumindest der gesamten Texte des Homburger Foliohefts, wenn nicht des Gesamtwerks des Autors zu erfordern.

Diese Diagnose, die die Analyse in Ratlosigkeit und Verzweiflung zu führen droht, ist – wie es bei hermeneutischen Fragen häufig der Fall ist – richtig und doch verfehlt. Denn zum einen ist – wie sich gezeigt hat – die Beschränkung der Analyse auf eine klar umgrenzte Menge von Textmaterial nicht nur aus darstellungstechnischen Gründen zwingend erforderlich, sondern auch gut begründbar und durchführbar, ohne daß deswegen der Blick über die äußeren Begrenzungen des Analysegegenstandes verstellt sein müßte. Zum anderen zeichnet sich das auf den vier Seiten entworfene Material zwar durch äußerste Komplexität und Fragilität der immanenten und transzendenten Bezüge aus, aber es ist, wie ich hoffe gezeigt zu haben, von der Beschaffenheit einer wabernden Masse von Zeichen weit entfernt. Die Vielschichtigkeit der textuellen Bezüge freizulegen, erfordert den subjektiv-rekonstruktiven Zugriff des Interpreten oder der Interpretin, der immer wieder an der Textur des Materials zu überprüfen ist. Der hymnische Passus, der als eine Art Gegenlager zum Diktum über die „apriorität des Individuellen" am Fuß derselben Seite notiert ist, kann in diesem Sinne als Leitlinie für die Lektüre gelesen werden:

> und mich leset o
> Ihr Blüthen von Deutschland, o mein Herz wird

(Boehm 1990, 476) Folgt man diesen Überlegungen, so läßt sich vielleicht sagen, daß in den vorliegenden Gedichtfragmenten die „Alterität der Elemente" in die Sprache selbst eingedrungen ist, in das Medium der – mit Saussure (1967, 12 und 145) zu sprechen – „Artikulation" und „Differenzierung". Damit wäre ein weiteres Indiz für die radikale Modernität dieser Fragmente gefunden.

[6] Lefebvre (1989, 421) spricht daher zu Recht von einer sich stetig vergrößernden „‚zone d'explosion' du texte", die schließlich das ganze „ensemble du *Cahier de Hombourg*" (ibd.) erfasse. (Das gleiche Bild verwendet übrigens Hans-Jost Frey für die Veränderungen zwischen den Oden „Der blinde Sänger" und „Chiron": „Aber was hier mit dem Text geschieht, kann nicht mehr als Umarbeitung verstanden werden. Eher handelt es sich um eine Explosion des Textes, dessen auseinandergerissene Splitter sich an verschiedenen Stellen des neuen Textes niedersetzen." [Frey 1990, 95]) Die Geste der Entgrenzung hat zuerst Hans Blumenberg als essentielle Eigenschaft der modernen Lyrik ausgemacht: „Der Perspektivismus, den der Roman seit Balzac in seine Erzähltechnik, in sein Darstellungssystem selbst einbeziehen konnte, aber doch mit der Fixierung des Lesers auf die jeweils ins Spiel gebrachte Perspektive, wird in der Lyrik oder im Werk der bildenden Kunst gleichsam als Netz besetzbarer Variablen in den Raum um das Werk hinausprojiziert." (Blumenberg 1966, 176)

> Untrügbarer Krystall an dem
> Das Licht sich prüfet   (III, Z. 54-57)

Ein Ich erklärt sich hier selbst zum Gegenstand der Lektüre und richtet sich an die „Blüthen von Deutschland" als seine Rezipientinnen. Gleich darauf wird der Vorgang der Rezeption in ein weiteres Bild gefaßt: als Licht, das in einen Kristall einfällt und sich an dessen Brechungen prüft.[7] Zwar wird hier unmittelbar körperbildlich das „Herz" des Ich als Medium der Lichtbrechung vorgestellt, aber wenn wir diesen Vorgang als Lesen verstehen, so ist dessen Objekt Schrift, und sei es auch ein Schrift gewordenes Ich. Vielschichtig wie ein Kristall ist das Ensemble dieser Texte; aus jedem Blickwinkel ergibt sich ein anderes Bild von ihnen; und doch sind sie ,untrügbar', in ihren Elementen nicht veränderbar. Zwar erstrahlen sie in anderem Glanz je nach dem „Licht", das auf sie fällt; aber jeder subjektive Akt der Rezeption, der versucht, diese Fragmente zu erhellen, prüft sich auch an ihnen, stellt sich selbst in Frage und kann mit Hilfe des poetischen Mediums ein neues Selbstverständnis entwickeln.

2   Subjektivität und Intersubjektivität im Text und über den Text hinaus

Es ist nicht zufällig oder beliebig, daß das artikulierte Ich an der eben zitierten Stelle vom unteren Rand der Seite 75 als Text gelesen werden will und daß es seine potentiellen Rezipientinnen und Rezipienten nachdrücklich zu dieser Lektüre auffordert. Vielmehr ist damit eine Grundkonstellation innerhalb der Fragmente dieser vier Seiten umrissen, nämlich das Verhältnis des sich im Text artikulierenden Ich zu dem Ich, als das wir Rezipientinnen und Rezipienten dieser Texte – unabhängig von diesen – je uns selbst bezeichnen. Das mit dieser Konstellation gegebene Problem kann man in Fragen wie den folgenden formulieren: Ist Subjektivität durch Texte transportierbar?[8] Ist Intersubjektivität in

---

[7] In dieser Formulierung ist eine Grundmetapher kunstphilosophischer Formulierungen der Moderne vorgeprägt: Man kann die Stelle beispielsweise als eine poetische Vorwegnahme von Adornos später Darstellung ästhetischer Subjektivität ansehen: „Das je eingreifende einzelmenschliche Subjekt ist kaum mehr als ein Grenzwert, ein Minimales, dessen das Kunstwerk bedarf, um sich zu kristallisieren." (Adorno GS 7, 250) Wellmer wiederum plädiert für eine „,stereoskopische' Lektüre" nicht nur der Kunst selbst, sondern auch ihres Theoretikers Adorno. Die von Martin Walser in seinem zu Beginn dieser Arbeit ausführlich herangezogenen Essay „Hölderlin auf dem Dachboden" angeführte Notiz Prousts benutzt die optische Metaphorik, um den Vorgang der „Selbstverständigung im Anderen" (Schwarze 1987) bei der Lektüre hervorzuheben:"Bei Proust las ich später, ein Leser sei, wenn er liest, ,ein Leser seiner selbst'. Das Werk des Schriftstelles sei ,dabei lediglich eine Art von optischem Instrument, das der Autor dem Leser reicht, damit er erkennen möge, was er in sich selbst vielleicht sonst nicht hätte erschauen können'." (Walser 1982, 12f.)

[8] Im Begriff der ,Transportierbarkeit', der zunächst im Zusammenhang mit der Frage nach der Wirkung eines Gedichts allzu technizistisch erscheinen könnte, klingt Hölderlins Rede vom „tragische[n] Transport" (FHA 16, 250, Z. 12) aus den „Anmerkungen zum Oedipus" an. Aller-

Texten oder über Texte herstellbar?[9]

Am naheliegendsten ist es, das in den Texten artikulierte Ich als Identifikationsangebot zu lesen. Es handelt sich durchgängig um ein einsames Ich; an keiner
einzigen Stelle ist von einer lebendigen Interaktion des Ich mit Subjekten seiner
Umgebung die Rede. Dagegen exponiert sich das Ich als (ohne ein Gegenüber)
redende und wollende Instanz, die versucht, sich soviel wie möglich von der
Außenwelt anzueignen (sogar das ‚Vaterland' oder ‚alles miteinander'), dabei
aber in die Gefahr gerät, mit einem Schlag alles wieder zu verlieren oder sogar
in seine Einzelteile (seine Stimme, seinen Schatten, sein Herz) zu zerfallen. Allerdings wird der drohende Zerfall im weiteren Verlauf des poetischen Diskurses
jeweils wieder aufgefangen; das Ich erscheint an allen Stellen, an denen es auf
diesen Seiten zur Sprache kommt, als ein wenn schon nicht mit sich identisches,
so doch als ein wiederkehrendes: Es artikuliert sich als dichterisches Subjekt,
als Subjekt dieser Texte, hinter dem als sein nichtartikulierbares Double möglicherweise – zumindest an einigen Stellen – das Ich des Textproduzenten steht.
Simplere Konstruktionen wie die des Ich als Erlebnissubjekt sind fast durchgehend vermieden. So wird das Ich beispielsweise aus Naturbeschreibungen entweder ganz ausgespart, so daß sie einen – trügerischen – objektiven Charakter
erhalten (wie die Schilderung des Zuges der Stare auf den ersten beiden Seiten), oder das Ich setzt sich mitten in die Landschaft hinein wie in dem Diktum
„Allda bin ich / Alles miteinander.", so daß es dem Allmachtsgestus zum Trotz
den souveränen Überblick verliert und zu einem Objekt neben anderen wird.
Es fällt daher schwer, in der Rezeption ein empathisches oder identifikatorisches
Verhältnis zu dem in diesen Fragmenten sprechenden Ich zu gewinnen; es tritt
uns als ein Anderes oder ein Anderer entgegen, wir sind kaum versucht, uns mit
diesem zu verwechseln.

Die direkte Anrede eines anderen Subjekts in der zweiten Person Singular, die in
vielen anderen lyrischen Texten verwendet wird, um im Medium des Dialogs zwischen Ich und Du Subjektivität und Intersubjektivität zugleich zu entwickeln,
spielt hier so gut wie keine Rolle; die Form taucht nur in einem marginalen
Bruchstück auf der zweiten Seite („wo dich, und der Winkel,") auf. Die erste

---

dings konzentriert sich Hölderlin an dieser Stelle auf die Analyse des textimmanenten Funk-
tionsgefüges, während ich die die Textimmanenz überschreitende kommunikative Funktion
einzelner Textelemente und des Textgefüges als ganzen hervorheben möchte. Daß „Transport"
in den Sophokles-Anmerkungen „wohl in seiner französischen Bedeutung als ‚hingerissen sein'
zu verstehen" sei, wie Hellingrath (1944a, 74, Anm. 2) meint, halte ich für unwahrscheinlich.

[9] Blumenberg verneint diese Fragen kategorisch: „Die Zufälligkeit der Zuordnung von Ver-
fasser und Leser beruht gerade auf der vermeintlichen Unabhängigkeit der Werkstücke von der
Subjektivität ihres Autors: sie werden nicht erfunden, sondern vorgefunden, sie haben innere
Notwendigkeit ihres So-und-nicht-Andersseins, sie liegen sozusagen auf dem Wege, und es ist
ein pures Faktum, wer sie findet. Sie sind dem Subjekt des Lesers daher genauso fremd oder
vertraut, wie dem des Autors, und diese Konvention bzw. Fiktion gibt die Chance, daß das
Verhältnis des Rezipienten zum ästhetischen Gegenstand genauso authentisch, so hoffnungs-
voll im Gelingen des deutenden Zugriffs sein kann, wie das des Autors." (Blumenberg 1966,
177)

Person Plural dagegen kommt auf diesen Seiten an zentralen Stellen zur Sprache. Wenn oben auf der zweifellos gewichtigsten der vier Seiten gesagt wird „Vom Abgrund nemlich haben / Wir angefangen", so ist es zwar nicht auszuschließen, daß hier von einer Ingroup die Rede ist, die sich gegenüber anderen durch das Besondere dieses Anfangs auszeichnet. Andererseits kann das sich hier artikulierende Kollektiv vom Text her nicht begrenzt werden: Generell ist das in diesen Fragmenten zur Sprache kommende Wir unabgeschlossen und lädt damit – allerdings mit an den verschiedenen Stellen unterschiedlicher Suggestionskraft – die Rezipientinnen und Rezipienten zur Identifikation mit ihm ein. (Und ich reihe mich in diese Insinuation eines Kollektivs ein, wenn ich in diesem Abschnitt von ‚uns' rede, die wir diese Fragmente lesen.) Diese Offenheit des Wir, die nur an ganz wenigen Stellen begrenzt wird (z. B. in dem Ausspruch „keine Polaken sind wir", rechts neben der eben zitierten Stelle), ist jedoch auch ein Anzeichen für die Schutzlosigkeit des Ich, das über kein Kollektiv als ‚Hausmacht' verfügt, sondern darauf angewiesen ist, daß tatsächlich jemand das im Wir enthaltene Identifikationsangebot ergreift. Dieses Problem kann auf der textimmanenten Ebene prinzipiell nicht gelöst werden; ist die Offenheit des Wir einmal hergestellt, so kann es im Text bestenfalls ein Bild oder die projektive Vorwegnahme eines Ausgleichs von Ich und Wir geben, keinen Zustand der Erfüllung und Versöhnung selbst. Das Ich sucht auf diesen Seiten immer von neuem nach Möglichkeiten der Realisierung eines Wir und scheitert daran bis auf wenige Ausnahmen. Diese (beispielsweise die Szenerie „freundlicher Geister" auf der zweiten Seite oder die Zeilen 35-37 und 40-43 der letzten Seite) sind gerade dadurch gekennzeichnet, daß die Personalpronomina gar nicht mehr oder nur noch am Rande gebraucht werden; als Utopie scheint also ein Zustand auf, in dem es nicht mehr nötig ist, „ich" oder „wir" zu sagen und damit zwischen Individualität und Kollektivität zu unterscheiden. An allen anderen Stellen markiert die Leerstelle des Wir nicht nur einen Mangel, sondern eine Wunde des Ich, die es in einigen Passagen durch hybride Gesten zu überdecken sucht. Das Scheitern des artikulierten Ich ist jedoch kein Scheitern des Textes; vielmehr besteht die Offenheit des Wir als Angebot an alle Rezipientinnen und Rezipienten fort; und die Annahme dieses Angebots im Akt der Rezeption kann die Wunde des Ich zumindest für einen Augenblick heilen. Dieser Vorgang darf jedoch nicht als therapeutischer Akt, die Einsamkeit des Ich nicht als pathologische Deformation mißverstanden werden; vielmehr erkennen wir, indem wir uns – probierend und mit aller Vorsicht – in das Wir des Textes einbeziehen, die unverzichtbare Funktion des bislang einsamen Ich an, das versucht, neue Möglichkeiten der Intersubjektivität zu eröffnen.

Die zweite Person Plural wird auf den vier Seiten nur an der oben zitierten Stelle, am unteren Rand der Seite 75, gebraucht. Die beschwörende Bitte des Ich, gelesen zu werden, durchbricht in viel augenfälligerer Weise als das häufiger begegnende Wir die Ebene der Textimmanenz; sie ist schlechterdings nicht auf die Anrede eines Gegenüber im Text begrenzbar. Damit stellt sich für uns als Rezipientinnen und Rezipienten unabweisbar die Frage: Wollen wir uns als die „Blüthen von Deutschland" verstanden wissen? In dieser Anrede sind – wiederum im Gegensatz zu dem suggestiv-offenen Wir in diesen Texten – zweierlei Einschränkungen des angeredeten Personenkreises enthalten: Zum einen werden nur Personen deutscher Nationalität angeredet, zum anderen nur „Blüthen": Man könnte mutmaßen, daß damit nicht alle Deutschen gemeint sind, sondern nur eine hochgebildete, aber materiell von anderen abhängige Elite oder Avantgarde. Damit sind an dieser zentralen Stelle des Textes selbst bereits zwei Grundprobleme angesprochen, die sich der Rezeption dieser Fragmente heute besonders deutlich stellen. Erstens: Welche Rolle spielt ‚Deutschland' oder das ‚Vaterland' in diesen Texten; inwieweit handelt es sich hier um die Artikulation eines Selbstverständigungsprozesses von und für Deutsche, inwieweit ist interkulturelle Übertragbarkeit gewährleistet? Und zweitens: Handelt es sich bei den Fragmenten um Literatur für wenige Auserwählte, die ein Höchstmaß an Voraussetzungen zu einer adäquaten Rezeption mitbringen, oder sind sie auch für breitere Kreise von Leserinnen und Lesern reizvoll und mit Gewinn lesbar?

3   „Ihr Blüthen von Deutschland": Zu wem sprechen die Texte?

Die Begriffe ‚Deutschland' und ‚Vaterland' werden in diesen Fragmenten nicht synonym gebraucht. Das ‚Vaterland' wird als institutioneller Rahmen gedacht, der ein friedliches und herrschaftsfreies Zusammenleben der Menschen ermöglicht; bei dem letzten Vorkommnis dieses Begriffs in der rechten Spalte der letzten Seite werden geographische Vorstellungen vom ‚Vaterland' sogar ausdrücklich zurückgewiesen. Das ‚Vaterland' ist somit eine Vorstellung, die prinzipiell Menschen aller Nationalitäten offensteht, wenngleich deutlich wird, daß dort, wo das Ich ‚mein Vaterland' sagt oder die Rede darüber für sich allein reklamiert, aus deutscher Perspektive gesprochen wird.

‚Deutschland' dagegen meint in diesen Texten immer einen Raum, und sei es auch einen ideellen wie den der ‚freundlichen Geister' oder den, für den – vergeblich – die Wiederkunft der Götter erhofft wurde. Wenn gar vom ‚Geschlecht der Deutschen' oder dem ‚deutschen Schmelz' geredet wird, so scheinen den Deutschen Eigenschaften zugeschrieben zu werden, die anderen Nationen nicht zukommen. Bei genauerer Betrachtung wird allerdings klar, daß diese Vermutung zwar richtig ist, daß es sich aber um Attribute handelt, die die Deutschen keineswegs als die allen anderen überlegene Nation auszeichnen, sondern als eine, die besonderen Leiden ausgesetzt ist, dabei aber auch ein hohes Maß an Sensibilität entwickelt hat. Zwar sind die Texte ersichtlich aus einer deutschen Perspektive verfaßt, aber diese deutet an den meisten Stellen eher pragmatisch auf den Ort hin, den das Ich (und allgemeiner: das hinter den hier artikulierten Erfahrungen stehende Subjekt) als seine engere Umgebung kennt und erfährt. Zentral ist in diesem Zusammenhang die Tatsache, daß dem deutschen Erfahrungsraum ein grundlegend anders strukturierter an die Seite gestellt wird: der französische. So ist bezeichnenderweise auf der ersten Seite mit keinem Wort von Deutschland oder einzelnen deutschen Lokalitäten die Rede, sondern allein von südfranzösischen Landschaften, deren einzelne Züge sich unter der Herrschaft der sengenden Sonne mit besonderer Intensität ausgeprägt haben. Die Wanderung der Stare, die in einem weiten, einen großen Teil des Textmaterials der Seiten 73 und 74 überspannenden Bogen geschildert wird, steht paradigmatisch für einen Weg von Frankreich nach Deutschland, der jedoch keiner Einbahnstraße folgt, sondern auch in umgekehrter Richtung zurückgelegt werden kann.[10] Deutschland – so zeigt sich im Verlauf der vielen mühevollen und doch vergeblichen Versuche, die in dem großen Textblock auf der Seite 74 dargestellt sind – ist nicht der Ort, an dem die Geschichte zur Erfüllung und zu einem Zustand der Ruhe und Ausgeglichenheit kommt. Notwendig bleiben daher nicht nur Rückgriffe auf in der Bibel und der griechischen Antike entwickelte Bilder und Lebensmodelle, sondern ebenso die (zumindest erinnernde) Rückkehr nach Südfrankreich, wo die erbarmungslose Natur die Menschen dazu anhält, andere Modelle des Zusammenlebens zu entwickeln als in den gemäßigten Zonen und beschaulichen Landschaften des deutschen Südwestens.

Die Seite 75 kann als paradigmatische Realisierung einer solchen erinnernden oder besser: vergegenwärtigenden Rückkehr nach Frankreich gelesen werden. Der Text setzt ein mit idealisierten und doch beängstigend intensiven Bildern einer Wüstenlandschaft, in der südfranzösische Landschaftselemente synkretisiert sind mit Topoi nordafrikanischer oder vorderasiatischer Landschaften. Zwar ist im folgenden viel von Deutschland die Rede, die Stadt Frankfurt wird zum Nabel der Erde erklärt, und die untere Hälfte des Textmaterials scheint gar unter der Überschrift „Germania" zu stehen. Aber die auf der zweiten Seite unternommene, eher matte Evokation konkreter deutscher Landschaften wird hier nicht wiederaufgenommen. Zwar *kann* es sich bei der Landschaft aus Hügeln, Gärten, Felslöchern und Quellen um eine deutsche Szenerie handeln; sie gleitet jedoch unversehens hinüber in eindringliche Bilder südfranzösischer Naturprodukte, Landschaften und Feste; und die eindringliche Anrede an die „Blüthen von Deutschland" sowie das fast verschwundene letzte Wort auf dieser Seite, das möglicherweise ebenfalls „Deutschland" lautet, können als gewaltsamer Versuch des Ich gelesen werden, sich von den übermächtigen Bildern des Festtags und dem Rausch der ‚braunen Trauben' loszureißen. Die beiden Pole Frankreich und Deutschland, die auf den ersten beiden Seiten durch die Schilderung des Zuges der Stare einerseits verbunden, andererseits auseinandergehalten wurden, stoßen in den aufflackernden Bildern dieser Seite unvermittelt aufeinander, drängen einander zur Seite und dringen ineinander ein. Die Quintessenz dieses poetischen Agons könnte man folgendermaßen formulieren: Deutschland ist nichts, wenn es nicht zugleich Frankreich ist, wenn es nicht die ‚Lichttrunkenheit' des Südens in sich aufnimmt.[11] Andererseits gibt es Frankreich für die Deutschen nur als deut-

---

[10] Das Gedicht „Andenken" kann als poetische Realisierung dieser komplementären Perspektive angesehen werden.

[11] Eine ähnliche Gedankenfigur hat zuerst Hellingrath in seinem Vortrag „Hölderlin und

schen Erfahrungsraum, nur gebrochen durch den unaufgebbaren Bezug auf die eigene Herkunft, die zugleich Narbe ist. Ein Herz, das sich wie das des Ich zum Austragungsort der Spannungen zwischen dem Eigenen und dem Fremden, dem Vertrauten und dem Bedrohlichen, dem Beschaulichen und dem Begeisternden und Hinwegreißenden gemacht hat, ist damit „Untrügbarer Krystall an dem / Das Licht sich prüfet" geworden, ein Medium vielschichtiger und vielfach in sich gebrochener Bilder und Erkenntnisse. Durch den Text vor allem dieser Seite kann wie durch einen solchen Kristall von allen Richtungen und in den verschiedensten Illuminationen hindurchgeschaut werden. Diese Intensität des poetischen Diskurses geht auf der Seite 76 wieder verloren. Das liegt auch daran, daß dort die Leuchtkraft der Bilder französischer Landschaften, aus der die Texte der vorangehenden Seiten einen großen Teil ihrer Helligkeit beziehen, nicht genutzt wird, sondern daß mit abstrakten Mitteln ein adäquates Verhältnis zu Gott und eine konsistente Vorstellung vom ‚Vaterland‘ gesucht wird.

In den Texten dieser vier Seiten, so hoffe ich plausibel gemacht zu haben, wird keineswegs eine nationalistische deutsche Perspektive eingenommen, wie man angesichts des häufigen Vorkommens des Begriffs ‚Deutschland‘ argwöhnen könnte. Vielmehr wird immer wieder vorgeführt, daß eine nur auf sich selbst bezogene Vorstellung von ‚Deutschland‘ unvermeidlich in einer Sackgasse endet und daß nur eine rückhaltlose Öffnung auf das Andere, Fremde hin, das hier in den Bildern südfranzösischer Landschaften zur Sprache kommt, eine tragfähige und vielschichtige Konzeption von Subjektivität und Intersubjektivität ermöglicht. Damit sind die vorliegenden Fragmente auch für nichtdeutsche Leserinnen und Leser mit Gewinn rezipierbar; ja gerade weil diese sich den Texten aus einem anderen Blickwinkel nähern, können sie neue Einsichten in die Fragmente entwickeln, die deutschen Rezipientinnen und Rezipienten nicht un-

---

die Deutschen" entwickelt: Hölderlin sei der „deutscheste[ ] Dichter ganz unbeschadet dessen, daß er mit Recht als der *griechischeste* gilt" (Hellingrath 1944, 125). Warminski hat sie in seinen „Readings in Interpretation" radikalisiert, indem er das ‚orientalische‘ oder ‚ägyptische‘ in Hölderlins späten Texten akzentuiert, das selbst noch von den subtilen Lektüren Heideggers und Szondis vernachlässigt worden sei (cf. Warminski 1987, 17-22, 30-71): „In short, Hölderlin would be the poet of the ‚Germans‘ only insofar as he is the poet of the ‚Egyptians‘. [...] For us, [...] the journey to Egypt, the Orient, the East, is the name of the impossibility of self-recovery or self-recognition." (Ibd., 209, Anm. 39) Warminski reißt damit einen Problemzusammenhang an, der bei den von mir untersuchten Fragmenten keine entscheidende Rolle spielt, nämlich den des *Exotischen* bei Hölderlin, das beispielsweise in Namen wie „Otaheiti" (Brief an Böhlendorff vom 4.12.1801, Nr. 236, StA VI.1, 428, Z. 88) – Adelung (Bd. 3 [1808], Sp. 1430 [s. v. Scheu]) weiß übrigens von dieser Weltgegend Denkwürdiges zu berichten: „Die Einwohner von Otaheiti begatten sich ohne Scheu." – und „Bougainville" (HF 77, Z. 46) zum Ausdruck kommt. Denn Frankreich ist in der in diesen Fragmenten entworfenen Wirklichkeitssicht zwar von Deutschland aus gesehen das Andere, Fremde, aber es besteht doch eine wechselseitige und nicht nur zufällige Beziehung zwischen beiden Regionen, die sich beispielsweise im Bild des Windes und der Stare manifestiert. Die überseeischen, nicht-abendländischen Orte erscheinen dagegen als das schlechthin Unbekannte, das nur über eine Entdeckungsreise, eine Fahrt über die Meere mit ungewissem Ausgang, von der in „Andenken" und „Kolomb" die Rede ist, erreichbar, aber niemals (sei es auch als ein Fremdes) anzueignen ist. Zum zeitgenössischen Kontext dieses Motivs cf. Kramer 1981, Koebner/Pickerodt 1987.

mittelbar zugänglich sind. Es ist daher kein Zufall, daß diese Handschriftenseiten in den letzten Jahren gerade in der französischen Literaturkritik auf ein regeres Interesse und ein größeres Verständnis gestoßen sind als in der deutschen Forschung.

Inwieweit aber – so lautete die zweite der oben aufgeworfenen, für die heutige Rezeption dieser Fragmente zentralen Fragen – stehen die hier entwickelten komplexen und prekären Selbstkonzepte wirklich allen Interessierten offen, und inwieweit können sie doch nur von einigen Privilegierten angeeignet werden? Eine möglichst alle Details erfassende Analyse, wie ich sie auf den vorstehenden Seiten entwickelt habe, ist sicherlich nur Fachleuten möglich, die aufgrund einer materiellen Absicherung von anderer Seite ihre Arbeitskraft für eine nicht unbeträchtliche Zeitspanne ganz auf ein solches Forschungsprojekt konzentrieren können; und eine Untersuchung wie die vorliegende ist auch kaum dazu geeignet, zur Popularisierung ihres Gegenstandes unmittelbar beizutragen, zumal die Rezeption einer solchen Arbeit den Leserinnen und Lesern mindestens ebensoviel Zeit und vielleicht ebenso große Mühen abverlangt wie die Lektüre der Gedichtfragmente selbst.

Mir scheint indes, daß die hier untersuchten späten Gedichtfragmente Hölderlins durchaus von breiten Kreisen literarisch Interessierter mit großem Gewinn rezipiert werden können. Damit eine solche breite Rezeption aber Wirklichkeit werden kann, ist es notwendig, ein Netzwerk von weiteren Voraussetzungen zu schaffen. In diesem Projektzusammenhang können die vorliegende Arbeit und ihre kritische Rezeption durch andere Fachkundige als professionelle Vorarbeiten verstanden werden, die zum Verständnis der Texte hilfreiche Materialien zusammentragen und einige mögliche Wege des Verstehens aufzeigen. Darüber hinaus wäre es ebenso machbar wie notwendig, auf der Basis dieser und anderer literaturwissenschaftlicher Analysen eine konzise und allgemeinverständliche Einführung in Hölderlins lyrisches Spätwerk zu verfassen. Zudem müßten diejenigen, die in den Bildungsinstitutionen, aber auch in nicht-institutionalisierten Lektüregruppen Literatur vermitteln, in Fortbildungsveranstaltungen informiert werden über und sensibilisiert werden für das in diesen Fragmenten lagernde Potential: Es wird auf diesen Seiten auf eine nicht nur im Rahmen der zeitgenössischen, sondern auch der heutigen Lyrik aufregend neue, experimentierende Art versucht, „ich" und „wir" zu sagen; und dieser Versuch lädt die Rezipierenden dazu ein, sich selbst ebenfalls probierend in das Wir einzubeziehen und das eigene Selbstverständnis in ein Verhältnis zum hier artikulierten Ich zu setzen. Anreize dazu bieten die Fragmente durch die intensive Sinnlichkeit der Landschaftsevokationen, aber auch durch die Offenheit und Brüchigkeit ihrer Form: Die rauh gefügten Texte mit ihren Varianten, Lücken und Brüchen, die jede Erwartung lyrischer Gleichmäßigkeit und poetischen Wohlklangs enttäuschen, ermöglichen kein routiniertes, oberflächliches Lesen, sondern können dazu motivieren, immer wieder einzuhalten und über die kleinen, vielgestaltigen Texteinheiten und über die Besonderheiten der Lücken nachzudenken.[12] Schließlich sind solche den linearen Textverlauf aufsprengenden Sentenzen, wie sie sich besonders zahlreich auf der Seite 75 finden, trotz oder gerade wegen ihrer Befremdlichkeit außerordentlich gut als Denkanstöße geeignet. Einer der wichtigsten dieser Sätze ist sicherlich die hier untersuchte Aufforderung an die „Blüthen von Deutschland", das Ich zu ‚lesen'. Wer diesen Satz liest, *kann* sich, wenn er oder sie will, von ihm angesprochen fühlen; der Text setzt keine Auswahlinstanz ein und gibt keine Kriterien Leserinnen und Leser dieser Fragmente sind also die „Blüthen von Deutschland"; und wer sich nicht so charakterisiert wissen möchte, kann die Texte trotzdem lesen; niemand wird durch diesen Satz aus dem Kreis der Rezipierenden ausgeschlossen. Die Aufforderung stellt auch die Art der Lektüre frei: ‚Lesen' kann auch bedeuten, das aus den Texten auszuwählen, was einen oder eine am meisten anspricht, und anderes fortzulassen, um es vielleicht später aufzugreifen. Ebenso wie die Offenheit der in diesen Gedichtfragmenten entwickelten Konzeptionen von Subjektivität und Intersubjektivität zu einer probierenden Aneignung dieser Selbstkonzepte motiviert, ermöglicht die offene Gestalt der Texte allen Interessierten ein auswählendes Lesen, das an jedem Punkt der Topographie dieser Seiten ansetzen kann und keinen hergebrachten Anforderungen an Vollständigkeit und Stringenz genügen muß.

4 Resümee

Die Seiten 73 bis 76 des Homburger Folioheftes konnten in einer eingehenden Analyse erschlossen werden. Es hat sich erwiesen, daß die These, das auf diesen Seiten entworfenen Textmaterial sei eine einzige große Hymne mit fünfzehn Strophen à fünfzehn Versen, nicht viel zum Verständnis dieser Texte beiträgt, sondern daß diese These nur für eine private Lektüre des Materials stehen kann, die diesem zudem in hohem Maße Gewalt antut. Demgegenüber glaube ich gezeigt zu haben, daß meine Annahme, es handle sich bei den Entwürfen der Seiten 73 bis 76 um eine Konstellation locker zusammengehöriger Texte, hilfreich dafür ist, dieses Material für die heutige wissenschaftliche und nichtwissenschaftliche Rezeption zu erschließen. Die offene Textur des Materials ist nämlich Voraussetzung für seine spezifische kommunikative Funktion: Was die Leserinnen und Leser ansprechen kann, ist hier nicht die Geschlossenheit einer Form oder eines Textverlaufs, sondern sind einzelne Stellen und Textelemente, die nicht auf

---

[12] Eine analoge Perspektive entwirft Martens für die künftige Rezeption der Gedichtentwürfe Georg Heyms: „Und so scheint es mir auch nicht einmal die wichtigste Funktion der Veröffentlichung dieser höchst instruktiven Variationsprozesse zu sein, dem Literaturwissenschaftler eine Grundlage zum Ausformulieren poetologischer Gesetzmäßigkeiten an die Hand zu geben. Die Beschäftigung mit dem Variantenmaterial ist vielmehr gerade auch für den fachlich nicht versierten Leser eine Möglichkeit, die Grundprinzipien dieser Dichtung außerhalb jeder Fachterminologie [...] zu erfahren. Im Prozeß der Entwürfe teilt sich die dichterische Gesetzmäßigkeit unbegrifflich – eben: poetisch – dem Leser mit; das ist die Chance, die freilich eine diesem Ziel entsprechende editorische Aufbereitung und Publikationsform erfordert." (Martens 1987, 265)

ein Textganzes, sondern zunächst nur auf ihre nähere Umgebung und schließlich auch auf größere, sich immer wieder anders darstellende Zusammenhänge und auf entlegenere Stellen verweisen. Der Zusammenhang des Textes wird daher von den Lesenden jeweils neu zusammengesetzt und kann im Gespräch mit anderen weiter entfaltet und differenziert werden. Hölderlins späte Gedichtfragmente liegen zur Entdeckung bereit. Die Kiste ist offen, „Unendlicher Deutung voll"[13].

---

[13] HF 36, Z. 8.

Erläuterungen zur Zitierweise

Texte Hölderlins werden nach der ‚Frankfurter Hölderlin Ausgabe' zitiert, und zwar mit Nachweisen im laufenden Text nach diesem Muster: ‚FHA 6, 25, Z./V. 10' (Band, Seite, Zeile bzw. Vers). Ferner steht *FHA Einl.* für den Einleitungsband (1975), *FHA Suppl. III* für die Faksimile-Edition des Homburger Folioheftes (1986), *FHA Suppl. III Beil.* für die Beilage zum Faksimile, die eine editorische, entstehungs- und überlieferungsgeschichtliche Einleitung sowie eine vollständige Transkription des Heftes enthält. In vielen Fällen wird auch direkt nach dieser Handschrift zitiert, z. B. ‚HF 30, Z. 2'. Dabei bezeichnet die erste Zahl die Handschriftenseite (1-92), die zweite die Zeile (nach der Zählung, die sich in der Beilage am Rande der Transkriptionen findet); die Lesungen entsprechen nicht in allen Fällen denen der FHA.

Texte, die in der FHA noch nicht publiziert sind, werden nach der ‚Großen Stuttgarter Ausgabe' nach folgendem Muster angeführt: ‚StA II.1, 4, Z./V. 2' (Band, Teilband, Seite, Zeile bzw. Vers). Zusätzlich wird für den sechsten und siebten Band die Nummer der Briefe angegeben; für die Bände sieben und acht übernehme ich Becks Kürzel *LD* für ‚Lebensdokument' und *RW* für ‚Rezensionen und Würdigungen'. Weitere Hölderlin-Ausgaben werden mit den unten jeweils hinter den (chronologisch geordneten) bibliographischen Angaben genannten Kürzeln angeführt.

Zitate aus Texten anderer Autorinnen und Autoren werden in den Fußnoten in der Regel durch Angabe des Nachnamens, des Erscheinungsjahrs der benutzten Ausgabe bzw. (bei Gesamtausgaben und besonders häufig herangezogenen Texten) eines Kürzels sowie (gegebenenfalls) des Bandes, der Seitenzahl und (bei Gedichten oder Epen) des Verses nachgewiesen. Dabei stehen Jahreszahl oder Kürzel und Seitenzahl nur dann in Klammern, wenn im betreffenden syntaktischen Zusammenhang unmittelbar vom Autor bzw. der Autorin die Rede ist, also: ‚Dazu schreibt Binder (1982, 10) ...'; aber ‚Cf. dazu Beißner 1961, 32.' Die Wörterbücher von Zedler, Adelung und Grimm werden ohne Kürzel zitiert; die Jahreszahl folgt in diesen Fällen in Klammern hinter der Bandangabe. Weitere Abweichungen von dem hier eingeführten Schema werden bei den betreffenden Literaturangaben erläutert. Das Literaturverzeichnis dient vor allem der möglichst problemlosen Auffindung der Quellenangaben und ist daher nicht systematisch, sondern durchgehend alphabetisch geordnet; Namen und Jahreszahlen/Kürzel sind fett gesetzt. Wird eine andere als die Erstausgabe herangezogen, vermerke ich das Ersterscheinungsjahr hinter dem Titel; bei Übersetzungen gebe ich zudem die Originalsprache an.

Neben den allgemein eingeführten Abkürzungen verwende ich *HJb* für ‚Hölderlin-Jahrbuch' und *LpH* für ‚Le pauvre Holterling. Blätter zur Frankfurter Ausgabe'.

Literaturverzeichnis

1. Hölderlin-Ausgaben

Friedrich Hölderlin: Gesammelte Dichtungen. Neu durchgesehene und vermehrte Ausgabe. Ed. Berthold Litzmann. 2 Bde. Stuttgart o. J. [1897] (zit.: **Litzmann**)

Friedrich Hölderlin: Gesammelte Werke. Ed. Wilhelm Böhm (Bd. II ed. Paul Ernst). 3 Bde. Jena 1905; 4. Aufl. 5 Bde. Jena 1924 (letztere zit.: **Böhm**)

Friedrich Hölderlin: Sämtliche Werke. Historisch-kritische Ausgabe. Ed. Norbert von Hellingrath, Ludwig von Pigenot, Friedrich Seebass. 6 Bde. 1./2. Aufl. Berlin 1913-23; 3. Aufl. (nur Bde. 1-4, mit umfangreichen Nachträgen) Berlin 1943 (zit.: **Hell.**)

Friedrich Hölderlin: Sämtliche Werke und Briefe. Kritisch-historische Ausgabe. Ed. Franz Zinkernagel. 5 Bde. Leipzig 1913-1926 (zit.: **Zink.**)

Dass., Materialien zum unveröffentlichten Apparatband. In: Nachlaß Franz Zinkernagel. Stuttgart. Württembergische Landesbibliothek. Cod. poet. 4° 195 (zit.: **Zink. Nachl.**; die jeweils folgenden Zahlen bezeichnen Abtlg., Bd., Heft und Blatt). Darin: „Vorbemerkung" (Ms., 8 S.)

Friedrich Hölderlin: Hymnische Bruchstücke aus der Spätzeit. Aus der Handschrift zum ersten Mal übertragen von Hermann Kasack. Hannover 1920 (zit.: **Kasack 1920**)

Friedrich Hölderlin: Gesammelte Werke. Ed. Friedrich Seebass/Hermann Kasack. 4 Bde. Potsdam 1921 (zit. **Seebass/Kasack**)

Friedrich Hölderlin: Sämtliche Werke. Stuttgarter Hölderlin-Ausgabe. Ed. Friedrich Beißner. 8 in 14 Bdn. (Bde. VI-VIII ed. Adolf Beck). Stuttgart 1943-85 (zit.: **StA**)

Friedrich Hölderlin: Patmos. Dem Landgrafen von Homburg überreichte Handschrift. Faksimile-Ausgabe. Ed. Werner Kirchner. Tübingen 1949 (zit.: **Kirchner 1949**)

Friedrich Hölderlin: Friedensfeier. Lichtdrucke der Reinschrift und ihrer Vorstufen. Ed. Wolfgang Binder/Alfred Kelletat. Tübingen 1959 (zit.: **Binder/Kelletat 1959**)

Friedrich Hölderlin: Werke und Briefe. Ed. Friedrich Beißner/Jochen Schmidt. 2 Bde. Frankfurt/M. 1969 (zit.: **Beißner/Schmidt**)

Friedrich Hölderlin: Sämtliche Werke und Briefe. Ed. Günter Mieth. (4 Bde. Berlin; Weimar 1970). 2 Bde. München; Wien 1970 (zit.: **Mieth**)

Friedrich Hölderlin: Sämtliche Gedichte. Studienausgabe. Ed. Detlev Lüders. 2 Bde. Bad Homburg v. d. H. 1970 (zit.: **Lüders**)

Friedrich Hölderlin: Sämtliche Werke. Frankfurter Ausgabe. Historisch-kritische Ausgabe. Ed. Dietrich E. Sattler (et al.). Bisher 13 (von 20) Bdn. und 2 Suppl. Bde. Basel; Frankfurt/M. 1975ff. (zit.: **FHA**)

Friedrich Hölderlin: Sämtliche Werke. Kritische Textausgabe. Ed. Dietrich E. Sattler. Darmstadt; Neuwied 1979ff. (zit.: **KTA**)

Friedrich Hölderlin: Ausgewählte Gedichte. Ed. Dietrich E. Sattler. Darmstadt; Neuwied 1983 (zit.: **Sattler 1983**)

Friedrich Hölderlin: Einhundert Gedichte. Ed. Dietrich E. Sattler. Frankfurt/M. 1989 (zit.: **Sattler 1989**)

Friedrich Hölderlin: „Bevestigter Gesang". Die neu zu entdeckende hymnische Spätdichtung bis 1806. Ed. Dietrich Uffhausen. Stuttgart 1989 (zit.: **Uffhausen 1989**)

2. Andere Literatur

Johann Christoph **Adelung**: Grammatisch-kritisches Wörterbuch der Hochdeutschen Mundart mit beständiger Vergleichung der übrigen Mundarten, besonders aber der Oberdeutschen. 4 Bde. (1793-1801). Wien 1807/08

Theodor W. **Adorno GS**: Gesammelte Schriften. 20 Bde. Ed. Rolf Tiedemann et al. Frankfurt/M. 1970-86

Beda **Allemann 1956**: Hölderlin und Heidegger (1954). Zürich; Freiburg i. Br.

Beda **Allemann 1956/57**: Rez. der StA. In: Anz. f. dt. Altertum u. dt. Lit. 69, 75-91

Beda **Allemann 1959**: Der Ort war aber die Wüste. Interpretation eines Satzes aus dem Spätwerk Hölderlins. In: Neske 1959, 204-216

Beda **Allemann 1984/85**: Hölderlin zwischen Antike und Moderne. In: HJb 24, 29-62

Werner **Almhofer 1988/89**: „Wildniß" und Vergnügen. Hölderlins mythologische Bildersprache in den späten Korrekturen von ‚Brod und Wein'. In: HJb 26, 162-173

Peter-André **Alt 1987**: Das Problem der inneren Form. Zur Hölderlin-Rezeption Benjamins und Adornos. In: DVjs 61, 531-562

Peter-André **Alt 1988**: Hölderlins Vermittlungen. Der Übergang des Subjekts in die Form. In: GRM N. F. 38, 120-139

Jürg **Altwegg** (ed.) **1988**: Die Heidegger-Kontroverse. Frankfurt/M.

Jürg **Amann 1990**: „Reich Gottes! – Unzeitgemäße Betrachtungen zur Rolle der Literatur". In: Flugasche 11, Nr. 35. Stuttgart, 54-58

Hermann **Ammann 1925**: Die menschliche Rede. Sprachphilosophische Untersuchungen, I. Teil. Die Idee der Sprache und das Wesen der Wortbedeutung. Lahr i. B.

Johannes **Anderegg 1985**: Sprache und Verwandlung. Zur literarischen Ästhetik. Göttingen

Martin **Anderle 1986**: Die Landschaft in den Gedichten Hölderlins. Die Funktion des Konkreten im idealistischen Weltbild. Bonn

Karl-Otto **Apel et al. 1980**: Hermeneutik und Ideologiekritik (1971). Frankfurt/M.

Louis **Aragon 1980/81**: Hölderlin (frz. 1967). In: HJb 22, 361-370

Bettine von **Arnim 1983**: Die Günderode (1840). Ed. Heinz Amelung. Frankfurt/M.

Bernhard **Asmuth 1984**: Aspekte der Lyrik. Mit einer Einführung in die Verslehre (1972). Opladen

Rudolf **Augstein 1979**: Der am Eise sich nicht wärmen konnte. Hölderlins „Umnachtung". Über das Buch von Pierre Bertaux. In: Der Spiegel Nr. 4/1979, 163-168

Elke **Austermühl 1981**: Poetische Sprache und lyrisches Verstehen. Studien zum Begriff der Lyrik. Heidelberg

Johanne **Autenrieth**/Alfred **Kelletat 1961**: Katalog der Hölderlin-Handschriften. Stuttgart

Gaston **Bachelard 1990**: Psychoanalyse des Feuers (frz. 1949). Frankfurt/M.

Helmut **Bachmaier 1979**: Theoretische Aporie und tragische Negativität. Zur Genesis der tragischen Reflexion bei Hölderlin. In: ders. et al. 1979, 83-145

Helmut **Bachmaier 1981**: Hölderlins Erinnerungsbegriff in der Homburger Zeit. In: Jamme/Pöggeler 1981, 131-159

Helmut **Bachmaier 1987**: Der Mythos als Gesellschaftsvertrag. Zur Semantik von Erinnerung, Sphäre und Mythos in Hölderlins Religions-Fragment. In: ders./Rentsch 1987, 135-161

Helmut **Bachmaier et al. 1979**: Hölderlin. Transzendentale Reflexion der Poesie. Stuttgart

Helmut **Bachmaier**/Thomas **Rentsch** (eds.) **1987**: Poetische Autonomie? Zur Wechselwirkung von Dichtung und Philosophie in der Epoche Goethes und Hölderlins. Stuttgart

Lothar **Baier 1989**: Alles Theater. Das erfolgreiche Scheitern des Projekts ästhetischer Erziehung. In: die tageszeitung vom 9.9.1989

Roland **Barthes 1967**: Kritik und Wahrheit (frz. 1966). Frankfurt/M.

Roland **Barthes 1969**: Literatur oder Geschichte (frz. 1963/64). Frankfurt/M.

Roland **Barthes 1986**: Die Lust am Text (frz. 1973). Frankfurt/M.

Roland **Barthes 1988**: Fragmente einer Sprache der Liebe (frz. 1977). Frankfurt/M.

Werner **Bartscher 1942**: Hölderlin und die deutsche Nation. Versuch einer Wirkungsgeschichte Hölderlins. Berlin

Georges **Bataille 1975**: Das theoretische Werk, Bd. 1. Die Aufhebung der Ökonomie (frz. 1933/1949). München

Georges **Bataille 1980**: Der Sonnen-Anus (frz. 1926). In: Ruth Hagengruber (ed.): Inseln im Ich. Ein Buch der Wünsche. München, 316-322

Georges **Bataille 1987**: Die Literatur und das Böse (frz. 1957). München

Walter **Baumeister et al.** (eds.) **1969**: rororo-Pflanzenlexikon in 5 Bänden. Reinbek

Angelika **Baeumerth 1982**: 1200 Jahre Bad Homburg v. d. Höhe. Bad Homburg vor der Höhe

Adolf **Beck 1950**: Vorarbeiten zu einer künftigen Hölderlin-Biographie. I. Zu Hölderlins Rückkehr von Bordeaux. In: HJb 4, 72-96

Adolf **Beck 1967/68**: Hölderlin als Republikaner. In: HJb 15, 28-52

Adolf **Beck 1975-77**: Hölderlin im Juni 1802 in Frankfurt? Zur Frage seiner Rückkehr von Bordeaux. In: HJb 19/20, 458-475

Adolf **Beck 1978**: Hölderlin. Chronik seines Lebens mit ausgewählten Bildnissen (1975). Frankfurt/M.

Adolf **Beck 1978/79**: Miszellen. Fragen zu einigen Texten in Beißners Abteilung „Pläne und Bruchstücke". In: HJb 21, 225-245

Adolf **Beck 1982**: Hölderlins Weg zu Deutschland. Fragmente und Thesen. Mit einer Replik auf Pierre Bertaux' „Friedrich Hölderlin". Stuttgart

Claudia **Becker 1987**: „Im Allerheiligsten, wo Religion und Poesie verbündet". F. W. J. Schellings Aufsatz „Über Dante in philosophischer Beziehung" im Kontext der idealistischen Bemühungen um eine Neue Mythologie. In: Bachmaier/Rentsch 1987, 308-328

Marianne **Beese 1982**: Inhaltliche und sprachlich-stilistische Modifikationen als Ausdruck wechselnder Zeiterfahrung in Hölderlins Lyrik zwischen 1800 und 1807. Diss. (Ms.) Leipzig

Ernst **Behler 1968**: Das Indienbild der deutschen Romantik. In: GRM N. F. 18, 21-37

Maria **Behre 1987**: „Des dunkeln Lichtes voll". Hölderlins Mythokonzept Dionysos. München

Friedrich **Beißner 1937**: Bemerkungen zu Eduard Lachmanns Buch über Hölderlins Hymnen. Das Versmaß in Hölderlins Entwurf „Wie wenn am Feiertage ...". In: Dichtung und Volkstum (= Euph. N. F.) 38, 349-356

Friedrich **Beißner 1941**: Geschichte der deutschen Elegie. Berlin

Friedrich **Beißner 1942**: Bedingungen und Möglichkeiten der Stuttgarter Ausgabe. In: Theophil Frey (ed.): Die Stuttgarter Hölderlin-Ausgabe. Ein Arbeitsbericht. Stuttgart, 18-30

Friedrich **Beißner 1961a**: Hölderlin. Reden und Aufsätze. Weimar

Friedrich **Beißner 1961b**: Hölderlins Übersetzungen aus dem Griechischen (1933). Stuttgart

Seyla **Benhabib 1989**: Marcuse und Heidegger. Die Vorgänge um Marcuses Habilitation. In: Tüte. Sonderheft: Zur Aktualität von Herbert Marcuse. Politik und Ästhetik am Ende der Industriegesellschaft. Tübingen, 71-73

Walter **Benjamin Briefe**: Briefe. Ed. Gershom Sholem/Theodor W. Adorno (1966). 2 Bde. Frankfurt/M. 1978

Walter **Benjamin GS**: Gesammelte Schriften. Ed. Rolf Tiedemann/Hermann Schweppenhäuser. Frankfurt/M. 1974-89

Walter **Benjamin**/Gershom **Sholem Briefw.**: Briefwechsel 1933-1940. Ed. Gershom Sholem (1980). Frankfurt/M. 1985

Gottfried **Benn GW**: Gesammelte Werke. Ed. Dieter Wellershoff (1960). 4 Bde. Wiesbaden 1978

Anke **Bennholdt-Thomsen 1967**: Stern und Blume. Untersuchungen zur Sprachauffassung Hölderlins. Bonn

Anke **Bennholdt-Thomsen 1986/87**: Die Bedeutung der Titanen in Hölderlins Spätwerk. In: HJb 25, 226-254

John **Berger 1988**: Das Schaffen der Welt. In: Merkur 42, 429-433

Antoine **Berman 1987**: Hölderlin, ou la traduction comme manifestation. In: Böschenstein/Le Rider 1987, 129-142

Pierre **Bertaux 1975-77**: Hölderlin in und nach Bordeaux. Eine biographische Untersuchung. In: HJb 19/20, 94-111

Pierre **Bertaux 1978**: Friedrich Hölderlin. Frankfurt/M.

Pierre **Bertaux 1980**: Hölderlin und die Französische Revolution (1969). Frankfurt/M.

Pierre **Bertaux 1984**: Hölderlin-Variationen. Frankfurt/M.

Klaus **Betzen 1963/64**: Bericht über die Jahresversammlung in Berlin 1963. In: HJb 13, 172-184

Giuseppe **Bevilacqua**/Bernhard **Böschenstein 1990**: Paul Celan. Zwei Reden. Marbach

Renate **Beyer 1975**: Untersuchungen zum Zitatgebrauch in der deutschen Lyrik nach 1945. Diss. (Ms.) Göttingen

Heinz **Biehn**/Wolfgang **Einsingbach 1981**: Schloß Homburg v. d. Höhe. Amtlicher Führer. Bad Homburg vor der Höhe

Wolfgang **Binder 1955**: Dichtung und Zeit in Hölderlins Werk. Mit einer Einleitung über Die Zeit im Denken und Empfinden des 18. Jahrhunderts (Ms.). 2 Bde. o. O.

Wolfgang **Binder**/Alfred **Kelletat 1959**: s. unter Hölderlin-Ausgaben

Wolfgang **Binder 1970**: Hölderlin-Aufsätze. Frankfurt/M.

Wolfgang **Binder 1975-77**: Votum zur Diskussion der Frankfurter Hölderlin-Ausgabe. In: HJb 19/20, 510-518

Wolfgang **Binder 1980**: Einsamkeit als Thema der Literatur. In: Hans Jürgen Schultz (ed.): Einsamkeit. Stuttgart/Berlin, 94-104

Wolfgang **Binder 1983**: Äther und Abgrund in Hölderlins Dichtung. In: Jamme/Pöggeler 1983, 349-369 (auch in: Binder 1987, 110-134)

Wolfgang **Binder 1985/86**: Hölderlin: Andenken. In: Turm-Vorträge 1985/86, 5-30

Wolfgang **Binder 1987**: Friedrich Hölderlin. Studien. Ed. Elisabeth Binder/Klaus Weimar. Frankfurt/M.

Hendrik **Birus 1988**: Adornos ‚Negative Ästhetik‘? In: DVjs 62, 1-23

Rita **Bischof 1984**: Souveränität und Subversion. Georges Batailles Theorie der Moderne. München

Max **Black 1984**: The Radical Ambiguity of a Poem. In: Synthese 59, 89-107

Maurice **Blanchot 1951**: La folie par excellence. In: Critique 6, 99-118

Maurice **Blanchot 1959**: L'attente. In: Neske 1959, 217-224

Maurice **Blanchot 1980**: La part du feu (1949). Paris

Maurice **Blanchot 1982**: Die Literatur und das Recht auf den Tod (frz. in: ders. 1980, 293-331). Berlin

Maurice **Blanchot 1982**: Der Gesang der Sirenen. Essays zur modernen Literatur (frz. 1959). Frankfurt/M; Berlin; Wien

Maurice **Blanchot 1983**: La communauté inavouable. Paris

Maurice **Blanchot 1984**: Die wesentliche Einsamkeit (frz. in: ders. 1988b, 11-32). Berlin

Maurice **Blanchot 1987**: Das Athenäum (frz. 1969). In: Bohn 1987, 107-120

Maurice **Blanchot 1987**: Michel Foucault (frz. 1986). Tübingen

Maurice **Blanchot 1988a**: Die Apokalypse denken. Brief vom 10.11.1987 an Cathérine David. In: Altwegg 1988, 94-99

Maurice **Blanchot 1988b** L'espace littéraire (1955). Paris

Maurice **Blanchot 1990**: Note pour une réédition (1970). In: Karl Jaspers: Strindberg et van Gogh. Étude psychiatrique comparative (dt. 1921; frz. 1953). Neuausgabe. Paris, 163-198

Hans **Blumenberg 1966**: Die essentielle Vieldeutigkeit des ästhetischen Gegenstandes. In: Friedrich Kaulbach/Joachim Ritter (eds.): Kritik und Metaphysik. FS Heinz Heimsoeth. Berlin, 174-179

Hans **Blumenberg 1979**: Schiffbruch mit Zuschauer. Paradigma einer Daseinsmetapher. Frankfurt/M.

Hans **Blumenberg 1981a**: Arbeit am Mythos. Frankfurt/M.

Hans **Blumenberg 1981b**: Wirklichkeiten in denen wir leben. Aufsätze und eine Rede. Stuttgart

Hans **Blumenberg 1983**: Die Lesbarkeit der Welt (1981). Frankfurt/M.

Paul **Böckmann 1961/62**: Das „Späte" in Hölderlins Spätlyrik. In: HJb 12, 205-221

Sieghild **Bogumil 1987**: Celans Hölderlinlektüre im Gegenlicht des schlichten Wortes. In: Celan-Jb. 1, 81-125

Gottfried **Boehm 1988/89**: „Eins zu sein und Alles zu werden". Wilhelm Heinse und die bildende Kunst. In: HJb 26, 20-37

Gottfried **Boehm 1990**: Über die Konsistenz ästhetischer Erfahrung. In: Zs. f. Päd. 36, 469-480

Wolfgang **Böhme 1975**: Dunkelheit und Wahrheit. Theologische Überlegungen aufgrund des Werkes von Paul Celan. In: Zeitwende 46, 345-352

Volker **Bohn** (ed.) **1987**: Romantik. Literatur und Philosophie. Internationale Beiträge zur Poetik, Bd. 1. Frankfurt/M.

Volker **Bohn** (ed.) **1988**: Typologie. Internationale Beiträge zur Poetik, Bd. 2. Frankfurt/M.

Karl Heinz **Bohrer** (ed.) **1983**: Mythos und Moderne. Begriff und Bild einer Rekonstruktion. Frankfurt/M.

Karl Heinz **Bohrer 1983a**: Friedrich Schlegels Rede über die Mythologie. In: ders. 1983, 52-82

Karl Heinz **Bohrer 1987**: Der romantische Brief. Die Entstehung ästhetischer Subjektivität. München; Wien

Karl Heinz **Bohrer 1989a**: Am Ende des Erhabenen. Niedergang und Renaissance einer Kategorie. In: Merkur 43, 736-750

Karl Heinz **Bohrer 1989b**: Die Kritik der Romantik. Der Verdacht der Philosophie gegen die literarische Moderne. Frankfurt/M.

Karl Heinz **Bohrer 1990**: Die Ästhetik am Ausgang ihrer Unmündigkeit. In: Merkur 44, 851-865

Jean **Bollack 1990**: Zukunft im Vergangenen. Peter Szondis materiale Hermeneutik. In: DVjs 74, 370-390

Jean **Bollack**/Heinz **Wismann 1976**: Heidegger der Unumgängliche (frz. 1975). In: Bourdieu 1976, 115-121

Otto Friedrich **Bollnow 1977**: Wächst das Rettende? In: Zeitwende 48, 97-125

Jürgen **Bolten** (ed.) **1984**: Schillers Briefe über die ästhetische Erziehung. Frankfurt/M.

Bernhard **Böschenstein 1964**: Konkordanz zu Hölderlins Gedichten nach 1800. Auf Grund des zweiten Bandes der Großen Stuttgarter Ausgabe. Göttingen

Bernhard **Böschenstein 1966**: Die Transfiguration Rousseaus in der deutschen Dichtung um 1800: Hölderlin – Jean Paul – Kleist. In: Jb. d. Jean-Paul-Ges. N. F. 1, 304-306

Bernhard **Böschenstein 1967/68**: Rez. von Szondi 1967. In: HJb 15, 304-306

Bernhard **Böschenstein 1968a**: Hölderlins Rheinhymne (1959). Zürich; Freiburg i. Br.

Bernhard **Böschenstein 1968b**: Studien zur Dichtung des Absoluten. Zürich

Bernhard **Böschenstein 1975a**: Gedichte Hölderlins und ihre Kommentare. An einigen Beispielen erläutert. In: Frühwald et al. 1975, 105-120

Bernhard **Böschenstein 1975b**: Die notwendige Unauflöslichkeit. Reflexionen über die Dunkelheit in der deutschen und französischen Dichtung (von Hölderlin bis Celan). In: Zeitwende 46, 329-344

Bernhard **Böschenstein 1977a**: Die Dichtung Hölderlins. Analyse ihrer Interpretation durch Martin Heidegger. In: Zeitwende 48, 79-97

Bernhard **Böschenstein 1977b**: Hölderlin – „work in progress"? Die neue Frankfurter Ausgabe. In: Neue Zürcher Zeitung vom 16.12.1977

Bernhard **Böschenstein 1977c**: Leuchttürme. Von Hölderlin zu Celan. Wirkung und Vergleich. Studien. Frankfurt/M.

Bernhard **Böschenstein 1984**: Geschehen und Gedächtnis. Hölderlins Hymnen „Wie wenn am Feiertage ..." und „Andenken". Ein einführender Vortrag. In: LpH 7, 7-16 (auch in: B. Böschenstein 1989, 137-152)

Bernhard **Böschenstein 1988/89**: Hölderlin in Frankreich. Seine Gegenwart in Dichtung und Übersetzung. In: HJb 26, 304-320 (frz. in: ders./ Le Rider 1987, 9-23)

Bernhard **Böschenstein 1989**: „Frucht des Gewitters". Hölderlins Dionysos als Gott der Revolution. Frankfurt/M.

Bernhard **Böschenstein**/Jacques **Le Rider** (eds.) **1987**: Hölderlin vu de France. Études. Tübingen

Renate **Böschenstein-Schäfer 1965/66**: Hölderlins Gespräch mit Boehlendorff. In: HJb 14, 110-124

Renate **Böschenstein-Schäfer 1975-77**: Die Sprache des Zeichens in Hölderlins hymnischen Fragmenten. In: HJb 19/20, 267-284

Renate **Böschenstein 1978/79**: Rez. von Laplanche 1975. In: HJb 21, 335-348

Renate **Böschenstein 1988**: Hölderlins allegorische Ausdrucksform. Untersucht an der Hymne „An die Madonna". In: Jamme/Pöggeler 1988, 181-209

Renate **Böschenstein 1989**: Souvenir d'Œdipe. In: Courtine 1989, 328-341 (dt. in: HJb 27 [1990/91], 131-151)

Renate **Böschenstein** 1990: Das Ich und seine Teile. Überlegungen zum anthropologischen Gehalt einiger lyrischer Texte. In: Buhr et al. 1990, 73-97

Henning **Bothe** 1992: „Ein Zeichen sind wir, deutungslos". Die Rezeption Hölderlins von ihren Anfängen bis zu Stefan George. Stuttgart

André du **Bouchet** 1987: Tübingen, le 22 Mai 1986. In: Böschenstein/Le Rider 1987, 95-112 (dt. in: HJb 26 [1988/89], 321-342)

Pierre **Bourdieu** 1976: Die politische Ontologie Martin Heideggers (frz. 1975). Frankfurt/M.

Christina von **Braun** 1985: Nicht ich. Logik, Lüge, Libido. Frankfurt/M.

Christina von **Braun** 1987: Männliche Hysterie – Weibliche Askese. Zum Paradigmenwechsel in den Geschlechterrollen. In: Konkursbuch 20, 10-38

Alfred **Brehm** 1975: Brehms Neue Tierenzyklopädie, Bd. 5. Vögel 1. Ed. Theo Jahn et al. Freiburg u. a.

Dieter **Breuer** 1981: Deutsche Metrik und Versgeschichte. München

Klaus **Briegleb** 1971: Der Editor als Autor. Fünf Thesen zur Auswahlphilologie. In: Martens/Zeller 1971, 91-116

Klaus **Briegleb** 1990: „Vom Rande her ..." Laudatio auf Leo Löwenthal. In: links 22, Nr. 241, 36-40

Brockhaus-Wahrig Dt. Wb.: Deutsches Wörterbuch in sechs Bänden. Ed. Gerhard Wahrig et al. Wiesbaden; Stuttgart 1980-84

Walter **Bröcker** 1959: Zu Hölderlins Ödipus-Deutung. In: Neske 1959, 19-23

Barthold Heinrich **Brockes** 1721-48: Irdisches Vergnügen in Gott. 8 Bde. Hamburg

Richard **Brütting** 1976: „écriture" und „texte". Die französische Literaturtheorie „nach dem Strukturalismus". Kritik traditioneller Positionen und Neuansätze. Bonn

Martin **Buber** 1958-60: „Seit ein Gespräch wir sind". Bemerkungen zu einem Vers Hölderlins. In: HJb 11, 210f.

Rüdiger **Bubner** 1989: Ästhetische Erfahrung. Frankfurt/M.

Georg **Büchner** WB: Werke und Briefe. Münchner Ausgabe. Ed. Karl Pörnbacher et al. 2 Bde. München 1988

Gerhard **Buhr et al.** (eds.) **1990**: Das Subjekt der Dichtung. FS Gerhard Kaiser. Würzburg

Rudolf **Bultmann** 1980: Theologie des Neuen Testaments (1953). Ed. Otto Merk. Tübingen

Dieter **Burdorf** 1990a: Allzu „Bevestigter Gesang". Zu Dietrich Uffhausens Edition von Hölderlins später Lyrik. In: Wirkendes Wort 40, 461-468

Dieter **Burdorf** 1990b: „Wohl gehn wir täglich, doch wir bleiben hier." Zur Funktion von Hölderlin-Zitaten in Texten Elfriede Jelineks. In: Sprache und Literatur in Wissenschaft und Unterricht 66, 29-36

Dieter **Burdorf** 1991: Rez. von Martin 1990. In: Wirkendes Wort 41, 141-143

Dieter **Burdorf** 1992: Rez. von Reuß 1990. In: GRM N. F. 42, 231-234

Christa **Bürger** 1974: Elemente zu einer kritischen Literaturdidaktik. In: Diskussion Deutsch. Sonderband: Tendenzen der Literaturdidaktik, 30-67

Christa **Bürger** 1980: Tradition und Subjektivität. Frankfurt/M.

Gottfried August **Bürger SW**: Sämtliche Werke. Ed. Günter u. Hiltrud Häntzschel. München; Wien 1987

Heinz-Otto **Burger 1956**: Die Hölderlin-Forschung der Jahre 1940-1955. In: DVjs 30, 185-222

Peter **Bürger 1979**: Vermittlung – Rezeption – Funktion. Ästhetische Theorie und Methodologie der Literaturwissenschaft. Frankfurt/M.

Peter **Bürger 1981**: Theorie der Avantgarde (1974). Frankfurt/M.

Peter **Bürger 1983**: Über den Umgang mit dem andern der Vernunft. In: Bohrer 1983, 41-51

Peter **Bürger 1983**: Zur Kritik der idealistischen Ästhetik. Frankfurt/M.

Adrian von **Buttlar 1980**: Der Landschaftsgarten. München

Stefan **Büttner 1988/89**: Natur – Ein Grundwort Hölderlins. In: HJb 26, 224-247

Adrian del **Caro 1988**: The Columbus Poems of Hölderlin and Nietzsche. In: Coll. Germ. 21, H. 2/3, 144-158

Paul **Celan GW**: Gesammelte Werke in fünf Bänden. Ed. Beda Allemann/Stefan Reichert (1983). Frankfurt/M. 1986

Ulrich **Charpa 1985**: Das poetische Ich – persona per quam. In: Poetica 17, 149-169

Jean-François **Courtine** (ed.) **1989**: Hölderlin. L'Herne. Les Cahiers de l'Herne. Paris

Jonathan **Culler 1988**: Dekonstuktion. Derrida und die poststrukturalistische Literaturtheorie (engl. 1982). Reinbek

Ernst Robert **Curtius 1984**: Europäische Literatur und lateinisches Mittelalter (1948). Bern; München

Lucien **Dällenbach**/Christiaan L. **Hart Nibbrig** (eds.) **1984**: Fragment und Totalität. Frankfurt/M.

Günter **Dammann**/Gunter **Martens 1991**: Einführung in die textgenetische Darstellung der Gedichte Georg Heyms. In: editio 5, 178-198

Heinz-Martin **Dannhauer et al. 1983**: Wörterbuch zu Friedrich Hölderlin. I. Teil. Die Gedichte. Auf der Textgrundlage der Großen Stuttgarter Ausgabe. Tübingen

Dante: Werke. Italienisch/deutsch. Ed. Erwin Laaths. München o. J. (zitiert wird die „Divina commedia" nach Gesängen und Versen)

Michel **Deguy 1987**: Témoignage oral. In: Böschenstein/Le Rider 1987, 77-93

Gilles **Deleuze 1987**: Foucault (frz. 1986). Frankfurt/M.

Gilles **Deleuze**/Félix **Guattari 1974**: Anti-Ödipus (frz. 1972). Frankfurt/M.

Jacques **Derrida 1976a**: Randgänge der Philosophie (Teils.; frz. 1972). Frankfurt/M.; Berlin; Wien

Jacques **Derrida 1976b**: Die Schrift und die Differenz (frz. 1967). Frankfurt/M.

Jacques **Derrida 1980**: Titel (noch zu bestimmen). Titre (à préciser). In: Kittler 1980, 15-37

Jacques **Derrida 1983**: Grammatologie (frz. 1967). Frankfurt/M.

Jacques **Derrida 1984**: Guter Wille zur Macht. I. Drei Fragen an Hans-Georg Gadamer. II. Die Unterschriften interpretieren (Nietzsche/Heidegger). In: Forget 1984, 56-58, 62-77

Jacques **Derrida 1986**: Schibboleth. Für Paul Celan (frz. 1986). Graz; Wien

Jacques **Derrida 1988**: Feuer und Asche (frz. 1987). Berlin

Fritz Peter **Dölling 1985**: Literatur und Alltagserfahrung. Die Lesegruppe in der Literaturpost (Phil. Diss. Hamburg). Frankfurt/M.; Bern; New York

Hilde **Domin 1975**: Wozu Lyrik heute. Dichtung und Leser in der gesteuerten Gesellschaft (1968). München

Alfred **Doppler 1968**: Der Abgrund. Studien zur Bedeutungsgeschichte eines Motivs. Graz; Wien; Köln

Thomas **Dörr 1988**: Kritik und Übersetzung. Die Praxis der Reproduktion im Frühwerk Walter Benjamins (Phil. Diss. Hamburg 1988). Gießen

Jörg **Drews 1985**: Der erschütterte Sinn und der Tanz der Perspektiven. Zur Lage der Literaturwissenschaft. In: Merkur 39, 922-928

Duden-Etymologie. Herkunftswörterbuch der deutschen Sprache. Ed. Günther Drosdowski (= Duden, Bd. 7). Mannheim; Wien; Zürich 1989

Duden-Fremdwörterbuch. Ed. Wolfgang Müller et al. (=Duden, Bd. 5). Mannheim; Wien; Zürich 1974

Duden-Grammatik. Grammatik der deutschen Gegenwartssprache. Ed. Günter Drosdowski et al. (= Duden, Bd. 4). Mannheim; Wien; Zürich 1984

Duden Gr. Wb.: Das große Wörterbuch der deutschen Sprache in 6 Bden. Ed. Günther Drosdowski. Mannheim; Wien; Zürich 1976-81

Duden-Stilwörterbuch. Stilwörterbuch der deutschen Sprache. Die Verwendung der Wörter im Satz. Ed. Günther Drosdowski et al. (= Duden, Bd. 2). Mannheim; Wien; Zürich 1970

Klaus **Düsing 1981**: Ästhetischer Platonismus bei Hölderlin und Hegel. In: Jamme/Pöggeler 1981, 101-117

Johann Peter **Eckermann Gespr.**: Gespräche mit Goethe in den letzten Jahren seines Lebens. München 1984

Umberto **Eco 1977**: Das offene Kunstwerk (ital. 1962). Frankfurt/M.

Karl **Ermert** (ed.) **1989**: Literatur im Zeitbezug – Deutsche Fragen. Versuche über die letzten 40 Jahre. Loccum

Karl **Ermert**/Sabine **Gürtler** (eds.) **1989**: Was sind und zu welchem Ende brauchen wir Geisteswissenschaften? Geisteswissenschaften zwischen Krise und neuem Selbstbewußtsein. Loccum

Karl **Ermert**/Thomas **Bütow** (eds.) **1990**: Was bewegt die Schreibbewegung? Kreatives Schreiben – Selbstversuche mit Literatur. Loccum

Éliane **Escoubas 1989**: Hölderlin et Walter Benjamin: L'Abstraction lyrique. In: Courtine 1989, 489-499

Victor **Farías 1989**: Heidegger und der Nationalsozialismus (frz. 1987). Frankfurt/M.

Jean-Pierre **Faye 1981**: Heidegger und seine französischen Interpreten. In: Vermittler. Dt.-frz. Jb. 1, 161-178

François **Fédier 1989**: N. d. T. In: Courtine 1989, 457-472

Luc **Ferry 1989**: Die französischen Intellektuellen und Heidegger. In: Konkursbuch 23, 59-73

Luc **Ferry**/Alain **Renaut 1987**: Antihumanistisches Denken. Gegen die französischen Meisterphilosophen (frz. 1985). München

Johann Gottlieb **Fichte WW**: Werke. Ed. Immanuel Hermann Fichte. 8 und 3 Bde. Berlin 1845/46 bzw. Bonn 1834/35. Fotomechan. Nachdr. Berlin 1971

Günter **Figal 1989**: Selbstverständigung als Literaturwissenschaft. Neuere Arbeiten zur Poetik um 1800. In: Philos. Rundschau 36, 48-67

Philippe **Forget** (ed.) **1984**: Text und Interpretation. München

Michel **Foucault 1969**: Wahnsinn und Gesellschaft. Eine Geschichte des Wahns im Zeitalter der Vernunft (frz. 1961). Frankfurt/M.

Michel **Foucault 1974**: Die Ordnung des Diskurses. Inauguralvorlesung am Collège de France – 2. Dezember 1970 (frz. 1972). München

Michel **Foucault 1974**: Von der Subversion des Wissens (frz. 1963-1973). München

Michel **Foucault 1977**: Sexualität und Wahrheit, Bd. 1. Der Wille zum Wissen (frz. 1976). Frankfurt/M.

Michel **Foucault 1988**: Der Name/Das Nein des Vaters (frz. 1962). In LpH 8, 73-92

Michel **Foucault 1988**: Die Geburt der Klinik. Eine Archäologie des ärztlichen Blicks (frz. 1963). Frankfurt/M.

Manfred **Frank 1972**: Das Problem ‚Zeit‘ in der deutschen Romantik. Zeitbewußtsein und Bewußtsein von Zeitlichkeit in der frühromantischen Philosophie und in Tiecks Dichtung. München

Manfred **Frank 1975**: Der unendliche Mangel an Sein. Schellings Hegelkritik und die Anfänge der Marxschen Dialektik. Frankfurt/M.

Manfred **Frank 1977**: Das individuelle Allgemeine. Textstrukturierung und -interpretation nach Schleiermacher. Frankfurt/M.

Manfred **Frank 1978**: Steinherz und Geldseele. Ein Symbol im Kontext. In: ders. (ed.): Das kalte Herz. Texte der Romantik. Frankfurt/M., 253-401

Manfred **Frank 1979**: Was heißt „einen Text verstehen"? In: Nassen 1979, 58-77

Manfred **Frank 1980**: Das Sagbare und das Unsagbare. Studien zur neuesten französischen Hermeneutik und Texttheorie. Frankfurt/M.

Manfred **Frank 1982**: Der kommende Gott. Vorlesungen über die Neue Mythologie, I. Teil. Frankfurt/M.

Manfred **Frank 1983**: Die Dichtung als „Neue Mythologie". In: Bohrer 1983, 15-40

Manfred **Frank 1984a**: Das „fragmentarische Universum" der Romantik. In: Dällenbach/Hart Nibbrig 1984, 212-224

Manfred **Frank 1984b**: Was ist Neostrukturalismus? Frankfurt/M.

Manfred **Frank 1986a**: Religionsstiftung im Dienste der Idee? Die „Neue Mythologie" der Romantik. In: vom Hofe et al. 1986, 121-137

Manfred **Frank 1986b**: Die Unhintergehbarkeit von Individualität. Reflexionen über Subjekt, Person und Individuum aus Anlaß ihrer ‚postmodernen‘ Toterklärung. Frankfurt/M.

Manfred **Frank 1988a**: Gott im Exil. Vorlesungen über die Neue Mythologie, II. Teil. Frankfurt/M.

Manfred **Frank 1988b**: Die Grenzen der Verständigung. Ein Geistergespräch zwischen Lyotard und Habermas. Frankfurt/M.

Manfred **Frank 1989**: Einführung in die frühromantische Ästhetik. Vorlesungen. Frankfurt/M.

Manfred **Frank 1990/91**: Hölderlin und der Mythos. In: HJb 27, 1-31

Manfred **Frank 1991**: Selbstbewußtsein und Selbsterkenntnis. Essays zur analytischen Philosophie der Subjektivität. Stuttgart

Manfred **Frank 1992**: Stil in der Philosophie. Stuttgart

Manfred **Frank**/Gerhard **Kurz** (eds.) **1975**: Materialien zu Schellings philosophischen Anfängen. Frankfurt/M.

Manfred **Frank**/Gerhard **Kurz 1977**: Ordo inversus. Zu einer Reflexionsfigur bei Novalis, Hölderlin, Kleist und Kafka. In: Herbert Anton et al. (eds.): Geist und Zeichen. FS Arthur Henkel. Heidelberg, 75-97

Michael **Franz 1973/74**: „Vaterländische Helden" im Spätwerk Hölderlins. In: HJb 18, 133-148

Michael **Franz 1980**: Tende Strömfeld Simonetta. In: LpH 4/5, 5-11

Michael **Franz 1980/81**: Annäherung an Hölderlins Verrücktheit. In: HJb 22, 274-294

Michael **Franz 1981**: Hölderlins philosophische Arbeit in Homburg v. d. H. In: Jamme/Pöggeler 1981, 118-130

Michael **Franz 1982**: Das System und seine Entropie. ‚Welt' als philosophisches und theologisches Problem in den Schriften Friedrich Hölderlins. Phil. Diss. (Ms.) Saarbrücken 1982

Michael **Franz 1983**: September 1806. In: LpH 7, 9-53

Michael **Franz 1986/87**: Hölderlins Logik. Zum Grundriß von ‚Seyn Urtheil Möglichkeit'. In: HJb 25, 93-124

Michael **Franz 1988**: Die Schule und die Welt. Studien zu Hölderlins Pindarfragment „Untreue der Weisheit". In: Jamme/Pöggeler 1988, 139-155

Michael **Franz**/Roman **Jakobson 1980**: Die Anwesenheit Diotimas. Ein Briefwechsel. In: LpH 4/5, 15-18

Winfried **Franzen 1987**: Die Sehnsucht nach Härte und Schwere. Über ein zum NS-Engagement disponierendes Motiv in Heideggers Vorlesung „Die Grundbegriffe der Metaphysik" von 1929/30. In: Gethmann-Siefert/Pöggeler 1988, 78-92

Hans **Freier 1983**: Odyssee eines Pariser Bauern: Aragons „mythologie moderne" und der Deutsche Idealismus. In: Bohrer 1983, 157-193

Hans-Jost **Frey 1990**: Der unendliche Text. Frankfurt/M.

Ludwig von **Friedeburg**/Jürgen **Habermas** (eds.) **1983**: Adorno-Konferenz 1983. Frankfurt/M.

Hugo **Friedrich 1985**: Die Struktur der modernen Lyrik. Von der Mitte des neunzehnten bis zur Mitte des zwanzigsten Jahrhunderts (1956). Reinbek

Wolfgang **Frühwald 1975**: Formen und Inhalte des Kommentars wissenschaftlicher Texausgaben. In: ders. et al. 1975, 13-32

Wolfgang **Frühwald** et al. (eds.) **1975**: Probleme der Kommentierung. Kolloquien der Deutschen Fortschungsgemeinschaft 1970 und 1972. Referate und Diskussionsbeiträge. Boppard

Christopher **Fynsk 1989**: Finitude de la ‚Dichtung'. In: Courtine 1989, 444-456

Norbert **Gabriel 1987**: ‚Griechenland'. Zu Hölderlins hymnischem Entwurf. In: Heimo Reinitzer (ed.): Textkritik und Interpretation. FS Karl Konrad Polheim. Bern, 353-383

Hans-Georg **Gadamer 1959**: Vom Zirkel des Verstehens. In: Neske 1959, 24-34

Hans-Georg **Gadamer 1967**: Kleine Schriften II. Interpretationen. Tübingen

Hans-Georg **Gadamer 1975a**: Sinn und Sinnverhüllung, dargestellt an Paul Celans Gedicht Tenebrae. In: Zeitwende 46, 321-329

Hans-Georg **Gadamer 1975b**: Wahrheit und Methode. Grundzüge einer philosophischen Hermeneutik (1960). Tübingen

Hans-Georg **Gadamer 1984**: Text und Interpretation. In: Forget 1984, 24-55

Hans-Georg **Gadamer**/Gottfried **Boehm** (eds.) **1978**: Seminar: Die Hermeneutik und die Wissenschaften. Frankfurt/M.

Ulrich **Gaier 1962**: Der gesetzliche Kalkül. Hölderlins Dichtungslehre. Tübingen

Ulrich **Gaier 1971**: Hölderlin und der Mythos. In: Manfred Fuhrmann (ed.): Terror und Spiel. Probleme der Mythenrezeption (= Poetik und Hermeneutik IV). München, 295-340

Ulrich **Gaier 1971/72**: Über die Möglichkeit, Hölderlin zu verstehen. In: HJb 17, 96-116

Ulrich **Gaier 1986/87**: Hölderlins vaterländische Sangart. In: HJb 25, 12-59

Ulrich **Gaier 1987**: Soziale Bildung gegen ästhetische Erziehung. Goethes Rahmen der „Unterhaltungen" als satirische Antithese zu Schillers „Ästhetischen Briefen" I-IX. In: Bachmaier/Rentsch 1987, 207-272

Ulrich **Gaier 1987/88**: Hölderlins Gärten. In: Turm-Vorträge 1987/88, 54-97

Ulrich **Gaier 1988/89**: Hölderlins vaterländischer Gesang ‚Andenken'. In: HJb 26, 175-201

Hans-Jürgen **Gawoll 1988/89**: Nebenlinien – Variationen zu/von Hölderlins ‚Urtheil und Seyn'. In: HJb 26, 87-116

Manfred **Geier 1983**: Methoden der Sprach- und Literaturwissenschaft. Darstellung und Kritik. München

Wilhelm **Gemoll 1979**: Griechisch-deutsches Schul- und Handwörterbuch (1908). Bearb. Karl Vretska. München; Wien

Gérard **Genette 1989**: Paratexte. Das Buch vom Beiwerk des Buches (frz. 1987). Frankfurt/M.; New York

Emery E. **George 1965**: Some New Hölderlin Decipherments from the „Homburger Folioheft". In: PMLA 80, H. 1, 123-140

Emery E. **George 1973**: Hölderlin's „Ars Poetica". A Part-Rigorous Analysis of Information Structure in the Late Hymns. The Hague; Paris

Emery E. **George 1980**: Gutes mehr / Denn Böses findend. Eine Gruppe problematischer Lesarten im Nachlaß Hölderlins (engl. 1966). In: LpH 4/5, 41-59

Stefan **George WW**: Werke. Ed. Robert Boehringer. 2 Bde. Düsseldorf; München 1976

Annemarie **Gethmann-Siefert 1987**: Die „Poesie als Lehrerin der Menschheit" und das „neue Epos" der modernen Welt. In: Bachmaier/Rentsch 1987, 70-100

Annemarie **Gethmann-Siefert 1988**: Heidegger und Hölderlin. Die Überforderung des „Dichters in dürftiger Zeit". In: dies./Pöggeler 1988, 191-227

Annemarie **Gethmann-Siefert** / Otto **Pöggeler** (eds.) **1988**: Heidegger und die praktische Philosophie. Frankfurt/M.

Hiltrud **Gnüg 1983**: Entstehung und Krise lyrischer Subjektivität. Vom klassischen lyrischen Ich zur modernen Erfahrungswirklichkeit. Stuttgart

Gerhard **Gönner 1987**: Der Traum vom Ich. Selbstreflexion und Mythos in Kleists „Prinz Friedrich von Homburg". In: Bachmaier/Rentsch 1987, 287-307

Johann Wolfgang **Goethe SW**: Sämtliche Werke. 18 Bde. Ed. Ernst Beutler et. al. (1948-71). München 1977

Michael **Grant**/John **Hazel 1980**: Lexikon der antiken Mythen und Gestalten (engl. 1973). München

Jean **Greisch 1987**: „Faire entendre l'origine en son pure surgissement" (Hölderlin et Heidegger). In: Böschenstein/Le Rider 1987, 113-128

Jacob und Wilhelm **Grimm**: Deutsches Wörterbuch. 16 in 32 Bdn. Leipzig 1854-1960

Reinhold **Grimm** (ed.) **1974**: Zur Lyrik-Diskussion. Darmstadt

Wolfram **Groddeck 1976**: Ästhetischer Kommentar. Anmerkungen zu Walter Benjamins Hölderlinlektüre. In: LpH 1, 17-21

Wolfram **Groddeck 1978**: Über Methode. Entgegnung auf D. Uffhausens Rezension des Elegienbandes. In: LpH 3, 35-54

Wolfram **Groddeck 1978/79**: Die Nacht. Überlegungen zur Lektüre der späten Gestalt von ‚Brod und Wein'. In: HJb 21, 206-224

Wolfram **Groddeck 1990/91**: Über die „neu zu entdeckende Spätdichtung" Hölderlins. Oder: „Bevestigter Gesang" in ruinöser Edition. In: HJb 27, 296-313

Wolfram **Groddeck**/D. E. **Sattler 1977**: Frankfurter Hölderlin-Ausgabe. Vorläufiger Editionsbericht. In: LpH 2, 5-19

Bernhard **Grzimek** (ed.) **1970**: Grzimeks Tierleben. Enzyklopädie des Tierreichs, Bd. 9. Vögel 3. Zürich

Romano **Guardini 1955**: Hölderlin. Weltbild und Frömmigkeit. München

Brigitte **Haberer 1988/89**: Zwischen Sprachmagie und Schweigen. Metamorphosen des Sprechens in Hölderlins ‚Hyperion oder der Eremit in Griechenland'. In: HJb 26, 117-133

Brigitte **Haberer 1990**: „Ein Auge zuviel vieleicht". Anmerkungen zu neuen Projekten der Hölderlin-Edition. In: Süddeutsche Zeitung vom 17./18.3.1990

Jürgen **Habermas 1973**: Erkenntnis und Interesse (1968). Mit einem neuen Nachwort. Frankfurt/M.

Jürgen **Habermas 1976**: Zur Rekonstruktion des historischen Materialismus. Frankfurt/M.

Jürgen **Habermas 1980**: Theorie und Praxis. Sozialphilosophische Studien (1963). Frankfurt/M.

Jürgen **Habermas 1981**: Theorie des kommunikativen Handelns. 2 Bde. Frankfurt/M.

Jürgen **Habermas 1982**: Vorbereitende Bemerkungen zu einer Theorie der kommunikativen Kompetenz. In: ders./Luhmann 1982, 101-141

Jürgen **Habermas 1983**: Die Verschlingung von Mythos und Aufklärung. Bemerkungen zur ,Dialektik der Aufklärung' – nach einer erneuten Lektüre. In: Bohrer 1983, 405-431

Jürgen **Habermas 1984**: Vorstudien und Ergänzungen zur Theorie des kommunikativen Handelns. Frankfurt/M.

Jürgen **Habermas 1985**: Der philosophische Diskurs der Moderne. Zwölf Vorlesungen. Frankfurt/M.

Jürgen **Habermas 1988**: Nachmetaphysisches Denken. Frankfurt/M.

Jürgen **Habermas 1989**: Volkssouveränität als Verfahren. Ein normativer Begriff von Öffentlichkeit. In: Merkur 43, 465-477

Jürgen **Habermas**/Niklas**Luhmann 1982**: Theorie der Gesellschaft oder Sozialtechnologie – Was leistet die Systemforschung? (1971). Frankfurt/M.

Arthur **Häny 1948**: Hölderlins Titanenmythos. Zürich

Werner **Hamacher 1972**: Bild und Zeichen in der späten Lyrik Hölderlins. Magisterarbeit (Ms.) FU Berlin

Käte **Hamburger 1987**: Die Logik der Dichtung (1957). München

Michael **Hamburger 1965/66**: Die Aufnahme Hölderlins in England. In: HJb 14, 20-34

Michael **Hamburger 1984**: Und mich leset o / Ihr Blüthen von Deutschland. Zur Aktualität Hölderlins. In: LpH 7, 29-40

Michael **Hamburger 1985**: Wahrheit und Poesie. Spannungen in der modernen Lyrik von Baudelaire bis zur Gegenwart (engl. 1969). Frankfurt/M; Berlin; Wien

Cyrus **Hamlin 1984/85**: Die Poetik des Gedächtnisses. Aus einem Gespräch über Hölderlins ,Andenken'. In: HJb 24, 119-138

Cyrus **Hamlin 1988**: ,Stimmen des Geschiks': The Hermeneutics of Unreadibility (Thoughts on Hölderlins „Griechenland"). In: Jamme/Pöggeler 1988, 252-276

Robin **Harrison 1984/85**: „Das Rettende" oder „Gefahr"? Die Bedeutung des Gedächtnisses in Hölderlins Hymne ,Mnemosyne'. In: HJb 24, 195-206

Hans-Ulrich **Hauschild 1977**: Die idealistische Utopie. Untersuchungen zur Entwicklung des utopischen Denkens. Frankfurt/M.; Bern

Sabrina **Hausdörfer 1989**: Die Sprache ist Delphi. Sprachursprungstheorie, Geschichtsphilosophie und Sprach-Utopie bei Novalis, Friedrich Schlegel und Friedrich Hölderlin. In: Joachim Gessinger/Wolfert von Rahden (eds.): Theorien vom Ursprung der Sprache, Bd. 1. Berlin; New York, 468-497

Ulrich **Häussermann 1959**: Friedensfeier. Eine Einführung in Hölderlins Christushymnen. München

Ulrich **Häussermann 1958-60**: Herz. In: HJb 11, 190-205

Ulrich **Häussermann 1970**: Stationen Hölderlins 1802-1807. In: Albrecht Goetze/Günther Pflaum (eds.): Vergleichen und verändern. FS Helmut Motekat. München, 106-113

Ulrich **Häussermann 1978**: Friedrich Hölderlin in Selbstzeugnissen und Bilddokumenten (1961). Reinbek

Anselm **Haverkamp 1988a**: Kryptische Subjektivität – Archäologie des Lyrisch-Individuellem. In: Manfred Frank/Anselm Haverkamp (eds.): Individualität (=Poetik und Hermeneutik XIII), 347-383

Anselm **Haverkamp 1988b**: Verschwiegener Lorbeer. „Im Hofe aber wächset ein Feigenbaum" (Hölderlin, ‚Andenken'). In: Poetica 20, 218-233

Anselm **Haverkamp 1991**: Laub voll Trauer. Hölderlins späte Allegorie. München

Louis **Hay**/Winfried **Woesler** (eds.) **1981**: Edition und Interpretation (= Jb. f. int. Germ., Reihe A, Bd. 11). Bern u. a.

Benjamin **Hederich 1770**: Gründliches mythologisches Lexikon. Reprogr. Nachdr. Darmstadt 1967

Georg Wilhelm Friedrich **Hegel WW**: Werke in zwanzig Bänden. Ed. Eva Mollenhauer/Karl Markus Michel. Frankfurt/M. 1970/71

Martin **Heidegger GA**: Gesamtausgabe. Ausg. letzter Hand. I. Abt. Veröffentlichte Schriften 1910-76. II. Abt. Vorlesungen 1919-44. Frankfurt/M. 1976ff.

Martin **Heidegger Erl.**: Erläuterungen zu Hölderlins Dichtung (1944-68). Frankfurt/M. 1981

Martin **Heidegger SuZ**: Sein und Zeit (1927). Tübingen 1986

Martin **Heidegger 1983**: Die Selbstbehauptung der deutschen Universiät. Das Rektorat 1933/34. Frankfurt/M.

Martin **Heidegger**/Erhart **Kästner 1986**: Briefwechsel 1953-1974. Ed. Heinrich W. Petzet. Frankfurt/M.

Martin **Heidegger**/Herbert **Marcuse 1989**: Briefwechsel 1947/48. In: Tüte. Sonderheft: Zur Aktualität Herbert Marcuses. Politik und Ästhetik am Ende der Industriegesellschaft. Tübingen, 71-73

Heinrich **Heine Schriften**: Sämtliche Schriften in zwölf Bänden. Ed. Klaus Briegleb. Frankfurt/M.; Berlin; Wien 1981

Norbert von **Hellingrath 1944**: Hölderlin-Vermächtnis (1936). Ed. Ludwig von Pigenot. München

Wolfhart **Henckmann 1984**: „Jedes Kunstwerk ist ein Augenblick". Versuch, eine These Adornos zu verstehen. In: Christian W. Thomsen/Hans Holländer (eds.): Augenblick und Zeitpunkt. Studien zur Zeitstruktur und Zeitmetaphorik in Kunst und Wissenschaft. Darmstadt, 77-92

Dieter **Henrich 1965/66**: Hölderlin über Urteil und Sein. Eine Studie zur Entstehungsgeschichte des Idealismus. In: HJb 14, 73-96

Dieter **Henrich 1966**: Kunst und Kunstphilosophie der Gegenwart (Überlegungen mit Rücksicht auf Hegel). In: Iser 1966, 11-32

Dieter **Henrich 1981**: Hegel im Kontext (1967). Frankfurt/M.

Dieter **Henrich 1982**: Selbstverhältnisse. Gedanken und Auslegungen zu den Grundlagen der klassischen deutschen Philosophie. Stuttgart

Dieter **Henrich 1986**: Der Gang des Andenkens. Beobachtungen und Gedanken zu Hölderlins Gedicht. Stuttgart

Dieter **Henrich 1987**: Konzepte. Essays zur Philosophie in der Zeit. Frankfurt/M.

Dieter **Henrich 1990**: Angedenken, Erinnerung, Gedächtniß. Über Hölderlins Gedicht „Andenken". In: Sinn und Form 42, 379-384

Jost **Hermand 1981**: Orte. Irgendwo. Formen utopischen Denkens. Frankfurt/M.

Wolfgang **Hermann 1985**: Hölderlin. Vom abwesenden Ort. Phil. Diss. (Ms.) Wien

Georg **Heym 1977**: Das lyrische Werk. Sämtliche Gedichte 1910-1912. Mit einer Auswahl der frühen Gedichte 1899-1909. Ed. Karl Ludwig Schneider. München

Rüdiger **Hillgärtner 1989**: Das Versprechen des Übersetzers. Dekonstruktion des Subjekts und Benjamin-Lektüre bei Paul de Man. In: GRM N. F. 39, 440-456

Walter **Hinck 1978**: Von Heine zu Brecht. Lyrik im Geschichtsprozeß. Frankfurt/M.

Thomas **Hobbes Leviathan**: Leviathan (1651). Ed. Crawford B. Macpherson. Harmondsworth 1982

Walter **Hof 1937**: Der Gedanke der deutschen Sendung in der deutschen Literatur. Phil. Diss. Gießen 1937

Walter **Hof 1954**: Hölderlins Stil als Ausdruck seiner geistigen Welt. Meisenheim am Glan

Walter **Hof 1977**: Die Schwierigkeit, sich über Hölderlin zu verständigen. Fast eine Streitschrift. Tübingen

Walter **Hof 1982**: „Mnemosyne" und die Interpretation der letzten hymnischen Versuche Hölderlins. In: GRM N. F. 32, 418-430

Gerhard vom **Hofe et al.** (eds.) **1986**: Was aber (bleibet) stiften die Dichter? Zur Dichter-Theologie der Gothezeit. München

Jens **Hoffmann 1956**: Das Problem und die Bilder der Lebensbewährung in Hölderlins Dichtung. Vorarbeiten zur Strukturbestimmung der Bilderwelt Hölderlins. Phil. Diss. (Ms.) Hamburg

Werner **Hofmann** (ed.) **1989**: Europa 1789. Aufklärung. Verklärung. Verfall. Köln

Hugo von **Hofmannsthal GW**: Gesammelte Werke in zehn Einzelbänden. Ed. Bernd Schoeller/Rudolf Hirsch. Frankfurt/M. 1979

Elmar **Holenstein 1985**: Menschliches Selbstverständnis. Ichbewußtsein – Intersubjektive Verantwortung – Interkulturelle Verständigung. Frankfurt/M.

Uvo **Hölscher 1965**: Empedokles und Hölderlin. Frankfurt/M.

Uvo **Hölscher 1987/88**: „Dort bin ich, wo Apollo gieng". Hölderlins Weg zu den Griechen. In: Turm-Vorträge 1987/88, 7-26

Renate **Homann 1988**: Das Besondere und das Allgemeine in der Dichtung. Anmerkungen zu Dieter Henrichs Buch: Der Gang des Andenkens ... (= Henrich 1986). In: Zs. f. philos. Forschung 42, 620-644

Homer: Homers Ilias [übs.] von Johann Heinrich Voss. 2 Bde. in 1 Bd. Altona 1793 (sofern nicht anders angegeben, wird nach dieser Übersetzung unter Angabe der Gesänge und Verse zitiert)

Homer: Ilias. Übs. Hans Rupé. Mit Urtext, Anhang und Registern. o. O. [München] 1968 (das griechische Original wird unter Angabe der Gesänge und Verse nach dieser Ausgabe zitiert)

Homer: Ilias. Übs. Wolfgang Schadewaldt (1975). Frankfurt/M. 1988

Jochen **Hörisch 1976**: Die fröhliche Wissenschaft der Poesie. Der Universalitätsanspruch von Dichtung in der frühromantischen Poetologie. Frankfurt/M.

Jochen **Hörisch 1988**: Die Wut des Verstehens. Zur Kritik der Hermeneutik. Frankfurt/M.

Jochen **Hörisch 1989a**: Das Abendmahl, das Geld und die Neuen Medien. Poetische Korrelationen von Sein und Sinn. Bremen

Jochen **Hörisch 1989b**: Der ästhetische Ausnahmezustand. Die Debatte über das Erhabene in Frankreich. In: Merkur 43, 923-929

Helmut **Hornbogen 1990**: Eine Werkstatt und kein Trümmerfeld. Rekonstruktion des Gesanges: Dietrich Uffhausen machte Hölderlins Spätdichtung erstmals lesbar. In: Schwäbisches Tagblatt vom 9.1.1990

Thomas **Horst 1979**: Wechsel und Sein. Die Ambivalenz des Absoluten in Hölderlins Poetik. In: Bachmaier et al. 1979, 146-187

Thomas **Horst 1987**: Konfigurationen des unglücklichen Bewußtseins. Zur Theorie der Subjektivität bei Jacobi und Schleiermacher. In: Bachmaier/Rentsch 1987, 185-206

Ulrich **Hötzer 1984/85**: Mörike und Hölderlin. Verehrung und Verweigerung. In: HJb 24, 167-188

Herbert **Hunger 1979**: Lexikon der griechischen und römischen Mythologie. Mit Hinweisen auf das Fortwirken antiker Stoffe und Motive in der bildenden Kunst, Literatur und Musik des Abendlandes bis zur Gegenwart (1959). Reinbek

Andreas **Huyssen**/Klaus R. **Scherpe** (eds.) **1986**: Postmoderne. Zeichen eines kulturellen Wandels. Reinbek

Wolfgang **Iser** (ed.) **1966**: Immanente Ästhetik – ästhetische Reflexion. Lyrik als Paradigma der Moderne (= Poetik und Hermeneutik II). München

Wolfgang **Iser 1976**: Der Akt des Lesens. München

John E. **Jackson 1984**: Über das lyrische Fragment. In: Dällenbach/Hart Nibbrig 1984, 309-319

Friedrich Heinrich **Jacobi WW**: Werke. Ed. Friedrich Roth/Friedrich Köppen. 6 Bde. Leipzig 1812-25. Reprograph. Nachdr. Darmstadt 1976

Ilse **Jahn 1990**: Grundzüge der Biologiegeschichte. Jena

Michael **Jakob 1987**: Große Gesten, große Worte. Anmerkungen zur philologischen Praxis in Dietrich Uffhausen: Friedrich Hölderlin. Das Nächste Beste ... (= Uffhausen 1986a). In: GRM N. F. 37, 320-326

Roman **Jakobson 1976**: Hölderlin – Klee – Brecht. Zur Wortkunst dreier Gedichte. Frankfurt/M.

Roman **Jakobson 1979**: Poetik. Ausgewählte Aufsätze 1921-1971. Frankfurt/M.

Christoph **Jamme 1982/83**: „Jedes Lieblose ist Gewalt". Der junge Hegel, Hölderlin und die Dialektik der Aufklärung. In: HJb 23, 191-228

Christoph **Jamme 1984**: „Dem Dichten vor-denken". Aspekte von Heideggers „Zwiesprache" mit Hölderlin im Kontext seiner Kunstphilosophie. In: Zs. f. philos. Forschung 38, 191-218

Christoph **Jamme 1987**: Hegels Satz vom Ende der Kunst. In: Bachmaier/Rentsch 1987, 273-286

Christoph **Jamme 1988a**: Hegel und Hölderlin. Über die Tagung „Hegel and Hölderlin. Speculative Philosophy and Hermeneutics" in Yale. In: Information Philosophie Nr. 5/1988, 80-84

Christoph **Jamme 1988b**: Hölderlin und das Problem der Metaphysik. Zur Diskussion um „Andenken". In: Zs. f. philos. Forschung 42, 645-665

Christoph **Jamme 1988c**: „Ein kranker oder gesunder Geist"? Berichte über Hölderlins Krankheit aus den Jahren 1804-1806. In: ders./Pöggeler 1988, 279-289

Christoph **Jamme 1991**: Griechentum und „Deutschtum". Heideggers Vorlesungen über die Dichtung Hölderlins. In: Philos. Jb. 98, 184-188

Christoph **Jamme**/Gerhard **Kurz** (eds.) **1988**: Idealismus und Aufklärung. Kontinuität und Kritik der Aufklärung in Philosophie und Poesie um 1800. Stuttgart

Christoph **Jamme**/Otto **Pöggeler** (eds.) **1981**: Homburg vor der Höhe in der deutschen Geistesgeschichte. Studien zum Freundeskreis um Hegel und Hölderlin. Stuttgart

Christoph **Jamme**/Otto **Pöggeler** (eds.) **1983**: „Frankfurt aber ist der Nabel dieser Erde". Das Schicksal einer Generation der Goethezeit. Stuttgart

Christoph **Jamme**/Otto **Pöggeler** (eds.) **1988**: Jenseits des Idealismus. Hölderlins letzte Homburger Jahre (1804-1806). Bonn

Christoph **Jamme**/Helmut **Schneider** (eds.) **1984**: Mythologie der Vernunft. Hegels ‚ältestes Systemprogramm' des deutschen Idealismus. Frankfurt/M.

Dominique **Janicaud 1987**: Des Lumières au Sacré. Remarques sur le cheminement de Hölderlin dans sa relation avec „l'esprit francais". In: Böschenstein/Le Rider 1987, 25-34

Hans Robert **Jauß 1970**: Literaturgeschichte als Provokation. Frankfurt/M.

Hans Robert **Jauß 1982**: Ästhetische Erfahrung und literarische Hermeneutik. Frankfurt/M.

Hans Robert **Jauß 1989**: Studien zum Epochenwandel der ästhetischen Moderne. Frankfurt/M.

Michael W. **Jennings 1983**: Benjamin as a Reader of Hölderlin: The Origins of Benjamin's Theory of Literary Criticism. In: GQ 31, 544-562

Friedrich Georg **Jünger 1987**: Rhythmus und Sprache im deutschen Gedicht (1952). Stuttgart

Franz **Kafka Hochzeitsvorbereitungen**: Hochzeitsvorbereitungen auf dem Lande und andere Prosa aus dem Nachlaß. Ed. Max Brod (1953). Frankfurt/M. 1980.

Franz **Kafka Prozeß**: Der Prozeß. Roman. Ed. Max Brod (1935). Frankfurt/M. 1972

Franz **Kafka Tagebücher**: Tagebücher 1910-1923. Ed. Max Brod (1948). Frankfurt/M. 1976

Gerhard **Kaiser 1973**: Pietismus und Patriotismus im literarischen Deutschland. Ein Beitrag zum Problem der Säkularisation (1960). Frankfurt/M.

Gerhard **Kaiser 1988**: Geschichte der deutschen Lyrik von Goethe bis Heine. Ein Grundriß in Interpretationen. Frankfurt/M.

Dietmar **Kamper**/Christoph **Wulf** (eds.) **1987**: Das Heilige. Seine Spur in der Moderne. Frankfurt/M.

Immanuel **Kant WA**: Werkausgabe. Ed. Wilhelm Weischedel (1960). 12 Bde. Frankfurt/M. 1978 (zitiert wird auch nach der Paginierung der Originalausgaben: KdrV = Kritik der reinen Vernunft; KdU = Kritik der Urteilskraft)

Hermann **Kasack 1920**: s. unter Hölderlin-Ausgaben

Katharina **Kaspers 1990/91**: „Der arme Hölderlin". Die stilisierte Dichterfigur in der Rezeption der Romantik. In: HJb 27, 159-181

Heinrich **Kaulen 1990/91**: Der unbestechliche Philologe. Zum Gedächtnis Norbert von Hellingraths (1888-1916). In: HJb 27, 182-209

Friedhelm **Kemp 1984/85**: Treue der Übersetzung? In: HJb 24, 207-217

Friedhelm **Kemp 1990**: Gedichte lesen – wozu und wie? In: Süddeutsche Zeitung vom 21./22.7.1990

Hans-Georg **Kemper 1987ff.**: Deutsche Lyrik der frühen Neuzeit. Tübingen

Peter **Kemper** (ed.) **1989**: Macht des Mythos – Ohnmacht der Vernunft? Frankfurt/M.

Marianne **Kesting 1991**: Ich-Figuration und Erzählerschachtelung. Zur Selbstreflexion der dichterischen Imagination. In: GRM N. F. 41, 27-45

Walther **Killy 1956**: Wandlungen des lyrischen Bildes. Göttingen

Walther **Killy 1972**: Elemente der Lyrik. München

Werner **Kirchner 1949**: s. unter Hölderlin-Ausgaben

Werner **Kirchner 1967**: Hölderlin. Aufsätze zu seiner Homburger Zeit. Ed. Alfred Kelletat. Göttingen

Friedrich A. **Kittler** (ed.) **1980**: Austreibung des Geistes aus den Geisteswissenschaften. Programme des Poststrukturalismus. Paderborn

Friedrich A. **Kittler 1985**: Aufschreibesysteme 1800/1900. München

Friedrich A. **Kittler**/Horst **Turk** (eds.) **1977**: Urszenen. Literaturwissenschaft als Diskursanalyse. Frankfurt/M.

Erich **Kleinschmidt 1983**: Die Hermeneutik der heroischen Dekadenz. Zur Ausdrucksproblematik von Martin Heideggers Hölderlin-Interpretationen. In: LiLi 13, 303-317

Heinrich von **Kleist SWB**: Sämtliche Werke und Briefe. Ed. Helmut Sembdner. 2 Bde. München 1987

Wilfred L. **Kling 1980**: Lese(r)arbeit: Hölderlins ,Winkel von Hahrdt' und die ,Nachtgesänge'. In: LpH 4/5, 77-87

Friedrich Gottlieb **Klopstock SW**: Sämmtliche Werke. 10 Bde. Leipzig 1854

Friedrich Gottlieb **Klopstock**: Oden. Ed. Franz Muncker/Jaro Pawel. 2 Bde. Stuttgart 1889

Friedrich Gottlieb **Klopstock**: Gedichte. Auswahl. Ed. Peter Rühmkorf. Frankfurt/M. 1969

Friedrich Gottlieb **Klopstock**: Oden. Auswahl. Ed. Karl Ludwig Schneider. Stuttgart 1976

Paul **Kluckhohn** (ed.) **1943**: Hölderlin. Gedenkschrift zu seinem 100. Todestag. 7. Juni 1943. Tübingen

Friedrich **Kluge 1975**: Etymologisches Wörterbuch der deutschen Sprache (1883). Bearb. Walther Mitzka. Berlin; New York

Hinrich **Knittermeyer 1950**: Fest und Feier. Ein Beitrag zum Sprachgebrauch Hölderlins. In: HJb 4, 47-71

Éva **Kocziszky 1988/89**: Die Empedokles-Fragmente als Übersetzung. In: HJb 26, 134-161

Thomas **Koebner**/Gerhart **Pickerodt** (eds.) **1987**: Die andere Welt. Studien zum Exotismus. Frankfurt/M.

Karl-Heinz **Kohl 1981**: Entzauberter Blick. Das Bild vom Guten Wilden und die Erfahrung der Zivilisation. Berlin

Maria **Kohler 1985**: Internationale Hölderlin-Bibliographie. Erste Ausgabe 1804-1983. Stuttgart

Gerhard **Köpf 1981**: Rezeptionspragmatik. Beiträge zur Praxis des Lesens. München

Fritz **Kramer 1981**: Verkehrte Welten. Zur imaginären Ethnographie des 19. Jahrhunderts (1977). Frankfurt/M.

Jürgen **Kreft 1982**: Grundprobleme der Literaturdidaktik. Eine Fachdidaktik im Konzept sozialer und individueller Entwicklung und Geschichte (1977). Heidelberg

Jürgen **Kreft 1984**: Der Textwissenschaftler als der Wahre Mensch und als das Wahre Lernziel. In: Jürgen Hein et al. (eds.): Das ICH als Schrift. FS Winfried Pielow. Baltmannsweiler, 251-260

Hans Joachim **Kreutzer 1980/81**: Kolonie und Vaterland in Hölderlins später Lyrik. In: HJb 22, 18-46

Hans Joachim **Kreutzer 1988/89**: „... aber niemand bedarf ihrer ..." Hölderlin, Kleist, Arminius und die Zeitgeschichte. In: HJb 26, 60-73

Johann **Kreuzer 1985**: Erinnerung. Zum Zusammenhang von Hölderlins theoretischen Fragmenten „Das untergehende Vaterland ..." und „Wenn der Dichter einmal des Geistes mächtig ist ...". Königstein/Ts.

Johann **Kreuzer 1985/86**: Zeit, Sprache, Erinnerung – Überlegungen zu Hölderlins ‚Mnemosyne'. In: Turm-Vorträge 1985/86, 63-91

Winfried **Kudszus 1969**: Sprachverlust und Sinnwandel. Zur späten und spätesten Lyrik Hölderlins. Stuttgart

Winfried **Kudszus 1973**: Versuch einer Heilung. Hölderlins spätere Lyrik. In: Riedel 1973, 18-33

Winfried **Kudszus 1980**: Literatur und Schizophrenie. In: Kittler 1980, 175-187

Winfried **Kudszus 1984**: Sprachprozesse in moderner Lyrik. Herbeck – Celan – Hölderlin. In: Anstöße 31. Hofgeismar, 137-143

Andreas **Kuhlmann 1989**: Das stumme Antlitz der Kunst. Sprachkritische Aspekte der Ästhetik Adornos. In: Literaturmagazin 24, 61-74

Andreas **Kuhlmann 1990**: Gesetz oder Chaos. Eine Kontroverse zum Spätwerk Hölderlins. In: Frankfurter Allgemeine Zeitung vom 18.4.1990

Gerhard **Kurz 1975a**: Mittelbarkeit und Vereinigung. Zum Verhältnis von Poesie, Reflexion und Revolution bei Hölderlin. Stuttgart

Gerhard **Kurz 1975b**: Zu Hölderlins Dichtungstheorie. In: Philos. Rundschau 21, 258-269

Gerhard **Kurz 1979**: Hölderlin und die Frage nach dem Wahnsinn. In: Euph. 73, 186-198

Gerhard **Kurz 1981**: „Hyperion" auf dem Fenster. Auguste von Hessen-Homburg und Hölderlin. In: Jamme/Pöggeler 1981, 48-66

Gerhard **Kurz 1982**: Metapher, Allegorie, Symbol. Göttingen

Gerhard **Kurz 1982/83**: Hölderlins poetische Sprache. In: HJb 23, 34-53

Gerhard **Kurz 1986**: Die Diskussion wird aufregend. Zum Faksimile des Homburger Folioheftes. In: Börsenblatt für den deutschen Buchhandel vom 4.11.1986

Gerhard **Kurz 1988a**: Höhere Aufklärung. Aufklärung und Aufklärungskritik bei Hölderlin. In: Jamme/Kurz 1988, 259-282

Gerhard **Kurz 1988b**: Zu einer Poetik des Enjambements. In: Sprache und Literatur in Wissenschaft und Unterricht 61, 45-51

Gerhard **Kurz 1988c**: Poetische Logik. Zu Hölderlins „Anmerkungen" zu „Oedipus" und „Antigonae". In: Jamme/Pöggeler 1988, 83-101

Alice A. **Kuzniar 1987**: Delayed Endings. Nonclosure in Novalis and Hölderlin. Athens; London

Eduard **Lachmann 1937**: In lieblicher Bläue ... Eine späte Hymne Hölderlins. In: Dichtung und Volkstum (= Euph. N. F.) 38, 356-361

Eduard **Lachmann 1951**: Hölderlins Christus-Hymnen. Text und Auslegung. Wien

Philippe **Lacoue-Labarthe 1980/81**: Die Zäsur des Spekulativen. In: HJb 22, 203-231

Philippe **Lacoue-Labarthe**/Jean-Luc **Nancy 1984**: Noli me frangere. In: Dällenbach/Hart Nibbrig 1984, 64-76

Dieter **Lamping 1989**: Das lyrische Gedicht. Definitionen zu Theorie und Geschichte der Gattung. Göttingen

Jürgen **Landwehr**/Matthias **Mitschke** (eds.) **1980**: Ästhetik und Didaktik. Beiträge zum Verhältnis von Literaturwissenschaft und Kulturpädagogik. Düsseldorf

Wilhelm **Lange 1909**: Hölderlin. Eine Pathographie. Stuttgart

Wolfgang **Lange 1989a**: Das Wahnsinns-Projekt oder was es mit einer „antiempedokleischen Wendung" im Spätwerk Hölderlins auf sich hat. In: DVjs 63, 645-678

Wolfgang **Lange 1989b**: Replik. In: DVjs 63, 712-714

August **Langen 1968**: Der Wortschatz des deutschen Pietismus (1954). Tübingen

Jean **Laplanche 1975**: Hölderlin und die Suche nach dem Vater (frz. 1961). Stuttgart-Bad Cannstatt

Valérie **Lawitschka** (ed.) **1988**: Dossier zu Schülertagungen im Hölderlinturm. Tübingen

Susanne **Ledanff 1981**: Die Augenblicksmetapher. Über Bildlichkeit und Spontaneität in der Lyrik. München

Jean-Pierre **Lefebvre 1987**: Hölderlin et Christophe Colomb: Au rendez-vous des prophètes. In: Critique 43, 295-318

Jean-Pierre **Lefebvre 1987/88**: Neue Fragestellungen zu Hölderlins Reisen und zu seinem Aufenthalt in Frankreich. In: Turm-Vorträge 1987/88, 131-139

Jean-Pierre **Lefebvre 1988/89**: Auch die Stege sind Holzwege. In: HJb 26, 202-223 (frz. in: Böschenstein/Le Rider 1987, 53-76)

Jean-Pierre **Lefebvre 1989**: Les yeux de Hölderlin. In: Courtine 1989, 416-443

Michel **Leiris 1979**: Die eigene und die fremde Kultur. Ethnologische Schriften 1. Ed. Hans-Jürgen Heinrichs. Frankfurt/M.

Michel **Leiris 1981**: Das Auge des Ethnographen. Ethnologische Schriften 2. Ed. Hans-Jürgen Heinrichs. Frankfurt/M.

Michel **Leiris 1982**: Spiegel der Tauromachie, eingeleitet durch Tauromachien (frz. 1937). München

Michel **Leiris 1983**: Mannesalter (frz. 1939). Frankfurt/M.

Elisabeth **Lenk 1990**: Adorno gegen seine Liebhaber verteidigt. In: die tageszeitung vom 3.1.1990

Wolf **Lepenies 1971**: Soziologische Anthroplogie. Materialien. München

Gisbert **Lepper 1972**: Friedrich Hölderlin. Geschichtserfahrung und Utopie in seiner Lyrik. Hildesheim

Claude **Lévi-Strauss 1968**: Das wilde Denken (frz. 1962). Frankfurt/M.

Claude **Lévi-Strauss 1976**: Mythologica I. Das Rohe und das Gekochte (frz. 1964). Frankfurt/M.

Claude **Lévi-Strauss 1977**: Strukturale Anthropologie I (frz. 1958). Frankfurt/M.

Emmanuel **Lévinas 1988**: Eigennamen. Meditationen über Sprache und Literatur (frz. 1975/76). München

Louis **Levionnois 1986**: Passage de Hölderlin en Charente. In: Actes du Colloque Terres et Hommes du Centre-Ouest (Littératur et Paysages) 1985. Poitiers, 41-53

Matthias **Lexer 1979**: Mittelhochdeutsches Taschenwörterbuch (1885). Stuttgart

Friedrich **von der Leyen 1958-69**: Norbert von Hellingrath und Hölderlins Wiederkehr. In: HJb 11, 1-16

Burkhardt **Lindner**/W. Martin **Lüdke** (eds.) **1980**: Materialien zur ästhetischen Theorie Theodor W. Adornos. Konstruktion der Moderne. Frankfurt/M.

Jürgen **Link 1990**: Schreiben als Simulieren? Schreiben gegen Simulieren? Über Literaturkonzepte, ihre gesellschaftlichen Funktionen und das Kreative Schreiben. In: Diskussion Deutsch 21, 600-612

Jurij M. **Lotman 1972**: Die Struktur literarischer Texte. München

Karl **Löwith 1981**: Von Hegel zu Nietzsche. Der revolutionäre Bruch im Denken des 19. Jahrhunderts (1941). Hamburg

Karl **Löwith 1989**: Mein Leben in Deutschland vor und nach 1933. Ein Bericht (1986). Frankfurt/M.

Henri de **Lubac 1988**: Schleiermacher, Fichte, Hölderlin (frz. 1979). In: Bohn 1988, 338-356

D. Martin **Luther Biblia**: Das ist die gantze Heilige Schrifft Deudsch auffs new zugericht (Wittenberg 1545). Ed. Hans Volz et al. München 1974 (nur Luthers Marginalien werden nach Seiten zitiert; ansonsten wird die übliche Notation benutzt)

Bernhard **Lypp 1972**: Ästhetischer Absolutismus und politische Vernunft. Zum Widerstreit von Reflexion und Sittlichkeit im deutschen Idealismus. Frankfurt/M.

Bernhard **Lypp 1987**: „Mein ist die Rede vom Vaterland." Zu Heideggers Hölderlin. In: Merkur 41, 120-135

Paul de **Man 1967/68**: Hölderlins Rousseaubild (frz. 1965). In: HJb 15, 180-208

Paul de **Man 1983**: Heidegger's Exegeses of Hölderlin. In: ders.: Blindness and Insight. Essays in the Rhetoric of Contemporary Criticism (frz. 1955). Minneapolis, 246-266

Paul de **Man 1988**: Allegorien des Lesens (Teils.; engl. 1979). Frankfurt/M.

Ossip **Mandelstam 1990**: Mitternacht in Moskau. Die Moskauer Hefte. Gedichte 1930-1934. Übs. Ralph Dutli. Frankfurt/M.

Klaus **Manger 1982/83**: Die Königszäsur. Zu Hölderlins Gegenwart in Celans Gedicht. In: HJb 23, 156-165

Walter **Markov**/Albert **Soboul 1989**: 1789. Die große Revolution der Franzosen. Köln

Odo **Marquard 1981**: Abschied vom Prinzipiellen. Philosophische Studien. Stuttgart

Odo **Marquard 1985**: Kompensationstheorien des Ästhetischen. In: Dirk Grathoff (ed.): Studien zur Ästhetik und Literaturgeschichte der Kunstperiode. Frankfurt/M., 103-120

Odo **Marquard 1988**: Verspätete Moralistik. Bemerkungen zur Unvermeidlichkeit der Geisteswissenschaften. In: Kursbuch 91, 13-18

Odo **Marquard 1989**: Aesthetica und Anaesthetica. Philosophische Überlegungen. Paderborn u. a.

Gunter **Martens 1971**: Textdynamik und Edition. Überlegungen zur Bedeutung und Darstellung variierender Textstufen. In: ders./Zeller 1971, 165-201

Gunter **Martens 1973**: Textstrukturen aus rezeptionsästhetischer Sicht. Perspektiven einer Textästhetik auf der Grundlage des Prager Strukturalismus. In: Wirkendes Wort 23, 359-379

Gunter **Martens 1975a**: Texterschließung durch Edition. Überlegungen zur rezeptionsästhetischen Bedeutung textgenetischer Apparate. In: LiLi 5, 82-104

Gunter **Martens 1975b**: Textlinguistik und Textästhetik. Prolegomena einer pragmatischen Theorie ästhetischer Texte. In: Sprache im technischen Zeitalter 53, 6-35

Gunter **Martens 1979**: Die Funktion des Variantenapparates in Nachlaßausgaben expressionistischer Lyrik. In: Louis Hay/Winfried Woesler (eds.): Die Nachlaßedition (= Jb. f. int. Germ., Reihe A, Bd. 4). Bern u. a., 81-94

Gunter **Martens 1981**: Textkonstitution in Varianten. Die Bedeutung der Entstehungsvarianten für das Verständnis schwieriger Texte Hölderlins. In: Hay/Woesler 1981, 69-96

Gunter **Martens 1982a**: „Seit ein Gespräch wir sind" – Wege zur Erschließung Hölderlinscher Texte im Gruppengespräch. In: Diskussion Deutsch 13, 436-460

Gunter **Martens 1982b**: Texte ohne Varianten? Überlegungen zur Bedeutung der Frankfurter Hölderlin-Ausgabe in der gegenwärtigen Situation der Editionsphilologie. In: Zs. f. dt. Philol. 101. Sonderheft: Probleme neugermanistischer Edition, 43-64

Gunter **Martens 1982/83**: Hölderlin in der Nachfolge Nietzsches – Stationen der Aneignung eines Dichters. In: HJb 23, 54-78

Gunter **Martens 1984**: Art. Text. In: Reallexikon der deutschen Literaturgeschichte, Bd. 4. Ed. Klaus Kanzog/Achim Masser. Berlin; New York, 403-417

Gunter **Martens 1985**: Ertragreicher Zweifel am Überkommenen. Laudatio auf D. E. Sattler. In: Uni hh 16, H. 4, 9-13

Gunter **Martens 1987**: Entwürfe zur Lyrik Georg Heyms. Möglichkeiten des Einblicks in die immanente Poetik seiner Dichtungen. In: editio 1, 250-265

Gunter **Martens 1989**: Was ist ein Text? Ansätze zur Bestimmung eines Leitbegriffs der Textphilologie. In: Poetica 21, 1-25

Gunter **Martens 1991**: „Historisch", „kritisch" und die Rolle des Herausgebers bei der Textkonstitution. In: editio 5, 12-27

Gunter **Martens**/Hans **Zeller** (eds.) **1971**: Texte und Varianten. Probleme ihrer Edition und Interpretation. München

Wolfgang **Martin 1990**: Mit Schärfe und Zartheit. Zu einer Poetik der Sprache bei Hölderlin mit Rücksicht auf Herder. Bonn

Karl **Marx 1981**: Zur Judenfrage (1844). In: ders./Friedrich Engels: Werke, Bd. 1. Berlin 1981, 347-377

Gert **Mattenklott 1981**: Peter Szondi als Komparatist. In: Vermittler. Dt.-frz. Jb. 1, 127-141

Tom **McCall 1988**: The Case of the Missing Body. In: LpH 8, 53-72

Ernst **Meister 1978/79**: ‚Das Nächste Beste'. Ein Versuch, Hölderlin zu entdecken. In: HJb 21, 309-334

Hermann **Menge 1913**: Griechisch-deutsches Wörterbuch. (= Menge/Güthling: Griechisch-deutsches und deutsch-griechisches Wörterbuch. Hand- und Schulausgabe. Teil I; 1910). Berlin

Christoph **Menke-Eggers 1988**: Die Souveränität der Kunst. Ästhetische Erfahrung nach Adorno und Derrida. Frankfurt/M.

Winfried **Menninghaus 1986**: Schwellenkunde. Walter Benjamins Passage des Mythos. Frankfurt/M.

Winfried **Menninghaus 1989**: Die frühromantische Theorie von Zeichen und Metapher. In: GQ 62, 48-58

Clemens **Menze 1983**: Hölderlins pädagogische Entwürfe aus seiner Hofmeisterzeit 1794/1795. In: Jamme/Pöggeler 1983, 261-283

Clemens **Menze 1988**: Weisheit und Bildung. Eine Interpretation von Hölderlins Pindarfragment „Untreue der Weisheit". In: Jamme/Pöggeler 1988, 157-171

Wilhelm **Michel 1967**: Das Leben Friedrich Hölderlins (1940). Frankfurt/M.

Günter **Mieth 1976**: Zu den späten Hymnen Friedrich Hölderlins. In: Weimarer Beiträge 22, H. 6, 5-23

Günter **Mieth 1978**: Friedrich Hölderlin. Dichter der bürgerlich-demokratischen Revolution. Berlin

Günter **Mieth 1987/88**: Schillers „Spaziergang" – eine Anregung für Hölderlins Aneignung der Antike? In: Turm-Vorträge 1987/88, 44-53

Robert **Minder 1968**: ‚Hölderlin unter den Deutschen' und andere Aufsätze zur deutschen Literatur. Frankfurt/M.

Bernd **Modrow** (ed.) **1989**: Historische Gärten in Hessen. Staatliche Gärten und Parkanlagen. Bad Homburg vor der Höhe

Eduard **Mörike SWB**: Sämtliche Werke. Briefe. Ausg. in 3 Bdn. Ed. Gerhart Baumann/Siegfried Grosse. Stuttgart 1961

Klaus **Mollenhauer 1983**: Vergessene Zusammenhänge. Über Kultur und Erziehung. München

Klaus **Mollenhauer 1986**: Umwege. Über Bildung, Kunst und Interaktion. Weinheim; München

Klaus **Mollenhauer 1988**: Ist ästhetische Bildung möglich? In: Zs. f. Päd. 34, 443-461

Klaus **Mollenhauer 1990a**: Die ästhetische Dimension der Bildung. Zur Einführung in den Themenkreis. In: Zs. f. Päd. 36, 465-467

Klaus **Mollenhauer 1990b**: Ästhetische Bildung zwischen Kritik und Selbstgewißheit. In: Zs. f. Päd. 36, 481-494

Karl Philipp **Moritz 1979**: Götterlehre oder Mythologische Dichtungen der Alten (1791). Frankfurt/M.

Stéphane **Mosès 1990**: Geschichte und Subjektivität. Zur Konstitution der historischen Zeit bei Walter Benjamin. In: Buhr et al. 1990, 153-178

Jan **Mukařovský 1978**: Kapitel aus der Ästhetik (1966). Frankfurt/M.

Walter **Müller-Seidel 1981**: Hölderlin in Homburg. Sein Spätwerk im Kontext seiner Krankheit. In: Jamme/Pöggeler 1981, 161-188

Adolf **Muschg 1981**: Literatur als Therapie? Ein Exkurs über das Heilsame und das Unheilbare. Frankfurter Vorlesungen. Frankfurt/M.

Rainer **Nägele 1971**: Formen der Utopie bei Friedrich Hölderlin. Phil. Diss. (Ms.) Santa Barbara/California

Rainer **Nägele 1975-77**: Hermetik und Öffentlichkeit. Zu einigen historischen Voraussetzungen der Moderne bei Hölderlin. In: HJb 19/20, 358-386

Rainer **Nägele 1976**: Rez. von FHA Einl. In: New German Critique 3, H. 7, 157-162

Rainer **Nägele 1978**: Literatur und Utopie. Versuche zu Hölderlin. Heidelberg

Rainer **Nägele 1980**: Der Diskurs des andern. Hölderlins Ode ‚Stimme des Volks' und die Dialektik der Aufklärung. In: LpH 4/5, 61-76

Rainer **Nägele 1982a**: Fragmentation und fester Buchstabe: Zu Hölderlins „Patmos"-Überarbeitungen. In: MLN 97, 100-104

Rainer **Nägele 1982b**: Rez. von Heidegger GA II.39. In: GQ 55, 556-572

Rainer **Nägele 1983**: Vorbemerkung. In: LpH 6, 5-8

Rainer **Nägele 1984**: Friedrich Hölderlin: Die F(V)erse des Achilles. In: Dällenbach/Hart Nibbrig 1984, 200-211

Rainer **Nägele 1985**: Text, Geschichte und Subjektivität in Hölderlins Dichtung – „Uneßbarer Schrift gleich". Stuttgart

Rainer **Nägele 1988**: Vatertext und Muttersprache. Pindar und das lyrische Subjekt in Hölderlins späterer Dichtung. In: LpH 8, 39-52

Rainer **Nägele 1988/89**: „In Winkeln schreitend Gesang". Hölderlins Geographie und Geometrie des Geistes. In: Bad Homburger Hölderlin-Vorträge 1988/89, 7-21

Rainer **Nägele 1989a**: De l'abîme, en effet ... Pour une fondation de la langue poétique chez Hölderlin et Benjamin. In: Courtine 1989, 473-488

Rainer **Nägele 1989b**: Rez. von Warminski 1987. In: GQ 62, 512f.

Rainer **Nägele 1991**: Das Beben des Barock in der Moderne: Walter Benjamins Monadologie. In: MLN 106, 501-527

Jean-Luc **Nancy 1987**: Das Vergessen der Philosophie (frz. 1986). Wien

Jean-Luc **Nancy 1988**: Die undarstellbare Gemeinschaft (frz. 1986). Stuttgart

Ulrich **Nassen** (ed.) **1979**: Texthermeneutik. Aktualität, Geschichte, Kritik. Paderborn u. a.

Ulrich **Nassen** (ed.) **1982**: Klassiker der Hermeneutik. Paderborn u. a.

Leo **Navratil 1986**: Schizophrenie und Dichtkunst. München

Günther **Neske** (ed.) **1959**: FS Martin Heidegger zum siebzigsten Geburtstag. Pfullingen

Gerhard **Neumann 1981**: Werk oder Schrift? Vorüberlegungen zur Edition von Kafkas „Bericht für eine Akademie". In: Hay/Woesler 1981, 154-173

Gerhard **Neumann 1982**: Schrift und Druck. Erwägungen zur Edition von Kafkas ,Landarzt'-Band. In: Zs. f. dt. Philol. 101. Sonderheft: Probleme neugermanistischer Edition, 115-139

Gerhard **Neumann 1984**: Rudolf Borchardt: Der unwürdige Liebhaber. In: H. H. Krummacher et al. (eds.): Zeit der Moderne. Von der Jahrhundertwende bis zur Gegenwart. FS Bernhard Zeller. Stuttgart, 89-118

Friedrich **Nietzsche KSA**: Kritische Studienausgabe in 15 Einzelbänden. Ed. Giorgio Colli/Mazzino Montinari (1967-77). München 1988

Friedrich **Nietzsche Werke**: Werke in drei Bänden. Ed. Karl Schlechta. München 1954-56

Helga M. **Novak 1977**: Der Dichter im Kreidekreis. Über die neue Hölderlin-Ausgabe im Verlag „Roter Stern". In: Der Spiegel Nr. 25/1977, 166-169

Novalis Schriften. Die Werke Friedrich von Hardenbergs. Ed. Paul Kluckhohn/Richard Samuel. 4 Bde. Stuttgart 1960-1975

Ilva **Oehler 1978**: Hölderlins Zorn. In: Wissenschaft und Zärtlichkeit 3, 45-50

Ilva **Oehler 1986**: Nach einem Besuch auf Patmos. In: Neue deutsche Hefte 33, 296-304

Friedrich **Ohly 1977**: Schriften zur mittelalterlichen Bedeutungsforschung. Darmstadt

Franz **Passow 1841-1857**: Handwörterbuch der griechischen Sprache. 2 Bde. in 4 Teilbdn. Leipzig

Uwe Henrik **Peters 1982**: Hölderlin. Wider die These vom edlen Simulanten. Reinbek

Helmut **Pfotenhauer 1988/89**: Dionysos. Heinse – Hölderlin – Nietzsche. In: HJb 26, 38-59

Ludwig von **Pigenot 1924**: Erwiderung. In: Euph. 25, 710f.

Ludwig von **Pigenot 1963/64**: Briefe aus Norbert von Hellingraths Nachlaß. In: HJb 13, 104-146

Pindar: Oden. Griechisch/deutsch. Übs. Eugen Dönt. Stuttgart 1986 (zitiert wird nach Gedichttiteln – mit den eingeführten Abkürzungen – und Versen)

Platon: Sämtliche Werke. 6 Bände. Übs. Friedrich Schleiermacher. Ed. Walter F. Otto et al. (1957). Reinbek 1979 (zitiert wird nach der Stephanus-Paginierung)

Platon: Sämtliche Dialoge. 7 Bände. Ed. Otto Apelt et al. (1911-1919). Hamburg 1988

Otto **Pöggeler 1977:** Es fehlen heilige Namen. Das Denken Martin Heideggers in seinem Bezug auf Hölderlin. In: Zeitwende 48, 65-79

Otto **Pöggeler 1981a:** Einleitung. In: Jamme/Pöggeler 1981, 11-24

Otto **Pöggeler 1981b:** Politik aus dem Abseits. Hegel und der Homburger Freundeskreis. In: Jamme/Pöggeler 1981, 67-98

Otto **Pöggeler 1983a:** Einleitung. In: Jamme/Pöggeler 1983, 11-17

Otto **Pöggeler 1983b:** Ist Hegel Schlegel? Friedrich Schlegel und Hölderlins Frankfurter Freundeskreis. In: Jamme/Pöggeler 1983, 325-348

Otto **Pöggeler 1988:** „Die engen Schranken unserer noch kinderähnlichen Kultur. In: Jamme/Pöggeler 1988, 9-52

Otto **Pöggeler 1988/89:** Hölderlin und Celan. Homburg in ihrer Lyrik. In: Bad Homburger Hölderlin-Vorträge 1988/89, 65-77

Hans-Georg **Pott 1984:** Schiller und Hölderlin. Die „Neuen Briefe über die ästhetische Erziehung des Menschen". In: Bolten 1984, 290-313

Hans-Georg **Pott 1987:** Les fous de(s) lettres. Autormanie und Poesie im Zeitalter der Aufklärung. In: Bachmaier/Rentsch 1987, 162-184

Christine **Pries** (ed.) **1989:** Das Erhabene. Weinheim

Christoph **Prignitz 1976:** Der Gedanke des Vaterlands im Werk Hölderlins. In: Jb. des Fr. Dt. Hochstifts 1976, 88-113

Christoph **Prignitz 1985:** Hölderlins „Empedokles". Die Vision einer erneuerten Gesellschaft und ihre zeitgeschichtlichen Hintergründe. Hamburg

Luise F. **Pusch 1984:** Das Deutsche als Männersprache. Aufsätze und Glossen zur feministischen Linguistik. Frankfurt/M.

Hans **Pyritz 1962:** Schriften zur deutschen Literaturgeschichte. Ed. Ilse Pyritz. Köln; Graz

Robert von **Ranke-Graves 1984:** Griechische Mythologie. Quellen und Deutung (engl. 1955). Reinbek

Walther **Rehm 1943:** Tiefe und Abgrund in Hölderlins Dichtung. In: Kluckhohn 1943, 70-133

Marcel **Reich-Ranicki 1987:** Hölderlin und eine Annäherung. Eine Rede aus gegebenem Anlaß. In: Frankfurter Allgemeine Zeitung vom 27.6.1987

Peter **Reisinger 1979:** Hölderlins poetologische Topologie oder: Die Bedingungen der Möglichkeit zur ästhetischen Interpretation von Poesie. In: Bachmaier et al. 1979, 12-82

Peter **Reisinger 1987:** Hölderlin zwischen Fichte und Spinoza oder Der Weg zu Hegel. In: Bachmaier/Rentsch 1987, 15-69

Thomas **Rentsch 1987:** Der Augenblick des Schönen. Visio beatificia und Geschichte der ästhetischen Idee. In: Bachmaier/Rentsch 1987, 329-353

Renate **Reschke 1990:** Fortgesetzte Faszination. Literarische Annäherungen an Friedrich Hölderlin. In: Weimarer Beiträge 36, H. 1, 74-99

Roland **Reuß 1990:** „.../ Die eigene Rede des andern". Hölderlins ‚Andenken' und ‚Mnemosyne'. Basel; Frankfurt/M.

Ulfert **Ricklefs 1975**: Zur Erkenntnisfunktion des literaturwissenschaftlichen Kommentars. In: Frühwald et al. 1975, 33-74

Ingrid **Riedel** (ed.) **1973**: Hölderlin ohne Mythos. Göttingen

Riemann Sachteil: Riemann Musik Lexikon. Ed. Willibald Gurlitt/Hans Heinrich Eggebrecht. Sachteil. Mainz 1967

Joachim **Ritter et al.** (eds.) **1971ff.**: Historisches Wörterbuch der Philosophie. Basel; Stuttgart

Erwin **Rohde 1910**: Psyche. Seelencult und Unsterblichkeitsglaube der Griechen (1893). 2 Bde. in 1 Bd. Tübingen

Flemming **Roland-Jensen 1979**: Hölderlins ‚Mnemosyne‘. Eine Interpretation. In: Zs. f. dt. Philol. 98, 201-241

Flemming **Roland-Jensen 1989**: Hölderlins Muse. Edition und Interpretation der Hymne „Die Nymphe Mnemosyne“. Würzburg

Flemming **Roland-Jensen 1992**: Zur Frage: Hölderlin in Paris. In: Zs. f. Germ. N.F. 2, H. 1, 149-161

Joachim **Rosteutscher 1947**: Die Wiederkunft des Dionysos. Der naturmystische Irrationalismus in Deutschland. Bern

Joachim **Rosteutscher 1962**: Hölderlin. Der Künder der großen Natur. Bern

Florian **Rötzer 1986**: Ist Dekonstruktion kritisierbar? Ein Gespräch über Irrationalismus, Wahrheit und Verantwortung mit dem französischen Philosophen Jacques Derrida. In: Frankfurter Rundschau vom 25.8.1986

Jean-Jacques **Rousseau Schriften**: Schriften. Ed. Henning Ritter (1978). 2 Bde. Frankfurt/M; Berlin; Wien 1981

Georg **Rüppell 1975**: Vogelflug. München

Georg **Rüppell 1980**: Vogelflug. Reinbek

Riccardo **Ruschi 1988/89**: Das Herz im Philosophischen Exil. Hölderlin in Homburg 1798-1800. In: Bad Homburger Hölderlin-Vorträge 1988/89, 22-32

Lawrence **Ryan 1960**: Hölderlins Lehre vom Wechsel der Töne. Stuttgart

Lawrence **Ryan 1967**: Friedrich Hölderlin (1962). Stuttgart

Lawrence **Ryan 1968**: Hölderlin und die Französische Revolution. In: Eckehard Catholy/Winfried Hellmann (eds.): FS Klaus Ziegler. Tübingen, 159-179

Lawrence **Ryan 1988/89**: „Hier oben ist ein neues Vaterland“. Hölderlins Trauerspiel „Der Tod des Empedokles“. In: Bad Homburger Hölderlin-Vorträge 1988/89, 33-48

Daniel **Sanders 1860-76**: Wörterbuch der Deutschen Sprache. 2 Bde. Leipzig

Eric L. **Santner 1985a**: Sober Recollections: Hölderlin's De-idealization of Memory in „Andenken“. In: GR 60, 16-22

Eric L. **Santner 1985b**: Paratactic Composition in Hölderlin's „Hälfte des Lebens“. In: GQ 58, 165-172

Eric L. **Santner 1986**: Friedrich Hölderlin, Narrative Vigilance and the Poetic Imagination. New Brunswick; London

Jean-Paul **Sartre 1981**: Was ist Literatur? (Frz. 1948) Reinbek

Dietrich E. **Sattler 1975-77**: Friedrich Hölderlin: ‚Frankfurter Ausgabe‘. Editionsprinzipien und Editionsmodell. In: HJb 19/20, 112-130

Dietrich E. **Sattler 1976**: Jasons Stein. A. a. A. In: LpH 1, 5-16

Dietrich E. **Sattler 1979**: Hölderlin lesen. In: Prospekt der Kritischen Textausgabe. Darmstadt; Neuwied (unpaginiert)

Dietrich E. **Sattler 1980a**: Der Reuchlinlöwe. In: LpH 4/5, 13f.

Dietrich E. **Sattler 1980b**: Einige Umdatierungen im Nachlaß Hölderlins. In: LpH 4/5, 27-40

Dietrich E. **Sattler 1981a**: Friedrich Hölderlin. 144 fliegende Briefe. Darmstadt; Neuwied

Dietrich E. **Sattler 1981b**: Rekonstruktion des Gesangs. In: Hay/Woesler 1981, 259-270

Dietrich E. **Sattler 1983**: s. unter Hölderlin-Ausgaben

Dietrich E. **Sattler 1984**: al rovescio. Hölderlin nach 1806. In: LpH 7, 17-28

Dietrich E. **Sattler 1986/87**: O Insel des Lichts! Patmos und die Entstehung des Homburger Foliohefts. In: HJb 25, 213-225

Dietrich E. **Sattler 1987**: O Missa Massimo. Rundfunkmanuskript. Gesendet von Radio Bremen am 16.12.1987

Dietrich E. **Sattler 1988**: Hölderlins Kunst, zu korrigieren. In: LpH 8, 93-97

Dietrich E. **Sattler 1989**: s. unter Hölderlin-Ausgaben

Dietrich E. **Sattler 1990**: Augenlust. Kalligraphie – die vergessene Kunst. In: Die Zeit vom 16.11.1990

Gerhard **Sauder 1984/85**: Hölderlins Laufbahn als Schriftsteller. In: HJb 24, 139-166

Ferdinand de **Saussure 1967**: Grundfragen der allgemeinen Sprachwissenschaft. Ed. Charles Bally/Albert Sechehaye (frz. 1916). Berlin

Siegfried **Scheibe 1971**: Zu einigen Grundprinzipien historisch-kritischer Ausgaben. In: Martens/Zeller 1971, 1-44

Siegfried **Scheibe et al. 1988**: Vom Umgang mit Editionen. Eine Einführung in Verfahrensweisen und Methoden der Textologie. Berlin

Friedrich Wilhelm Joseph von **Schelling SW**: Sämmtliche Werke. Ed. K. F. A. Schelling. 10 und 4 Bde. Stuttgart 1856-61

Doris **Schiller**/Dieter **Schiller 1990**: Literaturreisen Bodensee. Stuttgart

Friedrich **Schiller NA**: Werke. Nationalausgabe. Ed. Julius Petersen et al. Weimar 1943ff.

Friedrich **Schlegel KA**: Kritische Friedrich-Schlegel-Ausgabe. Ed. Ernst Behler et al. München u. a. 1958ff.

Friedrich **Schleiermacher HuK**: Hermeneutik und Kritik. Mit einem Anhang sprachphilosophischer Texte Schleiermachers. Ed. Manfred Frank. Frankfurt M. 1977

Friedrich **Schleiermacher Dial.**: Dialektik. Ed. Rudolf Odebrecht (reprogr. Nachdr. der Ausg. Leipzig 1942). Darmstadt 1988

Egidius **Schmalzriedt 1989**: Kriminalistisches Vergnügen. Hölderlins Übersetzungen aus dem Griechischen neu ediert. In: Frankfurter Allgemeine Zeitung vom 20.6.1989

Manfred **Schmeling 1987**: Funktion und Funktionswandel der Literatur im Geistes-
und Gesellschaftsleben. FS Armand Nivelle (= Jb. f. int. Germ., Reihe A, Bd.
26). Bern u. a.

Arno **Schmidt 1975**: Nachrichten aus dem Leben eines Lords. Sechs Nachtpro-
gramme (1969). Frankfurt/M.

Jochen **Schmidt 1967/68**: Der Begriff des Zorns in Hölderlins Spätwerk. In: HJb
15,, 128-157

Jochen **Schmidt 1969/70**: Hölderlins Entwurf der Zukunft. In: HJb 16, 110-122

Jochen **Schmidt 1975**: Die Kommentierung von Studienausgaben. Aufgaben und
Probleme. In: Frühwald et al. 1975, 75-89

Jochen **Schmidt 1978**: Hölderlins später Widerruf in den Oden „Chiron", „Blödigkeit" und „Ganymed". Tübingen

Jochen **Schmidt 1985**: Die Geschichte des Genie-Gedankens in der deutschen Literatur, Philosophie und Politik 1750-1945, Bd. 1. Darmstadt

Jochen **Schmidt 1986/87**: Zur Funktion synkretistischer Mythologie in Hölderlins
Dichtung. ‚Der Einzige' (Erste Fassung). In: HJb 25, 176-211

Jochen **Schmidt 1987**: Hölderlins hermetisch-geschichtsphilosophische Hymne „Der
Einzige". Erstmalige Dechiffrierung der zweiten Fassung. In: Jb. d. dt. Schillerges. 31, 163-198

Jochen **Schmidt 1988**: Friedensidee und chiliastisches Geschichtsdenken in Hölderlins „Friedensfeier". In: DVjs 62, 99-130

Jochen **Schmidt 1989**: Stellungnahme. In: DVjs 63, 679-711

Jochen **Schmidt 1991**: Hölderlins Hymne „Mnemosyne". Ein altes philologisches
Problem in neuen Editionen und Interpretationen. In: editio 5, 122-157

Reinold **Schmücker 1991**: Die Art der Wahrheit der Kunst. Magisterarbeit (Ms.)
Hamburg

Manfred **Schneider 1992**: Hölderlins Flüche. Über deutsch-französische Register-
wechsel. In: Merkur 46, 367-378

Hans-Heinrich **Schottmann 1960**: Metapher und Vergleich in der Sprache Friedrich
Hölderlins. Bonn

Reiner **Schürmann 1987**: Eine Erörterung René Chars: Hölderlin, Heidegger, Char
und das „es gibt". In: Bohn 1987, 288-316

Hedwig **Schultes 1982/83**: Hölderlin in der Schule. In: HJb 23, 275-287

Ruth-Eva **Schulz-Seitz 1970**: „Bevestigter Gesang". Bemerkungen zu Heideggers
Hölderlin-Auslegung. In: Vittorio Klostermann (ed.): Durchblicke. Martin Heidegger zum 80. Geburtstag. Frankfurt/M., 63-96

Ruth-Eva **Schulz-Seitz 1978-1982**: Hölderlins verschlüsselte Dichtung. In: Wissenschaft und Zärtlichkeit 3 (1978), 4 (1979), 5 (1979), 7 (1980), 8 (1980), 9 (1981),
12 (1982), verstreute Seiten

Ruth-Eva **Schulz-Seitz 1980**: Hölderlins verschlüsselter Feminismus. In: Notizbuch
2. Berlin, 90-104

Axel **Schwarze 1987**: Poetische Selbstverständigung im Anderen. Die literarische
Hölderlin-Biographik der siebziger Jahre als Doppelportrait. Essen

Dietrich **Seckel 1937**: Hölderlins Sprachrhythmus. Mit einer Einleitung über das
Problem des Rhythmus und einer Bibliographie zur Rhythmusforschung. Leipzig

Martin **Seel 1985**: Die Kunst der Entzweiung. Zum Begriff der ästhetischen Rationalität. Frankfurt/M.

Martin **Seel 1989**: Gerechtigkeit gegenüber dem Heterogenen? Ein neuer Sammelband über das Erhabene. In: Merkur 43, 916-922

Martin **Seel 1991a**: Eine Ästhetik der Natur. Frankfurt/M.

Martin **Seel 1991b**: Kunst, Wahrheit, Welterschließung. In: Franz Koppe (ed.): Perspektiven der Kunstphilosophie. Texte und Diskussionen. Frankfurt/M., 36-80

Albrecht **Seifert 1982**: Untersuchungen zu Hölderlins Pindar-Rezeption. München

Albrecht **Seifert 1988**: „Die Asyle". Überlegungen zu einer Interpretation des Hölderlinschen Pindarfragments. In: Jamme/Pöggeler 1988, 173-178

Hans Werner **Seiffert 1958**: Art. Edition. In: Reallexikon der deutschen Literaturgeschichte, Bd. 1. Ed. Werner Kohlschmidt/Wolfgang Mohr. Berlin, 313-320

Hans-Wilhelm **Smolik 1970**: rororo-Tierlexikon in 5 Bänden (1968). Reinbek

Werner Paul **Sohnle**/Marianne **Schütz 1991**: Internationale Hölderlin-Bibliographie 1984-1988. Auf der Grundlage der Neuerwerbungen des Hölderlin-Archivs der Württembergischen Landesbibliothek. Quellen und Sekundärliteratur; Rezeption und Rezensionen. 2 Bde. Stuttgart

Sophokles: Die Tragödien. Übs. K. W. F. Solger (1808). München 1977 (zitiert wird nach Stücken und Versen)

Sophokles Oed.: König Oidipus. Übs. Ernst Buschor (1954). Stuttgart 1982

Sophokles Antig.: Antigone. Übs. Wilhelm Kuchenmüller (1955). Stuttgart 1981

Bernhard **Sorg 1984**: Das lyrische Ich. Untersuchungen zu deutschen Gedichten von Gryphius bis Benn. Tübingen

Jürgen **Söring 1980**: „Die apriorität des Individuellen über das Ganze". Von der Schwierigkeit, ein Prinzip der Lyrik zu finden. In: Jb. d. dt. Schillerges. 24, 205-246

Jürgen **Söring 1987/88**: Der poetische Zeit-Raum in Hölderlins ‚Archipelagus': In: Turm-Vorträge 1987/88, 98-130

Jürgen **Söring 1988/89**: Hölderlins Empedokles – Die Tragödie eines Trauerspiels. In: Bad Homburger Hölderlin-Vorträge 1988/89, 78-101

Jürgen **Söring 1990**: „Sie haben mein Auge mir genommen". Vom Beweggrund des Dichtens in Hölderlins lyrischem Schaffen. In: Bad Homburger Hölderlin-Vorträge 1990, 33-50

Bernhard **Sowinski 1986**: Deutsche Stilistik. Beobachtungen zur Sprachverwendung und Sprachgestaltung im Deutschen (1973). Frankfurt/M.

Rudolph **Speth 1990**: Wie Hölderlin zu deuten sei. Eine „Rekonstruktion" des Spätwerks. In: die tageszeitung vom 6.8.1990

Kaspar H. **Spinner 1975**: Zur Struktur des lyrischen Ich. Frankfurt/M.

Emil **Staiger 1975**: Grundbegriffe der Poetik (1946). München

Emil **Staiger 1976**: Die Zeit als Einbildungskraft des Dichters. Untersuchungen zu Gedichten von Brentano, Goethe und Keller (1939). München

Emil **Staiger 1977**: Die Kunst der Interpretation. Studien zur deutschen Literaturgeschichte (1956). München

Emil **Staiger**/Peter **Szondi 1990**: Briefwechsel 1967/68. In: Neue Zürcher Zeitung vom 15.6.1990

Jean **Starobinski 1981**: Die Embleme der Vernunft. Paderborn et al.

Lothar **Steiger 1986**: Dichterisch wohnet der Mensch. In: vom Hofe et al. 1986, 139-156

George **Steiner 1981**: Nach Babel. Aspekte der Sprache und der Übersetzung (engl. 1975). Frankfurt/M.

George **Steiner 1988**: Die Antigonen. Geschichte und Gegenwart eines Mythos (engl. 1984). München

Thomas **Steinfeld**/Heidrun **Suhr 1989**: Die Wiederkehr des Nationalen: Zur Diskussion um das deutschlandpolitische Engagement in der Gegenwartsliteratur. In: GQ 62, 345-356

Karlheinz **Stierle 1975**: Text als Handlung. Perspektiven einer systematischen Literaturwissenschaft. München

Karlheinz **Stierle 1979**: Die Identität des Gedichts – Hölderlin als Paradigma. In: Odo Marquard/Karlheinz Stierle (eds.): Identität (= Poetik und Hermeneutik VIII). München, 505-552

Karlheinz **Stierle 1980/81**: Dichtung und Auftrag. Hölderlins Patmos-Hymne. In: HJb 22, 47-68

Karlheinz **Stierle 1989**: Die Friedensfeier. Sprache und Fest im revolutionären und nachrevolutionären Frankreich und bei Hölderlin. In: Walter Haug/Rainer Warning (eds.): Das Fest (= Poetik und Hermeneutik XIV). München, 481-525

Friedrich **Strack 1983**: Sömmerings Seelenorgan und die deutschen Dichter. In: Jamme/Pöggeler 1983, 185-205

Ludwig **Strauß 1958-60**: „Dies sei unter uns Gott". Skizze zum Exposé eines geplanten Buches. In: HJb 11, 208f.

Jurij **Striedter** (ed.) **1981**: Russischer Formalismus. Texte zur allgemeinen Literaturtheorie und zur Theorie der Prosa (1969). München

Peter **Szondi 1967**: Hölderlin-Studien. Mit einem Traktat über philologische Erkenntnis. Frankfurt/M. (auch in: Szondi S I, 261-418)

Peter **Szondi S I/II**: Schriften. Ed. Jean Bollack et al. 2 Bde. Frankfurt/M. 1978

Peter **Szondi Vorl. I-V**: Studienausgabe der Vorlesungen. Ed. Jean Bollack et al. 5 Bde. Frankfurt/M. 1973-75

Jacques **Taminiaux 1987/88**: La nostalgie de la Grèce à l'aube de l'Allemagne classique. In: Turm-Vorträge 1987/88, 27-43

Jacob **Taubes 1983**: Zur Konjunktur des Polytheismus. In: Bohrer 1983, 457-470

Jacque **Teboul 1984**: Lauf Hölderlin. Roman (frz. 1979). Frankfurt/M.

Stephan **Teppert 1990**: Das Genie trug den Wahnsinn als Maske. Herausforderung für die Hölderlinforschung: Die Edition der Homburger Spätdichtung. In: Rheinischer Merkur/Christ und Welt vom 13.4.1990

Dietrich **Thierkopf 1979**: Nähe und Ferne. Kommentare zu Benjamins Denkverfahren. In: Text und Kritik, H. 31/32: Walter Benjamin. München, 3-18

Andreas **Thomasberger 1983**: Mythos – Religion – Mythe. Hölderlins Grundlegung einer neuen Mythologie in seinem „Fragment philosophischer Briefe". In: Jamme/Pöggeler 1983, 284-299

Andreas **Thomasberger 1984/85**: ‚Der Gesichtspunct aus dem wir das Altertum anzusehen haben'. Grundlinien des Hölderlinischen Traditionsverständnisses. In: HJb 24, 189-194

Andreas **Thomasberger 1985/86**: ‚Abendphantasie'. Über Schönheit und Fremdheit. In: Turm-Vorträge 1985/86, 92-110

Gregor **Thurmair 1979**: Apriorität des Individuellen – Ein neues Gedicht Friedrich Hölderlins? Ein Vergleich der Frankfurter mit der Stuttgarter Hölderlin-Ausgabe. In: Jb. d. dt. Schillerges. 23, 250-275

Gregor **Thurmair 1980/81**: Anmerkungen zur Frankfurter Hölderlin-Ausgabe. In: HJb 22, 371-389

Eitel **Timm 1992**: Das Lyrische in der Dichtung. Norm und Ethos der Gattung bei Hölderlin, Brentano, Eichendorff, Rilke und Benn. München

Horst **Turk**/Klaus **Nickau**/Fred **Lönker 1988/89**: Hölderlins Sophoklesübersetzung. In: HJb 26, 248-303

Dietrich **Uffhausen 1975-77**: Der Wanderer. Anmerkungen zum Erstling der Frankfurter Hölderlin-Ausgabe. In: HJb 19/20, 519-554

Dietrich **Uffhausen 1983a**: Hölderlin: Heimath. Stuttgart

Dietrich **Uffhausen 1983b**: Zur Homburger Spätdichtung Hölderlins (1804-1806). Lexikalisches Material in der poetischen Verfahrensweise. Am Beispiel von Bruchstück 85 der StA. (Phil. Diss. Zürich 1981) Stuttgart (entspricht im wesentlichen HJb 22 [1980/81], 311-332)

Dietrich **Uffhausen 1984/85**: „Weh! Närrisch machen sie mich." Hölderlins Internierung im Autenriethschen Klinikum (Tübingen 1806/07) als die entscheidende Wende seines Lebens. In: HJb 24, 306-365

Dietrich **Uffhausen 1986a**: Friedrich Hölderlin: Das Nächste Beste. Aus dem Homburger Folioheft (Seite 73-76). In: GRM N. F. 36, 129-149

Dietrich **Uffhausen 1986b**: Friedrich Hölderlin: Luther. Ein neu zu entdeckendes Gedicht aus der Homburger Spätzeit 1804/06. In: Heidrun Colberg/Doris Petersen (eds.): Spuren. FS Theo Schumacher. Stuttgart, 303-361

Dietrich **Uffhausen 1989**: s. unter Hölderlin-Ausgaben

Matthias **Ulrich 1987**: Hölderlin – kein Thema? (Auszüge aus einem Redaktionsgespräch). In: Flugasche 7, Nr. 21. Stuttgart, 32-37

Wolfgang **Urban 1990**: Hölderlin wortwörtlich. Die hymnische Spätdichtung in neuem Licht. In: Stuttgarter Zeitung vom 24.3.1990

Carl **Viëtor** (ed.) **1923**: Die Briefe der Diotima (1921). Leipzig

Matthias **Vogel 1988**: Zur Kritik der permanenten Rekonstruktion. Überlegungen zu Habermas' Konzept der Moderne. Magisterarbeit (Ms.) Hamburg

Ludwig **Völker** (ed.) **1990**: Lyriktheorie. Texte vom Barock bis zur Gegenwart. Stuttgart

Barbara **Vopelius-Holtzendorff 1988/89**: Susette Gontard-Borckenstein. In: HJb 26, 383-401

Die **Vorsokratiker** (**ed. Capelle**). Die Fragmente und Quellenberichte. Ed. Wilhelm Capelle. Stuttgart 1968 Fragmente)

Die **Vorsokratiker** (**ed. Mansfeld**). Griechisch/Deutsch. Ed. Jaap Mansfeld. 2 Bde. Stuttgart 1983

Stephan **Wackwitz 1985**: Friedrich Hölderlin. Stuttgart

Stephan **Wackwitz 1987**: Zum Begriff des Ideals bei Friedrich Hölderlin. In: Bachmaier/Rentsch 1987, 101-134

Stefan **Wackwitz 1990**: Text als Mythos. Zur Frankfurter Hölderlin-Ausgabe und ihrer Rezeption. In: Merkur 44, 134-143

Kurt **Wais 1959-62**: Rousseau et Hölderlin. In: Annales de la Societé Jean-Jacques Rousseau 35, 287-315

Lioba **Waleczek 1987**: Die Editionsproblematik der Frankfurter Hölderlin-Ausgabe (FHA). Magisterarbeit (Ms.) Köln

Martin **Walser 1979**: Hölderlin zu entsprechen (1970). In: Thomas Beckermann/Volker Canaris (eds.): Der andere Hölderlin. Materialien zum ‚Hölderlin'-Stück von Peter Weiss. Frankfurt/M., 101-124

Martin **Walser 1982**: Hölderlin auf dem Dachboden (1960). In: ders.: Versuch, ein Gefühl zu verstehen, und andere Versuche. Stuttgart, 3-13

Andrzej **Warminski 1976**: „Patmos": The Senses of Interpretation. In: MLN 91, 478-500

Andrzej **Warminski 1987**: Readings in Interpretation. Hölderlin, Hegel, Heidegger. Minneapolis

Rainer **Warning** (ed.) **1975**: Rezeptionsästhetik. Theorie und Praxis. München

Max **Weber 1973**: Die protestantische Ethik. Bd. 1: Eine Aufsatzsammlung; Bd. 2: Kritiken und Antikritiken. Ed. Johannes Winckelmann. Hamburg

Klaus **Weimar**/Christoph **Jermann 1984**: „Zwiesprache" oder Literaturwissenschaft? Zur Revision eines faulen Friedens. In: Neue Hefte f. Philos. 23, 113-157

Harald **Weinrich 1986**: Literatur für Leser. Essays und Aufsätze zur Literaturwissenschaft (1971). München

Gabriele **Wellmann-Bretzigheimer 1975-77**: Zur editorischen Praxis im Einleitungsband der Frankfurter Hölderlin-Ausgabe. In: HJb 19/20, 476-509

Albrecht **Wellmer 1985**: Zur Dialektik von Moderne und Postmoderne. Vernunftkritik nach Adorno. Frankfurt/M.

Wolfgang **Welsch 1989**: Differenz und Pluralität. Eine aktuelle Aufgabenstellung der Geisteswissenschaften. In: Ermert/Gürtler 1989, 83-139

Wolfgang **Welsch 1990**: Ästhetisches Denken. Stuttgart

Ernst **Wendt 1986**: Ein Hasadeur (für Hölderlin). Lobrede auf D. E. Sattler. In: Frankfurter Rundschau vom 15.3.1986

Ulrich **Wergin 1985**: Zwischen Strukturalismus und Kritischer Theorie. Das ‚Wortwerden des Fleisches' in den Ästhetik-Konzeptionen Mukařovskýs, Benjamins und Adornos. In: DVjs 59, 349-379

Ulrich **Wergin 1988**: Symbolbildung als Konstitution von Erfahrung. Die Debatte über den nichtprofessionellen Schriftsteller in der Literatur der Goethe-Zeit und ihre poetologische Bedeutung. In: Jörg Schönert/Harro Segeberg (eds.): Polyperspektivik in der literarischen Moderne. Studien zur Theorie, Geschichte und Wirkung der Literatur. FS Karl Robert Mandelkow. Frankfurt/M., 194-238

Sabine **Wilke 1987**: Kritische und ideologische Momente der Parataxis: Eine Lektüre von Adorno, Heidegger und Hölderlin. In: MLN 102, 627-647

Manfred **Windfuhr 1957**: Allegorie und Mythos in Hölderlins Lyrik. In: HJb 10, 160-181

Eugen Gottlob **Winkler 1961**: Der späte Hölderlin (1936). In: Alfred Kelletat (ed.): Hölderlin. Beiträge zu seinem Verständnis in unserem Jahrhundert. Tübingen, 371-391

Gundolf **Winter 1988/89**: Vom Raumbild zum Bilderraum – Gartenkonzepte in Kassel. In: HJb 26, 74-86

Günter **Wohlfart 1985/86**: Töne der Stille. Gedanken zu Hölderlins Feiertagshymne. In: Turm-Vorträge 1985/86, 31-62

Ralph-Rainer **Wuthenow 1981**: Das Hölderlin-Bild im Briefroman „Die Günderode". In: Jamme/Pöggeler 1981, 318-330

Rainer **Wuthenow 1983**: „Frankfurt aber ist der Nabel dieser Erde". Allerdings: nur für eine Generation der Goethe-Zeit. Eine Sammlung von aufschlußreichen Vorträgen (Rez. von Jamme/Pöggeler 1983). In: Frankfurter Rundschau vom 12.10.1983

Ralph-Rainer **Wuthenow 1990**: Partituren. Zu einer Edition von Hölderlins späten hymnischen Dichtungen (Rez. von Uffhausen 1989). In: Frankfurter Rundschau vom 9.1.1990

Reinhard **Zbikowski 1980/81**: Hölderlins hymnischer Entwurf ‚Dem Fürsten'. Ein philologischer Versuch über Homburg F 57/58. In: HJb 22, 232-273

Reinhard **Zbikowski 1988**: „Und der Fürst". Accessus zu einem Thema des späten Hölderlin. In: Jamme/Pöggeler 1988, 211-251

Johann Heinrich **Zedler**: Großes vollständiges Universal-Lexikon aller Wissenschaften und Künste. 68 Bde. Halle und Leipzig 1732-54. Photomech. Nachdr. Graz 1961

Hans **Zeller 1958**: Zur gegenwärtigen Aufgabe der Editionstechnik. Ein Versuch, komplizierte Handschriften darzustellen. In: Euph. 52, 356-377

Hans **Zeller 1971**: Befund und Deutung. Interpretation und Dokumentation als Ziel und Methode der Edition. In: Martens/Zeller 1971, 45-89

Hans **Zeller 1989**: Fünfzig Jahre neugermanistischer Edition. Zur Geschichte und künftigen Aufgaben der Textologie. In: editio 3, 1-17

Oswald **Zenkner 1989**: Schwetzinger Schloßgarten. Schwetzingen

Hans Dieter **Zimmermann 1979**: Vom Nutzen der Literatur. Vorbereitende Bemerkungen zu einer Theorie der literarischen Kommunikation. Frankfurt/M.

Franz **Zinkernagel 1914**: Rez. von Hell. V. In: Euph. 21, 356-363

Franz **Zinkernagel 1924a**: Rez. von Hell. II, III, IV, VI. In: Euph. 25, 274-287

Franz **Zinkernagel 1924b**: Antwort des Referenten. In: Euph. 25, 711-713

Rolf **Zuberbühler 1969**: Hölderlins Erneuerung der Sprache aus ihren etymologischen Ursprüngen. Berlin

Anhang

Typographische Umschriften der vier Handschriftenseiten
aus: FHA Suppl. III Beil., 99-102
(Reproduktion mit freundlicher Genehmigung des Verlages Stroemfeld/Roter Stern)

Das Nächste Beste. 307/73
_____*

(und freigelassen)

[(o)O]ffen die Fenster des Hiﬁels unbändigen

Und freigelassen der Nachtgeist unbündigen
hiﬁelstürmende 5
Der ungehaltene, (ist Geschwäz,) unfriedlichen
der hat unser (h)Land
Bis diese Stunde. unendlichen
Beschwäzet, mit Sprachen viel, undichtrischen, und
Das, was ich will. 10
Den Schutt gewälzet
Des Feindes Gott.

Bis diese[ ] Stunde.

Doch koﬁt das, wa{ch}s ich will,

Viel thuet die gute Stunde. 15
Weñ
[ ]**
Drum (wie)? die Staaren [.]
[]
[D](M)it Freuden(s)geschrei, (weñ)? auf Gasgone, Orte(n,)n wo (die)viel

Weñ im Olivenland, und Gärten, (sin[ ])

In liebenswürdiger Fremde [] 20
Spring[ ]- Und die
An grasbewachsnen Wegen
(Auf feuchten Wiesen)
bruñen (Unwissend in der Wüste)?
(Die Soñe sticht,,) 25
Die
Bäum ((I)Im Thal)

Die Soñe sticht,,

Und das Herz der Erde thuet 30

Sich auf, (u)wo um
Den Hügel von Eichen
Aus breñeñendem Lande
und wo
(St)Die Ströme 35
Des Soñtaags, unter Tänzen
Gastfreundlich die Schwellen sind,
blüthen/
An/be(g)kränzter Straß(',)en, stillegehend.

Sie spüren nemlich die Heimath, 40
Weñ grad aus falbem Stein(,)
[D] weñ
(Weñ)Die Wasser silbern rieseln
Und heilig Grün sich zeigt
(à)Auf feuchte(n)r Wiese der Charente,, 45

D([ie)er] klugen Siñe pflegend. []weñ aber,
Die Luft sich bahnt,
Und ihnen machet waker

(Die A)Schwarfwehend die (d)Augen der Nordost, fliegen sie auf,

Zwei Bretter und zwei

Brettchen apoll envers terre
Und Ek u(nd)m Eke

Das liebere gewahrend

5   Den imer halten (s)die sich genau an das Nächste,

Sehn sie die heiligen Wälder und die Flame, blühendduftend
Wolken des Gesanges fern
Des Wachstums und die   und athmen Othem

Der Gesänge. Menschlich ist

10   Das Erkentniß. Aber die Himlischen
mit sich/   der Katte(s)n Land
Auch haben solches,/und des Morgens beobachten

Die Stunden und des Abends die Vögel. Himlischen auch
Und des Wirtemberges
15   Gehöret also solches. (Sonst) Wolan nun. Sonst in Zeiten
Kornebene,
Des Geheimnisses hätt ich, als von Natur, gesagt,

Sie komen, in Deutschland. Jezt aber, weil, wie die See

Die Erd ist und die Länder, Mänern gleich, die nicht

20   Vorüber gehen könen, einander, untereinander
Und wo berühmt wird
Sich schelten fast, so sag ich. Die (Bu)Burg ist, wo,
seitwärts Ab(l)endlich wohlgeschmiedet
ihr ewigen Besänftigungen
25   (V)Von Wien an, (die) (geht) Eine Stadt,
sich
(Wo)(Sich)   biegt das Gebirg   wohl
Vom Oberlande,   Wiese die Wälder (sind)? an
wo auf hoher (Ebne)
30   wo dich. und der Winkel,
Theresien/   (Und)? Hirten auf der (Ebne,) bairischen Ebne.
straß,
Der bairischen Ebne. Nemlich Gebirg
und wo die Knaben gespielt
35   Geht weit und streket, hinter Amberg sich und

Fränkischen Hügeln. Berühmt ist dieses. Umsonst nicht hat
rgen de(s)r Jugend
Seitwärts gebogen Einer von Be und rauschen, über spizem Winkel

*   Viel sind in Deutschland
40   Das Gebirg(e), (d)(und) Frohlolokende Baume. Gut(,)ist, (d)was gesezt ist. Aber Eines
Anhang, der bringt uns fast
Das ficht uns an   um heiligen GeistBarbaren auch
und gerichtet das Gebirg
Auch leben, wo_(al) allein herrschet Sone und Mond.
45   Heimatlich. Wohnsize sind da freundlicher Geister, die
Und (Mond)Gott aber halt uns, zu sehen einen, der wolle
Umkehren mein Vaterland.
so
Zusamengehören, wen die Keuschen
50   Wi(d)ldniß nemlich sind ihm die Alpen und
ein   hät uns, wen zu sehn ist einer, der wolle
S[ie(b)] bindet gleiches Gesez
die Tale und
Das Gebirg, das theilet die Länge lang
55   .   Unterscheidet ein gleiches Gesez.
Geht über die Erd. Dort aber

D[(ie)]er Rosse (G)   []nun.   hatt
i   Gehn mags (also). Fast(,)? unrein(.)   sehn lassen und (das)? Eingeweid
Leb [(be)War]   Sehn lassen und das Eingeweid
(Der Erde)[]   Bei Ilion aber auch (schien)
60   de[r] Gei[s]t.
(War auch) das Licht der Adler. (herein.) Aber in der Mitte
Der Erde.
Des G   Der Himel der Gesänge. Neben aber,
[D]as
65   Entscheidung nemlich, die alle
wen (aber) Tagwerk aber bleibt,
Am Ufer zorniger Greise, der
(Wen)   D(ie)er (Menschen) Erde Vergessenheit,
70   Drei unser sind.

(Der ewige Vater)
Ein (Wohlgefallen aber)   Den Athmen
den
Wahrheit schenkt aber dazu Der ewige
75   Vater.
Der ewige Vater.

·Die apriorität des Individuellen

       und kehr' in Ha(n)hnenschrei

über das Ganze[.]

       de(r)n Augenblik des Triumps

Werber!   **keine Polaken sind wir**   5

    Vom Abgrund nem(h)lich haben []

Der

    Wir angefangen und gegangen   [(μ)M]α τον ορκον

Gelehrten   **in Zweifel und [A]ergerniß,**

    Dem (Leuen) gleich, (d)   10

halb·   **[D]eñ siñlicher sind Menschen**

    Der (luget)

    In dem Brand

    Der Wüste(.),

    Lichtrunken und der Thiergeist ruhet   15

Mit   Bald aber wird, wie ein Hund, ungehn

ihnen[.]   (I)In der Hizze meine Stiñe auf den Gassen der Garten

    (Der Schöpfer.)

    In den wohnen Menschen   Indessen aber

    (I)In Frankreich   an meinem Schatten [(r)Richt']   20

       neues zu sagen   **ich**

          (U)und Spiegel die Zi[ñ]e

    Frankfurt aber, nach der Gestalt, die

Der Schöpfer   Meinen Fürsten

    Abdruk ist der Natur, **zu reden**   25

           Nicht umsonst

    De(r)s Menschen nemlich, ist der Nabel   Die Hüfte unter dem

      Ist des Menschen[] betrüblich. Aber

    Dieser Erde. Diese Zeit auch   Stern

           nationell   30

    Ist Zeit(.), und deutschen (Schmelzes.)

      Germania

    Ein wilder Hügel aber stehet über dem Abhang

        damit sie schauen sollte

    Meiner Gärten. Kirschenbä[u]me. Scharfer Othem aber wehet   35

    Um die Löcher des Felses.· Allda bin ich

    Alles miteinander. Wunderbar

          (A)Aber sch(reg)wer ge(ben)ht neben

    Aber über Quelle[n] beuget schlank   **der [F]rohe weg.**   []

          Bergen   Rechts liegt   40

    Ein Nußbaum und sich Beere, wie Korall

           aber der Forst.

    Hängen an de[m] Strauche über Röhren von Holz, ~ ~

    Aus denen   bevestigter Gesang

    Ursprünglich aus Korn, nun aber zu gestehen,   45

           vom Blumen

    Bis zu Schmerzen aber der Nase steig(e)t   als

           Neue Bildung aus der Stadt,

    Citronengeruch auf (und)? (der) (Oe)Öl, aus der Provence, und

              wo   50

           es haben diese

         Längst auferziehen (und) der Mond und

    Und Natürlichkeit   Dankbarkeit   **Schiksaal**

       Und Gott, [(i)eu]ch aber,

    Dankbarkeit mir die Gasgognischen Lande   **gebraten Fleisch** 55

      Gezähmet   und genährt

    Gegeben.(,) (erzogen) aber, noch zu sehen, ha(ben)t mich der T[afel] und

    (Die)? Rappierlust (und des Festtags) (braune)? Trauben,   braune

         (und) (mich) leset o ₓ

Untrügbarer   60

Ihr Blüthen (von Deutschland)?, o mein Herz wird d

Krystal[l] an dem

Das Licht sich prüfet weñ [So] v[o]n D[eu]tschland

Die Purpurwolke, da versam̃elt von der linken Seite

Der Alpen und der rechten sind die seeligen

Geister, und es tö

Heidni(ches)sches

5   Jo Bacche, daß sie lernen der Hände Geschik

Samt selbigem,

Gerächet oder vorwärts. Die Rache gehe

Nemlich zurük.   **Und daß uns nicht   (Ho)**

Dieweil wir roh, (gleich) sind,
10   Schwerdt
Mi(tt)t Wasserwellen Gott
                                          und heimlich Messer, weñ einer
schlage. Nem(m)lich
                  Mein ist   geschliffen
15 **Gottlosen auch**
                  Die Rede vom Vaterland. Das neide   (wohl) mittelmaßig
Wir aber sind   **(Daß u[n])**
            Mir keine[r]. (So) Auch so machet   Gut(,).
Gemeinen gleich, die   **Daß aber uns das Vaterland**
20   Das Recht des Zim̃ermañes   **nicht werde**
Die, gleich   **Nicht zusam̃engehe zu kleinem**
            Das Kreuz.   []dran schuldig.   **Raum**
                                          Arm und Bein
E(l)d(l)eln Gott versuchet, ein Verbot   **Zum kleinen Raum. Schwer ist der**

25 **Ist aber, deß sich rühmen. Ein Herz sieht aber**   **Zu liegen, mit Füßen (oder)? den Händ**
                                          [D]eñ schlank steht   en
Helden. Mein ist   **Nur Luft.**   **auch**
                                          Und gehet
                                          mit getreuem Rüken des
30   **Beim Hochzeit**   **[ ]**

                  reigen und Wan- der die Gelenke verderbt

            derstraus.   und tauget in den Karren
      []ein Gewissen.
                                  der Deutschen Geschlecht.
                        [\]

35 Es will uns aber geschehen, um

Die warme Scheue
(ein linkisches)   nicht der (Soñe)
                        Wohl muß   ehren
40 Abzulegen, an der Leber   Geist
                        Deñ Umsonst
Ein linkisches.   will
                        Das Schiksaal. Das (heißt) (heißen)
            Herz betrüblich.
                        Der Soñe Peitsch und Zügel. Das
45   Des Menschen   Will aber heißen

Konstituierter Text (Seiten I bis IV)

Editorische Zeichen

(Text)	vermutlich gestrichener Text
| Text |	nicht sicher in den Zusammenhang einzuordnender oder nicht zugehöriger Text
< >	nicht entzifferbare Stelle
<?>	unsichere Lesung
- - - -	Textanschlüsse, die den topologischen Befund durchbrechen

1   Das Nächste Beste.

2   Offen die Fenster des Himmels

3   Und freigelassen der Nachtgeist   unbändigen
4   himmelstürmende   unbündigen
5   Der ungehaltene, der hat unser Land   unfriedlichen
6   unendlichen
7   Beschwäzet, mit Sprachen viel,   undichtrischen, und

8   Den Schutt gewälzet

9 | Des Feindes Gott |

10   Bis diese Stunde.

11   Doch kommt das, was ich will,

12   Wenn

13   Viel thuet die gute Stunde.

14   Drum wie die Staaren,

15   Mit Freudengeschrei, wenn auf Gasgone, Orten, wo viel Gärten sind

16   Wenn im Olivenland, und

17   In liebenswürdiger Fremde,
18 Spring- | Und die |
19   (An grasbewachsnen Wegen)
20 brunnen
21   (Auf feuchten Wiesen)

22 die   (Unwissend in der Wüste)

23 Bäum   (Im Thal)

24   Die Sonne sticht,

25   Und das Herz der Erde thuet

26   Sich auf, wo um

27   Den Hügel von Eichen

28   Aus brennendem Lande

29   Die Ströme und wo

30   Des Sonntaags, unter Tänzen

31   Gastfreundlich die Schwellen sind

32   An blüthenbekränzten Straßen, stillegehend.

33   Sie spüren nemlich die Heimath,

34   Wenn grad   aus falbem Stein

35   Die Wasser silbern rieseln

36   Und heilig Grün sich zeigt

37   Auf feuchter Wiese der Charente,

38   Der klugen Sinne pflegend.   wenn aber,

39   Die Luft sich bahnt,

40   Und ihnen machet waker

41   Scharfwehend die Augen der Nordost, fliegen sie auf,

II

1		Zwei Bretter und zwei
2		Brettchen apoll envers terre
3	Und Ek um Eke	
4	Das Liebere gewahrend	
5	Denn immer halten die sich genau an das Nächste,	
6	Sehn sie die heiligen Wälder und die Flamme, blühendduftend	
7	Des Wachstums und die Wolken des Gesanges fern und atmen Othem	
8	Der Gesänge. Menschlich ist	
9	Das Erkentniß. Aber die Himmlischen	
10		der Katten Land
11	Auch haben solches mit sich und des Morgens beobachten	
12	Die Stunden und des Abends die Vögel. Himmlischen auch	
13		Und des Wirtemberges
14	Gehöret also solches. Wolan nun. Sonst in Zeiten	
15		Kornebene
16	Des Geheimnisses hätt ich, als von Natur, gesagt,	
17	Sie kommen, in Deutschland. Jezt aber, weil, wie die See	
18	Die Erd ist und die Länder, Männern gleich, die nicht	
19	Vorüber gehen können, einander, untereinander	
20		Und wo berühmt wird
21	Sich schelten fast, so sag ich. Die Burg ist, wo,	
22	Abendlich wohlgeschmiedet	
23		| ihr ewigen Besänftigungen |
24	Von Wien an,	
25	| Eine Stadt, | seitwärts | biegt sich das Gebirg |	
26	Vom Oberlande, wo auf hoher Wiese die Wälder sind wohl an	
27		wo dich, und der Winkel,
28 Theresien	Und Hirten auf	
29 straß,	Der bairischen Ebne. Nemlich Gebirg	
30		und wo die Knaben gespielt
31	Geht weit und streket, hinter Amberg sich und	
32	Fränkischen Hügeln. Berühmt ist dieses. Umsonst nicht hat	

- -

33	Seitwärts gebogen Einer von Bergen der <?> Jugend	
34		Viel sind in Deutschland
35	Das Gebirg, und gerichtet das Gebirg	
36		Wohnsize sind da freundlicher Geister,
37	Heimatlich. Wildniß nemlich sind ihm die Alpen u	so
38		Zusammengehören, wenn die Keusche
39	Das Gebirg, das theilet die Tale und die Länge lang	
40		Sie <?> bindet ein gleiches Gesez
41	Geht über die Erd. Dort aber	
42		Unterscheidet ein gleiches Gesez.

- - - - - - - - - - - - - - - - - - -

43	und rauschen, über spizem Winkel	
44	Frohlolokende Baume. Gut ist, das gesezt ist. Aber Eines	
45	Das ficht uns an Anhang, der bringt uns fast um heiligen Geist Barbaren	
46	Auch leben, wo allein herrschet Sonne und Mond.	
47	Gott aber halt uns, zu sehen einen, der wolle	
48	hät uns, wenn zu sehn ist einer, der wolle	
49	Umkehren mein Vaterland.	

- - - - - - - - - - - - - - - - - -

50 Die Rosse	Gehn mags nun. Fast, unrein hatt sehn lassen und das Eingeweid	
51 bis über	Der Erde. Bei Ilion aber auch	
52 den Gurt.	Das Licht, der Adler. Aber in der Mitte	
53 Des G	Der Himmel der Gesänge. Neben aber,	
54	Am Ufer zorniger Greise, der Entscheidung nemlich, die alle	| wenn | das | Tagwerk aber bleibt,
55	Drei unser sind.	Der Erde Vergessenheit,
56		Ein Wohlgefallen aber
57		Wahrheit schenkt aber dazu den Athmende
58		Der ewige Vater.

Die apriorität des Individuellen
über das Ganze.

und kehr in Hahnenschrei

den Augenblick des Triumps
Werber!   keine Polaken sind wir

Der

Gelehrten

halb

Vom Abgrund nemlich haben

Wir angefangen und gegangen

Dem Leuen gleich,

Der luget <?>

In dem Brand

Der Wüste,

Lichtrunken und der Thiergeist ruhet

Μα τον ορκον
in Zweifel und aergerniß,

denn sinnlicher sind Menschen

Mit

hnen

Bald aber wird, wie ein Hund, umgehn

In der Hizze meine Stimme auf den Gassen der Garten

In den wohnen Menschen

In Frankreich

Frankfurt aber, neues zu sagen nach der Gestalt, die

| Der Schöpfer |

Abdruk ist der Natur, zu reden

Des Menschen nemlich, ist der Nabel

Dieser Erde. Ist des Menschen betrüblich. Aber <?> diese Zeit auch

Ist Zeit, und deutschen Schmelzes.

Indessen aber

an meinen Schatten <   > ich

und Spiegel die Zinne <?>

Meinen Fürsten

Nicht umsonst

Die Hüfte unter dem   Stern
nationell

Germania

Ein wilder Hügel aber stehet über dem Abhang

| damit sie schauen sollte |

Meiner Gärten. Kirschenbäme. Scharfer Othem aber wehet

Um die Löcher des Felses. Allda bin ich

Alles miteinander. Wunderbar

Aber über Quellen beuget schlank

Ein Nußbaum und sich Beere, wie Korall

Hängen an dem Strauche über Röhren von Holz,

Aus <?> denen

Ursprünglich aus Korn, nun aber zu gestehen,

Bis zu Schmerzen aber der Nase steigt

Citronengeruch auf und der Öel, aus der Provence, und

Aber schreeg <?> geht neben

Bergen der Frohe weg.
Rechts liegt

aber der Forst.

bevestigter Gesang
vom Blumen
als
Neue Bildung aus der Stadt,
wo

es haben diese
| Dankbarkeit |
| Und | Natürlichkeit | mir die Gasgognischen Lande
Gezähmet
Gegeben. erzogen aber, noch zu sehen, und genährt <?> haben <?> mich | gebraten Fleisch | der Tafel und |

Längst auferziehen (und) der Mond und
Schiksaal
Und Gott, ich <?> aber,

Die Rappierlust und des Festtags braune Trauben, braune

und mich leset o

Ihr Blüthen von Deutschland, o mein Herz wird

Untrügbarer Krystall an dem

Das Licht sich prüfet wenn <   > Deutschland <?>

IV

1   Die Purpurwolke, da versammelt von der linken Seite

2   Der Alpen und der rechten sind die seeligen

3   Geister, und es tö

4   Heidnisches

5   Jo Bacche, daß sie lernen der Hände Geschick

6   Samt selbigem,

7   Gerächet oder vorwärts. Die Rache gehe

8   Nemlich zurük. Und daß uns nicht   Ho

9
10   Dieweil wir roh, sind,
11   Schwerdt
12   Mit Wasserwellen Gott
13   schlage. Nemlich   und heimlich Messer, wenn einer
14   geschliffen
15   Gottlosen auch
- - - - - - - - - - - -
16   Wir aber sind   mittelmaßig Gut.

17   Gemeinen gleich,

18   Die, gleich

19   Edeln Gott versuchet, ein Verbot

20   Ist aber, deß sich rühmen. Ein Herz sieht aber

21   Helden. Mein ist
- - - - - - - - - - - - - - -
22   Die Rede vom Vaterland. Das neide

23   Mir keiner. Auch so machet
24   Daß aber uns das Vaterland nicht werde
25   Das Recht des Zimmermannes
26   Nicht zusammengehe
27   Das Kreuz.   dran schuldig.
28   Zum kleinen Raum.

29   Arm und Bein

30   Schwer ist der

31   Zu liegen, mit Füßen oder den Händen au

32   Nur Luft. Denn schlank steht

33 | Und gehet |
34
35   Beim Hochzeit   mit getreuem Rüken des

36   reigen und Wan-   der die Gelenke verderbt

37   derstraus   und tauget in den Karren

38   ein Gewissen

39   der Deutschen Geschlecht.

40   Es will uns aber geschehen, um

41   Die warme Scheue

42   Abzulegen, an der Leber   Wohl muß

43   Ein linkisches.   Denn Umsonst nicht ehren der Geist
44   Das Schiksaal. Das
45   Herz betrüblich.
46   Will aber heißen
47   des Menschen
48   Der Sonne Peitsch und Zügel.